LINUX

Wegweiser zur Installation & Konfiguration

2. Auflage

Matt Welsh & Lar Kaufman

Deutsche Übersetzung von
Matthias Kalle Dalheimer &
Jörg Redmer

O'REILLY™

Cambridge · Köln · Paris · Sebastopol · Tokyo

Kommentare und Fragen können Sie gerne an uns richten:
O'Reilly Verlag
Balthasarstraße 81
50670 Köln
Tel.: 0221/9731600
Fax: 0221/973160-15
E-Mail: kommentar@oreilly.de

1. Auflage 1996
2. Auflage 1998

Die Originalausgabe erschien 1996 unter dem Titel
Running Linux, 2nd edition im Verlag O'Reilly & Associates, Inc.

Die Deutsche Bibliothek - CIP - Einheitsaufnahme

Welsh, Matt:
Linux–Wegweiser zur Installation & Konfiguration / Matt Welsh und Lar Kaufman.
[Übers. und dt. Bearb.: Matthias Kalle Dalheimer & Jörg Redmer]. -
2. Aufl. - Köln : O'Reilly, 1998
ISBN 3-930673-58-4

Übersetzung und deutsche Bearbeitung: Matthias Kalle Dalheimer & Jörg Redmer
Lektorat: Michael Gerth, Köln
Satz: Reemers EDV-Satz, Krefeld
Umschlaggestaltung: Edie Freedman & Hanna Dyer, Boston
Produktion: TYP*isch* Müller, München
Belichtung, Druck und buchbinderische Verarbeitung: Druckerei Kösel, Kempten

ISBN 3-930673-58-4

Dieses Buch ist auf 100% chlorfrei gebleichtem Papier gedruckt.

Inhaltsverzeichnis

KAPITEL 3

KAPITEL 4

KAPITEL 5

VORWORT

Dies ist ein Buch über Linux, eine freie Implementierung von UNIX für PCs. In diesem Buch wollen wir Ihnen zeigen, wie Sie Ihre Arbeitsweise mit Computern völlig verändern können, indem Sie die Welt eines mächtigen und freien Betriebssystems entdecken, das sich gegen die traditionelle PC-Mentalität (oder eher gegen deren Fehlen) richtet. Wir sind der Meinung, daß die Herausforderungen und Schwierigkeiten, die Linux mit sich bringt, der Computerei den Spaß zurückgeben: Viele Leute (einschließlich der Autoren) haben einfach mehr Spaß daran, ihren Maschinen nette kleine Tricks beizubringen, anstatt »richtige Arbeit« zu tun (was auch immer das ist). Wir laden Sie ein, in die Welt von Linux einzutauchen, Spaß zu haben und die ersten in Ihrem Freundeskreis zu sein, die wissen, was es heißt, Taktraten einzustellen und die Kernel-Datei mit *rdev* zu bearbeiten.

Dieses Buch richtet sich an Abenteurer und unternehmungslustige Menschen. Linux selbst ist eine Art Rebellion gegen die Welt der kommerziellen Software. Die Welt von Linux ist nicht planvoll angelegt oder durchorganisiert. Sie müssen das Unerwartete erwarten. Sie müssen bereit sein zu akzeptieren, daß die treibende Kraft hinter der Entwicklung und Pflege von freier Software der Wunsch – nein, *die Notwendigkeit* – ist, das erfolgreichste und mächtigste Betriebssystem zu entwickeln. Kurz und gut: Sie müssen »hacken«.

Dies ist die zweite Auflage von *Linux – Wegweiser zur Installation und Konfiguration*. Das Erste, was Ihnen auffallen wird, ist die Tatsache, daß sich nicht viel geändert hat. Das ist beabsichtigt, denn wir haben uns in der ersten Auflage bemüht, das Buch so robust wie möglich zu machen, obwohl Linux sich ständig in der Entwicklung befindet. Diese Philosophie hat bemerkenswert gut funktioniert und wurde in dieser neuen und aktualisierten Auflage beibehalten.

Dieses Buch konzentriert sich auf die Linux-Version für die Architekturen Intel 386, 486, Pentium und Pentium Pro. Eine ganze Reihe von Linux-Portierungen sind in Arbeit, und einige von ihnen sind bereits fast so weit wie die x86-basierte Version.

Abgesehen von der Hardware-Konfiguration und der Basisinstallation sind wir aber der Ansicht, daß der größte Teil dieses Buches auf jede Linux-Portierung zutreffen wird.

Im Vorwort zur ersten Auflage hatten wir geschrieben, daß »Linux das Potential hat, die Welt der PC-Betriebssysteme völlig zu verändern«. Wenn wir zurückblicken, können wir feststellen, daß das bereits passiert ist. Linux ist äußerst populär und ist an einem Punkt angekommen, an dem die meisten Leute nicht mehr sehr viel über ihren Rechner wissen müssen: Sie können einfach die Software installieren und benutzen. Daher finden Sie vermutlich viele der Ratschläge in diesem Band überflüssig; betrachten Sie sie aber zumindest als historische Spurensicherung.

Matts eigene Abenteuer mit Linux begannen vor mehreren Jahren, als das System noch in den Kinderschuhen steckte. Ausführbare Programme pflegten den Dienst einzustellen, wenn ein neuer Kernel freigegeben wurde, es gab keine Shared Libraries, und daß Linux einmal TCP/IP und das X Window System unterstützen würde, war nur eine nette Vorstellung der Entwickler. Niemand hätte geglaubt, daß Linux es einmal so weit schaffen würde. Trotz aller Fortschritte umgibt dieses Betriebssystem immer noch die Hacker-Mentalität der frühen Tage. Die Entwicklung heute verläuft nicht weniger dynamisch und aufregend als in den frühen Pioniertagen.

Wir haben dieses Buch geschrieben, um Linux zu einer ernsthaften Alternative für alle die Benutzer von PCs zu machen, die sich von den Beschränkungen kommerzieller Betriebssysteme (müssen wir Namen nennen?) freimachen wollen. Aufgrund der kooperativen Natur dieses Systems könnten Ihnen bestimmte Aspekte von Linux verwirrend oder nur bedingt nützlich vorkommen. Wir haben versucht, in dieses Buch soviel Wissen wie möglich einfließen zu lassen – Wissen, gewonnen aus der Korrespondenz mit Tausenden von Linux-Benutzern auf der ganzen Welt. Ich glaube, daß dieses Buch alles enthält, was Sie wissen müssen, um Ihr Linux-System optimal nutzen zu können.

Warum die Leute Linux mögen

Warum um alles in der Welt sollten Sie mit Linux arbeiten? Eine gute Frage. Was Sie derzeit installiert haben, läuft doch – nicht wahr? Vielleicht läuft es aber auch nicht. Vielleicht wollen Sie einfach nur etwas Neues ausprobieren, oder Sie haben die Nase voll von der Speichergrenze bei 640K, wenn Sie doch 20 MB RAM installiert haben. Hier sind einige Gründe, warum die Leute zu Linux wechseln:

- Es ist kostenlos. Das heißt, daß Linux ein UNIX-Betriebssystem ist, das problemlos weitergegeben werden kann. Sie können Linux kostenlos von jemandem beziehen, der es schon hat, Sie können es aus dem Internet oder von einem Bulletin Board System (BBS) herunterladen, oder Sie können es zu vertretbaren Preisen von einem Händler beziehen, der die Software zu einem Paket zusammengestellt hat (wahrscheinlich mit einigen Extras) und der eventuell auch Support leistet.

- Es ist beliebt. Linux läuft auf den preiswerten Rechnern mit Intels 386/486/Pentium-CPU und unterstützt eine große Zahl von Video- und Audiokarten, CD-ROM-Laufwerken, Festplatten und anderer Peripherie. Linux kann auf EISA-, VLB- und PCI-Systemen eingesetzt werden. Linux wird gerade auf andere Rechnerplattformen portiert, darunter Motorola 680x0, DEC ALPHA, PowerPC und SPARC-Rechner. Weitere Rechnerarchitekturen sind bereits vorgesehen, und die Entwicklung hat erst begonnen.

  Es gibt einige rege News-Gruppen im Internet, in denen Linux von einer internationalen Schar von Benutzern und Entwicklern diskutiert wird. Dazu existieren Mailing-Listen und FidoNet-Echo-Konferenzen. Selbst große kommerzielle Softwarehersteller haben inzwischen Anwendungen für Linux entwickelt – darunter das NetWare-Paket von Novell.

- Es ist mächtig. Sie werden erfreut feststellen, wie schnell das System ist – auch wenn viele Prozesse laufen und viele Fenster geöffnet sind. Linux nutzt die Hardware in optimaler Weise aus. Viele kommerzielle Betriebssysteme (insbesondere MS-DOS) machen dagegen kaum Gebrauch von den Multitasking-Fähigkeiten der 80x86-Prozessoren. Linux wurde für diese CPUs entwickelt und nutzt alle ihre Fähigkeiten. Ein Linux-System mit einem ausreichend schnellen Prozessor und genug RAM kann ebenso gut wie, wenn nicht sogar besser als eine teure Workstation unter UNIX arbeiten.

- Es ist von hoher Qualität und arbeitet mit hochwertigen Anwendungen zusammen. Linux wird als öffentliches System von Hunderten von Programmierern und Benutzern entwickelt, aber es behält die ursprüngliche Vision und Ausrichtung seines Schöpfers bei: Linus Torvalds. Linux beinhaltet die Arbeit von Universitäten, Firmen und Einzelpersonen in Form von hochwertigen Compilern, Editoren, Utilities und Skripten, die in den letzten 25 Jahren entstanden sind. Anders als bei anderen neuen Betriebssystemen steht unter Linux schon jetzt eine gewaltige Anzahl von frei verfügbaren Anwendungen für Sie bereit, von wichtigen wissenschaftlichen Programmen über Multimedia-Werkzeuge bis hin zu Spielen.

- Es ist ein komplettes UNIX. Linux ist ein echtes Multiuser- und Multitasking-Betriebssystem, das auf manchen Systemen sogar mehrere Prozessoren unterstützt. Es benutzt das X Window System als graphische Benutzerschnittstelle (GUI, Graphical User Interface) und enthält mehrere einfach zu bedienende, konfigurierbare Fenstermanager. Ebenso verfügt Linux über volle Netzwerkunterstützung (unter anderem mit TCP/IP, SLIP, PPP, UUCP usw.).

- Es ist in hohem Maße kompatibel zu MS-DOS und Windows. Sie können Linux neben anderen Festplattenpartitionen installieren, die DOS oder andere Betriebssysteme enthalten. Linux kann direkt auf DOS-Dateien auf Disketten oder Festplatten zugreifen. Derzeit werden Emulatoren für MS-DOS und Windows entwickelt, so daß Sie in Zukunft Ihre bevorzugten kommerziellen Anwendungen von Linux aus starten können. Linux läuft *nicht* unter DOS, Windows oder einem anderen Betriebssystem – es arbeitet völlig unabhängig von diesen –, aber es bietet die Möglichkeit, mit den verschiedenen Systemen zusammenzuarbeiten.

- Es ist klein. Ein Basisbetriebssystem benötigt zwei Megabytes an Arbeitsspeicher, und ein sorgfältig konfiguriertes System mit GUI und Fenstermanager kommt mit vier Megabytes aus. Eine gute Basiskonfiguration belegt 40 MB auf der Festplatte. (Falls das nach sehr viel aussieht: Das hängt damit zusammen, daß Linux jede Menge Utilities enthält.) Eine komplette Linux-Implementation sollte mindestens auf einem 386SX-System mit 16 MHz, 4 MB RAM und einer der gängigen Grafikkarten mit Koprozessor laufen. Um allerdings die Leistung des Systems und der GUI wirklich ausnutzen zu können, sollten Sie einen schnelleren Rechner und bessere Grafikhardware einsetzen. Linux bietet dabei Unterstützung für alle Geräte vom einfachsten 386SX bis zum PentiumPro am anderen Ende des Spektrums.

- Es ist groß. Einige der umfangreicheren Distributionen belegen mehr als 250 MB an unkomprimiertem Festplattenspeicher allein für die ausführbaren Dateien. (Alle Programme für Linux sind im Quellcode erhältlich, und es gibt fertig konfigurierte Installationen auf Diskette oder CD-ROM von verschiedenen Distributoren.) Die Zahl der hilfreichen Utilities und Anwendungen, die für Linux portiert wurden, nimmt ständig zu. Wahrscheinlich könnte man auch eine Gigabyteplatte damit füllen – selbst ohne Grafik- und Audiodateien.

  Die meisten Linux-Benutzer haben ein System, das etwa 100MB auf der Festplatte belegt. Darin enthalten sind das Grundsystem sowie solche Nettigkeiten wie das X Window System, Programme für die Textverarbeitung und Werkzeuge für die Programmentwicklung wie Compiler und Libraries. Allerdings steht dem anspruchsvollen Benutzer noch viel mehr zur Verfügung.

- Es wird unterstützt. Den umfangreichsten Support finden Sie im Internet mit seinen Tausenden von Teilnehmern an den Linux-Newsgruppen. Darüber hinaus können Sie Support-Leistungen auch von unabhängigen Firmen beziehen oder eine Distribution erstehen, die Support beinhaltet.

- Es wird dokumentiert. Für den Anfang können Sie dieses Buch benutzen (eine hervorragende Idee!), das auch in Französisch, Englisch und Japanisch erhältlich ist. Die Entwickler von Linux haben schon früh das Linux Documentation Project (LDP) ins Leben gerufen, um die Entwicklung von Linux zu unterstützen. Das LDP umfaßt mehrere Bücher in elektronischer Form, die Sie ausdrukken oder auf dem Bildschirm lesen können. Daneben werden in verschiedenen Ländern weitere Bücher zu Linux publiziert. Last, but not least: Sobald Sie ein paar Probleme bei der Installation gelöst haben, verhält sich Linux weitgehend wie andere UNIX-Systeme auch, so daß Sie in anderen Büchern über die Benutzung und Verwaltung von UNIX weitere Hilfe finden können.

- Mit Linux können Sie arbeiten. Wir wollen Ihnen in diesem Buch alles zeigen, was Sie wissen müssen! Wir glauben, daß Ihnen dieses Buch gefallen wird.

Wie dieses Buch aufgebaut ist

Jedes Kapitel dieses Buches enthält eine Fülle von Informationen. Sie werden so viel Material vorfinden, daß man damit leicht mehrere Bücher füllen könnte. Allerdings werden wir uns auf diejenigen Dinge konzentrieren, die Sie unbedingt wissen müssen.

Kapitel 1, *Einführung in Linux,* bringt viele verschiedene Aspekte zusammen. Es erklärt, wie Linux entstand und was es von anderen UNIX-Versionen sowie von anderen Betriebssystemen für PCs unterscheidet.

Kapitel 2, *Die Installation von Linux vorbereiten,* beschreibt die Vorbereitungen, die Sie treffen müssen, bevor Sie mit der Installation anfangen können. Dazu gehört zum Beispiel die Partitionierung Ihrer Festplatte (falls Sie auch andere Betriebssysteme neben Linux verwenden wollen).

Kapitel 3, *Installation und erste Konfigurationsarbeiten,* ist eine ausführliche Anleitung, wie Sie Linux auf Ihrem Rechner installieren und konfigurieren.

Kapitel 4, *Grundlegende UNIX-Befehle und -Konzepte,* bietet eine Einführung in UNIX aus der Sicht eines Systemverwalters für diejenigen, die dafür Bedarf haben. Das Kapitel soll Ihnen die Werkzeuge vorstellen, die Sie brauchen, um die Beispiele in diesem Buch nachzuvollziehen. Wir besprechen grundlegende Befehle und geben Tips für Systemverwalter, außerdem werden einige Konzepte vorgestellt, die Sie kennen sollten.

Kapitel 5, *Grundlagen der Systemverwaltung,* Kapitel 6, *Verwalten von Dateisystemen, Swap-Bereichen und Geräten,* Kapitel 7, *Software und den Kernel aktualisieren,* und Kapitel 8, *Andere Administrationsaufgaben,* behandeln die Administration und Pflege des Systems. Dies sind vielleicht die wichtigsten Kapitel dieses Buches; wir besprechen die Verwaltung von Benutzer-Accounts, Backups, Software-Updates, das Erzeugen eines neuen Kernels und andere Dinge.

Kapitel 9, *Editoren, Textwerkzeuge, Drucken,* führt Sie in die beliebtesten und verbreitetsten Textwerkzeuge und Editoren unter Linux ein und erklärt, wie Sie Dokumente ausdrucken können.

Kapitel 10, *Das X Window System,* beschreibt das X Window System, eine mächtige graphische Benutzeroberfläche für Linux- und UNIX- Systeme. Wir zeigen Ihnen, wie Sie die Software installieren und so konfigurieren, daß Sie die größtmögliche Leistung aus Ihrer Hardware herausholen können. Außerdem erklären wir, wie Sie Ihre eigene graphische Umgebung einrichten können.

Kapitel 11, *Diverse Applikationen,* stellt diverse Werkzeuge für die Zusammenarbeit mit anderen Betriebssystemen vor (wie zum Beispiel den Zugriff auf Programme und Dateien von MS-DOS) und beschreibt außerdem die Multimedia-Möglichkeiten von Linux.

Kapitel 12, *Programmiersprachen,* und Kapitel 13, *Werkzeuge für Programmierer,* sind für Programmierer gedacht. Wir stellen Compiler, Interpreter, Debugger und viele andere Werkzeuge für die Software-Entwicklung unter Linux vor.

Kapitel 14, *TCP/IP und SLIP,* beschreibt, wie Sie Ihrem System die unerläßliche Kommunikation mit den Rechnern dieser Welt beibringen. Sie erfahren, wie Sie Ihr System in ein Local Area Network (LAN) einbinden oder wie Sie via SLIP mit einem Internet-Provider kommunizieren können.

Kapitel 15, *Das World Wide Web und E-Mail,* geht über die grundlegende Netzwerk-Konfiguration hinaus und zeigt Ihnen, wie Sie Electronic Mail und UUCP konfigurieren und das Mail-Programm Elm und sogar Ihren eigenen World Wide Web-Server einrichten.

Kapitel 16, *Datenfernübertragung und UUCP,* beschreibt die Werkzeuge, die zur Telekommunikation über ein Modem zur Verfügung stehen, wobei auch Terminalemulatoren behandelt werden. Außerdem wird die Konfiguration von UUCP behandelt.

Anhang A, *Informationsquellen zu Linux,* nennt Ihnen weitere nützliche Dokumentation zu Linux sowie andere Stellen, von denen Sie Hilfe erhalten können.

Anhang B, *Liste der Linux-Anbieter,* enthält eine Liste mit Anbietern, die Linux auf CD-ROM, Diskette oder anderen Medien vertreiben.

Anhang C, *FTP-Anleitung und Server-Liste,* zeigt Ihnen, wie Sie das File Transfer Protocol im Internet einsetzen, um Linux-Software oder Dokumentation zu Linux auf Ihren Rechner zu übertragen. In diesem Anhang finden Sie außerdem eine Liste mit wichtigen Adressen von FTP-Servern, die Linux-Material bereithalten.

Anhang D, *Lizenzen,* enthält die Copyright-Bestimmungen, unter denen Linux (und andere freie Software) steht. Manche Leute sprechen auch gern von »Copyleft«. Außerdem finden Sie hier die Copyright-Vermerke von BSD und X.

Anhang E, *64-Bit AXP Linux,* beschreibt die spannende Portierung auf die »64-Bit Digital Alpha«-Architektur, die sehr hohe Rechenleistung zu einem Preis, der unter dem von Intel-Rechnern am oberen Ende der Leistungsskala liegt, bietet.

Die *Bibliographie* listet eine Anzahl von Büchern, HOWTO-Dateien und RFCs (Request For Comments) auf, die für Benutzer und Verwalter von Linux-Systemen von Interesse sind.

Typographische Konventionen

Es folgt eine Liste der typographischen Konventionen in diesem Buch:

Fettdruck	wird für die Namen von Rechnern, für die Benutzernamen und -IDs sowie gelegentlich zur Hervorhebung von Text benutzt.
Kursiv	benutzen wir für Datei- und Verzeichnisnamen, für Befehlszeilenoptionen, E-Mail-Adressen und Pfadnamen sowie zur Hervorhebung von neuen Begriffen.
`Nichtproportionalschrift (Typewriter)`	wird in Beispielen benutzt, um den Inhalt von Dateien oder die Ausgabe von Befehlen darzustellen; außerdem für Umgebungsvariablen und Schlüsselwörter, die in den Programmcode eingebettet sind.
`Nichtproportionalschrift kursiv`	benutzen wir für Optionen, Schlüsselwörter und solche Textstellen, die der Benutzer durch seine eigenen Texte ersetzen muß.
`Nichtproportionalschrift fett`	wird in Beispielen für Befehle und solche Textstellen gebraucht, die der Benutzer in genau dieser Form eingeben sollte.

Die Bombe am linken Rand steht für: ACHTUNG! Hier könnte Ihnen ein Fehler unterlaufen, der Ihr System durcheinander bringt oder der nur schwer zu beheben ist.

[0] Biblio
Kapitel 0
manpage(1)

Das Buch-Icon verweist auf einen anderen Teil dieses Buches oder auf eine andere Informationsquelle. Der Verweis unter dem Buch kann eine Nummer und ein Schlüsselwort für ein Buch, einen HOWTO-Artikel oder ein RFC sein, die in der Bibliographie aufgeführt sind; ein Verweis auf ein anderes Kapitel oder einen Anhang des Buches oder ein Verweis auf eine Manual-Page eines bestimmten Programms.

Danksagungen

Dieses Buch ist das Ergebnis der Arbeit, die von vielen Leuten geleistet wurde; es ist unmöglich, sie hier alle aufzuführen. Zunächst möchten wir Andy Oram danken, der in hervorragender Weise beim Editieren, Schreiben und Peitschenknallen geholfen hat, damit dieses Buch entstehen konnte. Abgesehen davon, daß Andy das Buch editiert hat, stammen auch die Einführung in UNIX und Material zum X Window System von ihm. Es war Andy, der uns überhaupt auf die Idee brachte, für O'Reilly zu schreiben, und er bewies die Geduld eines Heiligen, wenn er auf weitere Teile unserer Arbeit wartete.

Diejenigen unter den Lesern, die schon mit Linux vertraut sind, werden vielleicht bemerken, daß Teile dieses Buches, wie zum Beispiel die Einleitung und das Installationskapitel, bereits als Teil von *Linux Installation and Getting Started* veröffentlicht worden sind – ein Buch, das im Internet frei erhältlich ist. Der O'Reilly Verlag hat uns erlaubt, jene Teile (die ursprünglich für dieses Buch geschrieben wurden) für die I&GS freizugeben, so daß die Linux-Benutzer im Internet davon profitieren können und wir von diesen Lesern allgemeines Feedback sowie Korrekturen bekommen konnten. Unser Dank geht an alle, die jene Teile mit editiert haben.

Wir möchten außerdem folgenden Leuten für ihre Arbeit am Linux-Betriebssystem danken (ohne sie gäbe es nichts, über das sich ein Buch schreiben ließe): Linus Torvalds, Donald Becker, Alan Cox, Remy Card, Ted T'so, H. J. Lu, Ross Biro, Drew Eckhardt, Ed Carp, Eric Youngdale, Fred van Kempen, Steven Tweedie, Patrick Volkerding sowie all den anderen Hackern – von den Kernel-Spezialisten bis zu den niedrigen Rängen der Dokumentationsschreiber; es sind zu viele, um sie hier alle zu nennen.

Unser besonderer Dank gilt folgenden Leuten für ihre Beiträge zum Linux Documentation Project, für ihre Hinweise zu diesem Buch und für ihre allgemeine Freundlichkeit: Phil Hughes, Melinda McBride, Bill Hahn, Dan Irving, Michael Johnston, Joel Goldberger, Michael K. Johnson, Adam Richter, Roman Yanovsky, Jon Magid, Erik Troan, Lars Wirzenius, Olaf Kirch, Greg Hankins, Alan Sondheim, Jon David und Anna Clark.

Schließlich soll ein virtueller Riesenapplaus an alle Mitarbeiter bei O'Reilly gehen – für Ihr Interesse und Ihre Mithilfe. Mary Anne Weeks Mayo war die Herstellerin. Die Qualitätssicherung übernahmen Clairemarie Fisher O'Leary, Kismet McDonough-Chan, Jane Ellin und Sheryl Avruch. Seth Maislin schrieb den Index mit Unterstützung von Cynthia Grabke. Erik Ray, Ellen Siever und Lenny Muellner stellten ihre Werkzeuge für den Produktionsprozeß zur Verfügung. Michael Deutsch half bei der Produktion. Chris Reilly war für die Illustrationen verantwortlich, Nancy Priest und Mary Jane Walsh für das Design des Inhalts, und Hannah Dyer entwarf den Rückenumschlag. Edie Freedman entwarf das Titelbild und fand die Bilder für die Kapitelüberschriften (nach einer Idee von Lar).

KAPITEL 1

EINFÜHRUNG IN LINUX

Dies ist ein Buch über Linux, ein frei erhältliches UNIX für PCs, das Multitasking, das X Window System, TCP/IP-Netzwerke und vieles mehr unterstützt. Halten Sie sich fest und lesen Sie weiter – auf den folgenden Seiten werden wir das System geradezu qualvoll detailliert beschreiben.

Linux hat in der Welt der EDV mehr Begeisterung hervorgerufen als irgendeine andere Entwicklung der letzten paar Jahre. Seine überraschend schnelle Verbreitung und die Anhänglichkeit, die ihm entgegengebracht werden, erinnern an die Do-it-yourself-Computerei, die so charakteristisch war für die Weiterentwicklung der Computertechnologie in früheren Zeiten. Ironischerweise beruht der Erfolg von Linux darauf, daß es einem der ältesten noch gebräuchlichen Betriebssysteme zu neuem Schwung verholfen hat: UNIX. Linux stellt sowohl eine neue als auch eine alte Technologie dar.

Genau betrachtet bildet Linux nur den Kern des Betriebssystems, der die grundlegenden Funktionen für die Prozeßsteuerung, den virtuellen Speicher, die Dateiverwaltung und die Ein-/Ausgabeoperationen bereitstellt. Mit anderen Worten: Linux selbst stellt die unterste Ebene des Betriebssystems dar.

Trotzdem bezeichnen die meisten Leute mit dem Begriff »Linux« das komplette System – den Kernel zusammen mit den vielen Anwendungen, die unter ihm laufen: eine vollständige Entwicklungs- und Arbeitsumgebung mit Compilern, Editoren, graphischen Benutzerschnittstellen, Textverarbeitung, Spielen usw.

Dieses Buch wird Sie durch die abwechslungsreiche und vielseitige Welt von Linux begleiten. Linux hat sich zum Betriebssystem für das Geschäftsleben, den Unterricht und den privaten Bereich entwickelt, und dieses Buch wird Ihnen helfen, den größtmöglichen Nutzen daraus zu ziehen.

Linux kann jeden 386er, 486er oder Pentium-PC in eine Workstation verwandeln. Es stellt Ihnen die umfangreichen Möglichkeiten von UNIX zur Verfügung. Unternehmen installieren Linux auf ihren vernetzten Rechnern, um mit diesem Betriebssystem ihre finanziellen Transaktionen zu erledigen, Krankenhäuser zu verwalten, um mit verteilten Anwendungen zu arbeiten, um ihre Datenfernübertragung zu steuern usw. Weltweit wird Linux an Universitäten für Kurse zur Programmierung und dem Design von Betriebssystemen eingesetzt. Selbstverständlich wird Linux auch im privaten Bereich genutzt: zur Programmentwicklung, bei der Erstellung von Schriftstücken oder ganz allgemein für die Beschäftigung mit der EDV.

Linux unterscheidet sich von anderen Betriebssystemen dadurch, daß es eine *freie* Implementierung von UNIX ist. Linux wurde und wird weiterhin von einer Gruppe von Freiwilligen entwickelt, die hauptsächlich im Internet Programmcode austauschen, Fehler anmerken und Probleme beheben – das alles geschieht in einer quasi grenzenlosen Welt. Jeder kann bei der Entwicklung von Linux mitmachen; alles, was Sie brauchen, ist Interesse an der Entstehung eines freien UNIX und etwas Programmiererfahrung. Dieses Buch soll Sie unterwegs begleiten.

Wir setzen in diesem Buch voraus, daß Sie mit einem PC, auf dem zum Beispiel DOS oder Windows läuft, hinreichend vertraut sind und daß Sie bereit sind, ein bißchen zu experimentieren und zu hacken, um das System in Betrieb zu nehmen. Linux ist komplexer als die »Plug-and-Play«-Betriebssysteme, die man sonst in der PC-Welt kennt, aber wir hoffen, daß Sie mit diesem Buch als Wegweiser feststellen werden, wie einfach es ist, ein eigenes Linux-System zu installieren und zu betreiben – und wieviel Spaß man dabei haben kann.

Über dieses Buch

Dieses Buch bietet Ihnen einen Überblick und eine grundlegende Einführung in das Linux-System. Es ist unsere Absicht, genug allgemeine und interessante Information zu einer Reihe von Themen darzubieten, um sowohl UNIX-Neulinge als auch UNIX-Könner zufriedenzustellen. Das Buch sollte genug Information enthalten, um fast jedem die Installation und gewinnbringende Nutzung eines Linux-Systems zu ermöglichen. Statt viele der flüchtigen technischen Details zu behandeln, die sich erfahrungsgemäß mit der schnellen Weiterentwicklung wieder ändern, werden wir Ihnen genug Hintergrundwissen vermitteln, um selbständig weiterforschen zu können.

Linux ist nicht schwierig zu installieren und zu benutzen. Aber, wie bei allen Implementierungen von UNIX, gehört manchmal etwas Schwarze Magie dazu, alles korrekt zum Laufen zu bringen. Wir hoffen, daß dieses Buch Sie in den Linux-Panoramabus einsteigen läßt und daß es Ihnen aufzeigt, wie toll dieses Betriebssystem sein kann.

In diesem Buch werden wir folgende Themen besprechen:

- Was ist Linux? Der Aufbau und die Philosophie dieses einzigartigen Betriebssystems und was es für Sie tun kann.
- Alle Details zum Thema: Was Sie brauchen, um mit Linux zu arbeiten, einschließlich einiger Vorschläge zur Hardware, um ein komplettes System aufzubauen.

- Wo Sie Linux beziehen können, und wie Sie es installieren. Weil es verschiedene Distributionen des Linux-Systems gibt, geben wir genügend Hinweise, um eine beliebige Version von Linux zu installieren.
- Für UNIX-Neulinge gibt es eine Einführung in UNIX und einen Überblick über die wichtigsten Befehle und Konzepte.
- Die Hege und Pflege Ihres Linux-Systems, einschließlich der Systemverwaltung und -pflege, dem Einspielen von Updates, und wie Sie Dinge korrigieren, die nicht wie gewünscht funktionieren.
- Wie Sie das System optimal nutzen, indem Sie »Power Tools« wie TeX, Emacs, das X Window System usw. einsetzen.
- Die Programmierung unter Linux. Dazu gehören neben den Standards zur Programmentwicklung wie C, C++, Perl und Shell-Skripten auch eher esoterische Sprachen wie zum Beispiel Tcl/Tk.
- Wie Sie Linux für die Datenfernübertragung (DFÜ) und in Netzwerken einsetzen. Dazu gehören unter anderem TCP/IP, UNIX-to-UNIX-Copy (UUCP) und Serial Line Internet Protocol (SLIP). Wir zeigen Ihnen auch, wie Sie Linux für die elektronische Post konfigurieren und wie Sie Ihren eigenen Server im World Wide Web einrichten.

Es gibt etwa eine Million Dinge, die man mit Linux machen kann, und die wir Ihnen gern zeigen würden. Unglücklicherweise würde das Buch dann die Größe eines *Brockhaus*-Bandes einnehmen und wäre für jeden (einschließlich der armen Autoren) nicht mehr zu handhaben. Statt dessen haben wir versucht, die wichtigsten und interessantesten Aspekte des Systems zu beschreiben und Ihnen zu zeigen, wie Sie selbst mehr herausfinden können.

Dieses Buch richtet sich an diejenigen Benutzer von PCs, die Linux einsetzen möchten, um Ihr System optimal auszunutzen. Wir wollen neuen Benutzern genug Information an die Hand geben, um ihnen den Start zu ermöglichen und sie in die Lage zu versetzen, unter Linux alles das zu bewerkstelligen, was sie unter anderen PC-Betriebssystemen auch tun können – und einiges mehr. Wir gehen dazu auf die Grundlagen ebenso wie auf die Installation ein, auf die Systemverwaltung ebenso wie auf die Programmierung und die Vernetzung.

Kapitel 4
Kapitel 5

Obwohl ein Großteil des Materials in diesem Buch nicht übermäßig technisch angelegt ist, kann es von Vorteil sein, wenn Sie bereits Erfahrungen mit einem anderen UNIX-System gemacht haben. Für diejenigen unter den Lesern, bei denen das nicht der Fall ist, haben wir eine kurze Einführung in Kapitel 4, *Grundlegende UNIX-Befehle und -Konzepte,* eingefügt. Kapitel 5, *Grundlagen der Systemverwaltung,* ist ein komplettes Kapitel zum Thema Systemverwaltung, das auch erfahrenen Benutzern von UNIX dabei helfen sollte, ein Linux-System zu betreiben.

Wenn UNIX für Sie ein vollkommen unbeschriebenes Blatt ist, werden Sie wahrscheinlich eine ausführlichere Einführung in die Grundlagen von UNIX zur Hand nehmen wollen. Wir halten uns nicht so lange mit den Grundlagen auf, sondern beeilen uns lieber, die interessanten Seiten des Systems vorzustellen. Obwohl

Anhang A

dieses Buch Ihnen also den Start erleichtern wird, werden viele Leser weitergehende Informationen zum Betrieb eines UNIX-Systems benötigen. Schlagen Sie weitere Informationsquellen in Anhang A, *Informationsquellen zu Linux,* nach.

Linux – eine kurze Geschichte

UNIX ist wegen der weitgefächerten Unterstützung und seiner enormen Verbreitung weltweit eines der beliebtesten Betriebssysteme. Es wurde ursprünglich Mitte der 70er Jahre als Multitasking-Betriebssystem für Minicomputer und Großrechner entwickelt. Seitdem ist es zu einem der am häufigsten eingesetzten Betriebssysteme überhaupt geworden – trotz seiner manchmal verwirrenden Bedienung und der fehlenden Standardisierung.

Und was ist der wahre Grund für die Popularität von UNIX? Viele Hacker betrachten UNIX einfach als »The Real Thing« – Das Einzig Wahre Betriebssystem. Daraus ergab sich die Entwicklung von Linux durch eine wachsende Schar von UNIX-Hackern, die sich die Hände an ihrem eigenen Betriebssystem schmutzig machen wollten.

Es gibt Versionen von UNIX für viele Rechnertypen – das reicht vom PC bis zu Supercomputern wie dem Cray Y-MP. Die meisten Versionen von UNIX für PCs sind ziemlich teuer und unhandlich. Zum Zeitpunkt des Schreibens kostete eine Einzellizenz von AT&T System V für den 386er mehr als 2000,- DM.

Linux ist eine frei erhältliche Version von UNIX, die in erster Linie von Linus Torvalds[1] an der Universität von Helsinki entwickelt wurde. Linux entstand unter Mithilfe von vielen UNIX-Programmierern und -Freaks überall im Internet, und jeder, der genug Know-How und Grips besaß, durfte das System weiterentwickeln und verändern. Der Linux-Kernel enthält keinen Programmcode von AT&T oder von anderen Firmen, und ein Großteil der Software für Linux wurde innerhalb des GNU-Projektes bei der Free Software Foundation in Cambridge, Massachusetts geschrieben. Gleichzeitig haben Programmierer aus der ganzen Welt ihren Beitrag zum größer werdenden Pool an Linux-Software beigetragen.

Linux wurde ursprünglich als ein Hobbyprojekt von Linus entwickelt. Es wurde von Minix inspiriert, einem kleinen UNIX-System von Andy Tanenbaum, und die ersten Beiträge zu Linux tauchten in der Usenet-Newsgruppe *comp.os.minix* auf. In diesen Beiträgen ging es meistens um die Entwicklung eines kleinen akademischen UNIX-Systems für Benutzer, die mit Minix nicht mehr zufrieden waren.

Die ersten Arbeiten an Linux befaßten sich in der Hauptsache mit den Task-Switching-Möglichkeiten im Protected Mode der 80386er CPU und waren vollständig in Assembler geschrieben.

---

1 Für den Fall, daß Sie etwas Wichtiges zum Kernel loswerden wollen, hier seine E-Mail-Adresse im Internet: *torvalds@kruuna.helsinki.fi.*

Linus sagt dazu:

> Danach ging es zügig voran: immer noch schwierig zu programmieren, aber ich hatte schon Gerätetreiber und das Debuggen war einfacher. Zu dieser Zeit begann ich, mit C zu arbeiten, und damit ging alles schneller. Etwa gleichzeitig wurde es mir auch mit der größenwahnsinnigen Idee ernst, »ein besseres Minix als Minix« zu schaffen. Ich hoffte, daß ich eines Tages in der Lage sein würde, *gcc* unter Linux zu kompilieren...
>
> Ich brauchte zwei Monate für ein Grundsystem, aber danach nur etwas länger für einen Festplattentreiber (voller Fehler, aber zufälligerweise funktionierte er auf meinem Rechner) und ein kleines Dateisystem. Etwa zu der Zeit stellte ich die Version 0.01 zur Verfügung [Ende August 1991]: Sie war nicht schön, sie hatte keinen Treiber für Diskettenlaufwerke, und sie konnte kaum etwas Sinnvolles tun. Ich glaube nicht, daß irgendjemand diese Version jemals kompiliert hat. Aber ich hatte Feuer gefangen und wollte nicht aufhören, bevor ich Minix rausschmeißen konnte.

Die Version 0.01 von Linux wurde niemals öffentlich angekündigt. Der Code war noch nicht einmal ausführbar, er enthielt nur die allernotwendigsten Bestandteile des Kernels und setzte voraus, daß zum Kompilieren und Testen ein Minix-System vorhanden war.

Am 5. Oktober 1991 kündigte Linus die erste »offizielle« Version von Linux an: die Version 0.02. Zu diesem Zeitpunkt war er in der Lage, mit *bash* (GNUs Bourne Again Shell) und *gcc* zu arbeiten, aber viel mehr war noch nicht lauffähig. Allerdings handelte es sich immer noch um ein System für Hacker. Höchste Priorität hatte die Entwicklung des Kernels – keines der Themen Benutzersupport, Dokumentation, Distribution usw. war auch nur angedacht worden. Auch heute noch scheint die Gemeinde der Linux-Entwickler solche benutzerfreundlichen Themen als zweitrangig gegenüber der »wahren Programmierung« zu betrachtem – der Entwicklung des Kernels.

Linus schrieb dazu in *comp.os.minix*:

> Sehnt Ihr Euch nach den schönen Zeiten von Minix-1.1 zurück, als Männer noch Männer waren und ihre eigenen Gerätetreiber schrieben? Fehlt Euch ein Projekt und verlangt es Euch danach, Eure Zähne an einem Betriebssystem zu wetzen, das Ihr nach Euren Vorstellungen modifizieren könnt? Seid Ihr frustriert, wenn unter Minix alles funktioniert? Keine durchwachten Nächte mehr, um ein nettes Programm zum Laufen zu bringen? Dann könnte diese Mail genau für Euch bestimmt sein.
>
> Wie ich vor einem Monat bereits erwähnte, arbeite ich an einer freien Version eines Minix-ähnlichen Systems für AT-386er. Das System ist so weit gediehen, daß man damit arbeiten kann (oder auch nicht, je nachdem, was Ihr haben wollt), und ich bin bereit, den Quellcode zwecks weiterer Verbreitung zur Verfügung zu stellen. Es handelt sich erst um die Version 0.02... aber ich habe bereits *bash*, *gcc*, GNU *make*, GNU *sed*, *compress* usw. zum Laufen gebracht.

Nach der Version 0.03 setzte Linus die Versionsnummer auf 0.10, da mehr Leute am System mitarbeiteten. Nach einigen weiteren Änderungen erhöhte Linus die Versionsnummer auf 0.95, um anzudeuten, daß das System bald reif für eine »offizielle« Freigabe sein würde. (Im allgemeinen wird Software erst dann mit der Versionsnummer 1.0 bedacht, wenn sie theoretisch komplett oder fehlerfrei ist.) Das war im März 1992. Noch einmal anderthalb Jahre später, Ende Dezember 1993, trug der Linux-Kernel die Versionsnummer 0.99pl14 – und näherte sich asymptotisch der 1. 0 an. Zur Zeit der Drucklegung ist der aktuelle Kernel die Version 2.0.30.

Kapitel 12

Linux hätte nicht ohne die GNU-Tools der Free Software Foundation entstehen können. Es war deren Compiler *gcc*, der Linus' Code Leben einhauchte (wir werden diesen Compiler in Kapitel 12, *Programmiersprachen,* besprechen). Die GNU-Tools sind von Anfang an in die Entwicklung von Linux eingebunden gewesen.

Berkeley-UNIX (BSD) spielt ebenfalls eine wichtige Rolle für Linux: nicht so sehr bei seiner Entstehung, sondern indem es die Tools bereitstellt, die Linux so beliebt machen. Die meisten der Utilities, die mit Linux ausgeliefert werden, sind von BSD portiert worden. Besonders wichtig sind dabei die Netzwerkdämonen und -utilities. Der Netzwerkcode im Kernel von Linux wurde von Grund auf neu geschrieben (sogar zwei- oder dreimal), aber die Dämonen und Utilities gehen auf BSD zurück.

Heute ist Linux ein komplettes UNIX, das in der Lage ist, mit dem X Window System, TCP/IP, Emacs, UUCP, Mail- und News-Software (und was Ihnen sonst noch einfällt) zu laufen. Fast alle wichtigen freien Softwarepakete sind nach Linux portiert worden, und kommerzielle Software erscheint gerade auf dem Markt. Linux unterstützt heute viel mehr Hardware als frühe Versionen des Kernels. Viele Leute haben Benchmarks auf 486er Linux-Systemen durchgeführt und festgestellt, daß Linux vergleichbar ist mit mittleren Workstations von Sun Microsystems und Digital Equipment. Wer hätte je gedacht, daß dieses »kleine« UNIX einmal so groß werden würde, daß es gegen die gesamte Welt des Personal Computing bestehen könnte?

Eine andere neue Entwicklung findet statt, während dieses Buch in den Druck geht. Es handelt sich um eine Entwicklung, die viele als lediglich symbolisch abtun würden, die aber einen großen Einfluß auf die Akzeptanz von Linux in Behörden und Firmen hat. Lasermoon Ltd. hat dafür gesorgt, daß Linux dem POSIX-Standard POSIX.1 und POSIX.2 voll entspricht und hat vor, dieses durch das Standardkomitee der X/Open validieren zu lassen. Viele öffentliche Beschaffungen erfordern die Erfüllung der POSIX-Standards (das ist auch der Grund, warum Microsoft dies in Windows NT eingebaut hat), so daß dies nicht nur eine Fingerübung für Programmierer war. Ein anderer Linux-Distributor, Caldera Systems, hat die Lasermoon-Version von Linux lizensiert und plant, das UNIX-Warenzeichen für Linux zu erwerben, so daß sie Linux als echtes UNIX vermarkten können. Viele kommerzielle und behördliche Einkäufer halten dies für wichtig. In Anhang B, *Liste der Linux-Anbieter,* finden Sie mehr Informationen über diese Entwicklungen.

Anhang B

Wer arbeitet unter Linux?

Anwendungsprogrammierer, Netzwerkprovider, Kernel-Hacker, Multimedia-Autoren – das sind einige der Leute, die der Meinung sind, daß Linux seinen eigenen Charme entwickelt.

UNIX-Programmierer benutzen immer häufiger Linux, weil es eine kostengünstige Lösung darstellt – sie erhalten eine komplette Programmierumgebung, die auf einem billigen PC läuft, für ein paar Mark –, außerdem ist Linux eine hervorragende Basis, um portable Programme zu schreiben. Es ist ein modernes Betriebssystem, das dem POSIX-Standard entspricht und einige Ähnlichkeit mit System V aufweist. Das hat zur Folge, daß Programme, die unter Linux laufen, in der Regel auch auf anderen aktuellen Systemen laufen. Linux ist selbst auf einem bescheiden ausgestatteten PC schneller als manche UNIX-Workstation.

Die Netzwerkfähigkeiten gehören zu den Stärken von Linux. Sie wurden voller Begeisterung von Leuten eingebracht, die kleine Netzwerke auf Gemeindeebene (Free-Nets) betrieben, oder die Non-Profit-Organisationen und lose Gemeinschaften von Benutzern mittels UUCP verbinden wollten. Linux gibt einen guten Netzwerkknoten für solche Netze ab. Da Linux auch das Network File System (NFS) und NIS unterstützt, können Sie problemlos einen PC in ein Firmen- oder Universitätsnetz mit anderen UNIX-Rechnern einbinden. Die gemeinsame Nutzung von Dateien (file sharing), der Fernzugang (remote login) und die Nutzung von Fenstern auf anderen Rechnern lassen sich in einfacher Weise realisieren.

Kernel-Hacker gehörten zu den ersten, die Linux ihre Aufmerksamkeit schenkten – in der Tat waren sie es, die Linus Torvalds halfen, Linux zu kreieren –, und sie stellen immer noch einen großen Teil der Anhänger. Wenn Sie Lust haben, mit Puffergrößen und der Anzahl von Tabelleneinträgen zu experimentieren, um Ihre Anwendungen etwas schneller zu machen, haben Sie mit Linux genau die richtige Wahl getroffen. Außerdem wird man Ihnen im Internet gerne weiterhelfen, wenn die Dinge anfangen, schiefzulaufen.

Zum Abschluß sei noch angemerkt, daß Linux sich zu einem aufregenden Forum für Multimedia entwickelt. Das liegt daran, daß es zu einer enormen Anzahl von Hardwareerweiterungen wie zum Beispiel Soundkarten kompatibel ist. Verschiedene Programmierumgebungen sind nach Linux portiert worden; das Andrew-Toolkit ist die bekannteste davon.

Wir wollen Ihnen ein paar Beispiele aus der »wirklichen Welt« dafür geben, wie Linux in der EDV eingesetzt wird. Linux-Systeme sind bereits auf hoher See im Nordpazifik unterwegs gewesen und haben dabei die Telekommunikation und Datenanalyse für ein ozeanographisches Forschungsschiff gehandhabt. Linux-Systeme werden auf Forschungsstationen in der Antarktis eingesetzt. Ein vielleicht etwas alltäglicheres Beispiel stellen mehrere Krankenhäuser dar, die Linux einsetzen, um die Patientendaten zu verwalten. Es hat zu diesem Buch eine Besprechung von jemandem gegeben, der Linux innerhalb des U.S. Marine Corps benutzt. Linux hat sich als ebenso zuverlässig und nützlich erwiesen wie andere UNIX-Implementierungen.

Linux breitet sich also nach vielen Richtungen hin aus. Sogar unbedarfte Benutzer können damit zurechtkommen, wenn Sie die Anwenderunterstützung nutzen, die an Universitäten und in Firmen heutzutage in der Regel verfügbar ist. Die Konfiguration und Pflege erfordern einen gewissen Aufwand; andererseits ist Linux preiswert, umfangreich und bietet denjenigen das gewisse Extra an Kontrolle über ihr System, die das wünschen.

Eigenschaften des Systems

Linux unterstützt die meisten der Merkmale, die andere Implementierungen von UNIX bieten, und darüber hinaus ein paar, die Sie woanders nicht finden werden. In diesem Abschnitt stellen wir Ihnen kurz einige der Eigenschaften des Kernels vor.

Linux ist ein komplettes Multitasking-, Multiuser-Betriebssystem (wie alle anderen UNIX-Versionen auch). Das bedeutet, daß viele Benutzer gleichzeitig auf einem Rechner arbeiten können, wobei viele Programme gleichzeitig ausgeführt werden. Darüber hinaus unterstützt Linux Multiprozessorsysteme (wie zum Beispiel Hauptplatinen mit zwei Pentium-Prozessoren). Zu dem Zeitpunkt, zu dem wir dies schreiben, ist die Linux-SMP-Unterstützung zwar noch in der Entwicklung, aber durchaus schon verwendbar.

Das Linux-System ist auf Quellcode-Ebene in vielen Punkten kompatibel zu einigen UNIX-Standards (soweit man bei UNIX von Standards sprechen kann), darunter Merkmale von IEEE POSIX.1, System V und BSD. Linux wurde unter Berücksichtigung der Portabilität von Quellcode entwickelt. Daraus ergibt sich, daß Sie wahrscheinlich einige Eigenschaften feststellen werden, die verschiedenen Implementierungen gemein sind. Ein großer Teil der freien UNIX-Software aus dem Internet und aus anderen Quellen läßt sich unter Linux so kompilieren, wie sie bei Ihnen eintrifft. Außerdem kann der komplette Quellcode für das Linux-System, einschließlich des Kernels, der Gerätetreiber, der Bibliotheken, der Anwendungen und Entwicklungswerkzeuge, ohne Einschränkungen weitergegeben werden.

Andere besondere Eigenschaften von Linux sind die Job-Control nach dem POSIX-Standard (wird zum Beispiel von den Shells *csh* und *bash* benutzt), Pseudoterminals (*pty*-Devices) und die Unterstützung von länderspezifischen oder anwenderdefinierten Tastaturbelegungen, die mit Hilfe von dynamisch ladbaren Tastaturtreibern realisiert werden. Linux unterstützt außerdem virtuelle Konsolen, die das Umschalten von der Systemkonsole zu mehreren Login-Sitzungen ermöglichen. Den Benutzern des Programms *screen* wird die Linux-Implementierung der virtuellen Konsolen bekannt vorkommen.

Kapitel 3
Kapitel 5

Linux unterstützt mehrere Dateisysteme zum Abspeichern von Daten. Einige davon, etwa das *ext2fs*-Dateisystem, sind speziell für Linux entwickelt worden. Andere, etwa die Dateisysteme Minix-1 und Xenix, werden ebenfalls unterstützt. Auch das DOS-Dateisystem ist implementiert worden, so daß Sie DOS-Dateien direkt von der Festplatte oder Diskette lesen können. Auch das Dateisystem nach ISO 9660, das alle Standardformate für CD-ROMs liest, wird unterstützt. Wir werden in Kapitel 3, *Installation und erste Konfigurationsarbeiten*, und Kapitel 5, *Grundlagen der Systemverwaltung*, genauer auf die Dateisysteme eingehen.

Kapitel 14

Linux enthält alles, was Sie für die Einbindung in TCP/IP-Netzwerke brauchen. Dazu gehören Treiber für viele bekannte Ethernet-Karten, SLIP (Serial Line Internet Protocol, das Ihnen über eine serielle Schnittstelle den Zugriff auf ein TCP/IP-Netz ermöglicht), Parallel Line Internet Protocol (PLIP), Point-to-Point Protocol (PPP), NFS (Network File System) usw. Sämtliche TCP/IP-Clients und -Dienste werden unterstützt, darunter FTP, Telnet, NNTP und SMTP. In Kapitel 14, *TCP/IP und SLIP*, gehen wir genauer auf Linux und Netzwerke ein.

Der *Kernel* ist das Herz des Betriebssystems – er enthält den Programmcode, der die Schnittstelle zwischen Anwenderprogrammen und der Hardware kontrolliert. Außerdem sorgt der Kernel für die Verwaltung der Prozesse, um das Multitasking zu ermöglichen, und kontrolliert einige andere Aspekte des Systems. Der Kernel ist kein einzelner Prozeß, der auf dem System läuft – statt dessen können Sie sich den Kernel als einen Satz von Routinen vorstellen, die ständig im Speicher gehalten werden, und auf die jeder Prozeß zugreifen kann. Kernel-Routinen können auf verschiedene Weise aufgerufen werden. Eine direkte Methode, den Kernel zu benutzen, besteht darin, daß ein Prozeß einen Systemaufruf (system call) ausführt; das ist eine Funktion, die den Kernel veranlaßt, für den Prozeß ein Stück Programmcode auszuführen. Beispielsweise würde der Systemaufruf *read* -Daten von einem File-Descriptor lesen. Für den Programmierer sieht das aus wie eine weitere C-Funktion, aber in Wirklichkeit ist der Code für *read* im Kernel enthalten.

Kernel-Code wird auch in anderen Situationen ausgeführt. Wenn zum Beispiel ein Hardware-Interrupt erfolgt, ist es ebenfalls der Kernel, der mit einer Interrupt-Behandlungsroutine darauf reagiert. Wenn ein Prozeß an eine Stelle gelangt, an der er auf Ergebnisse warten muß, greift der Kernel ein und läßt diesen Prozeß ruhen, um einem anderen Prozeß mehr CPU-Zeit zu gewähren. In ähnlicher Weise teilt der Kernel jeweils einem Prozeß Priorität zu, indem er den Clock-Interrupt (und andere Mittel) benutzt, um von einem Prozeß zum anderen zu wechseln. Das ist im wesentlichen die Art und Weise, wie Multitasking erreicht wird.

Der Linux-Kernel wird auch als *monolithischer* Kernel bezeichnet, weil alle Gerätetreiber in ihm enthalten sind. Einige Betriebssysteme benutzen eine *Mikrokernel*-Architektur, bei der Gerätetreiber und anderer Code nur bei Bedarf geladen und ausgeführt werden und sich deshalb nicht immer im Arbeitsspeicher befinden. Beide Entwürfe haben ihre Vor- und Nachteile – die monolithische Architektur ist unter UNIX-Implementierungen weit verbreitet und wird in klassischen Kernel-

Kapitel 7

Designs wie BSD benutzt. Linux unterstützt ladbare Gerätetreiber (die durch Befehle des Benutzers in den Speicher ge- und von dort wieder entladen werden können). Im Abschnitt »Ladbare Gerätetreiber« in Kapitel 7, *Software und den Kernel aktualisieren,* erfahren Sie mehr zu diesem Thema.

Der Kernel ist in der Lage, Befehle der 387er FPU zu emulieren, so daß auch Systeme ohne mathematischen Koprozessor Programme ausführen können.

Der Linux-Kernel ist so gestaltet, daß er die speziellen Möglichkeiten des Protected Mode der 80x86er Prozessoren von Intel ausnutzen kann. Insbesondere benutzt Linux die auf Deskriptoren beruhende Speicherverwaltung des Protected Mode und viele der anderen fortschrittlichen Merkmale dieser CPUs. Jeder, der sich mit der Programmierung des 80386er Protected Mode auskennt, weiß, daß dieser Prozessor für ein Multitasking-Betriebssystem wie UNIX (genauer gesagt: Multics) entworfen wurde. Linux macht sich diese Funktionalität zunutze.

Der Linux-Kernel unterstützt das Demand-Paged-Loading von Programmcode. Das bedeutet, daß nur diejenigen Teile eines Programms von der Festplatte in den Speicher geladen werden, die gerade abgearbeitet werden. Wenn mehrere Teile eines Programms gleichzeitig laufen, wird nur eine einzige Kopie des Programm-Codes im Speicher gehalten.

Um den verfügbaren Speicher zu vergrößern, benutzt Linux außerdem das Disk-Paging; das heißt, daß bis zu 16*128 Megabytes an *Swap-Space*[2] auf der Festplatte angelegt werden können. Wenn das System mehr physikalischen Speicher braucht, wird es inaktive Speicherseiten auf die Festplatte auslagern. Auf diese Weise können Sie größere Anwendungen laufen lassen, und es können mehr Benutzer gleichzeitig arbeiten. Allerdings kann der Swap-Space nicht physikalisches RAM ersetzen – er arbeitet aufgrund der Plattenzugriffszeiten viel langsamer.

Der Kernel benutzt für Anwendungsprogramme und Plattencache einen gemeinsamen Speicher-Pool. Auf diese Weise kann der gesamte freie Speicher als Cache genutzt werden, und die Größe des Cache wird reduziert, wenn große Anwendungen laufen.

Ausführbare Programme benutzen dynamisch gebundene Shared Libraries (gemeinsam genutzte Bibliotheken); das heißt, daß sie Programmcode in einer einzigen Library-Datei auf der Festplatte gemeinsam benutzen. Dies ähnelt dem Shared-Library-Mechanismus von SunOS. Dadurch können ausführbare Programme mit deutlich weniger Platz auf der Festplatte auskommen; insbesondere solche Programme, die auf viele Bibliotheks-Funktionen zugreifen. Es gibt auch statisch gebundene Bibliotheken für diejenigen, die Object-Code debuggen wollen oder die den »kompletten« Programmcode erhalten möchten, ohne auf Shared Libraries

2 Swap Space ist eigentlich ein unpassender Name: Es werden nicht ganze Prozesse ausgelagert, sondern einzelne Speicherseiten. Natürlich werden oft doch ganze Prozesse ausgelagert, aber das muß nicht immer so sein.

angewiesen zu sein. Die Shared Libraries von Linux werden bei der Programmausführung dynamisch dazugebunden; das gibt Programmierern die Möglichkeit, Teile der Libraries durch ihren eigenen Code zu ersetzen.

Kapitel 13

Um das Debugging zu vereinfachen, erzeugt der Linux-Kernel Core-Dumps (Speicherauszüge) zur Analyse nach Programmabstürzen. Mit Hilfe eines Core-Dumps und einer ausführbaren Datei, die mit Debugging-Unterstützung gebunden wurde, können Sie feststellen, was ein Programm abstürzen ließ. Im Abschnitt »Eine Core-Datei analysieren« in Kapitel 13, *Werkzeuge für Programmierer*, werden wir das besprechen.

Eigenschaften der Software

In diesem Abschnitt werden wir Ihnen viele der Anwendungsprogramme vorstellen, die es für Linux gibt, und werden eine Reihe von Aufgabenstellungen besprechen, die oft mit dem Computer gelöst werden. Schließlich ist der wichtigste Teil des Systems die Spannweite an Programmen, die es dafür gibt. Noch beeindruckender ist, daß der größte Teil dieser Software frei erhältlich ist.

Grundlegende Befehle und Utilities

Kapitel 4

Nahezu jedes einzelne Utility (Hilfsprogramm), das Sie auf anderen Implementierungen von UNIX vorfinden, ist auch nach Linux portiert worden. Dazu gehören grundlegende Befehle wie *ls*, *awk*, *tr*, *sed*, *bc*, *more* usw. Was auch immer Ihnen einfällt: Linux hat es. Sie können deshalb davon ausgehen, daß Ihre gewohnte UNIX-Arbeitsumgebung auch unter Linux existiert. Alle Standardbefehle und -utilities sind vorhanden. (Linux-Anfänger sollten Kapitel 4, *Grundlegende UNIX-Befehle und -Konzepte*, lesen; dort werden die UNIX-Grundbefehle vorgestellt.)

Viele Texteditoren stehen zur Verfügung, darunter *vi*, *ex*, *pico* und *jove*; ebenso gibt es GNU Emacs und Varianten davon, wie XEmacs (der Erweiterungen für das X Window System enthält) und *joe*. Egal, mit welchem Texteditor Sie normalerweise arbeiten – wahrscheinlich ist er auch nach Linux portiert worden.

Kapitel 9

Die Wahl eines Texteditors ist eine interessante Angelegenheit. Viele UNIX-Benutzer arbeiten immer noch mit »einfachen« Editoren wie *vi* (auch dieses Buch wurde mit *vi* unter Linux geschrieben). Allerdings unterliegt *vi* aufgrund seines Alters einigen Beschränkungen, und modernere (und komplexere) Editoren wie etwa Emacs gewinnen an Popularität. Emacs enthält eine komplette, auf LISP basierende Makrosprache sowie einen LISP-Interpreter, hat eine umfangreiche Befehlssyntax und beinhaltet auch einige Spiele. Für Emacs gibt es Makros, die das Lesen von Mail und News ermöglichen, Verzeichnisbäume bearbeiten und sogar eine mit künstlicher Intelligenz ausgestattete Psychotherapie-Sitzung abhalten (ein Muß für den gestreßten Linux-Hacker). In Kapitel 9, *Editoren, Textwerkzeuge, Drucken*, finden Sie eine gründliche Einführung in *vi* und eine ausführliche Beschreibung von Emacs.

Ein interessantes Detail ist, daß die meisten Linux-Utilities aus der GNU-Softwareschmiede stammen. Diese GNU-Utilities enthalten weitergehende Merkmale, die in den Standardversionen für BSD und AT&T nicht enthalten sind. Zum Beispiel kennt die GNU-Version des Editors *vi*, *elvis*, eine strukturierte Makrosprache, die sich vom AT&T-Original unterscheidet. Trotzdem hat man sich bemüht, die GNU-Utilities kompatibel zu ihren Vettern unter BSD und System V zu halten. Viele Leute betrachten die GNU-Versionen dieser Programme als die besseren.

Für viele Benutzer ist die *Shell* (Bedienoberfläche) das wichtigste Utility. Die Shell ist ein Programm, das die Befehle des Benutzers interpretiert und ausführt. Viele Shells bieten außerdem Extras wie *Job-Kontrolle* (damit kann der Benutzer mehrere Prozesse gleichzeitig starten – man muß dabei nicht unbedingt an Orwell denken), die Umleitung von Ein- und Ausgaben oder eine Kommandosprache zum Schreiben von *Shell-Skripten*. Ein Shell-Skript ist eine Datei, die ein Programm in der Kommandosprache der Shell enthält; das entspricht einer »Batchdatei« unter DOS.

Es gibt viele Typen von Shells für Linux. Der wichtigste Unterschied zwischen den Shells besteht in der Kommandosprache. So benutzt zum Beispiel die C-Shell (*csh*) eine Sprache, die der Programmiersprache C ähnlich ist. Die klassische Bourne-Shell benutzt eine andere Kommandosprache. Die Wahl einer Shell hängt oft von der Kommandosprache ab, die die Shell zur Verfügung stellt. Die Shell, für die Sie sich entscheiden, bestimmt in gewissem Grade darüber, wie Ihre Arbeitsumgebung unter Linux aussieht.

Ganz gleich, mit welcher Shell Sie normalerweise arbeiten – ziemlich sicher gibt es eine Version davon für Linux. Die am häufigsten benutzte Shell ist die Bourne-Again-Shell (*bash*) von GNU. Dies ist eine Variante der Bourne-Shell mit weitergehenden Möglichkeiten wie Job-Control, einer History-Funktion für Befehlseingaben, automatischer Komplettierung von Befehlen und Dateinamen, einer Art Emacs-Interface, um die Befehlszeile zu editieren, sowie mächtigen Erweiterungen zur Kommandosprache der Standard-Bourne-Shell. Eine andere beliebte Shell ist die *tcsh*, eine Version der C-Shell mit erweiterten Möglichkeiten, ähnlich denen der *bash*. Weitere Shells sind die Korn-Shell (*ksh*), die *ash* von BSD, die *zsh*, eine kleine Bourne-ähnliche Shell, und *rc*, die Shell des Plan-9-Betriebssystems.

Was ist also das Wichtige an diesen grundlegenden Utilities? Linux bietet Ihnen einzigartige Möglichkeiten, ein spezielles System ganz nach Ihren Wünschen zu konfigurieren. Wenn Sie zum Beispiel der einzige Benutzer Ihres Systems sind und Sie am liebsten mit dem Editor *vi* und der Shell *bash* arbeiten, brauchen Sie die anderen Editoren und Shells nicht zu installieren. Dieser »Do-it-yourself«-Geist ist unter Linux-Hackern und -Benutzern weit verbreitet.

Textverarbeitung

Fast jeder Computerbenutzer braucht irgendein Textverarbeitungssystem. (Wie viele Computerfreaks kennen Sie, die noch mit Papier und Stift schreiben? Nicht sehr viele, darauf können wir wetten.) In der Welt der PCs herrscht eine andere Art der Textverarbeitung vor als unter UNIX (im Englischen als *word processing* bezeichnet). Dabei werden Texte editiert und formatiert (oft in einer »What-You-See-Is-What-You-Get« -(WYSIWYG)-Darstellung) und komplett mit Abbildungen, Tabellen und anderen Extras fertiggestellt.

Unter UNIX findet eine andere Art von Textverarbeitung statt (im Englischen als *text processing* bezeichnet), die sich erheblich vom klassischen *Word-Processing* unterscheidet. Beim Text-Processing erstellt der Autor den Text in einer Formatierungssprache (»typesetting language«), die das Aussehen des Textes beschreibt. Statt den Text in einem speziellen Textverarbeitungsprogramm einzugeben, kann der ursprüngliche Text hierbei mit einem beliebigen Texteditor, wie zum Beispiel *vi* oder Emacs, bearbeitet werden. Sobald der Text (inklusive der Formatierungsanweisungen) fertiggestellt ist, wird er mit einem besonderen Programm (Textformatierer) bearbeitet, das den Quelltext für die Druckausgabe formatiert. Das entspricht etwa der Programmierung in Sprachen wie C; der Text wird sozusagen in seine endgültige Form »kompiliert«.

Unter Linux stehen viele Textformatierungssysteme zur Verfügung. Eines ist groff, die GNU-Version des klassischen Textformatierers *troff*, der ursprünglich von den Bell Laboratories entwickelt wurde und noch immer auf vielen UNIX-Systemen in der ganzen Welt in Gebrauch ist. Ein anderer moderner Textformatierer ist TEX, der von dem bekannten Informatiker Donald Knuth entwickelt wurde. Auch Dialekte von TEX, etwa LATEX, sind vorhanden.

Textformatierer wie TEX und *groff* unterscheiden sich hauptsächlich in der Syntax ihrer Formatierungssprachen. Die Wahl eines Formatierungssystems hängt auch davon ab, ob die verfügbaren Utilities Ihren Anforderungen gerecht werden; auch persönliche Vorlieben spielen eine Rolle.

Beispielsweise betrachten einige Leute den Textformatierer *groff* als etwas obskur, und sie arbeiten deshalb lieber mit TEX, dessen Quelltexte von Menschen einfacher zu lesen sind. Allerdings ist *groff* in der Lage, reine ASCII-Texte zu produzieren, die auf dem Bildschirm angezeigt werden können; TEX eignet sich eher dazu, Ausgaben für Drucker zu erzeugen. Aber es gibt auch verschiedene Programme, die TEX-formatierte Dokumente in ASCII-Texte umwandeln oder das TEX-Format zum Beispiel in das *groff*-Format wandeln.

Ein anderer Textformatierer ist Texinfo, eine Erweiterung zu TEX, der von der Free Software Foundation für die Softwaredokumentation benutzt wird. Texinfo ist in der Lage, aus einer einzigen Quelldatei entweder ein druckbares Dokument oder ein Hypertext-»Info«-Dokument zu erstellen, das online gelesen werden kann. Info-Dateien sind die wichtigste Art der Dokumentation von GNU-Software wie zum Beispiel Emacs.

Textformatierer werden in der EDV-Welt häufig zum Erstellen von schriftlichen Unterlagen, Doktorarbeiten, Zeitschriftenartikeln und Büchern benutzt (auch dieses Buch wurde mit LaTeX geschrieben, mit einem selbstgebauten SGML-System verarbeitet und mit *groff* gedruckt). Die Möglichkeit, den ursprünglichen Text inklusive der Formatierungsanweisungen im Klartext zu bearbeiten, bietet eine Chance, den Textformatierer selbst zu erweitern. Da die Quelltexte nicht in irgendeinem obskuren Format gespeichert werden, das nur von einer bestimmten Textverarbeitung gelesen werden kann, haben Programmierer die Möglichkeit, Parser und Übersetzungsprogramme für die Formatierungssprache zu schreiben und damit das System zu erweitern.

Wie sieht so eine Formatierungssprache aus? Im allgemeinen bestehen die Quelltexte einer solchen Sprache aus dem eigentlichen Text, in den »Kontrollcodes« eingebettet sind, die eine bestimmte Formatierung bewirken – etwa einen anderen Font wählen, den Seitenrand einstellen, eine Liste anlegen usw.

Betrachten Sie zum Beispiel folgenden Text:

> Herr Torvalds:
> Wir sind sehr verärgert über Ihre aktuellen Pläne, *hypnotische Suggestivbotschaften* in den **Linux**-Terminaltreiber einzubauen. Dafür gibt es drei Gründe:
>
> 1. Die Verwendung solcher Botschaften im Terminaltreiber ist nicht nur unmoralisch, sondern auch reine Zeitverschwendung.
> 2. Es ist erwiesen, daß solche „hypnotischen Suggestiv-Botschaften" nicht funktionieren, wenn sie bei ahnungslosen UNIX-Hackern angewendet werden.
> 3. Wir haben bereits Elektroschocks als Sicherheitsmaßnahme in den Code von `login` eingebaut.
>
> Wir hoffen, daß Sie Ihre Entscheidung noch einmal überdenken.

Dieser Text würde in der Formatierungssprache LaTeX folgendermaßen aussehen:

```
\documentclass{article}
\usepackage{german}
\parindent0pt
\pagestyle{empty}
\begin{document}
Herr Torvalds,
wir sind sehr ver"argert "uber Ihre aktuellen Pl"ane, \emph{hypnotische
Suggestivbotschaften} in den \textbf{Linux}-Terminaltreiber
einzubauen. Daf"ur gibt es drei Gr"unde:
\begin{enumerate}
\item Die Verwendung solcher Botschaften im Terminaltreiber ist nicht
      nur unmoralisch, sondern auch reine Zeitverschwendung.
```

```
\item Es ist erwiesen, da"s solche \glqq hypnotischen
      Suggestiv-Botschaften\grqq\ nicht funktionieren, wenn sie bei
      ahnungslosen \textsc{Unix}-Hackern angewendet werden.
\item Wir haben bereits Elektroschocks als Sicherheitsma"snahme in den
      Code von \texttt{login} eingebaut.
\end{enumerate}
Wir hoffen, da"s Sie Ihre Entscheidung noch einmal "uberdenken.
\end{document}
```

Der Autor gibt den oben gezeigten »Quell«-Text mit einem beliebigen Texteditor ein und produziert den Ausgabetext, indem er diesen Quelltext mit LaTeX bearbeitet. Auf den ersten Blick erscheint die Formatierungssprache vielleicht etwas seltsam, aber sie ist eigentlich recht einfach zu lernen. Die Benutzung eines Textformatierers erzwingt, daß während des Schreibens gewisse typographische Standards eingehalten werden. So werden zum Beispiel alle durchnumerierten Listen gleich aussehen, solange der Autor nicht die Definition für »numerierte Liste« ändert. Der Autor kann so die Priorität auf das Erstellen des eigentlichen Textes legen, statt sich um typographische Konventionen zu kümmern.

Textverarbeitungen nach dem WYSIWYG-Prinzip sind aus vielen Gründen beliebt; sie bieten eine mächtige (und manchmal komplexe) visuelle Schnittstelle zum Editieren von Dokumenten. Andererseits ist diese Schnittstelle von vornherein auf diejenigen Aspekte des Textlayouts beschränkt, die dem Benutzer angeboten werden. Deshalb bieten viele WYSIWYG-Textverarbeitungen eine spezielle »Formatierungssprache« für die Erstellung komplizierter Ausdrücke an; etwa einen Formeleditor für mathematische Formeln. Der Einsatz eines Formeleditors entspricht der Benutzung eines Textformatierers, allerdings in sehr einfacher Form.

Der feine Unterschied bei der Benutzung von Textformatierern ist, daß Sie genau bestimmen können, was Sie brauchen. Diese Systeme erlauben Ihnen außerdem, die Quelltexte mit beliebigen Editoren zu bearbeiten, und die Quelltexte lassen sich leicht in andere Formate wandeln. Der Nachteil bei dieser Flexibilität und Mächtigkeit ist, daß keine WYSIWYG-Schnittstelle vorhanden ist.

Viele Benutzer von WYSIWYG-Textverarbeitungen sind es gewohnt, bereits beim Editieren den fertig formatierten Text zu sehen. Andererseits muß man sich bei der Arbeit mit einem Textformatierer im allgemeinen keine Gedanken darüber machen, wie der formatierte Text aussehen wird. Der Schreiber lernt, aus den Formatierungsanweisungen im Quelltext zu erkennen, wie der fertige Text aussehen wird.

Es gibt Programme, die es vor dem Ausdruck ermöglichen, das formatierte Dokument auf einem Grafikbildschirm zu betrachten. Das Programm *xdvi* zum Beispiel zeigt eine »geräteunabhängige« Datei an, die mit TeX unter dem X Window System erstellt wurde. Andere Anwendungen wie *xfig* bieten eine graphische WYSIWYG-Schnittstelle zum Zeichnen von Abbildungen und Diagrammen, die anschließend in das Format eines Textformatierers gewandelt und dann in Ihre Dokumente eingefügt werden können.

Zugegeben: Textformatierer wie *nroff* gab es schon lange, bevor Textverarbeitungen auftauchten. Trotzdem arbeiten viele Leute immer noch lieber mit Textformatierern, weil sie vielseitiger und unabhängig von einer graphischen Arbeitsumgebung sind. Auf jeden Fall gibt es für Linux auch die Textverarbeitung *LyX* sowie kommerzielle Textverarbeitungen wie WordPerfect, Applixware und Star Office, und wir erwarten, daß es nicht lange dauern wird, bis noch mehr kommerzielle Textverarbeitungen verfügbar sind. Wenn Sie auf keinen Fall zugunsten von Textformatierern auf Ihre Textverarbeitung verzichten wollen, haben Sie immer noch die Möglichkeit, neben Linux auch DOS oder ein anderes Betriebssystem zu installieren.

Es gibt viele andere Utilities für die Textbearbeitung. Das mächtige METAFONT-System, mit dem Fonts für TeX erstellt werden, gehört zur Linux-Portierung von TeX. Andere Programme sind zum Beispiel *ispell*, eine interaktive Rechtschreibprüfung und -korrektur; *makeindex*, mit dem Indizes zu LaTeX-Dokumenten erstellt werden; sowie viele Makropakete, die auf *groff* und TeX basieren und mit denen verschiedene Arten von Dokumenten und mathematischen Texten formatiert werden. Außerdem gibt es Konvertierungsprogramme für die Umwandlung von TeX- und *groff*-Quellen in unzählige andere Formate.

Kapitel 9

In Kapitel 9, *Editoren, Textwerkzeuge, Drucken,* besprechen wir LaTeX, *groff* und andere Programme für die Formatierung von Texten im Detail.

Programmiersprachen und -Utilities

Linux stellt eine komplette UNIX-typische Programmierumgebung bereit, die alle Standardbibliotheken, Programmierwerkzeuge, Compiler und Debugger enthält, die Sie auch auf anderen UNIX-Systemen vorfinden. In der Welt der Softwareentwicklung für UNIX geschieht die Anwendungs- und Systemprogrammierung normalerweise mit C oder C++. Der Standard-Compiler für C und C++ unter Linux ist der *gcc* von GNU; es ist ein ausgereifter, moderner Compiler mit vielen Optionen. *gcc* kann C++-Programme (einschließlich der AT&T-3.0-Optionen) ebenso kompilieren wie Objective-C, einen anderen objektorientierten Dialekt von C.

Neben C und C++ sind viele andere Compiler- und Interpretersprachen nach Linux portiert worden, zum Beispiel Smalltalk, FORTRAN, Pascal, LISP, Scheme und Ada. Außerdem gibt es mehrere Assembler, mit denen sich Code für den Protected Mode des 80386 schreiben läßt, sowie die Favoriten aller UNIX-Hacker, Perl (die Skriptsprache, die alle anderen Skriptsprachen überflüssig macht) und Tcl/Tk (ein Shell-ähnliches System zur Verarbeitung von Befehlen, das auch die Entwicklung von einfachen Anwendungen für das X Window System unterstützt).

Der ausgereifte Debugger *gdb* ist nach Linux portiert worden. Sie haben damit die Möglichkeit, ein Programm schrittweise auszuführen, um Fehler zu finden, oder die Ursache eines Absturzes mit Hilfe eines Core-Dumps zu untersuchen. *gprof*, ein Profiling-Utility, erstellt Statistiken zum Zeitverhalten Ihres Programms und zeigt damit auf, wo Ihr Programm während der Ausführung wieviel Zeit verbringt. Der Texteditor Emacs bietet eine interaktive Arbeitsumgebung zum Editieren und Kompilieren verschiedener Programmiersprachen. Andere Werkzeuge sind GNU *make* und *imake*, mit denen Sie die Kompilierung großer Anwendungen steuern, sowie RCS, ein System zur Versionskontrolle.

Linux eignet sich hervorragend zur Entwicklung von UNIX-Anwendungen. Es bietet eine moderne Programmierumgebung mit allen erdenklichen Extras. Professionelle UNIX-Programmierer und Systemverwalter können Linux benutzen, um Software zu Hause zu entwickeln, die dann auf UNIX-Rechner am Arbeitsplatz übertragen wird.[3] So können Sie nicht nur eine Menge Zeit und Geld sparen, sondern auch bequem in den eigenen vier Wänden arbeiten. Informatikstudenten können mit Linux die Programmierung unter UNIX lernen und andere Aspekte des Systems, etwa die Kernel-Architektur, erforschen.

Unter Linux haben Sie nicht nur Zugang zu sämtlichen Bibliotheken und Utilities, sondern Sie haben auch den kompletten Kernel und den Quellcode der Bibliotheken im Zugriff.

Kapitel 12
Kapitel 13

Kapitel 12 und 13 beschäftigen sich mit den Programmiersprachen und -werkzeugen, die unter Linux zur Verfügung stehen.

Das X Window System

Das X Window System ist die graphische Standardschnittstelle auf UNIX-Rechnern. Es ist eine umfangreiche Bedienoberfläche, unter der viele Anwendungen laufen können. Bei der Arbeit mit X kann der Benutzer mehrere Terminalfenster gleichzeitig auf dem Bildschirm haben, von denen jedes eine andere Login-Sitzung darstellt. In der Regel wird die X-Schnittstelle mit der Maus bedient.

Viele X-spezifische Anwendungen sind bereits geschrieben worden, darunter Spiele, Grafik-Utilities, Programme zur Erstellung von Texten usw. Mit Linux und X wird Ihr System zu einer echten Workstation. Wenn Sie Ihren Rechner dann noch mit TCP/IP vernetzen, können Sie sogar X-Anwendungen auf Ihrem Bildschirm darstellen, die auf einer anderen Maschine ablaufen – genau wie auch andere Systeme unter X das tun können.

Das X Window System wurde ursprünglich am MIT (Massachusetts Institute of Technology) entwickelt und wird ohne Einschränkungen weitergegeben. Allerdings haben einige kommerzielle Hersteller firmeneigene Erweiterungen zur Originalsoftware auf den Markt gebracht. Die Version von X, die in Linux enthalten ist, ist unter dem Namen XFree86 bekannt und ist eine Portierung von X11R6, die unter anderem für 80386er UNIX-Systeme wie Linux frei weitergegeben werden darf. XFree86 unterstützt eine ganze Reihe von Videohardware, darunter VGA, Super

3 Der Autor verwendet sein Linux-System, um X-Anwendungen zu Hause zu entwickeln und zu testen. Diese Anwendungen können dann unmittelbar auf anderen Workstations übersetzt werden.

VGA und eine Reihe beschleunigter Grafikkarten. Linux enthält die komplette X-Software mit dem X-Server selbst, vielen Anwendungen und Utilities, den Programmbibliotheken sowie der Dokumentation.

Zu den Standardanwendungen für X gehören *xterm* (ein Terminalemulator, der für die meisten textbasierten Anwendungen innerhalb eines X-Fensters benutzt wird), *xdm* (der X-Session-Manager, der Logins handhabt), *xclock* (zeigt eine Uhr an), *xman* (ein Programm zum Lesen der Man-Pages unter X) und andere. Es gibt zu viele X-Anwendungen für Linux, um sie hier alle aufzuzählen, aber die Basisdistribution von XFree86 enthält alle »Standard«-Programme aus der originalen Distribution des MIT. Daneben sind viele andere X-Anwendungen separat erhältlich, und theoretisch sollte sich jedes für das X Window System geschriebene Programm ohne Probleme auch unter Linux kompilieren lassen.

Das Look-and-Feel von X wird weitgehend vom *Window-Manager* bestimmt. Dieses nette Programm erledigt die Anordnung der Fenster und ermöglicht es, sie in ihrer Größe anzupassen, sie als Icon darzustellen, sie zu verschieben sowie das Aussehen der Fensterrahmen zu bestimmen usw. Die Standarddistribution von XFree86 enthält *twm*, den klassischen Fenstermanager des MIT, obwohl es auch leistungsfähigere Manager (etwa den Open Look Virtual Window Manager *olvwm*) gibt. Ein Fenstermanager ist unter Linux-Benutzern besonders beliebt: *fvwm2*. Das ist ein kleiner Manager, der weniger als die Hälfte des Speichers beansprucht, den *twm* braucht. *fvwm2* zeigt die Fenster dreidimensional an und stellt einen virtuellen Desktop bereit – wenn der Benutzer die Maus zum Rand des Bildschirms bewegt, verschiebt sich die Anzeige so, als ob die Arbeitsfläche in Wirklichkeit viel größer sei. *fvwm2* ist in hohem Maße konfigurierbar, und alle Funktionen sind sowohl über die Tastatur als auch per Maus erreichbar. Viele Linux-Distributionen benutzen *fvwm2* als Standard-Fenstermanager.

XFree86 enthält Programmbibliotheken und Include-Dateien für die ausgefuchsten Programmierer, die X-Anwendungen entwickeln möchten. Verschiedene Widget-Sets wie zum Beispiel Athena, Open Look und Xaw3D werden unterstützt. Sämtliche Standardfonts, Bitmaps, Manual-Pages und sonstige Dokumentation werden mitgeliefert. Auch PEX (eine Programmierschnittstelle für 3D-Grafik) wird unterstützt.

Viele Programmierer von X-Anwendungen nutzen das herstellereigene Motif-Widget-Set für ihre Arbeit. Verschiedene Anbieter verkaufen Einzel- und Mehrfachlizenzen einer Binärversion von Motif für Linux. Weil Motif selbst ziemlich teuer ist, ist es unter Linux-Benutzern nicht weit verbreitet. Allerdings dürfen ausführbare Dateien, die mit Motif-Routinen statisch gebunden wurden, ohne Einschränkungen weitergegeben werden. Wenn Sie also mit Motif ein Programm schreiben, das Sie weitergeben möchten, können Sie ausführbare Dateien anbieten, die auch für Benutzer ohne Motif zu gebrauchen sind.

Die beiden großen Nachteile bei X sind die Anforderungen an den Arbeitsspeicher und andere Hardware. Auf einem 386er mit vier MB RAM kann X schon laufen, aber acht MB oder mehr physikalisches RAM sind nötig, um komfortabel arbeiten zu können. Auch ein schnellerer Prozessor ist eine gute Idee, aber viel wichtiger ist ausreichend physikalisches RAM. Um eine wirklich gute Qualität der Bildschirmausgabe zu erreichen, wird dringend eine beschleunigte Videokarte (etwa eine Local-Bus-Karte mit dem S3-Chipsatz) empfohlen. Unter Linux und XFree86 haben Leistungsmessungen schon mehr als 140.000 XStones ergeben. Mit ausreichender Hardware werden Sie feststellen, daß X und Linux ebenso schnell sind wie andere UNIX-Workstations – wenn nicht sogar schneller.

Kapitel 10

In Kapitel 10, *Das X Window System*, werden wir besprechen, wie Sie das X Window System auf Ihrem Linux-System installieren.

Die Vernetzung

Sind Sie daran interessiert, mit dem Rest der Welt zu kommunizieren? Ja? Nein? Vielleicht? Linux unterstützt die beiden wichtigsten Netzwerkprotokolle für UNIX-Systeme: TCP/IP und UUCP. TCP/IP (Transmission Control Protocol/Internet Protocol, für die Fans von Akronymen) umfaßt eine Reihe von Vereinbarungen, die es Systemen überall auf der Welt ermöglichen, in einem einzigen Netzwerk namens Internet miteinander zu kommunizieren. Wenn Sie Linux, TCP/IP und einen Anschluß an dieses Netzwerk haben, können Sie mit Benutzern und Rechnern per elektronischer Post, Usenet-News, mittels Datenfernübertragung per FTP und auf andere Art und Weise kommunizieren. Zur Zeit sind sehr viele Linux-Rechner an das Internet angeschlossen.

Die meisten TCP/IP-Netze benutzen Ethernet als physikalisches Transportmedium. Linux unterstützt viele weit verbreitete Ethernet-Karten und -Interfaces für PCs, darunter auch den Westentaschen-Ethernet-Adapter D-Link für Laptops.

Weil aber nicht jedermann einen Ethernet-Anschluß zu Hause hat, unterstützt Linux auch SLIP, das einen Anschluß an das Internet via Modem ermöglicht. Um SLIP zu benutzen, brauchen Sie Zugang zu einem SLIP-Server, also einem Rechner, der eine direkte Verbindung zum Netz hat und der das Einwählen per Modem gestattet. Viele Unternehmen und Universitäten bieten solche SLIP-Server an. Wenn zu Ihrem Linux-System eine direkte Ethernet-Verbindung und ein Modem gehören, können Sie es sogar als SLIP-Server für andere Rechner konfigurieren.

NFS ermöglicht Ihrem System die gemeinsame Benutzung von Dateien mit anderen Rechnern in einem Netzwerk. FTP (File Transfer Protocol) ermöglicht den Austausch von Dateien mit einem anderen Rechner im Netz. Andere Features sind zum Beispiel SMTP, welches Programmen wie *sendmail* und *smail* ermöglicht, E-Mail zu senden und zu empfangen. Außerdem können Sie News-Systeme wie C-News und INN benutzen, die auf dem NNTP-Protokoll aufsetzen; die Dienste *telnet*, *rlogin* und *rsh* verwenden, mit deren Hilfe Sie sich in andere Rechner im Netzwerk einloggen und dort Befehle ausführen können; und Sie können *finger* einsetzen, um Informationen über andere Internet-Benutzer zu erhalten. Ihnen stehen riesige Mengen an Programmen und Protokollen zur Verfügung, die auf TCP/IP basieren.

Es gibt eine ganze Reihe von Mail-Programmen und News-Readern für Linux. Dazu gehören Elm, Pine, *rn*, *nn* und *tin*. Egal, welche Programme Sie bevorzugen: Sie können Ihr Linux-System so konfigurieren, daß es weltweit elektronische Post und News versendet und empfängt.

Wenn Sie bereits auf anderen UNIX-Systemen Erfahrungen mit TCP/IP-Anwendungen gemacht haben, werden Sie schnell mit Linux vertraut sein. Linux enthält ein Standardinterface für die Programmierung von Sockets, so daß beinahe jedes Programm, das mit TCP/IP arbeitet, nach Linux portiert werden kann. Der X-Server von Linux unterstützt ebenfalls TCP/IP, so daß es möglich ist, Anwendungen auf Ihrem System darzustellen, die auf einem anderen System ablaufen.

Kapitel 14

In Kapitel 14, *TCP/IP und SLIP*, werden wir die Konfiguration von TCP/IP einschließlich SLIP für Linux besprechen. Dort wird auch die Konfiguration von Mail-Software behandelt.

Kapitel 16

UUCP ist eine etwas ältere Methode der Dateiübertragung. UUCP-Rechner sind untereinander per Modem und Telefonleitung verbunden, aber UUCP kann Daten auch über ein TCP/IP-Netz transportieren. Falls Sie keinen Zugang zu einem TCP/IP-Netz oder einem SLIP-Server finden, können Sie Ihr System so konfigurieren, daß es Dateien und elektronische Post via UUCP versendet und empfängt. Lesen Sie Kapitel 16, *Datenfernübertragung und UUCP*, dort besprechen wir UUCP und seine Konfiguration.

Telekommunikation und BBS-Software

Wenn Sie ein Modem haben, sind Sie auch in der Lage, mit anderen Rechnern zu kommunizieren, indem Sie eines der Datenübertragungspakete für Linux einsetzen. Viele Leute benutzen Datenübertragungssoftware für den Zugriff auf Bulletin Board Systems (BBSs) und kommerzielle Dienste wie CompuServe, T-Online oder America Online. Andere Leute setzen ihr Modem ein, um sich mit einem Rechner am Arbeitsplatz oder der Ausbildungsstätte zu verbinden. Mit einem Modem und Ihrem Linux-System können Sie sogar Faxe verschicken. Die Datenübertragungssoftware für Linux ist der von DOS und anderen Betriebssystemen sehr ähnlich. Wer schon einmal ein Programm für die Datenübertragung benutzt hat, wird schnell mit der entsprechenden Software unter Linux vertraut werden.

Kapitel 16

Eines der am weitesten verbreiteten DFÜ-Programme für Linux ist Seyon, eine X-Anwendung mit einer konfigurierbaren, ergonomisch gestalteten Bedienoberfläche und mit eingebauter Unterstützung für verschiedene Datenübertragungsprotokolle wie Kermit, ZModem usw. Andere Programme für die Datenfernübertragung sind C-Kermit, *pcomm* und *minicom*. Diese ähneln Datenübertragungsprogrammen, die man auf anderen Betriebssystemen findet, und sind sehr einfach zu benutzen. Wir werden Kermit und ZModem im Abschnitt »Software für Datenübertragung und Remote-Zugang« in Kapitel 16, *Datenfernübertragung und UUCP*, genauer besprechen.

Falls Sie keinen Zugang zu einem SLIP-Server haben (siehe auch den vorherigen Abschnitt), können Sie *term* benutzen, um Ihre serielle Verbindung zu multiplexen. *term* läßt Sie über die Modemverbindung mehrfache Login-Sitzungen auf einem fremden Rechner öffnen. *term* ermöglicht außerdem über eine serielle Leitung das Umlenken von Verbindungen mit einem X-Client an Ihren lokalen X-Server, so daß Sie fremde X-Anwendungen auf Ihrem Linux-System darstellen können. Ein anderes Softwarepaket, KA9Q, implementiert ein ähnliches, SLIP-artiges Interface.

Das Betreiben eines Bulletin Board Systems (BBS) ist für einige Leute das liebste Hobby (und eine Einnahmequelle). Linux unterstützt eine ganze Palette an BBS-Software, von der ein großer Teil leistungsfähiger ist als das, was man auf anderen Betriebssystemen vorfindet. Mit einem Telefonanschluß, einem Modem und Linux sind Sie in der Lage, aus Ihrem System ein BBS zu machen, das Benutzern aus der ganzen Welt den Wählzugang zu Ihrem System gestattet. Die BBS-Software für Linux besteht unter anderem aus XBBS und dem UniBoard BBS-Paket.

Ein Großteil der BBS-Software hält den Benutzer in einem Menüsystem gefangen, das nur bestimmte Funktionen und Anwendungen erlaubt. Eine Alternative zum BBS-Zugang ist ein voller UNIX-Zugang, der es anderen Leuten ermöglichen würde, sich in Ihren Rechner einzuwählen und als normaler Benutzer einzuloggen. Ihr System kann ohne allzu großen Aufwand dafür konfiguriert werden, aber der Betrieb würde erheblichen Einsatz seitens des Systemverwalters erfordern. Innerhalb eines TCP/IP-Netzes könnten Sie dann den Benutzern Ihres Systems Zugang zu elektronischer Post und News verschaffen.

Falls Sie keinen Zugang zu einem TCP/IP-Netz oder einem UUCP-Rechner haben, können Sie unter Linux auch mit BBS-Netzen kommunizieren, zum Beispiel dem FidoNet, um elektronische Post und News über die Telefonleitung auszutauschen.

Die Zusammenarbeit mit MS-DOS

Es existieren verschiedene Utilities für den Zugriff auf die DOS-Welt. Die bekannteste Anwendung ist der MS-DOS-Emulator von Linux, der das Starten von DOS-Anwendungen aus Linux heraus ermöglicht. Obwohl Linux und DOS völlig verschiedene Betriebssysteme sind, gestattet es der Protected Mode des 80386 bestimmten Tasks, sich wie Programme im 8086-Emulationsmodus zu verhalten, wie es auch DOS-Anwendungen tun.

Der MS-DOS-Emulator befindet sich noch in der Entwicklung, aber viele bekannte Anwendungen laufen bereits unter ihm. Es ist verständlich, daß solche DOS-Programme, die irgendwelche bizarren und esoterischen Möglichkeiten des Systems ausnutzen, wahrscheinlich keine Unterstützung finden werden, weil es sich nur um einen Emulator handelt. Sie würden zum Beispiel nicht erwarten, daß Programme, die die Möglichkeiten des Protected Mode ausnutzen (wie Microsoft Windows), im 386er Enhanced Mode laufen.

Zu den Anwendungen, die erfolgreich unter dem MS-DOS-Emulator von Linux laufen, gehören 4DOS (ein Befehlsinterpreter), Foxpro 2.0, Harvard Graphics, MathCad, Stacker 3.1, Turbo Assembler, Turbo C/C++, Turbo Pascal, Microsoft Windows 3.0 (im *Real* Mode) und WordPerfect 5.1. Standard-DOS-Befehle und -Utilities (wie PKZIP usw.) arbeiten ebenfalls unter dem Emulator.

Der MS-DOS-Emulator ist hauptsächlich als eine spezielle Lösung für die Leute gedacht, die MS-DOS nur für wenige Anwendungen brauchen, aber alles andere unter Linux erledigen. Der Emulator soll keine vollständige Implementierung von MS-DOS sein. Selbstverständlich können Sie MS-DOS und Linux auf demselben System installieren, wenn Sie mit dem Emulator nicht zufrieden sind. Mit dem Boot-Loader LILO können Sie beim Booten angeben, welches Betriebssystem hochgefahren werden soll. Linux kann auch mit anderen Betriebssystemen wie zum Beispiel OS/2 koexistieren.

Linux bietet eine nahtlose Schnittstelle für den Transfer von Dateien zwischen Linux und MS-DOS. Sie können unter Linux MS-DOS-Partitionen oder -Diskettenlaufwerke mounten und auf die DOS-Dateien zugreifen wie auf andere Daten auch.

Zur Zeit befindet sich ein Projekt in der Entwicklung, das den Namen Wine trägt– ein Emulator von Microsoft Windows für das X Window System unter Linux. Wenn Wine einmal fertig ist, werden Sie Windows-Anwendungen direkt aus Linux heraus starten können. Das entspricht etwa dem proprietären Windows-Emulator WABI von Sun Microsystems. Zum Zeitpunkt des Schreibens befindet sich Wine noch in einem frühen Stadium der Entwicklung, aber die Aussichten sind gut.

Kapitel 11

Wir zeigen Ihnen in Abschnitt »DOS-Emulatoren: dos und xdos« in Kapitel 11, *Diverse Applikationen,* wie man den MS-DOS Emulator benutzt, zusammen mit anderen knackigen Methoden, Linux und MS-DOS zusammenzubringen.

Andere Anwendungen

Eine riesige Zahl von verschiedenen Anwendungen ist unter Linux verfügbar, wie man es von einem solchen zusammengewürfelten Betriebssystem erwarten würde. Linux wird im Augenblick überwiegend als UNIX-System im privaten Bereich eingesetzt, aber das ändert sich schnell. Es erscheinen mehr geschäftliche und wissenschaftliche Anwendungen, und kommerzielle Anbieter fangen an, den Bestand an Software zu erweitern.

Mehrere relationale Datenbanken stehen unter Linux zur Verfügung, darunter Postgres, Ingres und Mbase. Es handelt sich hierbei um vollwertige, professionelle Client/Server-Datenbankanwendungen, ähnlich denen, die man auf anderen UNIX-Plattformen vorfindet. Auch *rdb*, ein kommerzielles Datenbanksystem, gibt es für Linux.

Zu den wissenschaftlichen Anwendungen gehören FELT (ein Programm zur Analyse finiter Elemente), *gnuplot* (ein Programm zum Plotten und zur Analyse von Daten), Octave (ein Paket für symbolische Mathematik, das MATLAB ähnlich ist), *xspread* (eine Tabellenkalkulation), *xfractint* (ein Programm zur Erzeugung von Fraktalen unter X), *xlispstat* (ein Statistikpaket) und einige andere. Weitere verfügbare Anwendungen sind Spice (für den Entwurf und die Entflechtung von Leiterplatten) und Khoros (ein Bildbearbeitungssystem).

Natürlich gibt es noch viel mehr solcher Anwendungen, die bereits nach Linux portiert worden sind, oder aber portiert werden können. Egal, auf welchem Gebiet Sie arbeiten – es sollte kein Problem sein, UNIX-Anwendungen nach Linux zu portieren. Linux stellt dafür eine komplette UNIX-Programmierumgebung bereit, die als Basis für beliebige wissenschaftliche Anwendungen ausreichen sollte.

Wie zu jedem Betriebssystem gehören auch zu Linux einige Spiele. Darunter sind klassische, textbasierte Abenteuerspiele wie Nethack und Moria; MUDs (multiuser dungeons, in denen viele Benutzer gemeinsam in ein textbasiertes Abenteuer verstrickt sind) wie DikuMUD und TinyMUD; eine Reihe von Spielen für das X Window System wie *xtetris*, *netrek* und *Xboard* (das X-Frontend von *gnuchess*). Auch das populäre Ballerspiel Doom gibt es für Linux.

Für Audiophile bietet Linux Unterstützung einiger Soundkarten und damit zusammenhängender Software, zum Beispiel CDplayer (ein Programm, das Sie ein CD-ROM-Laufwerk wie einen herkömmlichen CD-Spieler bedienen läßt – hätten Sie's gedacht?); Sequenzer und Editoren für MIDI (mit denen Sie Musik komponieren können, die anschließend von Synthesizern oder anderen MIDI-Geräten abgespielt wird) sowie Editoren für digitalisierten Sound.

Anhang A

Sie können die gesuchte Anwendung nicht finden? In der Linux-Software-Map, die wir in Anhang A, *Informationsquellen zu Linux*, beschreiben, finden Sie eine Liste mit vielen Softwarepaketen, die für Linux geschrieben oder portiert wurden. Obwohl diese Liste bei weitem nicht komplett ist, enthält sie eine ganze Menge Software. Werfen Sie einen Blick in die Liste und staunen Sie, wieviel Software bereits nach Linux portiert ist – allein der Umfang der Liste ist eine tolle Reklame für Linux. Eine andere Methode, Software für Linux zu finden, ist es, die *INDEX*-Dateien zu durchsuchen, die man auf Linux-FTP-Servern findet – sofern Sie Zugang zum Internet haben. Lesen Sie einfach ein wenig kreuz und quer durch diese Dateien, und Sie werden eine Menge Software finden, die nur darauf wartet, daß man sie ausprobiert.

Wenn Sie absolut nicht finden, was Sie brauchen, können Sie immer noch versuchen, die Anwendung von einer anderen Plattform nach Linux zu portieren. Oder Sie können, wenn alle Stricke reißen, das Programm selbst schreiben.

Falls es eine kommerzielle Anwendung ist, die Sie suchen, gibt es vielleicht einen lizenzfreien »Clone« davon. Vielleicht können Sie den Hersteller dazu bewegen, den Binärcode für Linux freizugeben. Verschiedene Leute haben Softwarehäuser angesprochen und angeboten, deren Software nach Linux zu portieren, und haben damit mehr oder weniger Erfolg gehabt.

Zum Copyright von Linux

Anhang D

Linux unterliegt der sogenannten GNU *General Public License* (GPL). Die GPL wurde für das GNU-Projekt der Free Software Foundation entwickelt. Sie enthält eine Reihe von Klauseln, die die Weitergabe und Änderung von »freier Software« regeln. »Frei« bezieht sich in diesem Zusammenhang auf die Freiheit der Weitergabe, nicht allein auf frei im Sinne von »kostenlos«. Die GPL ist schon immer Mißverständnissen ausgesetzt gewesen, und wir hoffen, daß diese Zusammenfassung dazu beitragen kann, den Umfang und die Ziele der GPL sowie ihre Auswirkungen auf Linux verständlich zu machen. In Anhang D, *Lizenzen,* finden Sie eine inoffizielle Übersetzung der GPL.

Ursprünglich hatte Linus Torvalds sein Linux einer Regelung unterstellt, die restriktiver war als die GPL. Diese Regelung besagte, daß die Software ohne Einschränkungen weitergegeben und geändert werden konnte, aber daß kein Geld für die Weitergabe oder Benutzung verlangt werden durfte. Die GPL dagegen erlaubt, daß freie Software verkauft und damit Geld verdient wird, legt aber fest, daß die Rechte des Käufers auf Weitergabe der Software in keiner Weise eingeschränkt werden dürfen.

Zunächst sollte klargestellt werden, daß »freie Software«, die der GPL unterliegt, nicht im Besitz der allgemeinen Öffentlichkeit ist (Public Domain). Public-Domain-Software ist Software, die keinem Copyright unterliegt und die im Wortsinne der Öffentlichkeit gehört. Auf solche Software aber, die der GPL unterliegt, haben der Autor oder die Autoren das Copyright. Das bedeutet, daß diese Software durch die international gültigen Copyright-Gesetze geschützt ist und daß der Urheber der Software juristisch benannt ist. Die Tatsache, daß die Software frei weitergegeben werden darf, bedeutet also nicht, daß es sich um Public-Domain-Software handelt.

Software unter der GPL ist auch keine »Shareware«. Im allgemeinen hat der Autor von »Shareware« die Besitz- und Copyright-Rechte an der Software und erwartet, daß der Benutzer für die Benutzung bezahlt. Dagegen darf solche Software, die der GPL unterliegt, kostenlos weitergegeben und benutzt werden.

Die GPL erlaubt auch die Änderung von freier Software und Weitergabe der neuen Version. Allerdings müssen alle Programme, die auf GPL-Software beruhen, wiederum der GPL unterstellt werden. Mit anderen Worten: Es ist nicht erlaubt, daß eine Firma Linux verändert und die entstandene Version unter restriktiven Bedingungen verkauft. Wenn irgendeine Software auf Linux beruht, muß auch diese Software der GPL unterstellt werden.

Privatpersonen und Firmen dürfen GPL-Software gegen Bezahlung weitergeben und damit auch Geld verdienen. Allerdings muß der Verkäufer von GPL-Software dem Käufer die gleichen Rechte zugestehen; das heißt, wenn Sie irgendwo GPL-Software gekauft haben, dürfen Sie diese kostenlos weitergeben oder auch verkaufen.

Das klingt im ersten Augenblick vielleicht widersprüchlich. Warum sollte jemand Software verkaufen, wenn laut GPL jedermann diese Software auch kostenlos beziehen kann? Wenn beispielsweise eine Firma beschließt, daß sie eine große Menge an Software zusammenstellen und auf einer CD-ROM vertreiben möchte, würde diese Firma versuchen, die Kosten für die Produktion und den Vertrieb der CD-ROM wieder hereinzuholen. Die Firma könnte auch versuchen, aus dem Verkauf der Software Gewinn zu erzielen. Unter der GPL ist das erlaubt.

Firmen, die freie Software verkaufen, müssen bestimmte Regeln beachten, die in der GPL festgeschrieben sind. Zunächst dürfen sie die Rechte der Käufer nicht beschränken. Das bedeutet, daß Sie eine gekaufte CD-ROM mit GPL-Software kostenlos kopieren und weitergeben, sie aber auch verkaufen dürfen. Zweitens muß der Verkäufer deutlich darauf hinweisen, daß es sich tatsächlich um GPL-Software handelt. Drittens muß der Verkäufer, ohne das extra zu berechnen, den kompletten Quellcode der Software mitliefern. Das ermöglicht es jedem Käufer von GPL-Software, diese zu verändern.

Es ist eine sehr gute Sache, wenn Firmen freie Software verkaufen dürfen. Nicht jedermann hat Zugang zum Internet, um Software wie Linux kostenlos herunterzuladen. Die GPL erlaubt es Firmen, die Software an Leute zu verkaufen, die keinen kostenlosen Zugriff darauf haben. So gibt es zum Beispiel viele Firmen, die Linux auf Diskette, Magnetband oder CD-ROM im Versandhandel vertreiben und die damit Gewinne erzielen. Die Entwickler von Linux werden wahrscheinlich von diesen Gewinnen nie etwas abbekommen; das ist eine stillschweigende Vereinbarung zwischen den Entwicklern und Distributoren, wenn Software der GPL unterstellt wird. Mit anderen Worten: Linus wußte, daß Firmen vielleicht einmal Linux verkaufen wollten und daß er vielleicht nie an den Erträgen aus diesen Verkäufen beteiligt sein würde.

In der Welt der freien Software ist Geld nicht das beherrschende Thema. Das Ziel ist immer die Entwicklung und Verbreitung von guter Software sowie die Möglichkeit zu schaffen, daß jedermann Zugang dazu haben kann. Im nächsten Abschnitt werden wir besprechen, inwiefern das auf Linux zutrifft.

Design und Philosophie von Linux

Wenn neue Benutzer Linux kennenlernen, haben sie oft falsche Vorstellungen und Erwartungen von diesem System. Linux ist ein einzigartiges Betriebssystem, und es ist wichtig, daß Sie seine Philosophie und sein Design verstehen, damit Sie damit effektiv arbeiten können. Es wird Zeit, ans Rednerpult zu gehen. Selbst wenn Sie ein UNIX-Guru alter Schule sind, könnten die folgenden Ausführungen von Interesse für Sie sein.

In kommerziellen UNIX-Softwarehäusern unterliegt die gesamte Entwicklung eines Systems einer rigorosen Politik, die Qualitätskontrollen, Quellcode- und Versionskontrollen, Dokumentation und das Aufspüren und Beheben von Fehlern umfaßt.

Die Entwickler dürfen nicht nach Lust und Laune Programmteile hinzufügen oder wichtige Passagen des Codes ändern; alle Änderungen erfolgen als Reaktion auf einen Fehlerbericht und werden in einem System zur Überwachung des Quellcodes erfaßt, damit sie gegebenenfalls rückgängig gemacht werden können. Jeder Entwickler bekommt einen Teil oder Teile des Quellcodes zugewiesen, und nur dieser Entwickler darf diese Teile des Codes ändern.

Intern führt die Qualitätssicherung strenge Testverfahren mit jeder neuen Version des Betriebssystems durch und meldet die gefundenen Fehler. Es liegt in der Verantwortung der Entwickler, die beobachteten Fehler zu beheben. Ein kompliziertes System statistischer Analysen wird eingesetzt, um sicherzustellen, daß ein bestimmter Prozentsatz der Fehler vor der Freigabe der nächsten Version behoben wird, und daß das Betriebssystem insgesamt bestimmte Kriterien für eine neue Version erfüllt.

Insgesamt ist es ein sehr kompliziertes Verfahren, das die kommerziellen UNIX-Entwickler anwenden, um ihren Code zu pflegen und zu verbessern: und das mit Recht. Die Firma braucht quantitative Sicherheit, daß die nächste Version des Betriebssystems freigegeben werden kann; daher die statistischen Analysen der Systemleistungen. Es ist eine große Aufgabe, ein kommerzielles UNIX-Betriebssystem zu entwickeln; oft groß genug, um Hunderte (wenn nicht Tausende) von Programmierern, Testern, Dokumentaristen sowie Personal für die Verwaltung zu beschäftigen. Natürlich sind keine zwei kommerziellen UNIX-Hersteller gleich, aber Sie haben einen allgemeinen Eindruck bekommen.

Bei Linux können Sie alles über organisierte Entwicklung, Systeme zur Quellcodeüberwachung, strukturierte Fehlerberichte und statistische Analysen vergessen. Linux ist ein Betriebssystem für Hacker[4] – und wird es wahrscheinlich immer bleiben.

Linux entstand in erster Linie im Internet als eine gemeinsame Anstrengung von Freiwilligen aus der ganzen Welt. Es gibt keine einzelne Instanz, die für die Entwicklung des Systems verantwortlich ist. Im wesentlichen kommunizieren die »Linuxer« über verschiedene Mailing-Listen und Usenet-Newsgruppen miteinander. Dabei haben sich einige Konventionen herausgebildet: Zum Beispiel sollte jeder, der seinen Code in den »offiziellen« Kernel aufgenommen haben möchte, ihn an Linus Torvalds mailen. Linus wird den Code testen und in den Kernel einbinden (solange der Code keinen Schaden anrichtet und nicht gegen die Linux-Philosophie verstößt, ist es sehr wahrscheinlich, daß er aufgenommen wird).

Das System selbst ist so entworfen worden, daß Ergänzungen und neue Features jederzeit eingebunden werden können. Obwohl in der letzten Zeit die Zahl der Ergänzungen und kritischen Änderungen abgenommen hat, kann man sagen, daß

4 Mit »Hacker« meinen wir einen Programmierer, der wie im Fieber sein Ziel verfolgt; jemanden der Spaß daran hat, Computer zu erforschen und ganz allgemein interessante Dinge mit ihnen anzustellen. Das deckt sich nicht mit dem allgemeinen Verständnis von »Hackern« als Leute, die mit Hilfe des Computers Schaden anrichten.

etwa alle paar Monate eine neue Version des Kernels freigegeben wird (manchmal auch häufiger). Das ist natürlich nur über den Daumen gepeilt; tatsächlich hängt das davon ab, wieviele Fehler behoben werden mußten, wieviel Feedback von den Benutzern kam, die Vorabversionen des Codes testen, und davon, wieviel Schlaf Linus diese Woche bekommen hat.

Geben Sie sich damit zufrieden, daß noch nicht jeder Fehler behoben ist und daß nicht alle Probleme zwischen zwei Versionen gelöst werden. Solange das System keine kritischen oder immer wieder auftauchenden Fehler zeigt, wird es als »stabil« betrachtet; außerdem gibt es ja neue Versionen. Die treibende Kraft hinter der Entwicklung von Linux ist nicht das Bemühen, perfekten und fehlerfreien Code zu produzieren; die treibende Kraft ist der Gedanke, ein freies UNIX zu entwickeln. Linux ist ein System für Entwickler – mehr als für sonst jemanden.

Jeder, der neue Features oder Anwendungen in das System einbinden möchte, wird die Programme zunächst als »Alpha«-Code verbreiten – das ist eine Version zum Testen für jene mutigen und unerschrockenen Benutzer, die den ersten Code von Fehlern befreien möchten. Weil die Linuxer sich meist im Internet treffen, wird die Alpha-Software in der Regel auf einen oder mehrere der Linux-FTP-Server geladen (siehe Anhang A, *Informationsquellen zu Linux*), und es wird eine Nachricht an eine der Linux-Newsgruppen im Usenet geschickt, die erklärt, wie der Code bezogen und getestet werden kann. Benutzer, die die Alpha-Software herunterladen und testen, können dann ihre Ergebnisse, Korrekturen und Fragen an den Autor zurückmailen.

Anhang A

Nachdem anfängliche Probleme im Alpha-Code behoben wurden, bekommt das Programm den »Beta«-Status, der als stabil, aber noch nicht komplett angesehen wird (das heißt, das Programm funktioniert, aber es sind möglicherweise noch nicht alle Features vorhanden). Ansonsten geht das Programm sofort in den »endgültigen« Status über, in dem die Software als komplett und fehlerfrei betrachtet wird. Wenn Code für den Kernel einmal komplett ist, kann der Entwickler Linus bitten, ihn in den Standard-Kernel aufzunehmen oder als Option zum Kernel anzubieten.

Denken Sie daran, daß dies Konventionen sind, keine Regeln. Einige Leute vertrauen so sehr auf ihre Software, daß sie keine Alpha- oder Testversionen herausgeben. Jeder Entwickler muß selbst entscheiden, wie er dies handhaben möchte.

Vielleicht wundern Sie sich, daß eine solche unstrukturierte Arbeitsweise von Freiwilligen, die programmieren und debuggen, überhaupt Ergebnisse vorweisen konnte. Es hat sich aber gezeigt, daß daraus eines der effizientesten und engagiertesten Projekte geworden ist, die je gestartet wurden. Der komplette Linux-Kernel wurde *von Grund auf neu* geschrieben, ohne auf irgendeinen herstellereigenen Code zurückzugreifen. Freiwillige haben enorm viel Arbeit in die Portierung aller möglichen freien Software nach Linux gesteckt. Programmbibliotheken wurden geschrieben und portiert, Dateisysteme entwickelt und für viele weitverbreitete Geräte wurden Treiber geschrieben.

Die Linux-Software wird im allgemeinen in Form von Distributionen ausgeliefert. Eine Distribution ist ein Set von vorbereiteter Software, die zusammen ein komplettes System bildet. Es würde den meisten Benutzern sehr schwerfallen, ein System von Grund auf einzurichten, indem sie mit dem Kernel beginnen, die Hilfsprogramme hinzufügen und dann die benötigte Software von Hand installieren. Statt dessen gibt es eine Reihe von Distributionen, die alles enthalten, was Sie für die Installation und den Betrieb eines kompletten Systems brauchen. Dabei gibt es keine Standarddistribution, sondern viele verschiedene, die alle ihre Stärken und Schwächen haben. Wir bieten die Red-Hat-Distribution, die wir für eine der besten halten, auf unserer CD-ROM *Linux – Red Hat Version 3.0.3 auf CD-ROM* an. Dieses Buch hilft Ihnen aber auch bei jeder anderen Distribution. Einige andere Distributionen, die zusätzliche Möglichkeiten bieten, werden wir in Anhang B, *Liste der Linux-Anbieter*, genauer besprechen.

Anhang B

Obwohl die Linux-Software komplett ist, werden Sie doch gewisse UNIX-Kenntnisse benötigen, um ein komplettes System zu installieren und zu betreiben. Keine der Linux-Distributionen ist völlig ohne Fehler, deshalb werden Sie nach der Installation kleinere Probleme von Hand lösen müssen.

Hinweise für UNIX-Neulinge

Installation und Betrieb eines Linux-Systems erfordern nicht besonders viel an UNIX-Kenntnissen. In der Tat – viele UNIX-Neulinge haben mit Erfolg ein Linux-System installiert. Es lohnt sich, diesen Vorgang kennenzulernen, aber es kann auch zu einer frustrierenden Erfahrung werden. Wenn Sie Glück haben, werden Sie auch ohne UNIX-Wissen Ihr Linux-System installieren und damit arbeiten können. Sobald Sie allerdings die komplexeren Aufgaben beim Betrieb eines Linux-Systems angehen möchten – die Installation neuer Software, Neukompilierung des Kernels und ähnliches –, werden Sie auf jeden Fall einige UNIX-Kenntnisse brauchen.

Kapitel 4
Kapitel 5

Glücklicherweise werden Sie bei der Arbeit mit Linux die notwendigen UNIX-Kenntnisse erlangen, um solche Aufgaben zu bewältigen. Dieses Buch enthält einiges an Informationen, die Ihnen den Start erleichtern werden. Kapitel 4, *Grundlegende UNIX-Befehle und -Konzepte,* vermittelt UNIX-Grundlagen, und Kapitel 5, *Grundlagen der Systemverwaltung,* behandelt die Systemverwaltung unter Linux. Vielleicht möchten Sie diese Kapitel lesen, bevor Sie mit der Installation beginnen – die Informationen in diesen Abschnitten werden sich als nützlich erweisen, falls Sie auf Schwierigkeiten stoßen.

Niemand sollte erwarten, daß er oder sie über Nacht vom UNIX-Neuling zu einem UNIX-Systemverwalter wird. Keine Implementierung von UNIX läuft ohne Probleme und ohne Wartung. Sie müssen auf die Wegstrecke vorbereitet sein, die vor Ihnen liegt. Falls UNIX für Sie neu ist, könnten Sie sonst vom System ziemlich frustriert werden.

Hinweise für UNIX-Gurus

Auch Leute mit jahrelanger Erfahrung in der Programmierung und Systemverwaltung unter UNIX brauchen eventuell Hilfe, wenn sie Linux installieren wollen. Es gibt Aspekte des Systems, mit denen sich auch UNIX-Freaks beschäftigen müssen, bevor sie richtig loslegen können. Linux ist nämlich kein kommerzielles UNIX-System. Es versucht nicht, dieselben Standards einzuhalten, die Sie vielleicht von anderen UNIX-Systemen her kennen.[5] Um es genauer zu sagen: Ein stabiles System ist ein wichtiger Gesichtspunkt bei der Entwicklung von Linux, aber es ist nicht der *einzige* Gesichtspunkt.

Wichtiger ist, vielleicht, die Funktionalität. In vielen Fällen wird neuer Code in den Kernel aufgenommen, obwohl er noch mit Fehlern behaftet ist und noch nicht alle Funktionen enthält. Man geht davon aus, daß es wichtiger ist, Programmcode zum Testen durch die Benutzer freizugeben, als mit der Freigabe zu warten, bis der Code »komplett« ist. So wurde zum Beispiel Wine (der Windows-Emulator für Linux) als »offizielle« Alpha-Version verteilt, bevor es gründlich getestet war. Auf diese Weise konnten alle Linux-Benutzer mit dem Code arbeiten, ihn testen und an der Entwicklung teilhaben. Gleichzeitig konnten diejenigen, die mit dem Code »für ihre Zwecke« bereits zufrieden waren, schon damit arbeiten. Die Anbieter von kommerzieller UNIX-Software werden selten, wenn überhaupt, Software in dieser Weise freigeben.

Falls Sie schon jahrelang ein UNIX-Systemverwalter gewesen sind und alle kommerziellen Implementierungen von UNIX kennengelernt haben, müssen Sie sich an Linux vielleicht erst gewöhnen. Etwa alle paar Monate erscheint ein neuer Kernel. Ständig wird neue Software freigegeben. Ihr System kann heute auf dem neuesten Stand sein, und schon morgen wird man es als veraltet betrachten.

Wie soll man angesichts dieser Dynamik in der Linux-Welt nicht den Anschluß verlieren? Meistens genügt es, wenn man Updates in kleinen Schritten vornimmt, indem man nur diejenigen Teile des Systems erneuert, die ein Update haben *müssen*. Wenn Sie beispielsweise nie mit Emacs arbeiten, gibt es kaum einen Grund, jede neue Version von Emacs auf Ihrem System zu installieren. Selbst wenn Sie ein passionierter Benutzer von Emacs sind, gibt es in der Regel keinen Grund für ein Update – es sei denn, Sie vermissen bestimmte Möglichkeiten, die in einer neuen Version enthalten sind. Es gibt kaum einen Grund, immer die neueste Version einer Software zu installieren.

Wir hoffen, daß Linux Ihre Erwartungen an ein »selbstgestricktes« UNIX-System erfüllen oder sogar übertreffen kann. In seinem Herzen trägt Linux den Geist freier Software, den Geist von ständiger Entwicklung und stetem Wachstum. Linux-Benutzer legen mehr Wert auf Erweiterung als auf Stabilität, und das ist für viele

---

5 Aber die von Lasermoon erreichte Erfüllung des POSIX-Standards und die Bestrebungen von Caldera, das UNIX-Warenzeichen für Linux zu erwerben, die wir bereits erwähnt haben, können dieses Bild ändern.

Leute, insbesondere wenn sie aus der Welt des kommerziellen UNIX stammen, schwer verständlich. Sie dürfen nicht erwarten, daß Linux perfekt ist; nichts in der Welt der freien Software ist das. Trotzdem glauben wir, daß Linux ebenso vollständig und nützlich ist wie jede andere Implementierung von UNIX.

Unterschiede zwischen Linux und anderen Betriebssystemen

Es ist wichtig, die Unterschiede zwischen Linux und anderen Betriebssystemen, wie DOS, OS/2 und anderen UNIX-Implementierungen für den PC, zu verstehen. Zunächst sollte klargestellt werden, daß Linux problemlos mit anderen Betriebssystemen auf einem Rechner koexistieren kann – Sie können also DOS und OS/2 ohne Schwierigkeiten zusammen mit Linux auf einem Rechner installieren. Wir werden noch sehen, daß es sogar Möglichkeiten gibt, über Betriebssytemgrenzen hinweg zu arbeiten.

Warum Linux?

Warum sollte man Linux statt eines wohlbekannten, gründlich getesteten und gut dokumentierten kommerziellen Betriebssystems benutzen? Wir könnten tausend Gründe nennen. Einer der wichtigsten ist allerdings, daß Linux als UNIX für den PC hervorragend geeignet ist. Warum wollen Sie zu Hause mit DOS arbeiten, wenn Sie Software für UNIX entwickeln? Unter Linux können Sie UNIX-Software (einschließlich Datenbanken und X-Anwendungen) auf Ihrem PC entwickeln und testen. Falls Sie studieren, sind die Chancen groß, daß an Ihrer Universität UNIX eingesetzt wird. Mit Linux können Sie Ihr eigenes UNIX-System einrichten und es an Ihre Bedürfnisse anpassen. Installation und Betrieb von Linux sind außerdem ganz hervorragend geeignet, UNIX zu lernen, falls Sie keinen Zugang zu anderen UNIX-Rechnern haben.

Lassen Sie uns andere Dinge nicht aus den Augen verlieren. Linux eignet sich nicht nur für private UNIX-Systeme. Es ist robust und umfangreich genug, um auch große Aufgaben und verteilte Anwendungen zu bewältigen. Viele Firmen – insbesondere kleinere – sind dabei, Linux statt einer anderen UNIX-Umgebung auf ihren Workstations einzusetzen. Universitäten benutzen Linux als ideales Lehrmittel für Seminare zum Entwurf von Betriebssystemen. Große Softwarehäuser fangen an, sich die Möglichkeiten zunutze zu machen, die ein freies Betriebssystem bieten kann.

Linux und MS-DOS

Es ist nicht unüblich, sowohl Linux als auch DOS auf einem Rechner zu installieren. Viele Linux-Benutzer verlassen sich für Anwendungen wie die Textverarbeitung auf DOS. Obwohl Linux auch Programme für die Textverarbeitung enthält (zum

Beispiel TeX), kann sich jemand aus verschiedenen Gründen dafür entscheiden, sowohl mit DOS als auch mit Linux zu arbeiten. Falls Sie Ihre Dissertation mit WordPerfect unter DOS geschrieben haben, läßt sich der Text vielleicht nicht ohne Probleme in das TeX- oder ein anderes Format konvertieren. Es gibt viele kommerzielle Anwendungen für DOS, die es für Linux nicht gibt, und es spricht nichts dagegen, beide Betriebssysteme zu benutzen.

Sie wissen vielleicht, daß MS-DOS die Funktionalität der 80x86er CPUs nicht voll ausnutzt. Linux dagegen läuft komplett im Protected Mode des Prozessors und nutzt alle seine Möglichkeiten aus. Sie haben direkten Zugriff auf den gesamten vorhandenen Speicher (und mehr, indem Sie virtuelles RAM einrichten).

Wir könnten die Vor- und Nachteile von MS-DOS und Linux noch seitenlang diskutieren. Wir wollen es aber dabei belassen festzustellen, daß Linux und MS-DOS völlig verschiedene Dinge sind. MS-DOS ist billig (verglichen mit anderen kommerziellen Betriebssystemen) und hat in der PC-Welt große Verbreitung gefunden. Kein anderes Betriebssystem für PCs ist so populär geworden wie MS-DOS – in erster Linie liegt das daran, daß die Kosten eines dieser anderen Betriebssysteme den finanziellen Rahmen der meisten PC-Benutzer sprengen. Nur wenige von ihnen können sich vorstellen, zweitausend Mark oder mehr alleine für das Betriebssystem zu bezahlen. Linux dagegen ist frei (und kostenlos), und Sie haben jetzt endlich die Wahl zwischen Betriebssystemen.

Sie sollten sich selbst ein Urteil über Linux und MS-DOS bilden und dabei Ihre Erwartungen und Anforderungen berücksichtigen. Linux ist nicht für jedermann. Wenn Sie schon immer einmal ein komplettes UNIX-System zu Hause installieren wollten, ohne die hohen Kosten anderer UNIX-Implementierungen für den PC, könnte Linux genau das sein, was Sie gesucht haben.

Es gibt Hilfsprogramme für den Zugriff auf DOS von Linux aus. So ist es zum Beispiel ganz einfach, DOS-Dateien unter Linux zu bearbeiten. Es gibt auch einen MS-DOS-Emulator, unter dem Sie viele weitverbreitete DOS-Anwendungen laufen lassen können. Ein Windows-Emulator befindet sich gerade in der Entwicklung.

Linux und die anderen

Eine Reihe von fortschrittlichen Betriebssystemen ist dabei, in der Welt der PCs an Bedeutung zu gewinnen. Insbesondere OS/2 von IBM sowie Windows NT von Microsoft werden populärer, weil immer mehr Leute nicht mehr mit DOS arbeiten.

Sowohl OS/2 als auch Windows NT sind vollwertige Betriebssysteme – wie Linux auch. Technisch gesehen sind sich OS/2, Windows NT und Linux ziemlich ähnlich. Sie bieten in etwa dieselben Möglichkeiten was die Benutzerschnittstelle, die Einbindung in Netzwerke, die Systemsicherheit usw. angeht. Der wesentliche Unterschied zwischen Linux und den anderen ist die Tatsache, daß Linux eine Version von UNIX ist und ihm damit die ganze Welt der UNIX-Software offensteht.

Warum ist UNIX so wichtig? Es ist nicht nur das am weitesten verbreitete Multiuser-Betriebssystem, sondern auch das Fundament eines großen Teils der Welt der freien Software. Fast alle freie Software aus dem Internet wurde speziell für UNIX-Systeme geschrieben. (Das Internet selbst beruht im wesentlichen auf UNIX.)

Es gibt viele UNIX-Implementierungen von verschiedenen Herstellern, und keine einzelne Organisation ist für die Verbreitung zuständig. Unter den Benutzern von UNIX sind Bestrebungen für eine Standardisierung in der Form von offenen Systemen im Gange, aber es gibt keine beherrschende Firma, die diese Entwürfe kontrolliert. Deshalb kann jeder Hersteller (oder, wie sich gezeigt hat, jeder Hacker) diese Standards in eine Implementierung von UNIX einbetten.

OS/2 und Windows NT dagegen sind herstellereigene Systeme. Die Schnittstellen und der Entwurf werden von einer einzelnen Firma kontrolliert, und nur diese Firma darf diesen Entwurf verwirklichen. (Erwarten Sie nicht, in naher Zukunft eine freie Version von OS/2 vorzufinden.) In einem gewissen Sinne ist diese Vorgehensweise von Vorteil: Sie erzwingt einen Standard für die Programmierung und die Benutzerschnittstelle – anders als das sogar unter den Befürwortern von offenen Systemen der Fall ist. OS/2 bleibt immer OS/2, egal, wo Sie es sehen – das gilt sinngemäß auch für NT.

UNIX dagegen wird ständig weiterentwickelt und verändert. Mehrere Organisationen versuchen, die Programmierung zu standardisieren, aber das ist eine schwierige Aufgabe. Linux folgt in weiten Teilen dem POSIX.1-Standard für ein UNIX-Interface. Es wird erwartet, daß sich das System im Laufe der Zeit auch anderen Standards anpaßt, aber die Standardisierung ist nicht das wichtigste Thema unter den Entwicklern von Linux.

Andere Implementierungen von UNIX

Es gibt verschiedene andere Implementierungen von UNIX für die 80x86er Prozessoren. Die Architektur der 80x86er ist für UNIX gut geeignet, und eine Reihe von Herstellern hat sich das zunutze gemacht.

Andere Implementierungen von UNIX für PCs ähneln Linux, was den Umfang angeht. Sie werden feststellen, daß beinahe alle kommerziellen Versionen von UNIX ungefähr dieselbe Software, Programmierumgebung und dieselben Vernetzungsmöglichkeiten bieten. Trotzdem gibt es einige wesentliche Unterschiede zwischen Linux und kommerziellen UNIX-Versionen.

Zunächst einmal unterstützt Linux andere Hardware als die kommerziellen Implementierungen. Im allgemeinen bietet Linux Unterstützung für die bekanntesten Peripheriegeräte – aber das ist auf die Hardware beschränkt, zu der die Entwickler tatsächlich Zugang hatten. Die kommerziellen UNIX-Hersteller leisten in der Regel mehr Unterstützung für mehr Geräte – aber Linux ist gar nicht weit abgeschlagen. Im nächsten Abschnitt werden wir die Hardwarevoraussetzungen für Linux besprechen.

Zweitens werden kommerzielle Implementierungen von Linux in der Regel mit einem vollständigen Satz Dokumentation und Anwendersupport durch den Händler angeboten. Im Gegensatz dazu besteht der größte Teil der Linux-Dokumentation aus den Dokumenten, die im Internet verfügbar sind – und Büchern wie diesem. Im Abschnitt »Quellen für Informationen zu Linux« listen wir Quellen für Linux-Dokumentation und andere Informationen auf. Außerdem enthält Anhang A, *Informationsquellen zu Linux,* einige nützliche Details.

Anhang A

Die Stabilität und Robustheit von Linux wird von vielen Benutzern ebenso hoch eingeschätzt wie bei kommerziellen UNIX-Systemen. Linux befindet sich noch in der Entwicklung und bestimmte Teile (etwa TCP/IP) laufen weniger stabil, werden aber im Laufe der Zeit verbessert.

Für viele Benutzer ist der Preis das gewichtigste Argument. Die Linux-Software ist kostenlos, sofern Sie Zugang zum Internet haben (oder einem anderen Computernetzwerk) und Linux herunterladen können. Falls Sie keinen Zugang zu einem solchen Netzwerk finden, müssen Sie Linux wahrscheinlich als Disketten-, Band- oder CD-ROM-Version bestellen. Natürlich können Sie Linux auch von einem Freund kopieren, der die Software bereits hat, oder Sie kaufen eine Version zusammen mit jemandem. Auch wenn Sie Linux auf einer großen Anzahl von Rechnern installieren möchten, brauchen Sie nur ein Exemplar zu kaufen – Linux wird nicht als »Einzelplatzlizenz« verkauft.

Selbstverständlich haben auch kommerzielle UNIX-Implementierungen ihre Berechtigung: Neben der Software selbst bezahlt man in der Regel auch für die Dokumentation, den Support und die zugesicherte Qualität. In großen Institutionen sind das sehr wichtige Gesichtspunkte, aber die Benutzer von PCs legen vielleicht weniger Wert darauf. Auf jeden Fall ist man in vielen Firmen und Universitäten der Meinung, daß Linux in einem Rechenzentrum mit billigen PCs vorteilhafter ist als eine kommerzielle Version von UNIX in einem Rechenzentrum voller Workstations. Linux bietet die Leistungen einer Workstation auf PC-Hardware zu einem Bruchteil der Kosten.

Es gibt andere freie oder billige Implementierungen von UNIX für den 80x86. Eine der bekanntesten ist FreeBSD, eine Implementierung und Portierung von BSD-UNIX für den 386er. FreeBSD ist in vielerlei Hinsicht vergleichbar mit Linux, aber welches Betriebssystem man für das »bessere« hält, das hängt von den persönlichen Ansprüchen und Erwartungen ab. Die einzige wirklich große Unterscheidung, die wir machen können, liegt darin, daß Linux in der Öffentlichkeit entwickelt wird (woran jeder Freiwillige teilhaben kann), während FreeBSD von einer geschlossenen Gruppe von Programmierern entwickelt wird, die das System pflegen. Das hat zur Folge, daß zwischen den beiden Projekten große Unterschiede in Philosophie und Entwurf bestehen. Die beiden Projekte verfolgen völlig andere Ziele: Mit Linux möchte man ein komplettes UNIX-System von Grund auf entwickeln (und dabei noch eine Menge Spaß haben). Das Ziel von FreeBSD ist zumindest teilweise die Portierung des existierenden BSD-Codes auf den 386er.

NetBSD ist eine weitere Portierung der BSD-Net-2-Distribution auf eine Reihe von Rechnern, einschließlich des 386er. NetBSD weist eine etwas offenere Struktur in seiner Entwicklung auf und ist in vieler Hinsicht vergleichbar mit FreeBSD.

Anhang D

Ein anderes bemerkenswertes Projekt ist HURD von der Free Software Foundation, die eine freie Version von UNIX für viele Rechnerplattformen entwickeln und verbreiten möchte. Nehmen Sie mit der Free Software Foundation Kontakt auf, um mehr über dieses Projekt zu erfahren (die Adresse finden Sie in Anhang D, *Lizenzen*). Zur Zeit des Schreibens befindet sich HURD noch in einem frühen Entwicklungsstadium.

Es gibt weitere kostengünstige Versionen von UNIX wie zum Beispiel Minix (eine akademische, aber nützliche UNIX-Version, auf der Linux anfänglich basierte). Einige dieser Implementierungen sind von eher akademischem Interesse, aber die meisten sind vollwertige Systeme für die tägliche Arbeit. Viele private UNIX-Benutzer entscheiden sich trotzdem für Linux.

Hardwareanforderungen

Sie sollten mittlerweile davon überzeugt sein, wie großartig Linux ist und was es alles für Sie leisten kann. Bevor Sie allerdings mit der Installation der Software loslegen, sollten Sie sich über die Hardwareanforderungen und die Beschränkungen von Linux klarwerden.

Denken Sie daran, daß Linux von seinen Benutzern entwickelt wurde. Das bedeutet, daß nur die Hardware unterstützt wird, die den Entwicklern tatsächlich zur Verfügung steht. Es zeigt sich allerdings, daß ein Großteil der weitverbreiteten Hardware und Peripherie für die 80x86er-Systeme unterstützt wird (Linux unterstützt sogar mehr Hardware als einige der kommerziellen Implementierungen von UNIX). Einige eher obskure und esoterische Geräte werden allerdings noch nicht unterstützt. Im Laufe der Zeit wird immer mehr Hardware eingebunden; wenn Ihre Lieblingsperipherie hier also noch nicht aufgeführt ist, stehen die Chancen doch gut, daß Sie demnächst unterstützt wird.

Ein anderes Problem mit dem Hardwaresupport unter Linux ist, daß viele Firmen bei den Hardwareschnittstellen ihre eigenen Standards pflegen. Eine Auswirkung davon ist, daß freiwillige Linux-Entwickler einfach keine Treiber für solche Geräte schreiben können (wenn sie könnten, würden diese Treiber der Firma gehören, der auch das Interface gehört, und das wiederum erlaubt die GPL nicht). Die Firmen, die ihre eigenen Interfaces bauen, schreiben auch eigene Treiber zum Beispiel für MS-DOS und Microsoft Windows; der Benutzer (das sind Sie) braucht nichts über das Interface zu wissen. Unglücklicherweise führt das dazu, daß Linux-Entwickler für solche Geräte keine Treiber schreiben können.

Es gibt kaum einen Ausweg aus dieser Situation. In einigen Fällen haben Programmierer versucht, Treiber zu »hacken«, indem sie von bestimmten Annahmen über das Interface ausgingen. In anderen Fällen arbeiten Entwickler mit der betreffenden Firma zusammen und versuchen, Informationen zum Interface zu bekommen – mit wechselndem Erfolg.

[87] Hardware HOWTO

In den folgenden Abschnitten werden wir versuchen, die Hardwareanforderungen für Linux zusammenzufassen. Das »Linux Hardware HOWTO« (Abschnitt »Quellen für Informationen zu Linux« enthält Informationen zu HOWTOs) enthält eine vollständigere Aufstellung der von Linux unterstützten Hardware.

Kapitel 2

Achtung: Ein großer Teil der Hardwareunterstützung für Linux befindet sich noch in der Entwicklung. Die verschiedenen Distributionen können diese experimentellen Möglichkeiten unterstützen oder auch nicht. In diesem Abschnitt listen wir in erster Linie Hardware auf, die bereits seit einiger Zeit unterstützt wird und von der man weiß, daß sie stabil ist. Wenn Sie Zweifel haben, sollten Sie die Dokumentation zu Ihrer Linux-Distribution lesen (der Abschnitt »Linux-Distributionen« in Kapitel 2, *Die Installation von Linux vorbereiten,* enthält weitere Informationen über Linux-Distributionen).

Anforderungen an Hauptplatine und CPU

Linux unterstützt derzeit Systeme mit Intels 80386er, 80486er, Pentium- oder PentiumPro-CPU. Dazu gehören alle Varianten dieser CPU-Typen wie zum Beispiel 386SX, 486SX und 486DX2. Auch alle »Clones«, die nicht von Intel stammen, wie etwa AMD- und Cyrix-Prozessoren arbeiten mit Linux zusammen.

Anhang E

Linux ist auf eine Reihe von Nicht-Intel-Architekturen portiert worden. Dazu gehören DEC Alpha, MIPS, PowerPC, SPARC und Motorola 68k. Während wir dies schreiben, sind einige Portierungen bereits weiter als andere. (Beispielsweise unterstützt die Alpha-Portierung bereits seit dem Frühjahr 1996 die meisten größeren Software-Pakete. Siehe Anhang E, *64-Bit AXP Linux.*) In diesem Buch konzentrieren wir uns auf die Linux-Version für 386er, 486er, Pentium- und PentiumPro-Rechner. Einmal abgesehen von den Hardwareanforderungen und der grundlegenden Installation, sollte aber der Großteil dieses Buches genauso relevant für die anderen Linux-Architekturen sein.

Wenn Sie einen 80386 oder 80486SX haben, möchten Sie vielleicht einen mathematischen Koprozessor einsetzen, obwohl der nicht erforderlich ist (der Linux-Kernel kann eine FPU emulieren). Alle Standard-FPUs wie IIT, Cyrix FasMath und die Koprozessoren von Intel werden unterstützt.

Die Hauptplatine muß mit einer der Busarchitekturen ISA, EISA oder PCI ausgestattet sein. Diese Begriffe definieren, wie das System mit der Peripherie und anderen Komponenten auf dem Hauptbus kommuniziert. Die meisten heutzutage verkauften Systeme benutzen entweder einen ISA- oder EISA-Bus.

Systeme mit Local-Bus-Architektur (für schnellere Grafik und Festplattenzugriffe) werden ebenfalls unterstützt. Wir empfehlen, einen Standard-Local-Bus wie zum Beispiel den VESA Local-Bus (VLB) auszuwählen.

Speicherbedarf

Linux geht im Vergleich zu anderen fortschrittlichen Betriebssystemen sehr genügsam mit Arbeitsspeicher um. Als absolutes Minimum sollten Sie zwei MB RAM haben; besser sind allerdings vier MB. Je mehr Arbeitsspeicher Sie haben, desto schneller wird das System sein.

Linux kann die vollen 32 Bits der 80x86er-Adressierung verarbeiten; mit anderen Worten: Es wird automatisch den gesamten Arbeitsspeicher nutzen.

Linux wird problemlos mit nur vier MB RAM laufen – einschließlich der schicken Extras wie dem X Window System, Emacs usw. Allerdings ist mehr Arbeitsspeicher fast so wichtig wie eine schnellere CPU. Acht MB sind mehr als genug für ein privates System; wenn Sie allerdings viele Benutzer auf dem Rechner arbeiten lassen, brauchen Sie eventuell 16 MB oder mehr.

Die meisten Linux-Benutzer richten einen Teil ihrer Festplatte als Swap-Partition (Auslagerungsdatei) ein, die als virtuelles RAM genutzt wird. Selbst wenn Sie einen großen physikalischen Arbeitsspeicher in Ihrem Rechner haben, wollen Sie vielleicht doch eine Swap-Partition benutzen. Obwohl diese den physikalischen Speicher nicht ersetzen kann, lassen sich mit ihr größere Anwendungen starten, indem Teile des inaktiven Codes auf die Festplatte ausgelagert werden. Es hängt von einer Reihe von Faktoren ab, wieviel Platz Sie der Swap-Partition zuweisen sollten; im Abschnitt »Die Installation von Linux vorbereiten« in Kapitel 2, *Die Installation von Linux vorbereiten,* werden wir darauf zurückkommen.

Kapitel 2

Anforderungen an den Festplattencontroller

Sie müssen keine Festplatte haben, um mit Linux zu arbeiten; ein Minimalsystem kann komplett von einer Diskette aus laufen. Allerdings ist das eine langsame und eingeschränkte Lösung, und viele Benutzer haben ohnehin Festplattenspeicher. Sie brauchen einen Controller nach dem AT-Standard (16-Bit). Der Kernel unterstützt auch den XT-Standard (8-Bit), aber heutzutage sind die meisten Controller AT-Standard. Linux sollte alle MFM-, RLL- und IDE-Controller unterstützen. Einige, aber nicht alle ESDI-Controller werden unterstützt – nämlich diejenigen, die ST506-Hardware emulieren.

Allgemein gilt für Nicht-SCSI-Controller für Fesrtplatten und Diskettenlaufwerke: Wenn Sie die Laufwerke von MS-DOS oder einem anderen Betriebssystem aus ansprechen können, sollte das auch unter Linux funktionieren.

Linux unterstützt auch eine Reihe von SCSI-Laufwerkcontrollern, obwohl die SCSI-Unterstützung wegen der vielen Standards für Controller eingeschränkt ist. Zu den unterstützten SCSI-Controllern gehören: AHA1542B, AHA1542C, AHA1742A (BIOS-Version 1.34), AHA1522, AHA1740, AHA1740 (SCSI-2-Controller, BIOS 1.34 im Enhanced Mode) und AHA2940 von Adaptec; 1680, TMC-850 und TMC-950 von Future Domain; ST-02 von Seagate; UltraStor SCSI sowie WD7000FASST von Western Digital. Clones dieser Karten sollten ebenfalls funktionieren. Diese Liste soll nur als Beispiel dienen, es gibt einfach zu viele unterstützte SCSI-Controller.

Anforderungen an die Festplattenkapazität

Natürlich brauchen Sie eine gewisse Menge freier Plattenkapazität, wenn Sie Linux installieren möchten. Linux unterstützt mehrere Festplatten in einem System; Sie können gegebenenfalls auch über mehrere Festplatten hinweg für Linux Platz schaffen.

Die Menge an Festplattenspeicher, die Sie brauchen werden, ist in hohem Maße abhängig von Ihren Bedürfnissen und der Software, die Sie installieren möchten. Im Vergleich mit anderen UNIX-Implementierungen kommt Linux mit wenig Platz aus; Sie könnten auf etwa 10 bis 20 MB an Festplattenspeicher ein komplettes System installieren. Wenn Sie aber Reserven für Erweiterungen vorhalten wollen oder für größere Pakete wie das X Window System, werden Sie mehr Festplattenkapazität brauchen. Falls mehrere Benutzer auf dem System arbeiten sollen, werden Sie für deren Daten Speicherplatz vorsehen müssen.

Falls Sie nicht über 16 MB RAM oder mehr verfügen, werden Sie wahrscheinlich auch eine Swap-Partition anlegen wollen, die als virtuelles RAM genutzt wird. Wir werden die Details der Installation und Nutzung einer Swap-Partition im Abschnitt »Swap-Space benutzen« in Kapitel 6, *Verwalten von Dateisystemen, Swap-Bereichen und Geräten,* besprechen.

Kapitel 6

Jede Distribution von Linux enthält in der Regel Hinweise dazu, wie Sie die Größe des benötigten Speicherplatzes, abhängig von der zu installierenden Software, bestimmen können. Ein Minimalsystem läßt sich in weniger als 20 MB einrichten; ein komplettes System mit allen Extras braucht vielleicht 80 MB oder weniger. Für ein sehr großes System, auf dem viele Benutzer arbeiten und das vielleicht einmal erweitert werden soll, benötigen Sie zwischen 100 und 150 MB. Diese Werte sollen allerdings nur als grobe Anhaltspunkte dienen; Sie müssen anhand Ihrer Bedürfnisse und Pläne den speziellen Speicherbedarf Ihres Systems ermitteln.

Anforderungen an Monitor und Grafikkarte

Linux unterstützt alle Standardkarten und Monitore für Herkules, CGA, EGA, VGA und SVGA sowie IBM-Monochrom im Textmodus. Allgemein gilt: Wenn die Kombination aus Grafikkarte und Monitor unter einem anderen Betriebssystem wie MS-DOS funktioniert, sollte es auch unter Linux keine Probleme geben. Original-CGA-Karten von IBM erzeugen unter Linux »Schnee«, was nicht sehr angenehm ist.

Graphische Benutzeroberflächen wie das X Window System stellen höhere Anforderungen an die Grafikhardware. Statt diese Anforderungen hier aufzulisten, verweisen wir auf den Abschnitt »Hardwareanforderungen« in Kapitel 10, *Das X Window System.* Kurz gesagt: Sie brauchen eine der dort erwähnten Grafikkarten, um auf Ihrem Rechner mit dem X Window System zu arbeiten.

Kapitel 10

Andere Hardware

In den vorherigen Abschnitten haben wir beschrieben, welche Hardware Sie für Linux haben müssen. Aber die meisten Benutzer haben noch »optionale« Hardware wie Streamer- und CD-ROM-Laufwerke oder Soundkarten installiert. Wenn Sie wissen möchten, ob solche Hardware von Linux unterstützt wird, lesen Sie weiter.

Mäuse und andere Eingabegeräte

In der Regel werden Sie die Maus nur unter einer graphischen Bedienoberfläche wie dem X Window System brauchen. Es gibt aber auch mehrere Linux-Anwendungen ohne graphische Oberfläche, die von der Maus Gebrauch machen.

Linux unterstützt alle seriellen Standardmäuse, darunter Logitech, die MM-Serie, Microsoft (mit zwei Knöpfen) und Mouse Systems (mit drei Knöpfen). Außerdem unterstützt Linux die Busmäuse von Microsoft, Logitech und ATIXL sowie das Mausinterface von PS/2.

Alle anderen Eingabegeräte (zum Beispiel Trackballs), die eine der oben angeführten Mäuse emulieren, sollten ebenfalls funktionieren.

CD-ROM

Fast alle CD-ROM-Laufwerke benutzen die SCSI-Schnittstelle. Solange Sie einen SCSI-Adapter haben, der von Linux unterstützt wird, sollte auch Ihr CD-ROM-Laufwerk funktionieren. Einige Laufwerke arbeiten nachweislich unter Linux, darunter die Geräte NEC CDR-74, Sony CDU-541 und Texel DM-3024. Das interne Sony-Laufwerk CDU-31a und die Mitsumi-Laufwerke werden ebenfalls von Linux unterstützt, genau wie IDE/ATAPI CD-ROM-Laufwerke. Viele IDE-basierte CD-ROM-Laufwerke werden ebenfalls unterstützt.

Linux unterstützt das Standarddateisystem ISO-9660 für CD-ROMs.

Bandlaufwerke

Es gibt verschiedene Typen von Bandlaufwerken auf dem Markt. Die meisten benutzen die SCSI-Schnittstelle, und diese sollten alle unter Linux funktionieren. Zu den geeigneten Streamern gehören die Geräte Sanyo CP150SE, Tandberg 3600 sowie Wangtek 5525ES, 5150ES und 5099EN mit dem PC36-Adapter. Auch andere QIC-02-Laufwerke sollten funktionieren.

Zur Zeit werden Treiber für diverse andere Bandgeräte entwickelt, darunter die Laufwerke von Colorado, die an den Floppycontroller angeschlossen werden.

Drucker

Linux unterstützt praktisch alle Drucker mit paralleler Schnittstelle. Wenn Sie Ihren Drucker von DOS oder einem anderen Betriebssystem aus über die parallele Schnittstelle ansprechen können, sollten Sie auch von Linux aus Zugriff auf den Drucker haben. Die Druckersoftware für Linux besteht aus den UNIX-Standardbefehlen *lp* und *lpr*. Falls Sie über ein Netzwerk verfügen, können Sie mit diesen Befehlen auch an andere Rechner angeschlossene Drucker ansprechen.

Modems

Wie bei den Druckern gilt auch hier: Linux unterstützt alle Modems an der seriellen Schnittstelle – sowohl interne als auch externe. Es gibt eine große Auswahl an Software für die Datenfernübertragung unter Linux, einschließlich Kermit, *pcomm*, *minicom* und Seyon. Wenn Sie unter einem anderen Betriebssystem auf demselben Rechner mit Ihrem Modem arbeiten können, sollte das auch unter Linux problemlos möglich sein.

Ethernet-Karten

Viele weitverbreitete Ethernet-Karten und LAN-Adapter werden von Linux unterstützt. Es sind zu viele, um sie hier alle aufzuführen, aber einige der unterstützten Karten sind:

- 3com 3c503, 3c503/16
- Novell NE1000, NE2000
- Western Digital WD8003, WD8013
- Hewlett-Packard HP27245, HP27247, HP27250
- D-Link DE-600

[93] Ethernet HOWTO

Clones, die mit diesen Karten kompatibel sind, sollten auch funktionieren. Beachten Sie, daß die aktuellen Linux-Versionen viel mehr Karten und Chipsätze unterstützen, als wir hier aufführen konnten. Die vollständige Liste finden Sie im »Linux Ethernet HOWTO«.

Einige 100Mbps-Karten (Fast Ethernet) werden auch unterstützt, genau wie einige Karten für andere LANs wie zum Beispiel ATM und Token Ring.

Quellen für Informationen zu Linux

[13] UNIX Einstieg

Sie haben sicherlich schon erraten, daß es neben diesem Buch viele andere Quellen mit Informationen zu Linux gibt. Insbesondere sind das einige Bücher, die sich nicht speziell mit Linux, sondern mit UNIX im allgemeinen beschäftigen. Diese Bücher können besonders für Leser ohne UNIX-Erfahrung eine wichtige Hilfe sein. Wenn Sie noch zu den Neulingen in der UNIX-Welt gehören, empfehlen wir dringend, daß Sie sich die Zeit nehmen, eines dieser Bücher zu lesen, bevor Sie versuchen, sich im Linux-Dschungel durchzuschlagen. Insbesondere der Titel *UNIX – Ein praktischer Einstieg* von Grace Todino und John Strang bietet einen guten Einstieg in die Materie.

Viele der hier aufgelisteten Informationsquellen werden in elektronischer Form angeboten. Das heißt, daß Sie Zugang zu einem Netzwerk wie Internet, Usenet oder FidoNet brauchen. Falls Sie keinen Online-Zugang zu diesen Netzen haben, können Sie vielleicht jemanden finden, der Ihnen diese Dokumente in gedruckter Form überläßt. Lesen Sie weiter.

Online-Dokumente

Wenn Sie Zugang zum Internet haben, können Sie viele Linux-Dokumente per anonymem FTP aus elektronischen Archiven in der ganzen Welt beziehen. Falls Sie keinen direkten Anschluß an das Internet finden können, haben Sie trotzdem eine Chance, diese Dokumente zu erhalten; viele Linux-Distributionen auf CD-ROM enthalten alle Dokumente, die wir in diesem Buch erwähnen. Auch in anderen Netzen, etwa dem FidoNet und bei CompuServe, können Sie Linux-Dokumentation finden.

Anhang C

Wenn Sie die Möglichkeit haben, E-Mail an Rechner im Internet zu schicken, können Sie diese Info-Dateien eventuell von einem der FTPMAIL-Server erhalten, die Ihnen die Dokumente oder Dateien per E-Mail zuschicken können. In Anhang C, *FTP-Anleitung und Server-Liste,* finden Sie mehr zum Thema FTPMAIL.

Es gibt eine große Zahl an FTP-Archiven, die Linux-Software und dazugehörige Dokumentation enthalten. In Anhang C, *FTP-Anleitung und Server-Liste,* finden Sie eine Liste mit einigen bekannten Linux-Archiven. Um die Netzbelastung gering zu halten, sollten Sie immer einen FTP-Server in Ihrer Nähe (auf das Netzwerk bezogen) benutzen.

Anhang A

Anhang A, *Informationsquellen zu Linux,* enthält eine Aufstellung mit einigen Linux-Dokumenten, die per anonymem FTP erhältlich sind. Die Namen der Dateien können auf verschiedenen Archivrechnern anders lauten; die meisten Rechner speichern Linux-Dokumentation im Unterverzeichnis *docs* des Linux-Bereichs. Ein Beispiel: Auf dem FTP-Server **sunsite.unc.edu** stehen Linux-Dateien im Verzeichnis */pub/Linux*, und die Dokumentation befindet sich in */pub/Linux/docs.*

Beispiele für Dokumente, die Sie online finden können, sind die Linux-FAQs, eine Sammlung häufig gestellter Fragen (Frequently Asked Questions) zu Linux; die Linux-HOWTO-Dateien, von denen jede einen bestimmten Aspekt des Systems beschreibt – unter anderem gibt es ein Installations-HOWTO, ein Printing-HOWTO und ein Ethernet-HOWTO; und die META-FAQs zu Linux – eine Liste mit weiteren Quellen für Linux-Informationen im Internet.

Die meisten dieser Dokumente werden außerdem regelmäßig in einer oder mehreren der Linux-Newsgruppen im Usenet veröffentlicht; lesen Sie dazu den Abschnitt »Usenet-Newsgruppen« weiter unten.

Linux im World Wide Web

Die Home-Page der Linux-Dokumentation finden Benutzer des World Wide Web unter der URL:

```
http://sunsite.unc.edu/mdw/linux.html
```

Diese Seite enthält viele HOWTOs und andere Dokumente im HTML-Format.

Bücher und andere Veröffentlichungen

Das Literaturverzeichnis am Ende dieses Buches führt Sie zu einer Unmenge an Quellen, die Ihnen bei der Benutzung Ihres Systems helfen werden. Es gibt im Moment eine Reihe von Büchern über Linux. Die meiste Beachtung haben die Bücher des Linux Documentation Project gefunden; das ist ein Projekt, das zum Ziel hat, im Internet einen Original-Satz von »Manuals« (Handbücher) für Linux zu schreiben und zu verteilen. Diese Handbücher entsprechen der Dokumentation, die mit kommerziellen Versionen von Linux ausgeliefert wird; sie beschreiben alles von der Installation und der Pflege eines Linux-Systems über die Vernetzung bis zur Weiterentwicklung des Kernels usw.

Anhang A

Die Handbücher des Linux Documentation Project sind per anonymem FTP im Internet erhältlich und können außerdem bei verschiedenen Anbietern per Post bestellt werden. Anhang A, *Informationsquellen zu Linux,* listet alle Handbücher auf, die bereits erschienen sind, und erklärt im Detail, wie man sie beziehen kann. Der O'Reilly Verlag hat, neben anderen, den *Linux Network Administrator's Guide* veröffentlicht.

Es gibt zur Zeit noch nicht viele Bücher, die sich tiefergehend mit Linux befassen. Allerdings gibt es viele allgemeine UNIX-Bücher, die auch für Linux Gültigkeit haben – was die Benutzung und Programmierung des Systems angeht, ist Linux nicht so sehr verschieden von anderen UNIX-Implementierungen. Kurz gesagt: Fast alles, was Sie über die Benutzung und Programmierung von Linux wissen möchten, können Sie auch einem der allgemein für UNIX bestimmten Bücher entnehmen. Es ist tatsächlich beabsichtigt, daß dieses Buch durch Werke aus der großen Zahl lieferbarer UNIX-Bücher ergänzt wird; hier wollen wir die wichtigsten Linux-spezifischen Details besprechen, und wir hoffen, daß Sie weitergehende Informationen aus anderen Quellen beziehen werden.

Ausgestattet mit diesem Buch sowie einer Reihe guter Bücher über UNIX, sollten Sie in der Lage sein, beinahe jedes Problem zu lösen. In Anhang A, *Informationsquellen zu Linux,* finden Sie eine Liste mit sehr empfehlenswerter UNIX-Literatur sowohl für die Neulinge als auch für die Freaks der UNIX-Welt.

Anhang B

Es gibt auch eine monatlich erscheinende Zeitschrift namens *Linux Journal.* Sie wird weltweit ausgeliefert und bietet eine hervorragende Möglichkeit, bei den vielen Aktivitäten rund um Linux auf dem laufenden zu bleiben – insbesondere, wenn Sie keinen Zugang zu den Usenet-News haben (siehe unten). Lesen Sie in Anhang B, *Liste der Linux-Anbieter,* nach, wie Sie das Linux Journal bestellen können. Außerdem gibt es auch eine deutschsprachige Linux-Zeitschrift, das *Linux Magazin.* Auch dieses wird in Anhang B erwähnt.

Usenet-Newsgruppen

Das Usenet ist ein weltweites, elektronisches Forum für Neuigkeiten und Diskussionen mit einer großen Zahl sogenannter »News-Gruppen« – das sind Diskussionen zu einem bestimmten Thema. Ein Großteil der Entwicklung von Linux fand in den Kanälen des Internet und des Usenet statt, und es überrascht deshalb nicht, daß es eine Reihe von News-Gruppen für Diskussionen rund um Linux gibt.

Die ursprüngliche Linux-Newsgruppe war *alt.os.linux* und wurde eingerichtet, um einen Teil der Beiträge aus *comp.os.minix* und diversen Mailing-Listen herauszulösen. Bald entstand soviel Datenverkehr, daß die Einrichtung einer News-Gruppe in der Hierarchie *comp* angemessen schien; im Februar 1992 wurde abgestimmt, und daraufhin wurde *comp.os.linux* eingerichtet.

comp.os.linux wurde bald zu einer der beliebtesten (und am häufigsten frequentierten) Usenet-Gruppen – beliebter als irgendeine andere *comp.os*-Gruppe. Im Dezember 1992 wurde wieder abgestimmt, um die News-Gruppe zwecks Reduzierung des Datenverkehrs aufzuteilen; nur *comp.os.linux.announce* überlebte diese Abstimmung. Im Juli 1993 wurde die neue Gruppe dann eingerichtet. Fast zweitausend Leute stimmten über die Reorganisation von *comp.os.linux ab* und schufen damit eine der größten Abstimmungen (call for votes), die das Usenet erlebt hat. Die Linux-Newsgruppen wurden im Dezember 1994 noch einmal reorganisiert, um den Ansprüchen der gewachsenen Leserschaft gerecht zu werden. Heute ist *comp.os.linux.announce* eine der beliebtesten News-Gruppen überhaupt.

Für den Fall, daß Sie keinen direkten Usenet-Zugang haben, aber E-Mail senden und empfangen können, haben Sie die Möglichkeit, die unten aufgeführten News-Gruppen über einen Gateway zu empfangen, der die Beiträge in den News-Gruppen als E-Mail verschickt.

comp.os.linux.announce

comp.os.linux.announce ist eine moderierte News-Gruppe für Ankündigungen und wichtige Beiträge zu Linux (zum Beispiel Fehlerberichte, wichtige Patches usw.). Wenn Sie überhaupt eine Linux-Newsgruppe lesen, sollte das diese Gruppe sein. Oft werden wichtige Beiträge (Postings) dieser Gruppe nicht an andere Gruppen weitergeleitet. Diese Gruppe enthält auch regelmäßige Postings zu Linux, einschließlich vieler Online-Dokumente, die wir im letzten Abschnitt beschrieben und in Anhang A, *Informationsquellen zu Linux,* aufgelistet haben.

Anhang A

Beiträge an diese News-Gruppe werden von den Moderatoren, Matt Welsh und Lars Wirzenius, geprüft. Wenn Sie einen Artikel in dieser Gruppe veröffentlichen möchten, können Sie ihn in den meisten Fällen ganz normal verschicken (mit Pnews oder einem beliebigen anderen News-Programm); die News-Software wird den Artikel automatisch zur Begutachtung an die Moderatoren senden. Falls Ihr News-System allerdings nicht richtig konfiguriert ist, kann es sein, daß Sie den Artikel direkt adressieren müssen; benutzen Sie dazu die Adresse *linux-announce@tc.cornell.edu*..

comp.os.linux.answers
: Dies ist eine weitere moderierte News-Gruppe, in der regelmäßige Informationen zu Linux, wie FAQ-Listen, HOWTO-Dokumente und andere längere Artikel, erscheinen. Diese Artikel werden nicht an *comp.os.linux.announce* weitergeleitet, weil sie häufig zu lang sind für Leute mit einem langsamen oder teuren Zugang zum Usenet.

  Falls Sie regelmäßige Beiträge in dieser Gruppe unterbringen wollen, sollten Sie mit Matt Welsh unter *mdw@sunsite.unc.edu* Kontakt aufnehmen.

Die anderen hier aufgeführten News-Gruppen werden nicht moderiert.

comp.os.linux.setup
: Diese News-Gruppe ist ein Forum für Fragen und Diskussionen zur Installation und zum Betrieb von Linux – meist in einer aktiven Systemumgebung mit vielen Benutzern. Alle Diskussionen zu administrativen Themen rund um Linux (wie die Zusammenstellung von Softwarepaketen, das Erstellen von Backups, die Benutzerverwaltung usw.) sowie zur Installation der Software und verwandte Themen sind hier willkommen.

comp.os.linux.development.system
: Diese News-Gruppe dient dazu, die Entwicklung von Linux zu diskutieren. Alle Probleme, die mit der Entwicklung von Kernel- und Systemsoftware zu tun haben, sollten hier besprochen werden. Wenn Sie zum Beispiel einen Kernel-Treiber schreiben und dabei Hilfe zu bestimmten Aspekten der Programmierung brauchen, sollten Sie in dieser Gruppe nachfragen. Hier werden auch die Richtung und die Ziele der Weiterentwicklung von Linux diskutiert, wie wir es im Abschnitt »Design und Philosophie von Linux« (kurz) angesprochen haben.

  Beachten Sie, daß diese News-Gruppe nicht der Diskussion von Software *für Linux*, sondern eher der Entwicklung *von Linux* dient. Die Diskussion von Themen rund um die Anwendungsprogrammierung unter Linux sollte in der Gruppe *comp.os.linux.development.apps* stattfinden; in *comp.os.linux.development.system* geht es um die Entwicklung von Linux selbst, einschließlich des Kernels, der Systembibliotheken usw.

comp.os.linux.development.apps
: In dieser News-Gruppe werden solche Themen wie die Entwicklung und Portierung von Anwendungen für Linux besprochen. Mit Anwendung meinen wir jegliche Benutzersoftware – sei es ein kleines Hilfsprogramm oder ein großes Softwarepaket. Systemsoftware dagegen sollte in *comp.os.linux.development.system* diskutiert werden.

comp.os.linux.hardware
: Diese News-Gruppe widmet sich der Unterstützung von Hardware und Problemen mit der Hardware unter Linux. Wenn Sie Ihren Ethernet-Eierkocher von der Dummdreist GmbH unter Linux nicht ans Laufen bekommen, sollten Sie sich hierhin wenden.

comp.os.linux.networking
Alles, was mit Linux in Netzwerken zu tun hat (einschließlich TCP/IP, SLIP, PPP, UUCP und anderer Protokolle), sollte hierhin adressiert werden. Dazu gehört auch die Diskussion von Hardwarethemen (zum Beispiel, wie eine bestimmte Ethernet-Karte konfiguriert werden muß, damit der Eierkocher endlich funktioniert), aber solche Fragen können auch in *comp.os.linux.hardware* besprochen werden.

comp.os.linux.x
In dieser News-Gruppe geht es um die Installation, Konfiguration sowie das Arbeiten mit der Software zum X Window System (wie zum Beispiel XFree86) unter Linux. Es gibt eine andere News-Gruppe, *comp.windows.x.i386unix*, die sich auch mit diesem Thema beschäftigt, aber viele Linux-Benutzer scheinen diese Gruppe nicht zu kennen. Wenn Sie Probleme mit dem X Window System haben, die direkt mit Linux zusammenhängen, wenden Sie sich hierhin. Beachten Sie, daß allgemeine Fragen zum Thema X an eine der Gruppen in *comp. windows.x* gestellt werden sollten.

comp.os.linux.advocacy
In dieser News-Gruppe dürfen Sie andere Betriebssysteme für PCs zur Hölle schicken, bis sie zerschmolzen sind. Wenn Sie MS-DOS, FreeBSD, OS/2 oder Windows NT wirklich, wirklich hassen, sind Sie hier richtig. Das bedeutet natürlich nicht unbedingt, daß Ihnen irgend jemand zuhören wird.

comp.os.linux.misc
Dies ist die News-Gruppe für alle Beiträge, die in keine der anderen Gruppen passen. Alle nichttechnischen oder abgehobenen Gedanken zu Linux sollten in *comp.os.linux.misc* verbleiben. Wüste Beschimpfungen sollten an eine andere Gruppe, nämlich *comp.os.linux.advocacy*, adressiert werden.

Beachten Sie, daß die News-Gruppe *comp.os.linux*, die die erste Linux-Gruppe war, durch die neue Hierarchie von News-Gruppen ersetzt wurde. Falls Sie Zugang zu *comp.os.linux*, aber nicht zu den neuen Linux-Gruppen haben, sollten Sie Ihren News-Verwalter bitten, die neuen Gruppen für Ihr System zu abonnieren.

Mailing-Listen im Internet

Wenn Sie Zugang zu E-Mail im Internet haben, können Sie auch ohne einen direkten Usenet-Zugang an einigen Mailing-Listen teilnehmen. Falls Sie nicht direkt an das Internet angeschlossen sind, haben Sie die Möglichkeit, sich in eine dieser Mailing-Listen eintragen zu lassen, sofern Sie E-Mail mit dem Internet austauschen können. (So haben zum Beispiel UUCP, FidoNET, CompuServe und andere Netze auch Zugang zu Internet-Mail.)

vger.rutgers.edu verwaltet eine Reihe von Mailing-Listen, die für allgemeine Diskussionen über die Verwendung und Entwicklung von Linux gedacht sind. Sie behandeln einen Themenbereich, der sich von Anfängerfragen über Kernel-Programmierung bis zur Unterstützung von Mehrprozessorsystemen erstreckt. Um zu erfahren, welche Listen es gibt, und sich auf einigen davon anzumelden, schicken Sie eine E-Mail an die Adresse *majordomo@vger.rutgers.edu*, die nur eine einzige Zeile enthält:

```
help
```

Der Server schickt Ihnen dann Anweisungen zur Benutzung zurück.

Es gibt eine ganze Reihe von Mailing-Listen, die spezielle Aspekte von Linux zum Inhalt haben. Falls Sie mehr darüber wissen möchten, sollten Sie die Ankündigungen in den Linux-Newsgruppen des Usenet beachten und die Liste der öffentlich zugänglichen Mailing-Listen durchsehen, die regelmäßig in der Usenet-Gruppe *news.answers* veröffentlicht wird.

Wo Sie Hilfe finden

Während Ihrer Abenteuer in Linux-Land werden Sie zweifellos einmal irgendeine Form von Hilfe benötigen. Selbst die ausgefuchstesten der UNIX-Füchse stolpern gelegentlich in eine Falle oder über eine Besonderheit von Linux, und es ist wichtig, daß Sie wissen, wo Sie Hilfe finden, wenn Sie sie brauchen.

In der Linux-Welt erhalten Sie Hilfe in erster Linie über die Mailing-Listen und Usenet-Newsgruppen des Internet. Falls Sie keinen Zugang zu diesen Quellen haben, besteht die Chance, daß Sie vergleichbare Diskussionsforen bei anderen Online-Diensten wie lokalen BBSs, CompuServe oder ähnlichen finden.

Anhang B

Einige Unternehmen bieten gegen Entgelt Unterstützung bei Problemen mit Linux an. Sie bezahlen dabei eine pauschale Gebühr und dürfen anschließend bei Problemen mit Linux die Techniker telefonisch um Hilfe bitten. Anhang B, *Liste der Linux-Anbieter*, enthält eine Liste von Linux-Anbietern, von denen einige auch Linux-Support betreiben. Wenn Sie allerdings Zugang zum Usenet und zu E-Mail haben, werden Sie vielleicht feststellen, daß die kostenlose Unterstützung dort genauso gut ist.

Wenn Sie die folgenden Ratschläge beachten, werden Ihre Erfahrungen mit Linux angenehmer sein, und Sie werden bei der Suche nach Hilfe mehr Erfolg haben.

Anhang A

Lesen Sie zunächst in der verfügbaren Dokumentation nach! Wenn Sie auf ein Problem stoßen, sollten Sie zuerst die verschiedenen Informationsquellen konsultieren, die wir im vorherigen Abschnitt und in Anhang A, *Informationsquellen zu Linux*, vorgestellt haben. Diese Dokumente wurden unter großem Aufwand für Leute wie Sie geschrieben – Leute, die mit ihrem Linux-System Hilfe brauchen. Auch Bücher über UNIX im allgemeinen sind auf Linux anwendbar, und Sie sollten diese Bücher nutzen. Mit großer Wahrscheinlichkeit finden Sie die Lösung Ihres Problems irgendwo in dieser Dokumentation – auch wenn das unwahrscheinlich klingt.

Falls Sie Zugriff auf die Usenet-News oder Linux-bezogene Mailing-Listen haben, sollten Sie diese Informationen auch tatsächlich lesen, bevor Sie um Hilfe bitten. Oft ist die Lösung eines häufig auftretenden Problems in der Dokumentation nicht ganz einfach zu finden und verbirgt sich statt dessen in den News-Gruppen und Mailing-Listen zu Linux. Wenn Sie in diesen Gruppen nur um Hilfe bitten, ohne sie tatsächlich zu lesen, machen Sie sich unbeliebt.

Lernen Sie das »Do-it-yourself«-Prinzip schätzen. In den meisten Fällen empfiehlt es sich, daß Sie zunächst so weit wie möglich auf eigene Faust recherchieren und versuchen, ein Problem zu lösen, bevor Sie fremde Hilfe suchen. Schließlich haben Sie sich genau dafür entschieden, als Sie anfingen, mit Linux zu arbeiten! Denken Sie daran, daß Linux viel mit Hacken und selbständiger Problemlösung zu tun hat. Es ist kein kommerzielles Betriebssystem und möchte auch keines sein. Das Hacken wird Sie nicht umbringen; andererseits werden Sie eine Menge über das System lernen können, wenn Sie versuchen, ein Problem selbständig zu ergründen und es zu beheben – vielleicht lernen Sie dabei so viel, daß Sie sich eines Tages als Linux-Guru bezeichnen können. Lernen Sie zu schätzen, welche Chancen das Hacken Ihnen bietet und wie Sie Probleme selbst beheben. Sie können ein komplettes, an Ihre Bedürfnisse angepaßtes Linux-System nicht ohne ein gewisses Maß an Handarbeit betreiben.

Bewahren Sie die Ruhe. Es ist extrem wichtig, daß Sie sich auf keinen Fall vom System frustrieren lassen. Sie erreichen nichts, wenn Sie bei einem Wutanfall nach der Axt greifen oder, schlimmer noch, einem starken Elektromagneten. Die Autoren haben festgestellt, daß ein großer Punchingball oder ein anderes lebloses Objekt ganz hervorragend dazu geeignet ist, die gelegentliche Streßattacke abzureagieren. Wenn Linux erwachsen wird und die Distributionen zuverlässiger werden, wird dieses Problem sich hoffentlich von selbst erledigen. Allerdings können sogar kommerzielle UNIX-Implementierungen manchmal ihre Eigenarten haben. Wenn gar nichts weiterhilft, sollten Sie sich zurücklehnen, einige Male tief durchatmen und erst dann weiter am Problem arbeiten, wenn Sie sich entspannt haben. Ihr Verstand wird klarer sein, und Ihr System wird es Ihnen danken.

Bitten Sie nicht vorzeitig um Hilfe. Viele Leute begehen den Fehler, daß sie zu schnell Mails mit der Bitte um Hilfe losschicken. Wenn Sie mit einem Problem konfrontiert werden, sollten Sie nicht – wir wiederholen, *nicht* – zum nächsten Terminal eilen und eine Nachricht an eine der Linux-Newsgruppen im Usenet schicken. Oft werden Sie die Lösung fünf Minuten später selbst finden und sich dann in der merkwürdigen Situation wiederfinden, Ihre geistige Gesundheit in der Öffentlichkeit verteidigen zu müssen. Bevor Sie irgend etwas an irgendeine der Mailing-Listen oder News-Gruppen schicken, sollten Sie sich vergewissern, worin genau das Problem besteht, und sollten versuchen, es selbst zu beheben. Ihr System rührt sich nicht, wenn Sie es einschalten? Vielleicht ist der Stecker nicht eingesteckt!

Wenn Sie um Hilfe bitten, tun Sie es richtig. Falls alle Stricke reißen, entschließen Sie sich vielleicht, eine Nachricht mit der Bitte um Hilfe an eines der elektronischen Linux-Foren zu schicken; etwa die Usenet-Newsgruppen oder die Mailing-Listen.

Wenn Sie eine Mail auf den Weg bringen, sollten Sie daran denken, daß Sie keinen Anspruch auf Hilfe haben. Das Netzwerk ist nicht Ihre persönliche Beratungsstelle. Es ist deshalb wichtig, daß Sie so höflich, knapp und informativ wie möglich bleiben.

Und wie erreichen Sie das? Als erstes sollten Sie möglichst viel (relevante) Information über Ihr System und das Problem angeben. Die einfache Nachricht: »Meine E-Mail scheint nicht zu funktionieren.« wird Sie wahrscheinlich nicht weiterbringen, sofern Sie nicht außerdem mitteilen, welchen Rechner Sie benutzen, welche Software installiert ist, was Sie bisher versucht haben und was dabei herausgekommen ist. Wenn Sie technische Informationen mitliefern, ist es in der Regel eine gute Idee, die Version(en) der Software anzugeben (zum Beispiel die Version des Linux-Kernels) und dazu einen kurzen Überblick über die eingesetzte Hardware. Aber übertreiben Sie nicht – Hersteller und Typ Ihres Monitors sind wahrscheinlich irrelevant, wenn Sie versuchen, ein Netzwerk zu konfigurieren.

Zweitens sollten Sie daran denken, wenigstens irgendeinen Versuch – egal, wie zaghaft – zu machen, das Problem selbst zu lösen, bevor Sie sich damit ins Netz begeben. Falls Sie beispielsweise noch nie versucht haben, E-Mail zu konfigurieren, und dann damit anfangen, daß Sie zunächst einmal die Mitstreiter im Netz danach befragen, wie Sie vorgehen sollen, dann machen Sie einen großen Fehler. Es gibt eine ganze Reihe von Unterlagen (siehe den Abschnitt »Quellen für Informationen zu Linux« in diesem Kapitel) dazu, wie einige der häufig auftretenden Aufgaben unter Linux erledigt werden. Die Idee ist, daß Sie zunächst so weit wie irgend möglich selbst am Problem arbeiten und erst *dann* um Hilfe bitten, wenn Sie wirklich nicht weiterkommen.

Denken Sie auch daran, daß die Leute, die Ihre Nachricht lesen, so hilfsbereit sie auch sein mögen, gelegentlich frustiert sind, wenn sie dasselbe Problem immer und immer wieder geschildert bekommen. Lesen Sie auf jeden Fall die News-Gruppen und Mailing-Listen zu Linux, bevor Sie Ihr Problem im Netz schildern. Oft ist es so, daß die Lösung zu Ihrem Problem bereits einige Male besprochen wurde und Sie nur die aktuellen Nachrichten lesen müßten, um auf die Lösung zu stoßen.

Last, but not least: Versuchen Sie, so höflich wie möglich zu sein, wenn Sie sich an elektronische News-Gruppen und Mailing-Listen wenden. Es ist viel effektiver und lohnender, höflich, direkt und informativ zu sein – Sie werden auf größere Hilfsbereitschaft stoßen, wenn Sie zurückhaltend sind. Natürlich haben sich gegenseitige Beschimpfungen (flame wars) in vielen Foren der elektronischen Kommunikation zu einer eigenständigen Kunstform entwickelt, aber Sie sollten damit nicht Ihre Zeit und die anderer Leute verschwenden. Das Netzwerk bietet hervorragende Möglichkeiten, Hilfe für Ihre Linux-Probleme zu finden – aber es ist wichtig zu wissen, wie Sie das Netzwerk *effektiv* nutzen.

KAPITEL 2

DIE INSTALLATION VON LINUX VORBEREITEN

Dieses Kapitel beschreibt den ersten Schritt zur Installation von Linux. Wir beschreiben, wie Sie die Linux-Software in Form einer fertig zusammengestellten Distribution besorgen und wie Sie die Installation vorbereiten. Wir beschreiben auch, wie Sie Ihre Festplatte so partitionieren können, daß Linux mit anderen Betriebssystemen wie zum Beispiel MS-DOS oder OS/2 koexistieren kann.

Wir haben bereits erwähnt, daß es nicht eine einzelne »offizielle« Distribution der Linux-Software gibt. Statt dessen liegen viele Distributionen vor, von denen jede einem bestimmten Zweck dient und bestimmte Ziele verfolgt. Diese Distributionen können Sie per anonymem FTP aus dem Internet beziehen, aus BBSs auf der ganzen Welt sowie im Versand- oder Buchhandel auf Diskette, Magnetband oder CD-ROM.

Linux-Distributionen

Weil Linux freie Software ist, gibt es keine einzelne Organisation oder Instanz, die für die Freigabe und Verteilung der Software zuständig ist. Deshalb steht es jedermann frei, Linux-Software zusammenzustellen und zu verteilen, solange die Einschränkungen durch die GPL beachtet werden. Als Folge davon gibt es viele Distributionen, die Sie sich per anonymem FTP und im Versand- oder Buchhandel besorgen können.

Sie stehen jetzt vor der Aufgabe, sich für eine bestimmte Distribution zu entscheiden, die Ihren Ansprüchen genügt. Nicht alle Distributionen sind gleich. Viele enthalten alle Software, die Sie zum Betrieb eines kompletten Systems brauchen – und ein paar Extras dazu. Andere Distributionen sind »kleine« Distributionen für Benutzer ohne allzu viel Speicherplatz. Einige Distributionen enthalten nur die absolut notwendige Linux-Software, und Sie müssen sich selbst darum kümmern, größere Softwarepakete wie zum Beispiel das X Window System zu installieren. (In Kapitel 5, *Grundlagen der Systemverwaltung*, zeigen wir Ihnen, wie Sie dabei vorgehen.)

Kapitel 5

[80] Distribution HOWTO
Anhang B

Das »Linux Distribution HOWTO« enthält eine Liste der Distributionen, die im Internet und im Versandhandel erhältlich sind. In Anhang B, *Liste der Linux-Anbieter*, finden Sie Kontaktadressen für eine Reihe von Linux-Versandhändlern.

Wie sollen Sie sich für eine bestimmte Distribution entscheiden? Wenn Sie Zugang zu den USENET-News oder einem anderen Online-System haben, könnten Sie dort nach den persönlichen Einschätzungen von Leuten fragen, die Linux installiert haben. Besser noch wäre es, wenn Sie persönlich einen Linux-Benutzer um Rat bitten könnten. Tatsächlich ist es so, daß die meisten der bekannten Linux-Distributionen etwa die gleiche Software enthalten, so daß Sie willkürlich eine Distribution wählen können.

Linux aus dem Internet

Anhang C

Wenn Sie Zugang zum Internet haben, ist der einfachste Weg, Linux zu besorgen, der über anonymes FTP.[1] Anhang C listet eine Reihe von FTP-Archiven auf, die Linux-Software enthalten. Eines dieser Archive ist **sunsite.unc.edu**, und die verschiedenen Linux-Distributionen befinden sich im Verzeichnis */pub/Linux/distributions*.

Viele Distributionen werden per anonymem FTP als ein Satz von Disketten-Images verteilt. Das bedeutet, daß die Distribution aus einer Reihe von Dateien besteht, und jede Datei enthält das binäre Abbild (image) einer Diskette. Um eine Image-Datei auf eine Diskette zu kopieren, können Sie unter MS-DOS das Programm *RAWRITE.EXE* benutzen. Dieses Programm kopiert den Inhalt einer Datei blockweise auf eine Diskette, ohne sich um die Formatierung der Diskette zu kümmern.[2]

Denken Sie daran, daß dies eine sehr aufwendige Methode der Linux-Installation ist: Die Distribution kann ohne weiteres mehr als 50 Disketten umfassen.

RAWRITE.EXE finden Sie auf verschiedenen Linux-FTP-Servern einschließlich **sunsite.unc.edu** im Verzeichnis */pub/Linux/system/Install/rawwrite*.

In vielen Fällen werden Sie also so vorgehen, daß Sie die Disketten-Images auf Ihren Rechner übertragen und anschließend mit *RAWRITE.EXE* aus allen Images einen Diskettensatz erstellen. Sie booten von der sogenannten »Boot-Diskette«, und schon können Sie loslegen. Die Software wird in der Regel direkt von den Disketten installiert, aber einige Distributionen erlauben auch die Installation aus einer DOS-Partition Ihrer Festplatte heraus. Andere Distributionen erlauben außerdem die Installation über ein TCP/IP-Netzwerk. Die Dokumentation zu jeder Distribution sollte beschreiben, welche Methoden der Installation Sie benutzen können.

---

1 Falls Sie keinen direkten Internet-Anschluß haben, können Sie Linux per *FTPMail* beziehen – vorausgesetzt, Sie können E-Mail mit dem Internet austauschen. In Anhang C finden Sie Details hierzu.

2 Wenn Sie Zugang zu einer UNIX-Workstation mit einem Diskettenlaufwerk haben, können Sie auch mit dem Befehl *dd* das Datei-Image direkt auf eine Diskette kopieren. Ein Befehl wie `dd of=/dev/rfd0 if=foo bs=18k` wird auf einer Sun-Workstation den Inhalt der Datei *foo* »roh« auf eine Diskette schreiben. Fragen Sie die UNIX-Gurus vor Ort nach den Diskettenlaufwerken und dem Befehl *dd*.

Andere Linux-Distributionen werden von einem Satz DOS-formatierter Disketten installiert. Die Slackware-Distribution zum Beispiel benötigt *RAWRITE.EXE* nur für die Boot- und Rootdisketten. Der restliche Inhalt der Distribution wird auf DOS-formatierte Disketten kopiert. Das System installiert die Software direkt von den DOS-Disketten. Das erpart Ihnen das wiederholte Kopieren mit *RAWRITE.EXE*, aber Sie müssen Zugang zu einem DOS-System haben, um die Disketten zu erstellen.

Jede Linux-Distribution, die Sie per anonymem FTP beziehen können, sollte eine *README*-Datei enthalten, in der das Herunterladen und die Vorbereitung der Disketten zur Installation beschrieben werden. Lesen Sie alle verfügbaren Dokumente, die zu Ihrer Distribution gehören.

Zum Übertragen der Linux-Software sollten Sie auf jeden Fall den *binären* Modus einstellen; die meisten FTP-Clients erledigen das mit dem Befehl *binary*.

Linux aus anderen Online-Quellen

Wenn Sie Zugang zu einem anderen Computernetzwerk wie CompuServe oder Prodigy haben, gibt es eventuell die Möglichkeit, die Linux-Software von dort herunterzuladen. Auch viele Bulletin Board Systems (BBSs) enthalten Linux-Software. Allerdings werden Sie in diesen Netzwerken nicht alle der vorhandenen Distributionen vorfinden, weil einige – insbesondere die diversen CD-ROM-Distributionen – nur über den Versandhandel erhältlich sind.

Linux aus dem Versandhandel

Für den Fall, daß Sie keinen Zugang zum Internet oder zu einem BBS haben, können Sie viele der Linux-Distributionen auf Diskette, Magnetband oder CD-ROM über den Versandhandel beziehen.

Anhang B

Es gibt heutzutage so viele Distributoren, daß wir uns entschlossen haben, in Anhang B nur einige wenige aufzuführen, die besonders interessante Merkmale anbieten. Viele von ihnen akzeptieren Kreditkarten und internationale Geldanweisungen, so daß Sie auch von außerhalb der USA und Kanada Linux auf diesem Wege beziehen können.

Linux ist freie Software, aber die GPL erlaubt es den Vertreibern, dafür Geld zu verlangen. Wenn Sie Linux also im Versandhandel bestellen, werden Sie je nach Distribution dafür etwa 40 - 200 DM ausgeben müssen. Wenn Sie allerdings jemanden kennen, der bereits ein Linux-System gekauft oder heruntergeladen hat, steht es Ihnen frei, diese Software für Ihre Zwecke auszuleihen oder zu kopieren. Die Vertreiber von Linux dürfen die Lizenz und das Recht auf Weitergabe in keiner Weise einschränken. Falls Sie vorhaben, ein ganzes Computerstudio mit Linux auszustatten, brauchen Sie nur ein Exemplar einer Distribution zu besorgen und dürfen dieses Exemplar dann auf allen Rechnern installieren.

Viele Linux-Benutzergruppen bieten eigene Distributionen an. Überprüfen Sie, ob es eine Benutzergruppe in Ihrer Nähe gibt. Für spezielle Plattformen wie Alpha könnte eine Benutzergruppe die ideale Möglichkeit sein, an Linux heranzukommen.

Die Installation von Linux vorbereiten

Nachdem Sie sich eine Linux-Distribution besorgt haben, können Sie Ihr System für die Installation vorbereiten. Das erfordert einige Planung, insbesondere wenn Sie bereits mit anderen Betriebssystemen arbeiten. In den folgenden Abschnitten werden wir beschreiben, wie Sie die Linux-Installation vorbereiten.

Überblick über die Installation

Obwohl alle Versionen von Linux anders sind, verläuft die Installation im allgemeinen nach diesem Schema:

1. **Die Festplatte neu partitionieren.** Wenn Sie bereits andere Betriebssysteme installiert haben, werden Sie die Festplatten neu partitionieren müssen, um Platz für Linux zu schaffen. Wir besprechen das im Abschnitt »Neupartitionierung der Festplatte(n)« weiter unten.
2. **Booten mit dem Linux-Installationsmedium.** Jede Distribution von Linux enthält irgendeine Art von Installationsmedium – in der Regel eine »Boot-Diskette« –, das Sie zur Installation der Software benutzen. Nach dem Booten mit diesem Medium befinden Sie sich entweder in einem Installationsprogramm, das Sie Schritt für Schritt durch die Linux-Installation führt, oder Sie erhalten Gelegenheit, die Software von Hand zu installieren.
3. **Linux-Partitionen einrichten.** Nachdem Sie neu partitioniert haben, um für Linux Platz zu schaffen, richten Sie in diesem freien Platz die Linux-Partitionen ein. Dazu benutzen Sie das Linux-Programm *fdisk*, das wir im Abschnitt »Linux-Partitionen anlegen« in Kapitel 3, *Installation und erste Konfigurationsarbeiten,* besprechen.

Kapitel 3

4. **Dateisysteme und Swap-Space einrichten.** Anschließend werden Sie in den neu eingerichteten Linux-Partitionen ein oder mehrere *Dateisysteme* erzeugen, in denen Dateien gespeichert werden. Falls Sie vorhaben, Swap-Space für die Auslagerung von laufenden Programmen zu benutzen, werden Sie zusätzlich in einer der Linux-Partitionen den Swap-Space einrichten. Wir beschreiben das in den Abschnitten »Den Swap-Bereich anlegen« und »Die Dateisysteme anlegen« in Kapitel 3.
5. **Die Software in den neuen Dateisystemen installieren.** Zum Schluß werden Sie die Linux-Software in den gerade erzeugten Dateisystemen installieren. Danach können Sie loslegen – wenn alles geklappt hat. Wir besprechen die Installation von Software im Abschnitt »Die Linux-Software installieren« in Kapitel 3. Im Abschnitt »Wenn Probleme auftauchen«, auch in Kapitel 3, zeigen wir, was Sie tun können, wenn Probleme entstehen.

Viele Distributionen von Linux bieten ein Programm, das Sie Schritt für Schritt durch die Installation führt und einen oder mehrere der oben angeführten Schritte für Sie automatisieren kann. Denken Sie beim Lesen dieses Kapitels immer daran, daß das Installationsprogramm einige dieser notwendigen Schritte eventuell für Sie erledigen kann.

Ein wichtiger Hinweis: Wenn Sie die Installation von Linux vorbereiten, sollten Sie sich auf jeden Fall während des gesamten Vorgangs *Notizen machen*. Schreiben Sie alles auf, was Sie tun und was Sie eingeben, und notieren Sie alles, was Ihnen merkwürdig vorkommt. Die Absicht dahinter ist ganz einfach: Falls (oder wenn!) Sie Probleme bekommen, möchten Sie in der Lage sein, Ihre Schritte nachzuvollziehen, um herauszufinden, wo Probleme auftauchten. Es ist nicht schwierig, Linux zu installieren, aber es gilt, sich viele Details zu merken. Wenn Sie alle diese Details schriftlich festhalten, können Sie nach einem Fehlschlag andere Methoden ausprobieren. Ihre Notizen können auch dann hilfreich sein, wenn Sie andere Leute um Hilfe bitten; zum Beispiel wenn Sie eine Nachricht an eine der Linux-Gruppen im USENET schicken. Vielleicht wollen Sie eines Tages diese Notizen sogar Ihren Enkelkindern zeigen.[3]

Konzepte für die Partitionierung

Im allgemeinen sind Festplatten in *Partitionen* eingeteilt, wobei jede Partition einem Betriebssystem vorbehalten bleibt. Sie könnten also auf einer Festplatte mehrere Partitionen einrichten, von denen eine zum Beispiel MS-DOS enthält, die zweite OS/2 und die dritte Linux.

Wenn Sie bereits andere Software auf Ihrem System installiert haben, müssen Sie die Größe der Partitionen eventuell anpassen, um für Linux Platz zu schaffen. Anschließend richten Sie in diesem freien Platz auf der Festplatte eine oder mehrere Linux-Partitionen für die Linux-Software und den Swap-Space ein. Wir wollen diesen Vorgang als *Neupartitionierung* bezeichnen.

Viele DOS-Systeme nutzen eine einzelne Partition, die die ganze Festplatte belegt. Unter DOS heißt diese Partition `C:`. Wenn Sie mehr als eine Partition eingerichtet haben, benennt DOS diese mit `D:`, `E:` usw. In gewisser Weise verhält sich jede Partition wie eine einzelne Festplatte.

Im ersten Sektor einer Festplatte befinden sich der *Master Boot Record* und die *Partitionstabelle*. Der Boot-Record wird (wie der Name andeutet) beim Booten des Systems benutzt. Die Partitionstabelle enthält Informationen über Lage und Größe der Partitionen.

Man unterscheidet drei Arten von Partitionen: *primäre*, *erweiterte* und *logische*. Hiervon werden die primären Partitionen am häufigsten benutzt. Allerdings lassen sich wegen der beschränkten Größe der Partitionstabelle auf einer Platte nur vier primäre Partitionen einrichten.

3 Der Autor gibt verschämt zu, daß er einige Monate lang eine Kladde mit allen seinen Linux-Erlebnissen führte. Heute dient die Kladde als Staubfänger in seinem Bücherregal.

Eine Möglichkeit, diese Beschränkung auf vier Partitionen zu umgehen, ist die Benutzung einer erweiterten Partition. Diese Partition enthält selbst keine Daten; statt dessen dient sie als eine Art »Container« für logische Partitionen. Sie könnten also eine erweiterte Partition einrichten, die die ganze Festplatte belegt, und innerhalb dieser Partition viele logische Partitionen anlegen. Allerdings dürfen Sie nur eine erweiterte Partition pro Festplatte einrichten.

Die Partitionierung unter Linux

Kapitel 3

Bevor wir darauf eingehen, wie Sie Ihre Festplatten neu partitionieren, müssen Sie sich darüber klar werden, wieviel Speicherplatz Sie Linux zuweisen möchten. Wir werden in Kapitel 3, im Abschnitt »Linux-Partitionen anlegen«, besprechen, wie dieser Speicherplatz aufgeteilt wird.

Auf UNIX-Rechnern werden Dateien in *Dateisystemen* (filesystem) gespeichert. Ein Dateisystem ist ein Ausschnitt aus einer Festplatte (oder aus einem anderen Medium, etwa einer CD-ROM oder Diskette), der für das Abspeichern von Dateien formatiert wurde. Jedes Dateisystem ist einem bestimmten Zweig des Verzeichnisbaums zugeordnet, so gibt es zum Beispiel auf vielen Rechnern ein Dateisystem für alle Dateien im Verzeichnis */usr*, ein anderes für */tmp* usw. Das Dateisystem *root* ist das primäre (übergeordnete) Dateisystem und entspricht der Wurzel des Verzeichnisbaums */*.

Unter Linux belegt jedes Dateisystem eine getrennte Partition auf der Festplatte. Wenn Sie zum Beispiel ein Dateisystem für */* und ein anderes für */usr* einrichten, brauchen Sie zwei Partitionen, um diese beiden Dateisysteme aufzunehmen.

Bevor Sie Linux installieren, müssen Sie die Dateisysteme vorbereiten, die die Linux-Software aufnehmen sollen. Sie brauchen mindestens ein Dateisystem (Root), und damit eine Partition, für Linux. Viele Linux-Benutzer ziehen es vor, alle ihre Dateien im Dateisystem Root abzulegen, weil der Umgang damit in den meisten Fällen einfacher ist als der mit mehreren Dateisystemen und Partitionen.

Kapitel 6

Sie können aber auch mehrere Dateisysteme für Linux einrichten, wenn Sie möchten – vielleicht legen Sie zum Beispiel getrennte Dateisysteme für */usr* und */home* an. Die Leser mit Erfahrung in der Systemverwaltung unter UNIX werden wissen, wie man vielfache Dateisysteme sinnvoll einsetzt. Im Abschnitt »Dateisysteme erzeugen« von Kapitel 6, *Verwalten von Dateisystemen, Swap-Bereichen und Geräten,* besprechen wir den Einsatz vielfacher Partitionen und Dateisysteme.

Warum sollte man mehr als ein Dateisystem benutzen? Der am häufigsten genannte Grund ist die Datensicherheit; falls aus irgendeinem Grund einmal eines Ihrer Dateisysteme beschädigt wird, werden die anderen (in der Regel) davon nicht berührt. Wenn Sie andererseits alle Ihre Dateien unter dem Dateisystem Root speichern, und dieses Dateisystem wird beschädigt, verlieren Sie eventuell alle Daten auf einen Streich. Das passiert allerdings nur selten; wenn Sie regelmäßig Backups Ihrer Daten anfertigen, sind Sie auf der sicheren Seite.[4]

4 Der Autor benutzt ein einzelnes Dateisystem mit 200 Megabytes für alle seine Linux-Dateien, ohne daß (bisher) Probleme aufgetreten sind.

Ein anderer Grund für die Einrichtung vielfacher Dateisysteme ist die Aufteilung des Speicherplatzes auf mehrere Festplatten. Wenn Sie zum Beispiel auf einer Platte 40 Megabytes frei haben und auf einer anderen 50 MBytes, ist es vielleicht sinnvoll, ein Root-Dateisystem von 40 MBytes auf der ersten Platte und ein Dateisystem */usr* von 50 MBytes auf der zweiten Platte einzurichten. Zur Zeit ist es nicht möglich, ein Dateisystem über mehrere Laufwerke hinweg anzulegen; wenn Ihr freier Speicherplatz sich auf mehrere Festplatten verteilt, werden Sie auch mehrere Dateisysteme einrichten müssen, um den gesamten Speicherplatz nutzen zu können.

Zusammengefaßt: Linux benötigt mindestens eine Partition, die für das Dateisystem Root. Wenn Sie vielfache Dateisysteme einrichten möchten, brauchen Sie eine eigene Partition für jedes zusätzliche Dateisystem. Einige Distributionen von Linux legen die Partitionen und Dateisysteme automatisch an, so daß Sie sich darum nicht zu kümmern brauchen.

Ein weiterer Punkt, den es bei der Planung der Partitionierung zu berücksichtigen gilt, ist der Swap-Space (Auslagerungsdatei). Sie haben zwei Möglichkeiten: Die erste besteht darin, eine *Swap-Datei* anzulegen, die in einem Ihrer Linux-Dateisysteme existiert. Sie legen die Swap-Datei nach der Installation der Software an, um sie als virtuelles RAM zu nutzen. Die zweite Möglichkeit ist die Einrichtung einer *Swap-Partition*. Das ist eine einzelne Partition, die nur als Swap-Space genutzt wird. Die meisten Leute benutzen eine Swap-Partition statt einer Swap-Datei.

Eine einzelne Swap-Datei oder -Partition kann bis zu 128 Megabytes groß sein. Wenn Sie mehr als 128 MBytes Swap-Bereich einrichten wollen (was nur unter sehr extremen Bedingungen notwendig ist), können Sie mehrere Dateien oder Partitionen anlegen – insgesamt bis zu 16. Falls Sie beispielsweise 256 MBytes Swap-Bereich brauchen, können Sie zwei Partitionen mit je 128 MBytes einrichten.

Kapitel 3
Kapitel 6

Das Anlegen einer Swap-Partition wird im Abschnitt »Den Swap-Bereich anlegen« in Kapitel 3 besprochen, die Einrichtung einer Swap-Datei im Abschnitt »Swap-Space benutzen« in Kapitel 6.

Sie werden in den meisten Fällen mindestens zwei Partitionen für Linux einrichten: eine für das Root-Dateisystem und eine als Swap-Partition. Natürlich gibt es viele Variationen hierzu, aber dies ist das Minimum. Sie müssen unter Linux keinen Swap-Bereich einrichten, aber wenn Sie über weniger als 16 Megabytes an physikalisch vorhandenem RAM verfügen, raten wir dringend dazu.

Sie müssen sich natürlich darüber klar werden, wieviel *Platz* diese Partitionen belegen werden. Die Größe Ihres Linux-Dateisystems (mit der Software selbst) hängt davon ab, wieviel Software Sie installieren und welche Linux-Distribution Sie benutzen. Hoffentlich finden Sie in der Dokumentation zu Ihrem Linux ungefähre Angaben dazu. Ein kleines Linux-System kann in 20 Megabytes oder weniger untergebracht werden; ein größeres System kann irgendwo zwischen 80 und 100 MBytes und darüber liegen. Denken Sie daran, daß Sie außer dem Platz für die Software selbst auch noch Platz für die Benutzerverzeichnisse, für zukünftige Erweiterungen usw. brauchen.

Die Größe der Swap-Partition (falls Sie eine einrichten) hängt davon ab, wieviel virtuelles RAM Sie benötigen. Eine Faustregel besagt, daß die Swap-Partition doppelt so groß sein sollte wie das physikalisch vorhandene RAM. Wenn Sie also vier Megabytes RAM haben, sollte die Swap-Partition acht MBytes groß sein. Natürlich ist das nur eine grobe Annäherung – tatsächlich hängt die Größe des benötigten Swap-Bereichs davon ab, welche Software Sie installieren möchten. Falls Sie schon eine Menge physikalisches RAM haben (zum Beispiel 16 MBytes oder mehr), möchten Sie eventuell überhaupt keinen Swap-Bereich vorsehen.

Ein wichtiger Hinweis: Aufgrund von Beschränkungen im BIOS ist es in der Regel nicht möglich, von Partitionen zu booten, die Zylinder oberhalb von 1023 benutzen. Wenn Sie also den Platzbedarf für Linux auf Ihrer Festplatte festlegen, denken Sie daran, daß Sie das Root-Dateisystem nicht in einer Partition anlegen, die den Bereich >1023 Zylinder belegt. Linux kann trotzdem Partitionen mit Zylindern oberhalb von 1023 *benutzen*, aber es kann passieren, daß Linux nicht von einer solchen Partition *bootet.* Vielleicht halten Sie diesen Rat für voreilig, aber es ist wichtig, das zu berücksichtigen, wenn Sie die Aufteilung Ihrer Festplatte(n) planen.

Wenn Sie unbedingt eine Partition mit Zylindernummern oberhalb von 1023 für Ihr Root-Dateisystem benutzen möchten, haben Sie immer noch die Möglichkeit, Linux von einer Diskette zu booten. Dagegen spricht weiter nichts, es dauert nur ein paar Sekunden länger als das Booten von der Festplatte. Auf jeden Fall steht Ihnen damit immer eine weitere Option offen.

Neupartitionierung der Festplatte(n)

In diesem Abschnitt beschreiben wir, wie Sie existierende Partitionen neu einrichten, um für Linux Platz zu schaffen. Wenn Sie Linux auf einer »sauberen« Festplatte installieren, können Sie diesen Abschnitt überspringen und bei »Die Linux-Software installieren« in Kapitel 3 weiterlesen.

Die übliche Methode, eine existierende Partition in der Größe zu verändern, ist es, sie zu löschen (wobei alle Daten in dieser Partition gelöscht werden) und sie neu anzulegen. Bevor Sie Ihre Festplatten neu partitionieren, sollten Sie ein *Backup* (Datensicherung) machen. Wenn Sie die neue Partition eingerichtet haben, können Sie die alte Software mit dem Backup wieder einspielen. Für MS-DOS gibt es mehrere Programme, die Partitionsgrößen verändern können, ohne daß dabei Daten verlorengehen. Eines dieser Programme ist FIPS, das von vielen Linux-FTP-Servern angeboten wird.

Denken Sie auch daran, daß in den kleiner gewordenen Partitionen vielleicht nicht mehr die gesamte ursprünglich vorhandene Software Platz findet. In diesem Fall müssen Sie so viel unbenötigter Software löschen, daß der Rest in den kleineren Partitionen untergebracht werden kann.

Das Programm, mit dem Sie Ihre Festplatte neu partitionieren, heißt *fdisk*. Jedes Betriebssystem hat seine eigene Version davon; unter DOS zum Beispiel wird es mit dem Befehl *fdisk* aufgerufen. Lesen Sie in der Dokumentation Ihres jetzigen

Betriebssystems nach, wie Festplatten neu partitioniert werden. Wir wollen hier zeigen, wie Sie Festplatten unter DOS mittels *fdisk* neu einrichten, aber diese Anleitung sollte sich ohne Probleme auf andere Betriebssysteme übertragen lassen.

Das Programm *fdisk* ist (unter jedem Betriebssystem) dafür zuständig, die Partitionstabelle einer Festplatte zu lesen und sie zu manipulieren, um Partitionen hinzuzufügen oder zu löschen. Einige Versionen von *fdisk* leisten mehr als das, indem sie zum Beispiel am Anfang einer neuen Partition bestimmte Informationen ablegen, damit diese Partition von einem bestimmten Betriebssystem benutzt werden kann. Aus diesem Grunde sollten Sie in der Regel Partitionen für ein Betriebssystem nur mit der Version von *fdisk* für dieses Betriebssystem anlegen. Sie können mit dem *fdisk* von Linux keine DOS-Partitionen einrichten – DOS kann solche Partitionen nicht korrekt verwalten. In ähnlicher Weise kann es sein, daß das *fdisk* von DOS nicht mit Linux-Partitionen umgehen kann. Solange Sie eine Version von *fdisk* für jedes Ihrer Betriebssysteme haben, sollten keine Probleme auftauchen. (Nicht alle Betriebssysteme kennen dieses Programm als *fdisk* – einige nennen es »diskmanager« oder »volume manager«).

Im Abschnitt »Linux-Partitionen anlegen« in Kapitel 3 werden wir beschreiben, wie Sie Linux-Partitionen anlegen, aber im Augenblick wollen wir uns mit dem Ändern der bestehenden Partitionen beschäftigen.

Bitte lesen Sie die Dokumentation zu Ihrem jetzigen Betriebssystem, bevor Sie die Festplatte neu partitionieren. Dieser Abschnitt soll einen allgemeinen Überblick über den Vorgang geben; es gibt dabei viele Feinheiten, auf die wir hier nicht eingehen. Wenn Sie die Neupartitionierung nicht korrekt durchführen, kann es sein, daß alle Ihre Daten verlorengehen.

Nehmen wir an, daß Sie eine einzelne Festplatte in Ihrem System haben, die zur Zeit ganz von DOS belegt wird. Dann enthält Ihre Platte eine einzige DOS-Partition mit der Bezeichnung `C:`. Weil diese Methode der Neupartitionierung die Daten in dieser Partition zerstören wird, müssen Sie eine bootfähige DOS-»Systemdiskette« erstellen, die alles enthält, was Sie nach der Neupartitionierung zum Aufruf von FDISK und zum Wiedereinspielen der Software aus dem Backup brauchen.

In vielen Fällen können Sie hierfür die DOS-Installationsdisketten benutzen. Wenn Sie doch Ihre eigene Systemdiskette erstellen müssen, formatieren Sie eine Diskette mit dem Befehl:

```
FORMAT /s A:
```

Kopieren Sie alle notwendigen DOS-Utilities auf diese Diskette (in der Regel den größten Teil der Software im Verzeichnis *\DOS* Ihrer Festplatte) sowie die Programme *FORMAT.COM* und *FDISK.EXE*. Sie sollten dann in der Lage sein, mit dieser Diskette zu booten und mit dem Befehl:

```
FDISK C:
```

das Programm FDISK zu starten.

Die Benutzung von FDISK sollte selbsterklärend sein, aber lesen Sie Details in der DOS-Dokumentation nach. Wenn Sie FDISK starten, sollten Sie sich zuerst die bestehende Partitionierung anzeigen lassen und diese Information *aufschreiben*. Es ist wichtig, daß Sie den Originalzustand wiederherstellen können, falls Sie die Linux-Installation abbrechen möchten.

Um eine bestehende Partition zu löschen, wählen Sie die FDISK-Option »`Delete an MS-DOS Partition or Logical DOS Drive`«. Geben Sie an, ob Sie eine primäre, erweiterte oder logische Partition löschen wollen, und anschließend die Partitionsnummer. Bestätigen Sie alle Warnungen. Uff !

Zum Einrichten einer neuen (kleineren) Partition für DOS wählen Sie die FDISK-Option »`Create an MS-DOS Partition or Logical DOS Drive`«. Geben Sie den Partitionstyp (primary, extended oder logical) und die Größe der neuen Partition an (in Megabytes). FDISK sollte dann die Partition anlegen, und Sie können anschließend loslegen.

Nachdem Sie mit FDISK fertig sind, sollten Sie das Programm verlassen und alle neu angelegten Partitionen formatieren. Wenn Sie zum Beispiel die erste DOS-Partition der Festplatte (C:) in ihrer Größe verändert haben, sollten Sie den Befehl:

```
FORMAT /s C:
```

eingeben. Sie können danach die Originalsoftware aus dem Backup wieder einspielen.

KAPITEL 3

Installation und erste Konfigurationsarbeiten

An dieser Stelle sollten Sie eine Linux-Distribution besitzen und Festplattenplatz für Linux bereitgestellt haben. Wir geben Ihnen in diesem Kapitel einen allgemeinen Überblick über den Installationsvorgang. Jede Distribution hat ihre eigenen Installationsanweisungen, aber mit den hier vorgestellten Konzepten im Kopf sollten Sie in der Lage sein, sich durch jede Installation hindurchzutasten. Anhang A, *Informationsquellen zu Linux*, enthält viele Informationsquellen mit Installationsanleitungen und anderen Hilfestellungen, wenn Sie überhaupt nicht weiterkommen.

Anhang A

Die Linux-Software installieren

Nachdem Sie die bestehenden Partitionen angepaßt haben, um für Linux Platz zu schaffen, können Sie die Software installieren. Es folgt eine kurze Zusammenfassung des Vorgangs:

1. Booten Sie mit Ihrem Linux-Installationsmedium.
2. Legen Sie mit *fdisk* unter Linux die Linux-Partitionen an.
3. Rufen Sie *mke2fs* und *mkswap* auf, um die Linux-Dateisysteme und den Swap-Bereich anzulegen.
4. Installieren Sie die Linux-Software.
5. Installieren Sie zum Schluß den Boot-Loader LILO, oder legen Sie eine Bootdiskette an, mit der Sie Ihr System starten können.

Wir haben bereits darauf hingewiesen, daß eventuell einer oder mehrere dieser Schritte automatisch von der Installationsroutine erledigt werden können – das hängt von der Distribution ab, die Sie benutzen. In den Unterlagen zu Ihrer Linux-Distribution erhalten Sie genaue Hinweise.

Linux booten

Der erste Schritt ist das Booten mit dem Linux-Installationsmedium. In den meisten Fällen ist das eine »Bootdiskette«, die ein kleines Linux-System enthält. Nach dem Booten wird Ihnen ein Installationsmenü präsentiert, das die Schritte zur Installation der Software vorgibt. Andere Distributionen geben nach dem Booten eine Login-Aufforderung aus. In diesem Fall können Sie sich normalerweise als **root** oder **install** einloggen, um dann mit der Installation zu beginnen.

Die Dokumentation zu Ihrer speziellen Distribution wird Ihnen zeigen, was Sie tun müssen, um Linux vom Installationsmedium aus zu starten.

Die meisten Linux-Distributionen benutzen eine Bootdiskette, die es ermöglicht, hinter dem Boot-Prompt noch Parameter für die Hardware zu setzen, damit bestimmte Hardwarekomponenten vom System erkannt werden. Wenn zum Beispiel Ihr SCSI-Controller beim Booten von der Diskette nicht erkannt wird, müssen Sie noch einmal booten und dabei am Boot-Prompt solche Hardwareparameter wie die I/O-Adresse und den IRQ angeben. Da PS/1-, ThinkPad- und ValuePoint-Systeme von IBM keine Laufwerksparameter im CMOS speichern, müssen Sie diese beim Booten angeben.

Der Boot-Prompt wird nach dem Booten von der Diskette oft automatisch angezeigt. Das gilt zum Beispiel für die Slackware-Distribution. Andere Distributionen erwarten, daß Sie die Shift- oder Control-Taste drücken, während von der Diskette gebootet wird. Nach dem erfolgreichen Booten sollten Sie den Prompt:

```
boot:
```

und möglicherweise auch noch andere Meldungen sehen. Was Sie hier sehen, ist der Boot-Prompt von LILO (dem LInux LOader), einem Programm, das verwendet wird, um das Betriebssystem Linux zu starten und Parameter für die Hardwareerkennung beim Booten anzugeben. Nachdem Sie Linux installiert haben, sollten Sie LILO auf Ihrer Festplatte installieren, denn damit können Sie zwischen Linux und anderen Betriebssystemen (wie MS-DOS) beim Hochfahren des Systems auswählen.

An dieser Stelle haben Sie mehrere Auswahlmöglichkeiten. Sie können die Enter-Taste drücken, um Linux einfach ohne spezielle Parameter zu booten. (Sie sollten dies als erstes probieren; wenn die Installation zu funktionieren scheint, sind Sie schon im grünen Bereich.) Ansonsten müssen Sie eventuell Parameter für die Hardwareerkennung an dieser Stelle eingeben, damit das System die in Ihrem Rechner vorhandene Hardware korrekt erkennt.

Wenn Sie das Booten ohne spezielle Parameter ausprobieren wollen, drücken Sie am Boot-Prompt einfach Enter. Lesen Sie die Meldungen, während das System hochfährt. Falls Sie einen SCSI-Controller haben, sollten Sie eine Liste der vorgefundenen SCSI-Geräte sehen. Wenn Sie die Meldung:

```
SCSI: 0 hosts
```

lesen, wurde Ihr SCSI-Controller nicht gefunden, und Sie werden die Hardware-Erkennungsroutine benutzen müssen, die wir etwas weiter unten beschreiben.

Oft werden Sie nicht wissen, ob Ihre Hardware korrekt erkannt worden ist, bis Sie sie wirklich benutzen wollen, also zum Beispiel auf die Festplatte oder die Netzwerkkarte zugreifen wollen. Wenn Sie damit Probleme haben, sollten Sie Linux erneut von der Bootdiskette booten und die unten angegebenen Parameter für die Hardwareerkennung eingeben. Um die automatische Erkennung von Hardware zu erzwingen, müssen Sie am Boot-Prompt die entsprechenden Parameter eingeben. Benutzen Sie dazu folgende Syntax:

`linux` *`Parameter...`*

Es gibt sehr viele von diesen Parametern, von denen wir unten einige aufführen. Wir erwarten nicht, daß Sie verstehen, was all diese Parameter bedeuten und wozu sie gut sind; Sie sollten aber in der Lage sein, herauszufinden, welche dieser Parameter für Ihr System nötig sein könnten. Wenn Sie beispielsweise einen AHA152x-basierten SCSI-Controller haben und wissen, daß Sie diesen unter MS-DOS auf eine bestimmte I/O-Adresse und einen bestimmten IRQ einstellen müssen, können Sie die hier angegebene entsprechende Option (aha152x=) verwenden. Tatsächlich sind viele dieser Boot-Optionen bei der ersten Installation unnötig. Wir geben hier eine umfangreiche Liste an einer Stelle zusammengefaßt an, weil Sie möglicherweise später das eine oder andere davon benötigen könnten.

Und noch ein Ratschlag: Schreiben Sie sich die Boot-Optionen auf, die Sie verwendet haben, um das System zum Laufen zu bringen. Nachdem Sie Linux installiert haben, benötigen Sie genau die gleichen Boot-Optionen, damit Ihre Hardware erkannt wird; jedes Mal, wenn Sie das System starten wollen. Wenn Sie das Ladeprogramm LILO verwenden, können Sie es so konfigurieren, daß bestimmte Boot-Optionen verwendet werden, damit Sie sie nicht jedes Mal eingeben müssen.

`no387`
: Schaltet den Mathematischen Koprozessor 80387 ab, um einige im Protected Mode fehlerhafte Koprozessoren zu umgehen.

`no-hlt`
: Schaltet die Verwendung der HLT-Anweisung ab. Diese wird verwendet, um die CPU in einen stromsparenden Zustand zu versetzen, wenn das System gerade nicht gebraucht wird. Einige der früheren 486DX-100 Chips haben mit dieser Anweisung Probleme.

`root=`*`device`*
: Gibt das Gerät an, das beim Booten des Systems als root-Dateisystem verwendet werden soll. Bei der initialen Installation ist das nicht nötig, aber später können Sie diese Installation verwenden, um das Default-Dateisystem zu überschreiben.

`ro`
: Mountet das root-Dateisystem read-only; wird für Systemwartung verwendet.

`rw`
: Mountet das root-Dateisystem read-write; wird für Systemwartung verwendet.

`debug`
: Veranlaßt den Kernel, viele Debugging-Meldungen auf der Konsole auszugeben, während das System läuft.

`ramdisk=`*`kilobytes`*
: Teilt dem System mit, daß die angegebene Speichermenge in KB für eine Ramdisk reserviert werden soll. Dies wird oft von Installations-Bootdisketten benutzt, die ein ganzes Dateisystem in den Speicher laden. Bei der initialen Installation benötigen Sie diese Option nicht, aber wenn Sie später mit Ramdisks experimentieren wollen, ist dies die Option, die Sie brauchen werden.

`mem=`*`groesse`*
: Das BIOS der meisten PCs meldet nicht mehr als 64 MB installiertes RAM. Linux verwendet diese Information, um die Menge installierten Speichers zu bestimmen. Wenn Sie mehr als 64 MB haben, müssen Sie diesen Parameter verwenden, damit der Rest des Speichers benutzt werden kann. Der Größenparameter ist eine Zahl, an die entweder `k` oder `M` angehängt wird; beispielsweise würde `mem=96M` angeben, daß 96 MB RAM installiert sind. Beachten Sie bitte, daß schlimme Dinge passieren können, wenn Sie mehr Speicher angeben, als tatsächlich vorhanden ist.

`hd=`*`cylinders,heads, sectors`*
: Gibt die Festplattengeometrie für IDE- und Standard-ST-506-Festplatten an (nicht für SCSI-Festplatten!). Wird für Systeme wie IBM PS/1, ValuePoint oder ThinkPad benötigt. Wenn Ihre Festplatte zum Beispiel 683 Zylinder, 16 Köpfe und 32 Sektoren pro Spur hat, verwenden Sie:

```
hd=683,16,32
```

Diese Option kann auch als `hda=`, `hdb=`, `hdc=` oder `hdd=` verwendet werden, um die Geometrie einer bestimmten Partition anzugeben. Beachten Sie, daß die Verwendung der `hd=`-Option nötig sein kann, wenn Sie eine große IDE-Platte mit mehr als 1024 Zylindern verwenden. Wenn Linux Probleme hat, die Geometrie Ihrer Festplatte zu erkennen (das merken Sie spätestens, wenn Sie versuchen, die Platte zu partitionieren), versuchen Sie es mit dieser Option.

`max_scsi_luns=`*`num`*
: Wenn *`num`* 1 ist, sucht das System nicht nach SCSI-Geräten mit einer Logical Unit Number (LUN) größer null. Dies ist bei einigen schlecht entworfenen SCSI-Geräten nötig, die den Rechner zum Stillstand bringen, wenn versucht wird, sie auf anderen LUNs als Null anzusprechen. Beachten Sie, daß dies nichts mit der SCSI-

Geräte-ID zu tun hat; mit LUNs kann ein einzelnes SCSI-Gerät (zum Beispiel ein CD-ROM-Wechsler) mehrere »Untergeräte« haben.

`aha152x=`*`iobase,irq,scsi-id,reconnect,parity`*
: Gibt die Parameter für die SCSI-Controller AHA151x, AHA152x, AIC6260, AIC6230 von Adaptec sowie SB16-Controller an. *`iobase`* muß hexadezimal angegeben werden, zum Beispiel `0x340`. Alle Argumente außer *`iobase`* sind optional.

`aha1542=`*`iobase`*
: Gibt die I/O-Adresse in hexadezimaler Darstellung für AHA154x-SCSI-Controller von Adaptec an.

`aic7xxx=`*`extended,no-reset`*
: Gibt die Parameter für die SCSI-Controller AHA274x, 284x und AIC7xxx von Adaptec an. Wenn der Wert für *`extended`* nicht Null ist, wird die erweiterte Übersetzung für große Festplatten eingeschaltet. Wenn *`no-reset`* nicht Null ist, setzt der Treiber den SCSI-Bus bei der Konfiguration des Controllers während des Systemstarts nicht zurück.

`buslogic=`*`iobase`*
: Gibt die I/O-Adresse in hexadezimaler Darstellung für Buslogic SCSI-Controller an.

`tmc8xx=`*`mem-base,irq`*
: Gibt die I/O-Adresse für den in den Speicher eingeblendeten I/O-Bereich in hexadezimaler Darstellung und den IRQ für die SCSI-Controller TMC-8xx und TMC-950 von Future Domain an.

`pas16=`*`iobase,irq`*
: Gibt die I/O-Adresse in hexadezimaler Darstellung für Pro Audio Spectrum SCSI-Controller an.

`st0x=`*`mem-base,irq`*
: Gibt die I/O-Adresse für den in den Speicher eingeblendeten I/O-Bereich in hexadezimaler Darstellung und den IRQ für Seagate ST-0x SCSI-Controller an.

`t128=`*`mem-base,irq`*
: Gibt die I/O-Adresse für den in den Speicher eingeblendeten I/O-Bereich in hexadezimaler Darstellung und den IRQ für Trantor T128 SCSI-Controller an.

`aztcd=`*`iobase`*
: Gibt die I/O-Adresse in hexadezimaler Darstellung für Aztech SCSI-Controller an.

`cdu31a=`*`iobase,irq,pas`*
: Gibt die I/O-Adresse in hexadezimaler Darstellung und den IRQ für CDU-31A und CDU-33A CD-ROM-Adapter von Sony an. Diese werden auf Sony-Karten und einigen Soundkarten von Pro Audio Spectrum verwendet. Die Parameter *`irq`* und *`pas`* sind optional. Wenn *`irq`* 0 ist, werden Interrupts nicht unterstützt

(bei einigen Karten der Fall). Der einzige zulässige Wert für die Option *pas* ist PAS; er gibt an, daß eine »Pro Audio Spectrum«-Karte verwendet wird.

soncd535=*iobase,irq*
: Gibt die I/O-Adresse in hexadezimaler Darstellung und den IRQ (optional) für Sony CDU-535 Adapter an.

gscd=*iobase*
: Gibt die I/O-Adresse in hexadezimaler Darstellung für Goldstar CD-ROM-Controller an.

mcd=*iobase,irq*
: Gibt die I/O-Adresse in hexadezimaler Darstellung und den IRQ für Mitsumi Standard-CD-ROM-Controller an.

optcd=*iobase*
: Gibt die I/O-Adresse in hexadezimaler Darstellung für Optics Storage Interface CD-ROM-Controller an.

cm206=*iobase,irq*
: Gibt die I/O-Adresse in hexadezimaler Darstellung und den IRQ für Philips CM206 CD-ROM-Controller an.

sjcd=*iobase,irq,dma*
: Gibt die I/O-Adresse in hexadezimaler Darstellung, den IRQ und den DMA-Kanal für Sanyo CD-ROM-Controller an. Die Parameter *irq* und *dma* sind optional.

sbpcd=*iobase,type*
: Gibt die I/O-Adresse in hexadezimaler Darstellung für Soundblaster Pro (und kompatible) CD-ROM-Controller an. Der Parameter *type* muß SoundBlaster, LaserMate oder SPEA sein, je nachdem, welche Karte Sie haben. Beachten Sie, daß dies nur die Parameter für die CD-ROM-Schnittstelle sind, nicht für die Sound-Hardware auf derselben Karte.

ether=*irq,iobase,params...*
: Gibt die I/O-Adresse und den IRQ für Ethernet-Karten an. Wenn Sie Probleme mit der Erkennung Ihrer Ethernet-Karte haben und sie bei der Installation benutzen wollen (um zum Beispiel via FTP oder NFS zu installieren), schlagen Sie im »Linux Ethernet HOWTO« nach, das die einzelnen Boot-Optionen für Ethernet-Karten sehr viel detaillierter beschreibt. Es sind zu viele, um sie hier alle anzugeben.

floppy=thinkpad
: Teilt dem Diskettentreiber mit, daß Sie ein Thinkpad haben. Dies ist für den Diskettenzugriff auf Thinkpad-Rechnern notwendig.

floppy=0,thinkpad
: Teilt dem Diskettentreiber mit, daß Sie kein Thinkpad haben, falls er verwirrt ist.

`bmouse=`*`irq`*
: Gibt den IRQ für den Busmaus[1]-Controller an.

`msmouse=`*`irq`*
: Gibt den IRQ für den Microsoft Busmaus-Controller an.

Eine ganze Reihe von anderen Optionen stehen ebenfalls zur Verfügung, aber die obigen sollten normalerweise ausreichend sein. (Wir haben beispielsweise die vielen Parameter für Soundkartentreiber weggelassen und empfehlen Ihnen dringend, die entsprechenden HOWTO-Dokumente zu lesen, wenn Sie sich in einer lebensbedrohlichen Situation mit Ihrer Soundkarte befinden.)

Bei all diesen Parametern müssen Sie *linux*, gefolgt von den gewünschten Parametern, eingeben.

[88] SCSI HOWTO [90] CD-ROM HOWTO

Wenn Sie Fragen zu diesen Boot-Optionen haben, lesen Sie das »Linux Boot-Prompt HOWTO«, das »Linux SCSI HOWTO« und das »Linux CD-ROM HOWTO«. Diese drei Dokumente sollten auf jedem Linux-FTP-Server (wie auch auf den meisten Linux-CD-ROMs) vorhanden sein. Sie beschreiben die Boot-Argumente von LILO noch detaillierter.

Laufwerke und Partitionen unter Linux

Manche Distributionen erwarten, daß Sie die Linux-Partitionen mittels *fdisk* von Hand anlegen. Andere erledigen das automatisch für Sie. Auf jeden Fall sollten Sie die folgenden Informationen über die Linux-Partitionen und -Gerätenamen kennen.

Laufwerke und Partitionen unter Linux tragen Namen, die sich von denen unter anderen Betriebssystemen gründlich unterscheiden. Unter DOS werden Diskettenlaufwerke mit `A:` und `B:` bezeichnet, Festplatten mit `C:`, `D:` usw. Unter Linux sieht die Vergabe von Gerätenamen völlig anders aus.

Die *Gerätedateien*, die im Verzeichnis */dev* stehen, werden für die Kommunikation mit den Geräten (den Festplatten, der Maus usw.) in Ihrem System gebraucht. Wenn Sie zum Beispiel eine Maus benutzen, sprechen Sie diese Maus unter dem Gerätenamen */dev/mouse* an. Diskettenlaufwerke, Festplatten und die einzelnen Partitionen haben alle ihre eigenen Namen. Machen Sie sich im Moment keine weiteren Gedanken darüber; wichtig ist nur, daß Sie verstehen, wie die einzelnen Geräte benannt sind, damit Sie damit arbeiten können. Der Abschnitt »Die Gerätedateien« in Kapitel 6, *Verwalten von Dateisystemen, Swap-Bereichen und Geräten,* enthält mehr Informationen über Geräte.

Kapitel 6

1 Eine Busmaus ist eine Maus, die an den Systembus anstatt an eine serielle Schnittstelle angeschlossen ist.

Tabelle 3-1 zeigt die Namen der verschiedenen Gerätedateien.

Tabelle 3-1: Partitionsnamen unter Linux

Gerät	Name
Erstes Floppylaufwerk (A:)	*/dev/fd0*
Zweites Floppylaufwerk (B:)	*/dev/fd1*
Erste Festplatte (ganze Platte)	*/dev/hda*
Erste Festplatte, primäre Partition 1	*/dev/hda1*
Erste Festplatte, primäre Partition 2	*/dev/hda2*
Erste Festplatte, primäre Partition 3	*/dev/hda3*
Erste Festplatte, primäre Partition 4	*/dev/hda4*
Erste Festplatte, logische Partition 1	*/dev/hda5*
Erste Festplatte, logische Partition 2	*/dev/hda6*
usw.	
Zweite Festplatte (ganze Platte)	*/dev/hdb*
Zweite Festplatte, primäre Partition 1	*/dev/hdb1*
usw.	
Erste SCSI-Festplatte (ganze Platte)	*/dev/sda*
Erste SCSI-Festplatte, primäre Partition 1	*/dev/sda1*
usw.	
Zweite SCSI-Festplatte (ganze Platte)	*/dev/sdb*
Zweite SCSI-Festplatte, primäre Partition 1	*/dev/sdb1*
usw.	

Hier noch ein paar Anmerkungen zu dieser Tabelle. */dev/fd0* entspricht dem ersten Diskettenlaufwerk (A: unter DOS) und */dev/fd1* dem zweiten Diskettenlaufwerk (B:).

SCSI-Festplatten werden anders bezeichnet als andere Geräte. Alle IDE-, MFM- und RLL-Festplatten werden unter den Gerätenamen */dev/hda*, */dev/hdb* usw. angesprochen. Die einzelnen Partitionen auf der Platte */dev/hda* heißen */dev/hda1*, */dev/hda2* usw. SCSI-Platten dagegen werden als */dev/sda* und */dev/sdb* usw. angesprochen, und die Partitionen heißen */dev/sda1* und */dev/sda2*.

Natürlich haben die meisten Systeme keine vier primären Partitionen. Trotzdem sind die Gerätenamen von */dev/hda1* bis */dev/hda4* für diese Partitionen reserviert; logische Partitionen können nicht unter diesen Namen angesprochen werden.

Wir wollen dazu ein Beispiel geben. Nehmen wir an, daß Sie eine einzelne IDE-Festplatte mit drei primären Partitionen haben. Die ersten beiden sind MS-DOS zugeordnet, die dritte ist eine erweiterte Partition, die zwei logische Linux-Partitionen enthält. Die Gerätenamen sind in der folgenden Tabelle aufgelistet.

Gerät	Name
Erste MS-DOS-Partition (`C:`)	*/dev/hda1*
Zweite MS-DOS-Partition (`D:`)	*/dev/hda2*
Erweiterte Partition	*/dev/hda3*
Erste logische Linux-Partition	*/dev/hda5*
Zweite logische Linux-Partition	*/dev/hda6*

Beachten Sie, daß */dev/hda4* ausgelassen wurde; sie entspricht der vierten primären Partition, die es in diesem Beispiel nicht gibt. Logische Partitionen werden ab */dev/hda5* durchgehend numeriert.

Linux-Partitionen anlegen

Jetzt ist alles soweit vorbereitet, daß Sie mit dem Befehl *fdisk* die Linux-Partitionen anlegen können. Im allgemeinen werden Sie mindestens zwei Partitionen einrichten; eine für die Linux-Software selbst und eine für den Swap-Bereich.

Starten Sie nach dem Booten mit dem Installationsmedium *fdisk*, indem Sie eingeben:

```
fdisk Laufwerk
```

wobei *`Laufwerk`* der Gerätename des Laufwerks ist auf dem Sie die neuen Partitionen anlegen möchten (siehe auch Tabelle 3-1). Wenn Sie zum Beispiel *fdisk* auf die erste SCSI-Festplatte in Ihrem System anwenden wollen, geben Sie

```
# fdisk /dev/sda
```

ein. Wenn Sie kein Laufwerk benennen, wird */dev/hda* (die erste IDE-Platte) als Voreinstellung genommen.

Wenn Sie auf mehr als einem Laufwerk Linux-Partitionen einrichten, rufen Sie *fdisk* für jedes Laufwerk einmal auf.

```
# fdisk /dev/hda

  Command (m for help):
```

Hier wartet *fdisk* auf die Eingabe eines Befehls; mit `m` erhalten Sie eine Liste der Optionen:

```
Command (m for help): m
Command action
   a   toggle a bootable flag
   d   delete a partition
   l   list known partition types
```

```
    m   print this menu
    n   add a new partition
    p   print the partition table
    q   quit without saving changes
    t   change a partition's system id
    u   change display/entry units
    v   verify the partition table
    w   write table to disk and exit
    x   extra functionality (experts only)

Command (m for help):
```

Mit dem Befehl `n` legen Sie eine neue Partition an. Die meisten der anderen Optionen werden Sie kaum brauchen. Zum Beenden von *fdisk* geben Sie `q` ein, wenn Sie Änderungen nicht abspeichern wollen, und `w`, wenn Sie die geänderte Partitionstabelle auf die Festplatte schreiben möchten.

Als erstes sollten Sie sich die bestehende Partitionstabelle anzeigen lassen und die Angaben zwecks späteren Nachschlagens aufschreiben. Geben Sie dazu den Befehl `p` ein:

```
Command (m for help): p
Disk /dev/hda: 16 heads, 38 sectors, 683 cylinders
Units = cylinders of 608 * 512 bytes
   Device Boot  Begin   Start    End  Blocks   Id  System
/dev/hda1   *       1       1    203   61693    6  DOS 16-bit >=32M

Command (m for help):
```

In diesem Beispiel existiert eine einzelne DOS-Partition auf */dev/hda1*, die 61.693 Blöcke groß ist.[2] Diese Partition startet mit Zylinder 1 und reicht bis zum Zylinder 203. Insgesamt hat die Platte 683 Zylinder; es bleiben für Linux-Partitionen also 480 Zylinder übrig.

Zum Anlegen einer neuen Partition geben Sie den Befehl `n` ein. In diesem Beispiel werden wir zwei primäre Partitionen für Linux einrichten: */dev/hda2* und */dev/hda3*.

```
Command (m for help): n
Command action
   e   extended
   p   primary partition (1-4)
   p
```

2 Ein Block ist unter Linux 1024 Bytes groß.

An dieser Stelle fragt *fdisk* nach dem Typ der neuen Partition: extended oder primary. In unserem Beispiel wollen wir nur primäre Partitionen anlegen, deshalb geben wir `p` ein.

```
Partition number (1-4):
```

fdisk wird dann abfragen, welche Partition angelegt werden soll. Da die Nummer 1 bereits vergeben ist, wird unsere erste Linux-Partition die Nummer 2 sein:

```
Partition number (1-4): 2
First cylinder (204-683):
```

Geben Sie dann die Nummer des ersten Zylinders in dieser Partition ein. Die Zylinder 204 bis 683 sind noch nicht belegt, also wählen wir den ersten freien Zylinder (204):

```
First cylinder (204-683): 204
Last cylinder or +size or +sizeM or +sizeK (204-683):
```

fdisk fragt dann nach der Größe der anzulegenden Partition. Wir können entweder die Nummer des letzten Zylinders angeben oder die Größe in Bytes, Kilobytes oder Megabytes definieren. Weil unsere Partition 80 MB groß sein soll, geben wir `+80M` ein. Bei dieser Art der Größenangabe rechnet *fdisk* die Größe der Partition auf die nächstgelegene Zylinderzahl um.

```
Last cylinder or +size or +sizeM or +sizeK (204-683):+80M

Warning: Linux cannot currently use 33090 sectors of this partition
```

Wenn Sie diese Warnung sehen, können Sie das einfach ignorieren. *fdisk* gibt diese Meldung aus, weil es ein älteres Programm ist und aus einer Zeit stammt, als Linux-Partitionen nicht größer als 64 MB sein durften.

Jetzt sind wir soweit, daß wir unsere zweite Linux-Partition anlegen können. Zu Demonstrationszwecken soll sie zehn MB groß werden:

```
Command (m for help): n
Command action
   e   extended
   p   primary partition (1-4)
p
Partition number (1-4): 3
First cylinder (474-683): 474
Last cylinder or +size or +sizeM or +sizeK (474-683): +10M
```

Zum Abschluß lassen wir noch einmal die Partitionstabelle anzeigen. Schreiben Sie wieder sämtliche Angaben auf – insbesondere die Blockgrößen der neuen Partitionen. Sie werden diese Information später noch brauchen, wenn die Dateisysteme angelegt werden. Achten Sie auch darauf, daß sich die Partitionen nicht überlappen.

```
Command (m for help): p

Disk /dev/hda: 16 heads, 38 sectors, 683 cylinders
Units = cylinders of 608 * 512 bytes
   Device Boot  Begin   Start     End  Blocks   Id  System
/dev/hda1   *       1       1     203   61693    6  DOS 16-bit >=32M
/dev/hda2         204     204     473   82080   81  Linux/MINIX
/dev/hda3         474     474     507   10336   81  Linux/MINIX
```

Wie Sie sehen, ist */dev/hda2* jetzt eine Partition mit 82.080 Blöcken (was ungefähr 80 MB entspricht), und */dev/hda3* ist 10.336 Blöcke groß (etwa 10 MB).

Beachten Sie, daß viele Distributionen erwarten, daß Sie mit dem Befehl `t` von *fdisk* noch den Partitionstyp der Swap-Partition auf »Linux swap« setzen; in der Regel ist das der Typ 82. Mit dem Befehl `l` erhalten Sie eine Liste der bekannten Partitionstypen, und mit `t` können Sie der Swap-Partition die Nummer zuordnen, die für »Linux swap« steht.

Dieser Schritt ermöglicht es der Installationssoftware, anhand der Typangabe die Swap-Partition zu finden. Falls die Software die Swap-Partition nicht erkennt, sollten Sie vielleicht *fdisk* noch einmal aufrufen und die betreffende Partition mit dem Befehl `t` bearbeiten.

In diesem Beispiel verbleiben die Zylinder 508 bis 683 ungenutzt. Es kann sinnvoll sein, auf der Festplatte Platz zu lassen, in dem später weitere Partitionen angelegt werden können.

Zum Abschluß schreiben wir mit dem Befehl `w` den aktuellen Zustand auf die Festplatte und verlassen *fdisk*:

```
Command (m for help): w
#
```

Die Änderungen, die Sie mit *fdisk* vornehmen, werden erst dann wirksam, wenn sie mit dem Befehl `w` geschrieben werden. Das gibt Ihnen die Möglichkeit, verschiedene Konfigurationen auszuprobieren und das Ergebnis zu speichern, wenn Sie damit fertig sind. Falls Sie *fdisk* verlassen möchten, ohne die Änderungen zu speichern, können Sie das jederzeit mit dem Befehl `q` tun. Denken Sie daran, daß Sie mit dem Programm *fdisk* von Linux nur Linux-Partitionen bearbeiten sollten.

Es kann passieren, daß sich Linux aus einer Partition auf Zylindern oberhalb von 1023 nicht booten läßt. Versuchen Sie deshalb, Ihre Root-Partition für Linux unterhalb von Zylinder 1023 einzurichten. Falls das nicht möglich ist, können Sie Linux immer noch von einer Diskette booten.

Einige Linux-Distributionen erwarten, daß Sie nach Änderungen mit *fdisk* das System erneut booten. Damit sollen die Änderungen wirksam werden, bevor Sie die Software installieren. Neuere Versionen von *fdisk* bringen die Partitionstabelle im Kernel automatisch auf den aktuellen Stand, so daß hier nicht erneut gebootet werden muß. Um auf der sicheren Seite zu bleiben, sollten Sie nach der Arbeit mit *fdisk* noch einmal vom Installationsmedium booten, bevor Sie weitermachen.

Den Swap-Bereich anlegen

Kapitel 6

Wenn Sie eine Swap-Partition als virtuelles RAM benutzen wollen, können Sie diese jetzt anlegen.[3] Im Abschnitt »Swap-Space benutzen« in Kapitel 6 besprechen wir die Vorbereitung einer Swap-Datei für den Fall, daß Sie keine Swap-Partition einrichten möchten.

Viele Distributionen erwarten, daß Sie einen Swap-Bereich anlegen und aktivieren, bevor Sie die Software installieren. Wenn Sie nur wenig physikalisches RAM haben, kann es passieren, daß die Installation ohne aktiven Swap-Bereich nicht gelingt.

Der Befehl für die Einrichtung einer Swap-Partition ist *mkswap* und hat das Format:

```
mkswap -c Partition Größe
```

wobei `Partition` der Name der Swap-Partition ist und `Größe` die Größe der Partition in Blöcken angibt.[4] Wenn Sie zum Beispiel */dev/hda3* als Swap-Partition mit der Größe 10.336 Blöcke aktivieren wollen, geben Sie ein:

```
# mkswap -c /dev/hda3 10336
```

Die Option *-c* weist *mkswap* an, die Partition nach defekten Blöcken zu durchsuchen, wenn der Swap-Bereich eingerichtet wird.

Wenn Sie mehrere Swap-Partitionen anlegen wollen, müssen Sie für jede Partition den entsprechenden *mkswap*-Befehl ausführen.

Nach dem Formatieren des Swap-Bereichs müssen Sie ihn noch einbinden. Normalerweise erledigt das System diesen Schritt beim Booten. Da Sie aber noch keine Linux-Software installiert haben, müssen Sie den Swap-Bereich von Hand aktivieren.

Der Befehl zum Aktivieren des Swap-Bereichs lautet *swapon* und hat das Format:

```
swapon Partition
```

In unserem Beispiel geben wir also

```
# swapon /dev/hda3
```

ein, um den Swap-Bereich auf */dev/hda3* zu aktivieren.

---

3 Es gibt auch Linux-Distributionen, die das automatisch erledigen oder einen Menüpunkt dafür anbieten.

4 Dies ist die Größe, die mit der Option `p` von *fdisk* angezeigt wird. Ein Block ist unter Linux 1024 Bytes lang.

Die Dateisysteme anlegen

Kapitel 2

Bevor Sie Ihre Linux-Partitionen zum Abspeichern von Dateien benutzen können, müssen Sie Dateisysteme in den Partitionen erzeugen. Das Anlegen eines Dateisystems entspricht der Formatierung einer Partition unter DOS und anderen Betriebssystemen. Wir haben im Abschnitt »Die Installation von Linux vorbereiten« in Kapitel 2 die Dateisysteme bereits kurz besprochen.

Linux kennt verschiedene Typen von Dateisystemen. Jeder Typ hat ein eigenes Format und bestimmte Eigenschaften (etwa die Länge der Dateinamen, maximale Anzahl an Dateien usw.). Linux unterstützt außerdem die Dateisysteme von einigen anderen Betriebssystemen wie zum Beispiel MS-DOS.

Kapitel 6

Das am häufigsten benutzte Dateisystem ist das *Second Extended Filesystem* oder *ext2fs*. Das *ext2fs* ist eines der effizientesten und flexibelsten Dateisysteme; es erlaubt Dateinamen bis zu 256 Zeichen Länge und Dateisysteme bis zu vier Terabytes Größe. Im Abschnitt »Mit Dateisystemen arbeiten« in Kapitel 6 werden wir die verschiedenen Dateisysteme für Linux vorstellen. Für den Anfang empfehlen wir, das *ext2fs* zu benutzen.

Mit dem Befehl:

```
mke2fs -c Partition Größe
```

legen Sie ein *ext2fs*-Dateisystem an. Dabei gibt `Partition` den Namen der Partition an, und `Größe` ist die Größe der Partition in Blöcken. Wenn Sie zum Beispiel ein Dateisystem mit 82.080 Blöcken auf */dev/hda2* erzeugen möchten, geben Sie ein:

```
# mke2fs -c /dev/hda2 82080
```

Wenn Sie mit mehreren Linux-Dateisystemen arbeiten, müssen Sie den entsprechenden *mke2fs*-Befehl für jedes Dateisystem aufrufen.

Falls Sie bis hierher auf irgendein Problem gestoßen sind, lesen Sie den Abschnitt »*Wenn Probleme auftauchen*« am Ende dieses Kapitels.

Die Software installieren

Schließlich ist es soweit: Sie können die Software auf Ihrem System installieren. Jede Distribution geht dabei anders vor. In vielen Fällen ist ein eigenständiges Programm enthalten, das Sie Schritt für Schritt durch die Installation führt. Bei anderen Distributionen müssen Sie Ihre Dateisysteme in einem bestimmten Unterverzeichnis *mounten* (aufsetzen, zum Beispiel unter */mnt*) und dann die Software von Hand dorthin kopieren. Bei Distributionen auf CD-ROM wird Ihnen eventuell angeboten, einen Teil der Software auf der Festplatte zu installieren und den größeren Teil auf der CD-ROM zu lassen.

Manche Distributionen bieten mehrere Methoden der Installation an. So kann es zum Beispiel sein, daß Sie die Software direkt aus einer DOS-Partition auf Ihrer Festplatte heraus installieren können anstatt von Disketten. Eventuell können Sie auch per FTP oder NFS über ein TCP/IP-Netzwerk installieren. Lesen Sie die Details in der Dokumentation zu Ihrer Distribution nach.

Bei der Slackware-Distribution beispielsweise gehen Sie folgendermaßen vor:

1. Partitionen anlegen mit *fdisk*.
2. Gegebenenfalls mit *mkswap* und *swapon* den Swap-Bereich einrichten (falls Sie vier MB RAM oder weniger haben).
3. Das Programm *setup* aufrufen. *setup* führt Sie durch ein selbsterklärendes Menüsystem zur Installation der Software.

Die »Red Hat«-Distribution, die auf *Linux – Red Hat Version 3.0.3 auf CD-ROM* enthalten ist, erfordert nur den *fdisk*-Schritt. Die Methoden zur Installation der Software sind sehr unterschiedlich. Wir hoffen, daß Ihre Installation sehr gut kommentiert ist, wie das bei den meisten Distributionen der Fall ist.

Eine Bootdiskette erzeugen oder LILO installieren

Jede Distribution bietet eine Methode an, nach der Installation der Software das neue Linux-System zu booten. Oft wird während der Installation eine Bootdiskette erzeugt; diese enthält einen Linux-Kernel, mit dem Sie Ihr neu eingerichtetes Root-Dateisystem benutzen können. Um Linux zu starten, müssen Sie mit dieser Diskette booten; anschließend wird die Kontrolle über das System an die Festplatte abgegeben. Bei anderen Distributionen dient die Installationsdiskette gleichzeitig als Bootdiskette.

Viele Distributionen bieten an, LILO auf Ihrer Festplatte zu installieren. LILO ist ein Programm, das sich im Master Boot Record (MBR) Ihrer Platte befindet. Dieses Programm ist in der Lage, verschiedene Betriebssysteme zu booten, darunter auch DOS und Linux. Sie können während des Boot-Vorgangs wählen, welches Betriebssystem booten soll.

Damit LILO erfolgreich installiert werden kann, muß das Programm eine ganze Menge über die Konfiguration Ihrer Festplatte wissen – unter anderem auch, welche Partition welches Betriebssystem enthält, wie die Betriebssysteme gebootet werden usw. Viele Distributionen versuchen bei der Installation von LILO zu »erraten«, welche Parameter für Ihre Konfiguration gelten. Obwohl das nicht sehr häufig vorkommt, ist es doch möglich, daß die von einigen Distributionen durchgeführte automatische Installation von LILO nicht gelingt und daß Ihr MBR dabei durcheinandergerät (wahrscheinlich werden die eigentlichen Daten auf Ihrer Festplatte davon nicht berührt). Insbesondere wenn Sie den Boot-Manager von OS/2 benutzen, sollten Sie LILO nicht von der automatisierten Prozedur installieren lassen – es gibt besondere Anweisungen für das Zusammenspiel zwischen LILO und dem Boot-Manager von OS/2, die wir weiter unten besprechen.

In vielen Fällen ist es das sicherste, zunächst von einer Diskette zu booten, bis Sie dazu kommen, LILO von Hand zu konfigurieren. Wenn Sie ganz besonders großes Vertrauen in Ihre Distribution haben, können Sie natürlich LILO auch automatisch installieren lassen.

Kapitel 5

Im Abschnitt »LILO benutzen« in Kapitel 5, *Grundlagen der Systemverwaltung*, werden wir im Detail beschreiben, wie Sie LILO für Ihr spezielles System installieren und konfigurieren.

Falls alles geklappt hat, ist es jetzt an der Zeit zu gratulieren! Sie haben soeben Linux auf Ihrem Rechner installiert. Holen Sie sich eine Diät-Cola oder sonst etwas – Sie haben es sich verdient.

Für den Fall, daß es doch Probleme gegeben hat, zeigt der Abschnitt »Wenn Probleme auftauchen« weiter unten in diesem Kapitel die häufigsten Fallstricke bei der Installation von Linux und wie Sie darüber hinwegkommen.

Weitere Schritte bei der Installation

Einige Distributionen von Linux enthalten weitere Schritte zur Installation, mit denen Sie verschiedene Softwarepakete wie die TCP/IP-Vernetzung, das X Window System usw. konfigurieren. Falls Ihnen während der Installation solche Optionen angeboten werden, sollten Sie vielleicht jetzt die entsprechenden Kapitel weiter hinten in diesem Buch lesen, damit Sie wissen, wie diese Software konfiguriert wird. Ansonsten sollten Sie die Installation von zusätzlicher Software verschieben, bis Sie genau wissen, wie die Software konfiguriert werden muß.

Die Entscheidung liegt bei Ihnen: Falls alles andere nicht mehr hilft, lassen Sie sich mittreiben und warten ab, was passiert. Mit größter Wahrscheinlichkeit können Sie alles, was Sie jetzt verkehrt machen, später wieder rückgängig machen. (Klopfen Sie auf Holz!)

Nach der Installation

Nachdem die Installation der Linux-Software abgeschlossen ist, sollten Sie in der Lage sein, das System neu zu booten, als **root** einzuloggen und mit der Erkundung Ihres Systems zu beginnen. (Jede Distribution geht hier anders vor – lesen Sie die Hinweise zu Ihrer Distribution.)

Bevor Sie sich allerdings in neues Gelände vorwagen, gibt es noch ein paar Dinge zu erledigen, die sich am besten zu diesem Zeitpunkt erledigen lassen und die Ihnen später einigen Ärger ersparen können. Manche dieser Aufgaben sind mit der richtigen Hardware und Linux-Distribution trivial, andere erfordern vielleicht ein wenig Forschungsarbeit von Ihnen. Vielleicht möchten Sie solche Aufgaben lieber auf später verschieben.

Einen Benutzer-Account anlegen

Bevor Sie Ihr System benutzen, müssen Sie einen Benutzer-Account für sich anlegen. Wenn Sie vorhaben, andere Benutzer auf Ihrem System arbeiten zu lassen, werden Sie auch für diese Benutzer Accounts anlegen. Auf jeden Fall brauchen Sie einen Account, bevor Sie loslegen.

Warum eigentlich? Jedes Linux-System enthält mehrere vorkonfigurierte Accounts wie zum Beispiel **root**. Der **root**-Account ist allerdings nur für die Systemverwaltung vorgesehen. Als **root** haben Sie einige Privilegien sowie Zugriff auf alle Dateien im System.

Aber die Arbeit als **root** kann gefährlich sein – insbesondere, wenn Sie Linux-Neuling sind. Weil **root** absolut keinen Einschränkungen unterliegt, ist es schnell passiert, daß Sie sich bei einem Befehl vertippen und aus Versehen Dateien löschen, das Dateisystem beschädigen usw. Sie sollten sich nur dann als **root** einloggen, wenn Sie mit der Systemverwaltung beschäftigt sind; etwa um Konfigurationsdateien anzupassen, neue Software zu installieren usw. Lesen Sie Details im Abschnitt »Die Systemverwaltung« in Kapitel 5 nach.

Kapitel 5

Für den normalen Betrieb sollten Sie einen üblichen Benutzer-Account einrichten. UNIX-Systeme haben Sicherheitsmaßnahmen eingebaut, die verhindern, daß ein Benutzer die Dateien eines anderen Benutzers löscht, wichtige Teile des Systems wie Konfigurationsdateien zerstört usw. Als normaler Benutzer schützen Sie sich damit vor Ihren eigenen Fehlern. Dies gilt besonders dann, wenn Sie nicht über Erfahrungen als Verwalter eines UNIX-Systems verfügen.

Viele Linux-Distributionen stellen Hilfsprogramme zum Erzeugen neuer Accounts bereit. Diese Programme heißen in der Regel *useradd* oder *adduser*. Wenn Sie als **root** eines dieser Programme aufrufen, sollten Sie eine Übersicht über die möglichen Befehle erhalten; das Anlegen eines neuen Accounts sollte dann keine Probleme bereiten.

Andere Distributionen wie die LGX-CD-ROM von Yggdrasil enthalten ein Programm, das für verschiedene Aufgaben der Systemverwaltung eingesetzt wird, darunter auch das Erzeugen eines neuen Benutzer-Accounts. Mit dem Befehl *control-panel* unter LGX starten Sie dieses Programm.

Falls Sie keine andere Möglichkeit haben, können Sie einen Account auch von Hand anlegen. In der Regel müssen Sie dazu nur:

- die Datei */etc/passwd* editieren, um den neuen Benutzer einzutragen,
- gegebenenfalls die Datei */etc/shadow* editieren, um dem neuen Benutzer »Shadow Password«-Attribute zuzuweisen,
- das Home-Verzeichnis des neuen Benutzers erzeugen,
- vorbereitete Konfigurationsdateien (wie zum Beispiel *.bashrc*) in das Home-Verzeichnis des neuen Benutzers kopieren; diese sind bei manchen Systemen im Verzeichnis */etc/skel* zu finden.

Kapitel 5
Bibliographie

Wir wollen hier nicht zu sehr ins Detail gehen – jedes Buch über die Administration von UNIX-Systemen beschreibt, wie neue Benutzer-Accounts eingerichtet werden (siehe auch die Bibliographie). Im Abschnitt »Die Verwaltung der Benutzer-Accounts« in Kapitel 5 gehen wir auch auf die Einbindung neuer Benutzer ein. Mit etwas Glück finden Sie ein Programm vor, das diesen Schritt für Sie erledigt.

Denken Sie daran, daß Sie mit dem Befehl *passwd* das Paßwort für den neuen Account eingeben oder ändern können. Wenn Sie zum Beispiel das Paßwort für den Benutzer **duck** ändern möchten, geben Sie ein:

```
# passwd duck
```

Damit legen Sie ein Paßwort für **duck** an oder ändern ein bereits vorhandenes. Wenn Sie *passwd* als **root** aufrufen, werden Sie nicht nach dem alten Paßwort gefragt. Auf diese Weise können Sie ein neues Paßwort vergeben, wenn Sie das alte vergessen haben – solange Sie sich als **root** einloggen können.

Die Online-Hilfe

Die Online-Hilfe von Linux steht in Form von Manual-Pages (Handbuchseiten) – kurz »Man Pages« – bereit. In diesem ganzen Buch werden wir Sie immer wieder auf die Manpages zu bestimmten Befehlen hinweisen, wo Sie dann weitere Informationen finden. Die Manpages beschreiben System- und Anwendungsprogramme im Detail. Es ist wichtig, daß Sie von Anfang an lernen, wie Sie mit dieser Online-Hilfe umgehen – für den Fall, daß Sie einmal in eine Sackgasse geraten.

Sie erhalten die Online-Hilfe zu einem bestimmten Befehl, indem Sie den Befehl *man* aufrufen. Wenn Sie zum Beispiel Information zu *passwd* brauchen, geben Sie ein:

```
$ man passwd
```

Damit rufen Sie die Handbuchseite zu *passwd* auf.

In der Regel werden die Manpages als eine Option angeboten, so daß sie nur dann zur Verfügung stehen, wenn Sie sich für die Installation entschieden haben. Es kann auch vorkommen, daß auf Ihrem System einige Seiten fehlen oder nicht vollständig sind. Das hängt davon ab, wie umfangreich Ihre Distribution ist und wie aktuell die Manpages sind.

Die Manpages von Linux beschreiben unter anderem Systemaufrufe, Bibliotheksfunktionen, das Format der Konfigurationsdateien sowie Kernel-Interna. Im Abschnitt »Manual-Pages« in Kapitel 4, *Grundlegende UNIX-Befehle und -Konzepte,* werden wir die Benutzung der Manpages genauer beschreiben.

Kapitel 4

Die Datei /etc/fstab editieren

Damit beim Booten des Systems alle Linux-Dateisysteme zur Verfügung stehen, müssen Sie eventuell die Datei */etc/fstab* editieren, in der Ihre Dateisysteme beschrieben werden. Viele Distributionen legen */etc/fstab* während der Installation automatisch an, so daß Sie vielleicht gar nicht eingreifen müssen. Wenn Sie allerdings mit zusätzlichen Dateisystemen arbeiten, die während der Installation noch nicht gebraucht wurden, müssen Sie diese eventuell von Hand in */etc/fstab* eintragen. Auch Swap-Bereiche sollten in dieser Datei eingetragen sein.

Um mit einem Dateisystem zu arbeiten, müssen Sie es zunächst *mounten* (aufsetzen). Das Mounten stellt die Verbindung zwischen diesem Dateisystem und einem bestimmten Verzeichnis her. Das Root-Dateisystem ist zum Beispiel auf / aufgesetzt, das Dateisystem */usr* auf */usr* usw. (Falls Sie kein eigenes Dateisystem für */usr* angelegt haben, werden alle */usr*-Dateien im Root-Dateisystem abgelegt.)

Wir wollen Sie hier nicht mit technischen Details erschlagen, aber es ist wichtig, daß Sie verstehen, wie Sie die Dateisysteme vorbereiten, bevor Sie mit der Erkundung des Systems beginnen. Genaueres dazu finden Sie im Abschnitt »Dateisysteme aufsetzen« in Kapitel 6 oder in jedem Buch über die Systemverwaltung unter UNIX.

Kapitel 6

Das Dateisystem Root wird beim Booten von Linux automatisch auf / aufgesetzt. Die anderen Dateisysteme müssen Sie allerdings einzeln mounten. In der Regel geschieht das durch den Befehl:

```
mount -av
```

in einer der Startdateien in */etc/rc.d*. Damit weisen Sie den Befehl *mount* an, alle Dateisysteme zu mounten, die in der Datei */etc/fstab* aufgelistet sind. Deshalb müssen alle Dateisysteme, die Sie beim Booten automatisch mounten wollen, in */etc/fstab* stehen. (Natürlich können Sie die Dateisysteme jederzeit von Hand mounten, indem Sie nach dem Booten den Befehl *mount* eingeben, aber das wäre unnötige Arbeit.)

Es folgt ein Beispiel für eine */etc/fstab*-Datei. In diesem Beispiel befindet sich das Root-Dateisystem auf */dev/hda1*, das Dateisystem */home* auf */dev/hdb2*, und die Swap-Partition liegt auf */dev/hdb1*.

```
# /etc/fstab
# device        directory    type    options
#
/dev/hda1       /            ext2    defaults
/dev/hdb2       /home        ext2    defaults
/dev/hdb1       none         swap    sw
/proc           /proc        proc    defaults
```

Die Zeilen, die mit »#« beginnen, sind Kommentare. Beachten Sie den zusätzlichen Eintrag für */proc*. Dies ist ein »virtuelles Dateisystem«, das von Befehlen wie zum Beispiel *ps* benutzt wird, um Informationen über Systemprozesse zu gewinnen.

Wie Sie sehen, ist */etc/fstab* aus einzelnen Zeilen aufgebaut. Das erste Feld jeder Zeile enthält den Gerätenamen einer Partition (zum Beispiel */dev/hda1*). Das zweite Feld gibt den Mount-Point (Aufsetzpunkt) an – also das Verzeichnis, das mit diesem Dateisystem verbunden ist. Das dritte Feld bezeichnet den Typ des Dateisystems. Die *ext2fs*-Dateisysteme von Linux sollten hier `ext2` eingetragen haben. Für Swap-Partitionen sollte `swap` eingetragen werden. Das vierte Feld enthält die Mount-Optionen. Hier sollte für Dateisysteme `defaults` und für Swap-Partitionen `sw` eingetragen werden.

Mit diesem Beispiel an der Hand sollten Sie in der Lage sein, weitere Einträge für beliebige andere Dateisysteme zu ergänzen, die noch nicht in */etc/fstab* stehen.

Kapitel 9

Wie werden Einträge in */etc/fstab* vorgenommen? Die einfachste Methode ist es, die Datei als **root** mit einem Editor wie *vi* oder Emacs zu bearbeiten. Wir wollen hier nicht auf die Arbeit mit Texteditoren eingehen – sowohl *vi* als auch Emacs werden am Anfang von Kapitel 9, *Editoren, Textwerkzeuge, Drucken,* beschrieben.

Nach dem Editieren der Datei müssen Sie noch den Befehl:

```
# /bin/mount -a
```

eingeben oder das System erneut booten, damit die Änderungen wirksam werden.

Falls Sie an dieser Stelle auf Probleme stoßen, besteht kein Grund zur Panik. UNIX-Neulinge sollten in der Literatur zu grundlegenden Aspekten von UNIX und zur Systemadministration nachlesen. Im Rest des Buches werden wir voraussetzen, daß Sie mit diesen UNIX-Grundlagen vertraut sind – sagen Sie also nicht, wir hätten Sie nicht gewarnt!

Das System herunterfahren

Sie sollten Ihr Linux-System niemals ausschalten oder neu booten, indem Sie die Reset-Taste drücken. Sie sollten auch nicht einfach die Stromzufuhr unterbrechen. Wie die meisten UNIX-Systeme benutzt auch Linux einen Cache für Schreibzugriffe auf die Festplatte. Wenn Sie also das System unerwarteterweise neu booten, ohne es vorher »sauber« herunterzufahren, könnten Daten verlorengehen, die noch nicht auf die Festplatte geschrieben wurden. Der »Klammergriff« Ctrl-Alt-Del jedoch ist üblicherweise sicher, der Kernel fängt diese Tastenkombination ab und leitet das saubere Herunterfahren des Systems ein (wie im Abschnitt »Systemstart und -initialisierung« in Kapitel 5 beschrieben).

Kapitel 5

Die einfachste Methode, das System herunterzufahren, ist der Befehl *shutdown*. Wenn Sie zum Beispiel das System verlassen und sofort neu booten wollen, geben Sie als **root** ein:

```
# shutdown -r now
```

Damit erreichen Sie, daß das System sauber wieder gestartet wird. Die Manpage zu *shutdown* beschreibt weitere Argumente für die Befehlszeile.

Wenn Probleme auftauchen

Fast jeder gerät ins Stolpern oder tappt in eine Falle, wenn er oder sie Linux zum ersten Mal installieren möchte. Meistens entstehen Probleme aus einem Mißverständnis heraus. Manchmal kann es aber auch etwas Ernsteres sein – eine Kleinigkeit, die die Entwickler übersehen haben oder ein echter Bug.

In diesem Abschnitt beschreiben wir einige der häufigsten Probleme bei der Installation und wie sie gelöst werden. Für den Fall, daß Ihre Installation anscheinend erfolgreich verlief, Sie aber unerwartete Fehlermeldungen bekommen haben, gehen wir hier auch auf diese Meldungen ein.

Probleme beim Booten des Installationsmediums

Beim ersten Versuch, vom Installationsmedium zu booten, kann eine Reihe von Problemen auftauchen; diese haben wir hier aufgelistet. Beachten Sie, daß es hier *nicht* um Probleme beim Booten Ihres gerade fertig installierten Linux-Systems geht. Lesen Sie mehr zu diesem Thema im Abschnitt »Probleme nach der Installation von Linux«.

Disketten- oder Medienfehler beim Booten

Der häufigste Grund für diese Art von Problem ist eine zerstörte Bootdiskette. Entweder ist die Diskette physikalisch beschädigt, dann sollten Sie eine neue Bootdiskette auf einer nagelneuen Diskette erstellen. Oder es befinden sich unbrauchbare Daten auf der Diskette, dann sollten Sie sich vergewissern, daß das Herunterladen der Daten und die Übertragung auf die Diskette korrekt vorgenommen wurden. In vielen Fällen werden Sie mit einer neu erstellten Bootdiskette das Problem lösen. Führen Sie dieselben Schritte noch einmal durch, und versuchen Sie es noch einmal.

Wenn Sie Ihre Bootdiskette von einem Händler erhalten haben, verzichten Sie auf das Herunterladen und Erstellen einer neuen Diskette; wenden Sie sich stattdessen mit der Bitte um eine neue Bootdiskette an Ihren Händler – allerdings erst dann, wenn Sie sicher sind, daß das Problem tatsächlich von der Bootdiskette herrührt.

System »hängt« während oder nach dem Booten

Nach dem Booten vom Installationsmedium werden Sie eine Reihe von Meldungen sehen, die vom Kernel selbst erzeugt werden. Sie erfahren, welche Geräte der Kernel vorgefunden und konfiguriert hat. Anschließend erhalten Sie in der Regel einen Login-Prompt, von dem aus Sie mit der Installation fortfahren können (einige Distributionen starten statt dessen automatisch irgendein Installationsprogramm). Es kann an mehreren Stellen so aussehen, als ob das System »hängt«. Seien Sie geduldig; Software von Disketten zu laden braucht seine Zeit. In vielen Fällen hat sich das System gar nicht aufgehängt, sondern braucht nur etwas länger. Erst nachdem Sie mehrere Minuten lang keine Laufwerk- und Systemaktivitäten festgestellt haben, können Sie davon ausgehen, daß das System hängt.

1. Nach dem Booten vom LILO-Prompt aus muß das System den Kernel von der Diskette laden. Dies kann einige Sekunden dauern; solange die Anzeige am Diskettenlaufwerk noch leuchtet, wissen Sie, daß alles in Ordnung ist.
2. Während der Kernel bootet, muß geprüft werden, ob SCSI-Geräte vorhanden sind. Wenn Sie keine SCSI-Geräte angeschlossen haben, wird das System bis zu 15 Sekunden lang »hängen«, während der SCSI-Test stattfindet. Das passiert in der Regel, nachdem die Zeile:

   ```
   lp_init: lp1 exists (0), using polling driver
   ```

   auf dem Bildschirm erscheint.
3. Nachdem der Kernel gebootet hat, wird die Kontrolle an die Startdateien auf der Diskette übergeben. Zum Schluß erhalten Sie den Login-Prompt oder landen direkt in einem Installationsprogramm. Wenn Sie einen Prompt wie

   ```
   Linux login:
   ```

   sehen, können Sie sich (meist als **root** oder **install**) einloggen – das hängt von Ihrer Distribution ab. Nachdem Sie den Benutzernamen eingegeben haben, kann es 20 Sekunden oder länger dauern, bis das Installationsprogramm oder die Shell von der Diskette geladen ist. Auch hier sollte die LED am Floppylaufwerk wieder leuchten. Gehen Sie nicht davon aus, daß das System hängt.

Jeder der hier erwähnten Punkte kann die Ursache Ihres Problems sein. Natürlich ist es auch möglich, daß das System sich während des Bootens tatsächlich »aufgehängt« hat; das kann aus mehreren Gründen geschehen. Zunächst einmal haben Sie möglicherweise nicht genug freies RAM, um vom Installationsmedium zu booten. (Lesen Sie im folgenden Abschnitt nach, wie Sie die RAM-Disk ausschalten, um mehr freien Speicher zu gewinnen.)

Kapitel 1

Inkompatibilitäten zwischen Teilen der Hardware verursachen viele »Hänger«. Im Abschnitt »Hardwareanforderungen« in Kapitel 1, *Einführung in Linux*, finden Sie einen Überblick über die von Linux unterstützte Hardware. Selbst wenn Ihre Hardware unterstützt wird kann es passieren, daß Sie Probleme mit inkompatiblen Hardwarekonfigurationen bekommen, die das System zum Stillstand bringen. Lesen Sie im Abschnitt »Hardwareprobleme« weiter unten eine Besprechung von Inkompatibilitäten zwischen Hardwarekomponenten.

System meldet Out-of-memory-Error beim Booten oder Installieren

In diesem Punkt geht es um die Menge an RAM, die Sie zur Verfügung haben. Auf Rechnern mit vier MB an RAM oder weniger könnten Sie beim Booten des Installationsmediums oder beim Installieren der Software Probleme bekommen. Das liegt daran, daß viele Distributionen eine »RAM-Disk« benutzen; das ist ein Dateisystem, das direkt im RAM angelegt und während der Arbeit mit dem Installationsmedium genutzt wird. Beispielsweise kann das komplette Abbild der Bootdiskette in die RAM-Disk geladen werden, was eventuell mehr als ein MB an RAM belegt.

Die Lösung dieses Problems besteht darin, die RAM-Disk zum Booten des Installationsmediums auszuschalten. Jede Distribution geht dabei anders vor; die SLS-Distribution zum Beispiel erwartet die Eingabe `floppy` am LILO-Prompt, wenn die Diskette *a1* gebootet werden soll. Lesen Sie die Details in Ihrer Dokumentation nach.

Vielleicht bekommen Sie beim Booten oder Installieren auch gar keine »Out of memory«-Meldung zu sehen, sondern das System bleibt einfach stehen oder bootet nicht. Falls Ihr Rechner sich aufhängt und keine der bereits erwähnten Ursachen in Frage kommt, sollten Sie die RAM-Disk ausschalten.

Denken Sie daran, daß Linux für sich selbst mindestens zwei MB RAM beansprucht; einige Distributionen brauchen vier MB oder mehr.

Das System meldet beim Booten »Permission denied« oder »File not found«

Dies ist ein Hinweis darauf, daß das Boot-Medium für den Installationsvorgang defekt ist. Wenn Sie versuchen, vom Installationsmedium zu booten (und wenn Sie sicher sind, alles richtig zu machen), sollten Sie keine solchen Fehlermeldungen erhalten. Nehmen Sie mit dem Händler Ihrer Linux-Software Kontakt auf, und schildern Sie das Problem. Lassen Sie sich gegebenenfalls ein neues Exemplar des Boot-Mediums geben. Wenn Sie die Bootdiskette selbst heruntergeladen haben, sollten Sie eine neue Bootdiskette erstellen und testen, ob damit Ihr Problem gelöst ist.

Das System meldet beim Booten »VFS: Unable to mount root«

Diese Fehlermeldung besagt, daß das Root-Dateisystem (auf dem Boot-Medium selbst) nicht gefunden wurde. Dies weist darauf hin, daß entweder das Boot-Medium defekt ist oder Sie das System nicht korrekt booten.

Viele Distributionen auf CD-ROM erwarten zum Beispiel, daß sich während des Bootens eine CD-ROM im Laufwerk befindet. Stellen Sie auch sicher, daß das Laufwerk eingeschaltet ist, und achten Sie darauf, ob es anläuft. Es kann auch vorkommen, daß Ihr System das CD-ROM-Laufwerk während des Boot-Vorgangs nicht findet; mehr dazu finden Sie im Abschnitt »Hardwareprobleme«.

Wenn Sie sicher sind, daß Sie das System korrekt booten, kann es sein, daß das Boot-Medium tatsächlich defekt ist. Das ist allerdings sehr selten, und Sie sollten zuerst andere Ursachen ausschließen, bevor Sie versuchen, von einer anderen Diskette oder einem anderen Magnetband zu booten.

Hardwareprobleme

Die am häufigsten auftretenden Probleme bei der Installation oder beim Betrieb von Linux entstehen aus Hardwarekomponenten, die miteinander nicht kompatibel sind. Selbst wenn alle Komponenten von Linux unterstützt werden, kann eine Fehlkonfiguration oder ein Hardwarekonflikt manchmal seltsame Folgen haben – vielleicht werden Ihre Geräte beim Booten nicht gefunden, oder das System hängt.

Es ist wichtig, daß Sie solche Hardwareprobleme isolieren, wenn Sie darin die Ursache von Schwierigkeiten vermuten. In den folgenden Abschnitten werden wir einige häufig auftretende Probleme und ihre Lösung beschreiben.

Hardwareprobleme isolieren

Wenn Sie mit einem Problem zu tun haben, das Sie auf die Hardware zurückführen, sollten Sie als erstes versuchen, das Problem zu isolieren. Das bedeutet, daß Sie alle in Frage kommenden Variablen ausschließen und (meistens) das System Schritt für Schritt zerlegen, bis Sie die problematische Hardwarekomponente identifiziert haben.

Das ist nicht so schlimm, wie es vielleicht klingt. Sie müssen sämtliche nicht unbedingt benötigte Hardware aus Ihrem System entfernen und dann entscheiden, welche Komponente die Probleme verursacht – eventuell können Sie dazu alle Geräte, eines nach dem anderen, wieder in das System einbinden. Sie sollten also alles außer den Controllern für Laufwerke und Grafik sowie dem Keyboard entfernen. Selbst so unschuldig aussehende Teile wie ein Maus-Controller können Ihren Seelenfrieden in ungeahnter Weise beeinträchtigen, solange Sie sich nicht dazu durchringen, ihn als nicht unbedingt notwendig zu betrachten.

Lassen Sie uns zum Beispiel annehmen, daß sich das System während des Bootens beim Testen des Ethernet-Adapters aufhängt. Sie könnten daraus folgern, daß die Ethernet-Karte in Ihrem Rechner das Problem verursacht. Der schnelle und einfache Weg, diese Annahme zu überprüfen, besteht darin, die Ethernet-Karte zu entfernen und das System erneut zu booten. Falls dann alles klappt, wissen Sie, daß entweder dieser Ethernet-Adapter von Linux nicht unterstützt wird (lesen Sie den Abschnitt »Hardwareanforderungen« in Kapitel 1 mit einer Liste der kompatiblen Adapter) oder daß es einen Adressen- oder IRQ-Konflikt mit der Karte gibt.

Kapitel 1

»Adreß- oder IRQ-Konflikt?« Was soll das bedeuten? Alle Geräte in Ihrem Rechner benutzen einen IRQ (Interrupt Request), um dem System mitzuteilen, daß auf ihre Anforderung hin etwas geschehen soll. Sie können sich einen IRQ als eine Schnur vorstellen, an der das Gerät zieht, wenn das System eine offene Anforderung bedienen muß. Wenn mehr als ein Gerät an derselben Schnur zieht, weiß der Kernel nicht, welche Anforderung er bedienen soll. Die Folge ist sofortiges Chaos.

Sie sollten deshalb sicherstellen, daß alle installierten Geräte ihren eigenen IRQ zugewiesen bekommen. Meist kann der IRQ mit einigen Jumpern (Steckbrücken) auf der Karte eingestellt werden; lesen Sie die Dokumentation zum betreffenden Gerät. Einige Geräte brauchen überhaupt keinen IRQ, aber wir schlagen vor, daß Sie trotzdem einen IRQ einstellen, falls das möglich ist (die SCSI-Controller ST01 und ST02 sind gute Beispiele hierfür).

In einigen Fällen ist der Kernel, der auf Ihrem Installationsmedium enthalten ist, so konfiguriert, daß er für bestimmte Geräte bestimmte IRQs benutzt. So ist es zum Beispiel im Kernel einiger Distributionen voreingestellt, daß der IRQ 5 für den SCSI-Controller TMC-950, den CD-ROM-Controller von Mitsumi und den Busmaustreiber benutzt wird. Wenn Sie zwei oder mehr dieser Geräte benutzen wollen, werden Sie zuerst Linux installieren müssen, solange nur eines dieser Geräte aktiviert ist. Anschließend müssen Sie den Kernel neu kompilieren, um für eines der Geräte einen anderen IRQ einzustellen. (Im Abschnitt »Einen neuen Kernel erstellen« in Kapitel 7, *Software und den Kernel aktualisieren,* erfahren Sie mehr über das Kompilieren des Kernels.)

Kapitel 7

Andere Stellen, an denen Hardwarekonflikte entstehen können, sind die Direct Memory Access (DMA-Kanäle), I/O-Adressen und gemeinsam genutzter Speicher (shared memory). Diese Begriffe beschreiben Mechanismen, mit denen das System auf die Hardware zugreift. Einige Ethernet-Karten zum Beispiel kommunizieren sowohl mittels Shared-Memory als auch über einen IRQ mit dem System. Falls die Adresse oder der IRQ mit einer anderen Hardwarekomponente in Konflikt geraten, könnte sich das System merkwürdig verhalten. In der Regel lassen sich die DMA-Kanäle und I/O- sowie Shared-Memory-Adressen mit Hilfe von Jumpern einstellen. (Unglücklicherweise gibt es auch Geräte, die das nicht erlauben.)

Die Dokumentation zu Ihren Hardwarekomponenten sollte beschreiben, welche IRQs, DMA-Kanäle, I/O- oder Shared-Memory-Adressen die Geräte benutzen und wie sie konfiguriert werden. Auch hier ist die einfachste Methode, Konflikte zu vermeiden, das vorläufige Entfernen der kritischen Komponenten, bis Sie Zeit finden, die Ursache des Problems aufzuspüren.

Tabelle 3-2 zeigt eine Liste der IRQs und DMA-Kanäle, die von einigen »Standard«-Geräten benutzt werden, die in den meisten Rechnern zu finden sind. Fast alle Systeme verfügen über eine oder mehrere dieser Komponenten; Sie sollten deshalb den IRQ oder DMA-Kanal für weitere Geräte nicht auf diese Werte einstellen.

Tabelle 3-2: Übliche voreingestellte Werte

Gerät	I/O-Adresse	IRQ	DMA
ttyS0 (*COM1*)	3f8	4	n/a
ttyS1 (*COM2*)	2f8	3	n/a
ttyS2 (*COM3*)	3e8	4	n/a
ttyS3 (*COM4*)	2e8	3	n/a
lp0 (*LPT1*)	378 - 37f	7	n/a
lp1 (*LPT2*)	278 - 27f	5	n/a
fd0, fd1 (Diskettenlaufwerke 1 und 2)	3f0 - 3f7	6	2
fd2, fd3 (Diskettenlaufwerke 3 und 4)	370 - 377	10	3

Probleme beim Erkennen von Festplatten und Controllern

Wenn Linux bootet, sollten Sie eine Reihe von Meldungen wie diese sehen:

```
Console: colour EGA+ 80x25, 8 virtual consoles
Serial driver version 3.96 with no serial options enabled
tty00 at 0x03f8 (irq = 4) is a 16450
tty03 at 0x02e8 (irq = 3) is a 16550A
lp_init: lp1 exists (0), using polling driver
...
```

Zu diesem Zeitpunkt stellt der Kernel fest, welche Hardwarekomponenten in Ihrem System vorhanden sind. Dabei sollten Sie auch die folgende Zeile sehen:

```
Partition check:
```

gefolgt von einer Liste der erkannten Partitionen, zum Beispiel:

```
Partition check:
  hda: hda1 hda2
  hdb: hdb1 hdb2 hdb3
```

Falls Ihre Festplatten oder Partitionen aus irgendeinem Grund nicht erkannt werden, haben Sie keine Möglichkeit, darauf zuzugreifen.

Mehrere Ursachen kommen hierfür in Frage:

Festplatte oder Controller wird nicht unterstützt
: Falls Sie einen Festplatten-Controller benutzen (IDE, SCSI oder sonstige), der von Linux nicht unterstützt wird, kann der Kernel Ihre Partitionen beim Booten nicht erkennen.

Festplatte oder Controller nicht richtig konfiguriert
: Auch wenn Ihr Controller von Linux unterstützt wird, kann es sein, daß er nicht korrekt konfiguriert ist. (Dieses Problem zeigt sich insbesondere bei SCSI-Controllern; die meisten Nicht-SCSI-Controller sollten ohne weitere Konfiguration funktionieren.)

Lesen Sie in der Dokumentation zu Ihrer Festplatte und/oder Ihrem Controller nach, wie solche Probleme zu lösen sind. Bei vielen Festplatten werden Sie einen Jumper setzen müssen, wenn die Platte als »Slave« angesprochen werden soll (zum Beispiel als zweite Festplatte). Der Härtetest für solche Fälle ist immer das Booten von DOS oder einem anderen Betriebssystem, von dem Sie wissen, daß es mit Ihrer Festplatte und Ihrem Controller zusammenarbeitet. Wenn Sie von einem anderen Betriebssystem aus Zugriff auf Platte und Controller haben, dann liegt das Problem nicht in der Konfiguration der Hardware.

Lesen Sie den Abschnitt »Hardwareprobleme isolieren« weiter oben mit Informationen zur Lösung von Konflikten zwischen Geräten sowie den Abschnitt »Probleme mit SCSI-Controllern und -Geräten« weiter unten zur Konfiguration von SCSI-Geräten.

Controller richtig konfiguriert, aber nicht gefunden

Einige SCSI-Controller ohne eigenes BIOS erwarten, daß der Benutzer beim Booten Informationen über den Controller von Hand eingibt. Im Abschnitt »Probleme mit SCSI-Controllern und -Geräten« weiter unten beschreiben wir, wie Sie für solche Controller die Erkennung erzwingen können.

Festplattengeometrie nicht erkannt

Manche Systeme wie zum Beispiel die PS/ValuePoint-Rechner von IBM speichern die Angaben zur Festplattengeometrie nicht im CMOS-Speicher, wo Linux sie erwartet. Auch bestimmte SCSI-Controller brauchen ausdrückliche Angaben dazu, wo die Informationen zur Festplattengeometrie stehen, damit Linux die Aufteilung Ihrer Festplatte erkennen kann.

Die meisten Distributionen bieten beim Booten die Möglichkeit, Angaben zur Festplattengeometrie zu machen. Im allgemeinen können Sie während des Bootens vom Installationsmedium am LILO-Prompt die Werte in dieser Form eingeben:

```
boot: linux hd=zylinder,köpfe,sektoren
```

wobei *zylinder*, *köpfe* und *sektoren* die Anzahl der Zylinder, Köpfe und Sektoren Ihrer Festplatte sind.

Nachdem Sie die Linux-Software installiert haben, können Sie LILO installieren, so daß sich das System anschließend von der Festplatte booten läßt. Dabei können Sie die Festplattengeometrie innerhalb der LILO-Installation angeben, so daß Sie danach diese Angaben nicht mehr bei jedem Booten machen müssen. Lesen Sie den Abschnitt »LILO benutzen« in Kapitel 5 mit weiteren Details zu LILO.

Kapitel 5

Probleme mit SCSI-Controllern und -Geräten

Wir besprechen hier einige der häufigsten Probleme mit SCSI-Controllern und -Geräten wie CD-ROM-Laufwerken, Festplatten und Bandlaufwerken. Falls Linux Ihre Laufwerke oder Controller nicht erkennt, sollten Sie weiterlesen.

[88] SCSI HOWTO

Das SCSI-HOWTO von Linux enthält viele weitere Tips zu SCSI-Geräten. Es kann zuweilen besonders schwierig sein, SCSI zu konfigurieren.

Ein SCSI-Gerät wird unter allen IDs gefunden

Das passiert, wenn dem Gerät dieselbe Adresse wie dem Controller zugewiesen wird. Ändern Sie die Jumper-Einstellungen so ab, daß Gerät und Controller verschiedene Adressen benutzen.

Linux meldet Fehler, obwohl die Geräte bekanntermaßen fehlerfrei sind

Dies kann durch fehlerhafte Kabel oder falsche Terminierung hervorgerufen werden. Falls Ihr SCSI-Bus nicht an beiden Enden korrekt terminiert ist, bekommen Sie beim Zugriff auf SCSI-Geräte eventuell Fehlermeldungen. Überprüfen Sie im Zweifelsfall immer die Kabel.

SCSI-Geräte melden Timeout-Fehler

Dies wird in der Regel von Konflikten zwischen IRQs, DMA oder Geräteadressen hervorgerufen. Stellen Sie auch sicher, daß auf dem Controller die richtigen Interrupts eingestellt sind.

SCSI-Controller mit eigenem BIOS werden nicht gefunden

Die Erkennung von Controllern mit eigenem BIOS wird nicht gelingen, wenn das BIOS ausgeschaltet ist oder der Kernel die »Signatur« Ihres Controllers nicht erkennt. Im SCSI-HOWTO von Linux finden Sie mehr zu diesem Thema.

Controller mit Memory-Mapped I/O funktionieren nicht

Das passiert, wenn die in den Speicher eingeblendeten I/O-Ports fälschlich »gecachet« werden. Markieren Sie den Adreßbereich des Controllers in den erweiterten CMOS-Einstellungen als »non-cacheable«, oder schalten Sie den Cache insgesamt aus.

Beim Partitionieren erhalten Sie die Warnung: »cylinders > 1024«, oder Sie können nicht von einer Partition booten, die Zylinder oberhalb von 1023 benutzt

Das BIOS kann nur bis zu 1024 Zylinder verwalten, und Partitionen, die teilweise oberhalb dieser Grenze liegen, kann das BIOS nicht erreichen. Für Linux ist das nur beim Booten von Bedeutung; nach dem Booten sollten Sie auf einer solchen Partition arbeiten können. Sie haben die Möglichkeit, entweder Linux von einer Bootdiskette zu starten oder von einer Partition mit Zylindern unterhalb von 1024 zu booten. Lesen Sie den Abschnitt »Eine Bootdiskette erzeugen oder LILO installieren« weiter vorn in diesem Kapitel mit Informationen zum Anlegen einer Bootdiskette und zur Installation von LILO.

CD-ROM-Laufwerke oder andere Laufwerke für Wechselmedien werden beim Booten nicht erkannt

Versuchen Sie, mit einer CD-ROM (oder einem anderen Medium) im Laufwerk zu booten. Manche Laufwerke brauchen ein eingelegtes Medium.

Falls Ihr SCSI-Controller nicht erkannt wird, müssen Sie eventuell beim Booten die Erkennung erzwingen. Dies ist besonders wichtig für SCSI-Controller ohne BIOS.

Die meisten Distributionen ermöglichen beim Booten vom Installationsmedium die manuelle Eingabe von IRQ und Speicheradresse des Controllers. Wenn Sie zum Beispiel einen TMC-8xx-Controller benutzen, können Sie versuchen, am LILO-Prompt folgendes einzugeben:

```
boot: linux tmx8xx=Interrupt,Memory-Adresse
```

Dabei ist `Interrupt` der IRQ des Controllers und `Memory-Adresse` die Adresse des gemeinsam benutzten Speicherbereichs. Es hängt von Ihrer Linux-Distribution ab, ob dieser Schritt möglich ist; lesen Sie in Ihrer Dokumentation nach.

Probleme beim Installieren der Software

Eigentlich sollte die Installation der Linux-Software problemlos vonstatten gehen – wenn Sie Glück haben. Die möglichen Probleme ergeben sich aus defekten Installationsmedien oder zu wenig Speicherplatz in Ihrem Linux-Dateisystem. Es folgt eine Liste der häufigsten Probleme dieser Art.

Das System meldet »Read error, file not found« oder andere Fehler, während Sie die Software installieren möchten

Dies ist ein Hinweis auf ein defektes Installationsmedium. Falls Sie von Disketten installieren, denken Sie daran, daß Disketten ziemlich anfällig sind. Benutzen Sie nur fabrikneue und neu formatierte Disketten. Viele Linux-Distributionen erlauben die Installation der Software von einer bestehenden DOS-Partition aus. Dies könnte schneller und zuverlässiger sein als eine Installation von Disketten.

Wenn Sie von einer CD-ROM aus installieren, sollten Sie darauf achten, daß weder Kratzer noch Staub oder sonstige Beschädigungen vorhanden sind.

Die Ursache des Problems kann auch ein falsches Format des Mediums sein. Die meisten Linux-Distributionen verlangen zum Beispiel Disketten, die unter DOS mit 1,44 MB formatiert wurden. (Die Bootdiskette bildet eine Ausnahme; sie ist in den meisten Fällen nicht im DOS-Format.) Wenn Sie gar nicht weiterkommen, sollten Sie sich einen neuen Satz Disketten besorgen bzw. erstellen (mit anderen Disketten), falls Sie die Software selbst heruntergeladen haben.

Das System meldet Fehler wie »tar: read error« oder »gzip: not in gzip format«

Dieses Problem entsteht in der Regel durch unbrauchbare Dateien auf dem Installationsmedium. Mit anderen Worten: Auch wenn die Diskette selbst keinen Defekt aufweist, können die Daten auf ihr in irgendeiner Form zerstört sein. Vielleicht haben Sie beim Übertragen der Software mit FTP den Text- und nicht den Binärmodus eingestellt; dann kann die Installationssoftware diese Dateien nicht lesen. Im Abschnitt »Dateien herunterladen« in Anhang C, *FTP-Anleitung und Server-Liste,* erfahren Sie, wie Sie den richtigen Modus einstellen.

Anhang C

Das System meldet Fehler wie »device full« während der Installation
: Dies ist ein deutlicher Hinweis darauf, daß Ihnen während der Installation der Speicherplatz ausgegangen ist. Nicht alle Linux-Distributionen sind in der Lage, bei einem neuen Installationsversuch an dieser Stelle fortzufahren. Sie können nicht erwarten, daß das System nach einer Unterbrechung bei der Installation korrekt funktioniert.

Meist besteht die Lösung des Problems darin, daß (mit dem Befehl *mke2fs*) die Dateisysteme neu angelegt werden. Dabei wird die teilweise installierte Software gelöscht. Anschließend können Sie erneut versuchen, die Software zu installieren, und bei dieser Gelegenheit weniger Programme einbinden. In anderen Fällen müssen Sie eventuell ganz von vorne anfangen und die Größen der Partitionen und Dateisysteme neu festlegen.

Das System meldet Fehler wie »read_intr: 0x10« während des Zugriffs auf die Festplatte
: Dies deutet in der Regel auf fehlerhafte Blöcke auf Ihrer Festplatte hin. Falls Sie diese Meldung allerdings während der Ausführung von *mkswap* oder *mke2fs* erhalten, kann es sein, daß Ihr System Probleme mit dem Festplattenzugriff hat. Das kann an der Hardware liegen (siehe den Abschnitt »Hardwareprobleme«), oder es liegt an der falsch definierten Plattengeometrie. Wenn Sie die Option:

```
hd=Zylinder,Köpfe,Sektoren
```

beim Booten benutzt haben, um die Geometrie der Platte ermitteln zu lassen, und Sie haben hier falsche Werte angegeben, dann könnte diese Meldung erscheinen. Auch falsche Angaben zur Plattengeometrie im CMOS-Speicher können diese Meldung hervorrufen.

Das System meldet Fehler wie »file not found« oder »permission denied«
: Dieses Problem kann entstehen, wenn nicht alle notwendigen Dateien auf dem Installationsmedium vorhanden sind (siehe auch den nächsten Abschnitt) oder wenn die Installationssoftware Probleme mit den Zugriffsrechten hat. Es ist zum Beispiel bekannt, daß einige Distributionen Fehler in der Installationssoftware selbst hatten. Solche Fehler treten nur selten auf und werden meist sehr schnell behoben. Falls Sie den Verdacht haben, daß Ihre Distribution Fehler enthält, und wenn Sie sicher sind, daß Sie selbst keinen Fehler gemacht haben, sollten Sie mit dem Hersteller Ihrer Distribution Kontakt aufnehmen und diesen Fehler melden.

Falls beim Installieren von Linux andere merkwürdige Fehler auftreten (insbesondere, wenn Sie die Software per Modem auf Ihren Rechner heruntergeladen haben), sollten Sie sich vergewissern, daß Sie tatsächlich alle benötigten Dateien übertragen haben. Manche Leute benutzen zum Beispiel den Befehl:

```
mget *.*
```

wenn sie die Linux-Software per FTP herunterladen. Damit übertragen sie aber nur solche Dateien, die einen ».« (Punkt) in ihrem Namen enthalten; alle eventuell vorhandenen Dateien ohne ».« werden nicht übertragen. Der korrekte Befehl in diesem Fall lautet also:

```
mget *
```

Der beste Rat für den Fall, daß etwas nicht klappt, lautet: Vollziehen Sie alle Schritte noch einmal nach. Sie glauben wahrscheinlich, daß Sie alles korrekt erledigt haben, und haben doch ein kleines, aber wichtiges Detail übersehen. In vielen Fällen werden Sie das Problem lösen, indem Sie die Software einfach noch einmal auf Ihren Rechner herunterladen oder sie neu installieren. Rennen Sie nicht länger als unbedingt notwendig mit dem Kopf gegen die Wand!

Falls Linux während der Installation unerwarteterweise hängenbleibt, kann es sich auch um ein Hardwareproblem handeln. Lesen Sie den Abschnitt »Hardwareprobleme« zu diesem Thema.

Probleme nach der Installation von Linux

Sie haben also den Nachmittag damit verbracht, Linux zu installieren. Um Platz zu schaffen, haben Sie Ihre DOS- und OS/2-Partitionen gelöscht, und unter Tränen haben Sie SimCity und den Wing Commander von der Festplatte entfernt. Dann booten Sie Ihr System, aber nichts passiert. Oder, schlimmer noch, es passiert *etwas*, aber nicht das, was passieren sollte. Was nun?

Im Abschnitt »Probleme beim Booten des Installationsmediums« haben wir einige der häufigsten Probleme beim Booten vom Linux-Installationsmedium besprochen; viele dieser Probleme können auch an dieser Stelle auftreten. Außerdem könnten Sie ein Opfer folgender unglücklicher Vorfälle geworden sein:

Probleme beim Booten von Diskette

Wenn Sie Linux von einer Diskette booten wollen, kann es notwendig sein, daß Sie beim Booten angeben, wo sich die Root-Partition von Linux befindet. Dies gilt insbesondere, wenn Sie von einer Original-Installationsdiskette booten und nicht von einer Diskette, die während der Installation erstellt wurde.

Drücken Sie während des Bootens von Diskette die Shift-, Alt- oder Control-Taste. Damit erhalten Sie wahrscheinlich ein Boot-Menü. Drücken Sie anschließend Tab, und Sie sehen eine Liste der verfügbaren Optionen. Bei vielen Distributionen können Sie in diesem Boot-Menü zum Beispiel

```
boot: linux root=Partition
```

eingeben, wobei `Partition` der Name der Root-Partition von Linux ist, etwa */dev/hda2*. Lesen Sie Details hierzu in den Unterlagen zu Ihrer Distribution nach.

Probleme beim Booten von Festplatte

Wenn Sie sich entschieden haben, LILO zu installieren, statt eine Bootdiskette anzulegen, sollten Sie Linux von der Festplatte booten können. Die automatische Installation von LILO ist allerdings nicht in allen Distributionen perfekt. Es kann vorkommen, daß LILO von falschen Annahmen über Ihr Festplattenlayout ausgeht, und das kann zur Folge haben, daß Sie LILO noch einmal installieren müssen, um Fehler zu beheben. Die Installation von LILO wird im Abschnitt »LILO benutzen« in Kapitel 5 besprochen.

Kapitel 5

Das System meldet »Drive not bootable – Please insert system disk«

Sie werden diese Meldung erhalten, wenn der Master Boot Record der Festplatte in irgendeiner Weise beschädigt ist. In den meisten Fällen ist das nicht weiter schlimm, und der restliche Inhalt Ihrer Festplatte ist immer noch in Ordnung. Es gibt mehrere Lösungen zu diesem Problem:

- Eventuell haben Sie bei der Benutzung von *fdisk* die als »aktiv« markierte Partition gelöscht. DOS und andere Betriebssysteme versuchen immer, von der »aktiven« Partition zu booten (Linux kümmert sich nicht darum, ob eine Partition »aktiv« ist oder nicht). Versuchen Sie, DOS von einer Diskette zu booten und dann mittels FDISK die DOS-Partition als aktiv zu markieren; damit sollte das Problem behoben sein.

  Ein anderer Befehl, den Sie probieren können (bei MS-DOS 5.0 oder höher), ist:

  ```
  FDISK /MBR
  ```

  Dieser Befehl versucht, den Master Boot Record der Festplatte so anzulegen, daß DOS gebootet werden kann, und überschreibt dabei den LILO. Falls DOS auf Ihrer Festplatte nicht mehr vorhanden ist, müssen Sie Linux von einer Diskette starten und den LILO anschließend installieren.

- Wenn Sie eine DOS-Partition mit der Linux-Version von *fdisk* erstellt haben (oder umgekehrt), kann es sein, daß Sie diese Fehlermeldung erhalten. Sie sollten DOS-Partitionen nur mit der DOS-Version von FDISK anlegen (dasselbe gilt auch für andere Betriebssysteme). Die beste Lösung in diesem Fall ist es, von vorne anzufangen und die Festplatte korrekt zu partitionieren, oder aber nur die fragliche Partition zu löschen und mit der richtigen Version von *fdisk* neu anzulegen.

- Es kann sein, daß die Installation des LILO nicht geklappt hat. In diesem Fall sollten Sie entweder von Ihrer Linux-Bootdiskette booten (falls vorhanden) oder das originale Installationsmedium benutzen. Auf jeden Fall sollten Sie dabei eine Möglichkeit erhalten, die Linux-Root-Partition, von der gebootet werden soll, von Hand einzugeben. Halten Sie beim Booten die Shift-, Alt- oder Control-Taste gedrückt, und drücken Sie im Boot-Menü dann Tab, um eine Liste der Optionen zu erhalten.

Beim Booten von der Festplatte startet DOS (oder ein anderes Betriebssystem) statt Linux

Stellen Sie zunächst sicher, daß Sie bei der Installation der Software tatsächlich auch LILO installiert haben. Falls das nicht geschehen ist, wird das System immer noch DOS (oder ein anderes Betriebssystem) starten, wenn Sie von der Festplatte booten. Um Linux von der Festplatte zu starten, müssen Sie LILO installiert haben (siehe auch den Abschnitt »LILO benutzen« in Kapitel 5).

Kapitel 5

Wenn Sie allerdings LILO tatsächlich installiert haben, und es wird trotzdem ein anderes Betriebssystem als Linux gebootet, dann haben Sie LILO so konfiguriert, daß dieses andere Betriebssystem die Voreinstellung ist. Halten Sie während des Bootens die Shift-, Alt- oder Control-Taste gedrückt, und drücken Sie am Boot-Prompt dann Tab. Damit sollten Sie eine Liste der Betriebssysteme erhalten, die gebootet werden können; wählen Sie die entsprechende Option (in der Regel einfach »linux«), um Linux zu starten.

Falls Sie Linux als das Betriebssystem angeben wollen, das standardmäßig gebootet wird, müssen Sie LILO neu installieren.

Es ist auch möglich, daß Sie zwar versucht haben, LILO zu installieren, daß das aber aus irgendeinem Grunde nicht geklappt hat. Lesen Sie den vorhergehenden Abschnitt.

Probleme beim Einloggen

Nachdem Sie Linux gebootet haben, sollten Sie etwa folgenden Login-Prompt sehen:

```
Linux login:
```

An dieser Stelle erfahren Sie entweder aus den Unterlagen zu Ihrer Distribution oder vom System selbst, was Sie tun müssen. Bei vielen Distributionen loggen Sie sich einfach als **root** ein – ohne Paßwort. Andere mögliche Benutzernamen sind **guest** und **test**.

Die meisten gerade installierten Linux-Systeme erfordern kein Paßwort für das erste Einloggen. Falls Sie doch aufgefordert werden, ein Paßwort einzugeben, kann das ein Problem werden. Probieren Sie zunächst den Benutzernamen als Paßwort, das heißt, wenn Sie als **root** eingeloggt haben, benutzen Sie auch »`root`« als Paßwort.

Wenn Sie sich absolut nicht einloggen können, lesen Sie noch einmal in der Dokumentation nach; vielleicht sind Benutzername und Paßwort dort irgendwo vergraben. Es kann auch sein, daß Name und Paßwort während der Installation bekanntgegeben wurden oder mit der Login-Aufforderung angezeigt werden.

Eine mögliche Ursache für dieses Paßwortproblem ist eine fehlerhafte Installation der Login- und Startdateien von Linux. Falls dies der Fall ist, werden Sie die Linux-Software (oder Teile davon) neu installieren müssen, oder Sie booten von Ihrem Installationsmedium und versuchen, das Problem von Hand zu beheben.

Probleme bei der Benutzung des Systems

Kapitel 4

Nachdem Sie eingeloggt sind, sollten Sie einen Shell-Prompt (etwa # oder $) sehen. Anschließend können Sie endlich Ihr System erkunden. Die nächste Aufgabe besteht darin, die Arbeitsschritte aus Kapitel 4, *Grundlegende UNIX-Befehle und -Konzepte,* durchzuführen. Allerdings gibt es noch ein paar Startprobleme, die gelegentlich auftauchen.

Das häufigste Konfigurationsproblem am Anfang sind Dateien oder Verzeichnisse mit falsch gesetzten Zugriffsrechten. Das kann nach dem Einloggen die Fehlermeldung:

```
Shell-init: permission denied
```

hervorrufen (eigentlich können Sie immer, wenn die Meldung »`permission denied`« erscheint, ziemlich sicher sein, daß ein Problem mit den Zugriffsrechten besteht).

In vielen Fällen bedarf es nur einer Änderung mittels *chmod*, um die Zugriffsrechte auf die entsprechenden Dateien oder Verzeichnisse anzupassen. So benutzten einige Distributionen von Linux zum Beispiel eine Zeitlang den (falschen) Dateimodus 0644 für das Root-Verzeichnis (/). Die Abhilfe bestand darin, als **root** den Befehl:

```
# chmod 755 /
```

Kapitel 4

einzugeben. (Dateizugriffsrechte werden im Abschnitt »Eigner und Gruppen« in Kapitel 4 besprochen.) Allerdings mußte man, um diesen Befehl ausführen zu können, zunächst vom Installationsmedium booten und das Linux-Root-Dateisystem von Hand aufsetzen – für die meisten Anfänger eine schwierige Aufgabe.

Kapitel 1
Kapitel 5

Wenn Sie anfangen, mit dem System zu arbeiten, werden Sie auf Fälle stoßen, in denen Zugriffsrechte auf Dateien und Verzeichnisse nicht korrekt gesetzt sind oder in denen die Software nicht wie vorgesehen funktioniert. Willkommen bei Linux! Obwohl die meisten Distributionen ziemlich problemlos handzuhaben sind, können Sie nicht davon ausgehen, daß Sie eine perfekte Distribution vorfinden. Wir wollen an dieser Stelle nicht alle denkbaren Schwierigkeiten besprechen. Statt dessen werden wir Ihnen im gesamten Buch helfen, viele solcher Konfigurationsprobleme zu lösen, indem wir Ihnen zeigen, wie Sie diese Probleme aufspüren und selbst beheben können. In Kapitel 1 haben wir die Philosophie hinter Linux im Detail besprochen, und in Kapitel 5 geben wir Hinweise zur Behebung einiger solcher Konfigurationsprobleme.

KAPITEL 4

GRUNDLEGENDE UNIX-BEFEHLE UND -KONZEPTE

Falls Sie von MS-DOS oder einem anderen Nicht-UNIX-Betriebssystem auf Linux umgestiegen sind, steht Ihnen einiger Lernaufwand bevor – wir wollen in diesem Punkt aufrichtig sein. UNIX ist eine Welt für sich.

In diesem Kapitel werden wir die notwendigen Grundlagen von UNIX für diejenigen Leser und Leserinnen vorstellen, die noch nie mit diesem Betriebssystem in Berührung gekommen sind. Falls Sie von DOS, Windows oder einem anderen System umgestiegen sind, sind die Informationen in diesem Kapitel absolut lebenswichtig für Sie. Anders als andere Betriebssysteme ist UNIX in keiner Weise intuitiv zu bedienen. Viele der Befehle haben scheinbar merkwürdige Namen und eine ungewöhnliche Syntax; der Grund dafür liegt oft viele Jahre zurück in den frühen Tagen des Systems verborgen. Obwohl einige Befehle den entsprechenden DOS-Befehlen ähneln, gibt es doch wichtige Unterschiede.

Es gibt Dutzende von Büchern zu den Grundlagen von UNIX. In der Abteilung für EDV-Literatur eines beliebigen Buchladens finden Sie sicherlich mindestens drei oder vier Werke zu diesem Thema. (Wir haben in der Bibliographie ein paar davon aufgeführt, die uns gefallen.) Allerdings behandeln die meisten dieser Bücher UNIX aus der Sicht eines Benutzers, der vor einem Terminal oder einer Workstation sitzt, die an einen Großrechner (Mainframe) angeschlossen ist – nicht aber aus der Sicht desjenigen, der sein eigenes UNIX-System auf einem PC installiert hat!

Außerdem halten sich viele dieser Bücher mit den eher banalen Aspekten von UNIX auf – langweilige Befehle für die Textmanipulation wie *awk*, *tr* und *sed*, von denen Sie die meisten niemals brauchen werden, solange Sie nicht ausgefuchste UNIX-Tricksereien betreiben wollen. Viele Bücher behandeln sogar noch den uralten Zeileneditor *ed*, der längst von *vi* und Emacs abgelöst wurde. Obwohl viele der Bücher, die es heute zu UNIX gibt, einiges an nützlicher Information enthalten, findet sich in vielen auch seitenweise Füllmaterial, das Sie zu diesem Zeitpunkt kaum interessieren wird.

Statt uns in das enge Netz der Textbearbeitung, der Shell-Syntax und anderer Themen zu verstricken, wollen wir in diesem Kapitel versuchen, Ihnen die grundlegenden Befehle vorzustellen, die Sie als Nicht-UNIXer brauchen, um schnell mit Ihrem System arbeiten zu können. Dieses Kapitel ist bei weitem nicht komplett; eine gründliche Einführung für Anfänger würde ein ganzes Buch umfassen. Wir hoffen, daß wir Ihnen in diesem Kapitel das Rüstzeug für Ihre Abenteuer mit Linux vermitteln können und daß Sie bei Bedarf eines der oben erwähnten Werke anschaffen. Wir werden Ihnen alles vermitteln, was Sie brauchen, um Ihr Terminal zu benutzen und Ihre Jobs zu kontrollieren sowie andere wichtige Befehle auszuführen.

Kapitel 5

Kapitel 5, *Grundlagen der Systemverwaltung*, enthält Materialien zur Systemadministration und -pflege. Dies ist für jeden, der sein eigenes System unterhält, das bei weitem wichtigste Kapitel. Auch wenn Sie noch nie mit UNIX zu tun hatten, sollten Sie mit Kapitel 5 zurechtkommen, nachdem Sie diese Einführung durchgearbeitet haben.

Kapitel 9

Ein wichtiges Thema, das wir in diesem Kapitel nicht behandeln, ist das Editieren von Dateien. Dies gehört unter allen Betriebssystemen zu den ersten Dingen, die Sie lernen müssen. Die beiden populärsten Editoren für Linux, *vi* und Emacs, besprechen wir am Anfang von Kapitel 9, *Editoren, Textwerkzeuge, Drucken.*

Das Einloggen

Lassen Sie uns annehmen, daß die Installation völlig ohne Probleme verlief und Sie jetzt folgenden Prompt sehen:

```
Linux login:
```

Viele Linux-Benutzer haben nicht so viel Glück; sie müssen zunächst einige Einstellungen vornehmen, wenn das System gerade erst installiert wurde oder sich im Einzelbenutzer-Modus (single-user mode) befindet. Im Augenblick wollen wir uns allerdings mit dem Einloggen in ein funktionierendes Linux-System befassen.

Das Einloggen sorgt natürlich dafür, daß die Benutzer voneinander unterschieden werden. Es läßt mehrere Leute gleichzeitig auf einem System arbeiten und stellt sicher, daß nur Sie Zugang zu Ihren Dateien haben.

Vielleicht haben Sie Linux bei sich zu Hause installiert und denken jetzt: »Was soll's; außer mir arbeitet niemand auf diesem System, also brauche ich mich auch nicht einzuloggen«. Das Einloggen unter einem persönlichen Account (Zugangsberechtigung) bietet aber auch ein gewisses Maß an Schutz – unter Ihrem Account haben Sie keine Möglichkeit, wichtige Systemdateien zu zerstören oder zu entfernen. Solche heiklen Dinge werden unter dem Account des Systemverwalters erledigt (den wir im nächsten Kapitel besprechen).

Bei der Installation von Linux wurden Sie wahrscheinlich aufgefordert, einen persönlichen Login-Account für sich einzurichten. Wenn Sie einen solchen Account haben, geben Sie am Prompt `Linux login:` den gewählten Namen ein. Falls Sie noch keinen Account angelegt haben, tippen Sie `root`, weil dieser Account auf jeden Fall existiert. Einige Distributionen benutzen eventuell auch eine Zugangsberechtigung unter dem Namen install oder sonst einen Namen für die ersten Gehversuche im neuen System.

Anschließend sehen Sie:

```
Password:
```

und müssen dann das gültige Paßwort eingeben. Das Terminal wird dieses Paßwort nicht auf dem Bildschirm anzeigen, damit niemand in Ihrer Nähe es mitlesen kann. Wenn Sie diesen Prompt nicht erhalten, sollten Sie die Paßwortabfrage einrichten, um sich gegen die flinken Finger anderer Leute zu schützen. Wir kommen weiter unten noch darauf zurück.

Übrigens müssen sowohl der Login-Name als auch das Paßwort in der richtigen Groß-/Kleinschreibung eingegeben werden. Achten Sie auf die CAPS-LOCK-Taste, denn die Eingabe von `ROOT` statt `root` bringt Sie nicht weiter.

Nach dem erfolgreichen Einloggen werden Sie einen Prompt sehen. Wenn Sie als **root** eingeloggt haben, kann das ein # sein. Für andere Benutzer wird in der Regel ein Dollar-Zeichen angezeigt. Der Prompt kann außerdem den Namen enthalten, den Sie Ihrem System zugeordnet haben, oder auch das Verzeichnis, in dem Sie sich gerade befinden. Ganz egal, was hier angezeigt wird – Sie können jetzt Befehle eingeben. Man sagt, daß Sie sich auf der »Shell-Ebene« befinden, und der Prompt, den Sie sehen, ist der »Shell-Prompt«. Der Name stammt von dem Programm, das zu diesem Zeitpunkt läuft und Ihre Eingaben verarbeitet und das Shell genannt wird. Im Moment brauchen wir uns um die Shell nicht zu kümmern, aber weiter unten in diesem Kapitel werden wir feststellen, daß die Shell eine Reihe nützlicher Dinge für uns tun kann.

Wenn wir in diesem Kapitel Befehle vorstellen, werden wir den Prompt einfach als $ darstellen. Wenn Sie also folgendes sehen:

```
$ pwd
```

bedeutet das, daß die Shell `$` anzeigt und daß Sie `pwd` eingeben müssen.

Ein Paßwort festlegen

Falls Sie noch kein Paßwort festgelegt haben, empfehlen wir Ihnen, das jetzt zu tun. Geben Sie dazu einfach den Befehl *passwd* ein. Das Programm wird Sie nach dem Paßwort fragen, das Sie verwenden wollen, und Sie dann auffordern, das Paßwort noch einmal einzugeben, um sicherzustellen, daß Sie sich nicht vertippt haben.

Es gibt Richtlinien, die sicherstellen sollen, daß Paßwörter nicht ohne weiteres von anderen Leuten erraten werden können. Einige Systeme prüfen die Paßwörter und lehnen sie ab, wenn nicht gewisse minimale Anforderungen erfüllt sind. So wird zum Beispiel oft verlangt, daß ein Paßwort aus mindestens sechs Zeichen besteht. Außerdem sollten Groß- und Kleinbuchstaben gemischt werden, oder es sollten außer Buchstaben und Ziffern noch andere Zeichen enthalten sein.

Um das Paßwort zu ändern, geben Sie einfach den Befehl *passwd* noch einmal ein. Das Programm fragt Sie nach Ihrem alten Paßwort (um sicherzustellen, daß Sie es wirklich sind) und läßt Sie dann das Paßwort ändern.

Virtuelle Konsolen

Als Multitasking-System bietet Linux eine Reihe von interessanten Möglichkeiten, mehrere Dinge gleichzeitig zu tun. Sie können mit einer langwierigen Softwareinstallation beginnen und währenddessen E-Mail lesen oder ein Programm kompilieren. Das sollte Linux für DOS-Benutzer sehr attraktiv machen (obwohl das neueste Windows von Microsoft auch endlich Multitasking bietet).

Die meisten Linux-Benutzer werden das X Window System einsetzen, wenn sie dieses Multiprocessing nutzen wollen. Aber auch ohne die Installation von X können Sie mit Hilfe von virtuellen Konsolen einen ähnlichen Effekt erzielen. Diese Eigenschaft befindet sich in einigen anderen UNIX-Versionen, ist aber nicht allgemein verfügbar.

Halten Sie die linke ALT-Taste gedrückt und drücken Sie dazu eine der Funktionstasten F1 bis F8, wenn Sie die virtuellen Konsolen ausprobieren möchten. Mit jeder Funktionstaste schalten Sie auf einen anderen Bildschirm mit einem neuen Login-Prompt um. Sie können so tun, als seien Sie mehrere Personen und können auf verschiedenen virtuellen Konsolen einloggen. Außerdem haben Sie die Möglichkeit, zwischen den Konsolen hin- und herzuschalten, um mehrere Dinge gleichzeitig zu erledigen. Sie können sogar auf jeder virtuellen Konsole eine X-Sitzung starten.

Häufig benutzte Befehle

Ein typisches UNIX-System kennt so viele Befehle, daß man mit einer Beschreibung derselben mehrere hundert Seiten füllen kann. Außerdem haben Sie die Möglichkeit, eigene Befehle zu definieren. Wir wollen hier nur die Befehle vorstellen, mit denen Sie sich durch das System bewegen können, um es zu erkunden.

Verzeichnisse

Wie MS-DOS, und praktisch jedes andere moderne Betriebssystem auch, organisiert UNIX Dateien in einer hierarchischen Verzeichnisstruktur. UNIX gibt dabei nicht vor, wo Dateien stehen müssen, aber im Laufe der Jahre haben sich bestimmte Konventionen herausgebildet. Sie werden zum Beispiel unter Linux ein Verzeichnis namens */home* vorfinden, unter dem die Dateien der Benutzer gespeichert sind. Jeder Benutzer hat ein Unterverzeichnis unter */home*. Wenn Ihr Login-Name also **mdw** ist, stehen Ihre persönlichen Dateien im Verzeichnis */home/mdw*. Dies wird das Home-Verzeichnis genannt. Selbstverständlich können Sie in Ihrem Home-Verzeichnis weitere Unterverzeichnisse anlegen.

Wie Sie sehen, werden die Bestandteile eines Verzeichnisses durch Schrägstriche (Slash) getrennt. Diese durch Schrägstriche getrennte Liste wird oft als *Pfadname* bezeichnet.

In welchem Verzeichnis befindet sich aber */home*? Natürlich im Verzeichnis */*. Dies wird das Root-Verzeichnis genannt; wir haben es bei der Einrichtung der Dateisysteme bereits erwähnt.

Beim Einloggen bringt das System Sie in Ihr Home-Verzeichnis. Um das zu prüfen, geben Sie den Befehl »print working directory« oder *pwd* ein:

```
$ pwd
/home/mdw
```

Das System bestätigt, daß Sie sich in */home/mdw* befinden.

Sie werden nicht lange Spaß daran haben, sich nur in einem Verzeichnis aufzuhalten. Versuchen Sie jetzt, mit dem Befehl *cd* in ein anderes Verzeichnis zu wechseln:

```
$ cd /usr/bin
$ pwd
/usr/bin
$ cd
```

Wo sind wir jetzt? Der Befehl *cd* ohne Argumente bringt uns in unser Home-Verzeichnis zurück. Übrigens wird das Home-Verzeichnis oft als Tilde (~) dargestellt. Die Angabe *~/programs* bedeutet also, daß *programs* sich direkt unterhalb von Ihrem Home-Verzeichnis befindet.

Wenn wir schon einmal dabei sind, könnten wir auch gleich ein Verzeichnis namens *~/programs* anlegen. Geben Sie in Ihrem Home-Verzeichnis entweder

```
$ mkdir programs
```

ein, oder den kompletten Pfadnamen:

```
$ mkdir /home/mdw/programs
```

Wechseln Sie jetzt in das neue Verzeichnis:

```
$ cd programs
$ pwd
/home/mdw/programs
```

Mit der Zeichenfolge .. wird das »direkt übergeordnete Verzeichnis« angesprochen. Sie können also in Ihr Home-Verzeichnis zurückgelangen, indem Sie eingeben:

```
$ cd ..
```

Das Gegenstück zum Befehl *mkdir* ist *rmdir*, mit dem Sie Verzeichnisse entfernen:

```
$ rmdir programs
```

Kapitel 9

In ähnlicher Weise werden mit dem Befehl *rm* Dateien gelöscht. Wir wollen das hier nicht demonstrieren, weil wir noch nicht gezeigt haben, wie man Dateien erzeugt. Im allgemeinen werden Sie dafür einen der Editoren *vi* oder Emacs benutzen (siehe Kapitel 9), aber auch einige der Befehle, die wir in diesem Kapitel besprechen, erzeugen Dateien. Mit der *r*-Option löscht *rm* ein ganzes Verzeichnis und alles, was es enthält (mit Vorsicht zu genießen!).

Dateien auflisten

Mit *ls* erfahren Sie, was sich in einem Verzeichnis befindet. Ohne Argument wird der Inhalt des aktuellen Verzeichnisses ausgegeben. Durch die Angabe eines Argumentes sehen Sie den Inhalt eines anderen Verzeichnisses:

```
$ ls /home
```

Einige Systeme benutzen einen schicken *ls*-Befehl, der besondere Dateien – etwa Verzeichnisse und ausführbare Dateien – in Fettdruck oder sogar in verschiedenen Farben anzeigt. Wenn Sie die voreingestellten Farben ändern möchten, editieren Sie die Datei */etc/DIR_COLORS* oder erzeugen Sie eine Kopie davon unter dem Namen *.dir_colors* in Ihrem Home-Verzeichnis und editieren Sie diese.

Wie die meisten UNIX-Befehle kann auch *ls* mit Optionen erweitert werden, die mit einem Bindestrich (-) eingeleitet werden. Achten Sie darauf, daß Sie vor dem Bindestrich eine Leerstelle lassen. Eine nützliche Option zu *ls* ist *-a* für »alle«; damit erfahren Sie Dinge, die Sie in Ihrem Home-Verzeichnis nie vermutet hätten:

```
$ cd
$ ls -a
.                       .bashrc                 .fvwm2rc
..                      .emacs                  .xinitrc
.bash_history           .exrc
```

Ein einzelner Punkt steht für das aktuelle Verzeichnis, und zwei Punkte für das direkt darüberliegende. Aber wozu braucht man die anderen Dateien, deren Name mit einem Punkt beginnt? Es handelt sich um versteckte Dateien. Der Punkt am Anfang des Dateinamens bewirkt, daß diese Dateien mit dem einfachen Befehl *ls* nicht angezeigt werden. Viele Programme benutzen versteckte Dateien für die Konfiguration durch den Benutzer – also Voreinstellungen, die Sie vielleicht einmal ändern möchten. Sie können zum Beispiel in der Datei *.Xdefaults* Befehle eintragen, die das Verhalten von Programmen unter dem X Window System beeinflussen. Sie werden diese Dateien die meiste Zeit nicht benötigen, werden Sie aber benutzen, wenn Sie Ihr System konfigurieren. Wir wollen weiter unten einige dieser Dateien vorstellen.

Eine andere nützliche Option zu *ls* ist *-l* für »lang«. Damit erhalten Sie zusätzliche Informationen über die Dateien. Abbildung 4-1 zeigt eine typische Ausgabe dieses Befehls und die Bedeutung der einzelnen Felder.

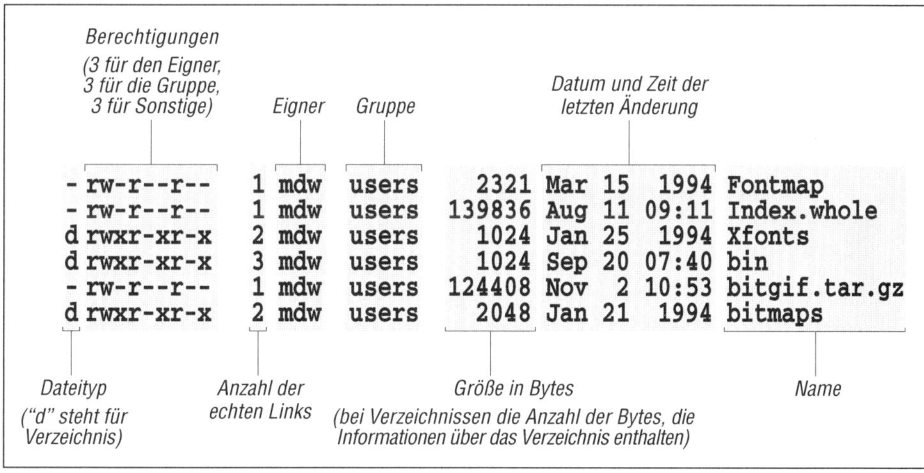

Abbildung 4-1: Ausgabe von ls -l

Wir werden die Felder Permissions, Owner und Group (Zugriffsrechte, Eigner und Gruppe) weiter unten in diesem Kapitel, im Abschnitt »Die Dateiberechtigungen«, besprechen. Dieser Befehl zeigt auch die Größe der Dateien sowie das Datum der letzten Änderung an.

Dateien anzeigen mit more oder less

Eine Möglichkeit, eine Datei anzuzeigen, ist das Starten eines Editors:

```
$ emacs .bashrc
```

Wenn Sie allerdings nur kurz in die Datei hineinschauen wollen, ohne den Inhalt zu ändern, sind andere Befehle geeigneter. Der einfachste davon hat den merkwürdigen Namen *cat*:

```
$ cat .bashrc
```

Weil eine lange Datei so schnell über den Bildschirm wandert, daß ein Mitlesen nicht möglich ist, benutzen die meisten Leute statt dessen den Befehl *more*:

```
$ more .bashrc
```

Damit bekommen Sie jeweils eine Bildschirmseite voll Text angezeigt und müssen dann die Leertaste drücken, um die Anzeige fortzusetzen. *more* kennt eine ganze Reihe von mächtigen Optionen. So können Sie zum Beispiel in der Datei nach einem String suchen; geben Sie dazu einen Schrägstrich (/) ein, tippen Sie dann den Suchstring, und drücken Sie zum Abschluß die Eingabetaste.

Eine beliebte Variante von *more* ist der Befehl *less*. Er hat noch weitaus mächtigere Optionen; beispielsweise können Sie eine bestimmte Stelle in einer Datei markieren und später dorthin zurückspringen.

Symbolische Verknüpfungen

Manchmal empfiehlt es sich, eine Datei an einer bestimmten Stelle zu speichern, aber so zu tun, als sei es eine andere Datei. Dies wird meistens von Systemverwaltern angewendet, nicht von Benutzern. Eventuell möchten Sie mehrere Versionen eines Programms zur Verfügung haben, die dann *prog.0.9*, *prog.1.1* usw. heißen. Die gerade benutzte Version des Programms soll immer *prog* heißen. Vielleicht haben Sie eine Datei auch in einer bestimmten Partition abgelegt, weil dort gerade Platz war, aber das Programm, das diese Datei benutzt, verlangt, daß sich die Datei an einer anderen Stelle befindet, weil der Pfadname fest im Programm steht.

UNIX benutzt *Links* (Verknüpfungen, Verweise), um solche Situationen zu handhaben. In diesem Abschnitt werden wir die *symbolic links* (symbolische Verknüpfungen) vorstellen, die auch die am häufigsten benutzten und flexibelsten Links sind. Ein Symbolic Link ist so etwas wie eine Attrappe einer Datei, die nichts weiter tut, als auf eine andere Datei zu verweisen. Wenn Sie ein Symbolic Link zum Editieren, Lesen oder Ausführen aufrufen, wird das Betriebsystem dem Verweis folgen und Ihnen die tatsächlich existierende Datei präsentieren.

Wir wollen das am Beispiel der Datei *prog* darstellen. Wenn Sie eine symbolische Verknüpfung *prog* mit der eigentlichen Datei namens *prog.1.1* herstellen wollen, geben Sie folgendes ein:

```
$ ln -s prog.1.1 prog
```

Sie haben damit eine Datei mit dem Namen *prog* angelegt, die aber nur eine Attrappe, ein Verweis ist – wenn Sie *prog* aufrufen, starten Sie in Wirklichkeit *prog.1.1*. Lassen Sie uns nachsehen, was ls -l uns zu dieser Datei mitteilt:

```
$ ls -l prog
lrwxrwxrwx   2 mdw      users            8 Nov 17 14:35 prog -> prog.1.1
```

Das l am Anfang der Zeile zeigt an, daß *prog* ein Link ist, und der kleine Pfeil (->) verweist auf die eigentliche Datei.

Symbolische Links sind sehr einfach zu verstehen, wenn man sich einmal an die Vorstellung gewöhnt hat, daß eine Datei auf eine andere verweist. Bei der Installation von Software werden Ihnen ständig Links begegnen.

Shells

Wir haben bereits erwähnt, daß beim Einloggen eine Shell für Sie geöffnet wird. Das gleiche geschieht, wenn Sie mit *xterm* ein Fenster unter X aufmachen. Die Shell interpretiert Ihre Befehle und führt sie aus. Wir wollen uns zunächst ein wenig mit den verschiedenen Shells befassen, weil sie auch Einfluß auf einige Punkte haben, die wir weiter unten im Text besprechen.

Falls Sie es verwirrend finden, daß es unter UNIX so viele verschiedene Shells gibt, betrachten Sie das einfach als ein Zeichen der Evolution. Glauben Sie uns: Sie wären bestimmt nicht glücklich, wenn Sie mit der ersten für UNIX entwickelten Shell, der Bourne-Shell, arbeiten müßten. Obwohl das zu ihrer Zeit (Mitte der 70er Jahre) eine tolle Benutzerschnittstelle war, fehlen ihr doch einige nützliche Möglichkeiten bei der interaktiven Arbeit – unter anderem die Dinge, auf die wir in diesem Abschnitt noch eingehen. Deshalb sind im Laufe der Zeit andere Shells entwickelt worden, und das gibt Ihnen die Gelegenheit, die Shell auszuwählen, die Ihrer Arbeitsweise am besten entspricht.

Für Linux gibt es unter anderem folgende Shells:

bash
: Bourne-Again-Shell. Unter Linux die am häufigsten benutzte Shell. Sie entspricht dem POSIX-Standard, ist zur Bourne-Shell kompatibel und wird vom GNU-Projekt der Free Software Foundation entwickelt und verteilt. Die bash ermöglicht auch das Editieren der Befehlszeile.

csh
: C-Shell. Wurde in Berkeley entwickelt. Ist bei der interaktiven Arbeit weitgehend kompatibel zur Bourne-Shell, bietet aber eine andere Schnittstelle bei der Shell-Programmierung. Editieren der Befehlszeile ist nicht möglich, aber es gibt einen ausgefeilten Ersatz namens History-Substitution dafür.

ksh
: Korn-Shell. Ist vielleicht die beliebteste UNIX-Shell überhaupt und war die erste, die die Bourne-Shell um einige Merkmale moderner Benutzerschnittstellen erweiterte (einige davon wurden von der C-Shell übernommen). Ist kompatibel zur Bourne-Shell und bietet Editiermöglichkeiten in der Befehlzeile.

sh
: Bourne-Shell. Das Original. Kennt kein Editieren der Befehlzeile.

tcsh
: Erweiterte C-Shell mit der Möglichkeit, die Befehlszeile zu editieren.

zsh
: Z-Shell. Die neueste der Shells. Kompatibel zur Bourne-Shell. Editieren der Befehlszeile ist möglich.

Geben Sie folgenden Befehl ein, wenn Sie herausfinden möchten, mit welcher Shell Sie arbeiten. Sie erhalten den vollen Pfadnamen zu Ihrer Shell. Vergessen Sie nicht, das Dollar-Zeichen mit einzugeben:

```
$ echo $SHELL
```

Die Wahrscheinlichkeit ist groß, daß Sie mit *bash* arbeiten, der Bourne-Again-Shell. Falls Sie sich in einer anderen Shell wiederfinden ist dies vielleicht eine gute Gelegenheit, auf *bash* umzusteigen. Die *bash* ist äußerst umfangreich, folgt dem POSIX-Standard, wird gut unterstützt und ist unter Linux sehr beliebt. Mit dem Befehl *chsh* können Sie eine andere Shell auswählen:

```
$ chsh
Enter Password: Geben Sie hier aus Sicherheitsgründen Ihr Paßwort ein
The current shell is: /bin/sh
You can choose one of the following:
1: /bin/sh
2: /bin/bash
Enter a number between 1 and 2: 2
Shell changed.
```

Die Unterschiede zwischen den Shells lassen sich aus verschiedenen Blickwinkeln betrachten.

Einerseits kann man Bourne-Shell-kompatible von C-Shell-kompatiblen Schnittstellen unterscheiden. Dieser Gesichtspunkt ist interessant, wenn es um die Programmierung der Shell geht (das Schreiben von Shell-Skripten). Die Bourne- und die C-Shell benutzen unterschiedliche Konstrukte für die Shell-Programmierung. Unter den meisten Leuten gilt die Bourne-Shell als die bessere Alternative, und es gibt viele UNIX-Utilities, die nur unter der Bourne-Shell laufen.

Andererseits kann man Shells auch danach einteilen, ob sie das Editieren der Kommandozeile erlauben oder nicht (alle neueren Shells bieten diese Möglichkeit). Sowohl der *sh* als auch der *csh* fehlt diese nützliche Erweiterung.

Wenn Sie diese beiden Kriterien – Kompatibilität mit der Bourne-Shell und das Editieren der Befehlszeile – miteinander kombinieren, bleiben die Shells *bash*, *ksh* und *zsh* als sinnvolle Alternativen übrig. Sie sollten verschiedene Shells ausprobieren, bevor Sie sich endgültig entscheiden. Es kann auch von Vorteil sein, mehr als eine Shell zu kennen, wenn Sie einmal vor einem System sitzen, auf dem nicht alle Shells vorhanden sind.

Nützliche Tastenkombinationen

Während Sie einen Befehl eintippen, sollte die BACKSPACE-Taste das letzte Zeichen wieder löschen. Mit CTRL-U wird die ganze Zeile gelöscht.[1]

Falls Sie einen Befehl abgeschickt haben und er bereits ausgeführt wird, sollte CTRL-C diesen Befehl ganz abbrechen, während CTRL-Z ihn anhält. (Wenn Sie mit der Abarbeitung des Befehls nach einem CTRL-Z fortfahren wollen, geben Sie *fg* für »foreground« (Vordergrund) ein.)

Falls irgendeine dieser Tastenkombinationen nicht funktioniert, ist Ihr Terminal nicht richtig konfiguriert. Mit dem Befehl *stty* läßt sich das ändern. Geben Sie dazu ein:

```
stty funktion taste
```

wobei die *Funktion* das bezeichnet, was Sie tun möchten, während *Taste* die Taste (oder Tastenkombination) ist, die Sie dazu drücken müssen. Definieren Sie eine CONTROL-Tastenkombination, indem Sie der Taste ein Zirkumflex (^) voranstellen.

Hier zeigen wir Beispiele für die Funktionen, die wir weiter oben schon erwähnt haben:

```
$ stty erase ^H
$ stty kill ^U
$ stty intr ^C
$ stty susp ^Z
```

Die erste Tastenkombination, `^H`, steht für den ASCII-Code, der von der BACKSPACE-Taste erzeugt wird.

Mit *stty -a* können Sie übrigens eine Liste der Einstellungen für Ihr Terminal auf den Bildschirm holen; das heißt allerdings nicht, daß Sie diese Liste auch verstehen werden! *stty* ist ein sehr komplexer Befehl mit vielen Anwendungsmöglichkeiten; einige davon erfordern profunde Kenntnisse zum Thema Terminals.

Tips für schnelle Tipper

Falls Sie diese Einführung am Terminal durchgearbeitet haben, sind Sie es vielleicht schon satt, immer wieder dieselben Eingaben zu machen. Besonders ärgerlich kann das werden, wenn man sich vertippt hat und noch einmal anfangen muß. Dies ist die Stelle, an der die Shell Ihnen das Leben wesentlich erleichtern kann.

---

1 CTRL-U bedeutet: Halten Sie die CONTROL-Taste gedrückt, und drücken Sie gleichzeitig `u`.

UNIX ist dadurch noch nicht so einfach zu bedienen wie eine mausgesteuerte Bedienoberfläche, aber auf diese Art können Sie Ihre Befehle sehr schnell eingeben.

In diesem Abschnitt besprechen wir das Editieren der Befehlszeile. Diese Tips gelten für *bash*, *ksh*, *tcsh* und *zsh*.

Die Idee hinter der editierbaren Befehlszeile ist ein Speicher, der zum Beispiel die letzten 50 Befehlszeilen enthält, die Sie getippt haben. Diesen Speicher können Sie editieren wie ein Textdokument in einem Editor. Sobald Sie RETURN drücken, wird die aktuelle Befehlszeile ausgeführt.

Die Komplettierung von Namen und Befehlen

Lassen Sie uns zuerst einen einfachen Trick ausprobieren, der Ihnen viel Zeit ersparen kann. Geben Sie folgendes ein, ohne RETURN zu drücken:

```
$ cd /usr/inc
```

Drücken Sie jetzt die TAB-Taste. Die Shell wird lude ergänzen und den vollen Pfadnamen */usr/include* anzeigen. Wenn Sie dann RETURN drücken, wird der Befehl ausgeführt.

Die Komplettierung erfolgt nach dem »Minimalprinzip«: Sie müssen nur so viele Zeichen eingeben, bis der Name von allen anderen Namen im betreffenden Verzeichnis eindeutig unterschieden werden kann. Die Shell sucht und komplettiert dann den Namen – einschließlich des folgenden Schrägstrichs, wenn es sich um einen Verzeichnisnamen handelt.

Sie können die Komplettierung auch auf Befehle anwenden. Wenn Sie zum Beispiel eingeben:

```
$ ema
```

und dann die TAB-Taste drücken, wird die Shell das `cs` hinzufügen und Sie erhalten `emacs` (solange kein anderer Befehl in Ihrem Pfad mit `ema` beginnt).

Was passiert, wenn es mehr als eine Datei gibt, deren Name auf Ihre Eingabe paßt? Wenn Dateinamen mit denselben Buchstaben beginnen, ergänzt die Shell Ihre Eingabe bis zu der Stelle, an der die Namen sich unterscheiden. Für die meisten Shells ist die Hilfestellung damit erledigt. *bash* kennt allerdings eine nette Erweiterung hierzu: Wenn Sie die TAB-Taste zweimal drücken, werden alle Möglichkeiten der Komplettierung angezeigt. Wenn Sie zum Beispiel eingeben:

```
$ cd /usr/l
```

und dann zweimal TAB drücken, erhalten Sie so etwas wie:

```
lib        local
```

Das Arbeiten mit dem Befehlsspeicher

Mit dem Drücken der Pfeil-hoch-Taste holen Sie den zuletzt getippten Befehl noch einmal auf den Bildschirm. Der Pfeil nach oben läßt Sie rückwärts durch die bereits eingegebenen Befehle blättern, mit dem Pfeil nach unten blättern Sie vorwärts. Wenn Sie auf der aktuellen Zeile etwas ändern wollen, bewegen Sie sich dazu mit den Tasten Pfeil-rechts und Pfeil-links an die betreffende Stelle.

Dazu ein Beispiel – nehmen wir an, Sie wollten

```
$ mroe .bashrc
```

ausführen; Sie haben also `mroe` statt `more` getippt. Holen Sie mit dem Pfeil nach oben den Befehl noch einmal auf den Bildschirm. Drücken Sie dann die Pfeil-links-Taste, bis der Cursor auf dem `o` in `mroe` steht. Sie könnten jetzt das `o` und das `r` löschen und dann korrekt eingeben, aber es gibt eine noch einfachere Lösung: Tippen Sie CTRL-T. Damit tauschen Sie die Position der beiden Buchstaben und können anschließend mit RETURN den Befehl ausführen lassen.

Es gibt viele weitere Möglichkeiten, die Befehlszeile zu editieren, aber schon mit den hier gezeigten einfachen Tricks können Sie recht weit kommen. Wenn Sie mit dem Editor Emacs arbeiten, werden Sie feststellen, daß viele Emacs-Befehle auch in der Shell funktionieren. Falls Sie ein Fan von *vi* sind, können Sie Ihre Shell so einrichten, daß sie mit *vi*-Befehlen statt der Emacs-Befehle arbeitet. Geben Sie dazu in der *bash*, *ksh* oder *zsh* ein:

```
$ export VISUAL=vi
```

In der *tcsh* geben Sie ein:

```
$ setenv VISUAL vi
```

Automatische Erweiterung von Dateinamen

Eine andere Möglichkeit der Zeitersparnis liegt in der Benutzung von speziellen Zeichen, um Dateinamen abzukürzen (Wildcards). Sie können mit Hilfe dieser Zeichen mehrere Dateien gleichzeitig ansprechen.

MS-DOS bietet ein paar einfache Möglichkeiten dieser Art: Sie können das Fragezeichen als Platzhalter für ein »beliebiges Zeichen« einsetzen, und ein Stern ersetzt eine »Zeichenkette«. UNIX kennt solche Wildcards ebenfalls, ist aber in der Anwendung wesentlich flexibler.

Nehmen wir an, in einem Verzeichnis stehen folgende Dateien mit C-Quellcode:

```
$ ls
inv1jig.c   inv2jig.c   inv3jig.c   invinitjig.c   invpar.c
```

Um nur die Dateien aufzulisten, deren Name Ziffern enthält, könnten Sie eingeben:

```
$ ls inv?jig.c
inv1jig.c   inv2jig.c   inv3jig.c
```

Die Shell sucht nach Dateinamen, in denen ein Zeichen das Fragezeichen ersetzt. Deshalb werden *inv1jig.c*, *inv2jig.c* und *inv3jig.c* aufgelistet, jedoch nicht *invinitjig.c*, weil dieser Name zu viele Zeichen enthält.

Falls Sie die zweite Datei nicht gebrauchen können, benutzen Sie eckige Klammern, um nur die interessanten Dateien aufzulisten:

```
$ ls inv[13]jig.c
inv1jig.c   inv3jig.c
```

Falls eines der Zeichen innerhalb der eckigen Klammern auf einen Dateinamen paßt, wird dieser angezeigt. Sie können auch einen Zeichenbereich definieren:

```
$ ls inv[1-3]jig.c
inv1jig.c   inv2jig.c   inv3jig.c
```

Diesmal werden wieder alle drei Dateien aufgelistet. Der Bindestrich bedeutet: »Suche nach Treffern für alle Zeichen zwischen 1 und 3 einschließlich«. Sie können beliebige Ziffern mit der Angabe `0-9` ansprechen und alle Buchstaben mit der Angabe `[a-zA-Z]`. In diesem Fall müssen Sie zwei Bereiche definieren, weil die Shell die Groß- und Kleinschreibung berücksichtigt. Die Sortierreihenfolge, die bei diesen Definitionen benutzt wird, ist übrigens der ASCII-Zeichensatz.

Nehmen wir an, daß Sie dieses Mal auch die Init-Datei auflisten wollen. Dazu können Sie den Stern einsetzen, weil er eine beliebige Anzahl von Zeichen zwischen dem `inv` und dem `jig` ersetzt:

```
$ ls inv*jig.c
inv1jig.c   inv2jig.c   inv3jig.c   invinitjig.c
```

Der Stern steht tatsächlich für »kein oder mehrere Zeichen«, so daß auch eine Datei mit dem Namen *invjig.c* gelistet worden wäre.

Anders als MS-DOS erlauben die UNIX-Shells eine beliebige Kombination aus normalen Zeichen und Zeichen mit besonderer Bedeutung. Sie können zum Beispiel alle Source- (*.c*) und Objektdateien (*.o*) auflisten, deren Name eine Ziffer enthält. Der folgende Suchstring kombiniert alle Möglichkeiten der Namenserweiterung, die wir hier vorgestellt haben:

```
$ ls *[0-9]*.[co]
```

Die Erweiterung von Dateinamen kann in Shell Skripten sehr nützlich sein, wenn Sie nicht genau wissen, mit wie vielen Dateien Sie es zu tun haben. Vielleicht haben Sie zum Beispiel eine Reihe von Logdateien namens *log001*, *log002* usw. zu bearbeiten. Egal wie viele dieser Dateien es gibt – mit dem Suchstring *log** erfassen Sie sie alle.

Eine Warnung zum Abschluß: Die Erweiterung von Dateinamen ist nicht dasselbe wie reguläre Ausdrücke (regular expressions), die von vielen Utilities benutzt werden, um Gruppen von Dateien zu bezeichnen. Die Besprechung von regulären Ausdrücken würde den Rahmen dieses Buches sprengen, aber jedes Buch über UNIX-Utilities geht auch auf dieses Thema ein.

Das Speichern von Befehlsausgaben

Systemverwalter (und auch andere Menschen) sehen eine ganze Reihe von wichtigen Systemmeldungen über den Bildschirm huschen. Oft ist es wichtig, daß man diese Nachrichten aufbewahrt, um sie später in Ruhe auswerten zu können oder auch (gar zu oft), damit man sie an jemanden schicken kann, der mit ihrer Hilfe herausfindet, was schiefgelaufen ist. In diesem Abschnitt wollen wir Ihnen deshalb etwas zum Thema Umleitung (redirection) erzählen; das ist eine weitere äußerst nützliche Eigenschaft von UNIX-Shells. Falls Sie aus der DOS-Welt kommen, haben Sie wahrscheinlich bereits eine ähnliche, wenn auch eingeschränkte Art der Umleitung kennengelernt.

Wenn Sie ein Größer-als-Zeichen (>) und einen Dateinamen hinter einem beliebigen Befehl angeben, bewirken Sie damit, daß die Ausgaben des Befehls in diese Datei geschrieben werden. Wenn Sie zum Beispiel die Ausgabe von *ls* abspeichern wollen, geben Sie ein:

```
$ ls /usr/bin > ~/Binaries
```

Die Liste der Dateien in */usr/bin* wird damit in einer Datei namens *Binaries* in Ihrem Home-Verzeichnis abgelegt. Falls es dort schon eine Datei *Binaries* gibt, wird das > die alte Datei löschen und die Ausgabe des Befehls *ls* unter diesem Namen speichern. Das Überschreiben einer Datei passiert recht häufig. Wenn Sie mit einer der Shells *csh* oder *tcsh* arbeiten, können Sie sich folgendermaßen gegen unbeabsichtigtes Überschreiben schützen:

```
$ set noclobber
```

In der *bash* erzielen Sie denselben Effekt mit:

```
$ noclobber=1            Es muß keine 1 sein, ein beliebiges Zeichen reicht.
```

Eine andere (und vielleicht nützlichere) Methode, das Überschreiben zu verhindern, ist das Anhängen der neuen Ausgabe an eine bestehende Datei. Nehmen wir an, daß Sie eine Auflistung von */usr/bin* bereits gespeichert haben und daß Sie jetzt den Inhalt von */bin* hinzufügen möchten. Mit zwei Größer-als-Zeichen können Sie die neue Auflistung an die bestehende Datei *Binaries* anhängen:

```
$ ls /bin >> ~/Binaries
```

Die Umleitung von Befehlsausgaben ist sehr nützlich, wenn Sie ein Utility wiederholt starten und die Ausgaben zwecks Fehlersuche abspeichern.

Die meisten UNIX-Programme erzeugen tatsächlich zwei Ausgaben (output streams); die eine bezeichnet man als Standardausgabe (standard output), die andere als Standardfehlerausgabe (standard error). Die C-Programmierer unter den Lesern werden dies wiedererkennen: Die Standardfehlerausgabe ist die Datei *stderr*, in die Sie Systemmeldungen schreiben lassen.

Das >-Zeichen lenkt nicht die Standardfehlerausgabe um – Sie benutzen es, um die regulären Ausgaben zu speichern, ohne die Datei mit Fehlermeldungen zu überladen. Was aber passiert, wenn Sie gerade die Fehlermeldungen aufheben wollen? Während der Fehlersuche kommt das häufig vor.

Die Lösung ist ein Größer-als-Zeichen, gefolgt von einem Kaufmanns-Und (&). (Diese Konstruktion funktioniert in allen Shells außer der originalen Bourne-Shell.) Damit lenken Sie sowohl die Standardausgabe als auch die Standardfehlerausgabe um. Ein Beispiel:

```
$ gcc invinitjig.c >& error-msg
```

Dieser Befehl speichert alle Nachrichten des Compilers *gcc* in der Datei *error-msg*. (Selbstverständlich wird der Objektcode nicht dort abgelegt, sondern, wie immer, in *invinitjig.o*.) In der Bourne-Shell und in *bash* können Sie das gleiche so formulieren:

```
$ gcc invinitjig.c &> error-msg
```

Lassen Sie uns jetzt alle Register ziehen: Wir nehmen an, daß Sie die Fehlermeldungen, aber nicht die normalen Ausgaben abspeichern wollen – also die Standardfehlerausgabe ohne die Standardausgabe. In der Bourne-Shell und dazu kompatiblen Shells erledigen Sie das mit:

```
$ gcc invinitjig.c 2> error-msg
```

Die Shell ordnet selbständig die 1 der Standardausgabe und die 2 der Standardfehlerausgabe zu. Deshalb speichern Sie mit diesem Befehl nur die Fehlermeldungen.

Zum Schluß wollen wir annehmen, daß Sie die Standardausgabe nicht brauchen – Sie wollen Ihren Bildschirm sauber halten. Die Lösung ist eine Umleitung in eine spezielle Datei namens */dev/null*. (Vielleicht haben Sie schon einmal jemanden sagen hören: »Richten Sie ihre Kritik an /dev/null«. Jetzt wissen Sie also, woher dieser Spruch kommt.) Das Verzeichnis */dev* ist der Platz, an dem UNIX-Systeme besondere Dateien ablegen, die den Zugriff auf Terminals, Bandlaufwerke und andere Geräte regeln. Die Datei */dev/null* ist allerdings einzigartig; alles, was Sie dorthin schicken, verschwindet in einem schwarzen Loch. Der folgende Befehl zum Beispiel speichert die Standardfehlerausgabe und läßt die Standardausgabe verschwinden:

```
$ gcc invinitjig.c 2>error-msg >/dev/null
```

Damit sollten Sie in der Lage sein, genau die Ausgaben zu erzeugen, die Sie sehen möchten.

Falls Sie sich schon gefragt haben, ob auch < in der Shell eine Bedeutung hat – die Antwort lautet: ja. Damit erreichen Sie, daß Befehle ihre Eingaben aus einer Datei lesen. Da die meisten Befehle sowieso die Möglichkeit bieten, auf der Befehlszeile Eingabedateien zu definieren, wird diese »Eingabeumleitung« selten genutzt.

Manchmal möchte man erreichen, daß ein Hilfsprogramm die Ausgaben eines anderen Programms benutzt. Ein Beispiel: Mit dem Befehl *sort* können Sie die Ausgaben eines anderen Befehls in eine sinnvolle Reihenfolge bringen. Es wäre ziemlich umständlich, wenn Sie die Ausgaben eines Befehls zunächst in eine Datei umlenken und anschließend diese Datei mit *sort* bearbeiten würden, etwa so:

```
$ du > du_output
$ sort -n du_output
```

UNIX bietet allerdings eine viel schnellere und effizientere Methode, dies zu bewerkstelligen, nämlich die *Pipe*. Geben Sie zwischen den beiden Befehlen einfach einen senkrechten Strich ein:

```
$ du | sort -n
```

Die Shell schickt alle Ausgaben des Programms *du* weiter an das Programm *sort*.

In diesem Beispiel steht *du* für »disk usage« (Plattenbelegung) und gibt an, wie viele Blöcke jede einzelne Datei im aktuellen Verzeichnis belegt. In der Regel erfolgt die Ausgabe in eher zufälliger Reihenfolge:

```
$ du
10        ./zoneinfo/Australia
13        ./zoneinfo/US
9         ./zoneinfo/Canada
4         ./zoneinfo/Mexico
5         ./zoneinfo/Brazil
3         ./zoneinfo/Chile
20        ./zoneinfo/SystemV
118       ./zoneinfo
298       ./ghostscript/doc
183       ./ghostscript/examples
3289      ./ghostscript/fonts
          .
          .
          .
```

Wir haben deshalb beschlossen, die Ausgabe durch *sort* mit den Optionen *-n* und *-r* bearbeiten zu lassen. Dabei sorgt *-n* dafür, daß »numerisch sortiert« wird statt der üblichen ASCII-Sortierung; *-r* bewirkt, daß die »Sortierfolge umgekehrt« wird, so daß die größten Zahlen zuerst erscheinen. Die Ausgabe läßt schnell erkennen, welche Dateien und Verzeichnisse den meisten Speicherplatz beanspruchen:

```
$ du | sort -rn
34368      .
16005      ./emacs
16003      ./emacs/19.25
13326      ./emacs/19.25/lisp
4039       ./ghostscript
3289       ./ghostscript/fonts
          .
          .
          .
```

Weil so viele Dateien vorhanden sind, sollten wir noch eine zweite Pipe einsetzen, um die Ausgabe durch den Befehl *more* zu leiten (eine der häufigsten Anwendungen für Pipes):

```
$ du | sort -rn | more
34368      .
16005      ./emacs
16003      ./emacs/19.25
13326      ./emacs/19.25/lisp
4039       ./ghostscript
3289       ./ghostscript/fonts
          .
          .
          .
```

Was ist ein Befehl?

Wir haben bereits erwähnt, daß UNIX eine enorme Anzahl an Befehlen kennt und daß Sie neue Befehle hinzufügen können. Dies unterscheidet UNIX erheblich von anderen Betriebssystemen, die nur einen begrenzten Befehlssatz haben. Was sind also UNIX-Befehle, und wie werden sie gespeichert?

Unter UNIX ist ein Befehl einfach eine Datei. Der Befehl *ls* zum Beispiel ist eine binäre Datei im Verzeichnis *bin*. Statt *ls* einzugeben, könnten Sie also auch den kompletten Pfadnamen eintippen (auch *absoluter Pfadname* genannt):

```
$ /bin/ls
```

Das verleiht UNIX Flexibilität und macht es zu einem mächtigen Betriebssystem. Ein Systemverwalter, der ein neues Utility bereitstellen möchte, kann dieses einfach in einem der Verzeichnisse installieren, in denen Befehle stehen. Es lassen sich auch verschiedene Versionen eines Befehls installieren – etwa eine neue Version zu Testzwecken in einem bestimmten Verzeichnis, während die alte Version an einer anderen Stelle verbleibt. Die Benutzer können dann selbst entscheiden, mit welcher Version sie arbeiten möchten.

Hier ergibt sich häufig ein Problem: Manchmal geben Sie einen bekannten Befehl ein, aber das System antwortet mit einer Meldung wie »Not found«. Das Problem könnte darin liegen, daß der Befehl in einem Verzeichnis steht, das von der Shell nicht durchsucht wird. Man nennt die Liste aller Verzeichnisse, in denen die Shell nach Befehlen sucht, den Pfad (PATH). Mit folgendem Befehl können Sie Ihren Pfad anzeigen lassen (denken Sie an das Dollar-Zeichen!):

```
$ echo $PATH
/usr/local/bin:/usr/bin:/bin:/usr/bin/X11:/usr/lib/uucp:.
```

Hier müssen Sie genau hinschauen. Die Anzeige stellt eine Reihe von Pfadnamen dar, die durch Doppelpunkte getrennt sind. Der erste Pfadname in diesem Fall ist */usr/local/bin*, der zweite */usr/bin* usw. Wenn zwei Versionen eines Befehls vorhanden sind, die in */usr/local/bin* und */usr/bin* stehen, wird der Befehl in */usr/local/bin* ausgeführt.

Der letzte Pfadname in diesem Beispiel ist einfach ein Punkt; dieser bezeichnet das aktuelle Verzeichnis. Anders als DOS durchsucht UNIX nicht automatisch das aktuelle Verzeichnis, sondern Sie müssen es ausdrücklich dazu anweisen – so wie wir es hier gezeigt haben. Manche Leute halten das aus Gründen der Systemsicherheit für eine schlechte Idee. (Ein Cracker, der in Ihren Account eindringt, könnte ein bösartiges Programm in eines Ihrer Arbeitsverzeichnisse kopieren.)

Wenn ein Befehl nicht gefunden wird, müssen Sie herausfinden, wo im System er sich befindet, damit Sie das betreffende Verzeichnis in Ihren Pfad einfügen können. Die Man-Page sollte Ihnen sagen, wo der Befehl steht. Nehmen wir an, daß er sich im Verzeichnis */usr/sbin* befindet, wo auch andere Befehle für die Systemverwaltung installiert sind. Ihnen ist klar, daß Sie Zugang zu den Befehlen für die Systemverwaltung brauchen, deshalb geben Sie folgendes ein (beachten Sie, daß das erste `PATH` ohne, das zweite dagegen mit einem Dollar-Zeichen geschrieben wird):

```
$ export PATH=$PATH:/usr/sbin
```

Damit wird */usr/sbin* zu dem Verzeichnis, das als letztes durchsucht wird. Der Befehl heißt soviel wie: »Definiere meinen Pfad als den alten Pfad plus */usr/sbin*«.

Der eben vorgestellte Befehl funktioniert übrigens nicht in allen Shells. Die meisten Linux-Benutzer, die mit einer Bourne-kompatiblen Shell wie *bash* arbeiten, sollten keine Probleme damit haben. Wenn Sie allerdings *csh* oder *tcsh* benutzen, müssen Sie statt dessen diesen Befehl eingeben:

```
set path = ( $PATH /usr/sbin )
```

Abschließend wollen wir noch auf ein paar Befehle hinweisen, die nicht als eigenständige Programm(dateien) existieren. *cd* ist einer davon. Die meisten dieser Befehle wirken sich auf die Shell selbst aus und müssen deshalb von der Shell verstanden und ausgeführt werden. Weil sie ein Teil der Shell sind, nennt man sie »interne Befehle« (built-in commands).

Einen Befehl im Hintergrund ausführen

Als es das X Window System noch nicht gab, das das gleichzeitige Starten mehrerer Programme vereinfacht, haben Benutzer die Multitasking-Fähigkeiten von UNIX genutzt, indem sie einfach ein Kaufmanns-Und (&) an das Ende eines Befehls anhängten.

```
$ gcc invinitjig.c &
[1] 21457
```

Das Kaufmanns-Und verlagert den Befehl in den Hintergrund; das bedeutet, daß der Shell-Prompt wieder auf dem Bildschirm erscheint, so daß Sie andere Befehle ausführen lassen können, während mit *gcc* Ihr Programm kompiliert wird. Die `[1]` ist die Jobnummer, die diesem Befehl zugeordnet wurde. Die `21457` ist die Prozeß-ID, auf die wir weiter unten noch eingehen werden. Die Jobnummern für Hintergrundjobs werden der Reihe nach vergeben und sind deshalb einfacher zu behalten als die Prozeß-IDs.

Selbstversändlich fordert das Multitasking seinen Preis in Form von Systemressourcen. Je mehr Befehle Sie im Hintergrund abarbeiten lassen, desto langsamer wird das System durch die gleichzeitige Ausführung der Tasks.

Sie sollten keinen Job in den Hintergrund verlagern, der Eingaben von seiten des Benutzers verlangt. Der Versuch resultiert in einer Fehlermeldung wie:

```
Stopped (tty input)
```

Dieses Problem können Sie lösen, indem Sie den Job mit dem Befehl *fg* wieder in den Vordergrund holen. Bei mehreren Hintergrund-Tasks wählen Sie anhand der Jobnummer oder der Prozeß-ID den richtigen Job aus. Für unseren langlebigen *gcc*-Job können wir folgende Befehle absetzen:

```
$ fg %1
$ fg 21457
```

Vergessen Sie das Prozentzeichen vor der Jobnummer nicht; dadurch unterscheiden sich Jobnummern von Prozeß-IDs.

Mit dem Befehl *kill* lassen sich Hintergrundjobs entfernen:

```
$ kill %1
```

Manual-Pages

Die wichtigste Information überhaupt ist die, wie Sie selbst etwas herausfinden können. Wir wollen dieses Konzept beibehalten und stellen Ihnen deshalb jetzt die Online-Hilfe vor, die mit UNIX-Systemen ausgeliefert wird. Das ganze heißt Manual-Pages (Handbuchseiten) oder kurz Man-Pages.

Eigentlich sind die Man-Pages noch nicht das Gelbe vom Ei. Das liegt daran, daß sie kurz gehalten sind und eine ganze Menge UNIX-Wissen voraussetzen. Jede Man-Page behandelt einen bestimmten Befehl, sagt aber nur selten etwas darüber aus, warum Sie gerade diesen Befehl benutzen sollten. Trotzdem sind die Man-Pages wichtig. Die Befehle auf verschiedenen UNIX-Systemen können leicht unterschiedlich sein und dann sind die Man-Pages die zuverlässigste Informationsquelle zu dem, was auf Ihrem System passiert. Man muß dem Linux Documentation Project großes Lob aussprechen für die unglaublich vielen Stunden, die man dort für die Erstellung der Man-Pages aufgewendet hat.

Die Information zu einem bestimmten Befehl erhalten Sie zum Beispiel mit:

```
$ man ls
```

Die Man-Pages sind in verschiedene Abschnitte (sections) eingeteilt – abhängig von ihrem Einsatzzweck. Die Benutzerbefehle finden sich im Abschnitt 1, die Systemaufrufe von UNIX sind im Abschnitt 2 dokumentiert usw. Die Abschnitte 1, 4 (Dateiformate) und 8 (Systemverwaltung) werden Sie am meisten interessieren. Wenn Sie online die Man-Pages lesen, spielen die Abschnitte keine Rolle; sie können aber als Option bei der Suche nach einem Befehl mit angegeben werden:

```
$ man 1 ls
```

Wenn Sie allerdings einmal ein gedrucktes Handbuch in die Hand nehmen, werden Sie feststellen, daß es nach diesem Schema in Abschnitte eingeteilt ist. Manche Einträge tauchen unter demselben Namen in verschiedenen Abschnitten auf. (So ist zum Beispiel *chmod* sowohl ein Befehl als auch ein Systemaufruf.) Deshalb werden Sie gelegentlich den Namen einer Man-Page zusammen mit der Nummer des entsprechenden Abschnitts in Klammern dahinter sehen, etwa »*ls(1)*«.

Sehen Sie sich den Anfang der Man-Page an. Die erste Überschrift lautet NAME. Darunter steht eine einzeilige Beschreibung. Diese Beschreibungen sind eine wertvolle Hilfe, wenn Sie nicht genau wissen, wonach Sie suchen. Finden Sie einen Begriff, der mit Ihrem Thema zusammenhängt, und geben Sie diesen Begriff zusammen mit dem Befehl *apropos* ein.

```
$ apropos edit
```

Mit diesem Befehl erhalten Sie eine Liste der Man-Pages, die mit Ihrem Suchbegriff zusammenhängen. Der Algorithmus ist einfach: *apropos* zeigt alle NAME-Zeilen an, in denen Ihr Suchbegriff vorkommt.

Kapitel 10

Eine Anwendung für das X Window System, *xman*, hilft ebenfalls beim Lesen der Man-Pages. Wir beschreiben *xman* im Abschnitt »xman: Per Mausklick zu den Manual-Pages« in Kapitel 10, *Das X Window System*.

Auch Man-Pages werden, genau wie Befehle, manchmal an merkwürdigen Stellen installiert. Es kann zum Beispiel sein, daß Sie einige spezielle Programme im Verzeichnis */usr/local* installiert haben und die Man-Pages dazu in */usr/local/man*. Der

Befehl *man* wird nicht automatisch in */usr/local/man* suchen, so daß Sie statt einer Man-Page nur die Meldung »No manual entry« erhalten. Korrigieren Sie das, indem Sie alle Verzeichnisse, in denen Man-Pages stehen, in der Variablen `MANPATH` angeben. Ein Beispiel:

```
$ export MANPATH=/usr/man:/usr/local/man
```

Die Syntax ist dieselbe wie bei `PATH`, das wir weiter oben in diesem Kapitel besprochen haben. Die einzelnen Verzeichnisse werden durch Doppelpunkte getrennt. Falls Sie mit *csh* oder *tcsh* arbeiten, müssen Sie eingeben:

```
$ setenv MANPATH /usr/man:/usr/local/man
```

Haben Sie bereits einige Man-Pages gelesen und sind immer noch verwirrt? Die Man-Pages sind nicht als Einführung in ein neues Thema gedacht. Besorgen Sie sich deshalb ein gutes Buch für UNIX-Anfänger, und benutzen Sie die Man-Pages wieder, wenn Sie sich mit dem System vertraut gemacht haben. Sie werden dann auf diese Online-Hilfe nicht mehr verzichten wollen.

Die Dateiberechtigungen

Eigner- und Zugriffsrechte sind zentrale Punkte der Systemsicherheit. Es ist wichtig, daß Sie diese Berechtigungen richtig vergeben – auch wenn Sie der einzige Benutzer sind –, weil andernfalls merkwürdige Dinge geschehen können. Mit den Dateien, die Benutzer erzeugen und ständig bearbeiten, gibt es in der Regel keine Probleme (trotzdem kann es nicht schaden, wenn Sie die dahinterstehenden Konzepte kennen). Für den Systemverwalter ist die Lage komplizierter. Wenn Sie nur einmal falsche Eigner- oder Zugriffsrechte vergeben, kann das zur Folge haben, daß Sie zum Beispiel Ihre E-Mail nicht mehr lesen können. Im allgemeinen deutet die Meldung:

```
Permission denied
```

darauf hin, daß jemand Eigner- und Zugriffsberechtigungen restriktiver als von Ihnen gewünscht vergeben hat.

Die Bedeutung der Eigner- und Zugriffsrechte

Zugriffsrechte geben an, in welcher Weise jemand eine Datei benutzen kann. UNIX kennt drei Stufen der Berechtigung:

- *Read* permission (Leseberechtigung) heißt, daß Sie den Inhalt einer Datei ansehen dürfen.
- *Write* permission (Schreibberechtigung) heißt, daß Sie eine Datei ändern und löschen dürfen.
- *Execute* permission (Ausführberechtigung) heißt, daß Sie eine Datei als Programm ausführen dürfen.

Sobald eine Datei erstellt wird, vergibt das System einige Standardberechtigungen, die in den meisten Fällen genügen. So wird zum Beispiel meist die Schreibberechtigung für alle anderen Benutzer gelöscht, so daß Sie die Datei zwar schreiben und lesen können, andere jedoch sie nur lesen können. Falls Sie einen Grund sehen, besonders vorsichtig zu sein, können Sie das System so einrichten, daß andere Leute überhaupt keine Zugriffsrechte bekommen.

Einige Utilities vergeben Berechtigungen, die von den Defaults abweichen. Wenn zum Beispiel der Compiler ein ausführbares Programm erzeugt, weist er ihm automatisch die Ausführberechtigung zu. Wenn Sie eine Datei aus dem RCS (Revision Control System) herausnehmen, ohne sie vorher gesperrt zu haben, erhalten Sie nur die Leseberechtigung (weil Sie keine Datei ändern sollen). Wenn Sie die Datei aber zunächst sperren, erhalten Sie das Lese- und Schreibrecht (weil Sie die Datei ändern und wieder einfügen sollen). Wir werden das RCS im Abschnitt »Tools für die Versionskontrolle« in Kapitel 13, *Werkzeuge für Programmierer,* besprechen.

Kapitel 13

Es gibt allerdings auch Fälle, in denen die voreingestellten Berechtigungen nicht funktionieren. Wenn Sie zum Beispiel ein Shell-Skript oder ein Perl-Programm schreiben, müssen Sie selbst dafür sorgen, daß das Skript oder Programm ausführbar gemacht wird. Wir werden Ihnen weiter unten in diesem Abschnitt zeigen, wie das geschieht, nachdem wir die grundlegenden Konzepte behandelt haben.

Für Verzeichnisse haben die Zugriffsrechte eine andere Bedeutung:

- Leseberechtigung heißt, daß Sie den Inhalt des Verzeichnisses auflisten dürfen.
- Schreibberechtigung heißt, daß Sie in diesem Verzeichnis Dateien hinzufügen und löschen dürfen.
- Ausführberechtigung heißt, daß Sie Zugriff auf die Dateien haben, solange Sie den Dateinamen kennen.

Machen Sie sich über den Unterschied zwischen Lese- und Ausführberechtigung bei Verzeichnissen keine Gedanken – im Grunde genommen sind die beiden identisch. Vergeben Sie entweder beide Berechtigungen oder keine.

Beachten Sie, daß Benutzer mit Schreibberechtigung für ein Verzeichnis auch Dateien löschen dürfen; mit der Vergabe der Schreibberechtigung eröffnen Sie dem Benutzer beide Möglichkeiten. Trotzdem gibt es eine Methode, verschiedenen Benutzern den Zugriff auf ein gemeinsames Verzeichnis zu gestatten, ohne daß jeder des anderen Dateien löschen kann. Lesen Sie dazu den Abschnitt »Software und den Kernel aktualisieren« in Kapitel 7, *Software und den Kernel aktualisieren.*

Kapitel 7

Auf einem UNIX-System gibt es weit mehr Dateitypen als die einfachen Dateien und Verzeichnisse, die wir bisher besprochen haben. Das sind zum Beispiel Gerätedateien (device files), Sockets, symbolische Links usw. Jeder Dateityp hat seine eigenen Regeln, aber es ist nicht notwendig, daß Sie alle Details zu jedem Dateityp kennen.

Eigner und Gruppen

Wem werden eigentlich diese Berechtigungen zugestanden? Damit verschiedene Benutzer auf einem System arbeiten können, unterscheidet UNIX bei den Berechtigungen drei Benutzergruppen: Eigner, Gruppe und Sonstige. Die Benutzergruppe »Sonstige« umfaßt alle Benutzer, die Zugang zum System haben, aber nicht Eigner oder Mitglied der Gruppe sind.

Die Idee hinter der Einrichtung einer Gruppe ist, daß man zum Beispiel einem Team von Programmierern den Zugang zu einer Datei gewährt. So könnte eine Programmiererin sich selbst die Schreibberechtigung für ihren Quellcode erteilen, während die Mitglieder ihres Teams mittels Gruppenberechtigung den lesenden Zugriff bekommen. Die Benutzergruppe »Sonstige« bekommt vielleicht gar keine Zugriffsrechte. (Glauben Sie wirklich, daß Ihre Programme *so* gut sind?)

Zu jeder Datei gehören ein Eigner und eine Gruppe. Eigner ist in der Regel der Benutzer, der die Datei angelegt hat. Jeder Benutzer gehört standardmäßig zu einer Gruppe, und diese Gruppe wird jeder Datei zugeordnet, die dieser Benutzer erstellt. Sie können beliebig viele Gruppen einrichten, und jeder Benutzer kann mehreren Gruppen angehören. Indem Sie die Gruppe ändern, die einer Datei zugeordnet ist, können Sie einer beliebig zusammengesetzten Gruppe von Benutzern Zugriff auf die Datei gewähren. Wir werden im Abschnitt »Die Datei group« in Kapitel 5, *Grundlagen der Systemverwaltung*, genauer auf die Gruppen eingehen.

Kapitel 5

Damit haben wir alle Elemente für unsere Sicherheitsvorkehrungen zusammen: drei Arten der Berechtigung (lesen, schreiben, ausführen) und drei Grade bei den Benutzern (Eigner, Gruppe, Sonstige). Lassen Sie uns einen Blick auf die Berechtigungen für einige typische Dateien werfen.

Abbildung 4-2 zeigt ein typisches ausführbares Programm. Wir haben *ls* mit der Option *-l* eingegeben, um diese Anzeige zu erzeugen.

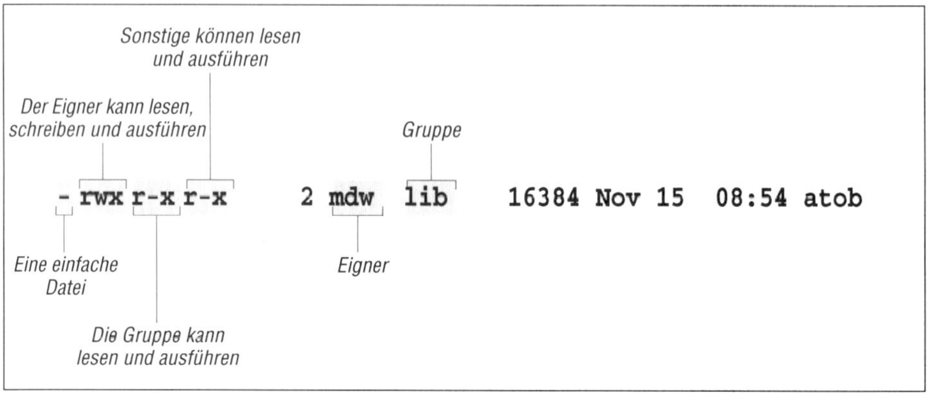

Abbildung 4-2: Eignerschaft und Berechtigungen anzeigen

Zwei nützliche Informationen fallen sofort auf: Der Eigner der Datei ist der Autor dieses Buches und Ihr zuverlässiger Begleiter, **mdw**, und die Gruppe ist **lib** (vielleicht ein Team von Programmierern, das Libraries erstellt). Die wirklich wichtigen Informationen über die Berechtigungen sind allerdings in der Buchstabenfolge links in der Anzeige versteckt.

Das erste Zeichen ist ein Bindestrich und zeigt eine normale Datei an. Die nächsten drei Stellen beziehen sich auf den Eigner; wie man erwarten konnte, hat **mdw** alle drei Berechtigungen. Die folgenden drei Stellen beziehen sich auf die Mitglieder der Gruppe; sie können die Datei lesen (nicht besonders hilfreich bei einer Binärdatei) und ausführen, aber sie haben keinen schreibenden Zugriff, weil das Feld, das ein `w` enthalten sollte, statt dessen einen Bindestrich aufweist. Die letzten drei Stellen zeigen die Berechtigungen für »Sonstige«; in diesem Fall haben »Sonstige« dieselben Berechtigungen wie die Mitglieder der Gruppe.

Als nächstes Beispiel wollen wir uns eine Datei anschauen, die gesperrt und dann aus dem RCS herausgenommen wurde:

```
-rw-r--r--   2 mdw      lib           878 Aug  7 19:28 tools.tex
```

Der einzige Unterschied zu Abbildung 4-2 ist, daß die `x` jetzt durch Bindestriche ersetzt sind. Niemand braucht eine Ausführberechtigung, weil diese Datei nicht ausgeführt werden kann; sie enthält nur Text.

Als weiteres Beispiel zeigen wir noch ein typisches Verzeichnis:

```
drwxr-xr-x   2 mdw      lib           512 Jul 17 18:23 perl
```

An der Stelle ganz links zeigt jetzt ein `d` an, daß es sich um ein Verzeichnis handelt. Die Ausführberechtigungen sind wieder da, so daß alle Benutzer sich den Inhalt des Verzeichnisses auflisten können.

Dateien können noch andere, obskure Zustände annehmen, die wir hier nicht besprechen wollen; lesen Sie die grausigen Details in der Man-Page zu *ls* nach. Für uns wird es jetzt Zeit, die Eigner- und Zugriffsrechte zu ändern.

Eigner, Gruppe und Berechtigungen ändern

Wir haben bereits darauf hingewiesen, daß Sie in der Regel mit den Sicherheitsvorkehrungen auskommen, die das System anbietet. Allerdings gibt es auch Ausnahmen, insbesondere für Systemverwalter. Ein einfaches Beispiel: Nehmen wir an, daß Sie für einen neuen Benutzer unterhalb von */home* ein Verzeichnis anlegen. Sie müssen diese Aufgabe als **root** erledigen, aber später den Benutzer zum Eigner des Verzeichnisses machen. Wenn Sie das nicht tun, wird der Benutzer nicht in diesem Verzeichnis arbeiten können! (Glücklicherweise sorgt der Befehl *adduser*, den wir im Abschnitt »Die Accounts einrichten« in Kapitel 5 besprechen, automatisch für die richtige Eignerschaft.)

Kapitel 5

In ähnlicher Weise haben bestimmte Utilities wie UUCP und News ihre eigenen Benutzer. Niemand wird jemals als **uucp** oder **news** einloggen, aber diese Benutzer und Gruppen müssen auf dem System vorhanden sein, damit die Utilities sicher funktionieren. Im allgemeinen besteht der letzte Schritt bei der Installation darin, daß man Eigner, Gruppe und Berechtigungen so anpaßt, wie es die Dokumentation vorgibt.

Mit dem Befehl *chown* ändern Sie die Eignerschaft einer Datei und mit *chgrp* die Gruppe. Unter Linux kann *chown* nur von **root** ausgeführt werden. Nachdem Sie also zum Beispiel die Software *sampsoft* installiert haben, können Sie mit folgenden Befehlen sowohl den Eigner als auch die Gruppe auf **bin** ändern:

```
# chown bin sampsoft
# chgrp bin sampsoft
```

Die Syntax bei der Änderung der Berechtigungen ist komplizierter. Man nennt die Berechtigungen auch den »Modus« einer Datei, und diesen ändern Sie mit dem Befehl *chmod*. Lassen Sie uns diesen Befehl anhand eines einfachen Beispiels erkunden – nehmen wir an, daß Sie in Perl oder Tcl ein nettes kleines Programm namens *header* geschrieben haben, das Sie anschließend ausführen wollen.

```
$ chmod +x header
```

Das Pluszeichen bedeutet: »füge eine Berechtigung hinzu«, und das `x` zeigt an, welche Berechtigung gemeint ist.

Wenn Sie jemandem die Ausführberechtigung entziehen möchten, setzen Sie statt des Plus- ein Minuszeichen ein.

```
$ chmod -x header
```

Der eben gezeigte Befehl vergibt die Berechtigung auf allen Ebenen – an den Eigner, die Gruppe und Sonstige. Lassen Sie uns annehmen, daß Sie insgeheim ein Sammler von Software sind, der seine Programme für sich behalten möchte. (Nein, das wäre zu hart; wir wollen statt dessen annehmen, daß Ihr Skript noch nicht einwandfrei funktioniert und daß Sie andere Leute vor Schaden bewahren möchten, bis das Skript fehlerfrei ist.) Mit folgendem Befehl können Sie die Ausführberechtigung nur für sich selbst vergeben:

```
$ chmod u+x header
```

Alle Angaben vor dem Pluszeichen bezeichnen die Benutzerebene, auf der Sie Berechtigungen vergeben, die Angaben hinter dem Pluszeichen geben die Art der Berechtigung an. Mit `g` vergeben Sie Rechte an die Gruppe und mit `o` an Sonstige. Wenn Sie die Ausführberechtigung an sich selbst und die Gruppe erteilen wollen, geben Sie ein:

```
$ chmod ug+x header
```

Sie können auch mehrere Berechtigungen gleichzeitig erteilen:

```
$ chmod ug+rwx header
```

Es gibt noch die eine oder andere Abkürzung, die Sie in der Man-Page zu *chmod* nachlesen können, falls Sie jemanden beeindrucken möchten, der Ihnen über die Schulter sieht. Allerdings bleibt die Funktionalität des Befehls auf das beschränkt, was wir hier vorgestellt haben.

Obwohl die Syntax zur Angabe des Dateimodus ziemlich obskur ist, gibt es noch eine andere, kompliziertere Syntax. Aus verschiedenen Gründen müssen wir sie hier trotzdem beschreiben. Erstens gibt es Situationen, in denen die gerade vorgestellte Syntax, genannt »symbolischer Modus«, nicht ausreicht. Zweitens benutzen die Leute oft die andere Syntax, genannt »absoluter Modus«, in ihrer Dokumentation. Außerdem könnte es ja passieren, daß Sie die absolute Schreibweise einfach bequemer finden.

Um den absoluten Modus zu verstehen, müssen Sie sich auf die Bitebene und die oktale Schreibweise einlassen. Aber keine Bange – so schwierig wird das nicht. Der typische Modus wird durch drei Zeichen dargestellt, die den drei Benutzerebenen entsprechen (Eigner, Gruppe und Sonstige). Diese Ebenen sind in Abbildung 4-3 dargestellt. Innerhalb jeder Ebene bezeichnen drei Bits die Berechtigung zum Lesen, Schreiben und Ausführen.

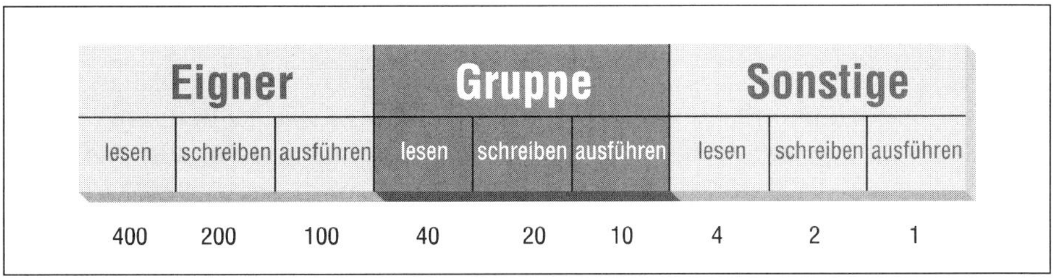

Abbildung 4-3: Die Bits im absoluten Modus

Nehmen wir an, daß Sie sich selbst die Leseberechtigung und niemandem sonst irgendwelche Rechte erteilen wollen. Sie möchten also nur das Bit ansprechen, das mit der Nummer 400 bezeichnet ist. Der *chmod*-Befehl würde dann so aussehen:

```
$ chmod 400 header
```

Um jedermann die Leseberechtigung zu geben, wählen Sie das entsprechende Bit für alle Benutzerebenen: 400 für den Eigner, 40 für die Gruppe und 4 für Sonstige. Der Befehl lautet dann:

```
$ chmod 444 header
```

Das entspricht dem Modus `+r` – abgesehen davon, daß Sie mit diesem Befehl gleichzeitig alle Berechtigungen zum Schreiben und Ausführen aufheben. (Um es genau zu sagen: Es entspricht dem Modus `=r`, den wir weiter oben nicht erwähnt haben. Das Gleichheitszeichen bedeutet: »Vergib diese Berechtigung, und hebe alle anderen Rechte auf«.)

Wenn Sie allen Benutzern die Lese- und Ausführberechtigung zuweisen wollen, müssen Sie die Lese- und Ausführbits addieren. Ein Beispiel: 400 plus 100 ist 500. Der komplette Befehl lautet also:

```
$ chmod 555 header
```

und das entspricht dem Modus `=rx`. Wenn jemand vollen Zugriff erhalten soll, steht an der entsprechenden Stelle eine 7 – nämlich 4 + 2 + 1.

Einen Trick wollen wir Ihnen noch verraten, nämlich wie Sie den Modus voreinstellen können, der jeder Datei zugeordnet wird, die Sie erzeugen (mit einem Texteditor, der Umleitung > usw.). Führen Sie entweder den Befehl *umask* aus, oder fügen Sie ihn in die Startdatei Ihrer Shell ein. Diese Datei heißt wahrscheinlich *.bashrc*, *.cshrc* oder so ähnlich – je nachdem, mit welcher Shell Sie arbeiten. (Wir werden die Shells im nächsten Abschnitt besprechen.)

Der Befehl *umask* bekommt einen Parameter mit auf den Weg, so wie *chmod* den absoluten Modus mitbekommt. Allerdings ist die Bedeutung der Bits gerade umgekehrt. Sie müssen für Eigner, Gruppe und Sonstige festlegen, welche Berechtigungen Sie vergeben wollen, und dann jede einzelne Ziffer von 7 subtrahieren. Das Ergebnis ist eine dreistellige Maske.

Nehmen wir an, daß Sie sich selbst alle Rechte zugestehen wollen (7), die Gruppe soll Lese- und Ausführberechtigung haben (5), und Sonstige erhalten gar keinen Zugriff (0). Ziehen Sie diese Werte von 7 ab, und Sie erhalten 0 für sich selbst, 2 für die Gruppe und 7 für Sonstige. Der Befehl in Ihrer Startdatei muß also lauten:

```
umask 027
```

Eine merkwürdige Vorgehensweise, aber sie funktioniert. Der Befehl *chmod* berücksichtigt die Maske, wenn er Ihren Modus interpretiert. Ein Beispiel: Wenn Sie für eine Datei den Modus `+x` vergeben, wird *chmod* Ihnen und der Gruppe die Ausführberechtigung zuteilen, aber Sonstige werden davon ausgeschlossen, weil die Maske für diese Benutzer keine Ausführberechtigung erlaubt.

Die Startdateien

Die Konfigurationsmöglichkeiten verleihen UNIX eine enorme Flexibilität. Sie haben ihren Ursprung wahrscheinlich in zwei Charakterzügen, die bei Hackern häufig anzutreffen sind: Sie wollen ihre Arbeitsumgebung völlig unter Kontrolle haben, und sie sind bestrebt, die Arbeit mit einem Minimum an Tastatureingaben und sonstigen Handbewegungen zu erledigen. Deshalb enthalten alle wichtigen Utilities unter UNIX – Editoren, Mailer, Debugger, Clients für das X Window System – Dateien, mit deren Hilfe Sie jegliche Voreinstellung für die Programme in einer atemberaubenden Vielfalt an Methoden umgehen können.

Startdateien stehen in der Regel in Ihrem Home-Verzeichnis. An der ersten Stelle des Namens steht ein Punkt, deshalb werden diese Dateien mit *ls* normalerweise nicht angezeigt. Keine dieser Dateien ist unbedingt erforderlich; die betreffenden Programme sind clever genug, die Voreinstellungen zu benutzen, falls keine Konfigurationsdatei existiert. Die meisten Leute sind allerdings froh, daß es Startdateien gibt. Hier ist eine Liste häufig benutzter Dateien:

.bashrc

Für die Shell *bash*. Es handelt sich um ein Shell-Skript, was bedeutet, daß Befehle und andere Programmkonstrukte enthalten sein können. Die folgende, sehr kurze Startdatei könnte von einem Werkzeug, das Ihren Account eingerichtet hat, in Ihr Home-Verzeichnis gestellt worden sein:

```
PS1='\u$'           # Die Eingabeaufforderung enthält den Anmeldenamen
                    # des Benutzers.

HISTSIZE=50         # Abspeichern der 50 zuletzt eingegebenen Befehle.

# Die Verzeichnisse, in denen nach Befehlen gesucht werden soll.
PATH=/usr/local/bin:/usr/bin:/bin:/usr/bin/X11:

# Um zu verhindern, daß der Benutzer sich aus Versehen ausloggt,
# wird CTRL-D als Auslogmethode abgeschaltet.
IGNOREEOF=1

stty erase "^H"      # Sicherstellen, daß die BACKSPACE-Taste wirklich löscht.
```

.bash_profile

Ebenfalls für die Shell *bash*. Noch ein Shell-Skript. Der Unterschied zwischen dieser Datei und *.bashrc* ist, daß *.bash_profile* nur beim Einloggen abläuft. Diese Datei wurde ursprünglich eingerichtet, um interaktive Shells von solchen zu trennen, die zum Beispiel von *cron* (das wir in Kapitel 8, *Andere Administrationsaufgaben*, besprechen) im Hintergrund abgearbeitet werden. Auf modernen Computern mit dem X Window System hat diese Datei nur eine untergeordnete Bedeutung. Das liegt daran, daß beim Öffnen eines neuen *xterm*-Fensters nur die *.bashrc* aufgerufen wird. Wenn Sie ein Fenster mit dem Befehl *xterm -ls* öffnen, wird auch *.bash_profile* gestartet.

Kapitel 8

.cshrc

Für die C-Shell und *tcsh*. Auch dies ist ein Shell-Skript, das Konstrukte aus der C-Shell benutzt.

.login

Für die C-Shell und *tcsh*. Auch dies ist ein Shell-Skript mit Konstrukten aus der C-Shell. Ähnlich wie *.bash_profile* aus der Shell *bash* läuft auch dieses Skript nur beim Einloggen. Einige Befehle, die Sie vielleicht in Ihrer *.cshrc* oder *.login* vorfinden:

```
set prompt='%'          # Ein einfaches % als Eingabeaufforderung.

set history=50          # Abspeichern der 50 zuletzt eingegebenen Befehle.

# Die Verzeichnisse, in denen nach Befehlen gesucht werden soll.
set path=(/usr/local/bin /usr/bin /bin /usr/bin/X11)

# Um zu verhindern, daß der Benutzer sich aus Versehen ausloggt,
# wird CTRL-D als Auslogmethode abgeschaltet.
set ignoreeof

stty erase "^H"         # Sicherstellen, daß BACKSPACE-Taste wirklich löscht.
```

.emacs

Kapitel 9

Für den Editor Emacs. Besteht aus Lisp-Funktionen. Lesen Sie hierzu auch den Abschnitt »Emacs anpassen« in Kapitel 9.

.exrc

Für den Editor *vi* (auch unter dem Namen *ex* bekannt). Jede Zeile besteht aus einem Befehl für den Editor. Lesen Sie auch »vi erweitern« in Kapitel 9.

.fvwm2rc

Kapitel 10

Für den Fenster-Manager *fvwm2*. Besteht aus speziellen Befehlen, die von *fvwm2* interpretiert werden. Im Abschnitt »fvwm2 konfigurieren« in Kapitel 10 finden Sie eine Beispieldatei.

.twmrc

Für den Fenster-Manager *twm*. Besteht aus speziellen Befehlen, die *twm* interpretiert.

.newsrc

Für News-Programme. Enthält eine Liste aller News-Gruppen, die auf diesem Rechner gelesen werden können.

.Xdefaults

Kapitel 10

Für Programme, die das X Window System benutzen. Jede Zeile bezeichnet eine Art von Ressource (in der Regel der Name eines Programms und Optionen für dieses Programm) und dazu, welche Ressource hier angefordert wird. Diese Datei wird in »Die Ressource-Datenbank von X« in Kapitel 10 beschrieben.

.xinitrc

Für das X Window System. Besteht aus Shell-Befehlen, die immer dann aufgerufen werden, wenn Sie eine X-Sitzung starten. Im Abschnitt »X konfigurieren« in Kapitel 10 finden Sie weitere Details zur Arbeit mit dieser Datei.

Wichtige Verzeichnisse

Sie haben bereits das Verzeichnis */home* kennengelernt, in dem die Dateien der Benutzer stehen. Für Sie als Systemverwalter und Programmierer sind einige weitere Verzeichnisse sehr wichtig. Wir nennen hier einige davon und beschreiben, was sie enthalten.

/bin
: Die wichtigsten UNIX-Befehle wie zum Beispiel *ls*.

/usr/bin
: Weitere Befehle. Die Unterscheidung zwischen */bin* und */usr/bin* ist nicht genau definiert; dies war auf alten UNIX-Systemen mit geringer Plattenkapazität eine bequeme Möglichkeit, die Befehle aufzuteilen.

/usr/sbin
: Befehle, die der Superuser für die Systemverwaltung braucht.

/boot
: Hier werden auf manchen Systemen der Kernel und andere Dateien gespeichert, die beim Booten benutzt werden.

/etc
: Dateien, die von Teilsystemen wie Netzwerken, NFS und Mail benutzt werden. Hier stehen Listen aller Netzdienste, der aufzusetzenden Festplatten usw.

/var
: Informationen zur Systemverwaltung wie zum Beispiel die Logdateien, die von verschiedenen Utilities benutzt werden.

/var/spool
: Zwischenspeicher zum Beispiel für Dateien, die ausgedruckt oder von UUCP verschickt werden sollen usw.

/usr/lib
: Standard-Libraries wie *libc.a*. Wenn Sie ein Programm linken, sucht der Linker immer in diesem Verzeichnis nach den Libraries, die in der Option *-l* angegeben sind.

/usr/lib/X11
: Die Dateien für das X Window System. Enthält die Libraries für X-Clients sowie Fonts, Beispieldateien und andere wichtige Teile des X Window System.

/usr/include
: Das Standardverzeichnis für die Include-Dateien, die in C-Programmen benutzt werden, etwa <*stdio.h*>.

/usr/src
: Hier stehen die Quelltexte für Programme, die auf dem System erstellt werden.

/etc/skel
: Beispiele für Startdateien, die Sie in die Home-Verzeichnisse der neuen Benutzer kopieren können.

Einige Programme zu Ihrem Nutzen

Wir haben diesen Abschnitt aufgenommen, weil Sie sich dafür interessieren sollten, was hinter Ihrem Rücken auf dem System passiert.

Viele der Aktivitäten, die ein moderner Computer ausführt, sind so komplex, daß die Arbeit mit einer Datei oder anderen statischen Ressourcen nicht mehr erledigt werden kann. Die Programme müssen mit anderen Prozessen zusammenarbeiten.

Anhang C

Ein Beispiel ist *ftp*, das Sie vielleicht benutzt haben, um Linux auf Ihren Rechner zu übertragen. (*ftp* wird in Anhang C, *FTP-Anleitung und Site-Liste,* beschrieben.) Wenn Sie mit *ftp* ein anderes System ansprechen, muß auf dem anderen Rechner ein Programm laufen, das Ihren Verbindungswunsch akzeptiert und Ihre Befehle entgegennimmt. Zu diesem Zweck läuft auf der Gegenseite ein Programm namens *ftpd*. Das »d« im Namen steht für *daemon* (Dämon). Ein Dämon ist unter UNIX die witzige Bezeichnung für einen Server, der die ganze Zeit über im Hintergrund läuft. Die meisten Dämonen dienen der Verwaltung von Netzwerken.

Sicherlich haben Sie das Schlagwort *Client/Server* schon bis zum Erbrechen gehört, aber hier erleben Sie dieses Konzept bei der Arbeit – unter UNIX gibt es das schon seit Jahren.

Die Dämonen werden beim Booten des Systems gestartet. In den Dateien */etc/inittab* und */etc/inetd.conf* können Sie nachsehen, wie das geschieht. Wir wollen hier nicht auf das Format dieser Dateien eingehen, deshalb nur soviel: Jede Zeile in diesen Dateien bezieht sich auf ein Programm, das beim Systemstart aufgerufen wird.

Ein Beispiel: In */etc/inittab* werden Sie eine oder mehrere Zeilen mit dem String `getty` oder `agetty` finden. Dieses Programm wartet auf Benutzer, die an einem Terminal einloggen wollen. Es ist das Programm, das den »`login:`«-Prompt anzeigt, den wir am Anfang dieses Kapitels erwähnt haben.

Die Datei */etc/inetd.conf* zeigt eine kompliziertere Methode, Programme zu starten. Dahinter steckt die Idee, daß ein Dutzend oder mehr Dämonen im Leerlauf (während sie auf Anforderungen warten) eine Menge der wertvollen Systemressourcen verschwenden würden. Statt dessen startet das System einen Dämon namens *inetd*; *inetd* sucht nach Verbindungen von Clients anderer Maschinen und startet die entsprechenden Dämonen, sobald die ankommende Verbindung hergestellt ist. Bei einer FTP-Verbindung beispielsweise startet *inetd* den FTP-Dämon (*ftpd*). Auf diese Weise laufen auf dem System nur die Netz-Dämonen, die wirklich gerade gebraucht werden. In diesem Sinne ist *inetd* quasi die Verteilerstelle.

Im nächsten Abschnitt werden wir zeigen, wie Sie feststellen können, welche Dämonen auf Ihrem System laufen. Es gibt einen Dämon für jeden Dienst, den Ihr System anderen Systemen im Netz zur Verfügung stellt – *fingerd* bearbeitet *finger*-Anfragen, *rwhod* kümmert sich um *rwho*-Anfragen usw. Einige wenige Dämonen handhaben Anforderungen, die nicht aus dem Netzwerk stammen, wie zum Beispiel *lpd*, der für das Drucken von Dateien zuständig ist.

Prozesse

UNIX basiert auf dem Konzept von Prozessen. Das Verständnis dieses Konzeptes wird Ihnen als Benutzer bei Ihren Login-Sitzungen helfen. Für den Systemverwalter ist dieses Konzept noch viel wichtiger.

Ein Prozeß ist ein unabhängig laufendes Programm, das seine eigenen Ressourcen verwaltet. Ein Beispiel: Wir haben in einem Abschnitt weiter oben gezeigt, wie Sie die Ausgaben eines Programms in eine Datei umleiten können, während die Shell weiterhin Meldungen auf Ihren Bildschirm bringt. Die Shell und das andere Programm können Ausgaben zu verschiedenen Zielen lenken, weil es eigenständige Prozesse sind.

Unter UNIX werden die »endlichen« Systemressourcen, etwa der Arbeitsspeicher und die Festplatten, von einem wahrhaft allmächtigen Programm verwaltet – dem Kernel. Alles andere erledigen Prozesse.

Wir haben bereits erwähnt, daß Ihr Terminal vor dem Einloggen von einem *getty*-Prozeß überwacht wird. Nach dem Einloggen stirbt dieser Prozeß (der Kernel startet einen neuen *getty*, wenn Sie ausloggen), und Ihr Terminal wird von der Shell gesteuert, einem weiteren Prozeß. Mit jedem Befehl, den Sie eingeben, startet die Shell wiederum einen neuen Prozeß. Diesen Vorgang nennt man *forking* (etwa: Verzweigung), weil aus einem Prozeß zwei entstehen.

Wenn Sie mit dem X Window System arbeiten, öffnet jeder Prozeß ein oder mehrere Fenster. Das Fenster, in dem Sie Ihre Befehle eingeben, wird also von einem *xterm*-Prozeß verwaltet. Dieser Prozeß zweigt in eine Shell ab, die in diesem Fenster läuft. Diese Shell wiederum zweigt für jeden Ihrer Befehle weitere Prozesse ab.

Mit dem Befehl *ps* lassen sich die Prozesse anzeigen, die derzeit aktiv sind. Abbildung 4-4 zeigt eine typische Ausgabe dieses Befehls sowie die Bedeutung der einzelnen Felder. Sie werden überrascht sein, wie viele Prozesse laufen; insbesondere, wenn Sie unter X arbeiten. Einer der Prozesse ist natürlich der Befehl *ps* selbst, der aber sofort nach der Anzeige der Daten stirbt.

```
$  ps
   PID    TTY    STAT    TIME    COMMAND
  1663    pp3    S       0:01    -bash
  1672    pp3    T       0:07    emacs
  1676    pp3    R       0:00    ps
```

PID – *Prozeß-ID (beim Beenden eines Prozesses benutzt)*
TTY – *Terminal für diesen Prozeß*
STAT – *Status*
TIME – *bisher verbrauchte CPU-Zeit*
COMMAND – *Ausgeführter Befehl*

Abbildung 4-4: Die Ausgaben des Befehls ps

Das erste Feld in der Ausgabe von *ps* zeigt die eindeutige ID-Nummer der Prozesse. Falls ein Prozeß einmal aus der Rolle gerät und sich mit CTRL-C oder anderen Mitteln nicht mehr abbrechen läßt, können Sie ihn von einer anderen Konsole aus oder in einem anderen X-Fenster mit diesem Befehl loswerden:

```
$ kill prozeß-id
```

Das Feld `TTY` zeigt, auf welchem Terminal der Prozeß läuft, wenn überhaupt. (Alles, was ich in meiner Shell starte, läuft natürlich auf meinem Terminal, aber die Dämonen im Hintergrund benutzen kein Terminal.)

Das Feld `STAT` zeigt den Status der Prozesse an. Die Shell ist derzeit angehalten (suspended), deshalb steht hier ein `S`. Die laufende Emacs-Sitzung wurde mit CTRL-Z unterbrochen (temporary suspension) – das `T` im Feld `STAT` zeigt dies an. Der letzte Prozeß in der Liste ist *ps*, das diese Anzeige erzeugt hat. Der Status ist natürlich `R` (running), weil dieser Prozeß gerade arbeitet.

Das Feld `TIME` zeigt die CPU-Zeit an, die die Prozesse bereits verbraucht haben. Da sowohl *bash* als auch Emacs interaktiv arbeiten, beanspruchen sie die CPU nur in geringem Maße.

Sie müssen sich nicht auf die Anzeige der eigenen Prozesse beschränken. Lassen Sie uns mit der Option *-a* einen Blick auf »alle Prozesse« werfen und mit der Option *-x* auch die Prozesse ohne Terminal anzeigen (etwa die Dämonen, die beim Booten gestartet werden):

```
$ ps -ax | more
```

Jetzt sehen Sie auch die Dämonen, die wir im vorhergehenden Abschnitt erwähnt haben. Und hier, mit diesem atemberaubenden Ausblick auf ein komplettes UNIX-System bei der Arbeit, wollen wir dieses Kapitel beenden.

KAPITEL 5

GRUNDLAGEN DER SYSTEMVERWALTUNG

Wenn Sie auf Ihrem eigenen Linux-System arbeiten, müssen Sie sich so bald wie möglich mit den Fallstricken der Systemverwaltung vertraut machen. Sie werden das System nicht allzu lange lauffähig halten können, ohne gewisse Aufgaben wie die Systempflege, Softwareupdates oder andere Arbeiten durchzuführen.

Das Betreiben eines Linux-Systems ähnelt in gewisser Weise der Beschäftigung mit einem Motorrad.[1]

Viele Motorradfans legen Wert darauf, ihre Maschine selbst zu warten – regelmäßiges Abschmieren, verschlissene Teile ersetzen usw. Mit Linux haben Sie Gelegenheit, diese Art von »eigenhändiger Wartungsarbeit« an einem komplexen Betriebssystem zu erleben.

Ein ambitionierter Systemverwalter kann beliebig viel Zeit damit verbringen, auf seinem System noch die letzten Ressourcen zu mobilisieren. Im Grunde genommen fallen Aufgaben der Systemverwaltung aber nur dann an, wenn eine größere Änderung auftritt – eine neue Festplatte wird integriert, ein neuer Benutzer bekommt eine Zugangsberechtigung oder ein Stromausfall läßt das System abstürzen. Alle diese Situationen werden wir in den folgenden vier Kapiteln besprechen.

Linux zeigt sich erstaunlich zugänglich – in jeder Hinsicht. Das reicht von einfachen Aufgaben, wie einem Update der Shared Libraries, bis zu eher seltenen Dingen, wie dem Herumspielen mit dem Kernel. Der Quellcode zu Linux ist frei verfügbar, und der Kern der Linux-Entwickler und -Benutzer war schon immer eine Gruppe von Leuten mit Hackermentalität; deshalb ist die Verwaltung eines Systems nicht nur eine Aufgabe für den Alltag, sondern auch eine großartige Gelegenheit etwas zu lernen. Glauben Sie uns: Nichts ist schöner als Freunden zu erzählen, wie Sie in weniger als einer halben Stunde ein Update von X11R5 auf X11R6

---

1 Auf jeden Fall sieht der Autor starke Ähnlichkeiten zwischen der Verwaltung eines Linux-Systems und Richard Pirsigs *Zen und die Kunst, ein Motorrad zu warten.* Hat Linux die Buddha-Natur?

vorgenommen haben, während Sie gleichzeitig einen neuen Kernel mit Unterstützung für das ISO-9660-Dateisystem kompiliert haben. (Vielleicht wissen Ihre Freunde gar nicht, wovon Sie eigentlich reden; in dem Fall sollten Sie ihnen ein Exemplar dieses Buches geben.)

In den nächsten paar Kapiteln wollen wir Ihr Linux-System aus der Sicht eines Mechanikers erforschen – wir zeigen Ihnen sozusagen, was sich unter der Motorhaube verbirgt – und Ihnen erklären, was Sie zur Pflege Ihres Systems tun müssen. Wir zeigen Ihnen, wie Sie neue Softwareversionen einspielen und die Benutzer verwalten; erklären Dateisysteme und andere Ressourcen; zeigen, wie Sie Backups erstellen und was Sie in Notfällen tun müssen. Für den Fall, daß Sie noch nie mit einem UNIX-System gearbeitet haben, nehmen wir Sie mit auf eine Testfahrt und weisen Sie in die Grundlagen der Systemverwaltung und -benutzung ein.

Sobald Sie einmal die richtigen Einträge in den Startdateien vorgenommen haben, wird Ihr Linux-System weitgehend selbständig laufen. Solange Sie mit der Konfiguration des Systems und der installierten Software zufrieden sind, ist der Aufwand zur Pflege des Systems gering. Trotzdem möchten wir die Benutzer von Linux ermutigen, mit dem System zu experimentieren und es nach eigenen Vorstellungen zu konfigurieren. Linux ist nicht in Stein gemeißelt, und wenn etwas nicht nach Ihren Wünschen funktioniert, sollten Sie in der Lage sein, es zu ändern. Für den Fall, daß Sie zum Beispiel lieber blinkenden, grünen Text auf einem blauen Hintergrund lesen als das übliche weiß auf schwarz, zeigen wir Ihnen, wie Sie das konfigurieren können. Aber nur, wenn Sie versprechen, niemandem zu verraten, wer Ihnen das gezeigt hat.

Wir wollen an dieser Stelle darauf hinweisen, daß viele Linux-Systeme schicke Tools enthalten, die einige Aufgaben der Systemverwaltung vereinfachen. Diese Werkzeuge erledigen alles – von der Benutzerverwaltung über das Anlegen von Dateisystemen bis zum Abwasch. Diese Utilities können Ihnen das Leben leicht machen oder auch schwer – je nachdem, aus welcher Warte man das betrachtet. Wir wollen Ihnen in diesem Kapitel die »Eingeweide« der Systemverwaltung zeigen und die Tools vorführen, die zu jedem Linux-System gehören (ja, zu fast jedem UNIX-System). Diese Tools bilden die Grundlage für die Werkzeugkiste eines Systemverwalters: Es sind der sprichwörtliche Hammer, der Schraubendreher und die Ratsche, mit denen Sie Ihre Arbeit zuverlässig erledigen. Natürlich können Sie auch mit der 40-PS-Kreissäge arbeiten – aber es ist immer ein Vorteil, wenn man sich mit den Handwerkzeugen behelfen kann, falls der Strom einmal ausfällt.

[71] [72] Gute Bücher für die weitergehende Lektüre zum Thema Systemverwaltung sind unter anderem das *Unix System Administration Handbook* sowie *Unix-Systemadministration*.

Die Systemverwaltung

Die Verwaltung eines jeden UNIX-Systems erfordert ein gewisses Maß an Verantwortungsgefühl und Sorgfalt. Dies gilt auch für Linux-Systeme – selbst wenn Sie der einzige Benutzer sind.

Viele Aufgaben der Systemverwaltung werden erledigt, nachdem man sich als **root** eingeloggt hat. Dieser Account (Zugangsberechtigung) hat auf UNIX-Systemen spezielle Rechte – insbesondere haben die üblichen Dateiberechtigungen und andere Sicherheitsvorkehrungen für **root** einfach keine Bedeutung. Das heißt, daß Sie als **root** jede Datei im System verändern können – unabhängig davon, wer der Eigner ist. Während normale Benutzer keinen Schaden anrichten können (zum Beispiel durch Zerstörung von Dateisystemen oder Manipulationen an den Dateien anderer Benutzer), kennt **root** keine solchen Einschränkungen.

Warum enthält UNIX überhaupt Vorkehrungen für die Sicherheit des Systems? Der wichtigste Grund ist der, daß Benutzer die Möglichkeit haben sollen zu entscheiden, welcher Zugriff auf ihre eigenen Dateien bestehen soll. Durch das Setzen der Berechtigungsbits (mit dem Befehl *chmod*) können Benutzer festlegen, daß bestimmte Dateien von bestimmten anderen (oder auch gar keinen) Benutzern gelesen, beschrieben oder ausgeführt werden dürfen. Das sichert den Schutz und die Integrität der Daten – Sie wären sicherlich nicht damit einverstanden, daß andere Benutzer Ihre private Mailbox lesen oder hinter Ihrem Rücken den Quellcode eines wichtigen Programms verändern.

Kapitel 6

Die Sicherheitsmechanismen unter UNIX verhindern auch, daß Benutzer das System beschädigen. Der Zugriff auf viele der Gerätedateien (device files), die den Hardwarekomponenten wie etwa den Festplatten entsprechen, wird vom System eingeschränkt. (Diese Peripheriegeräte werden via */dev* angesprochen – mehr dazu im Abschnitt »Die Gerätedateien« in Kapitel 6, *Verwalten von Dateisystemen, Swap-Bereichen und Geräten.*) Wenn normale Benutzer direkt auf die Festplatten zugreifen könnten, bestünde die Gefahr, daß alle möglichen Arten von Schäden angerichtet würden – etwa indem der komplette Inhalt einer Festplatte überschrieben wird. Statt dessen zwingt das System normale Benutzer, die Laufwerke über das Dateisystem anzusprechen – auf diese Weise sorgen die Berechtigungsbits, die wir weiter oben beschrieben haben, für den Schutz der Daten.

Es ist wichtig festzuhalten, daß nicht alle Arten von »Schäden« absichtlich hervorgerufen werden. Die Sicherheitsvorkehrungen dienen in erster Linie dazu, die Benutzer vor unbeabsichtigten Fehlern und Mißverständnissen zu bewahren; ihr Zweck ist es nicht, auf einem System einen Überwachungsstaat zu etablieren. Tatsächlich wird die Sicherheit auf vielen UNIX-Systemen eher nachlässig gehandhabt – die Systemsicherheit unter UNIX ist so ausgelegt, daß Daten zum Beispiel von Benutzergruppen gemeinsam genutzt werden können, die in einem Projekt zusammenarbeiten. Die Benutzer können auf dem System zu Gruppen zusammengefaßt werden, und die Zugriffsrechte werden dann für die gesamte Gruppe vergeben. So könnte zum Beispiel ein Team von Programmentwicklern schreibenden und lesenden Zugriff auf eine Reihe von Dateien bekommen, während andere Benutzer diese Dateien nicht verändern können. Für Ihre persönlichen Dateien legen Sie selbst fest, wie öffentlich oder privat der Zugriff geregelt sein soll.

Die Sicherheitsmechanismen unter UNIX verhindern auch, daß normale Benutzer bestimmte Aktionen durchführen können; etwa den Aufruf bestimmter Systemroutinen (system calls) aus einem Programm heraus. Es gibt zum Beispiel einen Systemaufruf, der das System zum Stillstand bringt und der von solchen Programmen wie *shutdown* ausgeführt wird, wenn das System neu gebootet werden soll (mehr dazu weiter unten in diesem Kapitel). Wenn normale Benutzer die Möglichkeit hätten, in ihren Programmen diese Routine aufzurufen, könnten sie aus Versehen (oder mit Absicht) das System jederzeit anhalten.

Sie werden die Sicherheitsmechanismen von UNIX oft umgehen müssen, um das System zu pflegen oder Updates einzuspielen. Dafür ist der **root**-Account gedacht. Ein kundiger Systemverwalter kann seine Arbeit erledigen, ohne sich um die üblichen Zugriffsrechte und andere Einschränkungen zu kümmern, weil diese unter dem Account **root** keine Rolle spielen.

Die übliche Methode, als **root** einzuloggen, ist der Befehl *su*. Mittels *su* können Sie die Identität eines anderen Benutzers annehmen – etwa so:

```
su andy
```

Danach fordert das System Sie auf, das Paßwort für **andy** einzugeben, und mit dem korrekten Paßwort erlangen Sie die Benutzer-ID von **andy**. Wenn Sie *su* ohne einen Namen als Argument aufrufen, erwartet das System das **root**-Paßwort, um Ihre Identität als **root** zu verifizieren. Sobald Sie die Arbeit unter dem Account **root** beendet haben, können Sie wie üblich ausloggen und erlangen Ihre eigene sterbliche Identität wieder.

Warum sollte man eigentlich nicht am normalen Login-Prompt als **root** einloggen? Wir werden noch sehen, daß das in einigen Fällen durchaus in Ordnung ist, aber meistens ist es besser, den Befehl *su* zu benutzen, nachdem Sie unter Ihrem eigenen Namen eingeloggt haben. Auf einem System mit vielen Benutzern erzeugt die Eingabe von *su* einen Eintrag wie

```
Nov  1 19:28:50 loomer su: mdw on /dev/ttyp1
```

in den Logdateien wie zum Beispiel */var/adm/messages* (wir kommen weiter unten noch auf diese Logdateien zurück). Dieser Eintrag besagt, daß der Benutzer **mdw** erfolgreich einen *su*-Befehl als **root** abgesetzt hat. Wenn Sie dagegen direkt als **root** einloggen, wird kein solcher Eintrag in den Logdateien erzeugt; es ließe sich also nicht nachvollziehen, welcher Benutzer mit dem Root-Account herumgespielt hat. Auf einem System mit mehreren Verwaltern ist es oft wichtig, herauszufinden, wer wann den Befehl *su* eingegeben hat.

Man kann den Root-Account als eine Art Zauberstab betrachten – ein ebenso nützliches wie potentiell gefährliches Werkzeug. Wenn Sie mit diesem Zauberstab in der Hand die magischen Formeln anwenden, können Sie damit unendlich viel Schaden auf Ihrem System anrichten. Ein Beispiel: Die acht Zeichen *rm -rf /* löschen jede einzelne Datei auf Ihrem System, wenn sie als **root** ausgeführt werden. Scheint Ihnen das zu weit hergeholt? Das ist es nicht. Vielleicht wollen Sie ein altes Verzeichnis namens */usr/src/oldp* löschen, tippen aus Versehen eine Leerstelle nach dem ersten Schrägstrich und erhalten damit:

```
rm -rf / usr/src/oldp
```

Ein anderer häufiger Fehler besteht darin, daß die Argumente zum Beispiel beim Befehl *dd* durcheinander geraten. Mit diesem Befehl werden oft größere Datenblöcke von einer Stelle zu einer anderen kopiert. Nehmen wir an, Sie wollen die ersten 1024 Bytes der Gerätedatei */dev/hda* (hier stehen Partititionstabelle und Boot-Record dieser Festplatte) mit dem Befehl:

```
dd if=/dev/hda of=/tmp/stuff bs=1k count=1
```

nach */tmp/stuff* kopieren. Wenn Sie in diesem Befehl nur `if` und `of` vertauschen, passiert etwas ganz anderes: Der Inhalt von */tmp/stuff* wird an den Anfang von */dev/hda* geschrieben. Falls */tmp/stuff* Datenmüll oder inkorrekte Daten enthält, haben Sie soeben Ihre Partitionstabelle und eventuell einen Superblock des Dateisystems zerstört. Willkommen in der wunderbaren Welt der Systemverwaltung!

Was wir sagen wollen, ist folgendes: Bevor Sie als **root** einen Befehl ausführen, sollten Sie erst einmal Ihre Hände zurückhalten. Starren Sie zunächst eine Minute lang auf den Befehl, vergewissern Sie sich, daß es ein sinnvoller Befehl ist, und drücken Sie erst dann ENTER. Falls Sie sich bei den Argumenten oder der Syntax nicht völlig sicher sind, sollten Sie zuerst in den Manual-Pages nachlesen oder den Befehl an einer sicheren Stelle ausprobieren, bevor Sie ihn abschicken. Sonst werden Sie solche Lektionen auf die harte Tour lernen – Fehler, die Sie als **root** begehen, können fatale Auswirkungen haben.

Auf vielen Systemen unterscheiden sich die Prompts für Root und die übrigen Benutzer – der klassische Root-Prompt enthält ein Doppelkreuz (#), während die Prompts für die anderen Benutzer entweder ein $ oder ein % enthalten. (Es liegt natürlich bei Ihnen, ob Sie dieser Konvention folgen wollen oder nicht, aber auf vielen UNIX-Systemen wird dies so gehandhabt.) Obwohl der Prompt Sie daran erinnern soll, daß Sie gerade den Zauberstab schwingen, ist es nicht ungewöhnlich, daß Benutzer dies vergessen oder auch versehentlich einen Befehl im falschen Fenster oder auf der falschen Konsole ausführen lassen.

Wie alle mächtigen Werkzeuge kann auch der Root-Account mißbraucht werden. Es ist für Sie als Systemverwalter wichtig, daß Sie das Root-Paßwort geheimhalten. Wenn Sie es überhaupt jemals bekanntgeben, dann nur an solche Benutzer, denen Sie vertrauen (oder die für ihre Handlungen verantwortlich gemacht werden können).

Wenn Sie der einzige Benutzer Ihres Systems sind, trifft dies natürlich nicht zu – es sei denn, Ihr System ist in ein Netzwerk eingebunden oder kann über eine Wählleitung erreicht werden.

Der größte Vorteil einer alleinigen Nutzung des Root-Accounts liegt aber nicht so sehr darin, daß die Möglichkeiten des Mißbrauchs minimiert werden (obwohl das sicherlich eine Folge davon ist). Wichtiger noch ist die Tatsache, daß Sie als einziger Nutzer des Root-Accounts die gesamte Systemkonfiguration kennen. Wenn außer Ihnen jemand die Möglichkeit hätte, zum Beispiel wichtige Systemdateien zu verändern (die wir in diesem Kapitel noch besprechen werden), dann könnte hinter Ihrem Rücken die Konfiguration des Systems geändert werden. Sie wären dann nicht mehr auf dem aktuellen Wissensstand, was die Arbeitsweise des Systems angeht. Wenn es nur einen Systemverwalter gibt, der für die Konfiguration des Systems verantwortlich ist, hat man immer die Gewähr, daß eine Person wirklich weiß, was auf dem System los ist.

Außerdem wird die Wahrscheinlichkeit größer, daß irgendwann jemand unter dem Root-Account einen Fehler macht, wenn auch andere Benutzer das Root-Paßwort kennen. Auch wenn Sie allen Leuten vertrauen können, die das Root-Paßwort benutzen, kann doch jedem einmal ein Fehler unterlaufen. Wenn Sie der alleinige Systemverwalter sind, brauchen Sie nur sich selbst die Schuld zu geben, wenn Ihnen als **root** der unvermeidbare menschliche Fehler passiert.

Nachdem wir das gesagt haben, wollen wir uns mit der eigentlichen Systemverwaltung unter Linux beschäftigen. Legen Sie den Sicherheitsgurt an.

Das System booten

Es gibt verschiedene Möglichkeiten, Linux auf Ihrem System zu booten. Die gebräuchlichsten sind das Booten von der Festplatte und mittels einer Boot-Diskette. Oft hat die Installationsprozedur bereits eine oder beide dieser Möglickeiten für Sie konfiguriert. Auf jeden Fall ist es wichtig, daß Sie verstehen, wie Sie den Boot-Vorgang selbst konfigurieren können.

Von einer Diskette booten

Im allgemeinen enthält eine »Boot-Diskette« für Linux einfach eine Kopie des Kernels (kernel image), die beim Booten des Systems in den Arbeitsspeicher geladen wird.[2]

Kapitel 7

Meistens ist die Kopie des Kernels komprimiert, wobei dieselben Algorithmen benutzt werden, mit denen auch das Komprimierungsprogramm *gzip* arbeitet (mehr dazu im Abschnitt »Den Kernel kompilieren« in Kapitel 7, *Software und den Kernel aktualisieren*). Dadurch ist es möglich, den Kernel, der mehr als ein Megabyte groß

2 Unter Linux kann eine Boot-Floppy auch einen LILO-Boot-Record enthalten, der dann das System von der Festplatte startet. Wir werden im nächsten Abschnitt darauf eingehen, wenn wir LILO besprechen.

sein kann, auf wenige Hundert Kilobytes zu reduzieren. Ein Teil des Kernel-Codes wird nicht komprimiert – dieser Teil enthält die Routinen, die zum Entkomprimieren und Laden der Kernel-Kopie in den Speicher benötigt werden. Der Kernel bereitet sich also beim Booten selbst vor, indem er sich in den Arbeitsspeicher entpackt.

In der Kopie des Kernels ist eine Reihe von Parametern enthalten, unter anderem der Gerätename, der beim Booten des Kernels als Root-Dateisystem benutzt werden soll. Ein anderer Parameter bezeichnet den Textmodus für die Systemkonsole. Alle diese Angaben können mit dem Befehl *rdev* geändert werden, den wir weiter unten in diesem Kapitel besprechen werden.

Kapitel 6
Kapitel 8

Nach dem Booten des Kernels versucht dieser, auf dem Gerätenamen, der in der Kernel-Kopie als Root fest einprogrammiert ist, ein Dateisystem aufzusetzen. Dieses Dateisystem wird das Root-Dateisystem sein, das heißt, das Dateisystem auf /. Im Abschnitt »Mit Dateisystemen arbeiten« in Kapitel 6 gehen wir genauer auf Dateisysteme ein. Im Augenblick genügt es zu wissen, daß das Kernel-Image den Gerätenamen für das Root-Dateisystem enthalten muß. Falls der Kernel auf diesen Namen kein Dateisystem aufsetzen kann, wird er aufgeben und eine »kernel panic«-Meldung anzeigen. (Eine Kernel-Panik ist ein nicht behebbarer Fehler, der vom Kernel selbst gemeldet wird. Eine Panik wird immer dann auftauchen, wenn der Kernel endgültig durcheinander geraten ist und nicht weiterarbeiten kann. Falls der Kernel zum Beispiel einen Fehler enthält, könnte eine Panik entstehen, wenn er versucht, auf nicht vorhandenen Speicher zuzugreifen. Wir werden im Abschnitt »Die Rettung in der Not« in Kapitel 8, *Andere Administrationsaufgaben,* noch genauer auf die Kernel-Panik eingehen.)

Der Root-Gerätename in der Kernel-Kopie ist der Name des Root-Dateisystems auf der Festplatte. Das bedeutet, daß der Kernel beim Booten eine Partition der Festplatte als Root-Dateisystem aufsetzt und die Kontrolle dann auf die Festplatte übergeht. Sobald der Kernel in den Speicher geladen wurde, bleibt er dort stehen – die Boot-Floppy wird dann nicht mehr benötigt (bis zum nächsten Booten).

Viele Linux-Distributionen legen bei der Installation des Systems eine solche Boot-Diskette an. Die Boot-Floppy bietet eine einfache Methode, Linux zu booten, wenn Sie nicht von der Festplatte booten möchten. (So sind zum Beispiel die Boot-Manager von OS/2 und Windows NT nicht ganz problemlos so einzurichten, daß sie Linux starten. Im nächsten Abschnitt erfahren Sie mehr darüber.) Sobald der Kernel von der Diskette gebootet hat, können Sie das Diskettenlaufwerk für andere Zwecke benutzen.

Mit einer Kopie des Kernels können Sie Ihre eigene Boot-Floppy erstellen. Auf vielen Linux-Systemen wird der Kernel in einer Datei namens */boot/vmlinuz* abgelegt.[3]

3 Woher stammt der merkwürdige Name? Auf vielen UNIX-Systemen steht der Kernel in der Datei */vmunix*. Natürlich muß Linux wieder anders sein: deshalb nennt man seine Kernel-Kopien *vmlinux* und speichert sie im Verzeichnis */boot*, um sie aus dem Root-Verzeichnis herauszuhalten. Der Name *vmlinuz* wurde gewählt, um komprimierte Kernel-Kopien von den unkomprimierten zu unterscheiden. Eigentlich spielen Name und Speicherort des Kernels absolut keine Rolle, solange Sie entweder eine Boot-Floppy mit Kernel benutzen oder aber LILO mitteilen, wo er ein Kernel-Image findet.

Dies ist allerdings keine allgemeingültige Regel; andere Linux-Systeme speichern den Kernel in */vmlinuz* oder */vmlinux*, wieder andere zum Beispiel in */Image*. (Falls Sie mehrere Kernel-Kopien haben, können Sie mittels LILO bestimmen, welcher Kernel gebootet werden soll. Lesen Sie dazu den nächsten Abschnitt.) Beachten Sie auch, daß neu installierte Linux-Systeme eventuell keine Kopie des Kernels auf die Festplatte geschrieben haben, wenn eine Boot-Floppy erstellt wurde. Sie können aber auf jeden Fall Ihren eigenen Kernel erstellen. Dies ist immer eine gute Idee – dabei können Sie den Kernel so »anpassen«, daß nur die Treiber für die tatsächlich vorhandene Hardware eingebunden werden. Lesen Sie hierzu den Abschnitt »Den Kernel kompilieren« in Kapitel 7.

Kapitel 7

Los geht's. Nehmen wir an, daß eine Kopie des Kernels in der Datei */boot/vmlinuz* steht. Der erste Schritt zur Erstellung einer Boot-Diskette ist, mittels *rdev* als Root-Gerätenamen den Namen Ihres Linux-Root-Dateisystems anzugeben. (Falls Sie den Kernel selbst erstellt haben, sollte dies schon geschehen sein, aber es kann nicht schaden, wenn Sie das mit rdev überprüfen.) Wir haben das Anlegen des Root-Dateisystems in den Abschnitten »Laufwerke und Partitionen unter Linux« und »Linux-Partitionen anlegen« in Kapitel 3, *Installation und erste Konfigurationsarbeiten*, beschrieben.

Kapitel 3

Geben Sie als **root** den Befehl *rdev -h* ein, und Sie bekommen eine Online-Hilfe angezeigt. Sie werden feststellen, daß es eine ganze Reihe von Optionen gibt, mit denen Sie die Gerätedateien für Root (dabei sind wir gerade) und Swap, die Größe der RAM-Disk usw. bestimmen können. Meistens brauchen Sie sich an dieser Stelle mit den anderen Optionen nicht zu befassen.

Wenn Sie den Befehl *rdev /boot/vmlinuz* eingeben, wird das Root-Verzeichnis angezeigt, das im Kernel */boot/vmlinuz* einprogrammiert ist:

```
courgette:/# rdev /boot/vmlinuz
Root device /dev/hda1
```

Falls dies nicht korrekt ist und sich das Linux-Root-Dateisystem in Wirklichkeit auf */dev/hda3* befindet, sollten Sie das mit

```
courgette:/# rdev /boot/vmlinuz /dev/hda3
courgette:/#
```

ändern. *rdev* gehört zu den eher schweigsamen Befehlen – bei der Festlegung des Root-Verzeichnisses wird keinerlei Meldung ausgegeben. Führen Sie deshalb *rdev /boot/vmlinuz* noch einmal aus, um den letzten Schritt zu überprüfen. Alternativ zur Verwendung von *rdev* können Sie das Root-Dateisystem auch mit LILO bestimmen, wie im nächsten Abschnitt beschrieben. Die Eintragung in der LILO-Konfigurationsdatei hat Vorrang vor dem Eintrag im Kernel.

Jetzt sind Sie soweit, daß Sie die Boot-Diskette erstellen können. Nehmen Sie dazu am besten eine neue, formatierte Diskette; sie kann unter DOS oder mit *fdformat* unter Linux formatiert worden sein. Mit *fdformat* werden auch die Informationen

Kapitel 6

zu Spuren und Sektoren auf der Diskette abgelegt, so daß das System die Kapazität der Floppy selbst erkennt. (Im Abschnitt »Mit Dateisystemen arbeiten« in Kapitel 6 finden Sie mehr zum Gebrauch von Floppies.)

Mit dem Befehl *dd* können Sie das Kernel-Image auf eine Floppy kopieren, um eine Boot-Diskette zu erstellen:

```
courgette:/# dd if=/boot/vmlinuz of=/dev/fd0 bs=8192
```

Falls es Sie interessiert: Sie finden eine ausführliche Beschreibung von *dd* in der Man-Page. Hier nur soviel: Sie kopieren damit die Eingabedatei (Option *if*) namens */boot/vmlinuz* in die Ausgabedatei (Option *of*) */dev/fd0*, das heißt das erste Diskettenlaufwerk. Die Blockgröße ist 8192 Bytes. Natürlich ließe sich das auch mit dem Prolo-Befehl *cp* erledigen, aber wir UNIX-Systemverwalter benutzen lieber kryptische Befehle, auch um relativ einfache Dinge durchzuführen. Das ist der Unterschied zwischen uns und Normalsterblichen!

Kapitel 8

Damit sollte Ihre Boot-Diskette fertig sein. Fahren Sie das System herunter (mit *shutdown*; lesen Sie dazu den Abschnitt »Das System herunterfahren«), und booten Sie mit dieser Diskette. Wenn alles klappt, wird Ihr Linux-System starten wie immer. Vielleicht ist es eine gute Idee, eine zweite Boot-Floppy als Reserve anzulegen. Im Abschnitt »Die Rettung in der Not« in Kapitel 8 beschreiben wir, wie Sie sich mit Hilfe einer Boot-Diskette aus einem Systemabsturz retten können.

LILO benutzen

LILO ist ein Boot-Manager, der beliebige Betriebssysteme einschließlich Linux booten kann, die auf Ihrem System installiert sind. Es gibt Dutzende von Möglichkeiten, LILO zu konfigurieren. Wir wollen hier die beiden am häufigsten eingesetzten Methoden beschreiben – die Installation des LILO im Master-Boot-Record Ihrer Festplatte sowie LILO als sekundärer Boot-Loader nur für Linux.

LILO ist die übliche Methode, Linux von der Festplatte zu booten. (Mit »booten von der Festplatte« meinen wir, daß der Kernel von vornherein auf der Festplatte steht und keine Boot-Floppy benötigt wird. Erinnern Sie sich aber daran, daß auch beim Booten von einer Diskette die Kontrolle an die Festplatte abgegeben wird, sobald der Kernel in den Speicher geladen wurde.) Wenn LILO im Master-Boot-Record (MBR) Ihrer Festplatte steht, ist dies der erste Programmcode, der beim Laden der Festplatte ausgeführt wird. LILO ist in der Lage, anschließend andere Betriebssysteme zu booten – etwa Linux oder DOS. Dabei können Sie während des Boot-Vorgangs entscheiden, welches Betriebssystem geladen werden soll.

Allerdings benutzen sowohl OS/2 als auch Windows NT ihren eigenen Boot-Manager, der den MBR belegt. Wenn Sie mit einem dieser Systeme arbeiten, werden Sie LILO als »sekundären« Boot-Loader speziell für Linux installieren müssen, falls Linux von der Festplatte gestartet werden soll. In diesem Fall wird LILO nur im Boot-Record der Linux-Root-Partition installiert, und die Boot-Manager von OS/2 oder NT rufen dann LILO auf, wenn Sie Linux booten möchten.

Wir werden allerdings noch feststellen, daß die Boot-Manager von OS/2 und NT sich irgendwie unkooperativ verhalten, wenn sie LILO aufrufen sollen. Dies wäre deshalb eine ungünstige Systemkonfiguration. Wenn Sie unbedingt einen dieser beiden Boot-Manager benutzen müssen, könnte es einfacher sein, Linux von einer Diskette zu starten. Lesen Sie weiter.

Die Verwendung von LILO mit Windows 95 ist dagegen ziemlich einfach. Sie können LILO zum Booten von Windows 95 genauso konfigurieren wie zum Booten von MS-DOS (siehe unten). Wenn Sie aber Windows 95 installieren, nachdem Sie LILO installiert haben, müssen Sie LILO neu installieren (weil das Installationsprogramm von Windows 95 freundlicherweise den MBR Ihrer ersten Festplatte überschreibt). Stellen Sie nur sicher, daß Sie über eine Linux-Boot-Diskette verfügen, damit Sie Linux booten und LILO neu installieren können.

Bevor wir weitermachen, sollten wir noch darauf hinweisen, daß einige Linux-Distributionen beim Einspielen der Software auch LILO installieren und konfigurieren. Manchmal ist es allerdings günstiger, LILO selbst zu konfigurieren, damit wirklich alles korrekt eingerichtet wird.

Die Datei /etc/lilo.conf

Der erste Schritt zur Einrichtung von LILO ist das Erstellen der Konfigurationsdatei, die oft */etc/lilo.conf* heißt. (Auf manchen Systemen kann das auch */boot/lilo.conf* oder */etc/lilo/config* sein.)

Wir werden uns eine beispielhafte *lilo.conf*-Datei Zeile für Zeile ansehen. Sie können diese Datei als Grundlage für Ihre eigene *lilo.conf* benutzen und sie an Ihr System anpassen.

Im ersten Teil der Datei werden einige grundlegende Parameter gesetzt.

```
boot = /dev/hda
compact
install = /boot/boot.b
map = /boot/map
```

Die `boot`-Zeile gibt den Gerätenamen an, in dessen Boot-Record LILO sich selbst installieren soll. In diesem Beispiel wollen wir LILO im Master-Boot-Record von */dev/hda* einrichten, der ersten Nicht-SCSI-Festplatte. Falls Sie von einer SCSI-Platte booten, geben Sie statt dessen einen Gerätenamen wie etwa */dev/sda* an. Wenn Sie den Namen einer Partition (zum Beispiel */dev/hda2*) statt des Namens einer Festplatte angeben, wird LILO als sekundärer Boot-Loader in der angegebenen Partition installiert. Wir werden das etwas weiter unten noch genauer besprechen.

Die Zeile `compact` läßt LILO einige Optimierungen durchführen; geben Sie diese Zeile immer an, es sei denn, daß Sie ernsthaft mit der Konfiguration von LILO experimentieren wollen. Ebenso sollten Sie auf jeden Fall die `install`- und `map`-Zeilen angeben. `install` bezeichnet die Datei, die den Boot-Sektor enthält, der im MBR benutzt werden soll. `map` gibt die »Map-Datei« an, die LILO bei der Installation erstellt. Diese Dateien sollten im Verzeichnis */boot* stehen, obwohl sie auf einigen Systemen auch unter */etc/lilo* zu finden sind. Die Datei */boot/map* wird erst bei der Installation von LILO angelegt.

Anschließend fügen wir für jedes Betriebssystem, das LILO booten soll, noch eine »Strophe« in */etc/lilo.conf* ein. Eine Linux-Strophe könnte zum Beispiel so aussehen:

```
# Strophe für Linux mit Root-Partition auf /dev/hda2.
image = /boot/vmlinuz   # Lage des Kernels
   label = linux        # Name des Betriebssystems (für LILO-Boot-Menü)
   root = /dev/hda2     # Lage der Root-Partition
   vga = ask            # VGA-Text-Modus beim Booten abfragen
```

Die `image`-Zeile gibt den Namen der Kernel-Kopie an. Untergeordnete Felder sind zum Beispiel `label`, das diese Strophe mit einem Namen versieht, der auch im Boot-Menü von LILO erscheint (mehr dazu weiter unten); `root` benennt die Root-Partition von Linux; und `vga` bezeichnet den zu wählenden Textmodus für die Systemkonsole.

Gültige Einträge in der `vga`-Zeile sind `normal` (für normale 80x25-Bildschirme), `extended` (für erweiterte Textmodi wie 132x44 oder 132x60), `ask` (bewirkt, daß der Textmodus beim Booten abgefragt wird) oder ein Integerwert (1, 2 usw.). Dieser Wert entspricht der Nummer des Modus, den Sie bei der Option `ask` auswählen. Es hängt von Ihrer Grafikkarte ab, welche Textmodi vorhanden sind; mit `vga = ask` erhalten Sie eine Liste der Optionen.

Falls Sie mehrere Linux-Kernel haben, die Sie booten möchten – zum Beispiel zum Debuggen des Kernels -, können Sie für jeden Kernel eine `image`-Strophe einfügen. Nur der Unterpunkt `label` muß vorhanden sein. Wenn Sie **root** oder `vga` nicht angeben, werden die Voreinstellungen benutzt, die mittels *rdev* in der Kernel-Kopie selbst abgelegt wurden. Falls Sie **root** oder `vga` angeben, haben diese Angaben Vorrang vor denen, die Sie eventuell mit *rdev* eingestellt haben. Wenn Sie Linux unter Benutzung von LILO starten, besteht deshalb keine Notwendigkeit mehr, *rdev* zu benutzen; die LILO-Konfiguration setzt diese Parameter für Sie.

Eine Strophe für das Booten von MS-DOS oder Windows 95 würde so aussehen:

```
# Strophe für MS-DOS/Win 95-Partition auf /dev/hda1.
other = /dev/hda1    # Lage der Partition
   table = /dev/hda  # Lage der Partitionstabelle für /dev/hda2
   label = msdos     # Name des Betriebssystems (für das Boot-Menü)
```

Mit einer ähnlichen Strophe können Sie auch OS/2 von LILO aus booten (die `label`-Zeile muß natürlich anders lauten).

Wenn Sie ein DOS oder Windows 95 booten wollen, das auf der zweiten Festplatte steht, sollten Sie die Zeile:

```
loader = /boot/any_d.b
```

im Punkt `other` der DOS-Strophe einfügen. Bei OS/2-Partitionen auf der zweiten Festplatte geben Sie ein:

```
loader = /boot/os2_d.b
```

Es gibt viele weitere Optionen zur Konfiguration von LILO. Die LILO-Distribution selbst (gibt es bei den meisten Linux-FTP-Servern und -Distributionen) enthält eine ausführliche Beschreibung aller Optionen. Die hier besprochenen Hinweise sollten allerdings für die meisten Systeme ausreichen.

Nachdem Sie Ihre */etc/lilo.conf* erstellt haben, können Sie als **root** den Befehl:

```
/sbin/lilo
```

ausführen lassen. Danach sollte etwa folgende Information angezeigt werden:

```
courgette:/# /sbin/lilo
Added linux
Added msdos
courgette:/#
```

Mit dem Schalter *-v* gibt *lilo* weitere Informationen aus, die hilfreich sind, wenn etwas nicht geklappt hat. Die Option *-C* erlaubt die Benutzung einer anderen Konfigurationsdatei als */etc/lilo.conf*.

Nach diesem Schritt sind Sie soweit, daß Sie das System herunterfahren können (lesen Sie gegebenenfalls den Abschnitt »Das System herunterfahren« zu diesem Thema), um es anschließend neu zu starten und weiter zu erforschen. Als Voreinstellung werden die Befehle in der Strophe zum ersten Betriebssystem in */etc/lilo.conf* ausgeführt. Wenn Sie einen anderen Kernel oder ein anderes Betriebssystem aus */etc/lilo.conf* auswählen möchten, drücken Sie die SHIFT-, ALT- oder CTRL-Taste, während das System bootet. Das sollte den LILO-Boot-Prompt auf den Bildschirm bringen:

```
boot:
```

An dieser Stelle erhalten Sie durch Drücken von TAB eine Liste der vorhandenen Boot-Optionen:

```
boot: tab-taste
linux msdos
```

Dies sind die Namen, die in den `label`-Zeilen in */etc/lilo.conf* angegeben wurden. Geben Sie den Namen des entsprechenden Labels ein, und dieses Betriebssystem wird starten. In unserem Beispiel würde nach der Eingabe von `msdos` von */dev/hda1* aus MS-DOS gebootet – wie wir es in der Datei *lilo.conf* vorgesehen haben.

LILO als sekundärer Boot-Loader

Wenn Sie den Boot-Manager von OS/2 oder NT benutzen oder nicht möchten, daß LILO den Master-Boot-Record Ihrer Festplatte belegt, können Sie LILO als sekundären Boot-Loader konfigurieren, der nur im Boot-Record Ihrer Linux-Partition steht.

Dazu ändern Sie einfach die Zeile `boot = ...` in */etc/lilo.conf* so, daß sie den Namen der Linux-Root-Partition enthält. Ein Beispiel:

```
boot = /dev/hda2
```

installiert LILO im Boot-Record von */dev/hda2*, so daß nur Linux gebootet wird. Damit Linux auf diesem Wege gebootet werden kann, sollte seine Root-Partition in der Partitionstabelle als »active« markiert werden. Das können Sie mit *fdisk* unter Linux oder DOS erledigen. Beim Booten des Systems wird das BIOS den Boot-Record der »aktiven« Partition lesen und Linux starten.

Wenn Sie den Boot-Manager von OS/2 oder Windows NT benutzen, sollten Sie LILO auf diese Weise installieren. Teilen Sie dann dem Boot-Manager mit, daß er ein weiteres Betriebssystem aus dieser Partition der Festplatte heraus booten kann. Es hängt vom betreffenden Boot-Manager ab, wie Sie ihm das mitteilen; lesen Sie die Details dazu in der Dokumentation nach.

Obwohl LILO mit dem Boot-Manager von OS/2 zusammenarbeitet, ist es manchmal schwierig, alles korrekt einzurichten. Das Problem liegt darin, daß der Boot-Manager von OS/2 die Partitionen nicht erkennt, die Sie mit dem *fdisk* von Linux angelegt haben. Der Ausweg aus dieser Situation ist das Einrichten der Linux-Partitionen mit dem *fdisk* von OS/2 mit anschließender Formatierung zum Beispiel als Partition mit einer DOS-FAT.

Kapitel 3

OS/2 wird diese Partitionen erkennen, und Sie können anschließend mit dem *fdisk* von Linux die Partitionstypen `Linux native` und `Linux swap` einstellen, wie wir das im Abschnitt »Linux-Partitionen anlegen« in Kapitel 3 beschrieben haben. Anschließend können Sie Linux in diesen Partitionen installieren und dabei LILO im Boot-Record der Linux-Root-Partition unterbringen; dann wird (hoffentlich) alles funktionieren.

Warum erzählen wir Ihnen das jetzt? Weil der Boot-Manager von OS/2 nicht korrekt funktioniert, wenn es um das Booten von ihm unbekannten Betriebssystemen geht. Statt des OS/2-Boot-Managers können Sie aber auch LILO im MBR Ihrer Festplatte installieren und auf diesem Wege auch OS/2 booten. Fügen Sie dazu für OS/2 eine weitere `other...`-Strophe in der Datei */etc/lilo.conf* ein, wie Sie es auch für MS-DOS getan haben. Eine andere Möglichkeit ist es, Linux einfach von einer Diskette zu starten – oder, noch besser, auf OS/2 zu verzichten. Aber wir wollen nicht vom Thema abkommen.

Die Boot-Optionen festlegen

Die Wahrscheinlichkeit ist groß, daß Sie bei der Linux-Installation von einer Diskette gebootet haben und dann den inzwischen bekannten Boot-Prompt von LILO sahen.

An diesem Prompt können Sie eine Reihe von Boot-Optionen eingeben, zum Beispiel:

```
hd=zylinder,köpfe,sektoren
```

Kapitel 3

Damit geben Sie dem System die Geometrie der Festplatte bekannt. Es kann sein, daß Sie bei jedem Booten diese Parameter angeben müssen, damit Ihre Hardware korrekt erkannt wird, wie wir das im Abschnitt »Linux booten« in Kapitel 3 beschrieben haben.

Wenn Sie LILO benutzen, um Linux von der Festplatte zu booten, können Sie diese Parameter auch in */etc/lilo.conf* spezifizieren, statt sie immer wieder am Boot-Prompt einzugeben. Fügen Sie dazu in *lilo.conf* im Linux-Abschnitt eine Zeile wie

```
append = "hd=683,16,38"
```

ein. Damit bewirken Sie, daß sich das System gerade so verhält, als ob Sie `hd=683,16,38` am LILO-Boot-Prompt eingegeben hätten. Sie können in einer `append`-Zeile mehrere Boot-Optionen angeben, etwa so:

```
append = "hd=683,16,38 hd=64,32,202"
```

In diesem Beispiel haben wir die Geometrien für die erste bzw. zweite Festplatte bekanntgegeben.

Beachten Sie, daß Sie solche Boot-Optionen nur dann angeben müssen, wenn der Kernel Ihre Hardware beim Booten nicht korrekt erkennt. Sie werden aufgrund der Erfahrungen bei der Installation von Linux bereits wissen, ob dies notwendig ist. Im allgemeinen gilt, daß eine `append`-Zeile in *lilo.conf* nur dann nötig ist, wenn Sie auch beim Booten vom Linux-Installationsmedium bereits solche Angaben machen mußten.

Es gibt noch einige weitere Boot-Optionen. Die meisten werden zur Erkennung von Hardware benötigt, die wir bereits in Kapitel 2 besprochen haben. Vielleicht finden Sie aber auch einige der folgenden Optionen ganz nützlich:

single
: Das System startet im Single User-Modus (Ein-Benutzer-Modus), die Systemkonfiguration wird übersprungen, und es wird eine Root-Shell auf der Konsole gestartet. Weitere Hinweise hierzu finden Sie im Abschnitt »Die Rettung in der Not« in Kapitel 8.

Kapitel 8

root=partition
: Versucht, die angegebene Partition als Linux-Root-Dateisystem aufzusetzen. Diese Option hat Vorrang vor den Einträgen in */etc/lilo.conf*.

ro

Kapitel 6

Setzt das Root-Dateisystem als read-only (nur lesbar) auf. Dies geschieht in der Regel vor der Ausführung von *fsck*; lesen Sie dazu den Abschnitt »Dateisysteme prüfen und reparieren« in Kapitel 6.

ramdisk=größe

Gibt die Größe der RAM-Disk in Bytes an. Hat Vorrang vor Einträgen in */etc/lilo.conf.* Die meisten Benutzer brauchen sich über die Benutzung der RAM-Disk keine Gedanken zu machen, da sie in erster Linie bei der Installation benötigt wird.

vga=modus

Bestimmt den VGA-Modus. Dies hat Vorrang vor Einträgen in */etc/lilo.conf.* Gültige Modi sind `normal`, `extended`, `ask` oder ein Integerwert. Diese Werte entsprechen den `vga =` -Werten, die in *lilo.conf* eingetragen werden; lesen Sie den Abschnitt »Die Datei /etc/lilo.conf«.

Diese Optionen können alle sowohl am LILO-Boot-Prompt von Hand eingegeben als auch mit der Option `append` in */etc/lilo.conf* eingetragen werden.

LILO wird mit vollständiger Dokumentation ausgeliefert, in der alle Optionen beschrieben sind. Auf vielen Linux-Systemen findet sich diese Dokumentation in */usr/src/lilo.* Falls Sie überhaupt keine Beschreibung auftreiben können, sollten Sie sich die LILO-Distribution von einem der Linux-Server holen oder Ihren Händler bitten, den Quellcode und die Dokumentation von LILO zu besorgen. Zur Dokumentation gehören ein Handbuch, in dem die Konzepte rund um LILO im Detail beschrieben werden, sowie eine README-Datei mit Ausschnitten aus diesem Handbuch in Form von ASCII-Text.

LILO entfernen

Wenn Sie LILO im Master-Boot-Record installiert haben, führt der schnellste Weg zum Entfernen über den Befehl FDISK von DOS. Mit

```
FDISK /MBR
```

starten Sie FDISK und überschreiben den MBR mit einem gültigen DOS-Boot-Record.

LILO speichert Sicherungskopien Ihres Original-Boot-Records in den Dateien */boot/boot.0300* (bei IDE-Laufwerken) und */boot/boot.0800* (bei SCSI-Laufwerken). Diese Dateien enthalten den MBR im Zustand vor der Installation von LILO. Mit *dd* können Sie den Boot-Record auf der Festplatte durch diese Kopie ersetzen. Der Befehl:

```
dd if=/boot/boot.0300 of=/dev/hda bs=446 count=1
```

kopiert die ersten 446 Bytes der Datei */boot/boot.0300* nach */dev/hda.* Obwohl die Dateien 512 Bytes lang sind, sollten nur die ersten 446 Bytes auf den MBR zurückkopiert werden.

Seien Sie sehr vorsichtig, wenn Sie diesen Befehl ausführen lassen! Dies ist eine der Stellen, an denen das gedankenlose Eintippen von Befehlen aus einem Buch wirklich Schaden anrichten kann, wenn Sie nicht wissen, was Sie eigentlich tun. Wenden Sie diese Methode nur als letzten Ausweg an – und nur wenn Sie sicher sind, daß */boot/boot.0300* oder */boot/boot.0800* genau den Boot-Record enthält, den Sie brauchen. Viele Linux-Distributionen enthalten unbrauchbare Versionen dieser Dateien; vielleicht ist es eine gute Idee, sie vor der Installation von LILO zu löschen.

In der Dokumentation zu LILO finden Sie weitere Hinweise zum Entfernen und Debuggen Ihrer LILO-Konfiguration.

Systemstart und -initialisierung

In diesem Abschnitt werden wir besprechen, was genau beim Booten des Systems passiert. Zur Durchführung einiger Systemkonfigurationen ist das Verständnis dieser Vorgänge und der beteiligten Dateien unerläßlich.

Boot-Meldungen des Kernels

Der erste Schritt ist das Booten des Kernels. Wie wir im vorhergehenden Abschnitt gezeigt haben, kann dies von einer Diskette oder von der Festplatte geschehen. Während der Kernel in den Arbeitsspeicher geladen wird, erscheinen auf der Systemkonsole Meldungen wie:

```
20480 bytes for swap cache allocated
Console: colour EGA+ 80x25, 8 virtual consoles
Serial driver version 4.00 with no serial options enabled
tty00 at 0x03f8 (irq = 4) is a 16450
tty01 at 0x02f8 (irq = 3) is a 16450
tty03 at 0x02e8 (irq = 3) is a 16550A
snd2 <SoundBlaster Pro 3.2> at 0x220 irq 5 drq 1
snd1 <Yamaha OPL-3 FM> at 0x388 irq 0 drq 0
Drive 0: CR-52x-x (2.11)
SBPCD: 1 SoundBlaster CD-ROM drive(s) at 0x0230.
Calibrating delay loop.. ok - 33.22 BogoMips
Memory: 19312k/20480k available (476k kernel code, 384k reserved, 308k data)
This processor honours the WP bit even when in supervisor mode. Good.
Floppy drive(s): fd0 is 1.44M
Swansea University Computer Society NET3.016
Checking 386/387 coupling... Ok, fpu using exception 16 error reporting.
Linux version 1.1.37 (root@loomer) #4 Fri Sep 30 00:08:33 EDT 1994
Partition check:
hda: Maxtor 7213 AT (202MB IDE w/64KB Cache, MaxMult=32, CHS=683/16/38)
hda: hda1 hda2
hdb: WDC AC140M (40MB IDE w/31KB Cache, MaxMult=8, CHS=977/5/17)
hdb: hdb1 hdb2
```

Es ist der Kernel selbst, der diese Meldungen ausgibt, wenn die Gerätetreiber initialisiert werden. Welche Meldungen ausgegeben werden, hängt davon ab, welche Treiber in Ihren Kernel einkompiliert sind und welche Hardware in Ihr System eingebunden ist. Im folgenden beschreiben wir, was die einzelnen Meldungen bedeuten.

Kapitel 6

Zunächst sehen wir, daß der Kernel 20 Kilobytes als »Swap-Cache« zugewiesen hat. Dieser Cache dient dem beschleunigten Auslagern und Zurücklesen von Speicherseiten zwischen Arbeitsspeicher und Festplatte (mehr dazu im Abschnitt »Verwalten des Swap-Bereichs« in Kapitel 6). Danach wird der Typ der Systemkonsole angezeigt; beachten Sie, daß dies nur den Textmodus betrifft, den der Kernel benutzt, nicht aber die Möglichkeiten Ihrer Grafikkarte. (Auch eine SVGA-Karte wird als EGA+ gemeldet, soweit der Textmodus der Konsole betroffen ist.)

Als nächstes wird der Treiber für die seriellen Schnittstellen initialisiert, der für jede gefundene Schnittstelle einige Informationen ausgibt. Eine Zeile wie

```
tty00 at 0x03f8 (irq = 4) is a 16450
```

besagt, daß die erste serielle Schnittstelle (*/dev/tty00* oder COM1) unter der Adresse 0x03f8 gefunden wurde, IRQ 4 benutzt und einen UART 16450 enthält.

Danach wird der Treiber für die Soundkarte initialisiert; die Namen und Adressen der verschiedenen Soundperipheriegeräte werden angezeigt. In diesem Fall wird eine Soundblaster-Pro-Karte zusammen mit einem Soundblaster-Pro-CD-ROM-Laufwerk gefunden.

Die nächste Meldung zeigt die Berechnung der »BogoMips« für Ihren Prozessor. Es handelt sich um eine absolut falsche Berechnung (bogus: Schwindel – daher der Name), die zur optimalen Gestaltung der Warteschleifen in einigen Gerätetreibern benutzt wird. Der Kernel gibt außerdem Informationen zum Arbeitsspeicher aus:

```
Memory: 19312k/20480k available (476k kernel code, 384k reserved, 308k data)
```

In diesem Beispiel stehen dem System 19.312 Kilobytes an RAM zur Verfügung. Demnach belegt der Kernel selbst 1168 Kilobytes.

Anschließend wird der Treiber für das Diskettenlaufwerk initialisiert. Das System in unserem Beispiel hat keine Netzwerkkarte installiert; bei vorhandener Ethernet-Karte werden weitere Informationen angezeigt.

Zum Abschluß wird der Treiber für IDE-Festplatten initialisiert, und für jedes IDE-Laufwerk werden der Typ und eine Liste der vorhandenen Partitionen angezeigt.

Abhängig von Ihrer Hardware werden eventuell noch weitere Meldungen ausgegeben. So werden zu diesem Zeitpunkt auch parallele Schnittstellen und SCSI-Treiber initialisiert, falls vorhanden.

Diese Meldungen werden beim Booten auf der Konsole ausgegeben und in der Regel auch in den System-Logdateien mitgeschrieben.

init und inittab

Nach der Initialisierung der Gerätetreiber führt der Kernel das Programm init aus, das in einem der Verzeichnisse */etc*, */bin* oder */sbin* steht (auf den meisten Systemen in */sbin/init*).

init ist ein Programm mit mehreren Aufgaben, das neue Prozesse erzeugt und bestimmte Programme nach deren Terminierung wieder startet. So läuft zum Beispiel auf jeder virtuellen Konsole ein *getty*-Prozeß, der von *init* gestartet wird. Wenn Sie an einer der virtuellen Konsolen eine Login-Sitzung beenden, terminiert der *getty*-Prozeß, und *init* startet einen neuen, damit Sie wieder einloggen können.

init ruft außerdem beim Booten des Systems eine Reihe von Programmen und Skripten auf. Die Datei */etc/inittab* kontrolliert sämtliche Aktionen von *init*. Jede Zeile dieser Datei hat das Format:

```
code:runlevel:aktion:befehl
```

`Code` ist ein eindeutiger Name aus einem oder zwei Buchstaben, der jeden Eintrag in dieser Datei identifiziert. Einige dieser Einträge müssen einen bestimmten Code haben, damit sie korrekt funktionieren; mehr dazu erfahren Sie weiter unten.

`Runlevel` ist eine Liste der »Runlevels«, auf denen der betreffende Eintrag ausgeführt werden soll. Ein Runlevel ist einfach eine Ziffer oder ein Buchstabe zur Bezeichnung des aktuellen Systemzustands bei der Ausführung von *init*. Ein Beispiel: Wenn der Runlevel des Systems auf 3 geändert wird, werden diejenigen Einträge in */etc/inittab* ausgeführt, die im Feld Runlevel eine 3 stehen haben. Die Runlevels bieten eine einfache Methode, die Einträge in */etc/inittab* gruppenweise zusammenzufassen. Sie könnten zum Beispiel festlegen, daß Runlevel 1 nur das notwendige Minimum an Skripten ausführt, Runlevel 2 alles aus Runlevel 1 und zusätzlich die Netzwerkkonfiguration durchführt, während Runlevel 3 alles aus Runlevel 1 und 2 sowie den Wählzugang zum System konfiguriert usw.

In der Regel brauchen Sie sich mit den Runlevels nicht weiter zu befassen. Das System begibt sich beim Booten auf den (in */etc/inittab*) voreingestellten Runlevel. Bei den meisten Systemen ist das Runlevel 5. Solange Sie keinen besonderen Grund haben, das System nicht mit allen hier beschriebenen Konfigurationsskripten hochzufahren, können Sie einfach den voreingestellten Runlevel benutzen.

Das Feld `Befehl` enthält den Befehl, den *init* für diesen Eintrag ausführen wird. Das Feld `Aktion` weist *init* an, wie ein Eintrag ausgeführt werden soll, zum Beispiel ob ein Befehl nur einmal ausgeführt oder ob er nach der Terminierung jedesmal erneut aufgerufen werden soll.

Lassen Sie uns einen Blick auf die beispielhafte */etc/inittab* werfen:

```
# Set the default runlevel to five
# Voreinstellung für Runlevel ist 3
id:3:initdefault:
```

```
# Beim Booten des Systems /etc/rc.d/rc.sysinit aufrufen
si:S:sysinit:/etc/rc.d/rc.sysinit

# /etc/rc.d/rc mit dem Runlevel als Argument ausführen
10:0:wait:/etc/rc.d/rc 0
11:1:wait:/etc/rc.d/rc 1
12:1:wait:/etc/rc.d/rc 2
13:3:wait:/etc/rc.d/rc 3
14:4:wait:/etc/rc.d/rc 4
15:5:wait:/etc/rc.d/rc 5
16:6:wait:/etc/rc.d/rc 6

# Wird beim 'Affengriff' CTRL-ALT-DELETE ausgeführt
ca::ctrlaltdel:/sbin/shutdown -t3 -rf now

# agetty starten auf virtuellen Konsolen 1 bis 6
c1:12345:respawn:/sbin/agetty 38400 tty1
c2:12345:respawn:/sbin/agetty 38400 tty2
c3:45:respawn:/sbin/agetty 38400 tty3
c4:45:respawn:/sbin/agetty 38400 tty4
c5:45:respawn:/sbin/agetty 38400 tty5
c6:45:respawn:/sbin/agetty 38400 tty6
```

Der tatsächliche Inhalt von */etc/inittab* hängt von Ihrem System und der Linux-Distribution ab, die Sie installiert haben.

Als erstes wird die Voreinstellung für den Runlevel auf 3 gesetzt. Das Feld Aktion für diesen Eintrag enthält `initdefault`, was zur Folge hat, daß der angegebene Runlevel zur Voreinstellung wird. Dies ist der Runlevel, der üblicherweise beim Booten des Systems benutzt wird. Sie können diese Voreinstellung überschreiben, indem Sie *init* mit dem gewünschten Runlevel von Hand aufrufen (zum Beispiel wenn Sie Ihre Konfiguration debuggen). LILO kann auch im Einzelbenutzer-Modus booten (Runlevel 1) – lesen Sie dazu den Abschnitt »Die Boot-Optionen festlegen«.

Der nächste Eintrag weist *init* an, beim Systemstart das Skript */etc/rc.d/rc.sysinit* auszuführen. (Das Feld Aktion enthält `sysinit`, was besagt, daß dieser Eintrag ausgeführt werden soll, wenn *init* beim Systemstart aufgerufen wird.) Diese Datei ist einfach ein Shellskript, das Befehle zur grundlegenden Systemkonfiguration enthält. Dazu gehören zum Beispiel das Anlegen der Swap-Partition, die Überprüfung und das Aufsetzen der Dateisysteme sowie die Synchronisierung der Systemuhr mit der CMOS-Uhr. Sie können sich diese Datei auf Ihrem System ansehen; wir werden weiter unten in diesem Kapitel noch auf die Befehle darin eingehen. Lesen Sie auch die Abschnitte »Mit Dateisystemen arbeiten« und »Swap-Space benutzen« in Kapitel 6.

Kapitel 6

Wie Sie sehen, wird danach das Skript */etc/rc.d/rc* ausgeführt, wenn einer der Runlevel 0 bis 6 erreicht wird, wobei der jeweilige Runlevel als Argument übergeben wird. *rc* ist ein generisches Startup-Skript, das die anderen Skripten, die zum jeweiligen Runlevel gehören, ausführt. Das Feld Aktion enthält bei diesem Eintrag `wait`, womit erreicht wird, daß *init* den betreffenden Befehl ausführt und erst nach der Beendigung dieses Befehls irgendeine andere Aktion startet.

Wir sollten hier noch betonen, daß manche Linux-Distributionen einen anderen Runlevel-Mechanismus als den hier vorgestellten verwenden; die Besprechung hier basiert auf der Red-Hat-Distribution.Wenn Sie sich den Code der Datei */etc/rc.d/rc* ansehen (sollte ein Shellskript sein), dann werden Sie sehen, daß dort eine Reihe von Skripten in */etc/rc.d/rcN.d* gestartet wird, wobei *N* der gestartete Runlevel ist. Beim Start von Runlevel 3 würden also beispielsweise die Skripten in */etc/rc.d/rc3.d* ausgeführt werden. All diese Skripten haben Dateinamen der Form *Snnxxxx* oder *Knnxxxx*, wobei *nn* eine Nummer zwischen 00 und 99 und *xxx* der Name eines Systemdienstes ist. Die Nummern *nn* dienen dazu, eine Ausführungsreihenfolge der Skripten festzulegen; Skripten mit niedrigeren Nummern werden vor solchen mit höheren Nummern ausgeführt. Der Name *xxx* dient lediglich dazu, zu identifizieren, zu welchem Systemdienst das Skript gehört. Skripten, deren Namen mit S anfangen, werden beim Starten der Systemdienste und solche, die mit K anfangen, beim Anhalten (kill) verwendet. Diese Benennungskonvention sieht vielleicht etwas merkwürdig aus, aber sie erleichtert das Hinzufügen oder Entfernen von Skripten aus diesen Dateien, wobei die korrekte Ausführungsreihenfolge erhalten bleibt.

Beispielsweise könnte das Skript zur Initialisierung des Netzwerks *S10network* heißen, während das Skript zum Anhalten des Logging-Dämons vielleicht *K70syslog* heißt. Wenn diese Dateien in den richtigen */etc/rc.d/rcN.d*-Verzeichnissen abgelegt werden, führt */etc/rc.d/rc* sie in numerischer Reihenfolge beim Starten oder Herunterfahren des Systems aus. Wenn der Default-Runlevel Ihres Systems 3 ist, können Sie in */etc/rc.d/rc3.d* nachschauen, welche Skripten beim Hochfahren des Systems normalerweise ausgeführt werden.

Ein weiteres interessantes Systemkonfigurationsskript ist */etc/rc.d/rc.local*, das ausgeführt wird, nachdem die anderen Systeminitialisierungsskripten gelaufen sind. (Wie kann das erreicht werden? Normalerweise wird ein symbolischer Link auf *rc.local* in jedem der */etc/rc.d/rcN.d*-Verzeichnisse mit dem Namen *S99local* angelegt. Da 99 der höchstmögliche numerische Wert ist, den ein S-Skript haben kann, wird es als letztes ausgeführt. Voilà!) Sie können *rc.local* editieren, um jeden merkwürdigen oder ungewöhnlichen Systembefehl zur Startzeit ausführen zu lassen. Auch wenn Sie sich nicht sicher sind, wann ein solcher Befehl ausgeführt werden sollte, ist *rc.local* die richtige Stelle.

Der nächste Eintrag mit dem Code `ca` wird ausgeführt, wenn an der Konsole die Tastenkombination `CTRL-ALT-DEL` (auch bekannt als »Affengriff«) gedrückt wird. Diese Tastenkombination erzeugt einen Interrupt, der normalerweise das System neu starten würde. Unter Linux wird dieser Interrupt abgefangen und an *init* weitergeleitet, das dann den Eintrag mit dem Aktions-Feld `ctrlaltdel` ausführt. Der Befehl, der hier ausgeführt wird, nämlich `/sbin/shutdown -t3 -rf now`, wird das System »sicher« herunterfahren und neu starten. (Lesen Sie auch »Das System herunterfahren«.) Auf diese Weise bewahren wir das System vor einem unerwarteten Neustart infolge der Tastenkombination `CTRL-ALT-DEL`.

Am Ende enthält die Datei *inittab* eine Reihe von Einträgen, die */sbin/agetty* für die ersten sechs virtuellen Konsolen ausführen. *agetty* ist eine von mehreren *getty*-Versionen, die es für Linux gibt. *getty* ist ein Programm, das ein Terminal (etwa eine virtuelle Konsole oder serielle Schnittstelle) öffnet, verschiedene Parameter für den Terminaltreiber setzt und dann */bin/login* aufruft, um auf dem Terminal eine Login-Sitzung zu starten. Deshalb muß auf einer virtuellen Konsole, auf der Sie Logins zulassen wollen, ein *getty* oder *agetty* laufen. *agetty* ist die Version, die auf einer ganzen Reihe von Linux-Systemen benutzt wird, während andere mit *getty* arbeiten, das eine etwas andere Syntax hat. In den Man-Pages finden Sie Details zu *getty* und *agetty* auf Ihrem System.

agetty akzeptiert zwei Parameter: eine Baud-Rate und einen Gerätenamen. Die Schnittstellen für die virtuellen Konsolen unter Linux heißen */dev/tty1*, */dev/tty2* usw. *agetty* sucht die Gerätenamen unterhalb von */dev*. Die Baud-Rate sollte für virtuelle Konsolen immer auf 38.400 gesetzt werden.

Beachten Sie, daß im Feld Aktion der *agetty*-Einträge ein `respawn` (etwa: Neustart) steht. Dies veranlaßt *init*, den Befehl in diesem Eintrag immer wieder neu aufzurufen, wenn der *agetty*-Prozeß terminiert – was bei jedem Ausloggen eines Benutzers der Fall ist.

Inzwischen sollte *init* eine bekannte Größe darstellen, aber die diversen Dateien und Befehle in */etc/rc.d*, die die eigentliche Arbeit erledigen, bleiben rätselhaft. Wir können auf diese Dateien nicht näher eingehen, ohne mehr Hintergrundwissen zu anderen Aufgaben der Systemverwaltung zu liefern, zum Beispiel zur Handhabung von Dateisystemen. Wir führen Sie in den nächsten paar Kapiteln durch diese Aufgaben, so daß am Ende alles klar sein sollte.

Der Single-User-Modus

Die meiste Zeit über werden Sie das System im Multi-User-Modus betreiben, damit mehrere Benutzer sich einloggen können. Es gibt aber auch einen besonderen Zustand namens Single-User-Modus, in dem UNIX zwar läuft, aber keinen Login-Prompt anbietet. Wenn Sie sich im Single-User-Modus befinden, arbeiten Sie eigentlich als Superuser (**root**). Es kann passieren, daß Sie während der Installation in diesen Modus wechseln müssen, falls etwas schiefgeht. Auch bestimmte Aufgaben der Systemverwaltung, etwa die Überprüfung von defekten Dateisystemen, erfordern diesen Modus. (Dies ist nicht witzig. Sie sollten versuchen, Ihre Dateisysteme nicht durcheinander zu bringen. Fahren Sie das System deshalb immer mit dem Befehl *shutdown* herunter, bevor Sie die Stromversorgung unterbrechen. Wir beschreiben das im Abschnitt »Das System herunterfahren«.)

Kapitel 8

Im Single-User-Modus können Sie mit dem System nicht viel anstellen; es wird nur minimal konfiguriert, die Dateisysteme sind nicht aufgesetzt usw. Dieser Zustand ist notwendig, um das System nach bestimmten Problemen zu reanimieren; Sie finden Details hierzu im Abschnitt »Die Rettung in der Not« in Kapitel 8.

Beachten Sie, daß UNIX auch im Single-User-Modus ein Multiprocessing-Betriebssystem bleibt. Sie können mehrere Programme gleichzeitig ablaufen lassen. Server können im Hintergrund laufen, so daß spezielle Dienste wie das Netzwerk arbeitsfähig bleiben. Auch wenn Ihr System normalerweise mehr als ein Terminal unterstützt, bleibt im Single-User-Modus nur die Systemkonsole benutzbar, und auch das X Window System kann nicht gestartet werden.

Das System herunterfahren

Glücklicherweise ist das Herunterfahren eines Linux-Systems wesentlich einfacher als das Booten. Trotzdem gehört mehr dazu, als einfach den RESET-Schalter zu drücken. Wie alle UNIX-Systeme puffert auch Linux schreibende und lesende Zugriffe auf die Festplatte im Arbeitsspeicher. Das bedeutet, daß erst dann auf die Festplatte geschrieben wird, wenn es absolut notwendig ist, und daß wiederholtes Lesen eines Blocks auf der Festplatte direkt aus dem RAM bedient wird. Dies steigert den Datendurchsatz ganz erheblich, weil Festplatten im Vergleich zur CPU extrem langsam sind.

Das Problem liegt darin, daß bei einer plötzlichen Unterbrechung der Stromversorgung oder einem unerwarteten Neustart des Systems der Inhalt der Puffer im Speicher nicht mehr auf die Festplatte geschrieben würde; Datenverlust oder -zerstörung könnte die Folge sein. */sbin/update* ist ein Programm, das auf den meisten Systemen von */etc/rc.d/rc.S* aus aufgerufen wird. Es synchronisiert (das heißt schreibt) den Inhalt der Plattenpuffer alle 30 Sekunden, um zu verhindern, daß bei einem Systemabsturz ernsthafter Schaden entsteht. Trotzdem muß das System auf »sichere« Art und Weise heruntergefahren werden, bevor es neu gestartet wird. Damit stellen Sie nicht nur sicher, daß die Puffer ordnungsgemäß geleert werden, sondern auch, daß alle laufenden Prozesse »sauber« terminieren.

shutdown ist der allgemeingültige Befehl für alle Fälle, mit dem das System angehalten oder neu gebootet wird. Geben Sie als **root** ein:

```
/sbin/shutdown -r +10
```

um das System in zehn Minuten erneut zu booten. Mit dem Schalter *-r* bestimmen Sie, daß das System nach dem Anhalten wieder gebootet wird, und `+10` gibt die Zeit bis zum Booten vor (zehn Minuten). Das System wird an alle aktiven Terminals eine Warnung ausgeben, in der die Zeit bis zum Anhalten des Systems heruntergezählt wird. Sie können Ihren eigenen Warnhinweis anzeigen lassen, indem Sie folgendes eingeben:

```
/sbin/shutdown -r +10 "System bootet, um neuen Kernel zu testen"
```

Die Zeit für den Systemhalt kann auch absolut angegeben werden:

```
/sbin/shutdown -r 13:00
```

läßt das System um 13.00 Uhr neu booten. Mit

```
/sbin/shutdown -r now
```

bewirken Sie, daß der Neustart des Systems sofort (nach dem sicheren Anhalten des Systems) erfolgt.

Mit dem Schalter *-h* anstelle von *-r* erreichen Sie, daß das System nach dem Anhalten nicht wieder bootet – danach können Sie die Stromversorgung unterbrechen, ohne Datenverlust befürchten zu müssen.

Wir haben im vorhergehenden Abschnitt gesehen, daß Sie die Tastenfolge CTRL-ALT-DEL von *init* abfangen lassen können, um danach *shutdown* ausführen zu lassen. Falls Sie es gewohnt sind, Ihr System auf diese Art neu zu starten, ist es vielleicht eine gute Idee sicherzustellen, daß Ihre */etc/inittab* einen Eintrag für `ctrlaltdel` enthält. Denken Sie daran, daß Sie Ihr Linux-System niemals mit dem Ein/Ausschalter oder dem RESET-Schalter an der Frontseite Ihres Rechners neu booten sollten. Solange sich das System nicht endgültig aufhängt (was selten passiert), sollten Sie auf jeden Fall *shutdown* benutzen. Eine der herausragenden Eigenschaften von Multiprocessing-Systemen ist es, daß Sie beim Absturz eines Programms fast immer auf eine andere virtuelle Konsole oder in ein anderes Fenster wechseln können, um die Situation von dort aus zu bereinigen.

shutdown kennt noch eine Reihe weiterer Optionen. Mit dem Schalter *-c* unterbrechen Sie einen bereits ausgelösten Systemhalt. (Natürlich können Sie den Prozeß auch von Hand mit *kill* abbrechen, aber *shutdown -c* ist vielleicht einfacher.)

shut-down(8)

Der Schalter *-k* gibt die Warnung aus, ohne das System tatsächlich anzuhalten. Wenn Sie an den grausigen Details zu *shutdown* interessiert sind, sollten Sie die Man-Page lesen.

Die Verwaltung der Benutzer-Accounts

Selbst wenn Sie das einzige menschliche Wesen sind, das Ihr Linux-System benutzt, ist es wichtig zu verstehen, wie Benutzer-Accounts (Zugangsberechtigungen) verwaltet werden. Dies gilt erst recht dann, wenn mehr als ein Benutzer auf dem System arbeitet.

Die Accounts auf UNIX-Systemen erfüllen eine ganze Reihe von Aufgaben. An erster Stelle steht die Möglichkeit für das System, verschiedene Benutzer voneinander zu unterscheiden, um die Identifikation der Benutzer und die Systemsicherheit zu gewährleisten. Jeder Benutzer bekommt einen eigenen Account mit seinem eigenen Benutzernamen und Paßwort.

Kapitel 4

Wie wir bereits im Abschnitt »Die Dateiberechtigungen« in Kapitel 4, *Grundlegende UNIX-Befehle und -Konzepte,* besprochen haben, erhalten Benutzer die Möglichkeit, für ihre Dateien die Zugriffsrechte zu bestimmen und damit anderen Benutzern den Zugang zu gestatten oder zu verwehren. Jede Datei im System »gehört« einem bestimmten Benutzer, der die Zugriffsrechte für diese Datei verwaltet. Die Benutzer-Accounts dienen dazu, den Zugriff auf das System zu autorisieren – nur wer einen Account hat, bekommt Zugang zum Rechner. Außerdem dienen die Accounts der Identifikation der Benutzer, zum Beispiel um Benutzeraktionen in den logfiles zu identifizieren, E-Mail-Nachrichten mit dem Namen des Absenders zu versehen usw.

Außer den persönlichen Accounts gibt es noch Benutzer auf dem System, die für administrative Funktionen zuständig sind. Wir haben bereits gesagt, daß der Account **root** nur vom Systemverwalter bei der Pflege des Systems benutzt werden sollte, aber nicht als persönlicher Account. Die administrativen Accounts erreicht man mit dem Befehl *su*, mit dem man diese Accounts anspricht, nachdem man sich unter dem persönlichen Account eingeloggt hat.

Andere Accounts auf dem System sind gar nicht mit irgendeinem Benutzer verbunden. Solche Accounts dienen in der Regel den Dämonen, die unter einer bestimmten Benutzer-ID auf Dateien zugreifen müssen, ohne dazu den Account **root** oder einen der persönlichen Accounts zu benutzen. Ein Beispiel: Wenn Sie Ihr System so einrichten, daß Sie News-Artikel von einem anderen Rechner empfangen können, muß der News-Dämon die Artikel in einem Spool-Verzeichnis ablegen, auf das alle Benutzer lesend, aber nur ein Benutzer (der News-Dämon) schreibend zugreifen kann. Kein menschlicher Benutzer ist mit dem **news**-Account verbunden – es handelt sich um einen »imaginären« Benutzer nur für den News-Dämon.

Eines der Berechtigungsbits, die für ausführbare Dateien gesetzt werden können, ist das Bit *setuid*. Dieses Bit bewirkt, daß das Programm mit den Rechten des Dateieigners ausgeführt wird. Ein Beispiel: Wenn der Benutzer **news** Eigner des News-Dämons ist, und das Setuid-Bit ist für die ausführbare Datei gesetzt, wird der News-Dämon so ausgeführt, als ob er von **news** aufgerufen worden wäre. **news** hätte also Schreibrechte im News-Spool-Verzeichnis, und alle anderen Benutzer könnten lesend auf die dort gespeicherten Artikel zugreifen. Dies ist eine Sicherheitsmaßnahme. News-Programme können den Benutzern gerade das richtige Ausmaß an Zugang zum Spool-Verzeichnis für die News gewähren, aber niemand kann dort »einfach so« herumspielen.

Als Systemverwalter ist es Ihre Aufgabe, die Accounts für alle Benutzer (real und imaginär) auf Ihrem System anzulegen und zu verwalten. Dies ist zwar in den meisten Fällen eine problemlose, einfach zu erledigende Angelegenheit, aber es ist wichtig, daß Sie die Zusammenhänge verstehen.

Die Datei passwd

Jeder Account auf dem System hat einen Eintrag in der Datei */etc/passwd*. Diese Datei enthält für jeden Benutzer eine Zeile, in der Attribute wie Benutzername, richtiger Name usw. festgehalten werden.

Die Einträge in dieser Datei haben das Format:

```
benutzername:paßwort:uid:gid:gecos:homeverz:shell
```

Der `Benutzername` ist ein eindeutiger String, der den Account bezeichnet. Bei persönlichen Accounts ist dies der Name, unter dem der Benutzer einloggt. Auf den meisten Systemen ist die Länge auf acht Zeichen beschränkt, also zum Beispiel **larry** oder **kirsten**.

Das `Paßwort` ist eine verschlüsselte Version des Benutzerpaßworts. Dieses Feld wird geschrieben, indem mit dem Programm *passwd* das Paßwort eines Benutzers gesetzt wird. Dabei wird ein Verschlüsselungsalgorithmus benutzt, der nur in einer Richtung arbeitet und schwierig (aber nicht unmöglich) zu knacken ist. Dieses Feld wird nicht von Hand geschrieben; *passwd* erledigt das für Sie. Beachten Sie aber, daß ein * (Stern) als erstes Zeichen im Feld Paßwort diesen Account »sperrt« – das System wird unter diesem Benutzernamen kein Login zulassen. Lesen Sie auch den Abschnitt »Die Accounts einrichten«.

`UID` ist die Benutzer-ID, eine eindeutige Integerzahl, mit der das System diesen Account identifiziert. Das System benutzt das UID-Feld intern bei der Verwaltung der Prozesse und Dateiberechtigungen – mit einem Integerwert geht das einfacher und schneller als mit einem String. Sowohl UID als auch Benutzername bezeichnen also einen bestimmten Account; für das System ist UID wichtiger, für den Benutzer ist es bequemer, mit dem Feld Benutzername zu arbeiten.

`GID` ist die Gruppen-ID, eine Integerzahl, die die voreingestellte Gruppe des Benutzers bezeichnet. Diese Gruppen-IDs sind in der Datei */etc/group* aufgeführt. Lesen Sie den Abschnitt »Die Datei group« weiter unten.

Das Feld `gecos` enthält diverse Informationen über den Benutzer, etwa seinen richtigen Namen und optionale »lokale Informationen« wie die Büroadresse oder Telefonnummer. Diese Information wird von Programmen wie *mail* und *finger* benutzt, um den Benutzer zu identifizieren; wir gehen weiter unten genauer darauf ein. Übrigens ist `gecos` ein traditioneller Name, der aus den 70ern stammt; er steht für General Electric Comprehensive Operating System. GECOS hat nichts mit UNIX zu tun, abgesehen davon, daß man dieses Feld in */etc/passwd* eingefügt hat, um die Kompatibilität mit einigen UNIX-Diensten zu erhalten.

`Homeverz` bezeichnet das Home-Verzeichnis des Benutzers, welches für seinen persönlichen Gebrauch bestimmt ist; mehr dazu erfahren Sie weiter unten. Wenn ein Benutzer einloggt, benutzt seine Shell `homeverz` als das aktuelle Verzeichnis.

Die `Shell` gibt an, welches Programm gestartet werden soll, wenn ein Benutzer einloggt; in den meisten Fällen ist das der komplette Pfadname der Shell, etwa */bin/bash* oder */bin/tcsh*.

Einige der hier gezeigten Felder sind optional; absolut notwendig sind nur `Benutzername`, `UID`, `GID` und `Homeverz`. Für die meisten Benutzer-Accounts werden alle diese Felder ausgefüllt sein, aber »imaginäre« und Verwaltungs-Accounts benutzen eventuell nur einen Teil der Felder.

Hier zeigen wir zwei beispielhafte Einträge, wie sie in */etc/passwd* stehen könnten:

```
root:ZxPsI9ZjiVd9Y:0:0:The root of all evil:/root:/bin/bash
aclark:BjDf5hBysDsii:104:50:Anna Clark:/home/aclark:/bin/bash
```

Der erste Eintrag ist der für den Account **root**. Beachten Sie, daß die UID von **root** NULL ist. Genau das ist es, was **root** zu **root** macht – das System weiß, daß die UID 0 etwas »Besonderes« ist und daß die üblichen Sicherheitsmaßnahmen nicht angewendet werden. Die GID von **root** ist ebenfalls 0, was sich als Konvention herausgebildet hat. Viele der Dateien im System gehören **root** und der Gruppe **root**, die als UID und GID eine 0 haben. Mehr zum Thema Gruppen erfahren Sie später.

Kapitel 4

Auf vielen Systemen benutzt **root** das »Home-Verzeichnis« */root* oder einfach */*. Dies spielt in der Regel keine Rolle, weil Sie **root** meistens mit *su* von Ihrem persönlichen Account aus benutzen. Meistens wird für den **root**-Account eine Version der Bourne-Shell eingetragen (in diesem Fall */bin/bash*), aber natürlich können Sie auch eine C-Shell benutzen. (Wir besprechen Shells im Abschnitt »Shells« in Kapitel 4.) Seien Sie aber vorsichtig – Bourne- und C-Shells haben eine unterschiedliche Syntax, und wenn Sie als **root** zwischen den beiden wechseln, kann das verwirrend sein und zu Fehlern führen.

Der zweite Eintrag ist der eines menschlichen Wesens mit dem Benutzernamen **aclark**. Die UID ist in diesem Fall 104. Das UID-Feld kann technisch gesehen eine beliebige, eindeutige Integerzahl enthalten; auf vielen Systemen werden die Benutzer-Accounts üblicherweise ab 100 durchnumeriert, und die administrativen Accounts haben Nummern kleiner als 100. Die GID ist 50, was nichts weiter bedeutet, als daß **aclark** der Gruppe angehört, die in der Datei */etc/group* die Nummer 50 hat. Bleiben Sie dran – im nächsten Abschnitt werden wir die Gruppen besprechen.

Die Home-Verzeichnisse stehen oft unter */home* und werden mit dem Benutzernamen des Eigners benannt. In der Regel ist das eine ganz nützliche Übereinkunft, die dazu beiträgt, daß das Home-Verzeichnis eines bestimmten Benutzers leicht zu finden ist. Theoretisch kann ein Home-Verzeichnis aber an beliebiger Stelle im System stehen. Sie sollten sich allerdings an die Anordnung der Verzeichnisse halten, die Sie auf Ihrem System vorfinden.

Beachten Sie, daß Sie als Systemverwalter die Datei */etc/passwd* nur selten direkt editieren müssen. Es gibt eine Reihe von Programmen, die Ihnen bei der Einrichtung und Pflege der Benutzer-Accounts helfen; lesen Sie dazu den Abschnitt »Die Accounts einrichten« weiter unten.

Die Datei group

Die Gruppen bieten eine einfache Methode, Benutzer-Accounts logisch zusammenzufassen, und machen es möglich, daß Benutzer innerhalb ihrer Gruppe oder Gruppen Dateien gemeinsam benutzen. Jeder Datei auf dem System ist sowohl ein Eigner als auch eine Gruppe zugeordnet. Mit *ls -l* können Sie Eigner und Gruppe einer Datei anzeigen lassen:

```
rutabaga% ls -l boiler.tex
-rwxrw-r--   1 mdw      megabozo    10316 Oct  6 20:19 boiler.tex
rutabaga%
```

Diese Datei gehört dem Benutzer **mdw** und der Gruppe **megabozo**. Die Dateiberechtigungen zeigen, daß **mdw** das Lese- und Schreibrecht zu dieser Datei hat und sie ausführen kann; daß die Mitglieder der Gruppe **megabozo** lesenden und schreibenden Zugriff haben und daß alle anderen Benutzer nur lesend auf diese Datei zugreifen können.

Dies muß nicht bedeuten, daß **mdw** Mitglied der Gruppe **megabozo** ist – es bedeutet lediglich, daß jeder, der zur Gruppe **megabozo** gehört, die Berechtigungen an dieser Datei bekommt, die von den Berechtigungsbits dargestellt werden. **mdw** könnte Mitglied dieser Gruppe sein – oder auch nicht.

Kapitel 4

Auf diese Art und Weise lassen sich Dateien von Benutzergruppen gemeinsam nutzen, während sich die Berechtigungen für den Eigner der Datei, für die Gruppe, der die Datei gehört, sowie für alle anderen Benutzer getrennt definieren lassen. Eine Einführung in das Thema Berechtigungen finden Sie im Abschnitt »Die Dateiberechtigungen« von Kapitel 4.

Jeder Benutzer gehört mindestens einer Gruppe an, die im Feld GID der Datei */etc/passwd* benannt ist. Allerdings kann ein Benutzer auch mehreren Gruppen angehören. Die Datei */etc/group* enthält für jede Gruppe auf dem System einen einzeiligen Eintrag, ähnlich dem in */etc/passwd*. */etc/group* hat folgendes Format:

```
gruppenname:paßwort:gid:mitglieder
```

Der Gruppenname ist ein String; dieser Name wird auch von Befehlen wie *ls -l* angezeigt.

Das Paßwort ist ein optionales Paßwort für diese Gruppe. Damit können auch Benutzer, die nicht Mitglied der Gruppe sind, mit dem Befehl *newgrp* auf die Dateien dieser Gruppe zugreifen. Weiter unten erfahren Sie mehr dazu.

GID ist die Gruppen-ID, mit der das System diese Gruppe bezeichnet; dies entspricht der Nummer im Feld GID der Datei */etc/passwd*, die die voreingestellte Gruppenzugehörigkeit eines Benutzers angibt.

Das Feld Mitglieder ist eine durch Kommata getrennte Liste mit Benutzernamen. Die Liste enthält alle Benutzer, die zu dieser Gruppe gehören, aber im Feld GID der Datei */etc/passwd* eine andere Nummer haben. Das bedeutet, daß in dieser Liste diejenigen Benutzer nicht enthalten sind, für die diese Gruppen-ID in */etc/passwd* die »Voreinstellung« ist – hier stehen nur die zusätzlichen Mitglieder der Gruppe.

Eine */etc/group* könnte zum Beispiel so aussehen:

```
root:*:0:
bin:*:1:root,daemon
users:*:50:
bozo:*:51:linus,mdw
megabozo:*:52:kibo
```

Die Einträge für die Gruppen **root** und **bin** sind Einträge für administrative Gruppen, ähnlich den »imaginären« Accounts auf dem System. Gruppen wie **root** und **bin** sind die Eigner vieler Dateien auf dem System. Die anderen Gruppen enthalten Benutzer-Accounts. Ähnlich wie bei den Benutzer-IDs werden auch die Gruppen-IDs oft von 50 oder 100 an hochgezählt.

Das Feld Paßwort der Datei *group* ist eine echte Kuriosität. Es wird nicht sehr häufig benutzt, aber zusammen mit dem Programm *newgrp* können auch solche Benutzer, die nicht Mitglied einer bestimmten Gruppe sind, die ID dieser Gruppe annehmen, sofern sie das Paßwort kennen. Mit dem Befehl:

```
rutabaga% newgrp bozo
Password: paßwort der gruppe bozo
rutabaga%
```

starten Sie eine neue Shell mit der Gruppen-ID von **bozo**. Falls das Feld Paßwort leer oder das erste Zeichen ein Sternchen ist, erhalten Sie die Fehlermeldung `permission denied`, wenn Sie versuchen, mittels *newgrp* Zugang zu dieser Gruppe zu finden.

Allerdings wird das Feld Paßwort in der Datei *group* nur selten benutzt und eigentlich auch gar nicht benötigt. (Viele Systeme kennen gar keinen Befehl, mit dem sich ein Gruppenpaßwort setzen ließe; als Ausweg könnte man mit *passwd* ein Paßwort für einen fiktiven Benutzer in */etc/passwd* erzeugen und dieses verschlüsselte Paßwort dann nach */etc/group* kopieren.) Statt dessen können Sie einen Benutzer aber auch als Mitglied mehrerer Gruppen eintragen, indem Sie einfach seinen Namen in das Feld Mitglieder dieser Gruppen einfügen. In diesem Beispiel sind die Benutzer **linus** und **mdw** Mitglied der Gruppe **bozo** sowie aller Gruppen, denen Sie in der Datei */etc/passwd* zugeordnet sind. Damit **linus** außerdem Mitglied der Gruppe **megabozo** wird, würden wir die letzte Zeile des Beispiels so abändern:

```
megabozo:*:52:kibo,linus
```

Mit dem Befehl *groups* erfahren Sie, welchen Gruppen Sie angehören:

```
rutabaga% groups
users bozo
```

Wenn Sie mit *groups* eine Liste von Benutzernamen angeben, bekommen Sie alle Gruppen angezeigt, zu der die Benutzer in dieser Liste gehören.

Beim Einloggen wird Ihnen automatisch die Gruppen-ID aus */etc/passwd* zugeordnet, dazu alle eventuell vorhandenen Gruppen-IDs, denen Sie in */etc/group* zugeordnet sind. Das bedeutet, daß Sie die »Gruppenberechtigung« für alle Dateien auf dem System haben, deren Gruppen-ID in Ihrer Liste enthalten ist. In diesem Fall erhalten Sie die Berechtigungen, die von den Gruppenbits vorgegeben sind (mit dem Befehl *chmod g+...*). (Falls Sie nicht der Eigner sind; in dem Fall gelten die Bits, die die Berechtigungen des Eigners angeben.)

Da Sie jetzt mit den Feinheiten der Gruppen vertraut sind, stellt sich die Frage, wie Sie die Gruppen anlegen sollten. Dies ist eine Frage des persönlichen Stils und hängt davon ab, wie das System genutzt werden soll. Für Systeme mit einem oder nur wenigen Benutzern empfiehlt sich eine einzelne Gruppe (zum Beispiel mit dem Namen **users**), zu der alle persönlichen Accounts gehören. Wahrscheinlich ist es am besten, die Systemgruppen – diejenigen, die nach der Installation in */etc/group* enthalten sind – so zu belassen. Es ist möglich, daß verschiedene Dämonen und Programme darauf zugreifen.

Mit vielen Benutzern auf einem System gibt es verschiedene Methoden, die Gruppen einzuteilen. Eine Lehranstalt könnte zum Beispiel getrennte Gruppen für Studenten, Assistenten und Lehrkörper einrichten. Ein Softwarehaus könnte eine Gruppe für jedes Entwicklerteam anlegen. Auf anderen Systemen wird jedem Benutzer eine eigene Gruppe zugeordnet, die den Benutzernamen als Gruppennamen bekommt. Das hält sozusagen jede Taube in ihrem eigenen Schlag und ermöglicht es den Benutzern, bestimmten anderen Gruppen den Zugriff auf die eigenen Dateien zu gewähren. Allerdings erfordert es meistens den Eingriff des Systemverwalters, wenn ein Benutzer Mitglied einer weiteren Gruppe werden soll (indem */etc/group* editiert wird). Die Entscheidung liegt ganz bei Ihnen.

Die Accounts einrichten

Das Einrichten eines Benutzer-Accounts erfolgt in mehreren Schritten:[4] Es muß ein Eintrag in */etc/passwd* erfolgen, das Home-Verzeichnis muß angelegt und die Konfigurationsdateien (zum Beispiel *.bashrc*) müssen darin eingerichtet werden. Glücklicherweise brauchen Sie diese Schritte nicht von Hand vorzunehmen; fast alle Linux-Systeme enthalten ein Programm namens *adduser* für diesen Zweck.

Beim Aufruf von *adduser* als **root** sollte etwa folgendes passieren; geben Sie einfach am Prompt die jeweils gewünschte Information ein – an vielen Stellen werden sinnvolle Vorgaben gemacht, die Sie mit ENTER übernehmen können.

---

4 Beachten Sie, daß manche Linux-Systeme wie Red Hat andere Werkzeuge zum Anlegen und Löschen von Accounts verwenden. Wenn die einzugebenden Befehle in diesem Abschnitt bei Ihnen nicht funktionieren, lesen Sie in der Dokumentation zu Ihrer Distribution nach. (Bei Red Hat werden Accounts mit dem *control-panel*-Werkzeug verwaltet.)

```
Adding a new user. The username should not exceed 8 characters
in length, or you may run into problems later.

Enter login name for new account (^C to quit): norbert

Editing information for new user [norbert]

Full Name: Norbert Ebersol
GID [100]: 51

Checking for an available UID after 500
First unused uid is 501
UID [501]: (Enter)
Home Directory [/home/norbert]: (Enter)
Shell [/bin/bash]: (Enter)
Password [norbert]: (Norberts Paßwort)

Information for new user [norbert]:
Home directory: [/home/norbert] Shell: [/bin/bash]
Password: [(Norberts Paßwort)] uid: [501] gid: [51]

Is this correct? [y/N]: y

Adding login [norbert] and making directory [/home/norbert]
Adding the files from the /etc/skel directory:
./.emacs -> /home/norbert/./.emacs
./.kermrc -> /home/norbert/./.kermrc
./.bashrc -> /home/norbert/./.bashrc
```

Hierbei sollte es keine Überraschungen geben; machen Sie die nötigen Angaben, oder bestätigen Sie die Vorgaben. Wie Sie sehen, hat *adduser* als Gruppe den Wert 100 voreingestellt und sucht die erste freie Benutzer-ID oberhalb von 500. Es sollte keine Probleme geben, wenn Sie diese Vorgaben übernehmen; in diesem Beispiel haben wir die Gruppen-ID auf 51 gesetzt und als Benutzer-ID die 501 bestätigt.

Nachdem der Account angelegt ist, werden die Dateien aus */etc/skel* in das Home-Verzeichnis des Benutzers kopiert. In */etc/skel* stehen die »Rumpf«-Dateien für einen neuen Account; dies sind Konfigurationsdateien (etwa *.emacs* und *.bashrc*) mit Voreinstellungen für die neuen Benutzer. Sie können hier weitere Dateien unterbringen, die alle neuen Benutzer erhalten sollen.

Nach diesem Schritt ist der neue Account arbeitsfähig – **norbert** kann sich mit dem Paßwort einloggen, das mittels *adduser* gesetzt wurde. Neue Benutzer sollten nach dem ersten Einloggen auf jeden Fall mit *passwd* ihr Paßwort ändern, um die Sicherheit ihres Accounts zu bewahren.

root kann das Paßwort für alle Benutzer des Systems ändern. Ein Beispiel:

```
passwd norbert
```

fragt nach einem neuen Paßwort für **norbert**, ohne daß das alte Paßwort angegeben werden muß. Allerdings brauchen Sie dazu das Root-Paßwort. Falls Sie dieses einmal vergessen haben, bleibt Ihnen noch die Möglichkeit, Linux im Single-User-Modus mit einer Root-Shell oder von einer »Rettungsdiskette« zu booten. Anschließend können Sie das Feld Paßwort des **root**-Eintrags in */etc/passwd* löschen. Lesen Sie hierzu den Abschnitt »Die Rettung in der Not« in Kapitel 8.

Kapitel 8

Einige Linux-Systeme enthalten das befehlszeilenorientierte Programm *useradd* statt des interaktiven *adduser*. *useradd* erwartet alle nötigen Angaben als Argumente auf der Befehlszeile. Falls Sie *adduser* auf Ihrem System nicht finden und mit *useradd* Probleme haben, sollten Sie die Man-Pages lesen.

Accounts löschen und stillegen

Das Löschen eines Benutzer-Accounts ist viel einfacher als das Einrichten; hier findet das bekannte Konzept der Entropie Anwendung. Um einen Account zu löschen, müssen Sie den Eintrag des Benutzers aus */etc/passwd* entfernen, alle Verweise auf diesen Benutzer in */etc/group* löschen und das Home-Verzeichnis sowie alle Dateien entfernen, die der Benutzer erstellt hat oder deren Eigner er ist. Wenn der Benutzer zum Beispiel eine Mailbox für eingehende Nachrichten in */var/spool/mail* hat, muß auch diese entfernt werden.

Der Befehl *userdel* (das Yin zum Yang *useradd*) löscht einen Account und das dazugehörige Home-Verzeichnis. Ein Beispiel:

```
userdel -r norbert
```

entfernt den weiter oben angelegten Account für **norbert**. Die Option *-r* sorgt zwar dafür, daß das Home-Verzeichnis entfernt wird, aber andere Dateien des Benutzers – etwa die Mailbox, crontab-Dateien usw. – müssen von Hand gelöscht werden. In der Regel sind solche Dateien so klein, daß man sie auch stehenlassen könnte. Am Ende dieses Kapitels werden Sie erfahren haben, wo sich solche Dateien befinden, wenn es sie gibt. Eine schnelle Methode, die Dateien eines bestimmten Benutzers zu finden, ist der Befehl:

```
find / -user benutzername -ls
```

Damit erhalten Sie eine Auflistung wie mit *ls -l*, die alle Dateien von `benutzername` anzeigt. Natürlich muß dazu der Account für `benutzername` noch in */etc/passwd* eingetragen sein. Falls Sie den Account schon gelöscht haben, können Sie statt dessen das Argument *-uid* `num` benutzen, wobei `num` der numerische Wert der Benutzer-ID des soeben verschiedenen Benutzers ist.

Es ist noch viel einfacher, einen Account aus irgendeinem Grunde vorübergehend (oder auch dauerhaft) stillzulegen. Sie können dazu entweder den Eintrag des Benutzers in */etc/passwd* löschen (und seine Dateien sowie das Home-Verzeichnis stehenlassen) oder einen Stern als erstes Zeichen in das Feld Paßwort des entsprechenden Eintrags in */etc/passwd* schreiben:

```
aclark:*BjDf5hBysDsii:104:50:Anna Clark:/home/aclark:/bin/bash
```

Damit sind keine Logins unter dieser Zugangsberechtigung mehr möglich.

Accounts ändern

Eine Änderung der Benutzer-Accounts und -gruppen geschieht in der Regel durch das Editieren der Dateien */etc/passwd* und */etc/group*. Viele Systeme enthalten auch Befehle wie *usermod* und *groupmod* für denselben Zweck, aber oft ist es einfacher, die Dateien von Hand zu bearbeiten.

Die Änderung eines Paßwortes geschieht am besten mit dem Befehl *passwd*, der das Paßwort erfragt, es verschlüsselt und das verschlüsselte Ergebnis in der Datei */etc/passwd* ablegt.

Wenn Sie die Benutzer-ID eines bestehenden Accounts ändern möchten, können Sie natürlich das UID-Feld in */etc/passwd* direkt editieren. Allerdings sollten Sie gleichzeitig mit *chown* die Dateiberechtigungen der Dateien dieses Benutzers auf die neue UID übertragen. Ein Beispiel:

```
chown -R aclark /home/aclark
```

vergibt die Eignerrechte an allen Dateien in dem Home-Verzeichnis, das von **aclark** benutzt wurde, wieder an **aclark**, nachdem Sie die UID für diesen Account geändert haben. Wenn *ls -l* eine numerische Benutzer-ID statt eines Namens ausgibt, weist dies darauf hin, daß mit der UID dieser Dateien kein Benutzername verbunden ist. Mit *chown* können Sie das ändern.

KAPITEL 6

Verwalten von Dateisystemen, Swap-Bereichen und Geräten

Sie haben wahrscheinlich Dateisysteme und einen Swap-Bereich angelegt, als Sie Linux installiert haben (die meisten Distributionen helfen Ihnen dabei). Hier kommt Ihre Chance, diese Ressourcen genauer einzustellen. Meistens werden Sie solche Dinge kurz nach der Installation machen, das heißt bevor Sie anfangen, nette Sachen auf Ihren Festplatten zu installieren. Aber von Zeit zu Zeit werden Sie auch ein fertiges System verändern wollen, zum Beispiel um ein neues Gerät einzufügen oder vielleicht den Swap-Bereich zu vergrößern, wenn Sie Ihren Hauptspeicher vergrößern.

Mit Dateisystemen arbeiten

Auf UNIX-Systemen ist ein Dateisystem ein Gerät (device), das für die Aufnahme von Dateien formatiert wurde (zum Beispiel Festplatten, Disketten oder CD-ROMs). Dateisysteme finden Sie auf diesen Geräten, ebenso wie auf anderen, die den wahlfreien Zugriff erlauben. (Die wichtigste Ausnahme sind Streamer, auf die nur sequentiell zugegriffen werden kann und die deshalb per se kein Dateisystem enthalten können.)

Das genaue Format und die Methode der Speicherung von Dateien sind nicht wichtig; das System stellt ein gemeinsames Interface für alle Dateisystemtypen bereit, mit denen es arbeiten kann. Unter Linux gehören das Second Extended Filesystem (oder *ext2fs*) dazu, unter dem Sie wahrscheinlich Ihre Linux-Dateien ablegen; das MS-DOS-Dateisystem, mit dessen Hilfe Sie auf Dateien in DOS-Partitionen und auf DOS-formatierten Floppies zugreifen; außerdem verschiedene andere wie zum Beispiel das ISO-9660-Dateisystem für CD-ROMs.

Jeder dieser Dateisystemtypen benutzt ein anderes Format für die Speicherung von Daten. Wenn Sie allerdings unter Linux auf ein beliebiges Dateisystem zugreifen, wird das System Ihnen die Daten in der vertrauten Umgebung von Verzeichnishierarchien zusammen mit den Angaben zu Eigner und Gruppe, den Berechtigungsbits sowie allen anderen bekannten Merkmalen präsentieren.

Tatsächlich werden die Informationen zu Eignerschaft, Berechtigungen usw. nur von den Dateisystemen verwaltet, die für die Speicherung von Linux-Dateien vorgesehen sind. Bei solchen Dateisystemen, die diese Informationen nicht speichern, »erfinden« die Treiber, mit denen auf die Dateisysteme zugegriffen wird, diese Informationen. Das MS-DOS-Dateisystem zum Beispiel kennt das Konzept der Eignerschaft gar nicht; deshalb werden alle Dateien so dargestellt, als ob sie **root** gehörten. Auf diese Weise gleichen sich die Dateisysteme oberhalb einer bestimmten Ebene, und jeder Datei werden gewisse Attribute zugeordnet. Ob das darunterliegende Dateisystem diese Attribute nutzt oder nicht, ist eine ganz andere Frage.

Als Systemverwalter müssen Sie wissen, wie Dateisysteme erzeugt werden, falls Sie Linux-Dateien auf Disketten speichern oder zusätzliche Dateisysteme auf der Festplatte einrichten wollen. Sie werden auch verschiedene Tools kennenlernen müssen, mit denen Dateisysteme im Fall von Datenverlusten geprüft und repariert werden. Außerdem müssen Sie wissen, mit welchen Befehlen und Dateien auf Floppy- oder CD-ROM-Dateisysteme zugegriffen wird.

Die Dateisystemtypen

In Tabelle 6-1 finden Sie alle Dateisystemtypen aufgelistet, die vom Linux-Kernel unterstützt werden. Es werden ständig neue Typen hinzugefügt, und für mehrere hier nicht aufgeführte Dateisysteme gibt es experimentelle Treiber. Im Verzeichnis */usr/src/linux/fs* können Sie nachsehen, welche Typen von Dateisystemen Ihr Kernel unterstützt. Beim Kompilieren des Kernels können Sie bestimmen, welche Dateisysteme unterstützt werden sollen; lesen Sie dazu den Abschnitt »Den Kernel kompilieren« in Kapitel 7, *Software und den Kernel aktualisieren.*

Kapitel 7

Tabelle 6-1: Die Dateisystemtypen unter Linux

Dateisystem	Name	Beschreibung
Second-Extended-Dateisystem	*ext2*	Das Standard-Linux-Dateisystem
Extended-Dateisystem	*ext*	Ersetzt durch *ext2*
Minix-Dateisystem	*minix*	Original-Minix-Dateisystem; selten benutzt
Xia-Dateisystem	*xia*	Wie *ext2*, aber selten benutzt
Network File System (NFS)	*nfs*	Für den Zugriff auf Dateien im Netzwerk
UMSDOS-Dateisystem	*umsdos*	Wird benutzt, um Linux in einer MS-DOS-Partition zu installieren
MS-DOS-Dateisystem	*msdos*	Für den Zugriff auf MS-DOS-Dateien
HPFS-Dateisystem	*hpfs*	OS/2-Dateisystem
/proc-Dateisystem	*proc*	Liefert Zugriffsinformationen für *ps*
ISO-9660-Dateisystem	*iso9660*	Von den meisten CD-ROMs benutzt
Xenix-Dateisystem	*xenix*	Für den Zugriff auf Xenix-Dateien

Tabelle 6-1: Die Dateisystemtypen unter Linux (Fortsetzung)

Dateisystem	Name	Beschreibung
System-V-Dateisystem	*sysv*	Für den Zugriff auf Dateien von System-V-Systemen
Coherent-Dateisystem	*coherent*	Für den Zugriff auf Coherent-Dateien
Novell-Dateisystem	*ncpfs*	Greift auf Dateien von einem Novell-Server zu
SMB-Dateisystem	*smbfs*	Greift auf Dateien eines Windows für Workgroups-, Windows 95- oder Windows-NT-Servers zu

Jeder Dateisystemtyp hat individuelle Eigenschaften und Beschränkungen; MS-DOS zum Beispiel erlaubt nur achtstellige Dateinamen mit einer dreistelligen Erweiterung. Sie sollten dieses Dateisystem nur für den Zugriff auf bereits existierende DOS-Partitionen oder -Disketten benutzen. Sie werden für den größten Teil der Arbeit unter Linux das Second-Extended-Dateisystem benutzen, das in erster Linie für Linux entwickelt wurde. Es erlaubt Dateinamen bis zu einer Länge von 256 Stellen, Dateisysteme bis zu vier Terabytes Größe und bietet einen Haufen anderer Goodies. Frühere Linux-Systeme benutzten die inzwischen verdrängten Dateisysteme Extended und Minix. (Ursprünglich wurde aus mehreren Gründen Minix benutzt. Einerseits wurde Linux am Anfang unter Minix kompiliert. Andererseits kannte sich Linus mit Minix ziemlich gut aus, und es war einfach, Minix in die frühen Original-Kernels einzubinden.) Das Xia-Dateisystem ist dem Second-Extended-Dateisystem ähnlich, aber seine Weiterentwicklung ist praktisch eingestellt worden; es hat sich nie richtig durchsetzen können.

Das Dateisystem UMSDOS wird für die Installation eines Linux-Systems in einem Verzeichnis innerhalb einer bestehenden DOS-Partition benutzt. Auf diese Weise können Linux-Neulinge mit Linux experimentieren, ohne die Festplatte neu zu partitionieren. Das MS-DOS-Dateisystem dagegen wird für den direkten Zugriff auf DOS-Dateien benutzt. Das Dateisystem HPFS dient dem Zugriff auf das OS/2-Dateisystem.

Anhang A

Linux unterstützt momentan nicht den direkten Zugriff auf MS-DOS-Dateien, die mit DoubleSpace oder Stacker komprimiert wurden. Auf die unkomprimierten Teile der Dateien kann zwar zugegriffen werden, aber an die komprimierten Dateien kommt man nur mit einigen Tricks. Wer mehr darüber wissen will, sollte die aktuellsten Informationen aus der Linux-HOWTO-Dokumentation (siehe Anhang A) beziehen.

/proc ist ein virtuelles Dateisystem, das heißt, daß ihm kein Speicherplatz zugeordnet ist. Im Verzeichnis */proc* finden Sie eine Reihe von »Dateien« und »Verzeichnissen«, deren Inhalt sich im Laufe der Zeit verändert. Der Kernel stellt durch das Dateisystem /proc statistische Informationen über das System und die Prozesse

bereit. Wenn Sie versuchen, auf irgendeine Datei im Dateisystem */proc* zuzugreifen, erkennt der Kernel dies und gibt einige Daten aus, um Ihre Leseanforderung zu erfüllen. Alle diese »Dateien« und »Verzeichnisse« existieren nicht auf der Festplatte. Sie werden vom Kernel als eine einfache Möglichkeit erzeugt, Programmen wie *ps* und *top* den Zugriff auf diese Informationen zu gewähren.[1]

Das ISO-9660-Dateisystem (früher als High Sierra Filesystem bekannt und auf anderen UNIX-Systemen mit *hsfs* abgekürzt) wird von den meisten CD-ROMs benutzt. Ähnlich wie unter DOS sind auch hier die Länge der Dateinamen und die Menge der Informationen, die zu jeder Datei gespeichert werden, beschränkt. Die meisten CD-ROMs kennen allerdings die Rock-Ridge-Erweiterungen zum ISO-9660-Standard, so daß der Kernel-Treiber den Dateien lange Namen, Eignerschaft und Berechtigungen zuordnen kann. Als Folge bekommen Sie beim Zugriff auf eine ISO-9660-CD-ROM unter DOS nur Dateinamen im 8.3-Format, während Sie unter Linux die »echten«, kompletten Namen erhalten.

Schließlich kennt Linux noch drei Dateisysteme, die in anderen UNIX-Systemen für PCs verwendet werden: Xenix, System V und Coherent. (Diese werden in Wirklichkeit von demselben Kernel-Treiber mit jeweils leicht geänderten Parametern bedient.) Falls Sie auf Dateisysteme stoßen, die in einem dieser Formate erzeugt wurden, können Sie auf die Dateien darin auch unter Linux zugreifen.

Dateisysteme aufsetzen

Damit Sie unter Linux auf ein beliebiges Dateisystem zugreifen können, müssen Sie es auf ein bestimmtes Verzeichnis aufsetzen (mounten). Dies läßt die Dateien in diesem Dateisystem so erscheinen, als ob sie in diesem Verzeichnis stünden, so daß Sie darauf zugreifen können.

Dies wird mit dem Befehl *mount* erledigt und muß in der Regel als **root** ausgeführt werden. (Wir werden noch sehen, daß normale Benutzer *mount* ausführen können, wenn der betreffende Gerätename in der Datei */etc/fstab* aufgelistet ist.) Der Befehl hat folgendes Format:

```
mount -t typ gerät mount-point
```

Der *typ* ist der Name des Dateisystems, wie er in Tabelle 6-1 erscheint; das `gerät` ist das physikalische Gerät, auf dem das Dateisystem existiert (der Gerätename in */dev*); und der *mount-point* (Aufsetzpunkt) ist das Verzeichnis, auf das dieses Dateisystem aufgesetzt wird. Sie müssen das Verzeichnis vor dem Aufruf von *mount* anlegen.

---

1 Beachten Sie, daß das */proc*-Dateisystem unter Linux nicht dasselbe Format hat wie ein SVR4-*/proc*-Dateisystem (etwa Solaris 2.x). Unter SVR4 hat jeder aktive Prozeß einen eigenen »Datei«-Eintrag in */proc*, der mit bestimmten *ioctl()*-Aufrufen geöffnet und bearbeitet werden kann, um Prozeßinformationen zu gewinnen. Linux dagegen stellt die Informationen in */proc* über *read()*- und *write()*- Anforderungen bereit.

Wenn Sie zum Beispiel ein Second-Extended-Dateisystem auf */dev/hda2* haben, das Sie auf das Verzeichnis */mnt* aufsetzen möchten, geben Sie folgenden Befehl ein:

```
mount -t ext2 /dev/hda2 /mnt
```

Wenn alles klappt, sollten Sie auf das Dateisystem unter */mnt* zugreifen können.

Mit folgendem Befehl mounten wir ein Dateisystem, das auf einer Diskette erzeugt wurde:

```
mount -t msdos /dev/fd0 /mnt
```

Anschließend können Sie unter */mnt* auf Dateien zugreifen, die auf einer DOS-formatierten Diskette stehen.

Der Befehl *mount* kennt viele Optionen, die Sie mit dem Schalter *-o* spezifizieren können. Ein Beispiel: Die Dateisysteme MS-DOS und ISO-9660 unterstützen die »automatische Konvertierung« von Textdateien im DOS-Format (die am Ende jeder Zeile die Codes CR + LF enthalten) in das UNIX-Format (bei dem am Zeilenende nur ein LF steht). Mit dem Befehl:

```
mount -o conv=auto -t msdos /dev/fd0 /mnt
```

schalten Sie diese Konvertierung bei solchen Dateien ein, deren Suffix nicht auf eine Binärdatei hinweist (wie *.exe*, *.bin* usw.).

Eine häufig benutzte Option beim Aufsetzen ist *-o ro* (oder, mit demselben Effekt, *-r*), mit der Sie Dateisysteme im Lesemodus (read-only) aufsetzen. Alle schreibenden Zugriffe auf ein solches Dateisystem haben die Fehlermeldung »permission denied« zur Folge. Medien, die nicht beschrieben werden können (etwa CD-ROMs), müssen read-only aufgesetzt werden. Wenn Sie versuchen, eine CD-ROM ohne die Option *-r* zu mounten, erhalten Sie die kryptische Fehlermeldung:

```
mount: block device /dev/cdrom is not permitted on its filesystem
```

Geben Sie in diesem Fall statt dessen ein:

```
mount -t iso9660 -r /dev/cdrom /mnt
```

Dies gilt auch, wenn Sie versuchen, eine schreibgeschützte Diskette zu mounten.

In der Man-Page zu *mount* finden Sie alle Optionen für das Aufsetzen von Dateisystemen. Sie werden nicht alle davon sofort benutzen, aber eines Tages müssen Sie vielleicht doch auf einige davon zurückgreifen.

Das Gegenteil zum Aufsetzen eines Dateisystems ist natürlich das Absetzen (unmounting). Das Absetzen bewirkt zweierlei: Der Inhalt des Dateisystems wird aus den Systempuffern aktualisiert, und auf das Dateisystem kann nicht mehr über seinen Aufsetzpunkt zugegriffen werden. Anschließend können Sie auf diesen Mount-Point ein anderes Dateisystem aufsetzen.

Das Absetzen geschieht mit dem Befehl *umount* (beachten Sie, daß das »n« in der Vorsilbe von »unmount« fehlt). Ein Beispiel:

```
umount /dev/fd0
```

setzt das Dateisystem auf */dev/fd0* ab. Mit einem Befehl wie

```
umount /mnt
```

setzen Sie ein beliebiges, auf ein bestimmtes Verzeichnis aufgesetztes Dateisystem ab.

Es ist wichtig, daß Sie Wechselmedien wie Floppies und CD-ROMs nicht aus dem Laufwerk entfernen oder gegen andere austauschen, solange sie aufgesetzt sind. Das hätte zur Folge, daß die Systeminformationen über das Gerät nicht mehr mit dem übereinstimmen, was tatsächlich vorhanden ist; dies kann unendliche Probleme bereiten. Wenn Sie eine Floppy oder CD-ROM wechseln wollen, sollten Sie das alte Medium erst absetzen, bevor Sie das neue Medium aufsetzen.

Ebenso wie bei Festplatten, wird auch das Lesen und Schreiben von/auf Diskettendateisysteme(n) im Arbeitsspeicher gepuffert. Das bedeutet, daß das Laufwerk beim Lesen und Schreiben nicht sofort aktiv wird. Das System arbeitet die Ein/Ausgabe von/auf Floppies asynchron ab und führt Lese- und Schreibvorgänge nur durch, wenn es wirklich notwendig ist. Wenn Sie also eine kleine Datei auf die Diskette kopieren, und die Kontrolleuchte am Laufwerk blinkt nicht sofort auf, brauchen Sie nicht in Panik auszubrechen – die Daten werden schließlich doch noch geschrieben. Mit dem Befehl:

```
sync
```

zwingen Sie das System, alle Puffer für das Dateisystem zu leeren, das heißt, daß alle Daten in den Puffern physikalisch auf die Diskette geschrieben werden. Dasselbe geschieht beim Absetzen eines Dateisystems.

Wenn Sie gewöhnlichen Sterblichen erlauben wollen, bestimmte Geräte auf- und abzusetzen, gibt es zwei Möglichkeiten. Die erste davon ist, für ein solches Gerät die Option `user` in */etc/fstab* einzutragen (wir gehen weiter unter in diesem Abschnitt darauf ein). Danach sind alle Benutzer in der Lage, *mount* und *umount* für dieses Gerät aufzurufen. Die andere Möglichkeit ist die Benutzung eines Programms, das unter Linux das Auf- und Absetzen übernimmt. Diese Programme werden mit setuid **root** ausgeführt und erlauben normalen Benutzern das Aufsetzen bestimmter Geräte. Im allgemeinen werden Sie nicht zulassen, daß Benutzer eine Festplattenpartition auf- und absetzen, aber die Benutzung eines CD-ROM- oder Diskettenlaufwerks könnte erlaubt sein.

Es gibt eine ganze Reihe von Fehlern, die beim Mounten von Dateisystemen auftreten können. Unglücklicherweise gibt *mount* auf verschiedene Probleme dieselbe Fehlermeldung aus:

```
mount: wrong fs type, /dev/cdrom already mounted, /mnt busy, or other error
```

`wrong fs type` ist einfach: Es bedeutet, daß Sie dem Befehl *mount* den verkehrten Typ übergeben haben. Wenn Sie keinen Typ definieren, wird auf Linux-Systemen *-t minix* als Voreinstellung benutzt.

`device` `already mounted` bedeutet genau das: Dieses Gerät ist bereits auf ein anderes Verzeichnis aufgesetzt. Mit dem Befehl *mount* ohne Argumente können Sie feststellen, welche Geräte wo aufgesetzt sind:

```
rutabaga# mount
/dev/hda2 on / type ext2 (rw)
/dev/hda3 on /msdos type msdos (rw)
/dev/cdrom on /cdrom type iso9660 (ro)
/proc on /proc type proc (rw,none)
```

Wir sehen zwei Festplattenpartitionen, eine vom Typ *ext2*, die andere vom Typ *msdos*; ein CD-ROM-Laufwerk, das auf */cdrom* aufgesetzt ist; und schließlich das Dateisystem */proc*. Das letzte Feld in jeder Zeile (zum Beispiel (`rw`)) zeigt die Optionen, unter denen das Dateisystem aufgesetzt ist. Mehr dazu in Kürze.

Beachten Sie, daß das CD-ROM-Laufwerk auf */cdrom* aufsetzt. Wenn Sie häufig mit CD-ROMs arbeiten, ist es eine gute Idee, ein Verzeichnis */cdrom* anzulegen, um dieses Gerät dort zu mounten. */mnt* wird im allgemeinen benutzt, um dort zum Beispiel Floppy-Dateisysteme vorübergehend aufzusetzen.

Die Fehlermeldung *`mount-point`* `busy` ist schwer nachzuvollziehen. Grundsätzlich deutet sie auf irgendeine Art von Aktivität unterhalb des Mount-Point hin, welche verhindert, daß Sie dort ein Dateisystem aufsetzen. Meistens ist das eine offene Datei unterhalb dieses Verzeichnisses oder ein Prozeß, der sein aktuelles Arbeitsverzeichnis unterhalb des Aufsetzpunktes hat. Stellen Sie beim Aufruf von *mount* sicher, daß sich Ihre Root-Shell nicht innerhalb von Mount-Point befindet; gehen Sie mit *cd /* in die oberste Verzeichnisebene. Es könnte auch sein, daß bereits ein anderes Dateisystem auf demselben Mount-Point aufsetzt; mit *mount* ohne Argumente können Sie dies feststellen.

Die Meldung `other error` ist natürlich nicht sehr hilfreich. Es gibt verschiedene Fälle, in denen *mount* mißlingen könnte. Falls das betreffende Dateisystem irgendwelche Daten- oder Datenträgerfehler enthält, wird *mount* eventuell melden, daß es den Superblock des Dateisystems nicht lesen kann. Unter UNIX-artigen Betriebssystemen enthält der Superblock den Teil des Dateisystems, der Informationen zu einzelnen Dateien und die Attribute des Dateisystems insgesamt enthält. Wenn Sie versuchen, ein CD-ROM- oder Diskettenlaufwerk aufzusetzen, ohne daß eine CD-ROM oder Floppy vorhanden ist, erhalten Sie eine Meldung wie diese:

```
mount: /dev/cdrom is not a valid block device
```

Disketten sind besonders anfällig für physikalische Schäden (mehr als Sie vielleicht glauben); CD-ROMs leiden unter Staub, Kratzern, Fingerabdrücken und werden auch nicht gerne verkehrt herum eingelegt. (Wenn Sie versuchen, Ihre Stan-Rogers-CD als ISO-9660-Format zu mounten, werden Sie wahrscheinlich ähnliche Probleme bekommen.)

Vergewissern Sie sich auch, daß der Aufsetzpunkt, den Sie benutzen möchten (etwa */mnt*), tatsächlich existiert. Falls das nicht der Fall ist, können Sie ihn mit dem Befehl *mkdir* anlegen.

Falls beim Aufsetzen oder beim Zugriff auf ein Dateisystem Probleme auftauchen, kann es sein, daß Daten beschädigt sind. Unter Linux gibt es verschiedene Tools zum Reparieren bestimmter Dateisystemtypen; im Abschnitt »Dateisysteme prüfen und reparieren« weiter unten finden Sie mehr zu diesem Thema.

Beim Booten setzt das System automatisch mehrere Dateisysteme auf. Dies wird von der Datei */etc/fstab* gesteuert, die einen Eintrag für jedes Dateisystem enthält, das beim Booten aufgesetzt werden soll. Die Zeilen haben das Format:

```
gerät mount-point typ optionen
```

Dabei haben `gerät`, `mount-point` und `typ` dieselbe Bedeutung wie im Befehl *mount*; die Optionen sind eine durch Kommata getrennte Liste der Optionen, die Sie bei *mount* mit dem Schalter *-o* angeben würden.

So könnte eine Datei */etc/fstab* aussehen:

```
# device        directory       type      options
/dev/hda2       /               ext2      defaults
/dev/hda3       /msdos          msdos     defaults
/dev/cdrom      /cdrom          iso9660   ro
/proc           /proc           proc      none
/dev/hda1       none            swap      sw
```

mount(8)

Die letzte Zeile in dieser Datei bezeichnet eine Swap-Partition. Im Abschnitt »Swap-Space benutzen« gehen wir genauer darauf ein. Die Man-Page zu *mount* enthält auch die möglichen Optionen; wenn Sie mehr als eine Option angeben wollen, führen Sie sie durch Kommata getrennt, aber ohne Leerstellen dazwischen auf:

```
/dev/cdrom      /cdrom          iso9660   ro,user
```

Die Option `user` läßt auch andere Benutzer als **root** Dateisysteme aufsetzen. Wenn diese Option eingetragen ist, kann ein Benutzer zum Beispiel mit

```
mount /cdrom
```

ein CD-ROM-Laufwerk aufsetzen. Beachten Sie, daß Sie immer nur ein Gerät oder einen Mount-Point (aber nicht beide) an *mount* übergeben; der Befehl wird den Aufsetzpunkt oder das Gerät in */etc/fstab* nachschlagen und das Gerät mit den dort eingetragenen Parametern aufsetzen. Auf diese Weise lassen sich Geräte, die in */etc/fstab* eingetragen sind, ganz einfach mounten.

Sie sollten für die meisten Dateisysteme die Option `defaults` (Standardwerte) benutzen; damit schalten Sie eine Reihe weiterer Optionen ein, wie zum Beispiel `rw` (Schreib- und Lesezugriff), `async` (asynchrones Leeren der E/A-Puffer) usw. Solange Sie keinen besonderen Grund haben, diese Parameter zu ändern, sollten Sie `defaults` für fast alle Dateisysteme und `ro` ausschließlich für Geräte mit Lesezugriff (wie CD-ROMs) benutzen.

Mit dem Befehl *mount -a* werden alle Dateisysteme aufgesetzt, die in */etc/fstab* eingetragen sind. Der Befehl wird beim Booten von einem der Skripten in */etc/rc.d* ausgeführt, in der Regel *rc.S.* Auf diese Weise werden alle in */etc/fstab* aufgeführten Dateisysteme beim Systemstart aktiviert; alle Partitionen Ihrer Festplatte, das CD-ROM-Laufwerk usw. werden aufgesetzt.

Kapitel 5

Hierzu gibt es eine Ausnahme: das Dateisystem **root**. Dieses Dateisystem, das in der Regel auf / aufgesetzt wird, enthält meistens sowohl die Datei */etc/fstab* als auch die Skripten in */etc/rc.d.* Damit der Kernel darauf zugreifen kann, muß er beim Booten das Root-Dateisystem selbst aufsetzen. Das Gerät, das das Root-Dateisystem enthält, ist direkt in den Kernel einkompiliert und kann mit dem Befehl *rdev* geändert werden (lesen Sie hierzu »Von einer Diskette booten« in Kapitel 5, *Grundlagen der Systemverwaltung*). Während des Bootens versucht der Kernel, dieses Gerät als Root-Dateisystem aufzusetzen, und probiert dazu nacheinander verschiedene Dateisystemtypen aus (zuerst Minix, dann Extended usw.). Wenn Sie beim Booten eine Fehlermeldung wie

```
VFS: Unable to mount root fs
```

erhalten, kann das eine der folgenden Ursachen haben:

Kapitel 7

- In den Kernel ist ein falscher Gerätename für Root eingetragen.
- In den Kernel ist keine Unterstützung für den Dateisystemtyp von Root einkompiliert. (Weitere Details finden Sie in »Den Kernel kompilieren« in Kapitel 7, *Software und den Kernel aktualisieren.* Dies spielt in der Regel nur dann eine Rolle, wenn Sie Ihren eigenen Kernel kompilieren.)
- Das Root-Dateisystem ist in irgendeiner Weise defekt.

Kapitel 8

Für jeden dieser Fälle gilt, daß der Kernel nicht weiterarbeiten kann und in »Panik« ausbricht. Lesen Sie in »Die Rettung in der Not« in Kapitel 8, *Andere Administrationsaufgaben,* nach, was Sie tun können. Falls ein beschädigtes Dateisystem die Ursache ist, läßt sich das in der Regel beheben; lesen Sie dazu »Dateisysteme prüfen und reparieren«.

Ein Dateisystem muß nicht in */etc/fstab* eingetragen sein, damit es aufgesetzt werden kann, aber für das »automatische« Aufsetzen durch *mount -a* sowie die Benutzung der Option `user` ist dies eine Voraussetzung.

Dateisysteme erzeugen

Mit dem Befehl *mkfs* erzeugen Sie ein Dateisystem. Das Anlegen eines Dateisystems entspricht dem »Formatieren« einer Partition oder Diskette als Vorbereitung für das Speichern von Daten.

Zu jedem Dateisystemtyp gehört ein eigener *mkfs*-Befehl – für MS-DOS zum Beispiel ist das *mkfs.msdos*, ein Second-Extended-Dateisystem wird mit *mkfs.ext2* erzeugt usw. Das Programm *mkfs* selbst ist ein Front-End (Hilfsprogramm), das beliebige Dateisysteme erzeugen kann, indem es die passende Version von *mkfs* aufruft.[2]

Bei der Installation Ihres Linux-Systems haben Sie eventuell mit einem Befehl wie *mke2fs* ein Dateisystem von Hand erzeugt. (Falls nicht, hat die Installationssoftware das für Sie erledigt.) Tatsächlich ist *mke2fs* dasselbe wie *mkfs.ext2*. Die Programme sind identisch (und auf vielen Systemen ist das eine nur ein Link auf das andere), aber man benutzt die Version *mkfs*.*`dateisystemtyp`*, damit es für *mkfs* einfacher wird, das entsprechende Programm für jedes Dateisystem auszuführen. Wenn Sie das Front-End *mkfs* nicht auf Ihrem System haben, können Sie auch *mke2fs* oder *mkfs.ext2* direkt aufrufen.

Wir gehen davon aus, daß Sie das Front-End *mkfs* benutzen; dann erzeugen Sie mit folgendem Befehl ein Dateisystem:

```
mkfs -t typ gerätedatei blöcke
```

Dabei ist `typ` der zu erzeugende Dateisystemtyp, wie er in Tabelle 6-1 erscheint, `gerätedatei` gibt an, wo das Dateisystem erzeugt werden soll (zum Beispiel */dev/fd0* für eine Diskette), und die `blöcke` geben die Größe des Dateisystems in Blöcken zu 1024 Bytes an.

Wenn Sie zum Beispiel ein *ext2*-Dateisystem auf einer Diskette anlegen möchten, geben Sie ein:

```
mkfs -t ext2 /dev/fd0 1440
```

Hier werden 1440 Blöcke angegeben, womit eine 3,5-Zoll-HD-Diskette mit 1,44-Megabytes bezeichnet wird. Wenn Sie statt dessen *-t msdos* eingäben, könnten Sie eine DOS-formatierte Floppy erzeugen.

Anschließend können wir die Disketten mounten, wie wir das im vorhergehenden Abschnitt beschrieben haben, und dann Dateien dorthin kopieren usw. Vergessen Sie nicht, die Floppy wieder abzusetzen, bevor Sie sie aus dem Laufwerk entfernen.

Mit dem Erzeugen eines Dateisystems werden alle Daten auf dem betreffenden physikalischen Datenträger (Diskette, Festplattenpartition usw.) gelöscht. *mkfs* wird normalerweise vor dem Anlegen eines Dateisystems keine Warnung ausgeben – überlegen Sie deshalb genau, was Sie tun wollen.

---

2 In frühen Versionen von Linux wurde mit *mkfs* ein Minix-Dateisystem erzeugt. In neueren Versionen ist dies ein Front-End zur Erzeugung beliebiger Dateisysteme, und Minix-Dateisysteme werden mit *mkfs.minix* erzeugt.

Auf dieselbe Weise erzeugen Sie auch ein Dateisystem auf einer Festplattenpartition, nur geben Sie dabei den Namen der Partition (etwa */dev/hda2*) als Gerätedatei an. Versuchen Sie niemals, auf einem Gerätenamen wie */dev/hda* ein Dateisystem zu erzeugen. Dies bezieht sich auf die gesamte Festplatte, nicht nur eine einzelne Partition. Mit dem Befehl *fdisk* können Sie Partitionen einrichten, wie wir das im Abschnitt »Linux-Partitionen anlegen« in Kapitel 3, *Installation und erste Konfigurationsarbeiten,* beschrieben haben.

Kapitel 3

Sie sollten beim Erzeugen von Dateisystemen auf Festplattenpartitionen ganz besonders vorsichtig sein. Vergewissern Sie sich, daß die Werte für Gerätedatei und Blöcke korrekt sind. Wenn Sie eine falsche Gerätedatei angeben, kann es passieren, daß Sie Daten in bestehenden Dateisystemen zerstören; wenn Sie einen falschen Wert für die Blöcke angeben, überschreiben Sie eventuell Daten in anderen Partitionen. Geben Sie für die Blöcke genau den Wert ein, den das *fdisk* von Linux meldet.

Wenn Sie Dateisysteme auf Disketten erzeugen möchten, ist es meistens eine gute Idee, zunächst eine Low-level-Formatierung vorzunehmen. Damit werden die Sektor- und Spurinformationen auf die Floppy geschrieben, so daß bei der Benutzung der Gerätenamen */dev/fd0* und */dev/fd1* die Diskettenkapazität automatisch erkannt wird. Der FORMAT-Befehl unter DOS ist eine Möglichkeit der Low-level-Formatierung; eine andere Möglichkeit ist das Programm *fdformat* unter Linux. Wenn Sie zum Beispiel die Floppy im ersten Diskettenlaufwerk formatieren möchten, geben Sie ein:

```
rutabaga# fdformat /dev/fd0
Double-sided, 80 tracks, 18 sec/track. Total capacity 1440 kB.
Formatting ... done
Verifying ... done
```

Mit der Option *-n* zu *fdformat* überspringen Sie die Verifizierung.

Alle Versionen von *mkfs* für die einzelnen Dateisystemtypen unterstützen verschiedene nützliche Optionen. Fast alle Versionen kennen die Option *-c*, mit der beim Erzeugen des Dateisystems eine Überprüfung des physikalischen Mediums auf beschädigte Blöcke eingeschaltet wird. Wenn beschädigte Blöcke gefunden werden, werden diese markiert und bei Schreibvorgängen in diesem Dateisystem ausgespart. Wenn Sie solche spezifischen Optionen benutzen möchten, sollten Sie sie hinter der Option *-t typ* von *mkfs* angeben, etwa so:

```
mkfs -t typ -c gerätedatei blöcke
```

Schauen Sie in der Man-Page der betreffenden Version von *mkfs* nach, welche speziellen Optionen unterstützt werden. (Für das Second-Extended-Dateisystem lesen Sie also in der Man-Page zu *mke2fs* nach.) Die meisten Versionen kennen *-c* zum Testen auf beschädigte Blöcke und *-v* für ausführliche Meldungen.

Eventuell haben Sie nicht alle speziellen Versionen von *mkfs* installiert. Falls nicht, kann *mkfs* nicht ausgeführt werden, wenn Sie versuchen, ein Dateisystem eines Typs zu erzeugen, für den Sie kein *mkfs.*`typ` installiert haben. Irgendwo gibt es für fast alle Dateisystemtypen, die von Linux unterstützt werden, auch ein entsprechendes *mkfs.*`typ`.

Falls Sie beim Aufruf von *mkfs* auf Probleme stoßen, kann es sein, daß Linux physikalisch nicht auf das Gerät zugreifen kann. Wenn es sich um eine Diskette handelt, ist es vielleicht nur ein defektes Exemplar. Bei einer Festplatte könnte es sich um einen ernsteren Fehler handeln – eventuell kann der Gerätetreiber für die Festplatte im Kernel nicht auf dieselbe zugreifen. Dabei kann ein Hardwarefehler vorliegen, oder die Plattengeometrie ist einfach falsch spezifiziert worden. Lesen Sie die Man-Pages der verschiedenen Versionen von *mkfs* sowie die Abschnitte in Kapitel 3 zum Thema: Probleme bei der Installation. Das dort Gesagte gilt auch hier.

Kapitel 3

Dateisysteme prüfen und reparieren

Von Zeit zu Zeit werden Sie die Linux-Dateisysteme auf ihre Konsistenz untersuchen und gegebenenfalls reparieren müssen, wenn dabei Fehler oder verlorene Daten festgestellt werden. Solche Fehler entstehen in der Regel bei einem Systemcrash oder durch Stromausfall, wenn der Kernel keine Gelegenheit mehr hat, den Inhalt der Schreibpuffer auf die Festplatte zu bringen. Meist sind solche Fehler relativ unbedeutend. Wenn das System allerdings beim Schreiben einer großen Datei unterbrochen wird, könnte diese Datei verlorengehen, wobei die Blöcke, die zu dieser Datei gehören, als »belegt« (in use) markiert werden, obwohl es dafür keinen Dateieintrag mehr gibt. Solche Fehler können auch entstehen, wenn versehentlich Daten direkt auf die Festplatte (etwa */dev/hda*) oder eine der Partitionen geschrieben werden.

Das Programm *fsck* dient der Untersuchung von Dateisystemen und gegebenenfalls der Reparatur von Fehlern. Wie *mkfs* ist auch *fsck* ein Front-End für dateisystemspezifische Versionen von *fsck.*`typ`, etwa *fsck.ext2* für das Second-Extended-Dateisystem. (Ähnlich wie bei *mkfs.ext2* ist auch *fsck.ext2* ein symbolischer Link auf *e2fsck*; Sie könnten eines der Programme auch direkt aufrufen, falls das Front-End *fsck* nicht installiert ist.)

Die Benutzung von *fsck* ist recht einfach; der Befehl hat das Format:

```
fsck -t typ gerätedatei
```

wobei `typ` den Typ des zu reparierenden Dateisystems bezeichnet, wie er in Tabelle 6-1 erscheint, und `gerätedatei` das Gerät (Partition oder Floppy) bezeichnet, auf dem das Dateisystem lebt.

Wenn wir zum Beispiel das *ext2*-Dateisystem auf */dev/hda2* überprüfen wollen, geben wir ein:

```
rutabaga# fsck -t ext2 /dev/hda2
Parallelizing fsck version 0.5a (5-Apr-94)
e2fsck 0.5a, 5-Apr-94 for EXT2 FS 0.5, 94/03/10
/dev/hda2 is mounted.  Do you really want to continue (y/n)? yes

/dev/hda2 has reached maximal mount count, check forced.
Pass 1: Checking inodes, blocks, and sizes
Pass 2: Checking directory structure
Pass 3: Checking directory connectivity
Pass 4: Check reference counts.
Pass 5: Checking group summary information.

Free blocks count wrong for group 3 (3331, counted=3396).  FIXED
Free blocks count wrong for group 4 (1983, counted=2597).  FIXED
Free blocks count wrong (29643, counted=30341).  FIXED
Inode bitmap differences: -8280.  FIXED
Free inodes count wrong for group #4 (1405, counted=1406).  FIXED
Free inodes count wrong (34522, counted=34523).  FIXED

/dev/hda2: ***** FILE SYSTEM WAS MODIFIED *****
/dev/hda2: ***** REBOOT LINUX *****
/dev/hda2: 13285/47808 files, 160875/191216 blocks
```

Beachten Sie zunächst, daß die Prüfung eines aufgesetzten Dateisystems ausdrücklich bestätigt werden muß. Falls während der Ausführung von *fsck* in einem aufgesetzten Dateisystem Fehler gefunden und korrigiert werden, müssen Sie das System neu booten. Das liegt daran, daß die Änderungen, die *fsck* durchführt, eventuell nicht an das System zurückgemeldet werden, um dem System den aktuellen Aufbau des Dateisystems mitzuteilen. Im allgemeinen ist es keine gute Idee, aufgesetzte Dateisysteme zu prüfen.

Wie Sie sehen, wurden mehrere Probleme entdeckt und korrigiert; weil dieses Dateisystem aufgesetzt war, werden wir aufgefordert, den Rechner neu zu booten.

Wie können Sie aber Dateisysteme prüfen, während sie abgesetzt sind? Außer dem Root-Dateisystem können Sie alle Dateisysteme vor dem Aufruf von *fsck* einfach absetzen (umount). Das Root-Dateisystem läßt sich allerdings nicht absetzen. Eine Möglichkeit, dieses Dateisystem im abgesetzten Zustand zu prüfen, besteht darin, eine Kombination aus Boot- und Root-Diskette einzusetzen – zum Beispiel die Installationsdisketten aus Ihrer Linux-Distribution. Auf diese Weise ist ein Root-Dateisystem auf der Diskette enthalten, während das Root-Dateisystem auf der Festplatte für die Überprüfung abgesetzt bleibt. In »Die Rettung in der Not« in Kapitel 8 finden Sie weitere Details hierzu.

Kapitel 8

Kapitel 5

Eine andere Möglichkeit besteht darin, das Root-Dateisystem im Zustand read-only zu mounten. Dazu benutzen Sie am LILO-Boot-Prompt die Option `ro` (siehe auch den Abschnitt »Die Boot-Optionen festlegen« in Kapitel 5). Allerdings kann es sein, daß andere Teile Ihrer Systemkonfiguration (zum Beispiel die Programme, die beim Booten von */etc/init* aus aufgerufen werden) auch schreibenden Zugriff auf das Root-Dateisystem haben müssen. Mit der Option `ro` könnten solche Programme nicht ausgeführt werden. Damit Sie das System mit der `ro`-Option für das Root-Dateisystem booten können, könnten Sie auch im Single-User-Modus booten (mit der Option `single`). Damit verhindern Sie jegliche weitere Konfiguration des Systems während des Bootens – Sie können dann das Root-Dateisystem überprüfen und anschließend das System ganz normal booten.

Damit das Root-Dateisystem als read-only aufgesetzt wird, können Sie entweder die Boot-Option `ro` benutzen oder mit dem Befehl *rdev* das Read-only-Flag direkt im Kernel setzen.

Viele Linux-Systeme prüfen die Dateisysteme selbständig beim Booten. Dazu wird in der Regel *fsck* von */etc/rc.d/rc.sysinit* aus aufgerufen. Wenn dies geschieht, wird Linux das Root-Dateisystem zunächst als read-only mounten, es mit *fsck* prüfen und dann mit

```
mount -w -o remount /
```

wieder aufsetzen. Die Option *-o remount* bewirkt, daß das betreffende Dateisystem mit den neuen Parametern erneut aufgesetzt wird (remount); in diesem Fall wird durch die Option *-w* (entspricht *-o rw*) das Dateisystem als read-write aufgesetzt. Das Ergebnis dieser Operation ist ein Root-Dateisystem mit Lese- und Schreibzugriff.

Wenn *fsck* während des Bootens aufgerufen wird, prüft es alle Dateisysteme außer Root, bevor diese aufgesetzt werden. Sobald *fsck* beendet ist, werden mit *mount* die anderen Dateisysteme aufgesetzt. In den Dateien unter */etc/rc.d*, insbesondere *rc.S* (sofern vorhanden), können Sie nachvollziehen, wie das geschieht. Wenn Sie diesen Schritt auf Ihrem System unterbinden wollen, sollten Sie in den entsprechenden Dateien in */etc/rc.d* die Zeilen auskommentieren, in denen *fsck* aufgerufen wird.

Es gibt mehrere Optionen, die Sie mit dem dateisystemspezifischen *fsck* angeben können. Die meisten Typen kennen die Option *-a*, die automatisch alle Aufforderungen bestätigt, welche von *fsck.typ* eventuell ausgegeben werden; die Option *-c*, die die Suche nach defekten Blöcken einschaltet (wie bei *mkfs*); und die Option *-v*, die während der Überprüfung ausführliche Meldungen ausgibt.

Sie sollten diese Optionen hinter dem Argument *-ttyp* angeben, etwa so:

```
fsck -t typ -v gerätedatei
```

um *fsck* mit ausführlichen Meldungen aufzurufen.

In den Man Pages zu *fsck* und *e2fsck* finden Sie weitere Details.

Es gibt nicht für alle Dateisystemtypen, die von Linux unterstützt werden, eine *fsck*-Version. Wenn Sie MS-DOS-Dateisysteme prüfen und reparieren wollen, sollten Sie dazu eines der DOS-Programme, wie zum Beispiel die Norton Utilities, benutzen.

Auf jeden Fall sollte Ihr System Versionen von *fsck* für die Dateisysteme Second Extended, Minix und Xia enthalten.

Kapitel 8

Im Abschnitt »Die Rettung in der Not« in Kapitel 8 werden wir noch einmal auf die Themen »Prüfung eines Dateisystems« und »Dateien wiederherstellen« eingehen. *fsck* kann auf keinen Fall alle Fehler in Ihren Dateisystemen finden und reparieren, aber es sollte mit den häufigsten Problemen zurechtkommen. Es gibt zur Zeit keine einfache Methode, eine wichtige Datei wiederherzustellen, die Sie gelöscht haben – *fsck* ist dazu nicht geeignet. Es wird gerade an einem »undelete«-Utility für das Second-Extended-Dateisystem gearbeitet. Sichern Sie also Ihr System, oder benutzen Sie *rm -i*, damit Linux vor dem Löschen noch einmal nachfragt.

Swap-Space benutzen

Swap-Space (Auslagerungsspeicher) ist die Bezeichnung für Speicherplatz, der auf der Festplatte eingerichtet wird, um scheinbar den verfügbaren Arbeitsspeicher des Systems zu vergrößern. Unter Linux wird der Swap-Space benutzt, um das *Paging* zu ermöglichen. Paging bedeutet, daß Memory-Pages (Speicherseiten, eine Seite hat in der Regel 4096 Bytes) auf die Festplatte ausgelagert werden, wenn der physikalisch vorhandene Speicher knapp wird. Bei Bedarf werden die ausgelagerten Speicherseiten wieder in den physikalischen Arbeitsspeicher zurückgeladen. Der ganze Vorgang ist eine ziemlich komplizierte Angelegenheit, aber für bestimmte Zwecke ist das Paging optimiert worden. Das Subsystem, das unter Linux den virtuellen Speicher verwaltet, macht es möglich, daß mehrere aktive Programme die Memory-Pages gemeinsam nutzen. Wenn Sie zum Beispiel mehrere Kopien von Emacs gleichzeitig aufgerufen haben, steht trotzdem nur eine Kopie davon im Arbeitsspeicher. Außerdem besteht auf Textseiten (Seiten mit Programmcode, nicht Daten) normalerweise nur Lesezugriff, so daß diese Seiten beim Auslagern nicht auf die Festplatte geschrieben werden. Solche Seiten werden statt dessen sofort aus dem Hauptspeicher entfernt und bei Bedarf aus der ursprünglichen ausführbaren Datei erneut gelesen.

Natürlich kann Swap-Space einen Mangel an physikalischem RAM nicht vollständig ausgleichen. Der Zugriff auf eine Festplatte ist um ein Mehrfaches langsamer als der RAM-Zugriff. Die Auslagerungsdatei wird deshalb in erster Linie als eine Methode benutzt, mehrere Programme gleichzeitig laufen zu lassen, die nicht zusammen im physikalischen RAM untergebracht werden könnten. Wenn Sie schnell zwischen diesen Programmen hin- und herwechseln, werden Sie feststellen, daß es beim Auslagern und Zurücklesen von Speicherseiten zu Verzögerungen kommt.

Auf jeden Fall unterstützt Linux zwei Arten von Swap-Space: in Form einer eigenen Partition oder als eine Datei innerhalb der existierenden Dateisysteme. Sie können bis zu 16 Swap-Bereiche einrichten, wobei jeder Bereich bis zu 128 Megabytes groß sein darf. Den Mathe-Zauberern da draußen dürfte jetzt klar sein, daß somit bis zu zwei Gigabytes an Swap-Space möglich sind. (Wenn jemand schon einmal versucht hat, soviel Swap-Space zu benutzen, würden wir gerne davon erfahren – egal, ob Sie Mathe-Zauberer sind oder nicht.)

Die Benutzung einer Swap-Partition kann die Leistung des Systems verbessern, weil die Blöcke auf der Festplatte garantiert hintereinander stehen. Bei einer Swap-Datei dagegen kann es sein, daß die Blöcke über das ganze Dateisystem verteilt sind, was zu ernsten Leistungseinbußen führen kann. Viele Leute benutzen eine Datei, wenn sie nur vorübergehend mehr Swap-Space brauchen – etwa weil das System ins Schwitzen gerät, wenn physikalisches RAM und Swap-Space knapp werden. Swap-Dateien sind eine geeignete Methode, bei Bedarf den vorhandenen Swap-Bereich zu vergrößern.

Kapitel 3

Fast alle Linux-Systeme benutzen die eine oder andere Art von Swap-Space, meistens eine einzelne Swap-Partition. In Kapitel 3 haben wir gezeigt, wie Sie während der Installation eine Swap-Partition einrichten können. In diesem Abschnitt wollen wir beschreiben, wie Sie Swap-Dateien und -Partitionen hinzufügen und löschen. Falls Sie bereits einen Swap-Bereich angelegt haben und damit zufrieden sind, ist dieser Abschnitt für Sie wahrscheinlich weniger interessant.

Wieviel Swap-Space haben Sie angelegt? Der Befehl *free* gibt Ihnen Auskunft über den Systemspeicher:

```
rutabaga% free
             total       used       free     shared    buffers
Mem:         19308      17672       1636       8012      10820
Swap:        16408          0      16408
```

Alle diese Werte geben die Anzahl von 1024-Byte-Blöcken an. Wir sehen ein System mit 19.308 Blöcken an physikalischem RAM (etwa 19 MBytes), von denen derzeit 17.672 Blöcke belegt sind (etwa 17 MBytes). Dieses System hat in Wirklichkeit mehr physikalisches RAM, als in der Spalte »total« angezeigt wird; dieser Wert enthält nicht den Speicher, den der Kernel für verschiedene eigene Zwecke benutzt.

Die Spalte »shared« zeigt an, wieviel physikalischer Speicher von den vorhandenen Prozessen gemeinsam genutzt wird. Wir sehen, daß dies etwa acht Megabytes sind, was eine sehr gute Ausnutzung des Speichers anzeigt. Die Spalte »buffers« zeigt, wieviel Speicher der Kernel als Cache nutzt. Dieser Cache (wir sind im vorhergehenden Abschnitt bereits kurz darauf eingegangen) wird benutzt, um Zugriffe auf die Festplatte zu beschleunigen, indem Schreib- und Leseanforderungen direkt aus dem Speicher bedient werden. Die Größe des Cache ändert sich je nach Benutzung des Speichers durch das System; der Cache wird bei Bedarf von Anwendungsprogrammen angefordert. Das bedeutet, daß nicht die gesamten 17 MBytes des benutzten Systemspeichers von Anwendungen belegt werden.

Unter den Werten für physikalisches RAM wird die Größe des Swap-Bereichs angezeigt, in diesem Fall 16.408 Blöcke (etwa 16 Megabytes). Im Beispiel wird der Swap-Space nicht benutzt – es ist reichlich physikalisches RAM vorhanden. Wenn weitere Anwendungen gestartet würden, käme zuerst ein Teil des Cache-Bereichs zum Einsatz. Im allgemeinen wird der Swap-Space als letzte Instanz aktiviert, wenn das System keine andere Möglichkeit mehr hat, sich physikalischen Speicher anzueignen.

Beachten Sie, daß die Menge an Swap-Space, die *free* meldet, etwas kleiner ist als die Größe der Swap-Partitionen und -Dateien insgesamt. Das liegt daran, daß einige Blöcke in jedem Swap-Bereich benutzt werden, um die Lage der einzelnen Speicherseiten zu vermerken. Diese Information sollte recht wenig Platz belegen; nicht mehr als einige Kilobytes pro Swap-Bereich.

Wenn Sie vorhaben, einen Swap-Bereich anzulegen, können Sie mit dem Befehl *df* nachsehen, wieviel Platz in den verschiedenen Dateisystemen noch vorhanden ist. *df* zeigt eine Liste der Dateisysteme samt ihrer Größe und prozentualen Belegung an.

Swap-Space einrichten

Kapitel 3

Der erste Schritt zur Erweiterung des Swap-Bereichs ist das Anlegen einer Datei oder Partition, die den Swap-Bereich aufnimmt. Wenn Sie eine zusätzliche Swap-Partition einrichten möchten, können Sie das mit *fdisk* erledigen, wie wir das im Abschnitt »Linux-Partitionen anlegen« in Kapitel 3 beschrieben haben.

Zum Anlegen einer Swap-Datei müssen Sie eine Datei öffnen und soviele Bytes hineinschreiben, wie die Swap-Datei groß sein soll. Eine einfache Methode hierfür ist der Befehl *dd*. Wenn Sie zum Beispiel eine acht Megabytes große Swap-Datei anlegen möchten, geben Sie ein:

```
dd if=/dev/zero of=/swap bs=1024 count=8192
```

Damit werden 8192 Datenblöcke von */dev/zero* in die Datei */swap* geschrieben. (*/dev/zero* ist ein spezieller Gerätename, der bei Lesezugriffen immer Null-Bytes liefert; es ist so etwas wie die Umkehrung von */dev/null*.)

Nach dem Anlegen der Datei sollten Sie mit

```
sync
```

vorsichtshalber die Dateisysteme wieder synchronisieren.

Sobald eine Swap-Datei oder -Partition eingerichtet ist, können Sie mit dem Befehl *mkswap* diesen Bereich »formatieren«.

Kapitel 3

Wie wir bereits im Abschnitt »Den Swap-Bereich anlegen« von Kapitel 3 beschrieben haben, hat der Befehl *mkswap* folgendes Format:

```
mkswap -c gerätename größe
```

Dabei ist `gerätename` der Name der Swap-Partition oder -Datei, und `größe` ist die Größe des Swap-Bereichs in Blöcken. Der Schalter *-c* ist optional und bewirkt, daß der Swap-Bereich bei der Formatierung auf fehlerhafte Blöcke untersucht wird.

Für die oben eingerichtete Swap-Datei würden Sie also

```
mkswap -c /swap 8192
```

eingeben. Wenn es sich um eine Swap-Partition handelt, würden Sie statt dessen den Namen der Partition angeben (zum Beispiel */dev/hda3*) und die Größe ebenfalls in Blöcken.

Nach dem Einrichten einer Swap-Datei mit *mkswap* sollten Sie immer *sync* aufrufen, damit die Formatierungsinformationen auf jeden Fall physikalisch in die neue Swap-Datei geschrieben werden. Nach dem Formatieren einer Swap-Partition ist der Aufruf von *sync* nicht notwendig.

Den Swap-Space initialisieren

Damit Sie den neuen Swap-Bereich auch benutzen können, müssen Sie ihn noch mit dem Befehl *swapon* initialisieren. Nach dem Einrichten der oben gezeigten Swap-Datei und dem Aufruf von *mkswap* und *sync* würden wir mit

```
swapon /swap
```

die neue Swap-Datei der Gesamtgröße an Swap-Bereich hinzufügen; mit dem Befehl *free* läßt sich das überprüfen. Eine neue Swap-Partition können Sie mit

```
swapon /dev/hda3
```

initialisieren, wenn die neue Swap-Partition auf */dev/hda3* liegt.

Ähnlich wie Dateisysteme werden auch Swap-Bereiche beim Booten initialisiert, und zwar mit dem Befehl *swapon -a* in einer der Startdateien (in der Regel */etc/rc.d/rc.sysinit*). Dieser Befehl liest die Datei */etc/fstab*, die, wie Sie sich vielleicht aus dem Abschnitt »Dateisysteme aufsetzen« noch erinnern, Informationen zu den Dateisystemen und Swap-Bereichen enthält. Alle Einträge in */etc/fstab* mit dem Wert `sw` im Feld Optionen werden mit *swapon -a* initialisiert.

Wenn */etc/fstab* also folgende Einträge enthält:

```
# device      directory     type   options
/dev/hda3     none          swap   sw
/swap         none          swap   sw
```

dann werden die beiden Swap-Bereiche */dev/hda3* und */swap* beim Booten initialisiert. Für jeden neu angelegten Swap-Bereich sollten Sie in */etc/fstab* einen Eintrag hinzufügen.

Swap-Space entfernen

Wie so oft ist auch hier das Entfernen einfacher als das Hinzufügen. Wenn Sie einen Swap-Bereich entfernen möchten, geben Sie einfach ein:

```
swapoff gerätename
```

wobei `gerätename` den Namen der zu entfernenden Swap-Partition oder -Datei angibt. Wenn Sie zum Beispiel */dev/hda3* nicht mehr als Swap-Bereich nutzen möchten, geben Sie ein:

```
swapoff /dev/hda3
```

Wenn Sie eine Swap-Datei löschen möchten, entfernen Sie die Datei einfach mit dem Befehl *rm*, und zwar nachdem Sie *swapoff* aufgerufen haben. Löschen Sie niemals eine Swap-Datei, ohne sie vorher zu deaktivieren; das kann schlimme Folgen haben.

Sobald Sie eine Swap-Partition mit *swapoff* deaktiviert haben, können Sie diese Partition nach Belieben weiterbenutzen – sie zum Beispiel mit *fdisk* entfernen oder was auch immer.

Sie sollten auch einen eventuell vorhandenen Eintrag in */etc/fstab* für diesen Swap-Bereich entfernen, weil Sie sonst beim nächsten Booten Fehlermeldungen erhalten, wenn der Swap-Bereich nicht gefunden wird.

Die Gerätedateien

Gerätedateien (device files) ermöglichen Anwendungsprogrammen unter Benutzung des Kernels den Zugriff auf die Hardwarekomponenten (devices) des Systems. Es handelt sich nicht um »Dateien« im eigentlichen Sinn, aber aus der Sicht eines Programms erscheinen sie wie Dateien – Sie können aus diesen Dateien lesen, dorthin schreiben, sie mit *mmap()* benutzen usw. Wenn Sie auf eine solche Geräte»datei« zugreifen, erkennt der Kernel die E/A-Anforderung und reicht sie an einen Gerätetreiber weiter, der die entsprechende Operation ausführt; etwa Daten aus einer seriellen Schnittstelle lesen oder Daten an eine Soundkarte schicken.

Gerätedateien (obwohl der Name ungenau ist, wollen wir ihn weiter benutzen) bieten eine bequeme Methode des Zugriffs auf die Systemressourcen, ohne daß der Anwendungsprogrammierer wissen muß, wie das angesprochene Gerät funktioniert. Unter Linux sind die Gerätetreiber selbst ein Teil des Kernels – wie in den meisten UNIX-Systemen. Im Abschnitt »Den Kernel kompilieren« in Kapitel 7 zeigen wir, wie Sie Ihren eigenen Kernel kompilieren können, der nur Treiber für die im System vorhandene Hardware enthält.

Kapitel 7

Gerätedateien finden sich auf fast allen UNIX-artigen Systemen im Verzeichnis */dev*. Zu jedem Gerät im System gehört ein entsprechender Eintrag in */dev*. So entspricht zum Beispiel */dev/ttyS0* der ersten seriellen Schnittstelle (unter DOS als `COM1` bekannt); */dev/hda2* entspricht der zweiten Partition auf der ersten IDE-Festplatte. Tatsächlich finden Sie in */dev* Einträge für viele Geräte, die in Ihrem System gar nicht vorhanden sind. Die Gerätedateien werden in der Regel bei der Installation des Systems angelegt und sollen alle möglicherweise vorhandenen Geräte erfassen. Dies stimmt nicht unbedingt mit der vorhandenen Hardware Ihres Systems überein.

Es gibt eine Reihe von »Pseudo-Devices« in */dev*, die keinem tatsächlich vorhandenen Gerät zugeordnet sind. Zum Beispiel dient */dev/null* als Datensenke – alle schreibenden Zugriffe auf */dev/null* sind erfolgreich, aber die geschriebenen Daten werden ignoriert. In ähnlicher Weise können Sie */dev/zero* benutzen, um zum Beispiel eine Swap-Datei zu erzeugen; alle Leseanforderungen an */dev/zero* liefern einfach eine Folge von Null-Bytes zurück.

Wenn Sie mit *ls -l* die Gerätedateien in */dev* auflisten, werden Sie etwa folgendes sehen:

```
brw-rw----   1 root     disk       3,   0 May 19  1994 /dev/hda
```

Wir zeigen den Eintrag für */dev/hda*, welcher der ersten IDE-Festplatte entspricht. Beachten Sie zunächst, daß der erste Buchstabe im Berechtigungsfeld ein `b` ist – es handelt sich also um ein Block-Device (blockorientiertes Gerät). Erinnern Sie sich noch einmal daran, daß normale Dateien an dieser Stelle einen – haben, Verzeichnisse ein `d` usw. Gerätedateien werden entweder mit einem `b` für Block-Device oder einem `c` für Character-Device (zeichenorientiertes Gerät) bezeichnet. Ein Block-Device ist in der Regel ein Peripheriegerät wie zum Beispiel eine Festplatte – Daten werden blockweise auf das Gerät geschrieben und von dort gelesen (wobei das Gerät festlegt, wie groß ein Block ist – das muß nicht mit den 1024 Bytes übereinstimmen, die wir unter Linux normalerweise als »Block« bezeichnen). Auf blockorientierte Geräte kann wahlfrei zugegriffen werden. Im Gegensatz dazu werden zeichenorientierte Geräte normalerweise sequentiell gelesen und beschrieben, und die Ein/Ausgabe kann byteweise erfolgen. Ein Beispiel für ein zeichenorientiertes Gerät ist die serielle Schnittstelle.

Beachten Sie auch, daß das Feld für die Dateigröße in dieser Auflistung jetzt zwei durch ein Komma getrennte Zahlen enthält. Der erste Wert ist die *major device number*, der zweite die *minor device number*. Wenn ein Programm auf eine Gerätedatei zugreift, wird dem Kernel die E/A-Anforderung in Form der beiden Gerätenummern für dieses Gerät übergeben. Die Major Number bezeichnet im allgemeinen einen bestimmten Treiber im Kernel, und die Minor Number steht für das Gerät, auf das der Treiber tatsächlich zugreifen soll. So haben zum Beispiel alle Gerätedateien für die seriellen Schnittstellen dieselbe Major Number, aber unterschiedliche Minor Numbers. Der Kernel benutzt die Major Number, um eine E/A-Anforderung an den zuständigen Treiber zu übergeben, und der Treiber benutzt die Minor Number, um herauszufinden, welches Gerät er ansprechen soll.

Die Vergabe von Namen für die Dateien in */dev* ist, gelinde gesagt, ein einziges Chaos. Für den Kernel selbst spielen die Namen, die in */dev* auftauchen, keine Rolle (der Kernel benutzt nur die Major und Minor Numbers). Deshalb haben die Vertreiber von Distributionen, Anwendungsprogrammierer und Treiber-Schreiber vollkommen freie Hand bei der Auswahl von Namen für die Gerätedateien. Oft ist es vielleicht so, daß der Programmierer eines Gerätetreibers einen Namen vorschlägt, der aber später geändert wird, weil noch andere, ähnliche Treiber untergebracht werden müssen. Bei fortschreitender Entwicklung des Systems kann das zu Verwirrung und Diskrepanzen führen – hoffentlich haben Sie nicht mit solchen Problemen zu kämpfen.

Kapitel 7

Die Gerätedateien in Ihrer Distribution sollten auf jeden Fall zu Ihrer Kernel-Version und den Gerätetreibern in dieser Distribution passen. Wenn Sie einen neuen Kernel einspielen oder weitere Treiber hinzufügen (siehe auch den Abschnitt »Einen neuen Kernel erstellen« in Kapitel 7), müssen Sie eventuell mit dem Befehl *mknod* eine neue Gerätedatei erzeugen. Der Befehl hat folgendes Format:

```
mknod -m berechtigungen name typ major minor
```

wobei

- `name` der komplette Pfadname der zu erzeugenden Gerätedatei ist, zum Beispiel */dev/rft0*,
- `typ` entweder `c` für Character-Devices oder `b` für Block-Devices ist,
- `major` die Major Number des Gerätes ist,
- `minor` die Minor Number des Gerätes ist,
- `-m berechtigungen` ein optionales Argument ist, mit dem die Berechtigungen für das neue Gerät auf `berechtigungen` gesetzt werden.

Nehmen wir an, daß Sie einen neuen Gerätetreiber in den Kernel einbinden wollen, und die Dokumentation besagt, daß Sie ein Block-Device mit dem Namen */dev/bogus*, der Major Number 42 und der Minor Number 0 erzeugen müssen. Geben Sie dazu folgenden Befehl ein:

```
mknod /dev/bogus b 42 0
```

Wenn Sie das Argument `-m berechtigungen` nicht angeben, erhält das neue Gerät dieselben Berechtigungen wie eine neu erstellte Datei, modifiziert durch die aktuelle *umask* – in der Regel ergibt das 0644. Wenn die Berechtigungen statt dessen auf 0666 gesetzt werden sollten, würden wir

```
mknod -m 666 /dev/bogus b 42 0
```

eingeben. Sie können die Berechtigungen für eine Gerätedatei auch nach dem Erzeugen mit *chmod* vergeben.

Warum sind die Berechtigungen für Geräte so wichtig? Wie bei allen anderen Dateien bestimmen die Berechtigungsbits auch für Gerätedateien, wer in welcher Weise direkt auf ein Gerät zugreifen darf. Wir haben weiter oben gesehen, daß die Gerätedatei für */dev/hda* die Berechtigungsbits 0660 hat – das bedeutet, daß nur der Eigner und die Mitglieder der Gruppe (in diesem Fall *disk*) direkt von diesem Gerät lesen und dorthin schreiben dürfen. (Wir besprechen die Berechtigungen im Abschnitt »Die Dateiberechtigungen« in Kapitel 4.)

Kapitel 4

Im allgemeinen sollten Sie keinem Benutzer den direkten Schreib- und Lesezugriff auf bestimmte Gerätedateien zugestehen – insbesondere nicht auf die Gerätedateien, über die auf Festplatten und Partitionen zugegriffen wird. Wenn Sie das doch tun, könnte jedermann zum Beispiel eine Partition mit *mkfs* bearbeiten und alle Daten im System vernichten.

Für Laufwerke und Partitionen braucht man die Schreibberechtigung, um Daten in dieser Weise zu zerstören, aber auch die Leseberechtigung stellt eine Bedrohung der Systemsicherheit dar. Wenn ein Benutzer nämlich die Leseberechtigung für eine Gerätedatei erhält, über die auf eine Festplattenpartition zugegriffen wird, hat er damit die Möglichkeit, die Dateien anderer Benutzer zu lesen. Ähnlich verhält es sich mit der Gerätedatei */dev/mem*, die für den physikalischen Speicher des Systems steht (wird in der Regel nur für extreme Debugging-Operationen benutzt). Ein begabter Benutzer mit Leseberechtigung könnte hiermit die Paßwörter anderer Benutzer einschließlich **root** ausspähen, wenn sie beim Login eingetippt werden.

Stellen Sie sicher, daß die Berechtigungen für alle Geräte, die Sie nachträglich dem System hinzufügen, mit der Art und Weise übereinstimmen, in der die Geräte von den Benutzern angesprochen werden können und sollen. In der Regel ist es in Ordnung, wenn Normalsterbliche auf serielle Schnittstellen, Soundkarten und virtuelle Konsolen zugreifen können, aber die meisten anderen Geräte im System sollten nur von **root** benutzt werden (und den Programmen, die mit Root-Berechtigung laufen).

Einige der Dateien in */dev* sind in Wirklichkeit symbolische Links (wie üblich mit *ln -s* angelegt) auf eine andere Gerätedatei. Solche Links vereinfachen den Zugriff auf bestimmte Geräte, indem sie einen verständlicheren Namen benutzen. Wenn Sie zum Beispiel eine serielle Maus benutzen, kann über eine der Gerätedateien */dev/cua0*, */dev/cua1*, */dev/cua2* oder */dev/cua3* darauf zugegriffen werden – das hängt davon ab, an welche serielle Schnittstelle die Maus angeschlossen ist. Viele Leute erzeugen einen Link namens */dev/mouse* auf das entsprechende serielle Gerät:

```
ln -s /dev/cua2 /dev/mouse
```

Auf diese Weise können wir für den Zugriff auf die Maus */dev/mouse* benutzen, statt uns zu merken, an welche Schnittstelle die Maus angeschlossen ist. Dieser Konvention folgen auch Geräte wie */dev/cdrom* und */dev/modem*. Diese Dateien sind in der Regel Links auf eine andere Gerätedatei in */dev*, die das eigentliche CD-ROM-Laufwerk oder Modem darstellt.

Eine Gerätedatei können Sie ganz einfach mit

```
rm /dev/bogus
```

entfernen. Mit dem Entfernen einer Gerätedatei wird nicht gleichzeitig der entsprechende Gerätetreiber aus dem Speicher oder dem Kernel entfernt; Sie entfernen lediglich die Möglichkeit, einen bestimmten Treiber anzusprechen. Ebenso bedeutet das Hinzufügen einer Gerätedatei noch nicht, daß Sie einen neuen Treiber in das System eingebunden haben – tatsächlich könnten Sie sogar Gerätedateien für Treiber erzeugen, die gar nicht existieren. Die Gerätedateien sind lediglich der »Haken«, mit dem Sie sich in einen bestimmten Gerätetreiber einklinken, sofern dieser im Kernel existiert.

KAPITEL 7

SOFTWARE UND DEN KERNEL AKTUALISIEREN

In diesem Kapitel zeigen wir Ihnen, wie Sie die Software auf Ihrem System aktualisieren und einen neuen Betriebssystem-Kernel erzeugen und installieren. Obwohl die meisten Linux-Distributionen über ein halbwegs automatisches Verfahren zum Installieren, Entfernen und Aktualisieren bestimmter Software-Pakete auf Ihrem Rechner verfügen, ist es oft notwendig, die Software von Hand zu installieren. Der Kernel ist das eigentliche Betriebssystem. Er besteht aus einer Menge von Routinen und Dateien, die vom Rechner während des Boot-Vorgangs geladen werden und alles kontrollieren, was im Rechner abläuft: den Zugriff der Software auf die Hardware, das Zuteilen des Prozessors an die Benutzerprozesse, die Speicherverwaltung und vieles mehr. Es ist oft vorteilhaft, sich einen eigenen Kernel zu bauen, weil Sie so genau die Funktionen, die Sie benötigen, einbauen können.

Das Installieren und Aktualisieren freier Software ist oft komplizierter als die Installation kommerzieller Produkte. Selbst wenn Sie auf vorkompilierte Binärpakete zurückgreifen können, müssen Sie diese möglicherweise entkomprimieren und aus einer Archivdatei entpacken. Vielleicht müssen Sie auch symbolische Links anlegen oder Umgebungsvariablen setzen, damit die Programme ihre Ressourcen finden können. In anderen Fällen müssen Sie die Software selber aus den Quellen kompilieren.

Eine andere unter Linux häufige Aufgabe ist das Kompilieren eines neuen Kernels. Dies ist aus mehreren Gründen wichtig. So kann es sein, daß Sie Ihren Kernel aktualisieren müssen, weil Sie neue Funktionalitäten oder Hardware-Unterstützung benötigen. Außerdem können Sie beim Konfigurieren des neuen Kernels selber auswählen, welche Funktionen Sie in Ihrem neuen Kernel haben wollen und welche nicht.

Warum ist es so wichtig, Funktionen im Kernel auswählen zu können? Der gesamte Kernel-Code und die Daten sind im Speicher »festgesetzt«; das bedeutet, sie können nicht auf die Festplatte ausgelagert werden. Wenn Sie beispielsweise eine Kernel-Datei verwenden, die Treiber für Hardware enthält, die Sie gar nicht haben oder zumindest nicht verwenden, kann der Speicher, den diese Treiber benötigen, nicht für andere Benutzerapplikationen zurückgewonnen werden. Durch Anpassen des Kernels können Sie ihn so weit verkleinern, daß er nur das enthält, was Sie wirklich benötigen.

Utilities zur Archivierung und Komprimierung

Es gibt auf UNIX-Systemen Dutzende von Utilities für die Archivierung und Komprimierung von Dateien in unterschiedlichen Formen und Ausprägungen. Einige davon (etwa *tar* und *compress*) stammen aus der UNIX-Urzeit; andere (etwa *gzip*) sind relativ neu. Die wichtigsten Ziele dieser Hilfsprogramme sind die Archivierung (das heißt, daß viele Dateien zwecks einfacherer Übertragung und Backups zu einer Datei zusammengefaßt werden) und die Komprimierung (um den Speicherplatz zu reduzieren, den eine Datei oder eine Gruppe von Dateien belegt).

In diesem Abschnitt wollen wir die Dateiformate und Utilities besprechen, denen Sie mit großer Wahrscheinlichkeit begegnen werden. Fast eine allgemeingültige Vereinbarung in der UNIX-Welt ist zum Beispiel die Übertragung von Dateien oder Software in der Form eines *tar*-Archivs, das anschließend mit *compress* oder *gzip* komprimiert wird. Damit Sie solche Dateien erstellen oder entpacken können, müssen Sie die notwendigen Programme kennen. Diese Tools werden meistens bei der Installation neuer Software und beim Erstellen von Backups eingesetzt – und dies sind auch die Themen der nächsten beiden Abschnitte in diesem Kapitel.

gzip benutzen

gzip ist ein schnelles und effektives Komprimierungsprogramm aus dem GNU-Projekt. Seine grundlegende Funktion besteht darin, daß es eine Datei komprimiert, die gepackte Version als *dateiname.gz* abspeichert und die ungepackte Originaldatei löscht. Die Originaldatei wird erst entfernt, wenn *gzip* erfolgreich beendet wurde; es ist kaum möglich, auf diese Weise eine Datei versehentlich zu löschen. Da es sich um GNU-Software handelt, kennt *gzip* natürlich mehr Optionen, als Sie sich vorstellen können, und seine Arbeitsweise kann mit Optionen auf der Befehlszeile auf vielfache Art beeinflußt werden.

Lassen Sie uns mit einer großen Datei namens *hase.txt* beginnen:

```
rutabaga% ls -l hase.txt
-rw-r--r--   1 mdw      hack      312996 Nov 17 21:44 hase.txt
```

Um diese Datei mit *gzip* zu komprimieren, geben wir nur ein:

```
gzip hase.txt
```

Damit ersetzen wir *hase.txt* durch die gepackte Datei *hase.txt.gz* und erhalten:

```
rutabaga% gzip hase.txt
rutabaga% ls -l hase.txt.gz
-rw-r--r--   1 mdw      hack        103441 Nov 17 21:44 hase.txt.gz
```

Beachten Sie, daß *hase.txt* nach der Beendigung von *gzip* entfernt wird.

Sie haben die Möglichkeit, *gzip* eine Liste von Dateinamen zu übergeben; es wird jede einzelne Datei komprimieren und mit der Erweiterung *.gz* abspeichern. (Anders als das Programm *zip* unter UNIX und DOS, erstellt *gzip* in der Grundeinstellung kein *.gz*-Archiv aus den Einzeldateien. Dafür gibt es den Befehl *tar*; lesen Sie den nächsten Abschnitt.)

Es hängt von Format und Inhalt einer Datei ab, wie gut sie sich komprimieren läßt. Viele Grafikdateien (wie GIF und JPEG) sind bereits stark komprimiert, so daß *gzip* hier nicht mehr viel ausrichten kann. Zu den Dateien, die mit gutem Erfolg verdichtet werden können, gehören einfache Textdateien und binäre Daten wie ausführbare Programme und Libraries.

Mit *gzip -l* erhalten Sie Informationen zu den Dateien, die mit *gzip* gepackt wurden. Ein Beispiel:

```
rutabaga% gzip -l hase.txt.gz
compressed  uncompr. ratio uncompressed_name
   103115    312996  67.0% hase.txt
```

Wenn wir aus einer gepackten Datei das Original wiederherstellen wollen, benutzen wir *gunzip*:

```
gunzip hase.txt.gz
```

Anschließend haben wir:

```
rutabaga% gunzip hase.txt.gz
rutabaga% ls -l hase.txt
-rw-r--r--   1 mdw      hack        312996 Nov 17 21:44 hase.txt
```

Dies entspricht genau der Originaldatei. Beachten Sie, daß nach dem erfolgreichen Entpacken mit *gunzip* die komprimierte Version gelöscht wird.

gzip speichert den Namen der ungepackten Originaldatei in der gepackten Version der Datei. Das hat zur Folge, daß der Name der Originaldatei auch dann wiederhergestellt werden kann, wenn der Name der gepackten Datei (einschließlich *.gz*-Erweiterung) für ein bestimmtes Dateisystem zu lang ist (etwa auf einem DOS-System mit 8.3-Dateinamen) und deshalb abgeschnitten wurde.

Wenn Sie eine Datei entpacken und den Originalnamen wiederherstellen möchten, geben Sie die Option *-N* mit dem Befehl *gunzip* ein:

```
rutabaga% gzip hase.txt
rutabaga% mv hase.txt.gz wolf.txt.gz
```

Wenn wir jetzt *gunzip wolf.txt.gz* ausführen würden, hätte die entpackte Datei den Namen *wolf.txt*, analog zum Namen der neuen (gepackten) Datei. Mit der Option *-N* aber erhalten wir:

```
rutabaga% gunzip -N wolf.txt.gz
rutabaga% ls -l hase.txt
-rw-r--r--   1 mdw      hack       312996 Nov 17 21:44 hase.txt
```

Mit *gzip* und *gunzip* lassen sich auch Daten der Standardeingabe und -ausgabe packen und entpacken. Wenn *gzip* ohne einen Dateinamen aufgerufen wird, versucht es, die Daten zu komprimieren, die es von der Standardeingabe liest. In ähnlicher Weise schreibt *gunzip* mit der Option *-c* entpackte Daten auf die Standardausgabe. So könnten Sie zum Beispiel eine Pipe benutzen, um die Ausgabe eines Befehls in einem Schritt zwecks Komprimierung und Speicherung in einer Datei an *gzip* zu leiten:

```
rutabaga% ls -laR $HOME | gzip > dateiliste.gz
```

Damit erzeugen Sie eine rekursive Liste des Inhalts Ihres Home-Verzeichnisses und speichern sie in der gepackten Datei *dateiliste.gz*. Mit dem Befehl:

```
rutabaga% gunzip -c dateiliste.gz | more
```

lassen Sie *dateiliste.gz* entpacken und lenken das Ergebnis zur Ausgabe auf dem Bildschirm in einer Pipe an den Befehl *more*. Bei der Benutzung von *gunzip -c* bleibt die Datei auf der Festplatte komprimiert.

Der Befehl *zcat* ist identisch mit *gunzip -c* – Sie können sich das als eine Version von *cat* für gepackte Dateien vorstellen.

Beim Komprimieren von Dateien haben Sie die Möglichkeit, eine der Optionen *-1*, *-2* ... bis *-9* zu benutzen, um Geschwindigkeit und Grad der Komprimierung zu bestimmen. Dabei bezeichnet *-1* (oder *--fast*) die schnellste Methode, die auch die am wenigsten verdichteten Dateien erzeugt, während *-9* (oder *--best*) die langsamste Methode ist, aber das kompakteste Ergebnis liefert. Wenn Sie keine Option angeben, wird mit der Voreinstellung *-6* komprimiert. Keine dieser Optionen wirkt sich in irgendeiner Weise auf *gunzip* aus; *gunzip* kann die Datei unabhängig vom Grad der Komprimierung wieder entpacken.

gzip ist in der UNIX-Welt relativ neu. Die Programme, mit denen unter UNIX am häufigsten (de)komprimiert wird, sind *compress* und *uncompress*, die noch aus der UNIX-Originalversion aus Berkeley stammen. *compress* und *uncompress* sind *gzip* und *gunzip* sehr ähnlich; *compress* legt gepackte Dateien als *dateiname.Z* statt *dateiname.gz* ab und benutzt einen etwas weniger effektiven Kompressionsalgorithmus.

Allerdings geht der Trend unter den Anhängern der freien Software in Richtung *gzip*, und das aus mehreren Gründen. Zunächst einmal arbeitet *gzip* effektiver. Außerdem ist ein Patentstreit aufgekommen über den Kompressionsalgorithmus, den *compress* benutzt – das könnte dazu führen, daß Drittanbieter den *compress*-Algorithmus nicht mehr anwenden. Deshalb propagiert die Free Software Foundation die Benutzung von *gzip* und ist damit zumindest in der Linux-Gemeinde auf offene Ohren gestoßen. *gzip* ist auf viele Plattformen portiert worden, und weitere werden folgen. Glücklicherweise kann *gunzip* auch die Dateien mit dem Suffix *.Z* entpacken, die mit *compress* erzeugt wurden.

Wir empfehlen, daß Sie *gzip/gunzip* für die (De)Komprimierung benutzen. Wenn Sie einmal auf eine Datei mit dem Suffix *.Z* stoßen, handelt es sich wahrscheinlich um eine *compress*-Datei, die Sie mit *gunzip* wieder entpacken können.

Frühe Versionen von *gzip* haben Dateien mit dem Suffix *.z* (kleines z!) statt *.gz* erzeugt. Um Verwechslungen mit *.Z* zu vermeiden, hat man dies geändert. Auf jeden Fall ist *gunzip* abwärtskompatibel zu einer Reihe von Dateisuffixen und Dateitypen.

Die Benutzung von tar

tar ist ein Archivierungswerkzeug für verschiedene Anwendungszwecke, mit dem sich viele Dateien zu einer einzigen Archivdatei zusammenfassen lassen. Dabei werden solche Informationen wie Zugriffsrechte und Dateieignerschaft erhalten. Der Name *tar* ist die Abkürzung für *tape archive*, weil dieses Programm ursprünglich für das Erzeugen von Backups auf Datenbändern benutzt wurde. Wir werden allerdings noch sehen, daß der Gebrauch von *tar* absolut nicht auf das Erstellen von Backups beschränkt ist.

Der Befehl *tar* hat das Format:

```
tar FunktionOptionen Dateien...
```

Dabei ist `Funktion` ein einzelner Buchstabe, der den auszuführenden Arbeitsschritt bezeichnet, `Optionen` ist eine Liste der (einbuchstabigen) Optionen zu diesem Arbeitsschritt, und `Dateien` ist die Liste der zu bearbeitenden Dateien. (Beachten Sie, daß die `Funktion` nicht durch eine Leerstelle von den `Optionen` getrennt wird.)

Die `Funktion` kann folgende Werte annehmen:

- `c`, um ein neues Archiv zu erstellen
- `x`, um Dateien aus einem Archiv zu extrahieren
- `t`, um den Inhalt eines Archivs anzuzeigen
- `r`, um Dateien an das Ende eines Archivs anzuhängen
- `u`, um Dateien in ein Archiv aufzunehmen, die jünger sind als die bereits vorhandenen Dateien
- `d`, um die Dateien eines Archivs mit denen im Dateisystem zu vergleichen

Die meisten dieser Arbeitsschritte werden Sie nur selten benötigen; die am häufigsten gebrauchten sind `c`, `x` und `t`.

Die gebräuchlichsten *Optionen* sind:

- `v`, um beim Erstellen oder Entpacken von Archiven ausführliche Informationen anzuzeigen
- `k`, um bestehende Dateien beim Entpacken nicht durch die Dateien aus dem Archiv zu überschreiben
- `f` *dateiname*, um *dateiname* als die zu lesende/schreibende *tar*-Datei zu bestimmen

Es gibt noch andere *Optionen*, die wir weiter unten in diesem Abschnitt besprechen werden.

Obwohl die Syntax von *tar* auf den ersten Blick vielleicht verwirrend erscheint, ist sie eigentlich ganz einfach. Nehmen wir an, daß wir ein Verzeichnis namens *mt* mit folgenden Dateien haben:

```
rutabaga% ls -l mt
total 37
  -rw-r--r--   1 root     root          24 Sep 21  1993 Makefile
  -rw-r--r--   1 root     root         847 Sep 21  1993 README
  -rwxr-xr-x   1 root     root        9220 Nov 16 19:03 mt
  -rw-r--r--   1 root     root        2775 Aug  7  1993 mt.1
  -rw-r--r--   1 root     root        6421 Aug  7  1993 mt.c
  -rw-r--r--   1 root     root        3948 Nov 16 19:02 mt.o
  -rw-r--r--   1 root     root       11204 Sep  5  1993 st_info.txt
```

Wir wollen jetzt den Inhalt dieses Verzeichnisses in ein *tar*-Archiv packen. Dazu geben wir ein:

```
tar cf mt.tar mt
```

Das erste Argument zu *tar* ist die *Funktion* (in diesem Fall `c` (create) zum Erstellen). Dahinter stehen die *Optionen*. Wir haben als Option *f mt.tar* angegeben, um das resultierende *tar*-Archiv als *mt.tar* zu benennen. Das letzte Argument ist die Liste der Dateien, die archiviert werden sollen; in diesem Fall haben wir den Namen des Verzeichnisses angegeben. Damit erreichen wir, daß *tar* alle Dateien in diesem Verzeichnis zu einem Archiv zusammenfaßt.

Beachten Sie, daß das erste Argument zu *tar* einer der Funktionsbuchstaben – gefolgt von einer Liste der Optionen – sein muß. Aus diesem Grunde braucht vor den Optionen kein Bindestrich (-) zu stehen, wie es bei vielen anderen UNIX-Befehlen der Fall ist. Sie können bei *tar* einen Bindestrich einsetzen, etwa so:

```
tar -cf mt.tar mt
```

aber das ist wirklich nicht notwendig. In einigen Versionen von *tar* muß der erste Buchstabe eine *Funktion* bezeichnen, zum Beispiel `c`, `t` oder `x`. In anderen Versionen spielt die Reihenfolge der Buchstaben keine Rolle.

Oft ist es eine gute Idee, die Option v zu benutzen; damit lassen Sie jede archivierte Datei anzeigen:

```
rutabaga% tar cvf mt.tar mt
mt/
mt/st_info.txt
mt/README
mt/mt.1
mt/Makefile
mt/mt.c
mt/mt.o
mt/mt
```

Wenn Sie v mehrmals angeben, erhalten Sie noch ausführlichere Informationen:

```
rutabaga% tar cvvf mt.tar mt
drwxr-xr-x root/root         0 Nov 16 19:03 1994 mt/
-rw-r--r-- root/root     11204 Sep  5 13:10 1993 mt/st_info.txt
-rw-r--r-- root/root       847 Sep 21 16:37 1993 mt/README
-rw-r--r-- root/root      2775 Aug  7 09:50 1993 mt/mt.1
-rw-r--r-- root/root        24 Sep 21 16:03 1993 mt/Makefile
-rw-r--r-- root/root      6421 Aug  7 09:50 1993 mt/mt.c
-rw-r--r-- root/root      3948 Nov 16 19:02 1994 mt/mt.o
-rwxr-xr-x root/root      9220 Nov 16 19:03 1994 mt/mt
```

Dies ist sehr nützlich, wenn man sich vergewissern möchte, daß *tar* korrekt arbeitet.

Einige Versionen von *tar* erwarten, daß f als letzte der Optionen angegeben wird. Das rührt daher, daß *tar* hinter der Option f einen Dateinamen erwartet – nämlich den Namen der *tar*-Datei, die geschrieben oder aus der gelesen werden soll. Falls Sie keinen Dateinamen angeben, nimmt tar aus historischen Gründen an, daß es das erste Bandlaufwerk (das heißt */dev/rmt0*) benutzen soll. Im Abschnitt »Backups erstellen« in Kapitel 8, *Andere Administrationsaufgaben*, werden wir besprechen, wie *tar* zum Erstellen von Backups auf Bandlaufwerken benutzt wird.

Kapitel 8

Jetzt sind wir soweit, daß wir die Datei *mt.tar* an andere Leute weitergeben können, damit diese sie auf ihrem System wieder entpacken. Dazu würden sie den Befehl:

```
tar xvf mt.tar
```

eingeben. Damit wird das Unterverzeichnis *mt* angelegt, und alle Dateien in der oben angeführten Liste werden in dieses Unterverzeichnis geschrieben; die Dateien gehören dabei dem Benutzer, der den *tar*-Befehl ausführt, es sei denn, man ist **root**, in welchem Fall der originale Benutzer beibehalten wird. Die Option x steht für »extract« (extrahieren). Wir haben wieder die Option v benutzt, um alle Dateien während des Extrahierens anzeigen zu lassen. Das erzeugt die folgende Bildschirmanzeige.

```
courgette% tar xvf mt.tar
mt/
mt/st_info.txt
mt/README
mt/mt.1
mt/Makefile
mt/mt.c
mt/mt.o
mt/mt
```

Wie wir sehen, speichert *tar* den Pfadnamen jeder Datei relativ zu dem Verzeichnis, in dem die *tar*-Datei ursprünglich erstellt wurde. Beim Erstellen des Archivs haben wir mit dem Befehl *tar cf mt.tar mt* nur *mt* als Eingabedatei angegeben, also den Namen des Verzeichnisses, in dem die einzelnen Dateien stehen. Deshalb schreibt *tar* dieses Verzeichnis selbst sowie alle Dateien unterhalb dieses Verzeichnisses in die *tar*-Datei. Beim Entpacken der *tar*-Datei wird das Verzeichnis *mt* angelegt, und die einzelnen Dateien werden dorthin geschrieben – das sind die Schritte beim Erstellen des Archivs in umgekehrter Reihenfolge.

Als Voreinstellung werden alle *tar*-Dateien relativ zu dem Verzeichnis entpackt, in dem Sie *tar* aufrufen. Wenn Sie zum Beispiel den Inhalt des Verzeichnisses */bin* mit dem Befehl:

```
tar cvf bin.tar /bin
```

archivieren wollten, würde *tar* die Warnung:

```
tar: Removing leading / from absolute path names in the archive.
```

ausgeben. Das bedeutet, daß die Dateien innerhalb des Archivs im Unterverzeichnis *bin* abgelegt werden. Wenn diese *tar*-Datei dann entpackt wird, wird zunächst das Verzeichnis *bin* angelegt, und zwar unterhalb des Arbeitsverzeichnisses von *tar* – nicht aber als */bin* auf dem Zielsystem. Dies ist sehr wichtig, denn es soll schlimme Fehler beim Entpacken von *tar*-Dateien vermeiden. Anderenfalls würde das Entpacken einer *tar*-Datei, die als */bin* archiviert wurde, in Ihrem Verzeichnis */bin* Chaos stiften. Wenn Sie den Inhalt einer solchen *tar*-Datei wirklich nach */bin* entpacken wollten, würden Sie vom Root-Verzeichnis */* aus entpacken. Mit der Option `P` können Sie beim Archivieren dieses Verhalten umgehen, aber wir möchten nicht empfehlen, das zu tun.

Eine andere Möglichkeit, die *tar*-Datei *mt.tar* zu erstellen, wäre, zunächst mit *cd* in das Verzeichnis *mt* zu wechseln und dann folgendes einzugeben:

```
tar cvf mt.tar *
```

Auf diese Weise würde das Unterverzeichnis *mt* nicht in der *tar*-Datei gespeichert werden; beim Entpacken würden die einzelnen Dateien direkt in Ihrem aktuellen Verzeichnis landen. Es gehört zu den Feinheiten der Etikette bei der Arbeit mit *tar*, daß man Dateien immer so archiviert, daß in der *tar*-Datei ein Unterverzeichnis enthalten ist – wie wir das in unserem ersten Beispiel mit *tar cvf mt.tar mt* gezeigt haben. Aufgrund dessen wird beim Entpacken des Archivs das Unterverzeichnis angelegt, und die Dateien werden dorthin geschrieben. Auf diese Weise können Sie sicherstellen, daß die Dateien nicht direkt in Ihrem aktuellen Verzeichnis stehen – sie verschwinden im Unterverzeichnis und können keine Verwirrung stiften. Diese Arbeitsweise erspart es außerdem der Person, die das Entpacken vornimmt, ein Verzeichnis anlegen zu müssen, um das Archiv dort zu entpacken (wenn ein eigenes Verzeichnis gewünscht wird). Selbstverständlich wird es jede Menge Situationen geben, in denen Sie kein eigenes Verzeichnis anlegen wollen – soviel zum Thema *tar*-Etikette.

Beim Erstellen von Archiven können Sie natürlich eine Liste der Dateien oder Verzeichnisse an *tar* übergeben, die archiviert werden sollen. In unserem ersten Beispiel haben wir *tar* nur das eine Verzeichnis *mt* angegeben, aber im vorherigen Abschnitt haben wir den * als Wildcard benutzt, den die Shell zur Liste aller Dateien im aktuellen Verzeichnis expandiert.

Vor dem Entpacken eines Archivs empfiehlt es sich, anhand des Inhaltsverzeichnisses festzustellen, wie das Archiv gepackt wurde. Auf diese Weise können Sie bestimmen, ob Sie selbst ein Unterverzeichnis anlegen müssen, in dem Sie das Archiv dann entpacken. Mit dem Befehl:

```
tar tvf tar-datei
```

erhalten Sie das Inhaltsverzeichnis der genannten *tar*-Datei. Beachten Sie, daß Sie mit der Funktion `t` nur ein `v` angeben müssen, um die ausführliche Liste zu erhalten:

```
courgette% tar tvf mt.tar
drwxr-xr-x root/root         0 Nov 16 19:03 1994 mt/
-rw-r--r-- root/root     11204 Sep  5 13:10 1993 mt/st_info.txt
-rw-r--r-- root/root       847 Sep 21 16:37 1993 mt/README
-rw-r--r-- root/root      2775 Aug  7 09:50 1993 mt/mt.1
-rw-r--r-- root/root        24 Sep 21 16:03 1993 mt/Makefile
-rw-r--r-- root/root      6421 Aug  7 09:50 1993 mt/mt.c
-rw-r--r-- root/root      3948 Nov 16 19:02 1994 mt/mt.o
-rwxr-xr-x root/root      9220 Nov 16 19:03 1994 mt/mt
```

An dieser Stelle wird nichts entpackt – wir betrachten lediglich das Inhaltsverzeichnis des Archivs. An den Dateinamen können wir ablesen, daß dieses Archiv alle Dateien im Unterverzeichnis *mt* beinhaltet. Beim Entpacken dieser *tar*-Datei wird also das Verzeichnis *mt* angelegt, und alle Dateien werden dorthin geschrieben.

Es ist auch möglich, einzelne Dateien aus einem *tar*-Archiv zu extrahieren. Dazu geben Sie ein:

```
tar xvf tar-datei datei(en)
```

wobei `datei(en)` die Liste der zu extrahierenden Dateien ist. Wir haben bereits gezeigt, daß ohne die Angabe von `datei(en)` das ganze Archiv entpackt wird.

Damit Sie einzelne Dateien extrahieren können, müssen Sie den kompletten Pfadnamen angeben, wie er in der *tar*-Datei steht. Wenn wir uns zum Beispiel nur die Datei *mt.c* aus dem oben angeführten Archiv vornehmen wollten, würden wir eingeben:

```
tar xvf mt.tar mt/mt.c
```

Als Ergebnis würde das Unterverzeichnis *mt* erstellt und die Datei *mt.c* dorthin geschrieben werden.

tar kennt noch viel mehr Optionen, als wir hier erwähnt haben. Bisher haben wir die Möglichkeiten besprochen, die Sie wohl am häufigsten gebrauchen werden, aber insbesondere das *tar* von GNU verfügt über Erweiterungen, die es zu einem idealen Werkzeug bei der Erstellung von Backups usw. machen. In den Man-Pages zu *tar* sowie im folgenden Abschnitt finden Sie weitere Informationen hierzu.

tar mit gzip benutzen

tar komprimiert die Dateien, die es in seinen Archiven ablegt, in keiner Weise. Wenn Sie ein Archiv aus drei Dateien zu 200 KB erstellen, ist das Ergebnis ein Archiv von ungefähr 600 KB. Es ist gängige Praxis, *tar*-Archive mit *gzip* (oder dem älteren *compress*) zu komprimieren. Mit folgenden Befehlen könnten Sie eine *gzip*-te *tar*-Datei erstellen:

```
tar cvf tar-datei dateien...
gzip -9 tar-datei
```

Allerdings ist das mühselig und erfordert, daß Sie genug Speicherplatz haben, um die unkomprimierte *tar*-Datei zu speichern, bevor Sie mit *gzip* gepackt wird.

tar bietet eine interessante Möglichkeit, ein Archiv auf die Standardausgabe zu schreiben. Wenn Sie - als zu lesende oder zu schreibende *tar*-Datei angeben, wird *tar* die Standardeingabe oder -ausgabe benutzen. Dies können wir bei der Erstellung eines gepackten Archivs trickreich ausnutzen. Wir können zum Beispiel eine *gzip*-te *tar*-Datei erstellen, indem wir

```
tar cvf - dateien... | gzip -9 > tar-datei.tar.gz
```

eingeben. Damit erstellt zunächst *tar* ein Archiv aus den benannten `dateien` und schreibt es auf die Standardausgabe; danach liest *gzip* die Standardeingabe, komprimiert sie und schreibt das Ergebnis auf seine eigene Standardausgabe; schließlich lenken wir die komprimierte *tar*-Datei in `tar-datei`*.tar.gz*.

Wir können mit

```
gunzip -9c tar-datei.tar.gz | tar xvf -
```

eine solche *tar*-Datei entpacken. Dabei dekomprimiert *gunzip* zunächst das genannte Archiv und schreibt das Ergebnis auf die Standardausgabe. Diese wird dann von *tar* als Standardeingabe gelesen und entpackt. UNIX macht Spaß – finden Sie nicht?

Natürlich sind solche Befehlsfolgen immer reichlich mühsam beim Eintippen. Glücklicherweise kennt die GNU-Version von *tar* die Option `z`, mit der automatisch *gzip*-te Archive erstellt oder entpackt werden. (Wir haben die Besprechung dieser Option bis jetzt zurückgestellt, damit Sie ihre Vorteile wirklich zu schätzen lernen.) Wir könnten zum Beispiel mit den Befehlen:

```
tar cvzf tar-datei.tar.gz dateien...
```

und

```
tar xvzf tar-datei.tar.gz
```

gzip-te *tar*-Dateien erstellen und entpacken. Achten Sie darauf, daß Sie solche Dateien mit dem Suffix *.tar.gz* benennen, damit ihr Format offensichtlich wird. Die Option `z` kann zusammen mit anderen Funktionen ebenso eingesetzt werden wie mit `t`.

Nur die GNU-Version von *tar* unterstützt die Option `z`; wenn Sie das *tar* eines anderen UNIX-Systems benutzen, müssen Sie eventuell eine der längeren Befehlsfolgen eingeben, um dieselbe Aufgabe zu bewältigen. Fast alle Linux-Systeme benutzen das GNU-*tar*.

Mit dem hier Gesagten im Hinterkopf könnten Sie kurze Shell-Skripten oder Aliase schreiben, die Standard-*tar*-Dateien für Sie erstellen und entpacken. Unter *bash* könnten Sie folgende Funktionen in Ihre *.bashrc* einfügen:

```
tarc () { tar czvf $1.tar.gz $1 }
tarx () { tar xzvf $1 }
tart () { tar tzvf $1 }
```

Mit Hilfe dieser Funktionen würden Sie

```
tarc verzeichnis
```

eingeben, um ein einzelnes Verzeichnis in ein komprimiertes Archiv zu verwandeln. Die Archivdatei bekäme den Namen `verzeichnis`*.tar.gz*. (Achten Sie darauf, daß der Verzeichnisname nicht mit einem Schrägstrich endet; in dem Fall würde das Archiv als *.tar.gz* unterhalb des angegebenen `verzeichnis` erstellt.) Um den Inhalt einer komprimierten *tar*-Datei anzuzeigen, geben Sie ein:

```
tart datei.tar.gz
```

Wenn Sie ein solches Archiv entpacken möchten, geben Sie ein:

```
tarx datei.tar.gz
```

tar-Tricks

Wir haben bereits gesagt, daß *tar* die Eignerschaft und Zugriffsrechte der Dateien eines Archivs, ebenso wie die Verzeichnisstruktur und alle Links erhält. Deshalb ist es hervorragend geeignet, einen kompletten Verzeichnisbaum von einer Stelle im

System zu einer anderen zu kopieren oder umzustellen (das funktioniert sogar zwischen verschiedenen Systemen). Mit der Option -, die wir oben beschrieben haben, können Sie eine *tar*-Datei auf die Standardausgabe schreiben, von wo aus sie dann als Standardeingabe an anderer Stelle im System wieder gelesen und entpackt werden kann.

Nehmen wir an, daß ein Verzeichnis existiert, welches die beiden Unterverzeichnisse *from-zeugs* und *to-zeugs* enthält. Unter *from-zeugs* befindet sich ein kompletter Verzeichnisbaum mit symbolischen Links usw. – es wäre schwierig, so etwas mit einem rekursiven *cp* wiederherzustellen. Um den kompletten Verzeichnisbaum unterhalb von *from-zeugs* nach *to-zeugs* zu bewegen, könnten wir eingeben:

```
cd from-zeugs
tar cf - . | (cd ../to-zeugs; tar xvf -)
```

Einfach und elegant, nicht wahr? Wir haben uns in das Verzeichnis *from-zeugs* begeben, eine *tar*-Datei dieses Verzeichnisses erzeugt und sie auf die Standardausgabe geschrieben. Dieses Archiv wurde von einer Subshell eingelesen (das sind die Befehle zwischen den runden Klammern); die Subshell springt mit *cd* in das Zielverzeichnis *../to-zeugs* (also relativ zu *from-zeugs*) und führt dann *tar xvf* aus, indem die Standardeingabe gelesen wird. Bei diesem ganzen Vorgang wird keine *tar*-Datei auf die Festplatte geschrieben; die Daten werden lediglich durch eine Pipe von einem *tar*-Prozeß zu einem anderen geschickt. Mit der Option v beim zweiten *tar*-Prozeß haben wir jede Datei anzeigen lassen, die entpackt wird; auf diese Weise konnten wir verfolgen, daß der Befehl ordnungsgemäß funktioniert.

tar (1)

Tatsächlich können Sie mit diesem Trick Verzeichnisbäume sogar (über das Netzwerk) von einem Rechner auf einen anderen bewegen; fügen Sie dazu einfach den passenden *rsh*-Befehl innerhalb der Subshell rechts vom Pipe-Symbol ein. Die Remote-Shell würde dann *tar* ausführen, indem sie das Archiv von der Standardeingabe liest. (GNU-*tar* bietet sogar Möglichkeiten, automatisch *tar*-Dateien von anderen Rechnern über das Netzwerk zu lesen und dorthin zu schreiben; Details hierzu finden Sie in der Man-Page zu *tar*.)

Neue Software einspielen

Linux ist ein Ziel, das sich sehr schnell bewegt. Aufgrund der kooperativen Entstehungsweise dieses Projektes erscheint ständig neue Software, und Programme werden immer wieder durch neuere Versionen ersetzt. Dies gilt insbesondere für den Linux-Kernel, an dem viele Gruppen von Programmierern mitarbeiten. Es ist durchaus nicht ungewöhnlich, daß in der Entwicklungsphase jede Nacht ein neuer Kernel-Patch erscheint. Obwohl andere Teile des Systems nicht ganz so dynamisch sind, gilt das eben Gesagte im Prinzip auch hier.

Wie kann man sicher sein, daß man immer die aktuelle Version der Systemsoftware benutzt? Die einfache Antwort lautet: gar nicht. Sicherlich gibt es Leute dort draußen, für die es wichtig ist, daß sie zum Beispiel einmal täglich die neueste Version eines Kernel-Patches einspielen, aber für die meisten von uns besteht kein Grund, das System so oft auf den aktuellen Stand zu bringen. In diesem Abschnitt wollen wir die Frage behandeln, warum und wann man updaten sollte, und wir werden Ihnen zeigen, wie Sie wichtige Teile des Systems auf dem aktuellen Stand halten.

Wann sollte man ein Update vornehmen? Allgemein gesagt, sollten Sie nur dann updaten, wenn Sie erwiesenermaßen einen *Bedarf* dafür festgestellt haben. Wenn Sie zum Beispiel von der neuen Version eines Programms hören, in der gravierende Fehler beseitigt sind (das heißt Fehler, die Auswirkungen auf Ihre Arbeit mit diesem Programm haben), könnte das ein Grund sein, die neue Version zu besorgen. Wenn die aktuelle Version eines Programms Bestandteile enthält, die für Sie von Nutzen sein könnten, oder wenn sie wesentlich schneller läuft als Ihre jetzige Version, ist es ebenso angebracht, auf die neue Version umzusteigen. Dagegen ist es wahrscheinlich keine allzu gute Idee, ein Update vorzunehmen, nur um die neueste Version eines bestimmten Programms zu haben.

Ein Update kann eine schmerzvolle Angelegenheit werden. Das gilt zum Beispiel dann, wenn Sie neben dem Update des Programms auch die neueste Version des Compilers, der Libraries und noch andere Software benötigen. In dem Fall müssen Sie weitere Teile des Systems erneuern, bevor Sie die neue Programmversion installieren können, was eventuell erhebliche Zeit in Anspruch nimmt. Andererseits kann man dies auch als ein Argument dafür betrachten, daß die Software auf dem neuesten Stand gehalten werden sollte – wenn Compiler und Libraries aktuell sind, wird es kein Problem sein, das betreffende Programm auf den aktuellen Stand zu bringen.

Kapitel 1

Wie erfährt man von neuen Versionen der Linux-Software? Die beste Methode ist das Lesen der Usenet-Newsgruppe *comp.os.linux.announce* (lesen Sie hierzu auch den Abschnitt »Usenet-Newsgruppen« in Kapitel 1, *Einführung in Linux*), in der Ankündigungen neuer Softwareversionen und andere wichtige Informationen veröffentlicht werden. Wenn Sie Zugang zum Internet haben, können Sie sich die Software dann per FTP besorgen und auf Ihrem System installieren.

Ohne einen Zugang zum Usenet oder Internet bleiben Sie am besten auf dem aktuellen Stand der Dinge, indem Sie ein CD-ROM-Abonnement bestellen. Auf diese Weise bekommen Sie etwa alle zwei Monate einen aktuellen Abzug der verschiedenen Linux-FTP-Server auf CD-ROM. Diesen Service bieten einige Linux-Händler an. Ein solches Abonnement ist selbst dann eine gute Idee, wenn Sie über einen Zugang zum Internet verfügen.

Damit sind wir bei einem anderen Thema – welches ist die beste Update-Methode? Manche Leute sind der Meinung, daß es einfacher ist, das System komplett neu zu installieren, wenn eine neue Version ihrer Lieblingsdistribution erscheint (zum Beispiel Slackware). Dann muß man sich keine Gedanken darüber machen, ob die verschiedenen Versionen der Software miteinander funktionieren. Dies mag für Leute ohne Zugang zum Internet richtig sein – wenn Sie aber nur alle zwei Monate eine neue CD-ROM beziehen, kann ein großer Teil der Software bereits wieder veraltet sein.

Wir sind allerdings der Meinung, daß eine komplette Neuinstallation keine sinnvolle Art des Updates ist. Die meisten der aktuellen Linux-Distributionen sind nicht für diese Methode der Systemaktualisierung gedacht, und die Neuinstallation kann eine sehr komplizierte oder zeitaufwendige Angelegenheit sein. Außerdem verlieren Sie bei dieser Art des Updates in der Regel alle Änderungen und Anpassungen, die Sie am System bereits vorgenommen haben. Bedenken Sie auch, daß Sie die Home-Verzeichnisse der Benutzer sowie andere wichtige Dateien sichern müssen, die sonst während der Neuinstallation verlorengehen würden. Viele Neulinge entscheiden sich für diese Methode des Updates, weil es die einfachste ist. Tatsächlich ändert sich aber von einer Version zur nächsten nicht viel, so daß eine komplette Neuinstallation nicht notwendig ist und vermieden werden kann, wenn man sich ein gewisses Know-how zum Thema Update aneignet.

Wir wollen Ihnen in diesem Abschnitt zeigen, wie Sie verschiedene einzelne Teile Ihres Systems aktualisieren können. Wir werden besprechen, wie die Systembibliotheken und Compiler auf den neuesten Stand gebracht werden, und wir wollen auf eine angemessene Methode für die Installation neuer Software eingehen. Im Abschnitt »Einen neuen Kernel erstellen« werden wir besprechen, wie Sie einen neuen Kernel erzeugen können.

Die Bibliotheken aktualisieren

Die meisten der Programme auf einem Linux-System sind so kompiliert, daß sie Shared Libraries benutzen. Diese Bibliotheken enthalten nützliche Funktionen, die in vielen Programmen benötigt werden. Statt in jedem Programm, das solche Funktionen aufruft, eine Kopie davon zu speichern, stehen diese Funktionen in Systembibliotheken, auf die alle Programme zur Laufzeit zugreifen können. Das bedeutet, daß bei der Abarbeitung eines Programms zunächst der Programmcode selbst gelesen wird und dann die entsprechenden Routinen aus den Shared Libraries. Dadurch läßt sich eine Menge Speicherplatz sparen, weil nur eine Kopie der Library-Routinen auf der Festplatte gespeichert werden muß.

Manchmal ist es notwendig, Programme mit ihrer eigenen Kopie der Library-Routinen zu kompilieren, statt die Routinen aus den Shared Libraries zu benutzen (zum Beispiel beim Debuggen eines Programms). Man sagt dann, daß solche Programme *statisch gelinkt* sind, während Programme, die die Shared Libraries benutzen, *dynamisch gelinkt* sind.

Dynamisch gebundene Programme sind also darauf angewiesen, daß die Shared Libraries sich auf der Festplatte befinden. Shared Libraries sind so geschrieben, daß die Programme, die diese Bibliotheken benutzen, in der Regel nicht auf eine bestimmte Library-Version angewiesen sind. Das bedeutet, daß Sie Ihre Libraries aktualisieren können, und die Programme, die auf diese Libraries zugreifen, werden dann automatisch die neuen Routinen benutzen. (Es gibt eine Ausnahme: Wenn eine Bibliothek grundlegend verändert wird, arbeiten die alten Programme nicht mit der neuen Version zusammen. Sie erkennen das daran, daß sich die Versionsnummer vor dem Punkt geändert hat – mehr dazu erfahren Sie weiter unten. In einem solchen Fall müssen Sie die alten und die neuen Bibliotheken auf der Festplatte behalten. Alte Programme werden auf die alten Routinen zugreifen, neue Programme benutzen die neuen Routinen.)

Wenn Sie ein Programm mit Shared Libraries kompilieren, wird dem ausführbaren Programm ein Stück Code hinzugefügt, das beim Start des Programms den dynamischen Linker *ld.so* aufruft. *ld.so* sucht die benötigten Shared Libraries und lädt die Routinen in den Arbeitsspeicher. Dynamisch gebundene Programme enthalten auch sogenannte »Stub«-Routinen, die im ausführbaren Programm als Platzhalter für die eigentlichen Routinen aus den Shared Libraries dienen. *ld.so* ersetzt bei der Ausführung des Programms diese Stubs (etwa: Stummel) durch den Library-Code.

Mit dem Befehl *ldd* können Sie die Shared Libraries anzeigen lassen, die ein bestimmtes Programm benötigt. Ein Beispiel:

```
rutabaga% ldd /usr/bin/X11/xterm
        libXaw.so.6 => /usr/X11R6/lib/libXaw.so.6.0
        libXt.so.6 => /usr/X11R6/lib/libXt.so.6.0
        libX11.so.6 => /usr/X11R6/lib/libX11.so.6.0
libc.so.5 => /lib/libc.so.5.0.9
```

Wie Sie sehen, greift das Programm *xterm* auf die vier Shared Libraries *libXaw*, *libXt*, *libX11* und *libc* zu. (Die ersten drei gehören zum X Window System, die letzte ist die Standardbibliothek für C.) Es werden auch die Versionsnummern der Bibliotheken angezeigt, für die dieses Programm kompiliert wurde (also die Version der benutzten Stub-Routinen), sowie die Namen der Dateien, die die Shared Libraries enthalten. Das sind diejenigen Dateien, die *ld.so* beim Programmstart finden wird.

Damit ein Programm eine Shared Library benutzen kann, muß die Version der Stub-Routine (in der ausführbaren Datei) zur Version der Shared Library kompatibel sein. Die Versionen werden als kompatibel betrachtet, wenn die »große« Versionsnummer (major number) übereinstimmt. Die große Versionsnummer ist der Teil vor dem ersten Punkt in der Versionsangabe; in 6.0 ist die große Nummer also 6. Wenn ein Programm mit der Version 6.0 der Stub-Routinen kompiliert wurde, kann das ausführbare Programm die Shared Libraries der Versionen 6.1, 6.2 usw. benutzen. Im Abschnitt »Mehr Spaß mit Libraries« in Kapitel 12 beschreiben wir, wie Sie in Ihren eigenen Programmen Shared Libraries benutzen können.

Kapitel 12

Die Datei */etc/ld.so.conf* enthält eine Liste der Verzeichnisse, die *ld.so* nach Shared Libraries durchsuchen wird. Hier ein Beispiel für eine solche Datei:

```
/usr/lib
/usr/local/lib
/usr/X11R6/lib
```

ld.so sucht immer in */lib* und */usr/lib* – egal, was in *ld.so.conf* steht. In der Regel gibt es keinen Grund, diese Datei zu verändern, und mit der Umgebungsvariable `LD_LIBRARY_PATH` können Sie diesem Suchpfad weitere Verzeichnisse hinzufügen (wenn Sie zum Beispiel Ihre eigenen Shared Libraries benutzen, die nicht systemweit in Gebrauch sein sollten). Wenn Sie doch weitere Einträge in */etc/ld.so.conf* machen, sollten Sie auf jeden Fall den Befehl:

```
ldconfig
```

eingeben, der den Shared-Library-Cache aus dem Inhalt von *ld.so* neu erstellt. Dieser Cache wird von *ld.so* benutzt, um zur Laufzeit die Bibliotheken schnell finden zu können, ohne tatsächlich die Verzeichnisse zu durchsuchen. In den Man-Pages zu *ld.so* und *ldconfig* finden Sie weitere Details hierzu.

Nachdem Sie jetzt erfahren haben, wie Shared Libraries funktionieren, wollen wir sie nun auf den neuesten Stand bringen. Die beiden Bibliotheken, die am häufigsten aktualisiert werden, sind *libc* (die Standard-C-Bibliothek) und *libm* (die Mathematik-Bibliothek). Zu jeder Shared Library gehören zwei Dateien:

bibliothek.a
: Dies ist die statische Version der Bibliothek. Wenn ein Programm statisch gebunden wird, werden Routinen aus dieser Datei direkt in das ausführbare Programm kopiert, so daß das Programm seine eigene Kopie der Library-Routinen enthält. Für statisch gebundene Programme wird die andere Datei aus dieser Bibliothek nicht mehr benötigt.

bibliothek.so.version
: Dies ist das Abbild (image) der Shared Library. Wenn ein Programm dynamisch gebunden wird, wird für jede Routine der Bibliothek, auf die das Programm zugreift, ein Stub aus dieser Datei in das ausführbare Programm kopiert, damit *ld.so* die Shared Library zur Laufzeit lokalisieren kann. Bei der Ausführung des Programms kopiert *ld.so* die Bibliotheks-Routinen aus dieser Datei in den Arbeitsspeicher, wo sie vom Programm benutzt werden können. Für dynamisch gebundene Programme wird die Datei *bibliothek.a* der Bibliothek nicht benutzt.

Die Bibliothek *libc* besteht aus den Dateien *libc.a* und *libc.so.5.0.9*. Die Dateien mit der Endung *.a* stehen normalerweise in */usr/lib*, die mit *.so* in */lib*. Wenn Sie ein Programm kompilieren, wird entweder die *.a*- oder die *.so*-Datei dazugebunden, und der Compiler sucht danach in */lib* und */usr/lib*. Wenn Sie eigene Bibliotheken benutzen, können diese Dateien an beliebiger Stelle stehen; mit der Option *-L* bestimmen Sie, wo der Linker danach suchen soll. Im Abschnitt »Mehr Spaß mit Libraries« in Kapitel 12 finden Sie Details hierzu.

Die meisten der Abbilder der Shared Libraries, auf die das gesamte System zugreift, nämlich *bibliothek.so.version*, stehen in */lib*. Die Images der Shared Libraries können in einem beliebigen Verzeichnis stehen, das *ld.so* zur Laufzeit durchsucht – dazu gehören */lib*, */usr/lib* und die Dateien, die in *ld.so.conf* aufgelistet sind. In der Man-Page zu *ld.so* finden Sie Details hierzu.

Wenn Sie einen Blick in */lib* werfen, werden Sie etwa folgendes sehen:

```
lrwxrwxrwx  1 root    root       14 Oct 23 13:25 libc.so.5 -> libc.so.5.0.9
-rwxr-xr-x  1 root    root   623620 Oct 23 13:24 libc.so.5.0.9
lrwxrwxrwx  1 root    root       15 Oct 17 22:17 libvga.so.1 -> libvga.so.1.1.7
-rwxr-xr-x  1 root    root   128004 Oct 17 22:17 libvga.so.1.1.7
```

In diesem Fall werden die »Shared Library«-Images für zwei Bibliotheken angezeigt – *libc* und *libvga*. Beachten Sie, daß für jede Bibliothek ein symbolischer Link namens *bibliothek*.so.*major* angelegt wurde, wobei *major* die große Versionsnummer der Bibliothek ist. Die kleine Nummer (minor number) wird ausgelassen, weil *ld.so* nur anhand der großen Nummer nach Bibliotheken sucht. Wenn *ld.so* ein Programm vorfindet, das mit den Stubs der Version 5.0.9 von *libc* kompiliert wurde, durchsucht es seinen Suchpfad nach der Datei *libc.so.5*. In diesem Fall ist */lib/libc.so.5* ein symbolischer Link auf */lib/libc.so.5.0.9* – die aktuelle Library-Version, die wir tatsächlich installiert haben.

Wenn Sie eine Bibliothek aktualisieren, müssen Sie die Dateien auf *.a* und *.so.version* dieser Bibliothek ersetzen. Bei den ersten ist das kein Problem: Kopieren Sie einfach die neuen Versionen darüber. Beim Image der Shared Library, *.so.version*, müssen Sie allerdings etwas vorsichtiger sein. Das liegt daran, daß die meisten der Programme auf dem System diesen Code benutzen, so daß man sie nicht einfach löschen oder umbenennen darf. Anders gesagt: Der symbolische Link *bibliothek.so.major* muß immer auf ein gültiges Library-Image verweisen. Zu diesem Zweck kopieren Sie zunächst die neue Image-Datei nach */lib* und ändern dann in einem Schritt mit *ln -sf* den symbolischen Link so, daß er auf die neue Datei verweist. Wir werden das weiter unten vorführen.

Nehmen wir an, daß Sie von der Version 5.0.9 der *libc* auf die Version 5.2.18 updaten möchten. Sie sollten die Dateien *libc.a* und *libc.so.5.2.18* auf Ihrem System haben. Überschreiben Sie zuerst die alte statische Bibliothek, indem Sie die neue *.a*-Datei an die entsprechende Stelle kopieren:

```
rutabaga# cp libc.a /usr/lib
```

Kopieren Sie dann die neue Image-Datei nach */lib* (oder dahin, wo das neue Library-Image stehen soll):

```
rutabaga# cp libc.so.5.2.18 /lib
```

Mit dem Befehl *ls -l /lib/libc** sollten Sie jetzt etwa folgendes angezeigt bekommen:

```
lrwxrwxrwx  1 root    root        14 Oct 23 13:25 libc.so.5 -> libc.so.5.0.9
-rwxr-xr-x  1 root    root    623620 Oct 23 13:24 libc.so.5.0.9
-rwxr-xr-x  1 root    root    720310 Nov 16 11:02 libc.so.5.2.18
```

Damit der symbolische Link auf die neue Bibliothek verweist, geben Sie ein:

```
rutabaga# ln -sf /lib/libc.so.5.2.18 /lib/libc.so.5
```

Damit erhalten wir:

```
lrwxrwxrwx  1 root  root      14 Oct 23 13:25 libc.so.5 -> /lib/libc.so.5.2.18
-rwxr-xr-x  1 root  root  623620 Oct 23 13:24 libc.so.5.0.9
-rwxr-xr-x  1 root  root  720310 Nov 16 11:02 libc.so.5.2.18
```

Jetzt können Sie ohne Bedenken die alte Image-Datei, *libc.so.5.0.9*, löschen. Der symbolische Link muß mit *ln -sf* in einem Schritt ersetzt werden – insbesondere, wenn Sie Libraries wie zum Beispiel *libc* aktualisieren. Wenn Sie versuchen, zuerst den alten Link zu entfernen, und dann mit *ln -s* den neuen hinzufügen möchten, ist es sehr wahrscheinlich, daß *ln* nicht mehr ausgeführt werden kann. Das liegt daran, daß der symbolische Link bereits verschwunden ist und *ld.so* die Bibliothek *libc* nicht mehr finden kann. Sobald diese Bibliothek nicht mehr gefunden wird, müssen Sie damit rechnen, daß die meisten Programme auf Ihrem System nicht mehr ausgeführt werden können. Seien Sie also beim Aktualisieren von »Shared Library«-Images sehr vorsichtig.

Es ist sicherlich keine schlechte Idee, *ldconfig* jedesmal aufzurufen, nachdem Sie Libraries aktualisiert oder hinzugefügt haben, damit der Library-Cache, den *ld.so* benutzt, neu geschrieben wird. Es kann passieren, daß *ld.so* eine neue Library erst erkennt, nachdem Sie *ldconfig* aufgerufen haben.

Eine Frage bleibt noch zu beantworten: Wo bekommen Sie neue Versionen der Bibliotheken? Einige der grundlegenden Systemlibraries (*libc*, *libm* usw.) können Sie aus dem Verzeichnis */pub/Linux/GCC* auf **sunsite.unc.edu** auf Ihren Rechner herunterladen. Dieses Verzeichnis enthält die Linux-Version des Compilers *gcc*, Libraries, Include-Dateien sowie andere Utilities. Zu jeder Datei sollte eine *README*- oder *Release*-Datei gehören, die eine Installationsanweisung enthält. Andere Bibliotheken werden an anderen Orten gepflegt und archiviert. Auf jeden Fall sollte jede Library, die Sie installieren, aus den *.a*- und *.so.*`version`-Dateien bestehen. Außerdem gehört ein Satz Include-Dateien für den Compiler dazu.

Den Compiler aktualisieren

Bei einem weiteren Bestandteil Ihres Systems ist es sehr wichtig, daß Sie auf dem aktuellen Stand bleiben: dem C-Compiler mit den zugehörigen Utilities. Dazu gehören *gcc* (der GNU-Compiler selbst für C und C++), der Linker, der Assembler, der C-Präprozessor sowie verschiedene Include-Dateien und Libraries für den Compiler. Diese sind alle in der *gcc*-Distribution für Linux enthalten. Normalerweise wird eine neue Version des *gcc* zusammen mit den neuen Versionen von *libc* und den Include-Dateien veröffentlicht, die alle aufeinander angewiesen sind.

Sie finden die aktuelle Version von *gcc* für Linux auf verschiedenen FTP-Servern – unter anderem auch in */pub/Linux/GCC* auf **sunsite.unc.edu**. Aus den dazugehörigen Textdateien (release notes) erfahren Sie, wie Sie vorgehen müssen. In der Regel wird eine neue Version des Compilers eingespielt, indem man als *root* einige tar-Dateien entpackt und eventuell ein paar andere Dateien löscht. Falls Sie keinen

Zugang zum Internet haben, können Sie den neuesten Compiler als Abzug eines FTP-Servers in Form einer CD-ROM besorgen, wie wir das weiter oben beschrieben haben.

Mit dem Befehl:

```
gcc -v
```

können Sie feststellen, welche Version von *gcc* Sie installiert haben. Die Anzeige sollte etwa so aussehen:

```
Reading specs from /usr/lib/gcc-lib/i486-linux/2.5.8/specs
gcc version 2.5.8
```

Beachten Sie, daß *gcc* selbst nur ein Steuerprogramm für den Compiler und die anderen Programmierwerkzeuge unter

```
/usr/lib/gcc-lib/machine/version
```

Kapitel 12

ist. *gcc* (normalerweise in */usr/bin*) kann mit Hilfe der Option *-V* für viele Versionen des eigentlichen Abschnitt »Eigenschaften des Compilers gcc« in Kapitel 12 gehen wir im Detail auf die Arbeit mit *gcc* ein.

Andere Software aktualisieren

Natürlich werden Sie gelegentlich auch andere Teile Ihres Systems auf den neuesten Stand bringen müssen. Wir haben bereits erwähnt, daß die einfachste und beste Vorgehensweise die ist, daß Sie nur dann updaten, wenn es wirklich notwendig ist. Warum sollten Sie beispielsweise immer die neueste Version von Emacs auf Ihrem System haben, wenn Sie das Programm gar nicht benutzen? Eigentlich besteht auch kein Grund, bei regelmäßig benutzten Anwendungen immer auf dem aktuellen Stand zu bleiben – wenn Sie mit Ihrer Version zufrieden sind, besteht kaum Veranlassung zum Update.

Wenn Sie andere Anwendungsprogramme aktualisieren möchten, müssen Sie die neueste Version der Software besorgen. In der Regel sind das mit gzip oder compress gepackte Dateien. Solche Programmpakete werden in verschiedenen Formaten verteilt; dazu gehören *binäre Distributionen*, bei denen der Binärcode und dazugehörige Dateien so archiviert sind, daß sie auf Ihrem System sofort entpackt werden können. Ein anderes Format enthält *Quellcode* (oder Teile des Quellcodes), so daß Sie einige Befehle ausführen müssen, um die Programme zu kompilieren und auf Ihrem System zu installieren.

Die Shared Libraries machen es sehr einfach, Software in Form von Binärdateien zu verteilen; solange Sie eine Version der Libraries haben, die zu den Stubs in der Software kompatibel ist, werden Sie keine Probleme haben. Allerdings ist es oft einfacher (und vorteilhafter), ein Programm in Form von Quellcode zu verteilen. Das bietet Ihnen einerseits die Möglichkeit, den Code anzuschauen und weiterzuentwickeln; andererseits haben Sie dann die Gelegenheit, das Programm speziell für Ihr System und mit eigenen Libraries zu kompilieren. Viele Programme erlauben bei der Kompilierung die Angabe gewisser Optionen, etwa das selektive Einbinden bestimmter Programmteile in das fertige Programm. Diese Art der Anpassung ist nicht möglich, wenn Sie fertig kompilierten Binärcode erhalten.

Auch die Systemsicherheit kommt ins Spiel, wenn binäre Dateien ohne Quellcode installiert werden. Obwohl man auf UNIX-Systemen kaum von Computerviren gehört hat,[1] ist es nicht so schwierig, ein »Trojanisches Pferd« zu entwickeln – ein Programm, das anscheinend eine nützliche Funktion ausführt, in Wirklichkeit aber Schaden im System verursacht. So könnte jemand zum Beispiel ein Programm schreiben, das als »Zugabe« alle Dateien im Home-Verzeichnis desjenigen löscht, der das Programm aufruft. Weil ein solches Programm mit den Berechtigungen des Benutzers ausgeführt wird, hat es auch die Möglichkeit, auf diese Art Schaden anzurichten. (Selbstverständlich verhindern die Sicherheitsmechanismen von UNIX, daß auch an den Dateien weiterer Benutzer oder an wichtigen Systemdateien, die **root** gehören, Schaden entstehen kann.)

Obwohl das Installieren von Quellcode so etwas nicht unbedingt verhindern kann (lesen Sie die Quelldateien aller Programme, die Sie für Ihr System kompilieren?), haben Sie auf jeden Fall die Möglichkeit nachzuschauen, was das Programm tatsächlich tut. Ein Programmierer müßte sich einige Mühe geben, um ein solches Trojanisches Pferd zu verstecken – wenn Sie aber völlig unbedarft binären Code installieren, setzen Sie sich selbst der Gefahr aus.

Auf jeden Fall ist der Umgang mit Quellcode und binären Dateien recht einfach. Wenn das Programmpaket als tar-Datei verteilt wird, finden Sie zunächst mit *tar t* heraus, wie die Dateien archiviert wurden. Falls es sich um Binärdateien handelt, können Sie die Dateien wahrscheinlich von */* oder */usr* aus sofort entpacken. Zuvor sollten Sie alle alten Versionen des Programms sowie die dazugehörigen Dateien löschen (alle die, die nicht von der neuen tar-Datei überschrieben werden). Wenn die alte ausführbare Datei in Ihrem Suchpfad vor der neuen Version steht, werden Sie weiterhin mit dem alten Programm arbeiten, solange Sie dieses nicht entfernt haben.

Der Umgang mit Quellcode ist nicht ganz so einfach. Als erstes müssen Sie die Quelldateien in einem eigenen Verzeichnis entpacken. Auf den meisten Systemen ist das */usr/src*. Normalerweise brauchen Sie keine **root**-Berechtigung, um ein Softwarepaket zu kompilieren (aber Sie werden in der Regel als **root** das fertig kompilierte Programm installieren!). Deshalb ist es vielleicht eine gute Idee, mit dem Befehl `chmod 1777 /usr/src` das Verzeichnis */usr/src* für alle Benutzer beschreibbar zu machen. Danach steht es jedem Benutzer frei, Unterverzeichnisse zu */usr/src* an-

1 Ein »Virus« im klassischen Sinn ist ein Programm, das sich an einen »Wirt« anhängt und dann aktiv wird, wenn das Wirtsprogramm aufgerufen wird. Auf UNIX-Systemen braucht man in der Regel Root-Berechtigungen, um wirklich Schaden anzurichten; wenn ein Programmierer aber weiß, wie er sich diese Berechtigungen verschaffen kann, wird er sich kaum noch mit einem Virus abgeben.

zulegen, um dort Dateien zu installieren. Die 1 an der ersten Stelle der Modusbits ist das »Sticky«-Bit; dieses verhindert, daß Benutzer sich gegenseitig die Unterverzeichnisse löschen.

Sie können dann ein Unterverzeichnis in */usr/src* anlegen und die tar-Datei dort entpacken, oder Sie entpacken direkt von */usr/src* aus, wenn das Archiv bereits ein Unterverzeichnis enthält.

Sobald die Quelldateien entpackt sind, sollten Sie als nächstes die *README*-Dateien und Installationshinweise lesen, die zu den Quellen gehören. Fast alle Pakete werden mit solcher Dokumentation verteilt. Grundsätzlich gehen Sie zum Kompilieren der meisten Programme wie folgt vor:

1. Schauen Sie sich das *Makefile* an. Diese Datei enthält Anweisungen für *make*, das die Arbeit des Compilers während der Kompilierung steuert. Bei vielen Anwendungen werden Sie im *Makefile* kleinere Anpassungen an Ihr System vornehmen müssen; das sollte leicht herauszufinden sein. In den Installationshinweisen werden Sie erfahren, ob dies notwendig ist. Falls Sie weitere Hilfestellung zum *Makefile* brauchen, lesen Sie den Abschnitt »Was make macht« in Kapitel 12.

Kapitel 12

2. Editieren Sie gegebenenfalls weitere Dateien, die zum Programm gehören. Einige Anwendungen erwarten, daß Sie eine Datei namens *config.h* anpassen; auch dies sollte in den Installationshinweisen erwähnt werden.
3. Rufen Sie gegebenenfalls ein Konfigurationsskript auf. Ein solches Skript stellt fest, wie Ihre Systemumgebung zusammengesetzt ist – dies wird bei komplexeren Anwendungen nötig sein. Sie werden selbst herausfinden, wann Sie diesen Schritt machen müssen.
4. Rufen Sie *make* auf. In der Regel werden daraufhin die notwendigen Schritte zur Kompilierung ausgeführt, wie sie im *Makefile* definiert sind. Oft müssen Sie *make* noch ein »Ziel« (target) mitgeben, etwa *make all* oder *make install*. Dies sind zwei häufig benutzte Ziele; *make all* wird meistens nicht benötigt, kann aber eingesetzt werden, um alle Ziele einzuschließen, die im *Makefile* aufgeführt sind (zum Beispiel um alle Programme in einem Paket zu kompilieren, wenn per Voreinstellung nur eines kompiliert wird). Mit *make install* werden nach der Kompilierung sowohl der ausführbare Code als auch alle dazugehörigen Dateien auf dem System installiert. Aus diesem Grunde wird *make install* normalerweise als **root** aufgerufen.

Es kann passieren, daß Sie bei der Kompilierung oder Installation neuer Software in Ihrem System auf Schwierigkeiten stoßen. Dies gilt insbesondere dann, wenn das betreffende Programm unter Linux noch nicht getestet wurde oder wenn es von anderen Programmen abhängt, die Sie nicht installiert haben. In Kapitel 12 besprechen wir den Compiler, *make* und dazugehörige Tools im Detail.

Die meisten Softwarepakete enthalten neben den Quelltexten und ausführbarem Code auch Man-Pages und andere Dateien. Das Installationsskript (falls vorhanden) wird diese Dateien an einer geeigneten Stelle abspeichern. Die Manual-Pages haben Namen wie zum Beispiel *foobar.1* oder *foobar.man*. Diese Dateien sind (meistens) *nroff*-Quelltexte und werden von *man* in ein lesbares Format gebracht. Wenn der Quelltext einer Man-Page eine Ziffer als Suffix aufweist, etwa *.1*, sollten Sie diese Datei in das Verzeichnis */usr/man/man1* kopieren, wobei die 1 mit der Ziffer im Suffix übereinstimmt. (Diese Ziffer entspricht der Nummer des »Abschnitts« (section), in den diese Man-Page gehört; für die meisten Anwenderprogramme ist das die 1.) Bei Dateien mit dem Suffix *.man* wird es in der Regel ausreichen, wenn Sie die Datei nach */usr/man/man1* kopieren und dabei die Erweiterung *.man* in *.1* umbenennen.

Einen neuen Kernel erstellen

Das Neukompilieren des Kernels scheint des Hackers Steckenpferd zu sein, aber es ist eine wichtige Aufgabe für jeden Systemverwalter. Zunächst einmal werden Sie wahrscheinlich einen neuen Kernel für Ihr System erstellen, um nicht benötigte Treiber zu entfernen. Dadurch verringern Sie den Speicherbedarf für den Kernel selbst – wir haben schon im Abschnitt »Swap-Space benutzen« in Kapitel 6, *Verwalten von Dateisystemen, Swap-Bereichen und Geräten*, darauf hingewiesen, daß der Kernel ständig im Arbeitsspeicher residiert und daß der vom Kernel belegte Speicher bei Bedarf nicht mehr von anderen Programmen benutzt werden kann.

Kapitel 6

Gelegentlich werden Sie eine neue Version des Kernels einspielen müssen. Auch für den Kernel gilt, ebenso wie für andere Teile Ihres Systems, daß Sie sicherlich auf dem aktuellen Stand bleiben wollen, wenn wichtige Fehler behoben oder neue Bestandteile in den Kernel integriert werden. Die Leute, die aktiv an der Entwicklung des Kernels teilhaben, werden ihren Kernel für den Fall aktualisieren müssen, daß es Änderungen an dem Code gegeben hat, an dem sie arbeiten. Manchmal wird ein neuer Kernel benötigt, damit eine neue Version des Compilers oder der Libraries benutzt werden kann. Einige Anwendungen (etwa das X Window System) laufen erst ab einer bestimmten Kernel-Version.

Der Befehl *uname -a* zeigt Ihnen an, mit welcher Version des Kernels Sie arbeiten. Die Ausgabe sollte etwa so aussehen:

```
rutabaga% uname -a
Linux rutabaga 1.1.37 #6 Wed Nov 16 17:50:50 EST 1994 i486
```

In diesem Fall handelt es sich um einen Rechner mit der Version 1.1.37 des Kernels, der zuletzt am 16. November kompiliert wurde. Es werden noch weitere Informationen angezeigt, zum Beispiel der Name des Rechners, wie oft dieser Kernel kompiliert wurde (sechs mal) sowie die Angabe, daß es sich um einen 486er handelt. In der Man-Page zu *uname* erfahren Sie mehr hierzu.

uname(1)

Der Linux-Kernel ist ein Ungeheuer mit vielen Fangarmen. Etliche Gruppen von Leuten arbeiten an verschiedenen Teilen des Kernels, und Teile des Codes wirken wie ein Flickenteppich aus den unterschiedlichsten Ideen. Insgesamt gesehen ist der Kernel-Code trotzdem brauchbar und einheitlich, und wer Lust hat, sein Innenleben zu erkunden, wird dabei kaum auf Probleme stoßen. Allerdings werden aufgrund der intensiven Entwicklungsarbeiten neue Versionen in rascher Folge freigegeben – manchmal täglich. Der Hauptgrund dafür ist, daß fast alle Gerätetreiber im Kernel-Code enthalten sind; mit jeder Aktualisierung eines Treibers wird also auch eine neue Kernel-Version fällig. Mit der Einführung von ladbaren Gerätetreibern sind die Entwickler allerdings in der Lage, die Treiber unabhängig vom eigentlichen Kernel herauszugeben, wodurch auch die Notwendigkeit für solche schnellen Versionswechsel entfällt.

Derzeit pflegt Linus Torvalds die »offizielle« Version des Kernels. Obwohl die General Public License es jedermann freistellt, den Kernel zu ändern und unter demselben Copyright wieder zu veröffentlichen, ist es doch sehr hilfreich, daß Linus einen »offiziellen« Kernel pflegt. Dadurch ist sichergestellt, daß die Versionsnummern einheitlich bleiben und daß alle dasselbe meinen, wenn von Kernel-Revisionen die Rede ist. Wer einen Fehler beheben oder neuen Code einfügen möchte, muß das Ganze nur an Linus schicken, der solche Änderungen meistens aufnimmt, solange andere Teile des Systems nicht beeinträchtigt werden.

Die Versionsnummern des Kernels sind folgendermaßen aufgebaut:

```
Major.Minor.Patchlevel
```

Major ist die Major Number (etwa: Haupt-Versionsnummer), die sich nur selten ändert. *Minor* ist die Minor Number (etwa: Neben-Versionsnummer), die die »Entwicklungslinie« der aktuellen Kernel-Version angibt, und *Patchlevel* ist die Nummer des Patches (etwa: Ausbesserung) am aktuellen Kernel. Beispiele für Versionsnummern sind 1.0.5 (Patchlevel 5 der Kernel-Version 1.0) und 1.1.52 (Patchlevel 52 der Kernel-Version 1.1).

Es hat sich eingebürgert, »stabile« Versionen mit geraden Nummern zu bezeichnen (1.0, 1.2, 2.0 usw.). Die Patches zu diesen Versionen enthalten nur Korrekturen (bug fixes), aber keinen neuen Code. Die Versionen mit ungeraden Nummern (1.1, 1.3, 2.1 usw.) sind »Entwickler«-Versionen (development releases), deren Patches sowohl Korrekturen (bug fixes) enthalten als auch neuen Code, den die Entwickler beigesteuert haben. Wenn ein Entwickler-Kernel so weit gereift ist, daß er für den allgemeinen Einsatz stabil genug läuft, wird er umbenannt und erhält die nächsthöhere (gerade) Minor Number; danach beginnt der Entwicklungskreislauf von vorne.

Ein Beispiel: Nehmen wir an, daß derzeit an den Kernel-Versionen 2.0 (der aktuellen stabilen Version) und 2.1 (der aktuellen Hacker-Version) gearbeitet wird. Die Patches zur Version 2.0 enthalten Bug-fixes – damit sollen nur Fehler im bestehenden Code behoben werden. Die Patches zur Version 2.1 enthalten dagegen sowohl

Korrekturen als auch neuen Programmcode – neue Gerätetreiber, neue Funktionen usw. Wenn die Kernel-Version 2.1 stabil genug erscheint, wird sie in 2.2 umbenannt, und eine Kopie davon wird zur Version 2.3. Anschließend werden die Versionen 2.2 und 2.3 weiterentwickelt; 2.2 ist dann der neue »stabile« Kernel, während 2.3 der Entwickler-Kernel für Erweiterungen des Codes ist.

Diese Konvention der Versionsnumerierung gilt nur für die von Linus freigegebenen offiziellen Kernel-Versionen nach Version 1.0. Vor der Version 1.0 (wenn Sie dieses Buch lesen, wird das schon Geschichte sein) gab es nur einen aktuellen Kernel, der ständig gepatcht wurde. In der Entwicklergemeinde hat man festgestellt, daß der Entwickler-Kernel für experimentierfreudige Benutzer geeignet ist, während der stabile Kernel für die Benutzer gedacht ist, die ein zuverlässiges System brauchen. Auf diese Weise erleiden die Benutzer des stabilen Kernels keinen Schaden, wenn der Entwickler-Kernel durch neuen Code einmal unbrauchbar wird. Im allgemeinen sollten Sie den Entwickler-Kernel nur dann benutzen, wenn Sie Wert darauf legen, stets die neuesten Möglichkeiten des Kernels zu nutzen und bereit sind, Probleme mit Ihrem System zu akzeptieren. Die Benutzung des Entwickler-Kernels geschieht auf eigene Gefahr.

Der Kernel-Quellcode Ihres Systems steht in */usr/src/linux*. Wenn Sie den Kernel mit den vorhandenen Quelltexten neu kompilieren möchten, brauchen Sie keine Dateien zu besorgen oder Patches einzuspielen. Wenn Sie auf eine neue Version des Kernels umsteigen möchten, sollten Sie der Anleitung im folgenden Abschnitt folgen.

Kernel-Quelltexte besorgen

Der offizielle Kernel wird als mit gzip komprimierte tar-Datei herausgegeben, die sowohl die Quelltexte als auch eine Reihe von Patches enthält – einen Patch pro Patchlevel. Die tar-Datei enthält die Quellen der ungepatchten Version; es existiert zum Beispiel eine tar-Datei mit den Quellen zur Kernel-Version 2.1 ohne Patches. Jeder Patchlevel wird in Form einer Datei veröffentlicht, die mit dem Befehl *patch* eingespielt wird (die Datei selbst wird mit dem Befehl *diff* erstellt). Im Abschnitt »Dateien patchen« in Kapitel 13 beschreiben wir die Benutzung von *patch* im Detail.

Kapitel 13

Nehmen wir an, Sie möchten auf die Kernel-Version 2.1 Patchlevel 35 updaten. Sie brauchen dazu die Quellen zu Version 2.1 (die Datei könnte den Namen *v2.1.0.tar.gz* haben) sowie die Dateien mit den Patchlevels 1 bis 35. Diese Dateien heißen *patch1*, *patch2* usw. (Sie brauchen alle Patchlevels bis zu der Version, auf die Sie aufsteigen wollen. Meistens sind diese Dateien ziemlich klein und in gepackter Form auf den Archiv-Servern vorhanden.) Sie finden alle diese Dateien im Verzeichnis *kernel* der Linux-FTP-Server; auf **sunsite.unc.edu** zum Beispiel heißt das Verzeichnis mit den Kernel-Quellen der Version 2.1 und den Patches dazu */pub/Linux/kernel/v2.1*. Je nach FTP-Server, den Sie verwenden, können Sie sich aber auch die vielen Patches sparen und direkt die gewünschte Kernel-Version herunterladen – wenn Sie denn vorhanden ist.

Wenn Sie schon bei einem Patchlevel des Kernels angekommen sind (also zum Beispiel 2.1 Patchlevel 30) und auf einen Kernel umsteigen wollen, können Sie einfach die Patches von der Version, die Sie haben, zur Version, die Sie haben wollen, einspielen. Wenn Sie also beispielsweise von 2.1 Patchlevel 30 auf 2.1 Patchlevel 35 aktualisieren wollen, brauchen Sie die Patch-Dateien von 2.1.31 bis einschließlich 2.1.35.

Die Quelltexte entpacken

Als erstes müssen Sie die tar-Datei mit den Quelltexten von */usr/src* aus entpacken. Geben Sie dazu folgende Befehle ein:

```
rutabaga# cd /usr/src
rutabaga# mv linux linux.old
rutabaga# tar xzf v1.1.0.tar.gz
```

Damit sichern Sie die alten Kernel-Quellverzeichnisse nach */usr/src/linux.old* und legen */usr/src/linux* an, in dem die neuen Quellen stehen. Beachten Sie, daß die tar-Datei mit den Quelltexten das Unterverzeichnis *linux* bereits enthält.

Sie sollten die Quelltexte des aktuellen Kernels im Verzeichnis */usr/src/linux* stehenlassen. Dies hängt damit zusammen, daß es zwei symbolische Links gibt – */usr/include/linux* und */usr/include/asm* –, die auf den Verzeichnisbaum des aktuellen Kernels verweisen, um beim Kompilieren von Programmen bestimmte Header-Dateien bereitzustellen. (Sie sollten die Kernel-Quellen immer im Zugriff haben, damit Programme, die diese Include-Dateien benutzen, kompiliert werden können.) Falls Sie mehrere Kernel-Verzeichnisbäume im System behalten wollen, müssen Sie sicherstellen, daß */usr/src/linux* auf den jeweils aktuellen verweist.

Die Patches einspielen

Wenn Sie irgendwelche Patches einspielen möchten, benutzen Sie dazu das Programm *patch*. Nehmen wir an, daß Sie die gepackten Dateien *patch1.gz* bis *patch35.gz* vorliegen haben. Diese Patches sollten von */usr/src* aus eingespielt werden. Das heißt nicht, daß die Dateien selbst dort stehen sollen, sondern daß Sie *patch* von */usr/src* aus aufrufen sollten. Für jede der Dateien können Sie folgenden Aufruf von */usr/src* aus starten:

```
gunzip -c patchdatei | patch -p0
```

Die Option *-p0* weist *patch* an, von den Dateinamen innerhalb der Patch-Dateien keine Namensteile zu entfernen.

Die Patches müssen einer nach dem anderen in numerischer Reihenfolge eingespielt werden. Dies ist sehr wichtig. Bedenken Sie, daß die Benutzung eines Wildcards wie *patch** nicht funktioniert – das liegt daran, daß der * die ASCII-Sortierung benutzt und nicht die numerische Reihenfolge einhält. (Sie würden sonst nach *patch1* die Dateien *patch10* und *patch11* statt *patch2* und *patch3* eingespielt bekommen.) Es ist wirklich das beste, diesen Befehl für jede der Patch-Dateien einzeln von Hand aufzurufen. Auf diese Weise stellen Sie sicher, daß die Dinge in der richtigen Reihenfolge ablaufen.

Mit dieser Vorgehensweise sollten beim Patchen Ihrer Quellen keine Probleme auftauchen, solange Sie die Patches nicht in der verkehrten Reihenfolge einspielen oder einen Patch mehrmals applizieren. Lesen Sie die Man-Page zu *patch*, falls Sie doch Schwierigkeiten haben. Wenn Sie gar nicht weiterkommen, sollten Sie das neue Kernel-Verzeichnis löschen und mit der Original-tar-Datei von vorne anfangen.

Mit den Befehlen:

```
find /usr/src/linux -follow -name "*.rej" -print
find /usr/src/linux -follow -name "*#" -print
```

können Sie überprüfen, ob die Patches korrekt eingespielt wurden. Damit erhalten Sie eine Liste aller Dateien, die »zurückgewiesenen« Code aus dem Patch-Vorgang enthalten. Wenn solche Dateien existieren, befinden sich darin Teile der Patch-Dateien, die aus irgendeinem Grunde nicht eingespielt werden konnten. Schauen Sie sich diese Dateien an; wenn das nicht weiterhilft, fangen Sie noch einmal von vorne an. Sie können nicht davon ausgehen, daß Ihr Kernel kompiliert wird und korrekt funktioniert, solange das Patchen nicht ohne Zurückweisungen beendet wurde.

Den Kernel kompilieren

Sie können einen neuen Kernel unabhängig davon erstellen, ob Sie die Kernel-Quellen aktualisiert haben oder nicht. Der wichtigste Grund für die Neukompilierung ist entweder ein Update oder der Wunsch, den vorhandenen Kernel zu verkleinern, indem nicht benötigte Treiber entfernt werden.

Sechs Schritte führen Sie zu einem neuen Kernel, und diese sollten ohne Stolpern durchführbar sein (all diese Schritte werden auf den nächsten Seiten detaillierter beschrieben):

1. Rufen Sie *make config* auf, und beantworten Sie eine Reihe von Fragen nach den benötigten Treibern.
2. Rufen Sie *make dep* auf, um Abhängigkeiten der Quelldateien festzustellen und in die verschiedenen Makefiles einzutragen.
3. Wenn Sie vorher schon von diesem Verzeichnisbaum aus einen Kernel erstellt haben, rufen Sie *make clean* auf, damit alte Objektdateien entfernt werden und eine komplette Neukompilierung stattfindet.
4. Starten Sie die Kompilierung des Kernels mit *make zImage*.
5. Gehen Sie einen Kaffee trinken (oder zwei; das hängt von der Geschwindigkeit Ihres Rechners und dem verfügbaren Arbeitsspeicher ab).
6. Installieren Sie die neue Kopie des Kernels entweder auf einer Diskette oder mittels LILO.

Alle diese Befehle werden von */usr/src/linux* aus aufgerufen – außer Schritt 5, den Sie an beliebiger Stelle durchführen können.

Zu den Kernel-Quelltexten gehört eine *README*-Datei, die auf Ihrem System unter */usr/src/linux/README* stehen sollte. Lesen Sie diese Datei. Sie finden dort aktuelle Hinweise zur Kompilierung des Kernels, die neuer sein könnten als die Hinweise in diesem Buch. Befolgen Sie die Anweisungen im *README*, und nehmen Sie die Erläuterungen in diesem Buch zuhilfe.

Der erste Schritt ist der Aufruf von *make config*. Damit wird ein Skript gestartet, das Ihnen eine Reihe von Ja/Nein-Fragen nach den benötigten Treibern stellt. Zu jeder Frage gibt es eine voreingestellte Antwort, aber seien Sie vorsichtig – diese Voreinstellungen entsprechen nicht unbedingt dem, was Sie wollen. Wenn es mehrere Möglichkeiten gibt, wird der Default als Großbuchstabe wie in `[Y/n]` angezeigt. Ihre Antworten zu jeder der Fragen sind beim nächsten Erzeugen eines Kernels aus diesem Quellenbaum der Default.

Beantworten Sie einfach die Fragen, indem Sie entweder mit Enter die Vorgabe bestätigen oder `y` bzw. `n` (und dann Enter) eingeben. Nicht alle Fragen akzeptieren eine Ja/Nein-Antwort; eventuell müssen Sie eine Zahl oder einen anderen Wert eingeben. Eine Reihe von Konfigurationsfragen erlauben auch die Antwort `m` neben `y` und `n`. Mit dieser Option wird die entsprechende Kernel-Funktion als ladbares Kernel-Modul kompiliert, anstatt direkt in das Kernel-Image gelinkt zu werden. Ladbare Module, die im Abschnitt »Ladbare Gerätetreiber« weiter unten besprochen werden, ermöglichen es, Teile des Kernels (wie zum Beispiel Gerätetreiber) nach Bedarf im laufenden System zu laden und zu entladen.

Eine Alternative zur Verwendung von *make config* ist *make xconfig*. Damit wird ein »X Window«-basiertes Kernel-Konfigurationsprogramm kompiliert und ausgeführt. Damit dies funktioniert, muß bei Ihnen das X Window System laufen, die dazugehörigen X11- und Tcl/Tk-Bibliotheken müssen vorhanden sein usw. Anstatt eine Reihe von Fragen zu stellen, können Sie mit diesem Utility Checkboxen verwenden, um die Kernel-Optionen auszuwählen, die Sie einschalten möchten. Das System merkt sich Ihre Konfigurationsoptionen jedes Mal, wenn Sie das Programm laufen lassen, so daß Sie nicht erneut alle Optionen eingeben müssen, wenn Sie nur einige Funktionen hinzufügen oder entfernen wollen.

Außerdem gibt es noch *make menuconfig*, das die text-basierte *curses*-Bibliothek verwendet und damit eine ähnliche dialog-basierte Kernel-Konfiguration ermöglicht, auch wenn Sie X nicht installiert haben.

```
*
* General setup
*
Kernel math emulation (CONFIG_MATH_EMULATION) [N/y]
Networking support (CONFIG_NET) [Y/n]
Limit memory to low 16MB (CONFIG_MAX_16M) [N/y]
PCI bios support (CONFIG_PCI) [Y/n]
   PCI bridge optimisation (experimental) (CONFIG_PCI_OPTIMIZE) [Y/n]
System V IPC (CONFIG_SYSVIPC) [Y/n]
```

```
Kernel support for ELF binaries (CONFIG_BINFMT_ELF) [Y/m/n]
Compile kernel as ELF-if your GCC is ELF-GCC (CONFIG_KERNEL_ELF) [Y/n]
Use -m486 flag for 486-specific optimizations (CONFIG_M486) [Y/n]
   ... usw. ...
The linux kernel is now hopefully configured for your setup.
Check the top-level Makefile for additional configuration,
and do a 'make dep ; make clean' if you want to be sure all
the files are correctly re-made
```

Wenn Sie sich mit der Hardware Ihres Systems auskennen, sollten die Fragen leicht zu beantworten sein. Die folgenden Fragen stammen aus der Kernel-Konfiguration der Version 1.3. Wenn Sie andere Patches eingespielt haben oder eine neuere Version des Kernels benutzen, kann es sein, daß weitere Fragen erscheinen. Beachten Sie, daß wir in der folgenden Liste nicht alle Konfigurationsoptionen zeigen; es gibt davon einfach zu viele, und die meisten sind selbsterklärend. Wir haben diejenigen herausgegriffen, bei denen Erklärungsbedarf besteht. Denken Sie daran, daß der Default oft die beste Antwort ist, wenn Sie sich nicht sicher sind.

Es sollte hier noch angemerkt werden, daß nicht alle Gerätetreiber in den Kernel gelinkt werden. Einige sind nur als ladbare Module verfügbar und werden getrennt vom Kernel verteilt. (Wie bereits erwähnt, können manche Treiber sowohl in den Kernel gelinkt als auch als Module übersetzt werden.) Ein bekannter Kernel-Treiber, der nur als Modul verfügbar ist, ist der »Floppystreamer«-Treiber für QIC-117-Bandlaufwerke, die am Floppycontroller angeschlossen werden.

Wenn Sie in der von *make config* präsentierten Liste keinen Treiber für Ihr Lieblingsgerät finden, ist es möglich, daß der Treiber als Modul oder getrennter Kernel-Patch verfügbar ist. Durchsuchen Sie die FTP-Server und die Archiv-CD-ROMs, wenn Sie nicht finden, was Sie suchen. Im Abschnitt »Ladbare Gerätetreiber« gehen wir detailliert auf Kernel-Module ein.

`Kernel math emulation`
: Antworten Sie mit Ja (y), wenn Sie keinen mathematischen Koprozessor in Ihrem Rechner haben. Dies ist notwendig, damit der Kernel einen Koprozessor emulieren kann.

`Networking support`
: Antworten Sie mit Ja (y), wenn Sie irgendeine Form von Netzwerkunterstützung im Kernel haben wollen (einschließlich TCP/IP, SLIP, PPP, NFS usw.).

`Limit memory to low 16MB`
: Einige fehlerhafte Hauptplatinen können nicht richtig mit mehr als 16MB installiertem Hauptspeicher umgehen. Wenn Ihr System Probleme bei hohem Speicherverbrauch (wie zum Beispiel beim Kompilieren eines Kernels) hat, versuchen Sie es mit dieser Option.

`PCI bios support`

Schalten Sie diese Option ein, wenn Ihre Hauptplatine einen PCI-Bus verwendet und Sie PCI-Karten in Ihrem Rechner installiert haben. Zur Erkennung und Aktivierung der PCI-Geräte wird das PCI-BIOS verwendet; eine Kernel-Unterstützung dafür ist für die Verwendung jedes PCI-Gerätes in Ihrem System notwendig.

`PCI bridge optimization`

Wenn diese Option eingeschaltet ist, schaltet das Betriebssystem die Optimierungen für den Transfer von Daten zwischen CPU und Hauptspeicher über den PCI-Bus ein. (Mit diesen Optimierungen können beispielsweise mehrere Speicherzugriffe zu einem einzigen »Burst-Zugriff« kombiniert werden.) Obwohl diese Option als experimentell angegeben wird, sollte sie relativ sicher sein und kann die Performanz Ihres Systems verbessern.

`System V IPC`

Mit einem Ja auf diese Frage binden Sie die Unterstützung für die IPC-Funktionen (*interprocess communication*) von System V ein. Dazu gehören zum Beispiel *msgrcv* und *msgsnd*. Einige Programme, die von System V portiert wurden, brauchen die IPC; Sie können mit Ja antworten – es sei denn, Sie haben eine starke Aversion gegen IPC.

`Kernel support for ELF binaries`

Wenn Sie diese Option einschalten, können Sie Linux-Binärdateien im »Executable and Linking Format« (ELF) ausführen. ELF ist das Standardformat für ausführbare Dateien, Objektdateien und Systembibliotheken. Solche Standards sind für das Betriebssystem notwendig, um mit Werkzeugen wie Compilern und Linkern zu kooperieren. Die meisten aktuellen Linux-Systeme verwenden ihre Binärdateien im ELF-Format, so daß Sie hier mit Ja (y) antworten sollten. Ältere Linux-Systeme verwenden das `a.out`-Format für Binärdateien.

`Compile kernel as ELF`

Wenn Sie hier mit Ja (y) antworten, wird der Kernel selbst im ELF-Format kompiliert. Wenn der `gcc`-Compiler auf Ihrem System per Default ELF-Binärdateien erzeugt, sollten Sie diese Option einschalten. Die Hinweise, die mit Ihrer Distribution geliefert worden sind, sollten Ihnen einen Hinweis darauf geben, welche Compiler-Version verwendet wird. Alle `gcc`-Versionen seit 2.7.0 erzeugen ELF-Binärdateien. Sie können mit dem Befehl `gcc -v` herausfinden, welche Compiler-Version auf Ihrem System läuft.

`Use -m486 flag for 486-specific optimizations`

Wenn Sie einen 80486- oder Pentium-Prozessor haben, sollten Sie hier mit Ja (y) antworten. Selbst, wenn Sie einen 386er haben, schadet diese Option aber nicht. Sie optimiert nur die Kompilation des Kernels an manchen Stellen für 80486- und Pentium-Prozessoren.

`Normal floppy disk support`

Antworten Sie hier mit Ja (y), es sei denn, Sie wollen keine Unterstützung für Diskettenlaufwerke (das kann auf Rechnern, auf denen Floppy-Unterstützung nicht notwendig ist, ein bißchen Speicher sparen).

`Normal (MFM/RLL) disk and IDE disk/cdrom support`

Antworten Sie hier mit Ja (y), es sei denn, Sie benötigen keine Unterstützung für MFM/RLL/IDE-Festplattenlaufwerke. Diese Option aktiviert auch die Unterstützung für diverse IDE-basierte CD-ROM-Controller. Wenn Sie keine IDE-Festplatten (nur SCSI) haben, kann es sicher sein, diese Option abzuschalten.

Wenn Sie diese Option einschalten, wird Ihnen eine Reihe von Fragen über den IDE-Treiber gestellt (zum Beispiel ob Sie die alte oder neue Version verwenden wollen, ob Sie die Unterstützung für IDE/ATAPI-CD-ROM-Schnittstellen benötigen usw.). Es sollte in Ordnung sein, bei diesen Fragen die Default-Antworten zu verwenden. Schalten Sie aber die Unterstützung für IDE/ATAPI-CD-ROM-Laufwerke ein, wenn Sie so ein Gerät in Ihrem System haben.

`XT harddisk support`

Antworten Sie hier nur mit Ja, wenn Sie einen älteren XT-Festplatten-Controller haben (und ihn auch mit Ihrem Linux-System verwenden wollen).

`Networking options`

Wenn Sie Netzwerkunterstützung (siehe oben) gewählt haben, wird Ihnen hier eine Reihe von Fragen über die gewünschten Netzwerkoptionen gestellt. Wenn Sie keine speziellen Bedürfnisse haben (in diesem Fall werden Sie ohnehin wissen, wie Sie die Fragen zu beantworten haben), verwenden Sie die Default-Antworten. Eine Reihe von Fragen sind etwas esoterisch (zum Beispiel `IP: Disable Path MTU Discovery`), und die Defaults sollten in fast allen Fällen verwendet werden.

`SCSI support`

Wenn Sie irgendeinen SCSI-Controller in Ihrem System haben, antworten Sie mit Ja. Sie werden eine Reihe von Fragen zu den SCSI-Geräten in Ihrem System gestellt bekommen; klären Sie vorab, welche Hardware Sie installiert haben. All diese Fragen drehen sich um bestimmte SCSI-Controller-Chips und -Platinen; wenn Sie sich nicht sicher sind, was für eine Art von SCSI-Controller Sie haben, lesen Sie in der Hardware-Dokumentation nach oder befragen Sie die »Linux HOWTO«-Dokumente.

Sie werden auch gefragt werden, ob Sie Unterstützung für SCSI-Festplatten, -Bandlaufwerke, -CD-ROMs und andere Geräte haben wollen; geben Sie hier die richtigen Optionen für Ihre Hardware an.

Ohne SCSI-Hardware sollten Sie mit Nein antworten; dadurch wird der kompilierte Kernel erheblich kleiner.

`Network device support`
: Hier kommt eine Reihe von Fragen über spezielle von Linux unterstützte Netzwerkkarten. Wenn Sie eine Ethernet-Karte (oder eine andere Netzwerkkarte) haben, schalten Sie die Optionen für Ihre Hardware ein. Wie bei den SCSI-Geräten sollten Sie Ihre Hardware-Dokumentation oder die »Linux HOWTO«-Dokumente (wie zum Beispiel das Ethernet-HOWTO) lesen, um herauszufinden, welcher Treiber zu Ihrer Netzwerkkarte paßt.

`CD-ROM drivers`
: Hier folgt eine Reihe von Fragen zu den speziellen CD-ROM-Laufwerken, die der Kernel unterstützt. Dazu gehören zum Beispiel das Sony CDU31A/33A, Mitsumi, das SoundBlaster Pro CD-ROM usw. Wenn Sie einen SCSI- oder IDE-CD-ROM-Controller haben (und die Unterstützung für diesen eingeschaltet haben), müssen Sie keine dieser Optionen einschalten. Einige CD-ROM-Laufwerke haben eigene Schnittstellenkarten, für die mit diesen Optionen die Treiber aktiviert werden.

`Filesystems`
: Es folgt eine Reihe von Fragen zu den Dateisystemen, die der Kernel unterstützt. Im Abschnitt »Mit Dateisystemen arbeiten« werden wir auf die Dateisysteme eingehen, die Linux unterstützen kann. Hier können Sie bestimmen, für welche Dateisysteme Sie die Unterstützung einbinden möchten. Die meisten Systeme sollten die Dateisysteme Minix, Second Extended und */proc* unterstützen. Wenn Sie direkt von Linux aus auf Ihre DOS-Daten zugreifen wollen, sollten Sie die Unterstützung für das DOS-Dateisystem einbinden. Für den Zugriff auf CD-ROM-Daten brauchen Sie das ISO-9660-Dateisystem (das die meisten CD-ROMs benutzen).

`Character devices`
: Linux unterstützt eine Reihe von speziellen »Character«-Geräten wie serielle und parallele Schnittstellenkarten, QIC-02-Bandlaufwerke und Mäuse mit eigenen, proprietären Schnittstellen (nicht Mäuse wie die serielle Maus von Microsoft, die an die serielle Schnittstelle angeschlossen werden). Insbesondere fällt die Unterstützung für an der parallelen Schnittstelle angeschlossene Drucker in diese Liste. Schalten Sie die für Ihre Hardware gültigen Optionen ein.

`Sound card support`
: Wenn Sie auf diese Frage mit Ja antworten, werden Ihnen mehrere Fragen zu Ihrer Soundkarte gestellt; zu den Treibern, die Sie installieren möchten, sowie zum IRQ und zur Adresse Ihrer Soundkarte.

`Kernel profiling support`
: Wenn Sie diese Option aktivieren, wird in den Kernel Programmcode eingebunden, der die Leistung des Kernels überwacht sowie andere nützliche Debugging-Informationen anzeigt. Diese Programme erfordern einiges an Systemzeit und können den Rechner verlangsamen. Solange Sie nicht an einem ganz bestimmten Kernel-Problem arbeiten, sollten Sie diese Option mit Nein beantworten.

Nachdem Sie *make config* beendet haben, werden Sie aufgefordert, das »Top-level-Makefile«, also */usr/src/linux/Makefile*, zu editieren. In den meisten Fällen wird das gar nicht notwendig sein. Wenn Sie vorhaben, Compiler-Optionen für den Kernel oder die Voreinstellungen für das Root-Verzeichnis oder den Videomodus zu ändern, können Sie das Makefile entsprechend anpassen. Im Abschnitt »Von einer Diskette booten« in Kapitel 5, *Grundlagen der Systemverwaltung*, haben wir gezeigt, wie Sie die Einstellung für das Root-Verzeichnis und den Videomodus problemlos auch mit *rdev* in einer fertig kompilierten Kopie des Kernels vornehmen können.

Kapitel 5

Der nächste Schritt ist der Aufruf von *make dep*. Damit wird eine Reihe von Befehlen aufgerufen, die den Verzeichnisbaum durchsuchen und Abhängigkeiten der Quelldateien feststellen. Gleichzeitig werden zusätzliche Informationen in die verschiedenen Makefiles eingetragen. (Falls Sie wirklich wissen möchten, was hier passiert: Die Makefiles werden um Regeln ergänzt, die dafür sorgen, daß Programmcode neu kompiliert wird, wenn beispielsweise eine Header-Datei geändert wurde, die in einer Quelldatei eingebunden war.) Dieser Schritt sollte nicht länger als etwa fünf oder zehn Minuten dauern.

Wenn Sie eine komplette Neukompilierung des Kernels erzwingen möchten, sollten Sie an dieser Stelle *make clean* aufrufen. Damit werden alle Objektdateien aus diesem Verzeichnisbaum entfernt, die bei einer früheren Kompilierung erzeugt wurden. Wenn Sie von diesem Verzeichnisbaum aus noch nie einen Kernel erstellt haben, können Sie sich diesen Schritt wohl ersparen (obwohl damit kein Schaden angerichtet wird). Falls Sie den Kernel nur an wenigen Stellen geändert haben, sollten Sie diesen Schritt vielleicht auslassen, damit nur die geänderten Dateien neu kompiliert werden. Auf jeden Fall stellen Sie mit dem Aufruf von *make clean* einfach sicher, daß der ganze Kernel »von Grund auf« neu kompiliert wird. Falls Sie irgendwelche Zweifel haben, geben Sie diesen Befehl ein, um auf der sicheren Seite zu bleiben.

Jetzt sind Sie soweit, daß Sie den Kernel kompilieren können. Rufen Sie dazu *make zImage* auf. Es empfiehlt sich, den Kernel zu erstellen, wenn die Systemlast nur gering ist, so daß der größte Teil des Arbeitsspeichers für die Kompilierung genutzt wird. Falls weitere Benutzer auf dem System arbeiten oder Sie eine große Anwendung (wie das X Window System oder einen anderen Compiler-Lauf) starten, kann die Kernel-Kompilierung bis zum Kriechgang abgebremst werden. Das Zauberwort hier heißt Arbeitsspeicher. Eine langsame CPU kann die Kompilierung ebenso schnell erledigen wie eine schnellere CPU, wenn Sie nur genug RAM zur Verfügung hat.

Die Zeit für die Kernel-Kompilierung kann irgendwo zwischen zehn Minuten und einigen Stunden betragen – das hängt von Ihrer Hardware ab. Der Kernel umfaßt eine ganze Menge Code – mehr als fünf MB –, seien Sie also nicht überrascht. Langsamere Systeme mit vier MB an RAM (oder weniger) müssen mehrere Stunden für die komplette Kompilierung ansetzen; schnellere Rechner mit mehr Speicher können nach weniger als einer Viertelstunde fertig sein. Hier zeigen sich die Unterschiede zwischen den Systemen.

Wenn während der Kompilierung Fehler oder Warnungen auftreten, können Sie nicht davon ausgehen, daß der kompilierte Kernel korrekt funktioniert. In den meisten Fällen (allerdings nicht immer) wird die Kompilierung beim Auftreten eines Fehlers abgebrochen. Fehler können nach verkehrt eingespielten Patches, bei Problemen mit *make config* und *make dep* oder aufgrund von echten Fehlern im Code auftreten. In den »sicheren« Versionen des Kernels treten Programmierfehler nur äußerst selten auf, während die Entwickler-Kernel und neue Treiber im Teststadium durchaus fehlerhaft sein können. Im Zweifelsfall sollten Sie den Kernel-Verzeichnisbaum komplett löschen und noch einmal von vorne beginnen.

Nach der Kompilierung finden Sie die Datei *zImage* im Verzeichnis */usr/src/linux/arch/i386/boot* vor. Diese Kopie des Kernels wird so benannt, weil sie ein ausführbares Abbild des Kernels ist, das intern mit *gzip* komprimiert wurde. Beim Booten wird der Kernel sich selbst in den Arbeitsspeicher entpacken – versuchen Sie nicht, *gzip* oder *gunzip* von Hand anzuwenden! Auf diese Weise belegt der Kernel erheblich weniger Speicherplatz, und Kopien davon passen auf eine Diskette.

Kapitel 5

Anschließend sollten Sie mit dem neuen Kernel *rdev* aufrufen, um sicherzustellen, daß die Einstellungen für das Root-Dateisystem, den Videomodus und andere Parameter korrekt sind. Wir haben dies im Abschnitt »Von einer Diskette booten« in Kapitel 5 beschrieben.

Wenn der neue Kernel erstellt ist, können Sie ihn zum Booten vorbereiten. Dazu müssen Sie entweder das Kernel-Abbild auf eine Boot-Diskette kopieren oder LILO so einrichten, daß der Kernel von der Festplatte bootet. Im Abschnitt »Das System booten« in Kapitel 5 besprechen wir diese Themen. Machen Sie den Kernel mit einer dieser beiden Methoden bootfähig, wenn Sie damit arbeiten wollen, und starten Sie das System neu.

Ladbare Gerätetreiber

Es hat sich eingebürgert, Gerätetreiber direkt in den Kernel einzubinden, und mehrere Gründe sprechen dafür. Erstens benötigen fast alle Treiber den speziellen Zugriff auf die Hardware, der ihnen als Bestandteil des Kernel-Codes zur Verfügung steht. Dieser Zugriff auf die Hardware ist mit einem Anwenderprogramm nicht ohne weiteres zu realisieren. Außerdem lassen sich Gerätetreiber als Teil des Kernels viel einfacher implementieren – solche Treiber haben vollen Zugriff auf die Datenstrukturen und die anderen Routinen des Kernels, die sie jederzeit aufrufen können.

Allerdings gibt es mehrere Probleme mit einem derart zusammengesetzten Kernel, der alle Treiber enthält. Zunächst muß der Systemverwalter einen neuen Kernel erstellen, um bestimmte Gerätetreiber einzubinden oder zu entfernen – wir haben dies im vorherigen Abschnitt besprochen. Außerdem verführt diese Vorgehensweise die Programmierer von Treibern zu nachlässiger Arbeit; nichts kann einen

Programmierer davon abhalten, Code zu schreiben, der nicht streng modular aufgebaut ist – zum Beispiel Code, der direkt auf Daten zugreift, die zu anderen Teilen des Kernels gehören. Dieses Problem wird durch die kooperative Arbeitsweise, in der der Linux-Kernel entsteht, noch verstärkt, und nicht alle Teile des Codes sind so modular angelegt, wie sie sein sollten. Dies kann die Pflege und das Debuggen des Codes erschweren.

Um sich von dieser Vorgehensweise zu befreien, unterstützt der Linux-Kernel ladbare Gerätetreiber – das sind Treiber, die zur Laufzeit mit bestimmten Befehlen in den Speicher geladen oder von dort entfernt werden. Solche Treiber sind immer noch ein Teil des Kernels, aber sie werden getrennt kompiliert und erst durch das Laden aktiviert. *Ladbare Gerätetreiber* (Module) werden im allgemeinen mittels einiger Befehle in den *rc*-Skripten, die beim Booten aufgerufen werden, in den Speicher geladen.

Module bieten eine sauber definierte Schnittstelle für das Schreiben von Treibern. Sie müssen bis zu einem gewissen Grad modular sein und bestimmte Programmierkonventionen einhalten. (Beachten Sie aber, daß ein Programmierer diese Konventionen trotzdem mißachten und nicht-modularen Code schreiben kann. Nach dem Laden kann so ein Modul denselben Schaden anrichten, als ob es direkt in den Kernel eingebunden wäre.) Die Verwendung von Modulen vereinfacht das Debuggen von Treibern – Sie können ein Modul einfach entladen, es neu kompilieren und wieder laden, ohne daß das System neu gestartet oder der Kernel komplett neu kompiliert werden muß. Module können außer für Gerätetreiber auch für andere Teile des Kernels benutzt werden, etwa die verschiedenen Dateisysteme.

[108] Ftape HOWTO

Unter Linux sind mehrere Gerätetreiber in Form von Modulen implementiert. Einer der bekanntesten davon ist der »Floppystreamer«-Treiber *ftape*, für solche Streamer, die direkt an den Floppycontroller angeschlossen werden, wie zum Beispiel die Modelle Colorado Memory Jumbo 120 und 250. Wenn Sie diesen Treiber in Ihrem System einsetzen möchten, müssen Sie wissen, wie Module kompiliert, geladen und wieder entladen werden. Lesen Sie zu diesem Thema auch das Ftape-HOWTO von Linux.

Sie brauchen zunächst das Paket *modules*, in dem die Befehle zum Laden und Entladen von Modulen enthalten sind. Auf den FTP-Servern ist das meistens die Datei *modules.tar.gz* in dem Verzeichnis, in dem auch die Kernel-Quellen stehen. Dieses Paket enthält die Befehle *insmod*, *rmmod* und *lsmod*. In den meisten Linux-Distributionen sind diese Befehle bereits vorhanden (in */sbin*); falls sie bei Ihnen schon installiert sind, brauchen Sie das *modules*-Paket wahrscheinlich nicht mehr. Trotzdem kann es nicht schaden, dieses Paket zu besorgen und die Befehle neu zu kompilieren, damit Sie auf jeden Fall die aktuelle Version haben.

Zum Kompilieren dieser Befehle entpacken Sie zunächst *modules.tar.gz* (zum Beispiel in einem Unterverzeichnis zu */usr/src*). Befolgen Sie die mitgelieferten Installationshinweise; in der Regel brauchen Sie nur als *root* zuerst *make* und dann *make install* aufzurufen. Die drei Befehle werden dann in */sbin* aufrufbereit installiert.

Als nächstes brauchen Sie ein Modul, mit dem Sie experimentieren können. Ein geeignetes Objekt dafür ist der Treiber für den Floppystreamer, den wir bereits erwähnt haben. Sie finden diesen Treiber auf den meisten FTP-Servern als *ftape-*`version`*.tar.gz*; entpacken Sie diese tar-Datei, und folgen Sie den Hinweisen in der *README*-Datei, um den Treiber zu kompilieren.

Ein Modul ist nichts weiter als eine einzige Objektdatei, die den kompletten Treiber-Code enthält. Das Modul *ftape* könnte also *ftape.o* heißen. Auf vielen Systemen stehen die Module im Verzeichnis */boot* (das ist vielleicht nicht gerade der beste Platz, aber andererseits werden Module üblicherweise während des Bootens geladen). Vielleicht sind auf Ihrem System auch schon einige Module installiert; suchen Sie nach Dateinamen mit dem Suffix *.o* in */boot*.

Sobald Sie ein fertig kompiliertes Modul haben, laden Sie es mit dem Befehl:

```
insmod Modul
```

wobei `Modul` der Name der Objektdatei des Moduls ist. Ein Beispiel:

```
insmod /boot/ftape.o
```

installiert den Treiber *ftape*, wenn dieser in der Datei *ftape.o* enthalten ist.

Wenn ein Modul installiert wird, gibt es wahrscheinlich auf der Konsole (und in die Logdateien) einige Informationen aus, die anzeigen, daß das Modul initialisiert ist. Der Treiber *ftape* könnte etwa folgendes ausgeben:

```
ftape v1.14 29/10/94 (c) 1993, 1994 Bas Laarhoven (bas@vimec.nl)
  QIC-117 driver for QIC-40 and QIC-80 tape drives
[000] kernel-interface.c (init_module) - installing QIC-117 ftape driver....
[001] kernel-interface.c (init_module) - 3 tape_buffers @ 001B8000.
[002]  calibr.c (time_inb) - inb() duration: 1436 nsec.
[003]  calibr.c (calibrate) - TC for `udelay()' = 2944 nsec (at 2049 counts).
[004]  calibr.c (calibrate) - TC for `fdc_wait()' = 2857 nsec (at 2049 counts).
```

Der genaue Text der Meldung hängt natürlich vom Modul ab. Es sollte immer eine ausführliche Dokumentation dazugehören, in der beschrieben wird, was das Modul tut und wie Sie es im Problemfall debuggen müssen – zum Zeitpunkt des Schreibens sind Module noch relativ neu, und die Einzelheiten ändern sich ständig.[2]

Mit *lsmod* können Sie die geladenen Treiber auflisten:

```
rutabaga% lsmod
Module:         #pages:
ftape              40
```

Auch der Speicherplatzbedarf des Moduls wird angezeigt; unter Linux ist eine Speicherseite (page) vier KB groß. Der Treiber *ftape* belegt also 160 KB.

---

2 Beachten Sie auch, daß der Treiber *ftape* darauf angewiesen ist, daß im Kernel die Unterstützung für QIC-117 enthalten ist; in der Regel erledigen Sie dies im Schritt *make config*.

Mit dem Befehl *rmmod* läßt sich ein Modul wieder entladen: `rmmod ftape`

rmmod bekommt als Argument den Namen des Treibers mit, so wie er in der *lsmod*-Liste erscheint.

Sobald die Module zu Ihrer Zufriedenheit funktionieren, können Sie den entsprechenden *insmod*-Befehl in eines der *rc*-Skripten einfügen, die beim Booten ausgeführt werden. Eventuell ist in einem der Skripten auch schon eine Stelle vorgegeben, an der *insmod*-Befehle plaziert werden können – das hängt von Ihrer Distribution ab.

Zur Zeit müssen Sie ein Modul jedesmal neu kompilieren, wenn Sie eine neue Kernel-Version oder einen höheren Patchlevel einspielen. (Wenn Sie den Kernel lediglich in derselben Version neu kompilieren, brauchen Sie das Modul nicht gleichzeitig zu aktualisieren.) Man macht das, um sicherzustellen, daß ein Modul zu der neuen Kernel-Version kompatibel bleibt. Wenn Sie versuchen, ein Modul mit einer Kernel-Version zu laden, für die es nicht kompiliert wurde, erhalten Sie eine Fehlermeldung von *insmod*, und das Modul wird nicht geladen. Bei der Neukompilierung eines Moduls müssen Sie mit dem Kernel arbeiten, unter dem das Modul benutzt werden soll. Aktualisieren Sie deshalb bei einem Update des Systems zuerst den Kernel, und starten Sie das System neu, bevor Sie die Module neu kompilieren und laden.

Der Kernel-Dämon kerneld

Ein besonders praktisches Feature, das vor relativ kurzer Zeit in Linux eingeführt wurde, ist der sogenannte *Kernel-Dämon kerneld.* Mit Hilfe des Kernel-Dämons kann der Kernel fehlende Gerätetreiber oder andere Module automatisch und ohne Zutun des Benutzers laden und – wenn sie nicht mehr gebraucht werden – auch wieder entladen.

Voraussetzung für die Verwendung des Kernel-Dämons ist die Einschaltung zweier Optionen während des *make config*-Laufs der Kernel-Konfiguration. Sie benötigen sowohl die »System V«-Interprozeßkommunikation wie auch die Unterstützung für den *kerneld* selbst. Außerdem muß der *kerneld* während des Systemstarts aus einer der *rc*-Dateien gestartet werden. Neuere Distributionen sollten das automatisch einstellen.

Module, die andere Module benötigen, müssen korrekt mit ihren Abhängigkeiten in der Datei */etc/conf.modules* eingetragen werden. Dafür sorgt unter anderem der Befehl *depmod*. Lesen Sie hierzu die Dokumentation aus dem *modules*-Paket.

Wenn ein Modul nicht von Hand, sondern durch den *kerneld* geladen wurde, erscheint es bei der Auflistung mit *lsmod* mit dem Zusatz `(autoclean)`. Das bedeutet, daß der *kerneld* das Modul wieder entfernen wird, wenn es länger als eine Minute nicht gebraucht wurde.

KAPITEL 8

ANDERE ADMINISTRATIONS-AUFGABEN

Nachdem Sie die letzten drei Kapitel gelesen haben, haben Sie alle Kenntnisse, die Sie benötigen, um mit Ihrem System zu arbeiten. Aber übergehen Sie dieses Kapitel hier nicht zu lange. Einige der hier beschriebenen Tätigkeiten, wie das Anlegen von Backup-Bändern, sollten Sie zu einer Gewohnheit machen. Sie werden es möglicherweise auch nützlich finden, auf Dateien und Programme von MS-DOS und Windows zuzugreifen. Schließlich helfen wir Ihnen dabei, mit Ereignissen umzugehen, die Ihnen hoffentlich nie passieren, manchmal aber doch auftreten – Systemabstürze und Datenkorruption.

Backups erstellen

Das Anlegen von Sicherungskopien (Backup) Ihres Systems ist sehr wichtig, um sich gegen Zerstörung oder Verlust von Daten abzusichern, falls Probleme mit der Hardware auftauchen oder Sie einmal versehentlich wichtige Dateien unwiderruflich löschen. Während Sie sich mit Ihrem Linux-System vertraut machen, werden Sie wahrscheinlich eine ganze Reihe von Anpassungen vornehmen, die sich nicht einfach durch eine Neuinstallation von Ihrem Installationsmedium rückgängig machen lassen. Wenn Sie allerdings die Linux-Originaldisketten oder -CD-ROMs zur Hand haben, brauchen Sie eventuell nicht das ganze System zu sichern. Das Originalmedium stellt bereits ein hervorragendes Systembackup dar.

Unter Linux, wie auch unter anderen UNIX-Systemen, können Ihnen bei der Arbeit als *root* Fehler unterlaufen, die es unmöglich machen, das System zu starten oder sich einzuloggen. Viele Neulinge reagieren darauf, indem sie das System von einem Backup restaurieren oder es sogar komplett neu installieren. Das ist aber nur selten notwendig – wenn überhaupt. Im Abschnitt »Die Rettung in der Not« werden wir besprechen, was in solchen Fällen zu tun ist.

Kapitel 6

Wenn Sie Daten verloren haben, ist es manchmal möglich, mit Hilfe der Tools zur Pflege des Dateisystems, die wir im Abschnitt »Dateisysteme prüfen und reparieren« in Kapitel 6, *Verwalten von Dateisystemen, Swap-Bereichen und Geräten,* beschreiben, diese Daten zu restaurieren. Anders als in manchen anderen Betriebssystemen lassen sich im allgemeinen Dateien, die mit *rm* gelöscht oder durch ein achtloses *cp* oder *mv* überschrieben wurden, aber nicht mit einem »undelete« wiederherstellen. (So zerstört zum Beispiel das Kopieren einer Datei auf eine bereits existierende Datei die Zieldatei.) In solchen extremen Fällen sind Datensicherungen der Schlüssel zur Lösung Ihrer Probleme.

Backups werden in der Regel auf Bänder oder Disketten geschrieben. Keines der Medien ist hundertprozentig zuverlässig, aber langfristig gesehen sind Bänder viel besser als Disketten. Es gibt viele Tools, die Sie bei der Erstellung von Backups unterstützen. Im einfachsten Fall benutzen Sie eine Kombination aus *gzip* und *tar*, um Daten von der Festplatte auf Diskette oder Band zu sichern. Für Datensicherungen, die nur gelegentlich erfolgen (zum Beispiel einmal im Monat), ist dies die beste Methode.

Wenn auf Ihrem System mehrere Benutzer arbeiten oder wenn Sie die Konfiguration des Systems häufig ändern, ist es vielleicht sinnvoller, die Datensicherung inkrementell vorzunehmen. Nach diesem Schema würden Sie etwa einmal im Monat eine »volle Datensicherung« vornehmen. Zusätzlich könnten Sie einmal in der Woche alle die Dateien sichern, die während der vorangegangenen Woche geändert wurden. Außerdem würden Sie jede Nacht die Dateien sichern, die in den letzten 24 Stunden geändert wurden. Es gibt verschiedene Tools, die Sie bei der Datensicherung nach einem solchen Schema unterstützen.

Die Idee hinter der inkrementellen Datensicherung ist, daß es viel effizienter ist, Backups in kleinen Schritten vorzunehmen – Sie brauchen weniger Disketten oder Bänder, und die wöchentlichen und täglichen Backups sind schneller und einfacher durchzuführen. Deshalb fällt es leichter, die Daten häufiger zu sichern – Sie haben immer eine Datensicherung, die höchstens einen Tag alt ist. Sollten Sie, sagen wir versehentlich, einmal Ihr ganzes System löschen, müßten Sie das System folgendermaßen wiederherstellen:

1. Spielen Sie die letzte monatliche Datensicherung wieder ein. Wenn Sie Ihr System zum Beispiel am 17. Juli auf Nulldiät gesetzt haben, würden Sie also das Backup vom 1. Juli einspielen. Ihr System befindet sich dann in dem Zustand, den es zur Zeit der Datensicherung am 1. Juli hatte.
2. Spielen Sie alle wöchentlichen Backups des Monats wieder ein. In unserem Beispiel würden wir die gesicherten Daten vom 7. und 14. Juli wieder einspielen. Mit dem Einspielen der wöchentlichen Backups stellen Sie alle Daten wieder her, die in der entsprechenden Woche geändert wurden.
3. Spielen Sie dann die täglichen Backups der letzten Woche ein, das heißt, seit der letzten wöchentlichen Datensicherung. In unserem Fall würden wir die Tagessicherungen vom 15. und 16. Juli einspielen. Das System befindet sich dann in dem Zustand, den es zur Zeit der Tagessicherung am 16. Juli hatte, und Sie haben insgesamt nur die Arbeit eines Tages verloren.

Je nach Größe Ihres Systems kann die volle monatliche Datensicherung durchaus 200 Megabytes oder mehr an Speicherplatz beanspruchen – bei der Kapazität heutiger Speichermedien brauchen Sie höchstens ein Magnetband, aber eine ganze Reihe von Disketten. Die wöchentlichen und täglichen Backups werden allerdings erheblich weniger Platz beanspruchen. Vielleicht ist es sinnvoll, auf Ihrem System die wöchentliche Datensicherung auf Sonntagnacht zu verlegen und am Wochenende auf die Tagessicherungen zu verzichten.

Ein wichtiges Kriterium bei Backups ist, daß sie die Möglichkeit bieten sollten, nur einzelne Dateien wiederherzustellen. Wenn Sie also versehentlich eine Datei oder eine Gruppe von Dateien gelöscht haben, können Sie einfach die betroffenen Dateien zurückspielen, statt das ganze System wiederherzustellen. Je nachdem, wie Sie Ihre Backups vornehmen, kann das allerdings sehr einfach oder unendlich schwierig sein.

In diesem Abschnitt werden wir besprechen, wie Sie *tar*, *gzip* und einige verwandte Tools für die Datensicherung auf Diskette und Magnetband einsetzen können. Nebenbei gehen wir auf die Benutzung von Disketten- und Bandlaufwerken ein. Mit diesen Tools können Sie Ihre Backups mehr oder weniger »von Hand« erledigen – Sie können diesen Vorgang aber auch mit Hilfe von Shell-Skripten automatisieren oder Ihre Backups über Nacht von *cron* ausführen lassen. Sie müssen nur noch dafür sorgen, daß die Magnetbänder gewechselt werden. Es gibt Softwarepakete, die eine komfortable Menüoberfläche für das Sichern Ihrer Daten, das Zurückspielen bestimmter Dateien usw. bereitstellen. Viele dieser Programmpakete sind in Wirklichkeit schöne Bedienoberflächen, hinter denen *tar* und *gzip* versteckt werden. Sie müssen entscheiden, welche Art der Datensicherung für Sie geeignet erscheint.

Einfache Backups

Die einfachste Methode des Backups besteht darin, mit *tar* alle Dateien im System oder die Dateien in bestimmten Verzeichnissen zu archivieren. Bevor Sie damit anfangen, sollten Sie aber überlegen, welche Dateien gesichert werden müssen. Brauchen Sie wirklich ein Backup aller Dateien im System? Das ist nur äußerst selten der Fall, insbesondere, wenn Sie noch die Installationsdisketten oder -CD-ROMs zur Verfügung haben. Wenn Sie im System wichtige Änderungen vorgenommen haben, aber alles andere noch dem Zustand auf dem Installationsmedium entspricht, reicht es vielleicht aus, nur die geänderten Dateien zu sichern. Im Laufe der Zeit wird es allerdings schwieriger, solche Änderungen nachzuvollziehen.

Kapitel 10

Meistens werden Sie Änderungen in den Konfigurationsdateien in */etc* vornehmen. Es gibt noch andere Konfigurationsdateien, und es kann nicht schaden, wenn Sie außerdem solche Verzeichnisse wie */usr/lib*, */usr/X11R6/lib/X11* (hier stehen die Konfigurationsdateien für XFree86, wie wir im Abschnitt »XFree86 installieren« in Kapitel 10, *Das X Window System,* noch sehen werden) usw. sichern.

Sie sollten außerdem den Kernel-Quellcode sichern (falls Sie den Kernel geändert oder Ihren eigenen Kernel erzeugt haben); diese Dateien finden Sie in */usr/src/linux.*

Während Ihrer Abenteuer mit Linux sollten Sie vielleicht notieren, welche Einstellungen des Systems Sie verändert haben, so daß Sie die entsprechenden Dateien sichern können. Wenn Sie wirklich vorsichtig sein wollen, können Sie natürlich auch das komplette System sichern – das wird Ihnen nicht wehtun, aber vielleicht Ihrem Geldbeutel.

Kapitel 15

Selbstverständlich sollten Sie auch die Home-Verzeichnisse aller Benutzer sichern; diese befinden sich in der Regel in */home.* Falls Ihr System dafür konfiguriert ist, E-Mail zu empfangen (siehe auch den Abschnitt »Der Mail-Transport-Agent smail« in Kapitel 15, *Das World Wide Web und E-Mail*), sollten Sie eventuell auch die Dateien mit der eingegangenen E-Mail der Benutzer sichern. Viele Leute bewahren alte und »wichtige« E-Mail im Spool-Verzeichnis für eingehende E-Mail auf, und es kann schnell einmal passieren, daß eine dieser Dateien durch ein fehlerhaftes Mail-Programm oder einen anderen Fehler zerstört wird. Diese Dateien stehen in der Regel in */var/spool/mail.*

Das Backup auf Magnetband

Kapitel 7

Sobald Sie wissen, welche Dateien oder Verzeichnisse gesichert werden sollen, können Sie loslegen. Im Abschnitt »Die Benutzung von tar« in Kapitel 7, *Software und den Kernel aktualisieren,* haben wir bereits gesehen, wie man *tar* einsetzt, um Daten zu sichern. Mit dem Befehl:

```
tar cvf /dev/rft0 /usr/src /etc /home
```

sichern Sie alle Dateien aus */usr/src*, */etc* und */home* nach */dev/rft0*. */dev/rft0* ist der erste »Floppystreamer«, das heißt das erste Bandlaufwerk, das an einem Floppycontroller hängt. Viele weitverbreitete Streamer für den PC benutzen diese Schnittstelle. Wenn Sie einen SCSI-Streamer benutzen, lauten die Gerätenamen */dev/st0*, */dev/st1* usw., abhängig von der Nummer des Laufwerks. Streamer-Laufwerke, die andere Schnittstellen benutzen, haben eigene Gerätenamen; Sie erfahren diese Namen, indem Sie im Kernel die Dokumentation zu dem entsprechenden Gerätetreiber anschauen.

Mit dem Befehl:

```
tar xvf /dev/rft0
```

können Sie das Archiv dann vom Band zurücklesen. Die Vorgehensweise entspricht genau der bei der Arbeit mit einer *tar*-Datei auf der Festplatte, wie wir das in »Utilities zur Archivierung und Komprimierung« in Kapitel 7 besprochen haben.

Wenn Sie einen Streamer benutzen, wird das Magnetband als Datenstrom (stream) betrachtet, der nur in einer Richtung gelesen oder geschrieben werden kann. Sobald *tar* beendet ist, wird die Verbindung zum Streamer unterbrochen, und das Magnetband wird zurückgespult. Auf Magnetbändern werden keine Dateisysteme angelegt; Sie können einen Streamer nicht aufsetzen; und Sie können auf die Daten nicht in Form einzelner Dateien zugreifen. Statt dessen wird der Streamer selbst wie eine einzige »Datei« behandelt, wenn Archive erstellt oder entpackt werden.

Stellen Sie sicher, daß Sie nur mit formatierten Magnetbändern arbeiten. Dabei werden die BOT-Markierung (beginning-of-tape) und Informationen über fehlerhafte Blöcke auf das Band geschrieben. Zum Zeitpunkt des Schreibens gibt es unter Linux kein Tool zum Formatieren von QIC-80-Bändern (die mit Floppystreamern benutzt werden); Sie müssen Ihre Bänder also unter DOS formatieren oder vorformatierte Bänder benutzen.

Es würde eine Menge Bandkapazität verschwenden, immer nur eine *tar*-Datei pro Band zu speichern, wenn die Datei nur einen Bruchteil der Kapazität belegt. Damit mehr als eine Datei auf ein Band geschrieben werden kann, müssen Sie zunächst dafür sorgen, daß das Band nicht nach jeder Benutzung zurückgespult wird. Außerdem brauchen Sie eine Methode, das Band auf die nächste »Dateimarkierung« (file marker) zu positionieren – dies gilt sowohl beim Erstellen als auch für das Entpacken von *tar*-Dateien.

Sie erreichen das, indem Sie die Gerätetreiber ohne automatisches Zurückspulen benutzen. Für Floppystreamer sind das */dev/nrft0*, */dev/nrft1* usw., für SCSI-Streamer */dev/nrst0*, */dev/nrst1* usw. Wenn Sie beim Lesen und Schreiben diese Treiber benutzen, wird das Magnetband nach der Beendigung von *tar* nicht zurückgespult. Sie können anschließend mit *tar* das nächste Archiv auf das Band schreiben. Die beiden Dateien auf dem Band haben absolut nichts miteinander zu tun. Wenn Sie später einmal die erste Datei überschreiben, kann es natürlich passieren, daß Sie auch die zweite Datei zerstören oder daß zwischen den beiden Dateien eine unerwünschte Lücke bleibt (diese Lücke könnte als Datenmüll interpretiert werden). Im allgemeinen sollten Sie nie versuchen, eine einzelne Datei auf einem Band zu ersetzen, das mehrere Dateien enthält.

Wenn Sie die Treiber ohne automatisches Zurückspulen benutzen, können Sie solange Dateien auf das Band schreiben, wie noch Platz ist. Zum Zurückspulen benutzen Sie den Befehl *mt*. Das ist ein Befehl, der für Streamer eine ganze Reihe von Funktionen ausführt.

Ein Beispiel:

```
mt /dev/nrft0 rewind
```

spult das Magnetband im ersten Floppystreamer zurück. (In diesem Fall hätten Sie auch den entsprechenden Treiber mit Zurückspulen benutzen können; dabei geschieht das Zurückspulen allerdings nur als ein Nebeneffekt nach dem Unterbrechen der Verbindung zum Streamer.)

Mit dem Befehl `mt /dev/nrft0 reten` läßt sich das Band wieder straffen, indem es bis zum Ende durchläuft und dann zurückgespult wird.

Wenn Sie eine Datei von einem Band mit mehreren Dateien lesen wollen, müssen Sie mit *tar* die Treiber ohne Zurückspulen benutzen und dann mit *mt* das Band auf die entsprechende Datei positionieren.

Mit folgendem Befehl spulen Sie das Band zur nächsten Datei vor:

```
mt /dev/nrft0 fsf 1
```

Damit überspringen Sie eine Datei auf dem Band. Wenn Sie zwei Dateien überspringen möchten, geben Sie ein:

```
mt /dev/nrft0 fsf 2
```

mt (1)

Benutzen Sie mit *mt* auf jeden Fall die Treiber ohne Zurückspulen. Beachten Sie auch, daß Sie mit diesem Befehl nicht die »zweite Datei« auf dem Band ansprechen, sondern daß Sie von der derzeitigen Position aus zwei Dateien überspringen. Wenn Sie nicht sicher sind, an welcher Stelle des Bandes Sie sich gerade befinden, spulen Sie mit *mt* einfach an den Anfang zurück. Sie können auch nach hinten springen; lesen Sie die Optionen in der Man-Page von *mt* nach.

Sie müssen *mt* immer dann benutzen, wenn Sie von einem Band mit mehreren Dateien lesen wollen. Zweimal *tar* direkt hintereinander, um zwei aufeinanderfolgende Dateien zu lesen, wird in der Regel nicht funktionieren; das liegt daran, daß *tar* die »Dateimarkierung« zwischen den Dateien nicht erkennt. Nach der Beendigung des ersten *tar* steht das Band auf dem Anfang der Dateimarkierung; wenn Sie dann sofort das zweite *tar* ausführen, erhalten Sie eine Fehlermeldung, weil *tar* versucht, die Dateimarkierung zu lesen. Positionieren Sie nach dem Lesen der ersten Datei einfach das Band mit `mt` *`device`* `fsf 1` auf die nächste Datei.

Das Backup auf Diskette

Genau so, wie wir es im letzten Abschnitt bereits gezeigt haben, erstellen Sie mit dem Befehl:

```
tar cvf /dev/fd0 /usr/src /etc /home
```

ein Backup von */usr/src*, */etc* und */home* auf */dev/fd0*, dem ersten Diskettenlaufwerk. Mit

```
tar xvf /dev/fd0
```

können Sie das Backup zurücklesen. Auch hier wird die Diskette wie eine Datei auf der Festplatte behandelt. Die Diskette enthält kein Dateisystem, und Sie brauchen sie nicht aufzusetzen.

Da Floppies über eine ziemlich begrenzte Speicherkapazität verfügen, bietet das GNU-*tar* die Möglichkeit, ein Archiv zu erstellen, das sich über mehrere Disketten erstreckt (»multi-volume« archive). (Diese Möglichkeit kann auch für Magnetbänder genutzt werden, ist aber für Disketten viel nützlicher.) Wenn Sie diese Möglichkeit nutzen, wird *tar* Sie auffordern, die nächste Diskette einzulegen, sobald die vorherige zu Ende gelesen oder geschrieben wurde. Geben Sie dazu die Option `M` von *tar* ein, etwa so:

```
tar cvMf /dev/fd0 /usr/src /etc /home
```

Sorgen Sie für eine deutliche Kennzeichnung der Disketten, und bringen Sie sie beim Entpacken des Archivs nicht durcheinander.

Ein Nachteil dieser Arbeitsweise ist, daß die automatische Komprimierung mit der Option `z` von *gzip* nicht funktioniert (siehe auch den vorherigen Abschnitt). Allerdings gibt es mehrere Gründe, mit *tar* erstellte Backups nicht zu komprimieren – wir besprechen das weiter unten. Auf jeden Fall können Sie Backups über mehrere Disketten erstellen, indem Sie *tar* und *gzip* zusammen mit einem Programm einsetzen, das Daten auf eine Reihe von zusammengehörigen Floppies (oder Bändern) schreiben oder von dort lesen kann. Dabei werden die einzelnen Disketten/Bänder der Reihe nach angefordert. Eines dieser Programme ist *backflops*, das Sie in einigen Linux-Distributionen und in FTP-Archiven finden. Eine Do-it-yourself-Methode, ein Archiv auf mehrere Disketten zu verteilen, ist das Erstellen des Archivs als Datei auf der Festplatte; anschließend können Sie mit *dd* oder einem ähnlichen Befehl Teile dieser Datei auf die einzelnen Floppies schreiben. Wenn Sie mutig genug sind, diesen Weg zu wählen, werden Sie auch selbst herausfinden, wie Sie vorgehen müssen.

gzip oder nicht gzip?

Es gibt gute Argumente sowohl für als auch gegen die Komprimierung von *tar*-Archiven bei der Erstellung von Backups. Das eigentliche Problem liegt darin, daß weder *tar* noch *gzip* besonders fehlertolerant arbeiten – trotz aller Vorteile. Zwar läßt sich die Zahl der Backup-Medien, die für die Speicherung eines Archivs benötigt werden, durch die Komprimierung mittels *gzip* wesentlich verringern; andererseits besteht die Gefahr, daß beim Schreiben von komprimierten *tar*-Dateien auf Disketten oder Bänder die Daten völlig unbrauchbar werden, wenn auch nur ein Datenblock des Archivs zerstört ist – etwa durch einen Fehler im Speichermedium (nicht unüblich bei Disketten und Magnetbändern). Der Erfolg der meisten Komprimierungsalgorithmen (einschließlich *gzip*) ist davon abhängig, daß die Daten über viele Bytes hinweg kohärent sind. Wenn innerhalb eines komprimierten Archivs zerstörte Daten auftauchen, ist *gunzip* eventuell überhaupt nicht mehr in der Lage, die Datei zu entpacken, wodurch sie für *tar* nicht mehr zu verarbeiten wäre.

Dieser Fall ist viel schlimmer als bei einer unkomprimierten *tar*-Datei auf dem Band. Zwar bietet *tar* keinen großen Schutz gegen die Zerstörung von Daten innerhalb eines Archivs; trotzdem ist es aber in der Regel möglich, bei nur kleinen Fehlern in einem Archiv den größten Teil der Daten ohne großen Aufwand zu retten – auf jeden Fall die Dateien bis zu der Stelle, an der ein Fehler auftritt. Natürlich ist das nicht die optimale Lösung, aber immer noch besser als ein Verlust des kompletten Backups.

Eine bessere Lösung wäre es, ein anderes Archivierungsprogramm als *tar* für die Erstellung von Backups zu benutzen. Verschiedene Möglichkeiten bieten sich an. *cpio* ist ein Archivierer, der die Dateien ähnlich wie *tar* behandelt. Da *cpio* aber eine einfachere Methode der Datenspeicherung benutzt, kann es zerstörte Daten in einem Archiv sicher wiederherstellen. (Allerdings kann auch *cpio* keine Fehler in gzip-ten Dateien sauber restaurieren.)

Die beste Lösung ist wahrscheinlich die Benutzung eines Tools wie *afio*. *afio* unterstützt Backups über mehrere Disketten/Bänder und arbeitet in gewissen Punkten so ähnlich wie *cpio*. Allerdings komprimiert *afio* zusätzlich und ist zuverlässiger, weil jede Datei einzeln gepackt wird. Das bedeutet, daß bei der Zerstörung von Daten in einem Archiv nur einzelne Dateien betroffen sind, nicht aber das komplette Backup.

Diese Tools sollten entweder in Ihrer Distribution enthalten oder in einem der Linux-Archive im Internet zu finden sein. Es gibt weitere Archivierungsprogramme für Linux, die alle mehr oder weniger beliebt und brauchbar sind. Wenn Sie sich ernsthaft mit Backups beschäftigen wollen, sollten Sie sich diese Tools ansehen.[1]

Inkrementelle Backups

Inkrementelle Backups, wie wir sie weiter oben beschrieben haben, sind eine gute Methode, Ihre Datensicherungen auf dem aktuellen Stand zu halten. Sie könnten zum Beispiel jede Nacht die Dateien sichern, die in den letzten 24 Stunden verändert wurden, einmal in der Woche alle Dateien, die im Laufe der Woche geändert wurden, und einmal im Monat das gesamte System.

Inkrementelle Backups lassen sich mit den bereits erwähnten Tools erstellen: *tar*, *gzip*, *cpio* usw. Der erste Schritt zu einem inkrementellen Backup ist es, eine Liste der Dateien anzufertigen, die seit einem bestimmten Zeitpunkt geändert wurden. Mit dem Befehl *find* läßt sich das leicht bewerkstelligen.[2]

Eine Liste aller Dateien, die in den letzten 24 Stunden geändert wurden, erhalten Sie zum Beispiel mit:

```
find / -mtime -1 \! -type d -print > /tmp/filelist.daily
```

1 Natürlich wurde dieser Abschnitt erst geschrieben, nachdem der Autor nach vier Jahren Arbeit mit Linux endlich sein erstes Systembackup erstellte!

2 Falls Sie mit *find* noch nicht vertraut sind, sollten Sie das so bald wie möglich werden. Mit *find* können Sie auf einfache Weise solche Dinge erledigen wie die Suche über viele Verzeichnisse hinweg nach Dateien mit bestimmten Namen, Berechtigungen oder Zeiten der letzten Änderung. *find* kann sogar mit jeder gefundenen Datei ein Programm ausführen. Kurz und gut: *find* ist Ihr Freund, und alle guten Systemverwalter wissen genau, wie sie damit umzugehen haben.

Das erste Argument für *find* ist das Verzeichnis, in dem es beginnen soll – in diesem Fall */*, das Root-Verzeichnis. Die Option *-mtime 1* weist *find* an, alle Dateien zu finden, die in den letzten 24 Stunden geändert wurden.

Die Option *\! -type d* ist kompliziert (und optional), vermeidet aber einigen unnötigen Kram in der Ausgabe. Sie veranlaßt *find*, Verzeichnisse aus dieser Liste auszuschließen. Das ! ist der Negationsoperator (und bedeutet hier »schließe die Dateien des Typs d aus«), aber wir müssen einen Backslash davorschreiben, weil sonst die Shell das ! als besonderes Zeichen interpretieren würde.

Die Option *-print* schreibt diese Dateinamen auf die Standardausgabe. Wir haben die Standardausgabe in eine Datei umgelenkt, damit wir später darauf zurückgreifen können.

Mit einem ähnlichen Befehl, nämlich:

```
find / -mtime -7 -print > /tmp/filelist.weekly
```

finden Sie alle Dateien, die während der letzten Woche geändert wurden.

find (1)

Beachten Sie, daß bei einem solchen Aufruf von *find* alle aufgesetzten Dateisysteme durchsucht werden. Wenn Sie zum Beispiel ein CD-ROM-Laufwerk eingebunden haben, wird *find* auch die CD-ROM durchsuchen (die Sie wahrscheinlich nicht sichern möchten). Mit der Option *-prune* lassen sich bestimmte Verzeichnisse vom Suchvorgang quer durch das komplette System ausschließen. Außerdem könnten Sie *find* mehrmals aufrufen und dabei als erstes Argument etwas anderes als */* angeben. Lesen Sie die Details in der Man-Page zu *find* nach.

Jetzt haben Sie also eine Liste der zu sichernden Dateien vorliegen. Solange wir mit *tar* gearbeitet haben, wurden die zu archivierenden Dateien in der Befehlszeile übergeben. Diese Liste könnte aber für eine einzige Befehlszeile (in der Regel auf ca. 2048 Zeichen beschränkt) viel zu lang werden- außerdem haben wir die Liste in einer Datei vorliegen.

Mit der Option *-T* können wir *tar* anweisen, die Liste der zu sichernden Dateien aus einer Datei zu lesen. Um mit dieser Option arbeiten zu können, müssen wir allerdings eine andere *tar*-Syntax benutzen, in der alle Optionen mit einem eigenen Bindestrich angegeben werden. Ein Beispiel: Wenn Sie die Dateien, die in */tmp/filelist.daily* aufgelistet sind, auf */dev/rft0* sichern wollen, geben Sie ein:

```
tar -cv -T /tmp/filelist.daily -f /dev/rft0
```

Sie sind jetzt in der Lage, ein kurzes Shell-Skript zu schreiben, das selbständig die Liste der zu sichernden Dateien erzeugt und das Backup unter Benutzung von *tar* erstellt. Mittels *cron* können Sie dafür sorgen, daß dieses Skript jede Nacht zu einer bestimmten Zeit ausgeführt wird; Sie müssen nur noch sicherstellen, daß ein Magnetband im Laufwerk steckt. Mit ähnlichen Skripten können Sie auch die wöchentlichen und monatlichen Backups durchführen lassen. Wir besprechen *cron* im nächsten Abschnitt.

Jobs ausführen mit cron

Computer wurden zuerst entwickelt, um Routineaufgaben automatisch zu erledigen. Wenn Sie täglich morgens um eins Ihre Festplatte sichern müssen, besteht kein Grund, dies jedesmal von Hand zu erledigen – erst recht nicht, wenn Sie dafür aus dem Bett kriechen müßten. Es sollte möglich sein, den Computer einmal anzuweisen, den Job zu erledigen, und ihm die Angelegenheit dann zu überlassen. Auf UNIX-Systemen übernimmt *cron* diese Art der Automatisierung für Sie.

Kurz gesagt, benutzen Sie *cron*, indem Sie den Befehl *crontab* aufrufen und Zeilen in einem bestimmten Format eingeben, das von *cron* erkannt wird. Jede Zeile enthält einen auszuführenden Befehl sowie die Uhrzeit der Ausführung.

Hinter Ihrem Rücken speichert *crontab* die Befehle in einer Datei im Verzeichnis */var/spool/cron/crontabs*, die Ihren Benutzernamen trägt. (Meine *crontab*-Datei würde also */var/spool/cron/crontabs/mdw* heißen.) Ein Dämon namens *crond* liest diese Datei regelmäßig und führt zu den richtigen Zeiten die Befehle aus. Eine der *rc*-Dateien Ihres Systems startet beim Booten den *crond*. Es gibt eigentlich keinen Befehl namens *cron*, sondern nur das Programm *crontab* und den Dämon *crond*.

Auf einigen Systemen kann *cron* nur von *root* benutzt werden. Wir wollen uns einen nützlichen Befehl ansehen, den Sie als *root* vielleicht ausführen möchten, und dabei zeigen, wie Sie daraus einen Eintrag für *crontab* machen. Nehmen wir an, daß Sie einmal täglich alte Dateien aus dem Verzeichnis */tmp* löschen wollen, das als temporärer Speicherplatz für Dateien dient, die von allen möglichen Programmen erzeugt werden.

Die meisten Systeme leeren */tmp* beim Booten, aber wenn Ihr System für längere Zeit ununterbrochen läuft, ist es vielleicht sinnvoll, mittels *cron* die alten Dateien im Auge zu behalten (zum Beispiel Dateien, auf die drei Tage lang nicht zugegriffen wurde). Der Befehl, den Sie dazu aufrufen, ist:

```
ls -l dateiname
```

Woher wissen Sie aber, welchen `Dateinamen` Sie angeben sollen? Sie müssen den Befehl innerhalb eines Suchbefehls (find) aufrufen, der alle Dateien in einem Verzeichnis auflistet und mit diesen Dateien die gewünschte Operation durchführt.

Wir sind dem Befehl *find* bereits im Abschnitt »Inkrementelle Backups« begegnet. In diesem Beispiel geben wir */tmp* als das zu durchsuchende Verzeichnis an und benutzen die Option *-atime*, um alle Dateien zu finden, auf die zuletzt vor mehr als drei Tagen zugegriffen wurde. Mit der Option *-exec* bewirken wir, daß der folgende Befehl mit allen gefundenen Dateien ausgeführt wird.

```
find /tmp \! -type d -atime +3 -exec ls -l {} \;
```

Wir haben bereits gesehen, daß der eigentliche Befehl, den *find* für uns ausführen soll, *ls -l* ist. (Viele Leute benutzen einen ähnlichen Eintrag in der *crontab*, der die

Dateien entfernt, aber das ist schwierig zu bewerkstelligen, ohne ein Sicherheitsloch zu produzieren.) Die geschweiften Klammern {} bedeuten: »Führe den Befehl mit jeder Datei aus, die der Suchlauf findet«. Der String `\;` zeigt *find*, daß hier die Option *-exec* beendet ist.

Jetzt haben wir also den Befehl, der alte Dateien in */tmp* anzeigt. Wir müssen aber noch festlegen, wie oft das geschehen soll. *crontab* benutzt dazu folgende sechs Felder:

```
Minute Stunde Tag Monat Wochentag Befehl
```

Und so füllen Sie die Felder aus:

1. Minute (geben Sie einen Wert zwischen 0 und 59 an)
2. Stunde (geben Sie einen Wert zwischen 0 und 23 an)
3. Tag des Monats (geben Sie einen Wert zwischen 1 und 31 an)
4. Monat (geben Sie einen Wert zwischen 1 und 12 oder einen Namen wie `jan`, `feb` usw. an)
5. Wochentag (geben Sie einen Wert zwischen 0 und 6 an, wobei 0 der Sonntag ist, oder einen Namen wie `mon`, `tue` usw.)
6. Befehl (kann aus mehreren Wörtern bestehen)

Abbildung 8-1 zeigt einen *cron*-Eintrag, in dem alle Felder ausgefüllt sind. Der Befehl ist ein Shell-Skript, das unter der Bourne-Shell *sh* aufgerufen wird. Allerdings ist dies kein allzu realistischer Eintrag – das Skript wird nur ausgeführt, wenn alle Bedingungen in den ersten fünf Feldern erfüllt sind. Es würde also nur an einem Sonntag aufgerufen, der auf den 15. im Januar oder Juli fällt – das kommt wohl nicht sehr oft vor! Dies ist also kein besonders praktisches Beispiel.

Abbildung 8-1: Beispieleintrag in der crontab

Wenn Sie einen Befehl jeden Tag um ein Uhr morgens aufrufen wollen, geben Sie 0 Minuten und die Stunde 1 an. Die anderen drei Felder sollten nur einen Stern enthalten, was dann bedeutet: »jeden Tag und jeden Monat zur angegebenen Zeit«. Die vollständige Zeile in *crontab* sieht dann so aus:

```
0 1 * * * find /tmp -atime 3 -exec ls -l {} \;
```

Da es eine ganze Menge netter Dinge gibt, die Sie mit den Zeitfeldern anstellen können, wollen wir noch ein bißchen mehr mit diesem Befehl herumspielen. Nehmen wir an, daß der Befehl nur am ersten Tag eines jeden Monats ausgeführt werden soll. Sie würden dann die ersten beiden Felder beibehalten, aber in das dritte Feld eine 1 schreiben:

```
0 1 1 * * find /tmp -atime 3 -exec ls -l {} \;
```

Wenn Sie's einmal in der Woche am Montag tun wollen, schreiben Sie wieder einen Stern in das dritte Feld und geben im fünften Feld entweder eine 1 oder `mon` ein:

```
0 1 * * mon find /tmp -atime 3 -exec ls -l {} \;
```

Wir können die Sache noch anspruchsvoller gestalten, weil in jedem Feld mehrere Zeiten stehen können. Ein Komma an dieser Stelle bedeutet: »Führe den Befehl am 1. und 15. jeden Monats aus.«

```
0 1 1,15 * * find /tmp -atime 3 -exec ls -l {} \;
```

während ein Bindestrich besagt: »Führe den Befehl jeden Tag vom 1. bis zum 15. einschließlich aus.«

```
0 1 1-15 * * find /tmp -atime 3 -exec ls -l {} \;
```

Und ein Schrägstrich mit einer 5 bedeutet: »Führe den Befehl an jedem 5. Tag aus«, also am 1., 6., 11. usw.

```
0 1 */5 * * find /tmp -atime 3 -exec ls -l {} \;
```

Jetzt sind wir soweit, daß wir tatsächlich einen Eintrag in *crontab* machen können. Loggen Sie sich als *root* ein (weil dies eine typische Aufgabe für *root* ist), und rufen Sie den Befehl *crontab* mit der Option *-e* auf; *-e* steht für »editieren«:

```
rutabaga# crontab -e
```

Als Voreinstellung wird mit diesem Befehl der Editor *vi* aufgerufen. Wenn Sie statt dessen lieber Emacs benutzen möchten, können Sie das vor der Anpassung von *crontab* einstellen. Bei einer Bourne-kompatiblen Shell geben Sie dazu ein:

```
rutabaga# export VISUAL=emacs
```

Für die C-Shell lautet der entsprechende Befehl:

```
rutabaga# setenv VISUAL emacs
```

Die Environment-Variable EDITOR kann mit einigen Versionen von *crontab* statt der Variablen VISUAL benutzt werden.

Geben Sie zunächst eine oder zwei Kommentarzeilen ein, die mit einem Doppelkreuz (#) beginnen, und dann den *crontab*-Eintrag:

```
# List files on /tmp that are 3 or more days old.  Runs at 1:00 AM
# each morning.
0 1 * * * find /tmp -atime 3 -exec ls -l {} \;
```

Mit dem Verlassen von *vi* werden die Befehle gespeichert. Mit folgendem Befehl lassen Sie sich Ihre *crontab*-Einträge anzeigen:

```
rutabaga# crontab -l
```

Bei der Benutzung von *cron* sollten Sie auch überlegen, was mit den Meldungen geschieht, die von den Befehlen erzeugt werden. *cron* hebt alle Meldungen aus der Standardausgabe und der Standardfehlerausgabe auf und verschickt sie als Mail an den Benutzer. Im obigen Beispiel geht die Mail an *root*, aber Sie sollten das automatisch an sich selbst als Systemverwalter umlenken lassen. Tragen Sie auf jeden Fall diese Zeile in */usr/lib/aliases* ein:

```
root: ihr-account-name
```

Wir zeigen Ihnen gleich, was Sie machen müssen, wenn Sie die Ausgaben lieber in einer Datei als als Mail haben möchten.

Wir zeigen Ihnen ein weiteres Beispiel für einen Befehl, der häufig in *crontab*-Dateien steht, um ein Verzeichnis auf ein Magnetband zu sichern. Wir gehen davon aus, daß jemand ein Magnetband eingelegt hat, bevor der Befehl ausgeführt wird. Zunächst sorgt der Befehl *mt* dafür, daß das Band im Gerät */dev/rft0* an den Anfang zurückgespult wird. Anschließend überträgt ein *tar*-Befehl alle Dateien aus dem Verzeichnis */src* auf das Band. Die Befehle werden durch ein Semikolon getrennt, wie es die Shell-Syntax verlangt.

```
# back up the /src directory once every two months.
0 2 1 */2 * mt -f /dev/rft0 rewind; tar cf /dev/rft0 /src
```

Die ersten beiden Felder bewirken, daß der Befehl um zwei Uhr morgens aufgerufen wird; das dritte Feld bestimmt den ersten Tag des Monats. Das vierte Feld legt jeden zweiten Monat fest. Dasselbe Ergebnis würden wir mit folgendem Befehl erzielen, der vielleicht einfacher zu lesen ist:

```
0 2 1 jan,mar,may,jul,sep,nov * mt -f /dev/rft0 rewind; \
          tar cf /dev/rft0 /src
```

Im Abschnitt »Backups erstellen« erklären wir, wie Backups regelmäßig durchgeführt werden können.

Das folgende Beispiel ruft *mailq* jeden zweiten Tag auf, um zu testen, ob in der Mail-Warteschlange irgendwelche Nachrichten hängengeblieben sind, und verschickt das Ergebnis des Tests als Mail an den Mail-Verwalter. Falls Nachrichten in der Warteschlange zurückgeblieben sind, enthält die Benachrichtigung Details zu Adressierungs- und Zustellproblemen, ansonsten ist die Benachrichtigung leer:

```
0 6 */2 * * mailq -v | \
          mail -s "Tested Mail Queue for Stuck Email" postmaster
```

Wahrscheinlich möchten Sie nicht jeden Tag eine Nachricht erhalten, solange alles problemlos klappt. In den Beispielen, die wir bisher gezeigt haben, erzeugen die Befehle nur dann Meldungen, wenn Fehler auftreten. Vielleicht möchten Sie es aber auch zur Regel machen, die Standardausgabe nach */dev/null* umzulenken oder sie folgendermaßen in eine Datei zu schreiben (beachten Sie die zwei >-Zeichen, damit der alte Inhalt nicht überschrieben wird):

```
0 1 * * * find /tmp -atime 3 -exec ls -l {} \; >> /home/mdw/log
```

Mit diesem Eintrag lenken wir die Standardausgabe um, aber die Standardfehlerausgabe kann als Mail verschickt werden. Dies kann ganz praktisch sein, weil wir eine Nachricht erhalten, wenn etwas schiefgeht. Wenn Sie sicherstellen möchten, daß Sie auf keinen Fall Mail erhalten, lenken Sie sowohl die Standardausgabe als auch die Standardfehlerausgabe um:

```
0 1 * * * find /tmp -atime 3 -exec ls -l {} \; >> /home/mdw/log 2>&1
```

Falls Sie die Meldungen in eine Logdatei schreiben, sehen Sie sich mit einer ständig größer werdenden Datei konfrontiert. Eventuell sollten Sie einen weiteren *cron*-Eintrag erzeugen, der diese Datei zum Beispiel einmal in der Woche löscht.

In den Einträgen für *crontab* lassen sich nur die Befehle der Bourne-Shell benutzen. Sie können also nicht auf die komfortablen Erweiterungen zurückgreifen, die *bash* und andere moderne Shells bieten – etwa Aliasnamen oder die Abkürzung ~ für das Home-Verzeichnis. Allerdings können Sie $HOME benutzen – *cron* kennt die Environment-Variablen $USER, $HOME und $SHELL. Alle Befehle benutzen Ihr Home-Verzeichnis als das aktuelle Verzeichnis.

Einige Leute ziehen es vor, in *crontab*-Einträgen immer die absoluten Pfadnamen der Befehle anzugeben, wie zum Beispiel */usr/bin/find* und */bin/rm*. Damit stellen sie sicher, daß immer der richtige Befehl gefunden wird, statt sich darauf zu verlassen, daß die Variable `PATH` richtig gesetzt ist.

Wenn ein Befehl so lang und kompliziert wird, daß er nicht mehr in eine Zeile paßt, sollten Sie ein Shell-Skript schreiben und dieses von *cron* aufrufen lassen. Sorgen Sie dafür, daß das Skript ausführbar ist (mit *chmod +x*), oder starten Sie für den Aufruf eine Shell:

```
0 1 * * * sh runcron
```

Als Systemverwalter werden Sie häufig *crontab*-Dateien für fiktive Benutzer wie **news** oder **uucp** anlegen. Es wäre unnötig und potentiell gefährlich, alle Utilities als *root* ausführen zu lassen, deshalb gibt es diese speziellen Benutzer.

Die Wahl des Benutzers hat auch Einfluß auf die Dateieignerschaft: Eine *crontab*-Datei für **news** sollte Dateien ausführen, die **news** gehören usw. Sie sollten ganz allgemein sicherstellen, daß die Utilities dem Benutzer gehören, in dessen Namen Sie die *crontab*-Datei erstellen.

Bedenken Sie auch, wer die entstehenden Dateien mit den Systemmeldungen nutzen soll. Wenn ein *cron*-Eintrag, der unter **news** aufgerufen wird, eine Datei erzeugt, werden Sie eventuell Schwierigkeiten haben, diese Datei später unter einer anderen Benutzerkennung zu lesen. Eventuell müssen Sie in Ihrem *cron*-Skript *chown* oder *chmod* benutzen, um die Datei hinterher auswerten zu können. Im Abschnitt »Die Dateiberechtigungen« in Kapitel 4, *Grundlegende UNIX-Befehle und -Konzepte,* besprechen wir diese Befehle.

Kapitel 4

Da Sie sich nicht als **news** einloggen können, müssen Sie die *crontab*-Datei von **news** unter *root* mit dem Befehl:

```
rutabaga# crontab -e -u news
```

editieren.

Die Logdateien des Systems verwalten

Das Utility *syslogd* schreibt verschiedene Systemaktivitäten mit, so zum Beispiel die Debugging-Meldungen von *sendmail* und Warnungen des Kernels. *syslogd* läuft als Dämon und wird in der Regel beim Booten aus einer der rc-Dateien gestartet.

Die Datei */etc/syslog.conf* wird benutzt, um festzulegen, wo *syslogd* Informationen ablegt. Diese Datei könnte folgendermaßen aussehen:

```
*.info;*.notice    /var/log/messages
mail.debug         /var/log/maillog
*.warn             /var/log/syslog
kern.emerg         /dev/console
```

Das erste Feld jeder Zeile bestimmt, welche Meldungen protokolliert werden sollen, und das zweite Feld gibt an, wohin die Meldungen geschrieben werden. Das erste Feld hat das Format:

```
Ursprung.Level
[;
Ursprung.Level
… ]
```

Dabei bezeichnet der `Ursprung` das Systemprogramm oder die Komponente des Systems, die die Meldung verursacht, und der `Level` gibt an, wie schwerwiegend die Meldung ist.

Der `Ursprung` kann zum Beispiel `mail` sein (für den Mail-Dämon), `kern` (für den Kernel), `user` (für Benutzerprogramme) oder `auth` (für Programme, die den Zugang zum System kontrollieren, wie etwa *login* oder *su*). Ein Stern in diesem Feld steht für Meldungen aus allen Quellen.

Als `Level` können Sie folgendes angeben (mit zunehmender Wichtigkeit): `debug`, `info`, `notice`, `warning`, `err`, `crit`, `alert` oder `emerg`.

In der oben gezeigten Datei */etc/syslog.conf* sehen wir, daß alle Meldungen der Grade `info` und `notice` in die Datei */var/adm/messages* geschrieben werden, debug-Meldungen (und Meldungen höherer Stufe) des Mail-Dämons gehen nach */var/adm/maillog*, und alle Meldungen der Stufe `warn` werden in */var/adm/syslog* protokolliert. Außerdem werden die `emerg`-Warnungen des Kernels an die Konsole geschickt (das ist die gerade aktive virtuelle Konsole oder ein *xterm*-Fenster, das mit der Option *-C* gestartet wurde).

Die von *syslogd* protokollierten Meldungen enthalten in der Regel das Datum, einen Hinweis auf den Prozeß oder die Komponente, die die Meldung verursacht hat, sowie die Meldung selbst – alles in einer Zeile. Eine Nachricht des Kernels, die auf Probleme mit Daten in einem *ext2fs*-Dateisystem hinweist, könnte so in der Logdatei erscheinen:

```
Dec  1 21:03:35 loomer kernel: EXT2-fs error (device 3/2):
  ext2_check_blocks_bit map: Wrong free blocks count in super block,
  stored = 27202, counted = 27853
```

Ein erfolgreich ausgeführtes *su* könnte folgendermaßen registriert werden:

```
Dec 11 15:31:51 loomer su: mdw on /dev/ttyp3
```

Die Logdateien sind äußerst wichtig beim Aufspüren von Problemen im System. Eine zu groß gewordene Logdatei können Sie mit *rm* entfernen; sie wird beim nächsten Neustart von *syslogd* erneut angelegt.

Wahrscheinlich enthält Ihr System bereits einen *syslogd* und die Datei */etc/syslog.conf* in einer brauchbaren Konfiguration. Trotzdem ist es wichtig, daß Sie wissen, wo Ihre Logdateien stehen und welche Programme damit verbunden sind. Falls Sie weitere Meldungen protokollieren lassen möchten (zum Beispiel Debugging-Nachrichten des Kernels, die sehr umfangreich sein können), sollten Sie die Datei *syslog.conf* editieren und dann den *syslogd* anweisen, seine Konfigurationsdatei erneut zu lesen. Geben Sie dazu ein:

```
kill -HUP `cat /var/run/syslog.pid`
```

Beachten Sie die rückwärts gewandten Anführungen, mit denen die Prozeß-ID von *syslogd* aus */var/run/syslog.pid* extrahiert wird.

Eventuell sind auf Ihrem System weitere Logdateien vorhanden. Darunter könnten folgende sein:

/var/log/wtmp
: Diese Datei enthält binäre Daten, in denen die Login-Zeiten und -Dauer aller Systembenutzer registriert sind; der Befehl *last* erstellt daraus eine Liste der Logins. Diese Liste könnte zum Beispiel so aussehen:

```
mdw      tty3                Sun Dec 11 15:25   still logged in
mdw      tty3                Sun Dec 11 15:24 - 15:25  (00:00)
mdw      tty1                Sun Dec 11 11:46   still logged in
reboot   ~                   Sun Dec 11 06:46
```

In der Datei */var/adm/wtmp* wird auch vermerkt, wann das System neu gestartet wurde.

/var/run/utmp
: Dies ist eine weitere binäre Datei, die Informationen zu den derzeit eingeloggten Benutzern enthält. Die Befehle *who*, *w* und *finger* erstellen daraus Login-Informationen. Der Befehl *w* könnte zum Beispiel folgendes ausgeben:

```
3:58pm  up  4:12,  5 users,  load average: 0.01, 0.02, 0.00
User     tty       login@  idle   JCPU   PCPU  what
mdw      ttyp3    11:46am    14                -
mdw      ttyp2    11:46am             1        w
mdw      ttyp4    11:46am                      kermit
mdw      ttyp0    11:46am    14                bash
```

Wir sehen die Login-Zeiten aller Benutzer (in diesem Fall ein Benutzer, der mehrfach eingeloggt ist) sowie den gerade ausgeführten Befehl. In der Man-Page zu *w* finden Sie eine Beschreibung aller Felder.

/var/log/lastlog
: Die Datei hat eine ähnliche Funktion wie *wtmp*, wird aber von anderen Programmen benutzt (zum Beispiel *finger*, wenn es feststellt, wann ein Benutzer zuletzt eingeloggt war).

Beachten Sie, daß die Dateien *wtmp* und *utmp* auf verschiedenen Systemen unterschiedliche Formate haben können. Manche Programme sind so kompiliert, daß sie das eine Format, und andere so, daß sie das andere Format erwarten. Deshalb kann es passieren, daß die Befehle, die auf diese Dateien zugreifen, verwirrende oder unrichtige Informationen ausgeben – dies gilt besonders dann, wenn die Dateien von einem Programm geschrieben werden, das ein falsches Format benutzt.

Verwalten der Druckerdienste

Linux hat – verglichen mit den Drucksystemen, die die meisten PCs verwenden, ein ziemlich kompliziertes Drucksystem. Es ermöglicht es, daß mehrere Benutzer gleichzeitig Dokumente aus einer oder mehreren Applikationen an einen Drucker senden können, ohne warten zu müssen, bis die Verarbeitung des vorhergehenden Dokumentes abgeschlossen ist. Das Drucksystem verarbeitet die Dateien so, daß sie auf verschiedenen Arten von Druckern, die auf verschiedene Arten und Weisen an den Rechner angeschlossen sind, immer korrekt ausgedruckt werden. Wenn Sie in einem Netzwerk drucken, können die Dateien auf einem Rechner erzeugt und auf einem Drucker, der an einen anderen Rechner angeschlossen ist, ausgedruckt werden.

Dieser ganze Vorgang passiert ohne viel Aufsehen, wenn Sie den »Drucken«-Knopf in einer Applikation drücken oder einen Befehl wie *lpr* verwenden, um ein Dokument zu drucken. Dieses Dokument wird jedoch nicht direkt an den Drucker geschickt, sondern zunächst in einem speziellen Verzeichnis abgelegt, welches das Spool-Verzeichnis des Druckers genannt wird. Das Wort »Spool« bedeutet dabei, daß die Dokumente eines nach dem anderen aus dem Verzeichnis entnommen werden, wenn der Drucker gerade wieder frei ist. Jeder Drucker hat sein eigenes Spool-Verzeichnis.

Wenn Linux gestartet wird, lädt es einen Druckerdämon (einen unabhängig ablaufenden Prozeß) namens *lpd*. Dieser Prozeß überprüft regelmäßig jedes Spool-Verzeichnis, ob Dateien vorliegen, die gedruckt werden sollen. Wenn der Prozeß eine Datei findet, dupliziert er sich. Der neue *lpd* übernimmt die Kontrolle des Drucker-Spoolers, in dem die Datei stand, und reiht sie in die Druckerwarteschlange ein. Er schickt die Datei aber erst an den Drucker, wenn die letzte fertig gedruckt ist. Der Haupt-*lpd* startet einen *lpd* für jedes Spool-Verzeichnis auf dem System, wenn eine Datei dorthin gestellt wird, so daß es genauso viele *lpd*-Dämonen wie aktive Spool-Verzeichnisse zuzüglich des Haupt-*lpd*s geben kann. Jeder untergeordnete *lpd* existiert so lange, bis sein Spool-Verzeichnis leer ist.

Während der Installation von Linux auf Ihrem System wurde der Druckerport Ihres Systems mit einer im */dev*-Verzeichnis stehenden Gerätedatei assoziiert. Der nächste Schritt besteht darin, diesen Gerätenamen mit den bequemen Druckernamen zu verbinden, die Sie in Druckbefehlen verwenden. Dies ist die Aufgabe der Druckerbeschreibungsdatei */etc/printcap*.

Eine andere Schlüsselaufgabe bei der Druckerverwaltung besteht darin, sicherzustellen, daß die benötigten Filter für *lpd* bereitstehen, wenn Dokumente zum Drukken formatiert werden müssen. Diese Filter werden ebenfalls in der Datei */etc/printcap* angegeben. Wir werden noch einiges über sie in diesem Abschnitt zu sagen haben.

Es gibt einige Pakete zur Druckerunterstützung für Linux. Die meisten Distributionen verwenden ein von BSD abgeleitetes Paket, das den *lpd*-Dämon enthält. Diese Pakete beinhalten auch eine Reihe von Hilfsprogrammen und Manual-Page-Dokumenten, um das traditionelle UNIX-Druckverfahren auch unter Linux zu unterstützen. Das BSD-Drucksystem hat nicht soviele administrative Werkzeuge oder Kontrollprogramme für die Benutzer wie zum Beispiel das Druckverwaltungssystem aus System V UNIX (das den *lpsched* verwendet), sondern jeder Benutzer kontrolliert die Druckdateien, die er oder sie zum Drucker schickt. Dieser Abschnitt dieses Kapitels beschreibt die Installation und Konfiguration des BSD-Druckpakets. (Die verschiedenen Werkzeuge zum Drucken werden im Abschnitt »Drucken« in Kapitel 9, *Editoren, Textwerkzeuge, Drucken,* beschrieben.)

Kapitel 9

Einige Linux-Distributionen, darunter die »Red Hat«-Version, die sich auf *Linux – Red Hat Version 3.0.3 auf CD-ROM* befindet, enthalten ein Druckerverwaltungswerkzeug, das die Druckerinstallation und -verwaltung mit Hilfe einer graphischen Schnittstelle vereinfacht. Solche Werkzeuge werden vom Hersteller, der sie vertreibt, dokumentiert, und wenn Sie diese benutzen möchten, dann tun Sie das gern. Sie funktionieren durch Verwendung derselben Werkzeuge und Dateien, die wir hier beschreiben, bieten aber eine weniger genaue Kontrolle. Sie können Ihnen zu Beginn viele Schwierigkeiten ersparen, machen aber nicht immer alles richtig. Wenn Sie eine Installation, die mit diesen Werkzeugen gemacht wurde, korrigieren oder optimieren wollen, sollten Sie auch die in diesem Abschnitt beschriebenen Vorgänge durcharbeiten.

Die Drucker-Hardware

Bevor Sie das Drucksystem einrichten, sollten Sie sicherstellen, daß die Drucker online sind. Wenn Sie auch andere Betriebssysteme wie OS/2, Coherent oder DOS verwenden, können Sie die Hardware dort testen, um sicherzustellen, daß sie angeschlossen ist und korrekt funktioniert, bevor Sie Linux starten. Diese Kontrolle eliminiert unmittelbar eine der Hauptquellen von Sorgen und am-Kopf-Kratzen. Entsprechend sollte das System im Netzwerk eingebunden sein und alle Protokolle funktionieren, bevor Sie das Drucken im Netzwerk einrichten.

Sie installieren die Druckdienste als Benutzer *root*, das heißt mit Superuser-Privilegien. Der Superuser ist außer dem *lpd*-Druckerdämon der einzige Benutzer, der direkt auf den Drucker schreiben kann, indem er Ausgaben auf die zugehörige Gerätedatei macht. Andere Benutzer können keine Ausgaben direkt an den Drucker schicken, sondern müssen die Druckwerkzeuge verwenden.

Bevor Sie richtig anfangen können, können Sie Ihre Superuser-Rechte mißbrauchen, um zu überprüfen, daß die Gerätedateien auf Ihrem Rechner auch wirklich mit den eigentlichen Geräten verbunden sind. Schicken Sie einfach eine kurze ASCII-Datei per Ausgabeumleitung an den Drucker. Wenn Sie zum Beispiel einen Drucker an der ersten parallelen Schnittstelle haben, ist sein Gerätename vermutlich entweder */dev/lp0* oder */dev/lp1* je nach Ihrer Installation. Der folgende Befehl sendet den Inhalt einer Testdatei, */etc/lptest*, an den Drucker und überprüft so, ob dieser korrekt installiert ist. (Wenn Sie einen der früheren PostScript-Drucker haben, müssen Sie statt dessen möglicherweise eine kleine PostScript-Testdatei schikken, um zu verhindern, daß der Drucker verwirrt wird.)

```
lptest > /dev/lp1
```

Das Hilfsprogramm *lptest* wurde entwickelt, um bequem überprüfen zu können, ob ein ASCII-Drucker oder ein Terminal korrekt arbeiten. Es sendet eine vorbereitete Datei aus 96 ASCII-Zeichen, die ein »schräges« Muster bilden, aus. Die Standardausgabe von *lptest* unter Linux sind 16.000 Zeichen, die in Zeilen mit je 79 Zeichen angeordnet sind. Dies ist genug, um mehr als eine Druckseite zu erzeugen. Wenn Sie *lptest* ohne Argumente aufrufen, gibt es seine Standardausgabe auf dem Bildschirm aus, so daß Sie sehen können, was an den Drucker geschickt werden soll. Der Befehl *lptest* erlaubt es Ihnen, die Breite der Ausgabe und die auszugebenden Spalten zu begrenzen. Um beispielsweise eine 35 Zeichen breite Ausgabe von sechs Zeilen zu bekommen, würden Sie folgendes eingeben:

```
lptest 35 6
```

Die Ausgabe sollte ziemlich genau so aussehen:

```
!"#$%&'()*+,-./0123456789:;<=>?@ABC
"#$%&'()*+,-./0123456789:;<=>?@ABCD
#$%&'()*+,-./0123456789:;<=>?@ABCDE
$%&'()*+,-./0123456789:;<=>?@ABCDEF
%&'()*+,-./0123456789:;<=>?@ABCDEFG
&'()*+,-./0123456789:;<=>?@ABCDEFGH
```

Diese Ausgabe ist kurz genug, daß Sie beim Test des Druckers nicht zu viel Papier verbrauchen, und lang genug, um viele offensichtliche Druckprobleme feststellen zu können.

Natürlich können Sie auch den Befehl *cat* verwenden, um eine Datei an den Drukker zu schicken. Um eine PostScript-Testdatei an einen PostScript-Drucker zu schicken, geben Sie zum Beispiel ein:

```
cat testdatei.ps > /dev/lp1
```

Wenn Sie einen seriellen Drucker haben, versuchen Sie, die Ausgabe auf die serielle Schnittstelle umzuleiten, mit der der Drucker verbunden ist. Für die erste serielle Schnittstelle (COM in DOS) verwenden Sie:

```
lptest > /dev/ttys0
```

oder:

```
lptest > /dev/ttyS0
```

Stellen Sie sicher, daß Sie die richtige serielle Schnittstelle verwenden: Versuchen Sie nicht, die Ausgabe an beispielsweise eine serielle Maus zu schicken. Wenn Ihr serieller Drucker an der zweiten seriellen Schnittstelle angeschlossen ist, wird er als */dev/ttyS1* oder */dev/ttys1* angesprochen.

Wenn Sie einen Seitendrucker haben, der Teilseiten zwischenspeichert, müssen Sie möglicherweise den Drucker offline schalten und den Seitenvorschub-Knopf drükken, damit die letzte Teilseite gedruckt wird. Vergessen Sie nicht, den Drucker hinterher wieder online zu schalten. (Wenn Sie dies machen mußten, ist es hilfreich, wenn Sie Linux ein Seitenvorschubzeichen an den Drucker schicken lassen. Dies kann entweder durch einen entsprechenden Eintrag in der Datei */etc/printcap* geschehen oder dadurch, daß ein Filter das Zeichen an die zu druckende Datei anhängt. Wir werden diese Möglichkeiten später besprechen.)

Wenn Ihr kleiner Test in leiterartigem Text resultierte (also Text, der etwa so aussieht wie in dem folgenden Beispiel), der dann von der Seite verschwindet, hat der Drucker keinen Wagenrücklauf am Ende jeder Zeile eingefügt.

```
!"#$%&'()*+,-./0123456789:;<=>?@ABC
                                   "#$%&'()*+,-./0123456789:;<=>?@ABCD
                                                                      #$
```

Möglicherweise wissen Sie bereits, was hier passiert ist. Textdateien verwenden ein Zeilenwechsel-Zeichen (auch als Linefeed bekannt, ASCII) am Ende jeder Zeile. DOS verwendet sowohl Zeilenwechsel als auch Wagenrückläufe. Ihr Drucker war also auf DOS-artige Zeilenenden eingestellt, die sowohl Zeilenwechsel als auch Wagenrückläufe am Ende jeder Zeile haben. Um eine UNIX-Textdatei ausdrucken zu können, können Sie entweder einen Druckerfilter installieren, der für die richtige Umsetzung sorgt, oder den Drucker so einstellen, daß er »anständig« bei Auftreten eines Zeilenwechsel-Zeichens an den Zeilenanfang zurückkehrt. Oft muß dazu nur ein DIP-Schalter umgestellt werden. Schlagen Sie dazu in Ihrem Druckerhandbuch nach. (Und seien Sie vorsichtig mit der Veränderung von Druckereinstellungen, wenn Sie mehrere Betriebssysteme verwenden.)

Die leiterartigen Texte sind überhaupt kein Problem, wenn Sie einen Drucker haben, der eine Seitenbeschreibungssprache wie PostScript (die allgemein verwendete Seitenbeschreibungssprache von Adobe) verwendet, und reine Textdateien immer vor dem Ausdruck in diese Sprache übersetzen. Solche Filtervorgänge werden weiter unten in diesem Kapitel beschrieben.

Ressourcen zusammensammeln

OK, Sie haben Ihren Drucker aufgebaut und angeschlossen. Jetzt sollten Sie Ausdrucke aller Ihnen zur Verfügung stehenden Informationen zum Thema anfertigen (zumindest aber die Man-Pages der hier beschriebenen Hilfsprogramme und Dateien zum Drucken und das Printing-HOWTO). Außerdem ist es nützlich, die technischen Daten des Druckers parat zu haben. Diese werden oft nicht mehr mit dem

Drucker mitgeliefert, können aber normalerweise von einem vom Druckerhersteller betriebenen FTP-Server oder aus einer Mailbox heruntergeladen werden. Während Sie solche Informationen herunterladen, schauen Sie sich ein wenig um, ob Sie Dokumentationen (wie Beschreibungen der Druckerfehlermeldungen und ihrer Bedeutungen) finden können, die bei der Verwaltung und Fehlersuche nützlich sein könnten. Die meisten Druckerhersteller bieten auch ein technisches Handbuch für den Drucker zum Kauf an. Dies kann dasselbe sein wie das normale Handbuch, muß aber nicht.

Beispielsweise finden Sie auf dem FTP-Server von Hewlett Packard, **FTP-boi.external.hp.com**, technische Datenblätter, Produktspezifikationen, Informationen zur Schnittstellenkonfiguration, PostScript-, PCL- und HP-GL-Testdateien, um Ihren Drucker (und die Filter) zu testen, Beschreibungen der Kontrollsequenzen, die Sie an den Drucker schicken können, um sein Verhalten zu beeinflussen und Dokumente, die erklären, wie Sie *lpd*-basierte Druckdienste mit HPs JetAdmin-Paket (und damit auch mit Netware-vernetzten Druckern) integrieren.

Bevor wir jetzt mit der Installation anfangen, atmen Sie tief durch und seien Sie geduldig. Die Konfiguration von Druckdiensten ist eine Fähigkeit, die man nicht an einem Tag erlernt. Wenn Sie halbwegs standardisierte Geräte haben und erfolgreich eines dieser neuen Drucker-Management-Programme verwenden können, um schnell und effizient Druckdienste installieren und konfigurieren zu können, dann freuen Sie sich! Sie können dann immer noch die Installation optimieren, indem Sie die Verfahren benutzen, die wir hier im folgenden beschreiben. Außerdem können Sie vielleicht Filter und Hilfsprogramme einsetzen, die speziell dafür geschrieben worden sind, alle Features Ihres Druckers zu unterstützen. Wenn Sie sich entschlossen haben, eine erfolgreiche Druckerinstallation umzukonfigurieren, stellen Sie sicher, daß Sie sich alle Änderungen notieren, so daß Sie wieder zurückkönnen, wenn die Änderungen nicht ganz tun, was Sie erwartet haben.

Auswählen der Drucker-Software

Um von Linux aus drucken zu können, müssen Sie das BSD-Drucksystem installieren. Dieses stellt zwar die Werkzeuge zur Verfügung, unterstützt aber keine modernen Drucker, weil es entwickelt worden ist, um die Zeilendrucker und Geräte zu unterstützen, die man in den Computerräumen der sechziger und siebziger Jahre typischerweise vorgefunden hat. Um auch moderne Drucker zu unterstützen, gibt es mächtige Ergänzungspakete, die alle Features bereitstellen, die Benutzer heute erwarten. (Der FTP-Server **sunsite.unc.edu** und seine Spiegel enthalten die Pakete, die wir hier erwähnen.)

Kapitel 9

In diesem Abschnitt beschreiben wir die wichtigsten Pakete, um moderne Druckdienste zu unterstützen. Wir gehen davon aus, daß auf Ihrem Rechner mindestens der Textformatierer *groff*, das Seitenformatierungspaket Ghostscript und das Filterpaket *nenscript* vorhanden sind, deren Verwendung in Kapitel 9 beschrieben wird. Die meisten Linux-Distributionen enthalten diese bereits, zusätzlich zu diversen anderen Formatierungs- und Druckwerkzeugen. Wenn Ihre Distribution diese Programme nicht enthält, können Sie sie von den üblichen Linux-FTP-Sites herunterladen oder von der CD einer anderen Distribution nehmen.

Es macht einen Unterschied, von wo Sie Ihre Formatierungs- und Filter-Pakete beziehen. Wenn Sie beispielsweise Ghostscript aus einer europäischen Distribution nehmen, ist das Format vermutlich auf DIN A4-Papier anstelle des in den USA üblichen 8,5x11-Inch-Papierformates eingestellt. Auf jeden Fall kann der Default aber einfach durch eine *lpr*-Option, die an den Filter weitergegeben wird, überschrieben werden. Alternativ dazu können Sie die Programme auch selbst aus den Quellen kompilieren.

Der Trend in der Druckertechnologie geht von zeichenorientierten Ausgaben weg und zu Seitenbeschreibungssprachen (Page Description Language, PDL) hin, die fortgeschrittene Kontrolle über Grafiken und Zeichensätze ermöglichen. Die beliebteste PDL ist auf jeden Fall PostScript, die im UNIX- und Internetbereich allgemein akzeptiert worden ist. Dies liegt zu einem großen Teil an der Existenz von Ghostscript, eine PostScript-Implementation von Aladdin Enterprises. Ghostscript wird unter anderem unter der GNU General Public License und zusammen mit einer großen Zeichensatz-Bibliothek durch die Free Software Foundation vertrieben.

Ghostscript implementiert fast alle Anweisungen der Sprache PostScript und unterstützt Dateibetrachtungsprogramme wie Ghostview, mit denen PostScript-Dokumente in X-Fenstern angezeigt werden können. Außerdem sind exzellente Filter verfügbar, die PostScript-Ausgaben in andere Druckersprachen wie Hewlett-Packards PCL und in Rastergrafiken, die auf vielen Tintenstrahl-, Nadel- und Laserdrukkern druckbar sind, konvertieren. Ghostscript ist ein unverzichtbares Werkzeug, wenn Sie irgendetwas außer einfachen Zeichenausgaben drucken wollen, und kommt mit einer Reihe von Werkzeugen zur Konvertierung von Grafikformaten sowie Filtern.

Ghostscript allein könnte jedoch möglicherweise nicht ausreichend sein, denn es bietet nicht genug Kontrollmöglichkeiten zum Umschalten zwischen PostScript- und Textmodi. Obwohl Ghostscript einen Filter bereitstellt, der diese Fähigkeit hat (und vieles mehr), erfüllt der Filter *nenscript* die Ansprüche von Einfachheit, Flexibilität und Zuverlässigkeit für die meisten Systeme doch mehr. Daher besprechen wir hier *nenscript*.

Eine typische Linux-Installation zum Formatieren und Drucken verwendet vielleicht vorrangig *groff* zum Formatieren und zur Erzeugung von PostScript-Ausgaben, die dann von Ghostscript zum Drucken oder Anzeigen aufbereitet werden. Oft gibt es daneben auch andere Drucksysteme, die installiert werden, um den Vorlieben bestimmter Benutzer entgegen zu kommen, oder die es ermöglichen, Dateien zu formatieren, die in verschiedenen Formaten vorliegen.

Überprüfen der Druckwerkzeuge

Vermutlich ist es sinnvoll für Sie, wenn Sie auch das Formatierungspaket TEX installieren. Selbst, wenn Sie nicht die vollständige TEX-Distribution installieren wollen, sollten Sie wenigstens das Hilfsprogramm *xdvi* installieren, um TEX-Ausgaben und Texinfo-Dateien in einem X-Fenster ansehen zu können. Andere Filter können DVI-Dateien in PostScript (*dvips*) oder PCL (*dvilj*) konvertieren, wenn Sie Ghostscript nicht mögen oder die eingebauten Druckerzeichensätze verwenden wollen, um eine effiziente Datenübertragung zu erreichen.

Auch das Lout-Paket sollten Sie in Erwägung ziehen, wenn es um ein effizientes und kompaktes Paket zum Formatieren von Dokumenten zur PostScript-Ausgabe geht. Es unterstützt Level 2 PostScript und die Adobe Document Structuring Conventions, verbraucht vergleichsweise wenig Speicher und wird mit einer Dokumentation geliefert, die gut genug ist, um die Verwendung des Paketes schnell zu erlernen. Lout erzeugt keine Zwischenausgabe, sondern wandelt markierte Eingaben direkt in PostScript um.

Um Grafik- und X-Programme zu unterstützen, sollten Sie auch noch andere Werkzeuge installieren, von denen einige vermutlich auch in Ihrer Distribution enthalten sind. Eine Sammlung der aktuellen Versionen der beliebtesten Pakete zur Druckunterstützung für Linux finden Sie im Linux-Archiv auf **sunsite.unc.edu** im Verzeichnis */pub/Linux/system/Printing*. Die Pakete *netpbm* und *pbmplus* unterstützen eine große Anzahl an Grafikformatkonvertierungen. (Solche Formate müssen nach PostScript konvertiert werden, bevor Sie sie ausdrucken können.) Das Ghostview-Paket enthält Programme, um PostScript-Dateien unter X ansehen zu können, und bietet auch PostScript-Unterstützung für andere Programme wie zum Beispiel Web-Browser.

Das ImageMagick-Paket verdient es, gesondert erwähnt zu werden. Mit diesem Paket können Sie eine große Anzahl an Grafikformaten in einem X-Fenster anzeigen. (Zum Anzeigen von PostScript-Grafiken wird Ghostscript verwendet.) Die meisten Grafikdateien, die Sie ausdrucken können, können Sie auch mit ImageMagick betrachten. Wenn ImageMagick nicht in Ihrer Linux-Distribution enthalten ist, wenden Sie sich an das X Consortium über anonymes FTP und schauen Sie unter **ftp.x.org** im Verzeichnis */contrib/application/ImageMagick* nach.

Ein sogenanntes »magisches« Filterpaket kann Ihnen auch viele Probleme bei der Konfiguration und Unterstützung verschiedener Dokumentenausgabeformate ersparen. Wir besprechen hier (kurz) das magische Filterpaket APSfilter, aber vielleicht wollen Sie statt dessen lieber das Magic-Filter-Paket verwenden. Sie finden beide auf **sunsite.unc.edu**. Mehr über magische Filter finden Sie im Abschnitt »Magische Filter: APSfilter und Alternativen« weiter hinten in diesem Kapitel.

Wenn Sie auch Faxgerate verwenden wollen, kann das Hilfsprogramm *tiffg3* im Zusammenhang mit Ghostscript verwendet werden, um Gruppe-3-Faxdateien auszugeben. Um ein Klasse-1- oder Klasse-2-Faxmodem an Ihrem Linux-Rechner anzusteuern, können Sie das mgetty+sendfax-Paket verwenden, das in vielen Distributionen enthalten ist, oder das noch mächtigere, aber auch komplexere Paket Hylafax installieren und konfigurieren.

Es gibt einige zusätzliche Werkzeuge, um doppelseitiges Drucken auf Laserdrukkern zu ermöglichen, sowie Pakete, die PostScript in weniger verbreitete Druckersteuerungssprachen, wie sie beispielsweise von Canon- und IBM-Proprinter-Geräten verwendet werden, konfigurieren. Weiterhin gibt es ein Paket, mit dem auf Laserdruckern und Bitmap-Geräten in Chinesisch ausgedruckt werden kann. Die meisten dieser Pakete betreffen die Verwaltung der Druckdienste nicht direkt, weswegen wir sie hier nicht besonders detailliert besprechen, aber wenn Sie sie verwenden wollen, dann wäre jetzt ein guter Zeitpunkt, sie zu installieren.

Im Interesse Ihrer Benutzer sollten Sie alle Man-Pages aus den installierten Paketen ebenfalls an den richtigen Stellen installieren. Starten Sie danach */sbin/makewhatis*, um die Indexdatei der Man-Pages, die bei der Informationssuche hilft, neu aufzubauen. Einige Pakete wie Ghostscript enthalten auch noch zusätzliche Dokumentation, die Sie ausdrucken oder auf dem Rechner zum Nachschlagen bereithalten können. (Diese Dokumente sind in Linux-Distributionen oft nicht enthalten, aber Sie können sie per FTP von den Servern beziehen, wo diese Pakete entwickelt und gewartet werden. Die GNU-Archive erreichen Sie beispielsweise per anonymem FTP unter **ftp.gnu.ai.mit.edu**.)

Die Auswahl und Anwendung von Filtern wird weiter unten im Abschnitt »Druckfilter« beschrieben.

Einrichten der Datei printcap

Das wichtigste bei der Druckerkonfiguration ist das Erzeugen korrekter Einträge in der Druckerbeschreibungsdatei */etc/printcap*. Ein einfacher Printcap-Eintrag für einen »HP Laserjet 4MP«-Laserdrucker, der an der ersten (bidirektionalen) parallelen Schnittstelle auf einem PC mit ISA-Bus angeschlossen ist, könnte etwa so aussehen:[3]

```
ljet|lp|ps|Postscript|600dpi 20MB memory|local|LPT1:\
     :lp=dev/lp0:rw:\
     :sd=/var/spool/lpd/ljet4:mx#0:mc#0:pl#72:pw#85:\
     :lf=/var/log/lpd-errs:if=/usr/local/cap/ljet4:
```

Erschrecken Sie nicht! Wenn Sie die folgenden Abschnitte gelesen haben, werden Sie Printcap-Dateien mit Leichtigkeit lesen können.

Die Datei */etc/printcap* sollte jeden Drucker und jede Druckerschnittstelle oder Adresse – seriell, parallel, SCSI oder vernetzt – enthalten, die in Ihrem System verwendet wird. Aktualisieren Sie die Datei nach jeder Hardware-Änderung. Und denken Sie wie immer daran, daß manche Hardware-Umbauten nur bei abgeschaltetem Strom vorgenommen werden sollten.

3 In diesem Kapitel verwenden wir ljet4 in mehreren Beispielen. Sie sollten sich aber darüber im Klaren sein, daß es den »HP Laserjet 4«- Drucker in verschiedenen Versionen gibt. Einige davon verstehen nur PCL5, andere auch PostScript.

Regeln zum Schreiben von Printcap-Dateien

Die Regeln zum Schreiben von Printcap-Dateien sind kurz zusammengefaßt:

- Kommentarzeilen beginnen mit einem Doppelkreuz (#).
- Jede »Zeile« einer Printcap-Datei definiert einen Drucker. Eine Zeile, die mit einem Backslash endet, wird in der nächsten Zeile fortgesetzt. Achten Sie genau darauf, daß dem Backslash kein Leer- oder Tabulatorzeichen folgt. Fortsetzungszeilen werden aus Lesbarkeitsgründen traditionell eingerückt. Mehrere Druckerdefinitionen können denselben physikalisch vorhandenen Drucker benutzen, wobei die gleichen oder verschiedene Filter angewendet werden.
- Felder in einer Zeile werden mit Doppelpunkten (:) getrennt und können leer sein. Ein Printcap-Zeileneintrag kann jedoch nicht leer sein.
- Traditionellerweise hat das erste Feld eines Eintrags keinen Doppelpunkt am Anfang.
- Das erste Feld eines Eintrags enthält Namen für den Drucker, die voneinander durch einen senkrechten Strich (|) getrennt sind. Im obigen Beispiel ist der folgende Teil das Namensfeld:

  ```
  ljet4|lp|ps|PostScript|end of hall|local|COM1
  ```

  Die Benennung von Druckern wird detailliert im nächsten Abschnitt besprochen. Sie sollten ein Unterverzeichnis von */var/spool/lpd* mit demselben Namen wie die erste Printer-ID im Printcap-Eintrag anlegen. Der tatsächlich verwendete Name ergibt sich aber aus dem Wert der Variablen `sp` im Printcap-Eintrag. Wenn die Variable `sp` nicht auf das tatsächlich vorhandene Druckerspoolverzeichnis zeigt, verschwinden alle an diese Druckerdefinition geschickten Dateien auf Nimmerwiedersehen.

- Es muß wenigstens einen Standarddruckereintrag in der Printcap-Datei geben. Wenn ein Drucker lp heißt, wird dieser Drucker als Standardsystemdrucker verwendet. Verwechseln Sie den Standarddruckernamen lp aber nicht mit der Variable für lokale Drucker `lp`, die als nächstes beschrieben wird. Wir empfehlen Ihnen, lp als Alias (einer der Namen nach den |-Zeichen) anstatt als primären Druckernamen (der erste in der Liste) zu verwenden, so daß der Standarddrukker ohne Probleme geändert werden kann.
- In jedem Eintrag für einen lokalen Drucker muß die Variable `lp` gesetzt sein. Im obigen Beispiel wurde diese Forderung durch folgenden Abschnitt des Printcap-Eintrags erfüllt:

  ```
  lp=dev/lp0
  ```

- Aus Ordnungs- und manchmal auch praktischen Gesichtspunkten empfehlen manche Systemverwalter, daß die Einträge der Printcap-Datei in alphabetischer Reihenfolge stehen.

Variablen für Druckernamen

Die meisten Druckereinträge beginnen traditionellerweise mit einem kurzen Druk-kernameneintrag im ersten Feld, gefolgt von mindestens einem längeren Druckernamen und einem längeren beschreibenden Eintrag als letzten Namen des Feldes. Dokumente können an jeden Drucker, der in einer Namenszeile in */etc/printcap* auftaucht, geschickt werden.

Vorschläge zur Namensgebung der Drucker sind der Hersteller (hp, epson), der Typ des Druckers (ps, pcl) oder einer seiner speziellen Modi. Der »Deskjet 540«-Drucker sollte beispielsweise zwei Definitionen in der Printcap-Datei haben, eine zum schwarz-weißen Drucken und eine für Farbdruck. Die zu verwendenden Filter werden vermutlich die für den Deskjet 500 bzw. 550C sein. Um die Administration zu vereinfachen, können Sie Druckernamen verwenden, die den Namen von Filtern oder Filterparametern für ein bestimmtes Gerät entsprechen. Wenn Sie also einen LaserJet 4 haben und nur den ljet4-Filter dafür verwenden wollen, ist »ljet4« ein naheliegender Name für den Drucker. Analog könnte ein Nadeldrucker »72dpi« genannt werden, wenn er über seinen Eintrag für niedrige Auflösung angesprochen wird, und »144dpi«, wenn der Eintrag für höhere Auflösung verwendet wird.

Wenn Sie ein Druckerverwaltungsprogramm verwenden, das zu Ihrer Distribution dazugehört, müssen Sie eventuell einigen willkürlichen Regeln beim Erstellen der Printcap-Einträge folgen, um zu vermeiden, daß die Werkzeuge versagen. Beispielsweise muß bei Red Hats Druckerverwaltungsprogramm der Name `hp` immer der erste Name des ersten aktiven Druckereintrags der Printcap-Datei bleiben. Das bedeutet für Sie, daß, wenn Sie den Standarddrucker ändern müssen, Sie den neuen Standarddrucker an die Spitze der Liste stellen müssen und dann den `hp`-Druckernamen beim alten Standarddrucker entfernen und dem neuen voranstellen. Um Verwirrung bei der Verwendung der Spool-Verzeichnisse zu vermeiden, sollten Sie das Verzeichnis */var/spool/lpd/lp* beibehalten und ein neues Verzeichnis mit dem Namen anlegen, unter dem Sie den Drucker tatsächlich ansprechen wollen. Wenn Sie also Ihre Dateien an einen Drucker namens `moa` schicken wollen, müssen Sie ein Verzeichnis namens */var/spool/lpd/Moa* mit den richtigen Zugriffsrechten anlegen und angeben, daß dieses Verzeichnis als Spool-Verzeichnis für diesen Drucker fungieren soll. Die Einrichtung von Druckerverzeichnissen wird weiter unten beschrieben.

Die weiteren Printcap-Variablen

Die Printcap-Datei enthält eine Reihe von Variablen, denen Sie Werte zuweisen können. Manche sind ziemlich allgemein und andere spezifisch für eine bestimmte Implementation des jeweiligen *lpd*. Die meisten Variablen geben Seitenparameter, Dateien, Verzeichnisse, Filter, Einstellungen für Kommunikationskanäle und Befehle zur Fernsteuerung an. Wann immer Sie eine Printcap-Datei für ein neues System anlegen, lesen Sie die Printcap-Manual-Page, um sicherzugehen, daß Sie die richtigen Variablennamen verwenden. In einer Printcap-Datei gesetzte Variablen, die nicht bekannt sind, werden zur weiteren Verarbeitung an den Filter weitergereicht.

Die Printcap-Variablen, die wir hier beschreiben, sind in etwa in der Reihenfolge ihrer Wichtigkeit sortiert. Einige Variablen haben boole'sche Werte und gelten als gesetzt, wenn sie vorhanden sind. Andere werden mit dem Zuweisungsoperator (=) oder dem Operator für numerische Werte (#) und einem Wert gesetzt; in diesen Fällen steht die Variable links vom Operator und die Zeichenkette oder Zahl dahinter. Beispiele für die Verwendung der Variablen, die in der folgenden Liste beschrieben werden, finden Sie in der anschließenden ausgedachten */etc/printcap*-Musterdatei. Die Printcap Manual Page enthält eine vollständigere Aufstellung der von *lpd* erkannten Variablen.

`sd`
: Gibt das von diesem Drucker verwendete Spool-Verzeichnis an. Spool-Verzeichnisse sollten alle im selben Verzeichnisbaum (auf einer schnellen Festplatte) liegen. Dieser Verzeichnisbaum ist normalerweise */var/spool*. Auch für Drucker auf anderen Rechnern werden Spool-Verzeichnisse definiert. Jede Spool-Datei sollte einen der diesem Drucker zugewiesenen Namen tragen.

`lp`
: Weist einen lokalen Drucker zu, der normalerweise über eine parallele, serielle oder SCSI-Schnittstelle angeschlossen ist. Der Variablen `lp` muß eine Gerätedatei im */dev*-Verzeichnis zugewiesen werden, die wiederum ein Link auf das physikalische Gerät sein darf. Die Variable `lp` muß vorhanden sein, wenn es sich um einen lokalen Drucker handelt. Sie sollte nicht vorhanden sein, wenn die Variable `rp` vorhanden ist (das heißt der Drucker-Spooler ist auf einem anderen Rechner).[4] Wenn `lp` an ein serielles Gerät zugewiesen wird, muß mit `br` die Baudrate gesetzt werden.

`lf`
: Gibt die Logdatei an, um Fehlermeldungen abzuspeichern. Alle Drucker sollten diese Variable setzen und normalerweise dieselbe Logdatei verwenden. Fehlermeldungen enthalten den Namen des Druckers und können auf Probleme mit der Druckumgebung des Benutzers, der Rechnerkonfiguration, den verwendeten Kommunikationskanälen oder manchmal auch mit dem Drucker selbst hinweisen.

`rw`
: Diese Variable sollte angegeben werden, wenn der Drucker in der Lage ist, über eine bestimmte Gerätedatei Daten an den Rechner zurückzuschicken. Die Variable `rw` teilt *lpd* mit, daß das Gerät zum Lesen und Schreiben geöffnet werden sollte. Das kann besonders für serielle und SCSI-PostScript-Drucker nützlich sein, die oft ziemlich hilfreiche Fehlermeldungen an *lpd* zurückschicken, der diese in der Fehler-Logdatei abspeichert.

---

4 Ein besonderer Fall tritt auf, wenn der anzusprechende Drucker ein echter Netzwerkdrucker ist, das heißt wenn er eine eigene IP-Adresse hat. In diesem Fall wird der Variablen `lp` der Name einer Dummy-Datei zugewiesen, die verwendet wird, um eine temporäre Sperre zu setzen, wenn der Drucker gerade benutzt wird. Die Dokumentation des Netzwerkdruckers sollte das Vorgehen zum Einrichten und Verwalten der Druckdienste, die ihn ansprechen sollen, erläutern.

`mx`

Gibt die maximale Größe eines Druckauftrags im Spool-Verzeichnis an. 0 (der Default `mx#0`) bezeichnet keine Beschränkung; jeder andere Wert setzt die Beschränkung in Blocks. Normalerweise ist es nicht sinnvoll, die Jobgröße zu beschränken, aber Sie könnten beispielsweise einen Wert verwenden, der geringfügig kleiner ist, als der zu erwartende minimal verfügbare Speicherplatz auf der Festplatte.

`if`

Gibt den zu verwendenden Eingabefilter an. Wenn es keinen Eingabe- `if`- oder Ausgabe- `of`-Filter gibt, wird der Default-Filter */usr/sbin/lpf* verwendet. Für manche DOS-artigen Zeichendrucker ist das ausreichend. Einige nützliche Filter kommen mit den Formatierungsprogrammen. Außerdem gibt es einige flexible »magische Filter«, die (üblicherweise korrekt) anhand der Eingabedatei erkennen, welcher Filter angewendet werden muß. Siehe dazu den Abschnitt »Druckfilter«.

`of`

Gibt den zu verwendenden Ausgabefilter an. Wenn der Variablen `of` ein Wert zugewiesen wird, der Variablen `if` aber nicht, wird der Filter verwendet, sobald das Gerät geöffnet wird. Alle Aufträge in der Warteschlange werden dann abgeschickt, ohne den Filter noch einmal anzuwenden, bis die Warteschlange leer ist (und *lpd* die Sperrdatei aus dem Spool-Verzeichnis entfernt). Dies macht normalerweise keinen Sinn, kann aber verwendet werden, wenn zum Beispiel Faxe an ein Faxmodem, das an einer Wählverbindung hängt, gesendet werden sollen.

Wenn sowohl die `if`- als auch die Variable `of` vorhanden ist, verarbeitet der `if`-Filter die Datei ganz normal, der mit `of` angegebene Filter gibt aber eine Trennseite aus, bevor der Eingabefilter angewendet wird. Die effiziente Verwendung von Eingabe- und Ausgabefiltern in derselben Warteschlange ist eine notorisch schwierige Angelegenheit.

`br`

Gibt die Datenübertragungsrate (»Baudrate«) der seriellen Schnittstelle an. Dieser Wert muß angegeben werden, wenn der Drucker über eine serielle Schnittstelle angesprochen wird. Ein Doppelkreuz steht vor dem numerischen Wert, der die Datenübertragungsrate in Bits per Sekunde angibt (was in Wirklichkeit nicht der Baudrate entspricht, die die tatsächliche Übertragungsrate im Gegensatz zur maximalen angibt). Die angegebene Übertragungsrate sollte keine Hardwarebeschränkungen überschreiten. Wenn beispielsweise Ihre serielle Schnittstelle 57,6Kbps verträgt, der Drucker aber nur 28,8Kbps, dann sollte die angegebene Übertragungsrate 28,8Kbps nicht überschreiten (also vielleicht `br#19200`). Die unterstützten Übertragungsraten sind die üblichen in der seriellen Kommunikation: 300, 600, 1200, 2400, 4800, 9600, etc. Wenn die Variable `br` gesetzt wird, können eine Reihe weiterer Variablen gesetzt werden, die Einfluß auf die Datenübertragung haben, aber die meisten sind in einer typischen

Linux-Installation nicht sinnvoll. Das Standardverhalten sollte für Ihre Druckbedürfnisse ausreichend sein, aber wenn Sie über eine serielle Schnittstelle drukken wollen, sollten Sie trotzdem die Einträge zu den Variablen `fc`, `fs`, `xc` und `xs` in der Printcap Manual Page durchlesen.

`pl`
: Gibt die Seitenlänge von Zeichengeräten (und Druckern, die über einen Zeichenmodus verfügen) in Zeilen bei Verwendung des Standardzeichensatzes an. Beispielsweise bezeichnet `pl#70` eine DIN-A4-Seite bei 6 Zeilen pro Inch. Damit ist noch Platz zum Abreißen der Seite, und einige Beschränkungen anderer Geräte, wie beispielsweise Tintenstrahldrucker, die nicht bis ganz an die Kante herandrucken können, werden auch noch berücksichtigt. Wird normalerweise zusammen mit der Variablen `pw` verwendet.

`pw`
: Gibt die Breite der Seite in Zeichen des Standardzeichensatzes für Zeichengeräte an. Wird wie die Variable `pl` gesetzt.

`px`
: Gibt die Anzahl der auf der X-Achse zu verwendenden Pixel bei Bitmap-Grafiken an.

`py`
: Gibt die Anzahl der auf der Y-Achse zu verwendenden Pixel bei Bitmap-Grafiken an.

`sh`
: Unterdrückt das Drucken von Kopf- oder Trennseiten. Sollte in den meisten Fällen gesetzt sein.

`rp`
: Gibt den Namen des zu verwendenden entfernten Druckers an. Diese Variable darf nicht gesetzt werden, wenn die Variable `lp` für denselben Drucker gesetzt ist. Die Druckeransteuerung wird vom Rechner vorgenommen, der in der immer mit `rp` zusammen anzugebenden Variable `rm` angegeben wird. Normalerweise müssen in diesem Fall nur die Spool- und Fehlerlog-Variablen gesetzt werden.

`rm`
: Gibt den entfernten Rechner an, der den entfernten Drucker ansteuert. Die `rm` zugewiesene Host-ID sollte im Netzwerk bekannt sein (also zum Beispiel in */etc/hosts* oder NIS verzeichnet sein).

`rs`
: Beschränkt den Zugriff auf lokale Drucker auf solche Benutzer, die einen Account auf dem System haben.

`rg`
: Gibt eine eingeschränkte Gruppe an, die den Drucker benutzen darf. Um den Drucker beispielsweise für den Superuser zu reservieren, können Sie `rg=root` eingeben.

`sf`
: Unterdrückt das Senden eines Seitenvorschubs an den Drucker am Ende des Druckauftrages.

`ff`
: Weist das Zeichen oder die Zeichenkette zum Seitenvorschub für dieses Gerät zu. Der Default ist Ctrl-L (entspricht `ff='\f'`), was für die meisten Geräte korrekt ist.

`fo`
: Schickt einen Seitenvorschub vor jeder Datei an das Gerät.

`mc`
: Gibt die maximale Anzahl an ausdruckbaren Kopien an. Die Werte sind dieselben wie für die Variable `mx`; normalerweise sollten beliebig viele Kopien (`mc#0`) erlaubt sein, was auch der Default ist.

`sc`
: Unterdrücken von Kopien (entspricht `mc#1`).

Beispiel 8-1 enthält eine Printcap-Datei, die viele der oben besprochenen Variablen vorführt.

Beispiel 8-1: Beispielhafte /etc/printcap-Datei

```
# und tschuess, liebe Ausdrucke
bat|west|spigot|berkeley|TI MicroLaser Turbo:\
     :mx#0:rp=lp:\
     :lp=:sd=/var/spool/lpd:rm=spigot.berk.ora.com:\
     :lf=/var/log/lpd-errs:
# ab in den Druckerraum
kiwi|810|rint|Big Apple|Apple 810 via EtherTalk:\
     :lp=/var/spool/lpd/kiwi:sh:\
     :sd=/var/spool/lpd/kiwi:pl#72:pw#85:mx#0:\
     :lf=/var/log/lpd-errs:if=/usr/local/cap/kiwi:
# ueber die geschuetzte serielle Verbindung
samoa|S|PostScript|secure|QMS 1725 by serial adapter:\
     :lp=dev/tty01:br#38400:rw:xc#0:xs#0400040:sh:\
     :sd=/var/spool/lpd/samoa:pl#72:pw#85:mx#0:mc#0:\
     :lf=/var/log/lpd-errs:if=/usr/local/cap/samoa:
# ueber das Subnetz im Druckerraum
moa|ps|QMS 1725 via Ethernet:\
     :lp=/var/spool/lpd/moa/moa:rm=agapornis:rp=samoa:\
     :sd=/var/spool/lpd/moa:mx#0:sh:\
     :lf=/var/log/lpd-errs:if=/usr/local/cap/samoa:
```

Ghostscript konfigurieren

Ghostscript ist in den Standard-Linux-Paketen enthalten; es ist ein unverzichtbares Hilfsprogramm in einer X-Umgebung und auch dann nützlich, wenn Sie X nicht verwenden. Ghostscript kann Grafiken auf einem Standard-VGA-Bildschirm ausgeben, selbst wenn kein Window Manager läuft, und auch Postscript-formatierte Dateien verarbeiten und erzeugen, ohne daß ein graphischer Bildschirm vorhanden ist. Sie können herausfinden, für welche Geräte und Formate Ghostscript auf Ihrem System konfiguriert worden ist, indem Sie es im interaktiven Modus starten. Geben Sie dazu ein:

```
$ gs
```

Ghostscript wird im interaktiven Modus gestartet und wartet auf Ihre Anweisungen:

```
GS>
```

Sie können jetzt nach den Gerätenamen fragen, für die Ghostscript konfiguriert ist, und Ghostscript wird diese ausgeben:

```
GS> devicenames ==
[/x11 /pbm /pbmraw /pgm /pgmraw /ppm /ppmraw /bit /cdeskjet /cdjcolor
/cdjmono /cdjmono /cdj500 /dfaxhigh /dfaxlow /djet500 /djet500c /epson
/eps9high /epsonc /ibmpro /laserjet /lbp8 /lno3 /ljet2p /ljet3 /ljet4
/ljetplus /necp6 /paintjet /pjxl /pjxl300 /tek4696 /bmpmono /bmp16
/bmp256 /tiffg /bmp16m /pcxmono /pcxgray /pcx16 /pcx256]
GS> quit
$
```

Wenn Sie kein X verwenden und Ghostscript beim Aufruf nicht initialisiert werden kann und sich beschwert, daß es kein X Display öffnen kann, dann ist das erste Gerät, für das Ghostscript konfiguriert ist, das »X Window System«-Gerät; Ghostscript verwendet das erste Gerät als Standardgerät. Sie können dieses Problem umgehen, indem Sie ein anderes Gerät angeben, für das Ghostscript konfiguriert worden ist, zum Beispiel `gs -sDEVICE=epson`. Sie können sich gegen dieses Problem für die Zukunft absichern, indem Sie die globale Umgebungsvariable GS_DEVICE auf den Namen eines anderen Geräts setzen, das auf Ihrem System von Ghostscript geöffnet werden kann, zum Beispiel mit `export GS_DEVICE=lpr`.

Wenn Sie so ein ungewöhnliches Ausgabegerät haben, daß die Standardinstallation von Ghostscript es nicht unterstützt, müssen Sie entweder Ghostscript neu übersetzen, um dieses Gerät zu unterstützen, oder die Ausgabe von Ghostscript durch einen Filter schicken, der sie in eine Form konvertiert, die von Ihrem Ausgabegerät verstanden werden kann. Ghostscript wird mit make-Dateien geliefert und ist einfach zu übersetzen, wenn Sie sich an die Ghostscript-Dokumentation halten, die mit der Distribution mitgeliefert wird.

Je mehr graphische Werkzeuge, X Window Manager, Spiele und Anwendungen Sie benutzen, umso wahrscheinlicher ist es, daß Sie Ghostscript neu installieren müssen, um es Ihren Anforderungen anzupassen. Lesen Sie die Ghostscript-Dokumentation, bevor Sie die Make-Datei ausführen, die im Paket ist. (Die Neuinstallation von Ghostscript erfordert es, daß Sie den *gcc* installiert haben.)

Sie können die Umgebungsvariable GSDIR setzen, um den Pfad der ausführbaren Datei von Ghostscript anzugeben, sowie die Variable GS_LIB, falls Sie Ghostscript-Hilfsprogramme kompilieren müssen, um sie Ihrer Installation hinzuzufügen. Beispiel:

```
export GSDIR=/usr/bin
export GS_LIB=/usr/lib/ghostscript:/usr/local/lib/fonts:/usr/X11R6/fonts
```

Setzen Sie die Variable GS_LIB_DEFAULTS, bevor Sie Ghostscript neu kompilieren; siehe dazu die *gs*-Manual-Page.

Das Ghostscript-Paket enthält auch einige PostScript-Programme, die nützliche Funktionen zur Druckerunterstützung enthalten, darunter auch einige fortgeschrittene Druckverfahren, die wir hier nicht besprechen. Die Datei *gs_init.ps* beeinflußt speziell das gesamte Verhalten von Ghostscript. Zusätzliche Skripten (Filter, Shellskripten, etc.) finden Sie in */usr/lib/ghostscript* oder */usr/local/lib/ghostscript*. Nützlich für Sie könnten zum Beispiel die Programme *ps2epsi.ps*, das PostScript in Encapsulated PostScript konvertiert, und *ps2ascii.ps*, das PostScript-Dateien in reine Textdateien konvertiert, sein.

Druckfilter

Wie wir bereits erwähnt haben, wird jedes Dokument durch einen Filter geschleust, bevor es zum Drucker kommt. Dafür sorgt die Variable `if` in der Printcap-Datei. Druckfilter bekommen Sie aus Ihrer Linux-Distribution, vom Hersteller des Druckers, aus dem Internet, oder Sie schreiben sogar einen neuen selbst oder setzen vorhandene Filter und Shell-Utilities zusammen.

Ein Eingabe-Filter kann auch dazu verwendet werden, um den Zugang zum Drukker auf bestimmte Benutzer oder Benutzergruppen oder auch auf alle Benutzer mit einem Account auf einem bestimmten Rechner zu beschränken. Typische mit `if` verwendete Filter sind ausführbare Shell-Skripten, die die Textdatei verarbeiten; aber es kann jedes Programm verwendet werden, das einen Eingabedatenstrom entgegennimmt und für die Ausgabe auf dem Drucker aufbereitet.

Es wird in kommerziellen Linux-Distributionen immer populärer, einen Filter interaktiv zusammenzubauen. Während diese Filter meistens noch verbesserungsfähig sind, können sie doch als Ausgangspunkt nützlich sein. Die Red-Hat-Distribution hat beispielsweise das folgende Shell-Skript (namens */var/spool/lpd/ljet4/filter*)[5] auf einem unserer Rechner anhand von Informationen, die im Druckermanager eingegeben wurden, sowie anhand von Defaults angelegt. Die Datei */etc/printcap* wurde soweit verändert, diesen Filter zu verwenden, der sich als völlig ausreichend für unser System herausstellte:

```
#!/bin/sh

DEVICE=ljet4
RESOLUTION=600x600
PAPERSIZE=letter
SENDEOF=

nenscript -TUS -ZB -p- |
if [ "$DEVICE" = "PostScript" ]; then
  cat -
else
  gs -q -sDEVICE=$DEVICE \
        -r$RESOLUTION \
        -sPAPERSIZE=$PAPERSIZE \
        -dNOPAUSE \
        -dSAFER \
        -sOutputFile=- -
fi

if [ "$SENDEOF" != "" ]; then
  printf ""
fi

exit 0
```

An diesem Filter ist nichts besonders Exotisches. Zunächst werden einige Variablen gesetzt, die später als Argumente für den Ghostscript-Befehl dienen. Das Skript läßt die Ausgabe durch *nenscript* laufen und leitet die PostScript-Dateien an Ghostscript weiter. Dem Seitenauswurf wird durch Setzen der Variablen SENDEOF am Anfang der Datei Rechnung getragen. Beispielsweise würde

```
SENDEOF='\f'
```

am Ende der Datei einen Seitenvorschub an den Drucker schicken.

---

5 Es ist für Druckerverwaltungsprogramme, die Sie beim Einrichten des Drucksystems verwenden, eine bequeme Sache, den Filter im Spool-Verzeichnis des Druckers unterzubringen. Vielleicht wollen Sie aber lieber all Ihre Druckfilter und Grafikkonverter nach alter UNIX-Tradition im selben Verzeichnis aufbewahren, zum Beispiel in */usr/sbin* oder */var/spool/lpd/filters*. Natürlich muß in jedem Fall jeder Filter einen eindeutigen Namen tragen.

[103] Printing HOWTO

Vielleicht wollen Sie das Skript verändern und einen speziell für den LaserJet 4 entworfenen Filter verwenden, so wie das ljet4-Filterpaket, oder auch das Drucken von TEX DVI-Dateien vorsehen, indem diese durch *dvips* laufen und dann an Ghostscript weitergegeben werden. Eine grundlegende Besprechung, wie man einen Filter anlegt, finden Sie im »Linux Printing HOWTO«.

Wenn Sie einen Zeichendrucker verwenden, der einen Wagenrücklauf am Ende der Zeile erwartet, wird der sich mit Linux nicht so gern anfreunden wollen, denn Linux folgt der UNIX-Tradition, indem es Zeilen mit einem Zeilenwechsel und nicht mit einem Wagenrücklauf beendet. Um auch auf diesen Druckern einen korrekten Zeilenwechsel zu erreichen, muß der Filter den Wagenrücklauf einfügen. Das kann entweder durch Codieren dieser Fähigkeit im Filter oder durch Verwendung eines Filters, der bereits die Fähigkeit hat, ein Zeichen einzusetzen, geschehen.

Einige Druckerhersteller stellen Filter und Utilities für ihre Drucker bereit; insbesondere dann, wenn die üblichen Lösungen nicht ausreichen, um die Fähigkeiten des Druckers auszunutzen. Beispielsweise stellt Hewlett-Packard das JetAdmin-Paket mit Filtern zur Verfügung, um ihre in einem TCP/IP-Netzwerk adressierbaren LaserJet-Drucker zu unterstützen.

Der Standardfilter, der mit dem BSD-Druckerverwaltungspaket mitgeliefert wird, ist */usr/sbin/lpf.* Dieser Filter ist undokumentiert und sollte am besten ignoriert werden, es sei denn, Sie wollen sich die Quellen holen und das Programm im Einzelschritt durchlaufen, um die Fähigkeiten kennenzulernen. (Die vollen BSD-Quellen dafür finden Sie im Paket lpr-secure im *Printing*-Verzeichnis auf **sunsite.unc.edu**.)

Die meisten Druckfilter-Bedürfnisse, die Sie haben könnten, wurden bereits vor langer Zeit bedacht; es gibt viele Filter, um Ihre Bedürfnisse zu erfüllen. Wenn Sie

```
man -k filter
```

eingeben, werden Sie wahrscheinlich eine ganze Reihe von Filtern sehen, die auf Ihrem Rechner installiert sind.

Das Ändern von Filtern ist einfach. Sie müssen nur die Eingabefilter-Spezifikation (`if`) in der Datei */etc/printcap* ändern, um den Filter anzugeben, den Sie haben wollen, und *lpd* beenden und neu starten, was Sie mit dem *lpc*-Utility machen können. Geben Sie (als *root*) ein:

```
lpc restart all
```

Das *lpc*-Utility teilt Ihnen alle *lp*-Prozesse, die es beendet, mit und startet dann *lpd* erneut. Wenn Dateien im Drucker-Spooler auf ihren Ausdruck gewartet haben, wird *lpc* auch mitteilen, daß es einen *lpd*-Dämon für diesen Drucker gestartet hat. Das Utility *lpc* zur Druckerkontrolle beschreiben wir weiter unten in diesem Kapitel im Abschnitt »Kontrollieren der Druckerdienste mit lpc«.

Lesen Sie die Man-Page eines Filters genau und probieren Sie einige Testdateien aus, bevor Sie einen neuen, merkwürdigen Druckfilter verwenden. Es ist uns oft passiert, daß Filter sich nicht so »wie in der Man-Page angekündigt« verhalten; oft ist die Dokumentation veraltet, oder der Filter wurde mit anderen Konfigurationsparametern kompiliert, als die, von denen die Dokumentation ausgegangen ist. Das Testen all der Funktionen, die Sie von dem Filter erwarten, bevor Sie ihn endgültig installieren, ist unumgänglich. Zwei gute Filterpakete, *nenscript* und APSfilter, werden weiter unten besprochen.

Der Filter nenscript

Der *nenscript*-Filter ist ein typischer, moderner Filter für Linux. Wenn er in Ihrer Distribution enthalten ist, sollten Sie ihn unter */usr/bin/nenscript* finden. Ansonsten wird er in */usr/local/bin* installiert. *nenscript* beeinflußt Kopf- und Fußzeilen, gedrehten Text usw. und produziert (durch Aufrufen von Ghostscript) aus reinem ASCII-Text PostScript-Code, der den Adobe Document Structuring Conventions gehorcht. Er schickt die Ausgabe an den Drucker, der in der Umgebungsvariable NENSCRIPT des Benutzers steht, wenn diese gesetzt ist, ansonsten an den Drucker in der Umgebungsvariablen PRINTER. Wenn keine der beiden Variablen gesetzt ist, verwendet *nenscript* den Standarddrucker, den *lpr* verwenden möchte.

Wenn *nenscript* mit der Option *-Z* aufgerufen wird, leitet er PostScript-Dateien weiter, ohne sie zu verändern. *nenscript* untersucht die Eingabedatei und unterdrückt die Formatierung, wenn die ersten beiden Zeichen `%!` sind. Wenn natürlich die ersten beiden Zeichen etwas anderes als `%!` sind, zum Beispiel weil ein Seitenvorschub als erstes Zeichen in der Datei steht, dann wird die Datei nicht als PostScript erkannt, selbst, wenn es sich um gültiges PostScript handelt. Das kann leicht passieren, wenn andere Filter die Datei bearbeiten, bevor sie bei *nenscript* anlangt. Natürlich kann eine Datei auch `%!` als erste Zeichen haben und trotzdem kein PostScript (oder nicht standardgemäßes PostScript) sein und deswegen nicht korrekt ausgedruckt werden, wenn sie an einen PostScript-Drucker geht. Es gibt intelligentere Filter für diese Überprüfungen, darunter Magic-Filter und APSfilter, aber *nenscript* entspricht vielleicht gut Ihren Ansprüchen, insbesondere wenn Sie nur auf einen PostScript-Drucker drucken.

Wenn Sie den *nenscript*-Filter für einen PostScript-Drucker auf Ihrem System verwenden, können Sie deswegen die *-Z*-Option per Default für alle User in der Umgebungsvariablen NENSCRIPT verwenden, damit PostScript-Dateien durchgereicht werden.

Es gibt noch andere, vergleichbare Filter. Der *nenscript*-Filter emuliert den traditionellen UNIX-enscript-Filter. Ein Shell-Skript, das im *nenscript*-Paket mitgeliefert wird, ruft *nenscript* so auf, daß es sich verhält, als wäre es ein (ähnlicher) traditioneller UNIX-Filter namens *pstext*.

Alles, was Sie machen müssen, um *nenscript* als Filter zum Drucken Ihrer Dateien zu verwenden, ist es, sicherzustellen, daß *nenscript* im Suchpfad installiert ist und daß die Drucker, für die *nenscript* als Filter fungieren soll, so eingestellt werden, daß der *nenscript*-Filter aufgerufen wird. Der Printcap-Eintrag kann direkt auf den *nenscript*-Filter zeigen, wenn Sie die systemweiten Defaults für die Optionen mit der Umgebungsvariablen NENSCRIPT einstellen, oder Sie können einen einfachen Filter erstellen, der *nenscript* aufruft – ungefähr so wie in der Beispieldatei weiter oben. Überprüfen Sie die Besitzer und Zugriffsrechte der Verzeichnisse und Dateien, nachdem Sie die Printcap-Datei geändert und die Filter eingerichtet haben.

Magische Filter: APSfilter und Alternativen

Die wandlungsfähigsten Filter sind die sogenannten »magischen« Filter. Ein magischer Filter untersucht die Eingabedateien, die ihm übergeben werden, und filtert die Ausgabe anhand dessen, was er über das Format der Datei herausgefunden hat. Wenn er beispielsweise eine DVI-Datei sieht, die an einen PostScript-Drucker geschickt wird, wird er einen anderen Filter (zum Beispiel *dvips*) anwenden, um die Datei zum Drucken in das PostScript-Format zu konvertieren. Das ist sehr praktisch, aber ab und zu kann sich der Filter auch irren. Wenn das passiert, kann der Benutzer die Datei erneut abschicken und dabei Kommandozeilenoptionen angeben, die die vorzunehmende Filterung explizit anfordern; oder er kann auch die Datei selbst vorbereiten, indem er sie durch die erforderlichen Filter schickt, bevor sie an *lpr* zum Drucken übergeben wird. Es gibt einige gute magische Filterpakete, darunter APSfilter (den wir hier ausgewählt haben), Magic-Filter und den *gslp.ps*-Filter, der mit vollständigen Ghostscript-Paketen mitgeliefert wird.

Anhang A

Leider liefern einige Linux-Distributionen keine zusätzlichen Utilities oder Dokumentation mit, aber Sie können sich jederzeit eine vollständige Ghostscript-Distribution per FTP aus dem GNU-Archiv oder einem seiner Spiegel holen. Lesen Sie dazu den Abschnitt »Allgemeine FTP-Server für Software« in Anhang A, *Informationsquellen zu Linux*. Sie bekommen das APSfilter-Paket vom FTP-Server **sunsite.unc.edu** aus dem Verzeichnis */pub/Linux/system/Printing*. Der primäre FTP-Server für das Magic-Filter-Paket ist das Linux-Archiv **tsx-11.mit.edu**. Eine vollständige Ghostscript-Installation enthält ebenfalls einen ganz nützlichen Filter namens *gslp.ps*, der in PostScript geschrieben ist und deswegen nur mit Ghostscript (oder Adobe PostScript) verwendet werden kann.

Das APSfilter-Paket für Linux ist eine Portierung des für FreeBSD entwickelten Pakets. Aus diesem Grund gilt es, einige Vorüberlegungen zu machen, damit alles ordentlich bei der Installation des APSfilter-Pakets konfiguriert wird. Auf einem Linux-Rechner ist es wohl am besten, das APSfilter-Paket in */usr/lib/apsfilter* zu installieren. Das Paket kommt von **sunsite.unc.edu** als ge-gzip-te, ge-tar-te Datei. Um das Paket auszupacken, stellen Sie es in das Verzeichnis */usr/bin/apsfilter* und geben

```
gunzip apsfilter*gz
```

ein. Daraus resultiert zunächst eine *tar*-Datei. Zum Zeitpunkt des Schreibens installiert sich diese *tar*-Datei nicht richtig, wenn einfach nur *tar* im *apsfilter*-Verzeichnis aufgerufen wird. Geben Sie statt dessen im *apsfilter*-Verzeichnis

```
tar -vxf apsfilter*.tar -C /usr/lib
```

ein. Jetzt entpackt sich das APSfilter-Paket in Unterverzeichnisse im *apsfilter*-Verzeichnis.

Da das APSfilter-Paket nicht dafür gedacht ist, unter Linux installiert zu werden, müssen Sie noch weitere Änderungen vornehmen. Sie müssen die Datei */usr/lib/apsfilter/global/Global.sh* editieren, damit APSfilter korrekt installiert wird.

Beachten Sie zunächst, daß der Default-Ort von TEX nicht in einer Pfadvariablen gesetzt ist. Geben Sie daher ein:

```
Local_Path=/usr/bin/tex.
```

Anschließend müssen Sie die passende Konfigurationsinformation in den »`case $SYSTEM`«-Test in *Global.sh* einfügen:

```
case $SYSTEM in
    .
    .
    .
*Linux)          LP_OWNER=root
                 LP_GROUP=lp
                 SPOOL=/var/spool/lpd
                 MAGIC=/etc/magic
                 ;;
    .
    .
    .
esac
```

Speichern Sie die Datei ab, und beenden Sie den Editor. Jetzt sind Sie fast soweit, in das */usr/lib/apsfilter*-Verzeichnis zurückzukehren und den SETUP-Befehl aufzurufen. Bevor Sie das aber tun, sollten Sie sich noch davon überzeugen, daß Sie alle Filter, die Sie mit APSfilter verwenden wollen, installiert und konfiguriert haben. Die Datei */usr/lib/apsfilter/FAQ* nennt Ihnen einige der wichtigeren und nützlichen Pakete.

Bevor Sie die Installation starten, lesen Sie die Datei *INSTALL*, um vor Überraschungen sicher zu sein. Starten Sie dann *./SETUP*. Das Programm überprüft die Anwesenheit und Lage von graphischen Utilities und anderen Filtern, die APSfilter verwendet, um Dateien in eine auf Ihrem Drucker ausdruckbare Form zu bringen.

Das *SETUP*-Skript macht Meldung über den Installationserfolg oder -mißerfolg. Wenn Sie mehr als einen Drucker oder mehr als einen Modus für einen einzelnen Drucker installieren wollen, können Sie das Programm auch noch einmal starten. Wenn Sie beispielsweise einen »Deskjet 540«-Drucker installieren, wollen Sie vermutlich die dj500-Definition für die schwarze und die dj500c-Definition für die farbige Tintenpatrone verwenden. APSfilter verwendet sehr lange Verzeichnisnamen für seine Spool-Verzeichnisse, ob es Ihnen gefällt oder nicht. Wenn Sie Ihnen nicht gefallen, können Sie die Namen der Spool-Verzeichnisse aber natürlich immer ändern und dann die dazugehörigen Verzeichnisfelder im zugehörigen Eintrag in */etc/printcap* passend machen. Kürzen Sie aber nicht den Namen des verwendeten Filters; der Pfad muß bleiben. Wir empfehlen Ihnen, nicht die Dinge schöner machen zu wollen, bevor Sie nicht sicher sind, daß sie funktionieren. Man kann leicht Fehler einbauen, deren Korrektur dann schwierig ist.

Bevor Sie Ihre neue Einstellung ausprobieren können, müssen Sie noch den Drukkerdämon neu starten:

```
/usr/sbin/lpc restart all
```

APSfilter macht systemweite Variableneinstellungen für die Druckerdefinitionen in der Datei */etc/apsfilterrc*. Es kann interessant sein, diese Datei einmal zu lesen. Häufig auftretende Probleme beim Drucken sind die üblichen Probleme mit Dateibesitz und Zugriffsrechten; vergessen Sie also nicht, das immer zu überprüfen. Lesen Sie dann die Dateien *FAQ* und *TROUBLESHOOTING* im Verzeichnis */usr/lib/apsfilter*.

Wenn Ihre APSfilter-Installation nicht funktioniert, können Sie immer noch zum alten Stand zurückkehren, indem Sie die von APSfilter gesicherte Datei */etc/printcap.orig* wieder in */etc/printcap* umbenennen.

APSfilter benennt seine Drucker sequentiell, beginnend mit `lp1`. Lassen Sie sich nicht verwirren, das hat nichts mit dem tatsächlichen physikalischen Gerät zu tun, das dem Drucker zugewiesen ist. Auch hier können Sie die Namen verändern.

APSfilter ermöglicht es, einige Beschränkungen aufzulockern, so daß sich einzelne Benutzer eine eigene Datei *.apsfilterrc* in Ihren Home-Verzeichnissen anlegen können. Per Default ist das aber nicht erlaubt, was etwas mehr Sicherheit bedeutet.

Die neueste Version von Magic-Filter (zum jetzigen Zeitpunkt Version 1.2) läßt sich bemerkenswert einfach installieren und ist eine gute Alternative zu APSfilter. Es gibt allerdings keinerlei Händchenhalten bei der Installation. Obwohl es eine nützliche Man-Page gibt, gibt es nicht sehr viel Information, die Ihnen bei der Installation helfen könnte, die für die meisten Drucker notwendigen Änderungen vorzunehmen. Aber insbesondere wenn Sie einen vielseitig verwendbaren Drucker haben, der mehrere Sprachen versteht (PostScript, PCL5, Text usw.), kann es lohnend sein, sich die Mühe mit der Installation zu machen.

Elemente des BSD Print Systems: Dateien, Verzeichnisse und Utilities

Das Druckerverwaltungssystem erwartet von Ihnen, daß Sie Verzeichnisse anlegen, die den Druckernamen in der Printcap-Datei entsprechen, um die Dateien zum Drucken abzulegen. Außerdem müssen Sie andere Dateien anlegen, um den Druckvorgang selbst zu kontrollieren. Sie müssen die Verzeichnisse und Dateien mit den richtigen Besitzern und Zugriffsrechten anlegen, und auch die Drucker-Utilities müssen die richtigen Zugriffsrechte haben.

Druckerverzeichnisse einrichten

Sie haben von Ihrer Installation ein Standard-Spool-Verzeichnis. Idealerweise liegt dieses Verzeichnis auf einer Festplatte mit niedrigen Zugriffszeiten. Das allgemeine Spool-Verzeichnis (*/var/spool*) wird normalerweise für Mail, News und UUCP-Verbindungen genauso wie für die Druckdateien verwendet. Wir empfehlen Ihnen, dies beizubehalten; es ist unter Linux der Standard. Einige Utilities oder Filter, die Sie sich besorgen, erwarten möglicherweise, daß */usr/spool/lpd* der Pfad für den Drucker-Spooler ist. Falls dies der Fall ist, müssen Sie das ändern. Natürlich können Sie ein Verzeichnis */usr/spool* anlegen und einen Link auf */var/spool* setzen, aber das ist nur dann sinnvoll, wenn */usr* und */var* auf derselben Festplatte (bzw. auf derselben Partition) liegen.

Sie müssen Ihre eigenen Drucker-Spooler-Verzeichnisse anlegen. Das Verzeichnis */var/spool/lpd* ist der Standardpfad für jedes Unterverzeichnis eines Druckers. Jeder Name eines Drucker-Unterverzeichnisses muß der Druckername im ersten Feld im zugehörigen */etc/printcap*-Eintrag sein. Beispielsweise ist */var/spool/lpd/moa* der richtige Verzeichnisname für einen Drucker, bei dem »moa« im Namensfeld des Printcap-Eintrags steht. Ebenso muß der Eintrag in */etc/printcap* eine `sd`-Variable haben, die auf das Spool-Verzeichnis zeigt (zum Beispiel `sd=/var/spool/lpd /moa`).

Sie sollten `lp` nicht als Name eines Spool-Verzeichnisses verwenden, es sei denn, Sie wollen nie mehr als einen Drucker in Ihrem System oder Netzwerk haben, denn `lp` ist der Standarddrucker. (Wenn Ihr Standarddrucker irgendwo anders im Netz steht, werden die Dateien trotzdem zunächst nach */var/spool/lpd/lp* geschrieben, bevor *lpd* sie an den Druckerdämon auf dem entfernten Rechner weiterreicht.) Möglicherweise haben Sie ein Druckerverwaltungsprogramm, das ein Spool-Verzeichnis namens `lp` automatisch anlegt, aber Sie können ja immer noch die Printcap-Datei editieren, um einen anderen Verzeichnisnamen zu wählen.

Der Name des Spool-Verzeichnisses sollte der erste Name sein, der im zugehörigen Eintrag in */etc/printcap* aufgeführt wird, damit es leichter ist, den Drucker zu identifizieren. Der Printcap-Eintrag wird dann mit den Namen verknüpft, mit denen die Utilities *lpq* und *lpc* über den Zustand der Druckerwarteschlange berichten.

Zugriffsrechte für Dateien, Verzeichnisse und Utilities

Das häufigste Problem beim Einrichten von Druckdiensten liegt in den Zugriffsrechten von Dateien und Verzeichnissen. Tabelle 8-1 gibt die wichtigen Dateien, Verzeichnisse und Utilities an, die zur BSD-Druckerverwaltung unter Linux gehören. Die Installationsorte können abhängig von Ihrer Distribution etwas anders sein. Die unten angegebenen Zugriffsrechte sind die Empfehlungen für die Dateien und Verzeichnisse des Drucksystems. (Zusätzliche Filter und nicht standardgemäße Spool-Pfade können in */etc/printcap* angegeben werden.) Andere Zugriffsrechte funktionieren möglicherweise auch, aber wenn Sie Probleme mit den Zugriffsrechten haben, können Sie hier nachschlagen. Ein Stern in der ersten Spalte von Tabelle 8-1 gibt an, daß es viele Dateien mit den Namen der einzelnen Drucker geben kann.

Tabelle 8-1: BSD-Dateien, -Verzeichnisse und -Utilities

Verzeichnis oder Datei	Zugriffsrechte	Eigentümer/ Gruppe	Beschreibung
/dev/ttys1	`crwsr-----`	root/lp	Typische Gerätedatei für serielle Drucker
/dev/lp1	`crws------`	root/lp	Typische Gerätedatei für parallele (nicht bidirektionale) Drucker
/usr/bin/lpc	`-rwsrwsr-x`	root/lp	Verwaltet die Spooler-Dienste
/usr/bin/lpr	`-rwsrwsr-x`	root/lp	Nimmt die zu druckende Datei entgegen, fügt Verarbeitungsdaten hinzu und stellt beide in den Spooler
/usr/bin/lpq	`-rwsrwsr-x`	root/lp	Zeigt die gespoolten Dateien mit Daten über den Benutzer und die Warteschlange an
/usr/bin/lprm	`-rwsrwsr--`	root/lp	Entfernt Druckjobs aus dem Spooler
/usr/bin/tunelp	`-rwsr-sr--`	root/lp	Testet Druckerdienste, um sie zu verbessern
/usr/bin/lptest	`-rwxr-xr-x`	root/root	Gibt eine ASCII-Datei aus, um den Drucker und das Display zu testen
usr/sbin/lpd	`-rwsr-s---`	root/lp	Der Dämon, der die Druckverwaltung unter Verwendung der Printcap-Daten und von *lpr* hineingegebenen Daten abwickelt
/usr/sbin/lpf	`-rwxr-xr-x`	root/lp	Primitive BSD-Textfilter
/usr/sbin/pac	`-rwxr--r--`	root/root	BSD-Utility, das über die Druckerbenutzung nach Benutzern sortiert Auskunft gibt
/var/spool/	`drwxr-sr-x`	root/daemon	Grundlegender Ort für temporäre Dateien
/var/spool/lpd	`-rws--s--x`	root/lp	Standardpfad für das Drukker-Spooler-System
*/var/spool/lpd/**	`drwxr-sr-x`	root/lp	Spool-Unterverzeichnisse für jeden definierten Drukker

Tabelle 8-1: BSD-Dateien, -Verzeichnisse und -Utilities (Fortsetzung)

Verzeichnis oder Datei	Zugriffsrechte	Eigentümer/ Gruppe	Beschreibung
/var/spool/lpd//filter*	`-rwxr-xr-x`	root/lp	Filter, die vom Red-Hat-Druckerverwaltungswerkzeug für jedes Spool-Verzeichnis angelegt werden
/var/spool/lpd/lpd.lock	`-rw-rw----`	root/lp	Lock-Datei für die *lpd*-Queue
/var/spool/lpd//.seq*	`-rw-rw----`	lp/lp	Folgendatei, die *lpd* verwendet, um die gespoolten Dateien zu ordnen
/var/spool/lpd//lock*	`-rw-------`	root/lp	*lpd* schreibt Lock-Dateien, um zu verhindern, daß die nächste Datei geschickt wird, bevor der Drucker wieder bereit ist
/var/spool/lpd//status*	`-rw-------`	lp/lp	Hier speichert *lpd* den neuesten Statusbericht der Drucker ab
/var/log/lp-acct	`-rw-------`	root/root	Buchführungsdatei, aus der *pac* seine Daten bezieht.*
/var/log/lpd-errs	`-rw-rw-r--`	root/lp	Standard-BSD-Logdatei für *lpd*-Fehler

* Diese Datei bleibt leer, bis die Buchführung auf Linux portiert worden ist oder Ghostscript so konfiguriert wird, daß es seine begrenzten Meldungen dort ablegt und die Datei schreibbar für alle gemacht wird.

Die gewöhnlichen Druckerverwaltungs-Utilities unter Linux legen die Druckdatei mit dem Besitzer **root** und der Gruppe **lp** an. BSD-Distributionen verwenden traditionell auch den Besitzer **root**, aber die Gruppe **daemon**. Sie können beide Gruppen verwenden, aber wenn Sie **daemon** und **lp** mit verschiedenen Utilities und Dateien mischen, bekommen Sie Probleme. Seien Sie insbesondere vorsichtig, wenn Sie Utilities aus anderen Paketen hinzufügen.

Angenommen, Sie müssen (als **root**) das Drucker-Spooler-Verzeichnis */var/spool/lpd* anlegen. Sie führen den Befehl

```
mkdir /var/spool/lpd
```

aus. Wenn */var/spool* die üblichen Zugriffsrechte hatte, hat das neue *lpd*-Verzeichnis die Zugriffsrechte `drwxrwxr-x`, was zu viel ist.

Wenn Sie den Befehl

```
chmod 755 /var/spool/lpd
```

eingeben, werden die Zugriffsrechte auf `drwxr-xr-x` geändert. Das ist schon fast gut, aber nur fast. Sie müssen das setuid-Bit setzen, so daß **lp** per setuid zu **root** werden kann:

```
chmod +s /var/spool/lpd
```

Jetzt sind die Zugriffsrechte `drwsr-sr-x`, und so soll es auch sein. Die Gruppe sollte aber **lp** und nicht **root** sein, also müssen Sie auch das noch beheben:

```
chgrp lp /var/spool/lpd
```

Legen Sie die Spool-Verzeichnisse für jeden Drucker als Unterverzeichnisse von */var/spool/lpd* ganz genauso an, und legen Sie dann mit *touch* eine *.seq*-Datei in jedem Drucker-Verzeichnis an:

```
touch .seq
```

Ausprobieren des Druckerdämons

Der Dämon *lpd* liest die Datei */etc/printcap* ein und schickt dann Dateien an Drukker, indem er sie an die Gerätedatei im */dev*-Verzeichnis weiterleitet. Die meisten Drucker an Linux-Rechnern sind entweder seriell (üblicherweise mit den Namen */dev/ttys0*, */dev/ttys1* usw.) oder parallel (*/dev/lp0*, */dev/lp1* oder */dev/lp2*, abhängig von den physikalischen Adressen, die die Schnittstellen benutzen). Die Schnittstellenzuweisungen werden im Abschnitt »Problemsuche im Drucksystem« beschrieben. Es ist ein häufiger Fehler beim Konfigurieren der Druckerdienste, die falsche Schnittstelle zu nehmen.

Sie können ein virtuelles Gerät, zum Beispiel */dev/fax*, mit einem tatsächlichen Gerät durch Anlegen eines symbolischen Links verknüpfen, also zum Beispiel:

```
ln -s /dev/ttys1 /dev/fax
```

(Damit können die Benutzer Skripten und Filter einrichten, die */dev/fax* benutzen. Sie können einfach das physikalische Gerät (zum Beispiel ein Faxmodem) umbauen, indem Sie */dev/fax* entfernen und neu mit einem Link auf das neue Gerät anlegen.)

Der BSD-Druckerdämon ist notorisch dafür bekannt, einfach wegzusterben oder die Arbeit völlig einzustellen. Der Fairneß halber muß gesagt werden, daß das heute seltener vorkommt, als noch vor ein paar Jahren, aber es kommt noch vor. Wenn das passiert, beenden Sie einfach den alten Dämon und starten Sie einen neuen. Wenn *lpd* aber nicht zuverlässig genug ist, muß das ja einen Grund haben. Es könnte mit der Umgebung des Benutzers etwas nicht in Ordnung sein, die bei *lpd* angegebenen Kommandozeilenoptionen waren vielleicht falsch, oder ein fehlerhafter Filter sendet einem Drucker Konfigurationsdaten, die dieser nicht mag. Sie können jedoch ruhigen Gewissens davon ausgehen, eine »ziemlich gute« Druckerinstallation zu haben. Wenn Sie trotzdem Probleme haben, lesen Sie »Problemsuche im Drucksystem«.

OK, lassen Sie uns überprüfen, ob Sie ein funktionierendes Druckersystem haben. Nachdem Sie alle diese Veränderungen vorgenommen haben, können Sie sicher sein, daß *lpd* nicht mehr weiß, was los ist. Starten Sie also den Befehl *ps*, um die Prozeß-ID des *lpd*-Prozesses herauszufinden. Geben Sie dann

```
kill -9 Prozess-ID
```

ein, um den angegebenen Prozeß zu beenden.[6] Jetzt sollte bei Ihnen kein Druckerdämon laufen. Geben Sie jetzt */usr/sbin/lpd* ein, um den Druckerdämon zu starten.

Während Sie jetzt den LEDs an der Frontblende Ihres Druckers zuschauen (wenn da überhaupt welche sind), schicken Sie eine Datei (immer noch als *root*) an den Drucker:

```
lptest | lpr
```

Die von *lptest* geschickte ASCII-Datei sollte jetzt auf Ihrem Standarddrucker ausgedruckt werden, so wie es in Ihrer */etc/printcap*-Datei angegeben ist. Wenn das nicht passiert, haben Sie ein Konfigurationsproblem, das nichts mit Zugriffsrechten zu tun hat.

Hat der Drucker irgendeine Aktivität gezeigt? Hat Ihr Standarddrucker ein Spool-Verzeichnis? Hat dieses Verzeichnis eine *.seq*-Datei? Überprüfen Sie die Datei */var/log/lpd-errs*, und gucken Sie, ob da irgendetwas Hilfreiches steht. Verwenden Sie den Befehl *lpc*, um einen Bericht über den Zustand des Druckerdämons und des Spoolers zu bekommen.

Wenn alles andere gut aussieht, stellen Sie sicher, daß der Drucker auch die Schnittstelle verwendet, unter der Sie ihn erwartet haben. Das machen Sie, indem Sie eine Datei direkt an die Schnittstelle schicken, also zum Beispiel:

```
# lptest > /dev/lp1
```

oder, um einen seriellen Drucker zu testen:

```
# lptest > /dev/ttys1
```

Und so weiter. Wenn keiner davon arbeitet, überprüfen Sie erneut Ihre */etc/printcap*-Datei. Ist der Eintrag korrekt aufgebaut? Stehen keine Leerzeichen oder Tabulatoren hinter dem Fortsetzungszeichen (\)? Ist die Druckerwarteschlange korrekt

6 Es ist vielleicht einfacher, den Befehl *lpc* dazu zu verwenden. Wenn außerdem Ihr Root-Desktop ein Druckerverwaltungswerkzeug hat (so wie die CD-ROM *Linux – Red Hat Version 3.0.3 auf CD-ROM*), dann können Sie einfach auf den *lpd*-Knopf drücken, um den Druckerdämon zu beenden und neu zu starten.

angegeben? Taucht der Name »lp« irgendwo als einer der Druckernamen im Namensfeld auf? Ist der erste Name im Namensfeld derselbe Name wie der des Spool-Verzeichnisses?

Lassen Sie uns jetzt aber annehmen, daß Sie diesen ersten kleinen Test ohne Blessuren überstanden und einen wunderschönen Ausdruck im Ausgabefach Ihres Druckers haben. Als nächstes kommt die richtige Herausforderung. Können Sie auch als normaler Benutzer drucken? Loggen Sie sich ein (oder verwenden Sie *su*), um ein normaler Benutzer zu werden. Versuchen Sie jetzt dasselbe Experiment noch einmal. Wenn es wieder funktioniert: Herzlichen Glückwunsch, Sie haben jetzt einen Drucker! Wenn nicht, haben Sie immerhin ein Problem, und zwar vermutlich eines, das mit der Zugehörigkeit oder den Zugriffsrechten eines Verzeichnisses oder einer Datei zu tun hat. Sie wissen, was Sie jetzt tun müssen. Lesen Sie in den Man-Pages von *chgrp*, *chmod* und *chown* nach, und gehen Sie die Liste der Dateien und Verzeichnisse durch, um Ihr Problem zu finden und zu beheben. Machen Sie das solange, bis auch Fred Dummuser drucken kann.

Kontrollieren der Druckerdienste mit lpc

Das Utility *lpc* dient dazu, Druckerwarteschlangen zu verwalten. Es verlangt für die meisten Funktionen *root*-Rechte. *lpc* berichtet über alle Druckerwarteschlagen und die zugehörigen *lpd*-Dämonen. Sie können auch Berichte über einen bestimmten Drucker oder Benutzer anfordern. Um einen Bericht über alle Drucker und Benutzer abzufragen, geben Sie ein:

```
$ lpc status
ibis:
         queuing is enabled
         printing is enabled
         no entries
         no daemon present
crow:
         queuing is enabled
         printing is enabled
         1 entry in spool area
         crow is ready and printing
 ada:
         queuing is disabled
         printing is disabled
         no entries
         no daemon present
```

Das Einreihen von Dateien in die Warteschlange kann mit *lpc enable* erlaubt und mit *lpc disable* verboten werden. Der Befehl *lpc disable* setzt dazu die Ausführungsberechtigung für Gruppen der Lock-Datei im Spool-Verzeichnis des Druckers um.

Das Drucken kann mit *lpc start* gestartet und mit *lpc stop* angehalten werden. Druckjobs, die in der Warteschlange stehen, wenn ein Drucker angehalten wird, bleiben dort, bis der Drucker wieder freigegeben wird. Der Befehl *lpc stop* schreibt eine Lock-Datei in das Spool-Verzeichnis des Druckers und beendet den Druckerdämon für diese Warteschlange, erlaubt aber das ordnungsgemäße Beenden des aktuellen Druckjobs. Der Befehl *lpc abort* funktioniert wie *stop*, bricht aber jeden Druckjob sofort ab. (Weil der Job nicht beendet wurde, bleibt er erhalten und wird von Neuem gestartet, wenn der Drucker wieder freigegeben wird.)

Der Befehl *lpc down* ist eine Kombination aus *disable* und *stop*, der Befehl *lpc up* das Gegenteil davon.

Sie können auch die Ausgabe auf einen Drucker begrenzen:

```
$ lpc status ada
ada:
        queuing is enabled
        printing is enabled
        1 entry in spool area
        ada is ready and printing
```

Die Möglichkeit, sich Zustandsberichte ausgeben zu lassen, ist für jeden nützlich; *lpc* erlaubt daher allen Benutzern die Verwendung dieses Befehls. Die richtige Arbeit für *lpc* gibt es erst bei Druckerproblemen. Manchmal stirbt ein Druckerdämon, und die Druckjobs sammeln sich an. Manchmal ist bei einem Drucker das Papier oder die Tinte alle, oder der Drucker ist ganz kaputt. Jobs im Spooler müssen angehalten oder in einen anderen Spooler verschoben werden, wo sie ausgedruckt werden können. Manchmal hat auch jemand einen besonders dringenden Druckauftrag, der an die Spitze der Warteschlange verschoben werden muß.

Der Befehl *lpc* ist ein klassischer UNIX-Befehl, verschlossen und streng. Wenn Sie einfach nur *lpc* eingeben, bekommen Sie lediglich ein Prompt:

```
lpc>
```

Der Befehl ist interaktiv und wartet auf Ihre Anweisungen. Sie können durch Eingabe von »help« oder eines Fragezeichens Hilfe bekommen. *lpc* antwortet und bringt ein neues Prompt. Durch Eingabe eines Fragezeichens bekommen Sie:

```
# lpc
lpc> ?
Commands may be abbreviated.  Commands are:
abort   enable  disable help    restart status  topq    ?
clean   exit    down    quit    start   stop    up
lpc>
```

Sie können noch weitere Hilfe bekommen, indem Sie nach Hilfe für einen bestimmten Befehl fragen. Um beispielsweise mehr über das Neustarten einer blokkierten Warteschlange zu erfahren, geben Sie ein:

```
lpc> help restart
restart         kill (if possible) and restart a spooling daemon
lpc>
```

Die Hilfemeldungen von *lpc* bringen aber keine Informationen über die weiteren Argumente, die Sie bei manchen Teilbefehlen eingeben können. Hier hilft die Man-Page weiter. Die meisten Befehle akzeptieren die Eingabe von »all« oder den Namen eines Drucker-Spoolers als zusätzliches Argument.

Der Befehl *lpc topq* erwartet als erstes Argument den Namen eines Drucker-Spoolers und Druckjobnummern oder Benutzer-IDs als folgende Argumente. Die Argumente werden verwendet, um die Druckerwarteschlange umzustellen. Um beispielsweise den Job 237 an die Spitze der ada-Warteschlange zu stellen, gefolgt von allen Jobs des Benutzers **bckeller**, geben Sie ein:

```
lpc> topq ada 237 bckeller
```

Der *lpd*-Dämon wird den Job 237 starten, sobald der aktuelle Job beendet ist, und alle Jobs, die *bckeller* gehören, nach vorn in die Warteschlange stellen. Wenn Sie sehr ungeduldig sind, könnten Sie auch die Befehle *abort* und *clean* verwenden, um den aktuellen Druckjob zu löschen und dann mit *topq* den Job an die Spitze zu stellen, den Sie dort haben wollen, bevor Sie mit *restart* einen neuen *lpd* erzeugen und die Warteschlange wieder neu starten.

Wenn Sie den Befehl *stop* verwenden, um einen (oder alle) Drucker-Spooler anzuhalten, können Sie eine Nachricht an alle Benutzer im System schicken. Ein Beispiel:

```
lpc> stop ada "Drucker Ada abgeschaltet, um Toner-Kartusche auszuwechseln."
```

Wenn Sie größere Umbauvorhaben an den Drucker-Spoolern vornehmen wollen, Warteschlangen anhalten und Dateien durch die Gegend bewegen müssen, ist es sinnvoll, den Befehl *cleanup* zu verwenden. Das minimiert das Risiko, daß irgendeine verwaiste Datei den *lpd*-Dämon zum Absturz bringt.

```
lpc> clean
```

Lassen Sie sich dann einen neuen Zustandsbericht ausgeben, und starten Sie alle angehaltenen Drucker-Spooler neu, bevor Sie das Programm verlassen. Es gibt einen Unterschied zwischen dem Abbrechen und dem Anhalten eines Prozesses sowie dem Abschalten einer Warteschlange. Wenn Sie eine Warteschlange abschalten (zum Beispiel mit `lpc down ada`), können Sie *lpd* nicht mehr veranlassen, diesen Spooler zu bedienen, bis Sie mit `lpc up ada` alles wieder angeschaltet haben. Entsprechend müssen Sie eine Warteschlange nach dem Anhalten weiterlaufen lassen oder neu starten.

Verfolgen Sie die Geschehnisse weiter, wenn Sie Drucker-Spooler-Probleme mit *lpc* beseitigen. Zusätzliche Zustandsberichte werden Ihnen Auskunft geben, ob die Probleme wirklich gelöst worden sind.

Sie sollten mit der Beschäftigung mit *lpc* nicht warten, bis die Katastrophe da ist, denn der Durchlauf eines Druckjobs durch einen Linux-Spooler kann sehr schnell gehen, insbesondere dann, wenn der Drucker viel Speicher hat, um die an ihn geschickten Jobs abzuspeichern. Lesen Sie die Man-Page genau durch, und arbeiten Sie mit *lpc* soweit, daß Sie mit den Möglichkeiten vertraut sind, die *lpc* Ihnen zur Kontrolle der Drucker-Spooler und von *lpd*-Dämonen gibt.

Sie können Teilbefehle abkürzen, sofern die Abkürzungen noch eindeutig sind. Im unten gezeigten Beispiel steht »h« für »help«:

```
lpc> h topq
```

Um den *lpc*-Befehl zu verlassen, geben Sie

```
lpc> quit
```

oder:

```
lpc> exit
```

ein.

Verwaltung und Pflege der Druckerdienste

Um die Performanz zu verbessern, können Sie zunächst versuchen, die physikalischen Einstellungen zu optimieren. Sie sollten versuchen, die maximalen Datenflußraten zu Ihren Druckern herauszubekommen. Aber geben Sie keine höhere Datenflußrate als von Ihrem Drucker unterstützt an, es sei denn, der Drucker ist in der Lage, Signale zur Flußkontrolle an den Druckerdämon zu schicken. Sie müssen also über eine bidirektionale Datenübertragung verfügen (und der Drucker muß die notwendigen Signale zurückschicken) oder sich auf eine Übertragungsgeschwindigkeit beschränken, bei der keine Daten auf dem Weg zum Drucker verloren gehen. Sie müssen mit diesen Einstellungen vermutlich etwas experimentieren, um bei begrenzter Bandbreite die bestmögliche Performanz herauszuquetschen.

Alte serielle und parallele Schnittstellenkarten für PCs verfügen nicht über den Durchsatz wie neuere Karten. Neuere serielle Karten haben schnellere I/O-Prozessoren. Neuere parallele Schnittstellen sind üblicherweise schneller und erfüllen den EPP-Standard für bidirektionale Kommunikation, wodurch *lpd* den Datenfluß besser kontrollieren kann. Eine deutliche Performanzverbesserung ist vielleicht nur ein paar Mark entfernt.

Wenn Ihr Drucker einfach nur langsam ist und keine Druckjobs zwischenpuffern kann, gewinnen Sie natürlich nicht besonders viel, indem Sie die Übertragungsrate erhöhen, aber es kann immer noch ein Gewinn sein, die Interrupt-gesteuerte Flußkontrolle anstelle des Schnittstellen-Pollings zu verwenden, wenn die Hardware das zuläßt.

Sie können eine Reihe von Drucker-Optimierungen mit dem *tunelp*-Utility vornehmen. Lesen Sie sich die Man-Page sorgfältig durch, bevor Sie irgendwelche Versuche in dieser Richtung machen. Wenn ein Tuning-Versuch scheitert, müssen Sie eventuell den Drucker aus und wieder einschalten, um ihn in den Ausgangszustand zu bringen. Vergessen Sie auch nicht, mit *lpc* den *lpd*-Dämon nach jeder Änderung der Konfiguration neu zu starten. Machen Sie eine Sicherungskopie Ihrer funktionierenden Einstellungen, bevor Sie mit *tunelp* herumexperimentieren.

Ein sehr guter Start mit *tunelp* ist es einzustellen, daß ein Ausdruck bei einem Druckerfehler abgebrochen wird und Sie darüber eine Meldung erhalten. (Der Default ist es, den Ausdruck nicht abzubrechen.) Mit dieser Einstellung können Sie Ihre Testphase verkürzen. Um diese Einstellung zu erhalten, geben Sie als *root* ein:

```
tunelp -aon
```

Wenn Sie einen Drucker verwenden, der an der parallelen Schnittstelle angeschlossen ist, und diese Schnittstelle auch Interrupt-gesteuertes Drucken zuläßt, können Sie *tunelp* verwenden, um den Zugriff auf den Drucker zu beschleunigen:

```
tunelp /dev/lp1 -i7
```

Dieses Beispiel schaltet die von Interrupt 7 kontrollierte Schnittstelle auf Interrupt-gesteuertes Drucken um. Wenn der nächste Druckversuch nach dieser Umstellung scheitert, sollten Sie die Schnittstelle zurücksetzen und zum nicht-Interrupt-gesteuerten Polling zurückkehren:

```
tunelp /dev/lp1 -r -i0
```

Wenn Sie den Interrupt eines Gerätes nicht kennen, können Sie diesen mit *tunelp -q* abfragen, worauf die IRQ-Einstellung angezeigt wird.

Sie können den Ausdruck möglicherweise etwas beschleunigen, indem Sie die Wartezeit reduzieren, die der Treiber wartet, wenn er ein Zeichen eine bestimmte Anzahl von Malen vergeblich zum Drucker schicken wollte. Ein schneller Laserdrucker beispielsweise kommt vermutlich mit sehr kurzen Pausen aus und benötigt nicht so viele Übertragungsversuche. Um ein Zeichen zehn Mal vor der Pause auszugeben zu versuchen (Standardeinstellung sind 250 Versuche) und die Pause auf eine Hundertstelsekunde zu reduzieren, geben Sie ein:

```
tunelp /dev/lp1 -c10 -t1
```

Das *-t* erwartet einen numerischen Wert, der als Hundertstelsekunden interpretiert wird. Die standardmäßig eingestellte Pause ist eine Zehntelsekunde lang.

Beachten Sie, daß die Übertragungsrate, die sich möglicherweise für normale Textdateien als optimal herausgestellt hat, für Grafikdateien, die üblicherweise langsamer verarbeitet werden, weniger effizient sein kann.

Wenn Sie mit dem Optimieren Ihres Drucksystems fertig sind, wollen Sie vermutlich den Abbruch-Schalter wieder zurücksetzen, damit in Zukunft Ausdrucke bei Druckerfehlern nicht mehr abgebrochen werden:

```
tunelp -aoff
```

Das Utility *tunelp* wird immer noch weiterentwickelt. Lesen Sie die Man-Page, um sich über die Fähigkeiten Ihrer Version zu informieren.

Problemsuche im Drucksystem

Wenn Sie ein Druckerproblem haben, lassen Sie sich zunächst von *lpc* einen Zustandsbericht geben. Die Druckerdämonen sollten lebendig und gesund sein; es sollten auch keine Fehler angezeigt werden. Sie können auch den Inhalt von */var/spool/lpd/*`druckername/`*status* zu Rate ziehen und nachsehen, ob hier ein Fehler vom Drucker gemeldet wurde. Überprüfen Sie */var/log/lpd-errs*, ob hier von *lpd* Fehler gemeldet wurden. Wenn Sie Ghostscript verwenden und die Berichtsfunktionen eingeschaltet haben, können Sie */sbin/pac* auf die Logdatei von Ghostscript anwenden, um einen Bericht zu erhalten, aus dem mögliche - von Ghostscript erzeugte - Fehlermeldungen hervorgehen. (Solange unter Linux noch keine System-Buchführung zur Verfügung steht, können Sie auch genauso gut */var/log/lp-acct* für diese Berichte verwenden. Sie müssen die Datei dazu schreibbar für alle machen.)

Werfen Sie einen zweiten Blick auf den Zustandsbericht von *lpc*. Gelangen die Dateien überhaupt in den Drucker-Spooler? Kommen sie von dort wieder heraus? Sind die notwendigen Dateien für *lpd* vorhanden (*.seq*, *lock* usw.)? Wenn *lpc status* einen Drucker namens » :« meldet, ist mindestens eine fehlerhafte Zeile in */etc/printcap*; das letzte Zeichen einer fortgesetzten Zeile muß der Backslash sein, nicht ein Leer- oder Tabulatorzeichen.

Manchmal ist */etc/printcap* fälschlicherweise so eingestellt, daß *lpd* die Datei falsch weiterleitet. Um das auszuprobieren, bereiten Sie eine Datei zum Drucken vor, aber speichern Sie sie, anstatt sie in den Drucker-Spooler zu stellen. Schauen Sie sich die Datei an. Ist sie so, wie Sie es erwarten? Machen Sie einige Überprüfungen:

- Wenn Sie als *root* eine Datei direkt an das Gerät schicken (zum Beispiel mit `cat dateiname.ps > /dev/lp1`), wird sie dann ausgedruckt? Falls das der Fall ist, liegt das Problem in der Konfiguration der Software, nicht in der Hardware.
- Können Sie Ihre PostScript-Datei mit Ghostview ansehen? Falls ja, dann wissen Sie, daß das Dateiformat korrekt ist, der Drucker oder Filter sie aber nicht korrekt interpretiert.

Wenn Sie eine Textdatei ausprobieren, versuchen Sie, die Datei auf dem Bildschirm auszugeben, sie durch ein Utility wie *less* zu schicken, und untersuchen Sie das Ergebnis. Auch ein selbstgebauter Filter kann Fehler verursachen.

Manchmal ist es schwierig, den Ursprung eines Druckproblems herauszufinden. Probleme mit der Druckerkonfiguration können zum Beispiel durch überschriebene Defaults versteckt oder auch gerade erst hervorgerufen werden. Vielleicht müssen Sie sich zunächst einmal die Druckgewohnheiten eines bestimmten Benutzers angucken, und sich von dort vorarbeiten. Benutzer können in ihren Startdateien Umgebungsvariablen setzen, die ihren Standarddrucker und das Verhalten von Formatierungsprogrammen und Filtern einstellen. Die Default-Werte des Systems werden oft durch Umgebungsvariablen überschrieben, diese dann wiederum durch Kommandozeilenargumente von *lpr* oder einem anderen Utility.

Wenn ein Druckjob nicht normal beendet wird, kann es notwendig sein, die Lock-Datei für den Spooler (*/var/spool/lpd/*`printername`*/lock*) zu löschen, bevor *lpd* eine andere Datei aus dem Spooler an den Drucker schickt. Der *lpd*-Dämon legt die Lock-Datei an und löscht sie nach vollendetem Druckauftrag wieder. Sie können mit *lpc* den Druckerdämon anhalten und das Spool-Verzeichnis aufrufen, bevor Sie von neuem anfangen.

Einige Probleme resultieren auch aus der Datenübertragung. Ein Drucker kann Zeichen verlieren oder nicht gegen den angebotenen Datenstrom ankommen, insbesondere dann, wenn er alt und langsam oder das Kabel ungewöhnlich lang ist. Ein mögliches Symptom dafür ist das korrekte Ausdrucken von einfachem Text, aber das Anhalten und Ausgeben von Müll, wenn eine Grafik gedruckt werden soll. Wenn Sie ein solches Problem im Verdacht haben, sollten Sie die Pause, bevor Daten erneut gesendet werden, vergrößern und die Warteschleife verlangsamen. Dies können Sie bequem mit dem Utility *tunelp* einstellen:

```
tunelp -t200 -w5
```

Mit diesem Befehl teilen Sie *lpd* mit, daß er zwischen den Versuchen zwei Sekunden warten soll. Mit der Option *-w* wird die Anzahl der Schleifen zwischen den Strobe-Signalen eingestellt. Normalerweise ist *-w* auf 0 eingestellt. Weitere Informationen zu *tunelp* finden Sie im Abschnitt »Verwaltung und Pflege der Druckerdienste«.

Wenn es so aussieht, als würde nie ein *lpd* auf Ihrem System laufen, wird er vielleicht beim Hochfahren des Systems nicht gestartet. Wenn das der Fall ist, dann fügen Sie eine Zeile */etc/lpd* an das Ende der Datei */etc/rc.d/rc.local*. Die meisten Linux-Installationen starten *lpd* heutzutage im Rahmen der Default-Installation.

Manche Probleme treten erst dann auf, wenn Sie ein anderes Paket verwenden wollen, das durch Zugriffe auf das gleiche Gerät Konflikte verursacht. Beispielsweise versucht UUCP eine serielle Schnittstelle über den Gerätetreiber für */dev/cua** anzusprechen. UUCP ist aber ein Dämon mit größeren Privilegien als **lp**, so daß er das Gerät (fehlerhafterweise) auf einer Zugriffsstufe belassen kann, auf der *lpd* nicht darauf zugreifen kann.

Die Linux-Distribution des BSD-Druckpakets wird normalerweise in der Gruppe **lp** installiert. Bei traditionellen BSD-Druckerverwaltungsinstallationen gehört *lpd*

daemon und ist Mitglied der Gruppe **daemon**. (Es gibt keine spezielle **lp**-Gruppe zum Drucken.) Wenn Sie den Verdacht haben, daß hier ein subtiles Problem mit dem Zugriff auf Geräte durch verschiedene Prozesse vorliegt, können Sie die Gruppenzugehörigkeit auf **daemon** ändern, natürlich genauso wie die Verzeichnis- und Dateizugriffsrechte. Damit wäre die ursprüngliche BSD-Konfiguration restauriert. Eine bessere Lösung wäre es aber, die problematischen Geräte zu identifizieren und den Besitzer auf **lp** zu ändern, da UUCP auch auf Geräte, die **lp** gehören, zugreifen kann. Vergessen Sie aber nicht, daß eine serielle Schnittstelle über verschiedene virtuelle Geräte mit dem tatsächlichen Gerät verbunden sein kann; Sie müssen den Eigentümer der tatsächlichen Schnittstelle korrekt setzen.

Ab und zu glaubt ein Benutzer, daß sein Druckjob an den »falschen« Drucker geht. Das ist normalerweise ein Problem mit den Umgebungsvariablen. Überprüfen Sie Ihre Datei */etc/printcap* erneut, aber auch die Umgebungsvariablen des Benutzers. Zum Beispiel kann der Benutzer die GS_DEVICE-Umgebungsvariable gesetzt haben, die Ghostscript als Standarddrucker verwendet. Wenn die Verarbeitung durch Ghostscript vor der Verarbeitung durch *nenscript* stattfindet, kann die Druckerzuweisung von Ghostscript auf *nenscript* gesetzt sein, womit die Umgebungsvariablen NENSCRIPT und PRINTER überschrieben werden würden. So etwas kann auch merkwürdige Ergebnisse verursachen, wenn zum Beispiel einer der überschriebenen Parameter die anderen gesetzt läßt, so daß beispielsweise ein Filter ein bestimmtes Seitenlayout für einen Drucker vornimmt, der Ausdruck aber auf einen anderen Drucker geht.

Ältere PostScript-Drucker ignorieren teilweise ganz einfach normale ASCII-Dateien. Wenn ein Benutzer sich über verschwindende Ausgaben beklagt, kann es sein, daß die Datei nicht durch *nenscript* läuft, um in PostScript eingekapselt zu werden. Selten kann es auch vorkommen, daß *nenscript* zu dem Schluß kommt, daß es sich bereits um PostScript handelt und deswegen keine Änderungen vornimmt.

Ein Drucker, der mehrere Sprachen spricht und weiß, wann er zwischen den Modi (zum Beispiel zwischen PCL und normalem Text) umschalten muß, wirft möglicherweise die Seite trotzdem nicht aus, wenn eine Datei desselben Typs unmittelbar nach der vorhergehenden in die Warteschlange gestellt wird. Wenn dies passiert, können Sie erzwingen, daß der Filter einen Seitenvorschub schickt, bevor eine Datei des gleichen Typs kommt (siehe dazu den Beispielfilter im Abschnitt »Druckfilter« weiter vorn), mit dem Risiko, manchmal leere Seiten auszudrucken.

Die Adressierung paralleler Drucker kann verwirrend sein. Auf einem System mit XT Bus wird die erste parallele Schnittstelle als */dev/lp0* an der Adresse `0x3bc` angesprochen. Auf einem gewöhnlichen ISA-Rechner ist die erste parallele Schnittstelle */dev/lp1* an der Adresse `0x378`, was wiederum auf XT-Rechnern die zweite parallele Schnittstelle ist (und das Gerät */dev/lp1*). Die übliche zweite serielle Schnittstelle auf ISA-Systemen ist wie erwartet */dev/lp2* an der Adresse `0x278`. Es gibt jedoch einige ungewöhnliche Kombinationen wie beispielsweise Systeme mit drei parallelen Schnittstellen (wenn diese korrekt installiert sind, werden die Schnittstellen als

/dev/lp0, */dev/lp1* und */dev/lp2* angesprochen). Auch die IRQ-Zuweisungen können ungewöhnlich sein und Probleme mit sich bringen, wenn Sie Interrupt-gesteuertes Drucken einstellen wollen.

Wenn sonst gar nichts hilft, überprüfen Sie noch einmal die initiale Installation, überprüfen Sie, ob die Hardware auch wirklich korrekt angeschlossen ist, überprüfen Sie die Hardware von DOS aus, überprüfen Sie die Geräte als Benutzer *root* usw.

Die Terminaleinstellungen

setterm ist ein Programm, mit dem verschiedene Eigenschaften des Terminals eingestellt werden (zum Beispiel für jede virtuelle Konsole). Dazu gehören die Wiederholungsrate der Tastatur, die Schrittweite der TAB-Taste, die Farben usw.

Die meisten Leute stellen mit diesem Befehl für jedes virtuelle Terminal andere Farben ein. Auf diese Weise läßt sich anhand der Farbe feststellen, auf welche Konsole man gerade blickt.

Wenn Sie zum Beispiel das gerade aktive Terminal auf weißen Text vor blauem Hintergrund einstellen möchten, geben Sie ein:

```
$ setterm -foreground white -background blue
```

Verschiedene Programme und Aktionen haben zur Folge, daß die Terminaleigenschaften auf ihre ursprünglichen Werte zurückgesetzt werden. Mit dem Befehl:

```
$ setterm -store
```

können Sie die aktuellen Einstellungen dauerhaft sichern.

setterm (1)

setterm bietet eine ganze Reihe von Optionen (von denen Sie die meisten wahrscheinlich niemals benutzen werden). Lesen Sie die Man-Page zu *setterm* oder geben Sie *setterm -help* ein, wenn Sie mehr erfahren möchten.

Die Rettung in der Not

Es ist gar nicht schwierig, als *root* unversehens einen Fehler zu machen, der auf Ihrem System zu einem ernsten Problem werden kann – etwa in der Form, daß Sie sich nicht mehr einloggen können oder daß wichtige Dateien verlorengehen. Dies gilt insbesondere für Neulinge auf dem Gebiet der Systemverwaltung, die gerade anfangen, ihr System zu erkunden. Fast alle neuen Systemverwalter lernen ihre Lektionen »auf die harte Tour«, indem sie gezwungen sind, sich aus einer wirklichen Notlage zu befreien. In diesem Abschnitt geben wir Ihnen einige Tips dazu, was Sie tun können, wenn das Unvermeidliche eintritt.

Sie sollten sich immer der Möglichkeiten bewußt sein, mit vorbeugenden Maßnahmen die Auswirkungen solcher Notlagen zu mindern. Erstellen Sie zum Beispiel Backups aller wichtigen Systemdateien – wenn nicht sogar des ganzen Systems. Falls Sie eine Distribution auf CD-ROM benutzen, haben Sie bereits ein erstklassiges Backup der meisten Dateien (solange Sie noch in der Lage sind, auf die CD-ROM zuzugreifen, wenn es einmal eng wird – mehr dazu weiter unten). Datensicherungen sind unentbehrlich, wenn es darum geht, bestimmte Probleme zu lösen; lassen Sie nicht zu, daß die wochenlange Arbeit zur Konfiguration Ihres Systems vergeblich war.

Sorgen Sie auch dafür, daß Sie Ihre Systemkonfiguration schriftlich festhalten – so zum Beispiel die Einträge in der Partitionstabelle, die Größe der Partitionen und ihr Typ, die Dateisysteme. Falls Sie irgendwann die Partitionstabelle zerstören, läßt sich der Schaden vielleicht einfach dadurch beheben, daß Sie *fdisk* noch einmal aufrufen; aber das funktioniert natürlich nur, wenn Sie noch wissen, wie die Partitionstabelle vorher ausgesehen hat. (Eine wahre Geschichte: Dem Schreiber passierte das einmal, als er mit einer leeren Diskette bootete und *nicht* wußte, wie die Partitionstabelle ausgesehen hatte. Muß ich erwähnen, daß ich eine ganze Weile raten mußte, bevor ich die Partitionstabelle wieder in den alten Zustand versetzt hatte?)

Natürlich brauchen Sie im Notfall eine Möglichkeit, entweder das System zu booten und auf Ihre Dateien zuzugreifen oder eine Datensicherung zurückzuspielen. Am besten benutzen Sie dafür eine »Rettungsdiskette« oder »Root-Diskette«. Eine solche Diskette enthält ein kleines Root-Dateisystem sowie die Mindestausstattung, um ein Linux-System komplett von der Diskette aus zu betreiben – also die unbedingt notwendigen Befehle und Systemdateien zusammen mit einigen Tools, die bei der Behebung von Problemen nützlich sind. Sie können solch eine Rettungsdiskette benutzen, indem Sie zunächst einen Kernel von einer anderen Diskette booten (wie wir das im Abschnitt »Von einer Diskette booten« in Kapitel 5, *Grundlagen der Systemverwaltung*, besprochen haben) und dann dem Kernel mitteilen, daß er die Rettungsdiskette als Root-Dateisystem benutzen soll.

Kapitel 5

Die meisten Linux-Distributionen enthalten ein solches Gespann aus Boot- und Root-Diskette als Original-Installationsdisketten. Darauf befindet sich in der Regel ein kleines Linux-System, das komplett von der Diskette aus laufen kann und mit dem sowohl Software installiert als auch die grundlegende Systemverwaltung erledigt werden kann. Einige Systeme enthalten den Kernel und das Root-Dateisystem auf einer einzigen Diskette, aber dabei bleibt auf dieser Rettungsdiskette nur noch sehr wenig Platz für andere Dateien. Wie nützlich solche Disketten im Notfall als Werkzeug tatsächlich sind, hängt auch davon ab, ob sie die notwendigen Tools zur Behebung des Problems enthalten oder nicht (etwa *fsck*, *fdisk*, einen kleinen Editor wie *vi* usw.). Manche Distributionen bieten eine dermaßen aufwendige Installationsroutine, daß auf den Floppies nur wenig Raum für irgend etwas anderes bleibt.

Auf jeden Fall können Sie eine solche Root-Diskette selbst erstellen. Damit Sie das von Grund auf tun können, brauchen Sie genaue Kenntnisse dessen, was zum Booten und bei der Benutzung des Systems notwendig ist; Sie müssen ganz genau wissen, wo Sie sich beschränken müssen und was ausgelassen werden kann. So könnten Sie zum Beispiel die Startprogramme *init*, *getty* und *login* weglassen, wenn Sie wissen, wie Sie das System so einrichten, daß der Kernel auf einer Konsole eine Shell startet, statt die übliche Boot-Prozedur zu durchlaufen. (Eine Möglichkeit wäre es, */etc/init* als symbolischen Link auf */sbin/bash* einzurichten, und zwar im Dateisystem auf der Rettungsdiskette.)

Kapitel 6

Wir können hier nicht auf alle Details eingehen, aber der erste Schritt zur Erstellung einer Rettungsdiskette besteht darin, daß Sie mit *mkfs* auf einer Floppy ein Dateisystem einrichten (siehe auch den Abschnitt »Dateisysteme erzeugen« in Kapitel 6). Anschließend mounten Sie die Floppy und kopieren die benötigten Dateien dorthin; darunter die relevanten Dateien in */dev* (die meisten davon können Sie aus dem Verzeichnis */dev* im Root-Dateisystem der Festplatte übernehmen). Sie brauchen außerdem eine Boot-Diskette, die nur einen Kernel enthält. In diesem Kernel sollte Root mittels *rdev* auf */dev/fd0* gesetzt sein. Sie müssen außerdem entscheiden, ob Sie das Root-Dateisystem von der Floppy in eine RAM-Disk laden wollen (auch dies können Sie mittels *rdev* einstellen). Wenn Sie mehr als vier MB an RAM haben, ist das sicherlich eine gute Idee, weil Sie damit das Diskettenlaufwerk freimachen, um darin zum Beispiel eine andere Diskette mit weiteren Tools unterzubringen. Falls Sie zwei Diskettenlaufwerke haben, ist dies auch ohne die RAM-Disk möglich.

Auf jeden Fall sollten Sie mit den Installationsdisketten beginnen. Wenn diese Disketten nicht alle Tools enthalten, die Sie brauchen, richten Sie auf einer weiteren Diskette ein Dateisystem ein und kopieren Sie die fehlenden Programme dorthin. Wenn Sie dann das Root-Dateisystem von der Floppy in eine RAM-Disk laden oder ein zweites Diskettenlaufwerk benutzen, können Sie diese andere Diskette mounten, um auf die benötigten Tools zuzugreifen.

Welche Tools brauchen Sie? In den folgenden Abschnitten werden wir einige häufige Notfälle sowie Möglichkeiten der Schadensbehebung besprechen – das soll Ihnen als Anhaltspunkt dafür dienen, welche Programme Sie in verschiedenen Situationen benötigen.

Dateisysteme reparieren

Kapitel 6

Wir haben bereits im Abschnitt »Dateisysteme prüfen und reparieren« in Kapitel 6 besprochen, daß mit *fsck* verschiedene Schäden an Dateisystemen behoben werden können. Da die meisten dieser Beschädigungen relativ klein sind, lassen sie sich beheben, indem Sie das System in der üblichen Weise starten und dann *fsck* von der Festplatte aus aufrufen. Allerdings ist es in der Regel besser, das Root-Dateisystem zu prüfen und zu reparieren, während es nicht aufgesetzt ist. In diesem Fall ist es einfacher, *fsck* von der Rettungsdiskette aus aufzurufen.

Es spielt keine Rolle, ob Sie *fsck* von der Festplatte oder einer Diskette aus starten; die Syntax entspricht auf jeden Fall der, die wir weiter oben in diesem Kapitel beschrieben haben. Denken Sie aber daran, daß *fsck* meistens ein Front-End für Programme wie *fsck.ext2* ist. Auf manchen Systemen müssen Sie (für das »Second Extended«-Dateisystem) auch *e2fsck* aufrufen.

Ein Dateisystem kann so beschädigt werden, daß es sich nicht mehr aufsetzen läßt. Das passiert in der Regel dann, wenn der *Superblock* des Dateisystems beschädigt wird, in dem Informationen zum Dateisystem als Ganzem gespeichert sind. Wenn der Superblock zerstört ist, kann das System überhaupt nicht mehr auf das Dateisystem zugreifen, und jeder Mount-Versuch wird scheitern (wahrscheinlich mit einer Fehlermeldung wie: »can't read superblock«).

Wegen der herausragenden Bedeutung des Superblocks legt das System innerhalb des Dateisystems in bestimmten Intervallen Sicherungskopien dieser Blöcke an. Dateisysteme vom Typ Second Extended sind in »Blockgruppen« zusammengefaßt, wobei die voreingestellte Größe einer Gruppe 8192 Blöcke ist. Deshalb finden Sie die Sicherungskopien des Superblocks an den Block-Offsets 8193, 16.385 (also 8192 2 + 1), 24.577 usw. Wenn Sie das *ext2*-Dateisystem benutzen, sollten Sie mit dem Befehl:

```
dumpe2fs Gerät | more
```

bestätigen, daß das Dateisystem Gruppen zu 8192 Blöcken benutzt. (Dies funktioniert natürlich nur, wenn der Master-Superblock unbeschädigt ist.) Dieser Befehl zeigt eine ganze Menge an Informationen über das Dateisystem an, und Sie sollten etwa folgendes sehen:

```
Blocks per group:          8192
```

Falls ein anderes Offset angezeigt wird, können Sie daraus, wie weiter oben gezeigt, die Lage der Superblockkopien errechnen.

Wenn Sie ein Dateisystem aufgrund von Problemen mit dem Superblock nicht aufsetzen können, ist die Wahrscheinlichkeit groß, daß auch *fsck* oder *e2fsck* nicht funktionieren. Sie können *e2fsck* anweisen, eine der Kopien des Superblocks für die Reparatur zu benutzen, indem Sie eingeben:

```
e2fsck -f -b Offset Gerät
```

Dabei ist *Offset* der Block-Offset für eine der Kopien des Superblocks; meistens ist das 8193. Mit dem Schalter *-f* erzwingen Sie die Prüfung des Dateisystems; wenn Sie Kopien des Superblocks benutzen, könnte das Dateisystem »sauber« erscheinen, so daß keine Prüfung stattfindet. Mit dem Schalter *-f* findet die Prüfung auf jeden Fall statt. Wenn Sie zum Beispiel das Dateisystem auf */dev/hda2* reparieren möchten, dessen Superblock beschädigt ist, geben Sie ein:

```
e2fsck -f -b 8193 /dev/hda2
```

Die Kopien des Superblocks können den Tag retten!

Sie können die hier gezeigten Befehle von einer Rettungsdiskette aus aufrufen und sind anschließend hoffentlich wieder in der Lage, Ihre Dateisysteme aufzusetzen.

Auf beschädigte Dateien zugreifen

Kapitel 6

Wenn Sie von einer Rettungsdiskette booten, müssen Sie vielleicht auf Dateien zugreifen, die in einem Dateisystem auf der Festplatte stehen. Benutzen Sie dazu einfach den Befehl *mount*, wie wir das im Abschnitt »Dateisysteme aufsetzen« in Kapitel 6 beschrieben haben, und setzen Sie die Festplattendateisysteme zum Beispiel auf das Verzeichnis */mnt* auf. (Dieses Verzeichnis muß im Root-Dateisystem auf der Rettungsdiskette vorhanden sein.) Mit dem Befehl:

```
mount -t ext2 /dev/hda2 /mnt
```

schaffen Sie die Möglichkeit, im Verzeichnis */mnt* auf die Dateien zuzugreifen, die im »Second Extended«-Dateisystem auf */dev/hda2* stehen. Sie können direkt auf die Dateien zugreifen und sogar Programme ausführen, die in den Dateisystemen der Festplatte vorhanden sind. Wenn Sie zum Beispiel den Editor *vi* auf der Festplatte aufrufen wollen, der normalerweise in */usr/bin/vi* steht, geben Sie ein:

```
/mnt/usr/bin/vi dateiname
```

Sie können sogar Unterverzeichnisse von */mnt* in den Suchpfad aufnehmen, um dies weiter zu vereinfachen.

Setzen Sie auf jeden Fall die Festplattendateisysteme wieder ab, bevor Sie das System erneut booten. Falls Ihre Rettungsdisketten das System nicht ordungsgemäß herunterfahren können, sollten Sie die Dateisysteme mit *umount* von Hand absetzen.

Ein Problem, das sich auf diese Weise leicht beheben läßt, ist ein vergessenes *root*-Paßwort oder eine zerstörte */etc/passwd*-Datei. In beiden Fällen können Sie sich eventuell nicht mehr in das System einloggen oder sich mittels *su* zu *root* machen. Um dieses Problem zu beheben, booten Sie mit den Rettungsdisketten, mounten Sie das Root-Dateisystem unter */mnt*, und editieren Sie dann */mnt/etc/passwd*. (Vielleicht ist es eine gute Idee, irgendwo eine Sicherungskopie dieser Datei aufzuheben, für den Fall, daß sie einmal versehentlich gelöscht wird.) Wenn Sie zum Beispiel das alte *root*-Paßwort löschen wollen, ändern Sie den *root*-Eintrag auf:

```
root::0:0:Die Wurzel allen Uebels:/:/bin/bash
```

Damit gibt es kein Paßwort mehr für *root*; Sie können das System von der Festplatte neu booten und mit dem Befehl *passwd* ein neues Paßwort setzen.

Ein anderes häufiges Problem sind falsche Links auf die Shared Libraries des Systems. Die Abbilder der Shared Libraries in */lib* werden meist über symbolische Links wie */lib/libc.so.5* angesprochen, die auf die eigentliche Bibliothek */lib/libc.so.*

`version` verweisen. Falls dieser Link entfernt wird oder einen falschen Verweis enthält, werden viele Befehle auf dem System nicht funktionieren. Sie können dieses Problem beheben, indem Sie die Festplattendateisysteme mounten und die Libraries zum Beispiel mit folgendem Befehl erneut linken:

```
cd /mnt/lib; ln -sf libc.so.5.4.23 libc.so.5
```

Damit bewirken Sie, daß *libc.so.5* auf *libc.so.5.4.23* verweist. Denken Sie daran, daß symbolische Links den Pfad benutzen, der auf der Befehlszeile mit *ln* übergeben wird. Aus diesem Grund würde der Befehl:

```
ln -sf /mnt/lib/libc.so.5.4.23 /mnt/lib/libc.so.5
```

nicht das tun, was Sie erreichen möchten; *libc.so.5* würde auf */mnt/lib/libc.so.5.4.23* verweisen. Wenn Sie anschließend von der Festplatte booten, kann auf */mnt/lib* nicht zugegriffen werden, und die Bibliothek wird nicht gefunden. Der erste Befehl funktioniert, weil der symbolische Link auf eine Datei im selben Verzeichnis zeigt.

Dateien aus einem Backup einspielen

Wenn Sie wichtige Systemdateien gelöscht haben, kann es notwendig sein, Backup-Dateien einzuspielen, nachdem Sie von einer Rettungsdiskette gebootet haben. Deshalb ist es wichtig, daß Sie auf der Rettungsdiskette die notwendigen Tools zum Einspielen von Backups vorfinden – dazu gehören Programme wie *tar* und *gzip* sowie die Treiber für Ihr Backup-Medium. Wenn Sie Ihre Datensicherungen zum Beispiel auf einem Floppystreamer erstellen, sollten auf jeden Fall *ftape* und der Befehl *insmod* auf der Rettungsdiskette enthalten sein. Im Abschnitt »Ladbare Gerätetreiber« in Kapitel 7 finden Sie mehr zu diesem Thema.

Kapitel 7

Zum Einspielen von Backups in Ihre Festplattendateisysteme müssen Sie nur diese Dateisysteme mounten (wie wir das oben beschrieben haben) und die Inhalte der Archive in diese Dateisysteme entpacken (zum Beispiel indem Sie die entsprechenden Befehle *tar* und *gzip* ausführen; siehe auch den Abschnitt »Backups erstellen«). Denken Sie daran, daß beim Einspielen eines Backups bereits vorhandene Systemdateien überschrieben werden. Vergewissern Sie sich, daß Sie korrekt vorgehen und die Situation nicht noch verschlimmern. Die meisten Archivierungsprogramme erlauben es, einzelne Dateien aus einem Archiv zu extrahieren.

Für den Fall, daß Sie Ihre Original-CD-ROM als Backup-Medium benutzen möchten, müssen Sie natürlich dafür sorgen, daß der Kernel auf Ihren Rettungsdisketten die Treiber für den Zugriff auf das CD-ROM-Laufwerk enthält. Dann können Sie die CD-ROM mounten (denken Sie an die Flags *-r -t iso9660* für den Befehl *mount*) und Dateien von dort kopieren.

Die Dateisysteme auf Ihren Rettungsdisketten sollten auch wichtige Systemdateien enthalten; falls Sie solche Dateien in Ihrem System gelöscht haben, können Sie die verlorengegangenen Daten ohne Probleme von der Rettungsdiskette wieder auf die Festplatte kopieren.

KAPITEL 9

EDITOREN, TEXTWERKZEUGE, DRUCKEN

In diesem Kapitel werden wir eine Reihe von weitverbreiteten Anwendungen für Linux vorstellen. Wir beginnen mit der Bearbeitung von Texten, die zu fast jeder Nutzung des Systems gehört. (Sie brauchen einen Editor, wenn Sie eine Datei von nicht-trivialer Größe erstellen; sei es ein zu kompilierendes Programm, eine Konfigurationsdatei für das System oder eine E-Mail-Nachricht an einen Freund.) Anhand eines Beispiels besprechen wir mehrere Textformatierer, mit denen Sie attraktive Dokumente erstellen können.

Dateien editieren mit vi

In diesem Abschnitt werden wir die Textbearbeitung mit *vi* besprechen. *vi* war der erste vollwertige Editor für UNIX-Syteme, der den ganzen Bildschirm nutzte. Er ist einfach, klein und pfiffig. Für Systemverwalter ist es fast ein Muß, den *vi* kennenzulernen – oft werden Sie in Notfällen keinen großen Editor wie Emacs zur Verfügung haben (zum Beispiel wenn Sie Linux von einer Rettungsdiskette booten).

vi folgt derselben Philosophie wie viele andere UNIX-Anwendungen auch – nämlich daß jedes Programm eine bestimmte, überschaubare Funktion erfüllen und daß es mit anderen Programmen zusammenarbeiten soll. So verfügt *vi* zum Beispiel nicht über eine eigene Rechtschreibprüfung oder eine Funktion zum Formatieren von Absätzen, aber diese Aufgaben werden von anderen Programmen erledigt, die sich mühelos aus dem *vi* heraus aufrufen lassen. Der *vi* selbst ist also in gewisser Weise eingeschränkt, aber er kann mit anderen Anwendungen so zusammenarbeiten, daß Ihnen praktisch alle gewünschten Funktionen zur Verfügung stehen.

Wahrscheinlich kommt Ihnen *vi* zunächst ziemlich komplex und unhandlich vor. Trotzdem sind seine einbuchstabigen Befehle sehr schnell und mächtig, sobald Sie sie einmal gelernt haben. Im Anschluß an den *vi* werden wir Emacs beschreiben, einen wesentlich flexibleren Editor, der einfacher zu lernen ist. Denken Sie aber stets daran, daß Sie vielleicht einmal auf Ihre *vi*-Kenntnisse angewiesen sind, wenn Emacs nicht zur Verfügung steht; wir empfehlen deshalb, daß Sie auf jeden Fall einige *vi*-Grundlagen lernen, auch wenn Ihnen das seltsam erscheint.

vi aufrufen

Lassen Sie uns *vi* starten und eine Datei editieren. Die Syntax ist:

```
vi Dateiname
```

Mit:

```
eggplant$ vi test
```

editieren Sie die Datei *test*. Der Bildschirm sollte etwa so aussehen:

```
_
~
~
~
~
~
"test" [New file]
```

Die Spalte mit den ~-Zeichen weist darauf hin, daß Sie sich am Ende der Datei befinden.

Text einfügen und sich im Text bewegen

Während Sie mit *vi* arbeiten, befinden Sie sich immer in einem von drei Modi. Diese Modi sind der *Befehlsmodus* (*command mode*), der *Editiermodus* (*edit mode*) und der *Ex-Modus* (*extended mode*; erweiterter Modus).

Nach dem Start von *vi* befinden Sie sich im Befehlsmodus. Dieser Modus dient der Eingabe von (meist einbuchstabigen) Befehlen, mit denen Texte bearbeitet werden (wir kommen gleich darauf). Der Text selbst wird im Editiermodus eingegeben. Drücken Sie `i`, wenn Sie mit der Eingabe des Textes beginnen möchten (mit `i` gelangen Sie in den Editiermodus).

```
Ganz Gallien ist in drei Teile aufgeteilt_
~
~
~
~
~
```

Sie können so viele Textzeilen eingeben, wie Sie möchten (mit einem Return am Ende jeder Zeile), und mit der Backspace-Taste Tippfehler korrigieren. Drücken Sie die Escape-Taste, wenn Sie aus dem Editiermodus in den Befehlsmodus zurückkehren wollen.

Im Befehlsmodus können Sie entweder die Pfeiltasten oder die Tasten `h`, `j`, `k` und `l` benutzen, um den Cursor im Text nach links, unten, oben bzw. rechts zu bewegen.

Außer dem Befehl `i` gibt es mehrere andere Möglichkeiten, Text einzufügen. Der Befehl `a` (für »append«; anhängen) fügt Text hinter der aktuellen Cursorposition ein. Ein Beispiel: Benutzen Sie den Pfeil-nach-links, um den Cursor zwischen »drei« und »Teile« zu bewegen:

```
Ganz Gallien ist in drei_Teile aufgeteilt.
~
~
~
~
~
```

Drücken Sie jetzt `i`, tippen Sie `zehn`, und kehren Sie dann mit der Esc-Taste in den Befehlsmodus zurück:

```
Ganz Gallien ist in dreizehn Teile aufgeteilt.
~
~
~
~
~
```

Wenn Sie unter der aktuellen Zeile eine Leerzeile einfügen und dort Text eingeben möchten, benutzen Sie den Befehl `o`. Drücken Sie `o`, und geben Sie eine oder zwei Textzeilen ein:

```
Ganz Gallien ist in dreizehn Teile aufgeteilt.
Diese sind bekannt für Baguette und Wein.
~
~
~
~
```

Denken Sie daran, daß Sie sich zu jeder Zeit entweder im Befehlsmodus (wo Befehle wie `i`, `a` und `o` wirksam sind) oder im Editiermodus befinden (wo Sie Text eingeben und anschließend mit ESC wieder in den Befehlsmodus gehen). Falls Sie einmal nicht sicher sind, in welchem Modus Sie sich befinden, drücken Sie einfach die Esc-Taste. Sie verlassen damit den Editiermodus, falls Sie vorher dort waren, und bewirken gar nichts, falls Sie bereits im Befehlsmodus sind.

Text löschen und Änderungen rückgängig machen

Im Befehlsmodus löscht der Befehl x das Zeichen unter dem Cursor. Wenn Sie x fünfmal drücken, erhalten Sie:

```
Ganz Gallien ist in dreizehn Teile aufgeteilt.
Diese sind bekannt für Baguette und_
~
~
~
~
```

Drücken Sie jetzt a, geben Sie neuen Text ein, und schließen Sie mit Esc ab:

```
Ganz Gallien ist in dreizehn Teile aufgeteilt.
Diese sind bekannt für Baguette und anishaltigen Schnaps.
~
~
~
~
```

Sie können mit dem Befehl dd ganze Zeilen löschen (also d zweimal direkt hintereinander). Wenn Ihr Cursor in der zweiten Zeile steht, erhalten Sie mit dd:

```
Ganz Gallien ist in dreizehn Teile aufgeteilt.
~
~
~
~
~
```

Gelöschter Text kann mit dem Befehl p wieder eingefügt werden (für »put«; etwa: einfügen). Wenn Sie jetzt p drücken, wird die gelöschte Zeile wieder in den Textpuffer eingefügt, und zwar hinter der aktuellen Zeile. Mit einem P (großes P) wird die gelöschte Zeile statt dessen vor der aktuellen Zeile eingefügt. Als Voreinstellung benutzen p und P zum Einfügen den »undo buffer« (Puffer, um Befehle rückgängig zu machen). Wir werden weiter unten noch sehen, daß Sie zum Löschen und Wiedereinfügen auch andere Puffer benutzen können.

Der Befehl u macht die letzte Änderung rückgängig (in diesem Fall bewirkt ein u nach einem dd dasselbe wie ein p). Wenn Sie nach dem Befehl i eine größere Menge Text eingegeben haben, wird der gesamte neue Text wieder gelöscht, wenn Sie gleich nach der Texteingabe in den Befehlsmodus gehen und u drücken.

Mit dem Befehl dw löschen Sie das Wort, das sich unter dem Cursor befindet. Stellen Sie den Cursor auf das Wort »anishaltigen« und drücken Sie dw.

```
Ganz Gallien ist in dreizehn Teile aufgeteilt.
Diese sind bekannt für Baguette und Schnaps.
~
~
~
~
```

Text bearbeiten

Sie können mit dem Befehl `R` den Text ab der Cursorposition überschreiben. Stellen Sie den Cursor auf den ersten Buchstaben in »Baguette«, drücken Sie `R`, und geben Sie ein:

```
Ganz Gallien ist in dreizehn Teile aufgeteilt.
Diese sind bekannt für Käse und Knoblauch.
~
~
~
~
```

Der Befehl `r` ersetzt ein einzelnes Zeichen unter dem Cursor. Dabei landen Sie nicht automatisch im Editiermodus, so daß Sie anschließend auch nicht mit Esc in den Befehlsmodus zurückkehren müssen.

Der Befehl ~ schaltet für das Zeichen unter dem Cursor zwischen Groß- und Kleinschreibung um. Wenn Sie den Cursor auf das »a« in »Ganz« stellen und einige Male die ~ drücken, erhalten Sie:

```
GANZ GALLIEN IST IN DREIZEHN TEILE AUFGETEILT.
Diese sind bekannt für Käse und Knoblauch.
~
~
~
~
```

Den Cursor durch den Text bewegen

Sie wissen bereits, wie Sie sich mit den Cursortasten im Text umherbewegen. Außerdem können Sie mit dem Befehl `w` an den Anfang des nächsten Wortes springen; mit `b` gelangen Sie zum Anfang des Wortes, auf dem der Cursor steht. Der Befehl `0` (eine Null) bringt den Cursor an den Anfang der aktuellen Zeile, und mit `$` bewegen Sie den Cursor an das Zeilenende.

Wenn Sie große Dateien bearbeiten, werden Sie auch bildschirmweise vorwärts oder rückwärts durch den Text blättern wollen. Drücken Sie dazu Ctrl-f (vorwärts) und Ctrl-b (rückwärts).

Drücken Sie `G`, um den Cursor an das Ende der Datei zu bringen. Sie können auch zu einer beliebigen Zeile springen: Der Befehl `10G` würde den Cursor in der zehnten Zeile des Textes plazieren. Benutzen Sie `1G`, um an den Anfang der Datei zu springen.

Wenn Sie einen `/`, gefolgt von einem Suchmuster und Return eingeben, springt der Cursor vorwärts bis zum ersten Auftauchen dieses Musters im Text. Gehen Sie in unserem Beispiel mit dem Cursor in die erste Textzeile, und geben Sie `/Käs` und Return ein; der Cursor springt auf den Anfang von »Käse«. Mit einem `?` statt des `/` wird die Datei rückwärts durchsucht.

ed (1)

Das Suchmuster hinter den Befehlen `/` und `?` ist in Wirklichkeit ein regulärer Ausdruck (regular expression). Reguläre Ausdrücke bieten umfangreiche Möglichkeiten, die Muster für das Suchen-und-Ersetzen zu definieren, und viele UNIX-Utilities nutzen diese Ausdrücke. (Die Manual-Page zu *ed* beschreibt reguläre Ausdrücke im Detail.) Mit Hilfe eines regulären Ausdrucks könnten Sie zum Beispiel nach dem nächsten Großbuchstaben suchen, indem Sie folgendes eingeben:

```
/[A-Z]
```

Wenn es also nicht eine bestimmte Zeichenfolge ist, die Sie finden möchten, können Sie mit regulären Ausdrücken genau das definieren, wonach Sie suchen.

Sie können Befehle zur Bewegung des Cursors mit anderen Befehlen, etwa zum Löschen, zusammen aufrufen. Mit `d$` zum Beispiel löschen Sie alles ab der Cursorposition bis zum Ende der Zeile; mit `dG` wird alles vom Cursor bis zum Ende der Datei gelöscht.

Datei speichern und vi verlassen

Die meisten der Befehle, die mit der Handhabung von Dateien zu tun haben, werden aus dem *Ex-Modus* (erweiterter Modus) des *vi* heraus aufgerufen. Sie gelangen in den erweiterten Modus, indem Sie im Befehlsmodus einen `:` eingeben. Dabei springt der Cursor in die letzte Bildschirmzeile, wo Sie weitere Befehle eingeben können.

Wenn Sie zum Beispiel die editierte Datei abspeichern möchten, geben Sie `:w` ein. Der Doppelpunkt bringt Sie in den Ex-Modus, und das `w` mit anschließendem Enter schreibt die Datei. Mit `:wq` speichern Sie die Datei und verlassen zusätzlich *vi*. (Der Befehl `ZZ` – im Befehlsmodus, ohne den »`:`« – hat denselben Effekt wie `:wq`.)

Wenn Sie *vi* verlassen möchten, ohne Änderungen zu speichern, geben Sie `:q!` ein. Mit `:q` allein können Sie *vi* nur beenden, wenn alle Änderungen zuvor gespeichert worden sind. Das `!` in `:q!` bedeutet, daß Sie *vi* beenden möchten und daß es Ihnen damit ernst ist.

Eine andere Datei editieren

Wenn Sie eine andere Datei bearbeiten möchten, geben Sie den Befehl `:e` ein. Ein Beispiel: Falls Sie nicht mehr die Datei *test* sondern statt dessen *foo* editieren möchten, geben Sie ein:

```
GANZ GALLIEN IST IN DREIZEHN TEILE AUFGETEILT.
Diese sind bekannt für Käse und Knoblauch.
~
~
~
~
:e foo _
```

Falls Sie `:e` aufrufen, ohne die Datei zuerst wegzuschreiben, erhalten Sie die Fehlermeldung:

```
No write since last change (:edit! overrides)
```

An dieser Stelle können Sie entweder mit `:w` die erste Datei abspeichern und dann `:e` aufrufen, oder Sie geben statt dessen `:e! foo` ein, um *vi* mitzuteilen, daß er die zweite Datei öffnen soll, ohne daß Änderungen an der ersten Datei geschrieben werden.

Andere Dateien einfügen

Mit dem Befehl `:r` lesen Sie den Inhalt einer anderen Datei in den Textpuffer von *vi* ein. Der Befehl:

```
:r foo.txt
```

würde den Inhalt der Datei *foo.txt* nach der aktuellen Zeile einfügen.

Shell-Befehle aufrufen

Der Befehl `:!` ermöglicht den Aufruf eines Shell-Befehls, der aus dem *vi* heraus ausgeführt wird. Mit dem Befehl:

```
:! ls -F
```

zum Beispiel rufen Sie den Befehl *ls* auf und bekommen dessen Ausgabe auf dem Bildschirm angezeigt.

Der Befehl `:r!` funktioniert so ähnlich wie `:!`, aber die Standardausgabe des Befehls wird in den Textpuffer eingefügt. Mit dem Befehl:

```
:r! ls -F
```

erhalten Sie die folgende Ausgabe.

```
GANZ GALLIEN IST IN DREIZEHN TEILE AUFGETEILT.
Diese sind bekannt für Käse und Knoblauch.
briefe/
diverse/
artikel/
~
```

Falls Sie allerdings mehrere Shell-Befehle aufrufen möchten, ist es oft einfacher, den Unterbrechungscode (normalerweise Ctrl-z) zu benutzen. Voraussetzung dafür ist, daß Sie mit einer Shell wie *tcsh* oder *bash* arbeiten, die die Jobkontrolle unterstützt.

Globales Suchen und Ersetzen

vi bietet weitaus mehr Möglichkeiten, als wir hier beschreiben können; viele davon entstehen aus einer Kombination der einfachen Befehle, die wir bereits vorgestellt haben. Wir wollen hier noch einen oder zwei weitere Tricks zeigen, die die meisten Benutzer von *vi* gebrauchen können.

Mit dem Befehl:

```
:[x,y]s/Muster/Ersetzung/schalter
```

sucht *vi* im Textpuffer zwischen den Zeilen *x* und *y* nach allen Vorkommen von *Muster*, um sie durch den String *Ersetzung* zu ersetzen. *Muster* ist ein regulärer Ausdruck; *Ersetzung* ist eine exakte Zeichenfolge, die aber bestimmte Sonderzeichen enthalten kann, welche sich auf Teile von *Muster* beziehen. Der folgende Befehl ersetzt in den Zeilen 1 bis 10 einschließlich alle Vorkommen von `wischel` durch `wuschel`:

```
:1,10s/wischel/wuschel/
```

Statt die Zeilen anzugeben, können Sie auch mit dem `%` die ganze Datei spezifizieren. Es gibt weitere Sonderzeichen, die Sie statt *x* und *y* benutzen können. Mit `$` bezeichnen Sie die letzte Zeile der Datei. Wenn Sie entweder *x* oder *y* auslassen, wird dafür die aktuelle Zeile angenommen.

Zu den Flags, die Sie benutzen können, gehören `g`, mit dem Sie alle Vorkommen von *Muster* in einer Zeile ersetzen, sowie `c`, mit dem Sie jede einzelne Ersetzung bestätigen müssen. In den meisten Fällen werden Sie wahrscheinlich das `g`-Flag benutzen – es sei denn, Sie möchten in jeder Zeile nur das erste vorkommende *Muster* ersetzen.

Sie haben auch die Möglichkeit, *Markierungen* (marks) zu setzen. Markierungen sind einbuchstabige Namen, die innerhalb einer Datei an einer bestimmten Cursorposition vergeben werden. Sie setzen eine solche Markierung, indem Sie den Cursor an die betreffende Stelle bewegen und dann zum Beispiel `ma` eingeben. (Die

Markierungen können mit den Buchstaben `a-z` oder `A-Z` benannt werden.) Sie bewegen den Cursor direkt auf die Markierung `a`, indem Sie `` `a `` eingeben (rückwärts gewandte Anführung). Mit der Anführung vorwärts (wie in `´a`) bewegen Sie den Cursor auf den Anfang der Zeile, in der die Markierung a steht.

Mit Hilfe der Markierungen können Sie sich Cursorpositionen »merken«, um ganze Textbereiche zu bezeichnen. Ein Beispiel: Wenn Sie in einem Textblock suchen und ersetzen wollen, bewegen Sie zunächst den Cursor an den Blockanfang, setzen dort eine Markierung, bewegen dann den Cursor zum Blockende und geben folgenden Befehl ein:

```
:´a,.s/wischel/wuschel/
```

Dabei steht `´a` für die Zeile, die die Markierung `a` enthält, und `.` bezeichnet die aktuelle Zeile.

Text verschieben, Register

Eine Möglichkeit, Text zu kopieren und zu verschieben haben wir bereits weiter oben beschrieben: Löschen Sie den Text (mit den Befehlen `d` oder `dd`), und fügen Sie ihn mit dem Befehl `P` wieder ein. Nehmen wir an, daß Sie ab der Zeile, in der der Cursor steht, zehn Zeilen löschen möchten, um diesen Textblock an anderer Stelle einzufügen. Geben Sie dazu den Befehl `10dd` ein (um zehn Zeilen zu löschen), bewegen Sie den Cursor an die neue Textposition, und geben Sie `p` ein. Eine andere Möglichkeit ist folgende: Sie geben `10dd` und, an derselben Cursorposition, `P` ein, um den Text zu löschen und sofort wieder zu restaurieren. Anschließend können Sie diesen Text auch an anderen Stellen einfügen, indem Sie wiederholt den Cursor an die jeweilige Zielposition bewegen und dort `p` eingeben.

Ähnlich wie `dd` funktioniert der Befehl `yy`, mit dem Sie Text kopieren, ohne ihn zu löschen. Auch mit `yy` kopierte Texte werden mit `p` wieder eingefügt. Die Befehle zum Löschen und Kopieren können nicht nur auf Zeilen angewendet werden. Erinnern Sie sich daran, daß der Befehl `d` die Löschungen mittels eines Cursorbefehls vornimmt; zum Beispiel löscht `d$` den Text von der Cursorposition bis zum Ende der Zeile. In ähnlicher Weise liest `y$` den Text vom Cursor bis zum Zeilenende in den Kopierpuffer ein.

Nehmen wir an, daß Sie einen ganzen Textbereich kopieren (oder löschen) möchten. Auch dafür können Sie Markierungen benutzen. Bewegen Sie den Cursor auf den Anfang des zu kopierenden Textbereichs, und setzen Sie dort eine Markierung, etwa mit `ma`. Bewegen Sie dann den Cursor an das Ende des Textes, und geben Sie dort den Befehl `` y`a `` ein. Damit lesen Sie den Text von der Cursorposition bis zur Markierung a in den Kopierpuffer ein. (Erinnern Sie sich daran, daß der Befehl `` `a `` den Cursor zur Markierung `a` bewegt.) Wenn Sie statt `y` den Befehl `d` eingeben, wird der Textblock vom Cursor bis zur Markierung gelöscht.

Die einfachste Methode, innerhalb des *vi* Textblöcke auszuschneiden, zu kopieren und wieder einzufügen, ist die Benutzung von Registern. Ein Register ist einfach ein temporärer, mit einem Namen versehener Speicher für Texte, die Sie hin- und herkopieren, ausschneiden, wieder einfügen möchten usw.

Die Register erhalten einbuchstabige Namen; alle Zeichen von `a-z` oder `A-Z` sind möglich. Mit dem Befehl `"` (doppelte Anführung) sprechen Sie ein Register an; dahinter steht der Name des Registers, wie in `"a`, mit dem das Register `a` bezeichnet wird.

Wenn wir den Cursor in unserem Beispiel in die erste Zeile bewegen:

```
GANZ GALLIEN IST IN DREIZEHN TEILE AUFGETEILT.
Diese sind bekannt für Käse und Knoblauch.
~
~
~
~
```

und dann den Befehl `"ayy` eingeben, wird die aktuelle Zeile in das Register `a` eingelesen. Wir können den Cursor anschließend in die zweite Zeile bewegen und dort `"ap` eingeben, um den Text aus dem Register `a` hinter der aktuellen Zeile einzufügen:

```
GANZ GALLIEN IST IN DREIZEHN TEILE AUFGETEILT.
Diese sind bekannt für Käse und Knoblauch.
GANZ GALLIEN IST IN DREIZEHN TEILE AUFGETEILT.
~
~
~
```

In ähnlicher Weise wird mit dem Befehl `"ay`a` der Text von der Cursorposition bis zur Markierung `a` in das Register `a` eingelesen. Beachten Sie, daß Markierungs- und Registernamen nicht identisch sind!

Mit Hilfe der Register können Sie Text auch zwischen Dateien hin- und herbewegen. Kopieren Sie den Text einfach in ein Register, öffnen Sie mit `:e` eine neue Datei zum Editieren, und fügen Sie dort den Text aus dem Register ein.

vi erweitern

vi kann auf vielfache Weise erweitert werden. Die meisten der Befehle, die wir besprochen haben, lassen sich auf beliebige Textbereiche anwenden. Wir haben bereits gezeigt, daß Befehle wie `d` und `y` den Text von der Cursorposition aus mittels eines Befehls zur Cursorbewegung wie `$` oder `G` bearbeiten. (`dG` zum Beispiel löscht den Text vom Cursor bis zum Dateiende.) Viele andere Befehle benutzen bei der Bearbeitung von Texten die Cursorbefehle in ähnlicher Weise. Mit Hilfe der Markierungen können Sie beliebige Ausschnitte aus dem Text bearbeiten.

Wir haben bereits erwähnt, daß *vi* nur ein Texteditor ist; er verfügt nicht über solche Extras wie eine Rechtschreibprüfung, Hilfen bei der Kompilierung von Programmen und ähnliche Möglichkeiten. Allerdings kann *vi* andere Programme aufrufen, und mit Hilfe dieser Funktion sind Sie in der Lage, ihn zu erweitern. Der Befehl:

```
:x,y!Befehl
```

ruft den angegebenen `Befehl` auf und führt ihn mit dem Text aus den Zeilen `x` bis `y` als Standardeingabe aus; diese Zeilen werden durch die Standardausgabe des Befehls ersetzt. Wie beim Befehl `s` (suchen und ersetzen) können Sie auch hier andere Bereiche wie etwa `%` (die ganze Datei) und `$` (die letzte Zeile) statt der Zeilennummern angeben.

Kapitel 12

Ein Beispiel: Nehmen wir an, daß Sie alle Zeilen eines bestimmten Textbereichs als Zitat kennzeichnen möchten, indem Sie ein Größer-Zeichen (>) vor alle Zeilen schreiben. Eine Möglichkeit dazu ist es, ein kleines Shell- oder Perl-Skript zu schreiben, das die Zeilen einliest und mit vorangestelltem > wieder ausgibt (siehe auch Kapitel 12, *Programmiersprachen*). (Sie könnten aber auch einen *sed*-Befehl eingeben; hier gibt es einige Möglichkeiten.) Sie können dann von *vi* aus Textzeilen durch diesen Filter schicken, der die Zeilen innerhalb von *vi* durch den zitierten Text ersetzt. Wenn Sie das Skript zum Beispiel *quote* genannt haben, geben Sie einfach folgenden Befehl ein:

```
:`a,.!quote
```

Damit wird der Textblock zwischen der Cursorposition und der Markierung `a` als Zitat gekennzeichnet.

Machen Sie sich mit den verschiedenen erweiterten Befehlen (Ex-Befehlen) vertraut. Mit `:set` können Sie einige Optionen einstellen; mit `:set ai` zum Beispiel schalten Sie die automatische Einrückung von Text ein. (Mit `:set noai` schalten Sie diese Option wieder aus.)

Sie haben die Möglichkeit, Ex-Befehle (wie `:set`) beim Start von *vi* ausführen zu lassen, indem Sie diese Befehle in die Datei *.exrc* in Ihrem Home-Verzeichnis schreiben. (Mit der Environment-Variablen `EXINIT` läßt sich der Name dieser Datei ändern.) Sie könnten in Ihre `.exrc`-Datei zum Beispiel einfügen:

```
set ai
```

um die automatische Einrückung einzuschalten. In dieser Datei können Sie den : vor Befehlen auch weglassen.

[27]
Learning vi

Es gibt eine ganze Reihe guter Lehrbücher und Nachschlagewerke zu *vi* – sowohl online als auch gedruckt. Der Titel *Learning the vi editor* von Linda Lamb ist eine Fundgrube für weitere Informationen. Wenn Sie Zugang zum Internet haben, können Sie in den Archiven der News-Gruppe *comp.editors* zu *vi* eine Reihe von Lern- und Referenzdokumenten finden; außerdem gibt es dort einige interessante Tips und Tricks zu *vi*. Der Heimatrechner dieses Archivs ist **alf.uib.no:/pub/vi**; er wird sowohl auf **cs.uwp.edu** als auch auf anderen Rechnern gespiegelt.

Der Editor Emacs

Texteditoren gehören zu den wichtigsten Anwendungen in der UNIX-Welt. Sie werden so oft benutzt, daß einige Leute mehr Zeit mit einem Editor als sonstwo in ihrem System verbringen. Das gilt auch für Linux.

Die Entscheidung für einen Editor kann eine Glaubensfrage sein. Es gibt viele Editoren, aber die Benutzer von UNIX teilen sich in zwei große Gruppen auf: die Emacs-Fraktion und die Anhänger von *vi*. Anscheinend nimmt die Zahl der *vi*-Benutzer ab; vielleicht weil es ein etwas älterer Editor mit nicht gerade intuitiver Bedienung ist. Trotzdem kommen *vi*-Veteranen (und diejenigen, die im Zwei-Finger-Suchsystem tippen) damit viel besser zurecht als mit einem komplexen Editor wie Emacs.

Wenn *vi* im Spektrum der Texteditoren das eine Ende markiert, so bildet Emacs den Gegenpol am anderen Ende. Beide folgen unterschiedlichen Philosophien und haben andere Arbeitsweisen. Emacs ist das geistige Kind von Richard Stallman, dem Gründer der Free Software Foundation und Autor eines großen Teils der GNU-Software.

[26] Learning GNU Emacs

Emacs ist eine sehr umfangreiche Anwendung, die mehr Möglichkeiten bietet als jedes bekannte UNIX-Programm. Emacs enthält einen eigenen LISP-Interpreter, mit dessen Hilfe Sie Erweiterungen und Makros für den Editor schreiben können. (Viele der Emacs-Funktionen sind in Emacs LISP geschrieben.) Emacs enthält außerdem Erweiterungen für so verschiedene Dinge wie das Kompilieren und Debuggen von Programmen, die Handhabung von E-Mail sowie die Unterstützung des X Window System usw. Zu Emacs gehören außerdem ein Lernprogramm sowie die Dokumentation. Das Buch *Learning GNU Emacs* ist eine beliebte Einführung in diesen Editor.

Legen Sie los

Emacs wird einfach mit:

```
$ emacs dateiname
```

aufgerufen. Wenn Sie zum Beispiel den Befehl *emacs blah.txt* eingeben, sollten Sie etwa folgendes sehen:

```
█


-----Emacs: blah.txt (Fundamenatl)----All-------------------
```

Die Statuszeile am unteren Bildschirmrand zeigt sowohl den Dateinamen als auch den Typ des Puffers an, in dem Sie sich befinden (in diesem Fall `Fundamental`). Emacs kennt viele verschiedene Editiermodi – `Fundamental` ist die Voreinstellung für einfache Textdateien, aber es gibt auch einen Modus für das Editieren von C- und TEX-Quellcode, einen für die Arbeit mit Verzeichnissen usw. Wir werden bald sehen, daß jeder Modus seine eigenen Funktionstasten und Befehle kennt. Emacs bestimmt den Arbeitsmodus anhand der Suffixe zu den Dateinamen.

Rechts vom Puffertyp sehen Sie das Wort `All` – das bedeutet, daß Sie gerade die komplette (leere) Datei im Blick haben. Normalerweise sehen Sie an dieser Stelle einen Prozentwert, der Ihnen anzeigt, an welcher Stelle in der Datei Sie sich befinden.

Wenn Sie Emacs unter dem X Window System benutzen, wird für den Editor ein neues Fenster aufgemacht, das oben eine Menüzeile enthält, dazu Laufleisten und andere Extras. Im Abschnitt »Emacs« in Kapitel 10 besprechen wir die Besonderheiten von Emacs unter X.

Einfache Editierbefehle

Wenn es um grundlegende Editieraufgaben geht, ist Emacs viel einfacher in der Handhabung als *vi*. Mit den Pfeiltasten sollten Sie sich durch den Text bewegen können; falls nicht (weil Emacs nicht an Ihr Terminal angepaßt ist), benutzen Sie die Tastenkombinationen `C-p` (Zeile hoch), `C-n` (Zeile runter), `C-f` (Zeichen vorwärts) und `C-b` (Zeichen zurück). Beachten Sie, daß in der Emacs-Terminologie `C-p` für `Ctrl-p` steht, und `M-p` (oder `Meta-p`) bedeutet `Alt-p`. Sie werden sich denken können, daß `C-M-p` für `Ctrl-Alt-p` steht.

Falls Sie sich nicht an die Alt-Taste gewöhnen können, drücken Sie zunächst Esc und dann `p`. Das einmalige Drücken von Esc hat dieselbe Funktion wie eine festgehaltene Alt-Taste.

Schon an dieser Stelle müssen wir einen ersten Exkurs von unserer Emacs-Tour machen. Buchstäblich jeder Befehl und jede Taste innerhalb von Emacs kann verändert werden. Das heißt, daß in der »Standard«-Konfiguration von Emacs die Tastenkombination `C-p` die Funktion *previous-line* (Zeile hoch) aufruft, die den Cursor (in Emacs auch »Point« genannt) um eine Zeile nach oben bewegt. Es ist allerdings kein Problem, andere Tastenkombinationen mit solchen Funktionen zu verknüpfen; Sie können auch neue Funktionen schreiben und diesen dann Tasten zuordnen usw. Wenn wir nicht ausdrücklich auf etwas anderes hinweisen, funktionieren die hier vorgestellten Tastenkombinationen in der Standardkonfiguration von Emacs. Weiter unten werden wir Ihnen zeigen, wie Sie die Tastenbelegung für Ihre Zwecke anpassen.

Zurück zur Textbearbeitung: Mit den Pfeiltasten oder den Tastenkombinationen, die wir weiter oben bereits erwähnt haben, bewegen Sie den Cursor im aktuellen Textpuffer. Geben Sie einfach Text ein; er erscheint an der Cursorposition. Mit den

Tasten Backspace oder Delete sollten Sie den Text unter dem Cursor löschen können. Für den Fall, daß das nicht funktioniert, zeigen wir Ihnen im Abschnitt »Emacs anpassen«, wie Sie dieses Problem beheben. Tippen Sie also einfach los:

```
Im Frühtau zu Berge wir ziehen, fallera!



--**-Emacs: blah.txt (Fundamental)----All---------------------------
```

Mit den Tastenkombinationen `C-a` und `C-e` bewegen Sie den Cursor an den Anfang beziehungsweise das Ende der aktuellen Zeile. `C-v` blättert eine Seite vor, `M-v` eine Seite zurück. Es gibt noch viel mehr Befehle für grundlegende Editieraufgaben, aber wir werden es der Online-Hilfe von Emacs überlassen, Sie darüber aufzuklären.

Wenn Sie Emacs verlassen wollen, geben Sie `C-x C-c` ein. Dies ist der erste erweiterte Befehl, den wir vorstellen; viele Emacs-Befehle erfordern mehr als eine Tastenkombination. `C-x` allein ist nur ein »Präfix« für andere Tasten. In diesem Fall verlassen Sie mit `C-x`, gefolgt von `C-c`, den Emacs, nachdem Sie zuvor noch gefragt werden, ob Sie wirklich aufhören möchten, ohne Änderungen abzuspeichern.

Mit `C-x C-s` speichern Sie die aktuelle Datei, und mit `C-x C-f` »finden« Sie eine andere Datei zum Editieren. Wenn Sie `C-x C-f` eingeben, werden Sie etwa folgenden Prompt sehen:

```
Find file: /home/loomer/mdw/
```

mit dem das aktuelle Verzeichnis angezeigt wird. Dahinter können Sie den Namen der zu öffnenden Datei eintippen. Wenn Sie an dieser Stelle die Tab-Taste drücken, werden Dateinamen in ähnlicher Weise komplettiert, wie Sie das von *bash* und *tcsh* kennen. Wenn Sie zum Beispiel eingeben:

```
Find file: /home/loomer/mdw/.bash
```

und dann Tab drücken, wird ein weiterer Textpuffer geöffnet, der alle Möglichkeiten der Komplettierung enthält – etwa so:

```
Possible completions are:
.bash_profile                        .bashrc



--**-Emacs: *Completions* (Fundamental)----All------------------------
```

Nachdem Sie den Dateinamen komplettiert haben, wird der `*Completions*`-Puffer verschwinden, und die gerade ausgewählte Datei ist zum Editieren geöffnet. Dies ist ein Beispiel dafür, wie Emacs temporäre Puffer benutzt, um Informationen auszugeben.

Emacs läßt Sie mit mehreren Textpuffern arbeiten; jeder Puffer kann eine andere von Ihnen bearbeitete Datei enthalten. Jedesmal, wenn Sie mit `C-x C-f` eine neue Datei öffnen, wird sie zum Editieren in einen neuen Puffer geladen, ohne daß die bereits vorhandenen Puffer gelöscht werden.

Mit dem Befehl `C-x b` wechseln Sie in einen anderen Textpuffer. Dabei werden Sie nach dem Namen des gewünschten Puffers gefragt (meist ist das der Name der Datei in diesem Puffer). Mit `C-x b` erhalten Sie einen Prompt wie diesen:

```
Switch to buffer: (default blah.txt)
```

Der Puffer, in dem Sie zuletzt gearbeitet haben, wird als Voreinstellung angezeigt. Mit Enter wechseln Sie in diesen Puffer, sonst geben Sie den Namen eines anderen Puffers ein. Mit `C-x C-b` erhalten Sie eine Liste der Puffer (die wiederum in einem Puffer enthalten ist); das sieht etwa so aus:

```
MR Buffer         Size   Mode         File
-- ------         ----   ----         ----
.   blah.txt       44    Fundamental /home/loomer/mdw/blah.txt
   .bashrc         1763  Fundamental /home/loomer/mdw/.bashrc
   *scratch*       0     Lisp Interaction
*  *Buffer List*   265   Buffer Menu
```

Mit dem Erscheinen des Puffermenüs teilt sich der Emacs-Bildschirm in zwei »Fenster«, zwischen denen Sie mit `C-x o` hin- und herschalten. Es ist auch möglich, mehr als zwei Fenster gleichzeitig zu öffnen. Wenn Sie nur noch ein Fenster sehen möchten, wechseln Sie dorthin und geben `C-x 1` ein. Damit verschwinden alle anderen Fenster, aber mit dem Befehl `C-x b`, den wir gerade beschrieben haben, können Sie wieder zu diesen Fenstern zurückkehren. Mit `C-x k` entfernen Sie einen Puffer aus dem Arbeitsspeicher von Emacs.

Das Lernprogramm und die Online-Hilfe

[25] GNU Emacs manual

Schon jetzt erscheint Emacs ziemlich kompliziert; das liegt einfach daran, daß es ein dermaßen flexibles System ist. Bevor wir Emacs weiter erkunden, wollen wir seine Online-Hilfe und das Lernprogramm vorstellen. Diese Dokumente sind auch in Buchform erhältlich.

Mit dem Befehl `C-h` erhalten Sie in der letzten Bildschirmzeile eine Liste der Hilfe-Optionen. Wenn Sie `C-h` noch einmal drücken, erscheint eine genauere Übersicht über die vorhandenen Hilfe-Texte. Mit `C-h`, gefolgt von einem `t`, landen Sie im Emacs-Lernprogramm (tutorial). Dieses ist weitgehend selbsterklärend, und ein interaktives Lernprogramm sollte Ihnen mehr Stoff vermitteln, als wir hier möglicherweise behandeln können.

Nachdem Sie das Lernprogramm von Emacs durchlaufen haben, sollten Sie sich mit seinem Info-System vertraut machen, in dem der Rest der Emacs-Dokumentation enthalten ist. Mit C-h und i gelangen Sie in das Info-System. Eine beliebige Info-Seite könnte etwa folgendermaßen aussehen:

```
File: intercal.info,  Node: Top,  Next: Instructions,  Up: (dir)

 Diese Datei dokumentiert den Intercal-Interpreter für Linux.
 * Menü:
 * Anweisungen::           Wie Sie diese Dokumentation lesen sollten.
 * Übersicht::             Vorläufige Informationen.
 * Beispiele::             Beispielprogramme und Intercal und Fehler.
 * Index::                 Index der behandelten Konzepte.
```

Wie Sie sehen, erscheint der Info-Text zusammen mit einem Menü, das auf eine Reihe von »Knoten« (nodes) verweist. Wenn Sie an dieser Stelle m und den Namen eines Knotens eingeben, wird der entsprechende Info-Text auf dem Bildschirm ausgegeben. Sie können alle Knoten der Reihe nach lesen, indem Sie mit n zum jeweils nächsten Knoten springen (die Statuszeile am oberen Bildschirmrand weist darauf hin). In diesem Beispiel ist der nächste Knoten Anweisungen, der erste Knoten des Menüs.

Jeder Knoten hat außerdem eine Verbindung zum übergeordneten Knoten (parent node) Up, der in diesem Fall (dir) ist; (dir) steht für das Verzeichnis mit den Info-Seiten. Mit u gelangen Sie zum Parent-Node. Zusätzlich besteht von jedem Knoten aus eine Verbindung zum vorherigen Knoten (falls vorhanden; in diesem Beispiel nicht). Mit p kehren Sie zum vorherigen Knoten zurück. Wenn Sie l drücken, gelangen Sie noch einmal zu dem Knoten, den Sie zuletzt besucht hatten.

Wenn Sie innerhalb von Info ein ? eingeben, sehen Sie eine Liste der Befehle; und mit h erhalten Sie eine kurze Einführung in das System. Da Sie Info aus Emacs heraus gestartet haben, können Sie hier auch Emacs-Befehle benutzen (zum Beispiel mit C-x b in einen anderen Puffer wechseln).

Es gibt weitere Formen der Online-Hilfe in Emacs. Mit C-h C-h erhalten Sie eine Liste der Hilfe-Optionen. Eine davon ist C-h k; Sie haben danach die Möglichkeit, eine Taste zu drücken, und sehen dann, welche Funktion mit dieser Taste verknüpft ist.

Text löschen, kopieren und verschieben

Es gibt mehrere Methoden, in Emacs Textblöcke zu verschieben und zu kopieren. Emacs benutzt dazu die *Markierung* (mark); das ist einfach eine »erinnerte« Cursorposition, die mit verschiedenen Befehlen gesetzt werden kann. Der Textblock zwischen der aktuellen Position des Cursors (*point*) und der Markierung wird die *Region* genannt.

Die Markierung können Sie mit C-@ setzen (oder, auf den meisten Systemen, mit C-Space). Wenn Sie den Cursor auf eine bestimmte Stelle bewegen und dort C-@ drücken, haben Sie die Markierung an diese Stelle gesetzt. Wenn Sie anschließend den Cursor auf eine andere Position bewegen, ist der Bereich zwischen der aktuellen Position und der Markierung als die Region definiert.

Viele Emacs-Befehle beziehen sich auf die Region. Die wichtigsten dieser Befehle sind diejenigen zum Löschen und Wiedereinfügen von Text. Mit `C-w` löschen Sie die aktuelle Region und lesen sie gleichzeitig in den *Kill-Ring* ein. Der Kill-Ring besteht aus den Textblöcken, die bereits gelöscht wurden. Sie können anschließend mit `C-y` den gelöschten Text an anderer Stelle wieder einfügen. Mit Hilfe des Kill-Rings haben Sie die Möglichkeit, nicht nur den zuletzt gelöschten Textblock wieder einzufügen, sondern Sie können auch auf ältere Löschungen zurückgreifen.

Ein Beispiel: Geben Sie folgenden Text in einen Emacs-Puffer ein:

```
Im Frühtau zu Berge wir ziehen, fallera!
Diese Zeile wollen wir verschieben.
Fischers Fritz fischt frische Fische.
█


--**-Emacs: blah.txt (Fundamental)----All-------------------
```

Gehen Sie mit dem Cursor jetzt an den Anfang der zweiten Zeile (»Here is a line...«), und setzen Sie dort mit `C-@` die Markierung. Gehen Sie an das Ende der Zeile (mit `C-e`), und löschen Sie dann mit `C-w` die Region. Der Textpuffer sollte jetzt etwa so aussehen:

```
Im Frühtau zu Berge wir ziehen, fallera!
█
Fischers Fritz fischt frische Fische.

--**-Emacs: blah.txt (Fundamental)----All-------------------
```

Bewegen Sie den Cursor dann an das Ende des Textpuffers, um den gerade gelöschten Text dort mit `C-y` wieder einzufügen. Die Zeile sollte an der neuen Position erscheinen:

```
Im Frühtau zu Berge wir ziehen, fallera!

Fischers Fritz fischt frische Fische.
Diese Zeile wollen wir verschieben.█


--**-Emacs: blah.txt (Fundamental)----All-------------------
```

Wenn Sie `C-y` wiederholt drücken, wird der Text mehrere Male eingefügt.

In ähnlicher Weise können Sie Texte vervielfältigen. Wenn Sie `M-w` statt `C-w` benutzen, lesen Sie die Region in den Kill-Ring ein, ohne sie aus dem Text zu löschen. (Erinnern Sie sich, daß `M-` entweder die gedrückte und gehaltene Alt-Taste oder die einmal gedrückte Esc-Taste bezeichnet.)

Auch Text, der mit anderen Löschbefehlen wie zum Beispiel `C-k` entfernt wurde, steht im Kill-Ring. Das bedeutet, daß Sie nicht unbedingt die Markierung setzen und `C-w` benutzen müssen, um einen Textblock zu verschieben; Sie können dafür jeden beliebigen Löschbefehl einsetzen.

Wenn Sie vorher gelöschte Textblöcke (die im Kill-Ring gespeichert sind) wieder einfügen möchten, benutzen Sie dazu den Befehl `M-y`, nachdem Sie einmal Text mit `C-y` eingefügt haben. Mit `M-y` ersetzen Sie den ausgeschnittenen Text durch den vorherigen Textblock aus dem Kill-Ring. Wenn Sie `M-y` wiederholt drücken, bewegen Sie sich schrittweise durch den Inhalt des Kill-Rings. Dies ist eine äußerst nützliche Einrichtung, wenn Sie verschiedene Textblöcke verschieben oder kopieren möchten.

Emacs kennt auch einen *Register*-Mechanismus, ähnlich dem in *vi*. Unter anderem kann dieses Feature dazu verwendet werden, Text abzuspeichern, den Sie später wieder einfügen wollen. Ein Register hat einen einbuchstabigen Namen, wir nehmen hier »a« als Beispiel.

1. Am Anfang des abzuspeichernden Textes setzen Sie mit `C-Space` (oder, wenn das nicht funktioniert, mit `C-@`) die Markierung.
2. Bewegen Sie den Cursor an das Ende der abzuspeichernden Region.
3. Drücken Sie `C-x x`, gefolgt vom Registernamen (in diesem Fall `a`).
4. Wenn Sie diesen Text an anderer Stelle wieder einfügen wollen, drücken Sie `C-x g`, gefolgt vom Registernamen `a`.

Suchen und Ersetzen

Die übliche Methode, in Emacs nach einer Zeichenkette zu suchen, ist der Befehl `C-s`. Damit starten Sie eine sogenannte *inkrementelle Suche*. Tippen Sie nach `C-s` die Zeichen des Suchbegriffs ein. Mit jedem Zeichen, das Sie tippen, sucht Emacs vorwärts nach einem Vorkommen des Suchstrings, den Sie bisher eingegeben haben. Wenn Sie sich vertippen, können Sie den Suchbegriff mit der Del-Taste korrigieren und die korrekten Zeichen eingeben. Falls der Suchbegriff nicht gefunden wird, meldet Emacs das mit einem Piepton. Wenn der Suchbegriff einmal gefunden wurde, Sie aber nach weiteren Vorkommen suchen möchten, drücken Sie wieder `C s`.

In derselben Weise können Sie mit `C-r` auch rückwärts suchen. Emacs kennt noch verschiedene andere Arten der Suche, darunter auch die Suche mit regulären Ausdrücken, die Sie mit `M-C-s` starten. Damit können Sie nach Suchbegriffen wie `jo.*n` suchen, mit dem solche Namen wie Joachim, Jonathan und Johann gefunden werden. (Als Voreinstellung beachtet Emacs bei der Suche die Groß- und Kleinschreibung nicht.)

Wenn Sie eine Zeichenkette ersetzen möchten, geben Sie `M-%` ein. Sie werden zuerst nach dem String gefragt, der ersetzt werden soll, dann nach dem Ersatz dafür. Emacs zeigt alle Stellen an, an denen der gesuchte String vorkommt, und fragt, ob Sie ihn an dieser Stelle ersetzen möchten. Mit Space führen Sie die Ersetzung durch, mit Delete überspringen Sie diese Stelle, und mit einem Punkt beenden Sie die Suche.

Wenn Sie sicher sind, daß Sie ab der Cursorposition alle Vorkommen einer Zeichenkette ersetzen möchten, ohne daß Sie den Einzelfall bestätigen müssen, dann geben Sie `M-x replace-string` *String*ein. (Die Tastenkombination `M-x` läßt Sie den Namen einer Emacs-Funktion angeben und die Funktion ausführen, ohne daß sie an eine Taste gebunden ist. Viele Emacs-Funktionen sind nur über `M-x` zu erreichen – es sei denn, Sie binden die Funktion selbst an eine Taste.) Sie können einen regulären Ausdruck ersetzen, indem Sie `M-x query-replace-regexp` *RegExp* eingeben.

Makros

Der Name Emacs kommt zum Teil von »Makros«. Tatsächlich sind Makros ein einfaches, aber mächtiges Feature, das Emacs so angenehm zu benutzen macht. Wenn Sie eine Sache öfter und wiederholt machen werden, drücken Sie einfach »`C-x (`«, führen die Operation aus, und drücken »`C-x )`«. Alle Tasten, die Sie zwischen den beiden `C-x`-Befehlen mit der öffnenden und schließenden Klammer eingeben, werden aufgezeichnet. Sie können diese Befehle immer wieder ausführen, indem Sie `C-x e` eingeben.

Hier ein triviales Beispiel, das Sie mit jeder Textdatei ausprobieren können: Es läßt das erste Wort jeder Zeile mit einem Großbuchstaben anfangen.

1. Drücken Sie `C-x (`, um mit der Makro-Aufzeichnung zu beginnen.
2. Drücken Sie `C-a`, um den Cursor an den Anfang der aktuellen Zeile zu bringen. Es ist wichtig, daß Sie wissen, wo Sie sind, wenn ein Makro ausgeführt wird. Durch Eingabe von `C-a` gehen Sie sicher, daß das Makro den Cursor immer zunächst an den Anfang der Zeile setzt, bevor die Großschreibung durchgeführt wird.
3. Drücken Sie `M-c`, um den ersten Buchstaben des ersten Wortes zu einem Großbuchstaben zu machen.
4. Drücken Sie wieder `C-a`, um an den Zeilenanfang zurückzukehren, sowie `C-n` oder den Pfeil-nach-unten, um an den Anfang der nächsten Zeile zu gelangen. Damit ist gesichert, daß das Makro nächstes Mal auch wieder an der richtigen Stelle beginnt.
5. Drücken Sie `C-x )`, um die Makro-Aufzeichnung zu beenden.

6. Drücken Sie `C-x e` mehrfach nacheinander, um die folgenden Zeilen mit einem großen Buchstaben beginnen zu lassen. Mit `C-x u` können Sie einen sogenannten Präfix eingeben, der bestimmt, wie oft der folgende Befehl ausgeführt werden soll. Wenn Sie an das Ende des Dokuments kommen, während das Makro noch ausgeführt wird, passiert nichts Schlimmes; Emacs piept nur und bricht die Makro-Ausführung ab.

Befehle aufrufen und Programmieren

Emacs bietet Schnittstellen zu vielen Programmen, die Sie innerhalb eines Emacs-Puffers ausführen können. So gibt es zum Beispiel einen Modus für die Bearbeitung von elektronischer Post, einen für das Lesen von Usenet-News sowie Modi zum Kompilieren von Programmen und für die Kommunikation mit der Shell. Wir wollen in diesem Abschnitt einige dieser Möglichkeiten vorstellen.

Wenn Sie von Emacs aus E-Mail verschicken möchten, geben Sie `C-x m` ein. Sie öffnen damit einen Puffer, in dem Sie eine E-Mail schreiben und verschicken können:

```
To:
Subject:
--text follows this line--
█



-----Emacs: *mail* (Mail)----All-------------------------
```

Geben Sie einfach Ihre Nachricht in diesen Puffer ein, und drücken Sie dann `C-c C-s`, um sie zu verschicken. Sie können auch Text aus anderen Puffern einfügen, die Mail-Schnittstelle mit eigenen Emacs-LISP-Funktionen erweitern usw.

RMAIL ist die Emacs-Schnittstelle zum Lesen von E-Mail. Viele Benutzer arbeiten lieber mit RMAIL als mit anderen Programmen, weil sie Emacs sowohl zum Verschikken als auch zum Lesen von E-Mail benutzen können. Starten Sie RMAIL mit dem Befehl `M-x rmail`.

Wenn Sie RMAIL aufrufen, wird Emacs die Nachrichten in Ihrer Eingangsmailbox in ein spezielles Format wandeln, mit dessen Hilfe es die Mail-Nachrichten verwaltet. Vorhandene Nachrichten werden in die Datei RMAIL in Ihrem Home-Verzeichnis kopiert. Seien Sie also vorsichtig! Eingehende Nachrichten werden in das RMAIL-Format konvertiert, und wenn Sie diese Konvertierung rückgängig machen möchten (falls Sie Ihre E-Mail nicht mit RMAIL lesen wollen), müssen Sie die Funktion `M-x unrmail` aufrufen.

Wenn Sie RMAIL aufrufen, wird ein Puffer geöffnet, der die erste Nachricht aus Ihrer Eingangsmailbox enthält. Mit den Tasten `n` und `p` zeigen Sie die nächste und die vorherige Nachricht an. (Wie in allen Emacs-Modi erhalten Sie auch hier mit `C-h m` eine Übersicht über die gültigen Tastenkombinationen.) Während Sie eine Nachricht lesen, leiten Sie mit `r` eine Antwort darauf ein. Dazu wird ein Mail-Puffer geöffnet (wie bereits beschrieben), in dem die Kopfzeilen bereits teilweise ausgefüllt sind. Im Mail-Puffer können Sie mit `C-c C-y` die Originalnachricht einlesen.

Innerhalb von RMAIL erhalten Sie mit `h` eine Liste der Nachrichten in Ihrer Mailbox, etwa so:

```
11  17-Feb                johnsonm@sunsite  Re: Which release?

12  25-Feb                           schar  Treffen der Bildverarbei
13  26-Feb              okir@monad.swb.de  Re: Leerzeichen in .ms?
14  26-Feb          wirzeniu@cc.helsinki.fi  Re: LDP

--%%-Emacs: RMAIL-summary      (RMAIL Summary)----50%-------------------
```

In diesem Übersichtsmodus stehen Ihnen verschiedene `M-x`-Befehle, zum Beispiel zum Sortieren der Liste usw., zur Verfügung. Sie können außerdem RMAIL-Befehle wie `n`, `p` und `r` benutzen.

Ähnlich wie RMAIL funktioniert auch GNUS, der Emacs-Newsreader, den Sie mit dem Befehl `M-x gnus` aufrufen. Nach dem Start (und einiger Arbeit an Ihrer *.newsrc*-Datei) sehen Sie eine Liste der News-Gruppen und die Anzahl der ungelesenen Artikel in jeder Gruppe:

```
   10: comp.os.linux.development
    0: cucs.system
   32: alt.fan.warlord
  195: alt.folklore.urban

---- GNUS: List of Newsgroups      (Newsgroup {cloyd.cs})--6%---------------
```

Mit den Pfeiltasten wählen Sie aus, welche News-Gruppe Sie lesen möchten. Mit der Space-Taste lesen Sie den ersten Artikel dieser Gruppe. Dazu werden zwei Textfenster geöffnet – das eine zeigt eine Liste der Artikel, das andere den aktuellen Artikel. Mit `n` und `p` bewegen Sie sich zum nächsten oder vorherigen Artikel, mit `f` und `F` starten Sie einen Folgeartikel (follow-up; entweder mit oder ohne Einschluß des Ursprungsartikels), und mit `r` und `R` antworten Sie per E-Mail auf einen Artikel. Es gibt noch viele andere GNUS-Befehle; lassen Sie sich die Liste mit `C-h m` anzeigen. Wenn Sie schon mit einem anderen News-Reader wie zum Beispiel *rn* gearbeitet haben, wird Ihnen GNUS irgendwie bekannt vorkommen.

Emacs bietet eine Reihe von Modi für die Bearbeitung bestimmter Dateitypen. So gibt es zum Beispiel einen C-Modus zum Editieren von C-Quellcode und einen TEX Modus zum Editieren von (Überraschung!) TEX-Quellen. Jeder dieser Modi verfügt über einige Besonderheiten, die das Bearbeiten des entsprechenden Dateityps wesentlich vereinfachen.

Ein Beispiel: Im C-Modus können Sie `M-x compile` eingeben, um (als Voreinstellung) den Befehl *make -k* im aktuellen Verzeichnis auszuführen und Fehlermeldungen in einen anderen Textpuffer zu leiten. Im Kompilierungspuffer könnte beispielsweise stehen:

```
cd /home/loomer/mdw/pgmseq/
make -k
gcc -O -O2 -I. -I../include -c stream_load.c -o stream_load.o
stream_load.c:217: syntax error before `struct'
stream_load.c:217: parse error before `struct'
```

Sie können den Cursor in eine Zeile bewegen, die eine Fehlermeldung enthält, dann `C-c C-c` drücken und finden sich anschließend im entsprechenden Quelltextpuffer in der Zeile wieder, in der dieser Fehler auftrat. (Sollte noch kein Puffer für den Quelltext existieren, so wird er an dieser Stelle geöffnet.) Ab sofort können Sie Ihre Programme komplett innerhalb von Emacs editieren und kompilieren.

Kapitel 13

Emacs enthält außerdem eine vollständige Schnittstelle zum Debugger *gdb*, die wir im Abschnitt »Emacs und gdb« in Kapitel 13, *Werkzeuge für Programmierer*, beschreiben.

Normalerweise wird Emacs anhand des Dateinamensuffixes den passenden Modus für einen Textpuffer auswählen. Wenn Sie zum Beispiel eine Datei mit dem Namenssuffix *.c* editieren, öffnet Emacs diesen Puffer automatisch im C-Modus.

Der Shell-Modus ist eine der beliebtesten Erweiterungen zu Emacs. Im Shell-Modus können Sie von einem Emacs-Puffer aus auf der Shell-Ebene arbeiten, indem Sie `M-x shell` eingeben. Sie haben dann die Möglichkeit, mit den normalen Emacs-Befehlen die Shell-Befehlszeilen zu editieren und die Command History (bereits eingegebene Befehlszeilen können wieder aufgerufen und editiert werden) zu (be)nutzen. Sie können von Emacs aus mit `M-!` auch einzelne Shell-Befehle ausführen lassen. Wenn Sie statt dessen `M-|` eingeben, wird der Inhalt der aktuellen Region in einer Pipe als Standardeingabe an den aufgerufenen Befehl geleitet. Dies ist eine nützliche Schnittstelle für den Aufruf von Unterprogrammen aus Emacs heraus.

Emacs anpassen

Die Online-Dokumentation von Emacs sollte ausreichen, um Sie auf die richtige Spur zu bringen, wenn Sie mehr über das System erfahren und sich noch besser damit vertraut machen möchten. Manchmal ist es allerdings schwierig, die wirklich hilfreichen Hinweise zu finden, die Ihnen weiterhelfen. Wir wollen hier kurz auf einige der Anpassungsmöglichkeiten eingehen, die von vielen Emacs-Benutzern zur Vereinfachung der Arbeit eingesetzt werden.

Ihre persönliche Datei mit Emacs-Anpassungen ist *.emacs*, die in Ihrem Home-Verzeichnis stehen sollte. Diese Datei sollte Programmcode enthalten, der in Emacs

LISP geschrieben ist und Funktionen aufruft oder definiert, die Ihre Emacs-Arbeitsumgebung bestimmen. (Falls Sie noch nie in LISP programmiert haben, brauchen Sie sich keine Sorgen zu machen – die meisten Anpassungen sind mit LISP ziemlich einfach.)

Zu den Dingen, die von Benutzern am häufigsten geändert werden, gehören die Tastenbelegungen. Wenn Sie zum Beispiel in Emacs Ihre E-Mail lesen möchten, können Sie die Tastenkombination `C-c r` mit der Funktion `rmail` belegen. Fügen Sie dazu folgendes in Ihre *.emacs*-Datei ein:

```
; Schneller Zugriff auf das Mail-Leseprogramm
(global-set-key "\C-cr" 'rmail)
```

Kommentarzeilen beginnen in Emacs LISP mit einem Semikolon. Der Befehl in diesem Beispiel ruft die Funktion `global-set-key` auf. Ab sofort brauchen Sie nicht immer wieder die lange Zeichenfolge `M-x rmail` einzutippen, wenn Sie die kurze Nachricht Mail in der Statuszeile sehen. Drücken Sie statt dessen einfach die beiden Tasten `C-c r`. Diese Abkürzung funktioniert überall in Emacs – unabhängig vom aktuellen Modus –, weil es ein »globaler« Befehl ist.

Nicht alle Tastenbelegungen sollen global wirksam sein. Wenn Sie im TEX-Modus, C-Modus oder einem anderen der Emacs-Modi arbeiten, werden Sie auf praktische Dinge stoßen, die nur in einem Modus wirksam sein sollen. Für einen solchen Fall definieren wir hier eine einfache LISP-Funktion, die einige Zeichen in C-Quellcode einfügt, und belegen dann eine Taste mit dieser Funktion:

```
(defun start-if-block()
  (interactive)
  (insert "if () {\n}\n")
  (backward-char 6)
)
```

Am Anfang der Funktion steht die Anweisung »interactive«, damit wir diese Funktion aufrufen können (sonst würde sie nur intern von anderen Funktionen benutzt werden). Dann benutzen wir die Funktion *insert*, um folgende Zeichen in unseren C-Puffer einzufügen:

```
if () {
}
```

In Emacs dürfen Strings die aus C bekannten Escape-Zeichenfolgen enthalten. Wir haben in unserem Beispiel `\n` für »newline« (neue Zeile) benutzt.

Damit haben wir uns eine Schablone für einen `if`-Block geschaffen. Um die Sache abzurunden, bewegt unsere Funktion den Cursor auch noch um sechs Stellen zurück und plaziert ihn damit zwischen die runden Klammern, so daß wir sofort mit der Eingabe eines Ausdrucks beginnen können.

Unser Ziel war es, die Eingabe dieser Zeichenfolge möglichst einfach zu gestalten – lassen Sie uns also eine Tastenfolge mit dieser Funktion belegen:

```
(define-key c-mode-map "\C-ci" 'start-if-block)
```

Die Anweisung *define-key* verknüpft eine Tastenkombination mit einer Funktion. Mit `c-mode-map` zeigen Sie an, daß diese Tastenkombination nur im C-Modus wirksam sein soll. Es gibt außerdem noch `tex-mode-map` für den TEX-Modus, `lisp-mode-map` usw., die Sie kennen sollten, wenn Sie vorhaben, mit Ihrer *.emacs*-Datei herumzuexperimentieren.

Falls Sie daran interessiert sind, eigene Emacs-LISP-Funktionen zu schreiben, lesen Sie die Info-Seiten zu *elisp*, die in Ihrem System vorhanden sein sollten.

Wir kommen zu einer sehr wichtigen Anpassung, die Sie vielleicht auch durchführen müssen. Auf vielen Terminals sendet die Backspace-Taste den Code `C-h`, was Emacs als Hilfe-Taste interpretiert. Um dieses Problem zu beheben, sollten Sie die interne Tabelle mit den Emacs-Tastencodes folgendermaßen ändern:

```
(keyboard-translate ?\C-h ?\C-?)
```

Ziemlich kryptisch, das Ganze. `\C-h` läßt sich noch als die Control-Taste zusammen mit `h` entziffern, was zufälligerweise denselben ASCII-Code (8) erzeugt wie die Backspace-Taste. `\C-?` steht für die Delete-Taste (ASCII-Code 127). Verwechseln Sie dieses Fragezeichen nicht mit den Fragezeichen vor den Backslashes. `?\C-h` bedeutet: »der ASCII-Code, der `\C-h` entspricht«. Sie könnten genau so gut auch die 8 direkt angeben.

Jetzt wirken also Backspace und `C-h` als Löschtaste. Sie haben damit allerdings Ihre Hilfe-Taste aufgegeben. Eine weitere sinnvolle Anpassung wäre es also, eine andere Tastenkombination mit `C-h` zu belegen. Wir wollen dafür `C-\` benutzen, weil diese Kombination selten für etwas anderes gebraucht wird. Wenn Sie den Backslash als Taste angeben wollen, müssen Sie ihn doppelt tippen:

```
(keyboard-translate ?\C-\\ ?\C-h)
```

xmodmap (1)

Im X Window System gibt es die Möglichkeit, mit dem Befehl *xmodmap* den Code zu ändern, der von der Backspace-Taste erzeugt wird. Wir wollen es aber Ihnen überlassen herauszufinden, wie das funktioniert. Es ist keine hundertprozentig portable Lösung (wir könnten also nicht garantieren, daß es bei Ihnen funktioniert), und das Ganze könnte Ihnen zu weitschweifig vorkommen. Außerdem ändern Sie damit auch die Arbeitsweise der Backspace-Taste in *xterm* und überall sonst.

Vielleicht möchten Sie weitere Tastenbelegungen ändern. Sie könnten zum Beispiel für das bildschirmweise Vor- und Zurückblättern die Tastenkombinationen `C-f` und `C-b` benutzen (wie in *vi*). Dann sollte in Ihrer Datei *.emacs* stehen:

```
(global-set-key "\C-f" 'scroll-up)
(global-set-key "\C-b" 'scroll-down)
```

Auch hier müssen wir eine Warnung aussprechen: Achten Sie darauf, daß Sie keine Tastenbelegungen ändern, die schon anderweitig benutzt werden. (Eine Möglichkeit, das herauszufinden, ist der Test mit `C-h k`, um festzustellen, was eine Tastenkombination im aktuellen Modus bewirkt. Denken Sie auch daran, daß eine Tastenkombination bereits in anderen Modi vergeben sein kann.) Die Gefahr, daß Sie den Zugriff auf einige Funktionen verlieren, ist besonders groß, wenn Sie solche *Präfix-Tasten* wie `C-x` und `C-c` neu belegen, mit denen Befehle eingeleitet werden.

Sie können eigene Präfix-Tasten definieren, wenn Sie den aktuellen Modus wirklich mit einer Menge neuer Funktionen ausstatten wollen. Gehen Sie etwa so vor:

```
(global-unset-key "\C-d")
(global-set-key "\C-d\C-f" 'meine-funktion)
```

Zuerst müssen wir die Tastenkombination `C-d` freigeben (mit der das Zeichen unter dem Cursor gelöscht wird), damit wir sie als Präfix für andere Tasten benutzen können. Anschließend rufen Sie mit `C-d C-f` die Funktion *Meine-Funktion* auf.

Eventuell möchten Sie zum Editieren von »besonderen« Dateien einen anderen Modus als `Fundamental` oder `Text` benutzen. Mit dem »Indented Text«-Modus zum Beispiel rücken Sie jede Textzeile relativ zur vorherigen Zeile ein (wie mit der Funktion `:set ai` in *vi*). Schalten Sie diesen Modus mit:

```
; Default-Modus zum Editieren von Text
(setq default-major-mode 'indented-text-mode)
```

ein. Sie sollten auch die Return-Taste neu belegen, so daß die nächste Zeile eingerückt wird:

```
(define-key indented-text-mode-map "\C-m" 'newline-and-indent)
```

Emacs kennt auch »Minor«-Modi – das sind Modi, die Sie zusammen mit den Major-Modi benutzen können. Der Modus `Overwrite` zum Beispiel ist ein Minor-Modus mit der Wirkung, daß neuer Text im Puffer nicht eingefügt wird, sondern den vorhandenen Text überschreibt. Wenn Sie die Tastenkombination `C-r` benutzen möchten, um den Overwrite-Modus ein- und auszuschalten, benutzen Sie den Befehl:

```
; Überschreibmodus ein- und ausschalten
(global-set-key "\C-r" 'overwrite-mode)
```

Ein weiterer Minor-Modus ist `Autofill`, der die Zeilen während des Tippens automatisch umbricht. Statt am Ende jeder Zeile also Return zu drücken, tippen Sie einfach weiter, und Emacs erledigt den Zeilenumbruch für Sie. Schalten Sie den `Autofill`-Modus folgendermaßen ein:

```
(setq text-mode-hook 'turn-on-auto-fill)
(setq fill-column 72)
```

Damit schalten Sie den `Autofill`-Modus immer dann ein, wenn Sie in den `Text`-Modus wechseln (die Funktion *text-mode-hook* sorgt dafür). Außerdem bestimmen Sie, daß die Zeilen in Spalte 72 umbrochen werden sollen.

Texte und Dokumente erstellen

Im ersten Kapitel sind wir kurz auf die verschiedenen Textbearbeitungssysteme unter Linux eingegangen und haben die Unterschiede zu den Textverarbeitungen herausgestellt, mit denen Sie vielleicht schon vertraut sind. Die meisten Textverarbeitungen bringen den Text in einer WYSIWYG-Darstellung auf den Bildschirm (What You See Is What You Get; der Text erscheint am Bildschirm so, wie er später ausgedruckt wird). Textformatierer dagegen lassen den Benutzer den Quelltext mit einem Texteditor eingeben; dieser Quelltext kann mit beliebigen Editoren bearbeitet werden. (Emacs bietet verschiedene Modi für die Bearbeitung von Texten aus diversen Textformatierern.) Nach der Eingabe des Quelltextes wird dieser vom Textformatierer in das endgültige Druck- oder Anzeigeformat gewandelt. Schließlich verarbeiten Sie diese Ausgabe und leiten sie in eine weitere Datei oder ein Betrachterprogramm zur Anzeige um; oder Sie reichen das Ergebnis an den Drucker zum Ausdruck auf einem lokalen oder entfernten Drucker weiter.

In diesem Abschnitt wollen wir drei der populärsten Textformatierer für Linux besprechen: TeX, *groff* und Texinfo.

TeX *und* LaTeX

TeX ist ein vollwertiger Textformatierer für alle Arten von Schriftstücken, Artikeln und Büchern – insbesondere solche Bücher, die eine Menge Mathematik enthalten. Es handelt sich um eine Sprache für die Bearbeitung von Texten, die auf einer sehr niedrigen Ebene der Textgestaltung operiert, weil sie dem Rechner beschreibt, wie das Textlayout auf einer Seite aussehen soll, wie der Zeilendurchschuß sein soll usw. TeX beschäftigt sich nicht direkt mit den Gestaltungselementen auf den höheren Ebenen wie zum Beispiel Kapitel, Abschnitte, Fußnoten usw. (die Elemente, an denen Sie als Autor am meisten interessiert sind). Aus diesem Grund bezeichnet man TeX als funktionale Sprache der Textbearbeitung (und meint damit die physikalische Gestaltung des Textes auf der Seite). Im Gegensatz dazu stehen die logischen Textbearbeitungssprachen, die Gestaltungselemente wie Kapitel und Abschnitte handhaben. TeX wurde von Donald E. Knuth entworfen, einem der weltweit führenden Experten in der Programmierung. Eines der Ziele, die Knuth mit der Entwicklung von TeX verfolgte, war ein Satzsystem, das flexibel genug sein sollte, die mathematischen Inhalte in seiner Serie von Informatikbüchern zu formatieren. Für Knuth führte das zu acht Jahren Arbeit an TeX – die meisten Leute sind sich einig, daß sich das Warten gelohnt hat.

Natürlich können Sie TeX problemlos erweitern, und Sie können TeX-Makros schreiben, die es dem Autor ermöglichen, sich in erster Linie mit dem logischen statt dem physikalischen Format eines Textes zu befassen. Tatsächlich gibt es eine Reihe solcher Makropakete – das bekannteste davon ist LaTeX, ein Paket mit Erweiterungen zu TeX von Leslie Lamport. LaTeX-Befehle kümmern sich hauptsächlich um die logische Struktur eines Textes; weil LaTeX aber lediglich ein Makropaket zu TeX ist, können Sie auch die einfachen TeX-Befehle benutzen. LaTeX vereinfacht die Arbeit mit TeX ganz erheblich, indem es die meisten Funktionen der unteren Ebenen vor dem Schreiber verbirgt.

Wenn Sie mit TeX gut strukturierte Schriftstücke erstellen möchten, sollten Sie entweder ein fertiges Makropaket wie LaTeX benutzen oder eigene Makros entwickeln (oder Sie wählen eine Kombination aus beiden). In *The TEXbook* beschreibt Knuth die Makros, die er bei der Produktion des Buches benutzte. Natürlich sind Makros für die Formatierung von Kapiteln, Absätzen usw. enthalten – diese Makros ähneln den entsprechenden LaTeX-Makros. Wir werden uns in diesem Abschnitt auf die Benutzung von LaTeX konzentrieren, das viele Typen von Schriftgut unterstützt: technische Artikel, Handbücher, andere Bücher, Briefe usw. Genau wie das einfache TeX ist auch LaTeX erweiterbar.

Aller Anfang ist schwer

Falls Sie noch nie mit einem Textformatierungssystem gearbeitet haben, sollten Sie sich mit einer Reihe von neuen Konzepten vertraut machen. Wir haben bereits erwähnt, daß Textformatierer von einem Quelltext ausgehen, den Sie mit einem einfachen Editor wie zum Beispiel Emacs eingeben. Der Quelltext wird in einer Formatierungssprache geschrieben, die sowohl den reinen Text als auch die Befehle enthält, die den Textformatierer anweisen, wie der Text formatiert werden soll. Im ersten Kapitel haben wir an einem einfachen Beispiel gezeigt, wie die Formatierungssprache LaTeX aussieht und welche formatierte Ausgabe sie erzeugt.

Lassen Sie uns jetzt ganz einfach ohne großes Getue in die Materie eintauchen und einen kleinen Text schreiben und formatieren – vom Anfang bis zum Ende. Als Beispiel benutzen wir LaTeX und erstellen damit einen kurzen Geschäftsbrief. Geben Sie mit Ihrem Lieblingseditor folgenden Text ein (ohne die Zeilennummern), und nennen Sie die Datei *brief.tex* :

```
\documentclass{dinbrief}
\usepackage{german}
\address{Fred Fr"ohn\\Donald-Knuth-Weg 2e\\31415 Latexhausen}
\signature{F. Fr"ohn}

\begin{document}
\begin{letter}{O'Reilly Verlag \\
               Balthasarstra"se 81 \\
               50670 K"oln}

\opening{Sehr geehrter Herr O'Reilly,}
```

```
12
13 Ich m"ochte einen Kommentar zum Beispiel zu \LaTeX\ abgeben, das Sie
14 in Kapitel~9 von \emph{Linux - Wegweiser zur Installation und
15 Konfiguration} vorstellen. Obwohl ich Ihre Bem"uhungen anerkenne,
16 mu"s ich doch sagen, da"s dieses Beispiel nicht ganz das erf"ullt,
17 was ich von der Besprechung eines Textformatierungssystems erwarten
18 w"urde. Ich m"ochte Ihnen raten, das Beispiel in einer zuk"unftigen
19 Version durch ein instruktiveres zu ersetzen.
20
21 \closing{Mit freundlichen Gr"u"sen,}
22
23 \end{letter}
24 \end{document}
```

Dies ist das vollständige LaTeX-Dokument zu dem Geschäftsbrief, den wir verschikken möchten. Wie Sie sehen, besteht es aus dem eigentlichen Text sowie einer Reihe von eingestreuten Anweisungen (mit Backslashes und geschweiften Klammern). Lassen Sie uns das Ganze einmal genau betrachten.

In Zeile 1 steht die Anweisung `documentclass`, mit dem der Typ dieses Schriftstücks bestimmt wird (in diesem Fall ein Brief). Anweisungen in LaTeX beginnen mit einem Backslash; dahinter steht die Anweisung selbst (hier `documentclass`). Hinter dem Namen der Anweisung stehen eventuell vorhandene Argumente in geschweiften Klammern. LaTeX kennt andere Dokumentenklassen wie zum Beispiel `article`, `report` und `book`, und Sie können selbst weitere Typen definieren. Mit der Angabe des Dokumentstils werden globale Makros für die Benutzung in diesem Schriftstück definiert; in diesem Beispiel etwa die Anweisungen `address` und `signature` in den Zeilen 3 und 4. Sie haben vielleicht schon erraten, daß mit `address` und `signature` Ihre eigene Adresse und Unterschrift innerhalb des Briefes definiert werden. Die doppelten Backslashes (\\) in der address-Anweisung erzeugen die Zeilenumbrüche im fertig formatierten Schriftstück.

Hier noch ein Hinweis darauf, wie LaTeX seine Eingabedaten verarbeitet: Wie bei den meisten Textformatierern werden auch hier Leerzeichen, Zeilenumbrüche und ähnliche Zeichen in der Eingabedatei bei der Wandlung in die Ausgabedatei nicht wörtlich interpretiert. Sie können die Zeilen deshalb umbrechen, wo Sie wollen – beim Formatieren der Abschnitte wird LaTeX die Zeilen wieder zusammenfügen. Natürlich gibt es Ausnahmen hierzu: Leerzeilen in der Eingabedatei leiten einen neuen Abschnitt ein, und mit bestimmten Befehlen können Sie LaTeX zwingen, den Quelltext wortwörtlich zu interpretieren.

Die Anweisung `\begin{document}` in Zeile 6 bezeichnet den Anfang des eigentlichen Textes. Alles, was zwischen `\begin{document}` und `\end{document}` in Zeile 24 erscheint, wird als zu formatierender Text behandelt; alles vor `\begin{document}` gehört zur *Präambel* und definiert noch vor dem eigentlichen Text einige Parameter für die Formatierung.

In den Zeilen 7 bis 9 wird mit `\begin{letter}` der Brief eingeleitet. Diese Anweisung wird benötigt, weil innerhalb eines einzelnen Dokuments mehrere Briefe stehen können und jeder Brief mit einem `\begin{letter}` eingeleitet wird. Die Anweisung nimmt als Argument die Adresse des Empfängers auf; wie bei der Anweisung `address` bezeichnen doppelte Backslashes auch hier einen Zeilenumbruch innerhalb der Adresse.

In Zeile 11 beginnt mit der Anweisung `opening` der Brief, und die Zeilen 13 bis 20 enthalten den Text. So einfach dieser auch aussehen mag, sind doch einige Tricks darin enthalten. In Zeile 13 erzeugt die Anweisung `LaTeX` das LaTeX-Logo. Sie werden bemerkt haben, daß sowohl vor als auch hinter der Anweisung `LaTeX` ein Backslash steht; der angehängte Backslash erzeugt eine Leerstelle hinter dem Wort »LaTeX«. Das ist an dieser Stelle notwendig, weil TeX Leerzeichen hinter den Anweisungen ignoriert. (Ohne den angehängten Backslash würde »LaTeX macht Spaß« als »LaTeXmacht Spaß« erscheinen.)

Zeile 14 enthält zwei bemerkenswerte Besonderheiten. Zunächst steht eine Tilde (~) zwischen »Kapitel« und »9«; damit wird eine Leerstelle zwischen den beiden Begriffen erzeugt und gleichzeitig verhindert, daß in der Ausgabedatei an dieser Stelle ein Zeilenumbruch erfolgt (also daß »Kapitel« am Ende einer Zeile und »9« am Anfang der nächsten Zeile steht). Sie brauchen die Tilde nur dort einzufügen, wo zwei Begriffe auf jeden Fall in derselben Zeile erscheinen sollen, wie etwa in `Kapitel~9` und `Herr~Schmidt`. (Wir hätten die Tilde auch in den Anweisungen \begin{letter} und \opening benutzen können, obwohl TeX innerhalb der Adresse oder Anrede wahrscheinlich keinen Zeilenumbruch einfügen würde.)

Die zweite Besonderheit in Zeile 14 ist das `\emph`, mit dem in der Ausgabedatei *kursiv* gesetzt wird. LaTeX unterstützt weitere Schriftauszeichnungen wie **fett** (\textbf) und `gesperrt` (\texttt).

In Zeile 21 wird mit `\closing` der Brieftext beendet. Gleichzeitig hat dies den Effekt, daß in der Ausgabedatei die in Zeile 4 angegebene Unterschrift eingefügt wird. Die Zeilen 23 und 24 schließen mit `\end{letter}` diesen Brief und mit `\end{document}` das ganze Dokument ab und bilden somit die Gegenstücke zu den Zeilen 6 und 7.

Sie werden bemerkt haben, daß keine der Anweisungen im LaTeX-Quelltext mit der Festlegung von Seitenrändern, Zeilenabständen oder anderen funktionalen Aspekten der Textformatierung zu tun hat. Diese Dinge werden von den LaTeX-Makros erledigt, die auf der TeX-Umgebung aufsetzen. LaTeX enthält sinnvolle Voreinstellungen für solche Parameter; falls Sie irgendwelche dieser Einstellungen ändern möchten, können Sie dazu andere Befehle aus LaTeX benutzen (oder die darunterliegenden TeX-Befehle).

Wir erwarten nicht, daß Sie anhand dieses einfachen Beispiels alle Feinheiten von LaTeX verstehen, aber Sie sollten einen Eindruck davon erhalten haben, wie ein echtes LaTeX-Dokument aussieht. Lassen Sie uns im nächsten Schritt dieses Dokument zum Ausdrucken vorbereiten.

Formatieren und Drucken

Ob Sie es glauben oder nicht: Der Befehl, mit dem LaTeX-Quellen in ein druckbares Format gebracht werden, lautet *latex*. Nachdem Sie das oben gezeigte Dokument editiert und als *brief.tex* gespeichert haben, sollten Sie folgenden Befehl eingeben:

```
eggplant$ latex brief
This is TeX, Version 3.14159 (C version 6.1)
(brief.tex
LaTeX2e <1996/12/01>
Babel <v3.6h> and hyphenation patterns for american, german, swedish, loaded.
(/usr/lib/teTeX/texmf/tex/latex/dinbrief/dinbrief.cls

Document Class/Style 'dinbrief' - (Preliminary) Version 1.66
University of Karlsruhe - 1996/10/29 20:50:05

*** dinbrief: Running in LaTeX 2e mode!
*** dinbrief: NFSS 2!
Document Class: dinbrief 1995/07/01 LaTeX2e class
) (/usr/lib/teTeX/texmf/tex/generic/misc/german.sty
Package `german', Version 2.5c of 96/05/01.)
No file brief.aux.
[1] )
(see the transcript file for additional information)
Output written on brief.dvi (1 page, 1360 bytes).
Transcript written on brief.log.
eggplant$
```

Der Befehl *latex* erwartet für seine Quelldateien die Endung .tex. In diesem Beispiel hat LaTeX die Quelldatei *brief.tex* verarbeitet und das Ergebnis in *brief.dvi* gespeichert. Es handelt sich hierbei um eine Geräte-unabhängige Datei, die auf einer Reihe von Druckern ausgegeben werden kann. Wir werden gleich sehen, daß es einige Tools gibt, die *.dvi*-Dateien in PostScript-, HP-LaserJet- und andere Formate konvertieren.

Statt den Brief sofort auszudrucken, möchten Sie ihn vielleicht zunächst einmal am Bildschirm betrachten, um sicherzustellen, daß alles in Ordnung ist. Unter dem X Window System können Sie *.dvi*-Dateien mit dem Befehl *xdvi* am Bildschirm darstellen. Und wie wird der Brief nun gedruckt? Als erstes müssen Sie die *.dvi*-Datei in ein Format überführen, das Ihr Drucker versteht. DVI-Treiber gibt es für viele verschiedene Drucker. Fast alle diese Programme haben einen Namen, der mit den Buchstaben »dvi« beginnt, etwa *dvips*, *dvilj* usw. Falls Ihr System den benötigten Treiber nicht enthält und Sie Zugang zum Internet haben, können Sie ihn aus einem der TeX-Archive besorgen. Lesen Sie die Details in den FAQs zu *comp.text.tex* nach.

Falls Sie das Glück haben, über einen Drucker zu verfügen, der PostScript beherrscht, können Sie mit dem Befehl:

```
eggplant$ dvips -o brief.ps brief.dvi
```

eine Datei im PostScript-Format erzeugen. Mit *lpr* können Sie die Datei dann ausdrucken. Wenn dies in einem Schritt erfolgen soll, geben Sie ein:

```
eggplant$ dvips brief.dvi | lpr
```

Der Befehl *dvilj* druckt *.dvi*-Dateien auf einem HP-LaserJet aus, und mit *eps* erzeugen Sie einen Ausdruck auf Epson-kompatiblen Druckern.

Wenn Sie absolut keinen DVI-Treiber für Ihren Drucker finden können, haben Sie noch die Möglichkeit, mittels GhostScript aus der PostScript-Datei (die Sie mit *dvips* erstellt haben) eine Datei zu erzeugen, die Ihr Drucker handhaben kann. Obwohl einige der GhostScript-Fonts nicht besonders gut sind, können Sie damit die Adobe-Fonts benutzen (die Sie sich für MS-DOS besorgen und dann von Linux aus unter GhostScript einsetzen). GhostScript bietet außerdem einen SVGA-Treiber, mit dem Sie die Datei ohne das X Window System benutzen können.

Falls es Ihnen auf irgendeine Weise gelingt, den Beispielbrief zu formatieren und auszudrucken, sollte das Ergebnis etwa so aussehen wie in Abbildung 9-1.

Fred Fröhn
Donald-Knuth-Weg 2e
31415 Latexhausen

O'Reilly Verlag
Balthasarstraße 81
50670 Köln

10. September 1997

Sehr geehrter Herr O'Reilly,

Ich möchte einen Kommentar zum Beispiel zu LaTeX abgeben, das Sie in Kapitel 9 von *Linux - Wegweiser zur Installation und Konfiguration* vorstellen. Obwohl ich Ihre Bemühungen anerkenne, muß ich doch sagen, daß dieses Beispiel nicht ganz das erfüllt, was ich von der Besprechung eines Textformatierungssystems erwarten würde. Ich möchte Ihnen raten, das Beispiel in einer zukünftigen Version durch ein instruktiveres zu ersetzen.

Mit freundlichen Grüßen,

F. Fröhn

Abbildung 9-1: Beispielausgabe einer LaTeX-Datei (Ausschnitt)

Literaturhinweise

[34] LATEX
[33] TEXbook
[35] Making TEX Work

Wenn Sie den Eindruck haben, daß LaTeX für die Bearbeitung Ihrer Dokumente geeignet ist, und wenn Sie zumindest dieses einfache Beispiel formatieren und drukken konnten, dann sollten Sie einen Blick in Leslie Lamports LaTeX *User's Guide and Reference Manual* werfen. Sie finden darin alles, was Sie bei der Formatierung von Briefen, Artikeln, Büchern und anderen Schriftstücken über LaTeX wissen müssen. Wenn Sie hacken möchten oder sich einfach für die grundlegende Arbeitsweise von TeX interessieren (was ausgesprochen hilfreich sein kann), dann ist Donald Knuths *The TEXbook* das Werk Ihrer Wahl. *Making* TeX *Work* von Norman Walsh zeigt, wie Sie TeX konfigurieren und es mit anderen Programmen zusammenarbeiten lassen.

Die Usenet-Gruppe, die sich mit diesen Textformatierern beschäftigt, ist *comp.text.tex*; allerdings wird vorausgesetzt, daß Sie in irgendeiner Form bereits Zugriff auf TeX- und LaTeX-Dokumentation haben, zum Beispiel auf die weiter oben erwähnten Handbücher.

groff

Parallel zu TeX entwickelten sich unabhängig *troff* und später *nroff*. Es handelt sich um Textformatierer, die bei den Bell Laboratories für das ursprüngliche UNIX entwickelt wurden (zeitweise wurde die Entwicklung von UNIX sogar vorangetrieben, um einen solchen Textformatierer einsetzen zu können). Die erste Version dieses Systems hieß *roff* (von »runoff«; etwa: Entscheidungslauf), und später kamen *troff* und *nroff* dazu, mit denen Ausdrucke für den jeweils gerade benutzten Drucker erzeugt wurden. Spätere Versionen von *troff* und *nroff* wurden zum Standardtextformatierer auf allen UNIX-Systemen. *groff* ist die GNU-Version von *nroff* und *troff*, die auf Linux-Systemen eingesetzt wird. *groff* enthält einige Erweiterungen sowie Treiber für eine Reihe von Druckern.

Mit *groff* lassen sich Schriftstücke, Artikel und Bücher in ganz ähnlicher Weise wie mit TeX erstellen. Allerdings hat *groff* (wie auch das originale *nroff*) eine Möglichkeit mitbekommen, die in TeX und seinen Varianten fehlt: die Fähigkeit, reine ASCII-Ausgaben zu erzeugen. Während TeX sehr gut geeignet ist, wenn formatierte Dokumente erzeugt werden sollen, lassen sich mit *groff* Ausgaben im ASCII-Format erzeugen, die auf dem Bildschirm angezeigt (oder als unformatierter Text selbst auf dem einfachsten Drucker ausgegeben) werden können. Falls Sie Texte erstellen wollen, die sowohl am Bildschirm als auch in gedruckter Form gelesen werden, ist *groff* vielleicht das geeignete Werkzeug für Sie (auch wenn es Alternativen gibt, von denen Texinfo, das wir weiter unten besprechen, nur eine ist).

groff bietet darüber hinaus den Vorteil, daß es wesentlich kleiner ist als TeX; es benötigt weniger Programme und andere Dateien als selbst die kleinste TeX-Distribution.

Eine besondere Anwendung findet *groff* bei der Formatierung der Manual-Pages von UNIX. Wenn Sie unter UNIX programmieren, werden Sie schließlich irgendeine Form von Dokumentation erstellen müssen. In diesem Abschnitt wollen wir Sie in die Benutzung von *groff* einführen, indem wir eine kleine Man-Page erstellen.

Wie TEX benutzt auch *groff* eine spezielle Textformatierungssprache, um zu beschreiben, wie ein Text verarbeitet werden soll. Diese Sprache ist noch etwas kryptischer als TEX, nimmt aber weniger Platz in Anspruch. Zu *groff* gehören außerdem mehrere Makropakete, die zusätzlich zum eigentlichen Formatierer *groff* eingesetzt werden. Diese Makropakete sind für bestimmte Dokumenttypen maßgeschneidert. So sind zum Beispiel die `mgs`-Makros ideal für Zeitungsartikel und andere kurze Texte, während die `man`-Makros bei der Erstellung von Man-Pages benutzt werden.

Eine Manual-Page erstellen

Das Erstellen einer Manual-Page mit *groff* ist ziemlich einfach. Damit Ihre Man-Page so aussieht wie andere auch, müssen Sie im Quelltext einige Konventionen befolgen, die wir weiter unten vorstellen. Wir wollen in diesem Beispiel eine Man-Page für den fiktiven Befehl *kaffee* erstellen, mit dem Sie Ihre Kaffeemaschine über das Netzwerk auf verschiedene Weise beeinflussen können.

Geben Sie mit Ihrem Texteditor folgenden Quelltext ein, und speichern Sie das Ergebnis als *kaffee.man*:

```
.TH KAFFEE 1 "9. September 97"
.SH NAME
kaffee \- Netzwerkkaffeemaschine steuern
.SH SYNOPSIS
\fBkaffee\fP [ -h | -b ] [ -t \fItyp\fP ] \fImenge\fP
.SH BESCHREIBUNG
\fIkaffee\fP schickt eine Anforderung an die Netzwerkkaffeemaschine
\fB/dev/kf0\fR. Der obligatorische Parameter \fImenge\fP gibt die
verlangte Menge an Kaffee an. Auf Standard-Kaffeemaschinen koennen
Werte zwischen 0 und 15 gewaehlt werden.
.SS Optionen
.TP
\fB-h\fP
Heissen Kaffee kochen. Der Default ist kalter Kaffee.
.TP
\fB-b\fP
Kaffee verbrennen. Besonders nuetzlich, wenn Sie \fIkaffee\fP fuer
Ihren Chef ausfuehren.
.TP
\fB-t \fItyp\fR
Den gewuenschten Kaffeetyp angeben. Erlaubte Werte fuer \fItyp\fP
sind \fBnormal\fP, \fBschonend\fP und \fBentkoffeiniert\fP.
.SH DATEIEN
.TP
```

```
25 \fI/dev/kf0\fR
26 Die Geraetedatei fuer die Netzwerkkaffeemaschine
27 .SH "SIEHE AUCH"
28 milch(5), zucker(5)
29 .SH FEHLER
30 Benutzereingriff erforderlich, wenn das Kaffeemehl alle ist.
```

Lassen Sie sich von den mysteriösen Einträgen in dieser Quelldatei nicht abschrekken. Sie kommen schon wesentlich weiter, wenn Sie wissen, daß mit den Zeichenfolgen `\fB`, `\fI` und `\fR` die Schriftattribute fett (bold), kursiv (italic) bzw. roman (mit Serifen) eingeschaltet werden. Mit `\fP` kehren Sie zu der Schriftart zurück, die vor der jetzt gültigen eingeschaltet war.

Weitere *groff*-Anweisungen stehen in Zeilen, die mit einem Punkt beginnen (.). In Zeile 1 sehen wir, wie mit der Anweisung `.TH` der Titel dieser Man-Page als `KAFFEE` definiert und als Manual-Section die 1 angegeben wird. (Der Abschnitt 1 enthält Benutzerbefehle, Abschnitt 2 Systemaufrufe usw.) Mit der Anweisung `.TH` wird außerdem das Datum der letzten Bearbeitung dieser Man-Page eingegeben.

Die Anweisung `.SH` in Zeile 2 leitet einen Abschnitt namens `NAME` ein. Fast alle UNIX-Man-Pages enthalten die Abschnitte `NAME`, `SYNOPSIS`, `BESCHREIBUNG`, `DATEIEN`, `SIEHE AUCH`, `ANMERKUNGEN`, `AUTOR` und `FEHLER` (bzw. deren englische Pendants `NAME`, `SYNOPSIS`, `DESCRIPTION`, `FILES`, `SEE ALSO`, `NOTES`, `AUTHOR` und `BUGS`) in dieser Reihenfolge; weitere Abschnitte werden bei Bedarf eingefügt. Es handelt sich hierbei lediglich um eine Konvention bei der Erstellung von Man-Pages, deren Einhaltung von der Software in keiner Weise verlangt wird.

Zeile 3 enthält den Namen des Befehls und eine kurze Beschreibung hinter dem Bindestrich (`\-`). Sie sollten dieses Format für den Abschnitt NAME beibehalten, damit Ihre Man-Page in die *whatis*-Datenbank aufgenommen werden kann, auf die die Befehle *man -k* und *apropos* zugreifen.

In den Zeilen 4 und 5 geben wir die Syntax des Befehls *kaffee* in Kurzform an. Beachten Sie, daß die Parameter für die Befehlszeile kursiv gesetzt werden (`\fI...\fP`) und daß optionale Argumente in eckigen Klammern stehen.

Die Zeilen 6 bis 10 enthalten eine kurze Beschreibung des Befehls. Dabei werden Befehle, Dateinamen und Optionen in der Regel kursiv gesetzt. In Zeile 11 wird mit der Anweisung `.SS` ein Unterabschnitt namens `Optionen` eingeleitet. Die Zeilen 12 bis 22 enthalten eine Liste der Optionen, die in Form einer Liste dargestellt werden. Jeder Punkt dieser Liste wird mit der Anweisung `.TP` eingeleitet. Die Zeile nach der `.TP`-Zeile enthält das »Etikett« dieser Listenzeile, dahinter folgt der Text zu diesem Punkt. Ein Beispiel: Der Quelltext in den Zeilen 12 bis 14:

```
.TP
\fB-h\fP
Heissen Kaffee kochen. Der Default ist kalter Kaffee.
```

wird in der Ausgabe folgendermaßen erscheinen:

```
-h      Heissen Kaffee kochen. Der Default ist kalter Kaffee.
```

In dieser Weise sollten Sie alle Optionen für die Befehlszeile Ihres Programms beschreiben.

Die Zeilen 23 bis 26 enthalten den Abschnitt `DATEIEN` der Manual-Page, in dem alle Dateien beschrieben werden, die dieser Befehl zu seiner Ausführung benötigt. Auch hierfür wird mit der Anweisung `.TP` eine Liste angelegt.

In den Zeilen 27 und 28 steht der Abschnitt `SIEHE AUCH`, der Querverweise auf andere relevante Man-Pages enthält. Beachten Sie, daß in Zeile 27 die Zeichenfolge `"SIEHE AUCH"` hinter der Anweisung `.SH` in Anführungszeichen steht; das ist notwendig, weil `.SH` die Zeichen bis zur ersten Leerstelle als Titel des Abschnitts benutzt. Deshalb müssen alle Titel, die aus mehr als einem Wort bestehen, in Anführungszeichen stehen, damit sie als ein Argument behandelt werden. Die Zeilen 29 und 30 schließlich enthalten den Abschnitt `FEHLER`.

Eine Manual-Page formatieren und installieren

Wenn Sie diese Manual-Page formatieren und auf dem Bildschirm anzeigen wollen, geben Sie folgenden Befehl ein:

```
eggplant$ groff -Tascii -man kaffee.man | more
```

Die Option *-Tascii* weist *groff* an, eine Ausgabe im ASCII-Format zu erzeugen; die Option *-man* läßt *groff* die speziellen Makros für Man-Pages benutzen. Wenn alles geklappt hat, sollte die Man-Page in dieser Form angezeigt werden:

```
KAFFEE(1)                                          KAFFEE(1)


NAME
     kaffee - Netzwerkkaffeemaschine steuern

SYNOPSIS
     kaffee [ -h | -b ] [ -t typ ] menge

BESCHREIBUNG
     kaffee  schickt eine  Anforderung an die Netzwerkkaffeema-
     schine /dev/kf0. Der obligatorische  Parameter menge  gibt
     die  verlangte  Menge  an  Kaffee  an.  Auf  Standard-Kaf-
     feemaschinen koennen Werte zwischen 0 und 15 gewaehlt wer-
     den.

  Optionen
     -h     Heissen  Kaffee kochen. Der Default ist kalter Kaf-
            fee.
```

```
       -b     Kaffee verbrennen. Besonders  nuetzlich,  wenn  Sie
              kaffee fuer Ihren Chef ausfuehren.

       -t typ Den  gewuenschten Kaffeetyp angeben. Erlaubte Werte
              fuer typ sind  normal,  schonend  und  entkoffei-
              niert.

DATEIEN
       /dev/kf0
              Die Geraetedatei fuer die Netzwerkkaffeemaschine

SIEHE AUCH
       milch(5), zucker(5)

FEHLER
       Benutzereingriff  erforderlich,  wenn  das Kaffeemehl alle
       ist.
```

Wie wir bereits erwähnt haben, kann *groff* auch andere Ausgabeformate erzeugen. Mit der Option *-Tps* statt *-Tascii* erhalten Sie die Ausgabe im PostScript-Format, die Sie in einer Datei speichern und dann mit Ghostview anzeigen oder auf einem PostScript-Drucker ausgeben können. Die Option *-Tdvi* erzeugt eine Ausgabe im Geräte-unabhängigen *.dvi*-Format, ähnlich wie TEX.

Wenn andere Benutzer die Möglichkeit haben sollen, Ihre Man-Page zu lesen, müssen Sie den *groff*-Quelltext in einem Verzeichnis ablegen, das im `MANPATH` des Benutzers enthalten ist. Üblicherweise stehen Man-Pages unter */usr/man*. Quelltexte für Man-Pages aus dem Abschnitt 1 sollten deshalb in */usr/man/man1* stehen. Mit dem Befehl:

```
eggplant$ cp kaffee.man /usr/man/man1/kaffee.1
```

installieren Sie diese Manual-Page in */usr/man*, so daß alle Benutzer Zugriff darauf haben (beachten Sie das Suffix *.1* statt *.man* zum Dateinamen). Wenn anschließend man kaffee aufgerufen wird, wird die Man-Page automatisch neu formatiert, und der lesbare Text wird in */usr/man/cat1/kaffee.1.Z* gespeichert.

Kapitel 4

Falls Sie die Quelltexte zu Manual-Pages nicht direkt nach */usr/man* kopieren können, haben Sie noch die Möglichkeit, einen eigenen Verzeichnisbaum für Man-Pages anzulegen und diesen in Ihren `MANPATH` aufzunehmen. Lesen Sie den Abschnitt »Manual-Pages« in Kapitel 4, *Grundlegende UNIX-Befehle und -Konzepte*, zu diesem Thema.

Texinfo

Texinfo ist ein Textformatierungssystem, das innerhalb des GNU-Projektes benutzt wird, um sowohl die Online-Dokumentation in Form von Hypertextseiten als auch mittels TEX gedruckte Handbücher zu erstellen. Texinfo wird durch seine eigenen Info-Seiten komplett dokumentiert, die Sie innerhalb von Emacs (mit dem Befehl `C-h i`) oder mit einem eigenständigen Info-Reader wie z. B. *info* lesen können. Wenn in Ihrem System die GNU-Info-Seiten installiert sind, ist darin auch die komplette Dokumentation zu Texinfo enthalten. In derselben Weise, wie Sie mit *groff* eine Man-Page erstellen, werden Sie mit Texinfo ein Info-Dokument schreiben.

Einen Texinfo-Quelltext schreiben

In diesem Abschnitt wollen wir einen einfachen Texinfo-Quelltext in kleinen Schritten präsentieren und dabei erklären, was jeder Bestandteil bewirkt.

Unsere Texinfo-Quelldatei soll *vakuum.texi* heißen. Wie üblich geben Sie den Quelltext mit einem einfachen Texteditor ein.

```
\input texinfo @c -*-texinfo-*-
@c %**start of header
@setfilename vakuum.info
@settitle Die leere Info-Datei
@setchapternewpage odd
@c %**end of header
```

Dies ist der Vorspann (header) der Texinfo-Quelldatei. Die erste Zeile enthält eine TEX-Anweisung, die die Texinfo-Makros einbindet, wenn Dokumentation in gedruckter Form erstellt werden soll. In Texinfo beginnen Anweisungen mit dem Zeichen `@`. Die Anweisung `@c` leitet einen Kommentar ein; in diesem Fall ist der Kommentar `-*-texinfo-*-` ein Hinweis für Emacs, daß es sich um eine Texinfo-Quelle handelt, damit Emacs den passenden Major-Modus einstellen kann. (Wir haben die Major-Modi weiter oben im Abschnitt »Emacs anpassen« besprochen.)

Die Kommentare `@c %**start of header` und `@c %**end of header` umschließen den Texinfo-Vorspann. Sie werden gebraucht, wenn nur ein Teil der Texinfo-Datei formatiert werden soll. Die Anweisung `@setfilename` bestimmt den Namen der Info-Ausgabedatei, `@settitle` gibt dem Dokument einen Namen, und `@setchapternewpage odd` weist Texinfo an, jedes neue Kapitel auf einer ungeraden Seite anfangen zu lassen. Dies sind einfache Standardanweisungen, die in jeder Texinfo-Datei erscheinen sollten.

Der folgende Abschnitt der Quelldatei legt das Aussehen der Titelseite für die Formatierung durch TEX fest. Diese Anweisungen sollten selbsterklärend sein.

```
@titlepage
@title Vakuum
@subtitle Die leere Info-Datei
@author von Tab U. Larasa
@end titlepage
```

Wir kommen jetzt zum Hauptteil des Texinfo-Quelltextes. Die Info-Datei ist in *Knoten* (*nodes*) aufgeteilt, wobei jeder Knoten so etwas wie eine »Seite« des Dokuments darstellt. Jeder Knoten hat Verbindungen (engl.: links) zum vorhergehenden, zum nächsten sowie zum übergeordneten Knoten und kann mit anderen Knoten als Querverweis verbunden werden. Sie können sich die Knoten als Kapitel oder Abschnitte eines Schriftstücks vorstellen, wobei dem ganzen ein Verzeichnis aller Knoten unterlegt ist. So enthält zum Beispiel das Menü eines Knotens auf Kapitelebene Verweise auf alle Abschnitte in diesem Kapitel. Die Knoten dieser Abschnitte verweisen alle auf den Knoten der Kapitelebene als übergeordneten Knoten. Außerdem verweist das Menü eines jeden Abschnitts auf den vorhergehenden und den folgenden Abschnitt, sofern diese existieren. Dies ist ziemlich kompliziert, aber es wird klarer werden, wenn Sie tatsächlich damit arbeiten.

Jeder Knoten bekommt einen kurzen Namen; derjenige auf der obersten Ebene heißt `Top`. Mit der Anweisung `@node` wird ein Knoten erzeugt; diese Anweisung bekommt als Argument den eigenen Namen sowie die Namen des vorhergehenden, des folgenden und des übergeordneten Knotens mit. Wir haben weiter oben bereits darauf hingewiesen, daß der vorhergehende und der folgende Knoten auf derselben Ebene angeordnet sein sollten. Der übergeordnete Knoten ist derjenige, der im »Verzeichnisbaum« über dem aktuellen Knoten steht. (Ein Beispiel: Der übergeordnete Knoten zum Abschnitt 2.1 eines Schriftstücks ist das Kapitel 2.) In Abbildung 9-2 zeigen wir eine beispielhafte Hierarchie von Knoten.

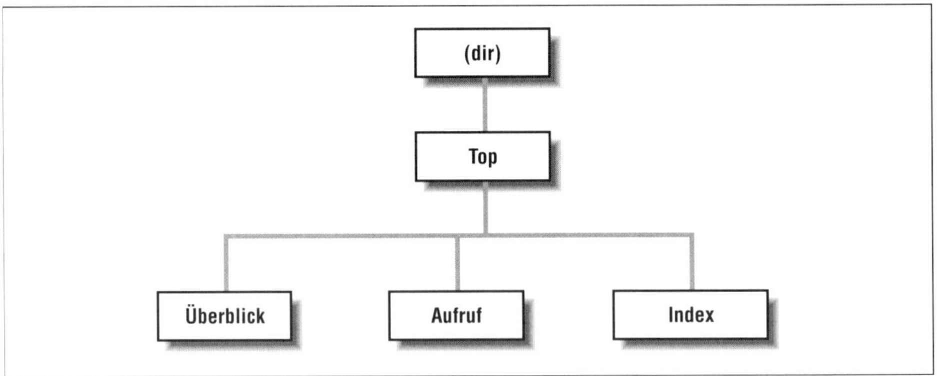

Abbildung 9-2: Knoten-Hierarchie in Texinfo

So sieht der Quelltext für den Knoten `Top` aus:

```
@c    Knoten, Naechster, Letzter, Hoch
@node Top   ,          ,        , (dir)

@ifinfo
Diese Info-Datei kommt einem Vakuum ziemlich nahe. Sie dokumentiert
ueberhaupt nichts.
@end ifinfo
```

```
@menu
* Ueberblick::          Ueberblick ueber das Vakuum
* Aufruf::              Wie man ein Vakuum benutzt
* Index::               Index der besprochenen Konzepte
@end menu
```

Wir haben der Anweisung `@node` einen Kommentar vorangestellt, um dort die Reihenfolge der Argumente für `@node` festzuhalten. In diesem Beispiel hat `Top` keinen vorhergehenden oder folgenden Knoten, deshalb bleiben diese Felder leer. Der übergeordnete Knoten zu `Top` ist `(dir)`, womit dasjenige Verzeichnis im System benannt wird, in dem die Info-Seiten stehen. Wir gehen davon aus, daß Ihre Info-Datei in den Verzeichnisbaum der Info-Dateien des Systems eingebunden wird; deshalb sollte der Knoten `Top` auf das übergeordnete Info-Verzeichnis verweisen.

Der Anweisung `@node` folgt eine kurze Zusammenfassung des gesamten Schriftstücks, die von `@ifinfo...@end ifinfo` begrenzt wird. Diese Anweisungen werden benutzt, weil der eigentliche Text des Knotens `Top` nur in der Info-Datei erscheinen soll, nicht aber im gedruckten, mit $\TeX$ erzeugten Dokument.

Die Anweisungen `@menu...@end menu` bezeichnen das Menü dieses Knotens. Jeder Menüeintrag enthält den Namen eines Knotens sowie eine kurze Beschreibung desselben. In unserem Beispiel verweist das Menü auf die Knoten `Ueberblick`, `Aufruf` und `Index`, deren Quelltexte weiter unten in der Datei erscheinen. Diese drei Knoten entsprechen den drei »Kapiteln« unseres Schriftstücks.

Lassen Sie uns mit dem Knoten `Ueberblick` weitermachen, der dem ersten »Kapitel« entspricht:

```
@c    Knoten,     Naechster, Vorheriger, Hoch
@node Ueberblick, Aufruf,              , Top
@chapter Ueberblick ueber @code{vakuum}

@cindex Das Nichts
@cindex Ueberblick
@cindex Vakuumflaschen

Ein @code{Vakuum} ist ein Raum gaenzlich ohne Materie, also ohne Luft,
leere Bierdosen, kein Staub, kein gar nichts. Vakua findet man
gewoehnlich in den Weiten des Weltraums. Vakua werden in Vakuumflaschen
aufbewahrt. Lesen Sie @xref{Aufruf} um zu sehen, wie man @code{vakuum}
startet.
```

Der Knoten, der auf `Ueberblick` folgt, ist `Aufruf`; dies ist der Knoten des zweiten »Kapitels« und damit auch der nächste Menüeintrag. Beachten Sie, daß Sie Ihren Texinfo-Dokumenten fast jede beliebige Struktur geben können; allerdings ist es oft sinnvoll, eine Struktur zu finden, in der die Knoten den Kapiteln, Abschnitten, Unterabschnitten usw. entsprechen. Diese Entscheidung liegt ganz bei Ihnen.

Mit der Anweisung `@chapter` beginnen Sie ein Kapitel; dies wirkt sich nur aus, wenn Sie den Quelltext mit TEX formatieren. In ähnlicher Weise werden mit den Anweisungen `@section` und `@subsection` (Sie haben richtig geraten!) die Abschnitte und Unterabschnitte des entstehenden TEX-Dokuments eingeleitet. Der Name des Kapitels (Abschnitts, Unterabschnitts) kann ruhig etwas ausführlicher sein als der kurze Name für den Knoten selbst.

Sie werden bemerkt haben, daß innerhalb des Kapitelnamens die Anweisung `@code`... benutzt wurde. Dies ist nur eine Möglichkeit, Text in irgendeiner Weise hervorzuheben. Sie sollten `@code` für Anweisungen und Programm-Quelltexte benutzen. Sie bewirken damit, daß der Text innerhalb von `@code`... im fertigen TEX-Dokument gesperrt gedruckt und in der Info-Datei in einfache Anführungsstriche (etwa `'so'`) gesetzt wird.

Anschließend haben wir dreimal die Anweisung `@cindex` benutzt, um die Einträge für den Index am Ende des Dokuments zu erzeugen. Danach erscheint der eigentliche Text dieses Knotens. Auch hier haben wir `@code` benutzt, um den Namen der »Anweisung« `vakuum` hervorzuheben.

Mit der Anweisung `@xref` erzeugen Sie einen Querverweis auf einen anderen Knoten; der Leser kann diesem Verweis im Info-Reader mit der Anweisung `f` folgen. Mit `@xref` können Sie auch Querverweise auf andere Texinfo-Dokumente erzeugen. Lesen Sie die Details hierzu in der Dokumentation zu Texinfo nach.

Der folgende Knoten heißt `Aufruf`:

```
@node Aufruf, Index, Ueberblick, Top
@chapter Starten von @code{vakuum}

@cindex Starten von @code{vakuum}
@code{vakuum} wird folgendermaßen aufgerufen:

@example
vakuum @var{optionen} @dots{}
@end example
```

In diesem Knoten haben wir `@example...@end example` benutzt, um ein Beispiel hervorzuheben. Innerhalb des Beispiels wird `@var` als Meta-Variable eingesetzt, also als Platzhalter für eine Zeichenfolge, die der Benutzer einzugeben hat (in diesem Fall die Optionen zur Anweisung *vakuum*). Mit `@dots{}` erzeugen Sie die drei Punkte. Dieses Beispiel wird im TEX-Dokument so erscheinen:

vakuum *optionen* ...

und in der Info-Datei so:

```
vakuum OPTIONEN ...
```

Mit Anweisungen wie `@code` und `@var` erzeugen Sie Hervorhebungen, die in den TEX- und Info-Dokumenten auf verschiedene Arten dargestellt werden können.

Wir fahren mit dem Knoten `Aufruf` folgendermaßen fort:

```
@cindex Optionen
@cindex Argumente
Die folgenden Optionen werden unterstuetzt:

@cindex Hilfe aufrufen
@table @samp
@item -hilfe
Eine Uebersicht ueber die Optionen ausgeben.

@item -version
Versionsnummer von @code{vakuum} ausgeben.

@cindex Leere Vakua
@item -leer
Ein besonders leeres Vakuum erzeugen (Default).
@end table
```

Hiermit erzeugen wir eine Tabelle der Optionen, die vakuum anscheinend unterstützt. Die Anweisung `@table @samp` leitet eine zweispaltige Tabelle ein (die schließlich mehr wie eine einfache Liste aussieht). Die einzelnen Tabelleneinträge werden mit der Anweisung `@samp` hervorgehoben. `@samp` funktioniert so ähnlich wie `@code` und `@var`, ist aber für feste Eingaben (wie zum Beispiel die Optionen auf der Befehlszeile) gedacht.

Ein normales Texinfo-Dokument würde außerdem Knoten für Beispiele, Hinweise zur Benachrichtigung im Fall von Fehlern sowie einige andere Punkte enthalten. Wir wollen uns kurz fassen und unser Beispiel deshalb mit dem letzten Knoten, `Index`, beenden. Es handelt sich dabei um einen Index der Konzepte, die in diesem Dokument vorgestellt werden; dieser Index wird mit der Anweisung `@printindex` selbständig erstellt.

```
@node Index, , Aufruf, Top
@unnumbered Index

 @printindex cp
```

`@printindex cp` weist den Formatierer an, den Konzeptindex an dieser Stelle einzufügen. Es gibt andere Arten von Indizes wie zum Beispiel den Funktionsindex, den Befehlsindex usw. Sie werden alle mit Varianten der Anweisungen `@cindex` und `@printindex` erstellt.

Die letzten drei Zeilen unseres Texinfo-Quelltextes lauten:

```
@shortcontents
@contents
@bye
```

Hier wird der Formatierer angewiesen, ein »zusammengefaßtes« Inhaltsverzeichnis zu erstellen (`@shortcontents`), dazu ein komplettes Inhaltsverzeichnis (`@contents`), und dann die Formatierung zu beenden (`@bye`). `@shortcontents` erstellt ein kurzes Inhaltsverzeichnis, das nur die Kapitel und Anhänge aufführt. Wahrscheinlich werden Sie nur für lange Schriftstücke die Anweisung `@shortcontents` zusätzlich zu `@contents` benutzen.

Texinfo formatieren

Wenn Sie aus der Texinfo-Quelle eine Info-Datei erstellen möchten, benutzen Sie dazu den Befehl *makeinfo*. (Dieser Befehl ist – wie die anderen Programme zur Bearbeitung von Texinfo – ein Teil der Texinfo-Distribution, die manchmal zusammen mit Emacs ausgeliefert wird.) Mit dem Befehl:

```
eggplant$ makeinfo vakuum.texi
```

erzeugen Sie aus *vakuum.texi* die Datei *vakuum.info*. *makeinfo* benutzt den Dateinamen für die Ausgabedatei, der durch `@setfilename` im Quelltext festgelegt wird; mit der Option *-o* können Sie einen anderen Namen vergeben.

Falls die entstehende Info-Datei sehr groß ist, wird *makeinfo* sie in eine Reihe von Dateien mit den Namen *vakuum.info-1*, *vakuum.info-2* usw. aufteilen. Dabei ist die Datei *vakuum.info* die »Haupt«-Datei, die auf die verschiedenen Teil-Dateien verweist. Solange alle *vakuum.info*-Dateien im selben Verzeichnis stehen, sollte der Info-Reader sie finden können.

Sie haben auch die Möglichkeit, mit den Emacs-Befehlen `M-x makeinfo-region` und `M-x makeinfo-buffer` aus dem Texinfo-Quelltext die Info-Dateien zu erstellen.

Anschließend können Sie aus Emacs heraus mit `C-h i` die Info-Datei lesen. Im Info-Modus von Emacs müssen Sie den Befehl `g` zusammen mit dem kompletten Pfad zu Ihren Info-Dateien angeben, zum Beispiel so:

```
Goto node: (/home/loomer/mdw/info/vakuum.info)Top
```

Das hängt damit zusammen, daß Emacs Info-Dateien in der Regel nur in seinem eigenen Info-Verzeichnis sucht (das könnte auf Ihrem System */usr/local/emacs/info* sein).

Eine andere Möglichkeit ist es, den von Emacs unabhängigen Info-Reader *info* zu benutzen. Mit dem Befehl:

```
eggplant$ info -f vakuum.info
```

rufen Sie *info* auf, um Ihre neue Info-Datei zu lesen.

Falls alle Benutzer Ihres Systems Zugriff auf die neue Info-Seite haben sollen, müssen Sie noch in der Datei *dir* im *info*-Verzeichnis von Emacs einen Verweis auf die neue Seite eintragen. Die Texinfo-Dokumentation beschreibt diesen Schritt im Detail.

Um aus dem Quelltext ein gedrucktes Schriftstück zu erstellen, müssen Sie auf Ihrem System TeX installiert haben. Die Texinfo-Software enthält die Datei *texinfo.tex*, die alle Makros definiert, die Texinfo für die TeX-Formatierung benötigt. Falls alles korrekt installiert ist, sollte sich *texinfo.tex* im *inputs*-Verzeichnis von TeX befinden, wo TeX diese Datei finden kann. Falls das nicht der Fall ist, können Sie *texinfo.tex* in das Verzeichnis kopieren, in dem Ihre Texinfo-Dateien stehen.

Verarbeiten Sie zuerst die Texinfo-Datei mittels TeX:

```
eggplant$ tex vakuum.texi
```

Damit wird in diesem Verzeichnis eine ganze Reihe von Dateien erzeugt, von denen einige zu TeX gehören; andere werden bei der Erstellung des Indexes benutzt. Der Befehl *texindex* (der im Texinfo-Paket enthalten ist) wird benutzt, um den Index so zu formatieren, daß TeX damit etwas anfangen kann. Als nächstes geben Sie deshalb den Befehl:

```
eggplant$ texindex vakuum.??
```

ein. Der Platzhalter ?? sorgt dafür, daß *texindex* alle Dateien in diesem Verzeichnis bearbeitet, die ein zweibuchstabiges Suffix haben; dies sind genau die Dateien, die Texinfo erzeugt hat, um daraus den Index zu erstellen.

Zum Schluß müssen Sie noch die Texinfo-Datei mittels TeX neu formatieren; damit werden die Querverweise aufgelöst, und der Index wird erstellt:

```
eggplant$ tex vakuum.texi
```

Nach diesem Schritt sollten Sie eine Datei namens *vakuum.dvi* haben; eine Geräteunabhängige Datei, die Sie entweder mit *xdvi* anschauen oder in ein druckbares Format konvertieren können. Im Abschnitt »TeX und LaTeX« weiter oben in diesem Kapitel zeigen wir, wie *.dvi*-Dateien gedruckt werden.

Wie üblich gibt es auch über dieses System eine Menge mehr zu lernen. Texinfo selbst enthält einen kompletten Satz an Info-Seiten, die Sie sicherlich mit Ihrem Info-Reader lesen können. Nachdem Sie jetzt aber mit den Grundlagen vertraut sind, könnten Sie die Quelltexte der Texinfo-Dokumentation mit TeX selbst formatieren. Die *.texi*-Quelldateien der Dokumentation zu Texinfo sind in der Texinfo-Distribution enthalten.

Textverarbeitungen

Wenn Sie auf einer WYSIWYG-Textverarbeitung bestehen, können Sie inzwischen auf einige Lösungen zurückgreifen. (Aber erwarten Sie nicht so bald, daß Bill Gates den Befehl zur Portierung von Word auf Linux gibt!) Eine der mächtigsten und bekanntesten Textverarbeitungen, WordPerfect, ist bereits auf Linux portiert worden. Caldera, Inc. hat WordPerfect lizenziert und auf den Caldera Network Desktop, eine kommerzielle Linux-Distribution, portiert.

Zwei weitere Produkte sind ganze Office-Pakete. Applixware von Applix, Inc. und StarOffice von Star Division GmbH sind auf Linux portiert worden und verfügen nicht nur über eine WYSIWYG-Textverarbeitung, sondern auch über eine Tabellenkalkulation sowie weitere Bestandteile wie Grafikprogramme. Star Office wird von Caldera vertrieben, Applixware unter anderem von Red Hat Software und S.u.S.E., beides ebenfalls Hersteller von Linux-Distributionen.

Mit den in vielen Linux-Distributionen enthaltenen Werkzeugen können Programme für Intel-Portierungen von System V UNIX gestartet werden. Das bedeutet für Sie, daß Sie vermutlich noch andere Textverarbeitungen und DTP-Programme für Linux beziehen können. Kommerzielle Textverarbeitungen verlangen aber eine komplexe Linux-Installation, weil vermutlich ein Lizenz-Manager benötigt wird. (Softwarehersteller sind verständlicherweise nervös bei Portierungen auf Multiuser-Plattformen.) Sie benötigen darüber hinaus vermutlich einen X Window Manager (typischerweise *mwm*) oder zumindest die dazugehörige Bibliothek, sowie eigene Druckerverwaltungssoftware oder eine ganz bestimmte Konfiguration eines der Standard-Druckerverwaltungssysteme unter UNIX.

Das LyX-Paket ist eine Alternative. Es verfügt über eine ansprechende X-Benutzeroberfläche, die mit normalen Window Managern aus gewöhnlichen Linux-Distributionen zusammenarbeitet, und verwendet LaTeX und TeX zum Formatieren und Drucken. Wenn Sie mit den Einschränkungen in der Formatierung mit LaTeX leben können (das trifft auf die meisten von uns zu), könnte LyX eine exzellente Lösung für Sie sein. LyX kann aber nicht einige der mächtigeren Formatierungsfunktionen von TeX anzeigen. Wenn Sie also ein TeX-Profi sind, ist LyX nicht das Richtige für Sie. LyX ist nur in wenigen Linux-Distributionen enthalten; um es auszuprobieren, müssen Sie es sich also aus einem Linux-Archiv besorgen.

Eine weitere Alternative ist die Verwendung von Dosemu, um eine DOS-Shell zu starten und eine DOS- (nicht Windows-) Textverarbeitung aufzurufen. Das Anhäufen von Features hat auch die DOS-Textverarbeitungen betroffen, so daß die neuesten Versionen möglicherweise zu groß sind, um in einem DOS-Fenster zu laufen; wir konnten WordPerfect 6.0 nicht so schlank bekommen, daß es unter Linux via Dosemu laufen würde; ältere Versionen sollen aber funktionieren.

Drucken

Mit dem Befehl *lpr* wird unter Linux ein Dokument ausgedruckt. Sie werden diesen Befehl nicht immer direkt aufrufen – möglicherweise drücken Sie einfach nur einen »Print«-Knopf auf einer bunten Benutzeroberfläche –, aber im Hintergrund wird das Drucken immer von *lpr* und den anderen Utilities zum Drucken, die wir hier beschreiben, abgewickelt.

Wenn Sie ein Programm-Listing ausdrucken wollen, geben Sie zum Beispiel ein:

```
lpr myprogram.c
```

Wie wir noch sehen werden, wird die Eingabe oft auch von einem anderen Befehl über eine Pipe an *lpr* geschickt. *lpr* startet den Druckvorgang, indem es die Druckdaten vorübergehend in einem Verzeichnis ablegt, das als Drucker-Spooler bezeichnet wird. Andere Komponenten des Druck-Systems, deren Konfiguration wir Ihnen im Abschnitt »Verwalten der Druckerdienste« in Kapitel 8, *Andere Administrationsaufgaben,* gezeigt haben, entnehmen die Dateien aus der Warteschlange in der richtigen Reihenfolge (es können auch noch andere Dateien von Ihnen oder anderen Benutzern in der Druckerwarteschlange stehen), bereiten die Datei zum Drucken vor und leiten die Daten schließlich an den Drucker.

Kapitel 8

Es gibt mindestens einen Drucker-Spooler pro Drucker im System.[1] Per Default druckt *lpr* an einen Drucker namens »lp«. Wenn Sie aber einen anderen Drucker angeben wollen, können Sie das einfach mit der Option *-P* machen. Wenn Sie zum Beispiel Ihr Dokument an den Drucker `nene` schicken wollen, geben Sie ein:

```
lpr -Pnene myprogram.c
```

Wenn Sie den Namen eines Druckers vergessen haben, können Sie die Namen der Spool-Verzeichnisse unterhalb von */var/spool/lpd* oder die Einträge in der Datei */etc/printcap* zu Rate ziehen, um alle bekannten Druckernamen zu bekommen.

Wenn Sie immer wieder den gleichen Drucker verwenden wollen, können Sie diesen auch mit der Umgebungsvariable PRINTER festlegen. Angenommen, Sie verwenden wie üblich die Shell *bash*, dann können Sie `nene` zu Ihrem persönlichen Standarddrucker machen, indem Sie diesen Befehl in Ihrer Datei *.bashrc* einfügen:

```
export PRINTER=nene
```

Die Option *-P* des *lpr*-Befehls hat Vorrang vor der Variablen PRINTER.

Wenn Sie einmal herausgefunden haben, wie man eine Datei ausdruckt, könnte Ihr nächstes Problem sein, herauszufinden, was passiert, wenn die Datei nicht wie erwartet sofort ausgedruckt wird. Um den Status aller Dateien, die an Ihren Standard-

1 Ein Drucker, der mehrere Betriebsmodi, zum Beispiel zum Ausdrucken von Faxen und Briefen, hat, kann für jeden Modus einen eigenen Spooler haben.

drucker (alles, was wir über die Umgebungsvariable PRINTER gesagt haben, gilt auch für alle nachfolgenden Befehle dieses Abschnitts) geschickt wurden, abzufragen, geben Sie ein:

```
$ lpq
  nene is ready and printing
  Rank   Owner     Job  Files                                Total Size
  active lovelace  020  (standard input)                   776708 bytes
  1st    parcifal  024  (standard input)                  2297842 bytes
  1st    lark      023  (standard input)                    10411 bytes
```

Sie sehen, daß der Drucker in Betrieb ist, aber auch, daß große Druckjobs vor Ihrem in der Schlange stehen (wenn Sie `lark` sind). Wenn Sie nicht warten wollen, können Sie den Druckjob auch wieder aus der Schlange entfernen. Dazu können Sie die Jobnummer verwenden, die *lpq* ausgegeben hat:

```
$ lprm 23
  023 dequeued
  023 dequeued
```

Die Druckdatei, die im Spooler als Job 023 steht, wird gemeinsam mit einer weiteren Datei, die Druckanweisungen enthält, verworfen.

Sie können die Ausgabe von *lpq* eingrenzen, indem Sie nach einem bestimmten Druckjob über die Task-ID (selten verwendet), den Drucker oder die Benutzer-ID fragen. Um beispielsweise einen Bericht über die gespoolten Dateien für den Drucker »ada« zu bekommen, würden Sie folgendes eingeben:

```
$ lpq ada

  ada is ready and printing
  Rank   Owner     Job  Files                                Total Size
  active lovelace  788  standard input                     16713 bytes
  1st    lark      796  standard input                     70750 bytes
```

Wenn Sie der Benutzer *root* sind, können Sie alle ausstehenden Druckjobs mit dem Befehl

```
lprm -
```

abbrechen. Wenn Sie nicht *root* sind, löscht dieser Befehl nur Ihre eigenen Druckjobs. Das gilt auch, wenn Sie einen Drucker angeben:

```
lprm ada
```

Wenn Sie Superuser (*root*) sind, wird die gesamte Warteschlange von `ada` geleert. Wenn Sie ein normaler Benutzer sind, werden nur Ihre eigenen Druckjobs aus dem angegebenen Spooler gelöscht. *lprm* gibt die jeweils gelöschten Jobs aus.

Der Superuser kann alle Druckjobs eines bestimmten Benutzers durch Eingabe von

```
lprm Benutzername
```

beenden.

Wenn Sie *lprm* ohne Argumente eingeben, löscht es alle Ihre aktiven Druckjobs. Das ist das gleiche wie:

```
lprm IhrBenutzername
```

Wenn Sie sehen wollen, ob ein Drucker online ist, können Sie den Befehl *lpc* verwenden:

```
/usr/sbin/lpc status ada
```

Kapitel 8

Schlagen Sie in Abschnitt »Kontrollieren der Druckerdienste mit lpc« in Kapitel 8 nach, wenn Sie mehr wissen wollen. Das Utility *lpc* wird üblicherweise in einem der Verzeichnisse */sbin* oder */usr/sbin* installiert.

Kommen wir nun zu einigen weiteren Beispielen, die häufige Druckaufgaben und oft benutzte Filter demonstrieren.

Um die Manual-Page von `printcap` auszudrucken, geben Sie ein:

```
man printcap | col -b | lpr
```

Der Befehl *man* sucht und formatiert die Manual-Page von `printcap` und gibt sie in einem erweiterten ASCII-Format aus, in dem Rückschritte zum Durch- und Unterstreichen von Zeichen (anstelle von *Schrägschrift*) verwendet werden. Die Ausgabe wird durch *col* geschickt, ein UNIX-Textfilter, bei dem *-b* angibt, daß die »Backspace«-Anweisungen entfernt werden. Daraus resultiert eine einfache Ausgabe, bei der aber das Format erhalten bleibt. Die Ausgabe von *col* wird wiederum an *lpr* weitergeleitet, das den Text in das Spool-Verzeichnis stellt.

Wenn Sie Unterstreichungen simulieren wollen, können Sie statt dessen auch einen Filter verwenden, der ursprünglich zur Ausgabe auf Textbildschirmen entworfen wurde:

```
man printcap | colcrt | lpr
```

Angenommen, Sie wollen eine Manual-Page mit allen Formatierungen ausdrucken, einschließlich Hervorhebungen und allem, was dazu gehört. Dazu könnten Sie den folgenden Befehl benutzen:

```
groff -man -Tps /usr/man/man5/printcap.5 | lpr
```

Der Befehl *groff* wendet die *man*-Makros auf die angegebene Datei an und erzeugt eine PostScript-Ausgabe (was mit *-Tps* angegeben wurde). Diese wiederum wird an *lpr* weitergeleitet, der das Ergebnis in den Drucker-Spooler stellt. Schließlich wendet *lpd* die in */etc/printcap* angegebenen Verarbeitungen auf die Datei an.

Die meisten Linux-Installationen verwenden die BSD-artigen Druck-Utilities, die für die Berkeley Software Distribution von UNIX entwickelt wurden. Wenn Sie Utilities wie *lp*, *lpstat*, *cancel* oder *lpadmin* vorfinden, verwendet Ihr Linux-Rechner ein »System V«-basiertes Drucksystem. In diesem Fall sollten Sie die Manual-Pages und möglicherweise zusätzlich vorhandene Dokumentation lesen. Es gibt auch noch andere Drucksysteme, die auf Ihrem System installiert sein könnten, so zum Beispiel das PLP-Paket. Wir beschreiben hier aber nur die normalen BSD-basierten Druck-Utilities. Darüber hinaus beschreiben wir auch, wie Sie einige weitere, oft vorhandene Druck-Utilities verwenden, wie zum Beispiel Filter, die Dokumente so aufbereiten, daß Sie sie auf Ihrem Drucker ausdrucken können.

Das BSD-artige Drucksystem wird traditionell »lp« genannt, weil Zeilendrucker (*line printers*) zu der Zeit, als dieses Paket entwickelt wurde, der gängigste Druckertyp waren.[2] In der Linux-Gemeinde wird das BSD-Drucksystem häufiger als »das lpr-Paket« bezeichnet. Aber natürlich ist der Befehl *lpr* nur ein Werkzeug dieses Pakets.

Was passiert mit einer Datei, nachdem sie in die Druckerwarteschlange eingereiht worden ist?

Nur der Benutzer *root* kann direkt auf die Drucker, das heißt ohne den Umweg über das Drucksystem, zugreifen (was aber nebenbei bemerkt nicht besonders vernünftig ist). Linux gewährt normalen Benutzern nicht das Recht, die diversen physikalischen Geräte direkt anzusprechen, weil unangenehme Konflikte die Folge sein könnten und es ohnehin nicht besonders praktisch für die Benutzer ist. Statt dessen rufen die Utilities Systemprozesse im Hintergrund auf, die Ihren Druckjob zu den anderen stellen, die Druckdaten in Daten konvertieren, die ein bestimmter Drucker und ein bestimmtes Protokoll verstehen, die Druckauflösung einstellen, die Seiten formatieren, Kopf- und Trennseiten hinzufügen (oder auch nicht) und Seiten numerieren. Linux konfiguriert sich beim Booten selbst, was die physikalischen Geräte angeht. Das schließt auch die Initialisierung der Schnittstellen und Protokolle zum Drucken mit ein.

Das Drucksystem wird von *lpd*, dem »Line Printer Dämon« gesteuert, der die notwendigen Rechte hat, um die Drucker in Ihrem Auftrag anzusteuern. Wenn das Drucksystem einmal installiert ist, wird *lpd* jedes Mal beim Hochfahren von Linux gestartet. Die notwendigen Steuerungsinformationen, die *lpd* benötigt, um Ihre Dateien auszudrucken, stehen in der Datei */etc/printcap*.

2 Lassen Sie sich nicht verwirren, wenn jemand diesen Ausdruck verwendet; der Ausdruck ist eigentlich falsch. Es gibt kein Utility namens *lp* im BSD-Drucksystem, aber durchaus eines im später entwickelten »System V«-Druckpaket. Trotzdem ist es möglich, daß Ihr BSD-Paket einen Befehl namens *lp* zum Drukken verwendet. Einige Systeme benutzen ein Shell-Skript (Filter) namens *lp*, um Optionen von *lp* in Optionen von *lpr* umzusetzen und diese an *lpr* weiterzureichen. Dies dient lediglich der Bequemlichkeit der Benutzer, die den »System V«-*lp*-Befehl gewöhnt sind.

Im folgenden beschreiben wir, was das Drucksystem eigentlich macht, wenn Sie einen Druckbefehl abschicken. *lpr* überprüft zunächst, ob bei Ihnen die Umgebungsvariable PRINTER gesetzt ist. Wenn dies der Fall ist, verwendet *lpr* die dort angegebenen Optionen als Anweisungen, wie es die empfangene Datei zu verarbeiten hat. Anschließend wendet *lpr* auf der Kommandozeile übergebene Parameter oder solche, die vom aufrufenden Programm gesetzt wurden, an. Schließlich schickt *lpr* die Datei in das Spool-Verzeichnis des angegebenen Druckers, zusammen mit einer anderen temporären Datei, die Anweisungen für *lpd* enthält. Anschließend informiert *lpr lpd*, daß es eine Druckdatei in den Spooler gestellt hat. Wenn *lpr* eine unbekannte Option vorfindet, leitet es sie an die weiter unten besprochenen Druckfilter weiter.

Wenn *lpd* einen Druckjob im Drucker-Spooler vorfindet, liest er die Verarbeitungsanweisungen ein, die ihm mitteilen, ob und wie die Datei durch Filter geschickt werden muß und an welches Gerät sie schließlich gehen soll, führt den Druckauftrag aus und löscht die Druck- und die Anweisungsdatei, wenn die gesamte verarbeitete Datei an den Drucker geschickt worden ist.

Alle Drucksysteme unter UNIX schicken eine Datei durch mindestens einen Filter, um sie für die Ausgabe vorzubereiten. Dieser Filter verarbeitet die Datei unter Verwendung der üblichen Optionen, die die Druck-Utilities von UNIX ihm schicken.

Die für das System passenden Filter werden vom Administrator eingerichtet und in der Printcap-Datei angegeben, um die üblichen Druckaufgaben zu erfüllen. Wenn Sie irgendwelche speziellen Verarbeitungen vornehmen wollen, geben Sie die entsprechenden Optionen bei den Druck-Befehlen an. Ihre Anweisungen gelangen über den *lpr*-Befehl (von der Kommandozeile oder einem anderen Programm übergeben) in das Drucksystem. *lpr* speichert die Druckdatei im richtigen Spool-Verzeichnis ab und stellt eine Datei mit allen zugehörigen Verarbeitungsanweisungen in dasselbe Verzeichnis.

Wenn Ihre Datei mit dem Drucken an der Reihe ist, liest der *lpd*-Dämon alle speziellen Verarbeitungsanweisungen ein. Diese haben Vorrang vor eventuellen Default-Werten in der Datei */etc/printcap*. Wenn *lpd* eine Datei an den zum Drucker zugehörigen Filter schickt, liefert er auch alle Optionen mit, die noch nicht ausgeführt worden sind. Der Filter verarbeitet diese Datei dann entsprechend der erhaltenen Anweisungen weiter oder ruft einen anderen Filter auf, um die Verarbeitungsschritte vorzunehmen, die er selbst nicht ausführen konnte. Das Endergebnis wird dann von *lpd* an den Drucker geschickt. Sie sehen, daß diese versteckten Filter die meiste Arbeit beim Druckvorgang übernehmen.

Wenn Sie besondere Anforderungen an den Druckvorgang haben, müssen Sie die Optionen kennen, die den Filtern mitgegeben werden müssen. Die Standardoptionen werden in der Manual-Page von *lpr* besprochen. Weitere Filteroptionen werden im verwendeten Filterpaket dokumentiert. Wir beschreiben weiter unten noch eine Reihe von Filtern, die auf Ihrem System möglicherweise vorhanden sind. Aber wir können hier unmöglich alle Filter und Filterpakete beschreiben, die für Linux verfügbar sind. Sie sollten die Manual-Pages zu den auf Ihrem System vorhandenen Filtern lesen, um die gewünschte Ausgabe zu erhalten.

Eine korrekt konfigurierte Printcap-Datei verwendet den Namen des Druckers, um herauszufinden, welche Filterung angewendet werden muß. Wenn es zum Beispiel einen Drucker gibt, der automatisch HTML-Dokumente (aus dem World Wide Web) formatieren und ausdrucken kann, können Sie *lpr* möglicherweise mitteilen, daß der »html«-Drucker verwendet werden soll:

```
lpr -Phtml ~/homepage.html
```

Möglicherweise handelt es sich dabei um denselben Drucker, den Sie auch für PostScript-Dateien verwenden, aber durch die Angabe des Druckernamens »html« erreichen Sie, daß *lpd* einen anderen Printcap-Eintrag verwendet, der die Datei durch einen HTML-Filter schickt, der sie in ein Format aufbereitet, das der Drucker verstehen kann.

Weil der Systemadministrator die Kontrolle über den Inhalt von */etc/printcap* hat, können Sie diese Datei nicht einfach ändern, um einen Filter gegen einen anderen auszutauschen. Sie haben aber durch die Wahl von Kommandozeilenoptionen und Umgebungsvariablen einen gehörigen Einfluß auf Satzwerkzeuge, Filterparameter und Druckerauswahl. Wenn nötig, können Sie Ihre Dateien auch zunächst selber filtern, bevor Sie sie an das Drucksystem weiterreichen. Wenn Sie beispielsweise eine E-Mail mit einer angehängten Grafik bekommen, die Sie weder anzeigen noch ausdrucken können, können Sie die Datei immer noch abspeichern und dann eines der vielen für Linux vorhandenen Grafik-Utilities verwenden, um die Datei in eine ausdruckbare Form zu bringen, bevor Sie sie an *lpr* weiterreichen.

Von der »Intelligenz« des Filters hängt viel ab. Wenn eine Option durch *lpr* und die Filter hindurch gelangt, aber nie bearbeitet wird, landet sie möglicherweise am Drucker; entweder vor oder hinter der eigentlichen Druckdatei. Möglicherweise hat das keinen Einfluß. Manchmal wird ein Druckerbefehl absichtlich auf diese Weise an den Drucker geschickt. Typischerweise führt eine solche Option aber zum Ausdruck weiterer Seiten, möglicherweise mit Zeichenmüll darauf. Normalerweise ist das aber harmlos. Wenn Sie so ein Verhalten beobachten, stellen Sie sicher, daß Sie das Problem nicht mit Ihren Umgebungsvariablen, falsch eingegebenen Befehlen oder nicht unterstützten Optionen verursachen. Wenn es nicht Ihr Fehler war, sollte der Systemadministrator das Problem zurückverfolgen, um Papier und Zeit zu sparen.

Manche Filter wenden die Umgebungsvariable PRINTER automatisch an, wenn Sie gesetzt ist. Sie sollten wissen, daß die entsprechende Variable in einem »System V«-Drucksystem LPDEST heißt. Einige der Filter, die Sie installieren, erwarten oder akzeptieren möglicherweise auch diese Variable. Es kann auch sein, daß Sie in einem bunt gemischten Netzwerk arbeiten, in dem Sie auf einem System ein BSD- und auf einem anderen ein »System V«-Drucksystem vorfinden. Wenn Sie lieber auf Nummer Sicher gehen wollen, können Sie sowohl LPDEST als auch PRINTER in einer Ihrer Shell-Startdateien setzen.

Probleme bei der Benutzung eines Druckfilters können auch andere Benutzer in einem Mehrbenutzersystem beeinträchtigen. Melden Sie daher alle Schwierigkeiten an den Administrator des Drucksystems.

nenscript

Das Utility *nenscript* ist ein flexibler Filter, der gut aufbereitete Ausgaben für PostScript-Drucker, auch aus ASCII-Dateien, erzeugen kann. Es ist nicht eines der grundlegenden Linux-Utilities, aber trotzdem in vielen Linux-Distributionen enthalten. Außerdem kann es von den üblichen Linux-FTP-Servern bezogen werden. Obwohl Sie *nenscript* aufrufen können, um eine vorbereitete Datei an den Drucker zu schicken, wird es doch meistens in der */etc/printcap*-Datei als Durchgangsfilter verwendet, der Text von der Standardeingabe entgegennimmt und auf der Standardausgabe ausgibt.

Angenommen, Sie wollen ein C-Programm ausdrucken und wünschen sich eine Zeilennumerierung sowie einen Ausdruck auf grüngestreiftem Endlospapier (also nicht gerade so eine Ausgabe, wie Sie sie sich für die Grafiken vorstellen, die Sie gerade aus dem Internet heruntergeladen haben und auf Ihrem PostScript-Drucker ausdrucken wollen). Das Programm muß verarbeitet werden und Zeilennummern vor jede Zeile gestellt bekommen. Die Lösung besteht in der Anwendung eines Filters wie *nenscript* (wenn es denn installiert ist). Nachdem *nenscript* mit seiner Verarbeitung fertig ist, schickt es die Datei zwecks Spoolen und Drucken auf dem guten, alten Endlospapier-Nadeldrucker (der hier »dino« heißen soll) an *lpr* weiter:

```
nenscript -B -L66 -N -Pdino myprogram.c
```

Der Filter *nenscript* numeriert jede Zeile der übergebenen Datei, wenn Sie die Option *-N* verwenden. Die Option *-B* unterdrückt die üblicherweise auf jeder Seite ausgegebene Kopfzeile, und die Option *-L66* formatiert die Datei für 66 Zeilen pro Seite. *nenscript* leitet nur die Option *-Pdino* an *lpr* weiter, der sie auswertet und die Ausgabe von *nenscript* in das Spool-Verzeichnis von dino zum Ausdruck weiterleitet.

Wenn *nenscript* von der Kommandozeile aus aufgerufen wird, gibt es seine Ausgabe automatisch an *lpr* weiter, wenn Sie nicht mit der Option *-p* angeben, daß Sie die Ausgabe lieber auf der Standardausgabe haben möchten. Sie müssen nicht explizit die Ausgabe von *nenscript* an *lpr* weiterleiten.[3]

Angenommen, Sie wollen heute viele Programm-Listings ausdrucken. Der Bequemlichkeit halber können Sie eine Umgebungsvariable für *nenscript* setzen, so daß Ihre Listings jedes Mal wie gewünscht verarbeitet und gedruckt werden.

```
export NENSCRIPT=" -B -L66 -N -Pdino"
```

3 Es kann sein, daß *nenscript* auch der Filter ist, der in der Printcap-Datei für Ihren Drucker angegeben wurde. Es schadet einer Datei nicht, wenn sie mehrmals durch einen vernünftig programmierten Filter geleitet wird. Ein Filter leitet eine Verarbeitungsinformation nur dann weiter, wenn er sie nicht selber erfüllen kann. Wenn ein Filter eine Anweisung ausführt, verwirft er sie anschließend. Sie müssen sich keine Sorgen machen, daß Ihr Ausdruck auf einmal zwei Spalten mit Zeilennummern hat.

Jetzt brauchen Sie nur noch

```
nenscript myprogram.c
```

einzugeben, um Ihr Listing korrekt auszudrucken.

nenscript schickt seine Ausgabe in eine Datei und wird oft so benutzt, um PostScript-Dateien auf einem Linux-Rechner ohne PostScript-Drucker aufzubereiten. Um beispielsweise eine Textdatei so in PostScript zu konvertieren, daß sie in zwei Spalten und einem 6-Punkt-Courier-Zeichensatz auf DIN-A4-Seiten ausgedruckt wird, geben Sie ein:

```
nenscript -2 -fCourier6 -TA4 -pdocument.ps document.txt
```

Die Option *-2* überschreibt den Default, Dateien einspaltig auszugeben, und die Option *-fCourier6* überschreibt den Default, bei zweispaltiger Ausgabe in 7-Punkt-Courier-Schrift zu drucken. (Der Default für einspaltige Ausgabe ist Courier10; *nenscript* verwendet immer Courier, wenn es normalen Text in PostScript konvertiert.) Die Option *-TA4* gibt das Standard-A4-Papierformat an. Wenn *nenscript* mit der Variablen US_VERSION kompiliert worden ist, ist das Default-Papierformat 8,5 mal 11 Inch (und wenn nicht, können Sie das mit *-TUS* angeben). Die Option *-p* gibt an, daß die Ausgabe in die Datei *document.ps* umgeleitet werden soll. Der Dateiname ohne Option schließlich gibt die Eingabedatei an. Wenn kein Dateiname angegeben worden wäre, hätte *nenscript* die Standardeingabe verwendet.

Ein weiteres Beispiel: Um die Manual-Page von *nenscript* zu formatieren und als ungeschmückten Text auf einem PostScript-Drucker zu drucken, geben Sie

```
man nenscript | col -b | nenscript
```

ein. Der Befehl *man* sucht und formatiert die Manual-Page und formatiert sie für die Textausgabe. *col -b* löscht die Backspace-»Anweisungen« aus der Datei, so daß nur einfacher Text übrig bleibt, der an *nenscript* weitergeleitet wird. *nenscript* wiederum wandelt den Text in PostScript und macht dabei noch einige »Verschönerungen« wie Kopfzeilen, Fußzeilen, Seitennumerierung usw. Schließlich wird diese Datei an *lpr* weitergeleitet, das sie in das Spool-Verzeichnis stellt. Die Datei gelangt noch ein weiteres Mal durch den in der Printcap-Datei angegebenen Filter, der einfach nur ein »Dummy«-Filter sein könnte, der die Datei lediglich durchreicht. Es kann aber auch sein, daß dieser Filter noch weitere Änderungen vornimmt, zum Beispiel könnte er einen Seitenvorschub an das Ende der Druckdatei anhängen.

Wenn Sie die Option *-Z* bei *nenscript* angeben, versucht *nenscript*, übergebene PostScript-Dateien zu erkennen und diese unverändert durchzureichen.

Wenn eine PostScript-Datei an *nenscript* übergeben wird und für eine normale Textdatei gehalten wird (zum Beispiel weil *nenscript* nicht mit der Option *-Z* aufgerufen wurde), wird *nenscript* den PostScript-Code einkapseln und an den Drucker schicken. Das kann dazu führen, daß der PostScript-Code wortwörtlich ausgedruckt wird. Selbst eine kleine PostScript-Datei kann so sehr viel Papier verschwenden.

Angenommen, der *lpd*-Dämon wendet selbst schon *nenscript* auf die Dateien an, die er zum Drucker schickt. Die Datei sollte trotzdem korrekt verarbeitet werden, aber eine zusätzliche Filterung könnte im zweiten Durchlauf dazu führen, daß *nenscript* den PostScript-Code einkapselt. Es wäre sicherer, die Umgebungsvariable NENSCRIPT zu setzen. Wenn der *nenscript*-Filter aufgrund eines Eintrags in */etc/printcap* auf die Datei angewendet wird, verwendet er die Optionen, die Sie in Ihrer Umgebungsvariablen NENSCRIPT gesetzt haben. Diese Optionen werden aber durch Optionen, die *lpr* von der Kommandozeile oder einem anderen Programm übergeben bekommen hat, überschrieben.

Beachten Sie, daß Sie den Standarddrucker entweder in der Umgebungsvariablen PRINTER oder als Argument *-P* in der Umgebungsvariablen NENSCRIPT angeben können. Wenn Sie den zu verwendenden Drucker in NENSCRIPT angeben, wird dieser Drucker jedes Mal verwendet, wenn *nenscript* eine Ihrer Dateien filtert. Wir empfehlen daher, daß Sie den Drucker in PRINTER anstatt in NENSCRIPT setzen, so daß Sie die Druckerspezifikation ändern können und die Datei trotzdem noch korrekt gefiltert wird.

KAPITEL 10

DAS X WINDOW SYSTEM

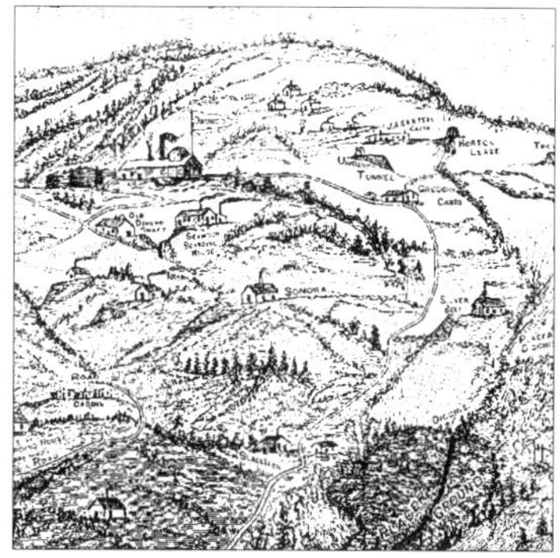

Wir wollen uns jetzt dem X Window System zuwenden – einem der mächtigsten und wichtigsten Softwarepakete für Linux. Falls Sie bereits mit X auf einem UNIX-System vertraut sind, haben Sie Glück – X unter Linux unterscheidet sich kaum von X auf anderen Systemen. Falls Sie noch keine Gelegenheit hatten, X zu benutzen, fürchten Sie sich nicht: Die Rettung ist nahe. Das Schwierigste ist allerdings die Konfiguration, die sich von anderen X-Implementierungen deutlich unterscheidet. Wir werden daher besonders intensiv auf die Konfiguration von XFree86 eingehen.

Es ist schwierig, das X Window System in aller Kürze zu beschreiben. X ist eine vollständige, graphische Benutzeroberfläche für UNIX-Systeme. Es enthält eine riesige Anzahl an Optionen sowohl für den Programmierer als auch für den Benutzer. So gibt es zum Beispiel mehr als ein Dutzend *Fenster-Manager* (window managers) für X, von denen jeder einen anderen Ansatz zur Handhabung der Fenster bietet. Durch Veränderung der Konfigurationen des verwendeten Fenster-Managers können Sie die Plazierung der Fenster auf dem Bildschirm, die Farben und Umrandungen der Fenster und vieles andere mehr beeinflussen.

X wurde ursprünglich vom Projekt Athena am MIT und der Digital Equipment Corporation entwickelt. Die aktuelle Version ist 11, mit dem Revisionslevel 6.3 (X11R6. 3); diese Version wurde im Dezember 1996 herausgebracht. Seit der Freigabe der Version 11 ist X zum Standard bei graphischen Bedienoberflächen für UNIX geworden. Die Entwicklung geht auch nach der Übergabe des Copyrights an The Open Group, einem Zusammenschluß von OSF und X/Open, die wiederum viele kleine und mehrere große Hard- und Softwarehersteller vertreten, weiter; ein neues Release, das vermutlich X11R6.4 heißen wird, ist für Ende 1997 geplant.

Aufgrund der freizügigen Lizenz kann das X Window System weiter sowohl kommerziell als auch als Freeware unter Linux verteilt werden. Unter Linux gibt es mehrere Implementationen des X Window Systems. Die am weitesten verbreitete ist XFree86TM, die frei verfügbare Implementation von X auf PC UNIX-Systemen. Diese unterstützt neben Intel auch Alpha AXP, MicroSPARC und PowerPC-Rechner.

Weitere Architekturen werden folgen. XFree86 entstand aus X386-1.2, das Teil der offiziellen X11R5-Sourcen war, dort aber nicht mehr weiter gepflegt wurde und daher sehr schnell veraltete. Die aktuellen Versionen von XFree86 haben mit diesem Urvater nur noch einen kleinen Kern gemeinsam, Unterstützung für unzählige neue Karten und Support für viele weitere Betriebssysteme (darunter auch Linux) wurden hinzugefügt, außerdem ist XFree86 auf dem neuesten Stand X11R6.3.

In diesem Abschnitt werden wir die Installation und Konfiguration von XFree86 auf Ihrem System besprechen; anschließend tauchen wir ein in die chaotische Welt der persönlichen Anpassung von X aus der Sicht eines Benutzers. Wir werden auch eine Reihe von Anwendungsprogrammen vorstellen, die unter X laufen, und Ihnen zeigen, wie Sie diese umfangreiche Software nutzen, ohne von ihrer Komplexität erschlagen zu werden.

Die Eigenschaften von X

X basiert auf dem Client/Server-Modell; dabei ist der *X-Server* ein Programm, das auf Ihrem System läuft und alle Zugriffe auf die Grafikhardware abwickelt. Ein *X-Client* ist ein Anwendungsprogramm, das mit dem Server kommuniziert, indem es solche Anforderungen wie: »Zeichne eine Linie« oder: »Werte Tastatureingaben aus« an den Server stellt. Der X-Server zeichnet dann die Linie auf den Bildschirm oder reicht Eingaben des Benutzers (per Tastatur, Maus oder sonstwie) an das Client-Programm weiter, um solche Anforderungen zu erfüllen. Beispiele für X-Anwendungen sind *xterm* (eine Terminalemulation innerhalb eines Fensters) und *xman* (ein X-basierter Reader für Manual-Pages).

Der zentrale Vorteil von X ist die Tatsache, daß X ein Netzwerk-fähiges graphisches System ist. Das bedeutet: Die X-Clients können sowohl lokal (auf demselben Rechner wie der Server) als auch remote (auf einem Rechner irgendwo in einem TCP/IP-Netzwerk, auch irgendwo im Internet am anderen Ende der Welt) laufen. Der X-Server nimmt Anforderungen von Clients auf lokalen ebenso wie auf entfernten Netzwerk-Sockets entgegen. Offensichtlich verleiht dies dem X Window System enorme Flexibilität. Wenn Sie über eine Verbindung zu einem TCP/IP-Netzwerk verfügen, haben Sie die Möglichkeit, sich über das Netzwerk in ein anderes System einzuloggen, dort ein Anwendungsprogramm zu starten und die Ausgaben des Programms von Ihrem lokalen X-Server darstellen zu lassen.

Weitere Vorteile von X sind die Sicherheit (wenn der Benutzer dies wünscht), die modulare Trennung in Client, X-Programmierbibliothek *Xlib*, Fenster-Manager und Server und die Abdeckung diverser verschiedener Architekturen. Damit ist das X Window System technisch allen anderen Fenstersystemen weit überlegen.

Wir sollten noch ein anderes Konzept von X erwähnen: das *Fenster-Management*. Clients, die unter X laufen, werden in einem oder mehreren *Fenstern* dargestellt. Es ist allerdings nicht der X-Server, der bestimmt, wie die Fenster verwaltet werden (wo sie erscheinen, wie ihre Größe verändert wird usw.) und wie sie aussehen (die

Art der Rahmen). Statt dessen läuft neben den anderen X-Clients noch ein Client, der als *Window-Manager* bezeichnet wird; dieser Window-Manager übernimmt die Verwaltung der Fenster. Das »Look-and-Feel« Ihrer X-Arbeitsumgebung hängt zum Teil davon ab, für welchen Fenster-Manager Sie sich entscheiden. Die meisten Window-Manager sind äußerst flexibel und konfigurierbar; der Benutzer kann auf die Darstellung der Fensterdekoration, die Fokusvergabe, die Belegung der Maustasten über dem Bildschirmhintergrund und vieles andere mehr über die Konfigurationsdateien des Window-Managers Einfluß nehmen.

Zum Verständnis der Window-Manager ist es wichtig zu wissen, daß diese nicht die Darstellung des vom Client erzeugten Fensters beeinflussen; der Window-Manager übernimmt lediglich die Darstellung der Fensterdekoration, also des Rahmens und der Knöpfe, mit denen Sie Fenster schließen, verschieben, vergrößern und verkleinern können.

Auf einem X-Server kann nur ein Window-Manager zur selben Zeit arbeiten. Theoretisch wäre es sogar möglich, ganz ohne zu arbeiten. Das wäre aber sehr unbequem, denn Sie könnten dann weder Fenster auf dem Bildschirm verschieben, noch welche von außen schließen oder bestimmen, welches Fenster über den anderen liegen soll.

Hardwareanforderungen

Mit der XFree86-Version 3.3 vom Mai 1997 werden die unten genannten Grafik-Chipsätze unterstützt. Die Dokumentation zu Ihrer Grafikkarte sollte darauf hinweisen, welchen Chipsatz die Karte benutzt. Falls Sie demnächst eine neue Grafikkarte anschaffen oder auf ein neues System mit eingebauter Grafikkarte umsteigen wollen, sollten Sie sich vom Händler genau erklären lassen, um welches Fabrikat, welches Modell und welchen Chipsatz es sich handelt. Es kann sein, daß der Händler erst nachfragen muß, bevor er Ihre Fragen beantworten kann; die meisten Händler werden dies für Sie tun. Viele Händler werden Ihnen mitteilen, daß es sich um eine »Standard-SVGA-Karte« handelt, die in Ihrem System »funktionieren sollte«. Weisen Sie dann darauf hin, daß Ihre Software (erwähnen Sie Linux und XFree86!) nicht alle Grafik-Chipsets unterstützt und daß Sie genaue Informationen brauchen.

Sie können auch mit dem Programm *SuperProbe* aus der XFree86-Distribution feststellen, welchen Chipsatz Ihre Grafikkarte benutzt. Wir gehen weiter unten noch genauer darauf ein.

Die folgenden beschleunigten und nicht-beschleunigten SVGA-Chipsätze werden in der Regel unterstützt; eine Garantie ist dies jedoch nicht:

- 8514/A (und voll kompatible Clones)
- Tseng ET3000, ET4000AX, ET4000/W32, ET4000/W32i, ET4000/W32p, ET6000
- Western Digital/Paradise PVGA1

- Western Digital WD90C00, WD90C10, WD90C11, WD90C24, WD90C30, WD90C31, WD90C33, WD90C24A
- Genoa GVGA
- Trident TVGA8800CS, TVGA8900B, TVGA8900C, TVGA8900CL, TVGA9000, TVGA9000i, TVGA9100B, TVGA9200CXR, TVGA9320, TVGA9400CXi, TVGA9420, TGUI9420DGi, TGUI9430DGi, TGUI9440AGi, TGUI9660XGi, TGUI9680, ProVidia 9682, ProVidia 9685, ProVidia 9692, Cyber 9382, Cyber 9385
- ATI 18800, 18800-1, 28800-2, 28800-4, 28800-5, 28800-6, 68800-3, 68800-6, 68800AX, 68800LX, 88800GX-C, 88800GX-D, 88800GX-E, 88800GX-F, 88800CX, 264CT, 264ET, 264VT, 264VT2, 264GT (das schließt auch die Karten Mach8, Mach32, Mach64, 3D Rage und 3D Rage II ein)
- NCR 77C22, 77C22E, 77C22E+
- Cirrus Logic CLGD5420, CLGD5422, CLGD5424, CLGD5426, CLGD5428, CLGD5429, CLGD5430, CLGD5434, CLGD5436, CLGD5440, CLGD5446, CLGD5462, CLGD5464, CLGD5465, CLGD5480, CLGD6205, CLGD6215, CLGD6225, CLGD6235, GLGD6410, CLGD6412, CLGD6420, CLGD6440, CLGD7541, CLGD7543, CLGD7548, CLGD7555
- S3 86C911, 86C924, 86C801, 86C805, 86C805i, 86C928, 86C864, 86C964, 86C732, 86C764, 86C765, 86C775, 86C868, 86C968, 86C325, 86C375, 86C385, 86C988, 86CM65
- Weitek P9000
- IIT AGX-014, AGX-015, AGX-016
- IBM XGA-2
- Compaq AVGA
- OAK OTI067, OTI077, OTI087
- Avance Logic ALG2101, ALG2228, ALG2301, ALG2302, ALG2308, ALG2401
- Chips and Technologies 65520, 65530, 65540, 65545, 65546, 65548, 65550, 65554
- MX MX68000, MX680010
- Video 7/Headland Technologies HT216-32
- ARK Logic ARK1000PV, ARK1000VL, ARK2000PV, ARK2000MT
- RealTek RTG3106
- Alliance AP6422, AT24
- Digital Equipment Corporation TGA
- Matrox MGA2064W (Millenium), MGA1064SG (Mystique)
- Number Nine I128 (Serie I und II)
- NVidia/SGS Thomson NV1, STG2000
- SiS 86C201, 86C202, 86C205

Grafikkarten mit diesen Chipsets werden für alle Bussysteme einschließlich VLB und PCI unterstützt.

Alle hier erwähnten Chipsätze werden mit 256 Farben, viele auch monochrom und mit 16 Farben unterstützt. Für manche gibt es auch Unterstützung mit höheren Farbtiefen. Für viele Chipsätze gibt es spezielle *README*-Dateien, die Sie auf jeden Fall lesen sollten. Die übliche Konfiguration ist 8 Bits Farbtiefe, das heißt 256 Farben.

Der Server für den Monochrom-Modus unterstützt außerdem generische VGA-Karten, monochrome Hercules-Karten, die Karten Hyundai HGC1280, Sigma LaserView, Visa sowie monochrome Apollo-Karten. Außerdem sollte der VGA16-Server auf jeder SVGA-kompatiblen Karte laufen, nicht aber auf NV-1-Karten wie der Diamond Monster 3D.

Diese Liste wird im Laufe der Zeit sicherlich erweitert werden. Die Release-Notes der jeweils aktuellen Version von XFree86 sollten eine komplette Liste der unterstützten Chipsätze enthalten. Bei Fragen sollten Sie zunächst diese Release Notes und die *README*-Dateien für Ihren Chipsatz lesen; das beantwortet meistens schon alle Fragen.

Eines der Probleme, mit denen sich die Entwickler von XFree86 konfrontiert sehen, sind die unüblichen Mechanismen, die einige Hersteller von Grafikkarten einsetzen, um die Frequenzen (clock frequencies) zu bestimmen, mit denen die Karten betrieben werden. Manche dieser Hersteller geben entweder keine Unterlagen zur Programmierung der Karte heraus, oder sie verlangen von den Entwicklern eine Unterschrift unter einem Non-disclosure-Abkommen (etwa: Nicht-Veröffentlichung), bevor die Informationen freigegeben werden. Damit wäre offensichtlich die freie Verteilung von XFree86-Software nicht mehr möglich, worauf sich die Entwickler von XFree86 nicht einlassen wollen. Zum Glück nehmen diese Schwierigkeiten in letzter Zeit ab.

Es gibt jedoch ein paar gute Nachrichten: Diamond, ein Hersteller beliebter Video-Karten, wollte bisher nicht die Spezifikationen für die Programmierung einiger Teile der Hardware freigeben. Teilweise aufgrund des XFree86-Projekts und der Beliebtheit von Linux, hat Diamond nun seine Firmenpolitik geändert und unterstützt XFree86 aktiv durch Bereitstellung von Programmierinformationen. Ab der Version 3.1.2 von XFree86 funktionieren die meisten Diamond-Grafikkarten. Die Diamond SpeedStar 24 und vermutlich einige SpeedStar+-Karten werden jedoch *nicht* unterstützt, auch wenn Sie einen ET4000-Chipsatz verwenden. Die Chipsätze Weitek 9100 und 9130, die auf den Karten Diamond Viper Pro und Viper SE verwendet werden, werden zur Zeit ebenfalls nicht unterstützt, genausowenig wie die Chipsätze auf den FireGL-Karten

Wir empfehlen, für XFree86 unter Linux einen 486er Rechner mit mindestens 16 MB RAM sowie eine Grafikkarte mit einem der oben erwähnten Chipsätze einzusetzen. Wenn Sie Wert auf wirklich schnelles Arbeiten legen, sollten Sie eine beschleunigte Karte, wie etwa eine mit S3-Chipsatz, benutzen. Prüfen Sie anhand der Dokumentation zu XFree86, ob Ihre spezielle Karte unterstützt wird, bevor Sie den Sprung wagen und teure Hardware anschaffen. In den Usenet-Gruppen *comp.windows.x.i386unix* und *comp.os.linux.misc* werden regelmäßig die Ergebnisse von Benchmarks mit verschiedenen Grafikkarten unter XFree86 veröffentlicht.

Oft werden Benchmarks angegeben, die beweisen sollen, daß Linux und XFree86 schneller sind als viele kommerzielle UNIX-Workstations. Dabei werden teilweise Werte von über 200.000 XStones (ein Meßwert für die Geschwindigkeit eines X-Servers) angegeben. Diese Vergleiche sind natürlich ziemlich wertlos, denn es gibt durchaus UNIX-Workstations, die fünf Millionen XStones und mehr schaffen. Außerdem ist immer die Performanz bei den Anwendungen, die man benutzen möchte, maßgeblich. Man kann aber auf jeden Fall sagen, daß die Performanz von XFree86 unter Linux mit einer beschleunigten Grafikkarte für die überwiegende Zahl der Anwendungsfälle ausreicht.

Sie sollten Ihren Rechner mindestens mit 16 MB an physikalisch vorhandenem RAM und 32 MB virtuellem Speicher ausstatten. Denken Sie daran: Je mehr RAM vorhanden ist, desto weniger muß das System aufgrund knappen Speichers swappen. Weil das Auslagern und Zurückladen extrem langsam geschieht (Festplatten sind im Vergleich zum Speicher sehr langsam), brauchen Sie acht MB an RAM oder mehr, um mit XFree86 komfortabel arbeiten zu können. Die Leistung eines Systems mit nur vier MB RAM könnte gegenüber einem System mit acht oder mehr MB an RAM wesentlich zurückfallen (bis auf ein Zehntel).

XFree86 installieren

Die binäre Distribution von XFree86 für Linux finden Sie auf einer Reihe von FTP-Rechnern. Auf **ftp.xfree86.org** steht sie im Verzeichnis */pub/Xfree86/3.3/binaries/Linux-x86*. (Zum Zeitpunkt des Übersetzens ist 3.3 die aktuelle Version; neue Versionen werden immer wieder einmal freigegeben. An der gleichen Stelle in den Verzeichnissen *Linux-axp* und *Linux-m68k* finden Sie auch Versionen für Linux auf anderen Architekturen.)

Es ist sehr wahrscheinlich, daß Sie als Teil Ihrer Linux-Distribution auch XFree86 erhalten haben; in diesem Fall brauchen Sie die Software nicht mehr auf Ihren Rechner herunterzuladen. Für den Fall, daß Sie XFree86 direkt auf Ihren Rechner übertragen möchten, listen wir in den folgenden Tabellen alle Dateien der XFree86-3.3-Distribution auf. Wenn Sie die Pakete aus Ihrer Distribution verwenden, bedenken Sie bitte, daß diese dort anders heißen können.

Sie brauchen einen der folgenden Server:

Datei	Beschreibung
X338514.tgz	Server für Karten auf 8514-Basis
X33AGX.tgz	Server für Karten auf AGX-Basis
X33Ma32.tgz	Server für Karten auf Mach32-Basis
X33Ma64.tgz	Server für Karten auf Mach64-Basis
X33Ma8.tgz	Server für Karten auf Mach8-Basis
X33Mono.tgz	Server für monochrome Grafikmodi
X33P9K.tgz	Server für Karten auf P9000-Basis
X33S3.tgz	Server für Karten auf S3-, aber nicht auf S3-ViRGE-Basis
X33S3V.tgz	Server für Karten auf S3-ViRGE-Basis. Probieren Sie bei Problemen zunächst den SVGA-Server.
X33SVGA.tgz	Server für SVGA-Karten
X33VG16.tgz	Server für VGA-Karten
X33W32.tgz	Server für Karten auf ET4000/W32- und ET6000-Basis. Probieren Sie bei Problemen zunächst den SVGA-Server.
X33I128.tgz	Server für Karten auf I128-Basis

Sie brauchen folgende Dateien:

Datei	Beschreibung
X33bin.tgz	Das XFree86-Basissystem
X33cfg.tgz	Konfigurationsdateien für *xdm*, *xinit* und *fs*
X33doc.tgz	Dokumentation
X33lib.tgz	Shared Libraries für X und weitere Dateien
X33fnts.tgz	Einige Fonts
X33man.tgz	Manual-Pages
X33set.tgz	XF86Setup-Utility
X33VG16.tgz	Der VGA-Server mit 16 Farben
preinst.sh	Skript, das vor der Installation ausgeführt werden muß
postinst.sh	Skript, das nach der Installation ausgeführt werden muß

Diese Dateien sind optional:

Datei	Beschreibung
X33lkit.tgz	Server-Linkkit zur individuellen Anpassung. Sie benötigen dieses Paket nur, wenn Sie eigene X-Server zusammenbauen wollen.
X33f100.tgz	100-dpi-Bildschirmfonts
X33fscl.tgz	Skalierte Fonts (Speedo, Type1)
X33fcyr.tgz	Kyrillische Fonts
X33non.tgz	andere (chinesische, japanische, koreanische und hebräische) Fonts
X33fsrv	Font Server und Konfigurations-Utilities
X33prt.tgz	X-Print-Server
X33vfb.tgz	X-Server mit virtuellem Framebuffer. Benötigen Sie vermutlich nicht.
X33nest.tgz	eingebetter X-Server
X33prog	X-Headerdateien, Konfigurationsdateien, Bibliotheken zur Programmierung
X33ps.tgz	Dokumentation im PostScript-Format
X33html.tgz	Dokumentation im HTML-Format
X33jdoc.tgz	Japanische Dokumentation im PostScript-Format (für Version 3.2)
X33jhtm.tgz	Japanische Dokumentation im HTML-Format (für Version 3.2)

Das XFree86-Verzeichnis sollte *README*-Dateien und Hinweise für die Installation der vorliegenden Version enthalten.

Übertragen Sie die oben erwähnten Dateien auf Ihren Rechner. Legen Sie dann (als *root*) das Verzeichnis */usr/X11R6* an. Kopieren Sie die beiden Dateien *preinst.sh* und *postinst.sh* nach */var/tmp*. Wechseln Sie nach */usr/X11R6* und rufen Sie dort

```
# sh /var/tmp/preinst.sh
```

auf. Entpacken Sie anschließend die Pakete mit einem Befehl wie:

```
# gzip -dc X33bin.tgz | tar xfB -
```

Denken Sie daran, daß diese tar-Dateien von */usr/X11R6* aus erstellt wurden; deshalb ist es wichtig, daß Sie von diesem Verzeichnis aus entpacken. Nach dem Entpacken müssen Sie zunächst einen Link von der Datei */usr/X11R6/bin/X* auf den von Ihnen benutzten Server einrichten. Wenn Sie zum Beispiel den SVGA-Farb-Server benutzen möchten, legen Sie einen Link von */usr/bin/X11/X* auf */usr/X11R6/bin/XF86_SVGA*. Wenn Sie statt dessen den monochromen Server benutzen wollen, legen Sie mit folgendem Befehl den Link um auf die Datei *XF86_MONO*:

```
# ln -sf /usr/X11R6/bin/XF86_MONO  /usr/X11R6/bin/X
```

Gehen Sie genau so vor, wenn Sie mit einem der anderen Server arbeiten möchten.

Wenn Sie nicht sicher sind, welchen Server Sie benutzen sollten, oder wenn Sie den Chipsatz Ihrer Grafikkarte nicht kennen, sollten Sie das Programm *SuperProbe* im Verzeichnis */usr/X11R6/bin* als *root* aufrufen (ist im oben erwähnten *X33bin*-Archiv enthalten). Dieses Programm wird versuchen, den Chipsatz Ihrer Grafikkarte und weitere Informationen zu bestimmen; schreiben Sie sich die Antworten auf, damit Sie später einmal nachschlagen können. Beachten Sie aber auch, daß die Ausgabe von *SuperProbe* nicht immer ganz zuverlässig ist.

Sie müssen noch sicherstellen, daß */usr/X11R6/bin* in Ihrer PATH-Variablen enthalten ist. Editieren Sie zu diesem Zweck entweder */etc/profile* oder */etc/csh.login* (je nachdem, mit welcher Shell Sie oder andere Benutzer des Systems arbeiten). Sie haben auch die Möglichkeit, das Verzeichnis einfach in Ihre persönliche Path-Variable einzutragen, indem Sie */etc/.bashrc* bzw. */etc/.cshrc* entsprechend ergänzen.

Sie müssen außerdem dafür sorgen, daß der Runtime-Linker *ld.so* das Verzeichnis */usr/X11R6/lib* finden kann. Tragen Sie dazu folgende Zeile in der Datei */etc/ld.so.conf* ein, sofern sie noch nicht – wie in vielen Distributionen – enthalten ist:

```
/usr/X11R6/lib
```

und rufen Sie dann als *root* das Programm */sbin/ldconfig* auf.

XFree86 konfigurieren

In den meisten Fällen ist es nicht schwierig, XFree86 zu konfigurieren. Wenn Sie allerdings Hardware benutzen, für die Treiber gerade entwickelt werden, eine VLB-Hauptplatine oder ein fehlerhaftes BIOS haben, oder wenn Sie mit einer beschleunigten Grafikkarte die bestmögliche Geschwindigkeit und Auflösung ausnutzen möchten, kann die Konfiguration einige Zeit in Anspruch nehmen.

In diesem Abschnitt werden wir beschreiben, wie die Datei *XF86Config* aussehen soll, mit deren Hilfe der XFree86-Server konfiguriert wird. In vielen Fällen ist es sinnvoll, mit einer »Basiskonfiguration« für XFree86 zu starten, also eine niedrige Auflösung zu benutzen. Eine sinnvolle Einstellung ist 640x480, die von allen Grafikkarten und Monitoren unterstützt werden sollte. Sobald Sie XFree86 in dieser niedrigen Standardauflösung ans Laufen gebracht haben, können Sie sich daranmachen, eine Konfiguration zu finden, die die Möglichkeiten Ihrer Grafikhardware ausnutzt. Die Idee dahinter ist, zunächst einmal XFree86 auf Ihrem System überhaupt zum Laufen zu bringen und sicherzustellen, daß alles funktioniert, bevor Sie sich an die manchmal etwas schwierige Aufgabe machen, die optimale XFree86-Konfiguration zu finden.

Bevor Sie jedoch anfangen, eine *XF86Config*-Datei selbst zu erstellen, probieren Sie zunächst das Programm *XF86Setup* aus. In vielen Fällen kommen Sie damit schon zu einer funktionierenden X-Konfiguration und müssen sich mit all den folgenden Details nur noch auseinandersetzen, wenn Sie Auflösung oder Geschwindigkeit optimieren wollen.

Außer den Informationen, die Sie hier vorfinden, sollten Sie noch folgendes lesen:

- Die Dokumentation zu XFree86 in */usr/X11R6/lib/X11/doc* (ist im Paket *X33doc* enthalten). Lesen Sie insbesondere die Datei *README.Config*, die eine Anleitung zur Konfiguration von XFree86 enthält.
- Die *README*-Datei zu Ihrem Chipsatz im Verzeichnis */usr/X11R6/lib/X11/doc*, falls vorhanden. Diese Dateien haben Namen wie zum Beispiel *README.Cirrus* oder *README.S3*.
- Die Manual-Page zu *XFree86*.
- Die Manual-Page zu *XF86Config*.
- Die Manual-Page zu dem Server, den Sie benutzen (etwa *XF86_SVGA* oder *XF86_S3*).

Die wichtigste Konfigurationsdatei, die Sie anlegen müssen, ist */etc/XF86Config*. Diese Datei enthält Informationen über Ihre Maus, Ihre Grafikkarte usw. Mit der XFree86-Distribution wird als Beispiel die Datei *XF86Config.eg* ausgeliefert. Wenn Sie diese Datei nach *XF86Config* kopieren und dann editieren, haben Sie einen geeigneten Ausgangspunkt gefunden.

Die Manual-Page zu *XF86Config* beschreibt im Detail das Format dieser Datei. Lesen Sie diese Manual-Page jetzt, falls Sie das noch nicht getan haben.

Wir werden in kleinen Schritten ein Beispiel für eine *XF86Config*-Datei vorstellen. Diese Datei sieht nicht unbedingt so aus, wie das Beispiel in der XFree86-Distribution, aber der Aufbau ist derselbe.

Das Format der Datei *XF86Config* kann sich mit neuen Versionen von XFree86 ändern; wir beziehen uns auf die Version 3.3.

Auf keinen Fall sollten Sie unser Beispiel einfach für Ihr System übernehmen. Wenn Sie versuchen, eine Konfigurationsdatei zu benutzen, die nicht an Ihre Hardware angepaßt ist, könnte Ihr Monitor mit einer zu hohen Zeilenfrequenz betrieben werden; es gibt Berichte über Monitore (insbesondere solche mit fester Zeilenfrequenz), die durch Benutzung einer ungeeigneten *XF86Config*-Datei beschädigt oder zerstört wurden. Was wir damit sagen wollen: Stellen Sie auf jeden Fall sicher, daß Ihre *XF86Config*-Datei an Ihre Hardware angepaßt wird, bevor Sie damit arbeiten.

Die einzelnen Abschnitte der Datei *XF86Config* sind von den beiden Zeilen `Section "`*`Abschnittsname`*`"` und `EndSection` umschlossen. Der erste Abschnitt in *XF86Config* heißt `Files` und sieht etwa so aus:

```
Section "Files"
    RgbPath     "/usr/X11R6/lib/X11/rgb"
    FontPath    "/usr/X11R6/lib/X11/fonts/misc/"
    FontPath    "/usr/X11R6/lib/X11/fonts/100dpi/"
EndSection
```

Die Zeile RgbPath weist den Weg zur RGB-Datenbank für X11R6, und jede der FontPath-Zeilen verweist auf ein Verzeichnis, das X11-Fonts enthält. In der Regel werden Sie diese Zeilen nicht editieren müssen; achten Sie aber darauf, daß es zu jedem installierten Fonttyp einen FontPath-Eintrag gibt (das heißt, zu jedem Verzeichnis unterhalb von */usr/X11R6/lib/X11/fonts*). Wenn Sie an einen FontPath den String :unscaled anhängen, werden die Fonts aus diesem Verzeichnis nicht skaliert, was die häßliche Darstellung stark skalierter Fonts verhindert. Zusätzlich zu FontPath und RgbPath können Sie in diesem Abschnitt noch mit ModulePath einen Pfad zu dynamisch geladenen Modulen angeben.

Anschließend folgt der Abschnitt Modules. Hier können Sie nachladbare Module eintragen. Normalerweise brauchen Sie das nicht, wenn Sie aber spezielle Eingabegeräte wie zum Beispiel Joysticks haben, werden diese hier eingetragen.

Der nächste Abschnitt heißt ServerFlags und enthält einige globale Flags für den Server. Dieser Abschnitt ist meistens leer:

```
Section "ServerFlags"
# Uncomment this to cause a core dump at the spot where a signal is
# received.  This may leave the console in an unusable state, but may
# provide a better stack trace in the core dump to aid in debugging
#    NoTrapSignals
# Uncomment this to disable the <Crtl><Alt><BS> server abort sequence
#    DontZap
EndSection
```

In diesem Fall sind alle Zeilen dieses Abschnitts auskommentiert.

Der folgende Abschnitt heißt Keyboard:

```
Section "Keyboard"
    Protocol    "Standard"
    AutoRepeat  500 5
    ServerNumLock
EndSection
```

Es gibt einige weitere Optionen – schauen Sie sich die Datei *XF86Config* an, falls Sie vorhaben, das Verhalten der Tastatur zu verändern. Die hier gezeigten Einstellungen sollten auf den meisten Systemen funktionieren, gelten allerdings für eine US-amerikanische Tastatur. Für eine deutsche Tastatur müssen Sie noch die Zeilen:

```
XkbRules        "xfree86"
XkbModel        "pc102"
XkbLayout       "de"
XkbVariants     ""
XkbOptions      ""
```

hinzufügen.

Es folgt der Abschnitt `Pointer`, in dem Mausparameter definiert werden:

```
Section "Pointer"

    Protocol    "MouseSystems"
    Device      "/dev/mouse"

# Baudrate and SampleRate are only for some Logitech mice
#    BaudRate   9600
#    SampleRate 150

# Emulate3Buttons is an option for 2-button Microsoft mice
#    Emulate3Buttons

# ChordMiddle is an option for some 3-button Logitech mice
#    ChordMiddle

EndSection
```

Hier müssen Sie sich nur mit `Protocol` und `Device` befassen. `Protocol` bezeichnet das Protokoll, das Ihre Maus benutzt (nicht den Hersteller oder das Modell). Gültige Einträge für `Protocol` (unter Linux – andere Betriebssysteme kennen andere Protokolle) sind:

- `BusMouse`
- `Logitech`
- `Microsoft`
- `MMSeries`
- `Mouseman`
- `MouseSystems`
- `PS/2`
- `MMHitTab`
- `GlidePoint`
- `IntelliMouse`

Für die Busmaus von Logitech sollten Sie `BusMouse` wählen. Beachten Sie, daß ältere Mäuse von Logitech das Protokoll `Logitech`, neuere Logitech-Mäuse dagegen eines der Protokolle `Microsoft` oder `Mouseman` benutzen. In diesem Fall stimmt das Protokoll nicht unbedingt mit dem Maustyp überein.

`Device` bezeichnet die Gerätedatei, über die die Maus angesprochen wird. Auf den meisten Linux-Systemen ist das */dev/mouse*. */dev/mouse* ist bei seriellen Mäusen in der Regel ein Link auf die entsprechende serielle Schnittstelle (etwa */dev/ttyS0* für die erste serielle Schnittstelle) und bei Busmäusen auf den entsprechenden Busmaustreiber. Stellen Sie auf jeden Fall sicher, daß die Gerätedatei, die hinter `Device` angegeben wird, tatsächlich existiert.

Der nächste Abschnitt heißt `Monitor`; hier werden die Eigenschaften Ihres Monitors beschrieben. Wie auch die Abschnitte `Device` und `Screen` aus der Datei *XF86Config* kann dieser Abschnitt mehrmals auftauchen. Das ist nützlich, wenn Sie an Ihrem Rechner mehr als einen Monitor betreiben oder wenn Sie für verschiedene Hardwarekonfigurationen dieselbe Datei *XF86Config* benutzen. Im allgemeinen werden Sie allerdings nur einen Monitor-Abschnitt benötigen:

```
Section "Monitor"

    Identifier  "CTX 5468 NI"

    # Diese Werte sind nur für einen CTX 5468NI! Benutzen Sie sie
    # nicht für Ihren Monitor (es sei denn, Sie haben dieses Modell)!

    HorizSync    30-38,47-50
    VertRefresh  50-90

    # Modes: Name      dotclock  horiz                vert

    ModeLine "640x480"  25       640 664 760 800      480 491 493 525
    ModeLine "800x600"  36       800 824 896 1024     600 601 603 625
    ModeLine "1024x768" 65       1024 1088 1200 1328  768 783 789 818

EndSection
```

In der Zeile `Identifier` bekommt der Monitor-Eintrag einen frei wählbaren Namen. Dies kann eine beliebige Zeichenfolge sein; dieser Name wird weiter unten in der Datei *XF86Config* benutzt, um auf diesen Eintrag Bezug zu nehmen.

`HorizSync` bezeichnet die gültigen horizontalen Zeilenfrequenzen (in kHz) für Ihren Monitor. Bei Multisync-Monitoren können Sie einen Frequenzbereich (oder mehrere, durch Kommata getrennt) angeben – siehe oben. Für Monitore mit fester Frequenz finden Sie hier eine Liste der möglichen Werte, zum Beispiel:

```
HorizSync    31.5, 35.2, 37.9, 35.5, 48.95
```

Das Handbuch zu Ihrem Monitor sollte unter den technischen Spezifikationen auch diese Werte enthalten. Falls Sie diese Informationen nicht auffinden können, sollten Sie sie vom Hersteller oder vom Händler Ihres Monitors erfragen. Es gibt einige andere Quellen für solche Informationen; weiter unten finden Sie eine Liste.

`VertRefresh` bezeichnet die gültigen vertikalen Bildwiederholfrequenzen Ihres Monitors (in Hz). Wie bei `HorizSync` können auch hier Bereiche oder eine Liste mit festen Werten angegeben werden; sehen Sie in Ihrem Monitorhandbuch nach.

Die Werte `HorizSync` und `VertRefresh` werden nur benutzt, um zu prüfen, ob die von Ihnen angegebenen Auflösungen für den Bildschirm innerhalb gültiger Bereiche liegen. Damit verringert sich die Wahrscheinlichkeit, daß Sie den Monitor beschädigen, wenn Sie versuchen, ihn mit einer ungeeigneten Frequenz zu betreiben.

Mit der Anweisung `ModeLine` spezifizieren Sie eine mögliche Auflösung für Ihren Monitor. `ModeLine` hat das Format:

```
ModeLine name Dot-Clock Horiz-Werte Vertik-Werte
```

Der *Name* ist eine beliebige Zeichenfolge; mit diesem Namen werden Sie die Auflösung weiter unten in der Datei bezeichnen. Die *Dot-Clock* ist die Pixelfrequenz (auch im Deutschen oft als »Dot-Clock« bezeichnet), die zu dieser Auflösung gehört. Die Dot-Clock wird immer in MHz angegeben und bezeichnet die Frequenz, mit der die Grafikkarte bei dieser Auflösung Pixel an den Monitor schicken muß. Die *Horiz-Werte* und *Vertik-Werte* bestehen jeweils aus vier Zahlen, die festlegen, wann die Strahlenkanone des Monitors eingeschaltet wird und wann die Signale zur horizontalen und vertikalen Synchronisation (Sync-Signale) erzeugt werden.

Wie bestimmen Sie für Ihren Monitor die Werte in der Zeile `ModeLine`? In der Datei *VideoModes.doc*, die mit XFree86 ausgeliefert wird, finden Sie eine detaillierte Beschreibung, wie Sie für alle Videomodi Ihres Bildschirms diese Werte ermitteln können. Zunächst einmal muß die *Dot-Clock* zu einem der Pixelfrequenzwerte passen, die Ihre Grafikkarte erzeugen kann. Weiter unten in der Datei *XF86Config* werden Sie diese Dot-Clock-Werte eintragen; Sie können nur solche Grafikmodi benutzen, deren Dot-Clock von Ihrer Grafikkarte unterstützt wird.

Eventuell finden Sie zu Ihrem Monitor passende Daten für die `ModeLine`-Zeilen in einer der beiden Dateien *modeDB.txt* und *Monitors*; beide Dateien stehen im Verzeichnis */usr/X11R6/lib/X11/doc*.

Sie sollten mit den `ModeLine`-Werten für den VESA-Standard beginnen, der von den meisten Monitoren unterstützt wird. In *modeDB.txt* finden Sie Werte für die Standard-VESA-Auflösungen; Sie werden dort Einträge wie den folgenden vorfinden:

```
# 640x480@60Hz Non-Interlaced mode
# Horizontal Sync = 31.5kHz
# Timing: H=(0.95us, 3.81us, 1.59us), V=(0.35ms, 0.064ms, 1.02ms)
#
# name        clock   horizontal timing    vertical timing      flags
 "640x480"     25.175  640  664  760  800    480  491  493  525
```

Dies sind die VESA-Standardwerte für die Auflösung 640x480. Die Dot-Clock ist 25. 175 MHz, die also auch von Ihrer Grafikkarte unterstützt werden muß, damit Sie in diesem Videomodus arbeiten können (mehr dazu weiter unten).

Wenn Sie diesen Modus benutzen möchten, müssen Sie die Zeile:

```
ModeLine "640x480" 25.175  640 664 760 800  480 491 493 525
```

in *XF86Config* eintragen.

Beachten Sie, daß der *`Name`* in der `ModeLine`-Zeile (in diesem Beispiel "640x480") frei wählbar ist – üblicherweise wird der Modus nach der Auflösung benannt, aber Sie können einen beliebigen aussagekräftigen Namen wählen.

Der Server wird jede `ModeLine`-Zeile daraufhin überprüfen, ob die angegebenen Werte innerhalb der Werte liegen, die durch *`Horiz-Werte`* und *`Vertik-Werte`* vorgegeben sind. Falls das nicht der Fall ist, wird der Server beim Start von X eine Fehlermeldung ausgeben (mehr dazu weiter unten).

Für den Fall, daß Sie mit den Werten für den VESA-Standard nicht zurechtkommen (Sie werden das beim Ausprobieren feststellen), finden Sie in den Dateien *modeDB.txt* und *Monitors* die genauen Werte für eine ganze Reihe von Monitoren. Sie können Ihre Einträge in den `ModeLine`-Zeilen auch aus den Daten in diesen beiden Dateien erzeugen. Benutzen Sie nur die Werte, die sich genau auf Ihren Monitor beziehen. Beachten Sie, daß viele 14- und 15-Zoll-Monitore keine höheren Auflösungen und 1024x768 oft nur bei einer niedrigen Pixelfrequenz unterstützen. Das bedeutet: Falls Sie in diesen Dateien keine Modi mit höheren Auflösungen finden, kann es sein, daß Ihr Monitor solche Modi nicht unterstützt.

Wenn Sie für Ihren Monitor absolut keine passenden `ModeLine`-Werte finden können, haben Sie noch die Möglichkeit, aus den Unterlagen zu Ihrem Monitor diese Werte anhand der Beschreibung in *VideoModes.doc* zu ermitteln; diese Datei ist Bestandteil der XFree86-Distribution. Sie können mehr oder weniger Glück dabei haben, wenn Sie die Werte für `ModeLine` von Hand ermitteln, aber solange Sie keine fertigen Einträge vorfinden, sollten Sie auf jeden Fall einen Blick in diese Datei werfen. In *VideoModes.doc* finden Sie auch eine Beschreibung der `ModeLine`-Anweisung sowie weiterer Aspekte des XFree86-Servers in überwältigendem Detailreichtum.

Hier noch ein Hinweis: Wenn Sie `ModeLine`-Werte finden, die fast, aber nicht ganz passen, kommen Sie vielleicht ans Ziel, indem Sie diese Werte ein wenig anpassen. Falls zum Beispiel bei der Arbeit mit XFree86 der Bildschirminhalt leicht verschoben ist oder das Bild zu »rollen« scheint, können Sie mit Hilfe der Anleitung in *VideoModes.doc* versuchen, dies zu beheben. Überprüfen Sie auch einmal die Einstellungen am Monitor selbst! Häufig muß nach dem Start von XFree86 die horizontale oder vertikale Bildlage angepaßt werden, damit der Bildschirminhalt weiterhin in der richtigen Grösse und Lage erscheint. Hierbei zeigt sich, welche Vorteile ein Monitor hat, dessen Bedienelemente an der Vorderseite angebracht sind. Alternativ können Sie die Einstellungen auch mit dem Programm *xvidtune* bearbeiten. Lesen Sie dazu die zugehörige Manual-Page.

Sie sollten Ihren Monitor niemals mit den Frequenz- oder `ModeLine`-Werten anderer Geräte betreiben. Es kann sein, daß Sie ihn beschädigen oder gar zerstören, wenn Sie versuchen, den Monitor mit einer ungeeigneten Frequenz laufen zu lassen.

Der nächste Abschnitt der Datei *XF86Config* heißt `Device`; hier werden Parameter für Ihre Grafikkarte gesetzt. Ein Beispiel:

```
Section "Device"
        Identifier "#9 GXE 64"

        # Nothing yet; we fill in these values later.

EndSection
```

Dieser Abschnitt gibt die Werte für eine bestimmte Grafikkarte an. Der `Identifier` ist eine beliebige Zeichenfolge zur Benennung der Karte; später werden Sie sich unter diesem Namen auf diese Karte beziehen.

Wir werden außer dem Eintrag `Identifier` keinerlei Einträge im Abschnitt `Device` vornehmen, weil der X-Server die meisten Daten selbst ermitteln kann.

Jetzt müssen wir allerdings noch die Datei *XF86Config* komplettieren. Der nächste Abschnitt heißt `Screen`; hier wird die Kombination aus Monitor und Grafikkarte bestimmt, die für einen bestimmten Server benutzt werden soll.

```
Section "Screen"
    Driver      "Accel"
    Device      "#9 GXE 64"
    Monitor     "CTX 5468 NI"
    Subsection "Display"
        Depth      16
        Modes      "1024x768" "800x600" "640x480"
        ViewPort   0 0
        Virtual    1024 768
    EndSubsection
EndSection
```

Die Zeile `Driver` gibt an, welchen X-Server Sie benutzen werden. `Driver` kann folgende Werte annehmen:

`Accel`
: Für die Server *XF86_S3*, *XF86_S3V*, *XF86_Mach8*, *XF86_Mach32*, *XF86_Mach64*, *XF86_P9000*, *XF86_AGX*, *XF86_W32*, *XF86_I128*, *XF86_TGA* und *XF86_8514*

`SVGA`
: Für den Server *XF86_SVGA*

`VGA16`
: Für den Server *XF86_VGA16*

`VGA2`
: Für den Server *XF86_Mono*

`Mono`
: Für die monochromen Nicht-VGA-Treiber in den Servern *XF86_Mono* und *XF86_VGA16*.

Kapitel 4

Achten Sie darauf, daß */usr/X11R6/bin/X* ein symbolischer Link auf den Server ist, den Sie benutzen. (Im Abschnitt »Symbolische Verknüpfungen« in Kapitel 4, *Grundlegende UNIX-Befehle und -Konzepte,* zeigen wir, wie ein symbolischer Link angelegt wird.)

Die Zeile `Device` enthält den `Identifier` aus dem Abschnitt `Device`. Weiter oben haben wir den `Device`-Abschnitt mit der Zeile:

```
Identifier "#9 GXE 64"
```

erstellt. Deshalb wird `"#9 GXE 64"` hier in die `Device`-Zeile eingetragen.

In ähnlicher Weise enthält die Zeile `Monitor` den Namen des Monitor-Abschnitts, der mit diesem Server benutzt werden soll. In diesem Beispiel ist `"CTX 5468 NI"` der `Identifier` aus dem weiter oben erstellten Abschnitt `Monitor`.

Im Abschnitt »Display« werden einige Eigenschaften des XFree86-Servers für Ihre Kombination aus Monitor und Grafikkarte beschrieben. All diese Optionen werden in der Manual-Page *XF86Config* im Detail beschrieben; die meisten davon sind quasi die Sahne im Kaffee und für das Funktionieren des Systems nicht unbedingt notwendig.

Folgende Optionen sollten Sie kennen:

`DefaultColorDepth`
: Gibt die zu verwendende Farbtiefe an, wenn der X-Server mehrere Farbtiefen unterstützt.

`Depth`
: Gibt die Tiefe an, für die die folgende `Modes`-Zeile gilt.

`Modes`
: Hier steht eine Liste der Modus-Namen, die wir im Abschnitt `Monitor` mit der Anweisung `ModeLine` definiert haben. Weiter oben haben wir die ModeLines-Zeilen `"1024x768"`, `"800x600"` und `"640x480"` eingetragen, deshalb enthält die Zeile `Modes` die Werte:

```
Modes    "1024x768" "800x600" "640x480"
```

Der erste hier eingetragene Modus wird von XFree86 als Voreinstellung benutzt. Nach dem Start von XFree86 können Sie mit den Tastenkombinationen Ctrl-Alt und + (Pluszeichen) bzw. Ctrl-Alt und - (Minuszeichen) zwischen den hier aufgeführten Modi hin- und herschalten.

Vielleicht ist es eine gute Idee, XFree86 zunächst mit einer niedrigen Auflösung zu konfigurieren, etwa 640x480 – diese Auflösung funktioniert auf den meisten Systemen. Wenn Sie dann eine funktionierende Konfiguration gefunden haben, können Sie *XF86Config* so anpassen, daß auch höhere Auflösungen unterstützt werden.

`Virtual`

Hier wird die Größe der virtuellen Arbeitsfläche eingestellt. XFree86 ist in der Lage, den gesamten Speicher Ihrer Grafikkarte zu nutzen, um die Arbeitsfläche zu vergrößern. Wenn Sie bei der Arbeit dann den Mauszeiger an den Rand des Bildschirms bewegen, wird die Anzeige gescrollt, so daß der Rest der Arbeitsfläche ins Blickfeld kommt. Das gibt Ihnen die Möglichkeit, `Virtual` auf den größten Wert einzustellen, den Ihre Grafikkarte unterstützt, auch wenn Sie nur mit einer niedrigen Auflösung von 800x600 arbeiten. Eine Grafikkarte mit einem MB Speicher unterstützt bei Farbtiefe 8 bis zu 1152x910 Pixel; eine Zwei-MB-Karte unterstützt je nach Karte 1280x1024 oder mehr Pixel bei Farbtiefe 8 oder 1152x910 Pixel bei Farbtiefe 16. Natürlich können Sie zu einem bestimmten Zeitpunkt nicht die komplette Arbeitsfläche einsehen, aber Sie können trotzdem auf der ganzen Fläche arbeiten. Beachten Sie aber, daß die X-Server einen Teil des Grafikspeichers als Cache verwenden können, wenn nicht der gesamte Grafikspeicher ausgenutzt wird. Dies führt zu einer deutlich höheren Performanz. Sie sollten also nie das Maximum angeben. Weiterhin müssen Sie wissen, daß bei mehreren konfigurierten Modi der größte automatisch als virtuelle Auflösung angesehen wird, wenn ein kleinerer aktiv ist.

Mit `Virtual` können Sie zwar den Speicher Ihrer Grafikkarte ausnutzen, aber die Möglichkeiten sind doch irgendwie eingeschränkt. Wenn Sie mit einer richtigen virtuellen Arbeitsfläche arbeiten möchten, sollten Sie statt dessen den Fenster-Manager *fvwm* benutzen. Mit *fvwm* steht Ihnen eine ziemlich große virtuelle Arbeitsfläche zur Verfügung (zum Beispiel durch versteckte Fenster realisiert, statt den kompletten Inhalt der Arbeitsfläche im Bildschirmspeicher zu halten). In der Manual-Page zu *fvwm* finden Sie Details zu diesem Punkt; die meisten Linux-Systeme benutzen *fvwm* als Voreinstellung.

`ViewPort`

Wenn Sie mit der Option `Virtual` arbeiten, die wir oben beschrieben haben, stellen Sie mit `ViewPort` ein, welche Koordinaten die linke obere Ecke der virtuellen Arbeitsfläche beim Start von XFree86 haben soll. Normalerweise wird ViewPort 0 0 eingestellt – damit zeigt der Bildschirmausschnitt die obere linke Ecke der virtuellen Arbeitsfläche. Wenn Sie ViewPort nicht definieren, wird die Mitte der Arbeitsfläche angezeigt (was Sie vielleicht nicht haben wollen).

Es gibt viele weitere Optionen für diesen Abschnitt; in der Manual-Page zu *XF86Config* finden Sie eine vollständige Beschreibung. Allerdings brauchen Sie diese Optionen nicht, um XFree86 überhaupt zu starten.

Informationen zur Grafikkarte eintragen

Die Konfiguration Ihrer Grafikkarte ist jetzt fertig; der X-Server kann die fehlenden Informationen normalerweise selbst ergänzen.

Statt diese Informationen für die Datei vom X-Server ermitteln zu lassen, können Sie die Werte für viele Grafikkarten auch in den Dateien *modeDB.txt*, *AccelCards* und *Devices* nachschlagen. Alle diese Dateien stehen in */usr/X11R6/lib/X11/doc*. Außerdem gibt es verschiedene *README*-Dateien für bestimmte Chipsätze. Sie können in allen diesen Dateien nachsehen, ob Sie dort Informationen zu Ihrer Grafikkarte finden, und diese Informationen (Dot-Clock-Werte, Chipsatz, Optionen) in *XF86Config* eintragen. Ein Problem dabei ist aber, daß Hersteller teilweise den gleichen Namen für eine Karte beibehalten, obwohl sie einen anderen Chipsatz verwenden. Dies sollten Sie im Hinterkopf behalten. Für den Fall, daß Sie irgendeine Information nicht finden können, zeigen wir Ihnen hier, wie der X-Server sie ermittelt.

In diesen Beispielen zeigen wir die Konfiguration für die Grafikkarte #9 GXE 64 mit dem S3-Chipsatz. Das ist zufälligerweise die Karte, die der Schreiber benutzt, aber was wir hier besprechen, gilt auch für andere Karten.

Als erstes müssen Sie feststellen, welchen Chipsatz Ihre Grafikkarte benutzt. Sie erhalten diese Information, indem Sie *SuperProbe* aufrufen (steht in */usr/X11R6/bin*), aber Sie brauchen dazu den Namen des Chipsatzes, wie ihn der X-Server kennt.

Mit dem Befehl:

```
# X -showconfig
```

erhalten Sie eine Liste aller Chipsätze, die Ihr X-Server kennt. (Auch die Manual-Pages zu den X-Servern enthalten diese Namen.) Für den beschleunigten Server `XF86_S3` erhalten wir die Ausgabe:

```
XFree86 Version 3.3 / X Window System
(protocol Version 11, revision 0, vendor release 6300)
Operating System: Linux 2.0.30 i686 [ELF]
Configured drivers:
  S3: accelerated server for S3 graphics adaptors (Patchlevel 0)
      newmmio, mmio_928, s3_generic
```

Die gültigen Chipsatznamen für diesen Server sind also `newmmio`, `mmio_928` und `s3_generic`. In der Manual-Page zu `XF86_S3` werden diese Chipsätze beschrieben, und Sie erfahren dort, welche Karten diese Chipsätze benutzen. Für die Grafikkarte #9 GXE 64 ist `mmio_928` korrekt.

Falls Sie nicht wissen, welchen Chipsatz Sie nehmen sollen, kann der X-Server das für Sie herausfinden. Geben Sie dazu

```
# X -probeonly > /tmp/x.out 2>&1
```

ein, wenn Sie mit der *bash* arbeiten. In der *csh* versuchen Sie es mit:

```
% X -probeonly >& /tmp/x.out
```

Die Ausgabe des oben angeführten Befehls (in der Datei */tmp/x.out*) sollte etwa folgendes enthalten:

```
XFree86 Version 3.3 / X Window System
(protocol Version 11, revision 0, vendor release 6300)
Operating System: Linux 2.0.30 i686 [ELF]

Configured drivers:
  S3: accelerated server for S3 graphics adaptors (Patchlevel 0)
      newmmio, mmio_928, s3_generic
          .
          .
          .
(--) S3: card type: 386/486 localbus
(--) S3: chipset:   864 rev. 0
(--) S3: chipset driver: mmio_928
```

Hier sehen wir, daß `newmmio`, `mmio_928` und `s3_generic` die drei gültigen Chipsätze für diesen Server (`XF86_S3`) sind. Der Server hat eine Karte gefunden, die den `mmio_928` benutzt.

Als nächstes können wir die Clock-Frequenzen ermitteln, die die Grafikkarte benutzt. Die Clock-Frequenz, oder Dot-Clock, gibt einfach die Geschwindigkeit an, mit der die Grafikkarte Pixel an den Monitor übertragen kann. Wir haben bereits gesehen, daß zu jeder Bildschirmauflösung eine bestimmte Dot-Clock gehört. Jetzt gilt es also festzustellen, welche Dot-Clocks die Grafikkarte bereitstellt.

Sie sollten zuerst in den bereits erwähnten Dateien (*modeDB.txt* usw.) nachsehen, ob die Dot-Clocks Ihrer Grafikkarte dort aufgeführt sind. Die Dot-Clocks werden meist in Form einer Liste mit acht oder sechzehn Werten (in MHz) angegeben. In *modeDB.txt* findet sich zum Beispiel folgender Eintrag für die Grafikkarte Cardinal ET4000:

```
# chip   RAM   virtual   clocks                          default-mode  flags
ET4000   1024  1024 768   25  28  38  36  40  45  32   0  "1024x768"
```

Die Dot-Clocks für diese Karte sind also 25, 28, 38, 36, 40, 45, 32 und 0 MHz.

Im Abschnitt Devices von *XF86Config* können Sie eine `Clocks`-Zeile mit den Dot-Clocks Ihrer Karte einfügen. Mit den eben gefundenen Werten würde diese Zeile so aussehen:

```
Clocks 25 28 38 36 40 45 32 0
```

Diese Zeile steht im Abschnitt `Devices` hinter `Chipset`. Die Reihenfolge der Werte ist äußerst wichtig! Stellen Sie diese Liste auf keinen Fall um.

Wenn Sie keine passenden Dot-Clocks für Ihre Karte finden können, lassen Sie den X-Server diese Werte ermitteln. Der oben angeführte Befehl *X -probeonly* sollte auch Zeilen ausgeben, die etwa so aussehen:

```
(--) S3: clocks:  25.18  28.32  38.02  36.15  40.33  45.32  32.00  00.00
```

Anschließend können wir eine `Clocks`-Zeile einfügen, die alle Werte in dieser Reihenfolge enthält. Falls nicht alle Werte in eine Zeile passen (manchmal gibt es mehr als acht davon), können Sie in *XF86Config* auch mehr als eine Clocks-Zeile einfügen. Achten Sie darauf, daß die Reihenfolge der Werte erhalten bleibt.

Beachten Sie, daß einige beschleunigte Grafikkarten einen programmierbaren Clock-Chip benutzen. (In der Manual-Page zu `XF86_Accel` finden Sie Details hierzu; dies betrifft unter anderem einige S3-, AGX- und XGA-2-Karten.) Dieser Chip macht es möglich, daß der X-Server die Karte anweist, welche Dot-Clocks sie benutzen soll. Wenn Sie eine solche Karte haben, werden Sie in den oben angeführten Dateien wahrscheinlich keine Liste mit Dot-Clocks finden. Eventuell zeigt *X -probeonly* auch eine Liste an, die nur einen oder zwei verschiedene Werte enthält, und die anderen Werte sind identisch oder gleich null.

Für Karten mit einem programmierbaren Clock-Chip tragen Sie in der Datei *XF86Config* die Zeile `ClockChip` statt Clocks ein. Die `ClockChip`-Zeile enthält den Namen des Clock-Chips auf der Grafikkarte; Sie finden diese Namen in den Manual-Pages zu den einzelnen Servern. In der Datei *README.S3* zum Beispiel erfahren Sie, daß verschiedene S3-864-Grafikkarten den Clock-Chip »ICD2061A« benutzen; deshalb sollten wir in *XF86Config* die Zeile:

```
ClockChip "icd2061a"
```

statt der `Clocks`-Zeile eintragen. Ebenso wie die `Clocks`-Zeile sollte auch diese Zeile im Abschnitt `Devices` hinter `Chipset` stehen. Bei fast allen Clock-Chips ist aber ein solcher Eintrag nicht nötig; der Server kann den richtigen selber ermitteln.

Einige beschleunigte Karten erfordern außerdem einen Eintrag in der Datei *XF86Config*, der den benutzten RAMDAC-Typ bestimmt; dies geschieht in der Zeile `Ramdac`. In der Manual-Page zu `XF86_Accel` wird diese Option beschrieben. Bei fast allen Karten wird der X-Server in der Lage sein, den RAMDAC-Typ korrekt zu ermitteln.

Einige Typen von Grafikkarten erwarten im Abschnitt `Devices` der Datei *XF86Config* Einträge für bestimmte Optionen. Sie finden eine Beschreibung dieser Optionen in der Manual-Page zum Server und in den Dateien wie zum Beispiel *README.cirrus* oder *README.S3*. Diese Optionen werden in einer Option-Zeile aktiviert. Die Karte #9 GXE 64 zum Beispiel erfordert die Option:

```
Option "number_nine"
```

In der Regel wird der X-Server auch ohne diese Optionen funktionieren, aber nur mit ihnen erbringt Ihre Grafikkarte die volle Leistung. Es gibt mehr solcher Optionen, als wir hier auflisten können. Diese Optionen beziehen sich meistens auf bestimmte Features wie unterschiedlich schnelle RAM-Bausteine oder das Ein- und Ausschalten von beschleunigten Funktionen usw. Falls Sie solche Optionen benutzen müssen – fürchten Sie sich nicht: In den Manual-Pages zum X-Server und in verschiedenen Dateien im Verzeichnis */usr/X11R6/lib/X11/doc* finden Sie Details zu diesem Thema.

Wenn Sie fertig sind, sollten Sie einen `Devices`-Abschnitt erstellt haben, der etwa so aussieht:

```
Section "Device"
        # Device section for the #9 GXE 64 only !
        Identifier "#9 GXE 64"
        Chipset "mmio_928"
        ClockChip "icd2061a"
        Option "number_nine"
EndSection
```

Dieser `Devices`-Eintrag gilt nur für eine bestimmte Grafikkarte, die #9 GXE 64 mit dem angegeben Chipsatz (es gibt auch welche mit anderen Chipsätzen!). Wir zeigen diesen Abschnitt hier nur als ein Beispiel. Die meisten Grafikkarten brauchen keine `ClockChip`-Zeile.

Es gibt weitere Optionen, die im Abschnitt `Devices` stehen können. Schlagen Sie die Details in der Manual-Page zum X-Server nach; für die meisten Systeme sollte allerdings das ausreichen, was wir hier besprochen haben.

Die Arbeit unter XFree86

Sobald Ihre Datei *XF86Config* fertiggestellt ist, können Sie den X-Server starten und sich auf eine Spritztour begeben. Achten Sie darauf, daß */usr/X11R6/bin* in Ihrem Pfad eingetragen ist.

Mit folgendem Befehl starten Sie XFree86:

```
startx
```

startx ist ein Front-End zu *xinit* (das Sie vielleicht von anderen UNIX-Systemen her gewohnt sind).

Dieser Befehl ruft den X-Server auf und führt die Befehle aus, die in der Datei *.xinitrc* in Ihrem Home-Verzeichnis stehen. *.xinitrc* ist einfach ein Shell-Skript, das einige X-Clients aufruft. Falls diese Datei nicht existiert, wird als Voreinstellung die Systemdatei */usr/X11R6/lib/X11/xinit/xinitrc* benutzt.

Eine übliche *.xinitrc*-Datei sieht etwa so aus:

```
#!/bin/sh

  xterm -fn 7x13bold -geometry 80x32+10+50 &
  xterm -fn 9x15bold -geometry 80x34+30-10 &
  oclock -geometry 70x70-7+7 &
  xsetroot -solid midnightblue &

  exec twm
```

Dieses Skript ruft zwei *xterm*-Clients sowie die Uhr *oclock* auf und stellt den Hintergrund des Hauptfensters in mitternachtblau (`midnightblue`) dar. Anschließend wird der Fenster-Manager *twm* gestartet. Beachten Sie, daß *twm* mit dem Shell-Befehl *exec* ausgeführt wird; das hat zur Folge, daß der *xinit*-Prozeß durch *twm* ersetzt wird. Der X-Server wird sich deshalb beenden, sobald der *twm*-Prozeß beendet ist. Sie können die Menüs im Hauptfenster benutzen, um *twm* zu beenden; drücken Sie dazu die linke Maustaste, wenn der Mauszeiger auf dem Bildschirmhintergrund positioniert ist, und wählen Sie aus dem Popup-Menü, das dann erscheint, den Punkt `Exit Twm`.

Achten Sie darauf, daß der letzte Aufruf in *.xinitrc* mit *exec* erfolgt und nicht als Hintergrundprozeß gestartet wird (also kein Kaufmanns-Und am Zeilenende). Der X-Server würde sich sonst beenden, sobald alle Clients aus der Datei *.xinitrc* aufgerufen wurden. Sie können X auch verlassen, indem Sie gleichzeitig die Tasten Ctrl-Alt-Backspace drücken. Damit beenden Sie den X-Server direkt und verlassen das X Window System.

Wir haben hier eine sehr, sehr einfache Konfiguration der Arbeitsfläche besprochen. Wenn Sie einige Arbeit in Ihre *.xinitrc*-Datei investieren möchten, stehen Ihnen etliche nette Programme und Anpassungsmöglichkeiten zur Verfügung. So können Sie zum Beispiel den virtuellen Desktop des Fenster-Managers *fvwm* nutzen und Farben, Fonts, Fenstergrößen und -positionen gestalten, wie es Ihr Herz begehrt. Auch wenn das X Window System auf den ersten Blick vielleicht sehr einfach aussieht, ist es doch ziemlich komplex, wenn Sie erst einmal anfangen, eine Konfiguration nach Ihren Wünschen zu erstellen.

[22] X User

Für den Fall, daß Sie bisher noch nicht mit dem X Window System gearbeitet haben, möchten wir dringend empfehlen, daß Sie sich ein Werk wie zum Beispiel *The X Window System User's Guide* besorgen.

Probleme mit XFree86

Oft stellt sich beim ersten Starten des X-Servers heraus, daß noch nicht alles richtig funktioniert. Fast immer liegt das Problem in der Datei *XF86Config*. Oft stimmen die Sync-Signale des Monitors nicht, oder die Dot-Clocks der Grafikkarte sind falsch angegeben. Wenn das Bild scheinbar rollt oder die Ränder unscharf sind, ist das ein klarer Hinweis auf verkehrtes Timing des Monitors oder falsche Dot-Clocks. Achten Sie auch darauf, daß der richtige Chipsatz für Ihre Grafikkarte spezifiziert ist; überprüfen Sie auch die anderen Optionen im Abschnitt `Device` der Datei *XF86Config*. Vergewissern Sie sich, daß Sie den richtigen X-Server benutzen und daß */usr/X11R6/bin/X* ein symbolischer Link auf diesen Server ist.

Wenn alle Stricke reißen, können Sie noch versuchen, X »nackt« zu starten; also mit einem Befehl wie:

```
X > /tmp/x.out 2>&1
```

Beenden Sie den X-Server dann (mit der Tastenkombination Ctrl-Alt-Backspace), und sehen Sie sich den Inhalt von */tmp/x.out* an. Sie finden dort alle Warnungen und Fehlermeldungen des X-Servers wie zum Beispiel eine Grafikkarte ohne eine Dot-Clock, die zu den möglichen Auflösungen des Monitors paßt.

In der Datei *VideoModes.doc* aus der XFree86-Distribution finden Sie einige Hinweise dazu, wie Sie die Werte in Ihrer *XF86Config* verändern können.

Denken Sie auch daran, daß Sie mit den Tastenkombinationen Ctrl-Alt und der Plus- oder Minustaste aus dem Ziffernblock zwischen den Grafikmodi hin- und herschalten können, die in der `Modes`-Zeile im Abschnitt `Screen` der Datei *XF86Config* eingetragen sind. Falls die höchste Auflösung irgendwie merkwürdig aussieht, schalten Sie auf eine niedrigere Auflösung um. Vielleicht erfahren Sie dabei wenigstens, daß diese Abschnitte Ihrer X-Konfiguration in Ordnung sind.

Überprüfen Sie auch die Einstellungen für die horizontale und vertikale Bildlage an Ihrem Monitor; oft müssen diese beim Start von X angepaßt werden. Wenn das Bild zum Beispiel leicht nach einer Seite verschoben ist, läßt sich das meist per Einstellung am Monitor beheben. Versuchen Sie dazu das Programm *xvidtune*.

Die Usenet-Newsgruppe *comp.windows.x.i386unix* widmet sich ganz der Diskussion rund um X-Server auf PC-UNIX-Systemen. Vielleicht ist es eine gute Idee, in dieser News-Gruppe nach Beiträgen Ausschau zu halten, die sich auf Ihre Grafikkonfiguration beziehen – eventuell stellen Sie fest, daß jemand anderes dieselben Probleme hatte wie Sie. Ansonsten wenden Sie sich an den Hersteller Ihrer Linux-Distribution oder (auf englisch!) direkt an die Entwickler von XFree86 unter *XFree86@XFree86.org*.

X anpassen

Bevor wir auf einige Anwendungsprogramme eingehen, die unter X laufen, sollten wir noch die Grundlagen zur Konfiguration von X besprechen; es muß nicht sein, daß Sie sich mit der (oft unattraktiven) Standardkonfiguration vieler Systeme zufriedengeben.

xinit

Sie starten X mit dem Befehl *startx*. Dies ist ein Front-End für *xinit*, das Programm, das den X-Server (mit brauchbaren Einstellungen) und verschiedene X-Clients aufruft. *xinit* führt (via *startx*) das Shell-Skript *.xinitrc* aus Ihrem Home-Verzeichnis aus. Dieses Skript enthält einfach die Befehle, die Sie beim Start von X aufrufen möchten – zum Beispiel *xterm*, *xclock* usw. Wenn Sie keine Datei *.xinitrc* angelegt haben, wird statt dessen als Voreinstellung die Systemdatei */usr/lib/X11/xinit/xinitrc* benutzt. Hier zeigen wir Ihnen ein Beispiel für eine *.xinitrc*-Datei und erklären, was darin passiert. Sie können dieses Beispiel als Ihre eigene *.xinitrc* übernehmen oder auch mit der Systemdatei *xinitrc* beginnen.

```
1  #!/bin/sh
2  # Sample .xinitrc shell script
3
4  # Start xterms
5  xterm -geometry 80x40+10+100 -fg black -bg white &
6  xterm -geometry -20+10 -fn 7x13bold -fg darkslategray -bg white &
7  xterm -geometry -20-30 -fn 7x13bold -fg black -bg white &
8
9  # Other useful X clients
10 oclock -geometry 70x70+5+5 &
11 xload -geometry 85x60+85+5 &
12 xbiff -geometry +200+5 &
13 xsetroot -solid darkslateblue &
14
15 # Start the window manager
16 exec fvwm
```

Die Datei sollte weitgehend selbsterklärend sein, selbst wenn Sie noch keine Erfahrung mit X haben. Die erste Zeile kennzeichnet sie als Shell-Skript, die zweite ist einfach ein Kommentar. In den Zeilen 5 bis 7 werden drei *xterm*-Clients gestartet (erinnern Sie sich, daß *xterm* ein Client zur Terminalemulation ist). In den Zeilen 10 bis 13 werden weitere Clients aufgerufen, und in Zeile 16 erfolgt der Start von *fvwm*, dem Fenster-Manager. Wenn Sie *startx* mit der hier gezeigten Datei *.xinitrc* aufrufen, erhalten Sie einen Bildschirm, der etwa so aussieht wie Abbildung 10-1[1].

---

1 Na gut – ein Kunstwerk ist das nicht gerade, aber wir brauchten ein einfaches Beispiel, das auf den meisten Bildschirmen funktioniert!

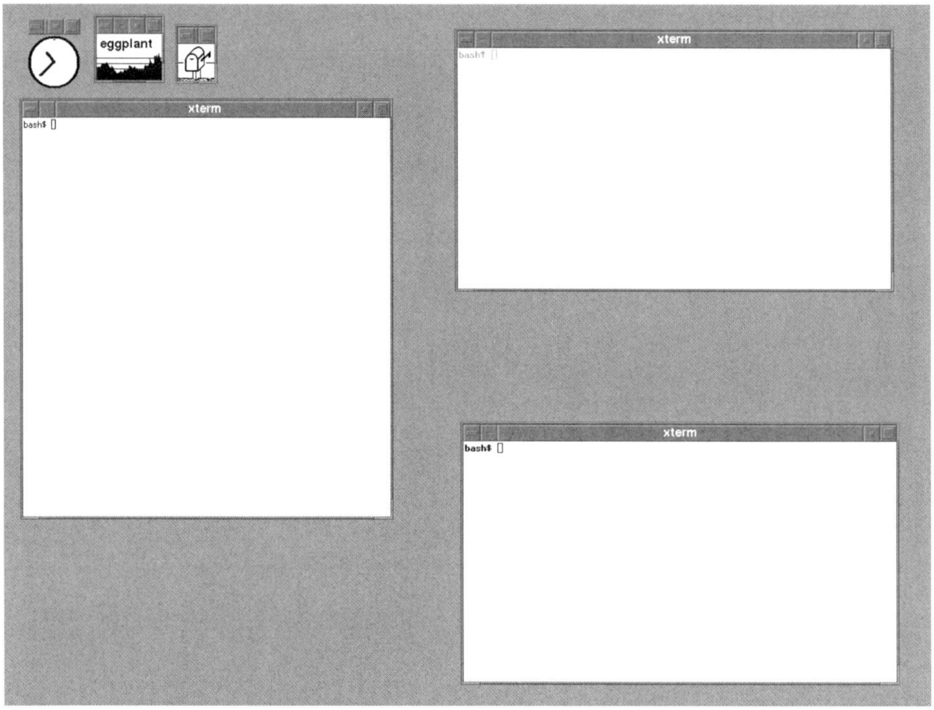

Abbildung 10-1: Der Bildschirm, den die Beispieldatei .xinitrc erzeugt

Wir wollen uns das genauer anschauen. In Zeile 5 wird *xterm* mit verschiedenen Optionen aufgerufen, nämlich *-geometry*, *-fg* und *-bg*. Die meisten X-Clients unterstützen neben einigen anderen auch diese »Standard«-Optionen. Mit der Option *-geometry* haben Sie die Möglichkeit, Größe und Anordnung von Fenstern auf dem Bildschirm zu bestimmen. Die Anweisung hat folgendes Format:

xsizexysize+xoffset+yoffset

Die Option *-geometry 80x40+10+100* bewirkt, daß ein Fenster mit einer Breite von 80 Zeichen und einer Höhe von 40 Zeichen an der Position (10,100) auf dem Bildschirm plaziert wird (wobei (0,0) der linken oberen Ecke entspricht). Beachten Sie, daß *xterm* die Fenstergröße in Zeichen mißt und nicht in Pixeln. Der Font, der hier benutzt wird, entscheidet über die tatsächliche Größe des Fensters.

Mit den Argumenten *-fg* und *-bg* bestimmen Sie die Vordergrund- (Text-) und Hintergrundfarbe des *xterm*-Fensters. Wir haben hier die eher langweilige Kombination schwarz und weiß gewählt, die sowohl auf Farb- als auch auf Schwarz/Weiß-Monitoren funktionieren sollte. Unter X werden die Farben in der Regel mit ihren Namen bezeichnet, aber Sie können auch Ihre eigenen RGB-Werte definieren. Eine Liste der Farbnamen (samt der dazugehörenden RGB-Werte) finden Sie in der Datei */usr/lib/X11/rgb.txt*. (Wenn Sie *xcolors* aufrufen, werden diese Farben mit ihren Namen angezeigt.)

In Zeile 6 wird ein weiteres *xterm* gestartet, allerdings mit anderen Argumenten:

```
xterm -geometry -20+10 -fn 7x13bold -fg darkslategray -bg white &
```

Als Fenstergeometrie wird hier nur `-20+10` angegeben. Ohne ausdrückliche Angabe der Größe wird *xterm* die voreingestellten Werte benutzen (meist `80x25`). Weiterhin fällt auf, daß der *`xoffset`* mit einem - statt einem + versehen ist. Das hat zur Folge, daß das Fenster 20 Pixel vom rechten Rand des Bildschirms entfernt plaziert wird. Ebenso wird die Geometrieangabe -20-30 (wie in Zeile 7) das Fenster 20 Pixel vom rechten Rand und 30 Pixel vom unteren Rand des Bildschirms öffnen. Der Vorteil ist, daß die Anordnung der Fenster auf diese Weise in geringerem Maße von der speziellen Auflösung abhängig ist, die Sie benutzen.

Die Option *-fn* in den Zeilen 6 und 7 bestimmt, daß *xterm* den Font `7x13bold` benutzen soll. Wenn Sie *xlsfonts* aufrufen, erhalten Sie eine Liste der auf Ihrem System vorhandenen Fonts; der X-Client *xfontsel* ermöglicht die interaktive Auswahl eines Fonts – wir kommen weiter unten noch darauf zurück.

In Zeile 10 wird der Client *oclock* gestartet, der eine analoge Uhr anzeigt. Zeile 11 startet *xload*, eine graphische Anzeige der durchschnittlichen Systemauslastung (Anzahl der aktiven Prozesse), die sich im Laufe der Zeit ändert. In Zeile 12 rufen wir *xbiff* auf, das Ihnen anzeigt, ob E-Mail eingetroffen ist. In Zeile 13 lassen wir den langweiligen grauen Hintergrund verschwinden und stellen ein knalliges `darkslateblue` (dunkles Schieferblau) ein. (Keine Angst, es gibt noch viel mehr spaßige Sachen in X!)

Sie werden bemerkt haben, daß in den Zeilen 5 bis 13 die Clients im Hintergrund gestartet werden (das Kaufmanns-Und am Zeilenende sorgt dafür). Wenn Sie die Clients nicht im Hintergrund starteten, würde *xinit* das erste *xterm* aufrufen, darauf warten, daß es beendet wird (in der Regel nachdem Sie sich ausloggen), dann das nächste *xterm* aufrufen usw. Mit Hilfe des Kaufmanns-Und lassen Sie alle Clients gleichzeitig arbeiten.

Und was passiert in Zeile 16? Hier starten wir *fvwm*, einen Fenster-Manager, der auf vielen Linux-Systemen benutzt wird. Wir haben bereits erwähnt, daß der Fenster-Manager das Aussehen der Fenster bestimmt, das Verschieben von Fenstern mit der Maus ermöglicht usw. Allerdings wird *fvwm* mit dem Befehl:

```
exec fvwm
```

gestartet. Das hat zur Folge, daß der Prozeß *fvwm* den Prozeß *xinit* ersetzt. Auf diese Weise beendet sich der X-Server,[2] sobald Sie *fvwm* beenden. Dies ist einfacher als die Tastenkombination Ctrl-Alt-Backspace.

2 Wenn Sie schon mit *fvwm* herumexperimentiert haben, werden Sie festgestellt haben, daß beim Betätigen des linken Mausknopfs, während der Cursor über dem Hintergrund steht, ein Menü aufklappt. Wenn Sie aus diesem Menü `Quit fvwm` auswählen, beendet sich *fvwm*.

Ganz allgemein sollten Sie alle X-Clients in *.xinitrc* mit einem Kaufmanns-Und am Zeilenende starten und den Fenster-Manager am Ende der Datei mit *exec* aufrufen. Es gibt natürlich noch andere Wege ans Ziel, aber viele Benutzer gehen genau so vor.

[22] X User Guide

Wenn Sie die Manual-Pages zu *xterm* und anderen X-Clients lesen, werden Sie weitere Optionen für die Befehlszeile finden, die wir hier nicht besprochen haben. Es gilt, was wir bereits gesagt haben: Fast alles unter X ist konfigurierbar. Der *fvwm* benutzt eine eigene Konfigurationsdatei, *.fvwm2rc* (für die Version 2), die in der dazugehörigen Manual-Page beschrieben wird. (Falls Sie keine *.fvwm2rc*-Datei einrichten, wird statt dessen die Systemdatei */usr/lib/X11/fvwm2/system.fvwmrc* benutzt.) In den Manual-Pages und in Büchern zum Thema X (wie zum Beispiel O'Reillys *X Window System User's Guide*) finden Sie weitere Hinweise zur Konfiguration der einzelnen Clients.

Die Ressource-Datenbank von X

Sie werden nicht allzu lange mit X arbeiten können, ohne auf die X Resources zu stoßen – Sie finden diesen Begriff in fast jeder Manual-Page. Mit den X Resources stehen Ihnen flexiblere und umfangreichere Möglichkeiten zur Konfiguration von X-Clients zur Verfügung, als solche Optionen wie *-geometry* und *-fg* auf der Befehlszeile bieten. Die X Resources machen es möglich, daß Sie für ganze Gruppen von Clients die Voreinstellungen bestimmen; so könnten Sie zum Beispiel den Font für alle Aufrufe von *xterm* auf `7x13bold` voreinstellen, anstatt das jedesmal in der Befehlszeile anzugeben.

Zwei Schritte sind erforderlich, um die X Resources zu benutzen. Zunächst müssen Sie eine Datei erstellen, die die Voreinstellungen für Ihre X Resources enthält. Diese Datei trägt in der Regel den Namen *.Xdefaults* und steht im Home-Verzeichnis. Außerdem müssen Sie noch mit dem Befehl *xrdb* die X Resources in den Server laden, damit sie benutzt werden können. Im allgemeinen wird *xrdb* in der Datei *.xinitrc* vor dem Start irgendwelcher Clients aufgerufen.

Wir werden anhand der Befehlszeilen-Optionen für die Clients aus der oben gezeigten *.xinitrc*-Datei in einem einfachen Beispiel die Benutzung der X Resources demonstrieren. Anschließend zeigen wir Ihnen, wie die Datei *.xinitrc* für die Arbeit mit den X Resources angepaßt werden muß.

Vorab noch ein paar Worte zur Arbeitsweise der Ressourcen. Jede X-Anwendung ist Teil einer bestimmten Anwendungsklasse (*application class*). So gehört zum Beispiel *xterm* zur Klasse `XTerm`. Sowohl *xclock* als auch *oclock* sind der Klasse `Clock` zugeordnet. Wenn Sie die Ressourcen für die Klasse `Clock` festlegen, wirkt sich das auf alle Applikationen aus, die zu dieser Klasse gehören – da *xclock* (eine quadratische Analoguhr) und *oclock* (eine runde Analoguhr) sich ähnlich sind, gehören sie derselben Klasse an und benutzen dieselben Ressourcen. Die meisten Anwendungen gehören als einziges Mitglied ihrer eigenen Klasse an – so ist zum

Beispiel *xload* das einzige Mitglied der Klasse `XLoad`. Sollte allerdings eine andere Anwendung auftauchen, die Ähnlichkeiten mit *xload* hat, so könnte es sein, daß auch diese Anwendung ein Mitglied der Klasse `XLoad` wird. Indem die X-Clients einer Anwendungsklasse zugeordnet werden, lassen sich die Ressourcen für alle Mitglieder dieser Klasse festlegen. (In der Manual-Page zu jeder X-Anwendung erfahren Sie, zu welcher Klasse das Programm gehört.)

Die »Standard«-X-Clients benutzen solche Ressourcen wie `foreground`, `background`, `geometry` und `font`. Viele X-Clients kennen außerdem noch eigene Ressourcen – so benutzt zum Beispiel *xterm* die Ressource `logFile` – , so daß Sie eine Datei bestimmen können, in der die Terminalsitzung protokolliert wird. Auch die vorhandenen Ressourcen zu jedem X-Client werden in den entsprechenden Manual-Pages aufgeführt.

Auch die Ressourcen selbst werden in eine Klassenhierarchie eingeordnet. So ist zum Beispiel die Ressource `background` ein Mitglied der Klasse `Background`. Die Ressource-Klassen machen es möglich, daß viele einzelne Ressourcen Mitglied derselben Klasse sind, so daß die Ressourcen einer ganzen Klasse mit Werten versehen werden können. Ein Beispiel: Die Ressource `background` bestimmt in der Regel die Standardfarbe für den Bildschirmhintergrund. Wenn ein Anwendungsprogramm allerdings verschiedene Bildschirmseiten darstellt, ist es vielleicht wünschenswert, jeder Seite eine andere Hintergrundfarbe zuzuordnen. Sie könnten also die Ressourcen `background1`, `background2` usw. einführen – für jede Bildschirmseite eine; aber alle diese Ressourcen wären Mitglied der Ressourcen-Klasse Background. Wenn Sie den Wert für die Klasse Background bestimmen, legen Sie auch die Werte für alle Ressourcen in dieser Klasse fest.

Normalerweise brauchen Sie sich mit dem Unterschied zwischen den Ressourcen-Klassen und den Ressourcen innerhalb einer Klasse nicht zu befassen. Meistens ist es einfacher, die Werte der Ressourcen für eine ganze Klasse festzulegen (zum Beispiel `Background`), als die Werte einzelner Ressourcen in dieser Klasse.

Lassen Sie uns jetzt untersuchen, wie die Werte für Ressourcen in der Ressource-Datenbank festgelegt werden. Ein vollständiger Ressource-Eintrag hat das Format:[3]

```
(ApplikationsKlasse|applikationsName)*(RessourcenKlasse|ressourcenName) : Wert
```

Der senkrechte Strich bedeutet, daß Sie eine der Möglichkeiten wählen können. Nehmen wir an, daß Sie die Hintergrundfarbe eines *xterm*-Fensters einstellen möchten. Der *komplette* Ressource-Eintrag könnte so aussehen:

```
xterm*background: darkslategray
```

3 In Wirklichkeit haben die Ressource-Einträge eine viel komplexere Syntax als wir hier zeigen, und die Regeln zur Verknüpfung von Ressourcen mit ihren Werten sind reichlich kompliziert. Um die Sache überschaubar zu halten, zeigen wir ein brauchbares Modell für die Ressourcen eines Anwendungsprogramms – und verweisen wißbegierige Leser auf ein gutes Buch zum Thema X.

Damit bestimmen Sie allerdings nur eine bestimmte Hintergrund-Ressource (und nicht alle Ressourcen, die möglicherweise der Klasse `Background` angehören); dies auch nur, wenn der Client *xterm* auch als *xterm* aufgerufen wird (mehr zu diesem Punkt weiter unten). Deshalb sollte man vielleicht besser diese Ressource-Klasse benutzen:

```
XTerm*Background: darkslategray
```

Dieser Eintrag bezieht sich auf alle *xterm*-Clients sowie alle Ressourcen der Klasse `Background`, die von *xterm* benutzt werden.

Lassen Sie uns jetzt die Optionen aus der oben gezeigten *.xinitrc*-Datei als Ressourcen formulieren. Legen Sie in Ihrem Home-Verzeichnis die Datei *.Xdefaults* an. Analog zu der Datei *.xinitrc* weiter oben sollten Sie hier eintragen:

```
1  Clock*Geometry:          70x70+5+5
2  XLoad*Geometry:          85x50+85+5
3  XBiff*Geometry:           +200+5
4
5  ! Defaults for all xterm clients
6  XTerm*Foreground:        white
7  XTerm*Background:        black
8
9  ! Specific xterms
10 xterm-1*Geometry:        80x40+10+110
11
12 xterm-2*Geometry:        -20+10
13 xterm-2*Font:            7x13bold
14 xterm-2*Background:      darkslategray
15
16 xterm-3*Geometry:        80x25-20-30
17 xterm-3*Font:            7x13bold
```

In den Zeilen 1 bis 3 wird die Ressource-Klasse `Geometry` für die Anwendungs-Klassen `Clock`, `XLoad` und `XBiff` bestimmt. In den Zeilen 6 und 7 legen wir die Ressource-Klassen `Foreground` und `Background` für die ganze Klasse *XTerm* fest. Alle *xterm*-Clients werden diese Werte als Voreinstellung für `Foreground` und `Background` benutzen.

In den Zeilen 10 bis 17 bestimmen wir die Ressourcen für die einzelnen Aufrufe von *xterm*. (Dies ist notwendig, weil die *xterm*s verschieden sind; sie haben zum Beispiel unterschiedliche Geometriewerte.) Wir haben die verschiedenen *xterm*-Clients in diesem Beispiel mit `xterm-1`, `xterm-2` und `xterm-3` bezeichnet. Wie Sie sehen, haben wir in den Zeilen 10, 12 und 16 jeweils die Geometriewerte definiert. Für `xterm-2` und `xterm-3` haben wir außerdem die Klasse `Font` bestimmt; für `xterm-2` bestimmen wir zusätzlich `darkslategray` als Wert für die Klasse `Background`.

Die Regeln für die Zuordnung von X-Ressourcen (*binding rules*) sind so gestaltet, daß bestimmte Zuordnungen den anderen übergeordnet sind. Für unser Beispiel bedeutet dies, daß die Festlegung einer Ressource für einen bestimmten Aufruf von *xterm* (wie »`xterm-2*Background`« in Zeile 14) Vorrang hat vor der Festlegung einer Ressource für die Klasse `XTerm` insgesamt (`XTerm*Background` in Zeile 7). Anders ausgedrückt: Die Zuordnungen für eine Anwendungs- oder Ressource-Klasse haben eine niedrigere Priorität als die Zuordnungen für eine bestimmte Instanz innerhalb dieser Klasse. Auf diese Weise haben Sie die Möglichkeit, Voreinstellungen für die ganze Klasse zu treffen, diese Standardwerte dann aber für bestimmte Instanzen der Klasse zu überschreiben.

Lassen Sie uns sehen, welche Änderungen wir in *.xinitrc* vornehmen müssen, um mit den gerade definierten X-Ressourcen arbeiten zu können. Als erstes müssen wir den Befehl *xrdb* einfügen, der die Anwendungs-Ressourcen in den Server lädt. Außerdem können wir die verschiedenen Optionen für die Befehlszeilen entfernen, weil diese durch die Ressourcen ersetzt werden. Also:

```
#!/bin/sh
# Sample .xinitrc shell script

# Load resources
xrdb -load $HOME/.Xdefaults

# Start xterms
xterm -name "xterm-1" &
xterm -name "xterm-2" &
xterm -name "xterm-3" &

# Other useful X clients
oclock &
xload &
xbiff &
xsetroot -solid darkslateblue &

# Start the window manager
exec fvwm
```

Wie Sie sehen, können wir mit dem Argument *-name* hinter den drei Aufrufen von *xterm* bestimmen, unter welchem Namen *xterm* die X-Ressourcen suchen wird. Die meisten X-Clients kennen das Argument *-name* nicht; man benutzt dann den Namen, unter dem der Client gestartet wird. Für die zahlreichen Benutzer, die mehr als ein *xterm* auf einmal aufrufen, ist es allerdings von Vorteil, wenn sie beim Bestimmen der Ressourcen die *xterm*s auseinanderhalten können.

Sie sollten jetzt in der Lage sein, Ihre X-Arbeitsumgebung bis zu einem gewissen Grade anzupassen. Selbstverständlich hängt die Fähigkeit, X zu konfigurieren, zum Teil auch davon ab, wie sehr Sie mit den vielen X-Anwendungen und dem Fenster-

Manager (sowie seiner Konfiguration) vertraut sind. Im Rest dieses Abschnitts werden wir einige X-Anwendungen für Linux vorstellen und einen Fenster-Manager, den *fvwm*, im Detail besprechen.

Der Fenster-Manager fvwm

Der Fenster-Manager, für den Sie sich entscheiden, bestimmt in hohem Maße das »Look-and-Feel« Ihrer X-Umgebung. Viele Fenster-Manager bieten auch Menüs an, aus denen heraus Sie mit der Maus andere X-Anwendungen aufrufen können, sowie eine virtuelle Arbeitsfläche, die Ihre Arbeitsfläche insgesamt enorm vergrößern kann.

fvwm ist ein Fenster-Manager für eine virtuelle Arbeitsfläche (Desktop), der von vielen Linux-Benutzern eingesetzt wird. Er beruht zum Teil auf dem Code des *twm*, dem klassischen Fenster-Manager, der mit der X11-Distribution des MIT ausgeliefert wird. *fvwm* hat man allerdings so kompakt gestaltet, daß er nur etwa halb so viel Arbeitspeicher benötigt wie *twm* – ein großer Vorteil für Linux-Systeme mit acht MB physikalischem RAM oder weniger. *fvwm* kennt viele besondere Möglichkeiten, über die andere Fenster-Manager nicht verfügen; deshalb, und weil er speziell für Linux entwickelt wurde, wollen wir ihn hier besprechen.

Anders als *twm* und einige andere Fenster-Manager wird *fvwm* ständig weiterentwickelt. Das hat zur Folge, daß ein paar der Punkte, die wir hier besprechen, in einer neueren Version der Software eventuell nicht mehr in derselben Form vorhanden sind. In der Manual-Page zu *fvwm* können Sie nachlesen, ob die hier besprochenen Features enthalten sind.

Wir gehen in diesem Abschnitt auf die neuere Version, *fvwm2*, ein. Diese verbraucht geringfügig mehr Speicher als die alte Version, ist aber einfacher zu konfigurieren und flexibler in der Handhabung. Wenn keine Verwechslungen auftreten, sprechen wir aber trotzdem von *fvwm*.

fvwm bietet unter anderem:

- Einen Speicherbedarf, der nur etwa die Hälfte bis ein Drittel dessen beträgt, was der *twm* benötigt.
- Eine einfache virtuelle Arbeitsfläche, die auch einen *Pager* genannten Überblick über den gesamten Desktop bietet (quasi aus der Vogelperspektive); wenn der Mauszeiger den Bildschirmrand erreicht, wird der Desktop automatisch weitergescrollt.
- Mausfunktionen, die auch über die Tastatur erreichbar sind (dies gilt für fast alle mit der Maus angestoßenen Arbeitsschritte); das ist von Vorteil, wenn X auf einem Laptop ohne Maus oder Trackball benutzt wird.
- Unterstützung von farbigen Icons (bei Benutzung der XPM-Libraries).

- Eine Programmierschnittstelle zum Einbinden von eigenen Erweiterungen in den *fvwm*. Eine solche Erweiterung, die mit der *fvwm*-Distribution ausgeliefert wird, besteht aus einer Reihe von Buttons, die immer im Hauptfenster Ihres Desktops sichtbar bleiben. Sie können jedem Button einen Befehl zuordnen und auf diese Weise per Mausklick Anwendungsprogramme starten.
- Frei konfigurierbare Menüs auf der Arbeitsfläche, die auf Mausklick erscheinen.
- Ein Motif-ähnliches dreidimensionales Aussehen der Fensterrahmen. *fvwm* enthält sogar Optionen, um ihn mit *mwm*, dem Window-Manager von Motif, kompatibel zu machen.

Zu den herausragenden Besonderheiten von *fvwm* gehört der virtuelle Desktop, der die Anordnung von Fenstern auf einer Fläche ermöglicht, die viel größer ist als die sichtbare Bildschirmfläche. Mit der Maus können Sie zwischen verschiedenen Bereichen des virtuellen Desktops hin- und herschalten (blättern). Wenn Sie den Mauszeiger zum Beispiel an den rechten Rand des Bildschirms bewegen, wird die Arbeitsfläche um eine Bildschirmbreite nach links verschoben, so daß weitere Fenster im Blickfeld erscheinen. Auf diese Weise können Sie die Fenster auf einer Fläche anordnen, die größer ist als Ihr Bildschirm, wobei Sie immer einen Ausschnitt aus dem gesamten Desktop vor Augen haben.

Die Abbildung 10-1 im Abschnitt »xinit« zeigt ein Beispiel für eine Arbeitsfläche. Jedes Fenster hat einen dekorativen Rahmen mit konfigurierbaren Schaltflächen (Buttons) darin, der von *fvwm* erzeugt wird. Weiter unten in diesem Abschnitt werden wir zeigen, wie Sie die Rahmen nach Ihren Wünschen gestalten können.

Eines der Fenster verdeckt gerade den Pager, der den gesamten virtuellen Desktop aus der »Vogelperspektive« zeigt. Mit dem Pager können Sie außerdem Fenster auf der virtuellen Arbeitsfläche verschieben und auswählen, welcher Ausschnitt des Desktops gerade angezeigt werden soll.

fvwm konfigurieren

Wenn Sie den *fvwm* benutzen wollen, müssen Sie in Ihrem Home-Verzeichnis die Konfigurationsdatei *.fvwm2rc* anlegen. In diesem Abschnitt wollen wir einige der Möglichkeiten des *fvwm* beschreiben und zeigen, wie Sie diese von *.fvwm2rc* aus nutzbar machen. Vielleicht sollten die meisten dieser Punkte in Ihrer eigenen *.fvwm2rc* enthalten sein, damit Sie die Fähigkeiten des Fenster-Managers optimal ausnutzen können.

Wir müssen darauf hinweisen, daß die verschiedenen Versionen von *fvwm* für einige der Optionen eine unterschiedliche Syntax benutzen; falls Sie auf Probleme stoßen, sollten Sie die Manual-Page lesen. Vielleicht fällt der Start leichter, wenn Sie die Systemdatei *.fvwm2rc* als Ausgangspunkt benutzen (steht in der Regel in */usr/lib/X11/fvwm2/system.fvwmrc*).

Die grundlegendsten Anpassungen für *fvwm* beziehen sich auf die Farben und Fonts der Fensterrahmen und Menüs. Sie könnten in Ihre Datei *.fvwm2rc* zum Beispiel folgendes eintragen:

```
# Set up colors
Style "*"    Color White/Midnightblue
HilightColor White Red
WindowFont   -adobe-helvetica-bold-r-normal-*-*-120-*
```

Die Wirkung einiger Befehle hängt davon ab, welches Fenster im Fokus ist, das heißt, welches Fenster gerade Eingaben entgegennimmt. (Meistens bewegen Sie einfach die Maus in ein Fenster, um es in den Fokus zu bringen.) Für die Fenster außerhalb des Fokus, für Menüs und den Pager werden die Farben benutzt, die mit `Style "*" Color` eingestellt werden; das Fenster im Fokus hat die Farben, die mit `HilightColor` eingestellt werden. Die Vordergrundfarbe wird in der Regel für den Text benutzt (also für Fensternamen usw.), die Hintergrundfarbe für den Fensterrahmen selbst. Seien Sie kreativ! `WindowFont` bezeichnet den Font in der Titelzeile der Fenster. Beachten Sie, daß keine dieser Optionen die Farben innerhalb der Fenster setzt; das ist Aufgabe der Applikationen (Clients). Die Optionen gelten nur für Fensterrahmen, Menüs und Icons, denn diese Elemente werden von *fvwm* verwaltet. Mit dem Befehl:

```
eggplant$ showrgb | more
```

erhalten Sie eine Liste der auf Ihrem System definierten Farben.

Die meisten *fvwm*-Benutzer arbeiten auch mit dem virtuellen Desktop. Um diese Arbeitsfläche zu konfigurieren, sollten Sie etwa folgende Zeilen in Ihre *.fvwm2rc* einfügen:

```
# Configure virtual desktop
DeskTopSize 3x3
AddToFunc   InitFunction "I" Module FvwmPager 0 0
Style       "FvwmPager"      Sticky, NoTitle, WindowListSkip
*FvwmPagerGeometry           -10 -10
EdgeScroll  100 100
```

Damit legen wir fest, daß die virtuelle Arbeitsfläche (`DeskTopSize`) je drei Bildschirme hoch und breit sein soll. Mit der `AddToFunc`-Zeile wird beim Starten des *fvwm* auch der Pager gestartet. Die `Style`-Zeile legt fest, daß der Pager auf jedem virtuellen Desktop zu sehen ist (`Sticky`), daß er keine Titelzeile haben soll (`NoTitle`) und daß er nicht in der Fensterliste angezeigt werden soll (`WindowListSkip`). Außerdem wird der Pager in die linke obere Ecke des Bildschirms gestellt. Das Pager-Fenster gewährt uns den Blick auf den kompletten virtuellen Desktop; ein Mausklick im Pager-Fenster bringt den entsprechenden Ausschnitt der Arbeitsfläche auf den Bildschirm. In der Version 2 des *fvwm* ist der Pager nicht mehr fest in den Fenster-Manager eingebaut, sondern ist ein eigenes Modul. Daher wird der Pager auch nicht mehr mit *fvwm*-Optionen wie `Pager` wie in den früheren Versionen konfiguriert, sondern über die Einstellungen für das Modul `FvwmPager`.

`EdgeScroll` gibt den Prozentsatz an, um den der Bildschirm scrollen soll, wenn der Mauszeiger den Bildschirmrand erreicht. Die Angabe `EdgeScroll` 100 100 bewirkt, daß der Mauszeiger am Bildschirmrand die Arbeitsfläche um eine Bildschirmgröße weiterbewegt; das sieht dann so aus, als ob auf einen völlig anderen Bildschirm umgeschaltet würde. Auf diese Weise können Sie Ihre Fenster auf der gesamten virtuellen Arbeitsfläche anordnen und die Maus benutzen, um zwischen den Fenstern umzuschalten.

Mit der Anweisung `Style` können Sie eine ganze Reihe von Attributen für Ihre Fenster setzen. Wenn zum Beispiel *xbiff* immer die anderen Fenster auf dem Bildschirm überlagern soll, tragen Sie ein:

```
Style "XBiff" StaysOnTop
```

Danach hat kein anderes Fenster mehr die Chance, *xbiff* zu verdecken. Neben `StaysOnTop` kennt `Style` andere Optionen, darunter:

- `NoTitle`, das die Titelzeile des Fensters und den Fensternamen darin unterdrückt. Diese Option wird oft für kleine Fenster wie zum Beispiel *xclock* und *xbiff* benutzt – insbesondere, wenn es wenig wahrscheinlich ist, daß die Fenster verschoben oder in der Größe verändert werden.
- `NoBorder`, das den Fensterrahmen unterdrückt.
- `Sticky`, das ein Fenster immer an derselben Stelle auf dem Bildschirm erscheinen läßt, wenn Sie auf einen anderen Bereich der Arbeitsfläche wechseln.
- `BoundaryWidth`, das die Breite (in Pixel) der Fensterrahmen von *fvwm* bestimmt. Die Voreinstellung ist sechs Pixel, was einen ziemlich breiten Rahmen ergibt.

`Style` kann zum Beispiel die Namen der Fenster oder Anwendungsklassen als Argument mitbekommen. Ältere Versionen von *fvwm* kennen die Anweisung `Style` nicht. Statt dessen benutzen sie eine Reihe von Anweisungen wie `StaysOnTop`, `NoTitle` usw. Diese haben folgendes Format:

```
StaysOnTop XBiff
```

Etliche der Anweisungen in *.fvwm2rc* beziehen sich auf Icons. Wie bei anderen Fenster-Managern auch, können Sie unter *fvwm* ein Fenster zu einem Icon verkleinern, das ein kleines Sinnbild mit dem Namen des Fensters und eventuell dem Fenstertyp anzeigt. *fvwm* unterstützt sowohl schwarz-weiße als auch farbige Icons.

```
IconFont    -adobe-helvetica-medium-r-*-*-*-120-*
IconPath    /usr/include/X11/bitmaps/
PixmapPath  /usr/include/X11/pixmaps/

Style IconBox     700 0 1080 50
Style "*" Icon unknown.xpm
Style "XTerm" Icon xterm.xpm
Style "Mosaic" Icon mosaic.xpm
```

`IconFont` bezeichnet den Font, der für Icons benutzt wird. `IconPath` und `PixmapPath` enthalten durch Doppelpunkte getrennte Pfadnamen, unter denen Icons abgelegt sind. Dabei verweist `IconPath` auf Bitmaps (XBM), und `PixmapPath` zeigt auf farbige Pixmaps (XPM).

`Style IconBox` gibt einen Bereich an, in dem die Icons dargestellt werden sollen; Sie können bis zu vier `IconBoxes` definieren. In diesem Fall wollen Sie die Icons in einem unsichtbaren Bereich unterbringen, dessen obere linke Ecke die Koordinaten (700,0) und dessen untere rechte Ecke die Koordinaten (1080,50) hat.

Unter `Style IconBox` stehen verschiedene `Style`-Anweisungen, die Icons mit Fenstern verknüpfen. Für unser Beispiel wollen wir alle `XTerm`-Fenster die Datei *xterm.xpm* und `Mosaic` die Datei *mosaic.xpm* benutzen lassen. Der Name der Icon-Datei kann als kompletter Pfadname oder relativ zu `IconPath` oder `PixmapPath` angegeben werden. Mit dem Befehl:

```
Style "*" Icon unknown.xpm
```

wird das Icon *unknown.xpm* als Standard-Icon gewählt.

Falls Ihr *fvwm* die Anweisung `Style` nicht unterstützt, benutzen Sie solche Anweisungen wie:

```
Icon "" unknown.xpm
Icon "XTerm" xterm.xpm
Icon "Mosaic" mosaic.xpm
```

Weitere Anpassungen

Die meisten Benutzer von *fvwm* haben mindestens die hier vorgestellten Optionen in ihrer Datei *.fvwm2rc*. *fvwm* hat aber darüber hinaus die Fähigkeit, die Menüs auf dem Desktop zu konfigurieren, Funktionen über die Schaltflächen in der Fenstertitelzeile aufzurufen usw. Wir werden in diesem Abschnitt einige dieser erweiterten Möglichkeiten vorstellen.

Wir wollen damit beginnen, daß wir die Popup-Menüs des *fvwm* konfigurieren, die nach einem Mausklick auf das Hauptfenster erscheinen. Aus diesen Menüs heraus können Sie Befehle ausführen, die Fenster verändern usw.

```
AddToMenu xclients "Xclients" Title
+ "Mosaic"      Exec Mosaic
+ "xterm"       Exec xterm
+ "emacs"       Exec emacs -w
+ ""            Nop
+ "eggplant"    Exec xterm -e rlogin eggplant
+ "papaya"      Exec xterm -e rlogin papaya
+ ""            Nop
```

```
+ "screensaver" Exec xscreensaver-command -activate
+ "xcalc"       Exec xcalc
+ "xman"        Exec xman
+ "xlock"       Exec xlock -mode roto
```

Ein Menü wird mit dem Befehl `AddToMenu` definiert. Es gibt keinen Befehl zum Beenden des Menüs; die Menüeinträge müssen nicht einmal direkt beieinander stehen. Jedes Menü bekommt einen Namen, unter dem es später angesprochen wird (in diesem Beispiel »`xclients`«).

Das Format ist ziemlich leicht zu durchschauen. Der Titel wird bereits in der `AddToMenu`-Zeile gesetzt; `Nop` bewirkt eine Leerzeile zwischen Menüeinträgen. Die Funktion `Exec` führt einen Befehl aus, wenn dieser Menüpunkt gewählt wird. Die Argumente von `Exec` legen fest, welcher Befehl ausgeführt werden soll. Vor den Befehlen steht jeweils in doppelten Anführungszeichen ein String, der im Menü für den jeweiligen Punkt angezeigt wird.

Wir wollen ein zweites Menü namens `fvwm` erstellen, das die Funktionen zur Manipulation der *fvwm*-Fenster enthält.

```
AddtoMenu fvwm "Window Ops" Title
+ "Move Window"    Move
+ "Resize Window"  Resize
+ "Raise Window"   Raise
+ "Lower Window"   Lower
+ "Iconify Window" Iconify
+ "Stick Window"   Stick
+ ""               Nop
+ "Xclients"       Popup Xclients
+ ""               Nop
+ "Destroy Window" Destroy
+ "Delete Window"  Delete
+ ""               Nop
+ "Load Xdefaults" Exec xrdb -load $HOME/.Xdefaults
+ "Restart Fvwm"   Restart fvwm2
+ "Start twm"      Restart twm
+ "Quit Fvwm"      Quit
```

Die internen Funktionen `Move`, `Resize`, `Lower` usw. werden in der Manual-Page zu *fvwm* beschrieben. Eine wichtige Funktion ist `Popup`, mit der ein vorab definiertes Popup-Menü als Untermenü des aktuellen Menüs geöffnet wird. Wir benutzen im Beispiel das oben definierte `xclients` als Untermenü.

Wir haben außerdem Befehle eingefügt, mit denen der *fvwm* erneut gestartet oder statt dessen ein anderer Fenster-Manager (*twm*) aufgerufen wird.

Unter dem *fvwm* haben Sie auch die Möglichkeit, die Funktion der Maustasten in Abhängigkeit vom Kontext zu ändern. Das übernimmt die Anweisung `Mouse`, die folgendes Format hat:

```
Mouse Taste Kontext Sondertasten Funktion
```

Die *Taste* steht für 1, 2, 3 oder 0 (0 hat die Bedeutung »beliebige Taste«). Der *Kontext* gibt an, für welchen Bereich diese Tastendefinition gelten soll, und kann folgende Werte annehmen:

- R für das Hauptfenster
- W für das Fenster einer Anwendung
- S für einen Fensterrahmen
- F für die Ecke eines Fensterrahmens
- T für die Titelzeile eines Fensters
- I für ein Icon-Fenster
- Eine Ziffer von 0 bis 9, die für eine bestimmte Schaltfläche in der Titelzeile des Rahmens steht (siehe unten)
- A für einen beliebigen Kontext (außer den Schaltflächen der Titelzeile)
- Eine beliebige Kombination aus diesen Werten

Der *Kontext* TSIF zum Beispiel steht für Titelzeilen, Rahmen, Rahmenecken sowie Icon-Fenster.

Die Ziffern 0 bis 9 im *Kontext* verknüpfen eine Funktion mit einer Schaltfläche (Button) in der Titelzeile des Fensters. Als Standard sind zwei Buttons vorhanden – je einer links und rechts in der Titelzeile. Wenn Sie weitere Funktionen auf Buttons legen, werden auch diese Schaltflächen sichtbar. Die Buttons links in der Titelzeile tragen ungerade Nummern (1, 3, 5, 7 und 9), die Buttons rechts haben gerade Nummern (2, 4, 6, 8, 0). Abbildung 10-2 zeigt ein Fenster, in dem alle Schaltflächen sichtbar sind, mit den entsprechenden Nummern. Die meisten Buttons bleiben unsichtbar, solange keine Funktion mit ihnen verknüpft ist.

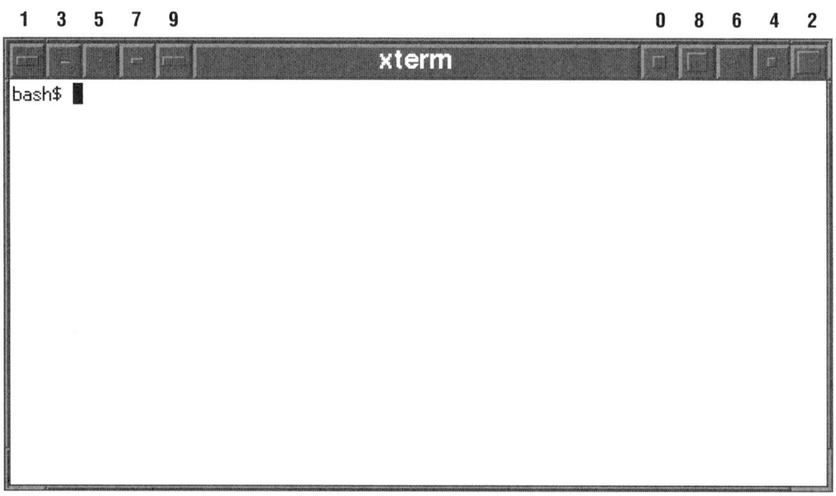

Abbildung 10-2: Buttons in der fvwm-Titelzeile

Die *Sondertasten* definieren einige Tastenkombinationen, die zusammen mit einem Mausklick benutzt werden. Gültige Werte für *Sondertasten* sind C für Control, M für Meta, S für Shift, N für »keine Taste« und A für »beliebige Taste«. Ein Beispiel: Wenn Sie C als *Sondertaste* definieren, müssen Sie die Taste Ctrl gleichzeitig mit dem Klikken der Maustaste drücken.

Hier einige Beispiele für die Belegung von Maustasten:

```
#       Button     Context Modifi    Function
Mouse 1            R       N         PopUp "Fvwm"
Mouse 2            R       N         PopUp "Xclients"
Mouse 3            R       N         WindowList
```

Diese Zeilen verknüpfen die Maustasten mit den oben beschriebenen Popup-Menüs (fvwm bzw. xclients) oder mit dem Befehl WindowList, hinter dem sich ein Popup-Menü mit Einträgen für alle Fenster auf der Arbeitsfläche verbirgt.

```
# Window titlebar buttons
Mouse 1            1       N         Popup "Fvwm"
Mouse 1            3       N         Iconify
Mouse 1            4       N         Destroy
Mouse 1            2       N         Resize
```

Hier haben wir die Schaltflächen 1, 2, 3 und 4 in der Titelzeile (je zwei Buttons links und rechts) mit Funktionen belegt. Die Schaltfläche ganz links öffnet das *fvwm*-Menü, die Schaltfläche daneben verkleinert das Fenster zum Icon usw. In der Manual-Page zu *fvwm* finden Sie alle vorhandenen Funktionen wie zum Beispiel Resize, Move und RaiseLower beschrieben.

Mit der Anweisung Key können Sie auch die Tasten der Tastatur mit Funktionen belegen. Die Syntax ist ähnlich wie bei den Maustasten:

```
Key Taste Kontext Sondertaste Funktion
```

wobei *Kontext* und *Sondertaste* dieselbe Bedeutung haben wie oben beschrieben. Hier einige Beispiele:

```
Key Up             A       C         Scroll +0    -100
Key Down           A       C         Scroll +0    +100
Key Left           A       C         Scroll -100 0
Key Right          A       C         Scroll +100 +0
```

Diese Verknüpfungen bewirken, daß Sie sich mit Ctrl-*Pfeiltaste* auf dem Desktop um eine volle Seite in die angegebene Richtung bewegen. Sie können auf diese Weise beliebige Tasten mit *fvwm*-Funktionen belegen; die Funktionstasten zum Beispiel heißen F1, F2 usw.

Lesen Sie auf jeden Fall die Manual-Page zu *fvwm*. Die Syntax für die Konfiguration kann sich in neuen Versionen geringfügig ändern, und gelegentlich kommen neue Fähigkeiten hinzu.

X-Anwendungen

Es gibt Tausende von Programmen, die unter X laufen. Die Spanne reicht von einfachen Hilfsprogrammen (wie den bereits besprochenen xterm und xclock) über Editoren und Programmierhilfen hin zu Spielen und Multimedia-Anwendungen. Wir können hier nur einen kleinen Ausschnitt aus der Masse der Software für X vorstellen. In diesem Abschnitt wollen wir die Anwendungen besprechen, mit denen jeder Benutzer von X vertraut sein sollte. Das sind nicht unbedingt die aufregendsten Programme, die es gibt, aber sie sollten doch ein Teil Ihrer Ausstattung sein.

[22] X User Guide

In *The X Window System User's Guide* finden Sie eine umfassendere Beschreibung von X-Anwendungen.

xterm – Ihr Ausgangspunkt

Lassen Sie uns die Erforschung von X-Anwendungen mit *xterm* beginnen, dem Arbeitspferd, mit dem Sie die meiste Zeit verbringen werden. Es handelt sich dabei einfach um ein Fenster, das eine UNIX-Shell enthält, die einen Prompt anzeigt, Befehle entgegennimmt und wie ein Terminal scrollt.

Vielleicht wundern Sie sich mit mir über die Vorstellung, einen hochauflösenden Farbmonitor anzuschaffen und mehrere Megabytes an Grafiksoftware zu installieren, um sich dann mit der Emulation eines alten VT100-Terminals konfrontiert zu sehen. Aber Linux ist eben kein Betriebssystem, das ausschließlich mit der Maus bedient wird. Obwohl es eine Menge an optisch ansprechenden graphischen Anwendungen gibt, werden Sie doch häufig mit Texten arbeiten wollen, und dafür bietet die Befehlszeile nach wie vor die umfangreichsten Werkzeuge.

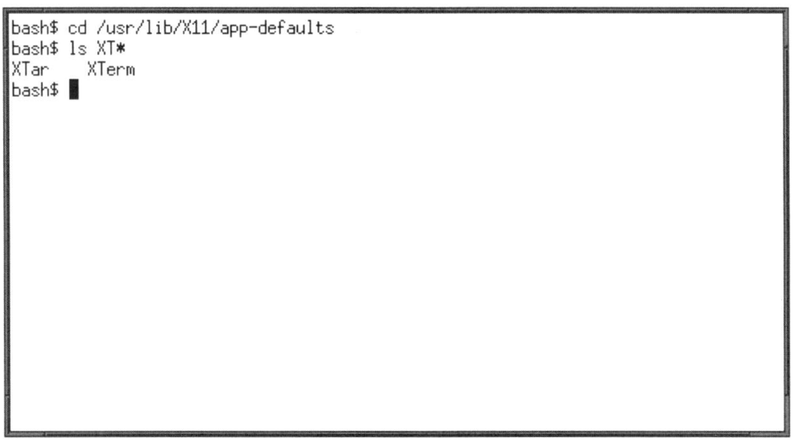

Abbildung 10-3: xterm-Fenster

Lassen Sie uns also einen Blick auf ein *xterm*-Fenster werfen. Abbildung 10-3 zeigt ein Fenster, in dem wir bereits ein paar Befehle eingegeben haben. Übrigens: Falls Sie den Abschnitt »X anpassen« gelesen haben, finden Sie vielleicht Spaß daran, sich einige der Dateien in */usr/lib/X11/app-defaults* anzusehen; hier können Sie das Standardverhalten von X-Anwendungen betrachten, die noch nicht von einem Benutzer angepaßt wurden.

xterm starten

Vielleicht sollten wir zuerst erklären, wie wir dieses Fenster aufgebaut haben. Mit der Anweisung:

```
eggplant$ xterm -geometry 80x25-20-30 -fn 7x13bold -sb -name xterm-3
```

erzeugen Sie dieses Fenster. Die Optionen haben folgende Bedeutung:

–geometry 80x25-20-30
: Das Fenster ist 80 Zeichen breit, 25 Zeilen hoch und wird 20 Pixel vom linken Bildschirmrand sowie 30 Pixel vom unteren Rand entfernt plaziert.

–fn 7x13bold
: Text wird in einer mittleren Auflösung und fett dargestellt. (Es steht eine große Auswahl an Fonts zur Verfügung; im Abschnitt »Einen Font wählen« zeigen wir, wie Sie die Fonts anzeigen können.)

–sb
: Eine Bildlaufleiste (Scrollbar) wird angezeigt.

–name xterm-3
: Der Text »xterm-3« erscheint in der Titelzeile des Fensters sowie auf dem Icon, wenn das Fenster zum Icon verkleinert wird.

Natürlich wollen wir uns nicht die Mühe machen, diesen langen Befehl jedesmal einzugeben, wenn wir ein *xterm* starten. Statt dessen haben wir (Sie können das im Abschnitt »X anpassen« nachlesen) folgende Optionen in unsere Datei *.Xdefaults* eingetragen:

```
! Defaults for all xterm clients
 XTerm*scrollBar:        true

! Specific xterms
 xterm-3*Geometry:       80x25-20-30

 xterm-3*Font:           7x13bold
```

und beim Einloggen wurde in unserer Datei *.xinitrc* folgender Befehl (der dieses Fenster erzeugte) aufgerufen:

```
xterm -name "xterm-3" &
```

Wie Sie bereits im Abschnitt »Der Fenster-Manager fvwm« gesehen haben, ist es recht einfach, ein entsprechendes Menü zu erstellen und eine Maus- oder Funktionstaste mit dem Aufruf von *xterm* zu belegen.

Geben Sie `exit` ein oder drücken Sie Ctrl-D, um das Fenster zu schließen. Falls Ihnen dies zu gefährlich erscheint (weil Sie durch ein versehentliches Ctrl-D Ihr Fenster verlieren könnten), sollten Sie *xterm* mit der Option *-ls* starten (»login shell«). Anschließend können Sie das Fenster nur noch mit `logout` schließen. (Diese Option bewirkt auch noch andere Dinge: In der Shell *bash* wird die Datei *~/.bash_profile* ausgeführt, in der C-Shell die Datei *~/.login*.)

Selection: ausschneiden und einfügen

Im Alltag bietet *xterm* einiges mehr als ein VT100-Terminal. Ein Hilfsmittel sind seine umfangreichen Fähigkeiten, Texte auszuschneiden und wieder einzufügen (Cut-and-Paste).

Werfen Sie noch einmal einen Blick auf Abbildung 10-3. Nehmen wir an, daß wir nicht das Verzeichnis *app-defaults* meinten, sondern zu den Fonts in */usr/lib/X11/fonts* wechseln wollten. (Dies ist keine allzu interessante Anwendung; es soll nur ein Beispiel sein.)

Wir wollen zuerst den Teil des *cd*-Befehls markieren, der uns interessiert. Bewegen Sie den Mauszeiger auf die Leerstelle links vom c in `cd`. Drücken Sie die linke Maustaste, und ziehen Sie die Maus, bis der Schrägstrich hinter `X11` invers dargestellt wird. Abbildung 10-4 zeigt das Ergebnis.

Abbildung 10-4: Markierter Text in xterm

Haben Sie zu viele oder nicht genug Zeichen markiert? Kein Problem – halten Sie die Shift-Taste gedrückt, und klicken Sie mit der linken Maustaste irgendwo in den markierten Text. Anschließend können Sie den markierten Bereich verkleinern oder vergrößern.

Drücken Sie die mittlere Maustaste, wenn Sie genau den gewünschten Bereich markiert haben. *xterm* fügt den ausgewählten Text in der aktuellen Befehlszeile ein. Das Ergebnis stellt Abbildung 10-5 dar.

Abbildung 10-5: xterm-Fenster nach dem Einfügen des Textes

Anschließend können Sie den Rest des Verzeichnisnamens »fonts« eintippen und mit Return den Befehl ausführen.

Sie können einen beliebig großen Bereich aus dem Fenster markieren – sowohl Ein- als auch Ausgaben. Klicken Sie zweimal mit der linken Maustaste, wenn Sie ein ganzes Wort statt einzelner Zeichen markieren möchten. Mit dreifachem Klikken markieren Sie eine ganze Zeile. Auch das Markieren mehrerer Zeilen ist möglich. Dies ist bei der Eingabe von Befehlen nicht unbedingt hilfreich, aber immer dann, wenn Sie mit dem Editor *vi* arbeiten und längere Textpassagen zwischen den Fenstern hin- und herkopieren möchten.

Passen Sie bei langen, umgebrochenen Zeilen auf; der markierte Bereich wird einen Zeilenende-Code enthalten, auch wenn Sie beim Tippen der Zeile kein Return eingegeben haben.

Scrollen

Nachdem Sie in Ihrer *xterm*-Sitzung einige Befehle eingegeben haben, werden die ersten Zeilen nach oben aus dem Bildschirm verschwinden. Für diesen Fall haben wir beim Aufruf von *xterm* die Bildlaufleiste (Scrollbar) eingerichtet. Die Benutzung der Laufleiste ist recht einfach (wie das bei allen mit der Maus bedienbaren Tools sein sollte), aber es gibt ein paar nette Tricks dabei. Die Techniken, die wir hier vorstellen, sollten übrigens in fast allen Anwendungen mit Scrollbars funktionieren. Eine X-Anwendung arbeitet immer so, wie der Programmierer das festgelegt hat, aber die meisten Entwickler halten sich an die Konventionen, die von *xterm* vorgegeben werden.

Lassen Sie uns zunächst das Fenster mit einer Menge Text füllen. Einer der folgenden Befehle sollte dazu ausreichen:

```
eggplant$ ls /bin
eggplant$ ls /usr/bin
eggplant$ cat ~/.*
```

Die Ausgabe des Befehls wird natürlich so schnell über den Bildschirm huschen, daß Sie nicht mitlesen können; wir können uns aber anschließend rückwärts durch den Text bewegen und ihn lesen. Beachten Sie die Laufleiste auf der linken Seite des Fensters – Sie sehen dort einen dunkel dargestellten »Zeiger« am unteren Ende. Seine Größe zeigt an, wieviel der Ausgabe Sie im Moment auf dem Bildschirm sehen. Die Position des Zeigers gibt Ihre Position innerhalb der Ausgabe an (in diesem Beispiel stehen Sie am Ende).

Bewegen Sie den Mauszeiger auf das untere Ende der Laufleiste, und drücken Sie die rechte Maustaste. Damit blättern Sie um eine ganze Bildschirmseite zurück; der Text, der sich vorher am oberen Bildschirmrand befand, erscheint jetzt am unteren Rand. Wenn Sie in der Nähe des oberen Endes der Laufleiste klicken, bewegen Sie sich damit um einige Zeilen nach oben. Ein Klick auf die Mitte der Leiste blättert um eine halbe Bildschirmseite zurück. Beachten Sie, daß der Zeiger in der Laufleiste mit den Mausklicks seine Position ändert.

Wenn Sie wieder vorwärts blättern möchten, benutzen Sie die linke Maustaste. Auch hier gilt, daß ein Klick am oberen Ende der Laufleiste einige Zeilen weiterblättert, während ein Klick am unteren Ende Sie eine ganze Bildschirmseite weiterbringt.

Nachdem Sie eine größere Menge Text markiert haben, möchten Sie vielleicht schnell zum Anfang oder Ende des Textpuffers springen. Dazu können Sie die mittlere Maustaste einsetzen. Klicken Sie damit irgendwo auf die Laufleiste, und Sie werden im entsprechenden Bereich des markierten Textes landen. Ein Klick auf das obere Ende der Leiste bringt Sie also an den Anfang des Puffers, ein Klick auf das untere Ende läßt Sie zum Ende des Puffers springen. Sie haben außerdem die Möglichkeit, direkt auf die Bildlaufleiste zu klicken, die Taste gedrückt zu halten und den Zeiger in den gewünschten Bereich zu ziehen.

Kapitel 4

Falls Sie lieber mit der Tastatur arbeiten, müssen Sie zum Blättern nicht die Maus benutzen. Sie können auch die Shift-Taste festhalten und gleichzeitig mit der Bildhoch-Taste zurück oder mit der Bild-runter-Taste vorwärts blättern. Diese Tastenkombinationen funktionieren übrigens auch auf einer virtuellen Konsole in dieser Weise (siehe auch den Abschnitt »Virtuelle Konsolen« in Kapitel 4).

Sie werden feststellen, daß *xterm* in der Voreinstellung nicht allzu viele Zeilen der Ausgabe puffert. Mit der Option *-sl anzahl* oder mit einem Eintrag wie:

```
XTerm*saveLines:                    400
```

können Sie eine größere Anzahl an Zeilen zwischenspeichern lassen.

Einen Font wählen

Sie finden Ihre Fonts (Schrifttypen) häßlich oder zu klein? Es gibt genug andere zur Auswahl. In beinahe jeder X-Anwendung können Sie bestimmen, welcher Font für die Anzeige von verschiedenen Textarten (Menüs usw.) benutzt werden soll. Sie müssen nur wissen, wie die Fonts heißen und wie sie aussehen.

Mit dem Befehl *xlsfonts* lösen Sie das erste Problem. So wie *ls* Dateien auflistet, liefert *xlsfonts* eine Liste mit Fonts. Wenn Sie den Befehl allerdings ohne Argumente eingeben, bekommen Sie mehr angezeigt, als Sie sehen möchten. Vorteilhafter ist es, zunächst zu überlegen, welche Arten von Fonts Sie brauchen, und dann nur diese anzuschauen.

Die Fonts im X Window System haben unglaublich lange Namen. Ein typisches Beispiel ist:

```
-misc-fixed-bold-r-normal--13-100-100-100-c-70-iso8859-1
```

Die Bindestriche teilen die Namen in Felder ein. Was uns im Augenblick interessiert, ist das Feld hinter dem elften Bindestrich, das in diesem Beispiel ein »c« enthält.

Für *xterm* und viele andere Anwendungen brauchen Sie eine *Sperrschrift*. Das bedeutet, daß alle Buchstaben gleich breit sind – im Gegensatz zur *Proportionalschrift*, bei der ein »m« breiter ist als ein »i«. Proportionalschriften eignen sich ganz hervorragend für die Darstellung der Ausgaben eines Textformatierers wie TEX, aber sie sehen absolut unmöglich aus, wenn sie in einem Programm benutzt werden, das nicht auf die Handhabung der verschiedenen Zeichenbreiten eingerichtet ist. Wenn im elften Feld eines Fontnamens ein »c« oder »m« steht, handelt es sich um eine Sperrschrift.

Auch andere Felder können Ihnen helfen, einen Font zu wählen. Im dritten Feld erfahren Sie die Strichstärke für diesen Font – entweder »medium« für normale Strichstärke oder »bold« für Fettdruck. Im siebten Feld, das in unserem Beispiel 13 enthält, erfahren Sie die Größe des Fonts (genauer gesagt, die Höhe des größten Zeichens in Pixel).

Wir wollen uns jetzt für einen Font entscheiden und prüfen, ob das System einen solchen zur Verfügung stellt. Mit dem Befehl *xlsfonts* bestimmen Sie einen Font mit Hilfe der Option *-fn*; benutzen Sie dabei ein Sternchen als Platzhalter für Werte, die keine Rolle spielen. Wenn wir die Werte im dritten und elften Feld für einen Font genau angeben wollen und die anderen Parameter nicht wichtig sind, geben wir ein:

```
eggplant$ xlsfonts -fn -*-*-bold-*-*-*-*-*-*-*-m-*-*
```

Die Felder eins und zwei interessieren uns nicht, aber im dritten Feld muß »bold« stehen. Auch das elfte Feld haben wir genau definiert; dort steht ein `m`. Als Ergebnis erhalten wir eine Liste der fett dargestellten Sperrschriften. Falls das System eine solche nicht kennt, bekommen wir die Nachricht:

```
xlsfonts: pattern "-*-*-bold-*-*-*-*-*-*-*-m-*-*" unmatched
```

Ersetzen Sie jetzt das `m` durch ein `c`, und sehen Sie sich die anderen Sperrschriften an.

In Wirklichkeit brauchen wir solche komplizierten Namen nicht. In den Beispielen weiter oben in diesem Kapitel haben wir den Kurznamen `7x13bold` benutzt. Solche Namen nennt man auch *Alias-Namen*; sie ersetzen die Namen von der langen Sorte. Wenn Sie eine kurze Liste der Sperrschriften unter Benutzung dieser Alias-Namen sehen möchten, geben Sie ein:

```
eggplant$ xlsfonts *x*
```

Wir haben bereits einigen Aufwand betrieben, nur um eine Liste mit Namen anzuzeigen. Aber wie sehen die Fonts eigentlich aus? Ein einfacher Versuch, diese Frage zu beantworten, ist die Definition eines Fonts in Ihrem *xterm*-Aufruf:

```
eggplant$ xterm -fn -misc-fixed-bold-r-normal--13-100-100-100-c-70-iso8859-1
```

Wenn Sie jedes einzelne Zeichen des Fonts anzeigen möchten, sollten Sie den Befehl *xfd* benutzen (»X font display«). Sie erhalten ein Gitternetz mit einem Feld für jedes Zeichen:

```
eggplant$ xfd -fn -misc-fixed-bold-r-normal--13-100-100-100-c-70-iso8859-1
```

Sobald Sie einen Font gefunden haben, der Ihnen gefällt, halten Sie ihn fest, indem Sie ihn in Ihrer Datei *.Xdefaults* verewigen:

```
XTerm*Font:            7x13bold
```

Die Uhren

Glauben Sie wirklich, daß Ihr Bildschirm komplett ist, solange er nicht von einer Uhr geschmückt wird, auf der Sie ablesen können, wieviel Zeit Sie mit der Gestaltung des Bildschirms verschwendet haben? Sie können genau die Uhr anzeigen lassen, die Ihnen am besten gefällt: quadratisch oder rund, analog oder digital, groß oder klein. Selbstverständlich kann die Uhr Ihnen auch akustisch mitteilen, was die Stunde geschlagen hat.

In der *.xinit*-Datei weiter oben in diesem Kapitel steht eine Zeile, die *oclock* startet:

```
oclock -geometry 70x70+5+5 &
```

Abbildung 10-5 zeigt Ihnen, wie diese Uhr aussieht. Vielleicht ist Ihnen die quadratische Uhr lieber, die vom Programm *xclock* angezeigt wird:

```
xclock -geometry 150x150+5+5 &
```

Wenn es eine winzige Digitaluhr am unteren Bildschirmrand sein soll:

```
xclock -digital -geometry +10-10
```

oclock gibt sich farbenprächtiger, während *xclock* Ihnen bei anderen Gestaltungselementen mehr Freiheiten läßt; in den Manual-Pages finden Sie die Details hierzu. Wenn Sie jede halbe Stunde auch akustisch markiert haben möchten, rufen Sie *xclock* mit der Option *-chime* auf.

Emacs

Die Integration von X und Emacs wird immer ausgereifter. Die Version 19 von Emacs verfügt über Pull-down-Menüs, unterschiedliche Schrifttypen für die verschiedenen Bereiche Ihres Fensters sowie die vollständige Integration von Cut-and-Paste-Funktionen mit der X-Umgebung.

Lassen Sie uns als erstes ein paar schöne Farben für die verschiedenen Bereiche des Emacs-Fensters definieren. Versuchen Sie es damit:

```
eggplant$ emacs  -bg ivory  -fg slateblue  -ms orangered  -cr brown
```

Mit diesem Befehl setzen Sie die Farben für den Hintergrund, den Vordergrund, den Mauszeiger und den Cursor. Der Cursor ist das kleine Rechteck, das im Fenster erscheint; in Emacs wird der Cursor »Point« genannt – das ist die Stelle, an der Sie Text eingeben. Wir werden etwas weiter unten auf die Farben zurückkommen.

Nach dem Start von Emacs fallen zunächst die Menüleiste oben und die Bildlaufleiste rechts auf (siehe Abbildung 10-6).

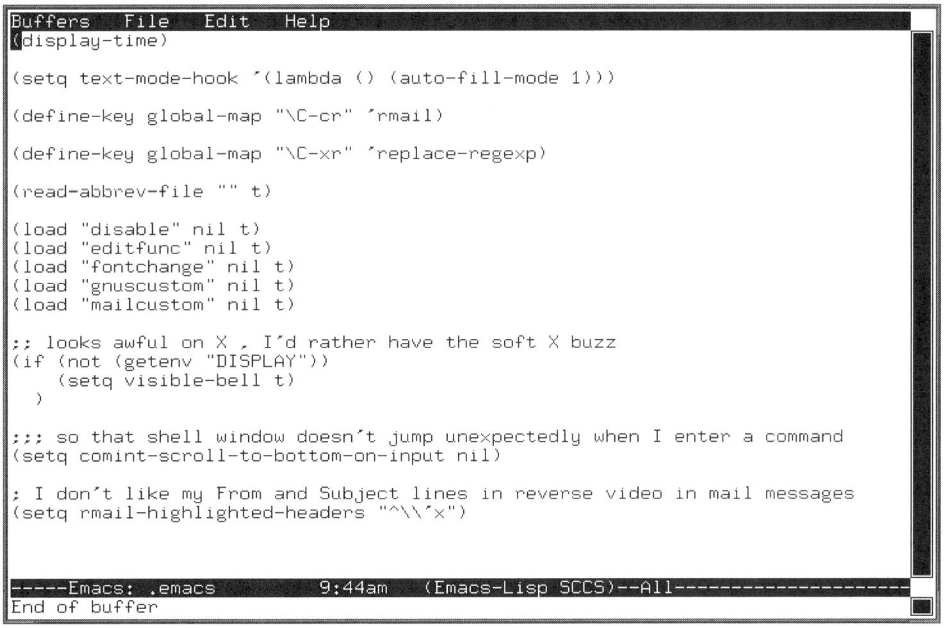

```
Buffers   File   Edit   Help
(display-time)

(setq text-mode-hook '(lambda () (auto-fill-mode 1)))

(define-key global-map "\C-cr" 'rmail)

(define-key global-map "\C-xr" 'replace-regexp)

(read-abbrev-file "" t)

(load "disable" nil t)
(load "editfunc" nil t)
(load "fontchange" nil t)
(load "gnuscustom" nil t)
(load "mailcustom" nil t)

;; looks awful on X , I'd rather have the soft X buzz
(if (not (getenv "DISPLAY"))
    (setq visible-bell t)
  )

;;; so that shell window doesn't jump unexpectedly when I enter a command
(setq comint-scroll-to-bottom-on-input nil)

; I don't like my From and Subject lines in reverse video in mail messages
(setq rmail-highlighted-headers "^\\'x")



-----Emacs: .emacs          9:44am   (Emacs-Lisp SCCS)--All--------------------
End of buffer
```

Abbildung 10-6: Emacs-Fenster

Die Laufleiste funktioniert genauso wie die Leiste unter *xterm*. In der Menüzeile sind einige der gängigen Funktionen enthalten. Einige Modi, etwa der C- und der TEX-Modus, benutzen eigene Pull-down-Menüs. Diese Menüs sind nirgendwo dokumentiert; Sie werden also durch Probieren herausfinden müssen, welche Emacs-Funktionen sich dahinter verbergen.

Wenn Sie einmal eine Funktion benutzen möchten, für die es keine einfache Tastenkombination gibt – oder wenn Sie die Kombination vergessen haben –, sind die Menüs ganz praktisch. Wenn Sie zum Beispiel nur selten eine Suche mit regulären Ausdrücken starten (ein mächtiges Werkzeug, das zu beherrschen sich lohnt), dann führt der einfachste Weg dahin über den Punkt `Regexp Search` im Menü `Edit`.

Ein weiterer nützlicher Punkt ist `Choose Next Paste` aus dem Menü `Edit`. Damit haben Sie Zugriff auf eine Funktion, die Sie nur auf diesem Weg erreichen: eine Liste der Textblöcke, die Sie kürzlich ausgeschnitten haben. Mit anderen Worten: Sie werfen einen Blick auf den Kill-Ring. Hier können Sie aussuchen, welchen Textblock Sie als nächstes einfügen möchten; mit dem nächsten `C-y` (die Ctrl-Taste zusammen mit `y`) wird dieser Textblock in den aktuellen Text eingefügt.

Sie haben auch die Möglichkeit, die Laufleiste und das Menü zu verbergen; fügen Sie dazu folgende Zeilen LISP-Code in Ihre Datei *.emacs* ein:

```
(if (getenv "DISPLAY")
    (progn (menu-bar-mode -1)
           (scroll-bar-mode -1))
   )
```

Auch die Maus erwirbt unter X einige interessante Fähigkeiten. Mit ihrer Hilfe können Sie genauso Text ausschneiden und einfügen (Cut-and-Paste), wie Sie es von *xterm* her gewohnt sind. Das funktioniert sogar zwischen verschiedenen Fenstern – wenn Sie also die Ausgabe, die in einem *xterm*-Fenster angezeigt wird, in eine Datei übertragen möchten, schneiden Sie den Text in *xterm* aus und fügen ihn in den Emacs-Puffer ein. Alle Texte, die Sie nicht mit der Maus markiert haben (sondern zum Beispiel mit `C-w`), werden ebenso in die Maus-Selection aufgenommen wie die mit der Maus ausgeschnittenen Texte. Sie können also auch Text in Ihrem Emacs-Puffer markieren und in ein *xterm*-Fenster einfügen.

Die rechte Maustaste funktioniert in etwas ungewöhnlicher Weise. Wenn Sie mit der linken Taste einen Text markiert haben, wird dieser mit einem Klick auf die rechte Taste kopiert. Ein zweiter Klick löscht den Text. Mit der mittleren Taste fügen Sie den gelöschten Text vor der aktuellen Position des Mauszeigers wieder ein.

Sie haben einen Fehler gemacht? Kein Problem: Mit dem Befehl Undo machen Sie ihn ebenso wieder rückgängig wie jede andere Emacs-Funktion auch. (Wählen Sie dazu `Undo` aus dem Menü `Edit`, oder drücken Sie einfach `C-_`.)

Falls Sie die Mauserei über alles lieben, können Sie auch die Maustasten mit beliebigen Funktionen belegen – wie die Tasten auf der Tastatur auch. Probieren Sie folgenden Befehl in Ihrer Datei *.emacs* aus:

```
(define-key global-map [S-mouse-1] 'mail)
```

Wenn Sie anschließend die Shift-Taste festhalten und dazu die linke Maustaste drücken, öffnet sich ein Fenster, in dem Sie Ihre E-Mail schreiben können.

Wir empfehlen Ihnen, keine bestehenden Mausfunktionen umzudefinieren, aber zusammen mit den Tasten Shift, Control und Meta bleiben noch genug Möglichkeiten offen. Sie können die Kürzel `S-`, `C-` und `M-` für eigene Definitionen in beliebigen Zusammensetzungen kombinieren:

```
(define-key global-map [S-C-mouse-1] 'mail)
```

Lassen Sie uns ein wenig mit Fenstern herumspielen. Emacs hat schon immer ein eigenes Fenster gehabt – lange bevor das X Window System entstand. Deshalb ist ein Fenster unter Emacs nicht dasselbe wie ein Fenster unter X. Was unter X als Fenster bezeichnet wird, heißt im Emacs-Umfeld Rahmen (*frame*).

Wie würde es Ihnen gefallen, in mehreren Fenstern gleichzeitig zu arbeiten? Drükken Sie dazu `C-x 5 2`, und ein weiteres Fenster öffnet sich. Der neue Rahmen stellt die aktuelle Editorsitzung noch einmal dar. Sie können in den beiden Rahmen verschiedene Puffer bearbeiten, aber alles, was Sie in einem Rahmen ändern, wirkt sich auch auf den entsprechenden Puffer im anderen Rahmen aus. Wenn Sie Emacs mit `C-x C-c` verlassen, werden beide Rahmen geschlossen. Wenn Sie nur einen Rahmen schließen möchten, sollten Sie `C-x 5 0` eingeben.

Zum Abschluß unserer Erkundung von Emacs unter dem X Window System wollen wir zeigen, welche fantastischen Dinge Sie mit Farben anstellen können. Sie können die Farben während einer Emacs-Sitzung ändern; das vereinfacht das Testen verschiedener Kombinationen. Drücken Sie `M-x`, und tippen Sie dann `set-background-color` ein. Schicken Sie den Befehl mit Return ab. Am Prompt geben Sie dann »ivory« oder die von Ihnen bevorzugte Farbe ein. (Emacs benutzt die Schreibweise `M-x`, während wir in den anderen Teilen dieses Buches `Meta-x` oder `Alt-x` benutzen.)

Achten Sie darauf, daß die Farben für den Vorder- und Hintergrund so verschieden sind, daß Sie den Text noch lesen können! Neben `set-background-color` kennt Emacs noch `set-foreground-color`, `set-cursor-color` und `set-mouse-color`.

Dies kommt Ihnen vielleicht wie eine nette Spielerei vor, aber ihr wahres Gesicht zeigen die Farben dann, wenn Sie verschiedene Bereiche des Textpuffers in unterschiedlichen Farben darstellen lassen. Wenn Sie zum Beispiel in C oder LISP programmieren, können Sie für Strings, Kommentare, Funktionen und Schlüsselwörter unterschiedliche Farben vergeben.

Sie müssen vor den Farbmanipulationen noch den Font-Lock-Modus einstellen. Am einfachsten geht das mit folgenden Zeilen in Ihrer Startdatei *.emacs*:

```
(add-hook 'c-mode-hook '(lambda () (font-lock-mode 1)))
(add-hook 'c++-mode-hook '(lambda () (font-lock-mode 1)))
(add-hook 'lisp-mode-hook '(lambda () (font-lock-mode 1)))
(add-hook 'emacs-lisp-mode-hook '(lambda () (font-lock-mode 1)))
```

Diese ziemlich komplexen Befehle bewirken, daß die Major-Modi immer den Font-Lock-Modus einschalten, sobald ein Puffer in einem dieser Major-Modi geöffnet wird. Der Font-Lock-Modus wird also immer dann aktiviert, wenn Sie zum Beispiel eine Datei mit dem Suffix *.c* bearbeiten.

Als nächstes wollen wir uns die verschiedenen Schrifttypen unter Emacs ansehen. Drücken Sie `M-x`, und geben Sie den Befehl `list-faces-display` ein. Sie erhalten etwa folgende Liste:

```
        bold abcdefghijklmnopqrstuvwxyz ABCDEFGHIJKLMNOPQRSTUVWXYZ
 bold-italic abcdefghijklmnopqrstuvwxyz ABCDEFGHIJKLMNOPQRSTUVWXYZ
     default abcdefghijklmnopqrstuvwxyz ABCDEFGHIJKLMNOPQRSTUVWXYZ
   highlight abcdefghijklmnopqrstuvwxyz ABCDEFGHIJKLMNOPQRSTUVWXYZ
      italic abcdefghijklmnopqrstuvwxyz ABCDEFGHIJKLMNOPQRSTUVWXYZ
```

```
         modeline abcdefghijklmnopqrstuvwxyz ABCDEFGHIJKLMNOPQRSTUVWXYZ
           region abcdefghijklmnopqrstuvwxyz ABCDEFGHIJKLMNOPQRSTUVWXYZ
secondary-selection abcdefghijklmnopqrstuvwxyz ABCDEFGHIJKLMNOPQRSTUVWXYZ
        underline abcdefghijklmnopqrstuvwxyz ABCDEFGHIJKLMNOPQRSTUVWXYZ
```

Jetzt haben Sie die Möglichkeit, für jeden Schrifttyp interaktiv die Vorder- und Hintergrundfarbe zu bestimmen. Ein Beispiel:

Geben Sie `M-x set-face-background` ein. Enter `M-x set-face-background`.

Tippen Sie am ersten Prompt `modeline`.

Geben Sie am zweiten Prompt `lemonchiffon` ein.

Sie werden die Veränderung sofort bemerken. Setzen Sie dann die Vordergrund-(Text-)farbe:

Geben Sie `M-x set-face-foreground` ein.

Tippen Sie am ersten Prompt `modeline`.

Geben Sie am zweiten Prompt `green` ein.

Damit ist der Kontrast allerdings für das bequeme Lesen nicht groß genug. Wiederholen Sie diesen Vorgang, und setzen Sie die Vordergrundfarbe auf `maroon`; das sieht besser aus.

Suchen Sie sich einen Puffer mit C- oder LISP-Code darin, und versuchen Sie, die anderen Schrifttypen mit neuen Farben zu versehen. Die Schrifttypen werden den Elementen des Programmcodes ziemlich willkürlich zugeordnet. Die Verwendung von Farben fügt Ihrem Code neue Dimensionen hinzu. Im C- und C++-Modus erscheinen zum Beispiel:

- Kommentare und Präprozessor-Anweisungen *kursiv*.
- Strings und die Namen von Include-Dateien *unterstrichen*.
- Die Namen von Funktionen und Variablen *kursiv/fett*.

Es empfiehlt sich wahrscheinlich, die intensiveren Farben für kurze Texte zu reservieren, die nur selten vorkommen.

Wenn Sie eine Farbzusammenstellung gefunden haben, die Ihnen gefällt, sollten Sie diese mit Hilfe der entsprechenden LISP-Funktionen in Ihrer Datei *.emacs* verewigen. Hier ein Beispiel:

```
(set-background-color "ivory")
(set-foreground-color "slateblue")
(set-cursor-color "brown")
(set-mouse-color "orangered")
(set-face-foreground 'bold "black")
(set-face-background 'bold "lightpink")
(set-face-foreground 'bold-italic "red")
```

```
(set-face-background 'bold-italic "wheat")
(set-face-foreground 'italic "darkolivegreen")
(set-face-background 'modeline "lemonchiffon")
(set-face-foreground 'modeline "maroon")
(set-face-foreground 'underline "violet")
```

Sie haben auch die Möglichkeit, in Ihrer Datei *.Xdefaults* die Farben einzustellen; weil das aber mehr Aufwand erfordert, wollen wir hier nicht darauf eingehen.

Ghostview – PostScript anzeigen

Adobe PostScript, das sich zu einem Standard entwickelt hat, ist eines der beliebtesten Formate für den Austausch von Dokumenten in der Welt der EDV. Viele Akademiker verbreiten ihre Schriften im PostScript-Format. Das Linux Documentation Project bietet seine Handbuchseiten unter anderem auch in Form von PostScript-Dateien an. Das ist ganz praktisch für die Leute, die keine Zeit haben, LATEX-Dokumente zu formatieren, oder die über ausreichende Netzwerkkapazitäten verfügen, um Dateien zu übertragen. Wenn Sie selbst Schriftstücke mit *groff* oder TEX erstellen, ist es sicherlich von Vorteil, wenn Sie diese zunächst am Bildschirm betrachten können, bevor Sie teure Ausdrucke auf Papier herstellen.

Ghostview, eine GNU-Anwendung, bietet eine angenehme Arbeitsumgebung zum Betrachten von PostScript unter dem X Window System. Ghostview ist sehr einfach. Rufen Sie es zusammen mit dem Namen der anzuzeigenden Datei auf:

```
eggplant$ ghostview article.ps
```

Das Ghostview-Fenster ist riesig; es kann ohne weiteres den größten Teil des Bildschirms einnehmen. Die erste Seite des Dokuments wird zusammen mit einer senkrechten Bildlaufleiste am rechten Rand und einer horizontalen Leiste am unteren Rand angezeigt. Die Menüs erscheinen auf der linken Seite des Fensters, und die Seitenzahlen stehen rechts daneben.

Wie bei den meisten X-Anwendungen können auch in Ghostview häufig benutzte Funktionen über die Menüs oder per Tastatur (Accelerator-Tasten) aufgerufen werden. So gelangen Sie zum Beispiel auf die nächste Seite, indem Sie entweder das Menü `Page` öffnen und dort `Next` anklicken, oder indem Sie einfach die Space-Taste drücken.

Sie gelangen auf die vorhergehende Seite, indem Sie `Previous` aus dem Menü `Page` wählen. Wenn Sie auf eine ganz bestimmte Seite wechseln möchten, bewegen Sie den Mauszeiger auf die entsprechende Zahl in der Spalte mit den Seitenzahlen und drücken dann die mittlere Maustaste. Mit `Quit` aus dem `File`-Menü verlassen Sie Ghostview – oder geben Sie einfach `q` ein.

Schriftstücke aus verschiedenen Ländern haben oft unterschiedliche Seitenlängen. Die Voreinstellung für Ghostview ist das amerikanische Format »letter«. (Sie können das in der PostScript-Datei ändern.) Sie haben auch die Möglichkeit, auf der Befehlszeile ein anderes Format einzustellen:

```
eggplant$ ghostview -a3 article.ps
```

oder in Ihrer *.Xdefaults*-Datei:

```
Ghostview*pageMedia:            A3
```

Schließlich können Sie zur Laufzeit noch ein anderes Seitenformat aus dem Menü `Media` auswählen.

Ghostview ermöglicht es, die Seite in einem anderen Maßstab darzustellen, was bei der Kontrolle von Details Ihrer Formatierungsarbeit sehr nützlich ist. (Ein Wort zur Warnung: Die Fonts auf dem Bildschirm sind nicht identisch mit den Druckerfonts; deshalb wird das Aussehen der Zeichen unter Ghostview nicht den gedruckten Zeichen entsprechen.) Wenn Sie einen Ausschnitt aus der Seite vergrößern möchten, können Sie den Mauszeiger dorthin bewegen und eine beliebige Maustaste drücken. (Die rechte Maustaste liefert die stärkste, die linke Maustaste die geringste Vergrößerung.)

Sie können außerdem aus dem Menü `Magstep` heraus den voreingestellten Maßstab zur Anzeige des kompletten Schriftstücks ändern. Je größer der Wert ist, den Sie einstellen, desto stärker wird der Text vergrößert. Negative Werte verkleinern das Dokument.

Zum Drucken einer Seite wählen Sie `Print` aus dem Menü `File` oder geben nur `p` ein. Sie haben dann noch Gelegenheit, den richtigen Drucker auszuwählen; Sie können die Vorgabe löschen und einen anderen Namen eintragen. Der vorgegebene Name stammt aus Ihrer UNIX-Umgebung. Wenn Sie also einen Drucker namens »doorway« haben, sollte in Ihrer Startdatei etwa folgender Shell-Befehl stehen:

```
export PRINTER=doorway
```

Sie können auch mehrere Seiten auf einmal drucken. Einzelne Seiten wählen Sie mit einem Klick der mittleren Maustaste auf die entsprechenden Zahlen aus. Sie können zusammenhängende Seiten ausdrucken, indem Sie die erste Seite mit der linken und die letzte Seite mit der rechten Maustaste anklicken; nach der Eingabe von `p` werden alle diese Seiten gedruckt.

xman: Per Mausklick zu den Manual-Pages

Die Manual-Pages, mit dem Befehl *man* aufgeblättert, verkörpern die höchste Autorität auf einem UNIX-System. Andere Bücher können zwar die Funktionalität eines Befehls weitgehend erklären – und das oft in einer angenehmer zu lesenden Form –, aber nur in der Manual-Page finden Sie alle Details. Im Abschnitt »Manual-Pages« in Kapitel 4 finden Sie alles Wichtige zu den Manual-Pages.

Kapitel 4

Mit dem Befehl *xman* steht Ihnen eine einfache X-Schnittstelle zu den Manual-Pages zur Verfügung. Wie es sich für ein Tool zur Anzeige von Hilfetexten gehört, enthält es auch eine ziemlich gute Beschreibung seiner selbst. Damit Sie diese Dokumentation bequem lesen können, sollten Sie das Programm mit einem großen Seitenformat starten:

```
eggplant$ xman -pagesize 650x600
```

Sie sehen als erstes einen kleinen Kasten mit drei Schaltflächen. Klicken Sie auf den Button `Manual-Page`, um das Hauptfenster zu öffnen, in dem Sie den überwiegenden Teil der Arbeit erledigen werden.

Jetzt blicken Sie auf die Dokumentation zu *xman*. Lesen Sie hier bei einer anderen Gelegenheit weiter; im Augenblick sollten Sie das Menü `Options` öffnen und den Punkt `Search` anklicken – oder drücken Sie Ctrl-S. (Sie können das Options-Menü auch öffnen, indem Sie die Ctrl-Taste gedrückt halten und mit der linken Maustaste klicken.) Geben Sie in dem Kasten, der sich dann öffnet, einen Befehl oder eine Funktion ein, über die Sie mehr erfahren möchten; beenden Sie die Eingabe mit Return. Der Inhalt des Hauptfensters wird dann durch die entsprechende Manual-Page ersetzt.

Falls Sie nicht wissen, wonach Sie suchen müssen, können Sie auch das Menü Sections öffnen oder die Ctrl-Taste zusammen mit der mittleren Maustaste drücken. Wählen Sie aus dem Menü, das dann erscheint, eine `Section` (Abschnitt) aus. Sie erhalten eine lange Liste mit den Namen von Manual-Pages. Sobald Sie einen der Namen mit der linken Maustaste anklicken, wird die Manual-Page auf dem Bildschirm dargestellt.

Eine andere bewährte Methode der Suche nach Information ist der Befehl *apropos* (den wir bereits im Abschnitt »Manual-Pages« in Kapitel 4 besprochen haben). Drükken Sie wieder Ctrl-S, geben Sie dann einen Begriff zu dem Thema ein, das Sie interessiert, und klicken Sie dann auf die Schaltfläche `Apropos`. Falls es Manual-Pages gibt, die zu Ihrem Suchbegriff passen, werden die Namen zusammen mit einer kurzen Beschreibung angezeigt. Leider lassen sich die entsprechenden Manual-Pages nicht mit einem Mausklick aufrufen; diese kleine Vereinfachung fehlt in *xman*. Sie müssen also Ctrl-S drücken und den Namen der gesuchten Manual-Page eintippen.

Das Blättern innerhalb einer Manual-Page ist einfach. Mit der Space-Taste oder `f` bewegen Sie sich um eine Seite weiter, mit `b` geht es eine Seite zurück. Sie können auch die Laufleiste benutzen, wie Sie es von *xterm* her gewohnt sind.

Jetzt haben Sie die Dokumentation im Griff! Klicken Sie auf die Schaltfläche `Help` in dem kleinen Fenster, das beim Start von *xterm* erscheint. Zum Verlassen des Programms können Sie entweder Ctrl-Q drücken, auf den Button `Quit` klicken oder den Punkt `Quit` im Menü `Options` anklicken.

KAPITEL 11

DIVERSE APPLIKATIONEN

Linux, DOS und die Kompatibilität mit anderen Betriebssystemen

Linux ist ein erstaunlich effizientes Betriebssystem, das in der Regel ein MS-DOS-System ersetzt. Allerdings gibt es unter uns ja auch diejenigen, die den Kuchen nicht nur haben, sondern ihn auch essen wollen. Wir möchten außer Linux weiterhin andere Betriebssysteme benutzen oder wenigstens auf direktem Wege Dateien zwischen den Betriebssystemen austauschen. Linux kommt solchen Wünschen entgegen, indem es interne Erweiterungen enthält, die den Zugriff auf fremde Dateisysteme sowie die Arbeit mit den Dateien darin ermöglichen; außerdem gibt es Utilities, die die Kompatibilität soweit herstellen, daß DOS aufgerufen werden kann, um DOS-Programme laufen zu lassen sowie ein Utility, das Xenix-Binaries ohne Neukompilierung unter Linux laufen läßt.

Wir benutzen den Begriff DOS in diesem Kapitel als allgemeine Bezeichnung für alle MS-DOS-kompatiblen Betriebssysteme – MS-DOS, PC-DOS und DR-DOS/ Novell DOS –, aber nicht in der ursprünglichen Bedeutung »Disk Operating System« – es sei denn, wir weisen ausdrücklich darauf hin.

Einige dieser Utilities arbeiten ausgesprochen zufriedenstellend, während andere vielleicht noch nicht reif sind für die »Galavorstellung«. Trotz allem: Die Entwicklung auf diesem Gebiet schreitet zügig voran, und wenn Sie vorhaben, einige dieser Kompatibilitäts-Tools auszuprobieren, sollten Sie sich intensiver mit der Materie beschäftigen. Diese Tools ermöglichen es, daß viele Leute, die sonst nicht mit Linux experimentiert hätten, das jetzt tun können, ohne daß sie auf ihre vertraute Arbeitsumgebung verzichten oder einen zweiten Computer anschaffen müssen.

Zeigen Sie aber auch ein gewisses Maß an Skepsis, wenn es um Kompatibilität geht. Daß etwas ermöglicht werden kann, muß nicht heißen, daß es eine gute Idee ist. Ein Beispiel aus der Praxis: Wenn Sie mit zwei Betriebssystemen arbeiten möchten, werden Sie wahrscheinlich feststellen, daß Sie die doppelte Speicherkapazität brauchen, um die beiden Betriebssysteme samt den dazugehörigen Dateien und Anwendungsprogrammen unterzubringen; dazu kommen Tools zur Konvertierung von Datei- und Grafikformaten usw. Vielleicht stellen Sie auch fest, daß Hardware, die für die Arbeit unter einem Betriebssystem optimiert wurde, unter einem anderen Betriebssystem nicht mehr das Optimum darstellt; Sie werden dann überlegen müssen, wofür Sie Ihr Geld ausgeben möchten.

Zum Zeitpunkt des Schreibens unterstützt MS-DOS zum Beispiel 32-Bit-Schreib- und Lesezugriffe nur für IDE-Laufwerke; die Leistung von SCSI-Laufwerken kann nicht voll genutzt werden, und die Benutzer sind bei ihren SCSI-Geräten auf Treiber von Drittanbietern angewiesen. Linux dagegen nutzt die volle Leistung und Erweiterbarkeit von SCSI-2-Geräten. Während ein SCSI-Controller bis zu sieben verschiedene Geräte aus einer breiten Palette unterstützt, bietet ein typischer IDE-Controller lediglich Unterstützung für zwei Geräte. Es gibt außer Diskettenlaufwerken, Festplatten und einigen CD-ROM-Laufwerken nur wenige Geräte nach dem IDE-Standard.

Der Wunsch, alles zu haben, wird die Entwickler von Linux weiterhin anspornen, und wir sind sicher, daß die noch unausgegorenen Tools für das Gespann AT-Bus/Intel, die wir hier vorstellen, so lange verbessert werden, bis sie stabil und alltagstauglich sind. Wir gehen außerdem davon aus, daß eine ähnliche Entwicklung auch anderen Betriebssytemen die Koexistenz mit Linux auf anderen Rechnerplattformen ermöglichen wird – zum Beispiel Amiga, Macintosh und den Alpha-Systemen von Intel und DEC unter Windows NT.

Fremde Dateien und Verzeichnisse

Die Möglichkeit, unter Linux auf fremde Dateisysteme zuzugreifen, ist ein bedeutender Faktor, der für die Arbeit mit mehr als einem Betriebssystem auf einem PC spricht. Linux kann heute schon lesend und schreibend auf eine Reihe von verschiedenartigen Dateisystemen zugreifen – mehr als jedes andere Betriebssystem, das wir kennen. Dazu zählt die Kompatibilität zu solchen UNIX-ähnlichen Dateisystemen wie Minix und Coherent, ebenso wie zu den verschiedenen DOS- und OS/2-Dateisystemen; außerdem ist Linux kompatibel zu Dateisystemen, die für Forschung und Wissenschaft entwickelt wurden wie das AFS (Andrew File System) von der Carnegie Mellon University. Linux beherrscht darüber hinaus den Zugriff auf CD-ROM-Dateisysteme nach der Norm ISO 9660 einschließlich der Rock-Ridge-Erweiterungen zur Unterstützung von langen Dateinamen.

Sie können bereits bei der Installation von Linux die Unterstützung von fremden Dateisystemen einbinden oder zu diesem Zweck einen neuen Kernel erstellen.

Kapitel 3
Kapitel 7

Wir beschreiben das im Abschnitt »Die Dateisysteme anlegen« in Kapitel 3, *Installation und erste Konfigurationsarbeiten,* sowie im Abschnitt »Den Kernel kompilieren« in Kapitel 7, *Software und den Kernel aktualisieren.* Linux-fremde Partitionen werden wie bekannte Partitionen aufgesetzt und wie normale Verzeichnisse behandelt. So könnte zum Beispiel eine Partition, die unter DOS Ihr Laufwerk C: darstellt, unter Linux als */dosc* erscheinen.

Das mit Abstand wichtigste fremde Dateisystem, das Linux zur Zeit lesen und schreiben kann, ist sicherlich das 16-Bit-Dateisystem FAT (File Allocation Table) unter DOS. Dadurch eröffnen sich ungeahnte Möglichkeiten. Sie können Systemleistung und Geschwindigkeit von Linux nutzen, ohne auf bestimmte, notwendige DOS-Anwendungen verzichten zu müssen. So könnten Sie zum Beispiel mit Ihrer DOS-Grafiksoftware arbeiten, dann von Linux aus auf die Grafikdateien zugreifen (eventuell über ein Programm zur Konvertierung von Grafikformaten wie *pbmplus*), und die Grafiken anschließend in Multimedia-Dokumente für das World Wide Web einbinden, die Sie mit Mosaic oder einem anderen Programm betrachten. Sie könnten auch Ihre bevorzugte Kommunikationssoftware unter DOS benutzen, um eine Datei zu übertragen, die Sie dann unter Linux bearbeiten.

Weil Sie auch unter einigen anderen Betriebssystemen, ebenso wie unter Linux, auf Disketten im FAT-16-Format von DOS zugreifen können (insbesondere das Format 3,5 Zoll mit 1,44 MBytes), haben Sie die Möglichkeit, auf »Schleichwegen« Dateien zwischen Linux und diesen Betriebssystemen auszutauschen – dazu gehören DOS, Macintosh, Amiga und verschiedene Varianten von UNIX. Das FAT-16-Dateisystem ist, trotz all seiner Beschränkungen, die *Lingua franca* für die Dateisystemabhängige Datenübertragung.

Bei den Dateiformaten stellt sich immer auch die Frage nach der Kompatibilität. System-V-UNIX hat uns mehrere Dateiformate beschert, die nicht in allen Implementierungen von UNIX unterstützt werden. Auf fremde Dateiformate wird mit Hilfe von iBCS2 zugegriffen, dem »Intel Binary Compatibility Standard«-Paket, das viele kommerzielle Anwendungsprogramme unter Linux laufen läßt.

Obwohl wir UNIX-artige Anwendungen in der Regel nicht als fremd betrachten, ist es doch so, daß inkompatible Dateiformate den direkten Austausch von ausführbaren Programmen zwischen einigen UNIX-Betriebssystemen (sogar auf derselben Hardware) unmöglich machen. Das iBCS2-Paket unterstützt ELF (File Link Format) von SVR4, ebenso wie COFF (Common Object File Format, üblicherweise unter SVR3 und Xenix zu finden). Einige Anwendungspakete für kommerzielle Versionen von Intel-UNIXen (insbesondere Word Perfect, die beliebteste Textverarbeitung unter DOS) laufen bereits zusammen mit iBCS2. iBCS2 scheint ziemlich ausgereift zu sein und wird vielleicht einmal fester Bestandteil von Linux-Distributionen werden.

iBCS2 hat vor kurzem den Beta-Status erhalten. Sie finden es in Linux-Archiven, zum Beispiel auf sunsite unter */pub/linux/ALPHA/ibcs2*. Es ist allerdings nicht sicher, ob das iBCS2-Paket langfristig dazu beitragen kann, neue Linux-Benutzer zu gewinnen. Viele kommerzielle Entwickler betrachten Linux als den mit Abstand am schnellsten wachsenden Bereich des UNIX-Marktes und portieren entweder ihre Anwendungsprogramme nach Linux oder nutzen Linux als Entwicklungsplattform. Außerdem würden viele Linux-Benutzer kaum Software für kommerzielle UNIXe kaufen, weil die Kosten zu hoch sind und weil ein solches kommerzielles Paket ziemlich sicher vom Hersteller nicht mehr unterstützt würde, wenn es unter Linux statt einer der (unterstützten) UNIX-Versionen eingesetzt wird.

Utilities für den Zugriff auf DOS-Dateisysteme: MTools

Das Paket MTools besteht aus einer Reihe von Programmen, die aus Linux heraus den Zugriff auf DOS-Dateien ermöglichen. (Die MTools dienen *nicht* dem Zugriff auf Linux-Dateien von DOS aus.) Eventuell werden einige der MTools dadurch überflüssig, daß Sie einen Kernel mit Unterstützung des DOS-Dateisystems erstellen, was Sie auch tun sollten; trotzdem bleiben andere Tools weiterhin nützlich.

Es folgt eine Übersicht über die MTool-Utilities; die Dokumentation dazu finden Sie in den Manual-Pages Ihrer Distribution:

mattrib
zum Setzen der DOS-Dateiattribute

mcd
zum Wechseln in ein DOS-Verzeichnis

mcopy
zum Hin- und Herkopieren von Dateien zwischen Linux und DOS

mdel
zum Löschen von DOS-Dateien

mdir
zum Anzeigen eines DOS-Verzeichnisses

mformat
zum Formatieren einer Diskette mit dem DOS-FAT-Dateisystem

mlabel
zum Benennen einer DOS-Partition mit dem Volume-Label

mmd
zum Anlegen eines DOS-Verzeichnisses

mrd
zum Entfernen eines DOS-Verzeichnisses

mread
zum Kopieren von DOS-Dateien nach Linux

mren
zum Umbenennen einer DOS-Datei

mtype
zum Anzeigen einer DOS-Datei

mwrite
zum Kopieren einer Linux-Datei nach DOS

Der nächste Schritt: Binäre Emulation

Das wichtigste Ziel bei der Herstellung von Kompatibilität ist (zur Zeit) auf jeden Fall der DOS-Markt: MS-DOS, PC-DOS, Novell DOS sowie Windows 3.1 und höher. Mit Hilfe des MTools-Paketes von Linux können Sie DOS-Dateisysteme durchsuchen, Dateien lesen und kopieren sowie in ein DOS-Dateisystem schreiben. Offensichtlich beinhaltet DOS-Kompatibilität aber viel mehr als den Umgang mit DOS-Dateisystemen.

Es sind im wesentlichen zwei Pakete, die Linux die ersehnte Kompatibilität zu DOS verleihen sollen. Das eine Paket ist Dosemu, das andere Wine. Wegen ihrer Bedeutung für die Linux-Gemeinde wollen wir hier beide Pakete besprechen. Wir müssen aber darauf hinweisen, daß zum Zeitpunkt des Schreibens die aktuelle Version von Dosemu (0.52) mit folgenden Worten angekündigt wird: »Betrachten Sie dies auf jeden Fall noch als ALPHA-Software«. Das Wine-Paket wird noch als Entwicklung im »frühen Alpha-Stadium« bezeichnet. Keines der Pakete kann als eine zuverlässige Grundlage für die Arbeit mit DOS-Anwendungen unter Linux gelten. Aus diesem Grund sind sie in vielen Distributionen nicht enthalten. Caldera hat das Windows Applications Binary Interface (WABI) von SunSoft lizensiert und bietet es für Linux an.

Die Entwicklerteams, die an Dosemu und Wine arbeiten, freuen sich immer, wenn mehr Leute zur Entwicklung beitragen wollen. Wenn Sie allerdings eher ein Programmanwender oder Programmierer sind, aber keinen Internet-Zugang für den direkten Kontakt mit den anderen Entwicklern haben, sind diese Pakete vielleicht nicht das Richtige für Sie.

Es gibt auch Emulatoren für den Apple II und das Betriebssystem CP/M. Beide waren ursprünglich Portierungen für andere Betriebssysteme (etwa MS-DOS), die jetzt nach Linux portiert worden sind. Sie finden diese Emulatoren auf den bekannten Linux-FTP-Rechnern, die auch Emulatoren anbieten – dies sind in erster Linie **sunsite.unc.edu** und Spiegelungen davon – im Verzeichnis */pub/Linux/system/emulators*.

Eine Demo-Version eines kommerziellen (aber bezahlbaren) Macintosh-Emulators namens Executor/Linux finden Sie unter **http://www.ardi.com**. Es ist die Linux-Version eines Programms, das seit einigen Jahren für NeXT-Rechner und seit mehr als einem Jahr für DOS-Rechner angeboten wird. Vielleicht lohnt es sich schon deshalb, das Programm auszuprobieren, weil Sie damit die Möglichkeit erhalten, von Mac-Disketten und SCSI-Laufwerken zu lesen. (Die Entwickler des Programms haben angekündigt, daß sie den Quellcode ihres File-Browsers (Dateiverwaltung) für den Mac öffentlich zugänglich machen wollen.)

Falls Sie beim Thema Executor/Linux auf dem laufenden bleiben wollen, sollten Sie eine Mail an *majordomo@nacm.com* schicken; lassen Sie die `Subject:`-Zeile frei, und schreiben Sie im Textteil `subscribe executor`.

DOS-Emulatoren: dos und xdos

Wir wollen zunächst klarstellen, daß die »DOS-Emulatoren« unter Linux, nämlich die Pakete Dosemu und *xdos*, keine echten Emulatoren sind. Man kann sie als virtuelle Rechner auffassen, die es ermöglichen, daß DOS und DOS-Anwendungen im Real Mode (8086-Modus) in einer »Compatibility Box« ablaufen können, die ähnlich funktioniert wie DOS auf einer 80x86er CPU von Intel. Da die Compatibility Box auf die Emulation einer 8086er CPU angewiesen ist, können Dosemu und *xdos* nur auf solche Chipsätze portiert werden, die Intels Real Mode beherrschen. *xdos* ist ein Ableger von Dosemu, der speziell angepaßt wurde, um in einem X-Fenster zu laufen; wir werden uns hier deshalb in erster Linie mit Dosemu beschäftigen.

Sie sollten acht Megabytes RAM haben, wenn Sie mit Dosemu arbeiten, und es ist sicher nicht verkehrt, wenn Sie außerdem auf Ihrer Festplatte eine Swap-Partition von zwölf MBytes anlegen.

Dosemu emuliert das BIOS, den CMOS-Speicher, XMS und EMS, Plattenzugriffe, die Tastatur, serielle Schnittstellen und Drucker sowie andere notwendige Funktionen, so daß DOS in einer sicheren Umgebung laufen kann. Dosemu setzt eine (lizensierte) Version von DOS voraus. Bei der Entwicklung von Dosemu werden derzeit MS-DOS-Versionen von 3.3 bis 6.22 benutzt, und auch Novells DOS (DR-DOS) Version 6 ist schon getestet worden. Wahrscheinlich ist es auch möglich, vergleichbare Versionen von IBMs PC-DOS zu benutzen. Beschleunigte Grafikkarten mit dem Chipsatz ET4000 scheinen bei den Entwicklern von Dosemu sehr beliebt zu sein, und man kann vermuten, daß geplante Grafikunterstützung zuerst für diesen Chipsatz verfügbar wird. Gleichzeitig findet auch der S3-Chipsatz ausreichende Unterstützung.

Dosemu versucht, DOS- und BIOS-Calls abzufangen und innerhalb von Linux zu bearbeiten – was nicht immer ganz gelingt. (Bedenken Sie, daß Linux ein Multitasking-Betriebssystem ist, und DOS nicht; ein hängender Prozeß unter DOS könnte Linux in die Knie zwingen.) So werden zum Beispiel die Druckerdienste des DOS-BIOS mit Hilfe von E/A-Funktionen aus UNIX emuliert, wobei Ausgaben an den Drucker in einer entsprechenden Linux-Datei zwischengespeichert werden. Dosemu hat Probleme mit der Unterstützung einiger Mäuse, insbesondere bei Busmäusen.

Wir wollen Sie nicht ermuntern Dosemu zu benutzen, wenn Sie nicht gewillt und in der Lage sind, an der Weiterentwicklung des Pakets teilzunehmen; Sie sollten auch einen Internet-Zugang haben, um mit dem Entwicklerteam Kontakt halten zu können. Trotzdem scheint Dosemu nützlich und stabil genug zu sein, um es als installierbares Paket vorzustellen. Seien Sie sich aber klar darüber, daß die Dokumentation zu Dosemu mit der Entwicklung der Software nicht mithalten kann. Falls Sie an der Entwicklung von Dosemu nicht teilhaben, könnten Sie bei der Benutzung neuer Programmteile auf Probleme stoßen. Es könnte auch sein, daß neuer Code noch nicht stabil läuft.

Neuere Versionen von Dosemu enthalten einige Funktionen, die ursprünglich als Teil eines DOS-Emulators für Mach an der Carnegie Mellon University (CMU) entwickelt wurden. Distributionen von Dosemu enthalten deshalb einen sehr großzügigen Copyright-Vermerk der CMU. In diesem Vermerk werden Entwickler, die Software unter Einschluß des CMU-Codes schreiben, gebeten, eine Kopie ihres Codes an die CMU zu schicken und der CMU die Benutzung und Verteilung dieses Codes zu gestatten. (Im Copyright-Vermerk wird *verlangt*, daß der Vermerk selbst in allen Distributionen enthalten sein muß, die auch CMU-Code enthalten – sei es im Original oder in veränderter Form.) Sie sollten das Copyright der Carnegie Mellon University beachten; lesen und befolgen Sie also den Copyright-Vermerk, wenn Sie an der Entwicklung von Dosemu teilhaben möchten.

Das Dosemu-Paket enthält Skripten und Utilities zur Installation und Pflege des Pakets. Einmal in der Woche erscheint eine neue Version von Dosemu, und mit jeder Distribution kommt eine Liste mit Software, die bekanntermaßen mit der aktuellen Version läuft (oder nicht läuft).

Dosemu und xdos besorgen

In den FTP-Archiven **tsx-11.mit.edu** und **dspsun.eas.asu.edu** finden Sie auf jeden Fall die letzte veröffentlichte Version des Dosemu-Pakets. Die Dateien stehen im Verzeichnis */pub/linux/ALPHA/dosemu*. (»Alpha« bezieht sich auf den Stand der Entwicklung, nicht auf die Rechnerarchitektur.) Die neueste FAQ/HOWTO-Datei zu Dosemu finden Sie auf dem FTP-Rechner **dspsun.eas.asu.edu** im Verzeichnis */pub/dosemu*. Aber auch bei **sunsite.unc.edu** im Verzeichnis */pub/Linux/system/Emulators* finden Sie dieses Paket, zusammen mit allen anderen Emulatoren für Linux.

Das Paket *xdos* (für diejenigen, die unbedingt alle Winkel von Linux erkunden wollen) ist sowohl auf dem FTP-Rechner **unix.hensa.ac.uk** unter */pub/yggdrasil/usr/X386/bin/xdos* als auch auf **sunsite.unc.edu** unter */pub/Linux/system/Emulators/dosemu* zu finden. Obwohl *xdos* aus Dosemu entstanden ist, gibt es keine direkte Zusammenarbeit bei der Weiterentwicklung von Dosemu und auch keine etablierten Informationskanäle. Zwar ist bereits geplant, Dosemu mit einer fensterorientierten Bedienoberfläche auszustatten, aber es ist nicht sicher, ob *xdos* als Basis dafür dienen wird.

Vom Entwickler Thomas McWilliams (*tgm@netcom.com*) wurde vor kurzem ein neues Hilfsprogramm namens *garrot* angekündigt (als frühe Alpha-Version). Damit läßt sich die CPU-Zeit minimieren, die ein unbeschäftigtes Dosemu in Anspruch nimmt. *garrot* sorgt also dafür, daß die Arbeit mit Dosemu weniger Einfluß auf andere laufende Linux-Prozesse hat. *garrot.com* wird als DOS-Befehl in der Compatibility Box von Dosemu aufgerufen und installiert sich selbst als ein Dämon unter Linux. Sie können dieses Utility per FTP aus dem Verzeichnis */pub/Linux/system/Emulators* auf **sunsite.unc.edu** beziehen.

Die Unterstützung für komprimierte Dateisysteme durch Dosemu befindet sich noch in der Entwicklung; es ist schwer zu sagen, ob Sie Dosemu zusammen mit einem DOS-Dateisystem benutzen können, in dem die Daten komprimiert werden. Dosemu kommt anscheinend mit den komprimierten Formaten von Stacker und Doublespace zurecht, aber nicht immer ganz problemlos. (Auch unter DOS gab es gelegentlich Probleme damit – erinnern Sie sich noch?) Wenn Sie eine gewisse Menge Speicherplatz für eine DOS-Partition brauchen, aber den Platz nicht haben, müssen Sie entweder eine weitere Festplatte besorgen oder die vorhandene neu partitionieren. Das hat zur Folge, daß Sie Linux neu installieren müssen. Mit der MFS-Redirector-Funktion von Dosemu können Sie auf ein Linux-Verzeichnis wie auf ein Netzwerkdateisystem unter DOS zugreifen, aber Sie brauchen trotzdem noch Speicherplatz für DOS.

Beim Update auf eine neuere Version von Dosemu werden Sie wahrscheinlich einige Hilfsprogramme ersetzen sowie Dateien und Verzeichnisse neu erstellen müssen usw. Das ist ganz normal so beim Einsatz von Alpha- oder Beta-Software und soll sogar schon in offiziell freigegebener, kommerzieller Software vorgekommen sein. Solche Sachen gehören einfach zum Spaß an der Freude mit Beta-Software.

Dosemu installieren und konfigurieren

Sie müssen zunächst einen Linux-Kernel mit Unterstützung für IPC (System V Inter-Process Communication) erstellen, bevor Sie das Dosemu-Paket installieren können. Falls Sie während der Installation von Linux unter dem Punkt *config* IPC nicht vorgesehen haben, werden Sie den Kernel neu kompilieren müssen, um IPC einzubinden; Dosemu benutzt Shared Memory nach dem System-V-Standard. Wir möchten stärkstens empfehlen, als Basis für den Einsatz von Dosemu eine aktuelle Version von Linux zu benutzen und Dosemu mit aktuellem *gcc*-Compiler und -Libraries zu kompilieren. Ab der Linux-Version 1.1.12 ist die Unterstützung für Dosemu bereits im Kernel enthalten, aber für die Versionen ab 1.0.8 gibt es ein Update, das in der Dosemu-Distribution enthalten ist – für den Fall, daß Sie an Ihrer älteren Linux-Version festhalten wollen.

Zur Zeit benötigen Sie *gcc* in der Version 2.5.8 und *libc* in der Version 4.5.21 oder höher. Es ist möglich, daß für eine neuere Version von Dosemu auch aktuellere Versionen von Linux, *gcc* und den C-Bibliotheken gebraucht werden.

Wenn Sie Dosemu installieren möchten, sollten Sie damit beginnen, daß Sie eine bootfähige DOS-Diskette für das Laufwerk A: erstellen. Führen Sie dazu folgende Schritte aus (wenn auf Ihrer Festplatte bereits eine DOS-Partition eingerichtet ist, von der aus Sie arbeiten können):

```
C:> sys a:
C:> copy \dos\fdisk.exe a:
C:> copy \dos\sys.com a:
C:> dir a:
```

```
COMMAND.COM
FDISK.EXE
SYS.COM
```

Diese Dateien sollten auf jeden Fall auf einer bootfähigen DOS-Diskette stehen, aber kopieren Sie vorerst keine anderen Dateien auf die Diskette; Sie werden später noch einige Dosemu-Utilities dorthin überspielen.

Booten Sie Linux und loggen Sie als root ein. Kopieren Sie das Dosemu-Paket in das Root-Verzeichnis / und entpacken Sie es. (Wir haben unser Dosemu-Paket unter DOS auf unseren Rechner heruntergeladen und dann in das Linux-Dateisystem kopiert; es kann sein, daß Ihr Paket einen anderen Namen trägt.)

```
# gunzip dosem052.tgz
# tar -xvf dosemu052.tar
```

Die Dateien werden in die Verzeichnisse */var/lib/dosemu*, */usr/lib/libdosemu*, */dosemu0.52* und Unterverzeichnisse von */dosemu0.52* entpackt.

Lesen Sie anschließend die Dokumentation. Zur Dosemu-Distribution gehört eine HOWTO-Datei im Verzeichnis */dosemu0.52/doc*. Lesen Sie auch die Datei *QuickStart*, die ein Bestandteil der Distribution ist. Falls Sie einen neuen Kernel mit Unterstützung für IPC und DOS-Dateisysteme erstellen oder einen Kernel-Patch einspielen müssen, sollten Sie das jetzt tun.

In einer Datei namens *DANG* (»Dosemu Novice's Altering Guide«) finden Sie Hinweise zur Anpassung des Quellcodes. Diese Hinweise werden für jede Version von Dosemu direkt aus dem Quellcode extrahiert. Außerdem beschreibt die Manual-Page zu *dos(1)* den Stand der Dinge für Ihre Version von Dosemu. Es gibt auch eine Texinfo-Datei zu Dosemu (*Dosemu.texinfo*), die allerdings bei weitem nicht den aktuellen Stand der Entwicklung widerspiegelt. Sie finden darin nützliche Informationen zur Installation des Dosemu-Pakets.

Gehen Sie, immer noch als »root«, in das Verzeichnis */dosemu0.52*, und vergewissern Sie sich, daß das Makefile zu dieser Distribution vorhanden ist. Geben Sie ein:

```
# make doeverything
```

Falls Sie damit keinen Erfolg haben, aber eine Meldung wie: »no rule to build a '.h' file« erhalten, geben Sie ein:

```
# make install
```

Kopieren Sie dann die Datei */dosemu0.52/examples/exitemu.com* auf die vorbereitete DOS-Boot-Diskette.

Kopieren Sie anschließend die Datei */dosemu0.52/hdimage.dist* nach */var/lib /dosemu/hdimage*. Es handelt sich um ein DOS-Image, das von Linux aus als bootfähige DOS-Partition eingerichtet wird. Kopieren Sie außerdem die Dateien *./drivers/*.sys*, *./commands/*.com* und *./commands/*.exe* aus */dosemu0.52* in ein Verzeichnis, auf das Dosemu Zugriff hat, wie etwa */tmp*.

Kopieren Sie die Dosemu-Konfigurationsdatei */dosemu0.52/examples/config.dist* nach */etc/dosemu.conf* und editieren Sie die Datei. Die erste disk-Anweisung in der Datei */etc/dosemu.conf* sollte auf die Datei */var/lib/dosemu/hdimage* verweisen. In */etc/dosemu.conf* finden Sie eine Menge Kommentare, die Ihnen die Konfiguration von Dosemu erleichtern. Weiter unten zeigen wir ein Beispiel für eine solche Datei. Sie werden Angaben dazu machen müssen, an welcher Stelle der Festplatte, die das bootfähige DOS enthält, sich die DOS-Partition befindet.

Richten Sie das emulierte Laufwerk ein; geben Sie dazu im Verzeichnis */dosemu0.52* ein:

```
# dos -A
```

Nach einer kurzen Verzögerung wird DOS booten und sich mit dem Prompt:

```
A>
```

melden. Werfen Sie von Laufwerk A: aus einen Blick auf Laufwerk C:, um sicherzustellen, daß Sie mit dem emulierten DOS-Laufwerk arbeiten (*/var/lib/dosemu/hdimage*):

```
A> DIR C:
```

Geben Sie ein:

```
A> FDISK /MBR C:
A> SYS C:
```

Damit versehen Sie das emulierte Laufwerk C: mit dem Master Boot Record, so daß Sie DOS ohne Diskette direkt von *hdimage* aus booten können. Verlassen Sie DOS mit:

```
A> EXITEMU
```

Geben Sie dann am Linux-Prompt ein:

```
# dos
C> COPY \TMP\*.* .
```

Sie landen in Ihrem DOS-Image, und der *copy*-Befehl wird die Dateien, die Dosemu benutzt, in die *dos*-Image-Datei einbinden.

Kapitel 4

Probieren Sie jetzt, während *dos* läuft, mit den üblichen Funktionstasten ALT-F1 bis ALT-F6 zwischen den virtuellen Konsolen hin- und herzuwechseln. (Wir besprechen die virtuellen Konsolen im Abschnitt »Virtuelle Konsolen« in Kapitel 4, *Grundlegende UNIX-Befehle und -Konzepte*.) Falls das nicht richtig funktioniert, sollten Sie es mit CTRL-ALT-*funktionstaste* versuchen. Verlassen Sie anschließend Dosemu:

```
C> EXITEMU
#
```

Sicherlich werden Sie einige Einstellungen ändern, um Ihre persönliche DOS-Konfiguration herzustellen. Editieren Sie dazu */etc/dosemu.conf*; Änderungen werden mit dem nächsten Start von *dos* wirksam. Auf diese Weise können Sie leicht Probleme lösen, die mit bestimmten DOS-Programmen und Terminaleinstellungen, mit der Unterstützung von Audio und ähnlichen Dingen entstehen. Sie können Verweise auf weitere DOS-Verzeichnisse auf den Festplatten hinzufügen. Sie werden */usr/lib/dosemu/mkpartition* benutzen müssen, wenn Sie eine DOS-Partition komprimieren möchten (Sie sollten aber nicht die *dos*-Image-Datei von Linux komprimieren). Vielleicht möchten Sie Dosemu in einem 25-zeiligen X-Terminalfenster oder auf einer virtuellen Konsole laufen lassen. Falls Ihr Linux-System sehr stark belastet wird, müssen Sie eventuell den Zugang zu DOS einschränken.

Windows-Emulation: WINE

Wine ist das ambitionierteste zu DOS kompatible Paket und könnte sich als extrem wertvoll für die Linux-Gemeinde erweisen. Wine wurde vom Windows Application Binary Interface (WABI) inspiriert, das ursprünglich von Sun Microsystems entwikkelt wurde, um Windows-Software direkt unter Solaris laufen zu lassen. WABI wurde von Sun für andere System-V-Versionen für Intel-PCs lizensiert, und eine Gruppe von WABI-Entwicklern, die sich aus mehreren UNIX-Herstellern zusammensetzt, kümmert sich um die Weiterentwicklung von WABI. Bisher nimmt (soweit wir wissen) kein Linux-Distributor an der WABI-Entwicklung teil. Caldera hat jedoch – wie bereits erwähnt – WABI von SunSoft lizensiert. Die WABI-Spezifikationen sind veröffentlicht worden, und das Dosemu-Team von Linux hat sie bei der Entwicklung von Wine berücksichtigt. Zur Zeit wird Wine für Linux, NetBSD und FreeBSD entwickelt, und es wird auch kommerzielle Unterstützung gesucht.

Für die Arbeit mit Wine benötigen Sie mindestens acht Megabytes RAM sowie eine mindestens zwölf MBytes große Swap-Partition auf der Festplatte.

Wine besteht in erster Linie aus einem Programm-Loader, der 16-Bit-Windows-Anwendungen lädt und ausführt, sowie aus einer Emulationsbibliothek, die Windows-Funktionen in Funktionsaufrufe von Linux und das X Window System übersetzt. Die FAQs zu Wine enthalten den Hinweis, daß Wine entweder »WINdows Emulator« oder »Wine Is Not an Emulator« bedeutet. Beides ist richtig. Wenn Wine einmal erwachsen geworden ist, werden die meisten Windows-Anwendungen unter Wine in einer Linux/X-Umgebung laufen, und sie werden unter Wine etwa so schnell laufen wie unter Windows – vielleicht auch schneller. Ein Grafikkoprozessor, der von Linux unterstützt wird, macht sich unter dem X Window System deutlich bemerkbar und hat damit auch Einfluß auf die Leistung von Wine.

Während dieses Buch in den Druck geht, schreitet die Wine-Unterstützung für das Win32-ABI, das von 32-Bit-Windows-95- und NT-Anwendungen verwendet wird, voran. Irgendwann einmal soll Wine in der Lage sein, 16- und 32-Bit-Windows-Anwendungen starten zu können.

Wine wird einmal in der Lage sein, ohne Windows und sogar ohne eine DOS-Partition in Ihrem System zu funktionieren. Zur Zeit werden allerdings sowohl eine unkomprimierte (unter Linux aufgesetzte) DOS-Partition, DOS, als auch ein ausführbares MS-Windows benötigt, damit Wine die Windows-Anwendungen finden kann. Wine ist Dateisystem-unabhängig und kann mit jedem Linux- (oder UNIX)-Dateisystem benutzt werden. Sie brauchen außerdem das X Window System, damit Wine läuft; Wine wird aus einem Fenster des von Ihnen bevorzugten Fenster-Managers heraus gestartet:

```
wine /dospartition/winapp.exe
```

Dabei bezeichnet *Dospartition* die von Linux aufgesetzte DOS-Partition (in der Regel so etwas wie */dosc* oder */dos/c*), und *WINAPP.EXE* ist der Name einer Windows-Anwendung.

Wir wollen Sie derzeit nicht ermuntern, Wine zu benutzen – es sei denn, Sie sind Programmierer und möchten an der Weiterentwicklung dieses anspruchsvollen Pakets teilhaben. Wine befindet sich definitiv noch im Alpha-Stadium. Zum Zeitpunkt des Schreibens emuliert Wine mehr als vierzig Prozent der Windows-API-Funktionen (Application Programming Interface). Weil wir der Meinung sind, daß Sie Wine noch nicht sinnvoll einsetzen können, wenn Sie nicht ein Programmierer mit Internet-Zugang sind, werden wir in dieser Ausgabe des Buches die Installation und Konfiguration von Wine nicht besprechen.

Sie sollten mit dem Projektmanager für Wine, Bob Amstadt, Kontakt aufnehmen, wenn Sie in die Mailing-Liste der Wine-Entwickler aufgenommen werden wollen (*bob@amscons.com*). Bitte versuchen Sie nicht, in diese Liste aufgenommen zu werden, wenn Sie nicht an der Entwicklung teilnehmen möchten. In der News-Gruppe *comp.emulators.ms-windows.wine* haben Sie Gelegenheit, die Entwicklung von Wine zu verfolgen. Natürlich würde Bob sich auch über Unterstützung der Arbeit in Form von Geld und Hardware freuen.

Sie können das aktuelle Wine-Paket per FTP von **sunsite.unc.edu** im Verzeichnis */pub/Linux/system/Emulators* sowie von einigen anderen Linux-FTP-Archiven beziehen. Die Wine-Distribution wird wöchentlich auf den neuesten Stand gebracht, und zu jeder Distribution gehört eine Liste mit Software, die bekanntermaßen unter der vorliegenden Version von Wine läuft (oder nicht läuft).

Multimedia unter Linux

Linux bietet in Verbindung mit geeigneter Hardware eine hervorragende Grundlage für die Entwicklung und Benutzung von Multimedia-Dokumenten und -Anwendungen. Wir gehen in diesem Abschnitt auf die Konfiguration Ihres Linux-Systems für den Einsatz von Multimedia-Dokumenten ein. Dazu gehören Hypertext, Drucksachen und Grafik sowie interaktives Video und Audio. Wir werden hier nicht die Entwicklung von Multimedia-Software besprechen, aber wir gehen

[23] Linux Multimedia

auf grundlegende Themen ein, die sowohl den Entwickler von Anwendungen als auch den Entwickler und Benutzer von Multimedia-Dokumenten interessieren. Jeff Tranters Buch *Linux Multimedia Guide* beschreibt die Konfiguration und Programmierung diverser Multimedia-Geräte sowie einige nützliche Werkzeuge.

Die Anforderungen an Ihre Hardware und Software werden von der Art der Multimedia-Dokumente bestimmt, die Sie erstellen möchten. Schon mit sehr wenig Geld läßt sich eine Menge erreichen. Wenn Sie den richtigen Ansatz wählen, können Sie frühe Multimedia-Arbeiten verbessern und ausweiten, statt sie zu verwerfen, wenn Sie über ein leistungsfähigeres System verfügen. Wir besprechen eine Philosophie der strukturierten Dokumentation, die es ermöglicht, Ihre Dokumente ständig weiter zu entwickeln und zu verbessern, statt sie zu ersetzen, wenn bessere Hard- und Software für Multimedia-Präsentationen verfügbar wird. Schließlich bieten wir Ihnen eine Strategie zur Einführung einer Philosophie der strukturierten Dokumentation, die auch dann noch Ihre Anforderungen erfüllt, wenn Ihre Fähigkeiten und Ziele gewachsen sind.

Hardware

Wenn Sie weiter nichts als Hypertext erstellen möchten, reicht dafür ein einfaches Linux-System. Sie können sogar auf das X Window System verzichten. Falls Sie häufiger mit Grafik oder Audio arbeiten wollen, sind die Anforderungen wahrscheinlich wesentlich höher. Sie können anspruchsvolle Multimedia-Dokumente sogar auf einem System erstellen, das diese Dokumente nicht in zufriedenstellender Qualität darstellen kann.

Lassen Sie uns zunächst die Hardware eines Linux-Systems untersuchen und feststellen, welchen Einfluß sie auf Ihre Möglichkeiten zur Her- und Darstellung von Multimedia-Dokumenten hat. Anschließend wollen wir die Mindestanforderungen für die Erstellung und Präsentation von unterschiedlich anspruchsvollen Multimedia-Dokumenten zusammenfassen.

Die Hauptplatine

Ein 16-Bit-ISA-Motherboard (AT-Bus) definiert das untere Ende Ihrer Multimedia-Ausstattung. Eine 16-Bit-Hauptplatine ohne einen Erweiterungsbus wie den Local Bus ist wahrscheinlich ein bißchen zu langsam für zufriedenstellende Grafikleistungen – es sei denn, Sie benutzen eine Grafikkarte mit einem eigenen Grafikkoprozessor. Selbst dann werden Sie wahrscheinlich nicht in der Lage sein, ruckfreies Video und Trickfilme abzuspielen.

Falls Video nicht zu den geplanten Multimedia-Anwendungen gehört, kann ein einfaches 16-Bit-Motherboard ausreichende Multimedia-Leistungen zeigen. Bei einigen Hauptplatinen läßt sich der Bustakt von ursprünglich acht MHz auf zehn oder sogar 12,5 MHz heraufsetzen. Wenn alle Ihre Erweiterungskarten die höhere Taktrate vertragen, ist dies eine gute Methode, die Grafikleistung zu steigern. Falls Sie dabei sind, eine neue Hauptplatine zu besorgen, sollten Sie nicht auf Local-Bus-

Slots nach VLB- oder PCI-Norm verzichten. Das bedeutet heutzutage gleichzeitig, daß Sie eine 486er oder Pentium-CPU anschaffen sollten, denn die Entwicklung von 386er Motherboards ist weitgehend eingestellt worden.

Die CPU

Die CPU (Central Processing Unit) 386SX ist die langsamste CPU, auf der Linux laufen kann, und sie ist ausreichend schnell, um Hypertext zu erstellen. Wenn Sie allerdings lange Texte in ein graphisches Format konvertieren wollen oder solche Grafikformate wie X-Bitmaps oder PostScript-Dateien in ein Dokument einbinden und bearbeiten möchten, werden Sie vielleicht feststellen, daß Sie einen mathematischen Koprozessor benötigen (MPU, Mathematics Processing Unit). Das ist ein besonderer Chip in Systemen mit einer der CPUs 386SX, 386 und 486SX von Intel und den meisten Nachbauten davon. Schon eine 80287er MPU (wie sie von einigen 386/486SX-Motherboards unterstützt wird) bewirkt im Vergleich mit »nackten« CPUs ohne MPU-Unterstützung eine enorme Beschleunigung bei vielen graphischen Anwendungen.

Falls Sie für Ihre Multimedia-Anwendungen noch kein spezielles System angeschafft haben, sollten Sie auf jeden Fall einen Rechner mit einer CPU in Erwägung ziehen, die über einen eingebauten mathematischen Koprozessor verfügt – etwa den 80486er oder Pentium von Intel. Beachten Sie, daß viele der populären CPU-Nachbauten keinen internen mathematischen Koprozessor haben. Die Rechenleistungen dieser CPU-Clones können selbst unter Benutzung einer externen MPU gegenüber den CPUs mit internem Koprozessor deutlich abfallen. Abgesehen davon benutzen einige Multimedia-Programme die MPU gar nicht; in diesem Fall spielt es absolut keine Rolle, ob ein mathematischer Koprozessor eingebaut ist oder nicht. Außerdem kann es zwar wichtig sein, beim Erstellen von Seitenlayouts und für das Formatieren von Grafiken eine MPU einzusetzen, aber für die Darstellung von Grafiken ist eine MPU weniger wichtig. Bei dieser Arbeit spielt die Leistung der Grafikkarte eine größere Rolle, wie wir weiter unten noch darlegen werden.

Der Arbeitsspeicher

Wenn Sie innerhalb Ihrer Multimedia-Aktivitäten mehr vorhaben, als nur Hypertext und gelegentlich eine Grafik zu erstellen, sollten Sie mehr als das Minimum von acht Megabytes RAM vorsehen. Mit 16 MBytes sollten Sie in der Lage sein, alle Multimedia-Dokumente zu erstellen und anzuzeigen; trotzdem kann weiterer Arbeitsspeicher zum Puffern von großen Datenmengen für den beschleunigten Zugriff und die schnelle Darstellung effektiv genutzt werden.

Das Audiosystem

Das Herz Ihres Audiosystems ist die Soundkarte. Die meisten Soundkarten sind recht einfach aufgebaut; das wäre bedauerlich, wenn mehr Anwendungen tatsächlich gute Audioleistungen benötigten. Allerdings hat hochwertiges Audio in der aktuellen Generation von Multimedia-Anwendungen keine hohe Priorität. Zur Zeit werden meistens Karten eingesetzt, die SoundBlaster-kompatibel sind. Ihre Soundkarte sollte auf jeden Fall diese Minimalanforderung erfüllen und mit Stereoein- und -ausgängen versehen sein. Eventuell ergeben sich aus der geplanten Multimedia-Arbeit zusätzliche Anforderungen; die meisten der aktuellen Karten bieten Erweiterungen an, die für den einen oder anderen der konkurrierenden Audiostandards für Computer gedacht sind. Oft ist auch DOS-Software enthalten, die den Zugriff auf diese erweiterten Fähigkeiten gestattet. Es kann auch passieren, daß Sie die Sounddateien in ein anderes Format konvertieren müssen, damit Sie unter Linux damit sinnvoll arbeiten können.

Immer mehr Soundkarten bieten ausgefeilte Möglichkeiten des Sampling, die Sie vielleicht nutzen möchten, oder enthalten Chips, die weitergehende Fähigkeiten zur Erzeugung von Geräuschen haben. Die meisten dieser Möglichkeiten werden von Linux derzeit nicht unterstützt – es sei denn, Sie benutzen Software, die unter DOS oder OS/2 läuft, nicht jedoch unter Linux.

Es besteht trotzdem kein Grund zur Verzweiflung, falls Sie vorhaben, solche Features zu nutzen. Eine Reihe von Treiber-Schreibern und Anwendungsprogrammierern ist dabei, die besonderen Fähigkeiten von immer mehr Soundkarten unter Linux nutzbar zu machen. In den Hardware-FAQs und dem SOUND-HOWTO von Linux finden Sie die aktuellen Informationen zu Utilities und Treibern für Ihre Zwecke. Zur Zeit stehen unter Linux Utilities zur Verfügung, die die Erzeugung von Geräuschen sowie Aufnahme und Wiedergabe auf verschiedenen ISA-Bus-Soundkarten der Formate SoundBlaster, Pro Audio, Gravis und anderer unterstützen. Unter Einsatz von Utilities zur Konvertierung von Sounddateien haben Sie auch die Möglichkeit, Audiodaten zu konvertieren und zu nutzen, die aus FTP-Archiven im Internet stammen, von MIDI-Synthesizern erzeugt oder von Audio-CDs aufgenommen wurden. Sie können solche Sounddaten in Ihre Multimedia-Dokumente einbinden, und zwar in einem Format, das Ihre Präsentationssoftware verarbeiten kann.

Die Grafikkarte und der Monitor

Für alles, was über einfachen Text hinausgeht, brauchen Sie mindestens die VGA-Auflösung (640x480 Pixel). Glücklicherweise wird dieser Quasi-Standard von fast allen PCs unterstützt, auf denen Linux laufen kann, und ist auch auf Rechnern von Macintosh, Amiga sowie anderen Nicht-Intel-Architekturen bekannt. Wenn Sie Ihre Dokumente für verschiedene Plattformen entwickeln, ist es vielleicht eine gute Idee, diese Auflösung zu wählen, auch wenn höhere Auflösungen zur Verfügung stehen. Die Auflösung 640x480 Pixel kann leicht mehr Ressourcen verschlingen, als es bei Video der Fall ist – insbesondere, wenn 16,7 Millionen Farben benutzt werden. Schon 256 Farben sind in dieser Auflösung ausreichend, wenn sie mit Bedacht eingesetzt werden.

Heutzutage erscheint eine Auflösung von 640x480 Pixeln für Standbilder vielleicht nicht mehr angemessen. Eventuell würden Sie lieber eine höhere Auflösung wie 800x600 mit 256 Farben oder 1024x768 in schwarz/weiß oder Farbe benutzen. Egal, welche Auflösung Sie wählen – Sie bewahren die Portabilität und erleichtern sich die Grafikkonvertierung, wenn Sie ein Seitenverhältnis von 4:3 Pixeln (horizontal:vertikal) einhalten. (Damit erzielen Sie eine Darstellung aus »quadratischen Pixeln«, die zum Beispiel die Drehung eines Objekts um 90 Grad erlaubt, ohne daß dazu aus Quadraten Rechtecke und aus Kreisen Ovale werden müssen.) Was wir sagen wollen ist: Ihre Grafikkarte und der Monitor müssen die beabsichtigte Auflösung bei der Darstellung von Grafik unterstützen.

Es gibt unendlich viele Kombinationen aus Grafikkarte und Monitor für den PC. Wir gehen davon aus, daß Sie das X Window System und damit auch das XFree86-Paket benutzen werden, wenn Sie innerhalb Ihrer Multimedia-Dokumente Grafik entwikkeln oder benutzen möchten. Die Verlockung ist groß, für eine Fenster-orientierte Arbeitsumgebung die höchste mögliche Auflösung zu wählen, weil das die Arbeit mit vielen Fenstern erleichtert. Allerdings erweisen sich bei höheren Auflösungen die Leistungen von Grafikkarte und Monitor als ernst zu nehmende Beschränkungen, und eine der Komponenten oder auch beide können die Grafik in Ihren Multimedia-Anwendungen erheblich verlangsamen. Außerdem steigen die Kosten für Karten und Monitore bei Auflösungen oberhalb von 800x600 enorm schnell an.

Wir empfehlen eine beschleunigte Grafikkarte mit einem der Chipsätze, die von XFree86 unterstützt werden – etwa dem ET4000 oder dem S3 –, in einem Einsteckplatz nach dem besten und schnellsten Busstandard, den Ihr Motherboard unterstützt. Solche Karten gibt es schon für weniger als DM 300. Mittlerweile werden auch andere, schnellere Chipsets unterstützt. In den FAQs zu XFree86 oder in den Hardware-FAQs zu Linux finden Sie die aktuellen Listen mit Grafikkarten und Chipsätzen, die unterstützt werden. Ein solcher Grafikkoprozessor bietet zum Beispiel eine Auflösung von 1024x768 (oder besser) non-interlaced.

Die Daten werden auf dem Systembus an den Grafikkoprozessor übertragen, und auch dieser Bus bildet einen Engpaß. Mit einem EISA-Bus-System oder einem Local-Bus-Einsteckplatz nach VLB oder PCI auf Ihrer Hauptplatine erreichen Sie ohne Probleme deutlich bessere Übertragungsraten als mit der üblichen 16-Bit-ISA-Karte. Um bei der Darstellung von bewegten Objekten oder Videobildern akzeptable Leistungen zu erreichen, müssen Sie eventuell eines dieser schnellen Bussysteme benutzen.

Die meisten dieser beschleunigten Karten enthalten ein Megabyte an Grafikspeicher. Wenn Sie mit bewegten Objekten oder Auflösungen oberhalb von 1024x768 Pixeln arbeiten oder viele Farben benutzen, sollten Sie eine Grafikkarte wählen, die zwei MBytes oder mehr an Grafikspeicher aufnehmen kann.

Oft wird der Monitor das obere Ende der Grafikleistung auf Ihrem System definieren, und es ist eine Frage des Preises, welche Leistungen Ihr Monitor entfalten darf. Der übliche Farb- oder Schwarz/Weiß-Monitor hat eine Bildschirmdiagonale von 14 Zoll. Wenn ein solcher Monitor gleichzeitig eine angemessen kleine Lochmaske hat (0,28 mm, besser noch 0,26 mm), kann er Auflösungen bis zu 1024x786 Pixel darstellen. Für den Multimedia-Einsatz empfiehlt es sich eventuell, einen größeren Monitor zu benutzen, selbst wenn die Lochmaske größer ist.

Der sichtbare Bildschirmausschnitt eines 17-Zoll-Monitors ist 50 % größer als der eines 14-Zöllers. Selbst bei derselben Auflösung bietet der größere Monitor ein viel besseres Bild. Für Monitore mit mehr als 14 Zoll Bildschirmdiagonale sollten Sie kein Schwarz/Weiß wählen. In den letzten Jahren sind große S/W-Monitore mit 1600x1200 Pixeln und einer Diagonale von 21 Zoll auf den Markt gekommen; diese Geräte sind fast vollständig verschwunden, seit die Preise für große Farbmonitore gefallen sind. Es gibt ein paar gute 15-Zoll-Farbmonitore, und die nächste Stufe nach oben bilden die bunten 17-Zöller. Viele dieser Monitore können Auflösungen von 1600x1200 Pixeln oder mehr darstellen; die meisten größeren Monitore bieten keine höheren Auflösungen als diese. Natürlich wird (in gewissen Grenzen) der größere Monitor noch immer als der bessere empfunden.

Die Größe eines Monitors ist allerdings nur ein Aspekt. Ein kleiner Monitor mit einer kleineren Lochmaske kann vorteilhafter sein als ein großer Monitor mit großer Lochmaske. Dies gilt insbesondere, wenn die Pixel hell und scharf leuchten und es sich um eine »flache« Bildröhre handelt.

Ein wichtiger Faktor bei der Darstellung von hochauflösenden Bildern ist die horizontale Zeilenfrequenz des Monitors. Diese Frequenz bestimmt die Bildwiederholrate und die maximal mögliche Non-interlaced-Auflösung des Bildschirms. Wenn bei einer bestimmten Auflösung die Bildwiederholrate nicht groß genug ist, kann störendes Flimmern die Augen ermüden lassen; dies gilt insbesondere, wenn Sie Darstellungen mit feinen Strukturen betrachten. Falls Sie intensiv Grafiken mit einer Auflösung von 1024x768 betrachten wollen, sollte die Zeilenfrequenz 76 kHz oder mehr betragen. Denken Sie auch daran, daß Ihre Grafikkarte eine Eingangsfrequenz liefern muß, die Ihren Monitor eine hohe Bildwiederholrate erreichen läßt. So können Sie berechnen, ob ein Monitor die benötigte Zeilenfrequenz erreichen kann – allgemein gilt: höher ist besser.

1. Teilen Sie die horizontale Zeilenfrequenz in Hertz durch den Wert für die Zeilen in der Auflösung (also zum Beispiel durch 768 bei einer Auflösung von 1024x768). Damit erhalten Sie die theoretisch mögliche Bildwiederholrate.

2. Multiplizieren Sie die theoretische Bildwiederholrate mit dem Wert 0,96. Dieser Wert gleicht die Zeit aus, die der Elektronenstrahl braucht, um am Ende eines Bildschirmdurchlaufs vom unteren Bildschirmrand wieder an den Anfang des Bildschirms zu gelangen, wo der nächste Durchlauf beginnt. Das Ergebnis ist eine hinreichende Annäherung an die tatsächliche Bildwiederholrate.

Wenn Sie sich mit Ihrer Grafikkarte und Ihrem Monitor beschäftigen, werden Sie vielleicht feststellen, daß Sie unter Einsatz von mehr als einer Zeilenfrequenz bestimmte Grafikmodi benutzen können. Eventuell müssen Sie Ihre XFree86-Konfiguration sorgfältig anpassen, um die beste mögliche Frequenz zu finden, die Ihre Kombination aus Grafikkarte und Monitor für eine bestimmte Auflösung erreichen kann. Damit erhalten Sie in der Regel die beste Darstellung für diesen Modus. Es kann allerdings auch vorkommen, daß bei bestimmten Frequenzen unerwünschtes, regelmäßiges Flimmern auftritt, wenn störende Einflüsse von Leuchtstoffröhren auftreten; es ist auch möglich, daß ein Monitor, der in Grenzbereichen seiner Spezifikation betrieben wird, zu unruhiger Darstellung neigt.

Strukturierte Multimedia-Dokumente

Effektive Multimedia-Dokumente sind »strukturierte Dokumente«. Sie enthalten Bestandteile, die auf verschiedene Arten präsentiert werden können – je nachdem, welche Ausgabegeräte dem Benutzer zur Verfügung stehen.

Ein Beispiel: Ein strukturiertes Multimedia-Dokument könnte für den Ausdruck auf Papier mit 2,5 cm breitem Rand, einer zehn Punkt großen Schrift vom Typ Roman und sechs Zeilen Text pro Zoll formatiert werden; mit Grafiken, die als Schwarz-Weiß-Bilder erscheinen, und Fußnoten, die auf derselben Seite stehen, auf der die Fußnote im Text markiert ist. Dasselbe Dokument könnte auf einem Multimedia-Computer in einem Fenster im Querformat dargestellt werden, ohne Ränder und mit Fußnoten, die erst dann sichtbar werden, wenn mit der Maus auf ein Icon geklickt wird, woraufhin der Text der Fußnote in einem untergeordneten Fenster erscheint. Grafiken würden, je nach Monitortyp, in Farbe oder schwarz/weiß dargestellt, und die Auflösung würde automatisch an die Fenstergröße angepaßt. Ein Mausklick auf eine Grafik könnte eine Videosequenz mit unterlegtem Ton starten. Dasselbe Dokument würde auf einem Zeilen-orientierten Monitor ohne Fensteroberfläche als Text erscheinen, der für einen Bildschirm mit 24 Zeilen und 80 Zeichen formatiert ist, wobei die Fußnoten direkt hinter dem Absatz erscheinen, in dem das Fußnotenzeichen steht.

Ein anderes wesentliches Merkmal eines strukturierten Dokumentes ist, daß es »lebt«. Es kann verändert werden, man kann darauf verweisen, und es kann in einer Art und Weise benutzt werden, die der Autor sich nicht hätte träumen lassen. Der Benutzer hat die Möglichkeit, durch Ausnutzung bestimmter Eigenschaften seiner Präsentationssoftware den Zugang zum und die Darstellungsweise des Dokuments zu beeinflussen. Er oder sie kann mittels solcher Methoden wie Indizierung, Hinzufügen von Anmerkungen, Herstellen von Verweisen auf andere Dokumente und Ähnlichem das vorliegende Dokument erweitern. Damit dies alles effektiv funktioniert, muß das Dokument sich nur in eine wohldefinierte Struktur einfügen, die so sehr standardisiert ist, daß die Entwickler von »Formatierungssoftware« diese Möglichkeiten einbauen können.

Dies sind keine Hirngespinste – strukturierte Dokumente gibt es in verschiedenen Formaten schon seit einigen Jahren; zum Beispiel in Form von Textdatenbanken, Hypercard-Stacks und Mailing-Listen, als UNIX-Man-Pages usw. Strukturierte Dokumente definieren nicht das Aussehen des Dokuments oder eines Datenstroms (wie dies zum Beispiel das RTF-Format, TeX und *troff* tun), und bilden auch nicht ein Dokument auf einer definierten Ebene ab (wie dies zum Beispiel HPGL und die Seitenbeschreibungssprache PostScript tun). Die festen Abbildungsvorschriften dieser älteren Standards verhindern, daß ein Dokument »lebt« – eine Anpassung an verschiedene Ausgabegeräte ist nicht ohne weiteres möglich.

Im Jahre 1986 wurde ein wichtiger internationaler Standard eingeführt, nämlich ISO 8879, in dem die Standard Generalized Markup Language (SGML) definiert ist. Dieser Standard hat sich inzwischen in weiten Teilen des Publikationswesens durchgesetzt, und man macht sich seine Flexibilität bei der Darstellung von Dokumenten zunutze.

In einem SGML-Dokument sind die Bestandteile des Dokuments – Text, Abbildungen, Audiosequenzen usw. – in Form von strukturierten Elementen zusammengefaßt. So könnte ein Text zum Beispiel aus Unterabschnitten und Listen bestehen, die wiederum Bestandteil von Abschnitten und Kapiteln sind. Eine Document Type Description (DTD; Dokumentenbeschreibung) definiert, welche Verknüpfungen von Strukturelementen erlaubt sind. (Ein Buch muß mindestens ein Kapitel haben; ein Kapitel muß einen Titel haben und mindestens einen Textabschnitt enthalten, und es dürfen Abbildungen vorhanden sein; eine Abbildung kann weitere Bilder und eine oder mehrere Tonspuren enthalten usw.)

Verlage in der Computerindustrie und auch außerhalb erstellen Bücher und Online-Hilfesysteme aus SGML-formatierten Dokumenten. Diese Arbeitsweise ist zugegebenermaßen noch teuer und kompliziert, wenn es um die Herstellung von großen, komplexen Dokumenten geht, aber Sie können bereits heute mit SGML arbeiten, ohne verstaubte Regelbücher zu lesen und trockene Zauberformeln zu beherrschen.

Seit etwa zwei Jahren quillt das Internet über mit Dokumenten, die als Bestandteil des World Wide Web (WWW; etwa: weltweites Netz oder Gespinst, Gewebe) erstellt worden sind. Die Idee hinter dem World Wide Web ist, daß über das Internet Dokumente aufeinander verweisen können, die irgendwo auf der Welt gespeichert sind.

Wenn Sie einen WWW-Browser (ein Utility zur Darstellung von Dokumenten) benutzen, können Sie ein Dokument auf einem Rechner in London einsehen, das einen Verweis auf ein anderes Dokument in Helsinki enthält. Der Browser behandelt diesen Verweis wie einen Link (Verknüpfung), und wenn Sie auf den Verweis klikken, überträgt er das damit verknüpfte Dokument für Sie. Mit einem Mausklick sind Sie gerade durch Europa gereist! Die WWW-Browser werden immer ausgefeilter. Es gibt eine Reihe von Linux/UNIX-Browsern, die das Stöbern im WWW unterstützen, und einige davon sind nach DOS, VMS, Macintosh sowie auf andere Betriebssysteme portiert worden.

Das riesige Netz aus miteinander verbundenen WWW-Dokumenten wird durch eine strukturierte Dokumentenbeschreibungssprache namens HTML (HyperText Markup Language) zusammengehalten.

Kapitel 15

Im Abschnitt »HTML-Dokumente schreiben« in Kapitel 15, *Das World Wide Web und E-Mail*, finden Sie eine Einführung in die Erstellung von Dokumenten mittels HTML. Während die ursprüngliche Version von HTML nur teilweise strukturiert war (Dokumente konnten, mußten aber nicht strukturiert sein), erlaubt HTML 2.0, die zweite Generation der Sprache HTML, die Erstellung von voll strukturierten WWW-Dokumenten, die außerdem zu SGML kompatibel sein können.

Mit HTML 2.0 haben Sie die Möglichkeit, besondere Dateiformate zum Beispiel für Grafiken, Video, Audio sowie andere spezielle Formate in Ihre strukturierten Dokumente einzubinden. Eine bisher wenig genutzte Eigenschaft von HTML ist, daß Sie diese Technologie lokal einsetzen können, um Multimedia-Dokumente zu erstellen und anzuzeigen, die auf einer Festplatte oder CD-ROM gespeichert werden. Sie haben auch die Möglichkeit, Ihre lokalen Dokumente mit anderen WWW-Dateien im Internet zu verknüpfen.

KAPITEL 12

PROGRAMMIERSPRACHEN

Linux hat viel mehr zu bieten als die bloße Benutzung des Systems. Einer der Vorteile freier Software ist, daß sie an die Bedürfnisse des Benutzers angepaßt werden kann. Dies gilt für die zahlreichen freien Anwendungsprogramme, die es für Linux gibt, ebenso wie für den Linux-Kernel selbst.

Linux unterstützt eine fortschrittliche Programmierschnittstelle und Tools wie zum Beispiel den Compiler *gcc*, den Debugger *gdb* usw. Einige andere Programmiersprachen wie Perl, Tcl/Tk und LISP werden ebenfalls unterstützt. Linux eignet sich ganz hervorragend für die Entwicklung von UNIX-Anwendungen, egal welche Art von Programmierung Sie betreiben. Die Programmierer, die sich mit dem inneren Aufbau des Systems befassen müssen, haben die Möglichkeit, das zu tun, weil auch der komplette Quellcode der Libraries und des Kernels zur Verfügung steht.[1]

Kapitel 10

Linux ist eine ideale Plattform für die Entwicklung von Software für das X Window System. Die X-Distribution, wie wir sie in Kapitel 10, *Das X Window System*, beschreiben, stellt eine vollständige Implementierung dar, die alles enthält, was Sie zur Entwicklung und Unterstützung von X-Anwendungen brauchen. Die Programmierung unter X ist auf andere Anwendungen übertragbar, so daß die X-spezifischen Teile Ihrer Anwendungen auf anderen UNIX-Systemen ohne Probleme kompiliert werden können.

In diesem Kapitel wollen wir die Programmierumgebung von Linux erkunden und Ihnen kurz die zahlreichen Möglichkeiten vorstellen. Wenn Sie bei der Programmierung unter UNIX wissen, welche Hilfsprogramme es gibt und wie sie effektiv eingesetzt werden, ist das schon die halbe Miete. Oft sind Neulingen die wichtigsten Eigenschaften dieser Tools noch nicht bekannt.

---

1 Der Autor mußte wiederholt feststellen, daß auf einer Reihe von UNIX-Systemen die verfügbare Dokumentation nicht ausreichend ist. Unter Linux können Sie sogar den Quellcode des Kernels selbst sowie der Bibliotheken und System-Utilities einsehen. Der Zugang zum Quellcode ist wichtiger, als die meisten Programmierer glauben.

Weil die Programmierung mit C die Grundlage der meisten großen Projekte ist und heutzutage die meisten Programmierer mit C vertraut sind – nicht nur unter UNIX, sondern auch auf vielen anderen Systemen –, wollen wir als erstes die zahlreichen Werkzeuge für die C-Programmierung vorstellen. In den ersten Abschnitten dieses Kapitels gehen wir davon aus, daß Sie bereits mit C programmiert haben.

Gleichzeitig tauchen verschiedene andere Hilfsmittel – insbesondere für die Systemverwaltung – auf. Wir werden in diesem Kapitel zwei dieser Hilfsmittel besprechen: Perl und Tcl/Tk. Beides sind Skript-Sprachen wie die UNIX-Shells, und beide werden für problematische Arbeiten wie die Speicherverwaltung benutzt, so daß Sie sich auf das eigentliche Problem konzentrieren können. Dabei sind sowohl Perl als auch Tcl/Tk so ausgefeilt, daß sie mächtiger als Shell-Skripten und für zahlreiche Programmieraufgaben geeignet sind.

Viele Programmierer brennen im Moment darauf, Java auszuprobieren, die neue Sprache von Sun Microsystems. Obwohl die meisten Leute Java mit interaktiven Programmen (Applets) im World Wide Web verbinden, ist Java doch eine allgemein verwendbare Sprache mit vielen Anwendungsmöglichkeiten im Internet.

Sie finden eine Java-Distribution für Linux auf dem FTP-Server **java.blackdown.org** im Verzeichnis */pub/Java/linux*. Lesen Sie das ausführliche Java-HOWTO (das Sie unter anderem unter **http://www.blackdown.org/java-linux.html** finden), um zu erfahren, wie Sie den Java-Compiler installieren. Die Red-Hat-Distribution auf der CD *Linux – Red Hat Version 3.0.3 auf CD-ROM* enthält alle benötigten Bibliotheken, um Java laufen zu lassen. Der einzige Web-Browser, mit dem Sie derzeit unter Linux Java-Applets laufen lassen können, ist der Netscape Navigator, den wir in Kapitel 15, *Das World Wide Web und E-Mail,* beschreiben. Wenn Sie aber den Netscape Navigator nicht verwenden wollen, steht auch ein unabhängiger Appletviewer zur Verfügung.

Kapitel 15

Auf einer Mailing-Liste namens *java-linux* unterstützen sich Leute, die unter Linux Java-Anwendungen programmieren, gegenseitig. *Java – Expeditionen ins Programmierreich* und *Java in a Nutshell* enthalten eine Einführung und eine Kurzreferenz.

[64] Exploring Java
[65] Java Nutshell

Programmieren mit gcc

Die Programmiersprache C ist diejenige, die bei der Entwicklung von UNIX-Software mit Abstand am häufigsten eingesetzt wird. Vielleicht liegt das daran, daß UNIX selbst ursprünglich in C entwickelt wurde – C ist die »Muttersprache« von UNIX. Die C-Compiler unter UNIX haben schon immer die Standards für andere Sprachen und Hilfsmittel wie Linker, Debugger usw. gesetzt. Konventionen, die mit den ersten C-Compilern eingeführt wurden, haben sich in der gesamten UNIX-Programmierung weitgehend unverändert erhalten. Wer den C-Compiler kennt, der kennt auch UNIX selbst. Bevor wir allzusehr abheben, lassen Sie uns lieber auf die Details eingehen.

Der C-Compiler von GNU, *gcc*, ist einer der vielseitigsten und fortschrittlichsten aller verfügbaren Compiler. Anders als andere C-Compiler (zum Beispiel die mit AT&T- oder BSD-Distributionen ausgelieferten oder solche von Drittherstellern) unterstützt *gcc* alle modernen C-Standards – etwa ANSI-C – sowie viele Erweiterungen, die nur in *gcc* zu finden sind. Glücklicherweise kann *gcc* trotzdem zu älteren C-Compilern und älteren Methoden der C-Programmierung kompatibel gemacht werden.

gcc ist gleichzeitig ein C++-Compiler. Für diejenigen unter Ihnen, die sich lieber in der undurchschaubaren objektorientierten Welt aufhalten, wird C++ mit allem Drum und Dran unterstützt – einschließlich solcher Eigenschaften wie Methoden-Templates aus dem C++ von AT&T. Es stehen auch komplette Klassenbibliotheken für C++ (etwa die vielen Programmierern bekannte *iostream*) zur Verfügung.

Wer sich gerne mit seltenen Dingen umgibt, findet in *gcc* auch Unterstützung für Objective-C, einen objektorientierten Ableger von C, der nie sehr populär wurde. Aber das ist noch längst nicht alles, wie wir sehen werden.

In diesem Abschnitt wollen wir zeigen, wie Sie mit *gcc* unter Linux Programme kompilieren und linken. Wir gehen davon aus, daß Sie mit der Programmierung in C/C++ vertraut sind, aber wir setzen nicht voraus, daß Sie bereits Erfahrungen mit der Programmierumgebung unter UNIX gemacht haben. Diese Erfahrung sollen Sie hier mit uns gewinnen.

Ein schneller Überblick

Bevor wir Ihnen auch die letzten Details des *gcc* selbst verraten, wollen wir ein einfaches Beispiel vorführen und alle Schritte zeigen, die Sie unternehmen, wenn Sie ein C-Programm auf einem UNIX-System kompilieren.

Lassen Sie uns von folgendem Programmcode ausgehen – ein weiteres Exemplar des wohlbekannten »Hello, World!«-Programms:

```
#include <stdio.h>
int main() {
 (void)printf("Hello, World!\n");
 return 0; /* Just to be nice */
}
```

Um aus diesem Programm lebenden, ausführbaren Code zu machen, bedarf es mehrerer Schritte. Die meisten dieser Schritte lassen sich in einem *gcc*-Befehl zusammenfassen, aber auf die Details gehen wir erst weiter unten in diesem Kapitel ein.

Zunächst muß der *gcc*-Compiler aus diesem Quellcode eine Objektdatei erzeugen. In der Objektdatei steht im wesentlichen der Maschinencode, der diesem C-Code entspricht. Die Datei enthält Code, der den Stack für den *main()*-Aufruf einrichtet, die mysteriöse Funktion *printf()* aufruft, sowie Code, der den Wert 0 zurückliefert.

Der nächste Schritt besteht darin, die Objektdatei zu binden (linken), um eine ausführbare Datei zu erhalten. Es fällt nicht schwer zu erraten, daß dieser Schritt vom Linker erledigt wird. Die Aufgabe des Linkers besteht darin, Objektdateien mit Code aus den Libraries (Bibliotheken) zu binden und eine ausführbare Datei zu erzeugen. Der Objektcode aus unserem Beispiel stellt noch kein ausführbares Programm dar; es muß vor allen Dingen der Code für *printf()* dazugebunden werden. Außerdem gehören noch diverse Initialisierungs-Routinen zu einem kompletten Programm, die der normale Sterbliche nie zu sehen bekommt.

Wo kommt der Code für *printf()* her? Aus den Bibliotheken. Man kann nicht allzu lange über den *gcc* schreiben, ohne die Libraries zu erwähnen. Eine Library ist im wesentlichen eine Sammlung von vielen Objektdateien mit einem Index dazu. Wenn der Linker nach dem Code für *printf()* sucht, schaut er in den Indizes aller Bibliotheken nach, die er dazubinden soll. Der Linker findet die Objektdatei, in der die Funktion *printf()* enthalten ist, extrahiert diese Objektdatei (die ganze Datei, die noch viel mehr als nur die Funktion *printf()* enthalten kann) und bindet sie mit der ausführbaren Datei.

In Wirklichkeit sind die Dinge viel komplizierter. Wir haben bereits erwähnt, daß Linux zwei Arten von Bibliotheken kennt – *static* (statisch) und *shared* (etwa: gemeinsam genutzt). Was wir soeben beschrieben haben, sind statische Bibliotheken – Bibliotheken, aus denen der eigentliche Code der Subroutinen mit der ausführbaren Datei gebunden wird. Der Code für Routinen wie *printf()* kann allerdings ziemlich lang sein. Weil viele Programme häufig aufgerufene Routinen aus den Libraries benutzen, ist es sinnlos, daß jede ausführbare Datei eine eigene Kopie des Library-Codes enthalten soll. Hier kommen die Shared Libraries ins Spiel.

Bei der Benutzung von Shared Libraries ist der gesamte Code für die gemeinsam genutzten Routinen in einer einzigen Bibliothek auf der Festplatte enthalten – der »Library-Image-Datei« (etwa: Library-Abbild). Wenn ein Programm mit einer Shared Library gebunden wird, bekommt die ausführbare Datei lediglich »Stub Code« (etwa: Stummel-Code) statt des eigentlichen Codes der Routinen mit. Dieser Stub-Code teilt dem Programm-Lader (program loader) mit, an welcher Stelle der Platte er zur Laufzeit den Library-Code finden kann (in der Image-Datei). Wenn unser nettes »Hello, World!«-Programm ausgeführt wird, bemerkt der Programm-Lader also, daß das Programm mit einer Shared Library gebunden wurde. Er findet dann die Image-Datei und lädt den Code für die Bibliotheksroutinen (zum Beispiel *printf()*) zusammen mit dem eigentlichen Programmcode. Der Stub-Code teilt dem Loader mit, wo er den Code für *printf()* innerhalb der Image-Datei finden kann.

Selbst dies ist noch eine stark vereinfachte Darstellung dessen, was wirklich passiert. Die Shared Libraries von Linux benutzen »Sprungtabellen« (jump tables); diese Tabellen machen es möglich, daß neue Bibliotheken eingebunden und ihr Inhalt verändert wird, ohne daß die ausführbaren Programme, die diese Bibliotheken benutzen, erneut gebunden werden müssen. Der Stub-Code in der ausführbaren Datei sucht sich in der Bibliothek einen weiteren Referenzpunkt – und zwar in der

Sprungtabelle. Auf diese Weise können der Inhalt der Bibliothek und die zugehörige Sprungtabelle geändert werden, ohne daß der Stub-Code in der ausführbaren Datei geändert werden muß.

Sie sollten sich von diesen ziemlich abstrakten Informationen nicht verwirren lassen. Wir werden weiter unten anhand eines Beispiels aus dem richtigen Leben zeigen, wie Sie Ihre Programme kompilieren, binden und debuggen. Das ist eigentlich recht einfach – um viele Details kümmert sich der *gcc*-Compiler selbst. Trotzdem kann es nicht schaden, wenn man versteht, was hinter den Kulissen vorgeht.

Eigenschaften des Compilers gcc

gcc bietet mehr Möglichkeiten, als wir hier jemals aufzählen können. Weiter unten stellen wir einige davon vor; gleichzeitig verweisen wir die Neugierigen auf die Manual-Page und die Info-Seiten zum *gcc*, wo Sie ohne Zweifel einige interessante Dinge über diesen Compiler erfahren werden. Weiter unten in diesem Abschnitt geben wir Ihnen einen kurzen Überblick über die nützlichsten Eigenschaften von *gcc* mit auf den Weg. Mit Hilfe dieser Informationen sollten Sie in der Lage sein, selbst herauszufinden, wie Sie die vielen anderen Eigenschaften des Compilers zu Ihrem Vorteil nutzen können.

Zunächst einmal unterstützt *gcc* die moderne »Standard«-C-Syntax, wie sie im wesentlichen vom ANSI-C-Standard beschrieben wird. Die wichtigste Eigenschaft dieses Standards sind die Funktionsprototypen (function prototypes). Konkret bedeutet das: Wenn Sie eine Funktion *foo()* definieren, die ein `int` zurückgibt und die beiden Argumente `a` (vom Typ `char *`) und `b` (vom Typ `double`) akzeptiert, können Sie diese Funktion folgendermaßen definieren:

```
int foo(char *a, double b) {
 /* Ihr Code ... */
}
```

Im Gegensatz dazu sieht die alte Syntax für die Definition einer Funktion ohne Funktionsprototypen so aus:

```
int foo(a, b)
char *a;
double b;
{
 /* Ihr Code ... */
}
```

[55] C Progr. Language

Auch diese Syntax wird von *gcc* unterstützt. Natürlich beschreibt ANSI-C viele andere Konventionen, aber die Funktionsprototypen fallen einem neuen Programmierer zuerst auf. Wer mit dem C-Programmierstil vertraut ist, wie er in modernen Büchern (zum Beispiel die zweite Auflage von Kernighan und Ritchies *The C Programming Language*) gepflegt wird, sollte keine Probleme haben, mit dem *gcc* zu programmieren. (Die C-Compiler, die mit einigen anderen UNIX-Systemen ausgeliefert werden, unterstützen solche ANSI-Eigenschaften wie das Prototyping nicht.)

Der Compiler *gcc* kommt mit einem ziemlich beeindruckenden Optimierer (optimizer) daher. Während die meisten C-Compiler lediglich den Schalter -O kennen, um die Optimierung einzuschalten, unterstützt *gcc* etliche Stufen (level) der Optimierung. Auf der höchsten Optimierungsstufe zieht *gcc* solche Tricks aus dem Ärmel wie die gemeinsame Nutzung von Programmcode und statischen Daten. Das bedeutet: Wenn in Ihrem Programm eine feste Zeichenfolge wie `Hello, World!` auftaucht, und die ASCII-Darstellung dieser Zeichenfolge entspricht zufälligerweise einer Befehlsfolge in Ihrem Programm, dann wird *gcc* diesen Speicherplatz sowohl als Zeichenfolge als auch für den Programmcode nutzen. Wie schlau kann ein Compiler werden?

Selbstverständlich können Sie mit *gcc* auch Debugging-Informationen in die Objektdateien einbinden, so daß der Debugger (und damit der Programmierer) das Programm schrittweise abarbeiten kann. Der Compiler fügt dazu in die Objektdatei Markierungen ein, damit der Debugger im kompilierten Code bestimmte Zeilen, Variablen und Funktionen finden kann. Wenn Sie also mit einem Debugger wie *gdb* arbeiten (mit dem wir uns weiter unten in diesem Kapitel beschäftigen werden), haben Sie die Möglichkeit, das kompilierte Programm in kleinen Schritten ablaufen zu lassen und gleichzeitig den Quelltext zu verfolgen.

Einer der anderen Tricks, die der *gcc* beherrscht, ist seine Fähigkeit, Assembler-Code zu erzeugen – im wahrsten Sinne des Wortes durch das Setzen eines Schalters. Statt *gcc* Ihren Quelltext zu Maschinensprache kompilieren zu lassen, können Sie ihn anweisen, Assembler-Code zu erzeugen, der für Menschen viel einfacher zu lesen ist. Das stellt auch eine bequeme Methode dar, unter Linux die Feinheiten der Assembler-Programmierung für den Protected Mode zu erlernen – schreiben Sie C-Code, lassen Sie *gcc* daraus Assembler-Code erzeugen, und studieren Sie diesen.

Falls Sie sich wundern, woher dieser Assembler-Code kommt: *gcc* verfügt über einen eigenen Assembler (der unabhängig von *gcc* benutzt werden kann). Sie können auch Assembler-Code in Ihre C-Quellen einfügen (inline assembler), falls Sie einmal besonders heftig tricksen müssen, aber nicht alles in Assembler schreiben möchten.

gcc-Grundlagen

Sicherlich wollen Sie jetzt endlich wissen, wie Sie alle diese wunderbaren Eigenschaften nutzen können. Besonders für neue UNIX- und C-Programmierer ist es wichtig zu lernen, wie sie *gcc* effektiv einsetzen. Die Arbeit mit einem Compiler, der von der Befehlszeile aus gesteuert wird, unterscheidet sich deutlich von der Arbeit mit einem Entwicklungssystem wie zum Beispiel Borland-C unter MS-DOS.

Zwar ist die Syntax der beiden Sprachen ähnlich, aber die Vorgehensweise beim Kompilieren und Binden von Programmen ist völlig anders.

Wie sollten Sie also vorgehen, wenn Sie unser harmlos aussehendes »Hello, World!«-Beispiel kompilieren und linken möchten?

Als erstes muß natürlich der Quellcode eingegeben werden. Dazu benutzen Sie einfach einen Texteditor wie Emacs oder vi. Der angehende Programmierer sollte den Quelltext eingeben und in einer Datei, zum Beispiel mit dem Namen *hello.c*, speichern. (Wie die meisten C-Compiler ist auch *gcc* wählerisch, wenn es um die Dateinamensuffixe geht – daran kann er ablesen, ob es sich um C-Quelltext, Assembler-Code, eine Objektdatei usw. handelt.) Für Standard-C-Quelltexte sollten Sie das Suffix *.c* verwenden.

Um aus dem Quelltext das ausführbare Programm *hello* zu erzeugen, würde der Programmierer folgendes eingeben:

```
papaya$ gcc -o hello hello.c
```

Vorausgesetzt, daß keine Fehler enthalten waren, würde *gcc* mit einem einzigen Streich aus dem Quellcode eine Objektdatei erzeugen, diese mit den entsprechenden Libraries binden und dann das lauffähige Programm *hello* ausspucken – voila! Falls Sie das als vorsichtiger Programmierer testen möchten:

```
papaya$ hello
Hello, World!
papaya$
```

Genau so freundlich, wie man das erwarten konnte.

Offensichtlich ist hinter den Kulissen eine ganze Menge passiert, als wir diesen einzelnen *gcc*-Befehl aufgerufen haben. Zunächst mußte *gcc* aus Ihrer Quelldatei *hello.c* die Objektdatei *hello.o* erzeugen. Anschließend mußte *hello.o* mit den Standard-Libraries gebunden sowie eine ausführbare Datei erzeugt werden.

gcc geht normalerweise davon aus, daß Sie nicht nur die angegebenen Quelldateien kompilieren wollen, sondern daß sie auch gebunden werden sollen (untereinander sowie mit den Standard-Libraries), um eine ausführbare Datei zu erzeugen. *gcc* kompiliert zuerst alle Quelldateien zu Objektdateien. Anschließend wird automatisch der Linker aufgerufen, um alle Objektdateien und Libraries zu einem ausführbaren Programm zusammenzufügen. (Richtig, der Linker ist ein eigenständiges Programm namens *ld*, der nicht zu *gcc* gehört – man kann allerdings sagen, daß *gcc* und *ld* gute Freunde sind.) *gcc* kennt außerdem die »Standard«-Bibliotheken, die von den meisten Programmen benutzt werden, und weist *ld* an, diese einzubinden. Natürlich gibt es mehrere Methoden, solche Voreinstellungen zu ignorieren.

Sie haben die Möglichkeit, mit einem *gcc*-Befehl mehrere Dateinamen zu übergeben, aber in großen Projekten werden Sie wahrscheinlich jeweils nur wenige Dateien kompilieren und die Objektdateien (*.o*) aufbewahren. Wenn Sie aus einer

Quelldatei nur die Objektdatei erzeugen wollen, ohne das Ganze auch binden zu lassen, können Sie in *gcc* den Schalter *-c* setzen:

```
papaya$ gcc -c hello.c
```

Damit erzeugen Sie die Objektdatei *hello.o* – und sonst nichts.

Der Linker ist so voreingestellt, daß er eine ausführbare Datei ausgerechnet unter dem Namen *a.out* erzeugt. Mit dem Schalter *-o* können Sie *gcc* zwingen, die zu erzeugende Datei anders zu benennen; in diesem Fall *hello*. Es handelt sich hierbei lediglich um zurückgebliebenen Müll aus frühen UNIX-Versionen – nichts besonders Aufregendes.

Mehrere Quelldateien benutzen

Der nächste Schritt auf Ihrem Pfad der Erleuchtung mit *gcc* besteht darin, daß Sie die Kompilierung mit mehreren Quelldateien verstehen. Nehmen wir an, daß Ihr Programm aus den beiden Quelldateien *foo.c* und *bar.c* besteht. Natürlich würden Sie eine oder mehrere Header-Dateien benutzen (etwa *foo.h*), in denen Funktionsdeklarationen enthalten sind, die von beiden Programmen benutzt werden. Auf diese Weise kennt *foo.c* die Funktionen in *bar.c* und umgekehrt.

Geben Sie folgenden Befehl ein, um diese Quellcodedateien kompilieren und linken zu lassen (mit den Libraries natürlich) und daraus die ausführbare Datei *baz* zu erstellen:

```
papaya$ gcc -o baz foo.c bar.c
```

Dies entspricht etwa den drei Befehlen:

```
papaya$ gcc -c foo.c
papaya$ gcc -c bar.c
papaya$ gcc -o baz foo.o bar.o
```

gcc bildet also ein bequemes Front-End zum Linker und zu anderen »versteckten« Utilities, die während der Kompilierung aufgerufen werden.

Offensichtlich kann das Kompilieren eines Programms, das aus mehreren Quelldateien besteht, mit nur einem Befehl eine ganze Weile dauern. Wenn Ihr Programm zum Beispiel aus fünf oder mehr Quelldateien besteht, würde der eben gezeigte *gcc*-Befehl vor dem Linken alle Quelldateien nacheinander noch einmal kompilieren. Das wäre eine große Zeitverschwendung – insbesondere, wenn Sie nach der letzten Kompilierung nur eine Quelldatei geändert hatten. Die anderen Dateien bräuchten nicht noch einmal kompiliert zu werden, da ihre weiterhin gültigen Objektdateien noch vorhanden sind.

Die Lösung dieses Problems bieten Programme zur Projektverwaltung wie zum Beispiel make, das wir im Abschnitt »Die Makefiles« weiter unten in diesem Kapitel besprechen werden.

Die Optimierung

Die Anweisung an *gcc*, den Code während der Kompilierung zu optimieren, ist recht einfach; benutzen Sie dazu in der Befehlszeile den Schalter *-O*:

```
papaya$ gcc -O -o fishsticks fishsticks.c
```

Etwas weiter oben haben wir erwähnt, daß *gcc* verschiedene Stufen der Optimierung kennt. Wenn Sie statt *-O* beispielsweise *-O2* angeben, werden verschiedene »teure« Optimierungen eingeschaltet, die einerseits den Kompilierungsvorgang verlangsamen können, andererseits aber Ihren Code (hoffentlich) wesentlich effektiver machen.

Sie haben bei Ihren Streifzügen durch die Linux-Welt vielleicht bemerkt, daß einige Programme mit dem Schalter *-O6* kompiliert werden (der Linux-Kernel ist ein gutes Beispiel dafür). Die aktuelle Version des *gcc* unterstützt die Optimierung auf der Stufe *-O6* nicht, so daß hier – zur Zeit – mit der Stufe *-O2* optimiert wird. Trotzdem wird gelegentlich *-O6* angegeben, um Kompatibilität zu kommenden Versionen von *gcc* herzustellen; somit ist sichergestellt, daß in Zukunft die höchste Optimierungsstufe benutzt wird.

Den Code debuggen

Der Schalter *-g* in *gcc* fügt Debugging-Code in die kompilierten Objektdateien ein. Das bedeutet, daß sowohl in die Objektdatei als auch in die entstehende ausführbare Datei zusätzliche Informationen eingefügt werden. Diese Informationen ermöglichen es, mit einem Debugger wie *gdb* (keine Bange, wir kommen weiter unten in diesem Kapitel darauf zu sprechen) das Programm schrittweise zu durchlaufen. Der Nachteil beim Einbinden von Debugging-Code ist, daß die Größe der entstehenden Objektdateien erheblich zunimmt. In der Regel ist es sinnvoll, *-g* nur zu benutzen, solange Sie Ihre Programme entwickeln und testen; bei der »endgültigen« Kompilierung sollten Sie diesen Schalter nicht setzen.

Glücklicherweise schließen sich Debugging-Code und Optimierung nicht gegenseitig aus. Sie können also ohne weiteres den Befehl:

```
papaya$ gcc -O -g -o mumble mumble.c
```

aufrufen. Allerdings kann es vorkommen, daß nach bestimmten Optimierungen mit *-O* oder *-O2* das Programm sich anscheinend unberechenbar verhält, wenn es vom Debugger unter die Fittiche genommen wird. In der Regel empfiehlt es sich, entweder *-O* oder *-g* zu setzen, aber nicht beide.

Mehr Spaß mit Libraries

Bevor wir die Gefilde von *gcc* verlassen, wollen wir noch ein paar Worte zum Thema Linken und Libraries sagen. Es ist gar nicht so schwierig, eigene Bibliotheken zu erzeugen. Wenn Sie eine Reihe von Routinen geschrieben haben, die Sie häufig aufrufen, sollten Sie diese vielleicht zu einer Gruppe von Quelltextdateien zusammenfassen, aus jeder Quelldatei eine Objektdatei erzeugen und dann aus diesen Objektdateien eine Bibliothek erstellen. Anschließend brauchen Sie diese Routinen nicht mit jedem Programm, das darauf zugreift, erneut zu kompilieren.

Nehmen wir an, daß Sie einige Quelldateien haben, in denen häufig benutzte Routinen wie zum Beispiel:

```
float square(float x) {
 /* Code für square()... */
}

int factorial(int x, int n) {
 /* Code für factorial()... */
}
```

usw. stehen. (Natürlich sind in den Standardbibliotheken von *gcc* solche gebräuchlichen Routinen bereits enthalten; lassen Sie sich also durch dieses Beispiel nicht verwirren.) Der Einfachheit halber wollen wir weiterhin annehmen, daß der Code für *square()* in der Datei *square.c* steht und der Code für *factorial()* in *factorial.c*.

Um eine Bibliothek zu erzeugen, die diese Routinen enthält, müssen Sie nur diese Quelldateien kompilieren:

```
papaya$ gcc -c square.c factorial.c
```

Damit erhalten Sie *square.o* und *factorial.o*. Als nächstes erzeugen Sie aus diesen Objektdateien die Bibliothek. Dabei zeigt sich, daß eine Bibliothek einfach eine Archivdatei ist, die mit dem Befehl *ar* erzeugt wird (einem engen Verwandten von *tar*). Wir wollen unsere Bibliothek *libstuff.a* nennen, und so gehen wir vor:

```
papaya$ ar r libstuff.a square.o factorial.o
```

Wenn Sie eine solche Bibliothek aktualisieren möchten, sollten Sie vielleicht vorher die alte *libstuff.a* löschen. Als letzten Schritt erstellen wir einen Index zu dieser Bibliothek, damit der Linker die Routinen darin finden kann. Benutzen Sie dazu den Befehl *ranlib*, etwa so:

```
papaya$ ranlib libstuff.a
```

Dieser Befehl fügt zusätzliche Informationen in die Bibliothek selbst ein; es wird keine eigenständige Indexdatei erzeugt.

Mit *libstuff.a* haben Sie jetzt eine statische Library, die Ihre Routinen enthält. Bevor Sie Programme mit dieser Bibliothek binden können, müssen Sie noch eine Header-Datei schreiben, die den Inhalt der Bibliothek beschreibt. Wir könnten zum Beispiel die Datei *libstuff.h* mit folgendem Inhalt erstellen:

```
/* libstuff.h: routines in libstuff.a */
extern float square(float);
extern int factorial(int, int);
```

In jede Quellcodedatei, die Routinen aus *libstuff.a* aufruft, sollten Sie die Zeile `#include "libstuff.h"` einfügen, wie Sie das mit den Standard-Header-Dateien auch tun würden.

Wie kompilieren wir Programme, die auf die soeben fertiggestellte Bibliothek samt Header-Datei zugreifen? Zunächst müssen wir beide an einer Stelle abspeichern, wo der Compiler sie finden kann. Viele Programmierer legen eigene Bibliotheken im Unterverzeichnis *lib* ihres Home-Verzeichnisses ab und eigene Include-Dateien unter *include*.

Wir gehen davon aus, daß dies bereits geschehen ist, und können dann das ominöse Programm *wibble.c* mit folgendem Befehl kompilieren:

```
papaya$ gcc -I../include -L../lib -o wibble wibble.c -lstuff
```

Mit der Option *-I* weisen Sie *gcc* an, das Verzeichnis *../include* in den Include-Pfad einzufügen, in dem *gcc* Include-Dateien sucht. Die Option *-L* funktioniert ganz ähnlich, indem sie *gcc* anweist, das Verzeichnis *../lib* in den Library-Pfad einzutragen.

Das letzte Argument auf der Befehlszeile ist *-lstuff*; damit wird der Linker angewiesen, die Bibliothek *libstuff.a* einzubinden (solange sie irgendwo im Library-Pfad zu finden ist). Das *lib* am Anfang des Dateinamens wird für Bibliotheken automatisch angenommen.

Sie sollten den Schalter *-l* auf der Befehlszeile jedesmal benutzen, wenn Sie andere als die Standardbibliotheken einbinden wollen. Wenn Sie beispielsweise mathematische Routinen aus *math.h* benutzen möchten, sollten Sie am Ende der *gcc*-Befehlszeile *-lm* anhängen, womit *libm* eingebunden wird. Bedenken Sie aber, daß die Reihenfolge der *-l*-Optionen von Bedeutung ist. Ein Beispiel: Wenn Ihre Bibliothek *libstuff* Routinen aus *libm* aufruft, dann muß in der Befehlszeile *-lm* hinter *-lstuff* stehen:

```
papaya$ gcc -I../include -L../lib -o wibble wibble.c -lstuff -lm
```

Damit zwingen Sie den Linker, *libm* nach *libstuff* zu binden; dabei können die noch nicht aufgelösten Verweise in *libstuff* bearbeitet werden.

Wo sucht *gcc* nach Bibliotheken? Per Voreinstellung werden die Bibliotheken in verschiedenen Verzeichnissen gesucht; das wichtigste davon ist */usr/lib*. Wenn Sie einen Blick auf den Inhalt von */usr/lib* werfen, werden Sie feststellen, daß dort eine ganze Reihe von Library-Dateien abgelegt sind – einige der Dateinamen enden auf *.a*, andere auf *.so.version*. Dabei verbergen sich hinter den *.a*-Dateien die statischen Bibliotheken, zum Beispiel auch unsere *libstuff.a*. Die *.so*-Dateien sind die dynamischen Bibliotheken, die sowohl den zur Laufzeit dazugelinkten Code als auch den Stub-Code enthalten, den der Laufzeit-Linker (*ld.so*) benötigt, um die dynamische Bibliothek zu finden.

Zur Laufzeit sucht das Ladeprogramm die dynamischen Bibliotheken an verschiedenen Stellen, darunter */lib*. Wenn Sie das Verzeichnis */lib* ansehen, werden Sie Dateien wie *libc.so.5.0.89* sehen. Das ist die Image-Datei, die den Code für die dynamische Bibliothek *libc* enthält (eine der Standardbibliotheken, die zu den meisten Programmen hinzugelinkt werden).

Der Linker ist so voreingestellt, daß er versucht, Shared Libraries einzubinden. Es gibt allerdings auch Situationen, in denen die statischen Bibliotheken benutzt werden sollen. Sie können mit dem Schalter *-static* von *gcc* das Einbinden von statischen Bibliotheken ausdrücklich anfordern.

Programmieren mit C++

Für den Fall, daß Sie lieber objektorientiert programmieren, bietet *gcc* die vollständige Unterstützung sowohl für C++ als auch für Objective-C. Es gibt nur wenige Dinge, die Sie bedenken müssen, wenn Sie mit dem *gcc* in C++ programmieren möchten.

Zunächst sollten die Namen der C++-Quelldateien auf *.C* oder *.cc* enden. Damit werden sie von den Dateien mit einfachem C-Code unterschieden, deren Namen auf *.c* enden.

Zweitens sollten Sie den Shell-Befehl *g++* statt *gcc* benutzen, wenn Sie C++-Code kompilieren. *g++* ruft den *gcc* mit einigen zusätzlichen Parametern auf, zum Beispiel um die C++-Standardbibliotheken einzubinden. *g++* akzeptiert dieselben Argumente und Optionen wie *gcc*.

Wenn Sie *g++* nicht aufrufen, aber C++-Klassen wie die E/A-Objekte `cout` und `cin` benutzen möchten, müssen Sie sicherstellen, daß die C++-Bibliotheken eingebunden werden. Vergewissern Sie sich auch, daß die C++-Bibliotheken und Include-Dateien tatsächlich installiert sind; einige Distributionen enthalten nur die Standard-C-Libraries. Während *gcc* Ihre C++-Programme noch problemlos kompiliert, bekommen Sie ohne die C++-Bibliotheken jedesmal Fehlermeldungen vom Linker, wenn Sie versuchen, die Standardobjekte zu benutzen.

Die Makefiles

Irgendwann in Ihrem Zusammenleben mit Linux werden Sie wahrscheinlich auf *make* stoßen – selbst wenn Sie gar nicht programmieren möchten. Sicherlich werden Sie einmal den Kernel ändern und neu erstellen, und dazu brauchen Sie *make*. Wenn Sie Glück haben, müssen Sie sich nicht durch die Makefiles wühlen – wir wollten uns mit diesem Buch allerdings auch an die Pechvögel wenden. In diesem Abschnitt wollen wir Ihnen deshalb so viel von der feinsinnigen *make*-Syntax vermitteln, daß ein Makefile Sie nicht mehr einschüchtern kann.

[66] make

In einigen unserer Beispiele werden wir das aktuelle Makefile für den Linux-Kernel benutzen. Darin sind viele der mächtigen Erweiterungen enthalten, die zur GNU-Version von *make* gehören; das gibt uns Gelegenheit, sowohl einige dieser Erweiterungen als auch das Standard-*make* zu beschreiben. In *Managing Projects with make* von Andrew Oram und Steve Talbott finden Sie eine gute Einführung in *make*.

[67] GNU make

Die GNU-Erweiterungen werden in der Manual-Page zu GNU-*make* ausführlich beschrieben.

Die meisten Benutzer betrachten *make* als ein Hilfsmittel, um aus Quelltexten Objektdateien und Bibliotheken zu erzeugen sowie Objektdateien zu ausführbaren Dateien zu machen. Wenn man es abstrakter betrachtet, ist *make* ein vielseitiges Programm, das aus gewissen Abhängigkeiten (prerequisites) bestimmte Ziele (targets) erzeugt. Das Ziel kann eine ausführbare Datei sein, ein PostScript-Dokument oder was auch immer. Die Abhängigkeiten können C-Code, eine Textdatei im TEX-Format usw. sein.

Es ist nicht schwierig, einfache Shell-Skripten zu schreiben, die *gcc*-Befehle aufrufen, um ausführbare Programme zu erzeugen. *make* dagegen kann noch mehr: Es weiß, welche Ziele neu erstellt werden müssen und welche nicht. So muß beispielsweise eine Objektdatei nur dann erneut kompiliert werden, wenn die zugrundeliegende Quelldatei geändert wurde.

Ein Beispiel: Nehmen wir an, daß ein Programm aus drei C-Quelltexten besteht. Sie könnten nach jeder Änderung in einer der Quelldateien mit dem Befehl:

```
papaya$ gcc -o foo foo.c bar.c baz.c
```

alle drei Dateien erneut kompilieren, um eine neue ausführbare Datei zu erzeugen. Das wäre allerdings eine große Zeitverschwendung, da Sie ja nur eine Quelldatei geändert haben. (Dies gilt ganz besonders dann, wenn das fragliche Programm aus mehr als nur einer Handvoll von Quelldateien besteht.) Was Sie wirklich erreichen möchten, ist die Neukompilierung der einen geänderten Datei zu einer Objektdatei sowie das erneute Binden aller Objektdateien zur ausführbaren Datei. *make* kann diesen Vorgang für Sie automatisieren.

Was make macht

Grundsätzlich unterstützt *make* Sie dabei, eine Zieldatei in kleinen Schritten zu erzeugen. Wenn ein Programm aus vielen Quellcodedateien besteht, können Sie eine davon ändern und eine neue ausführbare Datei erzeugen, ohne alle Quelldateien neu kompilieren zu müssen. *make* erreicht diese Flexibilität, indem es sich merkt, welche Dateien zu Ihrem Ziel gehören.

Hier zeigen wir Ihnen ein triviales Makefile. Nennen Sie es *makefile* oder *Makefile*, und speichern Sie die Datei in dem Verzeichnis ab, in dem auch die Quellcodedateien stehen.

```
edimh: main.o edit.o
	gcc -o edimh main.o edit.o

main.o: main.c
	gcc -c main.c

edit.o: edit.c
	gcc -c edit.c
```

Dieses Makefile erzeugt aus den beiden Quelldateien *main.c* und *edit.c* ein Programm namens *edimh*. Sie können ein Makefile nicht nur für die C-Programmierung einsetzen; es können beliebige Befehle enthalten sein.

Das Makefile besteht aus drei Einträgen. Jeder davon enthält eine Abhängigkeiten-Zeile, aus der hervorgeht, wie eine Datei erzeugt wird. Die erste Zeile besagt also, daß *edimh* (der Name vor dem Doppelpunkt) aus den beiden Objektdateien *main.o* und *edit.o* (den Namen hinter dem Doppelpunkt) erzeugt wird. Für *make* bedeutet das, daß es die folgende *gcc*-Zeile immer dann ausführen soll, wenn eine dieser beiden Objektdateien geändert wurde. Die Zeilen, in denen Befehle stehen, müssen mit einem Tabulator beginnen (und nicht mit Leerzeichen).

Der Befehl:

```
papaya$ make edimh
```

führt die *gcc*-Zeile aus, wenn derzeit keine Datei namens *edimh* vorhanden ist. Diese Zeile wird aber auch dann ausgeführt, wenn *edimh* existiert, aber eine der Objektdateien neuer ist. In diesem Fall ist *edimh* das Ziel. Die Dateien hinter dem Doppelpunkt nennt man entweder Abhängigkeiten oder Vorbedingungen.

Die nächsten beiden Einträge erfüllen denselben Zweck für die Objektdateien. Die Datei *main.o* wird erzeugt, wenn sie noch nicht existiert oder wenn die zugehörige Quelldatei *main.c* neuer ist. *edit.o* wird aus *edit.c* erzeugt.

Woher weiß *make*, ob eine Datei neu ist? Es liest den Zeitstempel, den das Dateisystem jeder Datei zuordnet. Mit dem Befehl *ls -l* können Sie sich den Zeitstempel anzeigen lassen. Da diese Zeiten auf eine Sekunde genau sind, kann *make* zuverlässig ablesen, ob Sie eine Quelldatei nach dem letzten Compiler-Lauf geändert haben oder ob Sie eine Objektdatei kompiliert haben, nachdem die letzte Version der ausführbaren Datei erzeugt wurde.

Lassen Sie uns dieses Makefile testen und beobachten, was passiert:

```
papaya$ make edimh
gcc -c main.c
gcc -c edit.c
gcc -o edimh main.o edit.o
```

Wenn wir jetzt *main.c* editieren und den Befehl noch einmal aufrufen, werden nur die notwendigen Dateien neu erzeugt, und wir sparen etwas Zeit:

```
papaya$ make edimh
gcc -c main.c
gcc -o edimh main.o edit.o
```

Es spielt keine Rolle, in welcher Reihenfolge die drei Einträge im Makefile stehen. *make* findet heraus, welche Dateien von welchen anderen Dateien abhängig sind, und führt die Befehle in der richtigen Reihenfolge aus. Es ist bequemer, den Eintrag für *edimh* an die erste Stelle zu setzen, weil das die Datei ist, die per Voreinstellung erzeugt wird. Mit anderen Worten: Wenn Sie *make* aufrufen, erhalten Sie dasselbe Ergebnis wie mit *make edimh*.

Sehen wir uns ein etwas längeres Makefile an. Versuchen Sie herauszubekommen, was darin passiert:

```
install: all
        mv edimh /usr/local
        mv readimh /usr/local

all: edimh readimh

readimh: read.o edit.o
        gcc -o readimh main.o read.o

edimh: main.o edit.o
        gcc -o edimh main.o edit.o

main.o: main.c
        gcc -c main.c

edit.o: edit.c
        gcc -c edit.c

read.o: read.c
        gcc -c read.c
```

Als erstes sehen wir das Ziel `install`. Daraus wird nie eine Datei erzeugt werden; man nennt das ein unechtes Ziel (phony target), weil dieser Eintrag nur existiert, damit die Befehle darunter ausgeführt werden können. Bevor `install` ausgeführt wird, muß zuerst `all` aufgerufen werden, weil `install` von `all` abhängig ist. (Erinnern Sie sich, daß die Reihenfolge der Einträge keine Rolle spielt.)

Als nächstes wendet sich *make* also dem Ziel `all` zu. Dahinter stehen keine Befehle (das ist in Ordnung so), aber `all` ist abhängig von `edimh` und `readimh`. Dabei handelt es sich um echte Dateien; es sind zwei ausführbare Programme. *make* geht also die Liste der Abhängigkeiten solange durch, bis es zu den *.c*-Dateien kommt, die von nichts weiter abhängig sind. Anschließend wird *make* jedes einzelne Ziel gewissenhaft neu erzeugen.

Lassen Sie uns einen Testdurchlauf starten (eventuell brauchen Sie Root-Berechtigung, um die Dateien im Verzeichnis */usr/local* installieren zu können):

```
papaya$ make install
gcc -c main.c
gcc -c edit.c
gcc -o edimh main.o edit.o
gcc -c read.c
gcc -o readimh main.o read.o
mv edimh /usr/local
mv readimh /usr/local
```

Dieses Makefile bewältigt also einen kompletten Durchlauf zur Erzeugung und Installation aller Dateien. Es erzeugt zuerst die Dateien, die für `edimh` benötigt werden. Dann erzeugt es die Objektdatei, die zusätzlich für die Erzeugung von `readimh` gebraucht wird. Wenn diese beiden ausführbaren Dateien erstellt sind, ist das Ziel `all` erfüllt. Anschließend kann *make* mit dem Ziel `install` weitermachen, also die ausführbaren Dateien an ihren endgültigen Speicherort verschieben.

Viele Makefiles, darunter auch die, die Linux erzeugen, enthalten eine ganze Reihe unechter Ziele, mit denen Routineaufgaben erledigt werden. Das Makefile für den Linux-Kernel enthält zum Beispiel Befehle, die temporäre Dateien löschen:

```
clean:  archclean
        rm -f kernel/ksyms.lst
        rm -f core `find .  -name '*.[oas]' -print`
        .
        .
        .
```

Dort finden Sie auch Befehle, um eine Liste mit Objektdateien samt den Header-Dateien, von denen sie abhängig sind, zu erzeugen. (Dies ist eine komplizierte und wichtige Aufgabe – wenn eine Header-Datei geändert wird, soll sichergestellt werden, daß die Objektdateien, die davon abhängig sind, neu kompiliert werden.)

```
depend dep:
	touch tools/version.h
	for i in init/*.c;do echo -n "init/";$(CPP) -M $$i;done > .tmpdepend
	.
	.
	.
```

Einige dieser Shell-Befehle werden ziemlich komplex; wir werden uns im Abschnitt »Mehrfach-Befehle« weiter unten in diesem Kapitel noch mit den Befehlen in Makefiles befassen.

Einige Syntaxregeln

Die größten Probleme rund um die Makefiles verursacht immer die Syntax – jedenfalls für Neulinge. Also gut, wir sagen es geradeheraus: Die Syntax von *make* ist ganz einfach idiotisch. Wenn Sie Leerstellen einfügen, wo Tabulatoren stehen sollten (oder umgekehrt), geht das Ding in die Hose; die Fehlermeldungen dazu sind eher verwirrend.

Setzen Sie vor eine Befehlszeile immer einen Tabulator – keine Leerstellen. Setzen Sie niemals einen Tabulator vor irgendeine der anderen Zeilen.

Sie können an beliebiger Stelle in einer Zeile ein Nummer-Zeichen (#) schreiben, um einen Kommentar einzuleiten. Alles hinter dem Zeichen wird ignoriert.

Wenn Sie ein Backslash an das Ende einer Zeile setzen, wird die nächste Zeile eine Fortsetzungszeile. Das funktioniert mit besonders langen Befehlen ebenso wie für alle anderen Zeilen in Makefiles.

Lassen Sie uns einige der mächtigen Fähigkeiten von *make* betrachten, die insgesamt eine Art Programmiersprache darstellen.

Makros

Wenn Programmierer einen Dateinamen oder sonstigen String innerhalb eines Makefiles mehr als einmal benutzen, tendieren sie dazu, daraus ein Makro zu machen. Das ist einfach eine Zeichenfolge, die mit Hilfe von *make* zu einer anderen Zeichenfolge expandiert. Sie könnten zum Beispiel den Anfang unseres trivialen Makefiles so formulieren:

```
OBJECTS = main.o edit.o

edimh: $(OBJECTS)
	gcc -o edimh $(OBJECTS)
```

Wenn *make* loslegt, wird es einfach überall da `main.o edit.o` einsetzen, wo Sie `$(OBJECTS)` angegeben haben. Wenn Sie dem Projekt eine weitere Objektdatei hinzufügen möchten, brauchen Sie dies nur in der ersten Zeile der Datei anzugeben. Die Zeile mit den Abhängigkeiten und die Befehle werden dementsprechend angepaßt.

Vergessen Sie die Klammern nicht, wenn Sie `$(OBJECTS)` ansprechen. Makros sehen vielleicht ein wenig wie Shell-Variablen aus (etwa `$HOME` oder `$PATH`), aber sie sind doch anders.

Sie können ein Makro innerhalb einer anderen Makrodefinition einsetzen. Ein Beispiel:

```
ROOT = /usr/local
HEADERS = $(ROOT)/include
SOURCES = $(ROOT)/src
```

In diesem Fall wird `HEADERS` zum Verzeichnis */usr/local/include* expandiert, und `SOURCES` wird zu */usr/local/src*. Falls Sie ein Programmpaket auf Ihrem System installieren, das nicht in */usr/local* stehen soll, müssen Sie nur ein anderes Verzeichnis finden und dieses in der `ROOT`-Zeile eintragen.

Sie müssen übrigens für die Namen von Makros keine Großbuchstaben verwenden, aber diese Konvention hat sich überall durchgesetzt.

Ein Zusatz zum GNU-*make* gibt Ihnen die Möglichkeit, eine Makrodefinition zu erweitern. Benutzen Sie dazu den String := statt des Gleichheitszeichens:

```
DRIVERS        =drivers/block/block.a

ifdef CONFIG_SCSI
DRIVERS := $(DRIVERS) drivers/scsi/scsi.a
endif
```

Die erste Zeile enthält eine normale Makrodefinition, die dem Makro `DRIVERS` den Wert `drivers/block/block.a` zuweist. Die nächste Definition erweitert das Makro um die Datei `drivers/scsi/scsi.a`; diese Erweiterung findet allerdings nur dann statt, wenn auch `CONFIG_SCSI` definiert ist. Die komplette Zuweisung lautet in diesem Fall:

```
drivers/block/block.a drivers/scsi/scsi.a
```

Wie aber definieren Sie `CONFIG_SCSI`? Fügen Sie es einfach in das Makefile ein, und weisen Sie ihm einen beliebigen Wert zu:

```
CONFIG_SCSI = yes
```

Wahrscheinlich ist es aber einfacher, die Definition auf der Befehlszeile von *make* vorzunehmen – und so wird's gemacht:

```
papaya$ make CONFIG_SCSI=yes ziel
```

Eine Feinheit bei der Benutzung von Makros ist das undefinierte Makro. Wenn ein Makro nicht definiert wird, bekommt es eine leere Zeichenfolge zugewiesen (das heißt, es steht nichts an der Stelle, an der das Makro stehen sollte). Damit haben Sie aber auch die Möglichkeit, ein Makro als Environment-Variable zu definieren. Wenn Sie also zum Beispiel `CONFIG_SCSI` nicht im Makefile definieren, könnten Sie folgendes in Ihre Datei *.bashrc* einfügen (wenn Sie *bash* benutzen):

```
export CONFIG_SCSI=yes
```

Für die *csh* oder *tcsh* schreiben Sie folgendes in die Datei *.cshrc*:

```
setenv CONFIG_SCSI yes
```

Damit haben Sie für alle Compiler-Läufe das Makro `CONFIG_SCSI` definiert.

Suffix-Regeln und Pattern-Regeln

Natürlich wollen Sie bei solchen Routineaufgaben wie der Erzeugung einer Objektdatei aus einer Quelldatei in Ihrem Makefile nicht jede Abhängigkeit einzeln definieren. Dazu besteht auch kein Grund. Die UNIX-Compiler bestehen auf einer einfachen Vereinbarung (eine Datei mit der Endung *.c* wird kompiliert, um eine Datei mit der Endung *.o* zu erzeugen); *make* benutzt Suffix-Regeln, um alle vorkommenden Dateien zu erfassen.

Sie könnten diese einfache Suffix-Regel in Ihr Makefile schreiben, um eine C-Quelldatei zu kompilieren:

```
.c.o:
        gcc -c ${CFLAGS} $<
```

Die Zeile `.c.o:` bedeutet: »Mache aus einer *.c*-Datei eine *.o*-Datei«. Das Makro `CFLAGS` besteht aus den gewünschten Compiler-Optionen – etwa *-g* zum Debuggen oder *-O* für die Optimierung. Die Zeichenfolge `$<` steht für »die Eingabedatei«. An dieser Stelle wird also der Name Ihrer *.c*-Datei eingesetzt, wenn *make* diese Anweisung ausführt.

Lassen Sie uns diese Suffix-Regel testen. Die Befehlszeile übergibt die beiden Optionen *-g* und *-O*:

```
papaya$ make CFLAGS="-O -g" edit.o
gcc -c -O -g edit.c
```

In Wirklichkeit brauchen Sie diese Suffix-Regel gar nicht in Ihr Makefile einzubauen, weil *make* bereits etwas ganz Ähnliches enthält. Es benutzt außerdem die `CFLAGS`, so daß Sie die Compiler-Optionen bestimmen können, indem Sie einfach diese Variable definieren. Das Makefile, das bei der Kompilierung des Kernels benutzt wird, enthält derzeit eine ganze Reihe von Optionen für den *gcc*:

```
CFLAGS = -Wall -Wstrict-prototypes -O2 -fomit-frame-pointer -pipe
```

Da wir uns gerade mit Compiler-Optionen beschäftigen, wollen wir eine besonders erwähnen, die man sehr häufig zu sehen bekommt – das ist die Option *-D*, mit der Symbole im Quellcode definiert werden. Es kann sein, daß Sie eine ganze Menge solcher Optionen an Ihr Makefile übergeben müssen, weil einige davon in den `#ifdef`-Zeilen recht häufig auftauchen; zum Beispiel *-DDEBUG* oder *-DBSD*. Wenn Sie diese Optionen in der Befehlszeile übergeben, sollten Sie auf jeden Fall die komplette Reihe der Optionen mit Anführungszeichen oder Apostrophen klammern; daraufhin wird Ihre Shell alle Optionen als ein einziges Argument an Ihr Makefile übergeben:

```
papaya$ make CFLAGS="-DDEBUG -DBSD" ...
```

Das *make* von GNU benutzt außerdem etwas, das man Pattern-Regeln (Muster-Regeln) genannt hat; damit haben Sie weitergehende Möglichkeiten als mit den Suffix-Regeln. In einer Pattern-Regel ist das Prozentzeichen ein Platzhalter für »einen beliebigen String«. Mit folgender Regel können Sie also C-Quellen kompilieren:

```
%.o: %.c
        gcc -c -o $@ $(CFLAGS) $<
```

In diesem Fall steht die Ergebnisdatei an erster Stelle, und die Eingabedatei erscheint hinter dem Doppelpunkt. Eine Pattern-Regel sieht also aus wie eine normale Abhängigkeiten-Zeile, enthält aber Prozentzeichen statt der Dateinamen.

Der String `$<` ist der Platzhalter für die Eingabedatei, und das `$@` steht für die zu erzeugende Datei; hier wird also der Name der *.o*-Datei eingesetzt. Beide sind interne Makros, die *make* jedesmal definiert, wenn es eine Anweisung ausführt.

Ein anderes internes Makro ist `$*`, das den Namen der Eingabedatei ohne das Suffix erzeugt. Wenn die Eingabedatei also *edit.c* heißt, wird der String `$*.s` zu *edit.s* expandiert (eine Assemblercodedatei).

Ein Beispiel für eine nützliche Anwendung, das mit der Pattern-Regel, aber nicht mit einer Suffix-Regel funktioniert: Hängen Sie die Zeichenfolge `_dbg` an den Namen der Ausgabedatei an, damit Sie später noch wissen, daß dieses Programm mit Debugging-Informationen kompiliert wurde:

```
%_dbg.o: %.c
        gcc ÿÿ -g -o $@ $(CFLAGS) $<

DEBUG_OBJECTS = main_dbg.o edit_dbg.o

edimh_dbg: $(DEBUG_OBJECTS)
        gcc -o $@ $(DEBUG_OBJECTS)
```

Jetzt können Sie alle Objektdateien einmal mit und einmal ohne Debugging-Informationen kompilieren. Weil die Dateinamen unterschiedlich sind, können Sie alle Versionen in einem Verzeichnis halten.

```
papaya$ make edimh_dbg
gcc -c -g -o main_dbg.o  main.c
gcc -c -g -o edit_dbg.o  edit.c
gcc -o edimh_dbg  main_dbg.o edit_dbg.o
```

Mehrfach-Befehle

In einem Makefile können beliebige Shell-Befehle ausgeführt werden. Die Lage wird allerdings dadurch kompliziert, daß *make* jeden Befehl in einer anderen Shell ausführt. So gelangen Sie also nicht ans Ziel:

```
target:
        cd obj
        HOST_DIR=/home/e
        mv *.o $HOST_DIR
```

Weder der Befehl *cd* noch die Definition der Variablen `HOST_DIR` wirken sich auf die folgenden Befehle aus. Sie müssen das Ganze zu einem einzigen Befehl zusammenfassen. Die Shell benutzt das Semikolon als Trennzeichen zwischen Befehlen; die Befehlszeile sieht dann so aus:

```
target:
        cd obj ; HOST_DIR=/home/e ; mv *.o $$HOST_DIR
```

Noch eine Änderung: Wenn Sie innerhalb des Befehls eine Shell-Variable definieren und benutzen, müssen Sie zwei Dollarzeichen voranstellen. *make* erkennt daran, daß hier eine Shell-Variable und nicht ein Makro gemeint ist.

Vielleicht ist die Datei einfacher zu lesen, wenn Sie die einzelnen Bestandteile eines Mehrfach-Befehls jeweils in eine neue Zeile schreiben; schließen Sie dann jede Zeile mit einem Backslash ab, damit *make* das Ganze als eine zusammenhängende Zeile betrachtet:

```
target:
        cd obj ; \
        HOST_DIR=/home/e ; \
        mv *.o $$HOST_DIR
```

Manche Makefiles enthalten wiederum einen *make*-Befehl; das nennt man rekursives *make*. So sieht es aus:

```
linuxsubdirs: dummy
        set -e; for i in $(SUBDIRS); do $(MAKE) -C $$i; done
```

Das Makro `$(MAKE)` ruft *make* auf. Es gibt mehrere Anwendungen für geschachtelte makes. Unser Beispiel zeigt eine Möglichkeit – ein Compiler-Lauf, der sich auf verschiedene Verzeichnisse erstreckt (dabei muß jedes dieser Verzeichnisse ein eigenes Makefile enthalten).

Eine andere Anwendung ist die Definition von Makros in der Befehlszeile, so daß Compiler-Läufe mit unterschiedlichen Makrodefinitionen stattfinden können.

GNU-*make* bietet als Erweiterung ein weiteres mächtiges Interface mit der Befehlszeile. Sie können einen Shell-Befehl aufrufen und einem Makro das Ergebnis des Aufrufs zuweisen. Im Makefile zum Linux-Kernel wird diese Methode benutzt, aber wir wollen Ihnen hier ein einfaches Beispiel zeigen:

```
HOST_NAME = $(shell uname -n)
```

Damit weisen Sie dem Makro `HOST_NAME` den Namen Ihres Rechners im Netzwerk zu (nämlich die Ausgabe des Befehls *uname -n*).

make befolgt ein paar Konventionen, die manchmal ganz praktisch sind. So erreichen Sie zum Beispiel mit dem Klammeraffen (@) vor einem Befehl, daß *make* bei der Ausführung den Befehl selbst anzeigt:

```
@if [ -x /bin/dnsdomainname ]; then \
  echo #define LINUX_COMPILE_DOMAIN \"`dnsdomainname`\"; \
else \
  echo #define LINUX_COMPILE_DOMAIN \"`domainname`\"; \
fi >> tools/version.h
```

Eine andere Möglichkeit besteht darin, einen Bindestrich vor einen Befehl zu setzen; damit weisen Sie *make* an, selbst dann fortzufahren, wenn der Befehl nicht ausgeführt werden konnte. Das kann zum Beispiel dann nützlich sein, wenn *make* auch nach einem fehlgeschlagenen *mv* oder *cp* weiterarbeiten soll:

```
- mv edimh /usr/local
- mv readimh /usr/local
```

Andere Makefiles einbinden

Bei großen Projekten hat man es oft mit vielen Makefiles zu tun. Das erleichtert die gemeinsame Nutzung zum Beispiel von Makrodefinitionen durch etliche Makefiles in verschiedenen Verzeichnissen. Mit der Anweisung `include` *`dateiname`* lesen Sie den Inhalt von *`Dateiname`* ein. Auch dies wird im Makefile des Linux-Kernels benutzt. Ein Beispiel:

```
include .depend
```

Wenn Sie sich die Datei *.depend* anschauen, finden Sie dort einige Makefile-Einträge; genauer gesagt Zeilen, in denen erklärt wird, daß Objektdateien von Header-Dateien abhängen. (Es könnte übrigens sein, daß *.depend* noch nicht existiert – diese Datei wird durch einen weiteren Eintrag im Makefile erzeugt.)

Manchmal beziehen sich `include`-Zeilen auf Makros statt auf Dateinamen, etwa so:

```
include ${INC_FILE}
```

In diesem Fall muß `INC_FILE` entweder als Environment-Variable oder als ein Makro definiert sein. Auf diese Weise können Sie noch genauer bestimmen, welche Datei benutzt wird.

Perl

Perl ist möglicherweise das Beste, was sich seit Jahren für die Programmierung unter UNIX ergeben hat. Allein dafür lohnt es sich, Linux anzuschaffen. Perl ist eine Sprache zur Bearbeitung von Texten und Dateien, die ursprünglich dazu gedacht war, große Textmengen einzulesen, zu verarbeiten und aus den Daten schließlich ansprechend formatierte Berichte zu erstellen. Im Laufe der Zeit hat sich Perl allerdings zu einer vielseitig verwendbaren Skript-Sprache entwickelt, die sowohl Prozesse verwalten als auch mittels TCP/IP über ein Netzwerk kommunizieren kann. Perl wurde als freie Software von Larry Wall entwickelt, dem UNIX-Guru, von dem auch der News-Reader *rn* und verschiedene beliebte Tools wie *patch* stammen.

Die wahre Stärke von Perl liegt darin, daß es die am häufigsten genutzten Eigenschaften solcher Sprachen wie C, *sed*, *awk* sowie einiger Shells zu einer einzigen, interpretierenden Skript-Sprache zusammenfaßt. Bisher mußte man die verschiedenen Sprachen in geschickter Weise miteinander kombinieren, um komplizierte Dinge zu erledigen. Oft bedeutete das, daß man die Ausgaben von *sed*-Skripten in einer Pipe an *awk*-Skripten weiterreichte, die wiederum ihre Ergebnisse an Shell-Skripten übergaben, die schließlich eine Pipe in ein C-Programm füllten. Perl macht Schluß mit der in UNIX-Kreisen weitverbreiteten Philosophie, daß man mit kleinen Tools kleine Teile eines großen Problems lösen sollte. Statt dessen erledigt Perl alles in einem Durchgang – und es bietet viele verschiedene Methoden, eine Aufgabe zu lösen. Sogar dieses Kapitel wurde von einem KI-Programm geschrieben, das wir in Perl entwickelt haben. (War nur ein Scherz, Larry.)

Perl bietet den einfachen Zugriff auf viele Merkmale, die man in anderen Sprachen manchmal nur schwer nutzen konnte. Ein Beispiel: Viele Skripten, die bei der Verwaltung von UNIX-Systemen benutzt werden, lesen große Mengen von Text, schneiden bestimmte Felder aus jeder Zeile aus (anhand eines Musters, das in der Regel ein regulärer Ausdruck ist) und erzeugen aus diesen Daten einen Bericht. Nehmen wir an, daß Sie die Ausgaben des UNIX-Befehls *last* verarbeiten wollen, der für alle Benutzer des Systems eine Übersicht über die Login-Zeiten erstellt, etwa so:

```
mdw       ttypf    loomer.vpizza.co Sun Jan 16 15:30 - 15:54  (00:23)
larry     ttyp1    muadib.oit.unc.e Sun Jan 16 15:11 - 15:12  (00:00)
mkjohnson ttyp4    mallard.vpizza.c Sun Jan 16 14:34 - 14:37  (00:03)
jem       ttyq2    mallard.vpizza.c Sun Jan 16 13:55 - 13:59  (00:03)
linus     ftp      kruuna.helsinki. Sun Jan 16 13:51 - 13:51  (00:00)
linus     ftp      kruuna.helsinki. Sun Jan 16 13:47 - 13:47  (00:00)
```

Wenn wir daraus die gesamte Login-Zeit für jeden Benutzer errechnen wollten (die in Klammern im letzten Feld steht), könnten wir dazu ein *sed*-Skript schreiben, das die Zeitangabe aus jeder Zeile extrahiert; könnten dann mit einem *awk*-Skript die Daten nach Benutzern sortieren und die Zeiten für jeden Benutzer aufaddieren und könnten schließlich mit einem weiteren *awk*-Skript aus den akkumulierten Zeiten einen Bericht erstellen. Eine andere Möglichkeit wäre es, ein ziemlich komplexes C-Programm zu schreiben, das die gesamte Verarbeitung erledigt. Jeder C-Programmierer weiß, daß es ein komplexes Programm werden würde, weil C über keine allzu bequemen Funktionen zur Bearbeitung von Texten verfügt.

Eine solche Aufgabenstellung kann ohne Probleme von einem einfachen Perl-Skript bewältigt werden. Perl bietet einfachen Zugriff auf die Ein- und Ausgabe sowie die Suche mit regulären Ausdrücken, auf das Sortieren nach verschiedensten Kriterien sowie auf umfangreiche Zahlenspielereien. Perl-Programme sind in der Regel kurz und effizient und ohne technischen Hokuspokus, der Ihr Programm davon abhält, tatsächlich etwas zu tun.

[62] [61]

Perl unter Linux ist nicht anders als Perl unter irgendeinem anderen UNIX-System. Es gibt bereits mehrere gute Bücher zum Thema, darunter *Programmieren mit Perl* von Larry Wall, Tom Christiansen und Randal L. Schwartz sowie *Einführung in Perl* von Randal L. Schwartz; beide sind im O'Reilly Verlag erschienen. Wir finden Perl trotzdem so faszinierend, daß wir wenigstens eine Einführung geben wollen. Schließlich ist Perl freie Software wie Linux – die beiden passen zueinander.

Ein Programmbeispiel

Was uns an Perl ganz besonders gefällt, ist die Tatsache, daß Sie sofort mit der Problemlösung beginnen können – Sie müssen nicht erst ausführlich Datenstrukturen anlegen, Dateien oder Pipes öffnen, Speicher für Daten freimachen usw. Alle diese Aufgaben werden Ihnen freundlicherweise abgenommen.

Wir werden anhand des Beispiels, das wir etwas weiter oben erwähnt haben, einige der grundlegenden Eigenschaften von Perl vorstellen. Dazu drucken wir zuerst das komplette Skript (mit Kommentaren) ab und erläutern dann, was darin passiert. Dieses Skript liest die Ausgabe des Befehls *last* (siehe auch das Beispiel weiter oben) und gibt für jeden Benutzer des Systems die Anzahl der Logins und die gesamte Login-Zeit aus. (Zur Vereinfachung haben wir die Zeilen durchnumeriert.)

```
1       #!/usr/local/bin/perl
2
3       while (<STDIN>) {    # solange Eingaben vorhanden sind, ...
4         # Zeilen lesen und Name, Login Zeit merken
5         if (/^(\S*)\s*.*\((.*):(.*)\)$/) {
```

```
6           # Stunden, Minuten und Logins aufaddieren
7           $hours{$1} += $2;
8           $minutes{$1} += $3;
9           $logins{$1}++;
10        }
11    }
12
13    # Für jeden Benutzer ...
14    foreach $user (sort(keys %hours)) {
15        # aus den Minuten die Stunden errechnen
16        $hours{$user} += int($minutes{$user} / 60);
17        $minutes{$user} %= 60;
18        # Ergebnis für diesen Benutzer ausgeben
19        print "User $user, total login time ";
20        # auch Perl kennt printf
21        printf "%02d:%02d, ", $hours{$user}, $minutes{$user};
22        print "total logins $logins{$user}.\n";
23    }
```

Zeile 1 teilt dem Programm-Lader mit, daß dies ein Perl-Skript und kein Shell-Skript ist. In Zeile 3 beginnt das Programm. Hier steht der Anfang einer einfachen `while`-Schleife, wie sie C- und Shell-Programmierern vertraut sein dürfte. Der Code zwischen den Klammern in den Zeilen 4 und 11 soll so lange ausgeführt werden, wie eine bestimmte Bedingung erfüllt ist. Die Bedingung `<STDIN>` sieht allerdings merkwürdig aus. Tatsächlich ist diese Bedingung erfüllt, solange Eingaben vorhanden sind – in diesem Fall von der Standardeingabe, wie Sie vielleicht schon erraten haben.

Perl liest seine Eingaben zeilenweise (wenn Sie nichts anderes bestimmt haben). Voreingestellt ist auch, daß es von der Standardeingabe liest – auch hier gilt: solange Sie nichts anderes festlegen. Diese `while`-Schleife wird also solange zeilenweise die Standardeingabe lesen, bis dort keine Daten mehr vorliegen.

Das furchtbare Durcheinander in Zeile 5 ist nur eine `if`-Anweisung. Wie bei den meisten Programmiersprachen wird auch hier der Code innerhalb der geschweiften Klammern (Zeilen 6 bis 9) ausgeführt, wenn der Ausdruck hinter dem `if` wahr ist. Aber was bedeutet dieser Ausdruck zwischen den Klammern? Wer sich mit den UNIX-Tools *grep* und *sed* auskennt, wird dies sofort als regulären Ausdruck erkennen – eine kryptische, aber nützliche Methode, ein Muster zu definieren, nach dem in der Eingabe gesucht werden soll. Reguläre Ausdrücke werden in der Regel von Schrägstrichen begrenzt (/.../).

Dieser spezielle Ausdruck paßt auf Zeilen mit folgendem Format:

```
mdw      ttypf    loomer.vpizza.co Sun Jan 16 15:30 - 15:54  (00:23)
```

Dieser Ausdruck »merkt« sich außerdem den Benutzernamen (`mdw`) und die Login-Zeit aus diesem Eintrag (`00:23`).

Machen Sie sich keine Gedanken über den Ausdruck selbst – die Formulierung von regulären Ausdrücken ist ein schwieriges Thema. Im Augenblick müssen Sie nur wissen, daß diese `if`-Anweisung Zeilen im oben angeführten Format findet und daß sie daraus zwecks Weiterverarbeitung den Benutzernamen und die Login-Zeit extrahiert. Der Benutzername wird der Variablen `$1` zugewiesen, die Stunden gehen in `$2` und die Minuten in `$3`. (Variablen werden in Perl mit einem `$` versehen, aber anders als in der Shell muß das `$` auch bei einer Zuweisung an die Variable benutzt werden.) Diese Zuweisung erfolgt dadurch, daß eine passende Zeile gefunden wird (alles, was im regulären Ausdruck zwischen runden Klammern steht, wird zur späteren Verarbeitung in einer der Variablen `$1` bis `$9` gespeichert).

In den Zeilen 7 bis 9 werden diese Informationen dann verarbeitet. Dies geschieht auf eine interessante Weise: unter Benutzung eines assoziativen Arrays. Während einfache Arrays mit einer angehängten Zahl indiziert werden, wird ein assoziatives Array durch einen beliebigen String indiziert. Damit stehen Ihnen viele und umfangreiche Möglichkeiten offen – Sie können einen Satz von Daten mit anderen Daten verknüpfen, die gerade erst gewonnen wurden. In unserem kurzen Programm dienen die Benutzernamen, die wir aus der Ausgabe von *last* gewonnen haben, als Indexschlüssel. Wir arbeiten mit drei assoziativen Arrays, die über den Benutzernamen indiziert sind: `hours`, in dem die vollen Stunden registriert werden, in denen ein Benutzer eingeloggt war; `minutes`, das die Minuten enthält; und `logins`, in dem die Anzahl der Logins gespeichert wird.

Wenn wir zum Beispiel die Variable `$hours{'mdw'}` abfragen, erhalten wir die Gesamtzahl der Stunden, in denen der Benutzer `mdw` eingeloggt war. Dasselbe Ergebnis erhalten wir, wenn in der Variablen `$1` der Benutzername `mdw` gespeichert ist und wir `$hours{$1}` abfragen.

In den Zeilen 7 bis 9 werden die Werte in diesen Arrays erhöht, und zwar entsprechend den Daten in der aktuellen Eingabezeile. Eine Eingabezeile wie

```
jem       ttyq2    mallard.vpizza.c Sun Jan 16 13:55 - 13:59  (00:03)
```

bewirkt, daß in Zeile 7 der Wert des Arrays `hours` mit dem Index `$1` (der Benutzername, also `jem`) um die Anzahl an Stunden erhöht wird, die `jem` eingeloggt war (der Wert steht in der Variablen `$2`). Perl benutzt, ebenso wie C, den Operator +=, um einen Wert zu erhöhen. In Zeile 8 wird in ähnlicher Weise der Wert von `minutes` für diesen Benutzer erhöht. Zeile 9 erhöht mit dem Operator ++ den Wert im Array `logins` um eins.

Assoziative Arrays gehören zu den mächtigsten Merkmalen von Perl. Sie können damit komplexe Datenbestände aufbauen, indem Sie die Indizes aus dem gerade durchsuchten Text gewinnen. Es ist fast unmöglich, diese Aufgabe mit einfachen Arrays zu bewältigen – wir müßten zuerst in den Eingabedaten die Anzahl der Benutzer feststellen, dann ein entsprechend großes Array anlegen und jedem Benutzer eine Position in diesem Array zuweisen (mittels einer Hash-Funktion oder einer anderen Methode der Indizierung). Ein assoziatives Array können Sie dagegen direkt unter Benutzung von Strings indizieren, und Sie brauchen sich nicht um die

Größe des Arrays zu kümmern. (Natürlich stellt sich bei der Arbeit mit großen Arrays immer die Frage nach der Verarbeitungsgeschwindigkeit, aber in den meisten Fällen wird daraus kein Problem entstehen.)

Lassen Sie uns weitermachen. In Zeile 14 taucht die Perl-Anweisung `foreach` auf, die Sie vielleicht aus Shell-Skripten kennen. (Die `foreach`-Schleife ist eigentlich eine `for`-Schleife, ähnlich der in C.) In unserem Beispiel wird bei jedem Schleifendurchlauf der Variablen `$user` der nächste Wert aus der mit `sort(keys %hours)` erzeugten Liste zugewiesen. `%hours` bezeichnet einfach das ganze assoziative Array `hours`, das wir angelegt haben. Die Funktion `keys` liefert eine Liste aller Indexwerte zurück, die wir zur Indizierung des Arrays benutzt haben – in diesem Beispiel also eine Liste aller Benutzer. Die Funktion `sort` schließlich sortiert die von `keys` erzeugte Liste. Das Ergebnis des Ganzen ist, daß wir in einer Schleife die sortierte Liste aller Benutzernamen durchlaufen und den jeweiligen Namen der Variablen `$user` zuweisen.

In den Zeilen 16 und 17 wird der Fall behandelt, daß die Anzahl der Minuten 60 übersteigt – aus der Gesamtzahl der Minuten werden die vollen Stunden berechnet, und der Stunden-Wert für diesen Benutzer wird entsprechend angepaßt. Die Funktion `int` liefert den ganzzahligen Anteil einer Zahl zurück. (Ja, Perl kann auch mit Kommazahlen rechnen – deshalb müssen wir hier `int` benutzen.)

Zum Abschluß werden in den Zeilen 19 bis 22 für jeden Benutzer die Gesamt-Loginzeit und die Anzahl der Logins ausgegeben. Die einfache `print`-Anweisung gibt nur ihre Argumente aus – genau wie die *awk*-Funktion gleichen Namens. Beachten Sie, daß innerhalb einer `print`-Anweisung Variablen benutzt werden können – wie in den Zeilen 19 und 22. Wenn Sie allerdings auf ausgefeilte Textformatierung Wert legen, sollten Sie die Funktion `printf` benutzen (die genau wie ihr Gegenstück in C funktioniert). In diesem Beispiel haben wir die Felder zur Ausgabe der Werte für `hours` und `minutes` zweistellig gemacht; Leerstellen sollen mit führenden Nullen gefüllt werden. Die `printf`-Anweisung in Zeile 21 erledigt das.

Wenn Sie dieses Skript in der Datei `logintime` abspeichern, können Sie es folgendermaßen aufrufen:

```
papaya$ last | logintime
User johnsonm, total login time 01:07, total logins 11.
User kibo, total login time 00:42, total logins 3.
User linus, total login time 98:50, total logins 208.
User mdw, total login time 153:03, total logins 290.
papaya$
```

Natürlich kann dieses Beispiel keinen Perl-Kursus ersetzen, aber Sie haben sicherlich eine Vorstellung davon bekommen, was Perl leisten kann. Wir empfehlen Ihnen, eines der vorhandenen hervorragenden Perl-Bücher zu lesen, wenn Sie mehr lernen möchten.

Weitere Merkmale

Mit diesem Beispiel haben wir die am häufigsten benutzten Eigenschaften von Perl in einem richtigen, lebendigen Programm vorgestellt. Es gibt noch viel mehr Möglichkeiten – sowohl bekannte als auch weniger bekannte.

Wir haben bereits erwähnt, daß Perl in der Lage ist, Berichte zu erstellen, die über die Möglichkeiten der Standardfunktionen `print` und `printf` hinausgehen. Mit der Berichte-Funktion definiert der Programmierer ein Bericht-»Format«, in dem das Aussehen der einzelnen Seiten des Berichts beschrieben wird. Wir hätten zum Beispiel folgende Format-Definition in unserem Beispiel verwenden können:

```
format STDOUT_TOP =
User           Total login time     Total logins
-------------- -------------------- -------------------
.
format STDOUT =
@<<<<<<<<<<<<< @<<<<<<<<            @####
$user,         $thetime,            $logins{$user}
.
```

Die Definition `STDOUT_TOP` beschreibt die Kopfzeile, die auf jeder Seite des Berichts erscheinen soll. `STDOUT` legt das Aussehen der einzelnen Druckzeilen fest. Jede Feldbeschreibung wird mit einem @-Zeichen eingeleitet; `@<<<<` erzeugt ein linksbündiges Feld, `@####` ein numerisches Feld. In der Zeile unterhalb der Felddefinitionen stehen die Namen der Variablen, die dort gedruckt werden sollen. In unserem Beispiel nimmt die Variable `$thetime` die formatierte Zeitangabe auf.

Wenn wir einen Ausdruck in diesem Format erzeugen wollen, ersetzen wir im Skript die Zeilen 19 bis 22 durch:

```
$thetime = sprintf("%02d:%02d", $hours{$user}, $minutes{$user});
write;
```

In der ersten Zeile formatieren wir mit der Funktion `sprintf` die Zeitangabe und speichern sie in der Variablen `$thetime`; die zweite Zeile enthält die Anweisung `write`, die Perl eine Druckzeile mit dem vorgegebenen Format ausgeben läßt.

Mit diesem Bericht-Format sieht der Ausdruck etwa folgendermaßen aus:

```
User           Total login time     Total logins
-------------- -------------------- -------------------
johnsonm       01:07                   11
kibo           00:42                    3
linus          98:50                  208
mdw            153:03                 290
```

Mit anderen Bericht-Formaten lassen sich andere (und attraktivere) Ergebnisse erzielen.

Ein weiteres seltsames Merkmal von Perl ist die Fähigkeit, (mehr oder weniger) direkt auf verschiedene Systemaufrufe von UNIX einschließlich der Interprocess Communication (IPC) zuzugreifen. So enthält Perl zum Beispiel die Funktionen `msgctl`, `msgget`, `msgsnd` und `msgrcv` aus der IPC von System V. Perl unterstützt außerdem die Socket-Implementierung von BSD, so daß aus einem Perl-Programm heraus direkte Kommunikation via TCP/IP möglich ist. C ist also nicht mehr die einzige Sprache, wenn es um Netzwerkdämonen und -Clients geht. Ein Perl-Programm mit IPC-Fähigkeiten kann in der Tat äußerst nützlich sein – insbesondere wenn man bedenkt, daß viele Client/Server-Implementierungen genau die fortschrittlichen Textverarbeitungsfunkionen brauchen, die Perl zur Verfügung stellt. Es ist in der Regel einfacher, Protokollbefehle zu analysieren, die von einem Perl-Skript zwischen Client und Server übertragen werden, als für diesen Zweck ein komplexes C-Programm zu schreiben.

Betrachten Sie zum Beispiel den bekannten SMTP-Dämon, der das Senden und Empfangen von elektronischer Post erledigt. Das SMTP-Protokoll benutzt für die Kommunikation zwischen Client und Server interne Befehle wie `recv from` und `mail to`.

Sowohl der Client als auch der Server als auch beide können in Perl geschrieben werden; sie können dabei Perls Fähigkeiten zur Bearbeitung von Texten und Dateien ebenso in vollem Umfang nutzen wie die lebenswichtigen Socket-Funktionen.

Man hört, daß Larry Wall vorhatte, den News-Reader *rn* in Perl komplett neu zu schreiben, um zu demonstrieren, was sich im Extremfall mit Perl und IPC alles anstellen läßt.

Die Vor- und Nachteile

Eine der Eigenschaften von Perl (manche würden sagen, eines seiner »Probleme«) ist die Fähigkeit, den Code extrem kurz und knapp – bis zur Unlesbarkeit – zu formulieren. In unserem Beispiel haben wir einige der üblichen Abkürzungen benutzt. So werden Eingaben für Perl zum Beispiel in die Variable `$_` eingelesen. Da sich die meisten Operationen aber per Voreinstellung sowieso auf die Variable `$_` beziehen, muß diese in der Regel nicht ausdrücklich angeführt werden.

Perl bietet Ihnen verschiedene Wege, ein Ziel zu erreichen; je nach Blickwinkel kann das ein Vor- oder ein Nachteil sein. Larry Wall zeigt in *Programmieren mit Perl* ein Beispiel für ein kurzes Programm, das einfach die Standardeingabe wieder ausgibt. Die folgenden Programmzeilen sind alle gleichwertig:

```
while ($_ = <STDIN>) { print; }
while (<STDIN>) { print; }
for (;<STDIN>;) { print; }
print while $_ = <STDIN>;
print while <STDIN>;
```

Es steht dem Programmierer frei, sich für die Syntax zu entscheiden, die der jeweiligen Situation angemessen ist.

Perl ist sehr beliebt geworden – und das nicht nur, weil es so nützlich ist. Ein Hauch von Exzentrizität umgibt Perl und macht es sozusagen zu einem Spielzeug für den Hacker. Perl-Programmierer überbieten sich ständig gegenseitig mit immer trickreicherem Code. Perl fordert zu interessanten Codiertricks, sauberen Hacks und sowohl äußerst guter als auch extrem schlechter Programmierung heraus. UNIX-Programmierer betrachten Perl als eine Herausforderung – weil Perl noch relativ neu ist, sind noch nicht alle seine Möglichkeiten ausgereizt worden. Selbst wenn Perl Ihnen zu altbacken vorkommt, muß man ihm doch gewisse Kunstfertigkeiten zugestehen. Innerhalb der UNIX-Gemeinde darf man stolz sein, wenn man sich als »Perl-Hacker« bezeichnen kann.

Die Shell-Programmierung

Kapitel 4

Im Abschnitt »Shells« in Kapitel 4, *Grundlegende UNIX-Befehle und -Konzepte,* haben wir diverse Shells besprochen, die es für Linux gibt; hier wollen wir auf die Shell-Programmierung eingehen. Beim Schreiben von Shell-Skripten zeigen sich die Unterschiede am deutlichsten. Die Sprachen für die Bourne-Shell und die C-Shell weisen gewisse Unterschiede auf, aber bei der normalen interaktiven Benutzung fallen diese nicht so sehr ins Auge. Viele Unterschiede machen sich sogar erst dann bemerkbar, wenn Sie versuchen, solche wenig bekannten Eigenschaften der Shells wie das Ersetzen von Wörtern oder einige der versteckten Funktionen zur Expandierung von Parametern zu benutzen.

Die deutlichsten Unterschiede zwischen Bourne- und C-Shells zeigen sich bei den Strukturen der Ablaufkontrolle, einschließlich der `if... then`- und `while`-Schleifen. In der Bourne-Shell hat ein `if... then` das Format:

```
if liste
then
  befehle
elif liste
then
  befehle
else
  befehle
fi
```

wobei die Liste eine Reihe von Befehlen darstellt (ganz allgemein »Pipeline« genannt), die als Bedingung für die Befehle `if` und `elif` (Kurzform von »else if«) benutzt wird. Die Bedingung gilt als erfüllt, wenn der Exit-Status der Liste gleich null ist (anders als bei Booleschen Ausdrücken in C zeigt in der Shell-Programmierung der Exit-Status null die erfolgreiche Beendigung an). Die Befehle innerhalb der Bedingungen sind einfach die Anweisungen, die ausgeführt werden sollen, wenn die entsprechende Liste wahr ist. Das `then` hinter jeder Liste muß auf einer neuen Zeile stehen, um es von der Liste selbst abzusetzen; alternativ dazu können Sie die Liste auch mit einem ; abschließen; dies gilt auch für die Befehle.

Ein Beispiel:

```
if [ "$PS1" ]; then
 PS1="\h:\w% "
fi
```

Diese Folge von Anweisungen prüft, ob es sich bei der Shell um eine Login-Shell handelt (also ob die Prompt-Variable `PS1` gesetzt ist). Wenn ja, wird der Prompt auf `"\h:\w% "` gesetzt, was beim Expandieren zum Rechnernamen mit aktuellem Arbeitsverzeichnis wird – etwa so:

```
loomer:/home/loomer/mdw%
```

Die Bedingung `[...]` hinter dem `if` ist ein interner *bash*-Befehl und eine abgekürzte Schreibweise für *test*. Der Befehl *test* und seine Kurzform stellen einen einfachen Mechanismus zum Testen der Werte von Shell-Variablen, zum Vergleich von Zeichenfolgen usw. dar. Statt `[...]` könnte hinter dem `if` eine beliebige andere Kombination aus Befehlen stehen; es muß nur sichergestellt sein, daß der Exit-Status des letzten Befehls den Wert der Bedingung widerspiegelt.

Unter der *tcsh* sieht eine `if... then`-Kombination so aus:

```
if (ausdruck) then
  befehle
else if (ausdruck) then
  befehle
else
  befehle
endif
```

Der Unterschied liegt darin, daß der Ausdruck hinter dem `if` ein arithmetischer oder logischer Ausdruck ist, der von der *tcsh* intern ausgewertet wird. In der *bash* dagegen bildet ein Befehl die Bedingung, deren Wahrheitsgehalt vom Exit-Status des Befehls bestimmt wird. Die Verwendung von *test* oder `[...]` unter *bash* ähnelt der Verwendung von arithmetischen Ausdrücken unter *tcsh*.

Wenn Sie allerdings unter der *tcsh* innerhalb von *`Ausdruck`* einen externen Befehl aufrufen möchten, müssen Sie diesen in Klammern einschließen: {*`befehl`*}.

Das Gegenstück zu der oben gezeigten *bash*-Befehlsfolge sieht unter *tcsh* so aus:

```
if ($?prompt) then
  set prompt="%m:%/%% "
endif
```

wobei wir die speziellen Prompt-Codes von *tcsh* benutzt haben. Sie werden bemerken, daß *tcsh* eine Syntax benutzt, die der von C ähnelt, und daß es sich bei den Ausdrücken um arithmetische und logische Terme handelt. Unter der *bash* dagegen besteht fast alles aus richtigen Befehlen, und Ausdrücke werden anhand des Exit-Status ausgewertet. Die beiden Shells haben vergleichbare Fähigkeiten, verfolgen aber verschiedene Herangehensweisen.

Ähnlich sieht es bei der `while`-Schleife aus. In der *bash* hat sie folgendes Format:

```
while liste
do
 befehle
done
```

Sie erzielen den gegenteiligen Effekt, wenn Sie `while` durch `until` ersetzen. Die Liste ist wieder eine Befehls-Pipeline, deren Exit-Status den Wert der Bedingung bestimmt (null zeigt die erfolgreiche Ausführung an, ein anderer Wert die erfolglose). Unter *tcsh* sieht diese Schleife so aus:

```
while (ausdruck)
 befehle
end
```

wobei der Ausdruck ein logischer Term ist, der innerhalb der *tcsh* ausgewertet wird.

[20] Learning bash Shell
[21] Using csh and tcsh
bas(1)
tcsh(1)

Dies sollte ausreichen, um die wesentlichen Unterschiede in Shell-Skripten unter *bash* und *tcsh* zu verstehen. Lesen Sie auf jeden Fall die Manual-Pages zu *bash* und *tcsh* (obwohl diese kaum als Lehrbuch geeignet sind; es sind eher Nachschlagewerke), und schauen Sie sich gegebenenfalls auch die Info-Seiten an. Es liegen auch einige Bücher und Lehrbücher zur Benutzung dieser beiden Shells vor – eigentlich können Sie jedes Buch zum Thema Shell-Programmierung benutzen und sich die Vorteile von *bash* und *tcsh* gegenüber den Standard-Shells aus den Man-Pages erschließen. Ebenfalls empfehlenswert sind *Learning the bash Shell* und *Using csh and tcsh*.

Programmieren mit Tcl und Tk

Die *Tool Command Language* oder Tcl (»tickel« gesprochen) ist eine einfache, interpretierte Sprache, die in einigen Aspekten Ähnlichkeiten mit der Bourne-Shell und Perl aufweist. Der größte Vorteil von Tcl liegt darin, daß es sowohl erweiterbar ist als auch in andere Anwendungen eingebunden werden kann. Tcl ist besonders beliebt in Verbindung mit der Erweiterung Tk (Toolkit), die das wohl einfachste Interface zur Programmierung mit Fenstern bietet.

Mit »Erweiterung« ist gemeint, daß Sie der Sprache Tcl eigene Befehle hinzufügen können, indem Sie einfach ein paar C-Routinen schreiben. Mit »einbinden« ist gemeint, daß Sie ein C-Programm mit den Tcl-Libraries binden können, so daß dieses Programm den vollen Zugriff auf die Sprache Tcl erhält. Obwohl die meisten Tcl-

Programme in Form von Skripten entstehen und von einem präkompilierten Tcl-Interpreter ausgeführt werden, haben Sie auch die Möglichkeit, die Interpreter-Routinen in Ihre eigene Anwendung einzubinden.

Nehmen wir beispielsweise an, daß Sie einen Debugger schreiben wollen, der ähnlich wie *gdb* von der Befehlszeile aus gesteuert wird. Der Debugger würde sich mit einem Prompt melden, und der Benutzer hätte die Möglichkeit, Befehle wie *step* und *breakpoint* einzugeben.

Solange die Syntax der Befehle für Ihren Debugger noch einfach ist, könnten Sie ohne Schwierigkeiten Ihre eigenen Routinen in C schreiben, die einen Befehl einlesen und verarbeiten. Dies wird allerdings schon wesentlich schwieriger, wenn der Benutzer auch in der Lage sein soll, Variablen, Makros, neue Funktionen usw. zu definieren.

Statt von Grund auf neue Routinen zu schreiben, könnten Sie ganz einfach einen Tcl-Interpreter in Ihren Debugger einbinden. Die Befehle, die der Benutzer eingibt, würden dann von den Interpreter-Routinen ausgewertet. Diese Routinen stehen in Form von C-Library-Funktionen zur Verfügung.

Die Sprache Tcl selbst enthält bereits viele, viele Befehle. Sie kennt Kontrollstrukturen wie `while`- und `for`-Schleifen, hat die Fähigkeit, Funktionen zu definieren, kennt Routinen zur Bearbeitung von Strings und Listen sowie arithmetischen Funktionen usw.

Zusätzlich zu diesen Tcl-eigenen Routinen müßte Ihr Debugger Befehle wie die bereits erwähnten *step* und *breakpoint* zur Verfügung stellen. Sie würden solche Befehle innerhalb Ihrer Anwendung in C schreiben und dem Tcl-Interpreter mitteilen, wie sie zu benutzen sind.

Damit kann Ihr Debugger auf den vollen Funktionsumfang von Tcl zugreifen. So könnte zum Beispiel die Konfigurationsdatei des Debuggers aus einem einfachen Tcl-Skript bestehen. Innerhalb dieses Skripts hätte der Benutzer dann die Möglichkeit, neue Funktionen und Variablen zu definieren, und könnte dabei die in Tcl enthaltenen Fähigkeiten nutzen.

Zu den vielen Erweiterungen von Tcl gehört Tk, das viele Befehle enthält, die Ihre Anwendung unter dem X Window System laufen lassen.

Kapitel 10

(Wir beschreiben X in Kapitel 10, *Das X Window System.*) Es ist erstaunlich einfach, X-basierte Anwendungen als Tk-Skript zu schreiben. Die folgende Tcl/Tk-Anwendung zum Beispiel zeigt ein Textfenster an, in das ein Dateiname eingegeben werden kann. Anschließend startet ein *xterm* mit einem *vi*-Prozeß darin, um die Datei zu editieren.

```
#!/usr/local/bin/wish -f

# Label-Widget namens .l erzeugen
label .l -text "Filename:"
```

```
# Eingabe-Widget namens .e erzeugen
entry .e -relief sunken -width 30 -textvariable fname

# Beide Widgets im Fenster der Anwendung plazieren
pack .l -side left
pack .e -side left -padx 1m -pady 1m

# Nach RETURN im Eingabefenster, xterm starten
bind .e <Return> {
 exec xterm -e vi $fname
}
```

Wir werden gleich auf die Syntax des Skripts eingehen – Sie können aber jetzt schon erkennen, daß wir in weniger als 20 Zeilen Code eine nicht-triviale X-Anwendung geschrieben haben. Wenn dieses Skript ausgeführt wird, sieht das Ergebnis aus wie Abbildung 12-1.

Abbildung 12-1: Von Tk erzeugtes, einfaches Fenster

Für solche Tcl-Anwendungen, die nur interne Tcl-Routinen benutzen, steht der präkompilierte Interpreter *tclsh* zur Verfügung. Dieser Interpreter liest einfach einen Tcl-Befehl nach dem anderen ein und führt ihn aus. Für unseren Debugger würden wir ein neues Programm erstellen, das dann mit den Library-Routinen des Tcl-Interpreters gebunden wird.

In ähnlicher Weise gibt es für Tk-Anwendungen, die nur die Standard-Tcl-Befehle und Tk-Widgets benutzen, den Interpreter *wish* (Window-Shell). Wie Sie sehen, wird das oben angeführte Skript von *wish* ausgeführt. Wenn Sie neue Tcl-Befehle und Tk-Widgets einführen wollten, könnten Sie ein C-Programm schreiben und mit den Tcl- und Tk-Bibliotheken binden. In diesem Abschnitt befassen wir uns mit der Erstellung von einfachen Tcl- und Tk-Skripten, die unter *tclsh* oder *wish* ausgeführt werden.

Ein Intensivkurs in Tcl

Die Sprache Tcl ist sehr einfach zu lernen. Wenn Sie überhaupt schon mit anderen Skript-Sprachen wie der Bourne- oder C-Shell vertraut sind, brauchen Sie sich vor Tcl/Tk nicht zu fürchten.

[63] Tcl/Tk

Deshalb werden wir nicht allzu viel Zeit auf die Sprache Tcl selbst verwenden. Sie ist überschaubar und kann mit Hilfe der verschiedenen Tcl-Manual-Pages oder John Ousterhouts hervorragendem Buch *Tcl and the Tk Toolkit* erlernt werden. Dieses

Buch beschreibt nicht nur, wie Tcl- und Tk-Skripten geschrieben werden, sondern auch, wie Sie die Tcl/Tk-Libraries in Ihren eigenen Anwendungen einsetzen.

Lassen Sie uns mit einem einfachen Beispiel beginnen. Das folgende Tcl-Skript zählt die Anzahl der Zeilen in einer bestimmten Datei.

```
1  #!/usr/local/bin/tclsh -f
2
3  if {$argc != 1} {
4    error "lc < filename >"
5  }
6
7  set thefile [open [lindex $argv 0] r]
8  set count 0
9
10 while {[gets $thefile line] >= 0} {
11   set count [expr $count + 1]
12 }
13
14 puts "Read $count lines."
```

Die Zeilen 3 bis 5 sollen mit einer einfachen `if`-Anweisung sicherstellen, daß das Skript mit einem Argument aufgerufen wird – nämlich dem Namen der Datei, in der die Zeilen gezählt werden sollen. Der Befehl `if` hat zwei Argumente – einen Ausdruck und einen Codeblock, der ausgeführt wird, wenn der Ausdruck wahr ist. (Wie in C ist null = falsch; andere Werte erfüllen die Bedingung.)

Die beiden Argumente zum `if`-Befehl sind eingeklammert. Klammern werden einfach benutzt, um eine Gruppe von Wörtern (oder Zeilen) zu einem einzelnen Argument zusammenzufassen. Obwohl diese Syntax vielleicht an C oder Perl erinnert, ist die Art und Weise, in der Tcl die Befehle auswertet, doch recht einfach. So darf sich ein Befehlsargument (in diesem Fall der Code in den Zeilen 3 bis 5, der auch den Befehl `error` enthält) nur dann über mehr als eine Zeile erstrecken, wenn die öffnende Klammer am Ende einer Zeile steht. Wenn wir diese `if`-Anweisung als

```
if {$argc != 1}
 { error "lc < filename >" }
```

geschrieben hätten, hätte Tcl folgende Fehlermeldung ausgegeben:

```
Error: wrong # args: no script following "$argc != 1" argument
wrong # args: no script following "$argc != 1" argument
   while executing
"if {$argc != 1} "
   (file "./lc.tcl" line 3)
```

Mit anderen Worten: Tcl weiß nicht, daß das zweite Argument zu `if` in der nächsten Zeile steht.

Der eigentliche `if`-Befehl in Zeile 4 ruft den Befehl `error` auf, um eine Fehlermeldung anzuzeigen und das Tcl-Skript zu beenden.

In Zeile 7 öffnen wir die Datei, deren Name als erstes Argument auf der Befehlszeile übergeben wurde, und weisen der Variablen `thefile` den resultierenden Dateizeiger zu. Der Befehl `set` wird benutzt, um einer Variablen einen Wert zuzuweisen. Das liegt daran, daß alle Tcl-Befehle mit dem Namen eines Befehls beginnen müssen; wir können die Variable `a` nicht auf `1` setzen, indem wir so etwas wie

```
a = 1
```

eingeben, weil `a` der Name einer Variablen ist und nicht der Name eines Befehls. Statt dessen schreiben wir:

```
set a 1
```

Wenn wir später auf den Wert der Variablen `a` zugreifen, werden wir `$a` schreiben.

Das erste Argument zu `set` ist der Name der Variablen, das zweite Argument ist der Wert. In diesem Fall haben wir:

```
set thefile [open [lindex $argv 0] r]
```

Eckige Klammern bezeichnen ein Subskript (untergeordnetes Skript), also Befehle, die in einen anderen Befehl eingebettet werden. Das Subskript wird ausgeführt und durch seinen Rückgabewert ersetzt.

Lassen Sie uns das Subskript:

```
open [lindex $argv 0] r
```

betrachten. Dieses Skript ruft den Befehl `open` auf, um die Datei zu öffnen, deren Name als erstes Argument genannt wird. Das zweite Argument, `r`, zeigt an, daß die Datei zum Lesen geöffnet wird.

Das erste Argument zu `open` ist das Subskript:

```
lindex $argv 0
```

Der Befehl `lindex` indiziert Listen und Arrays. In diesem Fall suchen wir das nullte Element des Arrays `$argv`, das die Befehlszeilenargumente des Programms enthält, aber nicht den Befehl selbst. (Hier ist der Gebrauch von `argv` anders als in C-Programmen.) Das nullte Element von `$argv` ist also das erste Argument auf der Befehlszeile.

Lassen Sie uns annehmen, daß wir unser Skript `lc.tcl` genannt haben und es mit

```
eggplant$ lc.tcl /etc/passwd
```

aufrufen.

Innerhalb des Befehls:

```
set thefile [open [lindex $argv 0] r]
```

wird deshalb das eingebettete Subskript:

```
open [lindex $argv 0] r
```

durch:

```
open "/etc/passwd" r
```

ersetzt, das wiederum durch den Wert des Dateizeigers ersetzt wird, der auf */etc /passwd* verweist. Als Ergebnis nimmt die Variable `thefile` den Wert des Dateizeigers an.

In Zeile 8 setzen wir den Wert der Variablen `count` auf 0 – das wird unser Zeilenzähler.

Die Zeilen 10 bis 12 enthalten eine einfache `while`-Schleife, die so lange Zeilen aus der Datei einliest, bis ein EOF (end of file; Dateiende) auftaucht.

```
 while {[gets $thefile line] >= 0} {
  set count [expr $count + 1]
}
```

Wie Sie sehen, hat der Befehl `while` zwei Argumente: eine Bedingung und einen Anweisungsblock, der ausgeführt wird, solange die Bedingung wahr ist. Die Schleifenbedingung lautet in diesem Fall:

```
[gets $thefile line] >= 0
```

Das darin enthaltene Subskript

```
gets $thefile line
```

führt den Befehl `gets` aus. Dieser liest über den Dateizeiger `$thefile` eine einzelne Zeile und weist sie der Variablen `line` zu. `gets` gibt entweder die Anzahl der gelesenen Zeichen zurück oder -1, wenn EOF erreicht wird. Die `while`-Schleife wird also so lange Zeilen aus der Datei lesen, bis `gets` einen anderen Wert als null liefert.

Der Hauptteil der `while`-Schleife besteht aus:

```
set count [expr $count + 1]
```

womit der Wert von `count` erhöht wird. Erinnern Sie sich, daß Tcl-Anweisungen mit dem Namen eines Befehls eingeleitet werden müssen. Arithmetische Ausdrücke werden deshalb mit dem Befehl `expr` verarbeitet. Das Subskript

```
expr $count + 1
```

liefert den Wert der Variablen `count` plus 1 zurück. Dies ist in Tcl die übliche Methode, Variablen hochzuzählen.

In Zeile 14 schließlich finden wir:

```
puts "Read $count lines."
```

Hier wird `puts` benutzt, um einen String auf der Standardausgabe anzuzeigen.

Rufen wir das Skript einmal auf:

```
eggplant$ lc.tcl /etc/passwd
Read 144 lines.
```

Tk-Anwendungen schreiben

Schon mit den Tcl-Kenntnissen aus dem vorhergehenden Abschnitt sind Sie in der Lage, auch mit Tk Anwendungen zu schreiben – der Tcl-Erweiterung für das X Window System. Tk ist im wesentlichen eine Sammlung von Tcl-Befehlen, mit denen X-Widgets erzeugt und bearbeitet werden – etwa Schaltflächen (Buttons), Bildlaufleisten (Scrollbars), Menüs usw. Wir werden noch sehen, daß Tk ausgesprochen vielseitig ist und das Erzeugen von graphischen Bedienoberflächen unter X wesentlich vereinfacht.

Ein Widget ist ein Objekt, das Sie manipulieren möchten, zum Beispiel also ein Rechteck. Jedes Widget benötigt Speicher und hat eine Reihe von Eigenschaften, aber Tk nimmt Ihnen all das ab. Sie legen einfach nur Ihr Widget an und sagen Tk, wie es aussehen soll.

In diesem Abschnitt werden wir dem Benutzer dabei behilflich sein, ein Oval und ein Rechteck zu zeichnen; beide sind Widgets. Aber wir brauchen auch einen Platz, auf dem wir sie zeichnen können, einen festen Hintergrund, auf dem sich das Oval und das Rechteck frei bewegen können. Deswegen legen wir vor dem Zeichnen einen solchen Raum an. Man nennt das ein *Leinwand*-Widget (*canvas* widget). Dieses Leinwand-Widget ist eine Art von Grafik-Widget, das viele Objekttypen wie zum Beispiel Ovale, Linien, Text usw. unterstützt. In dieser Anwendung wollen wir das Leinwand-Widget interaktiv benutzen, um aus Ovalen und Rechtecken Grafiken zu erzeugen. Nach dem Start sieht diese Anwendung etwa so aus, wie es Abbildung 12-2 zeigt.

Lassen Sie uns einen Blick auf den Quellcode unserer Anwendung *draw.tcl* werfen:

```
#!/usr/local/bin/wish -f
# Globale Variablen; für Objekte und Positionen
set oval_count 0
set rect_count 0
set orig_x 0
set orig_y 0
```

Völlig problemlos – wir initialisieren nur ein paar Variablen, die wir benutzen, um uns die erzeugten ovalen und rechteckigen Objekte mit ihrer Position zu merken.

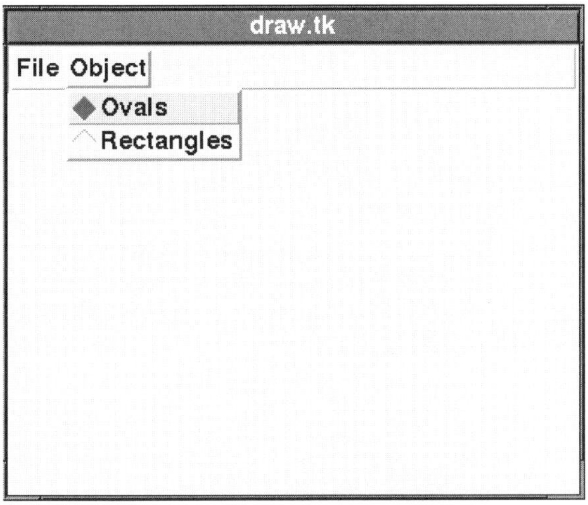

Abbildung 12-2: Fenster eines Tk-Programms

Der nächste Abschnitt des Quellcodes sieht vielleicht eher abschreckend aus:

```
# Diese Prozedur aktiviert Ovale
proc set_oval {} {
 # Wir bekommen Zugriff auf diese globalen Variablen
 global oval_count orig_x orig_y

 # Wenn Taste-1 gedrückt wird, erzeuge ein Oval
 bind .c <ButtonPress-1> {
   set orig_x %x
   set orig_y %y
   set oval_count [expr $oval_count + 1]
   .c create oval %x %y %x %y -tags "oval$oval_count" -fill red
  }

 # Wenn wir Taste-1 ziehen, lösche und ersetze das aktuelle Oval
 bind .c <B1-Motion> {
   .c delete "oval$oval_count"
   .c create oval $orig_x $orig_y %x %y -tags "oval$oval_count" -fill red
 }
}
```

Wir definieren hier die Prozedur `set_oval` und benutzen dazu den Tcl-Befehl `proc`. Das erste Argument zu `proc` ist die Liste der Argumente, die die Prozedur mitbekommt – in diesem Fall gibt es keine Argumente. Das zweite Argument ist die eigentliche Prozedur. Diese Prozedur wird aufgerufen, wenn wir im Menü »Objects« den Punkt »Ovals« wählen; wir werden dieses Menü weiter unten erzeugen.

set_oval definiert zunächst die Variablen oval_count, orig_x und orig_y als globale Variablen – Tcl würde sonst annehmen, daß wir diese Variablen nur innerhalb dieser Prozedur benutzen.

Der nächste Schritt besteht darin, mit dem Ereignis ButtonPress (Tastendruck) im Leinwand-Widget, in das wir zeichnen werden, eine Aktion zu verbinden (binding). Wir nennen dieses Widget .c; es wird weiter unten erzeugt. Die Tk-Widgets werden hierarchisch benannt. Das Widget . (ein Punkt) bezeichnet das Hauptfenster der Anwendung. Alle Widgets, die innerhalb dieses Fensters erzeugt werden, erhalten einen Namen, der mit einem Punkt beginnt, etwa .c (für canvas widget; Leinwand-Widget), .mbar (für menu bar; Menüleiste) usw. Natürlich steht es dem Programmierer frei, die Widget-Namen selbst zu wählen, aber sie müssen mit einem Punkt beginnen. Wir werden noch sehen, daß Widgets in anderen Widgets enthalten sein können – zum Beispiel ist ein Menü Bestandteil einer Menüleiste. Ein Widget namens .mbar.file.menu könnte das Menü menu bezeichnen, das im Menüpunkt file enthalten ist, der wiederum in der Menüleiste .mbar enthalten ist. Wir werden das weiter unten noch zeigen.

Mit dem Befehl bind wird ein Ereignis mit einem bestimmten Widget verknüpft.[2] Das erste Argument zu bind bezeichnet das Widget, in dem die Verknüpfung erzeugt werden soll; das zweite Argument ist das Ereignis, und das dritte Argument enthält den Code, der ausgeführt werden soll, wenn dieses Ereignis auftritt.

In unserem Beispiel möchten wir immer dann ein Oval zeichnen, wenn der Benutzer innerhalb des Leinwand-Widgets die linke Maustaste drückt. Der Code dieser Verknüpfung setzt die Variablen orig_x und orig_y auf %x bzw. %y. Innerhalb einer Verknüpfung bezeichnen %x und %y die x- und y-Koordinaten des betreffenden Ereignisses. In unserem Beispiel wäre das die Position, an der die Maustaste gedrückt wird. Wir wollen uns für den Fall, daß das Oval in der Größe verändert wird, diese Position merken. Außerdem wird der Wert der Variablen oval_count erhöht.

Die Verknüpfung mit ButtonPress-1 führt auch den Befehl:

```
.c create oval %x %y %x %y -tags "oval$oval_count" -fill red
```

aus. Damit erzeugen wir ein Objekt oval innerhalb des Leinwand-Widgets .c. Die Koordinaten »oben links« und »unten rechts« des Ovals werden in %x und %y übergeben, der Position des Ereignisses ButtonPress. Wir malen das Oval rot aus (fill red).

Die Option -tags zum Befehl create gibt dem gerade erzeugten Objekt oval einen »Namen« (tag). Auf diese Weise können wir dieses spezielle Oval innerhalb des Leinwand-Widgets unter seinem Namen ansprechen. Wir sorgen dafür, daß jedes Oval einen eindeutigen Namen bekommt, indem wir die Variable oval_count benutzen, die mit jedem neu erzeugten Oval hochgezählt wird.

---

2 Ein Ereignis ist einfach eine »Nachricht«, die der X-Server als Antwort auf eine Benutzeraktion erzeugt. Ein Beispiel: Wenn der Benutzer in einem bestimmten Fenster die linke Maustaste drückt, wird das Ereignis ButtonPress-1 an dieses Fenster geschickt.

Wenn wir die Maus mit gedrückter linker Taste ziehen, soll die Größe des Ovals entsprechend angepaßt werden. Dazu definieren wir im Leinwand-Widget eine Verknüpfung für das Ereignis `B1-Motion`. Diese Verknüpfung führt zwei Befehle aus:

```
.c delete "oval$oval_count"
.c create oval $orig_x $orig_y %x %y -tags "oval$oval_count" -fill red
```

Der Leinwand-Befehl `delete` löscht das Objekt, das den entsprechenden Namen trägt. Wir zeichnen das Oval dann mit den ursprünglichen Oben-links-Koordinaten neu, aber mit den Unten-rechts-Koordinaten, die durch die Position des Ereignisses `B1-Motion` bestimmt werden. Mit anderen Worten: Wir ersetzen das ursprüngliche Oval-Objekt durch ein neues Oval mit anderen Koordinaten, die der Position der Maus entsprechen. Der Effekt ist, daß wir die Größe des Ovals verändern, indem wir die Maus mit gedrückter linker Taste über die Leinwand ziehen.

Analog dazu definieren wir die Funktion `set_rect`, die mit der gerade besprochenen fast identisch ist; allerdings werden auf der Leinwand `rectangle`-Objekte (Rechtecke) erzeugt.

```
# Identisch mit set_oval, aber für Rechtecke
proc set_rect {} {
 global rect_count orig_x orig_y
 bind .c <ButtonPress-1> {
   set orig_x %x
   set orig_y %y
   set rect_count [expr $rect_count + 1]
   .c create rectangle %x %y %x %y -tags "rect$rect_count" -fill blue
 }
 bind .c <B1-Motion> {
   .c delete "rect$rect_count"
   .c create rectangle $orig_x $orig_y %x %y -tags "rect$rect_count" \
     -fill blue
 }
}
```

Eine andere Methode, Rechtecke und Ovale zu zeichnen, wäre die Benutzung einer Funktionsklasse namens »draw object« (Objekt zeichnen), die eine Variable wie zum Beispiel `$objtype` benutzt, um sich den aktuellen Objekttyp zu merken. Man würde die Menüeinstellungen (weiter unten beschrieben) benutzen, um den Objekttyp auszuwählen, indem man den Wert dieser Variable setzt. In der Zeichenfunktion könnten wir einfach einen Leinwand-Befehl wie

```
.c create $objtype %x %y %x %y -tags "obj$obj_count" -fill blue
```

benutzen. Dies setzt allerdings voraus, daß alle Objekte in derselben Weise gezeichnet werden (indem an einer Stelle geklickt wird, um dann durch Ziehen der Maus die Größe zu bestimmen). Wenn wir für jedes Objekt eine eigene Funktion benutzen, haben wir die Möglichkeit, die Schnittstelle besser an die einzelnen Objekte anzupassen – falls wir darauf Wert legen.

Jetzt sind wir soweit, daß wir die verschiedenen Widgets definieren können, aus denen unsere Anwendung besteht. Als erstes brauchen wir ein Rahmen-Widget (frame), das wir als Menübalken benutzen werden. Ein Rahmen-Widget ist nichts anderes als ein Container für andere Widgets.

```
# Rahmen-Widget für Menübalken erzeugen
frame .mbar -relief groove -bd 3
pack .mbar -side top -expand yes -fill x
```

Damit erzeugen wir das Rahmen-Widget `.mbar`. Die Option `-relief` bestimmt das Aussehen des Rahmens – wir haben uns für einen Menübalken mit einer »Nut« rund um die Außenkante entschieden. Die Option `-bd` legt die Breite der Umrahmung fest; in diesem Fall bestimmt sie die Breite der Nut.

Der Befehl `pack` ordnet die Widgets innerhalb des Hauptfensters oder innerhalb anderer Widgets an. `pack` ist einer von mehreren »Geometrie-Managern« für Tk. Damit ein Widget innerhalb der Anwendung angezeigt werden kann, muß ein Geometrie-Manager aufgerufen werden, der das Widget auf dem Bildschirm plaziert. `pack` ist Bestandteil von Tcl/Tk und ist für die meisten Anwendungen flexibel genug. Mit `pack` haben Sie die Möglichkeit, die Anordnung von Widgets relativ zueinander festzulegen, ohne daß Sie absolute Positionen angeben müssen.

In unserem Beispiel plazieren wir das Widget `.mbar` am oberen Rand des übergeordneten Widgets, nämlich . (das Hauptfenster der Anwendung). Die Option `-fill x` zeigt `pack` an, daß das Widget die ganze Breite des Fensters ausfüllen soll, in dem es enthalten ist; die Option `-expand` bewirkt, daß das Widget »wächst«, um die gesamte Breite auszufüllen. Falls Sie an den Feinheiten von `pack` interessiert sind, finden Sie in der Manual-Page eine sehr detaillierte Beschreibung.

Als nächstes erzeugen wir innerhalb dieses Menübalkens zwei `menubutton`-Widgets – die Menüs `File` und `Object`:

```
# Zwei Menüpunkte erzeugen
menubutton .mbar.file -text "File" -menu .mbar.file.menu
menubutton .mbar.obj -text "Object" -menu .mbar.obj.menu
pack .mbar.file .mbar.obj -side left
```

Die beiden Widgets heißen `.mbar.file` und `.mbar.obj`. Sie stammen also direkt vom Widget `.mbar` ab, nicht vom Hauptfenster. Mit `pack` plazieren wir die beiden Widgets am linken Rand des übergeordneten Menübalkens.

Die Option `-menu` zum Befehl `menubutton` bestimmt, welches `menu`-Widget angezeigt werden soll, wenn dieses Pull-down-Menü ausgewählt wird. Wir werden die Widgets `.mbar.file.menu` und `.mbar.obj.menu` weiter unten erzeugen.

```
# File-Menü mit einzigem Punkt "Quit" erzeugen
menu .mbar.file.menu
.mbar.file.menu add command -label "Quit" -command { exit }
```

Wir erzeugen zuerst das Menü File selbst und fügen dann einen einzigen command-Menüpunkt hinzu. Ein command funktioniert wie eine Schaltfläche – wenn man darauf klickt, wird der Code ausgeführt, den die Option -command bestimmt. In unserem Beispiel beendet diese Option das Tk-Skript.

```
# Object-Menü mit zwei Radiobuttons erzeugen
menu .mbar.obj.menu
.mbar.obj.menu add radiobutton -label "Ovals" -variable objtype \
 -command { set_oval }
.mbar.obj.menu add radiobutton -label "Rectangles" -variable objtype \
 -command { set_rect }
```

Mit diesem Codeabschnitt definieren wir das Menü Objects und fügen zwei Objekte vom Typ radiobutton hinzu. Radiobuttons definieren eine Reihe von Optionen, von denen zu einem beliebigen Zeitpunkt nur eine aktiviert werden kann. Wenn beispielsweise Ovals ausgewählt wird, leuchtet es auf, und Rectangles wird dunkel dargestellt.

Um die beiden Radiobuttons miteinander zu »koppeln« (so daß immer nur einer gewählt werden kann), definieren wir mit der Option -variable eine »unechte« Variable (dummy), in der der aktuelle Zustand der Radiobuttons gespeichert wird. Man kann die Option -variable auch zusammen mit -value benutzen und auf diese Weise der Variablen einen Wert zuweisen, wenn dieser Menüpunkt gewählt wird. Wir haben statt dessen beschloßen, eine Prozedur aufzurufen (mit der Option -command), wenn dieser Menüpunkt gewählt wird; damit wird auch -value nicht gebraucht.

Im nächsten Schritt erzeugen wir unser Leinwand-Widget (canvas) und bringen es im Fenster der Anwendung unter:

```
# Leinwand-Widget (canvas) .c erzeugen
canvas .c
pack .c -side top
```

Schließlich aktivieren wir die Option Ovals, indem wir den entsprechenden Menüpunkt auf künstliche Weise auswählen. Das ist genau das, was auch passiert, wenn ein Benutzer diesen Punkt mit der Maus anklickt:

```
# Ovale aktivieren durch Auswahl des ersten Punktes im Object-Menü
.mbar.obj.menu invoke 0
```

Wir haben soeben mit einigen Dutzend Codezeilen eine komplette und ziemlich komplexe X-Anwendung erstellt. Es ist leicht möglich, dieses Programm auf vielfältige Weise zu erweitern – Sie könnten neue Objekttypen hinzufügen, dem Benutzer die Möglichkeit geben, die erzeugten »Bilder« zu speichern und zu laden usw. Das Leinwand-Widget unterstützt sogar eine Option, um den Inhalt der Leinwand als PostScript-Datei zu formatieren, die Sie anschließend ausdrucken können.

Tcl und Tk in andere Anwendungen einbinden

Wir haben bereits erwähnt, daß Tcl und Tk zusammen mit anderen Sprachen wie C und Perl benutzt werden können. Es ist möglich, auch komplexe Programme als Tcl/Tk-Skript zu schreiben; das Skript wäre wahrscheinlich langsamer als ein kompiliertes Programm, weil Tcl eine interpretierte Sprache ist. Obwohl auch Perl eine Interpreter-Sprache ist, eignet es sich für einige Aufgaben, die in Tcl oder C schwieriger zu realisieren sind.

Die übliche Methode, Tcl und Tk zusammen mit einem C-Programm zu benutzen, ist das Binden der Tcl/Tk-Libraries mit dem C-Code. Tcl und Tk haben sowohl einfache statische Bibliotheken (*.a*) als auch, auf manchen Systemen, Shared Libraries (*.so*). Der Tcl-Interpreter besteht aus einer Reihe von Funktionen, die Ihr Programm aufruft.

Die Idee dahinter ist, daß Sie neue Tcl-Befehle in Form von C-Funktionen einführen und daß der Tcl-Interpreter diese Funktionen aufruft, wenn einer dieser Befehle benutzt wird. Damit das funktioniert, müssen Sie Ihr Programm so schreiben, daß der Tcl-Interpreter initialisiert wird und daß es innerhalb einer Tcl-»Hauptschleife« abläuft, die die Tcl-Befehle irgendwo liest (zum Beispiel in einer Datei), um sie dann auszuführen. Das ist in etwa dasselbe, als ob Sie Ihren eigenen *tclsh*- oder *wish*-Interpreter mit zusätzlichen, in C verfaßten Tcl/Tk-Befehlen schreiben.

Das ist vielleicht nicht für alle Anwendungen die beste Vorgehensweise. Zunächst einmal werden Sie den Aufbau mancher Programme ändern müssen; anschließend steht die Anwendung unter der Kontrolle des Tcl-Interpreters – und nicht umgekehrt. Außerdem gilt: Solange Sie nicht die Shared Libraries von Tcl und Tk benutzen, kann die ausführbare Datei durch den komplett eingebundenen Tcl/Tk-Interpreter ziemlich groß werden – weit mehr als ein Megabyte. Es kann auch sein, daß Ihre Anwendung von einem Tcl-Skript gesteuert wird; das bedeutet, daß die Anwendung alleine nicht lauffähig ist – Sie brauchen zusätzlich das Skript.

Eine andere Lösung wäre eine in C oder Perl geschriebene Anwendung, die den Interpreter *wish* als eigenen Prozeß ausführt und durch Pipes mit ihm kommuniziert. In diesem Fall würden Sie zwei Pipes brauchen; in der einen schickt das C-Programm Befehle an *wish*, in der anderen liest das C-Programm die Antworten von *wish*. Das läßt sich auch mit einer Pipe bewerkstelligen, aber die Synchronisation wird schwieriger. Ein Beispiel: Die Antworten von *wish* können asynchron eintreffen – durch solche Ereignisse wie eine gedrückte Maustaste hervorgerufen –, dadurch wird die Benutzung einer einzelnen Pipe ziemlich schwierig.[3]

---

3 Erinnern Sie sich, daß eine Pipe ein einfacher Datenstrom in eine Richtung ist, den ein Prozeß an einen anderen schickt. Die Shell gestattet die Benutzung einfacher Pipes zwischen Befehlen, etwa so: *cat foo.txt.gz | gunzip -c | more.*

Die direkteste Methode ist in diesem Fall eine C-Funktion, die folgendes erledigt (in Pseudocode):

```
Erzeuge zwei Pipes durch zweifachen Aufruf von pipe();
Starte mit fork() einen Kindprozeß;
  Im Kindprozeß:
    Schließe Lese-Kanal der einen Pipe und Schreib-Kanal der anderen;
    Kopiere mit dup2() stdin und stdout in die entsprechenden Pipes;
    Starte wish mit execlp();
  Im Elternprozeß:
    Schließe den Lese-Kanal der Write-Pipe und den Schreib-Kanal der
      Read-Pipe;
    Öffne mit fdopen() beide Pipes, um einen FILE-Deskriptor für
      fprintf() und fscanf() zu bekommen;
```

Natürlich müssen Sie einiges von der Systemprogrammierung unter UNIX verstehen, um dieses Beispiel nutzen zu können, aber für die Wagemutigen haben wir es hier aufgeschrieben.

Der Elternprozeß (Ihr C-Programm) kann anschließend Tcl/Tk-Befehle in den Schreib-Kanal schreiben und die Antworten von *wish* aus dem Lese-Kanal lesen. Mit der Funktion *select* können Sie den Lese-Kanal auf eingehende Daten abfragen (pollen), falls Ihre Anwendung weiterarbeiten soll, während sie auf Daten vom *wish*-Interpreter wartet.

Auf diese Weise benutzen wir *wish* als »Server« für X-Window-System-Routinen. Ihr Programm schickt dann die Befehle zur Erzeugung von Widgets in die Write-Pipe. *wish* könnte eine Meldung an die Standardausgabe schicken, wenn von der Anwendung eine Reaktion erfolgen soll. So könnte man beispielsweise ein Button-Widget erzeugen, das den String »OK gedrückt« ausgibt, wenn der Benutzer darauf klickt. Ihr Programm würde diese Meldung aus der Read-Pipe lesen und darauf reagieren. *wish* könnte andere Teile der Anwendung kontrollieren, ohne daß Ihr Programm davon weiß. Die rechenintensiven, zeitkritischen Teile der Anwendung würde man in C schreiben, und *wish* würde sich um die Benutzerschnittstelle kümmern.

Wir hoffen, daß dieser Überblick ausreicht, um Ihnen eine Vorstellung davon zu geben, wie ein C- oder Perl-Programm in dieser Weise *wish* benutzen kann.

[56] Advanced Programming

Sie sollten auch ein Buch über die Systemprogrammierung unter UNIX lesen, in dem die Kommunikation zwischen Prozessen mittels Pipes besprochen wird; zum Beispiel *Advanced Programming in The Unix Environment*.

Andere Programmiersprachen

Es gibt noch viele andere beliebte (und weniger beliebte) Programmiersprachen für Linux. In den meisten Fällen funktionieren sie unter Linux genau wie auf anderen UNIX-Systemen, so daß es in diesem Punkt wenig Neues zu berichten gibt. Außerdem gibt es so viele Sprachen, daß wir hier nicht genauer darauf eingehen können. Wir wollen Ihnen aber zeigen, was überhaupt vorhanden ist, und wollen einige Unterschiede zwischen verschiedenen Sprachen und Compilern aufzeigen.

Java ist eine netzwerk-fähige, objekt-orientierte Sprache, die von Sun Microsystems entwickelt wurde. Java hat für viel Aufruhr in der Computerwelt gesorgt, weil die Sprache versucht, eine sichere Umgebung zum Ausführen von Applets zu sein, die von WWW-Seiten heruntergeladen werden. Die Idee ist einfach: WWW-Browser laden Java-Applets herunter, die dann auf dem Client-Rechner laufen. Der beliebte WWW-Browser Netscape Navigator (beschrieben in Kapitel 15, *Das World Wide Web und E-Mail*) unterstützt Java, und das Java Developer's Kit und andere Werkzeuge sind auf Linux portiert worden. Abgesehen von WWW-Anwendungen kann Java aber auch als allgemein verwendbare, moderne Programmiersprache benutzt werden.

Kapitel 15

LISP ist eine interpretierte Sprache, die für viele Anwendungen eingesetzt wird – das reicht von Künstlicher Intelligenz bis zur Statistik. Die Sprache wird hauptsächlich in der Informatik benutzt, weil sie eine saubere, logische Schnittstelle für das Arbeiten mit Algorithmen bietet. (Außerdem benutzt LISP viele Klammern, was Informatiker immer gerne sehen.) Es ist eine funktionale Sprache für alle Zwecke. Viele Programmschritte werden rekursiv statt mit linearen Schleifen programmiert. Ausdrücke sind hierarchisch, und Daten werden in Form von Listen dargestellt.

Es gibt mehrere LISP-Interpreter für Linux. Emacs LISP ist selbst schon eine ziemlich vollständige Implementierung. Elisp bietet umfangreiche Fähigkeiten zur direkten Zusammenarbeit mit Emacs – beispielsweise die Ein- und Ausgabe in Emacs-Puffern –, aber es kann auch für Anwendungen benutzt werden, die nichts mit Emacs zu tun haben.

Außerdem gibt es noch CLISP, eine Common-LISP-Implementierung von Bruno Haible von der Universität Karlsruhe und Michael Stoll von der Universität München. Darin sind ein Interpreter, ein Compiler und eine Teilmenge von CLOS enthalten (Common LISP Object System, eine objektorientierte Erweiterung zu LISP). Auch CLX steht zur Verfügung, ein Common-LISP-Interface zum X Window System, das unter CLISP läuft. Mit CLX können Sie X-basierte Anwendungen in LISP schreiben. Es gibt eine weitere LISP-Implementierung, das Austin Kyoto Common LISP, das ebenfalls zu CLX kompatibel ist.

Mit SWI-Prolog steht eine komplette Prolog-Implementierung von Jan Wielemaker von der Universität Amsterdam zur Verfügung. Prolog ist eine Logik-orientierte Sprache, in der Sie logische Behauptungen aufstellen und Heuristiken definieren, mit denen Sie diese Behauptungen beweisen und daraus Entscheidungen ableiten. Prolog eignet sich ausgezeichnet für KI-Anwendungen.

Es gibt außerdem mehrere Scheme-Interpreter, einschließlich MIT Scheme, einem kompletten Scheme-Interpreter nach dem Standard R4. Scheme ist ein LISP-Dialekt mit einem klareren, allgemeingültigeren Programmiermodell. Dieser LISP-Dialekt eignet sich für Informatikanwendungen und zum Studium von Algorithmen.

Mindestens zwei Implementierungen von Ada sind bekannt – AdaEd, ein Ada-Interpreter, und GNAT, der GNU Ada Translator. GNAT ist ein richtiggehender, optimierter Ada-Compiler, etwa in einem solchen Verhältnis zu Ada wie *gcc* zu C und C++.

Auf derselben Linie liegen zwei andere beliebte Sprachübersetzer für Linux – *p2c*, ein Pascal-nach-C-Übersetzer, und *f2c*, ein FORTRAN-nach-C-Übersetzer. Falls Sie befürchten sollten, daß diese beiden Übersetzer nicht so gut funktionieren wie echte Compiler, können wir Sie beruhigen. Sowohl *p2c* als auch *f2c* haben sich als stabil und nützlich selbst bei intensivem Gebrauch erwiesen.

f2c ist kompatibel zu FORTRAN-77, und es sind auch einige Tools verfügbar. *ftnchek* ist ein FORTRAN-»Checker«, ähnlich wie lint. Sowohl die LAPACK-Mathematik-Library als auch die Library *mpfun* (multi-precision FORTRAN) sind unter Benutzung von *f2c* nach Linux portiert worden. *toolpack* enthält eine Sammlung von Tools wie zum Beispiel ein Programm zur formatierten Ausgabe von Quellcode, ein Programm zur Anpassung der Rechengenauigkeit (precision converter) sowie ein Programm, das die Übertragbarkeit von Code prüft (portability checker).

Zu den diversen anderen Sprachen, die es für Linux gibt, gehören Interpreter für APL, Rexx, Forth und ein Simula-nach-C-Übersetzer. Die GNU-Version der Tools *lex* und *yacc* ist ebenfalls nach Linux portiert worden (unter dem Namen *flex* bzw. *bison*). *lex* und *yacc* sind unverzichtbar zum Erzeugen von Parsern und Übersetzern, die man in der Regel beim Schreiben von Compilern braucht.

KAPITEL 13

Werkzeuge für Programmierer

Viele beurteilen ein Computersystem nach den Werkzeugen, die es für Programmierer bereithält. Nach Meinung vieler Leute liegen UNIX-Systeme mit den vielen über die Jahre entwickelten Werkzeugen in diesem Wettbewerb vorn. Anführer der Parade ist der GNU-Debugger *gdb*. Wir werden uns in diesem Kapitel mit diesem äußerst wertvollen Werkzeug und einer Reihe anderer für C-Programmierer nützlicher Werkzeuge beschäftigen.

Auch wenn Sie kein Programmierer sind, sollten Sie erwägen, das Revision Control System (RCS) einzusetzen. Es bietet eine der beruhigensten Schutzmöglichkeiten, die sich ein Computerbenutzer nur wünschen kann: Sicherheitskopien für jede Änderung, die Sie an einer Datei vornehmen. Wenn Sie aus Versehen eine Datei löschen oder feststellen, daß alle Änderungen der letzten Woche fehlerhaft waren und rückgängig gemacht werden sollten, kann RCS Ihnen jede beliebige Version zurückholen.

Debuggen mit gdb

Gehören Sie zu den Programmierern, die Verachtung empfinden angesichts der Idee, einen Debugger zu benutzen, um ein Programm schrittweise ablaufen zu lassen? Sind Sie der Meinung, daß der Programmierer selbst schuld ist, wenn er seinen eigenen Code nicht mehr versteht und deshalb Fehler macht? Überprüfen Sie Ihren Code vor dem geistigen Auge, bewaffnet mit Vergrößerungsglas und Zahnstocher? Entstehen die meisten Ihrer Fehler, weil Sie ein Zeichen ausgelassen haben, etwa weil Sie = benutzt haben statt +=?

Vielleicht sollten Sie *gdb* kennenlernen – den GNU-Debugger. Ob Sie es wissen oder nicht: *gdb* ist Ihr Freund. Der Debugger kann Fehler entdecken, die selten auftreten und schwierig zu finden sind, und in deren Folge Core-Dumps, Speicherprobleme und unvorhersehbares Verhalten auftreten können (sowohl im Programm als auch beim Programmierer). Manchmal können schon kleinste Fehler im Code große Verwirrung stiften; ohne die Hilfe eines Debuggers wie *gdb* kann es fast unmöglich sein, solche Fehler zu finden. Dies gilt besonders dann, wenn ein Programm mehr als nur ein paar hundert Zeilen lang ist. In diesem Abschnitt werden wir die nützlichsten Eigenschaften von *gdb* anhand von Beispielen besprechen.

Es gibt auch ein Buch zum Thema: *gdb – Debugging with GDB* von der Free Software Foundation.

[70] gdb

gdb ist in der Lage, Programme zur Laufzeit zu debuggen oder die Ursache eines Programmabsturzes mit Hilfe eines Core-Dumps (Speicherauszug) zu ermitteln. Programme, die mit *gdb* zur Laufzeit untersucht werden, können entweder aus *gdb* heraus gestartet werden oder selbständig ablaufen – d.h., *gdb* kann sich an einen laufenden Prozeß anhängen, um ihn zu überwachen. Wir werden erst zeigen, wie Programme von Fehlern befreit werden, die aus dem *gdb* heraus gestartet werden, und dann erklären, wie Sie *gdb* an einen laufenden Prozeß anhängen und Core-Dumps auswerten.

Ein Programm schrittweise ablaufen lassen

Unser erstes Beispiel ist ein Programm namens *trymh*, das Kanten in einem Schwarz-Weißbild findet. *trymh* benutzt eine Bilddatei als Eingabe, führt einige Berechnungen durch und gibt eine andere Bilddatei aus. Leider stürzt es bei jedem Aufruf mit dieser Meldung ab:

```
papaya$ trymh < image00.pgm > image00.pbm
Segmentation fault (core dumped)
```

Wir könnten jetzt den *gdb* benutzen, um den Core-Dump zu analysieren, aber in diesem Beispiel wollen wir statt dessen zeigen, wie Sie das laufende Programm schrittweise durchgehen (trace).[1]

Kapitel 12

Bevor wir mit *gdb* das Programm *trymh* schrittweise laufen lassen, muß sichergestellt sein, daß es mit Debugging-Code kompiliert wurde (siehe den Abschnitt »Den Code debuggen« in Kapitel 12, *Programmiersprachen*). *trymh* sollte also mit dem Schalter *-g* zum *gcc* kompiliert werden.

Es ist nicht verboten, gleichzeitig mit dem Debugging-Code (*-g*) auch die Optimierung (*-O*) einzuschalten – es kann aber auch nicht empfohlen werden. Das Problem besteht darin, daß der *gcc* besser ist, als ihm guttut. Wenn Sie zum Beispiel innerhalb einer Funktion an zwei verschiedenen Stellen zwei identische Codezeilen schreiben, kann es passieren, daß *gdb* unerwarteterweise die zweite Zeile statt der ersten anspringt. Das liegt daran, daß *gcc* aus den beiden Zeilen eine einzige Zeile Maschinencode gemacht hat, die für beide Fälle benutzt wird.

Einige der Optimierungen, die *gcc* automatisch durchführt, können bei der Arbeit mit einem Debugger ziemlich verwirrend wirken. Benutzen Sie den Schalter *-O0* (also Strich-OOH-NULL), wenn Sie *alle* Optimierungen ausschalten möchten (auch die, die ohne den Schalter *-O* durchgeführt werden).

---

1 Die Beispielprogramme in diesem Abschnitt werden Sie nirgendwo finden; ich habe sie lediglich zu Demonstrationszwecken zusammengestrickt.

Jetzt sind wir bereit, den *gdb* zu starten und das Problem zu untersuchen:

```
papaya$ gdb trymh
GDB is free software and you are welcome to distribute copies of it
 under certain conditions; type "show copying" to see the conditions.
There is absolutely no warranty for GDB; type "show warranty" for details.
GDB 4.16, Copyright 1996 Free Software Foundation, Inc...
(gdb)
```

gdb wartet jetzt auf einen Befehl. (Mit *help* erhalten Sie eine Liste der verfügbaren Befehle.) Als erstes sollten wir das Programm starten, um sein Verhalten beobachten zu können. Wenn wir allerdings sofort den Befehl *run* eingeben, wird das Programm einfach ausgeführt, bis es beendet oder abgestürzt ist.

Wir müssen erst irgendwo im Programm einen *Breakpoint* (Haltepunkt) setzen. Ein Breakpoint ist einfach eine Stelle im Programm, an der *gdb* anhalten soll, damit wir seine Ausführung beeinflussen können. Der Einfachheit halber wollen wir einen Breakpoint auf die erste Zeile des eigentlichen Codes setzen, so daß das Programm anhält, wenn es gerade anfängt den Code auszuführen. Mit dem Befehl *list* lassen Sie mehrere Codezeilen gleichzeitig anzeigen (die Anzahl können Sie einstellen):

```
(gdb) list
12        main() {
13
14          FloatImage inimage;
15          FloatImage outimage;
16          BinaryImage binimage;
17          int i,j;
18
19          inimage = (FloatImage)imLoadF(IMAGE_FLOAT,stdin);
20          outimage = laplacian_float(inimage);
21
(gdb) break 19
Breakpoint 1 at 0x289c: file trymh.c, line 19.
(gdb)
```

In Zeile 19 des Quellcodes ist jetzt ein Breakpoint gesetzt. Sie können mehrere Haltepunkte in einem Programm setzen. Diese können bedingt sein (d.h., sie werden nur berücksichtigt, wenn ein bestimmter Ausdruck wahr ist), sie können auch bedingungslos, verzögert, zeitweise deaktiviert usw. sein. Sie können Breakpoints auf eine bestimmte Codezeile setzen, auf eine bestimmte Funktion, eine Reihe von Funktionen oder auf etwas anderes. Sie haben außerdem die Möglichkeit, mit dem Befehl *watch* einen *Watchpoint* (Beobachtungspunkt) zu setzen; ein Watchpoint funktioniert so ähnlich wie ein Breakpoint, wird aber nur dann aktiv, wenn ein bestimmtes Ereignis eintritt – nicht unbedingt in einer bestimmten Codezeile im Programm. Wir kommen weiter hinten im Kapitel noch auf Breakpoints und Watchpoints zurück.

Als nächstes benutzen wir den Befehl *run*, um das Programm zu starten. *run* akzeptiert dieselben Argumente, die Sie auch *trymh* auf der Befehlszeile mitgeben – weil der Befehl zur Ausführung an */bin/sh* weitergereicht wird, sind hier auch Shell-Wildcards, Ein/Ausgabeumleitung usw. möglich:

```
(gdb) run < image00.pgm > image00.pfm
Starting program: /amd/dusk/d/mdw/vis/src/trymh < image00.pgm > image00.pfm

Breakpoint 1, main () at trymh.c:19
19          inimage = (FloatImage)imLoadF(IMAGE_FLOAT,stdin);
(gdb)
```

Wie erwartet wird der Breakpoint gleich in der ersten Codezeile erreicht – unsere Stunde ist gekommen.

Die beiden wichtigsten Befehle im Einzelschrittmodus sind *next* und *step*. Beide führen die nächste Codezeile im Programm aus; der Unterschied liegt darin, daß *step* auch in alle Funktionsaufrufe im Programm eintaucht, während *next* nur bis zur nächsten Codezeile *in derselben Funktion* weitergeht. Der Befehl *next* führt den Code der Funktionen, die er vorfindet, zwar stillschweigend aus, zeigt ihn aber nicht zur Überprüfung an.

imLoadF ist eine Funktion, die ein Bild aus einer Datei auf der Festplatte lädt. Wir wissen, daß diese Funktion ordnungsgemäß funktioniert (das werden Sie uns einfach glauben müssen), deshalb wollen wir sie mit dem Befehl *next* überspringen:

```
(gdb) next
20          outimage = laplacian_float(inimage);
(gdb)
```

Statt dessen wollen wir uns diese verdächtige Funktion *laplacian_float* anschauen, deshalb benutzen wir den Befehl *step*:

```
(gdb) step
laplacian_float (fim=0x0) at laplacian.c:21
21            i = 20.0;
(gdb)
```

Lassen Sie uns mit dem Befehl *list* herausfinden, wo wir sind:

```
(gdb) list
16          FloatImage laplacian_float(FloatImage fim) {
17
18            FloatImage mask;
19            float i;
20
21            i = 20.0;
22            mask=(FloatImage)imNew(IMAGE_FLOAT,3,3);
23            imRef(mask,0,0) = imRef(mask,2,0) = imRef(mask,0,2) = 1.0;
```

```
24          imRef(mask,2,2) = 1.0; imRef(mask,1,0) = imRef(mask,0,1) = i/5;
25          imRef(mask,2,1) = imRef(mask,1,2) = i/5; imRef(mask,1,1) = -i;
(gdb) list
26
27          return convolveFloatWithFloat(fim,mask);
28      }
(gdb)
```

Wie Sie sehen, können Sie mit wiederholten *list*-Befehlen weitere Codezeilen anzeigen. Wir wollen nicht mehr schrittweise durch diesen Code gehen und sind auch nicht an der Funktion *imNew* in Zeile 22 interessiert; statt dessen wollen wir in Zeile 27 weitermachen. Dazu benutzen wir den Befehl *until*:

```
(gdb) until 27
laplacian_float (fim=0x0) at laplacian.c:27
27          return convolveFloatWithFloat(fim,mask);
(gdb)
```

Bevor wir in die Funktion *convolveFloatWithFloat* eintauchen, wollen wir uns noch vergewissern, daß die beiden Parameter `fim` und `mask` gültig sind. Der Befehl *print* zeigt uns den Wert einer Variablen an:

```
(gdb) print mask
$1 = (struct {...} *) 0xe838
(gdb) print fim
$2 = (struct {...} *) 0x0
(gdb)
```

`mask` sieht ganz normal aus, aber `fim`, unsere Eingabe, ist gleich null! Offensichtlich wurde statt eines Bildes ein leerer Zeiger an *laplacian_float* übergeben. Wenn Sie aufmerksam mitgelesen haben, ist Ihnen das vielleicht schon aufgefallen, als wir weiter oben die Funktion *laplacian_float* erreichten.

Statt im Programm weiterzugehen (hier ist ja bereits klar, daß etwas schiefgelaufen ist), wollen wir diese Funktion bis zu ihrem Ende ablaufen lassen. Wir benutzen dazu den Befehl *finish*:

```
(gdb) finish
Run till exit from #0  laplacian_float (fim=0x0) at laplacian.c:27
0x28c0 in main () at trymh.c:20
20      outimage = laplacian_float(inimage);
Value returned is $3 = (struct {...} *) 0x0
(gdb)
```

Hiermit sind wir zurück in *main*. Lassen Sie uns die Werte einiger Variablen untersuchen, um dem Problem auf die Spur zu kommen:

```
(gdb) list
15      FloatImage outimage;
```

```
16        BinaryImage binimage;
17        int i,j;
18
19        inimage = (FloatImage)imLoadF(IMAGE_FLOAT,stdin);
20        outimage = laplacian_float(inimage);
21
22        binimage = marr_hildreth(outimage);
23        if  (binimage == NULL) {
24          fprintf(stderr,"trymh: binimage returned NULL\n");
(gdb) print inimage
$6 = (struct {...} *) 0x0
(gdb)
```

Die Variable `inimage`, die das Eingabebild enthält, das *imLoadF* geladen hat, ist gleich null. Die Übergabe eines leeren Zeigers an die Routinen zur Bildbearbeitung hätte in diesem Fall sicherlich einen Core-Dump zur Folge. Wir haben aber *imLoadF* getestet und für gut befunden – wo liegt also das Problem?

Wir stellen schließlich fest, daß unsere Library-Funktion *imLoadF* im Fehlerfall den Wert `NULL` zurückliefert – zum Beispiel bei einem falschen Format der Eingabe. Wir haben den Rückgabewert von *imLoadF* nicht abgefragt, bevor wir ihn an *laplacian_float* übergaben; deshalb gerät das Programm durcheinander, wenn `inimage` den Wert `NULL` annimmt. Wir beseitigen das Problem, indem wir einfach Code einfügen, der das Programm mit einer Fehlermeldung beendet, wenn *imLoadF* einen leeren Zeiger zurückliefert.

Verlassen Sie den *gdb* mit dem Befehl *quit*. Wenn das Programm noch nicht beendet war, wird *gdb* folgende Warnung ausgeben:

```
(gdb) quit
The program is running.  Quit anyway (and kill it)? (y or n) y
papaya$
```

Nachdem wir uns jetzt einen ersten Eindruck vom Debugger verschafft haben, wollen wir in den folgenden Abschnitten einige seiner Besonderheiten vorstellen.

Eine Core-Datei analysieren

Hassen Sie das auch, wenn ein Programm zuerst abstürzt und Sie dann noch einmal ärgert, indem es eine zehn Megabytes große Core-Datei in Ihrem Arbeitsverzeichnis zurückläßt, die wertvollen Speicherplatz belegt? Sie sollten diese Core-Datei nicht sofort löschen – sie kann noch von Nutzen sein. Eine Core-Datei enthält einfach die Kopie des Arbeitsspeichers eines Prozesses zum Zeitpunkt des Programmabbruchs. Mit *gdb* und diesem Speicherauszug können Sie den Zustand Ihres Programms analysieren (den Wert von Variablen ebenso wie feste Daten) und so die Ursache für den Programmabsturz ermitteln.

Die Core-Datei wird vom Betriebsystem auf die Festplatte geschrieben, wenn bestimmte Probleme auftauchen. Der häufigste Grund für einen Programmabsturz mit anschließendem Core-Dump ist eine Speicherverletzung – d.h., daß Sie versucht haben, lesend oder schreibend auf Speicher zuzugreifen, auf den Ihr Programm keinen Zugriff hat. Wenn Sie beispielsweise versuchen, Daten an einen leeren Dateizeiger zu schreiben, kann das einen »segmentation fault« (Speicherbereichfehler) hervorrufen; das heißt eigentlich nichts anderes als: »Das haben Sie versaut«.

Nicht alle Speicherfehler werden sofort einen Programmabsturz nach sich ziehen. Es kann zum Beispiel vorkommen, daß Sie irgendwo einen Speicherbereich überschreiben und das Programm trotzdem weiterläuft, weil es den Unterschied zwischen echten Daten und Programmcode oder Datenmüll nicht kennt. Leichte Speicherbereichsverletzungen können bewirken, daß sich das Verhalten des Programms nicht mehr vorhersagen läßt. Der Schreiber hat einst miterlebt, wie ein Programm wahllos hin- und hersprang; ohne Benutzung des *gdb* schien es allerdings ganz normal zu funktionieren. Der einzige Hinweis auf einen Programmfehler war, daß das Programm Ergebnisse lieferte, die in etwa andeuteten, daß zwei plus zwei nicht vier ergibt. Es stellte sich schließlich heraus, daß der Fehler darin bestand, daß ein Byte zuviel in einen zugewiesenen Speicherblock geschrieben werden sollte. Dieser Ein-Byte-Fehler verursachte stundenlanges Kopfzerbrechen.

Sie können solche Speicherfehler vermeiden (selbst die besten Programmierer machen Fehler!), indem Sie das Paket Checker benutzen; eine Reihe von Routinen für die Speicherverwaltung, die die üblichen Funktionen *malloc()* und *free()* ersetzen. Wir werden Checker im Abschnitt »Checker benutzen« besprechen.

Wenn Ihr Programm tatsächlich einen Speicherfehler hervorruft, wird es abstürzen und einen Core-Dump verursachen. Unter Linux heißen die Core-Dateien sinnvollerweise *core*. Die Core-Datei steht im aktuellen Arbeitsverzeichnis des laufenden Prozesses; in der Regel ist das auch das Arbeitsverzeichnis der Shell, die das Programm aufgerufen hat; aber es gibt Programme, die ihr eigenes Arbeitsverzeichnis wechseln.

Manche Shells bieten die Möglichkeit, zu bestimmen, ob Core-Dateien geschrieben werden oder nicht. Unter *bash* zum Beispiel ist die Voreinstellung, daß keine Core-Dateien geschrieben werden. Mit dem Befehl:

```
ulimit -c unlimited
```

(zum Beispiel in Ihrer Startdatei *.bashrc)* ermöglichen Sie Core-Dumps. Sie können auch festlegen, wie groß eine Core-Datei höchstens werden darf (anders als unlimited), aber verkürzte Core-Dateien sind eventuell beim Debuggen von Anwendungen nicht zu gebrauchen.

Außerdem muß das Programm mit Debugging-Code kompiliert werden, damit die Core-Datei genutzt werden kann; wir haben das im vorherigen Abschnitt beschrieben. Die meisten ausführbaren Dateien auf Ihrem System enthalten wahrscheinlich keinen Debugging-Code, so daß die Core-Datei nur beschränkt brauchbar ist.

In unserem Beispiel für die Benutzung des *gdb* und einer Core-Datei setzen wir ein anderes mythisches Programm namens *cross* ein. Ebenso wie *trymh* aus dem vorherigen Abschnitt nimmt auch *cross* eine Bilddatei als Eingabe, führt einige Berechnungen durch und gibt eine andere Bilddatei aus. Allerdings bekommen wir beim Aufruf von *cross* diesen Speicherbereichfehler:

```
papaya$ cross < image30.pfm > image30.pbm
Segmentation fault (core dumped)
papaya$
```

Wenn Sie den *gdb* aufrufen, um eine Core-Datei zu analysieren, müssen Sie nicht nur deren Namen angeben, sondern auch den Namen der zugehörigen ausführbaren Datei. Das liegt daran, daß in der Core-Datei selbst nicht alle zum Debuggen notwendigen Informationen enthalten sind:

```
papaya$ gdb cross core
GDB is free software and you are welcome to distribute copies of it
 under certain conditions; type "show copying" to see the conditions.
There is absolutely no warranty for GDB; type "show warranty" for details.
GDB 4.16, Copyright 1996 Free Software Foundation, Inc...
Core was generated by `cross'.
Program terminated with signal 11, Segmentation fault.
#0  0x2494 in crossings (image=0xc7c8) at cross.c:31
31              if ((image[i][j] >= 0) &&
(gdb)
```

gdb teilt uns mit, daß die Core-Datei mit dem Signal 11 beendet wurde. Ein *Signal* ist eine Art Nachricht, die vom Kernel, vom Benutzer oder dem Programm selbst an ein laufendes Programm geschickt wird. Signale werden meist benutzt, um ein Programm zu beenden (und möglicherweise einen Core-Dump zu erzeugen). Wenn Sie beispielsweise den Unterbrechnungscode eingeben, wird ein Signal an das laufende Programm geschickt, welches daraufhin wahrscheinlich abgebrochen wird.

In unserem Beispiel wurde Signal 11 vom Kernel an den laufenden Prozeß *cross* geschickt, als *cross* versuchte, einen Speicherbereich zu lesen oder zu beschreiben, auf den es keinen Zugriff hatte. Dieses Signal ließ *cross* abstürzen und den Core-Dump erzeugen. *gdb* teilt uns mit, daß der illegale Speicherzugriff in Zeile 31 der Quelldatei *cross.c* auftrat.

```
(gdb) list
26          xmax = imGetWidth(image)-1;
27          ymax = imGetHeight(image)-1;
28
29          for (j=1; j<xmax; j++) {
30            for (i=1; i<ymax; i++) {
31              if ((image[i][j] >= 0) &&
32                  (image[i-1][j-1] < 0) ||
33                  (image[i-1][j] < 0) ||
```

```
34                  (image[i-1][j+1] < 0) ||
35                  (image[i][j-1] < 0) ||
(gdb)
```

Wir können hier mehrere Dinge ablesen. Zunächst einmal steht dort eine Schleife mit den beiden Schleifenzählern `i` und `j`, wahrscheinlich um Berechnungen in der Eingabedatei auszuführen. Zeile 31 bezieht sich auf Daten in `image[i][j]`, einem zweidimensionalen Array. Wenn ein Programm in dem Augenblick abstürzt, in dem es versucht, auf Daten in einem zweidimensionalen Array zuzugreifen, ist das meist ein Hinweis darauf, daß einer der Indizes seinen Gültigkeitbereich verlassen hat. Lassen Sie uns die Indizes anschauen:

```
(gdb) print i
$1 = 1
(gdb) print j
$2 = 1194
(gdb) print xmax
$3 = 1551
(gdb) print ymax
$4 = 1194
(gdb)
```

Hier zeigt sich das Problem. Das Programm versuchte, das Element `image[1][1194]` anzusprechen, aber dieses Array reicht nur bis `image[1550][1193]` (erinnern Sie sich, daß in C die Arrays von 0 bis *max*-1 indiziert werden). Mit anderen Worten: Wir haben versucht, die 1195. Zeile eines Bildes zu lesen, das nur 1194 Zeilen hat.

Wenn wir uns jetzt die beiden Zeilen 29 und 30 aus dem Programmcode ansehen, stoßen wir auf das Problem: Die Werte `xmax` und `ymax` sind vertauscht. Die Variable `j` sollte von 1 bis `ymax` reichen (weil sie die Anzahl der Zeilen indiziert), und `i` sollte von 1 bis `xmax` laufen. Eine Änderung in den beiden `for`-Schleifen in Zeile 29 und 30 behebt den Fehler.

Nehmen wir einmal an, daß Ihr Programm innerhalb einer Funktion abstürzt, die von verschiedenen Stellen im Programm aus aufgerufen wird; Sie möchten jetzt herausfinden, wo die Funktion aufgerufen wurde und was zum Absturz führte. Mit dem Befehl *backtrace* können Sie den *Call Stack* (Aufrufstapel) des Programms zum Absturzzeitpunkt anzeigen lassen.

Der Call Stack ist einfach eine Liste der Funktionen, die vor der aktuellen Funktion aufgerufen wurden. Wenn das Programm beispielsweise mit *main* startet, das die Funktion *foo* aufruft, die wiederum *bamf* aufruft, sieht der Call Stack folgendermaßen aus:

```
(gdb) backtrace
#0  0x1384 in bamf () at goop.c:31
#1  0x4280 in foo () at goop.c:48
#2  0x218 in main () at goop.c:116
(gdb)
```

Jede Funktion schiebt bei ihrem Aufruf einige Daten auf den Stapel – etwa Registerinhalte, Funktionsargumente, lokale Variablen usw. Jeder Funktion steht eine gewisse Menge an Speicher auf dem Stapel zur Verfügung. Der Speicherpatz auf dem Stapel für eine bestimmte Funktion heißt *stack frame*, und der Call Stack ist einfach eine chronologische Liste der Stack Frames.

Im folgenden Beispiel schauen wir uns die Core-Datei eines Animationsprogramms unter X an. Mit *backtrace* erhalten wir:

```
(gdb) backtrace
#0  0x602b4982 in _end ()
#1  0xbffff934 in _end ()
#2  0x13c6 in stream_drawimage (wgt=0x38330000, sn=4) at stream_display.c:94
#3  0x1497 in stream_refresh_all () at stream_display.c:116
#4  0x49c in control_update_all () at control_init.c:73
#5  0x224 in play_timeout (Cannot access memory at address 0x602b7676.
(gdb)
```

Hier sehen Sie die Liste der Stack Frames für diesen Prozeß. Frame 0 zeigt die Funktion, die zuletzt aufgerufen wurde, nämlich die »Funktion« *_end*. Wir können hier ablesen, daß *play_timeout* die Funktion *control_update_all* aufgerufen hat, welche *stream_refresh_all* aufrief usw. Aus irgendeinem Grund ist das Programm nach *_end* gesprungen und dort abgestürzt.

Allerdings ist *_end* keine Funktion – es ist einfach eine Markierung (label), die das Ende eines Datensegments anzeigt. Wenn ein Programm zu einer Adresse wie *_end* verzweigt, die keine richtige Funktion ist, ist das ein Hinweis darauf, daß irgend etwas diesen Prozeß ins Nirgendwo geschickt und den Call Stack durcheinandergebracht hat. (In Hackerkreisen nennt man das auch einen »Sprung in den Hyperspace«.) Auch die Fehlermeldung »`Cannot access memory at address 0x602b7676`« zeigt an, daß etwas äußerst Ungewöhnliches passiert ist.

Wir können aber auch ablesen, daß *stream_drawimage* die letzte »richtige« Funktion war, die aufgerufen wurde, und wir können annehmen, daß hier die Ursache des Problems liegt. Um den Zustand von *stream_drawimage* zu untersuchen, müssen wir mit dem Befehl *frame* seinen Stack Frame (Nummer 2) anzeigen lassen:

```
(gdb) frame 2
#2  0x13c6 in stream_drawimage (wgt=0x38330000, sn=4) at stream_display.c:94
94          XCopyArea(mydisplay,streams[sn].frames[currentframe],XtWindow(wgt),
(gdb) list
91
92          printf("CopyArea frame %d, sn %d, wid %d\n",currentframe,sn,wgt);
93
94          XCopyArea(mydisplay,streams[sn].frames[currentframe],XtWindow(wgt),
95                  picGC,0,0,streams[sn].width,streams[sn].height,0,0);
(gdb)
```

Da wir weiter nichts über das vorliegende Programm wissen, können wir hier nichts Falsches entdecken – es sei denn, die Variable `sn` (die als Index für das Array streams benutzt wird) ist außerhalb ihres Gültigkeitbereichs. In der Ausgabe des Befehls *frame* können wir ablesen, daß *stream_drawimage* mit dem Wert 4 für den Parameter `sn` aufgerufen wurde. (Funktionsparameter werden in der Ausgabe von *backtrace* angezeigt und immer dann, wenn wir zu einem anderen Frame wechseln.)

Lassen Sie uns noch einen Frame zurückgehen (zu *stream_refresh_all*) und nachschauen, wie *stream_display* aufgerufen wurde. Wir benutzen dazu den Befehl *up*, der uns zum Stack Frame oberhalb des aktuellen bringt:

```
(gdb) up
#3  0x1497 in stream_refresh_all () at stream_display.c:116
116         stream_drawimage(streams[i].drawbox,i);
(gdb) list
113     void stream_refresh_all(void) {
114       int i;
115       for (i=0; i<=numstreams; i++) {
116         stream_drawimage(streams[i].drawbox,i);
117
(gdb) print i
$2 = 4
(gdb) print numstreams
$3 = 4
(gdb)
```

Wir sehen hier, daß die Indexvariable `i` von 0 bis `numstreams` läuft und daß `i` als zweiter Parameter zu *stream_drawimage* tatsächlich den Wert 4 hat. Aber auch `numstreams` hat den Wert 4. Was ist passiert?

Die `for`-Schleife in Zeile 115 sieht merkwürdig aus – hier sollte stehen:

```
for (i=0; i<numstreams; i++) {
```

Der Fehler liegt darin, daß wir den Vergleichsoperator <= benutzt haben. Das Array `streams` wird von 0 bis `numstreams-1` indiziert, nicht von 0 bis `numstreams`. Dieser kleine »Eins-daneben«-Fehler ließ das Programm in die Irre laufen.

Wie Sie sehen, ist es mit *gdb* und einem Core-Dump möglich, durch das Abbild eines abgestürzten Programms zu wandern, um Fehler zu finden. Sicherlich werden Sie diese nervigen Core-Dateien nie wieder löschen, oder?

Ein laufendes Programm debuggen

gdb ist auch in der Lage, ein bereits laufendes Programm zu debuggen, indem Sie es unterbrechen, analysieren und dann den Prozeß wie vorgesehen weiterlaufen lassen. Der Vorgang ähnelt sehr dem Start eines Programms aus *gdb* heraus, und es gibt nur wenige neue Befehle.

Mit dem Befehl *attach* hängen Sie den *gdb* an einen laufenden Prozeß an. Damit Sie *attach* benutzen können, müssen Sie auch Zugriff auf die entsprechende ausführbare Datei haben.

Ein Beispiel: Wenn das Programm *pgmseq* mit der Prozeß-ID 254 bereits läuft, können Sie den *gdb* mit

```
papaya$ gdb pgmseq
```

einklinken; sobald *gdb* aktiviert ist, geben Sie ein:

```
(gdb) attach 254
Attaching program `/home/loomer/mdw/pgmseq/pgmseq', pid 254
__select (nd=4, in=0xbffff96c, out=0xbffff94c, ex=0xbffff92c, tv=0x0)
    at __select.c:22
__select.c:22: No such file or directory.
(gdb)
```

(Die Fehlermeldung »`No such file or directory`« erscheint, weil *gdb* den Quellcode zu *__select* nicht finden kann. Das passiert bei Systemaufrufen und Library-Funktionen recht häufig und ist kein Grund zur Beunruhigung.) Sie können *gdb* auch mit diesem Befehl starten:

```
papaya$ gdb pgmseq 254
```

Sobald der *gdb* sich an den laufenden Prozeß angehängt hat, wird er das Programm unterbrechen und Ihnen die Kontrolle überlassen – geben Sie jetzt *gdb*-Befehle ein. Sie können auch Breakpoints und Watchpoints setzen (mit den Befehlen *break* und *watch*), und Sie können mit *continue* das Programm bis zum nächsten Breakpoint weiterlaufen lassen.

Mit dem Befehl *detach* trennen Sie *gdb* vom laufenden Prozeß. Bei Bedarf können Sie sich mit *attach* an einen anderen Prozeß anhängen. Wenn Sie einen Fehler finden, können Sie mit *detach* den akuellen Prozeß wieder abhängen, den Quelltext korrigieren, neu kompilieren und mit dem Befehl *file* die neue ausführbare Datei in den *gdb* laden. Sie können anschließend die neue Version des Programms starten und mittels *attach* debuggen. Das alles, ohne den *gdb* zu verlassen!

gdb bietet Ihnen sogar die Möglichkeit, drei Programme gleichzeitig zu debuggen: eines, das direkt unter *gdb* läuft; eines, bei dem Sie die Core-Datei analysieren; und eines, das als selbständiger Prozeß läuft. Mit dem Befehl *target* wählen Sie aus, welches Programm Sie debuggen möchten.

Daten ändern und untersuchen

Wenn Sie die Werte von Programmvariablen betrachten wollen, können Sie einen der Befehle *print*, *x* oder *ptype* benutzen. Am häufigsten wird zur Inspektion von Daten der Befehl *print* benutzt; als Argument bekommt er einen Ausdruck aus dem

Quellcode mit (meist C oder C++), und *print* gibt dann den Wert des Ausdrucks zurück. Ein Beispiel:

```
(gdb) print mydisplay
$10 = (struct _XDisplay *) 0x9c800
(gdb)
```

Damit lassen Sie den Wert der Variablen mydisplay und einen Hinweis auf den Typ derselben anzeigen. Weil diese Variable ein Zeiger ist, können Sie den Inhalt untersuchen, indem Sie den Zeiger dereferenzieren, wie Sie das auch in C tun würden:

```
(gdb) print *mydisplay
$11 = {ext_data = 0x0, free_funcs = 0x99c20, fd = 5, lock = 0,
  proto_major_version = 11, proto_minor_version = 0,
  vendor = 0x9dff0 "XFree86", resource_base = 41943040,
  ...
  error_vec = 0x0, cms = {defaultCCCs = 0xa3d80 "", clientCmaps = 0x991a0 "'",
    perVisualIntensityMaps = 0x0}, conn_checker = 0, im_filters = 0x0}
(gdb)
```

mydisplay ist eine längere Struktur, die von X-Programmen benutzt wird – wir geben die Ausgabe verkürzt wieder, damit Sie nicht die Lust am Lesen verlieren.

print ist in der Lage, den Wert praktisch jeden Ausdrucks anzuzeigen – einschließlich der Funktionsaufrufe von C (die Funktionen werden »im Vorübergehen« innerhalb des laufenden Programms ausgeführt):

```
(gdb) print getpid()
$11 = 138
(gdb)
```

Natürlich lassen sich auf diese Art nicht alle Funktionen aufrufen, sondern nur solche, die mit dem laufenden Programm gebunden wurden. Wenn Sie versuchen, eine Funktion aufzurufen, die nicht mit diesem Programm gebunden wurde, wird *gdb* melden, daß ein solches Symbol in diesem Kontext nicht existiert. Sie können *print* auch kompliziertere Ausdrücke als Argument mitgeben und Variablen einen Wert zuweisen. Mit

```
(gdb) print mydisplay->vendor = ´´Linux´´
$19 = 0x9de70 "Linux"
(gdb)
```

weisen Sie der Variablen vendor aus der Struktur mydisplay den Wert Linux statt XFree86 zu (eine nutzlose Änderung, aber doch interessant). Auf diese Weise können Sie in einem laufenden Programm interaktiv Daten ändern, um Fehler zu beheben oder neue Konstellationen zu testen.

Beachten Sie auch, daß nach jedem *print*-Befehl der angezeigte Wert einem der aktiven *gdb*-Register (convenience register) zugewiesen wird. Das sind interne Variablen in *gdb*, mit denen es sich bequem arbeiten läßt.

Wenn Sie zum Beispiel den Wert von `mydisplay` noch einmal anzeigen möchten, brauchen Sie nur die Variable `$10` anzuzeigen:

```
(gdb) print $10
$21 = (struct _XDisplay *) 0x9c800
(gdb)
```

Sie können mit dem Befehl *print* auch Ausdrücke wie zum Beispiel explizite Typumwandlungen (typecasts) benutzen – die Möglichkeiten sind fast unbegrenzt.

Mit dem Befehl *ptype* erhalten Sie detaillierte (und manchmal langatmige) Informationen über den Typ einer Variablen oder die Definition von `struct`- und `typedef`-Anweisungen. Geben Sie

```
(gdb) ptype mydisplay
type = struct _XDisplay {
    struct _XExtData *ext_data;
    struct _XFreeFuncs *free_funcs;
    int fd;
    int lock;
    int proto_major_version;
    ...
    struct _XIMFilter *im_filters;
} *
(gdb)
```

ein, um die Definition von `struct _XDisplay` anzuzeigen, die von der Variablen `mydisplay` benutzt wird. Wenn Sie den Arbeitspeicher auf einer ganz niedrigen Ebene und losgelöst von den kleinlichen Beschränkungen definierter Typen untersuchen möchten, können Sie dazu den Befehl *x* benutzen. *x* akzeptiert eine Speicheradresse als Argument. Wenn Sie *x* eine Variable mitgeben, wird es den *Wert* dieser Variablen als Adresse benutzen.

x akzeptiert auch einen Zähler und eine Typdefinition als optionales Argument. Der Zähler gibt an, wieviele Objekte des definierten Typs angezeigt werden sollen. Ein Beispiel: `x/100x 0x4200` zeigt 100 Bytes an Daten in hexadezimaler Darstellung ab der Adresse 0x4200 an. Mit *help x* erhalten Sie eine Beschreibung der möglichen Ausgabeformate.

Um den Wert von `mydisplay->vendor` anzuzeigen, können wir folgende Befehle eingeben:

```
(gdb) x mydisplay->vendor
0x9de70 <_end+35376>:   76 'L'
(gdb) x/6c mydisplay->vendor
0x9de70 <_end+35376>:   76 'L'  105 'i' 110 'n' 117 'u' 120 'x' 0 '\000'
(gdb) x/s mydisplay->vendor
0x9de70 <_end+35376>:    "Linux"
(gdb)
```

Das erste Feld in jeder Zeile gibt die absolute Adresse der Daten an. Das zweite Feld stellt die Adresse in Form eines Symbols (in diesem Fall `_end`) und eines Offsets in Bytes dar. Die restlichen Felder enthalten die eigentlichen Speicherdaten an dieser Adresse in dezimaler Schreibweise und als ASCII-Code. Wir haben bereits erwähnt, daß *x* auch andere Ausgabeformate beherrscht.

Informationen anzeigen

Der Befehl *info* zeigt Informationen über den Status des analysierten Programms an. *info* kennt eine ganze Reihe von Unterbefehlen; mit *help info* können Sie diese anzeigen lassen. Mit *info program* beispielsweise erhalten Sie Informationen zum Ablaufstatus des Programms:

```
(gdb) info program
Using the running image of child process 138.
Program stopped at 0x9e.
It stopped at breakpoint 1.
(gdb)
```

Ein weiterer nützlicher Befehl ist *info locals*, mit dem Sie die Namen und Werte aller lokalen Variablen in der aktuellen Funktion anzeigen lassen:

```
(gdb) info locals
inimage = (struct {...} *) 0x2000
outimage = (struct {...} *) 0x8000
(gdb)
```

Auf diese Weise erhalten Sie nur eine äußerst knappe Beschreibung der Variablen; die Befehle *print* und *x* liefern genauere Informationen.

In ähnlicher Weise erhalten Sie mit *info variables* eine Liste aller bekannten Variablen im Programm. Viele der angezeigten Variablen stammen nicht aus dem eigentlichen Programm – es werden zum Beispiel auch die Namen der Variablen im Library-Code angezeigt. Die Werte dieser Variablen werden nicht angezeigt, weil diese Liste mehr oder weniger direkt aus der Symboltabelle der ausführbaren Datei gewonnen wird. *gdb* hat nur Zugriff auf die lokalen Variablen des aktuellen Stack Frames sowie globale (statische) Variablen.

info address zeigt Informationen zum genauen Speicherort einer bestimmten Variablen an:

```
(gdb) info address inimage
Symbol "inimage" is a local variable at frame offset -20.
(gdb)
```

Mit »frame offset« meint *gdb*, daß *inimage* 20 Bytes vom oberen Ende des Stack Frames entfernt gespeichert ist.

Mit *info frame* erhalten Sie Informationen über den aktuellen Stack Frame:

```
(gdb) info frame
Stack level 0, frame at 0xbffffaa8:
 eip = 0x9e in main (main.c:44); saved eip 0x34
 source language c.
 Arglist at 0xbffffaa8, args: argc=1, argv=0xbffffabc
 Locals at 0xbffffaa8, Previous frame's sp is 0x0
 Saved registers:
  ebx at 0xbffffaa0, ebp at 0xbffffaa8, esi at 0xbffffaa4, eip at 0xbffffaac
(gdb)
```

Solche Informationen sind nützlich, wenn Sie mit den Befehlen *disass*, *nexti* und *stepi* auf der Assemblerebene debuggen möchten (lesen Sie auch den Abschnitt »Debuggen auf Assemblerebene«).

Andere Fähigkeiten

Wir haben kaum die Oberfläche dessen angekratzt, was *gdb* zu leisten vermag. Es ist ein erstaunliches Programm mit vielen Fähigkeiten – wir haben Ihnen nur die am häufigsten gebrauchten Befehle vorgestellt. Im folgenden Abschnitt werfen wir einen Blick auf einige weitere Eigenschaften des *gdb*, und dann sind Sie auf sich selbst gestellt.

gdb(1)
[70]
Kapitel 9

Wenn Sie mehr über *gdb* lernen möchten, sollten Sie die entsprechende Manual-Page und das Handbuch der Free Software Foundation lesen. Das Handbuch gibt es auch als Info-Datei. (Sie können die Info-Datei mit Emacs oder mit dem *info*-Reader lesen; im Abschnitt »Das Lernprogramm und die Online-Hilfe« in Kapitel 9, *Editoren, Textwerkzeuge, Drucken*, finden Sie Details hierzu.)

Breakpoints und Watchpoints

Wie versprochen wollen wir noch einmal auf die Benutzung von Breakpoints und Watchpoints eingehen. Breakpoints werden mit dem Befehl *break* gesetzt, Watchpoints mit *watch*. Der einzige Unterschied zwischen den beiden besteht darin, daß die Breakpoints an einer bestimmten Stelle im Programm gesetzt werden müssen – zum Beispiel in einer bestimmten Programmzeile –, während die Watchpoints dann aktiviert werden, wenn ein bestimmter Ausdruck wahr wird; unabhängig davon, wo im Programm das passiert. Obwohl die Watchpoints ein sehr mächtiges Instrument sind, können sie auch äußerst ineffizient sein – mit jeder Änderung des Programmstatus müssen alle Watchpoints neu berechnet werden.

Wenn ein Breakpoint oder Watchpoint ausgelöst wird, hält *gdb* das Programm an und gibt die Kontrolle an Sie ab. Breakpoints und Watchpoints geben Ihnen die Möglichkeit, das Programm laufen zu lassen (mit den Befehlen *run* und *continue*) und es dabei nur an bestimmten Stellen anzuhalten. Das erpart Ihnen die Mühe, mit vielen *next*- und *step*-Befehlen »zu Fuß« durch das Programm zu gehen.

Es gibt viele Methoden, einen Breakpoint zu setzen. Sie können eine Zeilennummer angeben (wie in *break 20*) oder eine bestimmte Funktion (*break stream_unload*). Sie haben auch die Möglichkeit, eine Zeilennummer in einer anderen Quelldatei anzuführen (*break foo.c:38*). Mit *help break* erhalten Sie einen Überblick über die komplette Syntax.

Breakpoints können auch bedingt gesetzt werden – d.h., daß sie nur dann ausgelöst werden, wenn ein bestimmter Ausdruck wahr ist. Ein Beispiel:

```
break 184 if (status == 0)
```

setzt einen bedingten Breakpoint in Zeile 184 der aktuellen Quelldatei, der nur dann ausgelöst wird, wenn die Variable status gleich null ist. status muß entweder eine globale Variable oder eine lokale Variable aus dem aktuellen Stack Frame sein. Der Ausdruck kann ein beliebiger gültiger Ausdruck in der Programmiersprache sein, den *gdb* auswerten kann; das entspricht den Ausdrücken, die Sie mit dem Befehl *print* benutzen können. Bei bedingten Breakpoints können Sie mit dem Befehl *condition* die Bedingung ändern.

Mit dem Befehl *info break* erhalten Sie eine Liste aller Breakpoints und Watchpoints samt ihrem Status. Das gibt Ihnen die Möglichkeit, mit den Befehlen *clear*, *delete* und *disable* Breakpoints zu löschen oder zu deaktivieren. Ein deaktivierter Breakpoint ist nur solange inaktiv, bis Sie ihn wieder aktivieren (mit dem Befehl *enable*) – ein gelöschter Breakpoint wird dagegen endgültig aus der Liste der Breakpoints entfernt. Sie können auch festlegen, daß ein Breakpoint nur einmal aktiviert werden soll – d.h., daß er nach dem ersten Auslösen wieder deaktiviert oder auch gelöscht wird.

Setzen Sie einen Watchpoint mit dem Befehl *watch*, etwa so:

```
watch (numticks < 1024 && incoming != clear)
```

Die Bedingungen für Watchpoints sind dieselben wie die für Breakpoints.

Debuggen auf Assemblerebene

gdb ist auch in der Lage, auf der Assemblerebene zu debuggen, so daß Sie das Innenleben Ihres Programms genauestens analysieren können. Wenn Sie allerdings verstehen möchten, was Sie dort sehen, brauchen Sie sowohl Kenntnisse der Prozessorarchitektur und Assemblersprache als auch ein gewisses Verständnis davon, wie die CPU den Prozessen ihren Adreßraum zuordnet. Es kann nicht schaden, wenn Sie zum Beispiel die Regeln verstehen, nach denen Stack Frames aufgebaut und Funktionen aufgerufen, Parameter und Rückgabewerte übergeben werden usw. Jedes beliebige Buch über die Programmierung des Protected Mode der 80386/80486er CPUs klärt Sie darüber auf. Aber seien Sie vorsichtig: Die Programmierung des Protected Mode dieser CPUs ist völlig anders als die des Real Mode (der in der MS-DOS-Welt benutzt wird). Informieren Sie sich auf jeden Fall über die Programmierung des echten Protected Mode für den 386er, oder Sie riskieren die endgültige Verwirrung.

Die wichtigsten *gdb*-Befehle beim Debuggen auf Assemblerebene sind *nexti*, *stepi* und *disass*. *nexti* entspricht dem Befehl *next*, aber es springt zum nächsten Befehl statt zur nächsten Zeile im Quellcode; in ähnlicher Weise ist *stepi* das Gegenstück zu *step*.

Mit dem Befehl *disass* können Sie einen bestimmten Programmausschnitt disassemblieren. Geben Sie die Adresse des Bereichs direkt oder den Namen der Funktion an. Wenn Sie beispielsweise die Funktion *play_timeout* disassemblieren möchten, geben Sie ein:

```
(gdb) disass play_timeout
Dump of assembler code for function play_timeout:
to 0x2ac:
0x21c <play_timeout>:          pushl  %ebp
0x21d <play_timeout+1>:        movl   %esp,%ebp
0x21f <play_timeout+3>:        call   0x494 <control_update_all>
0x224 <play_timeout+8>:        movl   0x952f4,%eax
0x229 <play_timeout+13>:       decl   %eax
0x22a <play_timeout+14>:       cmpl   %eax,0x9530c
0x230 <play_timeout+20>:       jne    0x24c <play_timeout+48>
0x232 <play_timeout+22>:       jmp    0x29c <play_timeout+128>
0x234 <play_timeout+24>:       nop
0x235 <play_timeout+25>:       nop
...
0x2a8 <play_timeout+140>:      addb   %al,(%eax)
0x2aa <play_timeout+142>:      addb   %al,(%eax)
(gdb)
```

Dies ist dasselbe wie der Befehl *disass 0x21c* (wobei 0x21c die Anfangsadresse der Funktion *play_timeout* ist).

Sie können dem Befehl *disass* ein optionales zweites Argument mitgeben, und die Disassemblierung wird dann bis zu dieser zweiten Adresse durchgeführt. Mit *disass 0x21c 0x232* werden nur die ersten sieben Zeilen dieses Assemblerlistings angezeigt (der Befehl an der Adresse 0x232 erscheint nicht auf dem Bildschirm).

Wenn Sie die Befehle *nexti* und *stepi* häufig benutzen, ist es vielleicht einfacher, statt dessen

```
display/i $pc
```

einzugeben. Damit bewirken Sie, daß nach jedem *nexti*- oder *stepi*-Befehl die aktuelle Adresse angezeigt wird. Mit *display* bestimmen Sie, welche Variablen beobachtet oder welche Befehle nach jedem Schrittbefehl ausgeführt werden sollen. $pc ist ein *gdb*-internes Register, das dem Programmzähler (program counter) der CPU entspricht, der immer die Adresse des aktuellen Befehls enthält.

Emacs und gdb

Kapitel 9

Emacs (das wir im Abschnitt »Der Editor Emacs« in Kapitel 9 beschreiben) kennt einen Debugging-Modus, der den Aufruf von *gdb* – oder eines anderen Debuggers – innerhalb der Debugging-Umgebung von Emacs gestattet. Diese sogenannte »Grand Unified Debugger«-Library ist ausgesprochen umfangreich und erlaubt das vollständige Debuggen und Editieren, ohne daß Sie Emacs verlassen müssen.

Starten Sie *gdb* unter Emacs, indem Sie den Emacs-Befehl `M-x gdb` mit dem Namen der zu debuggenden ausführbaren Datei als Argument eingeben. Emacs wird einen Puffer für die Interaktion mit dem *gdb* öffnen, der so ähnlich wie *gdb* alleine funktioniert. Sie können anschließend mit *core-file* eine Core-Datei laden oder *gdb* mit *attach* an einen laufenden Prozeß anhängen.

Jedesmal wenn Sie einen neuen Frame erreichen (zum Beispiel wenn ein Breakpoint ausgelöst wird), öffnet *gdb* ein eigenes Fenster mit dem Quellcode, der zum aktuellen Frame gehört. In diesem Puffer können Sie den Quellcode editieren wie in einer normalen Emacs-Sitzung, aber die aktuelle Zeile des Programmcodes wird durch einen Pfeil hervorgehoben (aus den Zeichen »=>«). Auf diese Weise können Sie in einem Fenster den Quellcode verfolgen und im anderen *gdb*-Befehle ausführen.

Innerhalb des Debugging-Fensters sind verschiedene spezielle Tastenkombinationen wirksam. Diese sind allerdings ziemlich lang, so daß sie nicht unbedingt bequemer sind als der direkte Aufruf von *gdb*-Befehlen. Zu den häufig benutzten Befehlen gehören:

`C-x C-a C-s`
: Entspricht dem *gdb*-Befehl *step* und erneuert das Quellcodefenster dementsprechend.

`C-x C-a C-i`
: Entspricht dem Befehl *stepi*.

`C-x C-a C-n`
: Entspricht dem Befehl *next*.

`C-x C-a C-r`
: Entspricht dem Befehl *continue*.

`C-x C-a <`
: Entspricht dem Befehl *up*.

`C-x C-a >`
: Entspricht dem Befehl *down*.

Wenn Sie Ihre Befehle auf die traditionelle Art eingeben, können Sie mit `M-p` zu bereits ausgeführten Befehlen zurückgehen und mit `M-n` vorwärts durch die Befehle blättern. Sie können auch die Emacs-Befehle zum Suchen, zur Cursorbewegung usw. benutzen, um sich im Puffer umherzubewegen. Insgesamt gesehen ist die Benutzung des *gdb* innerhalb von Emacs viel bequemer als von der Shell aus.

Außerdem können Sie den Quellcode in *gdb*s Quelltextpuffer editieren; der Hinweispfeil ist im abgespeicherten Quellcode nicht mehr enthalten.

Emacs ist extrem anpassungsfähig, und Sie könnten selbst eine ganze Reihe von Erweiterungen zu seiner *gdb*-Schnittstelle schreiben. Sie könnten unter Emacs bestimmte Tasten mit häufig benutzten *gdb*-Befehlen belegen oder das Verhalten des Quelltextfensters beeinflussen. (Es ließen sich beispielsweise alle Breakpoints irgendwie hervorheben oder Tasten zum Deaktivieren und Löschen von Breakpoints definieren.)

Tools für die Programmierung

Neben den Programmiersprachen und Compilern gibt es noch eine Fülle von Programmiertools, u.a. Libraries, Programme zum Erstellen von Bedienoberflächen, Debugger und andere Tools, die Sie bei der Programmierung unterstützen sollen. Wir werden in diesem Abschnitt einige der interessanteren Tools besprechen, damit Sie einen Eindruck davon bekommen, was überhaupt verfügbar ist.

Debugger

Es gibt etliche interaktive Debugger für Linux. Der De-facto-Standard ist *gdb*, den wir ausführlich besprochen haben.

Neben *gdb* existieren einige andere Debugger, die dem *gdb* sehr ähnlich sind. *xxgdb* ist eine Version von *gdb* mit einer Schnittstelle zum X Window System, die dem Debugger *xdbx* ähnelt, den man auf anderen UNIX-Systemen findet. Diese X-basierte Schnittstelle zeigt ein Fenster, das mehrfach unterteilt ist. Ein Ausschnitt stellt die normale Textschnittstelle von *gdb* dar, so daß Sie von Hand Befehle eingeben können, um das System zu bedienen. Ein anderer Ausschnitt zeigt automatisch die aktuelle Quelldatei an und hebt die aktuelle Textzeile hervor. Im Hauptfenster können Sie Breakpoints setzen und auswählen, durch den Quelltext blättern usw., während Sie Ihre Befehle direkt an den *gdb* schicken. Im *xxgdb*-Fenster erscheinen auch einige Schaltflächen, hinter denen sich häufig benutzte Befehle wie *step*, *next* usw. verbergen. Auf diese Weise können Sie mit Maus und Tastatur innerhalb einer einfach zu bedienenden X-Oberfläche Ihr Programm debuggen.

Ein anderer, dem *xxgdb* ähnlicher Debugger, ist UPS – ein X-basierter Debugger, der auf einige UNIX-Plattformen portiert wurde. UPS ist wesentlich einfacher als *xxgdb* und bietet weniger Möglichkeiten, ist aber trotzdem ein guter Debugger mit einer weniger anspruchsvollen Lernkurve als *gdb*. UPS ist ausreichend für die meisten Anwendungen und einfaches Debugging.

Tools für Profiling und Leistungsmessung

Es gibt mehrere Utilities, mit deren Hilfe Sie die Leistungen Ihres Programms messen und beurteilen können. Diese Tools helfen beim Aufspüren von Engpässen in Ihrem Code – Stellen, an denen die Leistung einbricht. Mit diesen Tools erhalten Sie auch einen Überblick über die Aufrufstruktur Ihres Programms und können feststellen, welche Funktionen woher und wie oft aufgerufen werden. (Alles, was Sie schon immer über Ihr Programm wissen wollten, aber nicht zu fragen wagten.)

gprof ist ein Profiling-Utility, das Ihnen ausführliche Statistiken zum Ablauf Ihres Programms liefert – beispielsweise, wie oft eine Funktion aufgerufen wird, von wo, die Laufzeit für jede einzelne Funktion usw.

Wenn Sie *gprof* auf ein Programm anwenden möchten, müssen Sie beim Kompilieren die Option *-pg* von *gcc* benutzen. Damit werden Profiling-Informationen in die Objektdatei geschrieben und Standard-Libraries in die ausführbare Datei eingebunden, die das Profiling aktiviert haben.

Nachdem Sie das Programm mit der Option *-pg* kompiliert haben, können Sie es ganz normal starten. Wenn es ohne Fehler beendet wird, finden Sie im Arbeitsverzeichnis des Programms die Datei *gmon.out* vor. Sie enthält die Profiling-Informationen für diesen Programmlauf und kann mit *gprof* benutzt werden, um die Statistiken darzustellen.

Als Beispiel wollen wir ein Programm namens *getstat* benutzen, das statistische Informationen zu einer Bilddatei erstellt. Wir kompilieren also *getstat* mit der Option *-pg* und rufen es auf:

```
papaya$ getstat image11.pgm > stats.dat
papaya$ ls -l gmon.out
-rw-------   1 mdw      mdw         54448 Feb  5 17:00 gmon.out
papaya$
```

Die Profiling-Informationen wurden tatsächlich in *gmon.out* abgelegt.

Wir rufen anschließend *gprof* mit dem Namen der ausführbaren Datei und der Datei *gmon.out* auf:

```
papaya$ gprof getstat gmon.out
```

Wenn Sie den Namen der Profiling-Datei nicht angeben, wird *gprof* nach dem Namen *gmon.out* suchen; wenn Sie auch den Namen der ausführbaren Datei nicht angeben, nimmt *gprof* an, daß *a.out* gemeint ist.

gprof gibt ziemlich ausführliche Meldungen aus; vielleicht sollten Sie die Ausgabe in eine Datei schreiben lassen oder durch einen Pager leiten. Die Ausgabe besteht aus zwei Teilen. Der erste Teil ist ein »flaches Profil« mit einem einzeiligen Eintrag zu jeder Funktion. Dieser Eintrag enthält die Zeit, die in der Funktion verbracht wurde, als Prozentwert, die absolute Zeit (in Sekunden) für die Ausführung dieser

Funktion, die Anzahl der Aufrufe dieser Funktion und weitere Informationen. Ein Beispiel:

```
Each sample counts as 0.01 seconds.
  %   cumulative   self              self     total
 time   seconds   seconds    calls  ms/call  ms/call  name
 45.11     27.49    27.49       41   670.51   903.13  GetComponent
 16.25     37.40     9.91                             mcount
 10.72     43.93     6.54  1811863     0.00     0.00  Push
 10.33     50.23     6.30  1811863     0.00     0.00  Pop
  5.87     53.81     3.58       40    89.50   247.06  stackstats
  4.92     56.81     3.00  1811863     0.00     0.00  TrimNeighbors
```

Falls in der Ausgabe einige der Felder leer bleiben, war *gprof* nicht in der Lage, genauere Werte zu einer Funktion zu ermitteln. Das liegt meistens daran, daß Teile des Programmcodes nicht mit der Option *-pg* kompiliert wurden – wenn Sie beispielsweise Routinen außerhalb der Standard-Libraries aufrufen, die nicht mit *-pg* kompiliert wurden, kann *gprof* nicht allzu viel über solche Routinen in Erfahrung bringen. In der obenstehenden Ausgabe läßt sich erkennen, daß *mcount* wahrscheinlich nicht für das Profiling kompiliert wurde.

Wir können auch ablesen, daß insgesamt 45,11% der Zeit in der Funktion *GetComponent* verbracht wurden – immerhin 27,49 Sekunden. Liegt das daran, daß *GetComponent* schrecklich ineffizient arbeitet, oder hat *GetComponent* viele andere langsame Funktionen aufgerufen? Die Funktionen *Push* und *Pop* sind während der Programmausführung sehr, sehr oft aufgerufen worden – haben wir damit die Schuldigen gefunden?[2]

Bei dieser Frage kann uns der zweite Teil der *gprof*-Ausgabe weiterhelfen. Er enthält einen detaillierten »Aufruf-Graphen«, aus dem Sie ablesen können, welche Funktionen andere Funktionen aufgerufen haben und wie oft. Ein Beispiel:

```
index % time    self  children    called     name
                                                 <spontaneous>
[1]     92.7    0.00   47.30                 start [1]
                0.01   47.29       1/1           main [2]
                0.00    0.00       1/2           on_exit [53]
                0.00    0.00       1/1           exit [172]
```

In der ersten Spalte des Aufruf-Graphen finden wir den Index – eine eindeutige Nummer, die jeder Funktion zugeordnet wird; mit Hilfe des Index können Sie andere Funktionen im Graphen finden. In unserem Beispiel wird die erste Funktion, *start*, beim Programmstart implizit aufgerufen. *start* hat einschließlich seiner Kindprozesse 92,7% der Gesamtlaufzeit in Anspruch genommen (47,3 Sekunden), aber selbst nur sehr wenig Laufzeit verbraucht. Das liegt daran, daß *start* allen anderen Funktionen im Programm, einschließlich *main*, übergeordnet ist – deshalb ist es nicht ungewöhnlich, daß *start* mit seinen Ablegern soviel Programmlaufzeit beansprucht.

2 Das ist in den Programmen des Autors jederzeit möglich!

Der Aufruf-Graph stellt in der Regel zu jeder Funktion die Eltern- ebenso wie die Kindfunktionen dar. In unserem Beispiel können wir ablesen, daß *start* die Funktionen *main*, *on_exit* und *exit* aufgerufen hat (unter der Zeile für *start*). Allerdings gibt es keine Elternfunktion, die normalerweiser über *start* erscheinen würde – statt dessen finden wir dort das ominöse <spontaneous>. Das bedeutet, daß *gprof* nicht in der Lage war, die Elternfunktion zu *start* zu ermitteln – wahrscheinlich, weil *start* nicht aus dem Programm heraus aufgerufen, sondern vom Betriebssystem angestoßen wurde.

Gehen wir weiter zu der Funktion, die wir im Verdacht haben, *GetComponent*. Dort sehen wir:

```
index % time    self  children    called     name
                0.67    0.23       1/41          GetFirstComponent [12]
               26.82    9.30      40/41          GetNextComponent [5]
[4]     72.6   27.49    9.54      41         GetComponent [4]
                6.54    0.00 1811863/1811863     Push [7]
                3.00    0.00 1811863/1811863     TrimNeighbors [9]
                0.00    0.00       1/1           InitStack [54]
```

Die Elternfunktionen von *GetComponent* sind *GetFirstComponent* und *GetNextComponent*, und seine Kindfunktionen sind *Push*, *TrimNeighbors* und *InitStack*. Wie wir sehen, wurde *GetComponent* 41 Mal aufgerufen – einmal von *GetFirstComponent* und 40 mal von *GetNextComponent*. In der Ausgabe von *gprof* finden Sie Hinweise, die weitere Details zum Bericht liefern.

GetComponent selbst läuft für mehr als 27,49 Sekunden – nur 9,54 Sekunden werden gebraucht, um die Kinder von *GetComponent* auszuführen (einschließlich der vielen Aufrufe von *Push* und *TrimNeighbors*!). Es sieht also so aus, als ob *GetComponent* und eventuell seine Elternfunktion *GetNextComponent* überarbeitet werden sollten. Die häufig aufgerufene Funktion *Push* ist nicht die einzige Ursache des Problems.

gprof ist auch in der Lage, rekursive Aufrufe sowie sich immer wieder gegenseitig aufrufende Funktionen zu verfolgen und die Zeit für jeden Aufruf zu registrieren. Natürlich müssen alle Bestandteile des Programmcodes, die einem Profiling unterworfen werden sollen, mit der Option *-pg* kompiliert werden, damit *gprof* mit Erfolg benutzt werden kann. Außerdem sollten Sie das Programm kennen, das Sie untersuchen möchten – *gprof* kann nur eine gewisse Menge an Informationen ermitteln. Es liegt am Programmierer, ineffizienten Code zu verbessern.

Eine abschließende Bemerkung zu *gprof*: Wenn Sie es auf ein Programm ansetzen, das nur wenige Funktionen aufruft und sehr schnell läuft, erhalten Sie eventuell keine aussagekräftigen Ergebnisse. Die Laufzeiten werden meist in recht großen Zeiteinheiten gemessen – etwa in Hundertstelsekunden –, und wenn viele Funktionen in Ihrem Programm schneller sind, kann *gprof* die Laufzeiten der einzelnen

Funktionen nicht mehr unterscheiden (und rundet dann auf die nächste Hundertstelsekunde auf oder ab). Um brauchbare Profiling-Informationen zu erhalten, müssen Sie Ihr Programm vielleicht unter ungewöhnlichen Umständen laufen lassen – etwa indem Sie es mit besonders vielen Daten füttern, wie wir das in unserem Beispiel getan haben.

Falls *gprof* mehr leistet, als Sie benötigen, können Sie mit dem Programm *calls* eine Baumstruktur aller Funktionsaufrufe in Ihrem C-Quellcode erstellen. Diese Struktur können Sie entweder zu einem Index aller aufgerufenen Funktionen oder zu einer hierarchischen Darstellung der Programmstruktur weiterverarbeiten.

Die Benutzung von *calls* ist sehr einfach. Sie geben dem Programm einfach die Namen der Quelldateien mit, die es analysieren soll, und schon wird die Aufrufstruktur angezeigt. Ein Beispiel:

```
papaya$ calls scan.c
    1   level1 [scan.c]
    2           getid [scan.c]
    3                   getc
    4                   eatwhite [scan.c]
    5                           getc
    6                           ungetc
    7                   strcmp
    8           eatwhite [see line 4]
    9           balance [scan.c]
   10                   eatwhite [see line 4]
```

calls ist so voreingestellt, daß es auf jeder Ebene der Baumstruktur nur ein Vorkommen jeder aufgerufenen Funktion auflistet (wenn also *printf* innerhalb einer bestimmten Funktion fünf Mal aufgerufen wird, erscheint es nur einmal). Mit dem Schalter *-a* werden alle Vorkommen aufgelistet. Es gibt weitere Optionen zu *calls*; mit *calls -h* erhalten Sie eine Zusammenfassung.

strace benutzen

strace ist ein Tool, das die Systemaufrufe anzeigt, die ein laufendes Programm durchführt. Das kann bei der Analyse eines Programms zur Laufzeit eine große Hilfe sein – allerdings erfordert es einige Kenntnisse der Programmierung auf der Ebene der Systemaufrufe. Wenn Sie beispielsweise die Library-Routine *printf* in einem Programm benutzen, wird *strace* nur Informationen zum darunterliegenden Systemaufruf *write* anzeigen, wenn dieser ausgeführt wird. Die Ausgaben von *strace* können ziemlich umfangreich werden – d.h. in einem Programm finden viele Systemaufrufe statt, deren sich der Programmierer vielleicht nicht bewußt ist. Trotzdem ist *strace* ein nützliches Tool, um schnell die Ursache eines Programmabsturzes oder anderer Merkwürdigkeiten zu ermitteln.

Wir benutzen noch einmal das »Hello, World!«-Programm vom Anfang des Kapitels. Wenn wir *strace* auf die ausführbare Datei ansetzen, erhalten wir:

```
papaya$ strace hello
uselib("/lib/ld.so") = 0
open("/etc/ld.so.conf", RDONLY, 0) = 3
fstat(3, [dev 3 2 ino 4143 nlnks 1 ...]) = 0
read(3, "/usr/local/lib\n/usr/X386/lib\n", 29) = 29
close(3) = 0
access("/usr/local/lib/libc.so.4", 0) = -1 (No such file or directory)
access("/usr/X386/lib/libc.so.4", 0) = -1 (No such file or directory)
access("/usr/lib/libc.so.4", 0) = -1 (No such file or directory)
access("/lib/libc.so.4", 0) = 0
uselib("/lib/libc.so.4") = 0
munmap(0x62f00000, , 16384, ) = 0
brk(0) = 0x2000
fstat(1, [dev 3 2 ino 24040 nlnks 1 ...]) = 0
brk(5000) = 0x5000
brk(6000) = 0x6000
ioctl(1, TCGETS, 0xbffff80c) = 0
write(1, "Hello, World!\n", 14) = 14
Hello, World!
exit(0) = ?
papaya$
```

Das ist wahrscheinlich viel mehr, als Sie von einem kleinen Programm erwartet hatten. Wir wollen die Ausgabe Schritt für Schritt durchgehen und dabei erklären, was passiert.

Der erste *uselib*-Aufruf ist in die ausführbare Datei eingebettet; er lädt die *ld.so*-Library, die von Programmen benutzt wird, die mit Shared Libraries gebunden werden. Der Systemaufruf *open* öffnet die Konfigurationsdatei *ld.so.conf*, die anschließend gelesen (*read*) und wieder geschlossen (*close*) wird. Die vier Aufrufe von *access* sind Versuche, das Shared Library-Image *libc.so.4* zu finden, mit dem das Programm gebunden wurde. Beim vierten Versuch (für jedes Shared Library-Image wird ein »Library-Path« durchsucht), wird die Datei in */lib/libc.so.4* gefunden und dann mit einem *uselib*-Aufruf geladen.

Die Aufrufe von *munmap* (das den memory-mapped Teil einer Datei ausblendet) und *brk* (das auf dem Stapel Speicher alloziert) setzen die Speicherverwaltung des Prozesses auf. *ioctl* ist das Resultat eines Aufrufs der Bibliothek *tcgetattr*, die die Terminaleigenschaften ermittelt, bevor an das Terminal geschrieben wird. Zum Schluß gibt der Aufruf von *write* unsere freundliche Nachricht an das Terminal aus, und *exit* beendet das Programm.

strace schickt seine Ausgaben an die Standardfehlerausgabe; Sie haben also die Möglichkeit, diese Meldungen getrennt von den Ausgaben des Programms selbst (die meist an die Standardausgabe gehen) in eine Datei zu schreiben. Wie Sie sehen, gibt *strace* nicht nur die Namen der Systemaufrufe aus, sondern auch ihre Parameter (wenn möglich in Form von wohlbekannten Namen von Konstanten statt in Form von Zahlenwerten) und die Rückgabewerte.

make und imake

Wir haben bereits *make* vorgestellt, den Projektmanager, mit dem u.a. ganze Programmprojekte kompiliert werden. Ein Problem mit *make* ist, daß die Makefiles nicht ganz einfach zu erstellen sind. Wenn große Projekte anstehen, kann es langweilig werden, ein Makefile zu schreiben, das alle möglichen Quelldateien berücksichtigt. Selbst mit den internen Voreinstellungen von *make* bleibt häufig mehr Arbeit zu tun, als das der Fall sein sollte.

Die Benutzung von *imake*, einer Erweiterung zu *make*, die den C-Präprozessor verwendet, ist eine mögliche Lösung des Problems. *imake* erzeugt einfach Makefiles – Sie schreiben ein Imakefile, das *imake* in ein brauchbares Makefile umwandelt. *imake* wird von Programmen in der »X Window System«-Distribution benutzt, kann aber nicht nur mit X-Anwendungen eingesetzt werden.

Wir wollen gleich an dieser Stelle darauf hinweisen, daß *imake* das Erstellen von Makefiles vereinfachen kann; insbesondere, wenn C-Programme kompiliert werden. Allerdings ist im allgemeinen *make* für diese Aufgabe viel eher geeignet als *imake*. So können Sie *make* beispielsweise zusammen mit *groff* oder TeX dazu bringen, Schriftstücke automatisch zu formatieren. In diesem Fall sind Sie auf die Flexibilität von *make* angewiesen, und *imake* ist vielleicht nicht die beste Lösung.

Wir zeigen Ihnen hier ein Beispiel für ein Imakefile, das die beiden Programme *laplacian* und *getstat* kompiliert. Am Anfang des Imakefiles stehen Optionen, die die gesamte Kompilierung betreffen (*imake* hat seine eigenen Voreinstellungen hierfür, aber die sind nicht immer hilfreich). Anschließend werden für jedes zu kompilierende Programm Variablen definiert, und mit den *imake*-Makros `AllTarget` und `NormalProgramTarget` werden Makefile-Regeln für die Kompilierung dieser Programme aufgestellt.

```
# Linker-Optionen:
LDOPTIONS = -L/usr/local/lib -L../lib
# Benutze diesen C-Compiler:
CC = gcc
# Benutze diese Flags mit gcc:
CFLAGS = -I. -I$(HOME)/include -g
# Binde mit diesen lokalen und System-Libraries:
LOCAL_LIBRARIES = -lvistuff
SYS_LIBRARIES = -lm

# Bestimme die Quelldateien in der Variablen SRCS und die entsprechenden
# Objektdateien in der Variablen LAP_OBJS:
SRCS = laplacian.c laplacian-main.c
```

```
LAP_OBJS = laplacian.o laplacian-main.o

# Stelle Regeln für laplacian auf:
AllTarget(laplacian)
NormalProgramTarget(laplacian,$(LAP_OBJS),,$(LOCAL_LIBRARIES),$(SYS_LIBRARIES))

# Dasselbe für getstat. Beachten Sie, daß SRCS für jedes Ziel neu
# definiert werden kann, aber LAP_OBJS nicht; wir benutzen deshalb einen
# eindeutigen Namen für jedes Ziel.
SRCS = getstat.c getstat-main.c component.c
GS_OBJS = getstat.o getstat-main.o component.o

AllTarget(getstat)
NormalProgramTarget(getstat,$(GS_OBJS),,$(LOCAL_LIBRARIES),$(SYS_LIBRARIES))
```

Beachten Sie, daß wir für jedes Ziel eine andere Variable für die Objektdatei benutzen müssen, während `SRCS` immer wieder neu definiert werden kann.

Geben Sie den Befehl *xmkmf* ein, um aus dem Imakefile ein Makefile zu erstellen. *xmkmf* ruft einfach *imake* mit den für die Übersetzung geeigneten Optionen auf und benutzt dabei die Standardmakros von *imake* (wie `AllTarget` und `NormalProgramTarget`). Anschließend können Sie mit *make* das Programm kompilieren.

```
papaya$ xmkmf
mv Makefile Makefile.bak
imake -DUseInstalled -I/usr/X386/lib/X11/config
papaya$
```

imake(1)
xmkmf(1)
[68] imake

Falls Sie Ihre eigenen *imake*-Makros einsetzen möchten, können Sie *imake* von Hand mit den entsprechenden Optionen aufrufen. In den Manual-Pages zu *imake* und *xmkmf* finden Sie weitere Informationen. Das Buch *Software Portability with imake* von Paul DuBois bietet ebenfalls eine Beschreibung dieses Systems.

Für den Fall, daß Ihnen *imake* zu kompliziert vorkommt, gibt es andere »Makefile-Generatoren« – etwa *ICmake*, das Makefiles mit Hilfe einer Makrosprache erstellt, die sehr an C erinnert.

Checker benutzen

Checker ersetzt die verschiedenen Routinen, die von C-Programmen für die Speicherverwaltung benutzt werden (wie zum Beispiel *malloc*, *realloc* und *free*). Checker hat die besseren Prozeduren zur Verwaltung des Speichers sowie Code, der unzulässige Speicherzugriffe und häufig gemachte Fehler entdeckt (wie zum Beispiel den Versuch, einen Speicherbereich mehr als einmal freizugeben). Wenn Ihr Programm kritische Speicherzugriffe durchführen möchte, wird Checker ausführliche Fehlermeldungen ausgeben und Ihnen damit helfen, Segmentierungsfehler in Ihrem Programm abzufangen, bevor sie auftreten. Checker ist außerdem in der Lage, Speicherverluste zu verhindern – beispielsweise solche Stellen im Code, an denen Speicher mit *malloc* zugewiesen und anschließend nicht mit *free* wieder freigegeben wird.

Checker ist mehr als nur ein Ersatz für *malloc* und Co. Es fügt auch Code in Ihr Programm ein, der alle Lese- und Schreibzugriffe auf den Speicher verifiziert. Es ist äußerst robust und deshalb etwas langsamer als die üblichen *malloc*-Routinen. Checker ist für den Einsatz während der Programmentwicklung und -tests gedacht – sobald alle potentiellen Speicherfehler beseitigt sind, können Sie Ihr Programm mit den Standardbibliotheken binden.

Lassen Sie uns folgendes Beispielprogramm betrachten, das Speicher zuordnet und dann verschiedene haarige Dinge damit anzustellen versucht:

```
#include <malloc.h>
int main() {
  char *thememory, ch;

  thememory=(char *)malloc(10*sizeof(char));

  ch=thememory[1];      /* Attempt to read uninitialized memory */
  thememory[12]=' ';    /* Attempt to write after the block */
  ch=thememory[-2];     /* Attempt to read before the block */
}
```

Wir kompilieren dieses Programm einfach mit der Option *-lchecker*, so daß es mit den Checker-Libraries gebunden wird. Nach dem Aufruf erhalten wir (u.a.) folgende Fehlermeldungen:

```
From Checker:
        Memory access error
        When Reading at address 0x10033
        inside the heap
        1 bytes after the begin of the block
From Checker:
        Memory access error
        When Writing at address 0x1003e
        inside the heap
        2 bytes after the end of the block
From Checker:
        Memory access error
        When Reading at address 0x10030
        inside the heap
        2 bytes before the begin of the block
```

Zu jedem Speicherfehler gibt Checker eine Meldung aus und teilt uns mit, was passiert ist. Die vollständigen Fehlermeldungen von Checker enthalten auch Informationen darüber, wo das Programm ausgeführt wird und wo der Speicherblock vergeben wurde. Auf Wunsch können Sie noch mehr Informationen aus Checker herauskitzeln – zusammen mit einem Debugger wie *gdb* lassen sich Problemstellen dann leicht finden.[3]

Checker enthält auch einen Garbage-Collector und -Detector, den Sie aus Ihrem Programm heraus aufrufen können. Kurz gesagt: Der Garbage-Detector informiert Sie über alle Speicherverluste – Stellen, an denen eine Funktion mit *malloc* Speicher zugewiesen hat, den sie vor der Rückkehr nicht mit *free* wieder freigegeben hat. Der Garbage-Collector untersucht den Stapel und bereinigt die Folgen solcher Speicherverluste. Sie können Garbage-Collector und -Detector auch von Hand aufrufen, während Sie Ihr Programm innerhalb von *gdb* laufen lassen (weil *gdb* den direkten Aufruf von Funktionen zur Laufzeit unterstützt).

Tools für die Erstellung von Benutzerschnittstellen

Es gibt eine Reihe von Anwendungen und Bibliotheken, die auf einfache Weise die Erstellung von Benutzerschnittstellen für Ihre Programme unter dem X Window System unterstützen. Wenn Sie sich nicht mit der Komplexität der X-Programmierschnittstelle auseinandersetzen möchten, ist eines dieser einfachen Tools zum Erstellen einer Benutzerschnittstelle vielleicht genau das, was Sie suchen. Es gibt auch Tools, die die Erstellung von textbasierten Schnittstellen für solche Programme unterstützen, die nicht unter X laufen.

Die klassische X-Programmierung wollte so allgemein wie möglich bleiben und nur ein absolutes Minimum an Beschränkungen und Voraussetzungen für das Interface vorschreiben. Das gibt den Programmierern die Möglichkeit, ihre eigenen Schnittstellen »von Grund auf« zu entwerfen, weil die zugrundeliegenden X-Bibliotheken vorab keinerlei Voraussetzungen an das Interface stellen. Das X-Toolkit Intrinsics (Xt) stellt einige wenige Interface-Widgets (etwa einfache Schaltflächen, Laufleisten und Ähnliches) zur Verfügung; außerdem ist ein generelles Interface zum Schreiben eigener Widgets vorhanden. Unglücklicherweise steht den Programmierern, die lieber einen Satz vorgefertigter Interface-Routinen benutzen würden, eventuell eine Menge Arbeit ins Haus. Eine Reihe von Xt-Widget-Sets und Bibliotheken stehen unter Linux zur Verfügung, die alle dazu beitragen, daß die Benutzerschnittstelle einfacher zu erstellen ist.

Zusätzlich gibt es von verschiedenen Quellen die kommerzielle Motif-Library und das Widget-Set in einer Einzelplatzversion zu einem günstigen Preis. Außerdem existiert die XView-Library mit Widget-Interface als eine weitere Alternative zur Erstellung von Schnittstellen mit Xt. XView und Motif sind zwei Sammlungen von X-basierten Programmbibliotheken, die in mancher Hinsicht einfacher zu programmieren sind als das X-Toolkit Intrinsics. Es gibt viele Anwendungsprogramme, die Motif und XView nutzen – etwa XVhelp (ein System, mit dem Sie eine interaktive

3 Wir haben die Ausgabe editiert, um überflüssige Informationen zu entfernen und das Beispiel überschaubarer zu machen.

Hypertext-Hilfefunktion für Ihr Programm erzeugen). Binärcode, der mit Motif statisch gebunden wurde, darf ohne Einschränkungen weitergegeben werden und kann so auch von Leuten benutzt werden, die kein eigenes Motif haben.

Zu den Widget-Sets und Interface-Libraries für X gehören:

- *Xm++*, eine Sammlung von C++-Routinen für die Widget-Sets Athena und Motif (für die Programmierer, die lieber mit dem objektorientierten C++ arbeiten).
- *fwf*, ein Satz von Xt-Widgets von der Free Widget Foundation.
- Xaw3D, eine angepaßte Version der Athena-Widgets, die ein dreidimensionales, Motif-ähnliches Look-and-Feel vermittelt.

Viele Leute sind der Meinung, daß die Athena-Widgets zu schlicht aussehen. Xaw3D ist vollständig kompatibel zu den Standard-Athena-Widgets und kann sogar benutzt werden, um die Athena-Libraries auf Ihrem System zu ersetzen; dadurch bekommen alle Programme, die Athena benutzen, ein modernes Aussehen. Xaw3D enthält zusätzlich ein paar Widgets, die in der Athena-Sammlung nicht enthalten sind; etwa ein Layout-Widget mit einer TeX-ähnlichen Schnittstelle zur Bestimmung der Position eines Kind-Widgets.

Ein anderes ausgezeichnetes Paket zur Erstellung von X-basierten Anwendungen ist wxWindows, eine Sammlung von Bibliotheken und Tools, die das Erstellen von Anwendungen sowohl für X als auch für Microsoft Windows 3.1 (unter MS-DOS) unterstützen. Mit wxWindows können Sie denselben C++-Code benutzen, um Anwendungen für XView, Motif und Microsoft Windows zu erstellen; gleichzeitig werden Windows NT- und textbasierte Schnittstellen unterstützt. Zu den vielen Features von wxWindows gehören Menübalken, Werkzeugleisten, Stifte und Pinsel, Fonts und Icons, die Erzeugung von Encapsulated PostScript (zum Ausdrukken), eine Hypertexthilfe, vollständige Dokumentation und noch mehr. Sie finden wxWindows in vielen Linux-Archiven, und Sie brauchen entweder Motif oder XView, um unter Linux X-basierte Anwendungen zu entwickeln.

Viele Programmierer sind der Meinung, daß die Erzeugung von Benutzerschnittstellen, selbst mit einer vollständigen Sammlung von Widgets und C-Routinen, einigen Aufwand verursacht und ziemlich schwierig sein kann. Hier muß man Flexibilität gegen einfache Programmierung abwägen – je einfacher die Schnittstelle erzeugt werden kann, desto weniger Einfluß kann der Programmierer darauf nehmen. Viele Programmierer begnügen sich mit vorgefertigten Widgets, so daß die verlorengegangene Flexibilität keine Rolle mehr spielt.

Eines der Probleme bei der Erzeugung von Schnittstellen und der Programmierung unter X ist die Tatsache, daß es sehr schwierig ist, für die am häufigsten benutzten Elemente einer Benutzerschnittstelle ein allgemeingültiges, einfaches Programmiermodell zu finden. Ein Beispiel: Viele Programme benutzen solche Elemente wie Schaltflächen, Dialogboxen, Pull-down-Menüs usw. – aber fast jedes Programm benutzt diese »Widgets« in einem anderen Kontext. Indem die Tools das Erstellen von graphischen Schnittstellen vereinfachen, machen sie in der Regel auch Annahmen dazu, was Sie haben wollen. Auch dazu ein Beispiel: Es ist kein Problem, zu bestimmen, daß ein Klick auf eine Schaltfläche innerhalb Ihres Programms eine bestimmte Prozedur ausführen soll; was aber passiert, wenn Sie dieser Schaltfläche eine spezielle Aktion zuordnen wollen, die in der Programmierschnittstelle nicht vorgesehen ist? Beispielsweise könnte ein Klick auf diese Schaltfläche unterschiedliche Reaktionen hervorrufen – je nachdem, ob mit der rechten oder der linken Maustaste geklickt wird. Wenn das System zum Erzeugen der Schnittstelle ein solches Maß an Flexibilität nicht vorgesehen hat, ist es für die Programmierer kaum zu gebrauchen, die ein vielseitiges, speziell angepaßtes Interface benötigen.

Die Programmierschnittstelle Tcl/Tk, die wir weiter oben in diesem Kapitel beschrieben haben, wird immer beliebter. Das liegt zum Teil daran, daß sie so einfach zu benutzen ist und ein hohes Maß an Flexibilität bietet. Weil Tcl- und Tk-Routinen sowohl von interpretierten »Skripten« als auch aus einem C-Programm heraus aufgerufen werden können, ist es nicht schwierig, die Schnittstellenfunktionen dieser Sprache und dieses Toolkits mit Funktionen im Programm zu verknüpfen. Die Arbeit mit Tcl und Tk ist insgesamt weniger anspruchsvoll, als die direkte Programmierung mit Xlib und Xt zu erlernen (zusammen mit den unzähligen Widget-Sets).

TclMotif, eine Version von Tcl, die mit dem beliebten Widget-Set von Motif gebunden wurde, ist ebenfalls für Linux erhältlich. Man sagt den Motif-Widgets nach, daß sie einfach zu programmieren und angenehm zu benutzen sind. Der Vorteil von TclMotif ist, daß die ausführbare Datei frei verteilt werden darf, obwohl Motif selbst ein kommerzielles Produkt ist. Sie müssen also nicht Motif besitzen, um TclMotif zu benutzen. TclMotif gestattet es, daß Sie Programme schreiben, die über die Tcl-Schnittstelle die Widgets und Routinen von Motif benutzen. Eine statisch gebundene ausführbare Datei finden Sie auf einer Reihe von Linux-FTP-Rechnern und bei anderen Quellen. Falls Sie aus irgendeinem Grund vorhaben, TclMotif selbst neu zu kompilieren, müßten Sie dazu erst Motif besitzen.

Wafe ist eine andere Version von Tcl/Tk, die auch die Athena-Widgets sowie diverse andere Tools enthält, die die Programmierung vereinfachen. Wenn Sie bisher Xt mit den Athena-Widgets programmiert haben, aber jetzt auf Tcl und Tk umsteigen möchten, haben Sie mit Wafe einen guten Startpunkt gefunden.

Kapitel 12

Mit Tcl und Tk können Sie um ein existierendes Programm herum eine komplette X-basierte Schnittstelle mit Fenstern, Schaltflächen, Menüs, Laufleisten und anderen Dingen erzeugen. Sie können entweder von einem Tcl-Skript aus (wie im Abschnitt »Programmieren mit Tcl und Tk« in Kapitel 12, *Programmiersprachen,* beschrieben) oder aus einem C-Programm heraus auf die Schnittstelle zugreifen.

Ein anderes Tool zum Erstellen von Schnittstellen, das große Ähnlichkeiten mit Tcl und Tk aufweist, ist *xtpanel*. *xtpanel* soll in erster Linie einen X-»Umschlag« (wrapper) um eine existierende textbasierte Anwendung herumlegen. Mit *xtpanel* können Sie ein Fenster mit verschiedenen Bereichen, Ausschnitten zum Editieren von Texten, Schaltflächen, Laufleisten usw. definieren; die Aktionen dieser Widgets verknüpfen Sie dann mit bestimmten Fähigkeiten des Programms. Man könnte beispielsweise mit *xtpanel* nach dem Vorbild von *xxgdb* eine X-basierte Schnittstelle zum Debugger *gdb* erzeugen. Sie könnten darin einen »step«-Button definieren, der nach dem Anklicken den Befehl *step* an die eigentliche *gdb*-Schnittstelle schickt. Man könnte ein Textfenster definieren, in dem der *gdb* in der üblichen Weise benutzt würde. Natürlich wäre es schwierig, mit einem wenig spezialisierten Programm wie *xtpanel* eine komplexere Aufgabe wie die Erzeugung eines Quellcodefensters zu bewerkstelligen.

Wenn Sie ein nettes textbasiertes Interface zu einem Programm suchen, haben Sie mehrere Möglichkeiten. Die *getline*-Library von GNU besteht aus einer Sammlung von Routinen, die weitergehende Möglichkeiten zum Editieren der Befehlszeile und zum Anzeigen von Aufforderungen an den Benutzer enthält; auch das Wiederaufrufen bereits abgeschickter Befehle (command history) und andere Fähigkeiten, die von vielen Programmen genutzt werden, sind enthalten. So lesen zum Beispiel sowohl *bash* als auch *gdb* die Eingaben des Benutzers mit Hilfe der *getline*-Bibliothek.

Kapitel 4

getline schafft auch die Möglichkeiten zum Editieren der Befehlszeile mit *vi*- und Emacs-ähnlichen Befehlen, die man in *bash* und ähnlichen Programmen findet. (Wir beschreiben das Editieren der Befehlszeile unter *bash* im Abschnitt »Tips für schnelle Tipper« in Kapitel 4, *Grundlegende UNIX-Befehle und -Konzepte*.)

Eine andere Möglichkeit besteht darin, eine Sammlung von Emacs-Interface-Routinen für Ihr Programm zu schreiben. Ein Beispiel dafür ist die Schnittstelle zwischen *gdb* und Emacs, die innerhalb von Emacs mehrere Fenster öffnet, Sondertasten definiert usw. (Wir besprechen dieses Interface im Abschnitt »Emacs und gdb«.) Im *gdb*-Code mußten keinerlei Änderungen vorgenommen werden, um diese Schnittstelle zu implementieren – in der Emacs-Library-Datei *gdb.el* können Sie nachschauen, wie das bewerkstelligt wurde. Emacs erlaubt den Aufruf eines Unterprogramms innerhalb eines Textpuffers, und es kennt viele Routinen für die Analyse und Bearbeitung von Text in diesem Puffer. Ein Beispiel: Innerhalb seiner *gdb*-Schnittstelle fängt Emacs die Ausgaben eines Quellcodelistings von *gdb* ab und übergibt das Listing an einen Befehl, der die aktuelle Codezeile in einem anderen Fenster anzeigt. Routinen in Emacs-LISP verarbeiten die Ausgabe von *gdb* und führen anschließend – abhängig von der Ausgabe – bestimmte Aktionen durch.

Der Vorteil eines Zusammenspiels zwischen Emacs und textbasierten Programmen ist, daß Emacs selbst eine ausgefeilte und anpassungsfähige Benutzerschnittstelle darstellt. Der Benutzer kann problemlos Tasten und Befehle nach seinen Wünschen neu belegen – Sie müssen diese Möglichkeiten zur Konfiguration nicht selbst schaffen. Solange die Textschnittstelle des Programms in der Lage ist, mit Emacs zusammenzuarbeiten, läßt sich das auf einfache Weise einrichten. Außerdem ziehen viele Benutzer es vor, beinahe alles innerhalb von Emacs zu tun – das Lesen von E-Mail und News ebenso wie das Kompilieren und Debuggen von Programmen. Wenn Sie Ihr Programm mit einem Emacs-Front-End versehen, erleichtern Sie diesen Leuten die Benutzung des Programms. Ihr Programm wird auch in der Lage sein, mit anderen Programmen zu kooperieren, die ebenfalls unter Emacs laufen – beispielsweise kann Text zwischen verschiedenen Emacs-Textpuffern problemlos hin- und herkopiert werden. Wenn Sie wollen, können Sie auch komplette Programme in Emacs-LISP schreiben.

Tools für die Versionskontrolle

Das Revision Control System (RCS; System zur Versionskontrolle) ist nach Linux portiert worden. Es handelt sich dabei um eine Sammlung von Programmen, die eine »Bibliothek« von Dateien unterhalten, in denen Versionswechsel vermerkt werden. RCS gestattet außerdem das Sperren von Quellcodedateien (wenn mehrere Leute an einem Projekt arbeiten) und merkt sich automatisch die Versionsnummern dieser Dateien. Das RCS wird meistens mit Quellcodedateien benutzt, ist aber so flexibel, daß es mit beliebigen Dateiarten angewendet werden kann, von denen mehrere Versionen gepflegt werden müssen.

Wozu braucht man eine Versionskontrolle? Für viele große Projekte ist die Versionskontrolle notwendig, um den Überblick über zahlreiche kleine, komplexe Änderungen am System zu behalten. Wenn Sie beispielsweise versuchen, ein Programm mit 1000 Quelldateien und einigen Dutzend Programmierern zu pflegen, haben Sie ohne so etwas wie RCS kaum eine Chance. Mit RCS können Sie sicherstellen, daß zu einem beliebigen Zeitpunkt nur eine Person eine bestimmte Datei ändern kann; alle Änderungen werden, zusammen mit einem Hinweis auf die Art derselben, schriftlich festgehalten.

RCS basiert auf dem Konzept einer *RCS-Datei* – das ist eine Datei, die wie eine »Bibliothek« funktioniert, in der Quelldateien »eingetragen« und »ausgetragen« werden. Nehmen wir an, daß Sie die Quellcodedatei *foo.c* mit RCS verwalten möchten. Per Voreinstellung heißt die RCS-Datei dann *foo.c,v*. Die RCS-Datei enthält die Geschichte aller Versionen dieser Datei, so daß Sie die Möglichkeit haben, beliebige frühere Versionen der Datei zu extrahieren. Zu jeder Version können Sie selbst eine Notiz (log) hinzufügen.

Wenn Sie mit dem RCS eine Datei eintragen, werden die Änderungen in die RCS-Datei aufgenommen, und die Originaldatei wird (in der Voreinstellung) gelöscht. Wenn Sie auf die Originaldatei zugreifen möchten, müssen Sie sie aus der RCS-Datei austragen. Wenn Sie gerade eine Datei bearbeiten, möchten Sie in der Regel vermeiden, daß jemand anderes gleichzeitig daran arbeitet. RCS wird die Datei deshalb sperren, wenn sie zum Editieren ausgetragen wurde. Eine gesperrte Datei kann nur von dem Benutzer verändert werden, der sie ausgetragen hat (dies wird mit Hilfe der Dateiberechtigungen erreicht). Sobald Sie mit Ihren Änderungen am Quellcode fertig sind, tragen Sie die Datei wieder ein; anschließend kann jeder andere Mitarbeiter diese Datei wieder austragen, um weiter daran zu arbeiten. Wenn Sie eine Datei im ungesperrten Zustand austragen, gelten diese Einschränkungen nicht; im allgemeinen werden Dateien dann als gesperrt ausgetragen, wenn sie editiert werden sollen, und sie werden ungesperrt ausgetragen, wenn sie nur gelesen werden (um den Quellcode beispielsweise beim Debuggen vor Augen zu haben).

RCS vermerkt automatisch alle früheren Änderungen in der RCS-Datei und vergibt aufsteigende Versionsnummern an jede neu eingetragene Version. Sie haben auch die Möglichkeit, beim Eintragen einer Datei mit RCS selbst eine Versionsnummer zu vergeben; damit können Sie einen neuen »Versionszweig« anlegen, so daß mehrfach vorhandene Projekte von verschiedenen Versionen derselben Datei abstammen können. Auf diese Weise kann Programmcode in verschiedenen Projekten benutzt werden, ohne daß die Änderungen aus einem Projekt auch in den anderen wirksam werden.

Dazu ein Beispiel: Wir gehen von der Quelldatei *foo.c* aus, die unser freundliches Programm enthält:

```
#include <stdio.h>
int main(void) {
  printf("Hello, world!");
}
```

Als erstes müssen wir die Datei mit dem Befehl *ci* in das RCS eintragen:

```
papaya$ ci foo.c
foo.c,v  <--  foo.c
enter description, terminated with single '.' or end of file:
NOTE: This is NOT the log message!
>> Hello world source code
>> .
initial revision: 1.1
done
papaya$
```

Die RCS-Datei *foo.c,v* wird angelegt, und *foo.c* wird entfernt.

Wenn Sie die Quelldatei weiter bearbeiten möchten, tragen Sie sie mit dem Befehl *co* wieder aus. Mit

```
papaya$ co -l foo.c
foo.c,v  -->  foo.c
revision 1.1 (locked)
done
papaya$
```

tragen Sie *foo.c* (aus *foo.c,v*) aus und sperren die Datei. Sie können dann die gesperrte Datei editieren und wieder eintragen. Wenn Sie eine Datei nur zum Lesen austragen möchten (um zum Beispiel *make* aufzurufen), können Sie den Schalter *-l* hinter dem Befehl *co* weglassen und die Datei ungesperrt austragen. Sie können eine Datei nur eintragen, wenn sie zuvor gesperrt wurde (oder wenn sie noch nie eingetragen war, wie in unserem Beispiel).

Jetzt haben Sie Gelegenheit, den Quellcode zu ändern und die Datei anschließend wieder einzutragen. Oft werden Sie die Datei permanent ausgetragen lassen und *ci* nur benutzen, um die letzten Änderungen in der RCS-Datei zu vermerken und die Versionsnummer zu erhöhen. Benutzen Sie für diesen Zweck den Schalter *-l* mit *ci*, etwa so:

```
papaya$ ci -l foo.c
foo.c,v  <--  foo.c
new revision: 1.2; previous revision: 1.1
enter log message, terminated with single '.' or end of file:
>> Changed printf call
>> .
done
papaya$
```

Damit wird die Datei nach dem Eintragen automatisch in gesperrtem Zustand wieder ausgetragen. Auf diese Weise können Sie Änderungen dokumentieren, wenn Sie der einzige Mitarbeiter an einem Projekt sind.

Wenn Sie RCS häufig benutzen, möchten Sie vielleicht nicht die ganzen unschönen *foo.c,v*-Dateien in Ihrem Verzeichnis stehen haben. Legen Sie deshalb in Ihrem Projektverzeichnis das Unterverzeichnis *RCS* an, und *ci* sowie *co* werden die RCS-Dateien dort ablegen – getrennt vom Rest der Quellcodedateien.

RCS hebt außerdem alle vorherigen Versionen Ihrer Datei auf. Wenn Sie beispielsweise eine Datei ändern, und diese Änderung führt zu einem Programmabbruch, möchten Sie vielleicht die letzte Änderung rückgängig machen und mit der vorherigen Version noch einmal beginnen. Sie können zu diesem Zweck mit *co* die Datei mit einer bestimmten Versionsnummer austragen. Ein Beispiel:

```
papaya$ co -l1.1 foo.c
foo.c,v  -->  foo.c
revision 1.1 (locked)
writable foo.c exists; remove it? [ny](n): y
done
papaya$
```

Damit tragen Sie die Version 1.1 der Datei *foo.c* aus. Mit dem Programm *rlog* können Sie die Versionsgeschichte einer bestimmten Datei einsehen; Sie bekommen die Notizen angezeigt, die Sie mit *ci* eingegeben haben, sowie weitere Informationen wie das Datum, den Benutzer, der die Version eingetragen hat usw.

Beim Austragen wird RCS automatisch die Informationen aktualisieren, die sich hinter bestimmten »Schlüsselwörtern« verbergen.

Wenn Sie beispielsweise den String

```
/* &dollar;Header$ */
```

in die Quellcodedatei schreiben, ersetzt *co* ihn durch einen ausführlichen Text mit dem Versionsdatum, der Versionsnummer usw. – etwa so:

```
/* $Header: /work/linux/hitch/programming/tools/RCS/rcs.tex
        1.2 1994/12/04 15:19:31 mdw Exp mdw $ */
```

Wir haben die Zeile umbrochen, damit sie auf die Seite paßt; in Wirklichkeit finden Sie alle Informationen in einer Zeile vor.

Es gibt weitere Schlüsselwörter wie `$Author$`, `$Date$` und `$Log$` (letzteres enthält die Notizen zu allen Versionen, die in der Quelldatei enthalten sind).

Viele Programmierer schreiben eine feste Zeichenfolge in jede Quellcodedatei, die nach dem Kompilieren benutzt werden kann, um diese Programmversion zu identifizieren. Sie könnten zum Beispiel folgendes in jede Quelltextdatei Ihres Programms schreiben:

```
static char rcsid[] = "\@(#)$Header$";
```

co ersetzt das Schlüsselwort `$Header$` durch einen Text, wie wir ihn etwas weiter oben gezeigt haben. Diese statische Zeichenfolge wird in der ausführbaren Datei erhalten bleiben, und mit dem Befehl *what* können Sie solche Strings anzeigen lassen. Beispielsweise könnten wir nach dem Kompilieren von *foo.c* zu der ausführbaren Datei *foo* folgenden Befehl eingeben:

```
papaya$ what foo
foo:
        $Header: /work/linux/hitch/programming/tools/RCS/rcs.tex
                    1.2 1994/12/04 15:19:31 mdw Exp mdw $
papaya$
```

what sucht die Zeichenfolgen heraus, die mit den Zeichen `@(#)` beginnen, und zeigt sie an. Wenn Sie ein Programm vor sich haben, das aus vielen Quelldateien und Libraries kompiliert wurde, und Sie wissen nicht mehr, wie aktuell die einzelnen Bestandteile sind, können Sie mit *what* Versionsinformationen zu allen Quelldateien anzeigen, aus denen die ausführbare Datei kompiliert wurde.

ci(1)
co(1)
rcs(1)

Zu RCS gehören einige weitere Programme, darunter auch *rcs*, das für die Verwaltung von RCS-Dateien benutzt wird. *rcs* kann zum Beispiel anderen Benutzern die Berechtigung erteilen, Quelldateien aus einer RCS-Datei auszutragen. Sie finden weitere Informationen in den Manual-Pages zu *ci*, *co* und *rcs*.

Dateien patchen

Nehmen wir an, daß Sie versuchen, ein Programm zu pflegen, das regelmäßig aktualisiert wird; das Programm besteht aber aus vielen Quelldateien, und es ist einfach nicht machbar, mit jedem Update die kompletten Quelldateien herauszugeben. Die beste Methode, Quellen nach und nach zu aktualisieren, ist *patch*, ein Programm von Larry Wall, dem Autor von Perl.

patch ist ein Programm, mit dem Sie kontextabhängige Änderungen in einer Datei vornehmen können, um ein Update auf die nächste Version durchzuführen. Sie geben also bei Änderungen im Programm einfach eine Patch-Datei (patch; Flicken) zum Quellcode heraus, die der Benutzer dann mit *patch* einspielen kann, um die neueste Programmversion zu erhalten. Linus Torvalds gibt zum Beispiel neue Versionen des Linux-Kernels normalerweise in Form von Patch-Dateien heraus (es sei denn, die Änderungen von einer Version zur nächsten waren so umfangreich, daß sich die Distribution des kompletten Quellcodes lohnt).

patch ist netterweise in der Lage, Updates im richtigen Kontext durchzuführen. Wenn Sie also den Quellcode selbst geändert haben, aber trotzdem noch die Änderungen aus der Patch-Datei einspielen möchten, kann *patch* in der Regel herausfinden, an welcher Stelle der Originaldatei die Änderungen eingespielt werden müssen. Deshalb muß Ihre Version der Originalquellen nicht genau mit der Version übereinstimmen, für die das Patchfile erstellt wurde.

Mit dem Programm *diff*, das »Kontext-Diffs« (eine kontextsensitive Liste der Unterschiede) zwischen zwei Dateien erzeugen kann, werden die Patch-Dateien erstellt. Wir benutzen wieder den hinreichend bekannten »Hello World«-Quelltext als Beispiel:

```
/* hello.c version 1.0 by Norbert Ebersol */
#include <stdio.h>

int main() {
 printf("Hello, World!");
 exit(0);
}
```

Nehmen wir an, Sie wollen diesen Quelltext folgendermaßen ändern:

```
/* hello.c version 2.0 */
/* (c)1994 Norbert Ebersol */
#include <stdio.h>

int main() {
  printf("Hello, Mother Earth!\n");
  return 0;
}
```

Wenn Sie ein Patchfile erzeugen möchten, das die Originaldatei *hello.c* auf den aktuellen Stand bringt, geben Sie *diff* mit der Option *-c* ein:

```
papaya$ diff -c hello.c.old hello.c > hello.patch
```

Damit erzeugen Sie die Patch-Datei *hello.patch*, in der beschrieben wird, wie die Originaldatei *hello.c* (in diesem Fall unter *hello.c.old* abgelegt) in die neue Version umgewandelt wird. Sie können dieses Patchfile an alle Interessenten verteilen, die die Originalversion von »Hello, World« haben; diese können dann mit *patch* das Update durchführen.

Die Benutzung von *patch* ist recht einfach; in den meisten Fällen rufen Sie es mit dem Patchfile als Eingabedatei auf:

```
papaya$ patch < hello.patch
Hmm...  Looks like a new-style context diff to me...
The text leading up to this was:
--------------------------
|*** hello.c.old        Sun Feb  6 15:30:52 1994
|--- hello.c    Sun Feb  6 15:32:21 1994
--------------------------
Patching file hello.c using Plan A...
Hunk #1 succeeded at 1.
done
papaya$
```

patch gibt eine Warnung aus, wenn der Patch anscheinend schon einmal eingespielt wurde. Wenn wir versuchen, diese Patch-Datei noch einmal anzuwenden, wird *patch* fragen, ob es so tun soll, als ob der Schalter *-R* gesetzt sei – mit diesem Schalter wird ein Patch *rückgängig* gemacht. Auf diese Weise lassen sich Patches wieder entfernen, die versehentlich eingespielt wurden. *patch* hebt die Originalversionen aller aktualisierten Dateien in einer Backup-Datei auf, die in der Regel `dateiname~` genannt wird (der Dateiname mit angehängter Tilde).

Oft werden Sie nicht nur eine einzelne Quelltextdatei patchen wollen, sondern einen ganzen Verzeichnisbaum mit Quellen. Bei *patch* können Sie mit einem einzigen *diff* mehrere Dateien aktualisieren. Wir gehen von den beiden Verzeichnisbäumen *hello.old* und *hello* aus, in denen der Quellcode der alten bzw. neuen Version des Programms steht. Benutzen Sie *diff* mit dem Schalter *-r*, um eine Patch-Datei für den ganzen Verzeichnisbaum zu erzeugen:

```
papaya$ diff -cr hello.old hello > hello.patch
```

Wir begeben uns jetzt auf das System, auf dem die Software aktualisiert werden soll. Wenn wir davon ausgehen, daß die Originalquelltexte im Verzeichnis *hello* stehen, können Sie das Update folgendermaßen einspielen:

```
papaya$ patch -p0 < hello.patch
```

patch(1)

Der Schalter *-p0* weist *patch* an, die Pfadnamen der Dateien beizubehalten, die aktualisiert werden sollen (*patch* weiß also, daß es im Verzeichnis *hello* nach dem Quelltext suchen muß). Wenn die Quelltextdatei, die aktualisiert werden soll, in einem anderen Verzeichnis steht als im Patchfile angegeben, müssen Sie eventuell den Schalter *-p* benutzen. In der Manual-Page zu *patch* finden Sie die Details hierzu.

Code einrücken

Falls das Einrücken von Codezeilen nicht Ihre Stärke ist und Sie sich auch nicht mit einem Editor anfreunden können, der den Code während des Tippens einrückt, sollten Sie das Programm *indent* benutzen, um nach dem Eintippen des Programmcodes denselben wohlformatiert auszudrucken. *indent* ist ein ziemlich schlauer C-Code-Formatierer, dem Sie mit Hilfe einiger Optionen mitteilen, wie Sie Ihren Quelltext eingerückt haben möchten.

Wir beginnen mit diesem fürchterlich formatierten Quelltext:

```
double fact (double n) { if (n==1) return 1;
else return (n*fact(n-1)); }
int main () {
printf("Factorial 5 is %f.\n",fact(5));
printf("Factorial 10 is %f.\n",fact(10)); exit (0); }
```

Wenn wir *indent* auf diese Quelle ansetzen, erhalten wir das deutlich schönere:

```
#include <math.h>

double
fact (double n)
{
  if (n == 1)
    return 1;
  else
    return (n * fact (n - 1));
}
void
main ()
{
  printf ("Factorial 5 is %f.\n", fact (5));
  printf ("Factorial 10 is %f.\n", fact (10));
  exit (0);
}
```

Hier sind nicht nur die Zeilen übersichtlich eingerückt, sondern es sind außerdem Leerstellen um die Operatoren und Funktionsparameter herum eingefügt worden, um die Lesbarkeit zu erhöhen. Sie können auf vielerlei Weise bestimmen, wie die

Ausgabe von *indent* aussehen soll – für den Fall, daß Ihnen diese Art der Einrükkung nicht gefällt, bietet *indent* noch andere Möglichkeiten.

indent ist außerdem in der Lage, aus einer Quelldatei *troff*-Code zu erzeugen, den Sie dann ausdrucken oder in ein technisches Dokument einfügen können. Dieser Code wird solche Textauszeichnungen wie kursive Kommentare, fett gesetzte Schlüsselwörter usw. enthalten. Ein Befehl wie:

```
papaya$ indent -troff foo.c | groff -mindent
```

erzeugt *troff*-Code und formatiert diesen mit *groff*.

KAPITEL 14

TCP/IP UND SLIP

Sie haben sich also im wilden Linux-Land niedergelassen – Ihr System ist installiert und konfiguriert. Was nun? Irgendwann möchten Sie mit fremden Systemen kommunizieren – sowohl Linux als auch anderen –, und mit der Pferdekutsche wollen Sie sich nicht zufriedengeben.

Glücklicherweise unterstützt Linux eine Reihe von Methoden der Datenübertragung und Vernetzung. Dazu gehören die serielle Kommunikation, TCP/IP und UUCP. In diesem Kapitel werden wir zeigen, wie Sie Ihr System für die Kommunikation mit dem Rest der Welt konfigurieren.

[4] Network Admin Guide

Der *Linux Network Administrator's Guide*, vom Linux Documentation Project (siehe Anhang A, *Informationsquellen zu Linux*) und vom O'Reilly Verlag herausgegeben, ist eine vollständige Beschreibung der Vernetzung mit TCP/IP und UUCP unter Linux. Für den Fall, daß Sie die Informationen, die wir im vorliegenden Buch bieten, in einer detailreicheren Darstellung nachlesen wollen, verweisen wir auf dieses Buch.

Die Vernetzung mit TCP/IP

Linux unterstützt eine vollständige Implementierung der Netzwerkprotokolle TCP/IP (Transmission Control Protocol/Internet Protocol). TCP/IP hat sich weltweit zur erfolgreichsten Methode der Vernetzung entwickelt. Mit Linux und einer Ethernet-Karte können Sie Ihren Rechner in ein LAN (Local Area Network) einbinden oder, wenn die notwendigen Netzverbindungen vorhanden sind, in das Internet – das weltumspannende TCP/IP-Netzwerk.

Es ist nicht schwierig, ein kleines lokales Netz von UNIX-Rechnern zusammenzustecken. Sie brauchen lediglich einen Ethernet-Controller in jedem Rechner und die passenden Ethernet-Kabel und andere Hardware. Falls Ihre Firma oder Universität einen Anschluß an das Internet hat, können Sie Ihren Linux-Rechner problemlos in dieses Netzwerk mit einbinden.

Das TCP/IP von Linux hat Höhen und Tiefen erlebt. Schließlich ist die Implementierung eines ganzen Protokoll-Stacks von Grund auf keine Sache, die man aus Spaß an der Freude mal eben am Wochenende erledigt. Andererseits hat der Code für das Linux-TCP/IP ganz enorm von den Horden von Testern und Entwicklern profitiert, die sich mit ihm befaßt haben; im Laufe der Zeit sind viele Fehler und Konfigurationsprobleme beseitigt worden.

Die aktuelle Implementierung von TCP/IP und verwandten Protokollen für Linux läuft unter dem Namen »NET-2«. Das hat mit der sogenannten NET-2-Version des BSD-UNIX nichts zu tun; in diesem Zusammenhang bezeichnet »NET-2« einfach die zweite Implementierung von TCP/IP für Linux. Vor NET-2 gab es (wenig überraschend) NET-1, das ungefähr mit der Kernel-Version 0.99.pl10 ausrangiert wurde. NET-2 unterstützt fast alle Fähigkeiten, die Sie von einer TCP/IP-Implementierung für UNIX erwarten dürfen, ebenso eine Reihe verschiedener Hardware für die Vernetzung.

Das NET-2 von Linux unterstützt auch SLIP – das Serial Line Internet Protocol. Mit SLIP und einem Modem können Sie sich per Wählzugang in das Internet begeben. Falls Ihre Firma oder Universität den Zugang per SLIP anbietet, können Sie sich über die Telefonleitung in den SLIP-Server einwählen und Ihren Rechner zu einem Bestandteil des Internet machen. Falls Ihr Rechner dagegen schon einen Ethernet-Zugang zum Internet hat, können Sie ihn als SLIP-Server konfigurieren.

[93] Ethernet HOWTO

Neben dem *Linux Network Administrator's Guide* enthält das NET-2-HOWTO von Linux eine mehr oder weniger vollständige Beschreibung der Konfiguration von TCP/IP und SLIP unter Linux. Das Ethernet-HOWTO von Linux ist ein ähnliches Dokument, das die Konfiguration einiger Treiber für Ethernet-Karten unter Linux beschreibt.

[44] TCP/IP

Interessant ist außerdem das Buch *TCP/IP Netzwerk Administration* von Craig Hunt. Es enthält alles über die Benutzung und Konfiguration von TCP/IP auf UNIX-Rechnern. Falls Sie vorhaben, ein Netzwerk mit Linux-Rechnern aufzubauen, oder sich ernsthaft mit TCP/IP befassen wollen, sollten Sie über das Wissen verfügen, das dieses Buch zum Thema Netzwerkverwaltung darbietet.

TCP/IP-Konzepte

[43] Internetworking

Damit Sie die Vielseitigkeit von TCP/IP in vollem Umfang schätzen (und nutzen) können, sollten Sie mit den zugrundeliegenden Konzepten vertraut sein. Transmission Control Protocol/Internet Protocol besteht aus einer Reihe von Protokollen (unser rätselhaftes Schlagwort für dieses Kapitel), die definieren, wie Rechner einerseits über ein Netzwerk miteinander, andererseits intern mit den anderen Schichten der Protokollfamilie kommunizieren sollen. Die beste Informationsquelle zum theoretischen Hintergrund der Internet-Protokolle ist der erste Band von Douglas Comers *Internetworking with TCP/IP*.

TCP/IP wurde ursprünglich für das Advanced Research Projects Agency-Netz (ARPAnet) entwickelt, das für militärische und computerwissenschaftliche Forschungszwecke eingerichtet wurde. Aus diesem Grund wird TCP/IP manchmal als »DARPA-Internet-Protokoll« bezeichnet. Seit jenen Tagen sind viele andere TCP/IP-Netze entstanden (etwa das NSFNET der National Science Foundation), ebenso wie Tausende von weiteren lokalen und regionalen Netzen auf der ganzen Welt. Alle diese Netze sind zu einem einzigen Konglomerat verbunden, das man als das Internet bezeichnet.

In einem TCP/IP-Netzwerk bekommt jeder Rechner eine IP-Adresse zugewiesen, die aus einer eindeutigen, 32 Bits langen Zahl besteht. Sie müssen gewisse Kenntnisse der IP-Adressen haben, um Ihr Netzwerk planen und die Rechneradressen vergeben zu können. Die IP-Adresse wird in der Regel als »dotted quad« geschrieben: vier Dezimalzahlen, die durch Punkte getrennt werden. Ein Beispiel: Die (hexadezimale) IP-Adresse 0x80114b14 kann auch als 128.17.75.20 geschrieben werden.

Die IP-Adresse besteht aus zwei Teilen: der Netzwerkadresse und der Rechneradresse. Die Netzwerkadresse besteht aus den höherwertigen Bits der Adresse, die Rechneradresse aus den übrigen Bits. (Im allgemeinen ist jeder *Rechner* (host) ein eigenständiges System im Netzwerk.) Die Größe dieser beiden Felder hängt vom Typ des betreffenden Netzwerks ab. Ein Beispiel: In einem Klasse-B-Netz (bei dem das erste Byte der IP-Adresse einen Wert zwischen 128 und 191 enthält) identifizieren die ersten beiden Bytes das Netzwerk und die letzten beiden Bytes den Rechner; siehe auch Abbildung 14-1. In unserer Beispieladresse ist 128.17 die Adresse des Netzwerks, und die Rechneradresse ist 75.20. Andersherum gesagt: Das System mit der IP-Adresse 128.17.75.20 ist der Rechner 75.20 im Netzwerk 128.17.

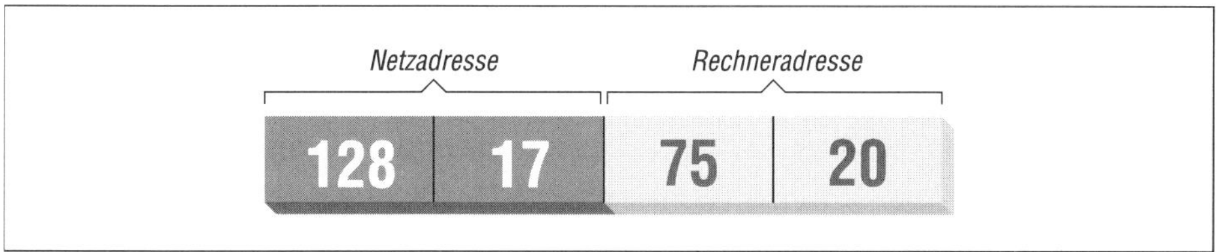

Abbildung 14-1: Eine IP-Adresse

Der Rechner-Teil der IP-Adresse kann außerdem weiter unterteilt werden, um Adressen für *Subnetze* (subnets) zu bilden. Das Einrichten von Subnetzen bedeutet, daß ein großes Netz in kleine Teilnetze aufgeteilt wird, die unabhängig voneinander verwaltet werden können. So könnte eine Organisation beispielsweise ein einzelnes Klasse-B-Netz einrichten, das zwei Bytes für die Rechneradresse freihält – bis zu 65.534 Rechner in einem Netz.[1] Die Organisation könnte dann die Ver-

1 Warum nicht 65.536? Aus Gründen, die wir weiter unten besprechen, werden die Rechneradressen 0 und 255 nicht vergeben.

antwortung für die Verwaltung des Netzwerkes auf mehrere Schultern verteilen, so daß jedes Subnetz von einer anderen Abteilung verwaltet wird. Mit Subnetzen können Organisationen zum Beispiel angeben, daß das erste Byte der Rechneradresse (das heißt das dritte Byte der gesamten IP-Adresse) die Subnetzadresse und das zweite Byte die Rechneradresse innerhalb des Subnetzes ist (siehe Abbildung 14-2). In diesem Fall bezeichnet die IP-Adresse 128.17.75.20 den Rechner 20 im Subnetz 75 des Netzes 128.17.

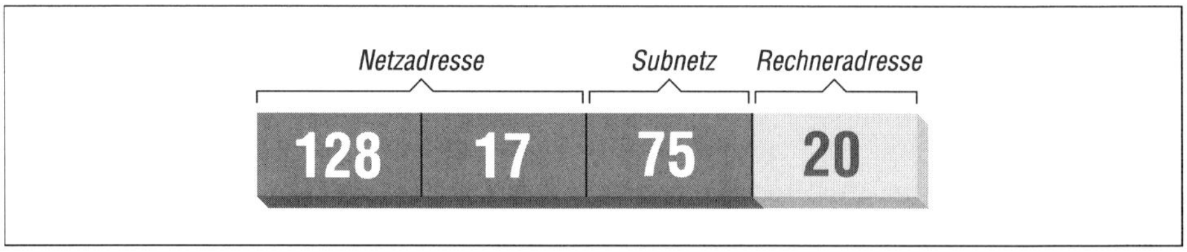

Abbildung 14-2: Eine IP-Adresse mit Subnetz

Prozesse (entweder auf demselben oder auf verschiedenen Rechnern), die per TCP/IP kommunizieren möchten, benutzen dazu in der Regel sowohl die IP-Adresse des Zielrechners als auch eine *Portadresse*. Die IP-Adresse des Zielrechners wird natürlich gebraucht, um Daten von einem Rechner aus ans Ziel zu leiten. Die Portadresse besteht aus einer 16 Bits langen Zahl, die einen bestimmten Dienst oder eine Anwendung auf dem Zielrechner bezeichnet, die die Daten empfangen soll. Man kann die Portnummern mit den Zimmernummern in einem großen Bürogebäude vergleichen – das Gebäude als Ganzes hat eine einzige IP-Adresse, aber verschiedene Firmen haben ihre eigenen Adressen innerhalb des Gebäudes.

Hier ein Beispiel für die Benutzung von IP-Adressen und Portnummern aus dem richtigen Leben: Das Programm *telnet* ermöglicht es dem Benutzer eines Rechners, auf einem anderen Rechner eine Login-Sitzung zu starten. Auf dem fremden Rechner läuft der *telnet*-»Dämon« *telnetd*, der an einem bestimmten Port auf eingehende Verbindungen wartet (in diesem Fall ist das die Portnummer 23).[2]

Der Benutzer, der *telnet* aufruft, gibt die Adresse des Zielrechners an, und das Programm *telnet* versucht, eine Verbindung zum Port 23 des fremden Rechners herzustellen. Wenn das gelingt, können *telnet* und *telnetd* miteinander kommunizieren, um dem Benutzer das Einloggen auf dem Zielrechner zu ermöglichen.

Beachten Sie, daß der *telnet*-Client auf dem lokalen Rechner eine eigene Portadresse benutzt. Diese Adresse wird mit dem Aufruf von *telnet* dynamisch an den Client vergeben. Der Grund hierfür ist, daß das fremde *telnetd* die Portnummer eines ankommenden *telnet*-Clients nicht vorab wissen muß. Wenn der Client die Verbindung aufbaut, wird u.a. auch die eigene Portnummer an *telnetd* übertragen.

2 Auf vielen Systemen wartet nicht *telnetd* ständig am Port 23, sondern der Internet-Dienstedämon *inetd* wartet statt dessen. Im Augenblick wollen wir dieses Detail unter den Teppich kehren.

Man kann sich *telnetd* als eine Firma mit allgemein bekannter Postanschrift vorstellen. Jeder Kunde, der mit dem *telnetd* eines bestimmten Rechners korrespondieren möchte, muß die IP-Adresse des Zielsystems kennen (quasi die Adresse des *telnetd*-Gebäudes); er muß außerdem wissen, an welchem Port *telnetd* zu erreichen ist (das richtige Büro innerhalb des Gebäudes). Die Adresse und Portnummer des *telnet*-Clients dagegen stehen als »Absender« auf dem Briefumschlag.

Die TCP/IP-Familie besteht aus einer Reihe von Protokollen. Das Transmission Control Protocol (TCP) erledigt die zuverlässige, verbindungsorientierte Kommunikation zwischen zwei Prozessen, die auf verschiedenen Rechnern im Netz laufen können. Das User Datagram Protocol (UDP) weist Ähnlichkeiten mit TCP auf, bietet aber einen verbindungslosen, unzuverlässigen Dienst. Prozesse, die UDP benutzen, müssen bei Bedarf ihre eigenen Routinen für Empfangsbestätigung und Synchronisierung bereitstellen.

TCP und UDP senden und empfangen Daten in sogenannten Paketen. Jedes Paket enthält einen Informationsbrocken, der an ein anderes System gehen soll, und einen Header (etwa: Kopfzeile), in dem Zieladresse und Portnummer enthalten sind.

Das Internet Protocol (IP) ist in der Protokollhierarchie unterhalb von TCP und UDP angesiedelt; es ist für die Übertragung und das Routing (etwa: Ansteuern des Ziels) von TCP- und UDP-Paketen durch das Netz verantwortlich. Zu diesem Zweck verpackt IP jedes TCP- oder UDP-Paket in ein weiteres Paket (namens IP-Datagramm), das einen Header mit Routing- und Zielinformationen enthält. Im Header des IP-Datagramms stehen die IP-Adressen des sendenden sowie des empfangenden Rechners.

Beachten Sie, daß IP nichts über die Portadressen weiß; dafür sind TCP und UDP zuständig. Ebenso haben TCP und UDP nichts mit den IP-Adressen zu tun, mit denen sich (wie der Name andeutet) nur IP befaßt. Wie Sie sehen, ist die weiter oben gebrauchte Metapher mit Umschlag und Absender ziemlich treffend; man kann sich jedes Paket als einen Brief in einem Umschlag vorstellen. TCP und UDP verpacken den Brief in einem Umschlag, auf dem die Portnummern von Absender und Empfänger (Büronummern) stehen.

IP fungiert als Poststelle des Bürogebäudes, das den Brief abschickt. Es empfängt den Umschlag und verpackt ihn in einem weiteren Umschlag, auf dem die IP-Adressen (die Adressen der Bürogebäude) von Absender und Empfänger stehen. Die Post AG (die wir noch gar nicht besprochen haben) liefert den Brief im entsprechenden Bürogebäude ab. Dort wird in der Poststelle der äußere Umschlag entfernt, und der Brief wird an TCP/UDP übergeben. TCP/UDP liefern den Brief dann im richtigen Büro ab; sie benutzen dazu die Portnummer (die auf dem inneren Umschlag steht). Auf jedem Umschlag steht eine Rücksendeadresse (return address), mit deren Hilfe IP und TCP/UDP auf einen Brief antworten können.

Die Rechner im Netz bekommen neben ihrer IP-Adresse oft auch einen Namen zugeteilt, um die Verwaltung der Systeme im Internet etwas humaner zu gestalten.

Der Domain Name Service (DNS) besorgt die Umsetzung der Rechnernamen in IP-Adressen und umgekehrt; er ist außerdem dafür zuständig, die für die Umsetzung benutzte Datenbank im ganzen Internet zu verteilen. Die Benutzung von Rechnernamen macht es auch möglich, daß sich die IP-Adresse eines Rechners ändert (beispielsweise wenn der Rechner in ein anderes Netzwerk eingebunden wird), ohne daß man befürchten muß, daß andere Benutzer dieses System nach der Adressenänderung nicht mehr »finden«. Man muß nur den DNS-Eintrag für diesen Rechner mit der neuen IP-Adresse versehen, und alle »namentlichen« Zugriffe auf dieses System werden weiterhin erfolgreich sein.

[4] Network Admin Guide
[44] TCP/IP
[49] DNS and BIND

DNS ist eine riesige, über die ganze Welt verteilte Datenbank. Alle Organisationen pflegen jeweils den Teil dieser Datenbank, in dem die Rechner der Organisation aufgelistet sind. Falls Sie in Ihrer Organisation für die Pflege dieser Liste zuständig sind, finden Sie in *Linux – Wegweiser für Netzwerker* oder in *TCP/IP Netzwerk Administration* Hilfestellung dazu. Sollte das noch nicht ausreichen, können Sie mit dem Titel *DNS und BIND* wirklich aus dem Vollen schöpfen.

In den meisten Fällen reicht es aus, wenn Sie wissen, daß ein Dämon namens *named* (etwa: näim-die gesprochen) auf Ihrem System laufen muß. Dieser Dämon ist Ihr Fenster zum DNS.

Wir könnten uns jetzt der Frage zuwenden, wie ein Paket von einem System (Bürogebäude) zu einem anderen gelangt. Dies ist die eigentliche Aufgabe von IP und einigen anderen Protokollen, die IP dabei unterstützen. Neben der Handhabung von IP-Datagrammen (in der Funktion einer Poststelle) erledigt IP auch das Routing von Paketen zwischen den Rechnern.

Bevor wir uns damit befassen, wie das Routing funktioniert, müssen wir das Modell erklären, auf dem TCP/IP-Netzwerke beruhen. Ein Netzwerk ist einfach eine Gruppe von Rechnern, die durch ein physikalisches Medium – etwa Ethernet oder serielle Leitungen – miteinander verbunden sind. In der Terminologie von TCP/IP sagt man, daß jedes Netzwerk intern seine eigenen Methoden für das Routing und den Transport von Paketen hat.

Die Netze sind untereinander durch *Gateways* verbunden. Ein Gateway ist ein Rechner, der direkt mit zwei oder mehr Netzwerken verbunden ist; er ist deshalb in der Lage, Informationen zwischen den Netzen auszutauschen und Pakete aus einem Netz in ein anderes zu transportieren. Ein Gateway könnte beispielsweise aus einer Workstation mit mehr als einer Ethernet-Karte bestehen. Jede Karte gehört dabei zu einem anderen Netzwerk, und das Betriebssystem nutzt diese gemeinsamen Verbindungen so, daß der Rechner als Gateway fungieren kann.

Wir wollen das Thema an einem konkreten Beispiel diskutieren und führen deshalb ein imaginäres Netzwerk ein, das aus den Rechnern **eggplant**, **papaya**, **apricot** und **zucchini** besteht. Abbildung 14-3 zeigt die Anordnung dieser Systeme im Netzwerk. Beachten Sie, daß **papaya** in ein zweites Netzwerk eingebunden ist, zu dem außerdem die Systeme **pineapple** und **pear** gehören. Diese Rechner haben folgende IP-Adressen:

Rechnername	IP-Adresse
eggplant	128.17.75.20
apricot	128.17.75.12
zucchini	128.17.75.37
papaya	128.17.75.98, 128.17.112.3
pear	128.17.112.21
pineapple	128.17.112.40, 128.17.30.1

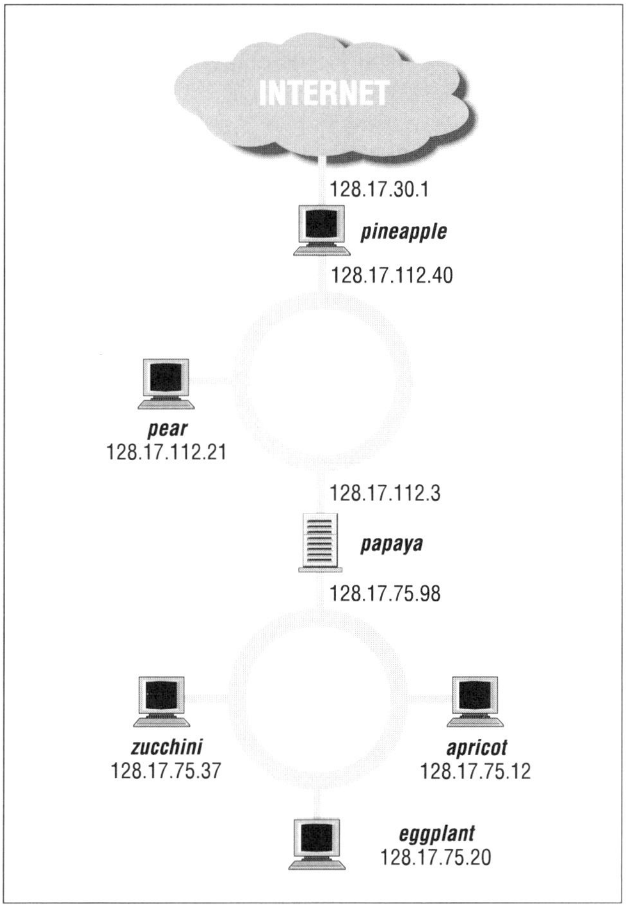

Abbildung 14-3: Ein Netzwerk mit zwei Gateways

Wie Sie sehen, hat **papaya** zwei IP-Adressen – je eine in den Subnetzen 128.17.75 und 128.17.112. Auch **pineapple** hat zwei IP-Adressen – eine in 128.17.112 und eine in 128.17.30.

IP benutzt den Netzwerk-Teil der IP-Adresse für das Routing der Pakete zwischen den Rechnern. Damit das funktioniert, führt jedes System im Netz eine *Routing-Tabelle* (routing table), die eine Liste mit Netzwerken und den Gateways zu diesen Netzwerken enthält. Um ein Paket zu einem bestimmten Rechner zu routen, liest IP den Netzwerk-Teil der Zieladresse. Wenn die Routing-Tabelle einen Eintrag für dieses Netz enthält, schickt IP das Paket an den entsprechenden Gateway. Im anderen Fall wird das Paket an den »Standard«-Gateway (default gateway) geschickt, der ebenfalls in der Routing-Tabelle eingetragen ist.

Die Routing-Tabellen können sowohl Einträge für bestimmte Rechner als auch für Netzwerke enthalten. Zusätzlich hat jeder Rechner in der Routing-Tabelle einen Eintrag für sich selbst.

Wir wollen uns die Routing-Tabelle von **eggplant** anschauen. Mit dem Befehl *netstat -rn* erhalten wir:

```
eggplant:$ netstat -rn
Kernel routing table
Destination net/address   Gateway address     Flags RefCnt    Use Iface
128.17.75.0               128.17.75.20        UN         0  20417 eth0
default                   128.17.75.98        UGN        0  20417 eth0
127.0.0.1                 127.0.0.1           UH         0    268 lo
128.17.75.20              127.0.0.1           UH         0    268 lo
```

Die erste Spalte enthält die Zielnetze (und -rechner) dieser Routing-Tabelle. Der erste Eintrag gilt dem Netzwerk 128.17.75 (bei Netzwerken ist die Rechneradresse gleich null); das ist das Netz, in dem auch **eggplant** lebt. Alle Pakete, die an dieses Netzwerk geschickt werden sollen, nehmen ihren Weg durch 128.17.75.20, was die IP-Adresse von **eggplant** ist. Allgemein gesprochen, führt die Route eines Rechners zu seinem Netzwerk immer durch ihn selbst.

Die Spalte `Flags` der Routing-Tabelle enthält Informationen über die Zieladresse dieses Eintrags; `U` steht für »aktiv« (up), `N` bedeutet, daß das Ziel ein Netzwerk ist usw. Die Spalten `RefCnt` und `Use` enthalten statistische Werte zur Benutzung dieser Route, und `Iface` zeigt, welche Schnittstelle für diese Route benutzt wird. Auf Linux-Systemen heißen die Ethernet-Schnittstellen *eth0*, *eth1* usw. *lo* bezeichnet das Loopback-Device, das wir etwas weiter unten besprechen werden.

Der zweite Eintrag in dieser Routing-Tabelle beschreibt die Standardroute (default route), die für alle Pakete benutzt wird, deren Zielnetz oder -rechner nicht in der Tabelle enthalten ist. In diesem Beispiel führt die Standardroute durch den Rechner **papaya**, den man deshalb als das Tor zum Rest der Welt betrachten kann. Jedes System im Subnetz 128.17.75 muß **papaya** benutzen, wenn es mit anderen Rechnern im Netz kommunizieren möchte.

Der dritte Eintrag in der Tabelle gilt der Adresse 127.0.0.1 – das ist die *Loopback-Adresse*. Diese Adresse wird benutzt, wenn der Rechner eine TCP/IP-Verbindung mit sich selbst herstellen möchte. Er benutzt dafür das Loopback-Device *lo* und verhindert damit, daß Loopback-Verbindungen (durch die Schnittstelle *eth0*) das Ethernet benutzen. Auf diese Weise wird keine Netzwerkbandbreite in Anspruch genommen, wenn ein Rechner ein »Selbstgespräch« führen möchte.

Der letzte Eintrag in der Routing-Tabelle gilt der IP-Adresse 128.17.75.20; das ist die Adresse von **eggplant** selbst. Wie Sie sehen, benutzt diese Route 127.0.0.1 als Gateway. Auf diese Weise ist sichergestellt, daß **eggplant** bei jeder TCP/IP-Verbindung mit sich selbst die Loopback-Adresse als Gateway und *lo* als Schnittstelle benutzt.

Nehmen wir an, daß **eggplant** ein Paket an **zucchini** schicken möchte. Im IP-Datagramm wird als Absenderadresse 128.17.75.20 stehen, und als Zieladresse 128.17.75.37. IP stellt fest, daß der Netzwerk-Teil der Zieladresse 128.17.75 ist, und benutzt deshalb den Eintrag für 128.17.75.0 in der Routing-Tabelle. Das Paket wird direkt an das Netzwerk geschickt, wo **zucchini** es empfangen und verarbeiten kann.

Was passiert, wenn **eggplant** Pakete an einen Rechner außerhalb des lokalen Netzwerks schicken möchte, etwa **pear**? In diesem Fall ist die Zieladresse 128.17.112.21. IP versucht, in der Routing-Tabelle eine Route zum Netzwerk 128.17.112 zu finden; weil keine solche Route eingetragen ist, wählt es die Standardroute durch **papaya** hindurch. **papaya** empfängt das Paket und sucht in seiner eigenen Routing-Tabelle nach der Zieladresse. Die Routing-Tabelle von **papaya** könnte folgendermaßen aussehen:

```
Destination net/address   Gateway address     Flags RefCnt    Use Iface
128.17.75.0               128.17.75.98        UN         0  20417 eth0
128.17.112.0              128.17.112.3        UN         0  20417 eth1
default                   128.17.112.40       UGN        0  20417 eth1
127.0.0.1                 127.0.0.1           UH         0    268 lo
128.17.75.98              127.0.0.1           UH         0    268 lo
```

Wie Sie sehen, ist **papaya** durch seine Schnittstelle *eth0* mit dem Netzwerk 128.17.75 verbunden, und durch *eth1* mit dem Netz 128.17.112. Die Standardroute führt durch **pineapple**, was für **papaya** auch der Gateway in die unendlichen Tiefen des Weltalls ist.

Sobald **papaya** ein Paket empfängt, das an **pear** adressiert ist, stellt es fest, daß die Zieladresse in 128.17.112 liegt, und lenkt das Paket in das Netzwerk, das den zweiten Eintrag in der oben gezeigten Routing-Tabelle benutzt.

In ähnlicher Weise würde **eggplant** Pakete durch **papaya** (seinen Gateway) routen, die für Systeme außerhalb der eigenen Organisation bestimmt sind. **papaya** wiederum würde nach außen adressierte Pakete durch **pineapple** routen – und so weiter. Pakete werden solange von einem Gateway zum nächsten weitergereicht, bis sie das Zielnetz erreichen. Genau dies ist die Struktur, auf der das Internet aufbaut: eine scheinbar endlose Kette von Netzen, die durch Gateways miteinander verbunden sind.

Hardwareanforderungen

Sie können das Linux-TCP/IP ohne jegliche Netzhardware benutzen – im »Loopback«-Modus können Sie mit sich selbst kommunizieren. Für einige Anwendungen und Spiele, die das »Loopback«-Device benutzen, müssen Sie diesen Modus konfigurieren.

Kapitel 1
[93] Ethernet HOWTO

Wenn Sie aber Linux in einem TCP/IP-Netzwerk einsetzen wollen, benötigen Sie natürlich eine Ethernet-Karte. Linux unterstützt viele Ethernet-Karten für ISA-, EISA- und PCI-Busse, außerdem Pocket- und PCMCIA-Adapter. In Kapitel 1, *Einführung in Linux,* geben wir einen Auszug aus der Liste der unterstützten Ethernet-Karten an; lesen Sie außerdem das »Linux Ethernet HOWTO«, um alle Details kennenzulernen.

[4] Network Admin Guide
[49] SLIP

Linux unterstützt auch SLIP und PPP, mit denen Sie sich per Modem und Telefonleitung in das Internet begeben können. Sie brauchen in diesem Fall ein Modem, das zu Ihrem SLIP-Server kompatibel ist – viele Server verlangen zum Beispiel ein V. 32bis-Modem mit 14.400 bps. In diesem Buch beschreiben wir die Konfiguration von SLIP; viele Benutzer wechseln aber zu PPP, dem heute anerkannten Standard. Der *Linux – Wegweiser für Netzwerker* und *SLIP/PPP – Praktische Anleitung zum Einwählen ins Internet* beschreiben die Konfiguration von PPP.

TCP/IP und Ethernet konfigurieren

In diesem Abschnitt besprechen wir, wie auf einem Linux-System eine TCP/IP-Verbindung im Ethernet konfiguriert wird. Wahrscheinlich ist ein solches System in ein lokales Netz mit Rechnern eingebunden, auf denen bereits TCP/IP läuft – in diesem Fall sind Ihr Gateway, Nameserver usw. bereits konfiguriert und lauffähig.

Der folgende Abschnitt bezieht sich in erster Linie auf Ethernet-Verbindungen. Falls Sie vorhaben, SLIP zu benutzen, sollten Sie diesen Abschnitt lesen, um sich mit den Grundlagen vertraut zu machen, und dann mit den SLIP-spezifischen Anweisungen im Abschnitt »Die SLIP-Konfiguration« fortfahren.

Vielleicht haben Sie aber auch vor, ein ganzes LAN mit Linux-Systemen (oder einer Mischung aus Linux und anderen Systemen) einzurichten. In diesem Fall müssen Sie sich um eine Reihe weiterer Punkte kümmern, die wir hier nicht besprechen. Dazu gehören die Einrichtung eines eigenen Nameservers sowie eines Gateways, wenn Ihr Netzwerk mit anderen Netzen verbunden werden soll. Falls Ihr Netzwerk an das Internet angeschlossen werden soll, werden Sie sich außerdem von Ihrem Internet-Provider die IP-Adressen und dazugehörige Informationen besorgen müssen.

Kurz und gut: Was wir hier beschreiben, sollte auf vielen Linux-Systemen funktionieren, die in ein bestehendes LAN eingebunden werden – aber sicherlich nicht auf allen. Für den Fall, daß Sie weitere Informationen brauchen, verweisen wir auf ein Buch zum Thema »Verwaltung von TCP/IP-Netzwerken« – beispielsweise eines von denen, die wir am Anfang des Kapitels erwähnt haben.

Wir gehen zunächst einmal davon aus, daß auf Ihrem Linux-System die notwendige TCP/IP-Software installiert ist. Dazu gehören solche wichtigen Clients wie *telnet* und *ftp*, Befehle zur Systemverwaltung, wie *ifconfig* und *route* (meist in */etc* oder */sbin* zu finden), sowie Konfigurationsdateien für die Vernetzung (zum Beispiel */etc/hosts*). In den Unterlagen zur Vernetzung unter Linux, die wir bereits erwähnt haben, wird beschrieben, wie die Linux-Netzwerk-Software installiert wird – für den Fall, daß sie bei Ihnen noch nicht installiert ist.

Wir gehen außerdem davon aus, daß Ihr Kernel mit TCP/IP-Unterstützung konfiguriert und kompiliert wurde. Lesen Sie die Informationen zur Kompilierung des Kernels im Abschnitt »Einen neuen Kernel erstellen« in Kapitel 7, *Software und den Kernel aktualisieren*. Damit die Vernetzung unterstützt wird, müssen Sie im Schritt *make config* auf die entsprechenden Fragen mit »yes« antworten, den Kernel neu kompilieren und mit dem neuen Kernel booten.

Kapitel 7

Sobald das erledigt ist, müssen Sie noch eine Reihe von Konfigurationsdateien anpassen, die von NET-2 benutzt werden. In der Regel ist dies recht einfach; unglücklicherweise besteht aber zwischen den verschiedenen Linux-Distributionen überhaupt keine Einigkeit darüber, wo die diversen Konfigurationsdateien und Hilfsprogramme für TCP/IP stehen sollen. Häufig sind diese in */etc* zu finden, aber man hat sie auch schon in */usr/etc*, */usr/etc/inet* oder an anderen merkwürdigen Stellen entdeckt. Im schlimmsten Fall müssen Sie mit dem Befehl *find* herausfinden, wo die Dateien auf Ihrem System stehen. Beachten Sie auch, daß nicht alle Distributionen die NET-2-Konfigurationsdateien und -Programme an einer Stelle zusammenhalten – manchmal sind sie über mehrere Verzeichnisse verstreut.

Wir setzen in diesem Abschnitt auch voraus, daß Sie in Ihrem System eine Ethernet-Karte benutzen. Es sollte nicht schwierig sein, diese Anweisungen für mehr als eine Netzverbindung anzupassen (wenn Ihr Rechner als Gateway fungiert).

Wir besprechen hier außerdem die Konfiguration von Systemen, die ausschließlich als Loopback-System arbeiten (also ohne Ethernet- oder SLIP-Verbindung). Auch wenn Sie keinen Netzanschluß haben, möchten Sie vielleicht das System für Loopback-TCP/IP konfigurieren, damit Sie mit den entsprechenden Programmen arbeiten können.

Ihre Netzwerkkonfiguration

Bevor Sie TCP/IP konfigurieren können, müssen Sie noch folgende Informationen zum Aufbau Ihres Netzwerks zusammentragen. In den meisten Fällen kann entweder der Netzverwalter vor Ort oder Ihr Internet-Provider diese Informationen liefern.

Ihre IP-Adresse

Das ist die eindeutige Rechneradresse in der Dotted-quad-Schreibweise, zum Beispiel 128.17.75.98. Ihr Netzverwalter wird Ihnen diese Nummer geben.

Falls Sie den Loopback-Modus konfigurieren (also kein SLIP, kein Ethernet, nur TCP/IP-Verbindungen auf dem eigenen Rechner), ist die IP-Adresse 127.0.0.1.

Ihre Subnetzmaske

Das sind vier Bytes in Dotted-quad-Schreibweise, so ähnlich wie die IP-Adresse. Diese vier Bytes legen fest, welcher Teil Ihrer IP-Adresse die Subnetznummer und welcher Teil die Rechnernummer innerhalb dieses Subnetzes bezeichnet.

Die Subnetzmaske bildet ein Bitmuster, das nach einer bitweisen UND-Verknüpfung mit einer IP-Adresse in Ihrem Netzwerk anzeigt, zu welchem Subnetz diese Adresse gehört. Ein Beispiel: Wenn Ihre Subnetzmaske 255.255.255.0 und Ihre IP-Adresse 128.17.75.20 ist, so ist der Subnetzteil Ihrer Adresse 128.17.75.

Wir unterscheiden hier zwischen der »Netzwerkadresse« und der »Subnetzadresse«. Erinnern Sie sich, daß in Klasse-B-Adressen die ersten beiden Bytes (in diesem Fall 128.17) das Netzwerk bezeichnen, und die letzten beiden Bytes den Rechner. Mit der Subnetzmaske 255.255.255.0 wird allerdings 128.17.75 als komplette Adresse des Subnetzes betrachtet (also Subnetz 75 im Netz 128.17), und nur die 20 zählt als Rechneradresse.

Ihre Netzverwalter haben die Subnetzmaske festgelegt und können Ihnen diese Information geben.

Dasselbe gilt für das Loopback-Device. Da die Loopback-Adresse immer 127.0.0.1 ist, ist die Netzmaske hierfür immer 255.0.0.0.

Die Adresse Ihres Subnetzes

Das ist der Subnetzteil Ihrer IP-Adresse, wie er durch die Subnetzmaske ermittelt wird. Ein Beispiel: Wenn Ihre Subnetzmaske 255.255.255.0 und Ihre IP-Adresse 128.17.75.20 ist, dann ist Ihre Subnetzadresse 128.17.75.0.

Reine Loopback-Systeme haben keine Subnetzadresse.

Ihre Broadcast-Adresse

Diese Adresse wird benutzt, wenn Sie Pakete an jeden einzelnen Rechner in Ihrem Subnetz verteilen möchten. In der Regel entspricht dies Ihrer Subnetzadresse (siehe oben) mit dem Wert 255 als Rechneradresse. Für die Subnetzadresse 128.17.75.0 ist die Broadcast-Adresse 128.17.75.255, für die Subnetzadresse 128.17.0.0 entsprechend 128.17.255.255.

Beachten Sie, daß manche Systeme die Subnetzadresse selbst als Broadcast-Adresse benutzen. Fragen Sie bei den Netzverwaltern nach, falls Sie im Zweifel sind.

Reine Loopback-Systeme haben keine Broadcast-Adresse.

Die IP-Adresse Ihres Gateways

Das ist die Adresse des Rechners, der Ihre Standardroute zum Rest der Welt darstellt. Es kann sein, daß Sie mehr als eine Gateway-Adresse haben – zum Beispiel wenn Ihr Netzwerk mit mehreren anderen Netzen direkt verbunden ist. Trotzdem führt Ihre *Standardroute* nur durch einen dieser Gateways. (Erinnern Sie sich an das Beispiel aus dem vorherigen Abschnitt, in dem das Netzwerk 128.17.112.0 sowohl durch **papaya** mit dem Netz 128.17.75.0 verbunden ist, als auch mit dem Rest der Welt durch **pineapple**.)

Ihre Netzverwalter können Ihnen die IP-Adressen aller Gateways in Ihrem Netzwerk mitteilen sowie die Adressen der Netze, mit denen diese Gateways verbunden sind. Später werden Sie diese Informationen zusammen mit dem Befehl *route* nutzen, um in der Routing-Tabelle die Einträge für die einzelnen Gateways zu erstellen.

Reine Loopback-Systeme haben keine Gateway-Adresse; dies gilt auch für Netzwerke ohne Verbindung nach außen.

Die IP-Adresse Ihres Nameservers

Dies ist die Adresse des Rechners, der für Ihr System die Umsetzung von Rechnernamen zu IP-Adressen vornimmt. Ihre Netzverwalter kennen diese Adresse.

Vielleicht planen Sie, Ihren eigenen Nameserver zu betreiben (indem Sie *named* konfigurieren und starten). Allerdings sollten Sie die Adresse des Nameservers benutzen, die Ihre Netzverwalter Ihnen mitteilen, solange Sie nicht unbedingt darauf angewiesen sind, einen eigenen Nameserver einzurichten (beispielsweise weil in Ihrem lokalen Netzwerk kein anderer Nameserver vorhanden ist). Auf jeden Fall enthalten die meisten Bücher über die Konfiguration von TCP/IP auch Informationen zum *named*.

Natürlich haben reine Loopback-Systeme keine Adresse für einen Nameserver.

Die rc-Dateien für die Vernetzung

Die *rc*-Dateien sind Skripten, die zur Konfiguration einiger systemweiter Ressourcen beim Booten von *init* aufgerufen werden. Die Netzwerkparameter werden mit Hilfe der fest zum System gehörenden Systemdämonen (wie zum Beispiel *sendmail*, *crond* usw.) konfiguriert. Sie finden die *rc*-Dateien meist im Verzeichnis */etc/rc.d*.

Wir werden hier die *rc*-Dateien besprechen, die TCP/IP konfigurieren: *rc.inet1* und *rc.inet2*. *rc.inet1* wird für die Konfiguration der grundlegenden Netzwerkparameter benutzt (etwa IP-Adressen und Routing-Informationen), und *rc.inet2* startet die TCP/IP-Dämonen (*telnetd*, *ftpd* usw.).

Beachten Sie, daß es *viele* Wege gibt, die hier beschriebene Netzwerkkonfiguration zu bewerkstelligen. Jede Linux-Distribution verwendet einen etwas anderen Mechanismus zur Automatisierung dieses Prozesses. Wir beschreiben hier eine generische Methode, mit der Sie zwei *rc*-Dateien anlegen können, die die notwendigen Befehle auf Ihrem Rechner starten, damit Ihre Maschine im Netzwerk »mitreden« kann. Die meisten Distributionen haben eigene Skripten, die mehr oder weniger das gleiche leisten. Wenn Sie unsicher sind, versuchen Sie zunächst, das Netzwerk so einzurichten, wie es in der Dokumentation zu Ihrer Distribution beschrieben wird, und benutzen Sie die hier beschriebenen Methoden als letzten Ausweg. (Beispielsweise verwendet die »Red Hat«-Distribution das Skript */etc/rc.d/init.d/network*, das wiederum die Netzwerkinformationen aus den Dateien in */etc/sysconfig* ausliest. Das Systemverwaltungsprogramm *control-panel*, das zu »Red Hat«-Distributionen dazugehört, konfiguriert das Netzwerk automatisch, ohne daß Sie eine einzige dieser Dateien anfassen müßten.)

init liest die Datei */etc/inittab*, um herauszufinden, welche Prozesse beim Booten gestartet werden sollen. Damit die Dateien */etc/rc.d/rc.inet1* und */etc/rc.d/rc.inet2* von *init* aufgerufen werden, könnten in Ihrer Datei */etc/inittab* etwa folgende Einträge stehen:

```
n1:34:wait:/etc/rc.d/rc.inet1
n2:34:wait:/etc/rc.d/rc.inet2
```

Kapitel 5

Wir beschreiben die Datei *inittab* im Abschnitt »Systemstart und -initialisierung« in Kapitel 5, *Grundlagen der Systemverwaltung*. Das erste Feld enthält einen eindeutigen, zweistelligen Bezeichner für jeden Eintrag. Das zweite Feld führt die Runlevel auf, auf denen die Skripten aufgerufen werden; in diesem Beispiel initialisieren wir das Netzwerk bei den Runlevels 1 bis 6. Das Wort `wait` im dritten Feld weist *init* an zu warten, bis das Skript beendet ist, bevor *init* weitermacht. Das letzte Feld enthält den Namen des Skripts, das ausgeführt werden soll.

Vielleicht ist es eine gute Idee, während der Konfiguration des Netzes *rc.inet1* und *rc.inet2* von Hand aufzurufen (als *root*), um eventuelle Probleme zu beheben. Später können Sie diese Dateien dann von einer anderen *rc*-Datei oder von */etc/inittab* aus aufrufen.

Wir haben bereits erwähnt, daß *rc.inet1* die grundlegende Konfiguration der Netzschnittstelle übernimmt. Dazu gehören die IP- und Netzwerkadresse sowie die Informationen in der Routing-Tabelle Ihres Systems. Es sind zwei Programme, die diese Parameter konfigurieren: *ifconfig* und *route*; beide stehen in der Regel in */sbin*.

Mit *ifconfig* wird die Schnittstelle zum Netzwerk mit bestimmten Parametern konfiguriert – etwa mit der IP-Adresse, Subnetzmaske, Broadcast-Adresse usw. Mit *route* werden Einträge in der Routing-Tabelle erzeugt und angepaßt.

Für die meisten Konfigurationen sollte eine *rc.inet1*-Datei funktionieren, die etwa so aussieht wie die folgende. Sie werden die Datei natürlich an Ihr eigenes System anpassen müssen. Benutzen Sie nicht die IP- und Netzwerkadressen aus unserem Beispiel; es könnte sich um einen tatsächlich im Internet vorhandenen Rechner handeln.

```
#!/bin/sh
# Dies ist /etc/rc.d/rc.inet1 - konfiguriere die TCP/IP-Interfaces

# Zuerst das Loopback-Device konfigurieren

HOSTNAME=`hostname`

/sbin/ifconfig lo 127.0.0.1        # Standardnetzmaske 255.0.0.0
/sbin/route add 127.0.0.1          # eine Route zum Loopback-Device

# Als nächstes Ethernet konfigurieren. Wenn Sie nur Loopback oder SLIP
# benutzen, kommentieren Sie die restlichen Zeilen aus.
```

```
# An Ihr System anpassen.
IPADDR="128.17.75.20"          # IHRE IP-Adresse eintragen
NETMASK="255.255.255.0"        # IHRE Subnetzmaske eintragen
NETWORK="128.17.75.0"          # IHRE Netzwerk-Adresse eintragen
BROADCAST="128.17.75.255"      # IHRE Broadcast-Adresse eintragen
GATEWAY="128.17.75.98"         # IHRE Standardgateway-Adresse eintragen

# Konfiguriere eth0 mit den o.a. Informationen
/sbin/ifconfig eth0 ${IPADDR} netmask ${NETMASK} broadcast ${BROADCAST}

# Ein Router für das eigene Netzwerk
/sbin/route add ${NETWORK}

# Eine Route zum Standard-Gateway
/sbin/route add default gw ${GATEWAY} metric 1

# Ende der Ethernet-Konfiguration
```

Wie Sie sehen, hat der Befehl *ifconfig* das Format:

```
ifconfig interface device optionen...
```

Zwei Beispiele:

```
ifconfig lo 127.0.0.1
```

weist der IP-Adresse 127.0.0.1 das *lo*-Device (Loopback) zu, und

```
ifconfig eth0 127.17.75.20
```

weist der Adresse 127.17.75.20 das *eth0*-Device zu (erste Ethernet-Karte).

Neben der Adresse brauchen Ethernet-Schnittstellen normalerweise auch die Subnetzmaske (mit der Option *netmask* zu setzen) und die Broadcast-Adresse (mit *broadcast* gesetzt).

Der Befehl *route*, wie wir ihn hier benutzen, hat das Format:

```
route add [ -Netz | -Rechner ] Ziel [ gw Gateway ] [ metric Metrik ] Optionen
```

Dabei bezeichnet das *Ziel* die Zieladresse für diese Route (oder hier steht das Schlüsselwort `default` für die Standardroute); der *Gateway* ist die IP-Adresse des Gateways für diese Route; und die *Metrik* gibt den Metrikwert für diese Route an (wir kommen weiter unten darauf zurück).

Mit dem Befehl *route* fügen wir Einträge in die Routing Tabelle ein. Sie sollten eine Route für das Loopback-Device definieren (wie wir das weiter oben gezeigt haben), eine für das lokale Netzwerk und eine für den Standardgateway. Ein Beispiel: Falls Ihr Standardgateway 128.17.75.98 ist, würden Sie folgenden Befehl einfügen:

```
route add default gw 128.17.75.98
```

route kennt verschiedene Optionen. Ein *-net* oder *-host* vor dem Ziel zeigt *route* an, daß das Ziel ein Netzwerk bzw. ein bestimmter Rechner ist. (In den meisten Fällen weisen Routen auf Netzwerke hin, aber in einigen Fällen brauchen Sie vielleicht eine eigene Route zu einem allein stehenden Rechner. In diesem Fall würden Sie *-host* für den Eintrag in der Routing-Tabelle benutzen.)

Mit der Option `Metrik` vergeben wir einen *Metrikwert* für diese Route. Die Metrikwerte werden benutzt, wenn es mehr als eine Route zu einem bestimmten Ziel gibt und das System entscheiden muß, welche davon es benutzen soll. Die Routen mit niedrigen Metrikwerten erhalten Vorrang. In unserem Beispiel setzen wir den Metrikwert für unsere Standardroute auf 1 und sorgen auf diese Weise dafür, daß diese Route Vorrang vor allen anderen hat.

Wie soll das möglich sein, daß es mehr als eine Route zu einem bestimmten Ziel gibt? Zunächst einmal können Sie in *rc.inet1* mehrere *route*-Befehle für ein Ziel eintragen – beispielsweise, wenn Ihnen mehr als ein Gateway zu einem bestimmten Netzwerk zur Verfügung steht. Es kann aber auch vorkommen, daß in Ihre Routing-Tabellen dynamisch neue Einträge gemacht werden, wenn Sie *routed* starten (wir kommen weiter unten noch darauf zu sprechen). Wenn Sie *routed* aufrufen, können andere Systeme Routing-Informationen an Rechner im Netz übertragen, die dazu führen, daß auf Ihrem Rechner weitere Einträge in der Routing-Tabelle erzeugt werden. Wenn Sie den Metrikwert für Ihre Standardroute auf 1 setzen, stellen Sie damit sicher, daß kein neuer Eintrag in der Routing-Tabelle Ihrem Standardgateway den Vorrang nimmt.

Sie sollten die Manual-Pages zu *ifconfig* und *route* lesen, in denen die Syntax dieser Befehle im Detail beschrieben wird. Es kann sein, daß weitere Optionen für Ihre Konfiguration relevant sind.

Lassen Sie uns weitermachen. In *rc.inet2* werden einige Dämonen gestartet, die von den TCP/IP-Programmen benutzt werden. Sie brauchen diese Dämonen nicht für die Kommunikation Ihres Rechners mit dem Netzwerk – deshalb stehen sie in einer eigenen *rc*-Datei. In der Regel sollten Sie versuchen, *rc.inet1* zu konfigurieren, und sich vergewissern, daß Ihr Rechner mit dem Netzwerk Datenpakete austauschen kann, bevor Sie mit der Konfiguration von *rc.inet2* beginnen.

Zu den Dämonen, die von *rc.inet2* gestartet werden, gehören *inetd*, *syslogd* und *routed*. Falls die Version von *rc.inet2* auf Ihrem System derzeit noch einige andere Server startet, sollten Sie diese auskommentieren, solange Sie Ihre Netzwerkkonfiguration debuggen.

Der wichtigste dieser Server ist *inetd*, der als eine Art »Vermittlungsstelle« für andere Systemdämonen dient. *inetd* wartet im Hintergrund darauf, daß an bestimmten Netzwerkports Verbindungen ankommen. Wenn eine Verbindung zustandekommt, startet *inetd* eine Kopie des passenden Dämons für diesen Port. Ein Beispiel: Wenn eine eingehende *telnet*-Verbindung zustandekommt, wird *inetd* den Dämon *in.telnetd* starten, der anschließend die *telnet*-Verbindung bedient. Das ist einfacher und effizienter, als eine Kopie von jedem einzelnen Dämon aufzurufen; auf diese Weise werden Netzwerkdämonen nur bei Bedarf gestartet.

syslogd ist der Dämon, der die Systemaktivitäten protokolliert – er sammelt Protokollnotizen (log messages) von verschiedenen Anwendungen und legt sie in Dateien ab; die Informationen in der Datei */etc/syslog.conf* bestimmen, welche Protokollmeldungen wo abgelegt werden.

routed ist ein Server, der die dynamischen Routing-Informationen verwaltet. Es kann passieren, daß Ihr System weitere Informationen für die Routing-Tabelle braucht, wenn es Pakete an ein anderes Netzwerk schicken möchte. *routed* verwaltet die Routing-Tabelle, ohne daß der Benutzer eingreifen muß.

Wir zeigen Ihnen hier ein Beispiel für eine *rc.inet2*, in der die Dämonen *syslogd*, *inetd* und *routed* gestartet werden:

```
#! /bin/sh
# Beispiel fuer /etc/rc.d/rc.inet2

# syslogd starten
if [ -f /usr/sbin/syslogd ]
then
      /usr/sbin/syslogd
fi

# inetd starten
if [ -f /usr/sbin/inetd ]
then
      /usr/sbin/inetd
fi

# routed starten
if [ -f /usr/sbin/routed ]
then
      /usr/sbin/routed -q
fi
```

[46] DNS und BIND

Zu den anderen Servern, die Sie vielleicht aus *rc.inet2* heraus starten möchten, gehört *named*. *named* ist ein Nameserver – er übersetzt die (lokalen) IP-Adressen in Namen und umgekehrt. Falls es an anderer Stelle in Ihrem Netzwerk keinen Nameserver gibt, oder wenn Sie die Namen der lokalen Rechner an andere Systeme in Ihrer Domain weitergeben möchten, müssen Sie eventuell named starten. Die Konfiguration von *named* ist ziemlich schwierig und muß geplant werden; wir verweisen interessierte Leser auf *DNS und BIND*.

/etc/hosts

Die Datei */etc/hosts* enthält eine Liste von IP-Adressen mit den dazugehörigen Rechnernamen. Im allgemeinen finden Sie hier nur Einträge für den eigenen Rechner und vielleicht so »wichtige« Systeme wie Ihren Nameserver oder Ihren Gateway. Der lokale Nameserver wird die Zuordnung von Adressen zu den Namen anderer Rechner im Netz für Sie transparent erledigen.

Wenn Ihr Rechner beispielsweise **eggplant.veggie.com** mit der IP-Adresse 128.17. 75.20 ist, sieht Ihre */etc/hosts* so aus:

```
127.0.0.1              localhost
128.17.75.20           eggplant.veggie.com eggplant
```

Wenn Sie den Rechner nur im Loopback-Modus betreiben, sollte */etc/hosts* nur eine Zeile für die Adresse 127.0.0.1 enthalten.

/etc/networks

Die Datei */etc/networks* enthält die Namen und Adressen des eigenen sowie anderer Netzwerke. Sie wird vom Befehl *route* benutzt und ermöglicht es, ein Netzwerk mit seinem Namen statt seiner Adresse zu bezeichnen.

Jedes Netzwerk, zu dem Sie mit dem Befehl *route* eine Route eintragen möchten, muß in */etc/networks* eingetragen sein. (*route* wird normalerweise in *rc.inet1* aufgerufen – siehe oben.)

Ein Beispiel:

```
default         0.0.0.0         # Standardroute - obligatorisch
loopnet         127.0.0.0       # Loopback-Netz - obligatorisch
veggie-net      128.17.75.0     # IHRE Netzwerkadresse eintragen
```

Jetzt können wir statt

```
route add 128.17.75.20
```

eingeben:

```
route add veggie-net
```

Egal, ob Sie mit *route* den Namen benutzen möchten oder nicht, es muß auf jeden Fall für jede Netzwerkroute ein Eintrag in */etc/networks* vorhanden sein.

/etc/host.conf

Die Datei */etc/hosts* bestimmt darüber, wie Ihr System Rechnernamen auflöst (in IP-Adressen wandelt). Sie sollte die beiden Zeilen:

```
order hosts,bind
multi on
```

enthalten. Diese Zeilen weisen die Auflösungsbibliotheken an, umzuwandelnde Namen zuerst in */etc/hosts* nachzuschlagen und dann den Nameserver (falls vorhanden) zu befragen. Der Eintrag `multi` bewirkt, daß Sie zu einem bestimmten Rechnernamen in */etc/hosts* mehrere IP-Adressen angeben können.

/etc/resolv.conf

Diese Datei konfiguriert den Name Resolver (etwa: Namenauflöser) und enthält zu diesem Zweck die Adresse Ihres Nameservers (falls vorhanden) und Ihren DNS-

Domain-Namen. Ihr Domain-Name ist der Fully Qualified Domain Name (vollständiger Domain-Name), jedoch ohne den Namen des Rechners (dies gilt zum Beispiel für Systeme, die im Internet registriert sind). Wenn Ihr vollständiger Rechnername also **loomer.vpizza.com** lautet, ist der Domain-Name einfach **vpizza.com**. Falls Sie sich nicht sicher sind, können Sie den Domain-Namen bei Ihren Netzverwaltern erfragen.

Das System **eggplant.veggie.com** mit dem Nameserver unter der Adresse 128.17.75.55 hätte beispielsweise folgende Einträge in */etc/resolv.conf*:

```
domain       veggie.com
nameserver   128.17.75.55
```

Sie können mehr als einen Nameserver eintragen, aber jeder einzelne muß in *resolv.conf* seine eigene `nameserver`-Zeile haben.

Den Rechnernamen festlegen

Sie sollten den Rechnernamen Ihres Systems mit dem Befehl *hostname* festlegen. Dieser Befehl wird in der Regel von */etc/rc.d/rc.sysinit* aus aufgerufen; durchsuchen Sie die *rc*-Dateien Ihres Systems um festzustellen, wo der *hostname*-Aufruf erfolgt. Ein Beispiel: Wenn Ihr (vollständiger) Rechnername **eggplant.veggie.com** lautet, lassen Sie in der entsprechenden *rc*-Datei den Befehl */bin/hostname eggplant.veggie.com* ausführen. Beachten Sie, daß die ausführbare Datei *hostname* auf Ihrem System in einem anderen Verzeichnis als */bin* stehen könnte.

Der erste Versuch

Sobald die verschiedenen Konfigurationsdateien für das Netz an Ihr System angepaßt sind, sollten Sie in der Lage sein, neu zu booten (mit einem TCP/IP-fähigen Kernel) und die Konfiguration zu testen.

Vielleicht sollten Sie beim ersten Booten des Systems den automatischen Aufruf von *rc.inet1* und *rc.inet2* unterdrücken und diese beiden Skripten von Hand starten, nachdem das System hochgefahren ist. Das gibt Ihnen die Chance, alle Fehlermeldungen mitzulesen, die Skripten zu ändern und es noch einmal zu versuchen. Sobald alles korrekt abläuft, können Sie die Skripten von */etc/inittab* aus aufrufen.

Eine gute Methode, die Verbindungen zum Netzwerk zu testen, ist ein *telnet* an einen anderen Rechner. Versuchen Sie zunächst, eine Verbindung zu einem Rechner im lokalen Netzwerk herzustellen; wenn das funktioniert, versuchen Sie es mit Rechnern in anderen Netzen. Mit dem ersten Schritt testen Sie die Verbindung zwischen Ihrem Rechner und dem lokalen Netzwerk; mit dem zweiten Schritt stellen Sie fest, ob Ihnen durch Ihr Gateway hindurch der Rest der Welt offensteht.

Falls Sie in der Lage sind, mit weit entfernten Rechnern (remote) zu kommunizieren, aber nicht mit Systemen im selben Subnetz, deutet das auf ein Problem entweder mit der Subnetzmaske oder mit dem Routing-Tabelleneintrag für das lokale Netz hin.

Wenn Sie versuchen, einen anderen Rechner zu erreichen, sollten Sie das zuerst mit der IP-Adresse des fremden Rechners testen. Falls das funktioniert, aber mit dem Rechnernamen keine Verbindung zustandekommt, kann das Problem entweder in der Konfiguration des Nameservers liegen (zum Beispiel in */etc/resolv.conf* oder */etc/host.conf*), oder die Route zum Nameserver ist nicht korrekt.

Die häufigsten Ursachen für Probleme im Netzwerk sind Fehler in der Routing-Tabelle. Mit dem Befehl:

```
netstat -rn
```

netstat (8)

lassen Sie sich die Routing-Tabelle anzeigen; wir haben das Format der Anzeige mit diesem Befehl im vorhergehenden Abschnitt beschrieben. Die Manual-Page zu *netstat* enthält weitere Details. Wenn Sie *netstat* ohne die Option *-n* aufrufen, erhalten Sie eine Anzeige mit den Namen der Rechner und Netze statt der IP-Adressen.

route (8)

Sie können die Routing-Tabelle debuggen, indem Sie entweder die Datei *rc.inet1* editieren und neu booten, oder Sie geben den Befehl *route* von Hand ein, um Einträge hinzuzufügen oder zu löschen. In der Manual-Page zu *route* finden Sie eine vollständige Beschreibung der Befehlssyntax. Beachten Sie, daß allein das Editieren von *rc.inet1* mit erneutem Aufruf von *route* die alten Einträge nicht aus der Routing-Tabelle entfernt; Sie müssen entweder neu booten oder mit *route del* die Einträge von Hand löschen.

Wenn Sie überhaupt keine Verbindung zustande bekommen, liegt das Problem eventuell in der Konfiguration der Ethernet-Schnittstelle. Vergewissern Sie sich zunächst, daß die Ethernet-Karte beim Booten an der richtigen Adresse und mit dem richtigen IRQ gefunden wurde. Sie finden diese Informationen in den Boot-Meldungen des Kernels; wenn Sie *syslogd* benutzen, werden diese Meldungen auch in einer Datei wie zum Beispiel */var/log/messages* gespeichert.

[93] Ethernet HOWTO

Falls Ihre Ethernet-Karte nicht richtig gefunden wird, müssen Sie eventuell einige Kernel-Parameter anpassen, um das Problem zu beheben. Im Ethernet-HOWTO von Linux finden Sie ausführliche Informationen zum Debuggen der Ethernet-Konfiguration. Oft braucht man zur Behebung des Problems nur am LILO-Boot-Prompt die korrekten Werte für IRQ und Portadresse anzugeben. Wenn Sie beispielsweise via LILO mit dem Befehl:

```
lilo: linux ether=9,0x300,0,1,eth0
```

booten, werden für die Schnittstelle *eth0* die Werte: IRQ 9, Basisadresse 0x300 und der externe Transceiver (durch die 1 im vierten Feld) eingestellt. Wenn Sie den internen Transceiver benutzen möchten, machen Sie im vierten Feld aus der 1 eine 0.

Denken Sie auch an die Möglichkeit, daß die Ethernet-Karte defekt oder nicht richtig mit Ihrem Rechner oder dem Netz verbunden sein kann. Defekte Ethernet-Karten und -Kabel können unendlich viele Probleme verursachen – u.a. gelegentliche Netzausfälle, Systemabstürze usw. Wenn Sie bei Ihren Bemühungen das Ende der

Fahnenstange erreicht haben, sollten Sie vielleicht Ethernet-Karte oder -Kabel austauschen, um festzustellen, ob hier die Ursache des Problems zu finden ist.[3]

Wenn Ihre Ethernet-Karte gefunden wird, aber das System trotzdem nicht mit dem Netzwerk kommunizieren kann, ist eventuell die Konfiguration der Schnittstellen mit *ifconfig* nicht in Ordnung. Vergewissern Sie sich, daß Sie für Ihren Rechner die richtige IP-Adresse, Broadcast-Adresse und Subnetzmaske eingetragen haben. Wenn Sie *ifconfig* ohne Argumente aufrufen, erhalten Sie Informationen über Ihre Ethernet-Konfiguration.

Die SLIP-Konfiguration

Das Serial Line Internet Protocol (SLIP) gestattet die Benutzung von TCP/IP über eine serielle Leitung – sei es eine Telefonleitung (unter Einsatz eines Modems) oder irgendeine Art von asynchroner Standleitung. Wenn Sie SLIP benutzen möchten, brauchen Sie einen SLIP-Server in Ihrer Nähe, in den Sie sich einwählen können. Viele Universitäten und Firmen bieten SLIP-Zugänge zu geringen Kosten an.

[4] Network Admin Guide [49] SLIP

SLIP ist grundsätzlich anders als Ethernet, weil das »Netzwerk« lediglich aus zwei Rechnern besteht – dem SLIP-Client (das sind Sie) und dem SLIP-Server. Aus diesem Grund bezeichnet man SLIP oft als »Punkt-zu-Punkt«-Verbindung. Ein anderes Protokoll, das diese Idee verwirklicht, das Point-to-Point-Protocol (PPP), ist ebenfalls unter Linux verfügbar. Die Konfiguration von PPP wird im *Linux Network Administrator's Guide* und in *SLIP/PPP – Praktische Anleitung zum Einwählen ins Internet* beschrieben.

Es gibt zwei wichtige Programme im Zusammenhang mit SLIP – *dip* und *slattach*. Beide werden gebraucht, um eine SLIP-Verbindung über eine serielle Leitung herzustellen. Sie müssen eines dieser Programme benutzen, um mit SLIP arbeiten zu können – es reicht nicht aus, den SLIP-Server anzuwählen (mit einem Kommunikationsprogramm wie zum Beispiel Kermit) und dann *ifconfig*- und *route*-Befehle zu erteilen. Das liegt daran, daß *dip* und *slattach* einen bestimmten *ioctl()*-Systemaufruf absetzen, um die Kontrolle über die serielle Schnittstelle zu übernehmen, die als SLIP-Interface benutzt wird.

Sie können *dip* benutzen, um in einen SLIP-Server einzuwählen, dort einzuloggen (nachdem zum Beispiel Ihr Benutzername und das Paßwort übergeben wurden) und schließlich über die offene serielle Leitung eine SLIP-Verbindung aufzubauen. *slattach* tut dagegen nicht viel mehr, als die serielle Schnittstelle für SLIP zu öffnen; es ist dann nützlich, wenn Sie eine Standleitung zu Ihrem SLIP-Server haben und weder das Einwählen noch die Übergabe von Informationen notwendig sind, um eine Verbindung herzustellen.

3 Der Schreiber hat einst drei Stunden damit verbracht herauszufinden, warum der Kernel beim Booten eine Ethernet-Karte nicht finden wollte. Es stellte sich heraus, daß die 16-Bit-Karte in einem 8-Bit-Slot steckte – mea culpa.

slattach ist kernfunktionalität
dip beherrscht einwählen

Sie können *dip* auch benutzen, um Ihr Linux-System als SLIP-Server zu konfigurieren, in den andere Rechner einwählen können, um durch eine zweite Ethernet-Schnittstelle in Ihrem System eine Verbindung zum Netz zu finden. Dokumentation und Manual-Page zu *dip* beschreiben diesen Vorgang im Detail.

Wenn Sie eine Verbindung zu einem SLIP-Server herstellen, wird dieser Ihnen (normalerweise) mittels einer von zwei Methoden eine IP-Adresse zuweisen. Manche SLIP-Server vergeben »statische« IP-Adressen; in diesem Fall ist Ihre Adresse bei allen Verbindungen mit dem Server gleich. Andere SLIP-Server dagegen vergeben die IP-Adressen »dynamisch«; dann bekommen Sie bei jeder Verbindung eine andere Adresse. Bei dieser Konstellation zeigt der Server normalerweise beim Zustandekommen der Verbindung die IP- und Gateway-Adresse an. *dip* ist in der Lage, diese Werte aus den Login-Meldungen des Servers zu extrahieren und damit die SLIP-Schnittstelle zu konfigurieren.

Im Prinzip geschieht die Konfiguration einer SLIP-Verbindung auf die gleiche Weise wie für eine Loopback- oder Ethernet-Verbindung. Wir besprechen die wichtigsten Unterschiede etwas weiter unten. Lesen Sie den vorhergehenden Abschnitt zur Konfiguration der wichtigsten TCP/IP-Dateien, und beachten Sie dann die Änderungen, die wir hier besprechen.

SLIP-Verbindungen mit statischen IP-Adressen und dip

Wenn Sie einen SLIP-Server benutzen, der statische IP-Adressen vergibt, sollten Sie in */etc/hosts* Einträge für Ihre IP-Adresse und Ihren Rechnernamen einfügen. (Ihre Netzverwalter können Ihnen die IP-Adresse und den offiziellen Rechnernamen mitteilen.) Sie sollten außerdem die Dateien *rc.inet2*, *host.conf* und *resolv.conf* konfigurieren, wie wir das im Abschnitt »TCP/IP und Ethernet konfigurieren« beschrieben haben.

Sie werden auch die Datei *rc.inet1* konfigurieren müssen; allerdings brauchen Sie die Befehle *ifconfig* und *route* nur für das Loopback-Device einzufügen. Wenn Sie mit *dip* eine Verbindung zu einem SLIP-Server herstellen, wird *dip* auch mit den entsprechenden *ifconfig*- und *route*-Befehlen die SLIP-Schnittstelle konfigurieren. (Wenn Sie aber *slattach* benutzen, müssen Sie die Befehle *ifconfig* und *route* für die SLIP-Schnittstelle in *rc.inet1* einfügen – siehe unten.)

dip sollte Ihre Routing-Tabelle beim Zustandekommen einer Verbindung in geeigneter Weise konfigurieren. Es kann allerdings vorkommen, daß *dip* dies für Ihre Konfiguration nicht korrekt erledigt; dann müssen Sie die Befehle *ifconfig* oder *route* von Hand aufrufen, nachdem die Verbindung zum Server hergestellt wurde. Das läßt sich am einfachsten in einem Shell-Skript erledigen, das zuerst *dip* und gleich anschließend die notwendigen Konfigurationsbefehle aufruft. Mit diesem Shell-Skript können Sie dann Ihre SLIP-Verbindung aufbauen.

In den meisten Fällen ist der Gateway für Ihr System identisch mit der IP-Adresse des SLIP-Servers. Entweder Sie kennen die Gateway-Adresse bereits, oder der Server zeigt sie beim Verbindungsaufbau an. Im letzteren Fall kann das Chat-Skript (etwa: Plauder-Skript; Chat ist die »Unterhaltung« der beiden Rechner beim Verbindungsaufbau) von *dip* (siehe unten) diese Informationen beim SLIP-Server abfragen.

ifconfig (8)

Sie müssen mit *ifconfig* eventuell das Argument *pointopoint* angeben, wenn *dip* die Schnittstelle nicht korrekt konfiguriert. Ein Beispiel: Wenn die Adresse Ihres SLIP-Servers 128.17.75.98 lautet und Ihre IP-Adresse 128.17.75.2 ist, müssen Sie vielleicht als *root* folgenden Befehl aufrufen:

```
ifconfig sl0 128.17.75.2 pointopoint 128.17.75.98
```

nachdem Sie mit *dip* die Verbindung hergestellt haben. Hier hilft die Manual-Page zu *ifconfig* weiter.

Beachten Sie, daß die SLIP-Schnittstellen bei den Befehlen *ifconfig* und *route* mit *sl0*, *sl1* usw. bezeichnet werden; die Ethernet-Schnittstellen dagegen heißen *eth0*, *eth1* usw.

Im Abschnitt »dip benutzen« weiter unten erklären wir, wie Sie *dip* für die Verbindung zum SLIP-Server konfigurieren.

SLIP-Verbindungen mit statischen IP-Adressen und slattach

Falls Sie eine Standleitung oder direkte Kabelverbindung zu Ihrem SLIP-Server haben, brauchen Sie kein *dip*, um eine Verbindung herzustellen. Benutzen Sie stattdessen *slattach*, um die SLIP-Schnittstelle zu konfigurieren.

Für diesen Fall sollte Ihre Datei */etc/rc.inet1* etwa so aussehen:

```
#!/bin/sh
IPADDR="128.17.75.2"          # IHRE IP-Adresse eintragen
REMADDR="128.17.75.98"        # Die IP-Adresse IHRES SLIP-Servers eintragen

# Passen Sie die folgenden Zeilen an die serielle Schnittstelle
# für die SLIP-Verbindung an
slattach -p cslip -s 19200 /dev/ttyS0
/sbin/ifconfig sl0 $IPADDR pointopoint $REMADDR up
/sbin/route add default gw $REMADDR
```

slattach weist der bezeichneten seriellen Leitung das erste freie SLIP-Device (*sl0*, *sl1* usw.) zu.

Beachten Sie, daß der erste Parameter zu *slattach* das SLIP-Protokoll bezeichnet, das benutzt werden soll. Zur Zeit gibt es die beiden gültigen Werte `slip` und `cslip`. `slip` ist, wie Sie sicherlich erwartet haben, das reguläre SLIP, und `cslip` bezeichnet das SLIP mit Komprimierung der Datagramm-Header. In den meisten Fällen sollten Sie `cslip` benutzen; falls Sie damit allerdings auf Probleme stoßen, müssen Sie vielleicht auf `slip` zurückgreifen.

SLIP-Verbindungen mit dynamischen IP-Adressen und dip

Wenn Ihr SLIP-Server die IP-Adresse dynamisch zuweist, können Sie Ihre Adresse natürlich nicht im voraus wissen – und deshalb können Sie auch keinen Eintrag dafür in */etc/hosts* machen. (Sie sollten trotzdem einen Eintrag für Ihren Rechner mit der Loopback-Adresse 127.0.0.1 haben.)

Viele SLIP-Server zeigen die IP-Adresse (und die Adresse des Servers) beim Verbindungsaufbau an. Ein bestimmter Server gibt beispielsweise folgende Meldung aus:

```
Your IP address is 128.253.154.44.
Server address is 128.253.154.2.
```

dip ist in der Lage, diese Adressen aus der Ausgabe des Servers zu extrahieren und damit die SLIP-Schnittstelle zu konfigurieren.

Im vorhergehenden Abschnitt finden Sie Informationen zur Konfiguration der verschiedenen TCP/IP-Dateien für den Einsatz mit SLIP.

dip benutzen

Wenn Sie *dip* benutzen möchten, brauchen Sie ein »Chat-Skript«, in dem Befehle enthalten sind, die während des Logins für die Kommunikation mit dem SLIP-Server benötigt werden. Mit diesen Befehlen können Sie automatisch Ihren Benutzernamen und Ihr Paßwort an den Server übermitteln sowie Ihre IP-Adresse vom Server in Erfahrung bringen.

Das folgende Skript ist ein Beispiel für ein *dip*-Chat-Skript, das Sie mit einem dynamischen Server verbindet. Bei statischen Servern müssen Sie am Anfang des Skripts die Variablen `$local` und `$remote` mit Ihrer IP-Adresse bzw. der IP-Adresse des Servers belegen. Die Kommentare in unserem Beispielskript erklären, was Sie zu tun haben.

```
main:
  # Maximum Transfer Unit (MTU) einstellen. Das ist die maximale Anzahl
  # an Paketen, die durch die SLIP-Schnittstelle gehen.
  # Viele SLIP-Server benutzen entweder 1500 oder 1006;
  # fragen Sie im Zweifelsfall Ihren Netzverwalter.
  get $mtu 1500

  # Adressen Ihres Rechners ($local) und des Servers ($remote) angeben.
  # Bei dynamischen SLIP-Servern werden diese Zeilen auskommentiert($local).
```

```
  # get $local eggplant.veggie.com
  # get $remote slipserver.veggie.com

  # SLIP-Route zur Standardroute des Systems machen.
  default

  # Den seriellen Port und die Geschwindigkeit bestimmen.
  port cua03
  speed 38400

  # Modem und Leitung initialisieren. Falls dabei Probleme
  # auftauchen, kommentieren Sie diese Zeile aus.
  reset

  # Vorbereitung zum Wählen. Fügen Sie hier die Initialisierung
  # für Ihr Modem ein.
  send ATT&C1&D2N3&Q5%M3%C1N1W1L1S48=7\r
  wait OK 2
  if $errlvl != 0 goto error
  # SLIP-Server anwählen.Dial the SLIP server
  dial 5551234
  if $errlvl != 0 goto error
  wait CONNECT 60
  if $errlvl != 0 goto error

  # Die Verbindung steht. Loggen Sie sich ein.
login:
  sleep 3
  send \r\n\r\n
  # Warten auf den Login-Prompt.
  wait login: 10
  if $errlvl != 0 goto error

  # Benutzernamen übertragen.
  send USERNAME\n

  # Warten auf den Paßwort-Prompt.
  wait ord: 5
  if $errlvl != 0 goto error

  # Paßwort übertragen.
  send PASSWORD\n

  # Warten, bis der SLIP-Server OK meldet.
  wait annex: 30
  if $errlvl != 0 goto error
```

```
  # Befehle zur Initialisierung der Verbindung an SLIP-Server senden.
  send SLIP\n
  wait Annex 30

  # Fremde IP-Adresse vom SLIP-Server erfragen. Der `get...remote'-
  # Befehl liest Text im Format xxx.xxx.xxx.xxx und weist ihn der
  # Variablen zu, die als erstes Argument angeführt ist (hier: $remote).
  # Kommentieren Sie die folgenden Zeilen aus, wenn Sie einen statischen
  # SLIP-Server benutzen.

  get $remote remote
  if $errlvl != 0 goto error
  wait Your 30

  # Lokale IP-Adresse erfragen und der Variablen $local zuweisen.
  get $local remote
  if $errlvl != 0 goto error

  # SLIP-Verbindung starten.
done:
  print CONNECTED to $remote at $rmtip
  print GATEWAY address $rmtip
  print LOCAL address $local

  # SLIP mit komprimierten Headern benutzen. Ändern Sie dies auf
  # "mode SLIP", wenn Ihr Server kein CSLIP unterstützt.
  mode CSLIP
  goto exit

error:
  print SLIP to $remote failed.

exit:
  # Done.
```

dip führt die Befehle *ifconfig* und *route* automatisch aus und benutzt dabei die Werte der Variablen $local und $remote. In diesem Beispiel werden die Variablen mit Hilfe des Befehls get...remote belegt, der die Antworten des SLIP-Servers liest und sie den Variablen zuweist.

Falls die Befehle *ifconfig* und *route*, die *dip* benutzt, nicht zum Erfolg führen, können Sie entweder in einem Shell-Skript nach dem Aufruf von *dip* die korrekten Befehle ausführen oder den Quellcode von *dip* selbst anpassen. Wenn Sie *dip* mit der Option *-v* aufrufen, erhalten Sie während des Verbindungsaufbaus Debugging-Meldungen, die beim Auffinden eventueller Schwachstellen helfen sollten.

Wenn Sie anschließend *dip* aufrufen und eine SLIP-Verbindung herstellen wollen, können Sie etwa folgenden Befehl eingeben:

```
/usr/sbin/dip -v /etc/dip-script 2>&1
```

Wenn *dip* eine Verbindung hergestellt hat, bleibt es als Hintergrundprozeß aktiv. Sie sollten in der Lage sein, über diese SLIP-Verbindung *telnet*, *ftp* usw. zu benutzen.

Zum Beenden der SLIP-Verbindung »killen« Sie einfach den *dip*-Prozeß. Einige Versionen von *dip* werten verschiedene Signale aus, so daß Sie eventuell `kill -9` eingeben müssen, um die Verbindung beenden zu können.

Mit dem Material, was wir bis hierher vorgestellt haben, sollten Sie einer »Unterhaltung« mit Ihrem Netzwerk schon recht nahe kommen – sei es im Ethernet oder via SLIP. Wir möchten Ihnen noch einmal empfehlen, ein Buch zum Thema »Konfiguration von TCP/IP-Netzwerken« zu konsultieren; dies gilt insbesondere dann, wenn Ihr Netzwerk in irgendeiner Weise vom Standard abweicht. Fragen Sie im Zweifelsfall Ihre Netzverwalter – die Konfiguration von TCP/IP ist unter Linux nicht anders als unter anderen UNIX-Versionen.

NFS und NIS konfigurieren

Wenn Sie TCP/IP einmal eingerichtet haben, wollen Sie vielleicht auch das Network File System (NFS) oder das Network Information System (NIS) auf Ihrem Rechner verwenden. Über NFS kann Ihr System den anderen Rechnern im Netz Dateien zur Verfügung stellen. Der Dateizugriff über NFS ist völlig transparent; Sie greifen auf die Dateien so zu, als ob Sie auf Ihrer lokalen Festplatte abgelegt wären. Um es aus der Sicht des Systemadministrators zu formulieren: Ein Rechner setzt das Dateisystem eines anderen Rechners in einem Verzeichnis auf, genauso, wie auch lokale Verzeichnisse aufgesetzt werden können. Mit NFS können Sie auch Dateisysteme exportieren und es so anderen Systemen ermöglichen, Ihre Festplatten bei sich über das Netzwerk aufzusetzen.

NIS (früher bekannt als Yellow Pages (YP)) ist ein System, mit dem Ihr Rechner automatisch Informationen über Benutzer-Accounts, Gruppen, Dateisysteme und andere Informationen aus den Systemdatenbanken von Servern im Netzwerk erhalten kann. Angenommen, Sie haben eine große Ansammlung von Rechnern, die die gleichen Benutzer-Accounts und Gruppen haben sollen (diese Informationen stehen üblicherweise in */etc/passwd* und */etc/group*). Die Benutzer sollen sich auf jedem der Rechner einloggen und direkt auf ihre Dateien zugreifen können (zum Beispiel indem ihr Home-Dateisystem via NFS von einem zentralen Server aufgesetzt wird). Die Verwaltung der Benutzer-Accounts auf vielen Maschinen ist natürlich problematisch; um einen neuen Benutzer einzurichten, müßten Sie sich auf jeder Maschine einloggen und den Benutzer-Account einrichten. Wenn Sie statt dessen NIS verwenden, befragt das System automatisch die zentral verwalteten Datenbanken im Netz nach diesen Informationen. Zusätzlich werden natürlich auch noch die lokalen Dateien gelesen.

Wenn Ihr Linux-System mit anderen Rechnern in einem LAN zusammenarbeiten soll, ist es ziemlich wahrscheinlich, daß NFS und NIS in Ihrem LAN bereits weit verbreitet sind. In diesem Kapitel zeigen wir Ihnen, wir Sie Ihr System so einrichten können, daß es als NFS- und NIS-Client fungiert, das heißt es kann entfernte Dateisysteme aufsetzen und sich an einer existierenden NIS-Domäne beteiligen. Es ist möglich, Ihr System auch als NFS- und NIS-Server einzurichten, aber das ist nicht ganz einfach und etwas aufwendig. Anstatt hier eine gefährlich unvollständige Beschreibung der Server-Konfiguration zu geben, verweisen wir Sie auf *Verwalten von UNIX-Netzwerken mit NFS und NIS*. Wenn Sie sich bereits mit der Konfiguration von NFS und NIS auf anderen UNIX-Systemen auskennen, wird Linux nicht mehr viel Neues für Sie zu bieten haben; die Manual-Pages und die »Linux HOWTO«-Dokumente geben Ihnen alle system-spezifischen Informationen.

[47] NFS und NIS

NFS konfigurieren

Ihr System so einzurichten, daß es entfernte Dateisysteme via NFS aufsetzen kann, ist im Nu gemacht. Wenn Sie TCP/IP konfiguriert haben und das Nachschlagen der Rechnernamen korrekt funktioniert, können Sie einfach eine Zeile wie die folgende in Ihrer Datei */etc/fstab* einfügen:

```
# device          directory           type    options
allison:/usr  /fsys/allison/usr   NFS     defaults
```

Wie beim Aufsetzen von normalen Dateisystemen müssen Sie sicherstellen, daß das Verzeichnis zum Aufsetzen (in diesem Fall */fsys/allison/usr*) bereits existiert. Mit der obigen Zeile in */etc/fstab* kann Ihr Rechner das Verzeichnis */usr* des Rechners **allison** über das Netzwerk aufsetzen.

Bevor das Aufsetzen via NFS aber funktioniert, muß zunächst der Systemadministrator des NFS-Server (hier **allison**) seinen Rechner so einrichten, daß er die angegebenen Verzeichnisse (hier */usr*) zu Ihrem Rechner exportiert. Auf den meisten UNIX-Systemen reicht es, eine Datei wie */etc/exports* zu editieren oder einen einfachen Befehl auszuführen. Das Exportieren eines Verzeichnisses macht es für andere Systeme via NFS erreichbar. Es ist nicht notwendig, daß das exportierte Verzeichnis das Wurzelverzeichnis des Dateisystems selbst ist; Sie können zum Beispiel auch */usr* exportieren, wenn */usr* selbst kein eigenes Dateisystem ist.

Der Administrator macht beim Exportieren das Verzeichnis eventuell nur zum Lesen verfügbar. In diesem Fall können Sie nicht in das Dateisystem schreiben, wenn es auf Ihrem System eingehängt ist. Sie sollten das `options`-Feld der */etc/fstab*-Zeile von oben von `defaults` auf `ro` ändern.

Ein paar Warnungen zu NFS: Zunächst kommt NFS nicht gut damit klar, wenn einer der Server der entfernten Dateisysteme heruntergefahren wird oder die Netzwerkverbindung unterbrochen wird. Wenn der NFS-Server aus irgendeinem Grund nicht erreichbar ist, wird Ihr Rechner von Zeit zu Zeit Warnungen auf die Konsole oder in die Logdateien ausgeben. Wenn Sie das stört, können Sie versuchen, die betroffenen Dateisysteme abzusetzen.

Ein anderes Detail, auf das Sie bei der Verwendung von NFS aufpassen müssen, ist die Eigentümerschaft und Gruppenzugehörigkeit der Dateien auf dem entfernten Dateisystem. Um auf Ihre Dateien via NFS zugreifen zu können, müssen Ihre Benutzer- und Gruppen-ID gleich der auf dem NFS-Server sein. Das können Sie leicht mit dem Befehl *ls -l* überprüfen: Wenn die Benutzer-ID oder Gruppen-ID zu keinem lokalen Benutzer paßt, zeigt *ls* die IDs als Zahlen an, ansonsten wird der Benutzer- bzw. Gruppenname angezeigt.

Wenn die IDs nicht zusammenpassen, gibt es einige wenige Möglichkeiten, dieses Problem zu beheben. Zum einen können Sie einfach die Benutzer-ID Ihres Benutzer-Accounts (und die Gruppen-ID Ihrer primären Gruppe) so ändern, daß Sie mit den auf dem NFS-Server vorhandenen übereinstimmen (zum Beispiel durch Editieren der lokalen Datei */etc/passwd*). Danach müssen Sie *chown* und *chgrp* auf alle Ihre lokalen Dateien anwenden. Eine andere Lösung wäre es, einen gesonderten Account mit passenden IDs anzulegen. Am besten ist es jedoch, NIS zu verwenden, um Ihre Benutzer- und Gruppendatenbanken zu verwalten. Damit legen Sie Ihre Benutzer- und Gruppen-Accounts nicht lokal an, sondern Sie werden Ihnen von einem NIS-Server zur Verfügung gestellt. Dazu später mehr.

Eine andere Falle bei der Verwendung von NFS sind die eingeschränkten Superuser-Rechte auf über NFS aufgesetzten Dateisystemen. Wenn der NFS-Server Ihnen nicht ausdrücklich *root*-Zugriff auf die aufgesetzten Dateisysteme gewährt, haben Sie nicht den gleichen allgemeinen Zugriff auf alle Dateien wie in Ihren lokalen Dateisystemen. Dies geschieht aus Sicherheitsüberlegungen: Man öffnet dem Mißbrauch Tür und Tor, wenn man unbeschränkten *root*-Zugriff auf die exportierten Dateisysteme erlaubt, insbesondere dann, wenn NFS-Server und NFS-Client verschiedenen Leuten gehören oder von verschiedenen Leuten verwaltet werden. Aus diesem Grund werden Sie nicht die gewohnte Allmacht beim Zugriff auf entfernte Dateien haben, wenn Sie sich als *root* einloggen.

NIS konfigurieren

NIS ist ein komplexes System, weil es sehr flexibel ist. NIS ist ein allgemein verwendbares Netzwerk-Datenbanksystem, mit dem Ihr Rechner transparent auf Informationen über Benutzer-Accounts, Gruppen, Dateisysteme usw. auf anderen Rechnern über das Netzwerk zugreifen kann. Eines der Ziele von NIS ist es, die Netzwerkverwaltung zu vereinfachen. Wenn beispielsweise Benutzerinformationen (wie die, die in */etc/passwd* abgelegt werden) auf einem Rechner abgelegt werden, ist es einfacher, auf vielen Rechnern die selben Benutzer-Accounts zur Verfügung zu stellen. Im vorigen Abschnitt über NFS haben wir gezeigt, daß es sinnvoll ist, wenn die Benutzer- und Gruppen-IDs auf dem NFS-Server und -Client übereinstimmen. Mit NIS können Sie Ihre Benutzer- und Gruppen-IDs auf einem entfernten Rechner anstatt lokal festlegen.

Wenn Ihr Rechner Teil einer Installation ist, in der NIS verwendet wird, ist es gut möglich, daß Sie Ihren Rechner einfach als NIS-Client einrichten können und so

Zugriff auf die Benutzer-, Gruppen- und sonstigen Datenbanken haben. Eventuell erspart Ihnen das das Einrichten von lokalen Benutzer-Accounts und Gruppen total: Abgesehen von den lokal definierten Benutzern wie `root`, `bin` usw.werden alle Benutzer auf dem NIS-Server angelegt. Wenn Sie die Verwendung von NIS mit dem Aufsetzen der Home-Verzeichnisse über NFS kombinieren, müssen Sie nicht einmal lokalen Plattenplatz für Ihre Benutzer vorsehen. NIS kann Ihre Arbeit als Systemadministrator deutlich verringern.

In einer NIS-Installation kann es NIS-*Server*, *-Sklaven* und *-Clients* geben. Wie Sie sich denken können, sind die Server diejenigen Rechner, auf denen die NIS-Datenbanken liegen und verwaltet werden. NIS-Sklaven sind Rechner, auf die der Server seine Datenbanken kopiert. Die Sklaven können ebenfalls anderen Systemen Informationen bereitstellen; Änderungen müssen aber auf dem Server gemacht werden. NIS-Clients sind die Rechner, die von Servern oder Sklaven Datenbankinformationen anfordern. Sklaven werden nur benutzt, um die Last des NIS-Servers etwas zu erleichtern, weil ansonsten alle NIS-Anfragen von einem einzigen Rechner bedient werden müßten.

Eine vollständige Erklärung der Funktionsweise von NIS und der Installation eines NIS-Servers würde ein ganzes Buch füllen. Wenn Sie aber etwas über NIS lesen, kann das unter verschiedenen Begriffen sein. NIS hieß ursprünglich YP oder Yellow Pages. Dieser Name wurde fallengelassen, weil Yellow Pages in Großbritannien ein eingetragenes Warenzeichen ist (passenderweise für ein Telefonbuch). NIS+ ist eine erweiterte Variante von NIS, die in einigen Netzwerken verwendet wird.

Es gibt mindestens zwei NIS-Implementationen für Linux: die »traditionelle« NIS-Implementation und eine andere Namens »NYS«, was für NIS+, YP und Switch steht. Der NIS-Client-Code der »traditionellen« Implementation ist in der Standard-C-Bibliothek enthalten und auf den meisten Linux-Systemen installiert. (Das ist notwendig, damit Programme wie *login* auf NIS-Datenbanken genauso transparent wie auf lokale Dateien zugreifen können.) Der NYS-Client-Code ist in der Network Services Library `libnsl` enthalten. Linux-Systeme, die NYS verwenden, sollten Programme wie *login* haben, die speziell mit dieser Bibliothek gelinkt sind. Verschiedene Linux-Distributionen verwenden verschiedene Versionen des NIS- und NYS-Client-Codes, manche mischen die beiden auch noch. Um sicherzugehen, beschreiben wir hier, wie ein System sowohl für das traditionelle NIS als auch für NYS konfiguriert. Das bedeutet, daß Ihr System auf jeden Fall als NIS-Client fungieren kann, egal welche Version installiert ist.

Wir nehmen hier an, daß auf Ihrem Linux-System alle notwendigen NIS-Dämonen (wie *ypbind*), die vom traditionellen NIS verwendet werden, um sich mit dem NIS-Server zu unterhalten, installiert sind und laufen; außerdem gehen wir davon aus, daß die Konfigurationsdateien vorhanden sind. Wenn Ihr Linux-System überhaupt keine NIS-Unterstützung zu haben scheint, lesen Sie Dokumente wie das »Linux NIS HOWTO«, um das System von Anfang an einzurichten. Fast alle aktuellen Linux-Distributionen enthalten eine fertige NIS-Client (und -Server) -Unterstützung; das einzige, was Sie dann noch tun müssen, ist das Editieren einiger weniger Konfigurationsdateien.

Das erste Schritt besteht darin, die NIS-Domäne einzustellen, in der Ihr Rechner arbeiten soll. Sie bekommen diese Information von Ihren Netzwerk-Administratoren. Beachten Sie, daß der NIS-Domänenname nicht unbedingt identisch mit dem DNS-Domänennamen, der mit dem Befehl *hostname* eingestellt wird, sein muß. Wenn beispielsweise der volle Rechnername Ihres Rechners **loomer.vpizza.com** ist, dann ist Ihr DNS-Domänenname **vpizza.com**. Ihr NIS-Domänenname könnte jedoch ganz anders lauten, zum Beispiel **vpizzas**. Der NIS-Domänenname wird von den Administratoren des NIS-Servers ausgewählt und hat keine Verbindung zum oben erwähnten DNS-Domänennamen.

Zum Einstellen des Domänennamens wird üblicherweise beim Hochfahren des Systems der Befehl *domainname* ausgeführt. Das kann zum Beispiel aus einer der System-*rc*-Dateien wie */etc/rc.d/rc.inet1* geschehen. Natürlich sollten Sie zunächst überprüfen, ob *domainname* nicht schon in einer der existierenden *rc*-Dateien ausgeführt wird. Der Befehl hat das Format:

```
domainname Domänenname
```

also beispielsweise `domainname vpizzas`. Der Befehl selbst steht üblicherweise in */sbin/domainname* und kann auch geringfügig andere Namen wie zum Beispiel *domainname-yp* haben.

Unter NYS wird der Domänenname etwas anders gesetzt. Sie sollten die Datei */etc/yp.conf* anlegen bzw. editieren. Diese sollte zwei Zeilen haben: Die eine gibt den Namen Ihrer NIS-Domäne an, die andere den Rechnernamen des NIS-Servers. Ein Beispiel:

```
domain vpizzas
ypserver allison.vpizza.com
```

setzt den NIS-Domänennamen auf **vpizzas** und gibt an, daß **allison.vpizza.com** der zu verwendende NIS-Server ist. Wenn in dieser Datei keine `ypserver`-Zeile enthalten ist, fragt der Rechner beim Hochfahren des Systems im Netzwerk herum, welcher Rechner denn der NIS-Server ist. Ihre Netzwerk-Administratoren können Ihnen den Namen des zu verwendenden NIS-Servers sagen.

Wenn diese beiden Schritte durchgeführt sind, sollte Ihr Rechner transparent auf NIS-Datenbanken zugreifen können. Sie können das ausprobieren, indem Sie eine Anfrage an die Paßwort-Datenbank auf dem NIS-Server abschicken. Mit dem Befehl *ypwhich* werden bestimmte NIS-Datenbanken abgefragt. Beispielsweise können Sie mit

```
ypwhich Benutzer passwd
```

nach den Informationen über *`Benutzer`* fragen. Wenn Sie eine Antwort erhalten, haben Sie erfolgreich die NIS-Datenbank abgefragt. (Sie können nun wiederum überprüfen, ob die erhaltene Information korrekt ist, indem Sie den gleichen Befehl auf einem Rechner eingeben, von dem Sie wissen, daß die NIS-Installation korrekt ist.) Die NIS-Datenbank *passwd* ist nicht identisch mit der Datei */etc/passwd* auf Ihrem Rechner, aber das Format ist das gleiche. In den Linux-HOWTO-Dokumenten finden Sie weitere Informationen über die Problemsuche im Zusammenhang mit NIS.

KAPITEL 15

DAS WORLD WIDE WEB UND E-MAIL

Im letzten Kapitel sind Sie ins Netz gegangen. Das war vielleicht ziemlich viel Arbeit, aber das Ergebnis kann sich sehen lassen: Ihr System ist jetzt teil einer Gemeinschaft. Wenn Sie einmal mit dem Internet verbunden sind, ist der nächste Schritt, auf all die Reichtümer zuzugreifen, die Ihnen dieses Medium bietet. Die meisten Leute sind sich einig, daß die wichtigsten Anwendungen im Internet das World Wide Web und elektronische Post (E-Mail) sind, und mit genau diesen beiden Themen werden wir uns in diesem Kapitel befassen.

Das World Wide Web

Das World Wide Web (WWW; weltweites Netz oder Gespinst; kurz: Web) ist relativ neu in der Informationshierarchie des Internet. Ziel dieses Projekts ist es, die vielen verschiedenen Dienste, die es im Internet gibt, zu einem einzigen, weltweiten, multimedialen Hypertext-Raum zusammenzufassen. Vielleicht kommt Ihnen das im Augenblick sehr abstrakt vor, aber das WWW lernt man am besten kennen, indem man es benutzt. In diesem Abschnitt werden wir Ihnen zeigen, wie Sie sich mit Ihrem Linux-System in das WWW begeben. Wir demonstrieren auch, wie Sie Ihren eigenen WWW-Server konfigurieren und im Web Dokumente anbieten können.

Das Projekt World Wide Web wurde 1989 von Tim Berners-Lee am European Center for Particle Physics (CERN) ins Leben gerufen. Das Ziel war ursprünglich, der Gemeinde der Forscher in der Teilchenphysik den Zugriff auf vielfältige Informationen durch eine einzige, homogene Schnittstelle zu ermöglichen.

Bevor das WWW entstand, wurde jeder Typ von Information, der im Internet zu finden war, von einem einzigartigen Client-Server-Paar bereitgestellt. Wenn man beispielsweise per FTP Dateien übertragen wollte, benutzte man dazu den *ftp*-Client, der eine Verbindung zum *ftpd*-Dämon auf dem Server herstellte. Gopher, Usenet-News, die *finger*-Informationen usw. erforderten alle einen besonderen Client. Die Unterschiede zwischen Betriebssystemen und Rechnerarchitekturen vervielfältigten das Problem – eigentlich sollten solche Details vor dem Benutzer verborgen werden, der Zugriff zu den Informationen sucht.

Das WWW abstrahiert von den vielen Informationstypen im Internet zu einem einzigen Typ. Man benutzt nur einen WWW-»Client« – etwa Netscape Navigator oder Lynx – für den Zugriff auf das WWW. Im Web wird die Information in Form von Dokumenten dargestellt (auch »Seiten« genannt), wobei jedes Dokument Verweise (Links) auf andere Dokumente enthalten kann. Die Dokumente können auf einem beliebigen Rechner im Internet gespeichert sein, der für den WWW-Zugang konfiguriert ist. Die Präsentation von Informationen in dieser Form bezeichnet man allgemein als »Hypertext« – dies ist ein sehr wichtiges Konzept, auf dem das gesamte WWW basiert. Im Abschnitt »Multimedia unter Linux« in Kapitel 11, *Diverse Applikationen,* finden Sie eine genauere Beschreibung von Hypertext.

Kapitel 11

Ein Beispiel: Das Linux Documentation Project verbreitet verschiedene Dokumente im Zusammenhang mit Linux über das Web. Die »Leitseite« (Home-Page) des LDP, die auf **sunsite.unc.edu** liegt, enthält Links zu einer Reihe von anderen Linux-bezogenen Seiten irgendwo auf der Welt. Abbildung 15-1 zeigt die Home-Page des LDP.

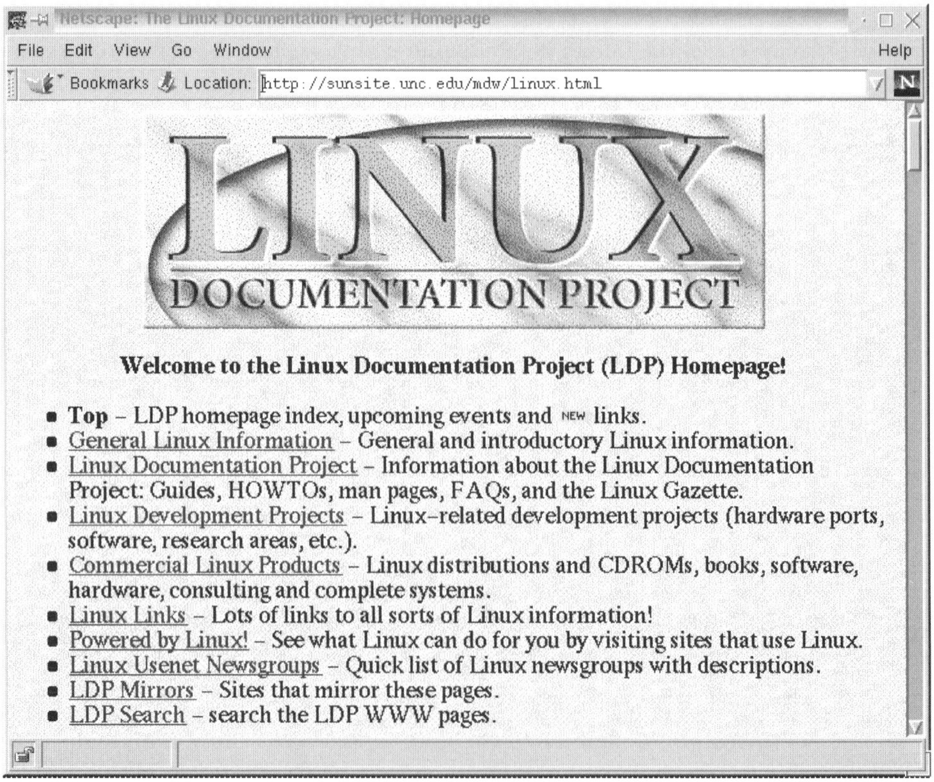

Abbildung 15-1: Die Home-Page des »Linux Documentation Project« im World Wide Web

Die hervorgehobenen Textstellen im Dokument sind die Links. Wenn der Benutzer einen Link auswählt (zum Beispiel indem er mit der Maus auf den Text klickt), wird das Dokument übertragen, auf das dieser Link verweist. Die Dokumente können auf praktisch jedem beliebigen System im Internet liegen; die tatsächlichen »Standorte« von WWW-Dokumenten werden vor dem Benutzer verborgen.

Viele der Dokumente, die im Web angeboten werden, sind multimediale Hypertextseiten (siehe oben). Diese Seiten können Verweise auf Grafiken, Sounddaten, MPEG-Videos, PostScript-Dokumente und einiges mehr enthalten. Diese Multimedia-Informationen werden mit dem HyperText Transfer Protocol (HTTP) übertragen. Das WWW ist außerdem in der Lage, auf FTP- und Gopher-Dokumente, Usenet-News usw. zuzugreifen.

Wenn Sie beispielsweise via HTTP auf ein Dokument zugreifen, werden Sie wahrscheinlich eine Seite ähnlich der in Abbildung 15-1 zu sehen bekommen – mit eingebetteter Grafik, Verweisen auf andere Seiten usw. Wenn Sie per FTP auf ein Dokument zugreifen, blicken Sie vielleicht auf das Verzeichnis-Listing eines FTP-Servers (siehe Abbildung 15-2). Mit einem Klick auf einen der Verweise in diesem FTP-Dokument übertragen Sie entweder die gewählte Datei, oder Sie listen den Inhalt eines Unterverzeichnisses auf.

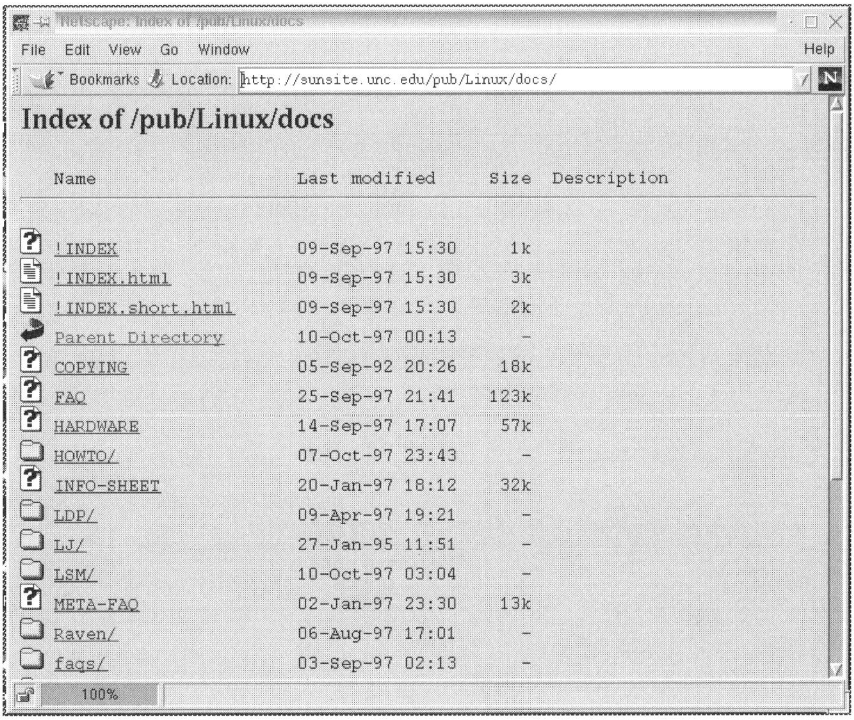

Abbildung 15-2: Ein FTP-Verzeichnis, mit einem Web-Browser angezeigt

Bei diesem Grad an Abstraktion brauchen wir eine Methode, einzelne Dokumente im Web zu bezeichnen. Universal Resource Locators (URLs) sind die Antwort auf dieses Problem. Ein URL ist einfach ein »Pfadname«, der ein WWW-Dokument eindeutig bezeichnet – dazu gehören der Rechner, auf dem das Dokument zu finden ist, der Dateiname des Dokuments sowie das Zugriffsprotokoll (FTP, HTTP usw.). Ein Beispiel: Die Home-Page des Linux Documentation Project erreichen Sie unter dem URL:

```
http://sunsite.unc.edu/mdw/linux.html
```

Lassen Sie uns das genauer untersuchen. Der erste Teil des URLs, `http:`, bezeichnet das Zugriffsprotokoll für das Dokument, in diesem Fall HTTP. Der zweite Teil des URLs, `//sunsite.unc.edu`, identifiziert den Rechner, auf dem das Dokument gespeichert ist. Der Rest des URLs, `/mdw/linux.html`, ist der logische Pfadname zu dem Dokument auf **sunsite.unc.edu**. Dieser ist so ähnlich wie ein UNIX-Pfadname – er bezeichnet die Datei *linux.html* im Verzeichnis *mdw*. Wenn Sie also die Leitseite des LDP aufrufen wollen, starten Sie einfach Ihren WWW-Client und weisen ihn an, auf die URL *http://sunsite.unc.edu/mdw/linux.html* zuzugreifen – nichts einfacher als das!

Für den Zugriff auf eine Datei per anonymem FTP können wir etwa folgenden URL benutzen:

```
ftp://tsx-11.mit.edu/pub/linux/docs/INFO-SHEET
```

Mit diesem URL holen Sie einen einführenden Text zu Linux von **tsx-11.mit.edu**. Die Benutzung dieses URLs in Ihrem WWW-Client ist dasselbe wie die Übertragung der Datei von Hand, also unter Benutzung des *ftp*-Clients.

Der beste Weg zum Verständnis des Web ist die Erkundung desselben. Im folgenden Abschnitt besprechen wir, wie Sie mit einem WWW-Client umgehen. Weiter hinten in diesem Kapitel erklären wir, wie Sie Ihr eigenes System als WWW-Server konfigurieren, um dem Rest des World Wide Web Dokumente anbieten zu können.

Natürlich brauchen Sie für den Zugriff auf das Web einen Rechner mit direktem Anschluß an das Internet (per Ethernet oder SLIP). In den folgenden Abschnitten setzen wir voraus, daß Sie auf Ihrem System TCP/IP bereits konfiguriert haben und daß Sie in der Lage sind, mit Clients wie *telnet* und *ftp* zu arbeiten.

Den Netscape Navigator benutzen

Netscape Navigator ist einer der beliebtesten WWW-Clients. Es gibt Versionen für den Macintosh, Microsoft Windows und natürlich das X Window System auf UNIX-Rechnern. Selbstverständlich gibt es eine Binärversion für Linux, die Sie auf Netscapes FTP-Archiven wie **ftp2.netscape.com** finden.

Netscape Navigator verfolgt eine interessante Lizensierungspolitik. Es wird nicht unter der GPL von GNU verteilt. Es steht jedermann frei, Netscape Navigator aus dem

FTP-Archiv von Netscape herunterzuladen, aber es ist Firmen nicht gestattet, es als Quell- oder Binärcode weiterzugeben, ohne eine Lizenz von Netscape Corporation zu erwerben. Das Ganze läuft darauf hinaus, daß kommerzielle Distributionen von Linux (zum Beispiel auf CD-ROM oder Diskette aus dem Versandhandel) Netscape nicht enthalten dürfen, ohne daß die Lizenzgebühren bezahlt werden. Wahrscheinlich werden Sie Netscape also herunterladen müssen – Sie werden es auf Ihren Linux-CD-ROMs nicht finden. Mit großer Wahrscheinlichkeit hat Ihr Rechner bereits einen Anschluß an das Internet, wenn Sie sich in das WWW begeben möchten – es sollte also kein Problem sein, Netscape per FTP zu beziehen.

Wir setzen hier voraus, daß Sie ein vernetztes Linux-System unter X benutzen und daß Sie sich eine Kopie von Netscape Navigator besorgt haben. Wir haben bereits darauf hingewiesen, daß Sie TCP/IP konfiguriert haben und daß Sie außerdem Clients wie *telnet* und *ftp* benutzen müssen.

Der Aufruf von Netscape Navigator ist einfach; geben Sie ein:

```
eggplant$ netscape url
```

wobei *url* der Universal Resource Locator des gewünschten Dokuments ist. Wenn Sie keinen URL angeben, sollte Netscape die Home-Page von Netscape anzeigen.

Die Home-Page von Netscape ist ein guter Ausgangspunkt für eine Erkundung des World Wide Web. Sie enthält Verweise auf Informationen zu Netscape selbst sowie Demo-Dokumente, die zeigen, was das Web kann. (Im Abschnitt »Im Web navigieren« weiter unten in diesem Kapitel finden Sie ausführliche Informationen zur Navigation durch das WWW.)

Während Sie Netscape Navigator benutzen, können Sie sich mit der Laufleiste am Rand des Fensters nach oben und unten durch das Dokument bewegen. Sie haben auch die Möglichkeit, mit den Tasten Space und Delete seitenweise vor- und zurückzublättern; mit den Pfeiltasten scrollen Sie in kleineren Schritten durch das Dokument.

Die Links werden hervorgehoben dargestellt (auf Farbmonitoren meist in blau, auf Schwarz-Weißmonitoren unterstrichen). Um einem Verweis zu folgen, klicken Sie einfach mit der Maus darauf. Netscape merkt sich die Links, denen Sie schon einmal gefolgt sind; danach werden diese in einer dunkleren Farbe bzw. mit einer gepunkteten Linie unterstrichen dargestellt.

Denken Sie daran, daß die Übertragung von Dokumenten im Web manchmal sehr langsam sein kann. Das hängt von der Geschwindigkeit der Verbindung zwischen Ihrem Rechner und dem Server ebenso ab wie von der Belastung des Netzes zum Zeitpunkt des Zugriffs. Es kann passieren, daß WWW-Server so überlastet sind, daß sie keine weiteren Verbindungen akzeptieren; Netscape zeigt dann eine entsprechende Fehlermeldung an. Unten im Netscape-Fenster wird der Status der Übertragung angezeigt, und solange noch Daten übertragen werden, bewegt sich das Netscape-Logo oben rechts im Fenster. Mit einem Klick auf dieses Logo kommen Sie zurück zur Home-Page von Netscape.

Wenn Sie mit Netscape Navigator den Verweisen folgen, merkt sich das Programm jedes besuchte Dokument in der »Window History«, die Sie über das Menü *Go* erreichen. Ein Klick auf die Schaltfläche Back am unteren Rand des Netscape-Fensters bringt Sie zu bereits besuchten Dokumenten aus der Window-History zurück; mit einem Klick auf Forward bewegen Sie sich vorwärts durch die History.

Sie können häufig besuchte URLs in der »Bookmarks-Datei« von Netscape ablegen. Jedesmal, wenn Sie ein Dokument sehen, das Sie vielleicht später noch einmal besuchen möchten, sollten Sie den Punkt *Add Bookmark* aus dem Menü *Bookmarks* wählen. Sie können sich Ihre Bookmarks durch Herunterklappen des *Bookmarks*-Menüs anzeigen lassen. Durch Auswahl eines der Einträge laden Sie das entsprechende Dokument aus dem Web herunter.

Wir haben bereits erwähnt, daß Sie neue URLs besuchen können, indem Sie Netscape mit dem URL als Argument aufrufen. Ein anderer Weg dorthin führt über den Punkt *Open URL...* aus dem Menü *File*. Geben Sie einfach den URL in das Textfenster ein, drücken Sie Enter, und das entsprechende Dokument wird übertragen.

Wie Sie sehen, ist Netscape Navigator eine umfangreiche Anwendung mit vielen Optionen. Es gibt zahlreiche Möglichkeiten, das Verhalten von Netscape zu beeinflussen – einige Methoden der individuellen Anpassung ändern sich allerdings von einer Version zur nächsten. Glücklicherweise stellt Netscape die komplette Netscape-Dokumentation online zur Verfügung – natürlich im WWW, wo sonst? Diese Dokumentation ist über Netscapes Home-Page *http://www.netscape.com* erreichbar.

Netscape ist nicht der einzige Browser für WWW-Dokumente (to browse: blättern, stöbern). Das National Center for Supercomputing Applications (NCSA), das den ersten modernen Web-Browser, Mosaic, entwickelt hat, hat kürzlich einen modernen Nachfolger namens Vosaic herausgebracht.

Ein anderer vielseitiger Browser ist Lynx. Es handelt sich um einen textbasierten Browser – bei der Benutzung geht also die Grafik verloren. Dafür ist Lynx schnell und kommt Ihnen damit vielleicht entgegen. Lynx können Sie auch ohne das X Window System benutzen.

Im Web navigieren

Das World Wide Web wächst mit einer unglaublichen Geschwindigkeit. Es kann sogar sein, daß es bereits völlig anders aussieht als hier beschrieben, wenn Sie dieses Buch lesen. Schon im ersten Jahr seines Bestehens sind Tausende von WWW-Servern eingerichtet worden.

Mit dem Anwachsen des Web auf unzählige Server in der ganzen Welt wird es immer schwieriger, die vorhandenen Informationen zu finden. Wie können Sie Informationen zu einem bestimmten Thema aufspüren, wenn Sie nicht zufälligerweise auf einen interessanten URL oder ein Hyperlink stoßen?

Glücklicherweise ist im Web eine Reihe von Diensten entstanden, die diese Aufgabe vereinfachen. Keiner dieser Dienste bietet eine komplette Liste aller WWW-Server, aber der hohe Grad der Verknüpfung innerhalb des Web trägt dazu bei, daß Sie das, was es zu finden gibt, auch wirklich finden werden.

Denken Sie immer daran, daß das Web ein dynamischer Ort ist. Wir haben uns große Mühe gegeben, hier nur aktuelle Informationen zu bieten, aber wenn Sie dieses Buch in Händen halten kann es durchaus sein, daß einige dieser Links verlegt wurden oder gar nicht mehr existieren.

Einen günstigen Ausgangspunkt bildet der *Internet Resources Meta-Index* des NCSA, der eine Reihe von Verzeichnissen und Indizes der Dienste auflistet, die über das WWW erreichbar sind. Dazu gehören WWW-, Gopher-, WAIS- und FTP-Dienste. Der URL für den Meta-Index ist:

```
http://www.ncsa.uiuc.edu/SDG/Software/Mosaic/MetaIndex.html
```

Ein anderer beliebter Index von WWW-Servern ist *Yahoo!*, das Sie unter

```
http://www.yahoo.com
```

erreichen.

Einen eigenen WWW-Server einrichten

Nachdem Sie jetzt wissen, was das Web zu bieten hat, können Sie Ihre eigene Tankstelle an der Datenautobahn eröffnen. Es ist nicht schwierig, einen eigenen WWW-Server zu betreiben. Zwei Dinge müssen Sie tun: den *httpd*-Dämon konfigurieren und die Dokumente schreiben, die Sie auf dem Server anbieten möchten.

httpd ist der Dämon, der auf Ihrem System die HTTP-Anfragen bedient. Jedes Dokument, das unter einem `http:`-URL angesprochen wird, wird mit Hilfe des *httpd* bereitgestellt. Genauso werden `ftp:`-URLs von *ftpd* bearbeitet, `gopher:`-URLs von *gopherd* usw. Es gibt keinen WWW-Dämon; die verschiedenen URLs benutzen verschiedene Dämonen, um beim Server Informationen anzufordern.

Es gibt verschiedene HTTP-Server. Wir besprechen hier den *httpd* vom NCSA, der einfach zu konfigurieren und sehr flexibel ist. In diesem Abschnitt befassen wir uns mit der Installation und Konfiguration der grundlegenden Aspekte dieser *httpd*-Version. Weiter unten in diesem Kapitel gehen wir darauf ein, wie Sie Ihre eigenen Dokumente in HTML schreiben (der Formatierungssprache für WWW-Seiten), und behandeln fortgeschrittene Aspekte der Server-Konfiguration wie zum Beispiel das Erstellen von Formularen, die interaktiv ausgefüllt werden können.

Der erste Schritt besteht natürlich darin, daß Sie sich eine ausführbare Datei eines *httpd* für Linux besorgen; eventuell ist in Ihrer Linux-Distribution bereits eine enthalten. Falls nicht, können Sie die Datei aus einem der Archive beziehen. Falls Sie sonst gar nicht weiterkommen, besorgen Sie sich den *httpd*-Quellcode vom NCSA und kompilieren Sie das Programm selbst.

Unter der URL:

```
http://hoohoo.ncsa.uiuc.edu
```

[48] Internet Services

können Sie weitere Informationen über den *httpd* vom NCSA finden sowie Hinweise dazu, wie Sie ihn übertragen können. In *Internet-Server Einrichten und Verwalten* werden Einrichtung und Pflege eines WWW-Servers sowie Mailing-Listen, Gopher-Server und andere Dienste beschrieben.

Wenn Sie das binäre *httpd*-Paket installieren, werden Sie anschließend die ausführbare Datei des *httpd* und einige dazugehörige Verzeichnisse vorfinden:

cgi-bin
: Enthält die ausführbaren Dateien für verschiedene »Common Gateway Interface«-Programme. Diese Programme bedienen die Anfragen von interaktiven Formularen, die auf Ihrem Server benutzt werden. Wir besprechen das im Detail im Abschnitt »Das CGI-Skript schreiben«.

cgi-src
: Enthält den Quellcode der Programme in *cgi-bin.*

conf
: Enthält die Konfigurationsdateien für *httpd.* Wir besprechen weiter unten, wie diese Dateien angepaßt werden.

icons
: Enthält Icons, mit denen Sie Ihre HTML-Seiten schmücken können. Wir kommen im Abschnitt »HTML-Dokumente schreiben« darauf zu sprechen.

logs
: Enthält Protokolldateien des Servers.

support
: Enthält verschiedene Hilfsprogramme.

Diese Dateien stehen normalerweise in einem einzigen Root-Verzeichnis für den Server, beispielsweise */etc/httpd.* Der ausführbare Server selbst ist dann */etc/httpd/httpd*, die Konfigurationsdateien stehen in */etc/httpd/conf* usw.

Unsere Aufgabe besteht jetzt darin, die Konfigurationsdateien im Unterverzeichnis *conf* anzupassen. Sie sollten Ihr Augenmerk auf vier Dateien in diesem Verzeichnis legen: *access.conf-dist*, *httpd.conf-dist*, *mime.types* und *srm.conf-dist.* Kopieren Sie die Dateien, deren Namen auf *-dist* enden, und passen Sie diese an Ihr eigenes System an. Ein Beispiel: Kopieren Sie *access.conf-dist* auf *access.conf*, und editieren Sie die Datei.

Unter *http://hoohoo.ncsa.uiuc.edu* finden Sie die komplette Dokumentation dazu, wie *httpd* konfiguriert wird. Hier zeigen wir Ihnen beispielhafte Konfigurationsdateien, die zu einem in der Praxis laufenden *httpd* gehören.

httpd.conf

Die Datei *httpd.conf* ist die Konfigurationsdatei des eigentlichen Servers. Kopieren Sie zuerst *httpd.conf-dist* nach *httpd.conf*, und editieren Sie die Datei. Unten finden Sie ein Beispiel für eine *httpd.conf*-Datei mit Kommentaren zu jedem Feld.

```
# Beispiel für httpd.conf-Datei.

# httpd als Standalone-Server betreiben.
ServerType standalone

# Port 80 ist der Standard-Port für httpd, aber bei Portnummern unter
# 1023 müssen Sie den Server als Root betreiben.
Port 80

# Die Benutzer-ID, unter der httpd laufen wird. Stellen Sie sicher, daß
# 'nobody' in /etc/passwd steht.
User nobody

# Die Adresse, unter der der Verwalter dieses Servers zu erreichen ist.
ServerAdmin mdw@zucchini.veggie.org

# Das Verzeichnis, in dem die Hilfsdateien des httpd stehen.
ServerRoot /etc/httpd

# Hier stehen die Protokolldateien des Servers. Diese Pfadnamen gelten
# relativ zu ServerRoot, wenn sie nicht mit '/' beginnen.
ErrorLog logs/httpd.errs
TransferLog logs/httpd.access
PidFile logs/httpd.pid

# Der Rechnername, der als Name des Servers gemeldet wird. Dies muß
# ein existierender, registrierter Rechnername sein. Ein Beispiel: httpd
# könnte auf einem Rechner laufen, dessen Alias-Name 'www.veggie.org'
# ist, wenn der eigentliche Rechnername anders lautet.
ServerName www.veggie.org
```

Die Anweisung `ServerType` bestimmt, wie der Server betrieben werden soll – entweder als Standalone-Dämon (eigenständiger Dämon, wie in diesem Beispiel) oder von *inetd* aufgerufen. Aus verschiedenen Gründen empfiehlt es sich, *httpd* als eigenständigen Dämon zu starten; andernfalls müßte *inetd* für jede eingehende Verbindung einen neuen *httpd* starten.

Eine trickreiche Stelle ist die Angabe der Portnummer. Vielleicht möchten Sie *httpd* nicht als *root*, sondern unter der eigenen Benutzer-ID laufen lassen (wenn Sie keinen Root-Zugang zu dem betreffenden Rechner haben). In diesem Fall müssen Sie eine Portnummer oberhalb von 1024 benutzen. Wenn wir beispielsweise `Port 2112` eingeben, können wir *httpd* als normaler Benutzer betreiben. In diesem Fall müssen die HTTP-URLs für dieses System folgendermaßen aussehen:

```
http://www.veggie.org:2112/…
```

Wenn im URL keine Portnummer angegeben wird (wie das meistens der Fall ist), gilt Port 80 als Voreinstellung.

srm.conf

srm.conf ist die »Server Resource Map«-Datei. Hier wird eine Reihe von Gegebenheiten konfiguriert, die den Server betreffen – etwa das Verzeichnis, in dem auf Ihrem System die HTML-Dokumente stehen oder das Verzeichnis für die verschiedenen CGI-Binaries. Lassen Sie uns ein Beispiel für eine *srm.conf* schrittweise durchgehen:

```
# Das Verzeichnis für die HTML-Dokumente.
DocumentRoot /usr/local/html_docs

# Persönliches Verzeichnis für die HTML-Dokumente eines jeden
# Benutzers.

UserDir public_html
```

Hier bestimmen wir das Verzeichnis `DocumentRoot`, in dem die Dokumente stehen, die per HTTP angeboten werden. Diese Dokumente sind in HTML geschrieben, der HyperText Markup Language. Wir besprechen diese Formatierungssprache im Abschnitt »HTML-Dokumente schreiben«. Wenn beispielsweise jemand auf den URL:

```
http://www.veggie.org/fruits.html
```

zugreift, wird tatsächlich die Datei */usr/local/html_docs/fruits.html* angesprochen.

Die Anweisung `UserDir` benennt ein Verzeichnis, das jeder Benutzer in seinem oder ihrem Home-Verzeichnis anlegen kann, um dort öffentlich zugängliche HTML-Dateien abzulegen. Ein Beispiel: Wenn wir den URL:

```
http://www.veggie.org/~mdw/linux-info.html
```

benutzen, wird tatsächlich auf die Datei *~mdw/public_html/linux-info.html* zugegriffen.

```
# Wenn ein URL mit einem Verzeichnis, aber ohne Dateinamen eingeht, biete
# diese Datei (falls vorhanden) als Index an.
DirectoryIndex index.html

# 'Aufgepeppte' Indizes ermöglichen.
FancyIndexing on
```

Hier schalten wir die Indizierungsfähigkeiten von *httpd* ein. Dieses Beispiel bewirkt folgendes: Wenn ein Client versucht, einen Verzeichnis-URL anzusprechen, bekommt er die Datei *index.html* aus diesem Verzeichnis zurück (falls vorhanden). Andernfalls wird httpd einen »aufgepeppten« Index erstellen, in dem Icons verschiedene Dateitypen darstellen. Abbildung 15-3 zeigt ein Beispiel für einen solchen Index.

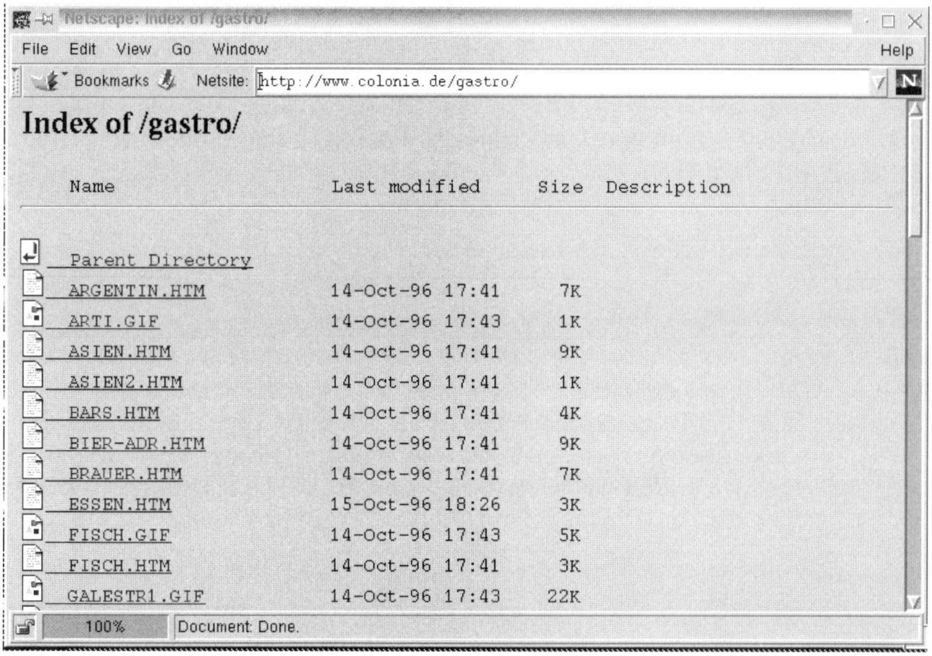

Abbildung 15-3: Verzeichnis mit Index-Icons

Die Icons werden mit der Anweisung `AddIcon` zugeordnet, so wie hier:

```
# Auswahl der verschiedenen Icons für getürkte Indizes per Dateiname;
# Beispiel: Wir benutzen DocumentRoot/icons/movie.xbm für Dateien mit
# der Endung .mpg.
AddIcon /icons/movie.xbm .mpg
AddIcon /icons/back.xbm ..
AddIcon /icons/menu.xbm ^^DIRECTORY^^
AddIcon /icons/blank.xbm ^^BLANKICON^^
DefaultIcon /icons/unknown.xbm
```

Die Dateinamen der Icons (etwa */icons/movie.xbm*) werden per Voreinstellung relativ zu `DocumentRoot` gesucht. (Es gibt andere Möglichkeiten, die Pfadnamen zu Dokumenten und Icons anzugeben – zum Beispiel mit Hilfe von Alias-Namen. Wir besprechen das weiter unten.) Sie können außerdem mit der Anweisung `AddIconByType` einem Dokument ein Icon abhängig vom MIME-Typ des Dokuments zuordnen. Mehr zu diesem Thema finden Sie im Abschnitt »Ein Exkurs: MIME-Typen«.

Die optionalen Anweisungen `ReadmeName` und `HeaderName` geben die Namen von Dateien an, die in den Index aufgenommen werden sollen, den *httpd* erzeugt.

```
ReadmeName README
HeaderName HEADER
```

Damit bewirken Sie, daß die Datei *README.html* (falls im aktuellen Verzeichnis vorhanden) an den Index angehängt wird. Wenn es diese Datei nicht gibt, wird statt dessen *README* angehängt. Ebenso wird eine der Dateien *HEADER.html* oder *HEADER* dem von *httpd* erzeugten Index vorangestellt. Sie können diese Dateien benutzen, um den Inhalt eines bestimmten Verzeichnisses zu beschreiben, wenn ein Client einen Index anfordert.

```
# Lokale Zugriffsdatei
AccessFileName .htaccess

# Standard-MIME-Typ für Dokumente
DefaultType text/plain
```

Die Anweisung `AccessFileName` bestimmt den Namen der Datei, die den lokalen Zugriff für jedes einzelne Verzeichnis regelt. (Wir beschreiben diesen Punkt weiter unten zusammen mit der Datei *access.conf*.) Mit der Anweisung `DefaultType` bestimmen Sie den MIME-Typ für Dokumente, die nicht in *mime.types* aufgelistet sind. Wir gehen im Abschnitt »Ein Exkurs: MIME-Typen« genauer darauf ein.

```
# Speicherort der Icons
Alias /icons/ /usr/local/html/icons/

# Speicherort der CGI-Binaries
ScriptAlias /cgi-bin/ /usr/local/html/cgi-bin/
```

Mit der Anweisung `Alias` vergeben Sie einen Alias-Pfadnamen für beliebige Dokumente, die in *srm.conf* stehen oder per URL angesprochen werden. Weiter oben haben wir mit der Anweisung `AddIcon` Icon-Namen vergeben, indem wir Pfadnamen wie */icons/movie.xbm* benutzt haben. Hier legen wir fest, daß der Pfadname */icons/* zu */usr/local/html/icons/* übersetzt werden soll. Die verschiedenen Icon-Dateien sollten deshalb im zuletzt genannten Verzeichnis abgelegt werden. Mit `Alias` können Sie auch andere Pfadnamen einstellen.

Die Anweisung `ScriptAlias` funktioniert ganz ähnlich, allerdings für die aktuellen Standorte der CGI-Skripten auf dem System. In unserem Beispiel möchten wir die Skripten im Verzeichnis */usr/local/html/cgi-bin/* ablegen. Jedesmal, wenn ein URL benutzt wird, dessen Verzeichnisname mit */cgi-bin/* beginnt, wird dieser URL in den tatsächlichen Verzeichnisnamen übersetzt. Im Abschnitt »Das CGI-Skript schreiben« finden Sie weitere Informationen zu CGI und Skripten.

access.conf

Die letzte Konfigurationsdatei, der Sie sich sofort zuwenden sollten, ist *access.conf* – das ist die übergeordnete Konfigurationsdatei für *httpd*-Zugriffe. Hier wird festgelegt, auf welche Dateien in welcher Weise zugegriffen werden darf. Wenn Sie diesen Punkt genauer bestimmen möchten, haben Sie auch die Möglichkeit, für jedes Verzeichnis eine lokale Zugriff-Konfigurationsdatei anzulegen. (Erinnern Sie sich, daß wir in *srm.conf* die Anweisung `AccessFileName` benutzt haben, um die lokale Zugriffsdatei für jedes Verzeichnis auf *.htaccess* zu setzen.)

Hier zeigen wir ein Beispiel für eine *access.conf*-Datei. Sie besteht aus einer Reihe von `<Directory>`-Punkten, von denen jeder die Optionen und Attribute für ein bestimmtes Verzeichnis festlegt:

```
# Optionen für das cgi-bin-Skript-Verzeichnis setzen.
<Directory /usr/local/html/cgi-bin>
Options Indexes FollowSymLinks
</Directory>
```

Hiermit bestimmen wir, daß das CGI-Skript-Verzeichnis mit den Zugriffsoptionen `Indexes` und `FollowSymLinks` versehen werden soll. Es gibt eine ganze Reihe von Zugriffsoptionen, darunter auch:

`FollowSymLinks`
: Symbolischen Links in diesem Verzeichnis soll nachgegangen werden, um die Dokumente darzustellen, auf die die Links verweisen.

`SymLinkIfOwnerMatch`
: So ähnlich wie `FollowSymLinks`, aber dem Link soll nur gefolgt werden, wenn der Eigner des Links mit dem Eigner des Ziels identisch ist.

`ExecCGI`
: Die Ausführung von CGI-Skripten aus diesem Verzeichnis heraus soll gestattet sein.

`Indexes`
: In diesem Verzeichnis dürfen Indizes erstellt werden.

`None`
: Alle Optionen sollen für dieses Verzeichnis abgeschaltet werden.

`All`
: Alle Optionen sollen für dieses Verzeichnis eingeschaltet werden.

Es gibt noch weitere Optionen; schlagen Sie Details in der Dokumentation zu *httpd* nach.

Hier schalten wir verschiedene Optionen und andere Attribute für */usr/local/html* ein, das Verzeichnis, in dem unsere HTML-Dokumente stehen:

```
<Directory /usr/local/html>

Options Indexes FollowSymLinks

# Die lokale Zugriffsdatei .htaccess darf alle hier aufgelisteten
# Attribute außer Kraft setzen
AllowOverride All

# Zugriffsbeschränkungen für Dokumente in diesem Verzeichnis
<Limit GET>
order allow,deny
allow from all
</Limit>

</Directory>
```

Wir schalten hiermit die Optionen `Indexes` und `FollowSymLinks` für dieses Verzeichnis ein. Die Option `AllowOverride` macht es möglich, daß die lokale Zugriffsdatei in den einzelnen Verzeichnissen (*.htaccess*, wie in *srm.conf* definiert) die hier gesetzten Optionen überschreibt. Die Datei *.htaccess* hat dasselbe Format wie die globale Datei *access.conf*, bezieht sich aber nur auf das Verzeichnis, in dem sie steht. Auf diese Weise können wir die Attribute für ein bestimmtes Verzeichnis setzen, indem wir in diesem Verzeichnis eine Datei *.htaccess* anlegen, statt die Attribute in der globalen Datei aufzulisten.

Die lokalen Zugriffsdateien werden in erster Linie benötigt, um einzelnen Benutzern die Möglichkeit zu geben, die Zugriffsrechte für persönliche HTML-Verzeichnisse (etwa *~/public_html*) selbst zu vergeben, ohne daß der Systemverwalter die globale Zugriffsdatei ändern muß. Allerdings spielt hier die Systemsicherheit mit hinein. So könnte ein Benutzer beispielsweise die Zugriffsrechte in seinem oder ihrem Verzeichnis so setzen, daß beliebige Clients teure CGI-Skripten auf dem Server aufrufen können. Wenn Sie die Option `AllowOverride` ausschalten, haben die Benutzer keine Möglichkeit mehr, die Zugriffsattribute in der globalen Datei *access.conf* außer Kraft zu setzen. Sie erreichen dies mit:

```
AllowOverride None
```

was im Effekt dem Ausschalten der lokalen *.htaccess*-Dateien gleichkommt.

Das Feld `<Limit GET>` wird benutzt, um Zugriffsregeln für die Clients aufzustellen, die von diesem Server Dokumente abholen möchten. In diesem Beispiel bestimmen wir `order allow,deny` – das bedeutet, daß `allow`-Regeln vor `deny`-Regeln ausgewertet werden sollen (Erlaubnisregeln vor Verbotregeln). Wir stellen dann die Regel `allow from all` auf, die einfach besagt, daß beliebige Systeme auf die Dokumente dieses Servers zugreifen dürfen.

Wenn Sie den Zugriff durch einen bestimmten Rechner oder eine bestimmte Domain verhindern möchten, sollten Sie eine Zeile wie

```
deny from .nuts.com biffnet.biffs-house.us
```

einfügen. Der erste Eintrag verhindert den Zugriff durch alle Rechner in der Domain **nuts.com**; der zweite schließt den Rechner **biffnet.biffs-house.us** aus.

httpd starten

Jetzt sind Sie soweit, daß Sie *httpd* starten können, damit Ihr System Anfragen an HTTP-URLs bedienen kann. Wir haben bereits erwähnt, daß Sie *httpd* von *inetd* aus oder als eigenständigen Server betreiben können; wir beschreiben hier *httpd* als eigenständigen Server.

Sie rufen *httpd* ganz einfach mit dem Befehl:

```
httpd -f Konfigurationsdatei
```

auf. Dabei ist die *Konfigurationsdatei* der Pfadname von *httpd.conf*. Ein Beispiel:

```
/etc/httpd/httpd -f /etc/httpd/conf/httpd.conf
```

startet *httpd* mit den Konfigurationsdateien, die in */etc/httpd/conf* stehen.

Werfen Sie einen Blick in die Protokolldateien von *httpd* (deren Standort in *httpd.conf* steht); dort finden Sie alle Fehlermeldungen, die beim Starten des Servers oder beim Zugriff auf Dokumente erzeugt werden. Denken Sie daran, daß Sie *httpd* als *root* betreiben müssen, wenn ein Port mit der Nummer 1023 oder kleiner benutzt werden soll. Sobald der *httpd* zu Ihrer Zufriedenheit läuft, können Sie ihn beim Booten automatisch starten lassen, indem Sie die entsprechende *httpd*-Befehlszeile in eine Ihrer *rc*-Dateien einfügen (etwa */etc/rc.d/rc.local*).

Bevor Sie auf Ihrem Web-Server HTTP-Dokumente anbieten können, müssen Sie diese erstellen. Diesen Schritt beschreiben wir im nächsten Abschnitt.

HTML-Dokumente schreiben

Dokumente, die per HTTP angefordert werden, können verschiedene Formate haben. Dazu gehören Grafiken, PostScript-Dateien, Sounddaten, MPEG-Video usw. Die Konfigurationsdatei *mime.types* beschreibt die Dokumenttypen, die *httpd* handhaben kann.

Der häufigste per HTTP übertragenene Dokumententyp ist die »HyperText Markup Language«-Datei (HTML-Datei). HTML-Dokumente können Text, Links zu anderen Dokumenten, eingebettete Grafik usw. enthalten. Die Mehrzahl der Dokumente, die Sie im Web zu sehen bekommen, ist in HTML geschrieben.

HTML läßt sich erstaunlich einfach erlernen. Mit Hilfe unserer Anleitung sollten Sie in weniger als einer Stunde in der Lage sein, HTML-Dokumente zu schreiben.

Es gibt viele Tools für die Konvertierung von anderen Formatierungssprachen (z.B. LATEX, Microsoft RTF usw.) nach HTML und umgekehrt. Falls Sie besonders lange Dokumente in einer anderen Formatierungssprache vorliegen haben, die Sie im Netz anbieten möchten, ist die automatische Konvertierung nach HTML vielleicht einfacher; alternativ dazu könnten Sie die Dokumente im PostScript- oder DVI-Format anbieten.

Die offizielle Quelle für Informationen über HTML ist der URL:

```
http://www.ncsa.uiuc.edu/General/Internet/www/HTMLPrimer.html
```

Dort finden Sie Hinweise für frischgebackene HTML-Autoren. In diesem Abschnitt werden wir Ihnen die wesentlichen Eigenschaften von HTML präsentieren, damit Sie bald loslegen können.

HTML-Grundlagen

Wenn Sie bereits mit anderen Formatierungssprachen wie TEX vertraut sind, wird HTML Ihnen im Vergleich dazu relativ einfach vorkommen. So könnte ein kleines HTML-Dokument aussehen:

```
<title>Einf&uuml;hrung in HTML</title>
<h1>HTML - Vergn&uuml;gen und Verdienst</h1>

Obwohl das Schreiben von HTML-Dokumenten noch nicht zu den g&auml;ngigen
Einnahmequellen geh&ouml;rt, verdienen doch viele
<em>Autoren</em> ihren Zweiturlaub damit.

<p> Und der Vorteil? Es ist soooo einfach...
```

Innerhalb von HTML-Dokumenten werden einzelne Elemente mit einer `<markierung>` eingeleitet und mit `</markierung>` abgeschlossen (`<tag>...</tag>`).[1]

Wie Sie sehen, fängt unser Dokument mit

```
<title>Einf&uuml;hrung in HTML</title>
```

an. Damit geben wir diesem Dokument einen Titel. Direkt danach steht ein `<h1>`-Element, das eine Überschrift der obersten Ebene definiert. Unter Netscape Navigator für X erscheint der Titel immer im Fenster *Document Title*, während die Überschrift im Dokument selbst steht.

Alle HTML-Dokumente müssen einen Titel haben, aber die Überschriften sind natürlich optional. Für HTML ist eine Überschrift einfach ein Textabschnitt, der in einer größeren und/oder fetteren Schrift gesetzt wird; sie hat keinen Einfluß auf die Struktur des Dokuments.

---

1 HTML ist eigentlich eine SGML-DTD (Standard Generalized Markup Language; Document Type Definition). SGML definiert die Regeln für die `<markierung>...</markierung>`-Paare. Lesen Sie auch den Abschnitt »Multimedia unter Linux« in Kapitel 11, *Diverse Applikationen.*

HTML kennt sechs Ebenen für Überschriften:

```
<h1>Überschrift der ersten Ebene</h1>
<h2>Überschrift der zweiten Ebene</h2>
...
<h6>Überschrift der sechsten Ebene</h6>
```

Im Anschluß an die Überschrift folgt der Textkörper des Dokuments. Wie Sie sehen, benutzen wir die Markierung <em>, um Text hervorzuheben:

```
...<em>Autoren</em> ihren Zweiturlaub damit...
```

Absätze werden mit der Markierung <p> eingeleitet. HTML ignoriert Leerzeilen und Einrückungen in den Dokumenten. Deshalb müssen Sie <p> benutzen, wenn Sie eine Leerzeile einfügen und mit einem neuen Absatz fortfahren möchten (anders als z.B. in TEX, wo eine Leerzeile einen neuen Absatz einleitet).

Das Dokument betrachten

Bevor wir tiefer in HTML eintauchen, wollen wir Ihnen zeigen, wie Sie Ihr erstes Hypertext-Kunstwerk anschauen können. Die meisten WWW-Browser verfügen über eine Funktion zum Betrachten lokaler Dokumente. In Netscape beispielsweise können Sie unter dem Punkt *Open File* im Menü *File* eine HTML-Datei anschauen. Andere Browser, etwa Lynx, kennen ähnliche Funktionen. Sie sollten Ihr HTML-Dokument zuerst abspeichern (z.B. in der Datei *beispiel.html*), bevor Sie es mit Ihrem WWW-Browser betrachten.

Wenn wir unser Beispieldokument mit Netscape anschauen, sieht das Ergebnis aus wie Abbildung 15-4. Wie Sie sehen, erledigt Netscape die eigentliche »Textformatierung« für Sie – Sie müssen das Dokument nur erstellen und in Ihren Web-Browser laden.

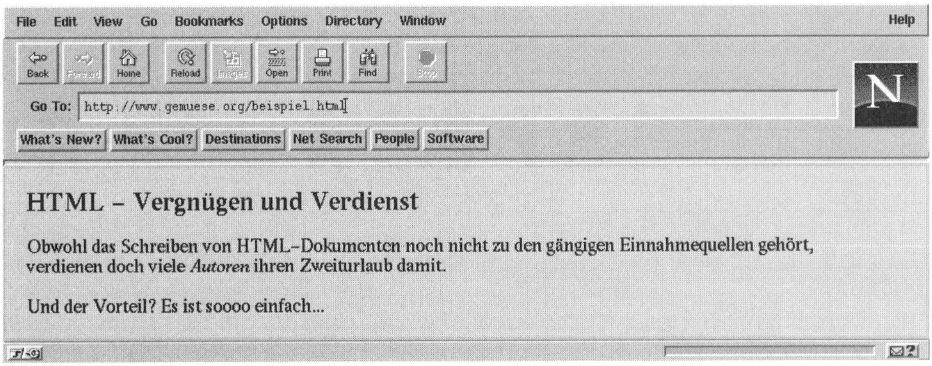

Abbildung 15-4: Beispiel-HTML-Dokument

Es ist nicht weiter schwierig, Ihre neuen HTML-Dokumente über das Web anzubieten. Wir gehen davon aus, daß Sie *httpd* so konfiguriert haben, wie wir das im vorhergehenden Abschnitt beschrieben haben. Legen Sie die HTML-Dateien dann im *httpd*-Verzeichnis `DocumentRoot` ab (in unserem Beispiel haben wir */usr/local/html* benutzt).

Wenn Sie das Dokument als */usr/local/html/beispiel.html* abgelegt und auf Ihrem System den *httpd* gestartet haben, kann anschließend jedermann auf dieses Dokument zugreifen, indem er in seinem WWW-Browser den URL

```
http://www.gemuese.org/beispiel.html
```

aufruft. (Natürlich mit dem Namen Ihres eigenen Rechners statt **www.gemuese.org**.)

Beachten Sie, daß Sie innerhalb des `DocumentRoot`-Verzeichnisses auch Unterverzeichnisse einrichten und symbolische Links anlegen können. Alle an Ihr System adressierten HTTP-URLs greifen auf Dateinamen zu, die relativ zu `DocumentRoot` gesucht werden. Wenn wir also das Verzeichnis */usr/local/html/my-docs* einrichten und *beispiel.html* dort ablegen, lautet der entsprechende URL:

```
http://www.gemuese.org/my-docs/beispiel.html
```

Die Benutzung von Links

Damit Sie auf andere Dokumente oder andere Abschnitte desselben Dokuments verweisen können, enthalten die HTML-Quelltexte *Links* (Verknüpfungen, Verweise). Ein Beispiel:

```
<p> Weitere Informationen zu HTML finden Sie
<a href="http://www.sandia.gov/sci_compute/html_ref.html"> hier </a>.
```

Innerhalb von Netscape wird dieser Satz aussehen wie in Abbildung 15-5 gezeigt.

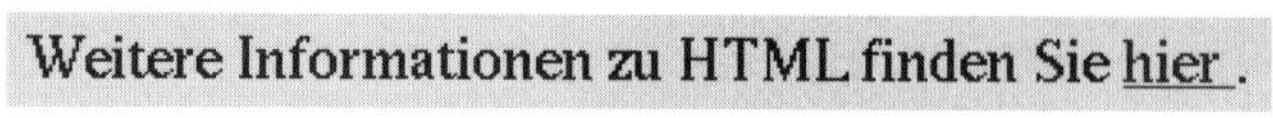

Abbildung 15-5: Anzeige eines Links

Das Wort »hier« ist hervorgehoben, weil es ein Link ist. Nach einem Mausklick auf diesen Link wird Netscape das Dokument darstellen, auf das der URL

```
http://www.sandia.gov/sci_compute/html_ref.html
```

verweist. Das Element `<a>` bezeichnet man als *Anker* – das ist ein Link, der an eine bestimmte Textstelle gebunden ist (in diesem Fall das Wort »here«).

Man bezeichnet dies als *absoluten Link*, weil der URL den kompletten Rechner- und Pfadnamen enthält. Für Dokumente auf demselben Rechner sollten Sie relative Links benutzen, etwa:

```
<p> Au&szlig;erdem steht Ihnen die <a
href="gaertnern.html">Hobby-G&auml;rtner-Home Page</a> zur
Verf&uuml;gung.
```

Die URLs in relativen Links werden relativ zu dem Verzeichnis verstanden, in dem das aktuelle HTML-Dokument steht. Es wird angenommen, daß der URL-Typ (z.B. *http*, *ftp* usw.) derselbe ist, wie der URL-Typ des aktuellen Dokuments. Wenn der oben angeführte Text also im Dokument:

```
http://www.gemuese.org/my-docs/beispiel.html
```

steht, verweist der Link auf den URL:

```
http://www.gemuese.org/my-docs/gaertnern.html
```

Wenn der Dateiname in einem relativen Link mit einem Schrägstrich beginnt (/) wie in:

```
Klicken Sie <a href="/info/gemuese.html">here</a>, um
weitere Informationen zu erhalten.
```

dann wird der URL relativ zum Verzeichnis `DocumentRoot` aufgefaßt. In diesem Beispiel entspricht der URL also:

```
http://www.gemuese.org/info/gemuese.html
```

Relative Links können auch auf das übergeordnete Verzeichnis verweisen:

```
<a href="../plants/plants.html">Hier</a> finden Sie noch
mehr &uuml;ber Pflanzen.
```

Die Benutzung von relativen Links ist für zusammengehörende Dokumente äußerst wichtig. Sie haben damit die Möglichkeit, die Verzeichnishierarchie Ihrer HTML-Dateien zu ändern, ohne daß dabei alle Ihre Links ungültig werden. Für den Zugriff auf unverknüpfte einzelne Dokumente auf demselben System empfiehlt sich allerdings die Benutzung von absoluten Links; in diesem Fall hängt die Position eines Dokuments nicht von der Position anderer Dokumente auf demselben System ab.

Sie können Links auch auf andere Abschnitte desselben Textes verweisen lassen. Ein Beispiel:

```
<a href="#Gentechnik">Weiter unten</a> finden Sie
Informationen &uuml;ber genetisch ver&auml;nderte Pflanzen.
```

Der Link verweist auf eine Stelle in demselben Dokument, die folgendermaßen markiert ist:

```
<a name="Gentechnik">
<h1>Gentechnisch ver&auml;ndertes Gem&uuml;se: Unsere Spezialit&auml;t</h1>
</a>
```

In diesem Fall benutzt der Anker die Option `name` statt `href`, und der Ankertext enthält eine komplette Überschrift. Es muß nicht sein, daß Sie Überschriften als `name`-Anker benutzen, aber in der Regel ist das eine gute Idee, wenn Sie auf andere

»Abschnitte« desselben Textes verweisen möchten. Wenn ein Benutzer beispielsweise den Link anwählt, der zu diesem Anker gehört, bekommt er am oberen Rand des Dokumentenfensters von Netscape folgende Abschnittüberschrift zu sehen:

Gentechnisch verändertes Gemüse: Unsere Spezialität

Links können auch auf bestimmte Stellen in anderen Dokumenten verweisen. Ein Beispiel:

```
<a href="tomaten.html#Gentechnik">Hier</a> finden Sie
n&auml;here Informationen &uuml;ber mutierte Tomaten.
```

zeigt auf den Abschnitt im Dokument *tomaten.html*, der mit `<a name="Gentechnik">` markiert ist.

Vielleicht haben Sie schon erraten, daß Links nicht nur auf andere HTML-Dokumente verweisen können. Links können außerdem auf Bild- und Sound-Dateien zeigen und auf PostScript-Dateien, ebenso wie auf andere URL-Typen wie FTP-, Gopher- oder WAIS-Dienste. Kurz gesagt: Jeder gültige URL kann als Link benutzt werden. Ein Beispiel:

```
Klicken Sie <a href="ftp://ftp.gemuese.org/pub/">hier</a>
um auf unser FTP-Archiv zuzugreifen.
```

ist ein Verweis auf den angegebenen FTP-URL.

Ein Exkurs: MIME-Typen

Beim Verweis auf Bilder und Sounds hängt es von den Fähigkeiten des Clients ab, welche Bild- und Soundtypen dargestellt werden können. Wenn Sie beispielsweise auf den URL

```
http://www.gemuese.org/pics/artischocken.gif
```

zugreifen, ist es die Aufgabe des WWW-Clients, ein eigenständiges Programm aufzurufen, das dieses Bild anzeigt. Gleichzeitig muß der Server, der das Bild anbietet, in der Lage sein, auch das Format der Bilddatei an den Client zu übermitteln. Die Datei *mime.types* im Konfigurationsverzeichnis von *httpd* wird für diesen Zweck benutzt. Diese Datei enthält Zeilen wie beispielsweise:

```
image/gif                 gif
image/jpeg                jpeg jpg jpe
audio/basic               au snd
application/postscript    ai eps ps
text/html                 html
text/plain                txt
```

Das erste Feld in jeder Zeile enthält den Namen des jeweiligen MIME-Typs. MIME ist die Abkürzung von *Multipurpose Internet Mail Extensions* (Erweiterungen für viele Zwecke zu Internet-Mail). Wie der Name schon andeutet, wurde MIME ursprünglich für den Einsatz mit E-Mail entwickelt. Es ist ein Standard, der es ermöglicht, auch solche Dokumente als E-Mail zu verschicken, die andere Datentypen als einfachen ASCII-Text enthalten.

Die restlichen Felder enthalten die Dateinamensuffixe, die zu dem jeweiligen MIME-Typ passen. In diesem Beispiel werden alle Dateien, deren Name auf *.gif* endet, wie Dokumente vom Typ `image/gif` behandelt.

Wenn ein Client (etwa Netscape Navigator) ein Dokument empfängt, bekommt er vom Server gleichzeitig Informationen über den entsprechenden MIME-Typ. Auf diesem Wege erfährt der Client, wie er das Dokument handhaben muß. Bei `text/html`-Dokumenten wird Netscape Navigator einfach den HTML-Quelltext formatieren und im Dokumentenfenster anzeigen. Für `image/gif`-Dokumente ruft Netscape einen eigenständigen Bildbetrachter wie z.B. *xv* auf. Dokumente vom Typ `application/postscript` werden auf den meisten UNIX-Systemen mit Hilfe von Ghostview angezeigt.

Der Web-Client bestimmt, wie verschiedene MIME-Typen gehandhabt werden. Netscape enthält eine Option, um festzulegen, mit welchem Programm die Dokumente eines bestimmten Typs bearbeitet werden.

Dies wird mit der Anweisung `DefaultType` in der Datei *srm.conf* erledigt. Wir haben dort eingetragen:

```
DefaultType   text/plain
```

Wenn der Server nicht in der Lage ist, den Typ eines Dokuments festzustellen, wird er die Voreinstellung `text/plain` benutzen, die für unformatierte Textdateien gedacht ist. Netscape zeigt solche Textdateien mit einem Sperrschrift-Font im Dokumentenfenster an.

Eingebettete Grafik

Eine der interessanten Fähigkeiten von HTML ist das Einbetten von Grafik direkt im Dokument. Dies wird mit dem Element `<img>` bewerkstelligt:

```
<img src="pics/logo.gif"> Unser schickes Logo in voller Farbenpracht.
```

Damit plazieren Sie das Bild, auf das der relative URL `pics/logo.gif` verweist, im Dokument, wie es Abbildung 15-6 zeigt. Sie können mit `<img>` auch absolute URLs benutzen.

Theoretisch kann das Element `<img>` zum Einbetten von »beliebigen« Dokumenten in das aktuelle Dokument benutzt werden. In der Praxis wird es allerdings meistens für kleine Grafiken benutzt. Es hängt von den verschiedenen Browsern ab, welche Grafikformate dargestellt werden können. Bilder in den Formaten GIF und X Bitmap scheinen überall akzeptiert zu werden. Beachten Sie aber auch, daß nicht alle Clients in der Lage sind, eingebettete Grafik darzustellen – in erster Linie gilt dies für textbasierte Clients wie Lynx.

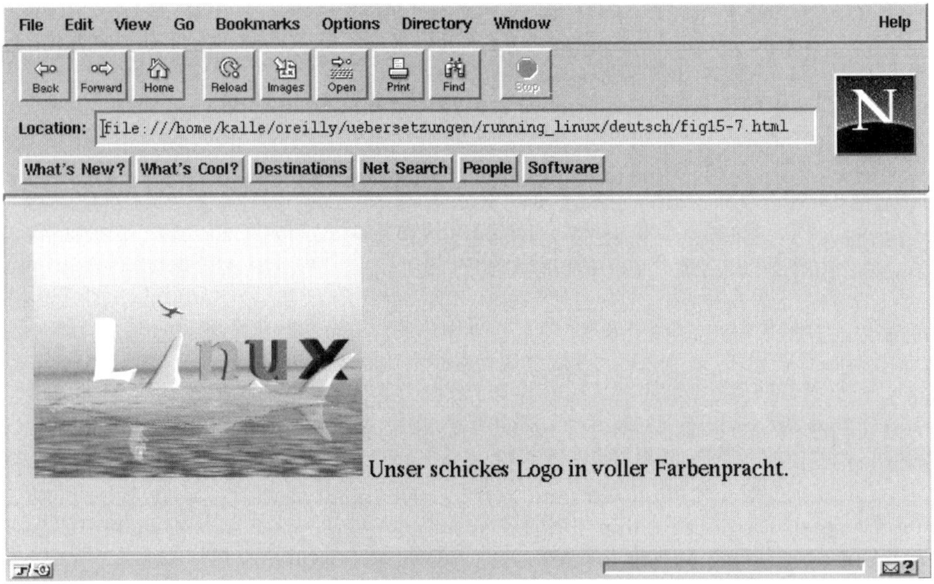

Abbildung 15-6: Eingebettete Grafik

Sie können <img> auch in einem Anker benutzen, etwa so:

```
<a href="tux.html">
<img src="pics/tux.gif"> Tux, der beste Pinguin der Welt. </a>
```

Sowohl Bild als auch Text sind Bestandteil des Ankers, wie in Abbildung 15-7 zu sehen. Ein Mausklick auf eine der beiden Komponenten ruft den URL *tux.html* auf.

Weitere Eigenschaften von HTML

Offensichtlich brauchen Sie noch andere Elemente als Überschriften, Links und eingebettete Grafik, um anspruchsvoll formatierte HTML-Dokumente zu erstellen. HTML bietet viele andere Möglichkeiten der Textformatierung.

Mit dem Element <ol> können Sie eine numerierte Liste anlegen, wobei jedes Listenelement mit <li> gekennzeichnet wird:

```
Zucchini haben folgende angenehme Eigenschaften:
  <ol>
  <li> Sie sind grün.
  <li> Sie sind knackig.
  <li> Sie schmecken großartig in Salaten.
  </ol>
```

Nach der Formatierung durch Netscape wird diese Liste so aussehen, wie in Abbildung 15-8 gezeigt.

Abbildung 15-7: Grafik und Link

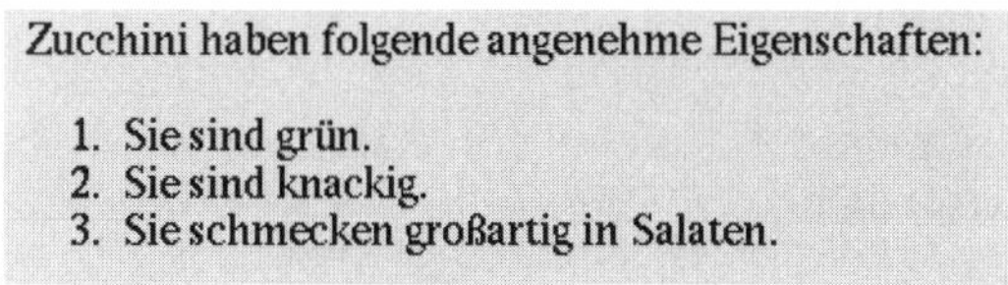

Abbildung 15-8: Darstellung einer Liste

Eine Liste ohne Numerierung erstellen Sie mit <ul> statt <ol>. In unnumerierten Listen sind die einzelnen Listenelemente mit einem graphischen Zeichen statt der fortlaufenden Zahlen markiert.

Sie können Listen auch verschachteln. Wenn unnumerierte Listen verschachtelt werden, erscheint in der Regel auf jeder neuen Ebene ein anderes graphisches Zeichen, wie in Abbildung 15-9 zu sehen ist. Der Quelltext zu dieser Liste sieht so aus:

```
Hier ein Beispiel für eine eingerückte Liste.
<ul>
<li> Der erste Punkt.
<li> Der zweite Punkt.
```

```
        <ul>
        <li> Der erste eingerückte Punkt.
        <li> Noch ein Punkt.
            <ul>
            <li> Die nächste Stufe des Einrückens.
            </ul>
        </ul>
    </ul>
```

Der Text ist hier nur eingerückt, um den Quelltext übersichtlicher zu gestalten; benutzen Sie die Art der Einrückung, die Ihnen am meisten zusagt.

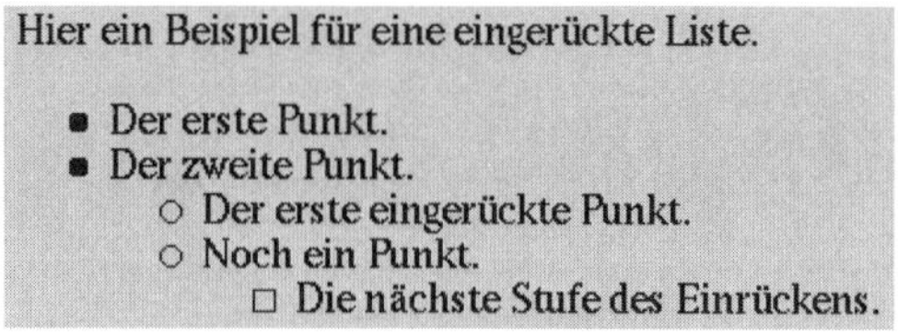

Abbildung 15-9: Verschachtelte Liste

Es gibt verschiedene Methoden, Text hervorzuheben. Wir haben <em> bereits kennengelernt, mit dem Texte normalerweise kursiv dargestellt werden. Beachten Sie, daß es allein vom Client abhängt, wie diese Formatierungen dargestellt werden. Die am häufigsten gebrauchten Markierungen für hervorgehobenen Text sind:

<em>
: Hervorgehobener Text, meistens kursiv dargestellt.

<code>
: Programmquellcode, meistens in einer Sperrschrift dargestellt.

<samp>
: Beispiele für Programmausgaben, meist ebenfalls in Sperrschrift.

<kbd>
: Benutzereingaben über die Tastatur.

<strong>
: Starke Hervorhebung, meistens in Fettdruck dargestellt.

Hier ein Beispiel, in dem mehrere dieser Elemente benutzt werden:

```
<p> <em>Interessant</em>, dachte sie. Der <kbd>find</kbd>-Befehl
kann f&uuml;r fast <strong>alles</strong> verwendet werden!
```

Abbildung 15-10 zeigt, wie Netscape das darstellt.

Abbildung 15-10: Fonts, von Netscape angezeigt

Beachten Sie, daß `<code>`, `<samp>` und `<kbd>` normalerweise in einer Sperrschrift (Schreibmaschinenschrift) angezeigt werden. Es ist allerdings wichtig, zwischen den verschiedenen logischen Typen der Hervorhebung in Dokumenten zu unterscheiden. So können wir nämlich die Schrifttype ändern, mit der `<kbd>`-Texte dargestellt werden (beispielsweise auf einen kursiven Schrifttyp), ohne daß gleichzeitig `<code>` und `<samp>` geändert werden müssen.

Für den Fall, daß Sie den Schrifttyp direkt bestimmen möchten, kennt HTML auch die Markierungen `<b>`, `<i>` und `<tt>`, um Fettdruck, kursive Schrift bzw. Sperrschrift einzuschalten.

Mit dem Element `<pre>` haben Sie die Möglichkeit, »vorformatierten« oder »1:1«-formatierten Text in einem HTML-Dokument unterzubringen. Ein Beispiel:

```
So sieht der Quellcode von <code>hello.c</code> aus.
<pre>
#include &lt;stdio.h&gt;

void main() {
  printf("Hallo Welt!");
}
</pre>
```

Dieser Text wird so dargestellt, wie in Abbildung 15-11 gezeigt.

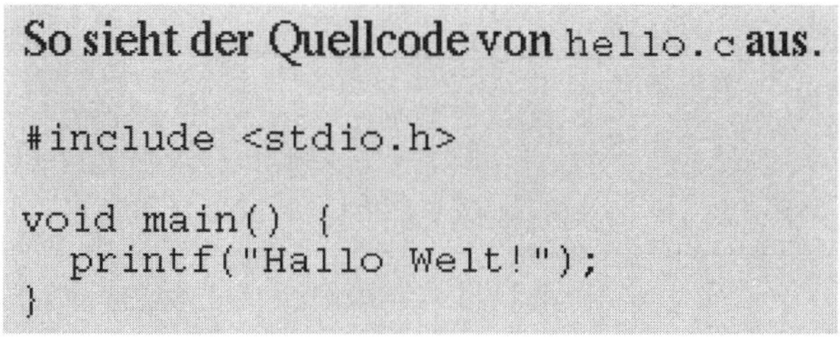

Abbildung 15-11: Vorformatierter Text

Beachten Sie die Benutzung von `<` und `>`, um < und > darstellen zu lassen. Sie müssen diese Codes so eingeben, weil die Zeichen < und > innerhalb von HTML-Dokumenten eine besondere Bedeutung haben; dies gilt auch innerhalb von `<pre>`-Elementen.

Weitere Codes mit besonderer Bedeutung sind:

`"`
: Erzeugt das doppelte Anführungszeichen: "

`&`
: Erzeugt das Kaufmanns-Und: &

`é`
: Erzeugt das *e* mit steigendem Akzent: é

`ö`
: Erzeugt das Umlaut-*o*: ö;

In der kompletten HTML-Spezifikation unter:

```
http://www.w3.org/pub/WWW/MarkUp/hmtl-spec/
```

finden Sie alle vorhandenen Codes aufgelistet.

Sie werden in HTML-Dokumenten häufig eine waagerechte Linie sehen, die die Seite optisch gliedert. Diese Linie ziehen Sie mit dem Element `<hr>`, etwa so:

```
He, Fremder, wage es nicht, diese Linie zu &uuml;berschreiten: <p><hr>
<p> Nun gut, Fremder, aber wage es nicht, diese zu &uuml;berschreiten: <p><hr>
```

Schließlich wird am Ende von HTML-Dokumenten häufig das Element `<address>` benutzt, um den Namen und die Adresse der Person zu hinterlegen, die für diese Seite verantwortlich ist. Ein Beispiel:

```
<p><hr><p>
<address>Mr. K. Kopf, kohl@gemuese.org</address>
```

Viele Leute verknüpfen den Namen innerhalb der Adresse mit ihrer persönlichen Leitseite.

Wo Sie weitere Informationen finden

Innerhalb von Netscape können Sie den HTML-Quelltext beliebiger Web-Dokumente betrachten. Wählen Sie im Menü *View* den Punkt *Document Source*, während Sie das betreffende Dokument lesen. Damit erhalten Sie einen Einblick, wie diese Seite erstellt wurde. Der Browser Lynx kennt eine ähnliche Option, die Sie mit dem Backslash-Befehl (\) aktivieren.

Interaktive Formulare erstellen

Wir haben bereits erwähnt, daß Netscape und *httpd* von NCSA auch interaktive Formulare unterstützen; diese Formulare ermöglichen Eingaben von Seiten des Benutzers (in Form von Texteingabefeldern, Schaltflächen, Menüs usw.) an ein Skript, das vom Server ausgeführt wird. Ein Beispiel: Ein interaktives Formular könnte ein

Textfeld enthalten, in das der Benutzername eingegeben werden soll. Wenn dieses Formular abgeschickt wird, ruft der Server ein *finger*-Skript auf und präsentiert das Ergebnis als HTML-Dokument.

Es hängt von den Fähigkeiten sowohl des WWW-Clients als auch des *httpd*-Servers ab, ob Formulare benutzt werden können. Nicht alle Web-Clients können Formulare darstellen; Sie brauchen Netscape in der Version 2.0 oder höher. Außerdem können nicht alle Implementierungen des *httpd* mit Formularen umgehen. Wir empfehlen den NCSA-*httpd*, den wir weiter oben in diesem Kapitel besprochen haben; darin finden Sie umfangreiche Unterstützung für Formulare.

Das Paradebeispiel für ein interaktives Formular ist eines, mit dem ein Benutzer E-Mail an den Urheber des Formulars schicken kann. In diesem Abschnitt wollen wir genau dieses Beispiel benutzen, um zu zeigen, wie man Formulare erstellt und wie die Server-Skripten aussehen, die von den Formularen ausgeführt werden.

Das HTML-Formular

Der erste Schritt auf dem Weg zu einem Formular ist die Erstellung eines HTML-Dokuments, das genau wie das Formular aussieht. In solchen HTML-Seiten sind `<form>`-Elemente enthalten, die wiederum verschiedene andere Elemente in Form von Schaltflächen, Texteingabefeldern usw. enthalten.

Eine ausführliche Besprechung der HTML-Formulare finden Sie unter dem URL:

```
http://www.ncsa.uiuc.edu/SDG/Software/Mosaic/Docs/fill-out-forms/overview.html
```

Hier wollen wir einen Ausschnitt dessen darstellen, was Formulare leisten können. Ein ausführliches Beispiel für die Benutzung von Formularen findet sich unter:

```
http://us.imdb.com/
```

Sie finden dort eine umfassende Datenbank mit Informationen zu mehr als 30.000 Filmen vor und können nach Titeln, Sparten, Schauspielern, Regisseuren usw. suchen.

Hier zeigen wir das HTML-Dokument für unser einfaches E-Mail-Formular:

```
<title>Ein triviales Mail-Formular</title>
<h1>Schicken Sie mir E-Mail</h1>
<p>Sie k&ouml;nnen dazu dieses Formular verwenden.

<p><hr><p>
<form method="POST" action="/cgi-bin/mailer.pl">
<input name="from"> Ihre E-Mail-Adresse<p>
<input name="subject"> Betreff<p>
<input type=hidden name="to" value="mdw@gemuese.org">
<hr>
Geben Sie hier den Text der E-Mail ein:<br>
<hr>
```

```
13 <textarea name="body" cols=60 rows=12></textarea><p>
14 <hr>
15 <input type=submit value="E-Mail abschicken"><p>
16 </form>
```

Wenn wir uns dieses Formular mit Netscape anschauen, sieht es aus wie Abbildung 15-12.

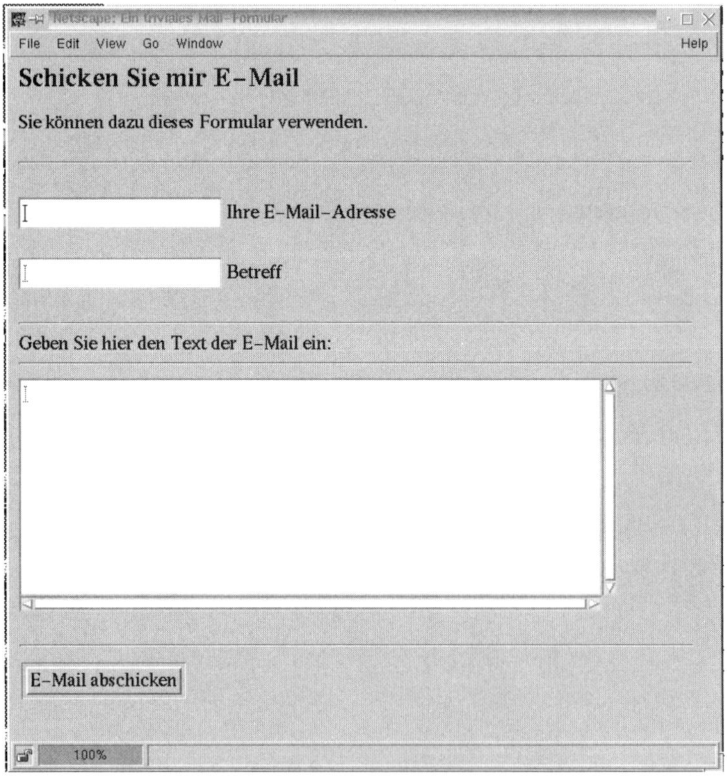

Abbildung 15-12: Formular, von Netscape angezeigt

Wie Sie sehen, haben wir in diesem Formular einige der neuen Möglichkeiten von HTML benutzt. Lassen Sie uns die Datei schrittweise untersuchen und die Neuheiten besprechen.

In Zeile 6 steht das Element `<form>`, welches das ganze Formular umschließt. Es gibt verschiedene Optionen und Attribute zu `<form>`.

Das Attribut `method` bestimmt, auf welche Weise Informationen aus dem Formular an das Server-Skript geschickt werden. Gültige Werte für die Methode sind `GET` und `POST`. Mit `GET` übergeben Sie Informationen an das Skript in Form von Befehlszeilenargumenten; mit `POST` richten Sie die Informationen an die Standardeingabe des

Skripts. Diese Option wirkt sich lediglich darauf aus, wie Sie das Server-Skript schreiben; aus verschiedenen Gründen empfehlen wir dringend, die Methode `POST` zu benutzen.

Mit dem Attribut `action` geben Sie den URL des Skripts an, das dieses Formular auf dem Server aufrufen wird. Erinnern Sie sich daran, daß CGI-Skripten in der Regel im Unterverzeichnis *cgi-bin* des `ServerRoot`-Verzeichnisses von *httpd* stehen.

In diesem Beispiel lassen wir das Skript:

```
/cgi-bin/mailer.pl
```

ausführen, wenn das Formular abgeschickt wird. Im nächsten Abschnitt beschreiben wir, wie dieses Skript aussehen muß.

In den Zeilen 7 bis 9 benutzen wir das Element `<input>`. Dies ist das Element, das in Formularen am häufigsten auftaucht – es bezeichnet eine Möglichkeit der Eingabe, wie z.B. ein Textfeld, eine Schaltfläche oder eine Checkbox. Es gibt verschiedene Attribute zu `<input>`.

Das Attribut `name` ist eine eindeutige Zeichenfolge, die dieses Element gegenüber dem Server-Skript identifiziert. Das Attribut `type` bezeichnet den Typ des Eingabeelements. Hier sind die gültigen Werte `text`, `radio`, `checkbox`, `password`, `submit`, `reset` oder `hidden`. Wenn kein `type` angegeben wird (wie in den Zeilen 7 und 8), wird die Voreinstellung `text` benutzt. Das Attribut `value` bestimmt den Wert, der für diese Eingabe voreingestellt werden soll.

`input` kennt noch verschiedene andere Attribute; damit bestimmen Sie beispielsweise die maximale Länge der Eingabe in einem Textfeld usw.

Die Zeilen 7 und 8 definieren Eingabefelder mit den Titeln `"from"` und `"subject"`, beide vom Typ `text`. In diese Felder werden die E-Mail-Adresse des Absenders und der Betreff der Nachricht eingetragen.

In Zeile 9 definieren wir das Element `hidden` mit dem Namen `"to"`; damit bestimmen wir die E-Mail-Adresse, an die diese Mail geschickt werden soll. Mit diesem Trick können wir innerhalb des HTML-Formulars selbst die E-Mail-Adresse des Empfängers angeben. Anderenfalls müßten wir die Empfängeradresse innerhalb des Server-Skripts (*mailer.pl*) definieren; dann müßte jeder Benutzer, der das Mail-Formular benutzen möchte, eine eigene Kopie des Skripts haben. Auf diese Weise erreichen wir, daß alle Benutzer des Systems mit diesem Skript arbeiten können, solange sie die eigene E-Mail-Adresse im Feld `"to"` angeben. Die Gründe dafür werden wir im nächsten Abschnitt darlegen, wenn wir das Skript *mailer.pl* selbst besprechen.

In Zeile 13 benutzen wir das Element `<textarea>`. Dieses Element bezeichnet ein mehrzeiliges Texteingabefeld mit Laufleisten am rechten und unteren Rand. Wie bei `<input>` haben wir auch hier das Attribut `name` benutzt, um dem Element einen Namen zuzuweisen. Mit den Attributen `cols` und `rows` legen wir die Größe dieses Textbereichs fest.

Beachten Sie, daß `<textarea>` im Gegensatz zu `<input>` auch die entsprechende Endmarkierung `</textarea>` in derselben Zeile benutzt. Jeglicher Text, der zwischen `<textarea>` und `</textarea>` steht, wird als feste Eingabe in dieses Eingabefeld benutzt.

In Zeile 15 benutzen wir ein weiteres `<input>`-Element, diesmal vom Typ `submit`. Damit definieren wir eine Schaltfläche, die nach dem Anklicken das Formular abschickt und das zugehörige Server-Skript aufruft. Das Attribut `value` bezeichnet den Text, der auf der Schaltfläche angezeigt wird; in diesem Beispiel `"Send mail"`.

In Zeile 16 schließlich beenden wir das Formular mit der Endmarkierung `</form>`.

Ein HTML-Dokument kann mehrere Formulare enthalten, aber die Formulare können nicht ineinander verschachtelt werden.

Das CGI-Skript schreiben

Die Skripts, die von Formularen ausgeführt werden, benutzen das Common Gateway Interface (CGI), in dem festgelegt ist, wie Daten aus dem Formular an das Skript übergeben werden. Es ist an dieser Stelle nicht wichtig, daß Sie die Details der CGI-Spezifikationen kennen; Sie sollten aber wissen, daß die Daten in Form von Name/Wert-Paaren an das Skript übergeben werden. Zur Demonstration: Wir gehen von unserem Beispielformular aus und nehmen an, daß der Benutzer die Adresse:

```
bsmarks@norelco.com
```

in das `<input>`-Feld mit dem Namen `"from"` eingetragen hat. Der Wert `bsmarks@norelco.com` wird dann bei der Übergabe an das Skript mit dem Namen `"from"` verknüpft.

Wir haben bereits erwähnt, daß es von der Formular-Methode abhängt, auf welche Weise diese Name/Wert-Paare an das Server-Skript übergeben werden (`GET` oder `POST`). Ganz allgemein werden die Name/Wert-Paare in folgender Form kodiert:

```
action?name=val&name=val&...
```

und entweder auf der Befehlszeile (bei Formularen mit der Methode `GET`) oder als Standardeingabe (bei Formularen mit der Methode `POST`) an das Server-Skript übergeben. Außerdem müssen bestimmte Zeichen (etwa `=`, `&` usw.) mit den Escape-Codes versehen werden, und verschiedene Environment-Variablen werden benutzt, um bestimmte Werte an das Skript zu übergeben.

Server-Skripten können in praktisch jeder Sprache geschrieben werden, etwa C, Perl oder sogar als Shell-Skripts. Da die Dekodierung der Name/Wert-Paare in einem C-Programm ziemlich qualvoll werden kann, zeigen wir statt dessen, wie ein solches Skript in Perl geschrieben wird, dessen Fähigkeiten zur Textbearbeitung für diese Aufgabe besser geeignet sind. Die *httpd*-Distribution von NCSA enthält C-Quelltexte für eine Reihe von CGI-Beispiel-Skripts. Sie finden diese im Unterverzeichnis *cgi-src* des Servers.

Das folgende Beispiel zeigt das Perl-Skript *mailer.pl*. Stellen Sie dieses Skript in das Verzeichnis, das Sie bei der Konfigurierung des Systems für CGI-Skripten vorgesehen haben.

```
#!/usr/bin/perl

require "cgi.pl"; # Get CGI-parsing routines

# Formulardaten parsen
&ReadParse;

# Ausgabe-Header ausgeben (in HTML-Formular)
print STDOUT "Content-type: text/html\n\n";
print STDOUT "<title>Mail form results</title>";
print STDOUT "<h1>Mail form results</h1>";

open (MAIL,"|/usr/lib/sendmail $to") ||
  die "<p>Error: Couldn't execute sendmail.\n";

print MAIL "To: $in{'to'}\n";
print MAIL "From: $in{'from'}\n";
print MAIL "subject: $in{'subject'}\n\n";
print MAIL "$in{'body'}\n";
close MAIL;

print STDOUT "<p>All right, mailed the following to <tt>$to</tt>:\n";
print STDOUT "<p><pre>";
print STDOUT "To: $in{'to'}\n";
print STDOUT "From: $in{'from'}\n";
print STDOUT "subject: $in{'subject'}\n\n";
print STDOUT "$in{'body'}\n";
print STDOUT "</pre>";
```

Kapitel 12

Falls Sie Perl-Neuling sind, schauen Sie sich die Einführung in Kapitel 12, *Programmiersprachen*, an. Sie müssen aber nicht mit Perl hexen können, um diesen Code zu verstehen.

Dieses Skript lädt zuerst die Routinen in *cgi.pl* (siehe unten), darunter `ReadParse`. Diese Subroutine liest die Name/Wert-Paare aus dem Formular und schreibt sie in das assoziative Array `%in`. (Jedes *name*=*wert*-Paar wird außerdem in das lineare Array `@in` geschrieben.) Wenn wir beispielsweise den Wert des `"from"`-Eingabefeldes abfragen möchten, können wir auf die Variable

```
$in{'from'}
```

zugreifen.

Nach dem Aufruf von `ReadParse` gibt *mailer.pl* mehrere Strings auf die Standardausgabe. Beachten Sie, daß CGI-Skripts ihre Daten im HTML-Format ausgeben (obwohl das nicht unbedingt sein muß). Die erste Zeile, die das Skript ausgibt, sollte so aussehen:

```
Content-type: text/html
```

Damit erfährt der Server den MIME-Typ der Daten aus dem Skript.

Das Skript öffnet anschließend eine Pipe nach */usr/lib/sendmail*, das die Mail verschicken soll. (Falls Sie auf Ihrem System ein anderes Mail-Programm als *sendmail* benutzen, muß diese Stelle angepaßt werden.) Wir leiten die Nachricht dann an *sendmail*, nachdem wir einen Header vorangestellt haben, der die Felder `To:`, `From:` und `Subject:` enthält, die wir aus dem Formular gewonnen haben.

Nachdem wir die Pipe zu *sendmail* geschlossen haben, geben wir die gerade übertragene Nachricht noch auf die Standardausgabe – als Hinweis für den Benutzer, daß die Nachricht korrekt verschickt wurde.

Die Datei *cgi.pl* enthält die `ReadParse`-Routine, die wir unten zeigen:

```
#!/usr/bin/perl

# Routines for parsing CGI forms data within Perl
# Derived from code by Steven E. Brenner, <S.E.Brenner@bioc.cam.ac.uk>
# Copyright 1993 Steven E. Brenner
# Permission granted to use and modify this library so long as the
# copyright above is maintained, modifications are documented, and
# credit is given for any use of the library.
# Für die deutsche Ausgabe des Buches haben wir die folgenden Kommentare
# übersetzt.

# ReadParse
# Liest GET- oder POST-Daten ein, konvertiert sie zu ASCII und schreibt
# je ein Name=Wert-Paar in jedes Element der Liste "@in";
# erzeugt außerdem die Name/Wert-Paare in %in und benutzt '\0', um
# Mehrfacheinträge zu trennen.

# Wenn ReadParse einen Parameter wie z.B. *cgi_input empfängt, werden
# Informationen dort statt in $in, @in und %in abgelegt.

sub ReadParse {
  if (@_) {
    local (*in) = @_;
  }

  local ($i, $loc, $key, $val);
```

```
    # Text einlesen
    # Read in text
    if ($ENV{'REQUEST_METHOD'} eq "GET") {
      $in = $ENV{'QUERY_STRING'};
    } elsif ($ENV{'REQUEST_METHOD'} eq "POST") {
      for ($i = 0; $i < $ENV{'CONTENT_LENGTH'}; $i++) {
        $in .= getc;
      }
    }

    @in = split(/&/,$in);

    foreach $i (0 .. $#in) {
      # Pluszeichen zu Leerstellen wandeln
      $in[$i] =~ s/\+/ /g;

      # %XX von hexadezimal zu alphanumerisch wandeln
      $in[$i] =~ s/%(..)/pack("c",hex($1))/ge;

      # Name und Wert isolieren
      $loc = index($in[$i],"=");
      $key = substr($in[$i],0,$loc);
      $val = substr($in[$i],$loc+1);
      $in{$key} .= '\0' if (defined($in{$key})); # \0 is the multiple separator
      $in{$key} .= $val;
    }
    return 1;

  }
  1;  # wahr zurückliefern
```

Dieser Code behandelt die banalen Aspekte beim Verarbeiten der Eingaben aus Formularen – das Trennen der Name/Wert-Paare, das Speichern derselben in Arrays, die Wandlung von Sonderzeichen usw. Sie können diesen Code sinnvoll einsetzen, ohne ihn vollständig zu verstehen.

Denken Sie immer daran, daß bei der Benutzung von HTML-Formularen auch die Systemsicherheit eine Rolle spielt. Stellen Sie sicher, daß Ihre Skripten nicht benutzt werden können, um auf Ihrem System nicht-autorisierte Prozesse zu starten. Wenn Ihre Server-Skripts die CPU stark beanspruchen, sollten Sie den Zugriff vielleicht einschränken, um das System nicht zu überlasten. Ganz allgemein gesagt: Sie sollten wissen, was Sie tun, wenn Sie auf Ihrem WWW-Server Formulare anbieten.

Elektronische Post

Die elektronische Post (electronic mail, E-Mail) gehört zu den Dingen, die ein Computersystem unbedingt haben sollte. Sie können auf Ihrem Linux-System E-Mail lokal zwischen den Benutzern des Systems oder auch zwischen den Rechnern eines Netzwerks hin- und herschicken. Für den E-Mail-Dienst müssen Sie drei Arten von Programmen einrichten; dies sind der *Mail-User-Agent* (MUA, Mail-Programm, Mailer), der *Mail-Transport-Agent* (MTA) und das *Transportprotokoll.*

Der Mailer stellt die Benutzerschnittstelle zum Lesen von E-Mail, Schreiben von neuen Nachrichten und Abspeichern von empfangenen Mails dar. Linux enthält eine ganze Reihe von Mail-Programmen. Diese werden ständig ausgefeilter, so daß ein bestimmter Mailer eventuell auch zum Lesen von Usenet-News (News-Reader) oder als WWW-Hypertext-Browser benutzt werden kann.

Der Mailer benutzt den MTA, um E-Mail von einem Benutzer zum anderen zu routen; egal, ob lokal oder über Systemgrenzen hinweg. Der MTA wiederum benutzt ein Transportprotokoll, in der Regel UUCP oder SMTP (Simple Mail Transport Protocol), als Medium für die Übertragung der Mails.

Für die Einrichtung von E-Mail auf einem Linux-System steht eine ganze Reihe von Programmen zur Verfügung. Wir können hier nicht alle denkbaren Kombinationen beschreiben, aber wir wollen eine praktikable Lösung vorstellen. Wir besprechen die derzeit wohl beliebteste Kombination unter Linux: den Mailer Elm (zum Zeitpunkt des Schreibens in der Version 2.4) mit *smail* (in der Version *smail3.1*) als Mail-Transport-Agent. Diese Programme sind relativ einfach zu konfigurieren, bieten aber trotzdem all die Fähigkeiten, die von den meisten Benutzern benötigt werden. Zur Vereinfachung gehen wir davon aus, daß Ihr Linux-System an einen Mail-Rechner angeschlossen ist, der alle Möglichkeiten des Routing von Internet-Mail beherrscht.

Wenn Sie Ihre E-Mail nicht direkt per SMTP von einem anderen Rechner bekommen, sondern bei Ihrem Internet Provider eine Mailbox haben, auf die Sie mit Protokollen wie POP3 oder IMAP zugreifen können, benötigen Sie ein Programm, das Ihre Nachrichten dort abholt. Unter Linux wird meistens das Programm *fetchmail* verwendet, das die meisten dieser Protokolle versteht. Es kann so konfiguriert werden, daß es die abgeholten Nachrichten an Ihren MTA weiterleitet.

Der Mail-Transport-Agent smail

[51] sendmail

Es gibt zwei wichtige MTAs für Linux: *smail* und *sendmail.* Beide unterstützen die Mail-Protokolle SMTP und UUCP. Das *sendmail*-Paket gibt es schon eine ganze Weile. Seine Benutzung wird allgemein als schwieriger angesehen als der Einsatz von *smail*, aber *sendmail* wird in dem Buch *sendmail* von Costales, Allman und Rickert ausführlichst beschrieben. Das Paket *smail* ist wohl einfacher zu konfigurieren und zu verwalten als *sendmail* und arbeitet auf Systemen mit geringem Speicherausbau

smail simple, sendmail komplex

vielleicht sicherer. Auf Linux-Systemen ist *smail* sehr beliebt. Wir haben beschlossen, den beliebtesten MTA unter Linux, *smail*, vorzustellen und hier seine grundlegende Konfiguration und Benutzung zu beschreiben. Wenn Sie allerdings ein Mail-System einrichten müssen, das viele Verbindungen handhabt und große Mengen an E-Mail durchschleust, sollten Sie auf jeden Fall *sendmail* benutzen.

smail kann in verschiedenen Modi aufgerufen werden, indem man einen bestimmten Namen benutzt, der den speziellen Modus festlegt. Sie können *smail* beispielsweise als *rmail* aufrufen und es dabei als Ersatz für das originale *rmail* benutzen. Sie können es als Dämon starten (*smtpd*, *in.smtpd*) und ebenso andere Mail-Utilities wie *mailq* ersetzen lassen. *smail* ist kompatibel zum MTA *sendmail* und arbeitet gut mit diesem zusammen.

[4] Network Admin Guide

Der *Linux Network Administrator's Guide* von Olaf Kirch enthält Informationen speziell zur Installation von *smail* auf Linux-Systemen. Außerdem finden Sie im Paket *smail3* unter dem Titel *Smail – Installation and Administration Guide* von Karr und Noll eine hervorragende Anleitung zur Installation und Pflege von *smail*. Schließlich sollten Sie auch die Manual-Page zu *smail* lesen, in der im Detail alle Konfigurationsdateien und Verzeichnisse beschrieben sind, die *smail* benutzt.

Das *smail*-Paket ist Bestandteil einiger Linux-Distributionen. Die meisten dieser Distributionen benutzen das Linux-Installationsskript, um auch die grundlegende Konfiguration von *smail* vorzunehmen. Ein Problem bei dieser Vorgehensweise ist, daß Sie wahrscheinlich in gewissen Abständen Ihre *smail*-Installation aktualisieren müssen; zu diesem Zweck gibt es kein bequemes Skript – es sei denn, Sie installieren gleichzeitig Ihr komplettes Linux. Ein anderes Problem liegt darin, daß in einigen der bekannteren Linux-Distributionen das eine oder andere Detail in den Hilfsprogrammen zu *smail* fehlt; das hat zur Folge, daß Sie hier einen Datei-Link ergänzen, dort eine Quelldatei editieren oder ähnliche Schritte ausführen müssen.

Kein Grund zur Panik: Auch wenn Patches eingespielt und neue Fähigkeiten hinzugefügt werden, sollten Ihre bewährten *smail*-Konfigurationsdateien in den allermeisten Fällen weiterhin ihren Dienst tun. In der Regel müssen Sie nur die ausführbaren Dateien aktualisieren, um auf dem neuesten Stand zu bleiben.

Das war die gute Nachricht. Die schlechte Nachricht ist, daß verschiedene Distributionen von *smail* die Dateien an verschiedenen Stellen installieren. Wenn Sie sich einen Satz Binärdateien aus einem FTP-Archiv besorgen und über Ihre alten Dateien installieren, kann es passieren, daß Sie schließlich eine Version von *smail* in */usr/bin* und eine andere in */sbin* installiert haben. Weil *smail* aus einer Reihe von Mail-Utilities besteht, die intensiven Gebrauch von Datei-Links machen, können solche Ungereimtheiten wirkliche Probleme mit Ihrer Installation verursachen.

Wenn Sie dagegen eine Distribution von Grund auf selbst kompilieren, stellen Sie eventuell fest, daß es sich um eine Installation handelt, die nicht speziell für Linux angepaßt wurde. (Andererseits finden Sie in einem echten UNIX-FTP-Archiv eher die komplette Dokumentation, die auf den von uns getesteten Linux-Archiv-Rechnern anscheinend nicht vorhanden ist.)

Was können Sie tun? Wenn Sie sich für die Distribution auf einem bestimmten FTP-Rechner entschieden haben, ist es vielleicht eine gute Idee, bei diesem Archiv zu bleiben – auch wenn Sie dann nicht unbedingt das neueste und beste Update zum frühest möglichen Zeitpunkt bekommen. Dies gilt insbesondere dann, wenn es sich um ein Archiv mit einer Distribution im Binärformat handelt – Ihre Konfigurationsdateien bleiben erhalten. Oder Sie besorgen sich einfach die aktualisierten Dateien und benutzen dann *find* oder *whereis*, um verquere Links und doppelt vorhandene Dateien aufzuspüren. Wahrscheinlich werden Sie selbst nach einer korrekten Installation und Konfiguration von *smail* durch Ihr Linux-Skript feststellen, daß Sie nicht immer mit seiner Arbeitsweise einverstanden sind. Für solche Fälle ist es oft am besten, einfach die *smail*-Konfigurationsdateien an Ihr System anzupassen.

smail besorgen und installieren

Ein ausgezeichnetes FTP-Archiv mit einer aktualisierten Binär-Distribution für Linux ist (zum Zeitpunkt des Schreibens) **qiclab.scn.rain.com**. Das *smail*-Paket befindet sich in der Datei */pub/network/smail/smail-linuxbin-3.1.29.tar.gz*. Der genaue Dateiname wird sich wahrscheinlich mit jedem Update der Quelldateien ändern, aber der Pfadname sollte gleich bleiben.

Die CD-ROM *Linux - Red Hat Version 3.0.3 auf CD-ROM* enthält ein einfach zu installierendes *smail*-Paket. Wenn Sie eine andere Linux-Distribution verwenden, empfehlen wir Ihnen, die Source-Distribution von *smail* aus dem FTP-Archiv **ftp.cyberspace.com** zu nehmen. Das Paket liegt dort unter */pub/unix/linux/slackware/contrib/smail.tgz* und muß mit *gunzip* und *tar* entpackt werden. Gehen Sie zur Installation dieser Distribution wie folgt vor:

1. Übertragen Sie die Datei per FTP im binären Modus.
2. Verschieben Sie die Datei als */smail.tar.gz* in das Root-Verzeichnis von Linux.
3. Starten Sie *gunzip* mit dieser Datei; Sie erhalten als Ergebnis die Datei *smail.tar*.
4. Rufen Sie im Root-Verzeichnis mit dieser Datei den Befehl *tar -xvf smail.tar* auf. *smail.tar* wird in einen Verzeichnisbaum entpackt.

Kapitel 7

Im Abschnitt »Utilities zur Archivierung und Komprimierung« in Kapitel 7, *Software und den Kernel aktualisieren,* erfahren Sie alles Notwendige über *gunzip* und *tar*.

Sollten Sie beim Durchstöbern eines FTP-Archivs auf eine Datei namens *smailcfg* stoßen, könnten Sie den Eindruck bekommen, daß dies ein Hilfsprogramm zur Konfiguration von smail ist. Leider falsch: Es handelt sich um ein Konfigurations-Utility für sendmail.

Die Konfiguration eines unter Linux installierten smail-Pakets

In einigen Linux-Distributionen ist das *smail*-Paket bereits enthalten und wird vom Linux-Installationsprogramm mit installiert. Auf Linux-Systemen werden die verschiedenen Teile des Pakets typischerweise in folgenden Verzeichnissen installiert: */bin*, */usr/bin*, */usr/lib/smail* und */usr/man/man?*. Die *smail*-Konfiguration könnte in */var/lib/smail/config* stehen.

Viele der von *smail* benutzten Variablen werden aufgrund von Informationen belegt, die aus der Linux-Konfiguration stammen. Falls Sie beispielsweise Linux mit TCP/IP installiert haben, wird *smail* für die Benutzung von SMTP konfiguriert. Trotzdem gibt es noch einige *smail*-Variablen, die Sie belegen müssen. Dazu gehören:

`postmaster`
: Bestimmen Sie auf Ihrem System eine Benutzer-ID als Postmaster. Meistens fungiert der Mail-Verwalter eines Systems auch als Postmaster. Für ein System in einem offenen Netz (mit Verbindungen, die über ein LAN hinausgehen) ist es fast eine moralische Verpflichtung, einen Postmaster zu bestimmen. Jeder Benutzer (egal wo) sollte die Möglichkeit haben, eine Nachricht an `postmaster@`*`rechnername`* zu schicken, um das Problem bekanntzumachen, wenn einmal ein Problem mit der E-Mail von/zu einem System auftritt. Auf kleinen Systemen kann auch Root als Postmaster fungieren, aber es ist vorteilhafter, wenn E-Mail für den Postmaster an eine normale Benutzer-ID geht. (Manche Systeme richten einen »unechten« Account für den Postmaster ein, damit die Arbeit verteilt werden kann.)

`smart_path`
: Es ist wichtig, diese Variable zu setzen – insbesondere, wenn Sie nur ein kleines Mail-System betreiben. `smart_path` sollte den Namen des »intelligenten Rechners« enthalten, an den Ihr System alle Mail schickt, die es nicht selbst zustellen kann. In der einfachsten Konstellation wird alle E-Mail, die nicht lokal ist, an das bezeichnete `smart_path`-System geleitet. Wenn Sie eine Verbindung zu einem Internet-Rechner haben, sollte das Ihr intelligenter Partner sein.

`visible_name`
: Diese Variable enthält einen Namen, den *smail* für alle E-Mail, die von Ihrem System ausgeht, als Rücksendeadresse benutzt. Ein Beispiel: Wenn Ihr kompletter Rechnername **deus.x-machina.org** lautet, möchten Sie vielleicht lieber **x-machina.org** als sichtbaren Namen wählen. Ein Benutzer auf **deus** hätte dann die »From«-Adresse *benutzer@x-machina.org* statt *benutzer@deus.x-machina.org*. Dies empfiehlt sich insbesondere, wenn die Benutzer im lokalen Netzwerk auf mehreren Rechnern eine Zugangsberechtigung haben oder wenn sich die Namen einzelner Rechner in einer Domain ändern können.

`smart_user`
: Hinter dem Smartuser steckt nicht unbedingt ein Benutzer. Sie können `smart_user` ohne Wert belassen; in diesem Fall wird E-Mail, die nicht zugestellt

werden kann, an den Absender zurückgeschickt (bouncing). Wenn Sie dem Smartuser eine Benutzer-ID zuweisen, geht falsch adressierte Mail auf Ihrem System an diesen Benutzer. Häufig ist der `smart_user` identisch mit dem Postmaster, aber auf kleinen Systemen ist es wahrscheinlich am vorteilhaftesten, die E-Mail zurückzuschicken. Die Variable `smart_user` soll es ermöglichen, daß ein Benutzer nach einem Umzug oder Account-Wechsel seine E-Mail von Hand nachgeschickt bekommt; auf einem System mit wenigen Benutzern hat sie nur geringe Bedeutung.

smail (5)

Es gibt weitere Variablen, die Sie einstellen können. Die Manual-Page beschreibt diese im Abschnitt über die Datei *config*. Eventuell enthält Ihre Distribution das Dokument nicht in einem druckbaren Format, aber bei Bedarf sollten Sie mit einem der folgenden Befehle Ihre eigene gedruckte Ausgabe erzeugen. (Der erste Befehl erzeugt einfachen Text für einen beliebigen Drucker, der zweite setzt einen PostScript-fähigen Drucker voraus.)

```
$ man 5 smail | col -b | lpr
$ gtroff -man /usr/man/man5/smail.5 | ghostscript | lpr
```

Die CD-ROM *Linux - Red Hat Version 3.0.3 auf CD-ROM* enthält ein Konfigurationsskript für *smail*, das Sie als *root* im Verzeichnis */usr/lib/smail* aufrufen können, um eine vorbereitete Binärversion des Linux-*smail* zu installieren – falls Ihre Linux-Installation dieselben Verzeichnisse benutzt. Dieses Skript ist auch schon für andere *smail*-Distributionen unter Linux benutzt worden. Die Datei heißt */usr/lib/smail/tools.linux/config*. Sie finden die Datei in FTP-Archiven mit dem Slackware-Linux oder in anderen Linux-Archiven. Andererseits brauchen Sie eigentlich nur *smail(5)* und Ihren bewährten ASCII-Editor, um die Datei */var/lib/smail/config* zu überarbeiten. (Wir würden allerdings auch den *Linux Network Administrator's Guide* und den *Smail – Installation and Administration Guide* zu Rate ziehen.)

[4] Network Admin Guide

smail konfigurieren

[84] Mail HOWTO

Sie sollten als erstes die aktuelle HOWTO-Datei zur elektronischen Post unter Linux lesen, um sich einen Überblick über das E-Mail-System zu verschaffen, das Sie gerade einrichten möchten. Glücklicherweise sind die *smail*-Voreinstellungen für das Linux-*smail* brauchbar, und das Skript *mkconfig* automatisiert die verbleibenden Punkte der smail-Konfiguration weitgehend. Mit etwas Glück können Sie alle voreingestellten Werte übernehmen und Ihr *smail* »von der Stange« benutzen.

Halten Sie in Ihrer Distribution nach einer *README*-Datei Ausschau. Falls eine solche Datei vorhanden ist, sollten Sie diese zuerst lesen. In vielen Distributionen von *smail* für Linux steht diese *README*-Datei in */usr/lib/smail/linux.tools/README*. Sie finden darin eine Beschreibung der Version und besondere Hinweise sowie allgemeine Anweisungen für die Installation und Konfiguration der aktuellen Softwareversion.

Die EDITME-Datei von smail

Der erste Schritt zur Konfiguration von *smail* aus einer Linux-Distribution ist ein Wechsel in das Verzeichnis */usr/lib/smail/linux.tools*; kopieren Sie dort die Datei *EDITME-dist* nach *EDITME*. Editieren Sie anschließend *EDITME* – soweit notwendig. Einige der Werte, die Sie in *EDITME* zuweisen können, sollten besser etwas später behandelt werden, wenn Sie */usr/lib/smail/linux.tools/mkconfig* aufrufen, um die Installation von *smail* zu vervollständigen. In der Datei *EDITME* werden die Variablen im Format `variable=wert` belegt. Es folgt eine Liste derjenigen Variablen in *EDITME*, die Sie sich vielleicht besonders aufmerksam anschauen sollten:

`OS_TYPE=linux`
: Die Variable `OS_TYPE` sollte schon mit `linux` belegt sein, wenn Sie ein Standard-*smail* für Linux benutzen. Prüfen Sie das, um sicherzugehen.

`HAVE=HDB_UUCP`
: Falls Sie ein anderes UUCP-Paket als das übliche Taylor UUCP installiert haben, sollten Sie die Kommentare zur Variablen `HAVE` lesen. Für das Taylor UUCP brauchen Sie diese Variable nicht zu setzen.

`UUCP_ZONE`
: Falls Sie in ein UUCP-Netzwerk eingebunden sind und sich nicht in das Internet begeben werden, lesen Sie die Kommentare zur Variablen `UUCP_ZONE`. Sie müssen eventuell `UUCP_ZONE=true` einstellen, damit die Adressen so gehandhabt werden, wie einige `UUCP`-Netzwerke das erwarten.

`DOMAINS`
: Sie müssen eventuell `DOMAINS` mit einem Domain-Namen belegen, wenn Sie nicht die Standardinstallation und -konfiguration für Linux vorgenommen haben. Falls Sie allerdings ganz normal installiert haben, sollten Sie `DOMAINS` nicht in der Datei *EDITME* belegen, sondern notwendige Änderungen beim Aufruf von *mkconfig* vornehmen.

`SMAIL_BIN_DIR`
: Linux wird normalerweise `SMAIL_BIN_DIR` mit dem Wert */usr/bin* belegen. Diese Variable weist den Pfad zum vorrangig benutzten Mailer auf dem System. Falls Sie Ihren Hauptmailer an anderer Stelle untergebracht haben, müssen Sie den Wert dieser Variablen ändern.

`LIB_DIR`
: Normalerweise stellt Linux */usr/lib/smail* als den `LIB_DIR`-Pfad ein. `LIB_DIR` bezeichnet den Pfad für *smail*-Dateien. Wenn Sie Ihre *smail*-Dateien in einem anderen Verzeichnis als */usr/lib/smail* untergebracht haben, müssen Sie entweder `LIB_DIR` entsprechend anpassen, oder Sie stellen von dem Verzeichnis, das Sie benutzen, einen Link auf */usr/lib/smail* her.

`NEWALIASES`

Der Befehl *mkaliases* kann für das Hilfsprogramm *newaliases* benutzt werden, wenn Sie diese Variable setzen; anderenfalls müssen Sie das Programm als *mkaliases* starten. Der zuletzt genannte Fall ist auch die Voreinstellung. Wenn Sie das Programm als *newaliases* aufrufen möchten, sollte `NEWALIASES` als Argument den Pfad des Befehls *newaliases* mitbekommen.

`UUCP_SYSTEM_FILE`

Wenn Sie ein anderes UUCP-Paket benutzen als das Taylor UUCP, müssen Sie eventuell für diese Variable einen anderen als den aktuellen Wert einstellen. Die typische Voreinstellung für eine BNU- oder HoneyDanBer-UUCP-Distribution ist `UUCP_SYSTEM_FILE=/usr/lib/uucp/Systems`.

`SPOOL_DIRS`

In der Voreinstellung ist `SPOOL_DIRS` mit */usr/spool/smail* belegt. Es kann allerdings sein, daß Sie mehr als ein Spool-Verzeichnis haben möchten, weil Sie aufgrund des Mail-Volumens mehr Inodes brauchen oder weil Sie das Verzeichnis wechseln wollen. Wenn Sie mehr als ein Spool-Verzeichnis benutzen möchten, geben Sie die Pfade aller Verzeichnisse, getrennt durch Doppelpunkte, an. Falls Sie eine schnelle Festplatte speziell für Spooling-Operationen benutzen möchten, müssen Sie eventuell einen anderen Pfad benutzen, damit Ihr wichtigstes Spool-Verzeichnis auf dieser Platte liegt. Wenn Ihre schnelle Festplatte als */var/spool* aufgesetzt ist, könnten Sie hier etwa folgendes eintragen:

```
SPOOL_DIRS=/var/spool/smail:/usr/spool/smail
```

`NEWS_SPOOL_DIR`

Wird normalerweise mit */usr/spool/news* belegt; hier gelten ähnliche Überlegungen wie für die Variable `SPOOL_DIRS`. Mit einer Ausnahme natürlich: Das Volumen von Net-News ist riesig, so daß Sie vielleicht wirklich weitere Spool-Verzeichnisse brauchen.

Das Programm mkconfig

Wenn Sie mit dem Inhalt Ihrer *EDITME*-Datei zufrieden sind (vielleicht haben Sie sogar festgestellt, daß Sie in *EDITME* keine besonderen Einstellungen vornehmen mußten), ist es an der Zeit, */usr/lib/smail/tools.linux/mkconfig* aufzurufen. Dieses Hilfsprogramm erzeugt eine zusätzliche Datei, die andere *smail*-Variablen außer Kraft setzt oder ergänzt; die Datei heißt */usr/lib/smail/tools.linux/config.state*. Wir werden für Sie einige der anstehenden Fragen beantworten und die resultierende Ausgabedatei zeigen. Dies sind die Probleme, auf die Sie eine Antwort haben sollten, wenn Sie *mkconfig* aufrufen:

Weitere Rechnernamen

mkconfig kennt bereits einen Rechnernamen, wenn Sie Linux aus einer der Standarddistributionen installiert oder in der Datei *EDITME* einen Namen vergeben haben. Jetzt werden Sie gefragt, ob Ihr System unter verschiedenen Namen bekannt sein soll. Das ist zum Beispiel dann sinnvoll, wenn der Rechner in mehr als ein Netzwerk eingebunden ist. Für unseren Konfigurationslauf war der

Rechnername bereits mit **pond.walden.com** belegt (zusammengesetzt aus dem Wert für den Rechnernamen **pond** und dem Wert für den Domain-Namen **walden.com**). Wir haben diese Frage beantwortet, indem wir als weiteren Rechnernamen **pond.conserve.org** eingetragen haben, weil wir möchten, daß einige unserer E-Mail-Partner dort draußen uns unter diesem Domain-Namen kennen.

Der sichtbare Name des Systems
Sie können als sichtbaren Namen einen anderen als den tatsächlichen Rechnernamen wählen. Der Zweck dieser Option ist, daß eine einheitliche, sichtbare Adresse für sämtliche E-Mail existieren soll, die von einer Gruppe von Systemen stammt. Sie sollten das System benennen, an das alle E-Mail von außerhalb des lokalen Netzes geleitet wird. Wenn kein sichtbarer Name angegeben wird, wird dieser aus den tatsächlichen Namen für Rechner und Domain gebildet.

Der Smarthost
Dies ist ein sehr wichtiger Punkt. Sie sollten einen *Smarthost* haben, an den sämtliche E-Mail geschickt wird, die Sie nicht zustellen können. Falls Sie diese Frage beim Aufruf von *mkconfig* nicht beantworten, sollten Sie in der Datei */usr/lib/smail/config* einen Namen nachtragen, sobald Sie in der Lage sind, einen Smarthost zu benennen. Wir haben diese Frage mit **ruby.ora.com** beantwortet, weil das unsere Verbindung zum Rest der Welt ist.

Der Smart-Transport
Damit bestimmen Sie, welches Transportmedium benutzt werden soll; die Voreinstellung ist TCP.

Smartuser
Eine Option für die E-Mail-Zauberer, die Adressen einrichten können, an die fehlgeleitete E-Mail geschickt werden soll. Vielleicht sollten Sie diese Variable nicht belegen, so daß E-Mail für einen Benutzer, der auf diesem System unbekannt ist, an den Absender zurückgeht.

Postmaster
Irgend jemand sollte für die E-Mail verantwortlich sein. Falls Sie derjenige sind, der *mkconfig* aufruft, sind wahrscheinlich Sie das, und Sie sollten an dieser Stelle Ihre Benutzerkennung angeben. Wenn kein Postmaster benannt wird, geht an **postmaster** adressierte E-Mail an den Benutzer **root**. Wir haben **lark** als Benutzerkennung für den Postmaster angegeben.

Primary mailer
mkconfig prüft ganz einfach, ob */bin/mail* vorhanden ist; wenn das (wie auf den meisten Linux-Systemen) der Fall ist, benutzt es bedauerlicherweise */bin/mail* als Hauptmailer. Sie können Ihre Konfigurationsdatei so anpassen, daß ein anderer Mailer wie zum Beispiel Elm benutzt wird.

Die Datei, die wir als Ergebnis des interaktiven *mkconfig*-Ablaufs erhalten haben, sieht folgendermaßen aus:

```
more_hostnames=pond.walden.com:pond.conserve.org
visible_name=
smart_path=ruby.ora.com
smart_user=
postmaster=lark
```

Letzte Hinweise zur Installation von smail

Wenn die Installation von *smail* beendet ist, sollten Sie sich vergewissern, daß alle vorhandenen Befehle, die auf Ihrem System durch *smail* ersetzt werden sollen (zum Beispiel *rmail* und *sendmail*), entfernt oder umbenannt worden sind. (Das Installationsskript von *smail* hat diese Links wahrscheinlich bereits erzeugt, aber Sie müssen sich davon überzeugen; es kann sein, daß bereits vorhandene Utilities nicht durch Links auf *smail* ersetzt wurden.) Erzeugen Sie die notwendigen *smail*-Links, die es in seinen vielen Funktionen braucht, so daß Programme, die auf diese Utilities zugreifen, sie auch finden können:

```
# ln /usr/bin/smail /usr/bin/mailq
# ln /usr/bin/smail /usr/bin/rmail
# ln /usr/bin/smail /usr/bin/rsmtp
# ln /usr/bin/smail /usr/bin/runq
# ln /usr/bin/smail /usr/sbin/sendmail
# ln /usr/bin/smail /usr/bin/smtpd
# ln /usr/bin/smail /usr/bin/mkaliases
```

[4] Network Admin Guide

Nachdem Sie diese Links erzeugt haben, können die Utilities, die diese Links benutzen, für die Arbeit im Netzwerk konfiguriert werden. Eine gute Beschreibung dieses Vorgangs finden Sie (natürlich) im *Linux Network Administrator's Guide*.

Wenn *smail* auf Ihrem System richtig konfiguriert ist, enthält die Datei */etc/services* eine Zeile wie:

```
SMTP        25/tcp        mail
```

/etc/services enthält außerdem folgende Zeile:

```
SMTP   stream  tcp    nowait  root  /usr/sbin/tcpd  /usr/bin/rSMTP -bs
```

Die Konfiguration von smail zur Laufzeit

Die ausführbare *smail*-Datei ist vorkonfiguriert und muß kaum angepaßt werden. In der Regel können Sie solche Änderungen mit dem *EDITME*-Skript, dem Skript *linux.tools/config* oder direkt in der Datei */var/lib/smail/config* vornehmen. Im Normalfall ist keine weitergehende Konfiguration notwendig, aber es gibt noch einige andere Dateien, mit deren Hilfe *smail* seine Konfiguration zur Laufzeit ändern kann. Falls Sie jemals irgendeine dieser Dateien benutzen müssen, sollten Sie sie anhand der Anleitung »Setting Up Runtime Configuration Files« im *Smail – Installation and Administration Guide* kompilieren. Lesen Sie außerdem in *smail(5)* die Bedeutung der Variablen nach, die Sie belegen.

Sie können eine zweite Konfigurationsdatei, nämlich */private/usr/lib/smail/config*, benutzen, um das Verhalten des Mailers auf einer lokalen Workstation zu ändern. Dies ist für die Benutzung in einem LAN gedacht – für den Fall, daß das lokale System sich anders verhalten soll, als die zentrale *smail*-Konfigurationsdatei es für das Netz als Ganzes bestimmt.

Mit Hilfe der Dateien *directors*, *routers* und *transports* können Sie Attribute der smail-MTA-Funktionen Director, Router bzw. Transport neu definieren. Auch dies ist normalerweise nur in LANs und Netzwerken mit mehreren Verbindungen von Bedeutung.

Die Datei *methods* kann im Zusammenhang mit der Konfiguration zur Laufzeit benutzt werden, um für verschiedene Systeme die Benutzung unterschiedlicher Transportprotokolle festzulegen. Für den gemischten Betrieb mit UUCP und TCP/IP ist das nicht notwendig, aber Sie können damit ungewöhnliche Konstellationen handhaben – beispielsweise die Benutzung eines SMTP-Protokolls über UUCP oder eines UUCP-Batch-Protokolls über TCP/IP. Solche Techniken können sehr nützlich sein, sind aber nicht für Mail-Neulinge geeignet.

Eine Datei namens *qualify* kann benutzt werden, um einem System mitzuteilen, zu welcher Domain E-Mail geschickt werden soll, die nur einen Rechnernamen als Adresse enthält. Diese Möglichkeit kann leicht mißbraucht werden und sollte normalerweise nicht genutzt werden. Sie können damit aber das UUCP-Mail-Routing zu einem UUCP-System erledigen, das vollständige und aktuelle UUCP-Maps unterhält (in Zusammenarbeit mit dem Mail-Verwalter jenes Systems).

Die Datei *retry* kann benutzt werden, um zu bestimmen, wie smail wiederholte Sendeversuche und Time-outs handhaben soll. In dieser Datei können Sie die Wartezeit zwischen Sendeversuchen, zeitliche Obergrenzen und die Anzahl der Übermittlungsversuche für jede Ziel-Domain, zu der Ihr System eine Verbindung hat, einzeln festlegen. Es würde den Rahmen dieses Buches sprengen, die Benutzung der Datei *retry* zu erläutern, aber eines Tages müssen Sie vielleicht wissen, daß es diese Datei gibt.

Das Mail-Transport-Protokoll

[4] Network Admin Guide

Die Anzahl der zur Verfügung stehenden Transportmedien ist begrenzt. Um einen Anschluß an das Internet zu finden, werden Sie ein Transportprotokoll übernehmen müssen, mit dem die Verwalter Ihres Internet-Anschlußrechners umgehen können. Bei einem Ethernet- oder ISDN-Anschluß an Ihren Verbindungsrechner könnte das TCP/IP sein; anderenfalls werden Sie ein serielles Protokoll benutzen.

SLIP und UUCP können auf einer seriellen Standleitung oder über eine Modemverbindung benutzt werden. Im *Linux Network Administrator's Guide* finden Sie detaillierte Beschreibungen und Konfigurationshinweise für die Benutzung von Transportprotokollen auf Ihrem Rechner; dieses Buch sollte Ihr Führer durch den Protokolldschungel sein.

Weitere Überlegungen zur Verwaltung von E-Mail

In diesem Abschnitt beschreiben wir Aufgaben, Dienste und einige weitere Utilities, die mit der Verwaltung Ihres E-Mail-Systems zu tun haben.

Anschluß an das Internet finden

Normalerweise sollten Sie Ihre gesamte E-Mail über ein einziges Internet-System erhalten. Es ist möglich, komplexere Konstellationen einzurichten, aber das wird nicht gern gesehen. Dabei besteht die Möglichkeit, daß Schleifen angelegt werden – wahre schwarze Löcher an verlorengegangener Information aus dem Netz –, so daß E-Mail im Kreis herumgeschickt wird und dabei immer wieder dieselben Systeme passiert; solange, bis ein »Time-out« wirksam wird, weil die Anzahl der Rechner beschränkt ist, die E-Mail durchlaufen kann.

Eine Adresse registrieren lassen

Sie müssen einen Internet-Domain-Namen für Ihren Rechner eintragen lassen, wenn Sie vom Internet aus erreichbar sein wollen. Sie können entweder den Domain-Namen Ihres Verbindungsrechners benutzen oder einen völlig anderen Namen wählen. Das spielt keine Rolle, weil die Datenbasis des Domain Name System (DNS) darauf hinweisen wird, daß E-Mail für Ihre Domain an Ihren Internet-Anschlußrechner geleitet werden soll. Wir bezeichnen diesen Verbindungsrechner als Gateway-Verbindung. (Wenn Ihr System sämtliche E-Mail nur an diese Gateway-Verbindung schickt, bezeichnet man es als Leaf-System – Ihr Rechner ist quasi ein Blatt am Mail-Baum.)

Der Gateway-Rechner, der Sie mit dem Internet verbindet, enthält in der Regel auch Ihren Mail-Exchanger-Record (MX-Record). Der Rechner, der den MX-Record eines anderen Systems enthält, fungiert als Mail-Zustellrechner für dieses System. Er muß für alle Rechner in Ihrer Domain die genauen Pfade für die Zustellung von E-Mail kennen, falls Sie mehr als einen Mail-Rechner eingerichtet haben. Der Gateway ist direkt mit Ihrem System verbunden, und zwar in der Regel per Ethernet oder via UUCP-Verbindung über eine Wählleitung.

Ihr eigenes Mail-System sollte so konfiguriert sein, daß die E-Mail, die weder an einen lokalen Rechner geht noch direkt an einen anderen Rechner, zu dem Sie eine Verbindung haben, an den Internet-Mail-Gateway geschickt wird, der auch Ihr »Smarthost« ist.

[44] TCP/IP
[46] DNS und BIND

Der *Linux Network Administrator's Guide* zeigt Ihnen, wie Sie Domain-Namen registrieren lassen, MX-Records ausfüllen und die beiden Enden eines Gateway/Leaf-Systems konfigurieren. Zwei andere Titel, die bei der Verwaltung Ihres Internet-Anschlusses hilfreich sein können, sind *TCP/IP Netzwerk Administration* und *DNS und BIND*.

Die Verwaltung des Mail-Systems

Sie sollten einen *cron*-Job einrichten, der regelmäßig die Mail-Warteschlange (mail queue; meistens */var/spool/smail*) prüft und dann versucht, noch nicht ausgelieferte E-Mail auf den Weg zu bringen. Mail kann in die Warteschlange gestellt worden sein, weil ein Zielrechner zeitweise nicht zu erreichen war, weil ein Dateisystem voll wurde oder aus einem anderen von unzählbaren Gründen. Wir besprechen cron im Abschnitt »Jobs ausführen mit cron« in Kapitel 8, *Andere Administrationsaufgaben*.

Kapitel 8

Auch der Mail-Verwalter sollte gelegentlich einen Blick auf die Mail-Queue werfen und sich vergewissern, daß dort keine Nachrichten »hängengeblieben« sind:

```
$ mailq -v
```

Damit erhalten Sie einen Bericht über die Nachrichten in der Warteschlange sowie ein Protokoll, aus dem Sie ablesen können, ob ein länger andauerndes Mail-Problem vorliegt.

Elm installieren

Jetzt sind Sie also in der Lage, auf Ihrem System E-Mail zu empfangen – die Nachrichten sitzen im Spool-Verzeichnis und warten darauf, gelesen zu werden. Ihre letzte Aufgabe ist die Installation eines Mailers, der Sie auf bequeme Weise E-Mail lesen, schreiben und abspeichern läßt.

Der Mailer Elm wurde von Dave Taylor von der Elm Development Group geschrieben; er wird heute durch den Usenet Community Trust weiterentwickelt. Die Copyrights für Elm liegen bei Dave Taylor und dem Usenet Community Trust.

Elm ist nicht der ausgefeilteste Mailer, den es gibt, aber er ist robust und deckt die Bedürfnisse der meisten Benutzer ab. Er hat eine einfache Bedienoberfläche mit Menüs und einer eingebauten Hilfefunktion. Die meisten anderen zeilenorientierten Mailer für Linux unterstützen im wesentlichen dieselben Grundfunktionen eines Mailers und benutzen eine ähnliche Bildschirmanzeige. Wenn Sie Elm erst einmal kennengelernt haben, können Sie problemlos zu einem anderen Mailer wechseln, der Ihnen mehr zusagt.

Wir erwähnen in unserer Besprechung einige Verzeichnisse und Dateien, die Elm benutzt. Dabei handelt es sich um die Voreinstellungen; es kann sein, daß Ihr Mail-Verwalter andere Verzeichnisse benutzt hat, und jeder Benutzer hat die Möglichkeit, eigene Dateien und Verzeichnisse zu wählen.

Die Installation vorbereiten

Bevor Sie Elm installieren, sollten Sie bereits die Verbindungen zu allen UUCP- und TCP/IP-Systemen hergestellt haben, mit denen Sie E-Mail direkt austauschen werden. Es kann passieren, daß Sie Elm erneut installieren oder einige Dateien editieren müssen, wenn sich diese Verbindungen ändern. Sie sollten darauf vorbereitet sein, daß Sie während der Installation das Konfigurationsprogramm von Elm mit wichtigen Daten wie zum Beispiel dem Domain- und Rechnernamen, Angaben zum Routing von E-Mail usw. versorgen. Insbesondere müssen Sie folgende Informationen bereithalten:

Domainname
: Wenn Sie sich in das Internet begeben, müssen Sie einen Domain-Namen registrieren lassen oder (im Normalfall) in eine bereits bestehende Domain aufgenommen werden – wahrscheinlich ist das die Domain des Systems, das Sie mit E-Mail versorgt und Ihren MX-Record enthält.

Hostname
: Der Name des Rechners, den Sie gerade konfigurieren.

Absoluter Name
: Der vollständige Rechnername inklusive der Domain.

Locking methods
: Elm benutzt Spool-Dateien für E-Mail-Nachrichten, und manchmal müssen diese Dateien gesperrt werden. Folgende Methoden der Dateisperrung werden von Elm unterstützt: »Dotlock«-Sperren von UUCP, flock-Sperren von *BSD* und *fcntl*-Sperren von System V. Linux kennt sowohl die Funktion *fcntl* als auch *flock*. Wenn Sie auf Ihrem System auch UUCP benutzen, brauchen Sie außerdem »Dotlock« und sollten zumindest *fcntl* aktivieren. Elm wird nach dem Aufruf von *Configure* interaktiv abfragen, welche Arten der Dateisperrung Sie unterstützen möchten.

Content-length control (Kontrolle über die Länge einer Nachricht)
: MTAs sind mittlerweile in der Lage, binäre Nachrichten zu transportieren, die in eine Mail eingebettet sind. Damit das funktioniert, darf allerdings der Inhalt einer Nachricht durch die Mailer nicht verändert werden. In der Header-Zeile `Content-Length:` wird die Länge einer Nachricht vermerkt, und Sie sollten zulassen, daß dieser Header-Eintrag benutzt wird. Damit der `Content-Length:`-Header berücksichtigt werden kann, muß allerdings sichergestellt sein, daß der Mailer keine Escape-Codes oder Füllzeichen vor einer Zeile einfügt, die mit dem String »Front« beginnt.

Dot-message termination (Nachricht mit einem Punkt beenden)
: In der Voreinstellung schaltet Elm das Beenden von Nachrichten mit einer Punkt-Zeile ab (wobei eine Zeile, die nur einen `.` enthält, dem Mailer das Ende der Nachricht anzeigt). Sie brauchen Dot-message-termination nicht, wenn Sie die Content-length-control einschalten, was Sie in dieser schönen, neuen Multimedia-Welt wohl tun werden.

[4] Network Admin Guide

Bevor Sie *Configure* starten, um Elm zu installieren, sollten Sie den *Elm Configuration Guide* lesen, damit Sie alle Antworten vorbereiten können, um den Vorgang erfolgreich abzuschließen. Neben den Punkten, die wir gerade aufgeführt haben, gilt es noch eine Reihe weniger wichtiger Dinge zu entscheiden. Teilweise brauchen Sie dazu Kenntnisse des Linux-Dateibaums – machen Sie sich also vorab damit vertraut, damit Sie später nicht abbrechen oder neu installieren müssen. Eventuell finden Sie weitere Hilfestellung in dem Kapitel des *Linux Network Administrator's Guide*, das eine Einführung in die E-Mail gibt; hier gewinnen Sie einen breiteren Überblick über Themen rund um die E-Mail, einschließlich Mail-Adressierung und -Routing sowie der Benutzung von UUCP als Routing-Agent.

Wenn Sie eine ältere Version von Elm ersetzen, kann es sein, daß Sie auch alle Alias-Dateien des Systems sowie der Benutzer ersetzen müssen. Zu diesem Zweck gibt es den Befehl *newalias*, der von jedem Benutzer aufgerufen werden sollte.

Die Installation

Besorgen Sie zuerst die neueste freigegebene Version der Elm-Quelltexte und kopieren Sie die Quelldateien in ein Verzeichnis wie zum Beispiel */usr/local/bin/elm2.4*. Eventuell war Elm in Ihrer Distribution enthalten und ist bei der (Neu)Installation von Linux mit kompiliert worden. Falls das der Fall ist, sollten Sie die Installation auf Vollständigkeit und Aktualität überprüfen.

Mindestens eine der bekannteren Distributionen von Linux enthält zwar das Elm-Paket, allerdings nur die ausführbare Datei ohne Beispiel-Konfigurationsdateien und Installationshinweise. Sie können die restlichen Dateien (einschließlich der Dokumentation) aus den FTP-Archiven beziehen, auf denen das ganze Paket angeboten wird; das müssen nicht unbedingt Linux-Archive sein.

Das Elm-Paket enthält ein Shell-Skript namens *Configure*, das Sie zum Installieren von Elm aufrufen. In der Datei *Instruct* finden Sie die wichtigsten Anweisungen zur Installation der aktuellen Version von Elm auf Ihrem System; wahrscheinlich sind hier aber nicht die Informationen aufgeführt, die Sie zur Hand haben sollten, wenn Sie *Configure* starten. Wir werden versuchen, Ihnen zu zeigen, was Sie auf jeden Fall wissen müssen; sollten wir etwas übersehen haben, brauchen Sie für einen neuen Versuch nur *Configure* noch einmal zu starten. Rufen Sie *Configure* in Ihrem Elm-Verzeichnis als Benutzer *root* auf:

```
# sh Configure
```

Configure installiert interaktiv die Konfigurationsdateien in den angegebenen Verzeichnissen.

Als nächstes sollten Sie die Elm-Dokumentation installieren:

```
# make documentation
```

Starten Sie anschließend den kompletten *make*-Vorgang, der Protokolldateien erstellt und bei *make*-Fehlern entsprechende Meldungen ausgibt:

```
# make all > MAKELOG 2>&1 &
# tail -f MAKELOG
```

Wir haben vorausgesetzt, daß Sie die *bash* benutzen; falls Sie mit *csh* oder *tcsh* arbeiten, geben Sie folgenden *make*-Befehl ein:

```
% make all >& MAKELOG &
```

Dieser Vorgang dauert eine ganze Weile. Nach erfolgreicher Beendigung sollten Sie die meisten der folgenden Befehle in */usr/bin* vorfinden: *answer*, *arepdaemon*, *autoreply*, *checkalias*, *elm*, *fastmail*, *filter*, *frm*, *listalias*, *messages*, *newalias*, *newmail*, *printmail* und *readmsg*. Außerdem sollten die entsprechenden Manual-Pages in */usr/man/man1* und */usr/man/man8* stehen.

Installieren Sie als nächstes die Software auf Ihrem System:

```
# make install
```

Zum Zeitpunkt des Schreibens (Elm-Version 2.4) gibt es eine bekannte Sicherheitslücke bei den Befehlen *arepdaemon* und *autoreply*. Sie sollten diese Befehle aus Ihrem System löschen. Entfernen Sie ebenfalls die Manual-Pages zu diesen Utilities, bevor Sie mit *makewhatis* Ihre *whatis*-Datenbank aktualisieren.

Vor dem Aufruf von Elm sollten Sie die E-Mail lesen und entfernen, die eventuell für den Benutzer *root* in der Warteschlange steht. Sie werden die Elm-Konfiguration als *root* testen und möchten bestimmt keine unerledigten Nachrichten verlieren.

Testen Sie dann Ihre Installation, indem Sie Elm starten. Achten Sie zunächst darauf, daß keine vorhandenen Nachrichten angezeigt werden (immer noch als *root*):

```
# elm -z
```

Elm sollte die Meldung `no mail` anzeigen und sich beenden. (Wenn Nachrichten für *root* in der Warteschlange stehen, wird Elm im interaktiven Modus starten und die Meldungen im Inhaltsverzeichnis anzeigen.)

Prüfen Sie als nächstes, ob die Mailboxen korrekt gehandhabt werden. (Elm legt bei der Installation ein Testverzeichnis an.)

```
# elm -f test/test.mail
```

Verlassen Sie Elm, ohne Nachrichten für die Löschung zu markieren. Elm sollte Sie fragen, was mit den Nachrichten zu geschehen hat.

Loggen Sie als nicht privilegierter Benutzer ein, und rufen Sie *elm -z* auf. Elm sollte nur dann starten, wenn noch unbearbeitete Nachrichten im Spool-Verzeichnis stehen. Falls E-Mail auf Sie wartet und Sie Elm vorher nicht installiert hatten (es gibt das Verzeichnis *$HOME/.elm* noch nicht), sollte Elm fragen, ob es das Verzeichnis anlegen soll. Sie sollten die Datei *SYSTEM_ALIASES* editieren und mindestens einen Alias-Namen eintragen, mit dem der Postmaster des Systems bezeichnet wird; damit bewirken Sie, daß E-Mail, die an Ihren Postmaster adressiert ist, korrekt zugestellt wird. Erstellen Sie anschließend mit dem Befehl *newaliases* die Tabelle mit den Alias-Namen. Dieser Vorgang wird im Elm Configuration Guide für Ihre Version von Elm beschrieben.

Sobald Sie sicher sind, daß Elm korrekt installiert und konfiguriert ist, können Sie es in Ihrem gesamten LAN installieren (falls Sie Mail-Dienste auf mehr als einem Rechner anbieten). Die Hinweise für den *make*-Vorgang finden Sie in der Datei *Instruct* in der Elm-Distribution.

Die Dokumentation zu Elm

Es gibt einen Satz Dokumentation zu Elm, der nützlich sein kann, wenn Sie Elm feintunen oder Skripten für die fortgeschrittene Handhabung von E-Mail schreiben möchten. Die Elm-Dokumentation auf Ihrem System paßt wahrscheinlich zu der Version von Elm, die Sie benutzen – ein nicht zu unterschätzender Vorteil. Die folgenden Anleitungen sind Bestandteil der Elm-Dokumentation:

Elm User's Guide
: Enthält die Geschichte von Elm, die wichtigsten Schritte bei der Benutzung und Danksagungen an die Entwickler von Elm. Bietet zwar eine Einführung in die Benutzung, geht aber kaum auf die zugrundeliegenden Konzepte ein; ein paar der Konzepte werden im *Elm Reference Guide* und in anderen Anleitungen beschrieben. Für eine der Elm-Versionen ab 2.4 werden Sie diese Anleitung wahrscheinlich nicht brauchen – es sei denn, um Ihre Neugierde zu befriedigen.

Elm Reference Guide
: Beschreibt Elm und die Optionen der Elm-Umgebung, fortgeschrittene Möglichkeiten und das Debugging von Elm, das Maßschneidern der Optionsdatei *elmrc* und andere Dinge. Enthält einige der Konzepte, die im Elm User's Guide fehlen sowie nützliche theoretische und praktische Informationen zu verschiedenen Fähigkeiten und Utilities von Elm. Dieser Band kann bei der Konfiguration von Elm eine große Hilfe sein. Es sind einige Informationen enthalten, die nur für Mail-Verwalter von Interesse sind.

Elm Alias User's Guide
: Behandelt die Einrichtung und Pflege der Mail-Alias-Namen in Elm sowie die dazugehörigen Dateien.

Elm Filter System User's Guide
: Erklärt die Benutzung der Mail-Filtermechanismen in Elm, mit denen ein Teil der Mail-Handhabung automatisiert werden kann.

Elm Configuration Guide
: Hier werden alle verfügbaren Optionen der aktuellen Elm-Version besprochen, um Sie beim Feintunen der Konfiguration zu unterstützen. Sie könnten Probleme bekommen, wenn Sie sich nur auf diesen Band verlassen. Für den Fall, daß Sie vorhaben, mit einigen der eher obskuren Optionen herumzuspielen, möchte ich empfehlen, immer nur eine Option zu ändern und anschließend die Auswirkungen zu untersuchen – führen Sie keine Änderungen im großen Stil durch. Dieser Band ist allerdings für Mail-Verwalter interessant, die ihn zusammen mit einer komplett ausgedruckten *elmrc*-Datei und der Datei *sysdefs.h* benutzen sollten.

Elm Forms Mode Guide
: Beschreibt die Benutzung der Mail-Formulare von AT&T, die von Elm unterstützt werden. Diese Möglichkeit ist für die meisten Elm-Benutzer ohne Bedeutung, aber wenn Sie diese Formulare brauchen, dann brauchen Sie auch diese Anleitung.

Elm reference pages
: Elm wird mit einer Online-Hilfe für alle Utilities geliefert, die Sie auf der Befehlszeile aufrufen können; Sie erreichen diese Hilfe mit dem Befehl *man*. Es gibt außerdem eine Seite mit einer Übersicht über alle Dateien, die Elm bei seiner Arbeit erstellt und benutzt. Diese Hilfen sind jederzeit von großem Nutzen, und Sie sollten häufig darauf zugreifen. Sie finden darin eine Beschreibung der Befehlszeilenoptionen für alle Befehle sowie technische Details, die vielleicht nirgendwo sonst zu finden sind. Auf einigen Rechnern liegen diese Dateien auch in druckbaren Formaten vor, wie beispielsweise PostScript, ASCII oder sonstigen; drucken Sie sich also ein Exemplar zum Nachschlagen aus.

Elm enthält darüber hinaus eine programminterne Hilfefunktion; diese ist in einer Reihe von Dateien gespeichert, die Sie zum einfacheren Nachschlagen ausdrucken können. Es handelt sich um folgende Dateien:

elm-help.0
: Hilfen zu den Elm-Aktionen (internen Befehlen), die von Elms Inhaltsverzeichnis aus erreichbar sind.

elm-help.1
: Hilfen zum Options-Menü von Elm (Konfiguration durch den Benutzer).

elm-help.2
: Hilfen zum Alias-Menü von Elm.

elm-help.3
: Hilfen zu den Elm-Aktionen, die von Elms Nachrichtenbildschirm aus erreichbar sind.

KAPITEL 16

DATENFERNÜBERTRAGUNG UND UUCP

Während das Internet die fortgeschrittenste Kommunikationstechnologie ist, die derzeit auf Computern zur Verfügung steht, ist es nicht die einzige Möglichkeit. Von Zeit zu Zeit wollen Sie vielleicht ein anderes, vielleicht auch älteres und weniger attraktives System benutzen. Zum einen kann nicht jeder so einfach ins Internet kommen, oder möchte das aus Sicherheitsgründen vielleicht auch gar nicht, zum anderen gibt es andere sinnvolle Medien wie Fax, die Sie auch zur Verfügung haben sollten.

Software für Datenübertragung und Remote-Zugang

Zu den wichtigen Problemen, die auf einem isolierten Linux-System gelöst werden müssen, gehören die Datenübertragung und der Zugang zu entfernt stehenden Rechnern (Remote-Zugang). Wir werden hier Lösungen besprechen, die nützliche Alternativen und Erweiterungen zu TCP/IP und UUCP darstellen. Die Utilities C-Kermit und Zmodem gehen über das hinaus, was traditionelle UNIX-Lösungen bieten, indem sie die Zusammenarbeit mit einer ganzen Reihe von Nicht-UNIX-Systemen ermöglichen; außerdem unterstützen sie mehr Arten des Dateizugriffs und mehr interaktive Arbeitsmodi über serielle Leitungen.

C-Kermit

Wenn Sie keinen Internet-Anschluß haben oder mit jemandem kommunizieren möchten, der zwar ein Modem, aber keinen Internet-Anschluß hat, brauchen Sie ein Kommunikationsprogramm. Jedermann sollte mindestens ein solches Programm auf seinem Rechner haben, denn eines Tages werden Sie mit einem anderen System Dateien austauschen müssen, dessen einzige Verbindung mit dem Rest der Welt aus einer seriellen Leitung besteht.

Eines der ältesten und am weitesten verbreiteten Kommunikationsprogramme ist Kermit. C-Kermit ist aus frühen Kermit-Versionen weiterentwickelt worden und stellt ein vollständiges Paket für die Datenübertragung unter UNIX dar. Zusätzlich zur Unterstützung von Dateitransfers und (heutzutage) von vielen anderen seriellen Diensten ist C-Kermit auch in der Lage, TCP/IP- und X.25-Verbindungen zu handhaben.

C-Kermit unterstützt folgende Dienste:

- Übertragung von Text- und Binärdateien
- Vollständige Emulation der gängigen Terminaltypen
- Telnet-Dienste
- Konfiguration von Modems und anderen Kommunikationsgeräten
- Unterstützung von mehreren Zeichensätzen sowie Übersetzung zwischen den Zeichensätzen

Obwohl Kermit frei erhältlich ist, verhindern Lizenzbestimmungen, daß es Bestandteil von Standard-Linux-Distributionen wird. Wir halten das für eine bedauerliche Lücke, weil Kermit der »König« aller Kommunikation zwischen verschiedenartigen Computersystemen ist. Kermit ist auf mehr als 150 verschiedene Computerplattformen portiert worden. Wir wollen anhand seiner Entwicklungsgeschichte erläutern, warum Kermit nicht Bestandteil von Linux-Distributionen ist.

Das Kermit-Protokoll für die Datenübertragung wurde 1981 vom Center of Computing Activities an der Columbia University in New York City entworfen. Die Spezifikation des Kermit-Protokolls ist veröffentlicht worden und darf von den Entwicklern von Kommunikationsanwendungen ohne Einschränkungen implementiert werden. Die Trustees (Kuratoren) der Columbia University halten das Copyright von Kermit und kontrollieren somit seine offizielle Entwicklung; allerdings ist es jedermann freigestellt, für den eigenen Bedarf Ergänzungen und Anpassungen vorzunehmen. C-Kermit ist eine der vielen Anwendungen, die das Kermit-Protokoll benutzen. Das Programm wurde 1985 von Frank da Cruz an der Columbia University in C geschrieben – Hunderte von Entwicklern in der ganzen Welt haben Hilfestellung geleistet und Ideen eingebracht.

Die Entwicklungsgeschichte von Kermit hat die Projekte GNU und Linux vorausahnen lassen – nämlich in ihren Bemühungen, ein tragfähiges Modell für die Entwicklung und Verbesserung von öffentlicher Software zu etablieren. Die Columbia University hat ihr Copyright zum Wohle der Allgemeinheit ausgeübt. Zu einer Zeit, als ein auffallender Mangel an offenen Standards für die Datenübertragung herrschte, hat die Columbia University dem Entwicklerteam die Entwicklung, Verbesserung, Erweiterung und Spezifikation von Kermit gestattet; gleichzeitig wurde ausgereifte Kermit-Software für eine beeindruckende Reihe von Plattformen frei zur Verfügung gestellt.

Nun ja, »Es ist nicht leicht, ein Frosch zu sein«, wie uns Kermit der Frosch in einem Lied mitteilt. Die Columbia University verlangt von Herstellern, die Kermit kommerziell vertreiben, daß vorab eine ausdrückliche Genehmigung eingeholt wird;

außerdem muß die komplette Dokumentation zusammen mit der Software ausgeliefert werden. Aufgrund des Umfangs der Kermit-Dokumentation erreicht Kermit preisliche Regionen, die für eine Linux-Distribution nicht tragbar sind.

Trotz allem: Wir halten C-Kermit für die geeignete Software, wenn Sie sicher sein wollen, daß Ihr Linux-System auf zuverlässige Weise mit verschiedenen Rechnersystemen Dateien austauschen kann, deren Benutzerschnittstellen irgendwo zwischen AmigaDOS und ZetaLISP angesiedelt sind. Der Terminalmodus von C-Kermit macht es sogar möglich, Dateien von einem Rechner abzurufen, auf dem Kermit nicht installiert ist; dazu wird die Datei aufgerufen und auf dem »Terminal« von Kermit »angezeigt«. Mit C-Kermit können Sie auch andere Datenübertragungsprotokolle benutzen, indem es zum Beispiel mit den Befehlen *sz* und *rz* eine Zmodem-Übertragung kontrolliert.

Weil Kermit nicht Bestandteil der Standard-Linux-Distributionen ist, werden Sie es per FTP oder von jemandem besorgen müssen, der es bereits hat. Weiter unten im Abschnitt »C-Kermit besorgen« erfahren Sie, wo Sie C-Kermit beziehen können. Wir beschreiben in diesem Abschnitt die Version, die zum Zeitpunkt des Schreibens aktuell ist: Version 5A, Edit 190.

C-Kermit besorgen

Sie können den kompletten C-Kermit-Quellcode per FTP aus dem offiziellen FTP-Archiv **kermit.columbia.edu** unter den Dateinamen */kermit/c-kermit/cku*.** beziehen; benutzen Sie den ASCII-Modus von FTP. Wahrscheinlich werden Sie als UNIX-Version lieber ein komprimiertes und archiviertes C-Kermit-Paket besorgen wollen, das in den Dateien */kermit/archives/cku*.tar.Z* zu finden ist. (Der Stern bezeichnet den Edit-Level der aktuellen Version – die UNIX-Version von C-Kermit trägt zum Zeitpunkt des Schreibens den Edit-Level 190.) In Anhang Anhang C, *FTP-Anleitung und Server-Liste*, finden Sie Hinweise zu FTP und im Abschnitt »Utilities zur Archivierung und Komprimierung« in Kapitel 7, *Software und den Kernel aktualisieren*, Informationen zum Entpacken und Entarchivieren von Dateien.

Anhang C
Kapitel 7

Auch auf anderen FTP-Rechnern in der ganzen Welt finden Sie eine (meistens) aktuelle UNIX-Version von C-Kermit – beispielsweise auf **src.honeywell.com** (in */kermit*) oder auf **beetle.murdoch.edu.au** (in */pub/solaris2/src/kermit*).

Außerdem können Sie Kermit auf verschiedenen Speichermedien direkt vom Kermit Distribution Department der Columbia University beziehen. Rufen Sie unter +1 212 854 3703 an, um zu klären, ob das richtige Medium und Format für Ihr Betriebssystem lieferbar ist. Columbia berechnet eine Gebühr für Material und Handhabung sowie Versandkosten. Die Postanschrift lautet:

> Attn: Kermit Distribution, Dept CI
> Columbia University, Center for Computing Activities
> 612 W. 115th Street
> New York, NY 10025 USA

Installation und Konfiguration

Wir gehen davon aus, daß Sie als Systemverwalter C-Kermit auf Ihrem System installieren möchten. Auch wenn Sie nicht der Systemverwalter sind, können Sie C-Kermit installieren – eventuell in einem der Verzeichnisse *$HOME/bin* oder */usr/local/bin*, falls Ihr Verwalter auf Ihrem Rechner die Installation von Softwarepaketen zur allgemeinen Benutzung gestattet. Weil C-Kermit für die direkte Kommunikation zwischen Rechnern benutzt wird, sollten Sie auf jeden Fall Ihren System- oder Netzwerkverwalter davon in Kenntnis setzen, daß Sie C-Kermit installieren möchten – sofern es nicht schon installiert ist. Es gilt, die Systemsicherheit und den Virenschutz sowohl auf Ihrem Rechner als auch auf fremden Rechnern zu gewährleisten.

Wenn Sie bereit sind, das C-Kermit-Paket auf Ihrem System zu installieren, sollten Sie ein Verzeichnis finden, in das Sie die Dateien für die Kompilierung kopieren können. Sie könnten (als *root*) zum Beispiel folgendes Verzeichnis für die Kompilierung anlegen:

```
# mkdir /usr/local/bin/kermit5a
```

Verschieben Sie das Softwarepaket in das gerade erzeugte Verzeichnis. Wenn Sie das Paket per FTP bezogen haben, handelt es sich wahrscheinlich um ein komprimiertes Archiv, das Sie zunächst entpacken müssen:

```
# gunzip ckermit5A.tar.Z
# tar -vxf ckermit5A.tar
```

Nach dem Entpacken ist die Anzahl der Dateien groß und möglicherweise verwirrend. Die C-Kermit-Dateinamen beginnen typischerweise mit *ck*; die ursprünglichen Dateien haben ein *ckc* oder *cke* als Präfix, die Dateien der UNIX-Version ein *cku*. Dokumentationsdateien enden auf *.doc* oder *.bwr* bei Hinweisen und Warnungen (beware; Vorsicht!); es gibt ein paar Dateien mit Ankündigungen, die das Suffix *.ann* (announcement) tragen. Eventuell finden Sie weitere Dokumentationsdateien mit der Endung *.hlp* (help) vor sowie eine *.nr*-Manual-Page (»nroff«). Den größten Teil der Dateien können Sie im Augenblick noch ignorieren, solange Sie nicht mit dem Quellcode von C-Kermit herumspielen möchten oder bei der Installation auf Probleme stoßen.

Wahrscheinlich können Sie C-Kermit ohne Schwierigkeiten installieren, wenn Sie zunächst die Dateien *READ.ME* und *ckuaaaa.doc*, und danach die Datei *ckuins.doc* aus Ihrer Distribution lesen. Eine der Makefile-Optionen paßt bestimmt zu Ihrer Linux-Installation, und Sie müssen nur noch (als Root) den Befehl *make* mit dem richtigen Argument aufrufen.

Wahrscheinlich findet sich in Ihrer Distribution noch ein veraltetes *Makefile*, das Sie auf keinen Fall benutzen sollten; Sie sollten diese Datei löschen oder umbenennen. Es sollte auch eine neuere Datei namens *makefile* vorhanden sein, in der die Konfigurationsinformationen bereits enthalten sind, die Sie für eine erfolgreiche Kompilierung von C-Kermit für Ihr Linux-System brauchen. Falls es diese Datei noch nicht gibt, können Sie *ckuker.mak* nach *makefile* kopieren und letztere benutzen. Sie finden die Linux-Optionen am schnellsten, indem Sie mit Ihrem Editor das *Makefile* nach dem String »linux« durchsuchen.

Sie sollten nach Möglichkeit C-Kermit lieber auf Ihrem System kompilieren, als eine fertig kompilierte Version einzuspielen, weil das *makefile* die Installation an Ihr System anpaßt.

Das Makefile aus den Standarddistributionen von C-Kermit bietet mindestens vier verschiedene Kompilierungen für Linux an. Es gibt eine Version für normale serielle Verbindungen; eine, die auch TCP/IP-Netzverbindungen unterstützt; schließlich diese beiden Optionen mit den statischen Bibliotheken gebunden. Wahrscheinlich lassen sich alle Versionen mit Hilfe von *make* und *gcc* problemlos auf Ihrem System kompilieren, ohne daß Sie Änderungen vornehmen müssen; ebenso wahrscheinlich sind alle Versionen so konfiguriert, daß sie auf der überwiegenden Mehrzahl aller Linux-Systeme lauffähig sind.

Um eine Standardversion von C-Kermit für serielle Verbindungen zu erstellen, geben Sie ein:

```
# make linux
```

Wenn Ihr *kermit* außerdem TCP/IP-Verbindungen unterstützen soll, geben Sie ein:

```
# make linuxtcp
```

Eine statisch gebundene Version von *kermit* mit Unterstützung für TCP/IP erhalten Sie mit:

```
# make linuxtcps
```

(Sie sollten das statisch gebundene *kermit* nur dann kompilieren, wenn Sie eine portable Version brauchen; die statische Version ist viel umfangreicher als die Shared-Library-Version.)

Falls der *make*-Prozeß mit Fehlermeldungen abbricht, die darauf hinweisen, daß der Abbruch mit *linux/serial.h* zu tun hat, sollten Sie das Verzeichnis »säubern«:

```
# make clean
```

und *make* noch einmal aufrufen – fügen Sie dieses Mal das Argument `KFLAGS=-DNOHISPEED` an den ursprünglichen *make*-Aufruf an:

```
# make linuxtcp KFLAGS=-DNOHISPEED
```

Die Konfigurationshinweise zu Ihrer Distribution in der Datei *ckuins.doc* enthalten weitere *make*-Optionen für den Fall, daß Sie eine ausgefeiltere Installation zum Beispiel mit einer systemweiten Initialisierungsdatei für Kermit erstellen möchten. Hier finden Sie auch Hinweise zum Testen der ausführbaren Datei *wermit*.

In der Voreinstellung konfiguriert das *make*-Skript für Linux *kermit* so, daß es den UUCP-Mechanismus zum Sperren von Dateien benutzt (temporäre *.lck*-Dateien). Das Skript versucht herauszufinden, in welchem Verzeichnis UUCP seine Lock-Files ablegt, und benutzt dann dasselbe Verzeichnis, um zu vermeiden, daß es zu Konflikten kommt, wenn verschiedene Benutzer Kermit und UUCP zur selben Zeit benutzen.

Nachdem *make* erfolgreich beendet worden ist, finden Sie die beiden ausführbaren Dateien *wermit* und *wart* vor. Wenn Sie *wermit* getestet und für gut befunden haben, können Sie die Dateiberechtigungen setzen und die Datei in eines der Verzeichnisse für ausführbare Dateien verschieben:

```
# chmod 755 wermit
# mv wermit /usr/local/bin/kermit
```

Die ausführbare Datei *wart* im *make*-Verzeichnis ist ein Ersatzprogramm für das UNIX-Utility *lex*, das während der Ausführung von *make* benutzt wird; wahrscheinlich brauchen Sie diese Datei nicht mehr. Um sowohl die Objektdateien als auch *wart* zu entfernen, geben Sie im Anschluß an *make* folgendes ein:

```
# make clean
```

Es gibt noch andere Dateien, die Sie an geeigneten Stellen auf Ihrem System installieren sollten. Falls Ihre Linux-Installation noch keine Online-Hilfe für C-Kermit 5A enthält, sollten Sie diese von Hand für die Benutzung vorbereiten:

```
# chmod 644 ckuker.nr
# mv ckuker.nr /usr/man/man1/kermit.1
```

Falls Sie die C-Kermit-Dateien nicht an den vorgesehenen Stellen ablegen, sollten Sie vielleicht die Manual-Page *kermit.1* editieren, um dort die tatsächlichen Pfade zu den Beispieldateien von C-Kermit einzutragen (im Abschnitt FILES). Es empfiehlt sich, die C-Kermit-Beispiele im Verzeichnis */usr/local/lib/kermit* abzulegen. Die folgenden Dateien sollten dort stehen: *ckermit.ini*, *ckermod.ini*, *ckermit.kdd*, *ckermit.ksd*, *ckedemo.ini*, *ckevt.ini*, *ckurzsz*, *ckcker.upd*, *ckcker.bwr* und *ckuker.bwr*. Setzen Sie auf jeden Fall die Berechtigungen so, daß die Dateien von jedermann gelesen werden können; es handelt sich um Beispiele, die Benutzer für sich kopieren, um daraus ihre individuelle *kermit*-Installation zu erzeugen.

Die Implementierung von C-Kermit für Solaris unterstützt neben TCP/IP und dem Kermit-Protokoll auch noch X.25-Verbindungen. Falls Sie X.25 benötigen, könnten Sie der Gemeinde der Linux- und Kermit-Benutzer einen großen Dienst erweisen, wenn Sie diese Version nach Linux portierten.

C-Kermit interaktiv

C-Kermit ist ein interaktives Programm, bei dem Sie nach dem Start eine Reihe von internen Befehlen benutzen. Sie brauchen einige Verbindungsdaten, um einen fremden Rechner erreichen zu können: die Portnummer, Modemdaten und (bei Wählleitungen) die zu wählende Nummer bzw. die Internet-Adresse bei TCP/IP-Verbindungen.

Starten Sie das interaktive C-Kermit einfach mit:

```
$ kermit
```

Sie haben auch die Möglichkeit, auf der Befehlszeile einige Optionen anzugeben (siehe unten). C-Kermit zeigt eine Begrüßungsnachricht und einen Prompt an (normalerweise `C-Kermit>`, aber Sie können das ändern). Wenn Sie auf der Befehlszeile allerdings »Aktions«-Optionen angeben, startet C-Kermit nicht im interaktiven Modus; es führt statt dessen die Aktionen aus, die durch Flags und Argumente zum Befehl *kermit* bestimmt werden und kehrt danach in Ihre Shell zurück.

Nachdem Sie *kermit* im interaktiven Modus gestartet haben, wollen Sie als nächstes wahrscheinlich erfahren, wie Sie denselben wieder verlassen. Sie können dazu entweder *quit* oder *exit* eingeben. C-Kermit schließt Dateien automatisch und räumt hinter sich auf, wenn es sich beendet.

Anschließend werden Sie wahrscheinlich mit *set*-Befehlen die richtigen Werte für das Modem, die Übertragungsgeschwindigkeit usw. einstellen. Sie werden mit dem Befehl *dial* eine Verbindung zu einem anderen System per Telefonleitung aufnehmen und mit den Befehlen *send* und *receive* Dateien übertragen.

Sie brauchen nicht den kompletten Namen eines Befehls einzugeben, damit C-Kermit weiß, was es tun soll; geben Sie soviel vom Befehlsnamen ein, daß er von anderen Befehlen eindeutig unterschieden werden kann. Wenn Sie beispielsweise nur *exi* oder *ex* eingeben, weiß C-Kermit, daß Sie *exit* ausführen möchten. Wenn Sie nicht genügend Zeichen des Befehlsnamens eingegeben haben, wird C-Kermit Sie auffordern, weitere Zeichen einzugeben.

Soviel zu den Grundlagen. Lassen Sie uns jetzt die wichtigsten Anwendungsbereiche von C-Kermit ausprobieren.

Dateien übertragen

Kermit wird in erster Linie für die Übertragung von Dateien eingesetzt; dafür benutzt es die Befehle *send, msend* und *receive.* Wir werden eine komplette Sitzung mit der Anwahl eines Systems und der Übertragung von Dateien durchspielen und starten in unserem Beispiel aus dem Home-Verzeichnis des Benutzers.

Rufen Sie zunächst Kermit auf:

```
$ kermit
C-Kermit 5A(190), 10 Dec 94, Linux 1.0.9
Type ? or HELP for help
Linux Kermit>
```

Anschließend müssen Sie die Kommunikationsparameter setzen. Dazu gehören der Modemtyp (Hayes), die zu benutzende Gerätedatei (*dev/modem*), die Geschwindigkeit des Ports, die Parität (8 Bits, keine Parität) sowie die Zeit, die bis zu einem Abbruch gewartet werden soll. Natürlich werden Sie eine Weile probieren müssen, bis Sie die Werte kennen, die von den Modems an den beiden Enden Ihrer eigenen

Verbindung unterstützt werden. Zufälligerweise waren folgende Parameter korrekt für unsere Beispielsitzung:

```
Linux Kermit> set modem hayes
Linux Kermit> set line /dev/modem
Linux Kermit> set speed 9600
Linux Kermit> set parity none
Linux Kermit> set dial timeout 60
```

Rufen Sie an:

```
Linux Kermit> dial 1-508-555-5000
Dialing 1-508-555-5000
Device=dev/modem, modem=hayes, speed=9600
Call completed.
```

Initialisieren Sie die Verbindung:

```
Linux Kermit> connect
Welcome to the World.
Login: mdw
Password: Geben Sie hier Ihr Paßwort ein - es wird nicht angezeigt.
You have new mail.
world$
```

Jetzt sind Sie in das System **world** eingeloggt. Wir erstellen die Datei, die wir übertragen möchten, aus einer Manual-Page:

```
world$ cd working
world$ man kermit | col -b > kermit.1
```

Starten Sie Kermit auf dem fremden Rechner:

```
world$ kermit
C-Kermit 5A(189), 30 Jun 93, Silicon Graphics IRIX 4.0
Type ? or HELP for help
```

Ändern Sie den Prompt auf dem anderen System. Dieser Schritt ist optional, wird aber empfohlen, damit Sie erkennen, wann Sie auf dem fremden Rechner sind:

```
C-Kermit> set prompt {world-k> }
world-k>
```

Übertragen Sie jetzt eine Datei:

```
world-k> send kermit.1
```

Wechseln Sie vorübergehend auf das lokale System, um die Datei zu empfangen. Geben Sie die Zeichenfolge Ctrl-Backslash, gefolgt von einem `c`, ein, um von einem System auf das andere zu wechseln. Mit dem Befehl *r* nehmen Sie die übertragene Datei in Empfang:

```
world-k> ^\c
Linux Kermit> r
```

Kehren Sie auf das fremde System zurück, und beenden Sie Kermit. Sie erhalten wieder den Shell-Prompt des anderen Rechners:

```
Linux Kermit> ^\c
world-k> exit
world$
```

Kopieren Sie einige Dateien in das Arbeitsverzeichnis:

```
world$ cp ../bin/lp* .
```

Lassen Sie den fremden Frosch noch einmal springen:

```
world$ kermit
C-Kermit 5A(189), 30 Jun 93, Silicon Graphics IRIX 4.0
Type ? or HELP for help
C-Kermit>
```

Übertragen Sie die Binärdateien:

```
C-Kermit> set file type binary
C-Kermit> mget lp*
```

Wechseln Sie wieder auf das lokale System, und nehmen Sie die Dateien in Empfang. Kehren Sie dann auf den fremden Rechner zurück, und beenden Sie Kermit:

```
C-Kermit> ^\c
Linux Kermit> receive
Linux Kermit> ^\c
C-Kermit> exit
world$
```

Loggen Sie sich aus dem fremden Rechner aus. Eventuell müssen Sie *logout* statt *exit* benutzen:

```
world$ exit
Communications disconnect (back at local system)
Linux Kermit>
```

Verlassen Sie Kermit:

```
Linux Kermit> exit
$
```

Im nächsten Beispiel benutzen wir Kermit via TCP/IP auf einem Internet-System:

```
world$ kermit
C-Kermit 5A(189), 30 Jun 94, Silicon Graphics IRIX 4.0
Type ? or HELP for help
C-Kermit>
```

Geben Sie den Namen des fremden Rechners als Port für TCP/IP-Verbindungen an, und initialisieren Sie die Verbindung. Loggen Sie sich ein wie auf beliebigen anderen UNIX-Systemen auch:

```
C-Kermit> set port tcp pond.walden.com
C-Kermit> connect
Linux 1.0.9
login: mdw
password: Enter password
pond$
```

Starten Sie Kermit auf dem fremden Rechner:

```
pond$ kermit
C-Kermit 5A(190), 10 Dec 94, Linux 1.0.9
Type ? or HELP for help
Linux Kermit>
```

Wechseln Sie in ein Verzeichnis, in dem Dateien stehen, und übertragen Sie einige TEX-Dateien:

```
Linux Kermit> cd /book/linux
Linux Kermit> msend *.tex
```

Kehren Sie mit Ctrl-Backslash und c kurzzeitig auf das lokale System zurück, um die Dateien zu empfangen:

```
Linux Kermit> ^\c
Linux Kermit> receive
```

Kehren Sie wieder auf den fremden Rechner zurück, und verlassen Sie Kermit:

```
Linux Kermit> ^\c
Linux Kermit> exit
pond$
```

Wenn Sie die Shell des Remote-Systems verlassen, befinden Sie sich wieder im lokalen Kermit:

```
pond$ exit
Communications disconnect (back at local system)
```

Verlassen Sie schließlich auch den lokalen Kermit. Sie landen wieder bei Ihrem lokalen Shell-Prompt:

```
C-Kermit> exit
world$
```

Im folgenden Beispiel benutzen wir Kermit, um uns in einen fremden Rechner einzuloggen und eine Textdatei zu übertragen, ohne daß wir dazu irgendein Kommunikations-Utility auf dem fremden Rechner aufrufen. Der Trick besteht darin, daß wir die Datei auf dem Bildschirm anzeigen lassen und Kermits Protokollfunktion benutzen, um die Datei mitzuschreiben:

```
pond$ kermit
C-Kermit 5A(190), 10 Dec 94, Linux 1.0.9
Type ? or HELP for help
Linux Kermit>
```

Setzen Sie die Kommunikationsparameter, und rufen Sie an:

```
Linux Kermit> set modem hayes
Linux Kermit> set line /dev/modem
Linux Kermit> set speed 19200
Linux Kermit> set parity none
Linux Kermit> set dial timeout 60
Linux Kermit> dial 1-508-555-5000
Dialing 1-508-555-5000
Device=dev/modem, modem=hayes, speed=9600
Call completed.
Linux Kermit>
```

Initialisieren Sie die Verbindung, und loggen Sie sich ein:

```
Linux Kermit> connect
Welcome to the World.
Login: mdw
Password: Enter password
world$
```

Wechseln Sie in das Verzeichnis, das die gewünschte Datei *elm.rc* enthält:

```
world$ cd /usr/local/lib
```

Als nächstes werden wir mit dem Befehl *cat* die Datei anzeigen und gleichzeitig die Protokollfunktion auf dem lokalen System einschalten. Tippen Sie den Befehl *cat*, aber schicken Sie ihn noch nicht mit Return ab; wechseln Sie statt dessen mit Ctrl-Backslash und c zurück auf das lokale System:

```
world$ cat elm.rc^\c
Linux Kermit>
```

Öffnen Sie die Protokolldatei, in der die Sitzung mitgeschrieben wird:

```
Linux Kermit> log session sample.elm.rc
```

Wechseln Sie wieder auf den fremden Rechner, wo der *cat*-Befehl noch wartet, und führen Sie ihn mit Return aus:

```
Linux Kermit> connect
world$ cat elm.rc
```

Nachdem Sie Return gedrückt haben, wird die Datei *elm.rc* auf dem Kermit-Bildschirm angezeigt und gleichzeitig in der Datei mitgeschrieben, die Sie vorab für diesen Zweck geöffnet haben: *sample.elm.rc* auf dem lokalen Rechner. Wechseln Sie nach Beendigung des Befehls zurück auf das lokale System, um die Protokollfunktion auszuschalten:

```
world$ ^\c
Linux Kermit> close session
```

Verlassen Sie Kermit:

```
Linux Kermit> exit
pond$
```

Der Dateiinhalt ist in der Protokolldatei festgehalten worden. Sie müssen lediglich die zusätzliche Zeile am Dateiende entfernen, die den System-Prompt enthält, der nach Beendigung des *cat*-Befehls angezeigt wird.

Terminalverbindungen

Wenn Sie in Kermit den Befehl *connect* ausführen, gelangen Sie damit in eine Terminalemulation. C-Kermit emuliert per Voreinstellung ein VT100-Terminal. Sie haben die Möglichkeit, viele Terminaleinstellungen zu ändern, darunter den Zeichensatz, die Behandlung der Zeilenenden und die Tastaturbelegung.

Mit dem Kermit-Befehl *show terminal* können Sie sich die wichtigsten Terminaleinstellungen anzeigen lassen. Im Terminalmodus (in der Kermit-Dokumentation *connect mode* genannt) ist Ctrl-Backslash als Escape-Code voreingestellt. Sie haben diesen Code zusammen mit dem Zeichen c bereits benutzt, um den Terminalmodus zu verlassen. Die Zeichenfolge ist am Anfang vielleicht umständlich einzugeben, aber Sie werden sich schnell daran gewöhnen.

Mit der Zeichenfolge Ctrl-Backslash, gefolgt von einem s, können Sie den Status einer Terminalsitzung anzeigen lassen. Die Anzeige könnte etwa so aussehen:

```
C-Kermit> ^\s
Connected through /dev/ttyh5, speed 19200
Terminal bytesize: 7, Command bytesize: 7, Parity: none
Terminal echo: remote
Carrier Detect      (CD):   On
Dataset Ready       (DSR):  Off
Clear To Send       (CTS):  Off
Ring Indicator      (RI):   Off
Data Terminal Ready (DTR):  On
Request to Send     (RTS):  On
C-Kermit>
```

Im Terminalmodus können Sie Kermit unterbrechen und eine Shell öffnen, indem Sie Ctrl-Backslash, gefolgt von einem Ausrufezeichen oder dem Klammeraffen, eingeben (`!` oder `@`). Weitere Befehle, die Sie nach Ctrl-Backslash eingeben können, sind:

`b` Sendet das Unterbrechungssignal.

`l` Sendet das Unterbrechungssignal in einer Netzwerkverbindung.

`h` Weist Kermit an, die Leitung zu schließen.

C-Kermit individuell anpassen

C-Kermit konfiguriert sich in der Regel selbst, bevor es andere Befehle ausführt, indem es die Konfigurationsbefehle aus seiner Datei *$HOME/.kermrc* ausführt. Die meisten Linux-Systeme, die Kermit installiert haben, gestatten die Konfiguration durch den Benutzer mit Hilfe dieser Datei.

Es kann allerdings auch sein, daß der Systemverwalter Kermit so konfiguriert hat, daß es statt dessen eine Systemkonfigurationsdatei benutzt. Diese Datei heißt wahrscheinlich */usr/local/lib/kermit/ckermit.ini*. Der Systemverwalter kann Kermit so konfigurieren, daß eine eventuell vorhandene, lokale Konfigurationsdatei eines Benutzers Vorrang vor der systemweiten Initialisierungsdatei bekommt – oder auch nicht.

Wenn Ihr System zu den freizügigeren gehört, können Sie Ihre eigene *$HOME/.kermrc*-Datei einrichten, indem Sie die Systemdatei *ckermit.ini* kopieren. Ein Beispiel:

```
$ cp /usr/local/lib/kermit/ckermit.ini ~/.kermrc
```

Diese Datei enthält die Standardbefehle zur Konfiguration von Kermit. Sie können entweder diese Datei oder eine andere mit dem Namen *$HOME/.mykermrc* anpassen; die Werte in diesen Dateien haben dann Vorrang vor der Standardkonfiguration. Sie können die Standarddatei auf *.mykermrc* kopieren, um letztere dann anzupassen:

```
# cp /usr/local/lib/kermit/ckermod.ini ~/.mykermrc
```

Wenn Sie die Datei *$HOME/.mykermrc* statt Ihrer *.kermrc*-Datei modifizieren, können Sie ganz schnell die von Ihnen ausgelösten Veränderungen des Kermit-Verhaltens isolieren und debuggen. Mit dem Schalter *-Y* auf der Befehlszeile bewirken Sie, daß die vorhandene Initialisierungsdatei (oder die Dateien) nicht gelesen wird. Wenn Sie mit der Option *-y* den Pfadnamen einer anderen Konfigurationsdatei angeben, wird C-Kermit diese benutzen.

Normalerweise werden Sie die meisten Einstellungen in der ursprünglichen Konfigurationsdatei unverändert übernehmen. Wahrscheinlich habe Sie aber ein paar bevorzugte Übertragungsprotokolle, Terminaleinstellungen, Makrodefinitionen usw. Wir empfehlen, die Datei */usr/local/lib/kermit/ckermod.ini* nach *$HOME/.mykermrc* zu kopieren und Ihre Anpassungen in der zuletzt genannten Datei vorzunehmen. Seien Sie nicht zu ehrgeizig – ändern Sie nur dann, wenn es nötig ist, und testen Sie nach jeder Anpassung, ob Sie den beabsichtigten Effekt erzielt haben. Wenn Sie zu viele Änderungen auf einmal durchführen, kann es schwierig werden, die fehlerhafte Stelle zu finden, falls Kermit nicht erwartungsgemäß funktioniert.

Die Konfigurationsdatei von Kermit hat ein überschaubares Format. Zum großen Teil besteht sie aus *set*-Befehlen, mit denen solche Dinge wie Modemtyp, Übertragungsgeschwindigkeit und Portnummer festgelegt werden. In dieser Datei können auch `echo`-Zeilen stehen, um Nachrichten an den Benutzer auszugeben. Kommentare stehen hinter einem Semikolon in der Zeile. Die Datei könnte beispielsweise so aussehen:

```
set modem telebit          ; Trailblazer-Initialisierung benutzen
set line /dev/modem        ; /dev/modem entspricht COM1 unter DOS
set speed 9600             ; Höchstgeschwindigkeit für diesen alten Gaul
dial 1170                  ; Nicht auf Anrufe warten.

echo Call Waiting is turned off so your session won't be interrupted.
echo Ready for 'dial' instruction: provide the full number to dial.
```

Dokumentation

[53] C-Kermit

C-Kermit bietet viel mehr Möglichkeiten, als wir hier beschreiben können; einige davon werden Sie nur zur Kenntnis nehmen, wenn Sie etwas darüber lesen. Man würde ein ziemlich dickes Buch brauchen, um Kermit umfassend zu beschreiben, und glücklicherweise gibt es ein solches Buch bereits: *Using C-Kermit: Communication software for UNIX, VMS, OS/2, AOS/VS, OS-9, Amiga, Atari ST.* Auch eine deutsche Version ist vorhanden: *C-Kermit – Einführung und Referenz.* (Für die MS-DOS-Version von Kermit sind Bücher auf englisch, deutsch, japanisch und wahrscheinlich in weiteren Sprachen veröffentlicht worden, aber wir wollen uns hier nur mit Linux befassen. Allerdings funktionieren die verschiedenen Versionen von Kermit, die von der Columbia University vertrieben werden, alle in ähnlicher Weise, so daß Sie Befehle, die Sie für eine Version gelernt haben, auch in anderen Versionen benutzen können.)

Eine knappe Konfigurationsanleitung für C-Kermit ist in der Distribution enthalten – ebenso wie eine Online-Hilfe. Die Dokumentationsdateien zu C-Kermit sind eventuell im Verzeichnis */usr/local/lib/kermit* abgelegt.

Auf dem FTP-Rechner **kermit.columbia.edu** finden Sie auch deutsche und portugiesische Dokumentation zu früheren Versionen von Kermit, die auch heute noch von Nutzen sein kann. Außerdem stehen dort Artikel, die zu Kermit veröffentlicht wurden, sowie Informationen zur Benutzung von Kermit durch Blinde und Sehbehinderte. Sie finden diese Dokumente in */kermit/doc.*

Da Kermit nicht Bestandteil der Standard-Linux-Distributionen ist, Sie aber auf jeden Fall ein Nachschlagewerk brauchen, um alle Fähigkeiten von Kermit ausnutzen zu können, geben wir Ihnen hier einige weitere Hinweise dazu, wo Sie die notwendige Dokumentation auftreiben können:

In Europa

Für *Using C-Kermit*: Digital Press in Rushden, England: +44.993.58521.

Für *C-Kermit – Einführung und Referenz*: Verlag Heinz Heise, Hannover: +49.0511.53.52-0

In Asien

Digital Press in Singapur: +65.220.3684

In Australien

Digital Press in Chatswood, New South Wales: +61-2-372-5511

In Kanada

Logan Brothers in Winnipeg, Manitoba: +1-800-665-1148; oder Digital Press in den USA

In USA

Digital Press in Woburn, Massachusetts: 1-800-366-2665

Weitere Hilfestellung zu C-Kermit und Informationen zu Updates und Problemen mit Kermit finden Sie in den Beiträgen der News-Gruppe **comp.protocols.kermit**. Sie können die Online-Zeitschrift *Info-Kermit Digest* bestellen (die auch an **comp.protocols.kermit** geschickt wird), indem Sie eine Nachricht an den Mail-Server schicken, die im Textteil folgendes enthält:

```
subscribe: Ihr-Name
```

Benutzen Sie im Internet die Adresse *listserv@cuvma.cc.columbia.edu* und in BITnet/EARN *LISTSERV@CUVMA.BITNET.*

Interne Hilfe

kermit (1c)

Neben der Manual-Page zu *kermit* verfügt C-Kermit noch über eine ganz hervorragende Online-Hilfe, die Sie im interaktiven Modus benutzen können. Geben Sie einfach zu einem beliebigen Zeitpunkt während der Arbeit mit *kermit* ein Fragezeichen (?) ein. Die eingebaute Hilfefunktion zeigt dann entweder eine Nachricht an, eine Liste der in Frage kommenden nächsten Schritte oder eine Liste der Dateien, die verschickt oder empfangen werden können (was immer gerade benötigt wird). Es folgen ein paar Beispiele für die Benutzung der Online-Hilfe:

?

Damit erhalten Sie eine lange Liste der Befehle, die Sie an dieser Stelle im Programm eingeben können – ein Menü. Weitere Informationen zu einem bestimmten Befehl erhalten Sie mit dem Befehlsnamen, gefolgt von einem Fragezeichen.

`set ?`

Ein Fragezeichen hinter einem der primären Befehle läßt eine Liste der Optionen erscheinen, die bei diesem Befehl stehen können.

`s?`

C-Kermit listet die Befehle auf, die mit dem Buchstaben »s« beginnen. Die Liste könnte etwa so aussehen:

```
send server set show space statistics stop stay
```

`se?`

C-Kermit listet die Befehle auf, die mit den Buchstaben »se« beginnen. Diese Liste könnte folgendermaßen aussehen:

```
send server set
```

Weil mit dem Fragezeichen die Kermit-Hilfe aufgerufen wird, müssen Sie einen Backslash (\) voranstellen, wenn Sie das Fragezeichen als Teil eines Befehls eingeben möchten, wo es als Wildcard dient. Ein Beispiel: Wenn Sie von einem anderen Rechner die Dateien *megadoom.h* und *megadoom.c* übertragen möchten, können Sie dazu folgendes eingeben:

```
C-Kermit> get megadoom.\?
```

Wenn Sie statt dessen eingeben:

```
C-Kermit> get megadoom.?
```

wird C-Kermit versuchen, weiterzuhelfen, indem es zum Beispiel anzeigt:

```
File(s) to get, one of the following:
  megadoom.bak   megadoom.c   megadoom.exe   megadoom.h
```

Auf der Kermit-Befehlszeile können Sie auch die Befehle *help* und *man* aufrufen. Damit erhalten Sie Informationen darüber, wie die Online-Hilfe in Ihrer Version von Kermit funktioniert.

Kermit als Server

Die *Remote-Services* (das Arbeiten auf fremden Rechnern) bilden eine fortschrittliche Möglichkeit zur einfachen Übertragung einer großen Anzahl an Dateien, zum Erstellen und Löschen von Dateien auf einem Rechner usw. Wir wollen diese Möglichkeit hier nicht weiter besprechen, aber als Verwalter eines Systems, das von anderen Rechnern aus erreichbar ist, müssen Sie wissen, daß sie in Kermit vorhanden ist.

Wenn C-Kermit als Server betrieben wird, kann ein Kermit auf einem anderen Rechner eine Verbindung mit dem Server herstellen und dort Kermit-Befehle ausführen. Diese Befehle können mit der Kermit-internen Skript-Sprache zu einem Skript zusammengefaßt werden.

In der Voreinstellung sind alle Serverdienste von Kermit aktiviert. Mit dem Befehl *show server* am Kermit-Prompt können Sie anzeigen lassen, welche der Serverdienste aktiviert sind. Die Antwort könnte folgendermaßen aussehen:

```
C-Kermit> show server
Function          Status
 GET               enabled
 SEND              enabled
 REMOTE CD/CWD     enabled
 REMOTE DELETE     disabled
 REMOTE DIRECTORY  enabled
 REMOTE HOST       disabled
 REMOTE SET        disabled
 REMOTE SPACE      enabled
 REMOTE TYPE       enabled
 REMOTE WHO        disabled
 BYE               disabled
 FINISH            enabled
```

(Wir geben weiter unten eine kurze Beschreibung dieser Dienste.)

Der Kermit-Verwalter kann mit dem Befehl *disable* beliebige Serverdienste deaktivieren. Die Änderung eines Dienstes muß geschehen, bevor C-Kermit als Server gestartet wird; die Änderung wird erst wirksam, wenn C-Kermit das nächste Mal in den Server-Modus geht. Ein deaktivierter Dienst kann mit dem Befehl *enable* wieder aktiviert werden. Es folgt eine Liste der Serverdienste, die Sie mit den Kermit-Befehlen *enable* und *disable* kontrollieren können:

bye
: Damit verlassen Sie den Server-Modus von Kermit.

cd
: Gestattet dem Benutzer Verzeichniswechsel mit den Kermit-Befehlen *cwd* und *cd.*

delete
: Gestattet die Benutzung des *delete*-Befehls vom fremden Rechner aus.

directory
: Kontrolliert die Anzeige von Verzeichnisinformationen an fremde Benutzer.

finish
: Damit verläßt Kermit den Server-Modus.

get
: Kontrolliert den Zugriff auf zu übertragende Dateien des Servers.

host
: Kontrolliert, ob der C-Kermit-Server auch in den Rechner-Modus (host mode) versetzt werden kann. Einige der Möglichkeiten, die Kermit im Server-Modus bietet, sind auch im Rechner-Modus zugänglich; dazu gehören die Befehle *delete, directory, space, type* und *who.* Sie müssen *disable host* eingeben, bevor Sie diese Möglichkeiten konfigurieren können.

send
Kontrolliert, ob der Server Dateien akzeptiert, die ein anderer Kermit schickt.

set
Kontrolliert, ob der fremde Benutzer mit dem *set*-Befehl Kermit-Einstellungen ändern kann.

space
Kontrolliert, ob der Server Informationen zum freien Speicherplatz in den von Kermit verwalteten Verzeichnissen anzeigt.

type
Kontrolliert, ob ein fremder Kermit-Benutzer die von Kermit verwalteten Dateien anzeigen kann.

who
Kontrolliert, ob ein fremder Benutzer Informationen über einen lokalen Benutzer abfragen kann.

Falls Sie sich Gedanken über die Sicherheit von Kermit machen, sollten Sie diese Einstellungen in der systemweiten C-Kermit-Initialisierungsdatei */usr/local/lib/kermit/ckermit.ini* vornehmen.

Weitere Fähigkeiten von C-Kermit: Ein kurzer Überblick

[53] C-Kermit

Wir haben hier nicht genug Platz, um den vollen Umfang von C-Kermit und seine Flexibilität zu besprechen. Sie sollten allerdings wissen, daß es diese Fähigkeiten hat. In *Using C-Kermit* finden Sie eine ausführliche Darstellung.

Unterstützung für internationale Zeichensätze
Obwohl C-Kermit für seine Benutzerschnittstelle den ASCII-Zeichensatz verwendet, können Sie das Programm für die Arbeit mit verschiedenen romanischen, kyrillischen und japanischen Zeichensätzen konfigurieren. Alles was Sie dafür brauchen, ist eine 8-Bit-Verbindung ohne Parity. Die Zeichensätze Latin1-ISO, Latin2-ISO, Cyrillic-ISO und Japanese-EUC werden unterstützt. C-Kermit beherrscht außerdem die Übersetzung von Zeichen in einen anderen Zeichensatz und die ASCII-Annäherung (ASCII approximation); das heißt, daß empfangene Nicht-ASCII-Zeichen als phonetische ASCII-Entsprechung dargestellt werden können.

Makros, Variablen usw.
C-Kermit verfügt über eine umfangreiche Programmiersprache, mit der Sie Skripten schreiben können, die Sie in Dateien ablegen und bei Bedarf aufrufen. Auf diese Weise lassen sich eintönige und komplexe Aufgaben stark vereinfachen. C-Kermit kennt eine Reihe von Variablen für Informationen über die Systemkonfiguration oder die Arbeitsumgebung. Die Programmiersprache unterstützt bedingte Anweisungen, Mehrfachauswahl, GOTO und Elemente aus der strukturierten Programmierung, Dateibehandlung und interne Funktionen.

Curses

C-Kermit unterstützt die Benutzung der *curses*-Library zur Terminalkonfiguration.

Dateiübertragung mit Zmodem

Das Protokoll Zmodem, das aus den älteren und einfacheren Protokollen Xmodem und Ymodem entstand, ist ein robustes und schnelles Protokoll für die Datenübertragung. Es benutzt 32-Bit-CRC (Cyclic Redundancy Checking), um einen fehlerfreien Datentransfer sicherzustellen. Auf UNIX-Systemen stellt das Paket RZSZ das am weitesten verbreitete Tool für die Implementierung des Zmodem-Protokolls dar. Verwandte Protokolle wie Xmodem und Ymodem werden durch Befehle unterstützt, die Bestandteil des RZSZ-Pakets sind.

Das aktuelle Paket RZSZ enthält folgende Befehle:

rz

Empfange Dateien mit dem Batch-Protokoll (Stapelverarbeitungsprotokoll) von Zmodem. Wenn das sendende Programm innerhalb von 50 Sekunden keine Dateien nach dem Zmodem-Protokoll schickt, geht *rz* in den *rb*-Modus.

rb

Empfange Dateien mittels Ymodem- oder Ymodem-G-Protokoll. *rb* ist eine andere Möglichkeit, den Befehl *rz* aufzurufen.

rx

Empfange eine Datei mittels Xmodem-Protokoll.

sz

Sende Dateien unter Benutzung des Batch-Protokolls von Zmodem.

sb

Sende Dateien und benutze eines der Protokolle Ymodem oder Ymodem-G. *sb* ist eine andere Möglichkeit, den Befehl *sz* aufzurufen.

sx

Sende eine Datei und benutze das Xmodem-Protokoll.

sz beherrscht die automatische Dateiübertragung als Antwort auf eine eingehende *rz*-Anforderung, und *rz* verarbeitet übertragene Ymodem- oder Zmodem-Dateien automatisch. *sz* kann außerdem als Filter benutzt werden, um die Standardeingabe an den empfangenden Rechner zu leiten. Die RZSZ-Tools zeigen Informationen zur Dateiübertragung an – darunter auch die voraussichtliche Übertragungszeit, das Wiederaufsetzen nach Unterbrechungen, das Erkennen von Wildcards bei der Auswahl von Dateien sowie die Benachrichtung des Benutzers bei Übertragungsende. Da die meisten bekannten Terminalprogramme für PCs (Professional-YAM, ZCOMM, ProComm, Telix und etliche andere) das Zmodem-Protokoll unterstützen, ist es mit dem Paket RZSZ sehr einfach, Dateien zwischen Linux-Systemen und DOS, Macintosh, VMS sowie anderen Betriebssystemen zu übertragen.

Interessanterweise enthalten einige Linux-Distributionen zwar die Befehle *sz* und *rz*, jedoch fehlen eventuell einige Teile des Pakets (einschließlich der Manual-Pages). Wir nennen deshalb im nächsten Abschnitt einige FTP-Archive, aus denen Sie das komplette Paket beziehen können.

In der Mehrzahl aller Fälle werden Sie Xmodem oder Ymodem nicht brauchen, deshalb beschränken wir uns auf die Fähigkeiten von *sz* und *rz*.

RZSZ besorgen

Das Paket RZSZ gehört nicht ausdrücklich zu den Linux-Tools; deshalb kann es sein, daß Sie keine komplette Zusammenstellung des Pakets speziell für Linux finden. Mit Hilfe von *archie* waren wir allerdings in der Lage, eine Reihe von Archiven aufzuspüren, in denen das Paket für verschiedene Betriebssysteme angeboten wird – darunter befinden sich auch FreeBSD-FTP-Archive. In den Archiven, die Standard-UNIX-Quelldateien anbieten, stehen die Quellen des RZSZ-Pakets in *comp.sources.unix\volume12* – beispielsweise auf **ftp.cs.umn.edu** und **plaza.aarnet.edu.au**. Sie finden die Quelltextdateien außerdem auf **ftp.cc.utexas.edu** in */source/comm/Zmodem*.

Die wichtigste Quelle für die aktuellsten RZSZ-Versionen ist das von Chuck Forsberg verwaltete Verzeichnis */pub/zmodem* auf **ftp.cs.pfx.edu**. Sie bekommen das Paket aber auch aus dem BBS TeleGodzilla in Portland, Oregon, USA, das Sie unter der Modemnummer +1-503-621-3746 erreichen. In */usr/spool/uucppublic/FILES* finden Sie eine Liste der Dateien, die Sie von diesem BBS herunterladen können. Das BBS (*omen.uucp*) wird von der Firma Omen Technology, Inc., 17505-V Northwest Sauvie Island Road, Portland, OR 97231, USA, unterhalten.

Omen Technology bietet ein gedrucktes Handbuch zum RZSZ-Paket an, das Sie sich besorgen können, falls die Manual-Pages nicht ausreichen. Sie können das Buch unter der normalen Telefonnummer von Omen Technology bestellen: +1-503-621-3406. Bitte wählen Sie diese Nummer nicht per Modem an! Schließlich können nicht-registrierte RZSZ-Benutzer auch technische Unterstützung über die Telefonnummer +1-900-737-RTFM bekommen. Die Firma Omen Technology berichtet, daß fast alle auflaufenden technischen Probleme mit RZSZ durch das Netzwerk, Betriebssystemfehler oder Probleme mit anderen Programmen, aber nicht durch RZSZ selbst hervorgerufen werden.

Dateien senden und empfangen

Die übliche Methode, *sz* zu benutzen, ist das Herstellen einer Verbindung zum Remote-System mit anschließendem Einloggen. Danach rufen Sie *sz* mit den passenden Flags auf, und Zmodem wird automatisch die angeforderten Dateien auf Ihr System übertragen – die Dateinamen bleiben erhalten. (Die Zmodem-Tools sind beim Umgang mit Dateinamen nicht sehr clever; falls Sie also Dateien auf ein DOS-System übertragen, müssen Sie aufpassen, wenn die Dateinamen nicht in das 8.3-Schema von DOS passen. Wenn Sie eine Datei namens *filename.extension* übertragen, wird sie als *filename.ext* auf Ihrem DOS-Rechner eintreffen; das sollte keine Probleme bereiten. Wenn Sie allerdings versuchen, die Datei *filename.more.extension* zu übertragen, werden die meisten Zmodem-Utilities versagen; wahrscheinlich erhalten Sie eine irreführende Nachricht mit dem Inhalt, daß die Übertragung beendet wurde.)

Einer der verwirrendsten Punkte bei Zmodem-Übertragungen ist erreicht, wenn Sie entscheiden müssen, mit welchem Befehl Sie die Übertragung starten sollen. Sie müssen berücksichtigen, auf welchem System Sie den Befehl eingeben und auf welchem System die zu übertragenden Dateien stehen. Eine überschaubare Methode für Zmodem-Übertragungen ist es, die Übertragung immer auf dem fremden Rechner zu starten – egal, ob Sie einen Upload planen (Dateien an den fremden Rechner senden) oder einen Download (Dateien vom fremden Rechner empfangen). Ein Beispiel: Nehmen wir an, daß Sie in den fremden Rechner eingeloggt sind (mit C-Kermit, ProComm usw.) und daß Sie vom fremden Rechner einige Textdateien auf Ihr eigenes System übertragen möchten. Geben Sie dazu etwa folgendes ein:

```
$ sz -a *.txt
```

sz stellt die Dateien in eine Warteschlange und schickt sie dann nacheinander an das lokale System. Die Option *-a* steht für »ASCII« und stellt sicher, daß die Codes für Wagenrücklauf und Zeilenvorschub so behandelt werden, wie es für das empfangende System korrekt ist.

Wenn Sie andererseits einige Dateien an den fremden Rechner senden (das heißt, auf dem fremden Rechner empfangen) möchten, dann geben Sie einfach ein:

```
$ rz
```

Das Remote-System schickt dann etwa folgenden Prompt:

```
rz ready to begin transfer, type "sz file ..." to your modem program
**B0100000023be50
```

rz wartet geduldig, bis Sie auf das lokale System wechseln und dort einen Zmodem-Sendebefehl eingeben; Sie können dazu *sz* selbst oder Ihre gewohnte Software benutzen. Wenn Sie beispielsweise ProComm benutzt haben, um den fremden Rechner anzurufen, müssen Sie `Page Up` (Bild nach oben) drücken und dann aus dem Popup-Menü den Punkt `Z)modem` wählen; geben Sie anschließend die Namen der zu übertragenden Dateien in die ProComm-Eingabezeile ein.

Wenn Sie Dateien mit dem Zmodem-Protokoll von einem Macintosh-System auf ein UNIX- oder Linux-System übertragen wollen, müssen Sie daran denken, daß UNIX/Linux keine Dateinamen akzeptieren, die Leerstellen enthalten.

Der folgende Befehl prüft einige Textdateien und überträgt dann nur die *.txt-* und *.doc*-Dateien, die auf beiden System vorhanden und die außerdem auf dem sendenden System neuer sind. Die meisten Zmodem-Pakete nehmen die Umwandlung von Unix-Linefeeds in DOS-artige Carriage Return/Linefeed automatisch vor.

```
$ sz -Yan *.txt *.doc
```

In vielen (aber leider nicht allen) Versionen können Sie die Ausgabe eines Befehls auf dem fremden Rechner mit dem »Bindestrich«-Argument (*sz -*) in einer Pipe an *sz* schicken, und *sz* wird die Datei automatisch an Sie weitersenden. Der Dateiname für die Ausgabe wird gebildet, indem der Prozeß-ID des Prozesses, der die Standardeingabe an *sz* leitet, ein *s* vorangestellt wird; an das Ende des Dateinamens wird ein *.sz* angehängt. Wenn Sie beispielsweise die Manual-Page zum Befehl *sz.1* des Remote-Systems (natürlich gibt es verschiedene Versionen der Software) ausdrucken lassen möchten, könnten Sie eingeben:

```
man sz | col -b | sz -
```

Dabei entfernt die Option `col -b` alle Formatierungen, die der Befehl *man* in die formatierte Ausgabe eingefügt hat, um Bereiche des Textes auf dem Bildschirm hervorzuheben. Das Bindestrich-Argument weist *sz* an, die Datei an Ihr lokales System zu schicken. Wenn Sie die Verbindung unterbrechen und nachsehen, werden Sie die Datei wahrscheinlich unter einem Namen wie */tmp/s7750.sz* vorfinden. (Das Verzeichnis */tmp* ist unter allen Kommunikationsprogrammen das am häufigsten benutzte Verzeichnis für den Empfang von Dateien – es sei denn, das aktuelle Verzeichnis wird benutzt.)

Zusammenfassung der Optionen zu rz und sz

Wegen des traurigen Zustandes, in dem sich die RZSZ-Dokumentation in den Standard-Linux-Distributionen befindet, und weil die RZSZ-Tools keine Online-Hilfe kennen, haben wir für Sie Zusammenfassungen der wichtigen Flags erstellt, die Sie für den Einsatz des Zmodem-Protokolls bei der Dateiübertragung brauchen. Trotzdem sollten Sie sich die Manual-Pages und eventuell weitere Dokumentation aus einem FTP-Archiv oder BBS besorgen; siehe auch den Abschnitt »RZSZ besorgen«. Wenn Sie RZSZ schon von anderen Systemen her kennen, sollten Sie darauf achten, daß die Utilities verändert worden sein könnten, um zusätzliche Features zu unterstützen oder Standard-Features abzuklemmen. Lesen Sie die lokale Dokumentation.

Das Utility *rz* akzeptiert folgende Flags:

–+
: Hänge eine Datei an eine vorhandene Datei gleichen Namens an, statt sie zu überschreiben.

–a
: Empfange ASCII-Text. Wandle Dateien entsprechend den UNIX-Konventionen um, indem alle Carriage Returns sowie alle Zeichen entfernt werden, die mit einem Ctrl-Z beginnen (dem Dateiende-Zeichen für das Betriebssystem CP/M).

–b
: Empfange Binärdaten. Lege die Datei exakt so ab, wie sie empfangen wurde.

–D
: Speichere die Ausgabe nicht ab. Schicke alle Daten nach */dev/null*; dies ist nützlich für Tests.

–e
: Stelle allen Control-Codes einen Backslash voran. Zwingt das sendende Zmodem-Programm, alle vorgefundenen Kontrollcodes mit einem Backslash zu versehen, darunter auch XON, XOFF, DLE und Ctrl-X.

–p
: Schütze die Zieldateien. Unterbinde die Zmodem-Übertragung, wenn bereits eine Zieldatei mit demselben Namen existiert. (Beachten Sie, daß mit dieser Option eine unterbrochene Übertragung nicht mehr fortgesetzt werden kann.)

–q
: Stille Übertragung. Unterdrücke Nachrichten an die Standardausgabe.

–t n
: Ändere den Time-out-Wert auf *n*-Zehntelsekunden.

–v
: Ausführlich. Nicht wie das übliche »verbose« bei UNIX-Utilities. Dieses Flag bewirkt, daß eine Liste aller übertragenen Dateinamen an eine Logdatei angehängt wird; normalerweise ist das */tmp/rzlog*. Wenn das Flag *-v* mehr als einmal angegeben wird, erscheinen weitere Informationen ebenfalls in der Logdatei.

Kommen wir zu *sz*. Die meisten *sz*-Optionen werden einfach an das empfangende Programm weitergereicht, das dann die entsprechende Funktion ausführt. Nicht alle Programme, die Zmodem-Daten empfangen, sind in der Lage, die angeforderten Optionen zu erfüllen. Wenn *sz* aufgerufen wird, während die Environment-Variable `$SHELL` mit einer eingeschränkten Shell belegt ist (beispielsweise *rsh*), schränkt *sz* die Pfadnamen auf das aktuelle Verzeichnis und den Inhalt der Variablen `$PUBDIR` (falls diese belegt ist) sowie die Unterverzeichnisse derselben ein; dies wird oft mit UUCP angewendet.

Die gebräuchlichsten Optionen von *sz* haben folgende Bedeutung:

–+
: Anhängen. Das empfangende Zmodem-Programm soll die übertragenen Daten an eine existierende Datei anhängen.

–a
: Übertragung einer Textdatei. Jedes Newline-Zeichen (UNIX-Stil)wird in der übertragenen Datei in eine Carriage-Return/Linefeed-Kombination (DOS-Stil) umgewandelt.

–b
: Binäre Übertragung. Die Datei soll ohne irgendeine Konvertierung übertragen werden, und auch das empfangende Zmodem-Programm soll keine Konvertierung vornehmen.

–d

Pfad teilen. Hiermit wird versucht, Unterschiede in der Handhabung von Datei- und Pfadnamen zwischen verschiedenen Systemen zu kompensieren. (Allerdings ist es sicherer, Dateien vor der Übertragung umzubenennen.) Alle Punkte (.) in einem Dateinamen werden zu Trennzeichen für Verzeichnisse/Unterverzeichnisse im empfangenen Pfadnamen konvertiert. (Unter UNIX werden daraus Schrägstriche (/), unter DOS Backslashes (\). Ein Beispiel: Eine Datei namens *foobar.bazbuzzy* wird als *foobar/bazbuzzy* übertragen.) Wenn der eigentliche Dateiname mehr als acht Zeichen hat, wird ein Punkt eingefügt, um Dateinamen nach dem DOS-Schema 8.3 zu erhalten. Ein Beispiel: Eine UNIX-Datei namens *foo.barbazbuzzy* würde als *foo/barbazbuzzy* übertragen, aber beim Empfang durch ein Zmodem-Programm unter DOS würde die Datei als *foo\barbazbu.zzy* abgelegt werden. (Wenn der Dateiname noch länger ist und das empfangende Programm diese Länge nicht verarbeiten kann, wird der Dateiname auf die erlaubte Länge zurechtgestutzt – wie, das hängt von der »Intelligenz« des empfangenden Zmodem-Programms unter DOS ab.)

–e

Kontrollcodes mit einem Backslash versehen.

–f

Voller Pfadname. Verzeichnisnamen werden normalerweise weggelassen; hiermit bewirken Sie, daß der komplette Pfadname im übertragenen Dateinamen enthalten ist.

–L `bytes`

Setze die Subpaketlänge für Zmodem (in Bytes). (Dabei handelt es sich nicht um Xmodem, Ymodem oder Kermit-Pakete.) Die Voreinstellung ist 128 Bytes unter 300 Baud, 256 Bytes oberhalb von 300 Baud und 1024 Bytes bei mehr als 2400 Baud. Eine größere Paketlänge ermöglicht einen etwas höheren Durchsatz, aber bei kleinen Paketen geschieht die Fehlerkorrektur schneller. Bei modernen Modems mit Hardware-Fehlerkorrektur lohnt es sich nicht, mit dieser Option zu experimentieren.

–l `anzahl`

Setze die Paketlänge in Bytes. Der Empfänger bestätigt den korrekten Empfang nach jeweils `anzahl` Bytes, wobei `anzahl` zwischen 32 und 1024 liegen kann. Damit vermeiden Sie einen Überlauf, wenn zwischen den beiden Systemen keine XOFF-Flußkontrolle stattfindet.

–n

Neuere Datei erhalten. Übertrage eine Datei, wenn es keine Zieldatei mit demselben Namen gibt; überschreibe die Zieldatei nur dann, wenn die Quelldatei neuer als die Zieldatei ist.

–N

Neuere oder längere Datei erhalten. Übertrage eine Datei, wenn es keine Datei mit demselben Namen gibt; überschreibe die Zieldatei nur dann, wenn die Quelldatei neuer oder länger als die Zieldatei ist.

–p

Zieldateien schützen. Übertrage eine Datei nicht, wenn die Zieldatei bereits existiert.

–q

Stille Übertragung. Es werden keine Meldungen an die Standardfehlerausgabe gegeben.

–r

Wiederaufnahme. Eine unterbrochene Dateiübertragung wird fortgesetzt. Wenn die Quelldatei länger ist als die Zieldatei, beginnt die Übertragung an der Stelle der Quelldatei, die der Länge der Zieldatei entspricht. (Einige Zmodem-Empfangsprogramme schalten automatisch in diesen Modus.)

–t `anzahl`

Time-out. Setzt den Time-out-Wert auf `anzahl` Zehntelsekunden.

–u

Unlink. Hebe nach erfolgreicher Übertragung die Datei-Links auf. Dies stellt eine bequeme Methode dar, Dateien in einem Verzeichnis zu »sammeln«, aus dem sie übertragen werden können.

–w `bytes`

Fenstergröße. Beschränkt das Übertragungsfenster auf die genannte Anzahl von Bytes, um Flußkontrolle zu erzwingen und die Pufferung einzuschränken.

–v

Ausführlich. Fügt die Liste der übertragenen Dateinamen an die Logdatei */tmp/szlog* an. Mehrere *-v*-Optionen bewirken, daß weitere Informationen über den Transfer an die Datei angehängt werden.

–y

Ja, überschreibe. Weist das empfangende Zmodem-Programm an, existierende Dateien mit demselben Namen zu überschreiben.

–Y

Ja, überschreibe, aber... Weist das empfangende Zmodem-Programm an, existierende Dateien mit demselben Namen zu überschreiben, aber keine Quelldateien zu übertragen, die unter demselben Pfadnamen auf dem Zielsystem existieren.

Einige Hinweise zur Benutzung von Zmodem

Sie können *sz* in einem speziellen Testmodus aufrufen:

```
$ sz -TT
```

Bei diesem Aufruf zeigt *sz* alle 256 8-Bit-Zeichencodes auf Ihrem Terminal an. Wenn Sie Probleme haben, Dateien intakt zu übertragen, können Sie mit diesem Befehl herausfinden, welche Zeichencodes von den Betriebssystemen ausgewertet werden.

Der Anruf bei einem RZSZ-Utility durch die meisten Versionen von *cu* unter UNIX wird normalerweise nicht klappen, weil die meisten *cu*-Implementierungen mit den RZSZ-Tools um die Zeichen vom Modem konkurrieren. (C-Kermit kann neuerdings anscheinend benutzt werden, aber das haben wir noch nicht ausprobiert.)

Weitere interessante Pakete

Auf den meisten Linux-Systemen sind verschiedene andere Pakete installiert, die Sie vielleicht benutzen möchten. In den entsprechenden HOWTO- und sonstigen Dokumentationsdateien finden Sie Informationen über diese Pakete.

Das Hilfsprogramm *term* ist ein Client/Server-System, mit dessen Hilfe Sie Ihre serielle Leitung multiplexen können – das heißt, daß Sie über eine einzige Wählleitung mehrfach einloggen können. *term* gestattet außerdem, Netz-Clients (wie zum Beispiel *telnet* und *ftp*) über die serielle Leitung zu betreiben. Sie können *term* sogar benutzen, um fremde »X Window System«-Clients auf Ihrem lokalen System darzustellen. Sie haben also beispielsweise die Möglichkeit, gleichzeitig eine X-Sitzung auf einem fremden Rechner zu starten, Dateien auf Ihr System herunterzuladen und E-Mail zu verschicken. Diese Fähigkeiten lassen sich am besten mit einem High-Speed-Modem nutzen; mit 28.800 bps (möglichst nach dem Standard V.34) läßt es sich bequem arbeiten.

term hat gewisse Ähnlichkeiten mit SLIP (siehe den Abschnitt »Die SLIP-Konfiguration« in Kapitel 14), aber *term* kann auch von einem normalen Benutzer ausgeführt werden – Sie brauchen also keine *root*-Berechtigung auf einem der Systeme oder ein spezielles Wählprogramm für SLIP.

Sie müssen in einen Shell-Account auf einem UNIX-System einwählen können, um *term* zu benutzen. Kompilieren Sie die *term*-Software sowohl auf dem UNIX-System als auch auf Ihrem Linux-Rechner. Wählen Sie dann in das andere System ein, und rufen Sie dort *term* auf; es wird anschließend die Datenübertragung über Ihre Wählverbindung erledigen. Auf dem lokalen Rechner lassen Sie Ihr Kommunikationsprogramm (etwa Kermit) im Hintergrund laufen und rufen *term* auf, um die Wählverbindung von Ihrem Linux-System aus zu kontrollieren. Die beiden *term*-Programme kommunizieren dann über die Modemleitung miteinander.

Um auf der Leitung, die von *term* kontrolliert wird, in den fremden Rechner einzuloggen, können Sie *trsh* benutzen. Damit starten Sie über die Modemleitung eine Shell auf dem Remote-System. Sie können *trsh* mehrfach aufrufen (in verschiedenen Fenstern oder auf mehreren virtuellen Konsolen) und zum Beispiel mehrere Login-Sitzungen auf dem fremden System starten.

Sie können verschiedene Netz-Clients zusammen mit *term* benutzen (darunter *telnet*, *ftp*, Mail-Programme usw.). Die Clients müssen für die Zusammenarbeit mit *term* kompiliert werden; viele solcher Clients stehen unter Linux zur Verfügung. Damit diese Clients funktionieren, muß das fremde System eine Verbindung zum Internet haben (oder zu einem anderen LAN) – alle Netzanfragen werden über die Modemleitung an den fremden Rechner geschickt. Auf diese Weise schaffen Sie für Ihren Rechner quasi einen Anschluß an das Netz; Sie können direkt von Ihrem Linux-System aus per *telnet* oder *ftp* jedes andere System im Internet ansprechen.

[102] Term HOWTO

Das HOWTO zum Linux-Term beschreibt dieses System im Detail; viele Linux-Distributionen enthalten *term* als zusätzliches Softwarepaket.

Zwei andere Pakete sollen noch erwähnt werden. *pcomm* ist ein Paket für die Datenkommunikation, das bewußt dem DOS-Paket ProComm nachempfunden wurde – dem beliebtesten Kommunikationspaket für DOS. *Seyon* bietet eine Reihe von umfangreichen Tools für Terminalemulation und Datenübertragung.

Sollten wir Ihr Lieblingsprogramm für die Dateiübertragung oder die Datenkommunikation vergessen haben, möchten wir uns dafür entschuldigen; es handelt sich hierbei um einen Bereich, in dem Linux eine geradezu peinliche Vielfalt an Tools bietet. Andererseits ist es uns vielleicht gelungen, Sie von Ihren einfacheren Tools wegzubringen und Ihre Aufmerksamkeit auf die leistungsfähigeren Programme zu lenken.

Die Vernetzung mit UUCP

UUCP ist ein ehrwürdiges Kommunikationspaket für UNIX-zu-UNIX-Verbindungen, das Mitte der 70er Jahre in den Bell Laboratories von Mike Lesk erfunden wurde, um die serielle Datenübertragung zwischen UNIX-Rechnern zu erledigen. Das Programm wurde 1978 von Mike Lesk und Dave Nowitz neu geschrieben und mit Version-7-UNIX ausgeliefert. Seitdem haben verschiedene Leute neue Implementierungen geschrieben und die Fähigkeiten von UUCP erweitert, so daß wir es heute mit einer ganzen Reihe von Programmen zu tun haben, die folgendes beinhalten:

- Dateiübertragung zwischen Rechnern
- Ein Kommunikationsprotokoll und Übertragungsmedium für E-Mail und Usenet-News
- Kontrolle über die Kommunikationshardware
- Eine Möglichkeit, auf fremden Systemen Programme auszuführen
- Utilities für die Verwaltung der Dateien und Utilities, aus denen UUCP besteht

UUCP wird manchmal als Abkürzung für »UNIX-to-UNIX-copy« verstanden, aber das trifft eher auf das Programm *uucp* selbst zu. Manche Leute lesen UUCP als Abkürzung für »UNIX-to-UNIX Communications Protocol«, meinen damit aber in der Regel nicht das G-Protokoll, das UUCPs Beitrag zur Reihe der Kommunikationsprotokolle ist. Wir ziehen es vor, UUCP als »UNIX-to-UNIX Communications Package« zu lesen. Die zentrale Idee hinter UUCP ist, daß der Benutzer einen Rechner dazu bringen soll, einen anderen Rechner automatisch anzuwählen (lokal oder entfernt), um dann Dateien zu übertragen (einschließlich E-Mail und News-Gruppen) oder auf dem Remote-System Befehle auszuführen (entweder über eine direkte serielle Verbindung oder über eine Wählleitung im Telefonnetz). Ein Systemverwalter muß UUCP so konfigurieren, daß es UUCP-Anrufe korrekt entgegennimmt, Protokolle auswählt, selbst UUCP-Anrufe ausführt, Modems konfiguriert, das Routing und die Dateien für E-Mail und News handhabt, den Zugang mit Hilfe von Benutzer-IDs und Zeitfenstern kontrolliert usw. Anschließend kann der Benutzer beispielsweise mit dem Befehl *uucp* eine Datei übertragen oder mit *uux* auf dem fremden Rechner einen Befehl ausführen.

Die Bedeutung von UUCP

UUCP ließ billige Computernetzwerke Realität werden. Seit der Entstehung des USENET im Jahre 1979 bildete UUCP das Modell für den dezentralisierten Austausch von Nachrichten zwischen Netzwerken, das vom ARPAnet übernommen wurde und mit dessen Hilfe aus dem ARPAnet schließlich das Internet werden konnte. Auch heute noch spielt UUCP für Netzwerke in der ganzen Welt eine wichtige Rolle; dies gilt insbesondere für Regionen ohne dedizierte Datenverbindungen mit großer Bandbreite.

UUCP-Netze sind deshalb überall in Afrika, Zentral- und Südamerika zu finden, wo sie von Leuten benutzt werden, denen ein direkter Internet-Anschluß noch nicht zur Verfügung steht. UUCP-WANs gedeihen überall – etwa UUCPnet in den USA sowie EUnet und Relcom in Europa. Viele Netzprovider verbinden UUCP-Systeme und ihre Benutzer mit dem Internet. UUCP ist außerdem bei den Benutzern von privaten Rechnern beliebt, die es für den Datenaustausch zwischen ihren Systemen und den Verbindungsrechnern im Büro oder in der Schule sowie mit anderen privaten Rechnern und kleinen Firmen benutzen.

UUCP ist in irgendeiner Form für praktisch jedes UNIX-artige Betriebssystem und ebenfalls für viele andere Betriebssysteme verfügbar. Aufgrund seiner weiten Verbreitung sind andere Anwendungen wie zum Beispiel das BBS-System Waffle unter DOS zu UUCP kompatibel gemacht worden.

UUCP und die Sicherheit

UUCP war ursprünglich für den internen Gebrauch gedacht (innerhalb eines Gebäudes); es besitzt deshalb Eigenschaften, die in der heutigen, feindseligen Welt der Hacker, Viren und Würmer für die Benutzung in Wide Area Networks (WANs) wohl nicht mehr in Frage kämen. Wenn Sie UUCP benutzen, sollten Sie sich der Sicherheitsrisiken sowie der Bedenken bewußt sein, die Netzprovider UUCP gegenüber haben. Es wird immer schwieriger, Verwalter von Verbindungsrechnern zu finden, die bereit sind, Fremden oder flüchtigen Bekannten eine UUCP-Verbindung einzurichten. Diejenigen, die das tun, unterbinden dann vielleicht die Ausführung von Befehlen auf Remote-Systemen und gestatten Ihnen lediglich den Zugriff auf E-Mail und News; wenn Sie Glück haben, wird auch die Übertragung von Dateien noch erlaubt. Nehmen Sie Ihre Verantwortung als Benutzer oder Systemverwalter nicht auf die leichte Schulter – selbst wenn Sie Anhänger des uneingeschränkten Zugangs zu Rechnersystemen sind. Sobald Sie eine UUCP-Verbindung mit einem anderen System haben, bedeutet das ein zusätzliches Sicherheitsrisiko für alle anderen Rechner im virtuellen UUCP-Netz.

Wenn Sie ein UUCP-System konfigurieren und dabei sind, einen System- oder Netzwerkverwalter wegen einer UUCP-Verbindung anzusprechen, hilft es vielleicht, wenn Sie Ihrem Gesprächspartner versichern können, daß Sie sich der Sicherheitsproblematik bewußt sind. Eventuell wird man verlangen, daß Sie immer beim anderen System anrufen, oder das andere System wird Ihren Rechner anrufen – das hängt von der Einstellung des einzelnen Verwalters zum Thema Sicherheit und Systemzugang ab. Denken Sie auch daran, daß der Zugang wahrscheinlich über eine Telefonleitung geschieht, die für den Remote-Zugang durch Benutzer des Systems eingerichtet wurde. Seien Sie darauf gefaßt, daß Sie Ihren UUCP-Zugang vielleicht auf Zeiten geringer Systembelastung beschränken müssen; Ihr Verbindungsrechner verhindert eventuell den UUCP-Zugang zu bestimmten Zeiten oder wenn kritische Systemressourcen besonders belastet sind. Die meisten UUCP-Provider werden außerdem die Reihe der Befehle einschränken, die Sie ausführen dürfen.

Wählleitungen bieten auch ein gewisses Maß an Systemsicherheit. Ein Eindringling kann nicht innerhalb kurzer Zeit von einem System auf das nächste wechseln, sondern muß sich statt dessen indirekter Techniken bedienen – etwa indem er Benutzerpaßwörter und UUCP-Zugangskennungen herausfindet und auf einem System IDs sucht, die den Zugang zu einem anderen System eröffnen.

Individuelle Rechner in einem UUCP-Netzwerk sind außerdem in geringerem Maße von Virus- und Wurmattacken bedroht als viele Standleitungsnetze. Das liegt zum Teil an den eingeschränkten Verbindungsmöglichkeiten und zum Teil an der Vielzahl der Betriebssysteme und UUCP-Versionen, die in einem UUCP-Netz vorhanden sein können. Ihr Linux-System könnte Teil eines virtuellen UUCP-Netzwerks sein, zu dem Rechner unter UNIX (in vielen Varianten), MS-DOS, VMS, Amiga OS usw. gehören, auf denen eine von vielen UUCP-Versionen und UUCP-kompatible Software läuft.

Wenn sichergestellt ist, daß der physikalische Zugang und die Paßwörter sicher sind, besteht Ihr erster Schritt zur Selbstverteidigung gegen Angriffe von außen darin, daß Sie die Eignerschaft und die Zugriffsrechte für alle ausführbaren Dateien sowie die Konfigurationsdateien, die zu UUCP gehören, äußerst sorgfältig einstellen.

Sie sollten für diese Dateien nur die für den Betrieb absolut notwendigen Lese-, Schreib- und Ausführberechtigungen vergeben.

[4] Network Admin Guide
[74] Practical UNIX Security

Die Sicherheit von UUCP wird in Olaf Kirchs *Linux Network Administrator's Guide* ziemlich detailliert besprochen, den Sie zur Hand haben sollten, wenn Sie UUCP auf einem Linux-System installieren oder verwalten. Das Buch *Practical UNIX and Internet Security* von Simson Garfinkel und Gene Spafford bietet eine gute Abhandlung allgemeiner sicherheitsrelevanter Themen für Ihr Linux-System; im UUCP-Kapitel des Buches finden Sie eine ausführliche Besprechung der Sicherheit von UUCP.

[50] UUCP

UUCP ist natürlich zu komplex, um es hier detailliert zu beschreiben; es sind schon ganze Bücher darüber geschrieben worden. Wir wollen Ihnen hier das Verständnis für die Stärken und Schwächen von UUCP vermitteln. Der Titel *Using and Managing UUCP* bildet eine hervorragende Lektüre zum Thema UUCP; er behandelt auch Taylor UUCP.

Der schnellste Weg zu direkter Unterstützung ist eine Nachricht an die News-Gruppe *comp.mail.uucp* – falls Sie Zugriff auf diese Ressource haben.

Hardwareanforderungen

UUCP benutzt normalerweise einen seriellen Port und ein Modem für die Kommunikation. Das ist der Trichter, durch den Sie alle Ihre Daten quälen müssen. Der Durchsatz von UUCP kann stark herabgesetzt werden, wenn eine serielle Schnittstelle oder ein Modem nicht optimal konfiguriert sind.

Wahrscheinlich ist Ihr Rechner mit zwei seriellen Schnittstellen ausgestattet. Meistens werden Sie einen seriellen Port für die Maus benutzen (wenn Sie keine Busmaus haben), um mit dem X Window System zu arbeiten; oder eine serielle Schnittstelle ist belegt, weil Sie ein Terminal an Ihr System angeschlossen haben. Falls Sie vorhaben, zu einem bestimmten Zeitpunkt Verbindungen mit mehr als einem anderen System herzustellen, werden Sie mit ziemlicher Sicherheit eine leistungsfähige Schnittstellenkarte mit mehreren Schnittstellen für die serielle Kommunikation brauchen.

Die Leistung eines seriellen Ports hängt direkt vom UART-Chip (Universal Asynchronous Receiver/Transmitter) ab, der den Port kontrolliert. Falls es sich um einen älteren Typ handelt, können Sie eventuell nur Datenübertragungsraten unterhalb von 38.800 bps realisieren, die schon ein Modem mit 14.400 bps voll ausnutzt (durch Datenkomprimierung). Falls Sie für alle seriellen Ports einen modernen Chip einsetzen, können Sie problemlos Datenübertragungsraten bis zu 115.000 bps erreichen – das ist mehr als genug, um das Modem zum Flaschenhals werden zu lassen.

Es ist nicht teuer, einen alten UART durch den neuesten 16550A zu ersetzen, und wenn Sie serielle Kommunikation im großen Umfang betreiben möchten, sollten

Sie das tun. (Mit dem Befehl MSD unter DOS können Sie feststellen, welchen UART-Typ Sie benutzen.) Sie sollten eventuell vorhandene UARTs der Typen 8250 und 16450 durch einen UART 16550A ersetzen. Falls Sie bereits einen 16550er haben, sollten Sie diesen nur austauschen, wenn Sie Probleme mit einem sehr schnellen Modem oder einer Verbindung per Null-Modem-Kabel haben.

Sie können lokale Rechner mit einem Null-Modem-Kabel direkt von einer seriellen Schnittstelle zur anderen verbinden. Diese schnelle und einfache Methode, eine UUCP-Verbindung zwischen lokalen Systemen herzustellen, ist fast so gut wie ein eigenes LAN. Ein Null-Modem-Kabel ist ein serielles Kabel mit einer Länge bis zu 15 Metern, bei dem die Kabel so miteinander verbunden werden, daß der Datenfluß auch ohne ein Modem kontrolliert werden kann. Null-Modem-Kabel und Null-Modem-Adapter für die üblichen seriellen Kabel gibt es in den meisten Computerläden. Sie können ein Null-Modem-Kabel auch selbst herstellen. In Abbildung 16-1 und Abbildung 16-2 zeigen wir Verdrahtungspläne für Null-Modem-Kabel.

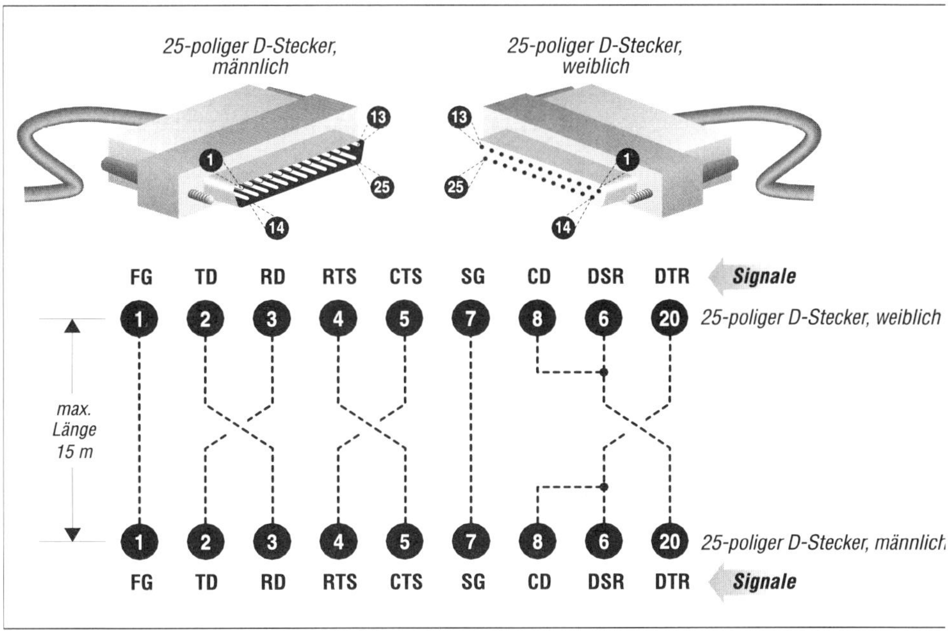

Abbildung 16-1: Null-Modem-Kabel, 25-Pin-Stecker

Die Signale TD und RD werden gekreuzt, ebenso die Signale CTS und RTS. SG wird durchgeschleift. CD und DSR werden an jedem Ende miteinander und mit DTR am anderen Ende verbunden. FG wird beim 25-poligen Stecker durchgeschleift (dies muß nicht sein), aber RI wird beim 9-poligen Stecker nicht durchgeschleift. Wenn Sie die Steckerbelegung ermitteln und diese Regeln zur Signalleitung beachten, können Sie auch ein Null-Modem-Kabel mit einer 9-zu-25-Pin-Belegung konstruieren.

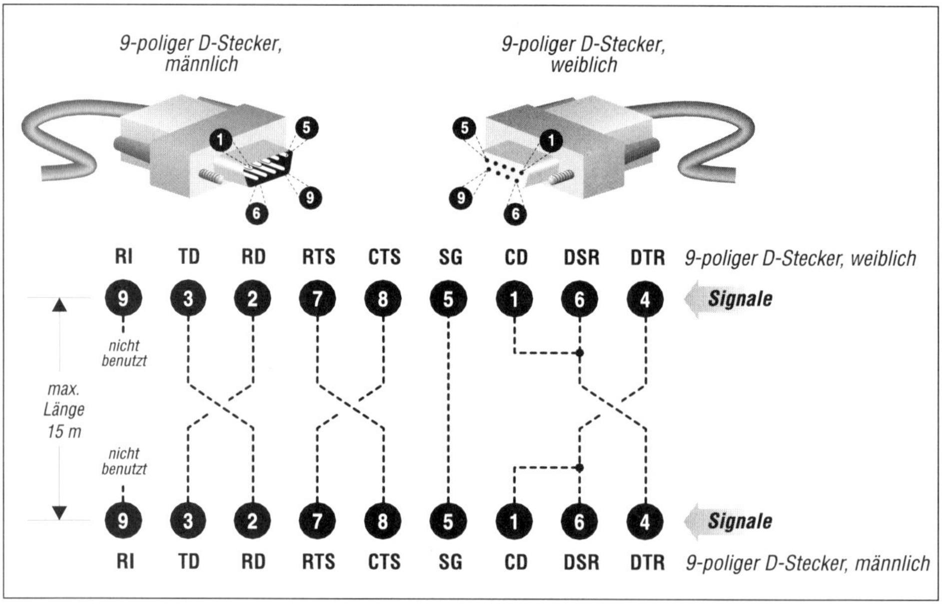

Abbildung 16-2: Null-Modem-Kabel, 9-Pin-Stecker

Ein System mit einigen seriellen Schnittstellen kann mehrere UUCP-Rechner gleichzeitig verbinden und Dateien sowie Befehle zwischen ihnen übertragen. Ein Beispiel: Ein Benutzer von UUCP könnte mit dem Befehl *uuxqt* (ein UUCP-Programm für das Arbeiten auf einem entfernten Rechner) einen zweiten Rechner anweisen, sofort eine Verbindung mit einem dritten Rechner herzustellen. Damit das funktionieren kann, muß der zweite Rechner zwei Schnittstellen gleichzeitig benutzen: die eine, um den Befehl *uuxqt* zu empfangen, die andere für die Kommunikation mit dem dritten Rechner. Es kann äußerst nützlich sein, auf stark frequentierten UUCP-Systemen mehr als eine Telefonleitung zur Verfügung zu haben.

[4] Network Admin Guide

Unter bestimmten Umständen können Sie UUCP für ISDN- und Ethernet-Verbindungen nutzen. Im *Linux Network Administrator's Guide* finden Sie eine Abhandlung zu diesem Thema.

UUCP-Versionen und -Fähigkeiten

Es gibt drei UUCP-Pakete von einiger Bedeutung für UNIX-artige Rechner. Sie benutzen verschiedene Dateien und Verwaltungstools, bieten aber weitgehend identische Möglichkeiten und sind funktional kompatibel zueinander. (Zwei Rechner, die unterschiedliche UUCP-Pakete benutzen, können also miteinander kommunizieren.)

Die erste Implementierung ist das Version-2-UUCP, dessen Geschichte bis zu Mike Lesks originaler AT&T-Version zurückverfolgt werden kann. Lesks Original-UUCP – »Version 1« sozusagen – war niemals Bestandteil einer UNIX-Distribution. Version 2, 1978 geschrieben von Lesk und Dave Nowitz bei den Bell Laboratories und mit Version-7-UNIX verteilt, wurde also die erste richtige UUCP-Distribution für UNIX. Sie finden UUCP-Utilities im Stil des Version-2-UUCP in FTP-Archiven für BSD-Software.

Auf einem Entwicklertreffen zu UUCP in den Bell Laboratories im Jahr 1983 wurden einige Mängel in der Version 2 festgestellt; das Treffen war einberufen worden, um Probleme zu besprechen, die im Zuge der Entwicklung und Ausweitung des USENET entdeckt wurden. Nach diesem Treffen entwickelten P. Honeyman, D.A. Nowitz und B.E. Redman eine neue Version von UUCP namens BNU (Basic Networking Utilities). Ihnen zu Ehren wird BNU häufig auch als »HoneyDanBer-UUCP« bezeichnet.

Taylor UUCP, die am engsten mit Linux assoziierte Version, ist das neueste UUCP. Es bietet einige Verbesserungen bei Verwaltung und Kommunikation, die zum großen Teil ungenutzt bleiben, weil sie ausschließlich im Taylor-UUCP-Paket enthalten sind. Auf Linux-Systemen wird das Taylor UUCP in der Regel als BNU-Paket kompiliert – wir empfehlen, das ebenfalls zu tun, es sei denn, daß Sie bereits mit einer anderen UUCP-Version vertraut sind.

BNU ist einfacher in der Handhabung als das originale Version-2-UUCP. Es war das erste Paket, das einige der Fähigkeiten implementiert hatte, die für den Benutzer zu Hause so wichtig sind: bidirektionale Modemunterstützung und standfeste Wählverfahren für die Kommunikation über Telefonleitungen. Allerdings haben auch die Entwickler des Version-2-UUCP ihre Version modernisiert und haben Utilities eingefügt, die es funktional kompatibel zu BNU machen. (Gehen Sie nicht automatisch davon aus, daß BNU besser ist als einige der aktualisierten Version-2-Pakete.) Sie haben auch die Möglichkeit, mit Hilfe zusätzlicher Freeware-Utilities Ihre UUCP-Implementierung zu verbessern oder anzupassen – egal, welche Version von UUCP Sie benutzen.

Befehle auf fremden Rechnern ausführen mit UUCP

Die Ausführung von Befehlen auf fremden Rechnern bietet eine bequeme Arbeitsweise in LANs, in denen der Zugang durch Eindringlinge von außen keine Gefahr darstellt. UUCP bietet Ihnen damit die Möglichkeit, die besonderen Fähigkeiten eines entfernt stehenden UUCP-Rechners zu nutzen. Sie könnten beispielsweise PostScript-Dateien an einen fremden Rechner schicken und sie dort in die Druckerwarteschlange für den PostScript-Drucker einreihen. Oder Sie benutzen einen Rechner mit Internet-Anschluß, um eine *archie*-Anfrage zu starten, die Ihnen ein FTPMAIL-System nennt, von dem Sie die gesuchten Dateien per E-Mail beziehen können.

Wir haben bereits darauf hingewiesen, daß die Bedrohung der Systemsicherheit für das Remote-System, die diese Form des bequemen Arbeitens mit sich bringt, ein großer Nachteil ist. Die meisten Systeme, die überhaupt den Remote-Zugriff gestatten, werden nur die Benutzung von wenigen Utilities erlauben. Sie werden versuchen, die Programme anzubieten, die der private Benutzer auf seinem isoliert stehenden Rechner braucht – beispielsweise E-Mail, Netnews und die Benutzung von UUCP-Funktionen. (Ein Beispiel: Ein System, das E-Mail normalerweise aufhebt, bis es spät in der Nacht eine UUCP-Übertragung startet, könnte einem Remote-Benutzer den Aufruf von *uucico* gestatten, um sofort mit einem dritten Rechner eine UUCP-Verbindung zum Austausch von Dateien herzustellen.)

E-Mail auf UUCP-Systemen

Seit mehr als einem Jahrzehnt ist UUCP hauptsächlich für den Austausch von E-Mail benutzt worden. Wir werden die ziemlich komplizierten Abläufe beschreiben; in einigen Pseudo-UUCP-Paketen (insbesondere auf Nicht-UNIX-Systemen) kann es sein, daß die Dinge etwas anders gehandhabt werden.

So wird E-Mail typischerweise zwischen UUCP-Systemen befördert:

1. Ein Benutzer ruft direkt oder indirekt das Programm *mail* auf und verschickt eine Nachricht.
2. Das Mail-Programm ruft den Befehl *uux* auf. Dieser speichert die Nachricht zusammen mit allen anderen in einem Verzeichnis (das sogenannte »Spool«-Verzeichnis) und ruft das Programm *uucico* auf. Weil UUCP die Übertragung der E-Mail kontrollieren wird, startet *uucico* als Master; die Gegenstelle arbeitet im Slave-Modus.
3. *uucico* liest einige Konfigurationsdateien, um herauszufinden, wann es das Remote-System anwählen darf. Wenn der Zeitpunkt gekommen ist, schaut *uucico* in der Warteschlange nach, ob UUCP-Nachrichten auf den Versand warten; es sperrt dann die Mail-Datei für den fremden Rechner, an den die E-Mail geschickt werden soll, und es benutzt die zugewiesene Schnittstelle, um das Remote-System anzurufen, die Verbindung herzustellen und sich schließlich einzuloggen.
4. Der fremde Rechner startet einen *uucico*-Dämon im Slave-Modus, identifiziert sein System dem Master-*uucico* gegenüber und handelt das zu benutzende Übertragungsprotokoll aus.
5. Der Master-*uucico*-Dämon überträgt die Dateien, die für den Slave-Rechner in der Warteschlange stehen.
6. Der Master auf dem lokalen System wechselt in den Slave-Modus, der Slave auf dem fremden Rechner macht sich zum Master.
7. Der *uucico* des Remote-Systems überträgt (als Master) alle eventuell vorhandenen UUCP-Dateien, die für das lokale System in der Warteschlange stehen.

8. Wenn beide *uucico*-Dämonen mitteilen, daß sie keine weiteren UUCP-Jobs für das andere System haben, unterbrechen sie die Verbindung (sie hängen auf).
9. Der *uucico* des Systems, das E-Mail empfangen hat, ruft anschließend das Programm *rmail* auf, um die Nachrichten an die Mailbox des Benutzers zuzustellen.

Hier muß noch ein Wort zur UUCP-Adressierung gesagt werden. Die traditionelle UUCP-Adressierung (auch »Bang«-Adressierung genannt) besteht aus dem Rechnernamen, gefolgt von einem Ausrufezeichen (das »Bang«-Zeichen) und der Benutzer-ID des Mail-Empfängers. Sie können beispielsweise eine Datei namens *missive* an **joeuser** auf einem UUCP-Rechner namens **icarus** schicken, zu dem Ihr System eine Verbindung hat, indem Sie folgendes eingeben:

```
$ mail icarus!joeuser < missive
```

Die Benutzer von *csh* und *csh*-Clones müssen dem Ausrufezeichen einen Backslash voranstellen, damit die Shell nicht versucht, es als einen Operator zu behandeln. Ein Beispiel: Schreiben Sie `phaeton\!joeuser` statt `phaeton!joeuser`.

Wenn Sie eine Nachricht an einen Rechner namens **phaeton** schicken müssen, zu dem Sie keine direkte UUCP-Verbindung haben, mit dem aber der Rechner **icarus** verbunden ist, können Sie etwa folgendes eingeben:

```
$ mail icarus!phaeton!joeuser < missive
```

Sie haben sicherlich bemerkt, daß dies eine primitive Methode ist, eine bereits vorbereitete Datei zu verschicken. Sie könnten *mail* auch ganz ignorieren und eingeben:

```
$ uuto missive icarus!phaeton!joeuser
```

Sie können Ihre Nachricht auch mit Elm oder einem anderen Mailer schreiben, der dann von sich aus das Programm *mail* aufruft.

Lassen Sie uns annehmen, daß Sie auf Ihrem Linux-Rechner ein sehr beschränktes Mail-System konfiguriert haben. Ihr Mail-System weiß zum Beispiel nichts über den Versand von E-Mail in das Internet, hat aber via UUCP eine Verbindung zum Rechner **phaeton**. Dieser Rechner wiederum hat eine UUCP-Verbindung zu **kingkong.com**, der in das Internet eingebunden ist und das Internet-Routing beherrscht. Sie können eine Nachricht an **jackie** auf **bigcompany.com** schicken, indem Sie folgende Adresse angeben:

```
icarus!phaeton!kingkong.com%jackie@bigcompany.com
```

Das Routing geschieht anhand des Bang-Pfades. Wenn die Nachricht den Rechner erreicht, dessen Name mit dem Prozentzeichen (%) abgeschlossen wird, liest dieser Rechner die Adresse rechts vom Prozentzeichen und stellt die Nachricht an *jackie@bigcompany.com* zu. Die Effektivität dieses Verfahrens ist unterschiedlich. Es tut uns leid, das sagen zu müssen, aber wenn Sie Adressierungsarten miteinander kombinieren, sind Sie abhängig davon, wie die Mail-Routing-Programme (typischerweise *sendmail* oder *smail*) der dazwischenliegenden Rechner für E-Mail konfiguriert sind – und es kann sein, daß sie falsch konfiguriert sind.

News-Gruppen auf UUCP-Systemen

Die ersten öffentlich zugänglichen News wurden per UUCP verteilt. Heutzutage gibt es wahrscheinlich mehr News (Netnews) allein im Internet, als Ihr PC mittels UUCP (oder einer anderen seriellen Verbindung) handhaben kann. Einige UUCP-Systeme bieten keine Netnews an, weil die Handhabung derselben einem UUCP-Rechner erhebliche Ressourcen an Verarbeitungszeit und Speicherplatz abverlangt und einigen Verwaltungsaufwand mit sich bringt.

Verwalter, die ein UUCP-System für die Handhabung von Netnews konfigurieren, beschränken sich in der Regel auf lokale News-Gruppen und Themen, die für die Benutzer des lokalen UUCP-Systems von besonderem Interesse sind. Wir möchten neuen News-Verwaltern empfehlen, klein anzufangen. Richten Sie lokale News-Gruppen ein, die nicht in die weltweite Verteilung aufgenommen werden – etwa eine News-Gruppe zum lokalen UUCP-Netz selbst. Auf diese Weise können Sie Probleme bei der Handhabung und Verteilung von News lösen, bevor Sie Ihre Existenz in *news.newsites* bekanntmachen und sich an ein größeres Netz anschließen (und auf weitere Probleme stoßen). Niemand, der einen auf UUCP basierenden Newsfeed (News-Verteilrechner) verwalten muß, sollte das versuchen, ohne *Using and Managing UUCP* als Nachschlagewerk zur Hand zu haben.

[50] UUCP

Der News-Verwalter muß die Software zum Lesen der News aussuchen, die auf dem UUCP-System installiert werden soll; die Wahl wird davon abhängen, mit welcher Software der Verwalter vertraut ist. Der am weitesten verbreitete News-Reader ist wahrscheinlich *readnews*, aber viele Systeme stellen auf einen moderneren Threaded-News-Reader um, beispielsweise *trn* oder *nn*. Diese News-Reader gestatten es dem Leser, innerhalb einer News-Gruppe einem »Gesprächsfaden« (thread) zu folgen; sie beginnen dazu mit einem Artikel und präsentieren anschließend die Kommentare und Antworten (follow-ups) zu diesem Artikel. Viele Leser bevorzugen diese Art des Lesens gegenüber der ursprünglichen Methode des linearen Lesens (first in, first out), die übrigens auch die Threaded-News-Reader beherrschen.

Falls Sie für eine bestimmte Bedienoberfläche schwärmen, sollten Sie vielleicht einen News-Reader benutzen, der eine einheitliche Schnittstelle zu Netnews und E-Mail bietet. Die beiden Utilities *xrn* und *xmh* beispielsweise bieten eine gemeinsame Schnittstelle und ein gemeinsam genutztes Dateisystem für den News-Reader *rn* und die MH-Mail-Utilities. Wer auf Emacs schwört, zieht es vielleicht vor, Gnews, GNUS, C-News, MH oder einen anderen News-Reader aus der Emacs-Umgebung heraus zu benutzen. Solche persönlichen Vorlieben haben in der Regel ihren Preis – Sie müssen eventuell das Do-it-yourself-Prinzip befolgen, wenn Probleme auftauchen. Systemverwalter haben in der Regel keine Zeit, Software zu unterstützen, die nicht auch von vielen anderen Benutzern eingesetzt wird.

Weil die News-Reader alle so sehr verschieden sind, müssen Sie wahrscheinlich Ihren Systemverwalter um einen Tip bitten. Falls ein bestimmter News-Reader Ihnen lieber ist als alle anderen, werden Sie sicherlich gerne erfahren, daß es eine ganze Reihe von frei erhältlichen News-Readern gibt, die für Linux kompiliert werden können. Vielleicht lohnt es sich, in Zeiten, in denen multimediale E-Mail sich immer mehr durchsetzt, ein Paket zu wählen, das MIME unterstützt, die Multimedia Internet Mail Extensions. Solche Pakete sollten die Grafik- und Audioressourcen Ihres Systems ausnutzen können und auf elegante Art die eingebetteten Multimedia-Daten darstellen, die Ihr System selbst nicht darstellen kann.

So verschieden die vorhandenen News-Reader auch sind, gibt es doch ein paar gemeinsame Traditionen, denen fast alle News-Reader folgen. Das Abonnieren von News-Gruppen wird mit Hilfe einer News-Ressourcen-Datei namens *.newsrc* in Ihrem Home-Verzeichnis verwaltet. Falls diese Datei nicht existiert, wird sie in der Regel beim ersten Aufruf eines News-Readers angelegt. Die Datei *.newsrc* enthält normalerweise eine Liste der News-Gruppen, die auf diesem System empfangen werden, sowie Hinweise darauf, welche dieser Gruppen Sie abonniert und welche Artikel in den einzelnen News-Gruppen Sie bereits gelesen haben. Weil fast alle News-Reader sich an diese Konvention halten, können Sie auch in verschiedenen Arbeitsumgebungen verschiedene News-Reader benutzen (etwa *xrn* unter X und *rn* auf einer ANSI-Konsole) – und müssen trotzdem nicht befürchten, daß Sie den Überblick über die Liste Ihrer Gruppen und die bereits gelesenen Artikel darin verlieren.

ANHANG A

Informationsquellen zu Linux

Dieser Anhang enthält Information zu verschiedenen online erreichbaren Informationsquellen zu Linux. Diese Dokumente sind alle, sowohl in gedruckter Form als auch elektronisch, vom Internet oder aus Mailboxen erhältlich. Viele Linux-Distributionen enthalten ebenfalls einen großen Teil der Dokumentation; nach der Installation von Linux können diese Dateien also bereits in Ihrem System vorhanden sein. Die *Bibliographie* führt eine Reihe von Büchern und anderen Materialien auf, die sich auf die in diesem Buch behandelten Themen beziehen.

Bibliographie

Die beste Anlaufstelle für freie Dokumentation zu Linux ist die WWW-Homepage des Linux Documentation Project, die Matt Welsh ins Leben gerufen hat, aber jetzt von Greg Hankins, *gregh@cc.gatech.edu*, verwaltet wird. Die URL der Einstiegsseite ist:

```
http://sunsite.unc.edu/mdw/linux.html
```

aber es gibt viele Mirrors auf der ganzen Welt, von denen sicherlich einer angenehmer für Sie ist, weil er dichter bei Ihnen ist oder weniger belebt ist. Diese Seiten enthalten alle Online-Linux-Dokumente, Handbücher, HOWTOs und Verweise auf viele andere Stellen.

Online-Dokumente

Diese Dokumente sollten von jedem Linux-FTP-Archiv erhältlich sein (siehe Anhang C, *FTP-Anleitung und Server-Liste*). Wenn Sie keinen direkten Zugang zu FTP-Diensten haben, können Sie die Texte möglicherweise durch andere Online-Services (zum Beispiel CompuServe und lokale Mailboxen) erhalten.

Anhang C

Wenn Sie Zugang zu E-Mail haben, können Sie auch den *ftpmail*-Service benutzen, um die Linux-Dokumente zu bekommen. Im Anhang C finden Sie hierzu weitere Hinweise.

Das »Heimatverzeichnis« für die meisten der hier aufgeführten Dokumente ist */pub/Linux/docs* auf **sunsite.unc.edu**. Dieses Verzeichnis wird von vielen Rechnern auf der ganzen Welt gespiegelt. Auch die meisten Linux-FTP-Sites in Deutschland, Österreich und der Schweiz bieten mit Verzögerung von wenigen Stunden den aktuellen Inhalt von **sunsite** an. Um internationalen Traffic zu vermeiden und die Last auf **sunsite** zu vermindern, sollten Sie immer zuerst versuchen, die Dokumente von näher liegenden Quellen zu besorgen.

Sie können auch über *gopher* auf Linux-Dateien und -Dokumentation zugreifen. Zeigen Sie einfach mit Ihrem *gopher*-Client auf Port 70 auf **sunsite.unc.edu**, und folgen Sie dem Menü zum Linux-Archiv. Das ist auch eine gute Möglichkeit, die Linux-Dokumentation interaktiv durchzublättern.

Die Liste häufig gestellter Fragen zu Linux (FAQ)
Die häufig gestellten Fragen (Frequently Asked Questions, FAQ) zu Linux sind in einer Liste (auf englisch) mit ihren Antworten zusammengefaßt. Dieses Dokument liefert allgemeine Informationen zu Linux, Hinweise auf übliche Probleme und deren Lösung sowie eine Liste weiterer Informationsquellen. Jeder neue Linux-Benutzer sollte diesen Text lesen. Er ist in verschiedenen Formaten erhältlich, unter anderem ASCII, PostScript und Lout. Die Linux FAQ werden von Ian Jackson, *ijackson@nyx.cs.du.edu*, verwaltet.

Die Linux META-FAQ
Die META-FAQ sind eine Sammlung von »Metafragen« zu Linux; es werden Quellen weiterer Information zu Linux aufgelistet und einige allgemeine Fragen behandelt. Für Internetbenutzer auf der Suche nach mehr Information über das System sind sie ein guter Ausgangspunkt. Die META-FAQ werden von Michael K. Johnson, *mjohnson@redhat.com*, gepflegt.

Das Linux INFO-SHEET
Das Linux INFO-SHEET ist eine technische Vorstellung des Linux-Systems. Es gibt einen Überblick der Charakteristika von Linux und der verfügbaren Software. Außerdem ist wiederum eine Liste weiterer Informationsquellen enthalten. Das Format und der Inhalt sind dem der META-FAQ sehr ähnlich, es wird übrigens auch von Michael K. Johnson zusammengestellt.

Die Linux Software Map
Die Linux Software Map (LSM) ist eine Liste vieler für Linux verfügbarer Applikationen mit Systemvoraussetzungen, Bezugsquelle etc. Sie ist alles andere als vollständig, eine vollständige Liste von Linux-Software zusammenzustellen, ist nahezu unmöglich. Jedenfalls sind viele der populärsten Linux-Softwarepakete enthalten. Wenn Sie ein spezielles Programm für Ihren Zweck nicht finden können, ist die LSM ein guter Ausgangspunkt für die weitere Suche. Sie wird von Lars Wirzenius, *liw@iki.fi*, gepflegt.

Der Linux HOWTO Index
Die Linux-HOWTOs sind eine Sammlung von detaillierten Beschreibungen jeweils eines bestimmten Aspektes des Linux-Systems. Sie werden von Greg Hankins gesammelt. Der HOWTO-Index führt alle verfügbaren HOWTO-Dokumente auf. In der *Bibliographie* finden Sie einen Auszug aus dieser Liste.

Andere Online-Dokumente

Anhang C

Wenn Sie das Verzeichnis *docs* irgendeines Linux-FTP-Servers durchsuchen, werden Sie viele andere Dokumente finden, die hier nicht aufgeführt sind: einen Schwung von FAQs, interessante Leckerbissen und weitere wichtige Informationen. Dieses Gemisch läßt sich hier nur schwer geordnet darstellen; wenn Sie in der Liste oben nicht das finden, wonach Sie suchen, werfen Sie einfach einen Blick in eines der Linux-Archive aus der Liste in Anhang C.

Handbücher vom Linux Documentation Project

Das Linux Documentation Project arbeitet an der Entwicklung einer Reihe von Handbüchern und anderer Dokumentation zu Linux, einschließlich Manual Pages. Die Handbücher befinden sich in unterschiedlichen Stadien der Entwicklung, und jede Unterstützung bei der Überarbeitung und Aktualisierung ist herzlich willkommen. Wenn Sie Fragen zum LDP haben, nehmen Sie bitte Kontakt mit Greg Hankins (*gregh@cc.gatech.edu*) auf.

Die Bücher sind per anonymous FTP von vielen Linux-Archiven erhältlich. Eine Reihe von Linux-Distributoren verkaufen gedruckte Kopien dieser Bücher, und Sie können möglicherweise sogar LDP-Handbücher in den Regalen des lokalen Buchhandels finden. Eine vollständige Liste der LDP-Handbücher finden Sie in der *Bibliographie*.

Allgemeine FTP-Server für Software

Da die meiste Software, die unter Linux läuft, aus lange existierenden und etablierten Quellen wie der Free Software Foundation und der Berkeley Software Distribution stammt, können Sie sie von einer Reihe von Servern im Internet beziehen. Wenn Ihre Distribution das Paket, das Sie gerade benötigen, nicht enthält, verzweifeln Sie nicht; versuchen Sie, es sich aus der Originalquelle zu holen.

Wir führen hier einige beliebte Server auf, die die Hauptquellen für Software, die unter Linux läuft, darstellen. Alle stehen unter schwerer Last. Das erste, was Sie tun sollten, wenn Sie zu so einem Server kommen, ist, nach einer Liste von Mirror-Servern (andere Server, die die Software vom Haupt-Server regelmäßig herunterladen), die dichter an Ihnen dran sind, Ausschau zu halten. Sie kommen dort wahrscheinlich besser hinein, und die Übertragung geht auch schneller.

GNU Software (Free Software Foundation)
ftp.gnu.ai.mit.edu im Verzeichnis */pub/gnu*

X Window System
ftp.x.org im Verzeichnis */pub/R6* bzw. */pub/R6.3* [1]

XFree86
ftp.xfree86.org im Verzeichnis */pub/XFree86*

FreeBSD
freebsd.org im Verzeichnis */pub/FreeBSD/LOCAL_PORTS*

Requests For Comments

Vorschläge, Standards und andere Informationen wurden in der Geschichte des Internet als sogenannte »Requests For Comments« (RFC) verbreitet. Alle RFCs sind per anonymous FTP von **nic.ddn.mil** und **ftp.uu.net** und einer Reihe anderer Sites weltweit erhältlich. Um einen RFC-Text per E-Mail zu erhalten, schicken Sie eine Nachricht an *service@nic.ddn.mil* mit dem Text:

```
send RFC-nummer.TXT
```

in der Subjekt-Zeile. In der *Bibliographie* finden Sie eine Reihe von RFCs, die für Linux-Netzwerkadministratoren und -Anwender interessant sind.

1 Informationen über die Releases finden Sie in den Dateien */pub/R6/RELNOTES.TXT* und */pub/R6/RELNOTES.PS*.

ANHANG B

LISTE DER LINUX-ANBIETER

Anhang A

In diesem Anhang sind die Kontaktadressen einiger Anbieter aufgeführt, die Linux oder interessante oder ungewöhnliche Produkte rund um Linux vertreiben. Viele von ihnen bieten auch Linux-Dokumentation, technischen Support und andere Dienste an. Wenn Sie eine vollständigere Liste der Linux-Anbieter haben möchten, lesen Sie das »Linux Distribution HOWTO« (siehe Anhang A, *Informationsquellen zu Linux*). Es gibt inzwischen einfach zu viele Anbieter, um sie hier alle aufzuführen.

Die Autoren geben keine Garantie für die Richtigkeit der Angaben in diesem Anhang. Die Adressen werden allein als Service für den Leser wiedergegeben, nicht als Werbung für eine bestimmte Firma oder Organisation. Wenn wir einen Anbieter vergessen haben sollten, der hier eigentlich hinein gehört, bitten wir um Entschuldigung.

Caldera, Inc.
633 South 550 East
Provo, Utah 84606 USA
Tel: +1 801-377-7687
Fax: +1 801-377-8752
WWW: *http://www.caldera.com/*
info@caldera.com

Caldera Open Linux basiert auf der LST-Distribution und bietet Unterstützung für Novell-Netzwerke, die das IPX-Protokoll benutzen. Außerdem hat Caldera WordPerfect von Novell und Applixware lizensiert und auf Linux portiert und bietet so zwei moderne Textverarbeitungen für Linux an.

Caldera hat die Entwicklung des Betriebssystems Linux aggressiv mitverfolgt und nicht davor zurückgescheut, Technologie aufzukaufen, wo das angemessen schien. So hat Caldera Sunsofts Windows Application Binary Interface (WABI) gekauft, mit dem Applikationen für MS-Windows unter Linux auf Intel-Plattformen laufen können. Schließlich hat Caldera »den Rubikon« überschritten und Lasermoons POSIX-kompatible Technologie lizensiert. Dahinter steckt die auch angekündigte Absicht, ein echtes UNIX zu vertreiben, das Caldera Open UNIX heißen soll. (Im Prinzip ergibt sich UNIX aus Kompatibilität zum X/Open-POSIX-Standard und einer UNIX-Lizenz.) Caldera UNIX wird damit das erste UNIX sein, das vollständig ohne Quellcode von AT&T entwickelt wurde und das mit dazu beitragen soll, daß Linux auch im kommerziellen Bereich als vollwertige Plattform für kommerzielle Softwareentwicklung anerkannt wird.

LunetIX
Donaustr. 16
D-12043 Berlin
Tel.: +49-30-6235787
WWW: *http://www.lunetix.de*

Vertriebspartner für Caldera in Deutschland

InfoMagic, Inc.
P.O. Box 30370
Flagstaff, AZ 86003-0370 USA
Tel: +1-800-800-6613, +1-602-526-9565
Fax: +1-602-526-9573
WWW: *http://www.infomagic.com*
FTP: *ftp.infomagic.com*
orders@infomagic.com

InfoMagic bietet die Linux Information Developer's Resource an, ein häufig (etwa sechsmal im Jahr) aktualisiertes Paket aus mehreren CDs, das den vollen Quelltext und Intel-Binärdateien für alle wichtigen Linux-Distributionen sowie alle aktuellen LDP-Dokumente enthält. InfoMagic bietet auch Telefon-Support an.

Linux Journal
P.O. Box 85867
Seattle, WA 98145-1867 USA
Tel: +1-206-782-7733
Fax: +1-206-782-7191
WWW: *http://www.ssc.com*
ljeditor@ssc.com
subs@ssc.com
sales@ssc.com

Das *Linux Journal*, das von SSC herausgegeben wird, ist eine nützliche Ressource für Linux-Benutzer aller Erfahrungsstufen. Im Journal werden neue Utilities vorgestellt und Kurse für Benutzer und Programmierer gehalten. Außerdem gibt es Berichte über Linux im kommerziellen Einsatz. SSC bietet außerdem das Essential Linux Pack an, das Referenzhandbücher für den Internet-Zugang, Shell-Programmierung, Kommunikation über serielle Leitungen und Werkzeuge, die für Artikel im *Linux Journal* entwickelt wurden, enthält. Das *Linux Journal* honoriert Artikel von Autoren aus der Linux-Gemeinde.

Linux Magazin
Stefan-George-Ring 19
D-81929 München
Tel: +49-89-99315310
Fax: +49-89-99315199
WWW: *http://www.linux-magazin.de*
info@linux-magazin.de

Das *Linux Magazin* ist die einzige, monatlich erscheinende, deutschsprachige Zeitschrift, die sich ausschließlich dem Thema Linux widmet. Sie richtet sich dabei an einen breiten Leserkreis und macht auch viele Artikel online verfügbar. Hier werden in Zukunft verstärkt in andere Sprachen übersetzte Versionen erscheinen, um der internationalen Linux-Gemeinde noch besser dienen zu können. Zu den behandelten Themen gehören aktuelle Linux-News, neue Software, Produktvorstellungen, Hardware-Portierungen, Konfiguration des Systems, Programmierung und alles, was das Herz eines jeden Linuxers höher schlagen läßt.

O'Reilly Verlag
Balthasarstraße 81
50670 Köln, Deutschland
Tel: +49-(0)221-973160-0
Fax: +49-(0)221-973160-8
WWW: *http://www.oreilly.de*
anfragen@oreilly.de

Der O'Reilly Verlag hat eine spezielle Reihe für Linux-Bücher entwickelt. Dazu gehören *Linux – Wegweiser für Netzwerker* von Olaf Kirch, *Linux in a Nutshell*, der *Linux Multimedia Guide* von Jeff Tranter und *Linux – Wegweiser zur Programmierung & Entwicklung* von Matthias Kalle Dalheimer. Weitere Bücher sind in Vorbereitung. Außerdem verlegt O'Reilly viele Bücher zu Themen, die ebenfalls relevant für Linux-Anwender sind, wie etwa UNIX-Shells und -Utilities, das X Window System, GNU-Utilities, Programmiersprachen und Internet-Protokolle, -Utilities und -Dienste.

Prime Time Freeware
370 Altair Way, Suite 150
Sunnyvale, CA 94086 USA
Tel: +1-408-433-9662
Fax: +1-408-433-0727
WWW: *http://www.ptf.com*
WWW (Apple): *http://www.mklinux.apple.com*
FTP (Apple): *ftp.mklinux.apple.com*
info@ptf.com

Apple hat die Entwicklung eines Linux-basierten Betriebssystems, MkLinux, übernommen, das ursprünglich von der Open Software Foundation für die PowerPC CPU entwickelt wurde, und hat eine Version herausgegeben, die auf aktuellen Intel

PCs und den PowerMacs 6100, 7100, 8100 Nubus und PowerPC-601-Systemen läuft. Darin enthalten ist auch eine ziemlich vollständige Sammlung von GNU-Software. Apple bietet CD-ROMs dieser Distribution für einen nominellen Preis über Prime Time Freeware an; MkLinux kann aber auch von Apples speziellen FTP- und WWW-Servern heruntergeladen werden. Prime Time Freeware bietet auch eine umfangreiche Sammlung an UNIX-Software an, die viele Multimedia-Werkzeuge und Kataloge von Free- und Shareware enthält.

Apple arbeitet an einer Portierung von MkLinux auf PCI PowerMac und PowerPC-Systeme (Systeme der Common Hardware Reference Platform, die von IBM, Motorola, Apple und deren Lizenznehmern angeboten werden). MkLinux ersetzt den Linux-Kernel durch den thread-basierten Mach-Microkernel der Carnegie Mellon University, den auch OSF/1 verwendet. Apple koordiniert die weitere Entwicklung von MkLinux durch Mailing-Listen für Entwickler.

Puristen werden allerdings behaupten, daß es sich bei diesem Betriebssystem nicht um Linux handelt, sondern eher um Mach mit Shell und Utilities aus Linux-, GNU-, BSD- und anderen Distributionen, die ein gemeinsames UNIX-Erbe haben, und daß das System daher weniger mit Linux zu tun hat als beispielsweise FreeBSD. (In vielerlei Hinsicht ist es eigentlich ein Freeware OSF/1.) Vielleicht führt eine Kreuzung von MkLinux mit dem aktuellen m68k Linux zum lang erwarteten Linux für die Systeme Motorola 680x0 CPU Macintosh. Lesen Sie dazu auch den Abschnitt »Abschlußbemerkungen« am Ende dieses Anhangs.

Red Hat Software
P.O. Box 4325
Chapel Hill, NC 27515 USA
Tel: +1-919-309-9560
Tel (ACC): +1-800-546-7274   +1-203-454-5500
WWW: *http://www.redhat.com*
redhat@redhat.com

Red Hat bietet eine »kommerzielle Standard-Distribution« an, die vollständig, robust, einfach zu installieren und geeignet für Erweiterungen durch andere Hersteller ist. Red Hat hat das RPM-Paketformat entwickelt, das die Installation und Aktualisierung von Linux und den beliebten Utilities direkt von den CDs ermöglicht. Red Hat ist inzwischen die Basis für mehrere kommerzielle Distributionen. Red Hat produziert auch Linux für Digital Alpha AXP (siehe Anhang E, *64-Bit AXP Linux,*) und SPARC und beabsichtigt, Linux auch für andere Plattformen anzubieten, wenn diese reif genug sind.

S.u.S.E. GmbH
Gebhardtstraße 2
D-90762 Fuerth, Germany
bestellung@suse.de
WWW: *http://www.suse.de*

Die S.u.S.E. GmbH entwickelt und vertreibt S.u.S.E. Linux, das mittlerweile in der Version 5.0 verfügbar ist. Das System bietet Installation in verschiedenen Sprachen, einen Demo-Modus für die DOS-Partition und ein Live-Filesystem, das flexibel ins installierte System integriert werden kann. Neben dem im Preis der Vollversion enthaltenen Installationssupport bietet S.u.S.E. auch kostenpflichtigen Business-Support und Vor-Ort-Installationen an, ebenso wie Wartungsverträge. Weiterhin vertreibt S.u.S.E. CDs und Bücher aus den Themenbereichen Linux und Unix.

Walnut Creek CDROM
4041 Pike Lane, Suite D
Concord, CA 94520 USA
Tel: +1-800-261-6630, +1-408-261-6630
Fax: +1-408-261-6631
WWW: *http://www.cdrom.com*
FTP: *ftp.cdrom.com*
info@cdrom.com

Walnut Creek ist der Anbieter der offiziellen Slackware-Distribution, eine der populärsten Linux-Distributionen. Außerdem bietet Walnut Creek GNU-CD-ROM-Distributionen mit Binärdateien für DOS und UNIX an.

Yggdrasil Computing, Incorporated
4880 Stevens Creek Blvd., Suite 205
San Jose, CA 95129-1034 USA
Tel: +1-800-261-6630, +1-408 261-6630
Fax: +1-408-261-6631
info@yggdrasil.com

Yggdrasil bietet die Plug-and-Play-Linux-Distribution an, die sich besonders durch ihre Multimedia-Ausrichtung auszeichnet. Das Paket enthält das Andrew Toolkit, eine an der Carnegie Mellon University entwickelte Benutzerschnittstelle, die interaktives Multimedia unterstützt und Werkzeuge zur Textverarbeitung, zum Browsen von Web-Seiten und zum Lesen von News und E-Mail beinhaltet. Yggdrasil bietet weitere Utilities für die Multimedia-Umgebung und zur Unterstützung zusätzlicher Peripherie-Geräte an; außerdem eine lizensierte OSF/Motif-Version für Linux und ein gebundenes Set der LDP-Dokumentation.

Zebu Systems L.L.C.
P.O. Box 65057
Seattle, WA 98155 USA
Tel: +1-206-781-9566
Fax: +1-206-782-7191
WWW: *http://www.zebu.com*
info@zebu.com

Zebu hat das Internet-Firewall-Paket *rf* entwickelt, das eine deutliche Steigerung der Sicherheit für Linux-Systeme im Internet ermöglicht. Zebu bietet dieses Paket und die zugehörige Dokumentation in frei weitergebbarer Form an und bietet Support und Sicherheitsberatung für Linux-Rechner. (Außerdem hat Zebu eine fortgeschrittene Applikation zur Rasterbildverarbeitung, RIP, für Linux entwickelt.)

Abschlußbemerkungen

Es gibt inzwischen kommerzielle Distributionen der Firma Red Hat für die Plattformen Alpha (siehe Anhang E) und SPARC. Informationen über die SPARC-Portierung finden Sie unter

http://www.geog.ubc.ca/s_linux.html

Für UltraSPARC-Maschinen ist Linux derzeit sogar das einzige erhältliche 64-Bit-Betriebssystem. Informationen über diese Portierung finden Sie unter

http://sunsite.mff.cuni.cz/linux/ultrapenguin-1.0/

Wir haben keinen kommerziellen Anbieter von Linux für Amiga-, Atari- oder Motorola-m68k-Plattformen gefunden. Gleichwohl sind die m68k-Distributionen bereits fest etabliert. (Erkundigen Sie sich bei Ihrer lokalen Benutzergruppe, das ist vermutlich der einfachste Weg, eine Distribution zu bekommen.) Die Quellen für Linux m68k sind per FTP von

ftp.phil.uni-sb.de

im Verzeichnis */pub/linux-m68k* erhältlich.

ANHANG C

FTP-ANLEITUNG UND SERVER-LISTE

[39 Internet]

Unter FTP (File Transfer Protocol) wird ein Satz von Programmen verstanden, mit denen man Dateien zwischen Systemen im Internet übertragen kann. Die meisten UNIX-, VMS- und MS-DOS-Systeme haben ein Programm namens *ftp*, das Sie für diesen Dateitransfer benutzen können. Wenn Sie Zugang zum Internet haben, ist *ftp* der beste Weg zum Herunterladen der Linux-Software. Dieser Anhang behandelt die einfache Benutzung von *ftp* – natürlich gibt es noch mehr Funktionen und Anwendungen von *ftp* als die hier gezeigten. *Die Welt des Internet. Handbuch & Übersicht* enthält alles, was Sie über *ftp* wissen müssen.

Am Ende dieses Anhangs finden Sie eine Liste von FTP-Servern, auf denen Sie Linux finden können. Wenn Sie keinen direkten Zugang zum Internet haben, aber elektronische Mail mit dem Internet austauschen können, finden Sie dort Informationen über die Benutzung des FTPMAIL-Service.

Wenn Sie ein MS-DOS-, UNIX- oder VMS-System zum Herunterladen der Dateien vom Internet benutzen, ist *ftp* meistens ein kommandozeilengesteuertes Programm. Es gibt aber auch andere Ausführungen von *ftp*, wie beispielsweise die Macintosh-Version namens *Fetch*, die eine menügesteuerte Oberfläche besitzen und ziemlich gut selbsterklärend sind. Aber auch wenn Sie keine kommandozeilengesteuerte Version von *ftp* benutzen, sollten die Informationen hier hilfreich sein.

Auch mit Web-Browsern können Sie Dateien per FTP übertragen. Geben Sie einen URL ein wie für jedes andere Dokument auch, aber beginnen Sie den String mit `ftp://` anstelle von `http://`, um dem Browser anzuzeigen, daß Sie auf einen FTP-Server zugreifen wollen. Bauen Sie Ihren URL aus den folgenden Teilen zusammen:

- Dem String `ftp://` (denken Sie an die zwei Schrägstriche!)
- Dem Rechnernamen
- Dem Verzeichnisnamen
- Dem Dateinamen

Wenn Sie also vom Rechner **sunsite.unc.edu** aus dem Verzeichnis */pub/Linux* die Datei *INDEX* übertragen wollen, geben Sie den folgenden URL ein:

```
ftp://sunsite.unc.edu/pub/Linux/INDEX
```

Das ist praktisch für eine einzelne Datei, aber ziemlich mühsam, wenn Sie eine vollständige Linux-Distribution oder ein anderes großes Software-Paket übertragen wollen. Das liegt daran, daß diese Distributionen aus mehreren Dateien bestehen und es mühsam ist, den Namen jeder einzelnen Datei als separaten URL einzugeben. Es gibt also immer noch einen guten Grund, das traditionelle FTP-Utility, das wir in diesem Anhang beschreiben, zu benutzen.

FTP kann benutzt werden, um Dateien auf andere Rechner im Internet hinauf- oder von ihnen herunterzuladen. In den meisten Situationen werden Sie Software herunterladen wollen. Es gibt im Internet eine große Anzahl öffentlich zugänglicher FTP-Archiv-Server. Das sind Rechner, die jedem den Zugang per *ftp* erlauben, um freie Software herunterzuladen. Ein solches Archiv ist **sunsite.unc.edu**, das eine Menge an Software von Sun Microsystems enthält und einer der wichtigsten Server für Linux ist. Außerdem spiegeln FTP-Server einander. Das bedeutet, daß Software, die auf einen der Rechner hinaufgeladen worden ist, automatisch auf eine Reihe weiterer Rechner kopiert wird. Seien Sie also nicht überrascht, wenn Sie genau die gleichen Dateien auf vielen verschiedenen Archiv-Rechnern finden.

FTP starten

Bitte beachten Sie, daß ich in den folgenden Beispielen nur die wichtigsten Informationen gebe. Bei Ihren eigenen Versuchen kann die Anzeige variieren. Kommandos, die von Ihnen eingegeben werden müssen, sind **fett** dargestellt, alles andere ist die Bildschirmausgabe des Programms.

Um *ftp* zu starten und die Verbindung zu einem Server aufzubauen, geben Sie einfach das folgende Kommando ein:

```
ftp hostname
```

Hier ist *hostname* der Name des Servers, mit dem Sie sich verbinden wollen. Um beispielsweise eine Verbindung zum imaginären Server **shoop.vpizza.com** aufzubauen, können wir das Kommando:

```
ftp shoop.vpizza.com
```

eingeben.

Einloggen

Wenn *ftp* gestartet ist, sehen wir etwas wie:

```
Connected to shoop.vpizza.com.
220 Shoop.vpizza.com FTPD ready at 15 Dec 1992 08:20:42 EDT
Name (shoop.vpizza.com:mdw):
```

Hier fragt *ftp* nach einem Benutzernamen, unter dem wir uns bei **shoop.vpizza.com** anmelden wollen. Die Voreinstellung hier ist `mdw`, das ist mein Benutzername auf dem System, von dem aus ich FTP benutze. Weil ich keinen Account auf **shoop.vpizza.com** habe, kann ich mich nicht als mich selbst einloggen. Statt dessen kann ich mich als `anonymous` einloggen und als Paßwort meine E-Mail-Adresse angeben, um an die öffentlich zugängliche Software heranzukommen. Ich würde also eingeben:

```
Name (shoop.vpizza.com:mdw): anonymous
331-Guest login ok, send e-mail address as password.
Password: mdw@sunsite.unc.edu
230- Welcome to shoop.vpizza.com.
230- Virtual Pizza Delivery[tm]: Download pizza in 30 cycles or less
230- or you get it FREE!
ftp>
```

Natürlich sollten Sie Ihre E-Mail-Adresse anstelle meiner eingeben. Sie werden das Echo auf dem Bildschirm nicht sehen, während Sie tippen (weil es sich technisch um ein Paßwort handelt). *ftp* sollte uns nun das Einloggen erlauben, und wir sind bereit, Software zu übertragen.

Herumstöbern

OK, jetzt sind wir drin. `ftp>` ist unser Prompt, und das *ftp*-Programm wartet auf Befehle. Es gibt ein paar einfache Kommandos, die Sie kennen müssen. Zuerst die Kommandos:

```
ls datei
```

und

```
dir datei
```

Kapitel 4

die beide Listings von Dateien oder Verzeichnissen ausgeben. (*`datei`* ist ein optionales Argument, das eine spezielle Datei oder ein Verzeichnis zum Anzeigen angibt.) Der Unterschied zwischen beiden besteht vor allem darin, daß *dir* normalerweise ein etwas längeres Listing ausgibt (mit mehr Informationen über Dateigröße, Alter usw.). Die Anzeige von *dir* entspricht der des UNIX- Kommandos *ls -l*, das im Abschnitt »Dateien auflisten« in Kapitel 4, *Grundlegende UNIX-Befehle und -Konzepte,* beschrieben wird.

Das Kommando:

```
cd verzeichnis
```

wechselt in das angegebene `verzeichnis` (genau wie das *cd*-Kommando bei UNIX oder MS-DOS). Sie können das Kommando:

```
cdup
```

verwenden, um in das nächsthöhere Verzeichnis zu wechseln.

Das Kommando:

```
help Befehl
```

gibt einen kurzen Hilfstext zum angegebenen *ftp*-`Befehl` aus. Wenn kein Befehl angegeben ist, wird eine Liste aller verfügbaren Befehle ausgegeben.

Wenn wir an dieser Stelle *dir* eingeben, werden wir den Inhalt des Verzeichnisses sehen, in dem wir uns gerade befinden:

```
ftp> dir
200 PORT command successful.
150 Opening ASCII mode data connection for /bin/ls.
total 1337
dr-xr-xr-x  2 root     wheel        512 Aug 13 13:55 bin
drwxr-xr-x  2 root     wheel        512 Aug 13 13:58 dev
drwxr-xr-x  2 root     wheel        512 Jan 25 17:35 etc
drwxr-xr-x 19 root     wheel       1024 Jan 27 21:39 pub
drwxrwx-wx  4 root     ftp-admi    1024 Feb  6 22:10 uploads
drwxr-xr-x  3 root     wheel        512 Mar 11  1992 usr
226 Transfer complete.
921 bytes received in 0.24 seconds (3.7 Kbytes/s)
ftp>
```

Wie das `d` am Anfang jeder Zeile anzeigt, ist jeder dieser Einträge ein Verzeichnis, nicht eine einzelne Datei, die wir herunterladen können. Auf den meisten FTP-Archiv-Servern befindet sich die öffentlich zugängliche Software im Verzeichnis */pub*, also lassen Sie uns dorthin gehen:

```
ftp> cd pub
ftp> dir
200 PORT command successful.
150 ASCII data connection for /bin/ls (128.84.181.1,4525) (0 bytes).
total 846
-rw-r--r--   1 root     staff        1433 Jul 12  1988 README
-r--r--r--   1 3807     staff       15586 May 13  1991 US.TXT.2
-rw-r--r--   1 539      staff       52664 Feb 20  1991 altenergy
-r--r--r--   1 65534    65534       56456 Dec 17  1990 ataxx.tar.Z
-rw-r--r--   1 root     other     2013041 Jul  3  1991 gesyps.tar.Z
```

```
-rw-r--r--   1 432      staff       41831 Jan 30  1989 gnexe.arc
-rw-rw-rw-   1 615      staff       50315 Apr 16  1992 linpack.tar.Z
-r--r--r--   1 root     wheel       12168 Dec 25  1990 localtime.o
-rw-r--r--   1 root     staff        7035 Aug 27  1986 manualslist
drwxr-xr-x   2 2195     staff         512 Mar 10 00:48 mdw
-rw-r--r--   1 root     staff        5593 Jul 19  1988 t.out.h
226 ASCII Transfer complete.
2443 bytes received in 0.35 seconds (6.8 Kbytes/s)
ftp>
```

Hier können wir ein paar möglicherweise interessante Dateien sehen. Eine davon heißt *README*, die sollten wir uns holen. (Die meisten FTP-Server haben eine *README*-Datei im */pub*-Verzeichnis.)

Dateien herunterladen

Bevor Sie anfangen, Dateien zu holen, müssen Sie auf ein paar Dinge achten.

Ausgabe von Hashmarks einschalten.

Hashmarks werden auf den Bildschirm geschrieben, während Dateien übertragen werden. Sie zeigen Ihnen an, daß die Verbindung weiter besteht und wie weit die Übertragung ist (damit Sie nicht 20 Minuten vor Ihrem Rechner sitzen und denken, daß Sie noch immer eine Datei übertragen). Im allgemeinen wird der Gartenzaun (#) als Hashmark für jeweils 1024 oder 8192 übertragene Bytes ausgegeben.

Um die Ausgabe von Hashmarks einzuschalten, müssen Sie das Kommando *hash* eingeben:

```
ftp> hash
Hash mark printing on (8192 bytes/hash mark).
ftp>
```

Bestimmung des Typs der Datei, die Sie übertragen wollen.

Soweit es FTP angeht, gibt es zwei Arten von Dateien: Text- und Binärdaten. Die meisten Dateien, die Sie herunterladen, werden Binärdaten sein: alle Programme, komprimierte Dateien, Archive und so weiter. Trotzdem gibt es viele Textdateien (wie beispielsweise die *README*s).

Warum ist der Dateityp wichtig? Nur, weil auf manchen Systemen (zum Beispiel MS-DOS) bestimmte Zeichen, wie beispielsweise die Zeilenenden in einer Textdatei, umgewandelt werden müssen, damit die Datei lesbar ist. Während der Übertragung im Binärmodus wird keinerlei Umwandlung vorgenommen, die Datei wird einfach Byte für Byte kopiert.

Die Kommandos *bin* und *ascii* schalten den Übertragungsmodus auf binär beziehungsweise Text. Benutzen Sie im Zweifelsfall immer den Binärmodus. Wenn Sie eine Binärdatei im Textmodus übertragen, wird sie zerstört und unbrauchbar. (Das ist einer der häufigsten Fehler bei der Benutzung von FTP.) Trotzdem können Sie den Textmodus zur Übertragung von einfachen Textdateien benutzen (deren Name endet häufig auf *.txt*).

In unserem Beispiel wollen wir die Datei *README* übertragen, die höchstwahrscheinlich eine Textdatei ist. Also benutzen wir das Kommando:

```
ftp> ascii
200 Type set to A.
ftp>
```

Bestimmen Sie Ihr lokales Verzeichnis.

Als *lokales Verzeichnis* bestimmen Sie das Verzeichnis, in dem die zu übertragenden Dateien ankommen sollen. Während das Kommando *cd* das Verzeichnis auf dem entfernten Rechner wechselt, ist das Kommando *lcd* für das Wechseln des lokalen Verzeichnisses zuständig.

Um beispielsweise in das lokale Verzeichnis */home/db/mdw/tmp* zu wechseln, benutzen Sie das Kommando:

```
ftp> lcd /home/db/mdw/tmp
Local directory now /home/db/mdw/tmp
ftp>
```

Jetzt sind Sie bereit, tatsächlich eine Datei zu holen. Dazu wird das Kommando:

```
get Quelldatei Zieldatei
```

benutzt. Als *Quelldatei* wird der Name der zu übertragenden Datei auf dem entfernten Rechner angegeben. Mit *Zieldatei* bestimmen Sie den Namen, unter dem die Datei nach der Übertragung auf dem lokalen Rechner erscheint. Die Angabe einer *Zieldatei* ist optional. Ohne diese Angabe wird die Datei unter dem gleichen Namen gespeichert, unter dem sie vom entfernten Rechner geholt wurde. Wenn Sie aber zum Beispiel die Datei *README* holen wollen und in Ihrem lokalen Verzeichnis bereits eine Datei dieses Namens existiert, möchten Sie wahrscheinlich der Zieldatei einen anderen Namen geben, damit die erste nicht überschrieben wird.

Um zum Beispiel die Datei *README* herunterzuladen, benutzen wir einfach:

```
ftp> get README
200 PORT command successful.
150 ASCII data connection for README (128.84.181.1,4527) (1433 bytes).
#
226 ASCII Transfer complete.
local: README remote: README
1493 bytes received in 0.03 seconds (49 Kbytes/s)
ftp>
```

FTP beenden

Um Ihre FTP-Session zu beenden, geben Sie einfach das Kommando:

```
quit
```

ein. Das Kommando:

```
close
```

kann benutzt werden, um eine gerade bestehende Verbindung zu einem entfernten Rechner zu schließen; mit dem Kommando *open* kann dann eine weitere Verbindung zu einem anderen Rechner aufgebaut werden, ohne das FTP-Programm ganz zu verlassen.

```
ftp> close
221 Goodbye.
ftp> quit
```

FTPMAIL benutzen

Mit FTPMAIL können Sie Dateien von FTP-Archiv-Servern über normale E-Mail abrufen. Wenn Sie keinen direkten Internet-Zugang haben, aber elektronische Mail in das Internet senden können, dann ist FTPMAIL ein guter Weg, um Dateien von FTP-Archiven zu holen. Leider kann FTPMAIL sehr langsam sein, besonders wenn die gesendete Datenmenge sehr groß ist. Bevor Sie versuchen, mit FTPMAIL eine größere Menge Software zu holen, sollten Sie sich vergewissern, daß im Spool-Bereich Ihres Mail-Systems genügend Platz für die Bearbeitung der ankommenden Daten frei ist. Viele Systeme beschränken den Plattenplatz für ankommende Mail und könnten sogar Ihren Account löschen, wenn Sie diese Beschränkung nicht einhalten.

ftp.informatik.tu-muenchen.de, einer der größten FTP-Archiv-Server für Linux in Deutschland, der alle wichtigen Server weltweit spiegelt, betreibt einen FTPMAIL-Server. Um diesen Service zu nutzen, schicken Sie eine E-Mail an:

```
ftp-mailer@ftp.informatik.tu-muenchen.de
```

mit einem Mailtext aus dem einzelnen Wort

```
help
```

Dadurch wird Ihnen eine Liste aller Kommandos für FTPMAIL und eine kurze Anleitung zugeschickt.

Um beispielsweise eine Liste aller von **ftp.informatik.tu-muenchen.de** erhältlichen Dateien zu bekommen, schicken Sie eine Mail an die oben genannte Adresse mit dem folgenden Text:

```
get index
```

Andere FTP-Server erreichen Sie über den FTPMAIL-Server von **sunsite.unc.edu** unter der E-Mail-Adresse *ftpmail@sunsite.unc.edu.* Sie erhalten eine Kurzanleitung, indem Sie in der oben beschriebenen Form Hilfe anfordern.

Liste der Linux-FTP-Server

Tabelle C-1 zeigt eine Liste der bekanntesten FTP-Archiv-Server, die Linux-Software anbieten. Beachten Sie bitte, daß diese Archive von vielen anderen Rechnern gespiegelt werden, so daß Sie sehr wahrscheinlich auf einer großen Zahl weiterer Rechner auf Linux stoßen werden.

Tabelle C-1: Linux-FTP-Server

Name des Servers	IP-Adresse	Verzeichnis
tsx-11.mit.edu	18.86.0.44	*/pub/linux*
sunsite.unc.edu	152.2.22.81	*/pub/Linux*
ftp.funet.fi	128.214.248.6	*/pub/Linux*
ftp.mcc.ac.uk	130.88.203.12	*/pub/linux*
fgb1.fgb.mw.tu-muenchen.de	129.187.200.1	*/pub/linux*
ftp.dfv.rwth-aachen.de	137.226.4.111	*/pub/linux*
ftp.informatik.rwth-aachen.de	137.226.112.172	*/pub/Linux*
ftp.cs.tu-berlin.de	130.149.144.4	*/pub/linux*
ftp.ibp.fr	132.227.77.2	*/pub/linux*
kirk.bond.edu.au	131.244.1.1	*/pub/OS/Linux*
ftp.uu.net	137.39.1.9	*/systems/unix/linux*
wuarchive.wustl.edu	128.252.135.4	*/systems/linux*
ftp.win.tue.nl	131.155.70.100	*/pub/linux*
ftp.ibr.cs.tu-bs.de	134.169.34.15	*/pub/linux*
ftp.denet.dk	130.225.249.7	*/pub/OS/linux*

tsx-11.mit.edu, **sunsite.unc.edu** und **nic.funet.fi** sind die »Heimatrechner« für Linux-Software, auf denen die meisten neuen Programme abgelegt werden. Die meisten anderen Rechner auf dieser Liste spiegeln irgendeine Kombination dieser drei. Um Netzwerk-Verkehr zu vermeiden, sollten Sie aus der Liste den Rechner auswählen, der Ihnen geographisch am nächsten liegt.

ANHANG D

LIZENZEN

In Kapitel 1, *Einführung in Linux*, wurde bereits darauf hingewiesen, wie wichtig es für Linux ist, daß dieses Betriebssystem freie Software ist. (Linus Torvalds selbst hat einmal gesagt, Linux frei zur Verfügung zu stellen, sei das Beste gewesen, was er nur tun konnte. In den meisten Linux-Distributionen ist die ganze Software in gewissem Sinn »frei«. Selbst wenn die Distributionen zusätzlich kommerzielle Software enthalten, ist der Großteil der Software einer Distribution frei.

Linux selbst steht unter der »General Public License«, die von der Free Software Foundation geschaffen und bekannt gemacht worden ist. Wir drucken den Lizenztext in diesem Anhang ab, um dazu beizutragen, die Konfusion über den Copyright-Status von Linux zu beseitigen. Linux ist *weder* Shareware *noch* Public Domain. Der größte Teil des Linux-Kernels hat das Copyright © 1993 by Linus Torvalds. Für andere Software und Teile des Kernels besitzen deren Autoren das Urheberrecht. Somit ist Linux urheberrechtlich geschützt. Dennoch können Sie Linux weiterverbreiten – unter den Bedingungen der GPL.

Die meisten Utilities in Linux-Distributionen stammen von der Free Software Foundation und stehen unter derselben GPL. Zwei weitere, für Linux wichtige Lizenztexte, die wir ebenfalls in diesem Anhang abdrucken, sind das »Berkeley Copyright« unter dem das freie BSD und einige Programme für Linux veröffentlicht sind, und das Copyright des X Consortium, unter dem das X Window System im allgemeinen und XFree86 im speziellen stehen.

Beachten Sie bitte, daß die folgenden Übersetzungen lediglich dem besseren Verständnis der Lizenzbestimmungen dienen. Die Übersetzungen sind weder von den Autoren der Originaltexte autorisiert noch im rechtlichen Sinne anerkannt oder verwendbar. Die Übersetzungen in diesem Anhang sind daher auch nicht geeignet, untenstehende Bedingungen für die Weitergabe von Quellcode und Binärdateien zu erfüllen. Wenn Sie sichergehen wollen, daß Sie bei der Weitergabe urheberrechtlich geschützter, freier Software korrekt vorgehen, sollten Sie die Originaltexte der entsprechenden Lizenzen konsultieren. Diese Texte finden Sie bei den Sourcen aller Programme, die unter den jeweiligen Lizenzbedingungen veröffentlicht worden sind. Die folgende, inoffizielle Übersetzung der GPL wurde dem *Linux Anwenderhandbuch* entnommen und uns freundlicherweise von LunetIX zur Verfügung gestellt.

GNU General Public License Version 2, June 1991

Copyright © 1989, 1991 Free Software Foundation, Inc., 675 Mass Ave, Cambridge, MA 02139, USA. Jeder ist berechtigt, das Originaldokument der Lizenzbestimmungen zu kopieren und weiterzugeben, eine Veränderung des Dokuments ist nicht gestattet.

Vorwort

Im Vorwort zur GPL werden die wesentlichen Punkte der Lizenz ohne die verbindlichen Formulierungen des eigentlichen Lizenztextes eingeführt.

Die Lizenzen für die meiste Software sollen verhindern, daß Sie die Programme weitergeben und verändern können. Im Gegensatz dazu will die GNU General Public License sicherstellen, daß freie Software von jedem benutzt und verändert werden kann. Die General Public License gilt für den Großteil der von der Free Software Foundation herausgegebenen Software und für alle anderen Programme, deren Autoren ihr Werk der GPL unterstellt haben. (Ein anderer Teil der Software der Free Software Foundation unterliegt stattdessen der GNU Library General Public License). Auch Sie können diese Möglichkeit der Lizenzierung für Ihre Programme anwenden.

Wenn in der GPL von »freier Software« gesprochen wird, ist wirklich Freiheit gemeint, nicht der Preis. Die General Public License soll sicherstellen, daß Sie die Freiheit haben, Kopien freier Software zu verbreiten (und etwas für diesen Service zu berechnen, wenn Sie möchten), daß Sie den Quellcode erhalten haben oder auf Wunsch bekommen können, daß Sie die Software ändern oder Teile davon in neuen freien Programmen verwenden können, und daß Sie wissen, daß Sie dies alles tun dürfen.

Damit Ihre Rechte geschützt sind, muß die Lizenz Einschränkungen machen, die es jedem verbieten, Ihnen diese Rechte zu verweigern oder Sie aufzufordern, auf diese Rechte zu verzichten. Aus diesen Einschränkungen folgen bestimmte Verantwortlichkeiten für Sie, wenn Sie Kopien der Software verbreiten oder sie verändern.

Beispielsweise müssen Sie den Empfängern alle Rechte gewähren, die Sie selbst haben, wenn Sie – kostenlos oder gegen Bezahlung – Kopien eines solchen Programms verbreiten. Sie müssen sicherstellen, daß auch sie den Quellcode erhalten haben bzw. bekommen können. Und Sie müssen ihnen diese Bedingungen zeigen, damit sie ihre Rechte kennen.

Die Free Software Foundation und die GPL schützen Ihre Rechte in zwei Schritten: (1) sie stellen die Software unter ein Copyright und (2) bieten Ihnen die General Public License an, die Ihnen das Recht gibt, die Software zu vervielfältigen, zu verbreiten und/oder zu verändern.

Um die Autoren und sich selbst zu schützen, will die FSF sicherstellen, daß jeder erfährt, daß für diese freie Software keine Garantie besteht. Wenn die Software von jemand anderem modifiziert und weitergegeben wird, möchte die FSF, daß die Empfänger wissen, daß sie nicht das Original erhalten haben, damit von anderen verursachte Probleme nicht die Reputation des ursprünglichen Autors schädigen.

Schließlich ist jedes freie Programm permanent durch Software-Patente bedroht. Die FSF möchte die Gefahr ausschließen, daß Distributoren eines freien Programms individuell Patente auf ein Programm erhalten, mit dem Ergebnis, daß das Programm proprietär wird. Um dies zu verhindern, hat sie klar gemacht, daß jedes Patent für freie Benutzung durch jedermann lizenziert werden muß oder überhaupt nicht lizenziert werden darf.

Bedingungen für die Vervielfältigung, Verbreitung und Bearbeitung

1. Die General Public License (GPL) gilt für jedes Programm und jedes andere Werk, in dem ein entsprechender Vermerk des Urhebers darauf hinweist, daß das Werk unter den Bestimmungen der General Public License verbreitet werden darf. Im folgenden wird jedes derartige Programm oder Werk als »das Programm« bezeichnet. Als »auf dem Programm basierendes Werk« wird das Programm sowie jegliche Bearbeitung im Sinne des Urheberrechts bezeichnet; das bedeutet ein Werk, welches das Programm, auch auszugsweise, unverändert oder verändert, und/oder in eine andere (Compiler-) Sprache übersetzt, enthält. (Im folgenden wird die Übersetzung ohne Einschränkung in »Bearbeitung« eingeschlossen.) Jeder Lizenznehmer wird im Lizenztext als »Sie« angesprochen.

   Andere Handlungen als Vervielfältigung, Verbreitung und Bearbeitung werden von der General Public License nicht berührt; sie fallen nicht in ihren Anwendungsbereich. Der Vorgang der Ausführung des Programms wird nicht eingeschränkt, und die Ausgabe des Programms unterliegt der Lizenz nur, wenn der Inhalt ein auf dem Programm basierendes Werk darstellt (unabhängig davon, daß die Ausgabe durch die Ausführung des Programms erfolgte). Ob dies zutrifft, hängt davon ab, was das Programm tut.

2. Sie dürfen auf beliebigen Medien unveränderte Kopien des Quellcodes vom Programm, wie Sie ihn erhalten haben, anfertigen und verbreiten. Voraussetzung hierfür ist, daß Sie mit jeder Kopie einen entsprechenden Copyright-Vermerk, sowie einen Haftungsausschluß veröffentlichen. Sie müssen alle Vermerke, die sich auf die Lizenz und das Fehlen einer Garantie beziehen,

unverändert lassen. Des weiteren müssen Sie allen anderen Empfängern des Programms zusammen mit dem Programm eine Kopie der GPL geben.

Sie dürfen für den eigentlichen Kopiervorgang eine Gebühr verlangen, und es steht Ihnen frei, gegen Entgelt eine Garantie für das Programm anzubieten.

3. Sie dürfen Ihre Kopie(n) des Programms, oder einen Teil davon, verändern, wodurch ein auf dem Programm basierendes Werk entsteht; Sie dürfen derartige Bearbeitungen unter den Bestimmungen des Abschnitts 1 vervielfältigen und verbreiten, vorausgesetzt, daß zusätzlich alle folgenden Bedingungen erfüllt werden:

   a. Sie müssen die veränderten Dateien mit einem auffälligen Vermerk versehen, der auf die von Ihnen vorgenommene Modifizierung und das Datum jeder Änderung hinweist.

   b. Sie müssen dafür sorgen, daß jede von Ihnen verbreitete oder veröffentlichte Arbeit, die ganz oder teilweise von einem freien Programm oder Teilen davon abgeleitet ist, Dritten gegenüber als Ganzes unter den Bedingungen der GPL ohne Lizenzgebühren zur Verfügung gestellt wird.

   c. Wenn das veränderte Programm normalerweise beim Lauf interaktiv Kommandos einliest, müssen Sie dafür sorgen, daß es, wenn es auf dem üblichsten Wege für solche interaktive Nutzung gestartet wird, eine Meldung ausgibt oder ausdruckt, die einen geeigneten Copyright-Vermerk enthält sowie einen Hinweis, daß es keine Gewährleistung gibt (oder anderenfalls, daß Sie Garantie leisten) und daß die Benutzer das Programm unter diesen Bedingungen weiter verbreiten dürfen. Auch muß der Benutzer darauf hingewiesen werden, wie er eine Kopie der GPL ansehen kann. (Ausnahme: Wenn das Programm selbst interaktiv arbeitet, aber normalerweise keine derartige Meldung ausgibt, muß Ihr auf dem Programm basierendes Werk auch keine solche Meldung ausgeben).

   Diese Anforderungen betreffen das veränderte Werk als Ganzes. Wenn identifizierbare Teile des Werkes nicht von dem Programm abgeleitet sind und vernünftigerweise selbst als unabhängige und eigenständige Werke betrachtet werden können, dann erstrecken sich die General Public License und ihre Bedingungen nicht auf diese Teile, sofern sie als eigenständige Werke verbreitet werden. Wenn Sie jedoch dieselben Teile als Teil eines Ganzen verbreiten, das ein auf dem Programm basierendes Werk darstellt, dann muß die Verbreitung des Ganzen nach den Bedingungen der GPL erfolgen. Hierbei werden die Rechte weiterer Lizenznehmer auf die Gesamtheit ausgedehnt, und damit auf jeden einzelnen Teil – unabhängig von der Person des Verfassers.

   Es ist nicht der Zweck dieses Absatzes, Rechte für Werke zu beanspruchen oder Ihre Rechte an Werken zu bestreiten, die komplett von Ihnen geschrieben wurden; vielmehr ist es die Absicht der GPL, die Rechte zur Kontrolle der Verbreitung von Werken, die auf einem freien Programm basieren oder unter seiner auszugsweisen Verwendung zusammengestellt worden sind, auszuüben.

Die einfache Zusammenstellung eines anderen Werkes, das nicht auf dem freien Programm basiert, gemeinsam mit dem Programm oder einem auf dem Programm basierenden Werk, auf einem Speicher- oder Vertriebsmedium, fällt nicht in den Anwendungsbereich der GPL.

4. Sie dürfen das Programm (oder ein darauf basierendes Werk wie in Abschnitt 2) als Objectcode oder in ausführbarer Form unter den Bedingungen von Abschnitt 1 und 2 vervielfältigen und verbreiten – vorausgesetzt, daß Sie dabei das folgende tun:

   a. Liefern Sie zusätzlich den vollständigen, zugehörigen, maschinenlesbaren Quellcode auf einem Medium, das üblicherweise für den Datenaustausch verwendet wird, wobei die Verteilung unter den Bedingungen der Abschnitte 1 und 2 erfolgen muß; oder
   b. Liefern Sie das Programm mit dem mindestens drei Jahre gültigen schriftlichen Angebot, jedem Dritten eine vollständige, maschinenlesbare Kopie des Quellcodes zu einem Preis, der die Kosten für die materielle Durchführung der Verteilung nicht übersteigt, zur Verfügung zu stellen. Der Quellcode muß unter den Bedingungen der Abschnitte 1 und 2 auf einem für den Datenaustausch üblichen Medium verbreitet werden; oder
   c. Liefern Sie das Programm mit der Information, die auch Sie als Angebot zur Verteilung des korrespondierenden Quellcodes erhalten haben. (Diese Alternative gilt nur für nicht-kommerzielle Verbreitung und nur, wenn Sie das Programm als Objectcode oder in ausführbarer Form mit einem entsprechenden Angebot nach Unterabschnitt b erhalten haben.)

   Unter Quellcode eines Werks wird die Form des Werks verstanden, die für Bearbeitungen vorzugsweise verwendet wird. Für ein ausführbares Programm bedeutet vollständiger Quellcode: der gesamte Quelltext aller Module, die das Programm beinhaltet, zusätzlich alle zugehörigen Schnittstellendefinitionen, sowie die Scripte, die die Kompilierung und Installation des ausführbaren Programms kontrollieren. Als besondere Ausnahme braucht der verteilte Quellcode nichts zu enthalten, was normalerweise (entweder als Quellcode oder in binärer Form) mit den Hauptkomponenten des Betriebssystems (Kernel, Compiler usw.) verteilt wird, unter dem das Programm läuft – es sei denn, diese Komponente gehört zum ausführbaren Programm.

   Wenn die Verbreitung eines ausführbaren Programms oder des Objectcodes erfolgt, indem der Kopierzugriff auf eine dafür vorgesehene Stelle gewährt wird, so gilt die Gewährung eines gleichwertigen Zugriffs auf den Quellcode als Verbreitung des Quellcodes, auch wenn Dritte nicht gezwungen sind, die Quellen zusammen mit dem Objectcode zu kopieren.

5. Sie dürfen das freie Programm nicht vervielfältigen, verändern, weiter lizenzieren oder verbreiten, sofern es durch die General Public License nicht ausdrücklich gestattet ist. Jeder anderweitige Versuch der Vervielfältigung, Modifizierung, Weiterlizenzierung und Verbreitung ist nichtig und beendet

automatisch Ihre Rechte unter der GPL. Jedoch werden die Lizenzen Dritter, die von Ihnen Kopien oder Rechte unter der GPL erhalten haben, nicht beendet, solange diese die Lizenz voll anerkennen und befolgen.

6. Sie sind nicht verpflichtet, die General Public License anzunehmen, da Sie sie nicht unterzeichnet haben. Jedoch gibt Ihnen nichts anderes die Erlaubnis, das Programm oder von ihm abgeleitete Werke zu verändern oder zu verbreiten. Diese Handlungen sind gesetzlich verboten, wenn Sie die Lizenz nicht anerkennen. Indem Sie das Programm (oder ein darauf basierendes Werk) verändern oder verbreiten, erklären Sie Ihr Einverständnis mit der General Public License und mit allen ihren Bedingungen bezüglich der Vervielfältigung, Verbreitung und Veränderung des Programms oder eines darauf basierenden Werks.

7. Jedesmal, wenn Sie das Programm (oder ein auf dem Programm basierendes Werk) weitergeben, erhält der Empfänger automatisch vom ursprünglichen Lizenzgeber die Lizenz, das Programm entsprechend den in der GPL festgelegten Bestimmungen zu vervielfältigen, zu verbreiten und zu verändern. Sie dürfen keine weiteren Einschränkungen für die Ausübung der darin zugestandenen Rechte des Empfängers vornehmen. Sie sind nicht dafür verantwortlich, die Einhaltung der Lizenz durch Dritte durchzusetzen.

8. Sollten Ihnen infolge eines Gerichtsurteils, des Vorwurfs einer Patentverletzung oder aus einem anderen Grunde (nicht auf Patentfragen begrenzt) Bedingungen (durch Gerichtsbeschluß, Vergleich oder anderweitig) auferlegt werden, die den Bedingungen der General Public License widersprechen, so befreien Sie diese Umstände nicht von den Bestimmungen in der GPL. Wenn es Ihnen nicht möglich ist, das Programm unter gleichzeitiger Beachtung der Bedingungen in der GPL und Ihrer anderweitigen Verpflichtungen zu verbreiten, dann können Sie als Folge das Programm überhaupt nicht verbreiten. Wenn zum Beispiel ein Patent nicht die patentgebührenfreie Weiterverbreitung des Programms durch diejenigen erlaubt, die das Programm direkt oder indirekt von Ihnen erhalten haben, dann besteht der einzige Weg, das Patent und diese Lizenz zu befolgen, darin, ganz auf die Verbreitung des Programms zu verzichten.

   Sollte sich ein Teil dieses Abschnitts als ungültig oder unter bestimmten Umständen nicht durchsetzbar erweisen, so soll dieser Abschnitt seinem Sinne nach angewandt werden; im übrigen soll dieser Abschnitt als Ganzes gelten.

   Zweck dieses Abschnittes ist nicht, Sie dazu zu bringen, irgendwelche Patente oder andere Eigentumsansprüche zu verletzen oder die Gültigkeit solcher Ansprüche zu bestreiten; dieser Abschnitt hat einzig den Zweck, die Integrität des Verbreitungssystems der freien Software zu schützen, das durch die Praxis öffentlicher Lizenzen verwirklicht wird. Viele Leute haben großzügige Beiträge zum weiten Bereich der mit diesem System verbreiteten Software im Vertrauen auf die konsistente Anwendung dieses Systems geleistet. Es liegt am Autor/Geber, zu entscheiden, ob er die Software mittels irgendeines anderen Systems verbreiten will; ein Lizenznehmer hat auf diese Entscheidung keinen Einfluß.

Dieser Abschnitt ist dazu gedacht, deutlich klarzumachen, was als Konsequenz aus dem Rest der General Public License betrachtet wird.

9. Wenn die Verbreitung und/oder die Benutzung des Programms in bestimmten Staaten entweder durch Patente oder durch urheberrechtlich geschützte Schnittstellen eingeschränkt ist, kann der Urheberrechtsinhaber, der das Programm unter die GPL gestellt hat, eine explizite geographische Begrenzung der Verbreitung angeben, in der diese Staaten ausgeschlossen werden, so daß die Verbreitung nur innerhalb und zwischen den Staaten erlaubt ist, die nicht ausgeschlossen sind. In einem solchen Fall beinhaltet die GPL die Beschränkung, als wäre sie im Lizenztext niedergeschrieben.

10. Die Free Software Foundation kann von Zeit zu Zeit überarbeitete und/oder neue Versionen der General Public License veröffentlichen. Solche neuen Versionen werden, vom Grundprinzip her, der gegenwärtigen entsprechen, können aber im Detail abweichen, um neuen Problemen und Anforderungen gerecht zu werden.

    Jede Version der Lizenz hat eine eindeutig identifizierbare Versionsnummer. Wenn das Programm angibt, welcher Version und »any later version« es unterliegt, so haben Sie die Wahl, entweder den Bestimmungen dieser Version zu folgen oder denen jeder beliebigen späteren Version, die von der Free Software Foundation veröffentlicht wurde. Wenn das Programm keine Versionsnummer angibt, können Sie eine beliebige Version wählen, die je von der Free Software Foundation veröffentlicht wurde.

11. Wenn Sie den Wunsch haben, Teile des Programms in anderen freien Programmen zu verwenden, deren Bedingungen für die Verbreitung anders sind, schreiben Sie an den Autor, um ihn um die Erlaubnis zu bitten. Für Software, die unter dem Copyright der Free Software Foundation steht, schreiben Sie an die Free Software Foundation; die FSF macht zu diesem Zweck manchmal Ausnahmen. Die Entscheidung darüber wird von den beiden folgenden Zielen geleitet: dem Erhalten des freien Status von allen abgeleiteten Werken der freien Software und der Förderung der Verbreitung und Nutzung von Software generell.

12. KEINE GEWÄHRLEISTUNG

    BECAUSE THE PROGRAM IS LICENSED FREE OF CHARGE, THERE IS NO WARRANTY FOR THE PROGRAM, TO THE EXTENT PERMITTED BY APPLICABLE LAW. EXCEPT WHEN OTHERWISE STATED IN WRITING THE COPYRIGHT HOLDERS AND/OR OTHER PARTIES PROVIDE THE PROGRAM »AS IS« WITHOUT WARRANTY OF ANY KIND, EITHER EXPRESSED OR IMPLIED, INCLUDING, BUT NOT LIMITED TO, THE IMPLIED WARRANTIES OF

MERCHANTABILITY AND FITNESS FOR A PARTICULAR PURPOSE. THE ENTIRE RISK AS TO THE QUALITY AND PERFORMANCE OF THE PROGRAM IS WITH YOU. SHOULD THE PROGRAM PROVE DEFECTIVE, YOU ASSUME THE COST OF ALL NECESSARY SERVICING, REPAIR OR CORRECTION.

(Da das Programm ohne jegliche Kosten lizenziert wird, besteht keinerlei Gewährleistung für das Programm, soweit dies gesetzlich zulässig ist. Sofern nicht anderweitig schriftlich bestätigt, stellen die Urheber und/oder Dritte das Programm so zur Verfügung, »wie es ist«, ohne irgendeine Gewährleistung, weder ausdrücklich noch implizit, einschließlich, aber nicht begrenzt auf die Tauglichkeit und Verwendbarkeit für einen bestimmten Zweck. Das volle Risiko bezüglich Qualität und Leistungsfähigkeit des Programms liegt bei Ihnen. Sollte das Programm fehlerhaft sein, übernehmen Sie die Kosten für notwendigen Service, Reparatur oder Korrektur.)

13. IN NO EVENT UNLESS REQUIRED BY APPLICABLE LAW OR AGREED TO IN WRITING WILL ANY COPYRIGHT HOLDER, OR ANY OTHER PARTY WHO MAY MODIFY AND/OR REDISTRIBUTE THE PROGRAM AS PERMITTED ABOVE, BE LIABLE TO YOU FOR DAMAGES, INCLUDING ANY GENERAL, SPECIAL, INCIDENTAL OR CONSEQUENTIAL DAMAGES ARISING OUT OF THE USE OR INABILITY TO USE THE PROGRAM (INCLUDING BUT NOT LIMITED TO LOSS OF DATA OR DATA BEING RENDERED INACCURATE OR LOSSES SUSTAINED BY YOU OR THIRD PARTIES OR A FAILURE OF THE PROGRAM TO OPERATE WITH ANY OTHER PROGRAMS), EVEN IF SUCH HOLDER OR OTHER PARTY HAS BEEN ADVISED OF THE POSSIBILITY OF SUCH DAMAGES.

(In keinem Fall, außer durch geltendes Recht gefordert oder schriftlich zugesichert, ist irgendein Urheber oder irgendein Dritter, der das Programm wie oben erlaubt modifiziert oder verbreitet hat, Ihnen gegenüber für irgendwelche Schäden haftbar, einschließlich jeglicher genereller, spezieller, zufälliger oder Folgeschäden, die aus der Benutzung des Programms oder der Unbenutzbarkeit des Programms folgen (einschließlich, aber nicht beschränkt auf, Datenverluste, fehlerhafte Verarbeitung von Daten, Verluste, die von Ihnen oder einem Dritten erlitten werden, oder einem Versagen des Programms bei der Zusammenarbeit mit irgendeinem anderen Programm), selbst wenn ein Urheber oder Dritter über die Möglichkeit solcher Schäden unterrichtet worden war.)

ENDE DER BEDINGUNGEN

Die General Public License schließt mit einer Anleitung, wie Sie eigene Werke unter die GPL stellen können:

Anhang: Wie wenden Sie diese Bestimmungen auf Ihre neuen Programme an

Wenn Sie ein neues Programm entwickeln und wollen, daß es von größtmöglichem Nutzen für die Allgemeinheit ist, dann erreichen Sie das am besten, indem Sie es zu freier Software machen, die jeder unter diesen Bestimmungen weiterverbreiten und verändern kann.

Um dies zu erreichen, fügen Sie die folgenden Anmerkungen zu Ihrem Programm hinzu. Am sichersten ist es, sie an den Anfang einer jeden Quelldatei zu stellen, um den Gewährleistungsausschluß möglichst deutlich darzustellen; außerdem sollte jede Datei mindestens eine »Copyright«-Zeile besitzen sowie einen kurzen Hinweis darauf, wo die vollständige Lizenz gefunden werden kann.

```
eine Zeile mit dem Programmnamen und einer kurzen Beschreibung
Copyright © 19yy  Name des Autors

This program is free software; you can redistribute it and/or modify it under
the terms of the GNU General Public License as published by the Free Software
Foundation; either version 2 of the License, or (at your option) any later
version.

This program is distributed in the hope that it will be useful, but WITHOUT ANY
WARRANTY; without even the implied warranty of MERCHANTABILITY or
FITNESS FOR A PARTICULAR PURPOSE. See the GNU General Public License
for more details.

You should have received a copy of the GNU General Public License along
with this program; if not, write to the Free Software Foundation, Inc., 675 Mass
Ave, Cambridge, MA 02139, USA.
```

Fügen Sie auch einen kurzen Hinweis hinzu, wie Sie elektronisch und per Brief erreichbar sind.

Wenn Ihr Programm interaktiv ist, sorgen Sie dafür, daß es nach dem Start einen kurzen Vermerk ausgibt:

```
Gnomovision version 69, Copyright (C) 19yy name of author
Gnomovision comes with ABSOLUTELY NO WARRANTY; for details type 'show w'.
This is free software, and you are welcome to redistribute it
under certain conditions; type 'show c' for details.
```

Die hypothetischen Kommandos »show w« und »show c« sollten die entsprechenden Teile der GPL anzeigen. Natürlich können die von Ihnen verwendeten Kommandos anders heißen als »show w« und »show c«; es könnten auch einfach Mausklicks sein – was immer am besten in Ihr Programm paßt.

Soweit vorhanden, sollten Sie auch Ihren Arbeitgeber (wenn Sie als Programmierer arbeiten) oder Ihre Schule einen Copyright-Verzicht für das Programm unterschreiben lassen. Hier ist ein Beispiel mit geänderten Namen:

```
Yoyodyne, Inc., hereby disclaims all copyright interest in the program
'Gnomovision' (which makes passes at compilers) written by James Hacker.

Unterschrift von Ty Coon, 1 April 1989  Ty Coon, President of Vice
```

Diese General Public License gestattet nicht die Einbindung des Programmes in proprietäre Programme. Ist Ihr Programm eine Bibliotheksfunktion, so kann es sinnvoller sein, das Binden proprietärer Programme mit dieser Bibliothek zu gestatten. Wenn Sie dies tun wollen, sollten Sie die GNU Library General Public License anstatt dieser Lizenz verwenden.

BSD Copyright

Copyright © 1991, 1992, 1993, 1994 The Regents of the University of California. Alle Rechte vorbehalten.

Die Weitergabe und Nutzung von Quellcode und Binärdateien, ob mit oder ohne Änderungen, sind unter den folgenden Bedingungen erlaubt:

1. Bei Weitergabe des Quelltextes, ob mit oder ohne Änderungen, müssen der obige Copyright-Vermerk, die Auflistung dieser Bedingungen (im Original) sowie der folgende Disclaimer enthalten sein.

2. Bei Weitergabe in Binärform müssen in der Dokumentation oder anderen Dateien der Distribution obige Copyright-Notiz, diese Liste der Bedingungen (im Original) sowie der folgende Disclaimer enthalten sein.

3. Alle Schriften, in denen Features oder Anwendungen dieser Software beworben werden, müssen den Hinweis enthalten, daß dieses Produkt Software enthält, die von der University of California Berkeley und den Mitwirkenden erstellt wurde.

4. Weder der Name der Universität noch die Namen der Mitwirkenden dürfen verwendet werden, um Produkte zu empfehlen oder anzupreisen, die aus dieser Software abgeleitet wurden, ohne dafür vorher eine schriftliche Erlaubnis einzuholen.

THIS SOFTWARE IS PROVIDED BY THE REGENTS AND CONTRIBUTORS »AS IS« AND ANY EXPRESS OR IMPLIED WARRANTIES, INCLUDING, BUT NOT LIMITED TO, THE IMPLIED WARRANTIES OF MERCHANTABILITY AND FITNESS FOR A PARTICULAR PURPOSE ARE DISCLAIMED. IN NO EVENT SHALL THE REGENTS OR CONTRIBUTORS BE LIABLE FOR ANY DIRECT, INDIRECT, INCIDENTAL, SPECIAL, EXEMPLARY, OR CONSEQUENTIAL DAMAGES (INCLUDING, BUT NOT

LIMITED TO, PROCUREMENT OF SUBSTITUTE GOODS OR SERVICES; LOSS OF USE, DATA, OR PROFITS; OR BUSINESS INTERRUPTION) HOWEVER CAUSED AND ON ANY THEORY OF LIABILITY, WHETHER IN CONTRACT, STRICT LIABILITY, OR TORT (INCLUDING NEGLIGENCE OR OTHERWISE) ARISING IN ANY WAY OUT OF THE USE OF THIS SOFTWARE, EVEN IF ADVISED OF THE POSSIBILITY OF SUCH DAMAGE.

X Copyright

Copyright © 1987 X Consortium

Hiermit wird jeder Person, die eine Kopie dieser Software und der zugehörigen Dokumentation (der »Software«) erhalten hat, kostenfrei die Berechtigung erteilt, unbeschränkt über die Software zu verfügen. Darin inbegriffen ist das uneingeschränkte Recht zum Kopieren, Modifizieren, Veröffentlichen, Verteilen, Sublizenzieren und/oder Verkaufen der Software sowie die Weitergabe dieser Erlaubnis an Empfänger der Software, sofern die folgenden Bedingungen erfüllt sind:

Der obige Copyrightvermerk und diese Erlaubnis werden allen Kopien der Software oder nennenswerter Teile davon beigefügt.

THE SOFTWARE IS PROVIDED »AS IS« WITHOUT WARRANTY OF ANY KIND, EXPRESS OR IMPLIED, INCLUDING BUT NOT LIMITED TO THE WARRANTIES OF MERCHANTABILITY, FITNESS FOR A PARTICULAR PURPOSE AND NONINFRINGEMENT. IN NO EVENT SHALL THE X CONSORTIUM BE LIABLE FOR ANY CLAIM, DAMAGES OR OTHER LIABILITY, WHETHER IN AN ACTION OF CONTRACT, TORT OR OTHERWISE, ARISING FROM, OUT OF OR IN CONNECTION WITH THE SOFTWARE OR THE USE OR OTHER DEALINGS IN THE SOFTWARE.

Außer in diesem Hinweis darf der Name des X Consortium nicht für Werbung oder andere Maßnahmen zur Förderung des Verkaufs, der Anwendung oder anderer die Software betreffender Aktionen verwendet werden, ohne vorher eine schriftliche Erlaubnis vom X Consortium einzuholen.

Copyright © 1987 by Digital Equipment Corporation, Maynard, Massachusetts.
Alle Rechte vorbehalten.

Die Erlaubnis zum kostenfreien Nutzen, Kopieren, Ändern und Verteilen dieser Software und ihrer Dokumentation zu einem beliebigem Zweck wird hiermit erteilt, sofern die obige Copyright-Notiz in allen Kopien enthalten ist und sofern sowohl die Copyright-Notiz wie auch diese Erlaubnis in der begleitenden Dokumentation enthalten sind und der Name von Digital nicht in der Werbung oder in der Öffentlichkeit mit Bezug auf die Verteilung dieser Software verwendet wird, ohne daß vorher eine spezifische, schriftliche Erlaubnis eingeholt wurde.

DIGITAL DISCLAIMS ALL WARRANTIES WITH REGARD TO THIS SOFTWARE, INCLUDING ALL IMPLIED WARRANTIES OF MERCHANTABILITY AND FITNESS, IN NO EVENT SHALL DIGITAL BE LIABLE FOR ANY SPECIAL, INDIRECT OR CONSEQUENTIAL DAMAGES OR ANY DAMAGES WHATSOEVER RESULTING FROM LOSS OF USE, DATA OR PROFITS, WHETHER IN AN ACTION OF CONTRACT, NEGLIGENCE OR OTHER TORTIOUS ACTION, ARISING OUT OF OR IN CONNECTION WITH THE USE OR PERFORMANCE OF THIS SOFTWARE.

ANHANG E

64-Bit AXP Linux

Eine Portierung von Linux auf eine nicht-Intel-Plattform verdient besondere Beachtung, denn sie bietet einen direkten, nicht Intel-basierten Migrationspfad für Linux-Benutzer mit Intel-PCs. In diesem Anhang erzählen wir Ihnen, warum Sie an dieser Entwicklung interessiert sein sollten, selbst wenn Sie ein Intel-Fan sind. Vor allem wollen wir Sie aber in die Lage versetzen, selbst eine fundierte Entscheidung zu treffen, ob diese Wahl für Sie eine Option ist, die Sie in Betracht ziehen sollten.

Mehr Auswahl, mehr Leistung

Während wir dies schreiben, ist Linux auf »64-Bit Alpha AXP RISC«-Plattformen mit PCI- oder EISA-Bussen zu Preisen erhältlich, die vergleichbar mit denen der aktuellen 32-Bit-Intel-Plattformen sind. Die Portierung von Linux auf Digital Alpha ist ein Meilenstein in der Zusammenarbeit mit der Linux-Gemeinde. Die Digital Equipment Corporation hat finanzielle Mittel, Programmierer und andere Unterstützung[1] zur Verfügung gestellt, um Linux auf den »Digital Alpha AXP« 64-Bit-Prozessor auf PC-kompatiblen Architekturen zu portieren.

Die schnellste Linux-Plattform, die im Moment allgemein erhältlich ist, ist ein »500 MHz Digital AXP«-System, deren Performanz weit über der von aktuellen Intel-PCs liegt.

Ein weiteres wichtiges Resultat dieser Arbeit ist die Tatsache, daß Linux jetzt eines der wenigen Betriebssysteme ist, das als natives 64-Bit-Betriebssystem auf 64-Bit-Prozessoren zur Verfügung steht. Das bei dieser Portierung erworbene Wissen kann bei der Portierung von Linux auf andere CPUs und andere Architekturen im allgemeinen angewendet werden.

1 Lar Kaufman möchte sich bei DEC für die Ausleihe einer Digital-Noname-Hauptplatine bedanken, die er während der Recherchen für diesen Anhang benutzt hat.

Natürlich erhofft sich Digital von der Linux-Portierung höhere Verkaufszahlen von Alpha-CPUs. Für die Linux-Gemeinde ist das Ergebnis mehr Auswahl und mehr Offenheit. Linux wird eine gangbare Alternative für alle Computerbenutzer. Die Computerindustrie ist bereits aufmerksam geworden. So kooperieren beispielsweise die Open Software Foundation und Apple Computer bei der Entwicklung des hybriden Linux/Mach-Betriebssystems.

Information über AXP Linux einholen

Die wichtigste Informationsquelle für AXP Linux (Linux auf Alpha-CPUs) ist die WWW-Homepage unter:

```
http://www.azstarnet.com/~axplinux
```

auf der immer die aktuelle Version der FAQ zu finden sein sollte. Sie können die FAQ auch per FTP von **ftp.azstarnet.com** aus dem Verzeichnis */pub/linux/axp/docs* beziehen. Diese Datei enthält eine Liste der aktuell unterstützten Hardware, Antworten auf häufig gestellte Fragen über die Portierung und die Installation und die üblichen Inhalte einer FAQ. Außerdem werden DEC-Händler aufgeführt, die sowohl en gros als auch en detail verkaufen: Jeder DEC-Händler, der Ihnen nicht eine einzelne Hauptplatine zum Aufrüsten Ihres PCs verkaufen würde, ist nicht in der Liste gelandet. (Natürlich können Sie sich an einen beliebigen DEC-Händler wenden und ihn fragen; die Liste ist nicht erschöpfend.) Die Händler auf der Liste sind auf ihren Wunsch hin dort aufgeführt worden; Sie können daher davon ausgehen, daß sie ein wenig über die Linux-Portierung auf diese Plattform wissen. Die meisten Händler werden Ihnen auch gern einen Digital-Rechner mit vorinstalliertem Linux verkaufen.

Linux-Distributoren können Ihnen vermutlich weitere Informationen geben. Beispielsweise ist das AXP-Linux-Paket kommerziell als »Red Hat«-CD erhältlich, zusammen mit einer »Getting Started«-Anleitung. Diese CD wird von vielen Händlern angeboten, die Red Hat Commercial Linux verkaufen.

Es gibt eine Mailing-Liste *axp-list*, auf der Sie sich eintragen lassen können. Schicken Sie eine E-Mail an *axp-list-request@redhat.com* mit »subscribe« in der Subject-Zeile.

Die Alpha-Option in Betracht ziehen

Dieser Abschnitt beschreibt, wie Sie Ihre Intel-Hauptplatine in einem PC durch eine DEC-Alpha-Hauptplatine ersetzen.[2] Denken Sie während des gesamten Abschnittes daran, daß zwischen der Zeit, in der wir das geschrieben haben, und der, in der Sie das lesen, einige Zeit vergangen ist und die Dinge sich ändern können. Holen Sie sich die aktuellste Information via FTP oder WWW, bevor Sie sich festlegen. Die Noname-Hauptplatine ist in */pub/linux/axp/docs/axppci* auf **ftp.azstarnet.com** dokumentiert.

Kompatibilität ist eine der ersten Fragen, die auftreten, wenn Sie die Plattform wechseln. Fast alle Pakete, die es für die Intel-Versionen von Linux gibt, sind auch für AXP Linux verfügbar. Die größten Probleme gibt es im Bereich des dynamischen Laders und der Bibliotheken. Der GNU *ld* ist noch nicht soweit portiert worden, daß er dynamische Bibliotheken unterstützt. Die Bibliotheken müssen noch optimiert werden, um auf der Alpha-Plattform an Performanz zu gewinnen, insbesondere die Bibliotheken *libc* und *libm*. Es gibt noch keinen frei verfügbaren dynamischen Lader.

Vielleicht ermutigt es Sie zu wissen, daß AXP Linux und Windows NT für Alpha auf verschiedenen Partitionen ein und derselben Festplatte koexistieren können, so wie Linux mit verschiedenen anderen Betriebssystemen auf der Intel-Plattform koexistieren kann. Sie können daher auch dann Linux einsetzen, wenn Sie auf Windows-Applikationen angewiesen sind. Die aktuelle »U.S. Windows NT«-CD-ROM enthält Binärdateien sowohl für Intel- als auch für DEC-Alpha. Wenn Sie also schon Windows NT einsetzen, müssen Sie nur Ihre Lizenz von einer Architektur auf die andere transferieren. Fragen Sie Ihren DEC-Händler zu »Windows NT«-Applikationen auf der Alpha.

Die »AXP Linux«-Portierung benötigt 8 MB RAM und eine 170-MB-Festplatte. Es werden aber 16 MB empfohlen, und als Linux-Benutzer wissen Sie auch, daß Sie eigentlich mehr Festplattenplatz brauchen.

Wenn Sie eine Noname-Hauptplatine bestellen, sollten Sie sich darüber im Klaren sein, daß es zwei verschiedene physikalische Formfaktoren gibt. Der eine Typ verwendet eine AT-typische Tastaturschnittstelle, der andere hat eine PS/1-Tastaturschnittstelle und eine eingebaute Mausschnittstelle. Wenn Sie ein übliches Gehäuse und eine PC-Tastatur haben, werden Sie die Mausschnittstelle nicht verwenden können. Um die Maus zu benutzen, müßten Sie ein Loch in die Rückwand Ihres Computergehäuses neben der Tastaturschnittstelle bohren oder schneiden.

Der Alpha-Prozessor erzeugt sehr viel Hitze. Alle Alpha-CPUs mit einer Taktfrequenz von mehr als 133 MHz werden bereits mit einem installierten Prozessorlüfter

2 Es gibt natürlich noch andere Möglichkeiten, AXP Linux zu verwenden; Sie könnten eines von verschiedenen Digital-Systemen kaufen. Wir haben hier nur den Platz, eine Aufrüstung zu beschreiben, aber die oben genannte Web-Seite enthält Informationen über die anderen Möglichkeiten.

geliefert. Wenn Sie eine Hauptplatine bekommen, deren CPU keinen Prozessorlüfter hat, sollten Sie einen hinzufügen. Es kann auch sinnvoll sein, einen zusätzlichen Lüfter in das Gehäuse einzubauen, um die heiße Luft besser abzuführen.

Schließlich empfehlen wir Ihnen, beim Kauf der Hauptplatine die Dokumentation mit zu besorgen. Digital stellt solche Informationen bereitwillig zur Verfügung, aber das werden sie nicht ewig für veraltete Bauteile machen. Sie sind es sich selbst schuldig, die verfügbare Dokumentation zu besitzen.

BIBLIOGRAPHIE

Manuals aus dem Linux Documentation Project

[1] Matt Welsh. *Linux Installation and Getting Started*. 1992-1994.

Ein User's Guide für Linux, die Vorlage für das vorliegende Buch. Das Handbuch richtet sich vor allem an UNIX-Neulinge, daher enthält es nicht das breite Spektrum an Information, das im vorliegenden Buch zu finden ist. Wenn Ihnen UNIX fremd ist und Sie die englische Sprache beherrschen, ist *Linux Installation and Getting Started* ein guter Ausgangspunkt, um mit der Suche nach Information zu beginnen.

[2] Larry Greenfield. *Linux Users' Guide*. 1993-1994.

Eine Einführung in die wichtigsten Befehle und Programme unter Linux. Beschränkt sich nicht auf UNIX-Utilities und die Shell-Benutzung (auch wenn hier Schwerpunkte liegen). Behandelt auch eine Reihe von typischen Aktivitäten unter Linux, wie die Manipulation von Fenstern im X Window System und die Verwendung von *vi* und Emacs. Dieses Buch ist besonders nützlich für Leute, die noch nicht UNIX oder X benutzt haben.

[3] Lars Wirzenius. *The Linux System Administrator's Guide*. 1995.

Dieses Buch erklärt den Betrieb und die Konfiguration eines Linux-Systems. Es gibt eine Vielzahl von Linux-spezifischen Aufgaben im Bereich der Systemverwaltung, dieses Buch beschreibt viele davon.

[4] Olaf Kirch. *Linux – Wegweiser für Netzwerker*. 1995.

Original: *Linux Network Administrator's Guide*. 1995. Ein ausführliches und vollständiges Buch über die Netzwerkanwendung von Linux. Unter anderem werden TCP/IP, UUCP und SLIP behandelt. Dieses Buch ist gut zu lesen. Durch reiche Information zu vielen Themen erklärt es die häufig verwirrenden Aspekte der Netzwerkkonfiguration.

[5] Sven Goldt, Sven van der Meer, Scott Burkett und Matt Welsh. *Linux Programmer's Guide*. 1995.

Eine Aufstellung der Funktionen und Programmiertechniken; einige davon sind aus anderen UNIX-Versionen bekannt, andere sind Linux-spezifisch. Obwohl es einige Tips und Beispiele gibt, handelt es sich im Moment doch hauptsächlich um eine Übersicht über das, was verfügbar ist. Enthält besonders ausführliche Abschnitte über Interprozeßkommunikation, *curses* und die Portierung aus anderen UNIX-Systemen nach Linux.

[6] Michael Johnson. *The Linux Kernel Hacker's Guide*. 1996.

Die vielen Details des Kernel-Hackens und -Entwickelns unter Linux. Linux ist einzigartig darin, daß die vollständigen Kernel-Quellen vorhanden sind. Dieses Buch öffnet Entwicklern, die den Kernel erweitern oder modifizieren wollen, die Tür. Es enthält auch eine ausführliche Behandlung der Kernel-Konzepte und -Konventionen, die unter Linux verwendet werden.

Linux, Unix und Unix-Shells

[7] Michael Kofler. *Linux*. ISBN 3-89319-796-6. Addison-Wesley. 1995.

Ein gutes Einsteigerbuch mit kompletter Linux-Distribution (Slackware). Es werden ein sehr breites Themenspektrum behandelt und viele Programmpakete eines vollständigen Linux-Systems vorgestellt.

[8] Sebastian Hetze, Dirk Hohndel, Martin Müller und Olaf Kirch. *Linux Anwenderhandbuch und Leitfaden für die Systemverwaltung*. ISBN 3-929764-05-9. LunetIX Softfair. 1996.

Einführung, Referenzhandbuch und Kurzanleitung für die Systemverwaltung. Enthält eine umfangreiche und kompetente Darstellung der Konfiguration und Benutzung des XFree86 X Window Systems für Linux. Dieses Buch ist zum größten Teil auch als LaTeX-Source per anonymous FTP erhältlich.

[9] Michael Beck, Harald Böhme, Mirko Dziadzka, Ulrich Kunitz, Robert Magnus und Dirk Verworner. *Linux-Kernel-Programmierung*. ISBN 3-8273-1144-6. Addison-Wesley. 1997.

Die 4. aktualisierte und erweiterte Auflage beschreibt die Linux-Version 2.0.

Ein gutes Buch über die Interna des Linux-Kernels. Für alle, die sich nicht selbst durch den Source-Code fressen wollen.

[10] Jessica Perry Hekman. *Linux in a Nutshell*. ISBN 3-930673-57-6. O'Reilly Verlag. 1997.

Original: *Linux in a Nutshell*, O'Reilly & Associates, 1997. Faßt alle Befehle und Optionen zusammen und enthält ausführliche Beschreibungen und Beispiele, die die Befehle in ihren Kontext stellen.

[11] Don Libes und Sandy Ressler. *Life with UNIX: A Guide for Everyone.* ISBN 0-13-536657-7. Prentice Hall. 1989.

Ein kurzweiliges Buch über die private und politische Geschichte von UNIX mit vielen Anekdoten, Hintergrundinformationen und philosophischen Studien.

[12] Harley Hahn. *A Student's Guide to UNIX.* ISBN 0-07-025511-3. McGraw-Hill. 1993.

Eine populäre und sehr zugängliche Einführung in die Benutzung von UNIX.

[13] Grace Todino, John Strang und Jerry Peek. *UNIX – Ein praktischer Einstieg.* ISBN 3-930673-29-0. O'Reilly Verlag. 1996.

Original: *Learning the UNIX Operating System*, O'Reilly & Associates, 1993 Ein gutes Einführungsbuch zum Erlernen des UNIX-Betriebssystems. Die meisten Informationen lassen sich auch auf Linux anwenden. Das Buch stellt unerfahrenen Benutzern einfache Netzwerkkommandos, E-Mail und das X Window System vor.

[14] Maurice Bach. *UNIX – Wie funktioniert das Betriebssystem?* Hanser. 1991.

Original: *The Design of the UNIX Operating System*, Prentice Hall. Das Standardwerk über die Internals des UNIX-Betriebssystems. Bach zeigt sehr detailliert den Aufbau und die Funktion von UNIX bis auf die Ebene der Algorithmen. Viele der hier beschriebenen Prinzipien finden sich in ähnlicher Form auch bei Linux wieder.

[15] Curt Schimmel. *UNIX Systems for Modern Architectures: Symmetric Multiprocessing and Caching for Kernel Programmers.* ISBN 0-201-63338-8. Addison-Wesley. 1994.

Beschreibt, wie moderne UNIX-Versionen mit der Hardware zusammenarbeiten.

[16] Andrew Tanenbaum. *Moderne Betriebssysteme.* Hanser. 1994.

Original: *Modern Operating Systems*, Prentice Hall. Umfassendes Werk über grundsätzliche Funktionen und Konzepte von Betriebssystemen. Im ersten Teil werden DOS und UNIX als traditionelle Systeme beschrieben, der zweite Teil zeigt neue Wege für verteilte Systeme anhand von Amoeba und Mach auf.

[17] Samuel J. Leffler, Marshall Kirk McKusick, Michael J. Karels und John S. Quarterman. *The Design and Implementation of the 4.4BSD Operating System.* ISBN 0-201-54979-4. Addison-Wesley. 1996.

Das Standardwerk über die Internals von BSD 4.4 UNIX. Von erster Hand wird in diesem Buch der Aufbau und die Funktion des Betriebssystems bis ins Detail erklärt.

[18] Computer Systems Research Group, UC Berkeley. *4.4BSD-Lite CD-ROM Companion: International Edition.* ISBN 1-56592-092-9. The USENIX Association and O'Reilly & Associates. 1994.

Enthält die internationale Version des 4.4BSD-Lite-Release von der Berkeley-Universität auf CD mit zusätzlicher Dokumentation und Erweiterungen für den internationalen Markt. 4.4BSD-Lite ist die letzte Version des BSD-Betriebssystems mit Ausnahme der von den UNIX Software Labs beigesteuerten Teile. In der internationalen Version fehlen die Programme, für die in den USA Exportbeschränkungen gelten.

[19] Computer Systems Research Group, UC Berkeley. *4.4BSD User's Reference Manual*. The USENIX Association and O'Reilly & Associates. 1994.

Kommandobeschreibungen für mehr als 275 Programme aus dem Benutzerbereich der »4.4BSD UNIX«-Release mit Dokumentation zu beliebten Spielen und anderen Informationen. Viele Kommandos sind identisch mit denen anderer UNIX-Versionen. Es werden außerdem wichtige FreeWare-Programme wie Perl, GNU Emacs, compress und Kerberos beschrieben.

[20] Cameron Newham und Bill Rosenblatt. *Learning the bash Shell*. ISBN 1-56592-147-X. O'Reilly & Associates. 1995.

Eine Einführung in die Shell *bash* als Benutzerschnittstelle und als Programmiersprache.

[21] Paul DuBois. *Using csh and tcsh*. ISBN 1-56592-132-1. O'Reilly & Associates. 1995.

Ein Führer durch die interaktiven Features (nicht Programmierkonstrukte) der *csh* und der unter Linux weiter verbreiteten *tcsh*.

[22] Valerie Quercia und Tim O'Reilly. *Volume 3: X Window System User's Guide Standard Edition*. ISBN 1-56592-014-7. O'Reilly & Associates. 1993.

Ein komplettes Studien- und Referenzhandbuch zur Benutzung des X Window Systems. Wenn Sie wissen wollen, wie Sie das meiste aus dem X Window System auf Ihrem Linux-Rechner herausholen, dann sollten Sie dieses Buch lesen. Im Unterschied zu anderen graphischen Benutzeroberflächen sind viele Stärken von X nicht auf den ersten Blick sichtbar. Selbst langjährige Benutzer von X können beim Lesen dieses Buches noch etwas dazulernen. Die aktuelle Auflage des Buches ist für die X11 Release 5 überarbeitet.

Applikationen und Technologien

[23] Jeff Tranter. *Linux Multimedia Guide*. ISBN 1-56592-212-3. O'Reilly & Associates. 1996.

Beschreibt, wie man Multimedia-Geräte einschließlich Soundkarten, CD-ROM-Laufwerken und Joysticks installiert, konfiguriert und C-Programme für sie schreibt. Führt darüber hinaus Utilities und Bibliotheken zur Multimedia-Entwicklung auf.

[24] Computer Systems Research Group, UC Berkeley. *4.4BSD User's Supplementary Documents*. ISBN 1-56592-076-7. The USENIX Association and O'Reilly & Associates. 1994.

Enthält technische Artikel (»ergänzende Dokumente«), die die UNIX-Tools dokumentieren, die entwickelt wurden, um gängige Probleme zu lösen. Behandelt auch Texteditoren, Formatierungspakete und eine Einführung in die Shell-Programmierung.

[25] Richard M. Stallman. *Emacs manual.* Free Software Foundation.

Eine Beschreibung des verbreiteten und mächtigen Editors GNU Emacs, geschrieben vom Entwickler selbst. Das Buch entspricht der umfassenden Dokumentation im Online-Hilfesystem (info).

[26] Debra Cameron und Bill Rosenblatt. *Learning GNU Emacs, 2nd Edition.* ISBN 0-937175-84-6. O'Reilly & Associates. 1996.

Eine angenehme Einführung in GNU Emacs. Die Möglichkeiten zur benutzerspezifischen Anpassung von Emacs und die Programmierung des GNU Emacs in Lisp werden kurz vorgestellt.

[27] Linda Lamb. *Learning the vi Editor.* ISBN 0-937175-67-6. O'Reilly & Associates. 1990.

Enthält eine vollständige Anleitung zum Editieren von Texten mit dem *vi*, einem Editor, der im Original oder als Clone (*elvis*, *vim*, *vile* etc.) auf praktisch jedem UNIX-System und auf vielen anderen Betriebssystem-Plattformen zur Verfügung steht. Das Buch beschreibt alle Bereiche vom *ex*-Kommandomodus über die Standardfunktionen bis zu den anspruchsvolleren Editor-Befehlen des *vi*. Es ist häufig wichtig, den *vi* zu kennen und mit ihm umgehen zu können, weil Sie nicht immer Zugriff auf einen »echten« Editor wie zum Beispiel Emacs haben.

[28] Dale Dougherty und Arnold Robbins. *sed & awk.* ISBN 1-56592-225-5. O'Reilly & Associates. 1997.

Beschreibt die Benutzung von *sed* und *awk* als mächtige Editoren zur Erzeugung und Bearbeitung von Textdateien. *sed* und *awk* sind sogenannte Stream-Editoren zur automatischen Bearbeitung einer beliebigen Zahl von Texten. Mit ihrer Hilfe sind Sie in der Lage, viele Stunden für wiederkehrende Arbeiten einzusparen.

[29] Jerry Peek, Tim O'Reilly und Mike Loukides. *UNIX Power Tools.* ISBN 0-679-79073-X. O'Reilly & Associates. 1993.

Bietet Tips, Tricks, Konzepte und FreeWare für die UNIX-Werkzeugkiste. Behandelt Erweiterungen und Anwendungsmöglichkeiten raffinierter Features der bekanntesten UNIX-Werkzeuge. Das Buch enthält eine CD-ROM mit Quelltexten und Binärdateien.

[30] Michel Goossens, Frank Mittelbach und Alexander Samarin. *Der LaTeX-Begleiter.* ISBN 3-89319-646-3. Addison-Wesley. 1996.

Original: *The LaTeX Companion*, Addison-Wesley. Ein herausragendes Werk über LaTeX, LaTeX2e und die vielen Erweiterungspakete. Für alle, die die Vorteile der aktuellsten Version von LaTeX nutzen wollen, ein unentbehrliches Buch.

[31] Helmut Kopka. LaTeX – *Band 1: Einführung.* ISBN 3-8273-1025-3. Addison-Wesley. 1997.

Das Standardwerk zu LaTeX in deutscher Sprache. Eine gut verständliche Einführung in das Basissystem und in die wichtigsten Erweiterungen.

[32] Helmut Kopka. LaTeX – *Band 2: Ergänzungen.* ISBN 3-8273-1229-9. Addison-Wesley. 1997.

Die Vervollständigung des Standardwerkes zu LaTeX in deutscher Sprache. Behandelt LaTeX2e, Zeichensätze inklusive PostScript, Musiknotensatz, Bilder und Grafiken sowie METAFONT.

[33] Donald E. Knuth. *The TEXbook.* ISBN 0-201-13448-9. Addison-Wesley Publishing Co. 1984.

Das erste und weiterhin maßgebliche Nachschlagewerk für das Textsatzsystem TeX. Autor ist der Schöpfer von TeX selbst.

[34] Leslie Lamport. LaTeX–*A Document Preparation System.* 2nd Edition. ISBN 0-201-52983-1. Addison-Wesley Publishing Co. 1986.

Eine gut lesbare Anleitung zur LaTeX-Erweiterung von TeX vom LaTeX-Schöpfer selbst.

[35] Norman Walsh. *Making* TeX *Work.* ISBN 1-56592-051-1. O'Reilly & Associates. 1994.

Beschreibt, wie TeX zur Erstellung von Textsatz in professioneller Qualität, zum Setzen mathematischer Gleichungen und zur Textausgabe in verschiedenen Sprachen mit unterschiedlichen Zeichensätzen eingesetzt werden kann. Erklärt alle Programme, mit denen Sie TeX auf Ihrer Systemplattform einrichten und anwenden können, sei es unter Linux, DOS, OS/2 oder was auch immer.

[36] Eric van Herwijnen. *Practical SGML.* Kluwer Academic Publishers. 1994.

Bietet eine ausgezeichnete Einführung in die Benutzung der Standard Generalized Markup Language nach ISO 8879-1986 zur Erstellung strukturierter Dokumente. Es gibt einige schwache Bücher zu diesem Thema, aber dies hier ist genau richtig.

[37] Charles F. Goldfarb. *The SGML Handbook.* ISBN 0-19-853737-9. Clarendon Press. 1990.

Die maßgebliche »Bibel« zur Standard Generalized Markup Language. Enthält den kompletten Text des Standards ISO 8879-1986 zu SGML mit den Kommentaren des Autors. Charles Goldfarb ist der Vater von SGML und war Vorsitzender des Komitees zur Entwicklung des Standards. Das Buch ist teuer, aber kostet weniger als ISO 8879 allein. Es ist eine unentbehrliche Informationsquelle für alle Entwickler ernsthafter SGML-Programme oder -Dokumentationssysteme.

[38] David Barron und Mike Rees. *Text Processing and Typesetting with UNIX.* ISBN 0-201-14219-8. Addison-Wesley Publishing Co. 1987.

Beschreibt den Textsatz mit *nroff* und *troff*, mit den Makropaketen *-ms* und *-mm* sowie die verwandten Utilities *tbl* und *eqn* und den kompletten Satz der Programme aus der Documenter's Workbench (DWB) von den UNIX Software Labs. Sagt, wie Makros erzeugt und verändert werden, und diskutiert andere nützliche UNIX-Tools zu Textbearbeitung und -management. Es bezieht sich nicht speziell auf die GNU-Implementierung »groff«, aber das tut kein bisher veröffentlichtes Werk.

Das Internet

[39] Ed Krol. *Die Welt des Internet. Handbuch und Übersicht.* ISBN 3-930673-01-0. O'Reilly Verlag. 1995.

Original: *The Whole Internet User's Guide and Catalog, Second Edition*, O'Reilly & Associates, 1994. Gibt eine verständliche Einführung in das Internet. Das Buch schenkt den Werkzeugen zur Suche bestimmter Informationen im World Wide Web besondere Aufmerksamkeit und behandelt E-Mail, Dateitransfer, Remote Login und NetNews. Nützlich für Anfänger und Veteranen. Enthält eine Referenzkarte.

[40] Brendan P. Kehoe. *Zen and the Art of the Internet: A Beginner's Guide.* ISBN 0-13-010778-6. PTR Prentice Hall. 1993.

Eine an Einsteiger gerichtete Einführung in das Internet. Es behandelt Themen von E-Mail über Usenet-News bis zur Internet-Folklore. Eine elektronische Version der ersten Auflage (1992) ist per anonymous FTP erhältlich und kann frei verteilt und ausgedruckt werden.

[41] Chuck Musciano und Bill Kennedy. *HTML – Das umfassende Referenzwerk.* ISBN 3-930673-51-7. O'Reilly Verlag. 1997.

Original: *HTML: The Definitive Guide*, O'Reilly & Associates. Ein umfassender Führer zur Benutzung von aktuellen HTML-Features, um Seiten für das World Wide Web zu schreiben. Behandelt auch die auch die Erweiterungen von Netscape und Microsoft.

Netzwerke und Kommunikation

[42] W. Richard Stevens. *UNIX Network Programming.* ISBN 0-13-949876-1. Prentice Hall. 1990.

Das umfassende Buch über alle Aspekte der Entwicklung von Netzwerkanwendungen unter UNIX. Durch viele beispielhafte C-Codesequenzen wird der Inhalt veranschaulicht und vertieft.

[43] Douglas R. Comer. *Internetworking with TCP/IP, Volume 1: Principles, Protocols, Architecture.* ISBN 0-13-468505-9. Prentice-Hall International. 1991.

Gibt einen umfassenden Hintergrund zum Verständnis der Internet-Protokollfamilie und deren Anwendung in modernen Netzwerken.

[44] Craig Hunt. *TCP/IP Netzwerk Administration.* ISBN 3-930673-02-9. O'Reilly Verlag. 1995.

Original: *TCP/IP Network Administration*, O'Reilly & Associates, 1992. Eine vollständige Anleitung zu Einrichtung und Betrieb eines TCP/IP-Netzwerks. Obwohl dieses Buch nicht Linux-spezifisch ist, lassen sich ca. 90% auf Linux anwenden. Zusammen mit dem Linux-NET-2-HOWTO und dem *Linux Network Administrator's Guide* ist dieses Buch sehr empfehlenswert. Es werden Konzepte und technische Details zum Management eines TCP/IP-Netzes besprochen. Das Buch behandelt die Konfiguration des Netzwerks und der Netzwerkanwendungen, Mail-Routing und Adreßauflösung und gibt Hinweise zu Fehlerbehebung und Netzwerksicherheit.

[45] W. Richard Stevens. *TCP/IP Illustrated: The Protocols*. ISBN 0-201-63346-9. Addison-Wesley. 1994.

Eine umfangreiche und sehr anschauliche Darstellung der Protokolle aus der TCP/IP-Familie. Weil die Vorgänge im Netz auf niedrigster Ebene protokolliert, verständlich analysiert und übersichtlich präsentiert werden, verdient dieses Buch wirklich das Attribut »illustriert«. Erster Band einer dreibändigen Reihe.

[46] Cricket Liu und Paul Albitz. *DNS und BIND*. ISBN 3-930673-54-1. O'Reilly Verlag. 1997.

Original: *DNS and BIND*, O'Reilly & Associates, 1997. Eine gründliche Abhandlung des Internet Domain Name System (DNS) und dessen UNIX-Implementierung: Berkeley Internet Name Domain (BIND). Eine wichtige Informationsquelle, wenn Sie ein UNIX-System verwalten, weil dieses Buch zeigt, wie die DNS-Software in Ihrem Netzwerk eingerichtet und gewartet wird.

[47] Hal Stern. *Verwalten von UNIX-Netzwerken mit NFS und NIS*. ISBN 3-930673-25-8. O'Reilly Verlag. 1995.

Original: *Managing NFS and NIS*, O'Reilly & Associates, 1992. Erklärt das Management von NFS, dem Network File System, und NIS, dem Network Information System. Ein Buch für Systemverwalter, die diese Dienste einrichten und benutzen müssen. Es beschreibt ebenfalls die PC/NFS- und Automounter-Konfiguration.

[48] Cricket Liu, Jerry Peek, Russ Jones, Bryan Buus und Adrian Nye. *Internet-Server - Einrichten und Verwalten*. ISBN 3-930673-17-7. O'Reilly Verlag. 1995.

Original: *Managing Internet Information Services*, O'Reilly & Associates, 1994. Erklärt Systemadministratoren, wie sie Server für das World Wide Web, Gopher, FTP, Finger, Telnet, WAIS und Mailing-Listen einrichten können.

[49] Sven Kühne. *SLIP/PPP – Praktische Anleitung zum Einwählen ins Internet*. ISBN 3-930673-72-X. O'Reilly Verlag. 1997.

Komprimierte Anleitung für Nutzer von Windows oder Linux zur Einrichtung des Modems und zur Konfiguration der Software zum Einwählen auf den Rechner eines lokalen Internet-Providers.

[50] Ed Ravin, Tim O'Reilly, Dale Dougherty und Grace Todino. *Using and Managing UUCP*. ISBN 1-56592-153-4. O'Reilly & Associates. 1996.

Zeigt Ihnen, wie Sie UUCP installieren und mit seiner Hilfe mit anderen UNIX- und Nicht-UNIX-Systemen kommunizieren können. Behandelt alle gebräuchlichen Versionen, auch Taylor UUCP.

[51] Bryan Costales und Eric Allman. *sendmail*. ISBN 1-56592-222-0. O'Reilly & Associates. 1997.

Ein gewaltiges und möglicherweise einschüchterndes Buch, aber wirklich eine gute und vollständige Beschreibung der Konfiguration von *sendmail*. Enthält eine Fülle von Hinweisen.

[52] Sandra Martin O'Donnell. *Programming for the World: A Guide to Internationalization*. ISBN 0-13-722190-8. Prentice Hall. 1994.

Ein ausführliches Buch über I18N mit einer guten Darstellung des Problembereichs. Vollständige Behandlung von Locales und NLS.

[53] Frank da Cruz und Christine M. Gianone. *Using C-Kermit*. ISBN 1-55558-108-0. Digital Press. 1993.

Eine umfangreiche Beschreibung der Benutzung des Kommunikationspakets Kermit unter besonderer Berücksichtigung der portablen und mächtigen C-Kermit-Implementation, die für so ziemlich jedes Betriebssystem im Quelltext verfügbar ist. Das Copyright von C-Kermit der Columbia University, New York, enthält einige Beschränkungen, deswegen ist Kermit in den normalen Distributionen nicht enthalten. Sie können Kermit aber problemlos von FTP-Servern herunterladen. Kermit ist ein wichtiges Paket für jeden Rechner, auf den öffentlich zugegriffen werden kann.

Programmiersprachen und Utilities

[54] Matthias Kalle Dalheimer. *Linux – Wegweiser zur Programmierung und Entwicklung*. ISBN 3-930673-77-0. O'Reilly Verlag. 1997.

Eine umfassende Übersicht über unter Linux verfügbare Entwicklungswerkzeuge. Behandelt sowohl Programmiersprachen als auch Bibliotheken und Werkzeuge wie Editoren und Debugger. Schwerpunkte liegen unter anderem in der Datenbank- und GUI-Programmierung.

[55] Brian Kernighan und Dennis Ritchie. *Programmieren in C*. ISBN 3-446-15497-3. Hanser. 1990.

Original: *The C Programming Language*, Prentice Hall, 0-13-110362-8. Das klassische Nachschlagewerk zur Programmiersprache C, geschrieben von deren Schöpfern. In der zweiten Auflage für ANSI C aktualisiert.

[56] Richard Stevens. *Programmieren in der UNIX-Umgebung*. ISBN 3-89319-814-8. Addison-Wesley. 1997.

Original: *Advanced Programming in the UNIX Environment*, Addison-Wesley, 1992. Ein großes Buch, das die Benutzung der UNIX-Systemaufrufe im Detail vorstellt und beschreibt.

[57] Richard M. Stallman. *Using GNU CC*. Free Software Foundation.

Eine Abhandlung der vielen Kommando-Optionen und Spracherweiterungen des *gcc* sowie andere Überlegungen zum Umgang mit dem GNU-C-Compiler.

[58] Computer Systems Research Group, UC Berkeley. *4.4BSD Programmer's Reference Manual*. ISBN 1-56592-078-3. The USENIX Association and O'Reilly & Associates. 1994.

Enthält die Sektionen 2 bis 5 der Online-Manual-Pages vom BSD-Release 4.4 für Systemaufrufe, Bibliotheksfunktionen und Dateiformate. Ebenfalls für Linux und andere Implementierungen von UNIX brauchbar.

[59] Computer Systems Research Group, UC Berkeley. *4.4BSD Programmer's Supplementary Documents.* ISBN 1-56592-078-3. The USENIX Association and O'Reilly & Associates. 1994.

Bietet im traditionellen Sinn »Ergänzende Dokumentation«, die maßgeblich für viele UNIX-Programme und speziell nützlich für Programmierer ist. Enthält originale Forschungspapiere von Bell und BSD über die UNIX-Programmierumgebung und aktuelle Papiere über neue Features von 4.4BSD. Schließt eine zweiteilige Übersicht zur Interprozeßkommunikation (IPC) unter 4.4BSD ein. Nützlich auch für System V und Xenix.

[60] Stephen Kochan und Patrick Wood. *UNIX Shell Programming.* ISBN 0-672-48448-X. Hayden Press. 1990.

Eine bekannte Anleitung zum Schreiben von Shell-Skripten.

[61] Randal L. Schwartz und Tom Christiansen. *Einführung in Perl, 2. Auflage.* ISBN 3-89721-105-X. O'Reilly Verlag. 1998.

Original: *Learning Perl*, 2nd edition. O'Reilly & Associates, 1997. Ein handliches Übungsbuch, das so konzipiert ist, daß Sie so schnell wie möglich nützliche Perl-Skripten schreiben. Perl bietet eine portable Alternative zur Shell-Programmierung und übertrifft die Funktionalität von *sed* und *awk*.

[62] Larry Wall, Tom Christiansen und Randal L. Schwartz. *Programmieren mit Perl, 2. Auflage.* ISBN 3-930673-48-7. O'Reilly Verlag. 1997.

Original: *Programming perl, 2nd edition*, O'Reilly & Associates, 1996. Das maßgebliche Handbuch zu der mächtigen und portablen Programmiersprache Perl, mitgeschrieben von deren Schöpfer Larry Wall.

[63] John K. Ousterhout. *Tcl und Tk.* ISBN 3-89319-793-1. Addison-Wesley Publishing Co. 1997.

Original: *Tcl and the Tk Toolkit*, Addison-Wesley, 1994. Geschrieben vom Erfinder von Tcl und Tk, beschreibt dieses Buch beide Sprachen vollständig. Der größte Teil ist der Diskussion von Tk-Kommandos und Widgets gewidmet. Es erzählt auch, wie Tcl und Tk in C-Programme eingebettet werden können.

[64] Pat Niemeyer und Josh Peck. *Java – Expeditionen ins Programmierreich.* ISBN 3-930673-52-5. O'Reilly Verlag. 1996.

Original: *Exploring Java*, O'Reilly & Associates, 1996. Ein Einführungsbuch in Java für C-Programmierer, das grundlegende Techniken der Applet-Programmierung, Netzwerk-Programmierung und freistehende Applikationen beschreibt.

[65] David Flanagan. *Java in a Nutshell, 2. Auflage.* ISBN 3-89721-100-9. O'Reilly Verlag. 1998.

Original: Java in a Nutshell, 2nd edition, O'Reilly & Associates, 1997. Ein Referenzhandbuch über die Programmiersprache Java. Enthält einige Einführungen und Beispiele.

[66] Andrew Oram und Steve Talbott. *Managing Projects with make*. ISBN 0-937175-90-0. O'Reilly & Associates. 1991.

Beschreibt alle grundlegenden Merkmale des make-Utilities und gibt Richtlinien für Programmierer, die make in großen Projekten zur Handhabung der Übersetzungsvorgänge benutzen.

[67] Richard M. Stallman und Roland McGrath. *GNU Make manual*. Free Software Foundation.

Eine Anleitung für die mächtige GNU-Version des *make*-Utilities, sowohl für einfache Anwendungen als auch über anspruchsvollere Features.

[68] Paul DuBois. *Software Portability with imake, Second Edition*. ISBN 1-56592-055-4. O'Reilly & Associates. 1996.

Beschreibt das *imake*-Utility, das mit *make* zusammenarbeitet, um Programmcode auf verschiedenen UNIX-Maschinen zu übersetzen und zu installieren.

[69] Donald Lewine. *POSIX Programmer's Guide*. ISBN 0-937175-73-0. O'Reilly & Associates. 1991.

Beschreibt die Standards X/Open und POSIX und ist eine Referenz für die POSIX.1-Programmbibliothek, die Ihnen hilft, besser portierbare Programme zu schreiben. Es ist beabsichtigt, daß Linux dem POSIX-Standard entspricht, allerdings ist diese Entsprechung nicht zertifiziert.

[70] Richard M. Stallman und Roland H. Pesch. *Debugging with GDB*. Free Software Foundation.

Erklärt die Benutzung des Debuggers *gdb*, des Standard-Debuggers unter Linux und wahrscheinlich des populärsten Debuggers in der UNIX-Welt.

Systemadministration

[71] Evi Nemeth, Garth Snyder und Scott Seebass. *UNIX System Administration Handbook*. ISBN 0-13-933441-6. Prentice Hall.

Das am häufigsten empfohlene Buch zu diesem Thema.

[72] Æleen Frisch. *UNIX System Administration*. ISBN 3-930673-04-5. O'Reilly & Associates. 1996.

Original: *Essential System Administration, 2nd edition*, O'Reilly & Associates, 1995. Führt Sie durch die Systemverwaltungsaufgaben in einem UNIX-System.

[73] Computer Systems Research Group, UC Berkeley und O'Reilly & Associates. *4.4BSD System Manager's Manual*. ISBN 1-56592-080-5. O'Reilly & Associates. 1994.

Dieser Band enthält Manual Pages für die Systemverwaltungskommandos (Sektion 8 der Online-Manpages) und Papiere über Werkzeuge und Aufgaben der Systemverwaltung – alles von Interesse für ernsthafte UNIX-Administratoren. Die originalen, prägnanten UNIX-Papiere bleiben die definitiven Werke zu vielen UNIX-Themen.

[74] Simson Garfinkel und Gene Spafford. *Practical UNIX and Internet Security, Zweite Auflage.* ISBN 1-56592-148-8. O'Reilly & Associates. 1996.

Dies ist ein hervorragendes Buch über Systemsicherheit unter UNIX. Es hat uns einige Dinge gelehrt, die wir trotz mehrjähriger Erfahrung mit der UNIX-Systemverwaltung nicht wußten. Wie die meisten UNIX-Bücher ist es auf große Systeme ausgerichtet, aber fast der gesamte Inhalt ist ebenso für Linux relevant. Es beschreibt Netzwerksicherheit (mit UUCP, NFS, Kerberos und Firewalls) im Detail.

[75] Linda Mui und Eric Pearce. *Volume 8: X Window System Administrator's Guide.* ISBN 1-56592-052-X. O'Reilly & Associates. 1992.

Eine detaillierte Anleitung für die Systemverwaltung von X Window Systemen und X-basierten Netzwerken, für jeden, der X administrieren muß. Ist mit oder ohne CD-ROM erhältlich.

PC-Hardware

[76] Alfred Grossbrenner und Nick Anis. *Grossbrenner's Complete Hard Disk Handbook.* ISBN 0-07-881604-1. Osborne McGraw-Hill. 1990.

Das maßgebliche Handbuch zu Festplattenauswahl, Hardware, Management, Performance Tuning, Fehlerbehebung und Datenrekonstruktion für MFM-, RLL-, ATA- (IDE), SCSI- und ESDI-Platten in Personalcomputern. Enthält Firmenkontaktinformationen und eine Diskette mit DOS-Utilities.

[77] Hans-Peter Messmer. *PC-Hardwarebuch: Aufbau, Funktionsweise, Programmierung: ein Handbuch nicht nur für Profis.* ISBN 3-8273-1086-5. Addison-Wesley. 1995.

Sehr umfangreiche und vollständige Darstellung der PC-Hardwarekomponenten.

[78] Winn L. Rosch. *The Winn L. Rosch Hardware Bible.* ISBN 1-56686-127-6. Brady Publishing Div. Macmillan Computer Publishing. 1994.

Umfangreiches Handbuch zu PC-Komponenten und Peripheriegeräten. Dieses Buch ist nützlich für Sie, wenn Sie PCs kaufen, warten, reparieren oder aufrüsten wollen. Es orientiert sich zwar an Intel- und Clone-Rechnern, ist aber auch allgemein nützlich, weil es auch die Technologie, Theorie und Praxis von Computer-Architekturen behandelt. Die Informationen treffen auf alle wichtigen PC-Systeme zu und schließen auch ISA-, EISA- und Mikrokanal-Systeme (sowie die vielen zusätzlichen Busse) mit ein. Dieses Buch wird Ihnen über Prozessoren, Speicher, Modems, MIDI und vieles andere mehr erzählen, als Sie wissen müssen.

HOWTOs (unvollständige Liste)

[79] *Installation HOWTO*. Matt Welsh.

Beschreibt, wie eine Linux-Distribution bezogen und installiert wird, ähnlich wie die Information aus Kapitel 3, *Installation und erste Konfigurationsarbeiten,* des vorliegenden Buches.

[80] *The Linux Distribution HOWTO*. Eric S. Raymond.

Eine Liste der per Mail oder anonymous FTP erhältlichen Linux-Distributionen. Es enthält auch Informationen über andere Produkte und Dienste aus dem Linux-Bereich.

[81] *The Linux XFree86 HOWTO*. Matt Welsh.

Dieses Dokument beschreibt die Installation und Konfiguration der Software vom X Window System unter Linux. In Kapitel 10, *Das X Window System,* des vorliegenden Buches können Sie mehr über das X Window System lesen.

[82] *Linux Bootdisk HOWTO*. Graham Chapman.

Beschreibt das Anlegen und die Verwendung von Linux-Bootdisketten. Mehrere verschiedene Methoden und Systeme werden berücksichtigt. Eine gute Informationsquelle für neue Linux-Benutzer, weil auch grundlegende Informationen über Diskettentypen und -bestandteile enthalten sind. Enthält Beispiele zur Einrichtung von Dateien und Referenzen zu einer FAQ, dazu passender Software und anderen HOWTOs.

[83] *Linux BootPrompt HOWTO*. Paul Gortmaker, ed..

Eine Übersicht über die Argumente am Boot-Prompt. Erläutert das meistens verwendete Boot-Programm LILO. Enthält eine umfassende Liste der Kernel- und Geräteparameter und nennt beliebte Software- und Hardware-Möglichkeiten, ein Linux-System zu booten.

[84] *The Linux Electronic Mail HOWTO*. Vince Skahan.

Grundlegende Anweisung zur Einrichtung von *smail* und *sendmail* (mit der bequemeren, als sendmail+IDA bekannten Erweiterung). Enthält zusätzlich Hilfe zu Mailern, speziell zu Elm.

[85] *The Linux News HOWTO*. Vince Skahan.

Anleitung zur Installation von Cnews, InterNetNews (INN) und verschiedener News-Reader. Außerdem werden viele häufig gestellte Fragen zum Lesen und Posten von News beantwortet.

[86] *The Linux UUCP HOWTO*. Vince Skahan.

Eine kurze Anleitung zur Installation von UUCP unter besonderer Berücksichtigung der Taylor-Version, die unter Linux der Standard ist.

[87] *The Linux Hardware Compatibility HOWTO*. Tawei Wan.

Enthält eine ausführliche Liste der von Linux unterstützten Hardware. Obwohl die Liste weit davon entfernt ist, vollständig zu sein, gibt sie doch einen guten Überblick über das Spektrum der vom System unterstützten Geräte.

[88] *The Linux SCSI HOWTO*. Drew Eckhardt.

Eine vollständige Anleitung zur Konfiguration und Benutzung von SCSI-Geräten unter Linux, wie beispielsweise Festplatten, Bandlaufwerke und CD-ROM.

[89] *PCI HOWTO*. Michael Will.

Ein umfassender Überblick über PCI-Linux-Kompatibilität. Enthält eine ausführliche Beschreibung, wann und warum man PCI, einen Kartentyp, verwenden sollte. Beschreibt wie PCI unter Linux zum Beispiel in Form von Ethernet-Karten, Grafikkarten und Hauptplatinen eingesetzt werden kann. Faßt die Forschungen des Autors zur PCI-Linux-Kompatibilität mit speziellen Berichten zu Erfolgen und Problemen sowie Empfehlungen zur Hardware zusammen.

[90] *The Linux CD-ROM HOWTO*. Jeff Tranter.

Führt alle unterstützten CD-ROM-Laufwerke auf und erklärt, wie sie installiert und konfiguriert werden und wie von ihnen gelesen werden kann. Beschreibt auch einige nützliche Utilities, die mit einem CD-ROM-Laufwerk benutzt werden können.

[91] *Kernel HOWTO*. Brian Ward.

Behandelt das Konfigurieren, Kompilieren und Patchen des Kernels. Enthält zusätzliche Informationen über verwandte Gebiete, einschließlich Programmen und Modulen, und warnt vor einigen üblichen Problemen. Bespricht Tips zur Kernel-Verwendung und enthält eine Liste zugehöriger HOWTOs.

[92] *The Linux NET-2-HOWTO*. Terry Dawson.

Das Linux-NET-2-HOWTO beschreibt die Installation, Einrichtung und Konfiguration der »NET-2«-Version der TCP/IP-Software unter Linux, einschließlich SLIP. Wenn Sie TCP/IP auf Ihrem Linux-System benutzen wollen, ist dieses Dokument ein Muß.

[93] *The Linux Ethernet HOWTO*. Paul Gortmaker, ed..

Eng verwandt mit dem NET-2-HOWTO, beschreibt das Ethernet-HOWTO die verschiedenen Ethernetkarten, die von Linux unterstützt werden, und es beschreibt, wie jede von ihnen für die Benutzung mit der Linux-TCP/IP-Software konfiguriert werden muß.

[94] *PPP HOWTO*. Robert Hart.

Konzentriert sich darauf, wie sich ein PC unter Linux mit einem PPP-Server verbinden kann. Behandelt die Konfiguration des Kernels und des Modems, die Einrichtung der PPP-Dateien und der Verbindung sowie die Automatisierung von Verbindungsauf- und abbau. Enthält Tips zur Problem- und Fehlersuche sowie weitere Informationsquellen zu PPP.

[95] *DNS HOWTO*. Nicolai Langfeldt.

Konzentriert sich auf die Einrichtung eines einfachen DNS-Nameservers. Enthält Beispieldateien zur DNS-Konfiguration, Tips zur Verwaltung eines fehlerfreien Servers und Skripten zur automatischen Installation. Ebenfalls enthalten ist eine kurze Referenzliste von Online- und gedruckter Dokumentation zu DNS.

[96] *NIS HOWTO*. Andrea Dell'Amico, et al..

Vergleicht NIS und NIS+ sowie NIS und NYS. Beschreibt wie sowohl NIS als auch NYS eingerichtet werden und enthält Tips zur Installation, häufige Probleme und Server-Programme. Enthält sowohl ein hilfreiches Glossar von Themen aus dem NIS-Bereich als auch eine FAQ-Adresse vor.

[97] *Firewall HOWTO*. David Rudder.

Definiert Firewalls und bespricht ihre Vor- und Nachteile. Beschreibt detailliert die grundlegende Einrichtung von Firewalls auf Linux-PCs und konzentriert sich auf Proxy-Server. Enthält einen kleinen Abschnitt über fortgeschrittene Firewall-Konfiguration.

[98] *ISP Hookup HOWTO*. Egil Kvaleberg.

Behandelt die grundlegende Konfiguration des Zugangs zu einem Internet Service Provider (ISP). Enthält das Surfen im Net, das Schicken und Empfangen von E-Mail, das Lesen von News und den automatisierten Verbindungsaufbau. Faßt zugehörige Informationen mit einer hilfreichen Liste von Online-Dokumentationen einschließlich anderer HOWTOs zusammen.

[99] *Java HOWTO*. Eric S. Raymond.

Definiert Java und HotJava und bietet einen gründlichen Überblick über den Bezug der Programme und weitere Dokumentation. Behandelt Applets, Antworten auf viele allgemeine Java-Fragen und enthält eine Anleitung zur Erstellung von Java-Portierungen unter Linux. Schließt mit einem Abschnitt über häufige Probleme und deren Behebung.

[100] *GCC HOWTO*. Daniel Barlow.

Beschreibt die Installation und Konfiguration des Compilers *gcc*. Behandelt Kompilieren, Debuggen, Linken und das dynamische Nachladen von Programmen mit dem *gcc*.

[101] *Shadow Password HOWTO*. Michael H. Jackson.

Beschreibt die Installation, das Kompilieren und die Konfiguration der Shadow Suite, ein Linux-Paßwortprogramm. Erklärt, warum Sie eine Shadow-Version der *passwd*-Datei verwenden sollten, und führt andere Programme auf, die mit der Shadow Suite zusammenarbeiten müssen. Enthält eine FAQ und eine Liste der Veränderungen gegenüber dem vorherigen Release.

[102] *The Linux Term HOWTO*. Patrick Reijnen.

Sagt Ihnen, wie Sie das *term*-Kommunikationspaket installieren und benutzen. Term ermöglicht Ihnen den Betrieb mehrerer login-Sessions auf einer einzigen seriellen Leitung.

[103] *The Linux Printing HOWTO*. Grant Taylor.

Beschreibt, wie Druckprogramme (beispielsweise *lpr*) unter Linux eingerichtet werden. Die Konfiguration der Drucker und der Druckprogramme unter UNIX kann manchmal sehr verwirrend sein; dieses Dokument beleuchtet das Thema.

[104] *DOSEMU HOWTO.* Mike Deisher, ed..

Führt in Dosemu mit einem Überblick über die Entwicklung und die verschiedenen Versionen ein. Erklärt, wie Dosemu kompiliert und installiert wird, und geht dann auf Kompatibilitätsfragen im Zusammenhang mit Hard- und Software für X, Windows und Netware, sowie Grafik und Sound ein. Enthält Abschnitte über die Identifikation und das Beheben von Problemen.

[105] *UMSDOS HOWTO.* Jacques Gelinas.

Erklärt die Verfügbarkeit, Dokumentation, Installation und den Betrieb von UMSDOS, ein Linux-Dateisystem. Enthält Erklärungen über Pseudo-Root, das Booten mit UMSDOS und DOS-Partitionen. Enthält die Gründe, wann und warum UMSDOS verwendet werden sollte, und beschreibt die Unterschiede zu Ext2.

[106] *Linux Commercial HOWTO.* Harald Milz.

Weniger ein »»HOWTO« als mehr eine Liste von kommerzieller Software und Applikationen. Dieses HOWTO richtet sich mehr an diejenigen, die an kommerziellen Linux-Möglichkeiten interessiert sind. Enthält Möglichkeiten, Applikationen zu vermarkten, und führt aktuell erhältliche Linux-Produkte auf.

[107] *Linux Access HOWTO.* Michael De La Rue.

Konzentriert sich auf Informationen für Benutzer mit körperlichen Behinderungen oder solche, die Schwierigkeiten bei der Verwendung von Linux mit normaler Hardware haben. Enthält Vorschläge, wie Hilfen (zum Beispiel Spracherkennungssoftware) bezogen werden können, und führt andere Quellen auf, die verwandte Informationen enthalten.

[108] *The Linux Ftape HOWTO.* Kai Harrekilde-Petersen.

Beschreibt die Installation und Benutzung des Floppy-Tape-Treibers, der mit QIC-80 und QIC-40 kompatiblen Laufwerken arbeitet. Mit diesem Treiber können die entsprechenden Bandlaufwerke an den Disketten-Controller angeschlossen werden.

Internet Requests For Comments

[109] RFC 1597. Y. Rekhter, T. J. Watson et al.. *Address Allocation for Private Internets.*

Dieser RFC führt die IP-Netzwerknummern auf, die private Einrichtungen verwenden können, ohne sie bei der Internet Assigned Numbers Authority (IANA) registrieren lassen zu müssen. Dieses Dokument bespricht auch die Vor- und Nachteile der Verwendung dieser Nummern.

[110] RFC 1340. J. Postel und J. Reynolds. *Assigned Numbers.*

Der »Assigned Numbers«-RFC definiert die Bedeutung der Zahlen, die in diversen Protokollen verwendet werden, beispielsweise die Standard Portnummern, auf denen TCP- und UDP-Server auf Anfragen warten, oder die Protokollnummern, die im IP-Datagramm-Header verwendet werden.

[111] RFC 1144. V. Jacobson. *Compressing TCP/IP Headers for Low-Speed Serial Links.*

Dieses Dokument beschreibt den Algorithmus, mit dem TCP/IP-Header in CSLIP und PPP komprimiert werden.

[112] RFC 1033. M. Lottor. *Domain Administrators Operations Guide.*

Zusammen mit RFC 1034 und RFC 1035 ist dies die definitive Quelle zu DNS, dem Domain Name System.

[113] RFC 1034. P.V. Mockapetris. *Domain Names-Concepts and Facilities.*

Gehört zu RFC 1033.

[114] RFC 1035. P.V. Mockapetris. *Domain Names—Implementation and Specification.*

Gehört zu RFC 1033.

[115] RFC 974. C. Partridge. *Mail Routing and the Domain System.*

Beschreibt das Mail-Routing im Internet. Hier erfahren Sie alles über MX-Records.

[116] RFC 977. B. Kantor und P. Lapsley. *Network News Transfer Protocol.*

Die Definition von NNTP, dem allgemein verwendeten Protokoll zur News-Übertragung im Internet.

[117] RFC 1094. B. Nowicki. *NFS: Network File System Protocol specification.*

Die formale Spezifikation von NFS und den Mount-Protokollen (Version 2).

[118] RFC 1055. J.L. Romkey. *Nonstandard for Transmission of IP Datagrams over Serial Lines: SLIP.*

Beschreibt SLIP, das Serial Line Internet Protokoll.

[119] RFC 1057. Sun Microsystems,. *RPC: Remote Procedure Call Protocol Specification: Version 2.*

Die formale Spezifikation der Codierung, die in Remote Procedure Calls verwendet wird, auf denen sowohl NFS als auch NIS basieren.

[120] RFC 1058. C.L. Hedrick. *Routing Information Protocol.*

Beschreibt RIP, mit dem dynamische Routing-Informationen zwischen LANs und WANs ausgetauscht werden.

[121] RFC 1535. E. Gavron. *A Security Problem and Proposed Correction with Widely Deployed DNS Software.*

Dieser RFC beschreibt ein Sicherheitsproblem mit der Default-Suchliste, die von älteren Versionen der BIND-Resolver-Bibliothek verwendet wird.

[122] RFC 1036. R. Adams und M.R. Horton. *Standard for the Interchange of Usenet messages.*

Dieser RFC beschreibt das Format von Usenet-News-Nachrichten und wie sie über das Internet und über UUCP-Netzwerke ausgetauscht werden. Eine neuere Version dieses RFCs soll in naher Zukunft veröffentlicht werden.

[123] RFC 822. D. Crocker. *Standard for the Format of ARPA Internet Text Messages.*

Die definitive Quelle zu, nun, RFC-kompatibler E-Mail. Alle kennen sie, wenige haben sie tatsächlich gelesen.

[124] RFC 821. J.B. Postel. *Simple Mail Transfer Protocol.*

Definiert SMTP, das Mail-Transport-Protokoll über TCP/IP-Verbindungen.

INDEX

Über die Autoren

Matt Welsh ist Systemprogrammierer und Forscher im Bereich von Hochleistungscomputern, Betriebssystemdesign und Netzwerken. Nachdem er am Robotics and Vision Laboratory an der Cornell University in Ithaca, New York, tätig war, arbeitete er 1996-1997 im britischen Cambridge Computer Laboratory und an der University of Glasgow. Er ist Autor mehrerer Arbeiten zum Thema Linux, darunter das Buch *Linux Installation and Getting Started*, mehrere HOWTO-Dokumente und Artikel für die Zeitschrift *Linux Journal*. Zu seinen Interessen gehören Gitarrespielen, schwer verständliche Literatur, Reisen und Verschwörungstheorien. Aber das wußten Sie ja schon, oder?

Lar Kaufman studiert Jura an der Boston University und lebt in Concord, Massachusetts. Er hat viele Jahre als Dokumentationsberater gearbeitet und schreibt seit 1983 über Unix, er hat u.a. über System V, BSD, Mach, OSF/1 und Linux publiziert. Zu seinen Hobbies gehören interaktive Medien, selbstgebaute und alte Flugzeuge (er ist ausgebildeter Flugzeugmechaniker) sowie Naturgeschichte. Nachdem er zunächst ein BBS betrieben hatte, rief Lar 1987 die FidoNet-Echos (News-Gruppen) Biosphere und BiopNews ins Leben. Lar arbeitet zur Zeit an einem Projekt, das ein Medienlabor entwickelt, welches mit adaptiver Technologie eine druckerlose Nutzung durch die Rechtsbibliothek an seiner Fakultät ermöglichen soll. Das Labor wird einen Linux-Server verwenden und die Benutzerdienste unter Windows NT, Apple Macintosh und Linux anbieten.

Über die Übersetzer

Matthias Kalle Dalheimer lebt und arbeitet in Hamburg als freiberuflicher Autor, Übersetzer, Fachgutachter und Softwareentwickler. Bei O'Reilly sind von ihm bisher *Java Virtual Machine*, *Linux - Wegweiser zur Programmierung & Entwicklung* und die Übersetzung von *Linux in a Nutshell* erschienen.

Er lebt zu Hause mit etwa 80 Plüsch-Bären, -Tigern, -Elchen und anderen Tieren, seiner Frau Tanja und seinem Sohn Jan Lennart, der eine unermüdliche Bremse für Kalles Arbeitswut ist. Matthias Kalle Dalheimer ist ein glühender Anhänger von Schweden, seinen Bewohnern und seinen Produkten, was sich in einer sehr einseitigen Urlaubsausrichtung, einem Volvo und einer fast vollständig von IKEA stammenden Wohnungseinrichtung äußert. Computermäßig steht er genauso sehr auf Linux, wie er MS-Windows vermeidet, weswegen er sehnsüchtig auf die Portierung von Quicken auf Linux wartet. Seine bevorzugten Werkzeuge sind XEmacs, gcc, Qt und LaTeX. Wenn er den Computer nicht zum Geldverdienen, sondern zur Entspannung einsetzt, programmiert er für das KDE-Projekt (*http://www.kde.org*). Schafft er es, sich vom Computer loszureißen, liest er Geschichtsbücher oder geht mit seiner Frau und seinem Kind in den Wäldern Norddeutschlands spazieren.

Jörg Redmer arbeitet als freier Übersetzer in Missunde an der Schlei. Nach dem Studium der Linguistik und Informatik hat er einige Jahre als Supporter bei verschiedenen Firmen der EDV-Branche gearbeitet, um sich 1994 als Übersetzer und Korrekturleser von EDV-Literatur selbständig zu machen. Jörg arbeitet auf einem Linux-System und benutzt GNU-Emacs für seine Arbeit. In der Freizeit geht er paddeln und segeln (im Sommer) oder beschäftigt sich mit Kunst und Literatur (im Winter).

Kolophon

Edie Freedman hat den Einband dieses Linux-Wegweisers entworfen. Das Titelbild zeigt einen Reiter auf einem bockenden Pferd und ist nach einem Stich aus dem 19. Jahrhundert gestaltet worden, der von William Thayer in *Marvels of the New West: A Vivid Portrayal of the Stupendous Marvels in the Vast Wonderland of the Missouri River* (Wunder des Neuen Westens: Eine anschauliche Darstellung der fantastischen Gegebenheiten im weiten Wunderland des Missouri) veröffentlicht wurde (The Henry Bill Publishing Co., Norwich, CT, 1888).

Thayer zitiert einen Viehtreiber mit dieser Beschreibung eines bockenden Pferdes: Wenn ein Pferd bockt, steckt es den Kopf zwischen die Vorderbeine, macht den Rücken zum Buckel wie eine wütende Katze, springt mit allen vier Beinen gleichzeitig in die Luft und kommt dann mit einem furchtbaren Aufprall wieder auf den Boden zurück; manchmal macht das Pferd damit so lange weiter, bis es von seinen Ausflügen völlig erschöpft ist. Auch der Reiter wird dann ziemlich erschöpft sein, wenn er sich überhaupt im Sattel halten konnte; das ist allerdings gar nicht so einfach; insbesondere, wenn es sich um ein richtig durchtrieben bockiges Pferd handelt, das mit jedem Sprung auch noch eine Bewegung zur Seite vollführt. Der doppelte Sattelgurt, der normalerweise zu diesen mexikanischen Sätteln gehört, trägt dazu bei, daß der Sattel bei solchen Ausbrüchen an seinem Platz bleibt; es besteht aber auch kein Zweifel daran, daß diese Gurte ein Pferd häufig bocken lassen, das mit einem einfachen Gurt nicht bocken würde. Bei einigen Pferden läßt sich der hintere Sattelgurt niemals festziehen, ohne daß das Tier anfängt zu springen.

Das Titellayout wurde mit Quark XPress 3.3 und Adobe Photoshop 2.5 gestaltet; dabei wurde der Zeichensatz ITC Garamond Condensed verwendet. Das Layout im Inneren des Buches wurde von Edie Freedman und Jennifer Niederst entworfen und von Nancy Priest und Mary Jane Walsh modifiziert. Die Bilder, mit denen die Kapitel eingeleitet werden, stammen aus dem Dover Pictorial Archive und *Marvels of the New West*. Im Buch werden die Schriften Adobe ITC Garamond und Letter Gothic verwendet. Der Text wurde in SGML unter Verwendung der DocBook 2.1 DTD geschrieben. Die Abbildungen im Buch wurden von Chris Reilley mit Macromedia Freehand 5.0 gestaltet.